U0585824

伦明研究

第二册

东莞图书馆 编

SPM
南方出版传媒
广东人民出版社
·广州·

图书在版编目（CIP）数据

伦明研究 / 东莞图书馆编．—广州：广东人民出版社，2020．8
ISBN 978－7－218－14460－3

Ⅰ．①伦…　Ⅱ．①东…　Ⅲ．①伦明（1878—1944）—人物研究
Ⅳ．①K825．4

中国版本图书馆 CIP 数据核字（2020）第 170156 号

LUNMING YANJIU
伦明研究
东莞图书馆 编

出 版 人：肖风华

责任编辑：张贤明　李沙沙　周惊涛
封面设计：彭　力
责任技编：吴彦斌　周星奎

出版发行：广东人民出版社
地　　址：广州市海珠区新港西路 204 号 2 号楼（邮政编码：510300）
电　　话：（020）85716809（总编室）
传　　真：（020）85716872
网　　址：http://www.gdpph.com
印　　刷：广州市浩诚印刷有限公司
开　　本：787mm×1092mm　1/16
印　　张：80．75　　字　数：1160 千
版　　次：2020 年 8 月第 1 版
印　　次：2020 年 8 月第 1 次印刷
定　　价：450．00 元（全三册）

目 录

伦明续修四库全书总目提要研究

李建权　著

第一章　绪论

清乾隆年间，设立“四库全书馆”，由纪昀、陆锡熊、孙士毅任总纂官，编纂《四库全书》，这是中国最大的一部丛书。四库馆臣每校订完一部书籍，即撰写一篇提要置于书前，用以论述各书大旨、介绍著作源流、开列作者爵里、考订本书得失、订辨文字增删以及篇帙分合，复经纪昀和陆锡熊综合、平衡、润饰、整理，汇为《四库全书总目提要》。《四库全书》和《四库全书总目提要》之编纂，在中国古籍整理史上具有里程碑意义。

在此后二百年里，随着社会和文化、学术的发展，新的典籍大量产生，新发现的典籍品种及各种版本亦复不少，于是续修《四库全书》的呼声不绝于耳，一些学者亦为此做了许多工作，阮元编撰《四库未收书目提要》即为一例。但受历史条件限制，续修之议终未成事。迨至1927年12月，北京人文科学研究所成立，以日本退还的部分庚子赔款作经费，始有《续修四库全书总目提要》之纂修。

《续修四库全书总目提要》，参加撰稿者共有71名专家、学者，伦明为其中之一。《续修四库全书总目提要》共收录提要稿32960余篇。据罗琳《〈续修四库全书总目提要〉整理说明》，其收录范围为：《四库全书总目提要》虽已收录，但窜改、删削过甚或版本不佳的书籍；修改阮元的《四库未收书目提要》；《四库全书总目提要》遗漏的书籍；乾隆以后的著作和辑佚书籍；禁毁书和佛、道藏中的重要书籍；词曲、小说及方志等类书籍；敦煌遗书；外国人用汉文撰写的书籍。[①]

《续修四库全书总目提要》自1928年1月起开始编纂，至1931

① 参见罗琳：《续修四库全书总目提要·经部·整理说明》，见中国科学院图书馆整理：《续修四库全书总目提要·经部》，中华书局1993年版。

年6月初步完成拟定书目工作；1931年7月起着手提要撰写工作，1942年太平洋战争爆发，北京人文科学研究所经费困难，提要撰写工作基本停止。据稿件所记录的时间，有的作者甚至到1945年才完成撰写工作；1938年4月，设立了“提要整理室”，当时所谓的整理，仅限于将提要稿与拟目进行检对，查找遗漏。然后将约三分之一原稿打印分送相关单位，后因抗日战争全面爆发，编纂工作尚未正式开始便不了了之。抗战胜利后，这批提要稿及有关档案，中日双方均有保存，中方由我国著名的语言文字学家、文献档案学家、教育学家沈兼士接收。中华人民共和国成立后，这些提要稿归中国科学院图书馆庋藏，郑振铎、叶恭绰、李根源、梁启雄等学者先后多次建议整理出版《续修四库全书总目提要》稿，但由于各种原因，一直未能实现。

1972年，台湾商务印书馆据日本所藏的三分之一打印稿影印出版《续修四库全书提要》，收录提要稿约11000篇，分13册，其中索引1册。这份打印稿，既非全帙，校对亦不精，错误百出。

迨至1993年7月，中华书局才正式出版《续修四库全书总目提要·经部》。该书由中国科学院图书馆整理，罗琳撰写有《整理说明》弁于书前，对《续修四库全书总目提要》之编纂原委作了简明介绍。该书分上、下两册，共240余万字，收录提要4573篇。

1996年，齐鲁书社影印出版《续修四库全书总目提要》全部原稿，共37册，外加索引1册。该书以中国科学院图书馆收藏《续修四库全书总目提要》219函提要稿本（末12函从《续修四库全书总目提要》档案中清理出来）为底本。

2002年，湖南大学中国四库学研究中心博士生导师、复旦大学中国古代文学研究中心教授、中国古典文献学博士生导师吴格主持的《续修四库全书总目提要》整理项目获教育部立项启动。尔后，《续修四库全书总目提要·丛书部》《〈续修四库提要总目〉整理与研究》等学术研究成果出版。

20世纪以来，《续修四库全书》《四库全书存目丛书》《四库禁毁书丛刊》《四库未收书辑刊》等丛书相继出版，嘉惠士林，其功甚巨。然而，这一丛书均无与之匹配的提要，[①] 在一定程度上限制了丛书功用价值的发挥。伦明及其他学者在编撰《续修四库全书总目提要》的艰辛和巨大努力，一方面能促进以上丛书的使用，另一方面也可以掀起文献学、目录学等中国传统文化的研究之风，为此，笔者认为，对伦明及其《续修四库全书总目提要》的研究具有重要意义。

第一节 伦明研究的现状

伦明，字哲如，广东东莞人，民国时期我国著名藏书家、版本目录学家、续修《四库全书》的积极倡导者和践行者。伦明以续修《四库全书》为一生之志，其藏书楼取名“续书楼”即为此意。伦明在京师大学堂念书期间，就发现《四库全书》“搜采未尽”，于是凡是过眼《四库全书》未收之书便抄录，期待有一天能补齐缺失。后甚至辞去北京大学教席，奔走呼吁，率先撰稿，只为续修《四库全书》。据吴格《东洋文库藏〈续修四库全书总目提要〉资料随录》中的“交稿记录”显示：伦明交稿“始于民国二十一年五月二十一日，止于民国二十六年七月”，其间交稿记录不曾中断。齐鲁书社影印的《续修四库全书总目提要（稿本）》中，自第14册70页下至第15册672页上，均为伦明所撰提要手稿，为撰稿最多者。

关于伦明的研究，主要有伦明生平活动研究、《辛亥以来藏书纪事诗》研究、藏书事业研究、学人交流研究，等等。

一、关于伦明生平活动研究

1935年，何多源发表于《广州大学图书馆》季刊第1期上的

---

① 2002年《续修四库全书》全部出齐，2009年清华大学古典文献研究中心启动《续修四库全书》的提要编纂工作，2014年12月由上海古籍出版社出版集部提要，2015年3月出版史部提要。

《广东藏书家考（四续）》为伦明生平活动研究之最早者。1964 年，冼玉清在《艺林丛录》第五编中刊发了《记大藏书家伦哲如》为次。紧接着，张次溪《伦哲如先生传》，孙耀卿、雷梦水《藏书家伦哲如》《记伦哲如先生》，傅振伦《记目录学家伦明先生二三事》，台静农《北平辅仁旧事》，苏精《伦明——书之伯乐》《近代藏书三十家·伦明续书楼》，关国煊《民国人物小传·伦明》，杨宝霖《藏书家伦明》，陈汉才《康门弟子述略·伦明》，周劭《“破轮”》，伦志清《学者型藏书家伦明的书缘》，陈思《学者型藏书家——伦明》，来新夏《以“破伦”精神藏书的伦明》，罗志欢《伦明：中国近现代藏书大家》等，都对伦明的生平活动进行过梳理、阐述。其中，冼玉清、张次溪、雷梦水、孙殿起、傅振伦等人与伦明交往颇深，所言皆得之身所见闻，亲切可信。苏精所撰《伦明——书之伯乐》[①]、傅振伦《记目录学家伦明先生二三事》是对伦明生平研究用力颇深的文章，对伦明生平行事进行了较为详细的阐述。东莞图书馆《伦明全集一》[②] 中《伦明全集》代序《伦明生平》一文，更是对伦明藏书家、大学教授、版本目录学家、书店老板、中华传统文化的忠实传承者等方面进行了详细论述，是伦明生平研究的深入之作。

二、关于伦明《辛亥以来藏书纪事诗》研究

叶恭绰《辛亥以来藏书纪事诗·序》、雷梦水《伦哲如的〈辛亥以来藏书纪事诗〉》、王伯祥《辛亥以来藏书纪事诗》、黄正雨《伦明与〈辛亥以来藏书纪事诗〉》等均对伦明《辛亥以来藏书纪事诗》的

---

① 此文后来收入《近代藏书三十家》出版，改名《伦明续书楼》。台湾版《近代藏书三十家》未曾见，2009 年中华书局出版了《近代藏书三十家》（增订本），增订本中《伦明续书楼》一文与《伦明——书之伯乐》一文内容略有差异。

② 据《伦明全集》前言介绍：《伦明全集》共分四卷，伦明所著的诗词、文章为第一卷；《续修四库全书提要稿》由于字数较多，分两卷出版，为第二卷和第三卷，后人对伦明的研究文章以附录形式作为第四卷。2014 年三四月份选题之初曾联系东莞图书馆，告知最早 2014 年年底出二、三卷。截至目前，尚未见二、三、四卷出版。

相关情况进行了详细的介绍；宋远《辛亥以来藏书纪事诗未刊稿笺注》详细地了笺注了伦明《辛亥以来藏书纪事诗》未刊稿的内容；谢灼华《续补藏书纪事诗传·序》，徐雁、谭华军《续补藏书纪事诗传·伦明》，对续补伦明《辛亥以来藏书纪事诗》进行了详细的阐述。《清代藏书楼发展史·续补藏书纪事诗传》翻译了近代图书馆事业家谭卓垣的英文作品《清代藏书楼发展史》，又将伦明《辛亥以来藏书纪事诗》、王謇《续补藏书纪事诗》、徐绍棨《广东藏书纪事诗》收入其中。同时，又增补了伦明《辛亥以来藏书纪事诗·序》，节录徐信符《广东藏书记略》有关伦明部分。

三、关于伦明藏书事业研究

东莞图书馆整理的《伦明全集》，在《伦明生平》等文中对“伦明痴迷于藏书，幼年时便常省下父亲的赏钱托县衙从省城帮忙代购图书；移居京师后，闻厂肆有异本又‘竭资购置，乃至质钗典衣，在所不顾’，即使远补日本，也常常流连于当地的书摊”，以及伦明藏书“绝不加着钤印，不厚古薄今、贵远贱近，不避重复”等原则与“藏为所用”等主张进行阐述；冀淑英《伦明藏书与清刻本的入善问题》、童轩《书海因缘一绪微——谈伦明旧藏〈宋四家词选〉抄本》，董馥荣《伦明所藏抄本述略》等对伦明藏书多为清刻本这一重要特点进行了诸多实证性阐述和研究；石光明《〈东涧写校李商隐诗集〉伦明眉批注释》对伦明读书所留眉批注释进行了研究。

四、关于伦明目录学研究

熊静《伦明先生文献学著述考》就作者查访所及，对北京大学图书馆及中国国家图书馆所藏伦明文献学著述《清代史学书录》《版本源流》《清代及今人文集著者索引》《清代及今人文集书名索引》《续书楼读〈书〉记》《续修四库全书总目提要》《辛亥以来藏书纪事诗》《续书楼藏书记》《渔洋山人著书考》《孔子作孝经证》《续修四库全书刍议》《拟印四库全书之管见》《关于印行四库全书意见书》等版本信息进行了比对和阐述。与此同时，该文还对伦明校勘群书的成就进行了详细评述。作者认为："经伦氏校勘之书，可称善本。"刘平[①]《伦明目录学思想初探》主要就伦明《目录学讲义》一文进行延伸性论述。

五、关于伦明学人交流研究

胡适《致伦哲如先生书》，来新夏《读伦明先生致陈垣先生的信件——纪念陈垣先生130岁冥诞》，伦志清《藏书家伦明与史学家陈垣的书缘》《解开藏书家伦明与梁启超的情谊谜团》，周永卫《陈垣与伦明的交往》，罗志欢《伦明评传》中"五地交游"章节等，对伦明与夏孙桐等老师的交往，与林纾、马叙伦、朱希祖等同事的交往，与梁启超、陈垣、叶恭绰等留京粤人的交往，与关庆麟、关庚麟、胡祥麟、朱应奎、胡汝麟等同学的交往，与孙殿起、王文进等坊肆书贾的交往，与服部宇之吉、高田真治、长泽规矩也、仓石武四郎、桥川时雄等日本学者的交往等都作了详细的叙述。此外，根据以上学人交流研究，伦明还与马叙伦、廖道传、郑谦、冼玉清、徐信符、莫天一、袁金铠、金梁等交情淳厚。

此外，张纹华《〈伦哲如诗稿〉探析》对伦明诗稿的版本、诗歌的创作分期与创作特色等进行了赏析。

第二节　伦明续修四库全书总目提要研究的现状

由于《续修四库全书总目提要》编纂工作有东方文化事业总委员会的日本背景，且主持该项目的为日本人桥川时雄，故该书影印出版

① 刘平为北京大学东莞图书馆博士后创新实践基地的首位博士后研究人员，2013年8月进行了开题报告，在站研究课题为《伦明〈辛亥以来藏书纪事诗〉研究》。

较晚。与此同时，由于抗日战争全面爆发，当年参与编纂此书的专家学者均害怕与日本扯上关系，对此多缄口不谈，[①] 故《续修四库全书总目提要》长时间不为人所知，湮没无闻。1966 年，何朋发表在《书目季刊》上的《〈续修四库全书提要〉简介》，拉开了对《续修四库全书总目提要》关注和研究的序幕，其研究方向主要包含以下几个方面：

一、关于《续修四库全书总目提要》的介绍

由于何朋撰写《〈续修四库全书提要〉简介》时，采访过《续修四库全书总目提要》项目的主持人桥川时雄，该文披露了不少关键信息。为此，该文多为后来者引用，如王云五撰写《续修四库全书提要・序》时就曾参考此文。1980 年，汪家熔发表于《出版工作》的《〈续修四库全书提要〉亟宜继续》；1985 年，曹书杰发表于《古籍整理研究学刊》的《〈续修四库全书提要〉及其功过得失》；1987 年，冯惠民发表于《文史知识》的《谈谈〈续修四库全书提要〉》，以及吴哲夫《现存〈续修四库全书提要〉目录整理后记》，梁容若《评〈续修四库全书提要〉》，罗琳《〈续修四库全书总目提要〉的版本著录特点》《〈续修四库全书总目提要〉存世现状考》，彭明哲《〈续修

① 以杨树达《积微翁回忆录》可略见一斑。一九三六年二月十一日条下云："跋成蓉镜《史汉骈枝》。日本所设东方文化会请余撰《两汉书著作提要》。以其为余专门之学，借此可温寻故事，其事不关政治，诺之；故作此文。"见杨树达：《积微翁回忆录》，北京大学出版社 2007 年版，第 78 页。同年二月、三月、七月、八月、十一月皆有撰稿记录。八月条下："三日。自我检讨书十日来屡次修改，今日始定稿。四日。余向历史系师生检讨。生平最大之错误，为应日本人之请续修《四库提要》一事。因好利之故，丧失民族立场，最可痛恨。"见杨树达：《积微翁回忆录》，北京大学出版社 2007 年版，第 249 页。又罗继祖当年曾参与撰稿，并将所撰稿以《后书钞阁读书记》为题发表在《中华文史论丛》1979 年至 1982 年各期。然而 20 世纪 80 年代在《蓮户录》中谈及《续修四库全书总目提要》并未言自己曾参与其事，直到 90 年代经部整理稿出版，里面有撰稿人姓名，始云当年沾祖父罗振玉之光列与撰稿人。

四库全书总目提要〉考略》，鲍思陶《无愧于前修和来哲——〈续修四库全书总目提要〉印行记》，潘树广《续修四库提要的四种版本》，江庆柏《〈续修四库全书总目提要〉述评》，陈晓华《论〈续修四库全书提要〉的史学价值》等学术研究成果陆续发表，为读者了解和研究《续修四库全书总目提要》提供了重要的参考和借鉴。

二、关于《续修四库全书总目提要》纂修过程的研究

1982 年、1983 年，郭永芳分别发表于《图书情报工作》的《〈续修四库提要〉纂修考略》《〈续修四库提要〉原稿编误举要》，1994 年，罗琳发表于《图书情报工作》的《〈续修四库全书总目提要〉编纂史纪要》《〈续修四库全书总目提要〉（稿本）纂修始末》，以及吴格《日本东洋文库藏〈《续修四库全书总目提要》编纂资料〉》[①]《桥川时雄与〈续修四库全书总目提要〉编纂》，张升《董康与〈续修四库全书总目提要〉》，萨仁高娃《有关〈续修四库全书总目提要〉的通信》，孙颖、徐冰《“北京人文科学研究所”筹建始末》，东北师范大学孙颖的博士论文《二十世纪上半叶日本的“对支文化事业”研究——基于“东方文化事业总委员会”与“日华学会”的考察》等等，均对《续修四库全书总目提要》的纂修过程进行考证。其中，《“北京人文科学研究所”筹建始末》《二十世纪上半叶日本的“对支文化事业”研究——基于“东方文化事业总委员会”与“日华学会”的考察》，对组织编纂《续修四库全书总目提要》的东方文化事业总委员会以及北京人文科学研究所进行了详细的阐述，有助于进一步了解《续修四库全书总目提要》纂修的组织机构、经费来源与具体实施过程。

---

① 又见吴格：《东洋文库藏〈续修四库全书总目提要〉资料随录》，见张本义：《白云论坛》第四卷，北京图书馆出版社 2007 年版。大体内容一致，但发表在《白云论坛》上的罗列交稿记录日期更详细。

三、关于《续修四库全书总目提要》原稿和整理本的辨证研究

由于《续修四库全书总目提要》成于众手，书名、作者爵里、版本、学术评价等均存在不一致等问题。为此，自《续修四库全书提要》《续修四库全书总目提要·经部》《续修四库全书总目提要（稿本）》陆续出版以后，对于原稿和整理本的辩证就没有停止过。如方豪《〈续修四库全书提要〉札记》，郭永芳《〈续修四库提要〉原稿辨误举要》，陈鸿森《〈续修四库全书总目提要·经部〉辨证》《〈续修四库全书总目提要〉孝经类辨证》，主父志波《〈续修四库全书总目提要〉订误》，王爱亭、崔晓新《〈续修四库全书总目提要〉举正》，郑裕基《〈续修四库全书总目提要·经部〉"尚书类"断句谬误举例》《〈续修四库全书总目提要·经部〉"尚书类"中断句当属下句而误属上局举例》，朱守亮《〈续修四库全书提要〉与〈续修四库全书总目提要〉有关诗经部分的说明》，焦桂美《〈续修四库全书总目提要〉条辨》《〈续修四库全书总目提要〉举正》等。在这类著述中，复旦大学李士彪的博士后出站论文《〈续修四库全书总目提要·经部〉辨证》① 研究最为深入，研究观点也最为集中。

四、关于《四库全书总目提要》《续修四库全书总目提要》比较研究

为考察《四库全书总目提要》与《续修四库全书总目提要》的学术演变，侯文冉《从〈四库全书总目〉到〈续修四库全书总目提要〉：钟惺对〈诗经〉评点的评价》，甄洪永的博士论文《明初经学研究》等，均对《四库全书总目提要》与《续修四库全书总目提要》

---

① 此文后刊于潘美月、杜洁祥主编：《古典文献研究辑刊》十三编第三册，花木兰文化出版社 2011 年版。

的异同进行了详细地比较和分析。

五、关于《续修四库全书总目提要》续修与影印研究

郭伯恭《四库全书之续修与影印述略》，吴哲夫《四库全书纂修之研究》，杨家骆《四库全书通论》中的专门章节——“续修的呼声”与“续修技术问题的建议者”，黄爱萍《四库全书纂修考》，李常庆《〈四库全书〉出版研究》的专门章节——“《四库全书》的影印出版”“续修《四库全书》与四库系列丛书的编纂与出版”，陈晓华的博士论文《“四库总目学”史研究》[①] 中的专门章节——“《四库全书总目》之续编”，王亮的博士论文《〈续修四库全书总目提要〉研究》等，均对《续修四库全书总目提要》之续修与影印等问题进行了深入研究。

六、关于《续修四库全书总目提要》手稿整理研究

自 20 世纪 90 年代以来，越来越多《续修四库全书总目提要》的手稿被整理。如冀淑英整理了赵万里《明人文集提要》；吴格整理了胡玉缙《续四库提要三种》[②]，包含胡玉缙所撰《续修四库全书总目提要》“礼类”稿件 85 篇；曾宪礼整理刘节所撰《续修四库全书总目提要》25 篇，并编入《刘节文集》[③]；台湾“中央研究院”中国文哲研究所 2009 年 12 月整理出版《张寿林著作集——续修四库提要稿》[④]，收录张寿林所撰提要稿 1600 篇；谢雍君整理傅惜华所撰《续修四库全书总目提要》“戏曲类”提要 447 篇，收入《傅惜华古典戏

① 又见陈晓华：《“四库总目学”史研究》，商务印书馆，2008 年版。

② 胡玉缙撰，吴格整理：《续四库提要三种》，上海书店 2002 年版。

③ 曾宪礼编：《刘节文集》，中山大学出版社 2004 年版。

④ 杨晋龙校订，林庆彰、蒋秋华主编：《张寿林著作集——续修四库提要稿》（一至四册），中央研究院中国文哲研究所 2009 年版。

曲提要笺证》[①]；东莞图书馆整理伦明《续修四库全书总目提要》1882篇，收入《伦明全集》第三、第四册；吴格整理萧山人士所撰手稿，收入《〈续修四库全书总目提要〉中所载萧山人士著述（方志类）》[②]；中华书局整理《续修四库全书总目提要》“易类”提要，刊于《周易文化研究》第四辑；刘时觉整理《续修四库全书总目提要》“医家类”提要453种，收入《四库及续修四库医书总目》[③]。

此外，在《续修四库全书总目提要》手稿影印出版前，也有部分撰稿人将当年所撰提要稿刊发。如罗继祖曾以《后书钞阁读书记》为题，将所撰手稿刊发于《中华文史论丛》1979年至1982年各期；吴承仕将自己所撰《续修四库全书总目提要》63篇收入《检斋读书提要》[④]；等等。与此同时，还有一些利用的情况。如林庆彰、蒋秋华主编的《通志堂经解研究论集》，收录伦明所撰《通志堂经解》提要；[⑤] 陈广珍、张国梁主编的《蒋楷文集》，收录伦明所撰《经义亭疑》提要；[⑥] 黄曙辉编校的《刘咸炘学术论集》，收录班书阁、杨树达、孙海波所撰《刘咸炘著述提要》；[⑦] 等等。

第三节　伦明续修四库全书总目提要研究的意义

就以上对伦明的研究以及伦明续修四库全书总目提要研究的现状

① 谢雍君笺证：《傅惜华古典戏曲提要笺证》，学苑出版社2010年版。

② 沈迪云主编：《地方文献论文集——萧山·地方文献国际学术研讨会》，三晋出版社2010年版。

③ 刘时觉编注：《四库及续修四库医书总目》，中国中医药出版社2005年版。

④ 吴承仕：《吴检斋遗书·检斋读书提要》，北京师范大学出版社1986年版。

⑤ 林庆彰、蒋秋华主编，黄智明编辑：《通志堂经解研究论集》下，“中央研究院”中国文哲研究所2005年版，第798页。

⑥ 陈广珍、张国梁主编：《蒋楷文集》，香港银河出版社2002年版，第229—230页。

⑦ 刘咸炘著，黄曙辉编校：《刘咸炘学术论集》（文学讲义编），广西师范大学出版社2007年版，第372—378。

来看，关注伦明生平、藏书家、学人交流等方面的内容比较多，对伦明文献学、目录学、藏书思想等方面的研究少；关注《续修四库全书总目提要》编纂过程、总体撰稿情况，以及对具体撰稿中辨误等研究比较多，对伦明撰稿缺乏实证以及深度研究。为此，笔者认为，对伦明续修四库全书总目提要进行深入研究，对于弘扬伦明矢志传承中华传统文化的精神，深厚而坚执的中国典籍文化情意，念兹在兹的历史文献价值观具有重要意义。

一、填补伦明续修四库全书总目提要研究的空白

1972 年，台湾商务印书馆出版《续修四库全书提要》后，由于影印的只是日本所藏的部分手稿，不仅内容不全，而且错误甚多，如"史部"传记类收入伦明所撰提要为数不少，但未署伦明姓名等等。1993 年，中华书局出版中国科学院图书馆整理的《续修四库全书总目提要・经部》，内有署名伦明提要 1128 篇，也不是伦明撰稿的全部。直到 1996 年齐鲁书社影印出版中国科学院图书馆整理的《续修四库全书总目提要》，伦明所撰提要稿才全部公之于众。一方面由于伦明续修四库全书总目提要稿公之于众比较晚，另一方面，也由于伦明《目录学讲义》《版本源流》等学术成果直至东莞图书馆《伦明全集》出版后，才遗珠再现，故对伦明续修四库全书总目提要的研究比较缺乏，笔者《伦明续修四库全书总目提要研究》正好填补这一空白。

二、首次考辨伦明续修四库全书提要稿的数量

伦明作为版本目录学家，在《续修四库全书总目提要》的组织与撰写工作中发挥了核心骨干作用，然而，学者对伦明撰稿数量说法不一。有的学者只言伦明撰有"续修四库全书提要稿"，未言具体数量和类别。如王云五在台湾商务印书馆出版的《续修四库全书提要》序中，提到伦明参与经部书类、春秋类、群经总义类、四书类，史部传

记类撰写，却不言具体数量；有的学者言伦明所撰稿件“3 部 11 类”，如《伦明全集》之《伦明生平》：“伦明参与撰著的有十一类，负责整理主编的有经部尚书类等五类，史部传记类、集部别集类的广东部分。”有的学者言伦明撰稿“1903 篇”，如熊静《伦明与〈续修四库全书总目提要〉》云：“伦明撰写经部 1138 种、史部 759 种、集部 6 种，计 1903 种。”有的学者以及文献著述中言伦明撰稿“1904 篇”，如吴格《日本东洋文库藏〈《续修四库全书总目提要》编纂资料〉》：“《续修提要》载伦明所撰提要一千九百零四篇，类目及数量均较此增加。”齐鲁出版社《续修四库全书总目提要》（稿本）也载伦明撰稿 1904 篇。有鉴于此，笔者通过《伦明续修四库全书总目提要研究》，首次对伦明撰稿数量进行考辨。

三、首次分析伦明续修四库全书总目提要的特色

伦明续修四库全书总目提要稿 80 余万字，是伦明最重要学术成果之结晶，而对其特色进行分析，这是首次。笔者认为，对伦明续修四库全书总目提要稿的特征及其不足进行分析，不仅有助于我们更好地了解作为藏书家的伦明，作为学者的伦明，作为版本目录学家的伦明，作为中华传统经典文化忠实传承者的伦明，而且也有助于我们在伦明续修四库全书总目提要稿中，实证检验伦明重证据广博与独立考证，重折中案断与自有创见，重叙事体例和语尚简净，重综较众版与互见他书，重古文经学与新学新理，重书名解释与刊校之失等撰写思路，为进一步研究《续修四库全书总目提要》提供参考和借鉴。

四、首次阐述伦明续修四库全书总目提要文献目录学思想

伦明是清末民国时期著名的藏书家、学者、版本目录学家和古旧书业经营家，而他被后人所熟知的更多是藏书家身份（“续书楼”主人）、古旧书业经营家的身份（“通学斋”东主），以及他续修《四库

全书》的终身志向，而对其文献目录学思想涉论较少，专论伦明续修四库全书总目提要的文献目录学思想则为空白。为此，笔者通过《伦明续修四库全书总目提要研究》，分析伦明藏书、卖书、抄书、校书，旨在为续修四库全书总目提要积累目录学、版本学等知识储备；通过目录学、版本学知识得心应手提要稿件的撰写工作；通过提要稿件的撰写工作又将自己文献目录学思想渗透其中。笔者首次总结提炼伦明续修四库全书总目提要的文献目录学思想，抛砖引玉，掀起该方面研究，弥补其不足具有重要意义。

第二章　伦明续修四库全书总目提要的学术准备

伦明，光绪二十七年（1901）举人，光绪二十八年（1902）入京师大学堂。光绪三十三年（1907）自京师大学堂师范科毕业后，历任广东模范高等小学校长、北京大学法预科教授、河南道清铁路秘书长等职。1927至1937年，先后在北京大学、北京师范大学、燕京大学、民国学院等校任教授，其间曾于1930年受邀赴日本东京斯文会鉴定古籍。1931年，任东方文化事业总委员会研究员，并与徐森玉代东方文化事业总委员会购买图书。1937年，返粤扫墓，尔后战乱道阻，未能北返，数年后因病卒于故乡。

孙殿起云："耀卿与先生交历三十载，知先生行谊最深，学行为海内宗仰，士君子翕然推服无异词。先生生平酷嗜杜韩之书，并服膺清初王阮亭、吕晚村等著作。先生工诗文，又致力于目录学。壮岁多获藏书家旧物，晚年学益精粹。嗜书成癖，鉴裁甚精，收储至富。偶闻他处有奇书珍籍、孤本秘册，或不能得，则勤勤假钞备副。"①

冼玉清云："五十年来，粤人蓄书最富而精通版本目录之学者，当推东莞伦哲如先生。"② 又谓："先生性和易，学问渊博，于书无所不读。工诗文，下笔如飞，尤擅叠韵诗，每每一韵叠至五六十首者。"③

徐信符云："东莞伦哲如精目录学，居北平数十年，多获异书，

---

① 孙耀卿口述，雷梦水整理：《伦哲如先生传略》，见伦明著，雷梦水校补：《辛亥以来藏书纪事诗》，上海古籍出版社1990年版，第149页。

② 冼玉清：《记大藏书家伦哲如》，见《艺林丛录》第五编，商务印书馆香港分馆1964年版，第324页。

③ 冼玉清：《记大藏书家伦哲如》，见《艺林丛录》第五编，商务印书馆香港分馆1964年版，第328页。

尝欲续四库全书目录，因名所藏为续书楼。又续叶氏《藏书纪事诗》为《辛亥以来藏书纪事诗》，于南北藏书家收藏事迹极为明审，今日粤中明悉藏书掌故者，断推伦氏。续书楼书目，以集部最为丰富，其余各部悉备，秘本极多，此亦粤中所不可得也。”[①]

伦明主要著述有《续修四库全书总目提要》《伦哲如诗稿》《辛亥以来藏书纪事诗》《续书楼读〈书〉记》《续书楼藏书记》《建文逊国考疑》《渔洋山人著书考》《孔子作〈孝经〉证》《三补顾亭林年谱》《颜元及弟子著作札记》《续修〈四库全书〉刍议》《拟印〈四库全书〉之管见》《关于印行〈四库全书〉意见书》《版本源流》[②]《目录学讲义》《清代史学书录》等。其中，《续修四库全书总目提要》为其毕生心血之结晶。

第一节　文献贮备——藏书

一、嗜书成癖

伦明自幼喜书，又受其父伦常熏习，“髫岁与诸昆仲入塾攻读，日得茶点之资，尽作书费。偶日一，先君奉政公询及诸昆仲茶资之用途。余告以所得购书用去。奉政公欲取书一阅，当即将书忙尽数献出。奉政公始悉余嗜书，心喜而钟爱焉。”[③] 在伦明的自述中，有更详细的记载：“忆少日，侍先君子宰江西之崇仁，先君子夙好书，所至以十数簏自随。在任所，又购得宜黄某氏书，藏益富。余时年十一二岁，略识文义，课暇，窃取浏览，因而博涉，渐感不足。闻塾师

① 徐信符：《广东藏书纪略》，见广东文物展览会编印：《广东文物》下册，中国文化协进会民国三十年（1941）版，第857页。

② 参见伦明著，东莞图书馆整理：《伦明全集》第一册，广东人民出版社2017年版，第187页。

③ 孙耀卿口述，雷梦水整理：《伦哲如先生传略》，见伦明著，雷梦水校补：《辛亥以来藏书纪事诗》，上海古籍出版社1990年版，第149页。

言，去此数百里是省会，书肆多，购无不具，心大动。县差有解饷至省会者，月一往，开书目若干种属焉。县差返，有得有不得，亦不审值之昂否也。先君子爱余慧，又怜其早失母也，年节赍赐，倍他兄弟。一日，召余兄弟至前，问所蓄，诸兄弟争献其所有以验，余独空如，急欲涕。先君子色变，固诘之，以购书对，不信，则出书验之，往来搬运，堆满几榻。先君子色渐霁，一一检翻，徐曰：'孺子亦解此乎？善读之。'"[①] 伦明日后记下此事，"溯聚书所从始也"。

伦明成年后入京师，又承曾习经指点。《辛亥以来藏书纪事诗》曾习经条下注云："揭阳曾刚甫右丞习经，居丞相胡同潮州馆。余壬寅来京师，多从君借书读。君喜谈书本，暇则偕游琉璃厂，随所见谆谆指示，余之癖于此，由君引之也。"[②]

伦明《辛亥以来藏书纪事诗》吴式芬条下有"山涧口家翻半夕，弃余仍是杂精粗"，注云："海丰吴子苾观察式芬，及其子仲饴侍郎重熹，累代积书，刊有《攟古录金文》《九金人集》行世。住南城达智桥，去余寓不百步。侍郎殁于辛亥后，遗书渐散，至去岁九十月间，出有亟，日见打鼓贩趋其门。最后，山涧口书贩李子珍以千二百金全有之，载数十车。人皆以为弃余物，不之顾。余翻阅半夕，得佳本数十种。其金石类有子苾校本《平津读碑记》、子苾稿本《贞石待访录》，十八巨册，谐价未就，而吴氏之书，从此尽矣。"[③] 又《续书楼藏书记》言："顾余之求之也，有异乎人之求之者，京中旧习，士大夫深居简出，肆夥晨起，挟书候于门，所挟书率陈陈相因，余概却不见。闲游厂肆，见有散置外室，若不甚爱惜者，视之，多有佳本。及遍翻其架上下，尘灰寸积中，残册零帙，往往惊所未见。又过他街市，于冷摊上，时亦无意遇之。盖小贩中有打鼓者，收卖住户破旧器

① 伦明：《续书楼藏书记》，见伦明著，雷梦水校补：《辛亥以来藏书纪事诗》，上海古籍出版社 1990 年版，第 121 页。

② 伦明著，雷梦水校补：《辛亥以来藏书纪事诗》，上海古籍出版社 1990 年版，第 69 页。

③ 伦明著，雷梦水校补：《辛亥以来藏书纪事诗》，上海古籍出版社 1990 年版，第 16—17 页。

物书纸，转鬻于市摊，市摊以得之贱也，亦贱售之。游人熙熙，稍纵即逝。久之，稍熟习，则留以相待者有之。又客之载书而返也，箧中琳琅，得之者在捷足，余先时而探其讯，则预伺焉，若为他人所先，视其籍跟踪而求，十不失一。凡余之得书也，以俭、以勤、以恒，俭以储购书之资，勤以赴遇书之会。计童龄迄今，垂四十年，其间居京师最久，又际群籍集中之时，日积月累，有莫知其然而然者。”①

二、藏书颇丰

伦明以藏书家著称于世，而对于具体藏书数量及版本，因为未见藏书书目，一直没有确切的说法，只有零星的描述。孙殿起云：“先生拥书数百万卷，分贮箱橱凡四百数十只，书房非有十楹屋宇，不得排列。耀卿每入其书斋，无踏足之地；至其廊下，历年不断堆书。”②

《藏书家伦哲如》云：“他在北京所储藏的书，写记目录凡两次，二十年代奉派杨宇霆、郑谦为张学良抄过一次，因故中辍；一九三八年他眷属南归，又抄一次，计十余册，每册五十页。由他的眷属携归，经友人借阅佚去数册。一九一七年至一九四三年，他在广东所存的书，耀卿曾经看过，其中以粤人所著书居大半。”③

1926年伦明《与莫伯骥书》云：“弟所藏以集部为多，清初秘本尤多，但杂在群书中，尚未有目耳。”④

伦明《赋呈叔海夫子七律四首并乞削正》第四首云：“群籍丛残不可论，廿年摭拾费辛勤。布衣未食官厨米，铁网先搜赤水珍。（明尝拟以独力《续修四库全书提要》，搜储遗籍万数千种，多人间罕见

---

① 伦明：《续书楼藏书记》，见伦明著，雷梦水校补：《辛亥以来藏书纪事诗》，上海古籍出版社1990年版，第125页。

② 孙耀卿口述，雷梦水整理：《记伦哲如先生》，中国人民政治协商会议北京市委员会文史资料委员会编：《文史资料选编》第十二辑，北京出版社1982年版，第178页。

③ 孙殿起口述，雷梦水整理：《藏书家伦哲如》，《随笔》1980年第9集。

④ 伦明：《与莫伯骥书》，见伦明著，东莞图书馆整理：《伦明全集》第二册，广东人民出版社2017年版，第405页。

本。）闻说庀材营广厦，自怜欚棹阻通津。删修幸侍尼山席，笔削微言倘许闻。”[①]

1937 年 3 月 18 日伦明《与罗香林书》言：“弟所藏略有二三万种，精秘居多。”[②]

《文史资料选编》（第十二辑）中《记伦哲如先生》文后附伦明《与孙殿起书》，中言：“一月前曾致函梁任公。因清华学校开办国学院，且财政充裕，我欲与彼停约，由院聘任专修《续四库提要》，而将我之书籍移存该校保存。……顷接任公覆书，大体赞成。惟要先看书目，但书目不易编就。今还有最简办法，此处之书由我编目，在京之书由你代编，不必审慎。但分经、史、子、集四大类，而经之中亦不必分易、书、诗、春秋、礼等类，但系经即归一处，集部亦不分时代先后，惟该书系诗文或他杂著，则列明 × × 堂文集若干卷、诗集若干卷或札记若干卷（此类要详，勿略），某人著、何时刻板便得。即请见字即刻办理。”[③]

邓之诚《清诗纪事初编 · 序》谓：“东莞伦明，以书为性命，专收清人集部几备，尝见语所藏原刻顺康人集，凡十二木箱。”[④]

雷梦水《书林琐记》中《邓之诚先生买书》一文载：“‘七七’事变以后，先生用几年的时间收藏了七百多种清初人集部，作为他研究明末清初历史的资料。……先生以藏有大量清初人集部自豪，他以他收藏的集部书与北京另一收藏家伦哲如先生所藏书相比，按种数讲，伦比他多两百余种。”[⑤]

---

① 伦明著，东莞图书馆编：《伦明全集》第二册，广东人民出版社 2017 年版，第 169—170 页。

② 伦明：《与罗香林书》，见伦明著，东莞图书馆编：《伦明全集》第二册，广东人民出版社 2017 年版，第 407 页。

③ 伦明：《与孙殿起书》，见伦明著，东莞图书馆编：《伦明全集》第二册，广东人民出版社 2017 年版，第 403 页。

④ 邓之诚：《清初纪事初编》，见周骏富辑：《清代传记丛刊 · 学林类》（28），明文书局 1985 年版。

⑤ 雷梦水：《书林琐记》，人民日报出版社 1988 年版，第 37 页。

徐信符《广东藏书纪略》云："续书楼书目，以集部最为丰富，其余各部悉备，秘本极多。"[①]

叶恭绰谓："节予好藏书，恒节衣缩食以求，以每一书之板本齐备为的，亦一特色。"[②]

张宪光刊载在《东方早报》上的《续书楼藏书有多少》一文，披露了上海图书馆藏《东莞伦氏续书楼藏书目录》抄本两种。一种是红格16开墨笔稿本，共13册，每半页10行，首册书口横截面有"孙"字一个，无序跋，无印鉴。在第13册中，夹有李棪致叶恭绰短札两通。另一种为32开蓝格抄本，共六册，封面下题"卅二年八月钞成"，全版心有"合众图书馆"字样。第1册第1行目录下有小字说明："从番禺叶氏遐厂借钞，计十二册，新四册未到。叶氏前已失第八、九册、新第二册，今实存十三册。"又据《顾廷龙年谱》1942年11月21日条下内容，认为红格钞本是合众图书馆从叶恭绰处借来的原本，而蓝格本则是根据红格本传钞。这份目录的编撰，以箱为序，大体将经、史、子、集同类书籍装于一箱，却又很不严谨，时有错杂。目录十分简明，仅记书名、册数，偶尔标注"稿本""钞本""铅印""不全""未装订""明刊本"等字样。几乎都不标明作者及其他信息。据张宪光粗略统计，旧目共收书157箱，新目4册收录47箱（含第2册），最后几箱多为残册。共约13000种，43000册左右。所收书籍，以集部最富，经部次之，而集部又以清人著述最为繁富。[③]中国藏书家不少为学问大家，读书且藏书，无疑为著述之两翼。

三、藏以致用

伦明藏书颇丰，但并不像旧式藏书家，为藏而藏，秘不示人，而

① 徐信符：《广东藏书纪略》，见广东文物展览会编印：《广东文物》下册，中国文化协进会民国三十年（1941）版，第857页。

② 叶恭绰：《辛亥以来藏书纪事诗·叶序》，见宋远：《辛亥以来藏书纪事诗未刊稿笺注》附，《中华文史论丛》第四十九辑，上海古籍出版社1992年版，第98页。

③ 张宪光：《续书楼藏书有多少》，《东方早报》2013年4月7日，第A09版。

是藏以致用。《辛亥以来藏书纪事诗》陈垣条下注云："君藏书数万卷，非切用者不收。较谈版本目录者，又高一等矣。"[①] 从一些零星的记载可以看到不少学人曾利用过伦明的藏书。杨树达《积微翁回忆录》1931 年 2 月 4 日条下云："从伦哲如（明）借得陈兰甫先生手校《韩非子》，录其评语。"[②] 顾颉刚日记中有从伦明处借抄《春秋通论》抄本的记载。刘半农苦寻《繙清说》一书不得，"迹访无存，怅然而已"，后赵万里在伦明书房见此书，提及刘半农对此书的搜访之切，伦明慨然道："既半农需此，吾当举以相赠。"张荫麟《纳兰成德传·后记》云："更有一意外之获，近从伦明先生处，得读余数年来谒求而未得之《通志堂集》，喜可知矣。"[③] 《辛亥以来藏书纪事诗》刘师培条下注云："仪征刘申叔先生师培，记诵该博，手所校注纂录至多。余于己未始得识面，身颀而瘦，沉默寡言笑，手不释卷，汲汲恐不及。逾年病殁，年止三十八。遗稿散佚，余所得除印本外，另从友人家抄得十余种。南君桂馨，先生故友也，托郑友渔介于张次溪而识余，述南君意，余尽举所有与之。"[④] 1937 年 3 月 18 日伦明《与罗香林书》云："搜求本省文献自是要事，但粤人著作流出外省者殊少。弟聚书数十年，所得亦属有限。想因山岭间阻，输出不易。而在于本地者又因潮湿生蠹易于蚀坏之故，然不得因其难改而置之也。弟所藏略有二三万种，精秘居多。暇当开一目寄上。事关公益，有必需者亦可割爱也。"[⑤] 冼玉清《记大藏书家伦哲如》云："先生久欲编印续岭南遗书，其弟子李棪劲庵允经纪其事，并允向粤督陈济棠措款，先生

---

① 伦明著，雷梦水校补：《辛亥以来藏书纪事诗》，上海古籍出版社 1990 年版，第 81 页。

② 杨树达：《积微翁回忆录》，北京大学出版社 2007 年版，第 38 页。

③ 张荫麟：《纳兰成德传》，《学衡》1929 年第 70 期。

④ 伦明著，雷梦水校补：《辛亥以来藏书纪事诗》，上海古籍出版社 1990 年版，第 65—66 页。

⑤ 伦明：《与罗香林书》，见伦明著，东莞图书馆整理：《伦明全集》第二册，广东人民出版社 2017 年版，第 407 页。

尽以所藏粤人著述秘籍授之。”①

伦明辛苦搜书储书最主要的目的是为续修《四库全书》做准备。伦明《续书楼藏书记》云：“余续书之志，发于甲子，乡人胡子俊者，大连富商也。一日谈及四库书，余曰：‘此书宜校、宜补、宜续，而续最要，且最难。’胡曰：‘谁能为者？’余曰：‘今海内不乏绩学士，但苦无凭借，独我能为之耳。有岁给我三千金者，将屏绝人事，致力于此，计五年可成。’”② 所以伦明特重搜集，认为搜集、审定、纂修诸事当中搜集最难。谓搜集有三难：“往在乾隆间，修书议起，诏发内府所储（闻内府书亦发不尽），复令各直省进呈书籍。当时惟江浙两省奏进最多，其私家所进，如鲍士恭、范懋柱、汪啓淑、马裕四家，各数百种。周厚堉、蒋曾荣、吴玉墀、孙仰曾、汪汝瑮，各百种以上。皆籍隶两省者也。朝绅中，仅黄登贤、纪昀、励守谦、汪如藻数人奏进稍多。（各省所奏进之书，载在各省进呈书目。尝见一抄本，想系当时底稿，其私家所进，俱见谕旨。）就中两粤、云、贵，最寥寥。固由各省文化开塞不同，亦视各大吏奉行之力与不力，以故四库书并不完备，除著录、存目及违碍禁毁者外，所遗尚伙。今则中央命令之力极微，学者宠荣之心更减，此例不可复援，其难一也。自来藏书家贵古而贱今，崇远而忽近。古籍一字之异，动色相矜；近儒全璧之珍，熟视无睹。惟南皮张氏《书目答问》、长沙叶氏《观古堂书目》，录及近代。然张氏不免谬误，（张氏此书修改多次，仍有谬误，漏略更不待言。）叶氏亦复漏略，一旦从事搜集，何所借资，其难二也。家刻之书与坊刻异，坊刻贩鬻四方，尽人可读。家刻只供馈赠友朋之用，在当时已不能及远，况值咸、同兵燹，新雕旧刻，多付劫灰。其仅存者，非得楹书善守之贤子孙，莫或修补，而未刊稿本之流落散失，更不待问矣。犹忆光绪七八年间，国史馆拟续修儒林、文

① 冼玉清：《记大藏书家伦哲如》，《艺林丛录》第五编，商务印书馆香港分馆 1964 年版，1975 年 1 月重印，第 327 页。

② 伦明：《续书楼藏书记》，见伦明著，雷梦水校补：《辛亥以来藏书纪事诗》，上海古籍出版社 1990 年版，第 126—127 页。

苑传，咨行各省学政，调取私家著述。夫輶轩所至，就地咨询，时至近而势又至便，宜无不可得者。尝见江苏学政黄体芳刊采访书目一册，黄本淹通，尤致意于此，乃按目求书，十不获一，他从可知，其难三也。"①

虽然搜集不易，但伦明特用力于此，以为续书之凭借。"先生尝曰：'鄙藏之书，可作续修四库资料者，已达什之七八，岂近来之书愈购而可收者愈多，不胜望洋之叹。'"② "先生拥书数百万卷，分贮箱橱凡四百数十只，书斋充溢，并列廊下。其所储藏，杂取古人著书，《四库全书》中已见者什之二三，其未见者什之七八；多属初刻原本，大部丛书不收。先生藏书大旨，最重于搜集续修四库全书之资料，自颜其斋曰'续书楼'，即续修四库之意也。"③ 伦明《赋呈叔海夫子七律四首并乞削正》第四首注云："明尝拟以独力续修四库全书提要，搜储遗籍万数千种，多人间罕见本。"④ 可见伦明的收书目标非常明确，即为续书。

伦明《续修〈四库全书〉刍议》云："前书皆写本，盖亦有故：一由于底本系从内府借出及各省进呈，事讫，理须发还。一由于同时须得数本分储七阁，除移写外更有何法。而又急于完书，以致缮校不精，讹错百出，至于事繁费重，更不待言矣。兹则情事迥殊，无发还之烦，而有影印之便，可将原本汇集成帙，不但节劳省费也。盖有清一代刻书精美，有胜于宋椠者，并可借此保全艺术。惟是收书之时，刻本宜择初印雅洁者，抄本宜择字体工整者，若仅有粗劣之刻本，及潦草之抄本，须命善书者以精纸端楷另行誊缮，斯

---

① 伦明：《续修〈四库全书〉刍议》，见伦明著，雷梦水校补：《辛亥以来藏书纪事诗》，上海古籍出版社 1990 年版，第 130 页。

② 孙耀卿口述，雷梦水整理：《伦哲如先生传略》，见伦明著，雷梦水校补：《辛亥以来藏书纪事诗》，上海古籍出版社 1990 年版，第 151 页。

③ 孙耀卿口述，雷梦水整理：《伦哲如先生传略》，见伦明著，雷梦水校补：《辛亥以来藏书纪事诗》，上海古籍出版社 1990 年版，第 151 页。

④ 见伦明著，东莞图书馆编：《伦明全集》第二册，广东人民出版社 2017 年版，第 169 页。

乃续书祖本，不得不特为矜慎也。或虑同一书而大小宽狭不一，终欠美观，不知是有补救之法，以白纸套于书页内，全书皆然，大小宽狭配令整齐，外形便成一式，此艺琉璃厂书匠优为之。至于付印之顷，放宽缩小随意所取，即内容亦成一式矣。”[①] 认为可就原书汇集影印，只需收书之时须多选择好的刻本、抄本。事实伦明就是一直朝这个目标去做的。伦明描述其收书谓：“又余之求书也，不避繁复，初得一本以为佳，继得更佳者，随将前本易去，更得更换。今所存者，大率原刻初印本也，新抄本亦择精纸，命端楷写之，他日流布，当就原书影印，勿烦缮写。继今以往，余将重保其已有者，而大增其未有者。”[②] 伦明“所藏之书皆不书签条，亦不加盖藏印”[③]，许是为了他日影印方便。

第二节　学术贮备——校书

雷梦水曾言：“先生生平手校之书百数十种，丛书如张氏双肇楼印之《燕都梨园史料》正续编[④]及董氏《邃雅斋丛书》[⑤]，皆先生襄助

---

① 伦明：《续修〈四库全书〉刍议》，伦明著，雷梦水校补：《辛亥以来藏书纪事诗》，上海古籍出版社 1990 年版，第 134—135 页。

② 伦明：《续书楼藏书记》，伦明著，雷梦水校补：《辛亥以来藏书纪事诗》，上海古籍出版社 1990 年版，第 127 页。

③ 孙耀卿口述，雷梦水整理《伦哲如先生传略》，见伦明著，雷梦水校补：《辛亥以来藏书纪事诗》，上海古籍出版社 1990 年版，第 151 页。

④ 张次溪云：“此书既粗有所成，海内嗜古之士，咸来索观。余乃谋诸伦丈哲如。于是伦丈哲如与各书贾分议梓行……久议终弗定。盖伦丈所矜护者既深，故亟欲厥成，以饷当世。惜乎诸贾之未喻夫此也。展转至今，乃复由伦丈介绍邃雅斋主人董金榜，承允代为刊布”。见张次溪编纂：《清代燕都梨园史料》（正续编），中国戏剧出版社 1988 年版，自序。

⑤ “血上升，不成眠。翻伦明主编之《邃雅堂丛书》”，见《顾颉刚日记》第十一卷，联经出版事业股份有限公司 2007 年版，第 391 页。

而成也。"[①] "先生一生致力于搜书与藏书，亦喜读书。以搜访故书，过录批校，耗去一生精力。"[②] 伦明自作有《抄书》《校书》诗，其《抄书》诗云："不爱临池懒读书，习劳聊破睡工夫。异时留得精抄本，算与前贤充小胥。"[③]《校书》诗云："一字辛勤辨鲁鱼，益书益己竟何如。(用卢抱经《群书拾补自序》语。) 千元百宋为吾有，眼倦灯昏搁笔初。"[④] 伦明《辛亥以来藏书纪事诗》一书中提及抄书、校书的事例不少。赋章钰诗云："贫士灯偷隔壁光，借抄借校愧无偿。荛翁旧录归何处，欲发今人郭窃庄。"诗下注："长洲章式之钰，近岁居津门，以校书遣日。自言假人旧校旧抄本，移录新本，一岁得六百余卷，余向自题校书图有句云：'千元百宋为吾有，眼倦灯昏搁笔初。'此中滋味，想君能领之也。"[⑤]

由散见各处的信息依稀可见一部分伦明所校书稿。如苏精《伦明续书楼》一文谓："如今从《北京图书馆善本书目》中，可以发现大约有十五部（以集部为多）的书名下，载有伦明批校题跋的字样。"其下注云："这十五部书是史部的《所知录》《补寰宇访碑记》《读书敏求记》《见闻录》；集部的《杜工部集辑注》《义丰集》《海岳山房存稿》《藏山阁诗》[⑥]

① 孙耀卿口述，雷梦水整理：《伦哲如先生传略》，见伦明著，雷梦水校补：《辛亥以来藏书纪事诗》，上海古籍出版社 1990 年版，第 152 页。

② 雷梦水：《辛亥以来藏书纪事诗·校记》，见伦明著，雷梦水校补：《辛亥以来藏书纪事诗》，上海古籍出版社 1990 年版，第 120 页。

③ 见伦明著，东莞图书馆编：《伦明全集》第一册，广东人民出版社 2017 年版，第 13 页。

④ 见伦明著，东莞图书馆编：《伦明全集》第一册，广东人民出版社 2017 年版，第 13 页。

⑤ 伦明著，雷梦水校补：《辛亥以来藏书纪事诗》，上海古籍出版社 1990 年版，第 52 页。

⑥（清）钱澄之撰，伦明跋：《藏山阁诗存十四卷 文存六卷 田间尺牍四卷》（清抄本），中国古籍善本书目编辑委员会编：《中国古籍善本书目·集部》中，上海古籍出版社 1998 年版，第 11221 页。

《姑山遗集》[1]《白云村文集》[2]《东江诗钞》《畏垒山人诗集》《闾丘集》《西庄始存稿》。”[3] 再如，2012 年，东莞图书馆出版的《伦明全集》第一辑彩封有伦明批校过录题跋之书的书影，计有《汉隶今存录》《日知录校正》[4]《蒿庵集》[5]《玉管照神局》[6]《封氏闻见记》《金石林时地考》[7]《历代纪元部表》[8]《元和郡县图志》[9] 等等。[10] 又如，伦明《与容庚书》提及亲笔批校《李长吉集》《江文通集》《南疆佚史》等，[11] 又过录批注《书目答问》。

---

① （清）沈寿民撰，伦明校并跋：《姑山遗集三十卷 昔者诗一卷》（清康熙有本堂刻本），中国古籍善本书目编辑委员会编：《中国古籍善本书目·集部》中，上海古籍出版社 1998 年版，第 11011 页。

② （清）李澄中撰，伦明校：《白云村文集四卷 卧象山房诗正集七卷》（清康熙四十四年刻本），中国古籍善本书目编辑委员会编：《中国古籍善本书目·集部》中，上海古籍出版社 1998 年版，第 12423 页。

③ 苏精：《近代藏书三十家》（增订本），中华书局 2009 年版，第 141 页。

④ 《日知录校正》（国家图书馆 7856），见熊静：《伦明先生文献学著述考》，《大学图书馆学报》2014 年第 1 期。

⑤ （清）张尔岐：《蒿庵集》（国家图书馆 23865），一函四册，前三册为乾隆癸巳刊本，第四册为抄本，辑录了刊本未收的张氏诗文，卷末有伦明过录张氏遗嘱，故第四册可能由伦明辑佚。见熊静：《伦明先生文献学著述考》，《大学图书馆学报》2014 年第 1 期。

⑥ 《玉管照神局》（国家图书馆 20265），见熊静：《伦明先生文献学著述考》，《大学图书馆学报》2014 年第 1 期。

⑦ 《金石林地考》（国家图书馆/古/784．1），见熊静：《伦明先生文献学著述考》，《大学图书馆学报》2014 年第 1 期。

⑧ 《历代纪元部表》（国家图书馆 4356）。见熊静：《伦明先生文献学著述考》，《大学图书馆学报》2014 年第 1 期。

⑨ 《元和郡县图志》（国家图书馆/地 84/4641），以《岱南阁刻本》为底本，据孙博渊跋抄本校录。见熊静：《伦明先生文献学著述考》，《大学图书馆学报》2014 年第 1 期。

⑩ 伦明著，东莞图书馆整理：《伦明全集》第一册，广东人民出版社 2017 年版，彩封第 18、20、21、22、23 页，正文第 457 页。

⑪ 东莞图书馆整理：《伦明全集》第二册，广东人民出版社 2017 年版，第 409 页。

此外，北京大学图书馆藏《论衡》有伦明三色笔过录异文。[①] 国家图书馆藏伦明校本《丁氏遗著残稿》。[②] 北京图书馆善本组编《1911—1984 影印善本书序跋集录》收录伦明《饮水诗词集跋》。[③] 1934 年 1 月 7 日，胡适致伦明信提到帮他校《蒲松龄集》。[④] 从这些零星可见的 30 多部伦明批校题跋过的书，可以看出伦明所涉遍及四部，以集部居多。诚如雷梦水所说“先生喜读书，以搜访故书及过录批校之事耗去一生精力”[⑤]，其用力如此之勤如此。

第三节　终生志向——续书

伦明《续书楼藏书记》云：“凡余之得书也，以俭、以勤、以恒。”这是伦明搜访图书的心得和经验。他以“俭”储购书之资，以“勤”赴遇书之会，以“恒”访欲得之书，而这一切，都是为了续修《四库全书总目提要》，甚至为了专心续修《四库全书》于 1921 年 9 月辞去北京大学教席。

一、续书的认知

虽然伦明认为《四库全书》有诸多问题，然平情以论，也承认其

---

① 《论衡》，东汉王充著，北京大学图书馆藏（NC/1135. 3/7293）。底本为明天启六年（1626）虎林阎氏刻本，校本包括：夏润枝藏校宋本；傅增湘据宋、明刊本校《汉魏丛书》本；朱宗莱据元刊本校《汉魏遗书》本，余荫甫孙仲容考证。分别以蓝、朱、墨笔过录异文。（熊静：《伦明先生文献学著述考》，《大学图书馆学报》2014 年第 1 期）

② 《丁氏遗著残稿》（国家图书馆 8486）。熊静：《伦明先生文献学著述考》，《大学图书馆学报》2014 年第 1 期。

③ 北京图书馆善本组编：《一九一一至一九八四影印善本书序跋集录》，中华书局 1995 年版 1，第 454 页。

④ 耿云志、欧阳哲生整理：《胡适全集》（第二十四卷），安徽教育出版社 2003 年，第 163 页。

⑤ 雷梦水：《书林琐记》，人民日报出版社 1988 年版，第五页。

功不在小。如伦明谓“四库全书总目提要，各部之首，冠以总序，四十三类之首，亦各冠以小序，此刘氏辑略之遗意也。其分并门目，择善而从，如……凡斯之类，具微不苟，视他史志胜矣。”[①] 又谓“乾隆修书时，主经部者属戴东原，主史部者属邵二云，主子部者属纪晓岚及周书昌。数君皆学适其用，故篇篇精审。惟集部未得其人，因之疏陋谬误特为减色。居今溯昔，殆叹极盛难继。”[②] 可见，伦明对《四库全书总目提要》评价不低，认为其分类远胜其他史志，又经、史、子三部得硕学主持，提要篇篇精审，至今难以迄及。

论《四库全书》谓：“四库去取之旨具见凡例，所云长短兼胪，瑕瑜不掩者，指著录诸书言也，今亦无以易之。……大约万历以前，旧籍之未亡者，十得七八，遗漏之故，以搜书之道未广，而非有所忌讳也（其以为忌讳者已删之改之矣）。万历以后诸书，始有忌讳，有忌讳斯有禁毁，故吾人致憾于《四库》者，在隘修而不在滥收。假使易乾隆时为今日，易纪昀、戴震诸人为我辈，此三千余种，未必见其可弃也。”[③] 认为《四库全书》著录的3000余种书至今无以易之，万历以前所存书籍大致齐备。

伦明对《四库全书》以及《四库全书总目提要》的批评主要是针对其不足之处。认为纂修《四库全书》时，由于“忌讳太多”“搜采未尽”“进退失当”[④] 导致清代部分最为疏漏。伦明在《续修〈四库全书〉刍议》一文中对这三点有具体论述：“（一）忌讳太多。乾隆所揭全毁之书至千数百种，概不入录。（愚所见语涉指斥，而为此书目未载者尚多。）又往往因一书而牵连他书，虽非忌讳，亦被屏斥。（如李映碧《南北史注》及《南唐书注》，本已著录，曾见《四库提

① 伦明：《目录学讲义》页18，《讲坛月刊》1937年第5期。

② 伦明：《续修四库全书刍议》，伦明著，雷梦水校补：《辛亥以来藏书纪事诗》，上海古籍出版社1990年版，第132页。

③ 伦明：《拟印四库全书之管见》，伦明著，雷梦水校补：《辛亥以来藏书纪事诗》，上海古籍出版社1990年版，第147页。

④ 伦明：《续书楼藏书记》，伦明著，雷梦水校补：《辛亥以来藏书纪事诗》，上海古籍出版社1990年版，第127页。

要》稿本有此篇，后因他书牵涉，致被抽出，故映碧所著书概不著录。他类此者甚多。）此种多有关史料，不可湮没。（二）遗书未出。最著者如顾祖禹《读史方舆纪要》，顾亭林《天下郡国利病书》，万季野《南疆佚史》，胡石庄《绎志》之类。此时只有抄本流传，未被采录。又顾亭林、王船山之遗著，晚近始见授梓，而仍有未尽，岂将一切置之耶？（三）进退失当。姑举其最显者，大儒如孙夏峰、颜习斋、李二曲等，文家如黄梨洲、潘次耕、顾黄公等，诗家如宋荔裳、吴野人、冯钝吟等，所著概入存目。最奇者诗如王阮亭，文如汪钝翁，亦仅以《精华录》《尧峰文抄》著录，而《带经堂诗文集》《钝翁前后类稿》，只入存目。而其他著录集部者，又不皆精诣，抑何乖谬至此。”[①] “所云言非立训，义或违经者，指存目诸书言也，此则尚待商榷。”[②] “惟前书存目内实不少佳书，去取多未允惬，姑就所撰提要观之，有于其书极力阐扬，毫无贬词者，则亦未践其言矣。”[③] 可见伦明批评《四库全书》，盖因其忌讳太多、搜采未尽导致清代部分甚为陋略，又因进退失当致存目部分不合理，以集部为甚。

论《四库全书总目提要》谓：“惟集部未得其人，因之疏陋谬误特为减色。”[④] 认为集部未得硕学主持，提要不及经、史、子三部之善。

伦明在承认《四库全书》及《四库全书总目提要》优点前提下，指出其不足之处，并分析缘由所在，盖为续修《四库全书》张目。前书不足的地方，即伦明续书努力的方向。

---

① 伦明：《续修四库全书刍议》，伦明著，雷梦水校补：《辛亥以来藏书纪事诗》，上海古籍出版社 1990 年版，第 132—133 页。

② 伦明：《拟印四库全书之管见》，伦明著，雷梦水校补：《辛亥以来藏书纪事诗》，上海古籍出版社 1990 年版，第 147 页。

③ 伦明：《续修四库全书刍议》，伦明著，雷梦水校补：《辛亥以来藏书纪事诗》，上海古籍出版社 1990 年版，第 133 页。

④ 伦明：《续修四库全书刍议》，伦明著，雷梦水校补：《辛亥以来藏书纪事诗》，上海古籍出版社 1990 年版，第 132 页。

二、续书的倡议

伦明不仅搜储校订书籍做文献上的准备，而且还奔走呼号，不断倡议。1921 年 12 月 26 日，伦明致书时任教育部次长陈垣，就有关《四库全书》事业提三点要求：一是请求编订《一应之书目》（《求书目录》）；二是校雠《四库全书》；三是编写《续修四库全书提要》。时值军阀混战时期，当局无暇顾及。五个月后，陈垣辞去教育部次长之职，伦明的建议终成泡影。

寄托当局主持其事已无指望，伦明决心独立续修《四库全书》。据《伦哲如与孙耀卿书》记载：1924 年某日，伦明与胡子俊（大连富商）谈及续修《四库全书》一事时说："此书宜校、宜补、宜续，而续最要，且最难。"胡氏问："谁能为者？"伦明自豪地答道："今海内不乏绩学，但苦于无凭借，独我能为之耳。"伦明预言，每年资助 3000 金为费用，"将屏绝人事，致力于此"，连续五年，期可告成。胡氏听后，承诺助成其事。不料刚刚开始，胡氏却因营业失利，原先承诺的资助款迟迟不到位，独自续修计划也随之中止。

1925 年年初，清华学校设立国学研究院，梁启超任国学研究院导师。国学研究院初办，财政充裕，伦明觉得这是续修《四库全书》的好机会，于是他致函梁启超。不久，伦明接到梁启超的复函，对伦明的计划大体赞成。后又因梁启超病逝，与清华学校合作计划未开始就结束了。伦明在《伦哲如诗稿》（五）《挽梁任公先生》诗有云曰："往复一瓻酒，商量七略书。寝门临哭后，遗稿问何如。"痛悼这位支持他续修《四库全书》的师长。

就在伦明一筹莫展的时候，终于又等来一次机会。1925 年 6 月 10 日，交通部总长叶恭绰致电张元济，认为京津同人颇主乘时重提印著《四库全书》，希望张元济指定一人前往商讨。1925 年 7 月，教育部总长章士钊又在国务会议上提出影印《四库全书》一事。同年，北京国会议员邵瑞彭发表《征求续修四库全书意见启》，提出续编《四库全书》的动议，得到教育部、内政部的认可，经费拟由日本退还的庚子赔款中拨用。时在河南的伦明得知此事，随即写就《续〈修四库全书〉刍议》，1927 年发表于《国学月刊》第 1 卷第 4 期上。伦明在该文中，详细阐述了搜集、审定、纂修的具体方法。关于搜集，伦明建议“在搜集之先，宜暂定一待求书目而刊布之”，方便阅者知者举之，遗者补之，谬者纠之。同时对购书、征书、访书以及奖励办法等都制定了具体的实施方案。关于纂修，伦明强调质量的好坏，价值高低“宜分甲、乙二种。凡甲、乙所不收者，另列丙种以纳之……甲、乙二种俱撰提要，分揭篇首，合之汇成一书。丙种仅列书目及作者姓名、爵里而已……在当时舍书而留其目，今则睹目而书已不可求，宜略为变通，于甲、乙二种收之稍宽，丙种即绝无价值，而考家族之遗闻，稽乡邦之掌故，或亦有所取资焉。且书由购赠，弃之何地，但使国家大图书馆中增一空室，而保全已不少矣”。[①] 又四部中宜分三大类：经部分“纂辑”“校勘”“笺注”；史、子、集部分“纂辑”“校注”“撰著”。四部之外，宜特立“金石”“传奇杂剧门”。[②]

伦明续修《四库全书》之建言虽未被当局采纳，但其《续修四库全书刍议》被《中华图书馆协会会报》1927 年第 3 卷第 1 期重刊。该文《编者识》称：“此为伦哲如先生旧稿。内中所述，体例虽不无待商榷之处，然可供吾人之参考者当不鲜，故代为披露。”由此可见，伦明的主张受到世人广泛关注和重视。

三、续书的实践

伦明在加入东方文化事业总委员会撰稿前，已经开始撰写提要。1926 年《与莫伯骥书》云：“窃不自谅，欲以个人之力，成《续四库

① 伦明：《续修四库全书刍议》，伦明著，雷梦水校补：《辛亥以来藏书纪事诗》，上海古籍出版社 1990 年版，第 133—134 页。

② 伦明：《续修四库全书刍议》，伦明著，雷梦水校补：《辛亥以来藏书纪事诗》，上海古籍出版社 1990 年版，第 134 页。

全书提要》。已著手两载，成二百数十篇。”[①] 《伦哲如诗稿》卷三《丁卯五日吟稿》有诗题云：“余拟续修四库书提要，从事三载，成稿寥寥，元旦秉笔感而有作。”[②] 冼玉清《记大藏书家伦哲如》谓：“大抵先生毕生宏愿，在续修四库提要，其续修刍议，发表于民国十四年，惜时局纷扰，不能竟其志。其已成零稿，散见燕京学报中。”[③] 所谓“其已成零稿，散见燕京学报中”盖指发表在《燕京学报》1928 年第 3 期的《续书楼读〈书〉记》。所载凡经部尚书类 12 篇：自清毛奇龄《古文尚书冤词》至清张谐之《古文尚书辨惑》；子部儒家 1 篇：清陈士珂《孔子家语疏证》。篇首题记云：“余拟续修《四库全书书提要》，成《尚书》类提要稿，文繁未翦。容子希白（庚）见之，取卫古文者毛西河以下十二篇，及《孔子家语疏证》一篇代为刊布。”[④] 这是伦明首次，也是仅有的一次公开发表他的《续修四库全书总目提要》稿。此外，上海古籍出版社 1990 年 9 月版《辛亥以来藏书纪事诗》封面上也有伦明所撰《仰萧楼文集》提要，有“哲如手稿”“续四库全书提要”“集部”字样。[⑤] 伦明编有《清代及今人文集著者索引》《清代及今人文集书名索引》，当也是为撰写提要所做的准备。

1931 年 7 月，伦明正式受聘东方文化事业总委员会研究员，从事续修《四库全书》，尽管该会每篇仅付 30 元低微稿费，但伦明仍欣然接受，并把自己“续书楼”丰富的珍藏无偿供撰写提要之用。同时与徐森玉一道，为续修《四库全书》购买图书。徐森玉原任北平图书馆采访部主任，在旧书业界颇负声望，于善本鉴别，可谓极精，凡所选

---

① 伦明：《与莫伯骥书》，见伦明著，东莞图书馆整理：《伦明全集》第二册，广东人民出版社 2017 年版，第 404 页。

② 见伦明著，东莞图书馆整理：《伦明全集》第一册，广东人民出版社 2017 年版，第 18 页。

③ 冼玉清：《记大藏书家伦哲如》，见《艺林丛录》第五编，商务印书馆香港分馆 1964 年版，第 326 页。

④ 伦明：《续书楼读书记》，《燕京学报》1928 年第 3 期，上海书店 1983 年影印版。

⑤ 参见伦明著，雷梦水校补：《辛亥以来藏书纪事诗》，上海古籍出版社 1990 年版。

购者均为学术之珍贵典籍，或为人所不知及不注意的书籍。而伦明本精通版本目录之学，于图书见闻极博，收藏亦富，尤其注意冷僻史料的搜集。于是“东方所藏几经二人之手者，莫非佳椠，几集北京图书之精美，其性质均为学术之书。尤以名校精钞稿本最多，出目录十厚册，在数量上虽不足与北平图书馆比，而其精粹，则不相上下，洵孤本秘籍之大观矣。”[①] 伦明和徐森玉所购的这批藏书，为《续修四库全书总目提要》的撰写工作奠定了基础，也起到积极的推动作用。此外，在《续修四库全书总目提要》全部60类中，伦明还负责编纂经部、书类、诗类、礼类、孝经类、群经总义类，史部之传记类，集部等典籍的提要。伦明曾说：“明尝拟以独力续修《四库全书提要》，搜储遗籍万数千种，多人间罕见本。”[②] 因伦明早有续修之志，为之储备的书籍资料颇为丰富，曾自称“鄙藏之书，可作续修四库资料者，已达十之七八”[③]。因而，伦明撰写提要的进度较快，数量也最多。

研究、续修《四库全书》的活动和实践几乎贯穿伦明一生。1941年，年近70的伦明曾对孙殿起说：“事近数年撰提要稿于学问尤见进益，至其群经传授源支派无不洞悉，近年在粤有所闻见，辄笔书之，积稿盈箧。”[④] 伦明历续修《四库全书》始终，虽占尽“地利”，然独缺“天时”，其规划和宏愿终究“运虚成实究成虚”。

---

① 周黎庵：《蠹鱼篇》，上海古今出版社1942年版，第64页。

② 江翰：《片玉碎金：近代名人手书诗札释笺》，中华书局2009年版，第120页。

③ 孙耀卿口述，雷梦水整理：《藏书家伦哲如》，见《随笔》第九集，广州：广东人民出版社，1980年版，第96页。

④ 孙殿起口述，雷梦水整理：《藏书家伦哲如》，见《随笔》第九集，广东人民出版社1980年版，第96页。

第三章　伦明续修四库全书总目提要考辨与特征分析

第一节　提要考辨

一、伦明撰稿数量综述

关于伦明《续修四库全书总目提要》中的撰稿数量，大致有以下几种不同的说法：

（一）无具体数量和类别说。

在孙殿起与冼玉清的文章中，皆只言伦明撰有“续修四库全书提要稿”，未言具体数量和类别。

王云五在台湾商务印书馆出版的《续修四库全书提要》序中，提到伦明参与经部书类、春秋类、群经总义类、四书类、史部传记类的撰写。

东北师范大学孙颖在《二十世纪上半叶日本的“对支文化事业”研究——基于“东方文化事业总委员会”与“日华学会”的考察》中，“东方文化事业总委员会及北京人文科学研究所与图书筹备处人员名单”显示：1932 年 10 月，参与续修《四库全书提要》的人员有柯劭忞、江瀚、胡玉缙、杨钟羲（“羲”孙颖误作“义”）、伦明、安井小太郎、内藤虎次郎。[1] 该文表 9 又显示，伦明参与经部诗类、书类、孝经类、四书类、群经总义类、史部传记类提要编纂。[2]

---

① 孙颖：《二十世纪上半叶日本的“对支文化事业”研究——基于“东方文化事业总委员会”与“日华学会”的考察》，东北师范大学博士论文，2008 年，第 55 页。

② 孙颖：《二十世纪上半叶日本的“对支文化事业”研究——基于“东方文化事业总委员会”与“日华学会”的考察》，东北师范大学博士论文，2008 年，第 59 页。

王古鲁《最近日人研究中国学术之一斑》记载："根据著者参观总委员会时（民国二十一年八月），濑川浅之进氏（总务委员，当时在平主持会务）所言，始悉当时研究所中，共有研究员柯劭忞、江瀚、胡玉缙、杨宗羲、伦明等五人，从事编纂四库全书补遗。柯氏担任易类；江氏担任群经总义；胡氏担任礼类；杨氏担任春秋；伦氏担任四书。研究员薪给，原有规定，但自废止协定之后，留任的研究员，并不支薪，仅按篇计值。"①

萨仁高娃整理发表的《有关〈续修四库全书总目提要〉的通信》中，有一封伦明《与桥川时雄书》云："昨晚接奉尊示，属于本月起，先做《书》《诗》、群经、四书各提要，但本月传记提要已做就十三篇。因前奉尊示，属于领费前十日交卷，故本月之稿，例须于前月预备故也。兹自下月起再遵尊示办法，今月仍旧各半。"②

（二）"3 部 11 类"说。根据何朋《〈续修四库全书提要〉简介》，《续修四库全书总目提要》项目主持人桥川时雄认为，伦明所撰稿件 3 部 11 类：经部书类，并与江瀚任整理之责；诗类、四书类，并与刘汝霖任整理之责；春秋类，并与杨钟羲、姜忠奎任整理之责；群经总义类，并与江瀚、孙海波任整理之责；附录纬书类，并任主编。史部编年类、杂史类、传记类，并与谢国桢任主编，初由伦明任整理之责，后由谢国桢任之；时令类、集部别集类。③

苏精《伦明——书之伯乐》中谓："至于《四库全书提要》的续修，伦明先是独力进行，完成经部尚书类，部分稿曾发表于《燕京学

① 王古鲁编著：《最近日人研究中国学术之一斑》（自刊本），民国二十五年（1936）三月一日印行，第 189—190 页。（此书第四章对有关《续修四库全书总目提要》撰修的大背景、相关机构、过程都有说明，作者亲历那个时期还亲身参访过北平人文科学研究所，于《续修四库全书总目提要》纂修史殊为重要，值得关注，在有关纂修史的论著中还未见人使用此材料。后附录明治维新以来日人研究中国学术的趋势。）

② 萨仁高娃整理：《有关〈续修四库全书总目提要〉的通信》，《文献》2006 年 7 月第 3 期，第 168 页。

③ 何朋：《〈续修四库全书提要〉简介》，《书目季刊》1966 年第 1 期。

报》上。大约从民国二十年起，东方文化事业委员会积极开展续修《四库提要》的工作，伦明应聘为该会十多名研究员之一，在全部六十类中，他参与撰著的有十一类，负责整理主编的有经部尚书类等五类，史部传记类、经部别集类的广东部分，他并以续书楼藏书供委员会之用。”[①]

杨宝霖 1988 年发表在《羊城今古》上的《藏书家——伦明》称：“伦明在全部六十类中，参与撰著者十一类，负责整理主编者有经部尚书类等五类、史部传记类、集部中之广东部分等，并以‘续书楼’珍藏供会中之用。”

王余光、郑丽芬在《伦明全集》代序之《伦明生平》一文言：“有人统计在全部六十类提要中，伦明参与撰著的有十一类，负责整理主编的有经部尚书类等五类，史部传记类、集部别集类的广东部分，他并以续书楼藏书供委员会之用。”

（三）“1903 篇”与“1904 篇”说。熊静在《伦明与〈续修四库全书总目提要〉》及《伦明先生文献学著述考》中，认为伦明撰写经部 1138 种、史部 759 种、集部 6 种，计 1903 种。又在《伦明与〈续修四库全书总目提要〉》一文所列集部书名，“集部 6 种为：《南行诗草》《哲川诗草一卷》《紫藤关诗草》《天然如景斋诗存》《逸旧阁遗诗》《通性堂诗钞六卷》”[②]，其中 3 种书名有误，《紫藤关诗草》当为《紫藤馆诗草》，《天然如景斋诗存》当为《天然如意斋诗存》，《逸旧阁遗诗》当为《逸蒨阁遗诗》。

据吴格《日本东洋文库藏〈《续修四库全书总目提要》编纂资料〉》记载：伦明交稿始于民国二十一年五月二十日，止于民国二十六年七月一日，在此期间每月都有交稿记录。[③] 又据文后吴格按语：

---

① 苏精：《伦明——书之伯乐》，《传记文学》1980 年第 37 卷第 2 期。

② 熊静：《伦明与〈续修四库全书总目提要〉》，《山东图书馆学刊》2013 年第 3 期，第 39 页。

③ 吴格：《东洋文库藏〈续修四库全书总目提要〉资料随录》，见张本义主编：《白云论坛》第四卷，北京图书馆出版社 2007 年版，第 518 页。

"《续修提要》载伦明所撰提要一千九百零四篇，类目及数量均较此增加。"

根据《续修四库全书总目提要（稿本)》第1册"撰者一览表"，自第14册70页下至第15册672页，均为伦明所撰，总计撰稿1904篇。

以上三种说法，第一种说法是一个大致的说法，只说明伦明参加《续修四库全书总目提要》撰稿这个事实。第二种说法相比第一种说法更加具体，而且，据相关文献考证，"3部11类"正是伦明《续修四库全书总目提要》的具体部类。第三种说法比第一、二种说法更具体，但伦明撰稿是否是"1903篇""1904篇"，还有待商榷。

二、伦明撰稿数量考辨

伦明撰写的提要稿究竟有多少？交稿为什么止于1937年7月？

根据齐鲁出版社《续修四库全书总目提要》（稿本）以及其他文献考辨，笔者认为，伦明撰稿数量应为1782篇[①]，其依据如下：

（一）从撰写字迹与风格来看。《续修四库全书总目提要》（稿本）第15册自246页上《辰州府志》至369页上《新化建火神庙记》，此122篇提要稿字迹与伦明撰写的1782篇提要稿字迹迥异。伦

---

① 中国科学院图书馆整理的《续修四库全书总目提要·经部》与《续修四库全书总目提要（稿本)》所收经部篇目略有出入，如在《续修四库全书总目提要·经部》中收有伦明所撰《论语古注》《论语古注集笺》《群经音辨》《汉碑经义辑略》等书提要，但在《续修四库全书总目提要（稿本)》影印的伦明手稿中无此四篇提要手稿（此类未计入实际撰稿数量)；《续修四库全书总目提要（稿本)》15—469上收有伦明所撰说郛本《五经通义》提要手稿，但在《续修四库全书总目提要·经部》中无此篇。又有同一书同一版本有不同提要者，如李文沂纂《经字正蒙八卷》光绪乙酉刊本，《续修四库全书总目提要（稿本)》14—507上、15—11下两处收录伦明此书提要手稿，两篇提要内容不一致（计入实际撰稿数量算两篇)。凡此，皆以《续修四库全书总目提要（稿本)》伦明提要手稿为准。故此处所谓实际撰稿数量系指《续修四库全书总目提要（稿本)》伦明提要手稿篇目数量。

明所撰提稿字迹多不整洁，绝大多数都有修改痕迹。而该122篇提要稿字迹整洁清晰，字迹、撰写风格与第33册235页至329页瞿汉所撰提要稿一致。

（二）从交稿记录来看。据吴格《东洋文库藏〈续修四库全书总目提要〉资料随录》记载，瞿汉交稿“始于民国二十四年八月二日，止于民国二十六年二月六日，所交稿件自《长沙县志》至《新化建火神庙记》凡210篇”。上面提到的122篇提要稿就包含湖南地方志类的《长沙县志》《新化建火神庙记》等，而以上两篇提要稿均入伦明撰写稿件中。

（三）从“瞿汉书目记录”来看。据吴格《东洋文库藏〈续修四库全书总目提要〉资料随录》记载，“瞿汉先生书目记录”第二册著录有《南岳总胜集》至《新化建火神庙记》凡120余种。[①] 而这里面已经确认瞿汉交稿的《新化建火神庙记》，以及书目记录中瞿汉撰写的《南岳总胜集》提要稿都出现在伦明撰写稿中。

（四）从瞿汉撰稿数量来看。据瞿汉交稿记录，瞿汉交稿凡210篇，齐鲁出版社《续修四库全书总目提要》（稿本）归入瞿汉名下第33册235页至329页的88篇，再加上误入伦明名下的122篇，恰好与交稿记录210篇吻合。

（五）从“续修四库全书提要编纂人成绩统计表”来看。孔夫子旧书网上曾上拍桥川时雄旧藏，内有《续修四库全书提要表计七种（附三十一年一月份统计表）》，其中《续修四库全书提要编纂人成绩统计表》记录伦明1932年119篇、1933年174篇、1934年283篇、1935年356篇、1936年336篇、1937年515篇，合计1783篇；瞿汉1935年68篇、1936年111篇、1937年31篇，合计210篇。[②]

由此可见，伦明实际撰稿数量为1782篇，吴格《东洋文库藏〈续修四库全书总目提要〉资料随录》记载伦明交稿1904篇，应该是

---

① 吴格：《东洋文库藏〈续修四库全书总目提要〉资料随录》，见张本义主编：《白云论坛》第四卷，北京图书馆出版社2007年版，第518页。

② 见孔夫子旧书网，网址：http://www.kongfz.cn/25266356/.

将瞿汉撰写的122篇误入伦明撰稿之中，这也与王亮《〈续修四库全书总目提要〉研究》所言“书中所附提要撰者表中作者与提要影印本对照有多处错漏，有待重印或修订之际更正”[①] 相一致。

伦明撰稿1782篇，涉及3部11类，包括经部易类、书类、诗类、礼类、小学类、孝经类、四书类、群经总义类，史部传记类、时令类，集部别集类。其中，经部1149篇：易类1篇，[②] 书类178篇，诗类175篇，礼类1篇，[③] 小学类2篇，孝经类132篇，四书类417篇，群经总义类243篇；史部627篇：传记类626篇，时令类1篇；集部6篇：别集类6篇。[④]

据冼玉清《记大藏书家伦哲如》记载：“廿六年七月，先生以家事南归，预约两月言返……未几卢沟桥事变，交通梗塞。先生寓其第六女家，忽患脑充血病，全身瘫痪，几濒于危。广州沦陷，乃返回故乡望牛墩，辗转于新塘横沥之间。”[⑤] 据雷梦水整理、孙殿起口述的《记伦哲如先生》记载：“一九三七年（丁丑）七月朔先生返粤扫墓，未久，背疽忽发，经德医调治痊愈之后，曾任广州省立图书馆副馆长兼岭南大学教授。”[⑥] 根据以上两文记载，可以确定因突发战争与疾病，打断了伦明“预约两月言返”的计划。此后，伦明一直都有再回北京的想法。一九四三年夏，孙殿起将北归，伦明犹与之言：“君先回北京，吾待交通恢复，即行北上，再与君畅谈。”[⑦] 由此可以看出，伦明一九三七年南归是暂时的，只是不曾想此一别竟再未回到北京，

---

① 王亮：《〈续修四库全书总目提要〉研究》，复旦大学博士论文，2004年，第63页。

② 入四书类亦可，经部整理本及稿本索引皆入易类，今同；另有尚秉和同书提要一篇。

③ 《续修四库全书总目提要·经部》题为《周礼释文问答》。

④ 伦明撰稿具体篇目可参看附录：伦明所撰篇目分类。

⑤ 冼玉清：《记大藏书家伦哲如》，见《艺林丛录》第五编，商务印书馆香港分馆1964年版，第327页。

⑥ 孙殿起口述，雷梦水整理：《记伦哲如先生》，见中国人民政治协商会议北京市委员会文史资料委员会编：《文史资料选编》第十二辑，北京出版社1982年版，第178页。

⑦ 孙殿起口述，雷梦水整理：《藏书家伦哲如》，见《随笔》第九集，广东人民出版社1980年版，第97页。

这也是伦明《续修四库全书总目提要》交稿止于1937年7月的主要原因。

三、伦明撰稿其他问题

（一）分类问题。关于伦明所撰《四库全书总目提要》稿件的分类，有一部分篇目分类不准确，模棱两可。如曹之升《孟子年谱》、黄玉蟾《孟子年谱》、式楹日《亚圣年谱》，伦明标“经部”，而易顺豫《孟子年略》、林春溥《孟子列传纂》、张承燮《孟子列传补编》，伦明又标“史部”。管同《孟子年谱》，伦明未标部类，今皆入“史部传记类”。《读经校语》伦明标“史部”，今入“经部群经总义类”。戴震《孟子字义疏证》《绪言》《原善》，伦明标“经部”，而索引《孟子字义疏证》又入“经部四书类”，《绪言》《原善》入“子部儒家类”。笔者认为，《孟子字义疏证》与《绪言》为同一书的初稿与定稿，不宜分开归入不同部类，今入“经部四书类”。《二渠九河图考》《九河故道考》，伦明标“经部”，索引入“史部地理类水道”，今入“经部书类”。

（二）修改稿件问题，据笔者考证，在伦明所撰的1782篇提要搞中，还有10篇是在胡玉缙撰写初稿基础上的修改稿。具体为：小学类《字典校录》《字典校录外编》2篇，传记类《恩恩太守年谱》1篇，时令类《燕京岁时记》1篇，以及别集类《南行诗草》《哲川诗草》《紫藤馆诗草》《天然如意斋诗存》《逸倩阁遗诗》《涵性堂诗钞》6篇。据笔迹来看，《恩恩太守年谱》《燕京岁时记》《南行诗草》《紫藤馆诗草》《天然如意斋诗存》题下原撰者名氏被涂掉，《南行诗草》在涂掉原撰者边上题伦明，涂掉的原撰者依稀可见似为胡玉缙。又书写原稿稿纸有两种：一种中缝印有“续修四库全书总目”字样，半页九行，上鱼尾，中缝有“卷”“部”字；另一种中缝字样为“续修四库全书提要”，无“卷”“部”字，同为半页九行，左下角栏外有“仿钦定四库全书总目版式”字样。以上两种稿纸均不见伦明使用，而且撰写风格也与伦明有不同。故此，笔者认为，以上10篇原稿撰写者应为胡玉缙，但伦明对胡玉缙的撰稿进行了修改。

（三）重复问题。伦明在《续修四库全书总目提要》撰稿中，除篇名相同、版本不同的情况之外，还有篇名、卷数、版本、作者完全一致，只是提要内容不同的情况。如两篇《经字正蒙》均为八卷，清吴文沂纂，光绪乙酉刊本，但提要内容完全不同。一篇提要中有“书首有陈兰彬序，又有自序及凡例”字样；另一篇提要中有“是书首有汪鸣銮、陈兰彬二序，又有文沂自序及凡例”字样。据其余提要内容完全不同的情况来看，笔者认为，该书虽然篇名、卷数、版本、作者完全一致，但也有可能其中一种是另一种的修订版本。

（四）伦明《古文尚书》类提要稿问题。前面提到，伦明在正式被聘参加《续修四库全书总目提要》撰稿之前，曾以《续书楼读〈书〉记》为题，在《燕京学报》上发表了自己撰写的提要稿：《古文尚书冤词》《尚书未定稿》《尚书后案驳正》《古文尚书私议》《古文尚书辨》《尚书古文辨惑》《古文尚书释难》《古文尚书析疑》《古文尚书商是》《古文尚书賸言》《古文尚书正辞》等。伦明正式加入撰稿后，《续书楼读〈书〉记》中所涉及的《古文尚书》系列著述提要大部分为江瀚所撰。据笔者比对伦明和江瀚的撰稿，两人有时立场观点互异，但都是据理以辩。

第二节　提要特征分析

伦明的续修四库全书总目提要，为今天了解和研究续修《四库全书》过程以及古典文献学研究提供了珍贵的资料。就目前所确定伦明续修四库全书总目提要稿来看，具有几个方面的特征：

一、重视证据广博与独立考证

伦明提要稿注重广博的援证、实证，以及独立的学术考证，崇尚实学，反对空疏。

伦明提要稿重视援证和考证。如伦明在《禹贡通释十三卷》（陕西刊本）提要稿中云："其说汪洋透辟，大抵信经而舍传。又证之群经诸子，以史册笺疏，参互融贯，自成妙解。"[①] 在《诗益二十卷》（乾隆四年刊本）提要稿中云："《本传》参采诗序、毛、郑、孔氏及朱子传说，旁及近代诸家，不为墨守。" "综观全书，义例昭晰。" "他所考证尚多允惬，且阙疑多而臆断少，具见矜慎不苟焉。"[②] 在《尚书五行传注一卷》（光绪刊《郑氏佚书》本）提要稿中云："传与注皆有考证，所以别异文讹字。文及注，皆有尧年案语，为之标举所出，并参诸本异同详略。在诸辑本中，为尤异者。" "俱援义甚惬，书中引证金石文者亦多。"[③] 在《唐写本毛诗传笺五种》提要稿中云："此虽残本，以校宋元椠本，异同甚多。且多与释文所载诸本合，亦有释文所未载者，洵足宝也。"[④] 在《影北宋钞本毛诗》提要稿中云："虽不免偶存俗体，而皆可供考异文者之参证。洵可宝也。"[⑤] 等等。

伦明虽然是古文经学的忠实捍卫者，但却不会囿于门户之见。在提要稿中，对攻击古文的文献，只要有价值，亦同样援以为据。如伦明在《书序略考一卷》（旧钞本）提要稿中云："篇中每称伪孔传，盖亦攻古文者。然谓作歌之五子与叛归之武观非一事，一在太康失位之后，一在太康未即位之前。盖亦据《史记》而证以《离骚》，视阎百诗辈之强词周内者异矣。"[⑥] 反之，对援证不博、空疏无物的著作

① 中国科学院图书馆整理：《续修四库全书总目提要（稿本）》，齐鲁书社 1996 年版，15—605 上。

② 中国科学院图书馆整理：《续修四库全书总目提要（稿本）》，齐鲁书社 1996 年版，15—617 上。

③ 中国科学院图书馆整理：《续修四库全书总目提要（稿本）》，齐鲁书社 1996 年版，14—766 上。

④ 中国科学院图书馆整理：《续修四库全书总目提要（稿本）》，齐鲁书社 1996 年版，14—145 上。

⑤ 中国科学院图书馆整理：《续修四库全书总目提要（稿本）》，齐鲁书社 1996 年版，15—68 下。

⑥ 中国科学院图书馆整理：《续修四库全书总目提要（稿本）》，齐鲁书社 1996 年版，14—138 下。

则多有批评。如在《禹贡集注一卷》（咸丰十年刊本）提要稿中云："盖所见之书，本不甚博，又欠精思明辨，故不免于疏略也。"① 正是基于以上原因，伦明对宋儒重义理、轻名物象数的治学路径也多有批评。如在《诗经绎二卷》（明万历刊本）提要稿中云："多空言，乏精义。""书中采义，不标名氏。惟《鲁颂》条，引崔铣说，谓是颂之变，亦未当也。"② 等等。

伦明提要稿也非常重视实证。如在《禹贡本义一卷》提要稿中云："书中有数条，并得之身历目验，宜乎与钻故纸者不同也。"③ 在《禹贡备遗补注二卷》（乾隆丁巳刊本）提要稿中云："又江出潜沱，蔡传云'潜水未见'。宗绪举监利县北之潜江县自汉水出，复入于汉，名潜口，其流甚长。盖验之亲历者。"④ 在《诗疑义释二卷》（乾隆四十九年刊本）提要稿中云："凡此诸条，或据目验，或据土音。卷末又有通释鸟兽草木及通释韵二篇，所举尤详，虽未敢定其即确，视在故纸上强分辨者，究不同也。"⑤ 等等。

伦明提要稿也对一些没有博引、考证且传者以"罕见为珍"的文献价值观进行抨击。如《昌武段氏诗义指南一卷》（《知不足斋丛书》本）为宋代段昌武撰，是书不载《宋史·艺文志》，诸家藏书亦无此目。康熙甲子，朱竹垞于京师慈仁寺购得之，并为之跋。诸人皆认为其撰自宋人，故传者亦以其罕见为珍。然而，伦明却根据其内容认为此书不足观，在其提要稿中云："盖为举业发题而作，语至简略，了

---

① 中国科学院图书馆整理：《续修四库全书总目提要（稿本）》，齐鲁书社1996年版，15—629下。

② 中国科学院图书馆整理：《续修四库全书总目提要（稿本）》，齐鲁书社1996年版，14—744上。

③ 中国科学院图书馆整理：《续修四库全书总目提要（稿本）》，齐鲁书社1996年版，14—421上。

④ 中国科学院图书馆整理：《续修四库全书总目提要（稿本）》，齐鲁书社1996年版，14—521下。

⑤ 中国科学院图书馆整理：《续修四库全书总目提要（稿本）》，齐鲁书社1996年版，14—508上。

无精义。”[①] 由此可见，伦明对援证、实证丰富且惬、考证持之有故、观点自成的文献赞赏有加，对援证不博、空疏无物的文献不盲从，不媚俗，且多有中肯批评。

二、重视折中案断与自有创见

伦明所撰提要稿注重在援证基础上折中案断和自有创见。如伦明在《禹贡水道析疑二卷》（道光五年刊本）提要稿中云：“履元择善而从，间下己意，其误者为之驳正，其是者加以证明，皆有援据。于石序所云无臆说无剿说者，尚为近之。书中考订蔡传处甚多。……综观全书，折中异说，多允当。”[②] 在《禹贡九州今地考二卷》（光绪湖南刊本）提要稿中云：“是书考《禹贡》水道，以今证古州各为篇，先举源流变迁，次分列今地，甚有条理。其折中异说，或自出己见，皆有援据。”“诸条所考，具见斟酌。”[③] 等等。由此可见，伦明看重的既不是无凭空言，也不全是他人之言，而是在广参诸家基础上，有自己的看法。

当伦明遇到援证虽博，而案断甚少，不能折中至当的著作，认为仅可作参考，不能算是专精的研究。如在《漆沮通考六卷》（光绪乙未周正谊堂刊本）提要稿中云：“惟杂引诸书，甚少断制，又无贯串，殊令阅者茫然。以资参考可也。”[④] 在《尚书经解雕玉不分卷》（旧钞本）提要稿中云：“书中援证虽博，案断甚少。或并存异说，无所折

① 中国科学院图书馆整理：《续修四库全书总目提要（稿本）》，齐鲁书社 1996 年版，15—452 下。

② 中国科学院图书馆整理：《续修四库全书总目提要（稿本）》，齐鲁书社 1996 年版，15—603 上。

③ 中国科学院图书馆整理：《续修四库全书总目提要（稿本）》，齐鲁书社 1996 年版，15—604 上。

④ 中国科学院图书馆整理：《续修四库全书总目提要（稿本）》，齐鲁书社 1996 年版，15—628 上。

衷。惟于读蔡传者，不无多少参证之益耳。”[①] 在《尚书纂义四卷》（嘉庆刊本）提要稿中云：“援据甚博，惟于同异之间，如四岳、六宗、五子之歌、七庙之制，如此之类，虽亦详举其说，实未能折中至当，足以备典林而不足以语经学也。”[②] 等等。

三、重视叙事体例和语尚简净

伦明提要稿对体例极为重视，他撰写的绝大部分稿件采用叙事体例。如在《尚书正解十二卷》（康熙刊本）提要稿中云：“每篇有纲领，各段有节目，因于注解之外分标全旨合参析讲等名。盖用举业家四书讲义之体也。卷首附禹贡正解节本，以便诵读。谱系天文诸图，以备参考。又有所谓类题辩异者，以尚书中异篇同句或句异一二字者，比而列之，使作文者不致误认经题，亦为举业家计也。”[③] 在《尚书讲义一卷》（光绪乙未刊本）提要稿中云：“是编融会书旨，贯通章脉，或设疑难，以发其蕴。”“是编体同讲章，而撷义理训诂之粹，使人读之，了然昭晰。”在《禹贡山水清音一卷》（咸丰十年刊本）提要稿中云：“是书用泣颜回等套曲，分述经文，自冀州始，止导水止（凡例自导水止，盖误。）共七出。不及疆域田赋，以别有疆域歌、田赋诀也。在导山导水尤详，山别方向，水记出入，并及所属州境。首有小引、凡例，自言声分平仄，字别阴阳，颇费推敲。先熟读《禹贡》正文，后咏兹编，则传注之繁，筌蹄视之。又云厌呫哔之劳神，托讴吟而鬯意。殆亦精心结撰之作，与普通括歌括便记诵者又

① 中国科学院图书馆整理：《续修四库全书总目提要（稿本）》，齐鲁书社1996年版，15—609下。

② 中国科学院图书馆整理：《续修四库全书总目提要（稿本）》，齐鲁书社1996年版，15—227上。

③ 中国科学院图书馆整理：《续修四库全书总目提要（稿本）》，齐鲁书社1996年版，15—609上。

不同。”[①] 等等。

伦明提要稿也非常重视行文的简净。如在《尚书涉传四卷》（乾隆刊本）提要稿中云：“他条大都择善而从，不偏不泥，语甚简净，体亦谨严。”[②] 在《尚书偶记一卷》（嘉庆刊本）提要稿中云：“按此二篇，前人辨之详矣，此以本篇为证，语简而弥惬。”[③] 即使有些著述观点不突出，然只要行文简净，伦明亦认为有可取之处。如伦明在《禹贡水道析疑二卷》（道光五年刊本）提要稿中云：“惟旧说俱误者，无所依准，因之亦乏灼见。然删去繁芜，简而得要，其可取者固有在也。”[④] 在《禹贡水道便览一卷》（同治六年刊本）提要稿中云：“凡此诸条，略欠精审。惟全书著语无多，删尽支蔓，甚便观览。”[⑤] 反之，对于繁芜，则颇不喜欢。如在《洪范宗经三卷》（道光十五年刊本）提要稿中云：“今观是书，亦主蔡传，而阐发特详，颇嫌繁衍。”[⑥] 在《经义积微记四卷》（沔阳卢氏影印本）提要稿中云：“援证驳杂，嫌于臆造。词特迂曲，嫌于臆造。”[⑦] 等等。

伦明对讲章、讲义及举业时文、训蒙之作多有不屑，认为此类著作多非精研有得之作。如在《尚书可解辑粹二卷》（嘉庆乙未刊本）提要稿中云：“所辑诸说，有标名氏者，有不标名氏者，又统于一篇，

---

① 中国科学院图书馆整理：《续修四库全书总目提要（稿本）》，齐鲁书社 1996 年版，15—630 上。

② 中国科学院图书馆整理：《续修四库全书总目提要（稿本）》，齐鲁书社 1996 年版，14—534 下。

③ 中国科学院图书馆整理：《续修四库全书总目提要（稿本）》，齐鲁书社 1996 年版，15—171 下。

④ 中国科学院图书馆整理：《续修四库全书总目提要（稿本）》，齐鲁书社 1996 年版，15—603 上。

⑤ 中国科学院图书馆整理：《续修四库全书总目提要（稿本）》，齐鲁书社 1996 年版，15—628 下。

⑥ 中国科学院图书馆整理：《续修四库全书总目提要（稿本）》，齐鲁书社 1996 年版，14—98 上。

⑦ 中国科学院图书馆整理：《续修四库全书总目提要（稿本）》，齐鲁书社 1996 年版，15—173 下。

不为句解字释，殆说经之文之一体也。”[①] 在《诗经永论四卷》（旧抄本）提要稿中云：“但述大义，不涉训诂。句多骈偶，竟有演连珠者，则作文而非说经矣。每篇末引《周易》作收，义有切有不切，究不知仿何体也。”[②] 在《尚书副墨不分卷》（崇祯辛未刊本）提要稿中云：“自汉唐经解、宋明语录、历科程墨，融会其义，以成此体。似讲义又非讲义。似时文又非时文，又加种种批评圈识，盖明人说经之最陋者也。”[③] 在《尚书主意传心录十二卷》（明万历辛巳刊本）提要稿中云：“分节为说，节又分段分截，全类讲章。所有缺文错简，皆置不理。即《盘庚》《大诰》，亦视作文从字顺。序称‘会通其聱牙难解之词，而出之以平易，使人如见。’盖为举业家而作，体宜尔也。至其名书之意，序云‘本所得也’。得于经旨乎？抑得于文法乎？不知所指。”[④] 在《尚书删补五卷》（明崇祯壬申刊本）提要稿中云：“是本即取蔡传之冗者删之，而补以袁、王二氏之说。袁、王不著其名，所补又与蔡传相混。大抵蔡传被删者十之八九，凡涉于考证者，俱所不取。所补者，无非浮谈空义，一如《四书讲章》之例，便举业家诵习而已。”[⑤] 在《尚书家训八卷》（康熙己酉刊本）提要稿中云：“其中分节为说，全似讲章，亦有以考名篇者，大都抄袭旧典。篇后每附七言歌括，尤属浅陋。”[⑥] 在《静修堂书经解四册》（旧钞本）提要稿中云：“书中往往题同而篇复，所解亦无甚异，当是预为场屋中抄撮

---

① 中国科学院图书馆整理：《续修四库全书总目提要（稿本）》，齐鲁书社 1996 年版，15—635 上。

② 中国科学院图书馆整理：《续修四库全书总目提要（稿本）》，齐鲁书社 1996 年版，14—581 下。

③ 中国科学院图书馆整理：《续修四库全书总目提要（稿本）》，齐鲁书社 1996 年版，15—198 下。

④ 中国科学院图书馆整理：《续修四库全书总目提要（稿本）》，齐鲁书社 1996 年版，14—140 上。

⑤ 中国科学院图书馆整理：《续修四库全书总目提要（稿本）》，齐鲁书社 1996 年版，15—172 下。

⑥ 中国科学院图书馆整理：《续修四库全书总目提要（稿本）》，齐鲁书社 1996 年版，14　142 上。

之需，非所论于精研有得者也。”[①] 在《增订禹贡注读一卷》（光绪四年刊本）提要稿中云：“上方标今地名，并及音义，以补注所未及，而中多漏略。据‘自识’，则参合众书而成，何云补订。盖乡塾陋儒所为也。”[②]

四、重视综较众版与互见他书

《续修四库全书总目提要》收书极富，同一作者之著作或同一书、同一主题之不同版本亦搜罗丰富，在辑佚著作与传记类著作中尤其明显。伦明提要稿常常对比一书之不同版本及一人所撰之不同著作，各揭其短长，或建议相参看。如伦明为《尚书大传》多个版本撰写提要，[③] 在《尚书大传注三卷》（《学津讨原》本）提要稿中云：“分篇悉依《汉志》之旧，引传及注俱注出处，视两卢本善矣，惟讹漏甚多。”其中的“两卢本”即为卢文弨辑本、卢雅雨辑本。在《尚书大传三卷序录一卷辨讹一卷》（《古经解汇函》本）提要稿中云：“按陈氏辑《大传》借以稽核者有仁和孙晴川本、德州卢雅雨本、曲阜孔丛伯本，惟不及吴兴董氏本。尝取董本校之，可补入者约有十余条。澧既改编其书，惜未为重校而增入之也。”[④] 在《尚书大传注三卷》（《郑氏佚书》本）提要稿中云：“依《隋志》作三卷。书中所举今本四卷，即雅雨堂本。又屡引《考异》，则抱经堂本也。钧据二本而校补其讹漏，每条皆注出处，间附考证，与所辑他书同。条下多有尧年案语，盖钧之族曾孙也。钧所录甚慎，尧年又据陈寿祺本为之补苴。

---

① 中国科学院图书馆整理：《续修四库全书总目提要（稿本）》，齐鲁书社 1996 年版，14—140 下。

② 中国科学院图书馆整理：《续修四库全书总目提要（稿本）》，齐鲁书社 1996 年版，15—38 下。

③ 见中国科学院图书馆整理：《续修四库全书总目提要（稿本）》，齐鲁书社 1996 年版。

④ 中国科学院图书馆整理：《续修四库全书总目提要（稿本）》，齐鲁书社 1996 年版，15—613 下。

其于陈本增删之处，颇有意义。”“书刊于光绪甲申，先于皮锡瑞作疏证十二年，惜皮氏未见之也。”[①] 等等。

尽管各个辑本成书有先后，不少辑本的成书过程也已经参考过此前辑本，但各辑本仍不尽相同。伦明所撰提要稿综合比较各个版本，不仅将各自的优劣揭出，而且还将各辑本的源流也清晰地揭示出来。

五、重视古文经学与新学新理

晚清以来，西学东渐，趋新废古成潮流，废经的呼声不绝于耳，然伦明汲汲于保存文献，不想众多古籍以无用被废，因而其提要稿一方面重视经文经说，另一方面也重视新学新理。如伦明在《书经大义一卷》（广州排印本）提要稿中云：“是书据董子说，《书》记先王之事，故长于政，谓‘政’即民政。中分四篇：第一篇，民政之原理；第二篇，民政之纲要；第三篇，民政之机关；第四篇，民政之根本。每篇又分细目，而附会以经文经说，且杂以新学理、新名词。每段下又有案语，以阐发其旨。虽大乖诂经之体，亦可见经旨无所不包，即骛新者不必肆废经之喙矣。”[②] 在《经学讲义一卷》（光绪刻本）提要稿云：“是编在北京大学堂课士之讲义也。首论读经法，大旨以学者读一经，必求其大义所在，不宜敝神于形声训诂、名物考据之末。次述经学家法，分孔门传授、易家、尚书家、诗家、礼家、春秋家、孝经家、论语家、孟子家、尔雅家、小学家，共十一章，亦能备举源流。”“至《通变》、《自强》二篇，附会新学说，乖经旨矣。”等等。

不过，对于《尚书》附会西方学理及制度，伦明认为不是解经之体，而且一针见血地指出其性质是援古证今，用来阐发政论，并不是纯粹的学术著作。如伦明在《尚书微一卷》（民国十三年刊本）提要

① 中国科学院图书馆整理：《续修四库全书总目提要（稿本）》，齐鲁书社 1996 年版，15—606 下。

② 中国科学院图书馆整理：《续修四库全书总目提要（稿本）》，齐鲁书社 1996 年版，15—198 上。

稿中云："惟书中引龚定庵、魏默深之说殊近于怪诞，至于附会泰西学说政制，尤非诂经之体。"[①]在《立政臆解一卷》提要稿中云："首有自序，言'泰西宪法精理，《尚书》二十八篇已阐之，而《立政》一篇，尤重用法。克知灼见以任人，博采庶言以为法，王则罔兼罔知，勿间勿误。人法相维，自天子至于庶人各守其范。故终饬司寇之执法，胥天下而范之于道'云云。全篇就此意阐发，大意尚不差谬。""大抵光蕡为此，在援古以证今，但借伸其政论，不求合乎经旨也。"[②] 等等。

六、重视书名解释与刊校之失

为了让后学进一步了解《续修四库全书总目提要》中的文献著述，伦明提要稿中有大量书名的解释。如在《尚书涉传四卷》（乾隆刊本）提要稿中云："题曰'涉传'者，取《史记》涉《尚书》以教之意。"[③] 在《祖述约义私绎一卷》（原稿本）提要稿中云："书题殆取《中庸》仲尼祖述尧舜意耳。"[④] 在《禹贡水道析疑二卷》（道光五年刊本）提要稿中云："书名盖取陶诗'疑义相与析'之意。"[⑤] 在《诗识三卷》（明刊《格致丛书》本）提要稿中云："题曰《诗识》者，取学《诗》多识意。"[⑥] 在《诗译一卷》（《船山遗书》本）提要

---

① 中国科学院图书馆整理：《续修四库全书总目提要（稿本）》，齐鲁书社 1996 年版，14—413 上。

② 中国科学院图书馆整理：《续修四库全书总目提要（稿本）》，齐鲁书社 1996 年版，14—412 上。

③ 中国科学院图书馆整理：《续修四库全书总目提要（稿本）》，齐鲁书社 1996 年版，14—534 下。

④ 中国科学院图书馆整理：《续修四库全书总目提要（稿本）》，齐鲁书社 1996 年版，15—550 下。

⑤ 中国科学院图书馆整理：《续修四库全书总目提要（稿本）》，齐鲁书社 1996 年版，15—603 上。

⑥ 中国科学院图书馆整理：《续修四库全书总目提要（稿本）》，齐鲁书社 1996 年版，15—553 下。

稿中云："曰'译'者，通其邮也。其言曰：'汉魏以还之比兴，可上通乎风、雅，桧、曹而上之条理，可近译以三唐。'"[①] 在《禹贡因一卷》（光绪壬辰家刊本）提要稿中云："谓之'因'者，因乎就说，不自下一说也。"[②] 在《诗经喈凤详解八卷》（雍正癸丑刊本）提要稿中云："'喈凤'者，盖袭坊选古文之名，尤近俗。"[③] 等等。

伦明一生校书，特别重视校勘，提要稿对这方面的问题往往特为揭出。如伦明在《尚书郑注十卷》（《郑氏佚书》本）提要稿中云："惟'度西曰昧谷'注下忽厕以'寅饯纳日'四字，乃下一条之题也。'女子时'下缺'观厥刑于二女'六字，当是写刊时之偶误。"[④] 在《尚书古注便读四卷》（成都排印本）提要稿中云："别有二篇，泛论《尚书》篇目及古文真伪。编者题之曰序，盖误。又有其孙师辙一序，则刊时所作也。"[⑤] 在《立政臆解一卷》（民国己未烟霞草堂丛刊本）提要稿中云："经文'虎贲缀衣趣马小尹'下，脱'右携仆百司庶府'八字，则校者之咎矣。"[⑥] 在《玉海纪诗一卷》（明刊《格致丛书》本）提要稿中云："文焕是本，讹字亦不少，如'遭'讹'曹'，'名'讹'召'，'魏'讹'卫'之类，则校者之疏也。"[⑦] 在《困学纪诗一卷》（明刊《格致丛书》本）提要稿中云："是书系就宋

① 中国科学院图书馆整理：《续修四库全书总目提要（稿本）》，齐鲁书社 1996 年版，14—783 下。

② 中国科学院图书馆整理：《续修四库全书总目提要（稿本）》，齐鲁书社 1996 年版，14—429 上。

③ 中国科学院图书馆整理：《续修四库全书总目提要（稿本）》，齐鲁书社 1996 年版，15—202 下。

④ 中国科学院图书馆整理：《续修四库全书总目提要（稿本）》，齐鲁书社 1996 年版，15—600 上。

⑤ 中国科学院图书馆整理：《续修四库全书总目提要（稿本）》，齐鲁书社 1996 年版，14—72 上。

⑥ 中国科学院图书馆整理：《续修四库全书总目提要（稿本）》，齐鲁书社 1996 年版，14—412 上。

⑦ 中国科学院图书馆整理：《续修四库全书总目提要（稿本）》，齐鲁书社 1996 年版，15—175 上。

王应麟《困学纪闻》卷三《诗》一百五十七条，全录于此，而讹错不少。如开卷第五条‘狸首’下注云：‘射丽勾大戴礼义马汉书注’十一字，便不可晓。取校原书，则‘射义’二字，见《狸首》注，‘丽勾’是‘骊驹’之省字，乃正文。其下原注云：‘《大戴礼》《汉书》注。’乃误为一，且衍一义字，胡不校至此。”[①] 在《诗考异补二卷》（乾隆三十九年刊本）提要稿中云：“惟是本多有讹字，如‘陈锡哉周’，‘哉’误‘载’；‘不吴不敖’，‘敖’误‘傲’之类，则刊者之失校也。”[②] 等等。

伦明所撰提要涉及部类众多，跨度也较大，不可避免也存在一些不足：

一是力有不逮。伦明造诣以及藏书重点均在清人集部，对《四库全书》及《四库全书总目提要》批评亦多在集部。伦明《辛亥以来藏书纪事诗未刊稿》诗云：“文苑诸公有幸心，各因时运异升沉。独伸我见删人见，论定千秋著作林。”注云：“古今集部最夥，而时论之无凭也亦最甚。韩昌黎不遇欧阳永叔，岂能传至今日，为古今不祧之祖哉。十年来人始重江弢叔之诗，二十年来，人始重袁中郎之文。然如江弢叔、袁中郎者，岂少也哉？人未知之耳，即知而力不能表扬之耳。往读王益吾续古文辞类纂所录，除周仕槐为其乡人外，其他皆与方姚有渊源者。又读王德甫湖海诗传，选者不多不广，而任意抑扬，取诸家专集对之，往往舍其名篇，充以率作，不知其立心何居也。窃欲取千百年来显晦不同之著作，平心彰瘅，以结旧文学之局，不使后之人为浅陋偏隘忮刻之选家所欺蔽，殆亦今日之切务也。”[③] 伦明独

① 中国科学院图书馆整理：《续修四库全书总目提要（稿本）》，齐鲁书社 1996 年版，15—174 上。

② 中国科学院图书馆整理：《续修四库全书总目提要（稿本）》，齐鲁书社 1996 年版，14—510 上。

③ 宋远：《辛亥以来藏书纪事诗未刊稿笺注》，见《中华文史论丛》第四十九辑，上海古籍出版社 1992 年版，第 93 页。

立撰写续修四库全书提要时，也是撰写集部提要，[①] 并编有《清代及今人文集著者索引》《清代及今人文集书名索引》。[②] 然而，从实际撰稿来看，伦明撰稿则以经部、史部为主，力有不逮在所难免。陈鸿森《〈续修四库全书总目提要〉孝经类辨证》云："伦君富收藏，精鉴识，然《孝经》专科未必所长。"[③] 陈鸿森对伦明在《孝经》源流方面的认识不全致误，以及失于细考之处逐条辨证，多有匡正。

二是匆忙疏漏。据伦明 1932 年 5 月 21 日至 1937 年 7 月之间的交稿记录，伦明平均每月撰稿近 30 篇，即平均每天 1 篇。其中，除辑佚类提要篇幅较短外，其他提要篇幅都不小。如此大的撰稿量，不可避免地字迹潦草欠工整，修改涂乙较多，且部分著者爵里字号或年月空缺[④]，想是一时无据，有俟他日再补。陈鸿森《〈续修四库全书总目提要〉孝经类辨证》对伦明数条因未核原书而致误的提要条目进行了勘误。

三是评判言辞尖锐。撰写提要在于"辨彰学术、考镜源流"，需要对各书优劣平情而论，学术判断应在学理层面进行辩驳，然伦明在撰写提要中，个人爱憎相对强烈，对部分著述评判过于尖锐，有失公

---

① 上海古籍出版社 1990 年 9 月版《辛亥以来藏书纪事诗》封面有伦明所撰《仰萧楼文集》提要，有"哲如手稿""续四库全书提要""集部"字样。（伦明著，雷梦水校补：《辛亥以来藏书纪事诗》，上海古籍出版社，1990 年 9 月 1 版 1 印）在《续修四库全书总目提要（稿本）》中有《仰萧楼文集》提要，但撰者为夏孙桐。

② 熊静：《伦明先生文献学著述考》，《大学图书馆学报》2014 年第 1 期。

③ 陈鸿森：《〈续修四库全书总目提要〉孝经类辨证》，《中央研究院历史语言所集刊》第六十九本第二分，1998 年 6 月。

④ 具见中国科学院图书馆整理：《续修四库全书总目提要（稿本）》，齐鲁书社 1996 年版。如 15—370 上《孟子篇叙》七卷，清姜兆翀撰，嘉庆□□举人（口表伦明空缺，下同）；15—416 上《朱子论语集注训诂考》二卷，清潘衍桐辑，同治□□进士；15—569 上《读孟子札记》二卷，光绪刊罗氏遗书本，清罗泽南撰，以军功保至□□布政使；15—151 上《汤文端自订年谱》一卷，清汤金钊撰，金钊字□□，15—532 上《岳庙志略》十卷，嘉庆八年刊本，清冯培辑，乾隆□□进士；15—662 下《靖节先生年谱考异》二卷道光刊本，清陶澍撰，澍字□□。15—21 下《毛诗多识》十二卷，棫林，字少珊，贵州口口人，光绪□□进士。

允。如伦明在清人唐焕《尚书辨伪五卷》（嘉庆壬申果克山房刊本）提要稿中云："自来攻古文者，诿之梅赜，或又诿之皇甫谧、王肃，止矣。至诿之孔安国，是抹煞《史记》《汉书》也。焕一乡曲陋儒，并未读过《史记》《汉书》，不能识谢氏之妄反附和之，以如此俭腹之人而敢于疑古，亦可哀矣。"[①] 在《书序答问一卷》（约清光绪刊本）提要稿中云："是书大旨，以《书序》非孔子作，孔壁所出十六篇之名亦不可信，杂引诸经传注疏史志各家之论以证其异，异即伤矣。""全书大都拾人余唾，甚少创见。学与辨又不足以佐之，真韩昌黎谓'蚍蜉撼大树'也。"[②] 等等。

第三节　伦明续修四库全书总目提要的文献目录学思想

伦明毕生把大部分精力都用在了续修《四库全书》及其提要上，而其动力则源于他对文献目录学以及其重要性的认识。伦明在《目录学讲义》中指出："目录学基于目录而成。"同时，他又指出，研究国学者之于目录学的重要性："譬之游西湖者必先观西湖便览，到上海者必阅上海指南。盖我国载籍极博，凡属于四部者，或属于四部中之一部者，又或属于一部中之一类者，如某书应读、某书应参考、某书内涵之醇驳、某书版本之佳劣完缺，舍求之目录学，则不能知也。"目录学与版本学有相同的一面，"例如某书刻本佳、某书刻本不佳、某书完本、某书是不完之类"。这也是目录学所涉及的内容。除此之外，目录学还要涉及诸如某书醇、某书疵、某书醇疵参半、某书大醇小疵、某书小醇大疵等。又同一书，注之者有多家，校之者也有多

① 中国科学院图书馆整理：《续修四库全书总目提要（稿本）》，齐鲁书社 1996 年版，14—420 上。

② 中国科学院图书馆整理：《续修四库全书总目提要（稿本）》，齐鲁书社 1996 年版，14—410 上。

家，那么，这些多家的校注意者中，哪家的注本或校本精而详？哪家的注本或校本疏而略？这些都属于目录学。“凡醇者、精者、详者，悉阐发之，不厌其多，应有尽有；凡疵者、疏者、略者，悉指擿之，亦不厌其多，应有尽有。”这样，人们只要阅读了有关的目录学著作，就能知所取舍。由此可见，伦明不仅对文献目录学认识深刻，而且将其应用于续修四库全书总目提要稿的撰写过程之中。

一、勘误求精，便于利用的思想

伦明撰写续修四库全书总目提要稿时，重视版本校勘是否精审，并兼及学术评价，他认为这样更有助于研究与利用。因而，他对书中的讹误，特别留意并予指正。如伦明在《郑氏古文尚书十一卷》（函海本）提要稿中云：“又‘咨汝二十有二人’下，脱‘殳斨伯与’二人；‘臣哉邻哉，邻哉臣哉’下，脱‘臣作朕股肱耳目，动作视作皆由臣也’数句；‘王亦未敢诮公下’，脱‘今又为罪人，言欲让之，推其恩亲，故未敢’十六字。”在《尚书郑注十卷》（郑氏佚书本）提要稿中云：“惟‘度西曰昧谷’注下忽厕以‘寅饯纳日’四字，乃下一条之题也。‘女子时’下缺‘观厥行于二女’六字，当是写刊时之偶误。此书张海鹏刊于《学津讨原》中，时在嘉庆九年。总目题王应麟撰，误也。”[①] 在《尚书大传四卷补遗一卷续补遗一卷》提要稿中云：“今列《虞夏》于《唐传》之上，明系后人臆改。其他错谬尤甚。四库著录，即用是本。馆臣做《提要》亦未指正其失，惟陈寿祺所作《辨讹》举之甚详，宜附入此书中。”[②] 在《困学纪诗一卷》（明刊《格致丛书》本）提要稿中云：“是书系就宋王应麟《困学纪闻》卷三《诗》一百五十七条，全录于此，而讹错不少。……取校原书

---

① 伦明著，东莞图书馆整理：《伦明全集》第三册，广东人民出版社 2017 年版，第 026 页 0032 条。

② 伦明著，东莞图书馆整理：《伦明全集》第三册，广东人民出版社 2017 年版，第 031 页 0038 条。

……胡不校至此。”[①] 在《诗考异补二卷》（乾隆三十九年刊本）提要稿中云：“惟是本多有讹字，如‘陈锡哉周’，‘哉’误‘载’；‘不吴不敖’，‘敖’误‘傲’之类，则刊者之失校也。”[②] 等等。

与此同时，伦明也特别重视提要稿揭示的完整性和精准性，绝大部分提要稿采用叙录体进行撰写，只有少量稿采用传录体和辑录体，而且绝大部分提要稿言简意赅，直撮要旨。伦明大量采用叙录体撰写提要的好处，就是能让利用者更直接地了解该书作者生平、学术思想、图书内容情况以及校雠经过（其中包括版本鉴定）等。如伦明在撰写《孝经解纷一卷》（道光十六年日省吾斋刊本）提要稿中云：“是书不署撰人名氏，不主经传之说，亦不从他本分章，惟就有‘子曰’及‘故’字为断。其无‘子曰’及‘故’字者，则就有结证处为断。共分二十二章，又分二十二章为四段。首章是总提引《诗》一证，为第一段。二、三、四、五章即申‘念祖修德’，以还上下字，凡四等，用四证，为第二段。六、七章至十七章是天下，是以顺天下，是天下之顺，共十五章，只五证，为第三段。十八章至二十二章，是一切补笔，只一证，为第四段。自云读去极其清楚，且极其变化，不容另为分别。末又发明各章相接之理，完密无憾。按如此分章，虽亦能圆其说，但古人为文，错综离合，有非可以后世文法求之者，过于穿凿，毋乃失乎？”[③]

伦明提要稿中也有少量传录体和辑录体。传录体提要是“于书名之下，每立一传”，即不讨论图书内容只介绍作者。如伦明在撰写《孝经义疏一卷》（玉函山房辑本）提要稿时，先言梁武帝撰，然后列出《梁书·武帝纪》《隋书·经籍志》、新旧唐志、《正义》《梁武帝集》等相关文献所载，以证其实，最后作出评论。辑录体提要是在

---

① 伦明著，东莞图书馆整理：《伦明全集》第三册，广东人民出版社2017年版，第137页0210条。

② 伦明著，东莞图书馆整理：《伦明全集》第三册，广东人民出版社2017年版，第209页0326条。

③ 伦明著，东莞图书馆整理：《伦明全集》第三册，广东人民出版社2017年版，第539页0846条。

所著录图书之下汇集相关文献，供研究参考之用。如伦明在撰写《孝经严氏注一卷》（玉函山房刊本）提要时，对该书作者梁严植、马国翰进行了详细的介绍："植之字孝源，秭归人。官至中抚记室参军，兼博士。事迹具《南史 · 儒林传》。《隋志》有梁五经博士严植之《孝经注》一卷，亡。史称植之习郑氏《礼》，其注《孝经》亦必以郑氏为宗。史又称馆在潮沟，生徒常百数，讲说有区段次第，析理分明。每登讲，五馆生毕至，听着千余人。……国翰从邢昺《正义》录得三条……"①

二、辨伪辑佚，便于传承的思想

伦明在续修四库全书总目提要时，非常注重辨伪、举证、辑佚，他认为这样不仅是一个学者的本分，亦利于中华传统文化的传承。如伦明在《经解入门八卷》（光绪戊子石印本）提要稿中云："清江藩纂。藩有《周易述补》，已著录。首有阮元序，作于道光十二年壬辰，衔题协办大学士两广总督。按元于道光十二年九月以云贵总督，授协办大学士。此题两广总督，误也。而《揅经室文集》中，亦无此序。又据近人所撰《江子屏年谱》，藩实卒于道光十一年辛卯，年七十一。而序作于其后一年，若不知其已死者。就序断之，书为赝作，殆无疑也。序后又附凡例，分题五十有二，殊繁琐。括其大旨，不外三端：一群经之源流，与经学之师传；二读经之法，与解经之体；三说经之弊，与末学之失。末卷，则选解考辨释各体，以为初学楷模。综而观之，似于治经一途，尚略知门径者，未可以其伪托而抹煞之也。"伦明在该提要中通过《经解入门八卷》序言记载的官职以及作序时间，同时考证年谱等著述，得出该书为伪的结论，逻辑严密，比较有说服力。

与此同时，伦明精于版本目录学，因此，在撰写提要稿时，对所

---

① 伦明著，东莞图书馆整理：《伦明全集》第三册，广东人民出版社 2017 年版，第 512 页 0799 条。

见版本之优劣，往往持之有据，令人信服。如在《读经八卷》（嘉庆丁丑刊本）提要稿中云："说《小星》，断为征夫早行自咏之作，且援《容斋随笔》为证。似尚未考《韩诗遗说》。韩谓为劳使臣，章俊卿、程大昌俱从之。《白帖》引'肃肃宵征，夙夜在公'入奉使类。则唐宋时《韩诗》犹存也。"[①] 在《尚书大传四卷补遗一卷续补遗一卷》（嘉庆刊本）提要稿中云："今列《虞夏》于《唐传》之上，明系后人臆改。其他错谬尤甚。四库著录，即用是本。馆臣做《提要》亦未指正其失，惟陈寿祺所作《辨讹》举之甚详，宜附入此书中。"[②] 等等。

此外，伦明也非常重视各个辑本的源流关系，并对相关辑本优劣及得失进行中肯评价。如伦明在撰写《六艺论一卷》孔广森辑本、马国翰辑本、袁钧辑本、臧琳辑本、陈鳣辑本等五个版本的提要时，对各本所辑之文多有记述、评论：对孔广森辑本，言"《春秋》《孝经》应皆有'玄又为之注'一语，此又缺之。余同他辑本"[③]。对马国翰辑本，言"诸辑本总论、《易论》书中所有者，此亦多阙之。殆未尝参证他本耶?"[④] 对袁钧辑本，言"各条下校订疑义，标曰'考证'，亦为他辑本所无"[⑤]。对臧琳辑本，言"又自叙三条……为他辑本所无。余条都见他辑本，其中间有漏略，经玄孙镛堂为之补次。见嘉庆

---

① 伦明著，东莞图书馆整理：《伦明全集》第三册，广东人民出版社 2017 年版，第 611 页 0979 条。

② 伦明著，东莞图书馆整理：《伦明全集》第三册，广东人民出版社 2017 年版，第 031 页 0038 条。

③ 伦明著，东莞图书馆整理：《伦明全集》第三册，广东人民出版社 2017 年版，第 582 页 0919 条。

④ 伦明著，东莞图书馆整理：《伦明全集》第三册，广东人民出版社 2017 年版，第 583 页 0920 条。

⑤ 伦明著，东莞图书馆整理：《伦明全集》第三册，广东人民出版社 2017 年版，第 583 页 0921 条。

丁巳镛堂所为后跋”[1]。对陈鳣辑本，言“辑得四十六条……亦其珍也”[2]。

结 语

伦明以续书为一生志业，参与撰写《续修四库全书总目提要》在一定程度上得偿所望。但伦明为人所熟知，主要还是其藏书家的身份，以及其所著《辛亥以来藏书纪事诗》。在影印、续修《四库全书》的论述中，虽然也常常提及伦明的倡议，但对伦明撰稿的情况以及所撰提要稿，关注甚少，即有亦语焉不详。本文首先对《四库全书》《四库全书总目提要》《续修四库全书提要》《续修四库全书总目提要》的相关情况及承启关系进行了梳理，然后就伦明研究的现状、伦明续修四库全书总目提要研究的现状、研究伦明续修四库全书总目提要的意义以及伦明续修的文献贮备、学术实践、续修《四库全书》的终生志向等进行了论述。后又对伦明续修四库全书总目提要稿的数量进行了考辨，并对其特色进行了分析。笔者认为，伦明实际撰稿1782篇，《续修四库全书总目提要（稿本）》误将瞿汉撰稿122篇归入伦明名下。伦明续修四库全书提要稿撰写特色为：重视证据广博与独立考证；重视折中案断并自有创见；重视文本体例和语尚简净；重视综较众版与互见他书；重视经文经说与新学新理；重视书名解释与刊校之失；等等。最后，根据伦明的目录学思想，挖掘总结了伦明续修四库全书总目提要稿中所反映出来的便于文献利用与文献传承的文献目录学思想。限于学力和时间，不少地方来不及展开和深入，敬请方家谅解。

---

① 伦明著，东莞图书馆整理：《伦明全集》第三册，广东人民出版社2017年版，第583页0922条。

② 伦明著，东莞图书馆整理：《伦明全集》第三册，广东人民出版社2017年版，第584页0923条。

参考文献

一、主要资料

[1] 中国科学院图书馆整理:《续修四库全书总目提要（稿本）》，齐鲁书社 1996 年版。

[2] 中国科学院图书馆整理:《续修四库全书总目提要·经部》，中华书局 1993 年版。

[3] 东方文化研究会:《续修四库全书提要》，台湾商务印书馆 1972 年版。

[4] 伦明著，东莞图书馆整理:《伦明全集》，广东人民出版社 2017 年版。

[5] 宋远:《辛亥以来藏书纪事诗未刊稿笺注》，见钱伯城主编:《中华文史论丛》第四十九辑，上海古籍出版社 1992 年版。

[6] 伦明著，雷梦水校补:《辛亥以来藏书纪事诗》，上海古籍出版社 1990 年版。

[7] 伦明等撰，杨琥点校:《辛亥以来藏书纪事诗（外二种）》，北京燕山出版社 1999 年版。

[8] 伦明:《目录学讲义（未完）》,《讲坛月刊》1937 年第 5 期。

[9] 伦明:《目录学讲义（续第五期）》,《讲坛月刊》1937 年第 6 期。

[10] 伦明:《目录学讲义（续前）》,《讲坛月刊》1937 年第 7—8 期。

[11] 王古鲁编著:《最近日人研究中国学术之一斑》，1936 年自刊本。

[12] 中国科学院图书馆编:《中国科学院图书馆藏中文古籍善本书目》，科学出版社 1994 年版。

[13] 来新夏、韦力、李国庆汇补:《书目答问汇补》，中华书局 2011

年版。

二、伦明研究

[1] 熊静：《伦明先生文献学著述考》，《大学图书馆学报》2014 年第 1 期。
[2] 熊静：《伦明与〈续修四库全书总目提要〉》，《山东图书馆学刊》2013 年第 3 期。
[3] 刘平：《伦明目录学思想初探》，《图书馆》2014 年第 6 期。
[4] 张纹华：《〈伦哲如诗稿〉探析》，《顺德职业技术学院学报》2014 年第 1 期。
[5] 周生杰：《〈辛亥以来藏书纪事诗〉新论》，《社会科学战线》2012 年第 9 期。
[6] 黄正雨：《伦明与〈辛亥以来藏书纪事诗〉》，《图书馆论坛》1995 年第 5 期。
[7] 张宪光：《续书楼藏书有多少》，《东方早报》2013 年 4 月 7 日第 A09 版。
[8] 来新夏：《读伦明先生致陈垣先生的信件》，《中国文化》第 33 期。
[9] 冼玉清：《记大藏书家伦哲如》，见《艺林丛录》第五编，商务印书馆香港分馆 1964 年版。
[10] 苏精：《伦明——书之伯乐》，台湾《传记文学》1980 年第二期。
[11] 刘绍唐主编：《民国人物小传（一〇二）》，台湾《传记文学》1983 年第六期。
[12] 罗继祖：《东莞伦氏“续书楼”》，《史学集刊》1987 年第 1 期。
[13] 杨宝霖：《藏书家——伦明》，《羊城今古》1988 年第 1 期。
[14] 杨宝霖：《藏书家伦明》，《东莞文史》1998 年第 29 期。
[15] 陈思：《学者型藏书家——伦明》，《广东史志》1995 年 5 月。
[16] 张磊编著：《东莞奇人录》，香港中华文化出版社 1994 年版。
[18] 傅振伦：《记目录学家伦明先生二三事》，《文献》1987 年第

2 期。
[19] 桑兵：《民国学界的老辈》，《历史研究》2005 年第 6 期。
[20] 苏精：《近代藏书三十家》（增订本），中华书局 2009 年版。
[21] 孙殿起口述，雷梦水整理：《藏书家伦哲如》，《随笔》1980 年第 9 集。
[22] 中国人民政治协商会议北京市委员会文史资料委员会编：《文史资料选编》（第十二辑），北京出版社 1982 年版。
[23] 雷梦水：《书林琐记》，人民日报出版社 1988 年版。
[24] 谭卓垣、伦明、徐绍荣、王謇等撰，徐雁、谭华军整理：《清代藏书楼发展史·续补藏书纪事诗传》，辽宁人民出版社 1988 年版。
[25] 罗继祖：《墐户录》，黑龙江人民出版社 1989 年版。
[26] 陈汉才：《康门弟子述略》，广东高等教育出版社 1991 年版。

三、续提要研究

[1] 王亮：《〈续修四库全书总目提要〉研究》，复旦大学博士论文，2004 年。
[2] 何朋：《〈续修四库全书提要〉简介》，台湾《书目季刊》1966 年第 1 期。
[3] 吴哲夫：《现存〈续修四库全书提要〉目录整理后记》，《故宫文献》1970 年第 1 卷第 3 期。
[4] 方豪：《〈续修四库全书提要〉札记（一）》，《书目季刊》1971 年第 4 期。
[5] 方豪：《〈续修四库全书提要〉札记（二）》，《书目季刊》1972 年第 1 期。
[6] 梁容若：《评〈续修四库全书提要〉》，《中日文化交流史论》，商务印书馆 1985 年版。
[8] 曹书杰：《〈续修四库全书提要〉及其功过得失》，《古籍整理研究学刊》1985 年第 3 期。
[9] 郭永芳：《〈续修四库提要〉纂修考略》（《续修四库全书提要》

专题研究之一)，《图书情报工作》1982 年第 5 期。
[10] 郭永芳：《〈续修四库提要〉原稿辨误举要》(《续修四库提要》专题研究之二)，《图书情报工作》1983 年第 6 期。
[11] 郭永芳：《〈续修四库全书总目提要〉的整理方法与评价》，《图书情报工作》1988 年第 4 期。
[12] 罗琳：《〈续修四库全书总目提要〉的版本著录特点》，《古籍整理与研究》1987 年第 1 期。
[13] 罗琳：《〈续修四库全书总目提要〉编纂史纪要》，《图书情报工作》1994 年第 1 期。
[14] 杨家骆编：《四库全书百科大辞典》，警官教育出版社 1994 年版。
[15] 罗琳：《〈续修四库全书总目提要（稿本)〉纂修始末》，《中国书目季刊》1996 年第 3 期。
[16] 罗琳：《〈续修四库全书总目提要〉存世现状考》，见甘肃省图书馆编：《四库全书研究文集》，敦煌文艺出版社 2006 年版。
[17] 彭明哲：《〈续修四库全书总目提要〉考略》，《湘潭大学学报(社会科学版)》1994 年第 2 期。
[18] 鲍思陶：《无愧于前修和来哲——续修四库全书总目提要印行记》，《中国文化报》1997 年月 15 日。
[19] 潘树广：《续修四库提要的四种版本》，《古籍研究》2001 年第 1 期。
[20] 江庆柏：《〈续修四库全书总目提要（稿本)〉述评》，《书品》2002 年第 3 期。
[21] 陈晓华：《“四库总目学”史研究》，北京师范大学博士论文，2004 年。
[22] 陈晓华：《“四库总目学”史研究》，商务印书馆 2008 年版。
[23] 刘时觉编注：《四库及续修四库医书总目》，中国中医药出版社 2005 年版。
[24] 萨仁高娃整理：《有关〈续修四库全书总目提要〉的通信》，《文献》2006 年第 3 期。

[25] 张升：《董康与〈续修四库全书总目提要〉》，《新世纪图书馆》2006年第5期。

[26] 柳霞：《孙楷第目录学研究》，北京大学硕士论文，2006年。

[27] 陈炜舜：《〈续修四库全书总目提要〉明代楚辞学著作提要补考》，《书目季刊》2007年第三期。

[28] 孙颖、徐冰：《“北京人文科学研究所”筹建始末》，《求是学刊》2007年第5期。

[29] 陈晓华：《论〈续修四库全书提要〉的史学价值》，《史学史研究》2008年第4期。

[30] 吴格：《日本东洋文库藏〈续修四库全书总目提要〉编纂资料》，见《域外汉籍研究集刊》第三辑，中华书局2007年版。

[31] 吴格：《东洋文库藏〈续修四库全书总目提要〉资料随录》，见《白云论坛》第四卷，北京图书馆出版社2007年版。

[32] 吴格：《桥川时雄与〈续修四库全书总目提要〉编纂》，见《域外汉籍研究集刊》第四辑，中华书局2008年版。

[33] 孙颖：《二十世纪上半叶日本的“对支文化事业”研究——基于“东方文化事业总委员会”与“日华学会”的考察》，东北师范大学博士论文，2008年。

[34] 侯文冉：《从〈四库全书总目〉到〈续修四库全书总目提要〉：钟惺对，<诗经>评点的评价》，《诗经研究丛刊》（第十七辑），2008年。

[35] 刘斌：《民国〈论语〉学研究》，山东大学博士论文，2008年。

[36] 甄洪永：《明初经学研究》，山东大学博士论文，2009年。

[37] 孙少华：《重编〈续修四库全书提要·集部·总集〉漫议》，《东方论坛》2010年第3期。

[38] 刘焱：《清代湖南经学初探——以光绪<湖南通志>和<续修四库全书总目提要>为中心》，湖南大学硕士论文，2010年。

[39] 吴格、眭骏：《续修四库全书总目提要·丛书部》，国家图书馆出版社2010年版。

[40] 吴尚儒：《〈续修四库全书总目提要〉通俗文学条项的作者问

题》，《有凤初鸣年刊》2011 年第七期。
[41] 汤佰会：《〈续修四库全书·经部·孟子〉提要》，曲阜师范大学硕士论文，2011 年。
[42] 袁英：《论朱熹〈诗集传〉对〈小序〉的改造》，沈阳师范大学硕士论文，2012 年。
[43] 杨鹏程：《〈续修四库全书总目提要·集部〉唐五代部分整理研究》，鲁东大学硕士论文，2013。
[44] 张学谦：《〈续修四库全书总目提要〉袭用地方艺文志考》，《图书馆理论与实践》2013 年第 9 期。
[45] 罗继祖：《日本人续修〈四库全书总目提要〉问世》，《社会科学战线》1998 年第 4 期。
[46] 朱守亮：《〈续修四库全书提要〉与〈续修四库全书总目提要〉有关诗经部分的说明》，见中国诗经学会编：《第二届诗经国际学术研讨会论文集》，语文出版社 1996 年版。
[47] 郭伯恭：《四库全书纂修考》，岳麓书社 2010 年版。
[48] 吴哲夫：《四库全书纂修之研究》，台湾“国立故宫博物院”1990 年版。
[49] 李常庆：《〈四库全书〉出版研究》，中州古籍出版社 2008 年版。

四、续提要订补

[1] 李士彪：《〈续修四库全书总目提要·经部〉辨证》，复旦大学博士后论文，2004 年。
[2] 李士彪：《〈续修四库全书总目提要·经部〉笺证》，见潘美月、杜洁祥主编：《古典文献研究辑刊》，花木兰文化出版社 2011 年版。
[3] 陈鸿森：《〈续修四库全书总目提要·经部〉辨证》，《大陆杂志》1997 年第 6 期。
[4] 陈鸿森：《〈续修四库全书总目提要〉孝经类辨证》，《中央研究院历史语言所集刊》第六十九本 1998 年第二分。

［5］李海英：《〈续修四库全书总目提要（稿本）〉“永嘉丛书”条辨正》，《图书馆杂志》2001 年第 5 期。
［6］李海英：《〈续修四库全书总目〉“籀亭述林”条补正》，《图书馆杂志》2001 年第 9 期。
［7］梁进学：《〈续修四库全书总目提要〉弈人姓名辨正四则》，《新乡教育学院学报》2004 年第 2 期。
［8］主父志波：《〈续修四库全书总目提要〉订误》，《图书馆杂志》2005 年第 7 期。
［9］王爱亭：《〈续修四库全书总目提要〉举正》，《图书馆杂志》2006 年第 11 期。
［10］郑裕基：《〈续修四库全书总目提要·经部〉“尚书类”断句谬误举例》，《中华技术学院学报》2006 年第 35 期。
［11］杜季芳：《〈续修四库全书总目提要〉订误七则》，《图书馆杂志》2007 年第 2 期。
［12］焦桂美：《〈续修四库全书总目提要〉条辨》，《图书馆杂志》2008 年第 7 期。
［13］赵嫄：《〈续修四库全书总目提要〉辨正十六则》，《上海高校图书情报工作研究》2008 年第 1 期。
［14］程远芬：《〈续修四库全书总目提要〉条辨》，《图书馆工作与研究》2008 年第 5 期。
［15］王晓兵：《〈续修四库全书总目提要〉举正》，《山东图书馆季刊》2008 年第 1 期。
［16］程远芬：《〈续修四库全书总目提要〉举正》，《图书馆理论与实践》2008 年第 3 期。
［17］江曦：《〈续修四库全书总目提要〉订误》，《古籍研究》总第 57—58 卷。
［18］李淑燕：《〈续修四库全书总目提要〉正误》，《图书馆学刊》2009 年第 7 期。
［19］张丽华：《〈续修四库全书总目提要〉订误》，《山东图书馆学刊》2009 年第 2 期。

［20］路子强：《〈续修四库全书总目提要〉订误十二则》，《山东图书馆学刊》2009 年第 1 期。
［21］焦桂美：《〈续修四库全书总目提要〉举正》，《图书馆理论与实践》2009 年第 3 期。
［22］王爱亭，崔晓新：《〈续修四库全书总目提要〉订误》，《图书馆学刊》2009 年第 2 期。
［23］主父志波：《〈续修四库全书总目提要〉勘误》，《大众文艺》（理论）2009 年第 20 期。
［22］张炎：《〈续修四库全书总目提要〉订误》，《晋图学刊》2010 年第 2 期。
［23］王承斌：《〈续修四库全书总目提要〉"诗文评"类辨正十则》，《衡阳师范学院学报》2010 年第 2 期。
［24］郑裕基：《〈续修四库全书总目提要·经部〉"尚书类"中断句当属下句而误属上句举例》，《中华科技大学学报》2011 年第 47 期。
［25］姚金笛：《〈续修四库全书总目提要〉著录曲阜作家著述订补》，《河北理工大学学报》（社会科学版）2011 年第 6 期
［26］姚金笛：《〈续修四库全书总目提要〉订误》，《图书馆杂志》2012 年第 2 期。
［27］任利荣：《〈续修四库全书总目提要〉辩证九则》，《衡水学院学报》2013 年第 15 卷第 5 期。

附录一　伦明撰稿篇目分类[①]

经　部

易类

1. 15—587 上　周易大象应大学说一卷　光绪丁未刊本　清高赓恩撰

礼类

1. 14—793 下　释文问答一卷　嘉庆辛未刊本　清辛绍业撰

① 此篇目系笔者自齐鲁书社影印《续修四库全书总目提要（稿本）》伦明手稿中录出，笔者对其进行了分类，每类中按手稿顺序排列。笔者所统计的伦明实际撰稿数量盖基于此。需要说明的是，中国科学院图书馆整理的《续修四库全书总目提要·经部》与《续修四库全书总目提要（稿本）》所收经部篇目略有出入，如在《续修四库全书总目提要·经部》中收有伦明所撰《论语古注》《论语古注集笺》《群经音辨》《汉碑经义辑略》等书提要，但在《续修四库全书总目提要（稿本）》影印的伦明手稿中无此四篇提要手稿；《续修四库全书总目提要（稿本）》15—469 上收有伦明所撰说郛本《五经通义》提要手稿，但在《续修四库全书总目提要·经部》中无此篇。又有同一书同一版本有不同提要者，如李文沂纂《经字正蒙八卷》光绪乙酉刊本，《续修四库全书总目提要（稿本）》14—507 上、15—11 下两处收录伦明此书提要手稿，两篇提要内容不一致。凡此，皆以《续修四库全书总目提要（稿本）》伦明提要手稿为准。

小学类

1. 15—573 下　字典校录一卷　光绪癸巳刊本　清英浩撰
2. 15—574 下　字典校录外编四卷　钞本　清英浩撰

诗类

1. 14—72 下　毛诗说六卷　石印本　清庄有可撰
2. 14—73 下　诗蕴二卷　石印本　清庄有可撰
3. 14—98 下　毛诗异字同声考一卷　光绪十三年刊本　清丁显纂
4. 14—112 下　诗纬一卷　玉函山房刊本　清马国翰辑
5. 14—113 上　泛引诗纬一卷　《纬攟》本　清乔松年辑
6. 14—113 下　诗泛历枢一卷　玉函山房本　清马国翰辑
7. 14—114 上　诗泛历枢一卷　《纬攟》本　清乔松年辑
8. 14—114 下　诗泛历枢一卷　《古微书》本　明孙瑴辑
9. 14—115 上　诗纪历枢一卷　《说郛》本　题阙名
10. 14—115 下　诗泛历枢一卷　《七纬》本　清赵在翰辑
11. 14—116 上　诗含神雾一卷　汉学堂丛刊本　清黄奭辑
12. 14—117 上　诗含神雾一卷　玉函山房本　清马国翰辑
13. 14—117 下　诗含神雾一卷　《纬攟》本　清乔松年辑
14. 14—118 上　诗含神雾一卷　《古微书》本　明孙瑴辑
15. 14—118 下　诗含神雾一卷　《说郛》本　题阙名
16. 14—119 上　诗含神雾一卷　《七纬》本　清赵在翰辑
17. 14—143 上　诗经客难二卷　道光刊本　清龚元玠撰
18. 14—144 上　毛诗古义二卷　嘉庆省吾堂刊本　清惠栋撰
19. 14—145 上　唐写本毛诗传笺五种　影印古籍残本
20. 14—145 下　诗纬推度灾训纂一卷　玉津阁丛刊本　清胡薇元撰
21. 14—146 上　诗纬泛历枢训纂一卷　玉津阁丛刊本　清胡薇元撰
22. 14—146 下　诗纬含神雾训纂一卷　玉津阁丛刊本　清胡薇元撰

23. 14—147 上　诗推度灾一卷　《七纬》本　清赵在翰辑
24. 14—147 下　诗推度灾一卷　玉函山房刊本　清马国翰辑
25. 14—148 上　诗推度灾一卷　《古微书》本　明孙瑴辑
26. 14—148 下　诗推度灾一卷　汉学堂刊本　清黄奭辑
27. 14—149 上　诗推度灾一卷　《纬攟》本　清乔松年辑
28. 14—449 上　读诗管见十四卷　刊本无年月清罗典撰
29. 14—508 上　诗疑义释二卷　乾隆四十九年刊本　清胡文英撰
30. 14—509 上　诗疏补遗五卷　乾隆五十三年刊本　清胡文英撰
31. 14—510 上　诗考异补二卷　乾隆三十九年刊本　清严蔚撰
32. 14—511 下　读诗辨字略五卷　嘉庆刊本　清韩怡撰
33. 14—512 上　邶风说二卷　道光丙戌刊本　清龚景瀚撰
34. 14—513 上　古邠诗义一卷　道光十二年刊本　清许宗寅撰
35. 14—513 下　学寿堂诗说十卷附录一卷　影印本　徐绍桢撰
36. 14—514 下　多识录九卷　道光刊本　清石韫玉撰
37. 14—515 上　诗笺别疑一卷　旧抄本　清姜宸英撰
38. 14—515 下　诗绪余录八卷　道光己亥刊本　清黄位清撰
39. 14—516 下　诗异文录三卷　道光己亥刊本　清黄位清撰
40. 14—517 上　诗经精义五卷附一卷　嘉庆七年刊本　清黄淦纂
41. 14—517 下　诗诵五卷　光绪乙酉刊本　清陈仅撰
42. 14—518 上　诗序辨一卷　光绪刊本　清夏鼎武撰
43. 14—518 下　诗经简要一卷　光绪活字本　清汪本厚撰
44. 14—519 上　释诗一卷　道光十三年刊本　清何西夏撰
45. 14—519 下　诗经评不分卷　明闵氏刊朱墨套印本　明钟惺评点
46. 14—528 下　读诗一隅四卷　乾隆刊本　清管榦珍撰
47. 14—529 下　诗地理考略二卷　同治甲午刊本　清尹继美撰
48. 14—530 下　诗经集解辨正不分卷　活字印本　清徐天璋撰
49. 14—531 下　诗谱讲义一卷　江苏存古学堂重印本　不署撰人名氏
50. 14—532 下　诗故考异三十二卷　道光辛卯刊本　清徐华岳撰
51. 14—533 下　诗经言志二十六卷　嘉庆甲戌刊本　清汪灼撰

52. 14—534 上　诗传孔氏传一卷　明刊《汉魏丛书》本　题卫端木赐述
53. 14—571 上　柯山诗传一卷　旧抄本　宋张耒撰
54. 14—572 上　诗义择从四卷　光绪戊子刊本　清易佩绅撰
55. 14—573 下　毛诗补正二十五卷　光绪己亥刻鹄轩刊本　清龙起涛撰
56. 14—574 下　学诗阙疑二卷　乾隆家刊本　清刘青芝撰
57. 14—581 下　诗经永论四卷　旧抄本　明方孔炤传
58. 14—582 上　毛诗鸟兽草木考四卷　原稿本　书题受业门人金溪黄春魁编辑
59. 14—582 下　读诗集传随笔一卷　光绪乙未刊《损斋遗书》本　清杨树椿撰
60. 14—669 下　静修堂诗经解五册旧抄本　清仇景仑撰
61. 14—670 上　诗经说六卷　求志居刊本　清陈世镕撰
62. 14—671 上　郑风考辨一卷　刊本无年月清章谦存撰
63. 14—719 上　诗说一卷　嘉庆庚申刊本　清管世铭撰
64. 14—720 下　学诗绪余无分卷　原稿本　清潘锡恩撰
65. 14—721 上　诗经精义汇钞四卷　道光戊戌刊本　清陆锡璞抄
66. 14—721 下　诗经贯解四卷　光绪刊本　清徐寿基撰
67. 14—724 下　诗旨纂辞三卷　活字印本　黄节纂
68. 14—725 上　读经求义不分卷　嘉庆二十一年刊本　清张维屏撰
69. 14—731 上　文献诗考二卷　明刊《格致丛书》本　题鄱阳马端临贵与著竟陵钟惺伯敬阅
70. 14—742 上　张氏诗说一卷　袖珍《豫章丛书》本　清张汝霖撰
71. 14—743 上　变雅断章衍义一卷　咸丰庚申刊本　无撰人名氏
72. 14—743 下　诗古音释一卷　长沙胡氏刊本无年月清胡锡燕撰
73. 14—744 上　诗经绎二卷　明万历刊本　明邓元锡撰
74. 14—744 下　诗经质疑一卷　嘉庆辛酉刊本　清朱霈撰
75. 14—766 上　诗经字考二卷　嘉庆刊本　清吴东发撰
76. 14—767 上　毛诗名物考六卷　道光戊申刊本　清牟应震撰

77. 14—767 下　诗韵字声通证七卷　光绪癸巳刊本　清李次山撰
78. 14—781 上　毛诗笺疏辨异残本二卷　原稿本　清李兆勖撰
79. 14—782 上　诗问六卷　嘉庆戊寅刊本　清牟应震撰
80. 14—783 上　毛诗奇句韵考一卷　嘉庆刊本　清牟应震撰
81. 14—783 下　诗译一卷　《船山遗书》本　明王夫之撰
82. 14—784 上　诗经蠹简四卷　道光刊本　清李诒经撰
83. 14—796 下　校元刊本韩诗外传十卷　仿元刊本　吴门袁氏五砚斋旧藏黄丕烈钞补
84. 14—797 下　校刻韩诗外传十卷　补逸一卷　乾隆五十五年刊本　汉韩婴撰清赵怀玉校
85. 14—798 上　韩诗外传校注十卷　拾遗一卷　乾隆五十六年刊本　汉韩婴撰，清周廷寀校
86. 14—798 下　韩诗外传疏证十卷　嘉庆二十三年刊本　清陈士珂辑
87. 14—799 上　毛诗古韵五卷　嘉庆辛未刊本　清牟应震撰
88. 14—800 上　毛诗古韵杂论一卷　嘉庆辛未刊本　清牟应震撰
89. 15—1 上　三百篇诗评一卷　咸丰癸丑刊本　清丁祉撰
90. 15—2 上　诗经音韵谱五卷触解一卷　道光乙酉刊本　清甄士林撰
91. 15—2 下　韩诗内传一卷　《汉魏遗书钞》本　汉韩婴撰清王谟辑
92. 15—3 上　鲁诗传一卷　《汉魏遗书钞》本　汉申培撰清王谟辑
93. 15—3 下　韩诗翼要一卷　《汉魏遗书钞》本　汉侯包撰清王谟辑
94. 15—4 上　诗集传音释二十卷札记一卷　咸丰刊本　元罗复释
95. 15—4 下　诗说四卷　写印本　姚永概撰
96. 15—12 上　毛诗古音谐读五卷　民国五年活字印本　清杨恭桓撰
97. 15—12 下　诗经水月备考四卷　康熙乙酉刊本　明薛寀辑
98. 15—21 上　毛诗多识十二卷辽阳排印本十二卷　南浔刘氏刊本　题长白多隆阿著

99．15—22上　诗表一卷　道光乙酉刊本　明黄道周撰

100．15—23上　许氏诗谱抄一卷　嘉庆拜经楼刊本　清吴骞抄

101．15—24上　诗经考略二卷　道光刊《海南杂著》本　清张眉大撰

102．15—24下　诗谱一卷　道光刊《汉魏遗书抄》本　汉郑玄撰清王谟辑

103．15—25上　毛诗笺音证一卷　道光刊《汉魏遗书抄》本　后魏刘芳撰清王谟辑

104．15—32上　诗经能解三十一卷　明刊本　明叶羲昂纂

105．15—32下　读风臆补二卷　光绪庚辰刊本　清陈继揆撰

106．15—33下　诗考校注一卷　稿本　题浚仪王应麟撰集范阳卢文弨增校

107．15—34下　毛诗谱注一卷　《汉魏遗书抄》本　吴徐整撰清王谟辑

108．15—35上　毛诗序义一卷　《汉魏遗书抄》本　宋周续之撰

109．15—36上　毛诗答杂问一卷　《汉魏遗书抄》本　吴韦昭朱育撰

110．15—36下　毛诗题纲一卷　《汉魏遗书抄》本　无撰人名氏

111．15—37上　毛诗音韵考四卷　道光三年刊本　清程以恬撰

112．15—43下　诗小说一卷　同治刊本　清蒋光焴撰

113．15—57上　尔雅堂诗说一卷　旧抄本　明顾起元撰

114．15—57下　毛诗义疏一卷　嘉庆刊《汉魏遗书抄》本　清王谟辑题梁吴兴沈重撰

115．15—58上　毛诗异同评一卷　嘉庆刊《汉魏遗书抄》本　清王谟辑题晋北海孙毓撰

116．15—66下　重订三家诗拾遗十卷　嘉庆庚午刊本　清范家相撰叶钧重订

117．15—67下　诗经四家异文考补一卷　晨风阁刊本　江瀚补纂

118．15—68下　影北宋钞本　毛诗三卷　贵阳陈氏刊本　清陈矩录

119．15　69上　诗经互解一卷　嘉庆已未刊本　清范士增纂

120. 15—69 下　四书解诗经一卷　嘉庆己未刊本　清范士增纂
121. 15—70 上　周易解诗经一卷　嘉庆己未刊本　清范士增纂
122. 15—70 下　尚书解诗经一卷　嘉庆己未刊本　清范士增纂
123. 15—71 上　礼记解诗经一卷　嘉庆己未刊本　清范士增纂
124. 15—101 下　尚诗征名二卷　光绪三十四年刊本　清王荫祜撰
125. 15—102 下　毛诗经说二卷　道光甲辰刊本　清王益斋撰
126. 15—103 上　诗古微二卷　脩吉堂写刊本　清魏源撰
127. 15—103 下　审定风雅遗音二卷　乾隆庚辰刊本　清史荣撰纪昀审定
128. 15—152 上　诗经条贯六卷　民国丁卯活字印本　清李景星辑
129. 15—152 下　毛诗国风绎一卷　同治甲戌活字印本　清陈迁鹤撰
130. 15—153 下　诗名物考略二卷　光绪庚辰刊本　清尹继美撰
131. 15—154 下　重订空山堂诗志六卷　道光刊本　清牛运震撰
132. 15—173 上　读诗偶记二卷　嘉庆刊本　清汪德钺撰
133. 15—174 上　困学纪诗一卷　明刊《格致丛书》本　明胡文焕纂
134. 15—175 上　玉海纪诗一卷　明刊《格致丛书》本　明胡文焕纂
135. 15—175 下　诗传题辞故四卷　嘉庆甲戌刊本　清张澍辑
136. 15—176 上　诗传题辞故补一卷　嘉庆甲戌刊本　清张澍辑
137. 15—200 上　诗经疑言一卷　刻本无年月清王庭植撰
138. 15—201 上　诗触六卷　咸丰二年刊本　明贺贻孙撰
139. 15—202 上　诗经大义一卷　广州排印本　清杨寿昌纂
140. 15—202 下　诗经喈凤详解八卷　雍正癸丑刊本　清陈抒孝辑汪基增
141. 15—211 下　诗经读钞三十二卷　道光乙酉刊本　清李宗淇辑
142. 15—212 上　诗经定本四卷　写刊本　明黄澍撰
143. 15—212 下　说诗解颐续一卷　光绪十年刊本　清徐植之撰
144. 15—228 下　毛诗异同四卷附一卷　同治丁卯刊本　清萧光远撰
145. 15—229 下　说诗解颐二卷　光绪九年刊本　清徐玮文撰

146. 15—230 上　诗序非卫宏所作说一卷　清华大学排印本　黄节辑
147. 15—230 下　诗说标新二卷　民国五年排印本　狄郁撰
148. 15—450 下　诗古音三卷　原稿本　清杨峒撰
149. 15—451 上　诗经世本目一卷　《闰竹居丛书》本　明何楷撰
150. 15—451 下　陆氏诗草木鸟兽虫鱼疏校正二卷　《清献堂全集》本　清赵佑校
151. 15—452 上　三百篇鸟兽草木记一本　《闰竹居丛书》本　清徐士俊撰
152. 15—452 下　昌武段式诗义指南一卷　《知不足斋丛书》本　宋段昌武撰
153. 15—453 上　毛诗郑笺二十卷　万历甲午刊本　题周卜商子夏叙汉赵人毛苌传北海郑玄笺明甬东屠本畯纂疏补协
154. 15—453 下　诗传考六卷　嘉庆九年刊本　清陈孚编
155. 15—454 上　毛诗遵朱近思录二卷　乾隆丙子刊本　清宋在诗撰
156. 15—454 下　毛诗陆疏校正二卷　咸丰七年刊本　清丁晏校
157. 15—551 上　诗经通解三十卷　民国印本　林义光撰
158. 15—552 上　毛诗蒙求汇琐二卷　嘉庆庚申刊本　清薛韬光撰
159. 15—552 下　毛诗蒙求窾启十卷　嘉庆庚申刊本　清薛韬光撰
160. 15—553 下　诗识三卷　明刊格致丛书本　明胡文焕编
161. 15—554 上　毛诗古音述一卷　光绪己亥排印本　清顾涫述
162. 15—554 下　读诗钞说四卷　光绪丁亥刊本　清张澍撰
163. 15—555 上　毛诗正本二十卷　乾隆甲子刊本　清陈梓纂
164. 15—555 下　香草校诗八卷　光绪刊本　清于鬯撰
165. 15—556 下　正学堂诗说一卷　原稿本　清王仁俊撰
166. 15—557 上　毛诗谱一卷　《通德堂经解》本　汉郑玄撰清黄奭辑
167. 15—617 上　诗益二十卷　乾隆四年刊本　清刘始兴撰
168. 15—618 上　三颂考三卷　同治十二年重刊本　清张承华撰
169. 15—619 上　诗绎二卷　《榕园丛书》本　清廖翱撰
170. 15—636 上　诗毛郑异同辨二卷　嘉庆刊面城楼三种　本　清曾

钊撰

171．15—637 下　毛诗兴体说一卷　光绪刊本　清林国赓撰

172．15—638 下　毛诗兴体说一卷　传抄本　清黄应嵩撰

173．15—639 下　读诗商二十七卷　光绪刊本　清陈保真撰

174．15—640 下　毛诗说习传一卷　广州刊本　简朝亮撰

175．15—641 上　东迁后诗世次表一卷　原稿本　清郭志正撰

书类

1．14—71 上　刊定尚书古今文注二十卷　光绪刊本　清丁宝桢刊定

2．14—72 上　尚书古注便读四卷　成都排印本　清朱骏声辑

3．14—90 下　尚书中候一卷　《说郛》本　原题阙名

4．14—91 下　尚书旋玑钤一卷　《说郛》本　原题阙名

5．14—92 上　尚书考灵曜一卷　《说郛》本　原题阙名

6．14—92 下　尚书帝命期一卷　《说郛》本　原题阙名

7．14—93 上　尚书帝验期一卷　《古微书》本　明孙瑴辑

8．14—93 下　尚书帝验期一卷　《纬攟》本　清乔松年辑

9．14—94 上　尚书运期授一卷　《七纬》本　清赵在翰辑

10．14—94 下　尚书运期授一卷　《古微书》本　明孙瑴辑

11．14—95 上　尚书五行传一卷　《古微书》本　明孙瑴录

12．14—95 下　尚书中候一卷　《古微书》本　明孙瑴辑

13．14—96 上　中候运衡一卷　《纬攟》本　清乔松年辑

14．14—96 下　卫经社稿一卷　民国戊辰刊本　清王小航撰

15．14—97 下　尚书异字同声考一卷　光绪十年刊本　清丁显纂

16．14—98 上　洪范宗经三卷　道光十五年刊本　清丁裕彦撰

17．14—107 上　逸周书补注二十三卷末一卷　道光乙酉刊本　清陈逢衡撰

18．14—108 上　逸周书管笺十六卷　道光庚寅刊本　清丁宗洛笺

19．14—109 下　周书集训校释十卷附逸文一卷　道光丙午刊本　清朱右曾撰

20. 14—111 上　周书解义十卷　嘉庆十年刊本　清潘振撰
21. 14—111 下　中候握河纪一卷　《古微书》本　明孙瑴辑
22. 14—112 上　中候握河纪一卷　《纬攟》本　清乔松年辑
23. 14—122 上　洛诰新解一卷　石印本　温廷敬撰
24. 14—124 下　书考辨二卷　乾隆辛未刊本　清刘绍攽撰
25. 14—125 下　尚书古义二卷　嘉庆省吾堂刊本　清惠栋撰
26. 14—127 上　尚书今古文五藏说一卷　《蛰园丛刻》本　清胡廷绶撰
27. 14—127 下　古写隶古定尚书残卷一卷　《云窗丛刻》本
28. 14—128 上　影写隶古定尚书残卷一卷　《云窗丛刻》本
29. 14—129 上　尚书顾命残卷一卷　宣统己酉影印《敦煌石室遗书》本
30. 14—129 下　书义丛钞残卷　原稿本　清焦循抄
31. 14—130 上　尚书辨疑一卷　乾隆己未刊本　清刘青芝撰
32. 14—130 下　书经说四卷　求志居刊本　清陈运镕撰
33. 14—131 下　尚书客难四卷　道光刊本　清龚元玠撰
34. 14—132 下　书传疑纂八卷　原稿本　清戴钧衡撰
35. 14—134 上　尚书中候一卷　《汉魏遗书钞》本　清王谟辑
36. 14—134 下　洪范说一卷　康熙戊子刊本　清李光地撰
37. 14—135 上　洪范五行传二卷　《汉魏遗书钞》本　汉刘向撰清王谟辑
38. 14—135 下　尚书五行传注一卷　光绪刊《郑氏佚书》本　清袁钧辑
39. 14—136 上　洪范五行传三卷　左海全书本　清陈寿祺辑
40. 14—136 下　顾彪尚书义疏一卷　汉学堂丛刊本　隋顾彪撰清黄奭辑
41. 14—137 上　禹贡说一卷　续经解本　清倪文蔚撰
42. 14—138 上　尚书讲义一卷　光绪乙未刊本　清黄以周撰
43. 14—138 下　书序略考一卷　旧抄本　不题撰人名氏
44. 14—139 下　尚书说一卷　原稿本　清万宗琦撰

45. 14—140 上　尚书主意传心录十二卷　明万历辛巳刊本　明钟庚阳撰
46. 14—140 下　静修堂书经解四册旧抄本　清仇景仑撰
47. 14—141 上　书经要义六卷　雍正庚戌刊本　明王建常撰
48. 14—142 上　尚书家训八卷　康熙己酉刊本　清董色起撰
49. 14—142 下　尚书大传注一卷　《通德堂经解》本　汉郑玄注清黄奭辑
50. 14—407 下　古文尚书辨旧抄本　清张文岚撰
51. 14—408 下　古文尚书剩言一卷　钞本　清洪良品撰
52. 14—410 上　书序考异一卷　无年月约光绪间清王咏霓撰
53. 14—411 上　书序答问一卷　无年月当光绪间清王咏霓撰
54. 14—412 上　立政臆解一卷　民国己未烟霞草堂丛刊本　清刘光蕡撰
55. 14—413 上　尚书微一卷　民国十三年甲子清刘光蕡撰
56. 14—420 上　尚书辨伪五卷　嘉庆壬申果克山房刊本　清唐焕撰
57. 14—421 上　禹贡本义一卷　光绪三十二年丙午杨守敬撰
58. 14—422 下　二渠九河图考一卷　嘉庆问经堂刊本　清孙冯翼辑
59. 14—423 下　九河故道考光绪壬午刊本　清张亨嘉撰
60. 14—424 下　书经问答八卷　光绪丁未刊本　清胡嗣运撰
61. 14—425 下　尚书补阙一卷　道光己酉家刊本　清华长卿辑
62. 14—426 下　尚书绎闻一卷　光绪三年刊本　清史致准撰
63. 14—427 下　书传补义三卷　同治乙丑刊本　清方宗诚撰
64. 14—428 下　禹贡释诂一卷　道光乙酉家刊本　清孙乔年撰
65. 14—429 上　禹贡因一卷　光绪壬辰家刊本　清沈练撰
66. 14—429 下　禹贡锥指节要一卷　咸丰三年刊本　清汪献玗节要
67. 14—430 上　禹贡示掌一卷　道光甲午家刊本　清尤逢辰撰
68. 14—497 上　古文尚书冤词补正一卷　原稿本　清周春撰
69. 14—498 上　尚书辨二卷　《青照堂丛书》本　清王鸣盛撰
70. 14—498 下　洪范后案二卷　《西庄始存稿》本　清王鸣盛撰
71. 14—520 上　读尚书隅见十卷　光绪甲午刊本　清谢庭兰撰

72. 14—521 上　禹贡备遗二卷　明万历刊本　明胡瓒撰
73. 14—521 下　禹贡备遗补注二卷　乾隆丁巳刊本　清胡宗绪撰
74. 14—522 下　禹贡图说不分卷　乾隆端溪书院刊本　清马世良撰
75. 14—523 上　读书随笔四卷　刊本无年月清吴大廷撰
76. 14—523 下　释书一卷　道光十三年刊本　清何西夏撰
77. 14—524 上　逸汤誓考校勘记一卷　宣统刊《篋存草》本　清叶廉锷撰
78. 14—524 下　尚书离句六卷　旧抄本　清钱在培辑
79. 14—534 下　尚书涉传四卷　乾隆刊本　清戴祖启撰
80. 14—549 上　书经节解二卷　道光丙戌刊本　清蒋绍宗撰
81. 14—550 上　书经精义四卷补一卷　嘉庆刊本　清黄淦辑
82. 14—550 下　读书解义一卷　道光刊本　清朱毓楷撰
83. 14—570 上　说畴一卷　明刊本　明乔中和撰
84. 14—570 下　洪范大义三卷　民国壬戌刊本　清唐文治撰
85. 14—580 下　抱润轩读尚书记一卷　原稿本　清马其昶撰
86. 14—581 上　读书随笔二卷　光绪乙未刊《损斋遗书》本　清杨树椿撰
87. 14—722 上　禹贡郑注略例一卷　光绪刊一镫精舍稿本　清何秋涛撰
88. 14—722 下　书经精义汇钞六卷　道光戊戌刊本　清陆锡璞抄
89. 14—723 上　尚书职官考略一卷附表一卷　光绪十三年刊本　清王廷鼎撰
90. 14—724 上　读尚书日记一卷　光绪刊本　清余宏淦撰
91. 14—740 下　尚书质疑一卷　嘉庆辛酉望岳楼活字印本　清朱霈撰
92. 14—741 下　书经绎二卷　明万历刊本　明邓允锡撰
93. 14—762 上　书经字考一卷　嘉庆刊本　清吴东发撰
94. 14—763 上　古河考一卷　乾隆壬午刊本　清吴楚椿撰
95. 14—763 下　禹贡图说四卷　同治四年刊本　清周之翰撰
96. 14—764 下　禹贡翼传便蒙一卷　光绪五年刊本　清袁自超辑

97. 14—765 上　禹贡今注一卷　宣统三年活字印本　清阎宝森撰
98. 14—765 下　禹贡选注一卷　光绪壬午刊本　清吴昔巢辑
99. 14—771 下　尚书讲稿思问录二卷　道光二年依园精刊本　清官献瑶撰
100. 14—780 下　尚书约旨一卷　道光三年刊本　清黄惟恭撰
101. 15—1 下　书集传音释六卷　咸丰乙卯刊本　元邹季友订正
102. 15—20 下　书经考略一卷　道光刊《海南杂著》本　清张眉大撰
103. 15—37 下　尚书注一卷　《汉魏遗书钞》本　汉马融撰清王谟辑
104. 15—38 上　今文尚书说一卷　《汉魏遗书钞》本　汉欧阳生撰清王谟辑
105. 15—38 下　增订禹贡注读一卷　光绪四年刊本　清徐鹿苹辑
106. 15—39 上　百两篇一卷　《汉魏遗书钞》本　汉张霸撰清王谟辑
107. 15—54 上　大崎即大别说一卷　光绪二十二年刊本　清刘宝书撰
108. 15—55 上　禹贡辑注一卷　一经堂刊本　清余宗英辑
109. 15—55 下　大誓答问评一卷　中国学报本　方勇撰
110. 15—56 上　禹贡纂注一卷　康熙戊寅刊本　清周天阶撰
111. 15—56 下　古文尚书疏一卷　嘉庆刊《汉魏遗书钞》本　清王谟辑题梁顾彪撰
112. 15—65 下　尚书注疏补正一卷　嘉庆抱经堂刊本　清卢文弨录
113. 15—66 上　礼记解尚书一卷　嘉庆己未刊本　清范士增纂
114. 15—78 上　书经互解一卷　嘉庆戊寅刊本　清范士增辑
115. 15—78 下　四书解尚书一卷　嘉庆戊寅刊本　清范士增辑
116. 15—79 上　周易解尚书一卷　嘉庆戊寅刊本　清范士增辑
117. 15—79 下　诗经解尚书一卷　嘉庆戊寅刊本　清范士增辑
118. 15—100 上　周书年月考二卷　道光甲午刊本　清马肇元撰
119. 15—101 上　周书年表一卷　道光甲午刊本　清马肇元撰

120. 15—108 下　洪范数雍正元年刊本　宋蔡沈撰清张文炳校刊
121. 15—151 下　书经管窥二卷　民国丁卯活字印本　清李景星撰
122. 15—171 下　尚书偶记一卷　嘉庆刊本　清汪德钺撰
123. 15—172 下　尚书删补五卷　明崇祯壬申刊本　明汪康谣纂
124. 15—196 上　尚书读记一卷　乾隆癸巳刊本　清阎循观撰
125. 15—197 上　书经疑言一卷　刻本无年月清王庭植撰
126. 15—198 上　书经大义一卷　广州排印本　清杨寿昌撰
127. 15—198 下　尚书副墨不分卷　崇祯辛未刊本　明杨肇芳撰
128. 15—199 上　尚书诂要四卷　道光五年刊本　清龙万育辑
129. 15—199 下　书经讲义一卷　宣统写印本　清周嵩年撰
130. 15—213 上　尚书通考一卷　嘉庆刊本　清式榏日撰
131. 15—227 上　尚书纂义四卷　嘉庆刊本　清关涵撰
132. 15—227 下　禹贡指掌一卷　嘉庆刊本　清关涵撰
133. 15—547 上　香草校尚书四卷　光绪刊本　清于鬯撰
134. 15—548 上　香草校周书二卷　光绪刊本　清于鬯撰
135. 15—548 下　正学堂尚书说一卷　原稿本　清王仁俊撰
136. 15—549 上　尚书古文注一卷　《通德堂经解》本　汉郑玄注清黄奭辑
137. 15—550 上　尚书图不分卷　刊本无年月清杨魁植辑
138. 15—550 下　祖述约义私绎一卷　原稿本　无撰人名氏
139. 15—597 下　郑氏尚书注九卷　《郑氏佚书》本　清袁钧辑
140. 15—599 上　郑氏古文尚书十一卷　函海本　宋王应麟辑
141. 15—600 上　尚书郑注十卷　《郑氏佚书》本　清孔广林辑
142. 15—601 上　书绎一卷　《榕园丛书》本　清廖翱撰
143. 15—601 下　古文尚书辨一卷　《忏花盦丛书》本　清朱彝尊撰
144. 15—603 上　禹贡水道析疑二卷　道光五年刊本　清张履元撰
145. 15—604 上　禹贡九州今地考二卷　光绪湖南刊本　清曾廉撰
146. 15—605 上　禹贡通释十三卷　陕西刊本　清童颜舒撰
147. 15—606 下　尚书大传注三卷　《郑氏佚书》本　汉郑玄注清

袁钧辑
148. 15—607 下　尚书大传疏证七卷　皮氏家刊本　清皮锡瑞撰
149. 15—609 上　尚书正解十二卷　康熙刊本　清吴荃撰
150. 15—609 下　尚书经解雕玉不分卷　旧抄本　清黄辕撰
151. 15—610 上　禹贡说一卷　乾隆刊本　清胡宗绪撰
152. 15—610 下　召诰日名考一卷　元和《李氏遗书》本　清李锐撰
153. 15—611 上　尚书大传三卷补遗一卷孙晴川八种　本　汉郑玄注清孙之騄辑
154. 15—611 下　尚书大传四卷补遗一卷考异一卷续补遗一卷　嘉庆庚申爱日草堂刊本　汉郑玄注清卢文弨校补
155. 15—612 上　尚书大传四卷补遗一卷续补遗一卷　嘉庆刊本
156. 15—612 下　尚书大传四卷补遗一卷　嘉庆五年刊本　清樊廷绪校
157. 15—613 上　尚书大传注三卷　《学津讨原》本　清孔广林辑
158. 15—613 下　尚书大传三卷序录一卷辨讹一卷　《古经解汇函》本　汉郑玄注清陈寿祺辑校陈洋编定
159. 15—614 上　尚书略说注一卷　《郑氏佚书》本　清袁钧辑
160. 15—614 下　尚书中候三卷尚书纬璇玑钤一卷尚书纬考灵曜一卷尚书纬刑德放一卷尚书纬帝命验一卷尚书纬运期授一卷　玉函山房本　汉郑玄注清马国翰辑
161. 15—615 下　尚书中候郑注五卷　乾隆刊本　汉郑玄注清孔广林辑
162. 15—616 下　尚书中候注一卷　《郑氏佚书》本　汉郑康成撰清袁钧辑
163. 15—621 下　尚书私说二卷　原稿本　清倪上述撰
164. 15—623 上　尚书古文考实一卷　思贤讲舍刊本　清皮锡瑞撰
165. 15—624 上　尚书古文疏证辨正一卷　思贤书局刊本　清皮锡瑞撰
166. 15—625 上　今古文尚书授受源流一卷　湖北存古学堂刊本　清

马贞榆撰

167. 15—626 下　尚书要旨一卷　湖北存古学堂刊本　清马贞榆撰

168. 15—627 上　黑水考一卷　原稿本　清徐养原撰

169. 15—617 下　三毫考一卷　光绪写印本　杨守敬撰

170. 15—628 上　漆沮通考六卷　光绪乙未周正谊堂刊本　清郑士范撰

171. 15—628 下　禹贡水道便览一卷　同治六年刊本　清张先振撰

172. 15—629 上　禹贡注节读一卷　乾隆五十四年端汉书院刊本　清马俊良纂

173. 15—629 下　禹贡集注一卷　咸丰十年刊本　清刘崇庆撰

174. 15—630 上　禹贡山水清音一卷　咸丰十年刊本　明刘椿撰

175. 15—632 上　尚书考六卷　道光刊本　清李荣陛撰

176. 15—633 下　尚书篇第一卷　道光刊本　清李荣陛撰

177. 15—634 上　尚书课程二卷　湖北存古学堂刊本　清马贞榆撰

178. 15—635 上　尚书可解辑粹二卷　嘉庆乙未刊本　清潘相撰

孝经类

1. 14—79 下　孝经援神契一卷　《汉学堂丛书》本　清黄奭辑

2. 14—80 下　孝经钩命决一卷　《汉学堂丛书》本　清黄奭辑

3. 14—81 上　孝经援神契二卷　玉函山房刊本　清马国翰辑

4. 14—82 上　孝经钩命诀一卷　玉函山房刊本　清马国翰辑

5. 14—83 上　孝经左契一卷　勤业堂校定《古微书》本　明孙瑴辑

6. 14—83 下　孝经左契一卷　玉函山房刊本　清马国翰辑

7. 14—84 上　孝经左契一卷　《纬攟》本　清乔松年辑

8. 14—84 下　孝经右契一卷　《纬攟》本　清乔松年辑

9. 14—85 上　孝经右契一卷　勤业堂考定《古微书》本　明孙瑴辑

10. 14—85 下　孝经右契玉函山房刊本　清马国翰辑

11. 14—86 上　孝经内事一卷　《纬攟》本　清乔松年辑

12. 14—86 下　孝经内记图一卷　汉学堂丛刊本　清黄奭辑

13. 14—87 上　孝经内事一卷　《汉魏遗书》本　清王谟辑
14. 14—87 下　孝经雌雄图一卷　玉函山房刊本　清马国翰辑
15. 14—88 上　孝经古秘一卷　玉函山房刊本　清马国翰辑
16. 14—88 下　孝经右契一卷　汉学堂丛刊本　清黄奭辑
17. 14—89 上　孝经中秘一卷　汉学堂丛刊本　清黄奭辑
18. 14—89 下　孝经古秘一卷　汉学堂丛刊本　清黄奭辑
19. 14—90 上　孝经左契一卷　汉学堂丛刊本　清黄奭辑
20. 14—200 上　孝经识一卷　《甘雨亭丛书》本　日本物茂卿撰
21. 14—200 下　孝经质疑一卷　光绪甲申刊本　徐绍桢撰
22. 14—201 下　孝经六艺大道录一卷　光绪二十四年西湖书院刊本　曹元弼撰
23. 14—202 下　孝经学七卷　光绪戊申江苏存古学堂刊本　曹元弼撰
24. 14—211 上　孝经孝翔学　清宣统元年刊本　清叶绳翥撰
25. 14—212 上　孝经阐要一卷　光绪九年刊本　清张恩霨撰
26. 14—212 下　孝经义疏不分卷　道光十六年日省吾斋刊本　清阮元撰
27. 14—213 下　孝经解纷一卷　道光十六年日省吾斋刊本　不署撰人名氏
28. 14—214 上　孝经全注一卷　刊于康熙间清李光地注
29. 14—221 下　孝经集灵一卷　刊于万历己丑明朱鸿撰
30. 14—222 上　从今文孝经说一卷　刊于明万历间明虞淳熙撰
31. 14—222 下　孝经迩言一卷　明万历刊本　明虞淳熙撰
32. 14—264 上　朱文公定古文孝经注一卷　明翻刻宋本　宋朱申注
33. 14—265 下　校定今文孝经注一卷　大德癸卯张恒刊本　元吴澄撰
34. 14—272 上　孝经刊误辩说乾隆壬午刊本　清倪上述撰
35. 14—291 下　孝经集注附增删讲义一卷　顺治十六年刊本　题天台陈选集注宣城王期龄讲义白下张惠春增删
36. 14—292 上　孝经正解一卷　道光戊申刊本　明徐大绅撰

37. 14—298 上　孝经详说六卷　光绪辛巳大梁书院重刊本　清冉觐祖撰
38. 14—298 下　孝经述一卷　光绪十五年己丑清姜国伊撰
39. 14—299 下　孝经集注述疏一卷　答问一卷　简朝亮撰
40. 14—309 下　孝经学凡例一卷　新订《六译馆丛书》本　廖平撰
41. 14—320 下　孝经大全十卷　崇祯六年癸酉明江元祚辑
42. 14—327 上　孝经汇纂无卷数　嘉庆己未刊本　清孙念劬辑
43. 14—334 下　孝经直解一卷　道光二十七年丁未清刘沅撰
44. 14—335 下　孝经易知一卷　同治十一年壬申翻刻本　清耿介撰
45. 14—379 上　孝经义疏一卷　玉函山房辑本　梁武帝撰
46. 14—391 上　孝经传一卷　玉函山房辑本　周魏文侯撰
47. 14—392 上　孝经后氏说一卷　《玉函山房辑佚书》本　汉后苍撰清马国翰辑
48. 14—392 下　孝经安昌侯说一卷　《玉函山房辑佚书》本　汉张禹撰清马国翰辑
49. 14—393 上　孝经殷氏注一卷　《玉函山房辑佚书》本　晋殷仲文撰清马国翰辑
50. 14—393 下　集解孝经一卷　《玉函山房辑佚书》本　晋谢万撰清马国翰辑
51. 14—402 下　齐永明诸王孝经讲义一卷　《玉函山房辑佚书》本　无撰人名氏
52. 14—403 上　李氏孝经注辑本一卷　附曾子大孝编注一卷　咸丰五年刊《浦城遗书》本　清李光地原注
53. 14—404 上　孝经引证一卷　崇祯三年庚午明杨起元纂
54. 14—419 上　孝经解赞一卷　《玉函山房辑佚书》本　吴韦昭撰
55. 14—419 下　御注孝经疏一卷　玉函山房本　唐元行沖撰清马国翰辑
56. 14—448 下　郑注孝经考证一卷　光绪二十年甲午家刊本　清潘任撰
57. 14—458 上　孝经精义一卷　孝经后录一卷　孝经或问一卷　孝

经余论一卷　乾隆潞河书院刊本　清张叙撰

58. 14—459 上　孝经郑注一卷　《郑氏佚书》本　清袁钧辑

59. 14—708 上　孝经约解一卷　嘉庆十年刊本　清温汝能纂

60. 14—708 下　孝经附刻一卷　嘉庆十年刊本　清温汝能辑

61. 14—784 下　孝经合解二卷　康熙四十年刊本　清陈治安辑

62. 14—785 上　孝经注一卷　刊本无年月清杨起元撰

63. 14—785 下　孝经养正一卷　光绪己丑刊本　清吕鸣谦撰

64. 14—786 上　郑氏孝经解一卷　《高密遗书》本　汉郑玄撰清黄奭辑

65. 15—13 上　孝经古本考一卷　湖北存古学堂活字印本　清王仁浚撰

66. 15—58 下　孝经旁训一卷　芸居楼刊本　清孙传澂订

67. 15—91 下　孝经长孙氏说附考一卷　玉函山房本　汉长孙氏撰

68. 15—92 上　孝经郑注一卷　《汉魏遗书》本　汉郑玄注清王谟辑

69. 15—92 下　孝经郑氏注一卷　《郑氏佚书》本　汉郑玄注清袁钧辑

70. 15—93 上　齐永明诸王孝经讲义一卷　玉函山房本

71. 15—93 下　孝经刘氏说一卷　玉函山房本　齐刘瓛撰清马国翰辑

72. 15—94 上　孝经集注衍义一卷　注韩居刊本　朱熹集注门人童伯羽衍义经

73. 15—94 下　孝经本义一卷　雍正十年刊本　清姜兆锡撰

74. 15—95 上　孝经章义一卷　方柏堂全书本　清方宗诚撰

75. 15—95 下　读孝经日记一卷　学古堂本　清潘任撰

76. 15—96 下　孝经管窥一卷　雍正乙卯刊本　清窦容邃撰

77. 15—97 上　孝经援神契三卷　古微书本　明孙瑴辑

78. 15—98 上　孝经钩命决一卷　古微书本　明孙瑴辑

79. 15—98 下　孝经内事图一卷　古微书本　明孙瑴辑

80. 15—99 上　孝经内事图一卷　玉函山房本　清马国翰辑

81. 15—99 下　孝经严氏注一卷　玉函山房本　梁严植之撰

82. 15—115 上　孝经集证十卷　抄本　清桂文灿纂
83. 15—116 上　孝经本义二卷　道光刊《经苑》本　明吕维祺撰
84. 15—117 上　孝经翼一卷　道光刊《经苑》本　明吕维祜撰
85. 15—118 上　孝经本赞一卷　方壶斋丛书本　明黄道周撰
86. 15—118 下　孝经集灵节略一卷　《宝颜堂秘笈》本
87. 15—119 上　孝经援神契一卷　嘉庆刊《七纬》本　清赵在翰辑
88. 15—119 下　孝经钩命决一卷　嘉庆刊《七纬》本　清赵在翰辑
89. 15—120 上　孝经纬一卷　嘉庆刊《七纬》本　清赵在翰辑
90. 15—120 下　孝经援神契一卷　光绪丁丑刊《纬攟》本　清乔松年辑
91. 15—121 下　孝经钩命诀一卷　《纬攟》本　清乔松年辑
92. 15—122 上　孝经援神契一卷　《说郛》本　题云阙名
93. 15—122 下　孝经钩命决一卷　《说郛》本　题云阙名
94. 15—123 上　孝经左契一卷　《说郛》本　题云阙名
95. 15—123 下　孝经右契一卷　《说郛》本　题云阙名
96. 15—124 上　孝经内事一卷　《说郛》本　题云阙名
97. 15—124 下　孝经中契一卷　《玉函山房辑佚》本　清马国翰辑
98. 15—176 下　孝经集注一卷　康熙三十三年刊清陆遇霖纂
99. 15—385 上　孝经郑注一卷　《汉魏遗书》本　汉郑玄注清王谟辑
100. 15—385 下　孝经郑注一卷附补证一卷　嘉庆六年刊本　日本冈田挺之辑清洪颐煊补证
101. 15—386 下　孝经郑注一卷　光绪间章氏式训堂刊本　清严可均辑
102. 15—387 上　孝经郑氏解辑一卷　嘉庆辛酉鲍廷博刊本　清臧庸辑
103. 15—387 下　孝经郑注疏二卷　光绪二十一年刊本　清皮锡瑞撰
104. 15—388 下　孝经大全二十八卷　孝经或问三卷　附孝经翼一卷　康熙二年刊本　明吕维祺撰
105. 15—389 下　孝经释疑一卷　明刊本　明孙本撰

106. 15—390 下　孝经义疏补十卷　道光九年刊本　清阮福撰
107. 15—391 下　孝经约注一卷　乾隆刊本　清汪师韩撰
108. 15—392 上　孝经集解一卷　咸丰四年刊本　清桂文灿撰
109. 15—393 上　孝经十八章辑传一卷　光绪二十四年刊本　清汪宗沂撰
110. 15—394 上　古文孝经荟解四卷　附孝经别录四卷　光绪十六年活字印本　清洪良品撰
111. 15—395 上　孝经本义一卷　民国刊《烟霞草堂遗书》本　清刘光蕡撰
112. 15—395 下　孝经征文一卷　王先谦刊续经解本　清丁晏撰
113. 15—396 上　孝经说三卷　民国十六年香港奇雅铅印本　清陈伯陶撰
114. 15—405 下　孝经述注一卷　咸丰丁巳刊本　清丁晏撰
115. 15—406 上　孝经谊诂一卷　民国癸亥刊《三经谊诂》本　马其昶撰
116. 15—419 下　集孝经郑注一卷　裕德堂刊本　清陈鳣撰
117. 15—430 下　孝经疑问一卷　光绪元年思进斋刊本　清姚舜牧撰
118. 15—431 上　孝经述一卷　同治癸亥刊本　清贺长龄辑注傅寿彤述
119. 15—431 下　古文孝经直解一卷　约光绪间刊本　清曹若柟撰
120. 15—436 下　孝经古今文传注辑补一卷　同治丙寅刊同治癸酉重订刊行清吴大廷撰
121. 15—437 上　孝经训注一卷　咸丰刊《玉函山房辑佚书》本隋魏真己撰
122. 15—437 下　孝经皇氏义疏一卷　咸丰刊《玉函山房辑佚书》本　梁皇侃撰清马国翰辑
123. 15—438 上　中文孝经一卷孝经外传一卷　乾隆庚辰刊本　清周春撰
124. 15—438 下　孝经王氏解一卷　咸丰刊《玉函山房辑佚书》本　魏王肃撰

125. 15—439 上　古文孝经述义一卷　咸丰《玉函山房辑佚书》本　隋刘炫撰清马国翰辑
126. 15—440 上　孝经读本一卷　孝经存解一卷　孝经存解阐要一卷　孝经存解析疑一卷　读孝经刊误问答一卷　光绪十年刊本　清赵长庚撰
127. 15—440 下　孝经章句一卷　孝经或问一卷　光绪乙未刊本　清汪绂撰
128. 15—572 下　孝经启蒙新解一卷　光绪刊本　清王泽厚撰
129. 15—589 上　孝经集注一卷　光绪丁未聚珍印本　清潘任辑
130. 15—589 下　孝经讲义一卷　清潘任撰
131. 15—590 下　孝经集义二卷　同治十年刊本　清曾世仪撰
132. 15—591 上　孝经郑注附音一卷　光绪丙申刊本　清孙季咸辑

四书类

1. 14—78 上　孟子注二卷　原稿本　清陈澧撰
2. 14—78 下　别本孟子注二卷　原稿本　清陈澧撰
3. 14—106 上　说书不分卷　明刊本　明李贽撰
4. 14—123 上　孟子疏证二十二卷　传抄本　清连鹤寿撰
5. 14—152 下　四书改错改四十卷　原稿本　清程仲威撰
6. 14—192 上　大学纬注一卷　光绪丁酉刊本　清钟颖阳撰
7. 14—193 上　大学古本　释一卷　光绪己丑刊本　清郭阶撰
8. 14—193 下　中庸释一卷　光绪己丑刊本　清郭阶撰
9. 14—194 上　学庸识小一卷　光绪己丑刊本　清郭阶撰
10. 14—194 下　学庸图说一卷　约乾隆刊本　清侯连城撰
11. 14—195 上　古本大学质言　咸丰三年刊本　清刘沅撰
12. 14—196 上　中庸注一卷　嘉庆二十五年刊本　清惠栋撰
13. 14—197 上　中庸通乾隆刊本　清胡炳文撰
14. 14—197 下　孟子识一卷　《甘雨亭丛书》本　日本物茂卿撰
15. 14—198 下　大学述义一卷　民国十年刊本　徐绍桢撰

16. 14—199 下　中庸述义二卷　乾隆间刊本　清黄锡庆撰
17. 14—203 下　四书注解撮要二卷　光绪己丑刊本　清林庆炳撰
18. 14—204 上　中庸本解二卷　光绪壬辰刊本　清杨亶骅撰
19. 14—205 上　大学注释一卷中庸注释一卷　光绪二十年甲午刊本　清李钠撰
20. 14—205 下　中庸心悟一卷　光绪戊寅刊本　清沈辉宗撰
21. 14—206 上　中庸参证二卷　光绪戊寅刊本　清沈辉宗撰
22. 14—207 上　大学参证二卷　光绪戊寅刊本　清沈辉宗撰
23. 14—208 上　古本大学集说三卷　嘉庆辛未刊本　清王训撰
24. 14—208 下　孟子性善备万物图解　光绪辛酉刊本　清刘光蕡撰
25. 14—209 下　大学阐要一卷　光绪九年刊本　清张恩霨撰
26. 14—210 上　中庸阐要一卷　光绪九年刊本　清张恩霨撰
27. 14—214 下　四书恒解　咸丰五年刊　清刘沅撰
28. 14—215 上　四书字义说略二卷　嘉庆丁卯刊本　清朱曾武撰
29. 14—215 下　四书小参一卷附问答一卷　明刊本　明朱斯行撰
30. 14—216 下　中庸直指一卷　明崇祯刊本　明方外史（释）德清撰
31. 14—217 上　古本大学辑解二卷　同治四年刊本　清杨亶骅撰
32. 14—217 下　中庸臆语一卷　乾隆丙寅刊本　清华希闵撰
33. 14—218 上　中庸讲义二卷　康熙刊本　明朱用纯撰
34. 14—219 上　大学讲义一卷　康熙刊本　明朱用纯撰刊于康熙间
35. 14—220 上　大学顺讲一卷　道光己丑刊本　清丛秉肃撰
36. 14—220 下　中庸顺讲一卷　道光己丑刊本　清丛秉肃撰
37. 14—221 上　乡党类纂三卷　无刊本年月　清谭孝达撰
38. 14—223 上　孟子今义四卷　民国二年排印本　彭赓良撰
39. 14—223 下　四书近语六卷　康熙甲午刊本　明孙应鳌撰
40. 14—224 上　四书异同商不分卷　咸丰九年刊本　清黄鹤撰
41. 14—224 下　大学说彭纯甫刊惠氏礼说附本　清惠士奇撰
42. 14—225 下　四书正事括略七卷附录一卷　道光己亥重刊本　清毛奇龄撰

43. 14—226 上　朱注发明十九卷　清康熙间刊本　清王掞撰
44. 14—226 下　四书明儒大全精义无卷数　康熙四十四年刊本　清汤传榘撰
45. 14—227 上　四书绎注不分卷　康熙丙子刊本　清王锬撰
46. 14—227 下　学庸窃补九卷　乾隆丙寅刊本　清陈孚撰
47. 14—228 上　四书题说二卷　道光戊申刊本　清梁彣撰
48. 14—228 下　四书读不分卷　嘉庆己巳刊本　清李嵩仑撰
49. 14—229 上　四书正体校定字音　道光刊本　不署撰人名氏
50. 14—229 下　四书翼注论文十二卷　光绪己卯刊本　清郑献甫撰
51. 14—230 上　大学古本释道光庚子刊本　清丁大椿撰
52. 14—230 下　孟子讲义四卷　道光庚子刊本　清丁大椿撰
53. 14—231 上　四书集注管窥二卷　道光乙酉刊本　清赵大镛撰
54. 14—231 下　孟子字义疏证三卷　嘉庆微波榭刊本　清戴震撰
55. 14—232 下　绪言三卷　清戴震撰
56. 14—233 上　原善三卷　刊本无年月　清戴震撰
57. 14—233 下　四书辨讹六卷　康熙三十二年刊本　清汪升撰
58. 14—234 上　古本大学说一卷附大学改本考一卷　道光二十一年刊本　清边廷英撰
59. 14—235 上　中庸说二卷　道光辛丑刊本　清边廷英撰
60. 14—236 上　四书心解不分卷　康熙癸亥刊本又道光重刊本　清王吉相撰
61. 14—237 上　四书辨误一卷辨异一卷　道光丙戌刊本　清李锡书撰
62. 14—238 上　四书会通十一卷　乾隆辛丑刊本　清吴楚椿撰
63. 14—238 下　中庸脉络二卷　乾隆壬午刊本　清吴楚椿撰
64. 14—239 上　四书集解不分卷　移录本　清朱应麟
65. 14—239 下　四书臆说十二卷　道光二年刊本　清李见菴撰
66. 14—240 上　四书集注直解说约七卷　康熙丁巳刊本　明张居正撰
67. 14—240 下　批点四书读本七卷　道光七年刊本　清高玲批点

68. 14—241 上　大学俗话五卷中庸俗话八卷　光绪十八年刊本　清查体仁撰
69. 14—241 下　大学讲义　民国元年排印本　萧炎撰
70. 14—242 下　四书札记　光绪九年刊本　清王巡泰撰
71. 14—243 下　大学指掌一卷　道光辛丑刊本　清周际华撰
72. 14—244 上　中庸指掌二卷　道光辛丑刊本　清周际华撰
73. 14—244 下　中庸臆测二卷　嘉庆二十四年刊　清王定柱撰
74. 14—245 下　古本大学通解不分卷　嘉庆二十一年刊本　清聂镐敏撰
75. 14—246 下　四书醒义不分卷　康熙四十八年刊本　清孙洤撰
76. 14—247 下　四书凝道录十九卷　光绪甲午泾阳刘秉仁刊本　清刘绍攽撰
77. 14—248 下　四书讲四十卷　乾隆五年重刊本　清金松撰
78. 14—249 上　四书考辑要二十卷　乾隆己丑刊本　清陈兰森辑
79. 14—249 下　大学讲语一卷中庸讲语一卷论语类解二卷孟子类解十一卷　光绪十三年刊本　清王辂撰
80. 14—250 上　四书考不分卷　万历己亥刊本　明戴大仲辑戴应物注
81. 14—250 下　四书经史摘证七卷　坊间通行本　清宋继穜撰
82. 14—251 上　学庸训蒙琐言二卷　光绪八年刊本　署乳山山人集不著名氏
83. 14—251 下　四书人物备考十卷　康熙刊本　明薛应旂辑
84. 14—252 上　四书大成直讲二十卷　道光六年刊本　清李锡书撰
85. 14—253 上　大学正业一卷古本大学条说一卷古本大学引证一卷　光绪壬午恽彦彬刊本　清恽鹤生撰
86. 14—254 上　大学意读一卷中庸意读一卷　嘉庆甲子刊本　清萧光浩撰
87. 14—255 上　恕谷中庸讲语康熙四十年刊本　清李塨撰
88. 14—256 上　四书自课录无卷数　乾隆四年刊本　清任时懋撰
89. 14—256 下　四书正误六卷　四存学会排印本　清颜元撰

90. 14—257 下　四书集疏附正字二十一卷　道光乙未连毓太刊本　清张秉直撰
91. 14—258 下　三订四书辨疑七十卷　乾隆刊本　清张江辑
92. 14—259 下　四书正义二十卷　康熙庚戌韩应恒等刊本　清宋继澄撰
93. 14—260 上　大学发微二卷　民国甲寅排印本　刘次源撰
94. 14—261 上　中庸发微三卷　民国甲寅排印本　刘次源撰
95. 14—262 上　四书尊注会意解三十六卷　康熙丁丑刊本　清张九达原辑张庸德补辑
96. 14—262 下　四书引左汇解十卷　乾隆甲午刊本　清萧榕年辑
97. 14—263 上　绘孟十四卷　天启甲子吴兴闵齐伋朱墨套印本　明戴君恩撰
98. 14—263 下　孟子文评无卷数　乾隆三十五年刊本　清赵承谟撰
99. 14—264 下　四书质疑十九卷　光绪九年刊本　徐绍祯撰
100. 14—266 上　大学辨业一卷　康熙徐秉义刊本　清李塨撰
101. 14—267 上　四书典故通考无卷数　嘉庆丁卯活字印本　清陆文籀撰
102. 14—267 下　四书定本辨正六卷　咸丰朱沅重刊本　新安正心、正言考辑
103. 14—268 下　四书地记六卷　道光十年刊本　清汪在中撰
104. 14—269 上　四书广注三十六卷　康熙间刊本　清张谦宜撰
105. 14—269 下　四子书尘言六卷　乾隆十年赵佑刊本　清戴宫华撰
106. 14—270 上　四书读注提耳二十卷　乾隆元年刊本　清耿埰撰
107. 14—270 下　中庸篇义一卷　光绪甲辰集虚草堂刊本　清马其昶撰
108. 14—271 上　补辑朱子大学讲义二卷　光绪十年方宗诚刊本　清何桂珍撰
109. 14—272 下　标孟七卷　康熙丁巳刊本　清汪有光撰
110. 14—273 上　孟子论文七卷　约嘉庆间刊本　清牛运震撰
111. 14　273 下　四书注疏撮言大全无卷数　乾隆癸未刊本　清胡斐

才撰

112. 14—274 上　四书联珠无卷数　咸丰元年刊本　清章守待撰

113. 14—274 下　四书寻真二十卷　乾隆十四年刊本　清刘所说撰

114. 14—275 上　四书典林三十卷　雍正乙卯刊本　清江永撰

115. 14—276 上　四书古人典林十二卷　乾隆甲午刊本　清江永撰

116. 14—277 上　大学古本荟参一卷续一卷　咸丰三年清胡泉撰

117. 14—278 上　四书经义考辨沈存十六卷　道光二十五年刊本　清姚道撰

118. 14—279 上　四书说略四卷　道光三十年刊本　清王筠撰

119. 14—280 上　四书述要十卷　乾隆二十五年刊本　清杨玉绪撰

120. 14—280 下　读论孟笔记三卷　同治四年刊本　清方宗诚撰

121. 14—281 下　读论孟补记二卷　同治四年刊本　清方宗诚撰

122. 14—282 下　四书翼注论文三十八卷　乾隆四十一年刊本　清张甄陶撰

123. 14—283 下　四书镜十九卷　乾隆十年刊本　清程天霖撰

124. 14—284 上　学庸困知录四卷　道光二十三年刊本　清庄咏撰

125. 14—284 下　集虚斋四书口义无卷数　乾隆五十三年刊本　清方婺如撰

126. 14—285 上　四书人物类典串珠四十卷　嘉庆十四年刊本　清臧志仁辑

127. 14—285 下　增订四书左国辑要四卷　乾隆三十五年刊本　清高其名郑师陈同辑

128. 14—286 上　增订四书贯解无卷数　雍正十三年刊本　清朱良玉撰

129. 14—286 下　大学俟一卷　《求志居经说》本　清陈运镕撰

130. 14—287 下　中庸俟二卷　《求志居经说》本　清陈运镕撰

131. 14—288 下　孟子读法附记十四卷　乾隆四十九年刊本　清周人麒撰

132. 14—289 下　七篇指略七卷　康熙十二年刊本　清王训撰

133. 14—290 下　删补孟子约说二卷　康熙间刊本　清孙肇兴撰

134. 14—292 下　汇订四书人物名物经义合考十二卷　崇祯五年刊本　明张溥辑
135. 14—293 上　四书讲义日孜录十二卷　乾隆四十九年刊本　清李求龄撰
136. 14—293 下　四书论光绪二十四年刊本　清王伊辑
137. 14—294 下　四书典故辩正续编五卷　嘉庆十九年刊本　清周柄中撰
138. 14—295 下　四书大全汇正备解十六卷　康熙己丑刊本　董喆陈枚纂辑
139. 14—296 上　读书笔记六卷　乾隆十五年刊本　清尹会一撰
140. 14—297 上　四书易简录十二卷　康熙壬寅刊本　清刘葆真撰
141. 14—297 下　四书撮言十二卷　乾隆二十八年刊本　清胡斐才撰
142. 14—300 下　中庸注一卷　嘉庆二十五年刊本　清惠栋撰
143. 14—301 下　中庸解辨一卷　同治六年刊本　清王縡撰
144. 14—302 下　中庸心法渊源一卷　同治光绪间刊本　东海乐天翁著男彬桐校
145. 14—303 上　大学决疑一卷　明万历丁巳刊本　明释德清撰
146. 14—304 上　四书浅说十二卷　清乾隆刊本　明陈琛撰
147. 14—304 下　四书发注十卷　雍正癸卯刊本　清朱奇生纂
148. 14—306 上　二刻礼部增补订正四书合注篇主意　万历壬寅刊本　范谦刘楚元余继合纂
149. 14—306 下　四书会解不分卷　嘉庆五年刊本　清綦澧沣辑
150. 14—307 上　空山击碎一卷　明王尔谏刊本　明陆鸿渐撰
151. 14—307 下　论孟语录四卷　明王尔谏刊空山击碎附刊本　明黄汝亨撰
152. 14—308 上　四书玩注详说三十六卷　康熙二十八年刊本　清冉觐祖撰
153. 14—308 下　大学中庸演义民国刊本　廖平撰
154. 14—310 下　四书一得录二卷　同治癸亥刊本　清胡泽顺撰
155. 14—311 下　中庸绎蕴三卷　道光二十二年刊本　清胡笴撰

156. 14—312 下　大学古文参疑一卷　道光十五年刊《刘子遗书》本　明刘宗周撰
157. 14—313 下　大学古记一卷　道光十五年刊《刘子遗书》本　明刘宗周撰
158. 14—314 上　大学古记约义一卷　道光十五年刊《刘子遗书》本　明刘宗周撰
159. 14—314 下　大学杂言一卷　道光十五年刊《刘子遗书》本　明刘宗周撰
160. 14—315 上　四书解疑二十卷　嘉庆十八年刊本　清黄梅峰撰
161. 14—315 下　四书说约六卷　崇祯六年刊本　明孙肇兴撰
162. 14—316 下　四书题镜不分卷　乾隆九年刊本　清汪鲤翔撰
163. 14—317 上　四书广炬订不分卷　约明崇祯刊本　明杨松龄撰
164. 14—317 下　中庸传一卷　咸丰元年刊《涉闻梓旧》本　宋晁以道撰
165. 14—318 下　读四书丛说八卷　嘉庆何元锡刊本　元许衡撰
166. 14—319 上　中庸说一卷　刘师培撰
167. 14—321 下　孟子集注指要二卷　约道光间刊本　清董锡嘏辑
168. 14—322 下　四书解琐言四卷补编一卷　道光元年刊本　清方祖范撰
169. 14—323 下　四书朱子语类摘抄三十八卷　康熙四十一年刊本　清张履祥吕留良辑
170. 14—324 上　孟子补义十四卷　约咸丰同治间刊本　清凌江辑
171. 14—325 上　四书蠡言七卷　咸丰二年刊本　清谭光烈撰
172. 14—325 下　四书典制汇编八卷　雍正十年刊本　清胡抡撰
173. 14—326 上　致知格物解二卷　康熙刊本　清魏裔介撰
174. 14—328 上　论孟考证辑要二卷　道光五年刊本　清赵大镛辑
175. 14—328 下　四书诠义三十八卷　道光六年汪守和刊本　清汪烜撰
176. 14—329 下　四书理话四卷　光绪三年刊本　清张楚钟撰
177. 14—330 下　四书补义七卷　嘉庆十六年刊本　清陶起庠撰

178. 14—331 下　大学问答一卷　咸丰六年刊本　清赵承恩撰

179. 14—332 上　读孟随笔二卷　民国壬戌刊本　清王祖畲撰

180. 14—332 下　四书鞭影二十卷　天启七年刊本　又道光二十四年重刊本　明刘凤翔撰

181. 14—333 上　孟子年略一卷　民国十四年排印本　易顺豫撰

182. 14—334 上　中庸私解答问一卷　民国十二年排印本　徐润第

183. 14—341 下　大学解一卷　道光刊本　清牛运震撰

184. 14—342 下　中庸解一卷　道光刊本　清牛运震撰

185. 14—343 下　孟子七篇诸国年表二卷　光绪南陵徐氏积学斋刊本　清张宗泰撰

186. 14—344 下　四书续考四卷　嘉庆二十一年刊本　清陶起庠撰

187. 14—345 上　孟子外书一卷逸文一卷　道光二十一年刊《闲道集》本　清孟经国辑

188. 14—345 下　孟子年表一卷　道光十一年刊《闲道集》本　清孟经国辑

189. 14—346 上　孟子札记四卷　宣统二年排印本　清翟师彝撰

190. 14—356 下　四书讲义十一卷　道光十五年刊本　清王元启撰

191. 14—357 下　孟子微八卷　光绪二十七年印本　康有为撰

192. 14—358 下　大学原本说略一卷大学原本读法一卷　乾隆十二年刊本　清王又朴撰

193. 14—359 下　中庸总说一卷中庸读法一卷　乾隆十二年刊本　清王又朴撰

194. 14—360 下　读孟十五卷　乾隆十二年刊本　清王又朴撰

195. 14—361 下　中庸私解一卷　道光辛卯刊《敦艮斋遗书》本　清徐润第撰

196. 14—362 下　中庸释义一卷　民国己未刊本　萧隐公撰

197. 14—363 下　潜沧四书解一卷　光绪五年刊《永平三子遗书》本　清佘一元撰

198. 14—364 下　朱子大学章句释疑一卷　民国辛未印本　顺德简岸

读书堂同人萃编
199. 14—365 下　四书合喙鸣十卷　明万历间刊本　明许獬撰
200. 14—366 上　大学文说一卷中庸文说一卷　嘉庆八年刊本　清康濬撰
201. 14—366 下　孟子文说七卷　嘉庆九年刊本　清康濬撰
202. 14—367 上　释孟子一卷　康熙刊《圣叹外书》本　清全喟撰
203. 14—367 下　四书虚字讲义一卷　同治十年刊本　清丁守存撰
204. 14—368 上　孟子说七卷　光绪三十三年刊本　清姜郁嵩撰
205. 14—368 下　四书讲义一卷　同治己巳《小石山房丛书》本　明顾宪成撰
206. 14—369 下　四书讲录五卷　顺治八年刊本　清胡统虞撰
207. 14—370 下　成均讲录二卷　顺治八年刊本　清胡统虞撰
208. 14—371 下　万寿宫讲录一卷　顺治八年刊本　清胡统虞撰
209. 14—372 下　四书私解一卷　乾隆间刊本　清廖燕撰
210. 14—373 下　大学古本述注一卷　光绪八年刊本　清姜国伊撰
211. 14—374 下　中庸古本述注一卷　光绪十三年刊本　清姜国伊撰
212. 14—375 上　四书亿二卷　民国二十一年印本　清李仲昭撰
213. 14—376 上　孟子章指二卷　玉函山房刊本　汉赵岐撰
214. 14—377 上　孟子章句一卷　玉函山房刊本　汉程曾撰
215. 14—377 下　孟子注一卷　玉函山房刊本　晋綦毋邃撰
216. 14—378 上　孟子注一卷　玉函山房刊本　唐陆善经撰
217. 14—378 下　孟子音义一卷　玉函山房刊本　唐张镒撰
218. 14—386 下　读四书大全说十卷　同治四年金陵遗书刊本　明王夫之撰
219. 14—387 下　四书考异一卷　同治四年刊遗书本　明王夫之撰
220. 14—388 下　四书笺解不分卷　光绪癸巳王之春刊本　明王夫之撰
221. 14—390 上　四书训义三十六卷　光绪丁亥重刊本　明王夫之撰
222. 14—394 上　四书教子尊经求通录八卷　嘉庆七年刊本　清杨一昆撰

223. 14—395 上　四书求是五卷　道光元年刊本　清苏秉国撰
224. 14—396 下　四书疑言十卷　光绪八年刊本　清王庭植撰
225. 14—398 上　大学解一卷　光绪十三年刊玉函山房续目耕帖本　清马国翰辑
226. 14—399 上　中庸解一卷　光绪十三年刊玉函山房续目耕帖本　清马国翰辑
227. 14—400 上　性善绎一卷　万历三十八年刊本　明方学渐撰
228. 14—401 上　逸孟子一卷　光绪十三年玉函山房续刊本　清马国翰辑
229. 14—402 上　孟子郑氏注一卷　《玉函山房辑佚书》本　汉郑玄撰马国翰辑
230. 14—414 上　四书讲义不分卷　崇祯辛未刊《高子全书》本　明高攀龙撰
231. 14—415 上　四书讲义四十三卷　康熙刊本　清吕留良撰
232. 14—416 下　驳吕留良四书讲义不分卷　雍正武英殿本
233. 14—417 下　四书简题四卷　《桐阁丛书》本　清李元春撰
234. 14—420 上　四书图史合考二十卷　明崇祯刊本　明蔡清撰
235. 14—418 下　学庸示掌不分卷　雍正乙卯刊本　清汤四箴撰
236. 14—439 上　四书说一卷　《味经斋遗书》本　清庄存与撰
237. 14—440 上　四书质疑八卷　同治家刊本　清吴国濂撰
238. 14—441 上　论语校议一卷孟子校异四卷　抄本　清姚凯元撰
239. 14—442 上　四书讲义四卷　宣统刊本　清安维峻撰
240. 14—443 上　四书衬不分卷　乾隆家刊本　清骆培撰
241. 14—444 上　大学全文一卷　明刊本　明崔铣撰
242. 14—444 下　中庸凡一卷　明刊本　明崔铣撰
243. 14—445 下　孟子附记二卷　《畿辅丛书》本　清翁方纲撰
244. 14—448 上　大学集要一卷中庸集要一卷　光绪刊本　清萧开运撰
245. 14—451 下　四书辑释大成不分卷　元至正刊本　元倪士毅撰
246. 14—452 下　四书私谈一卷　《逊敏堂丛书》本　清徐春撰

247. 14—453 下　论孟考典不分卷　传抄本　清方棨如纂
248. 14—454 下　古本大学解二卷　《榕园丛书》本　清温飏撰
249. 14—456 上　四书札记二卷　新铅印本　清姚惟寅撰
250. 14—456 下　四书说十卷　道光刊本　清郝宁愚撰
251. 14—457 上　大中遵注集解四卷　光绪刊本　清韩濬辑
252. 14—457 下　大学总论一卷中庸总论一卷　光绪五年刊本　清唐圻撰
253. 14—476 下　四书评本十九卷　同治十一年刊本　清俞廷镳撰
254. 14—559 下　四书质疑五卷　乾隆九年刊本　清陈梓撰
255. 14—673 下　学庸述易一卷　光绪刊本　清华承彦述
256. 14—674 上　大学直解二卷　乾隆刘氏传经堂刊本　明王建常撰
257. 14—674 下　孟子音义考证二卷　续经解刊本　宋孙奭撰
258. 14—675 上　孟子音义二卷附札记一卷　光绪四川刊本　宋孙奭撰
259. 14—704 下　孟子章句考年五卷　道光甲午刊本　清蒋一鉴辑
260. 14—705 下　说四书十八卷　乾隆刊本　清韩泰青撰
261. 14—707 上　郑本大学中庸说一卷　道光二十七年刊本　清包汝翼撰
262. 14—707 下　孟子编年考一卷　光绪刊一镫精舍稿本　清何秋涛撰
263. 14—788 上　乡党义考七卷　乾隆乙卯刊本　清胡薰撰
264. 14—788 下　四书考异一卷　乾隆癸丑刊本　清武亿录
265. 14—789 上　四书蠹简六卷　道光庚寅刊本　清李诒经撰
266. 15—16 下　学庸真旨三卷　明万历刊本　龙锡手辑
267. 15—17 上　孟子大义一卷　四川敬业书院活字印本　唐迪风撰
268. 15—17 下　大学质语一卷中庸质语一卷　石印本　清胡德纯撰
269. 15—18 上　大学示掌一卷中庸示掌一卷　嘉庆己巳重刊本　清汤自铭撰
270. 15—18 下　古本大学分科详释九卷　民国五年活字印本　廖袭华撰

271. 15—19 上　学庸家训二卷　道光丙午刊本　清金崇城撰
272. 15—19 下　四书释文不分卷　光绪戊子刊本　何义门手订
273. 15—20 上　四书闲笔讲义四卷　道光丁未刊本　无撰人名氏
274. 15—29 上　论孟考略一卷　道光刊《海南杂著》本　清张眉大撰
275. 15—30 上　四书图表就正一卷　道光刊竹冈七种　本　清赵敬襄撰
276. 15—31 上　学庸总义一卷　道光二十八年刊本　清许致和撰
277. 15—31 下　四书讲义参真十九卷　道光己亥刊本　清党瀛辑
278. 15—41 下　大学古本一卷　明万历乙酉刊本　明来知德撰
279. 15—42 下　答疑孟一卷　道光丙戌刊本　清陈钟英撰
280. 15—49 下　四书过庭录十九卷　旧抄本　亹亹斋口授白敏树述兰陵庄捷月采氏参订
281. 15—50 上　读大学偶记一卷　嘉庆甲戌刊本　清邱翻撰
282. 15—50 下　读中庸偶记一卷　嘉庆甲戌刊本　清邱翻撰
283. 15—51 上　读孟子偶记一卷　嘉庆甲戌刊本　清邱翻撰
284. 15—51 下　四书互解一卷　嘉庆刊本　清范士增撰
285. 15—52 上　周易解四书一卷　嘉庆刊本　清范士增撰
286. 15—52 下　尚书解四书一卷　嘉庆刊本　清范士增撰
287. 15—53 上　诗经解四书一卷　嘉庆刊本　清范士增撰
288. 15—53 下　礼记解四书一卷　嘉庆刊本　清范士增撰
289. 15—61 上　论义肤说一卷　道光刊本　清唐兆扶撰
290. 15—61 下　大中合一三卷　光绪丙子刊本　清孙观光撰
291. 15—62 上　中庸大义一卷　《中国学报》本　王树枏撰
292. 15—71 下　四书识遗二卷　心简书屋刊本　清程大中撰
293. 15—72 上　大学原文集解一卷　光绪丁酉刊本　清胡清瑞撰
294. 15—73 上　中庸原文集解一卷　光绪丁酉刊本　清胡清瑞撰
295. 15—74 上　大学吃语一卷中庸吃语一卷　雍正乙卯刊本　清耿问翁撰
296. 15—74 下　重订四书札记不分卷　旧抄本　清王巡泰撰

297. 15—75 下　四书句读辨一卷　乾隆戊子心简书屋刊本　清于光华录

298. 15—76 上　文照堂四书字音辨一卷　心简书屋刊本　清于光华禄

299. 15—76 下　四书字迹核一卷　心简书屋刊本　清陈瑶宾录

300. 15—77 上　四书集注缓读辨一卷　心简书屋刊本　清于光华录

301. 15—77 下　里如堂四书字体辨一卷　心简书屋刊本　清于光华录

302. 15—107 下　四书求是十六卷　嘉庆癸酉刊本　清王余英纂

303. 15—131 下　四书条辨六卷　同治己巳刊本　清袁秉亮辑

304. 15—132 下　四书随笔三卷　《杨损斋遗书》本　清杨树椿撰

305. 15—133 上　四书证疑八卷　道光甲申刊本　清李允升撰

306. 15—142 下　四书考正讹无卷数　乾隆甲午刊本　清吴鼎科撰

307. 15—183 上　古大学注一卷　明崇祯跻新堂刊本　明乔中和撰

308. 15—184 上　四书证义笔记合编不分卷　明万历癸丑刊本　明钱大复撰

309. 15—225 下　赵氏孟子章指复编一卷　福州萨氏刊本　清萨玉衡辑

310. 15—226 上　论语大学偶记一卷　嘉庆刊本　清汪德钺撰

311. 15—370 上　孟子篇叙七卷　嘉庆刊本　清姜兆翀撰

312. 15—371 上　四书温故录不分卷　乾隆五十二年刊本　清赵佑撰

313. 15—372 上　四书典故覈不分卷　嘉庆戊辰刊本　清凌曙撰

314. 15—373 上　四书遗义二卷　乾隆十一年刊本　清陈廷策撰

315. 15—374 上　孟子高氏章句一卷附程氏章句一卷　《玉函山房辑佚书》本　清马国翰辑

316. 15—374 下　论语发微一卷　嘉庆间浮溪草堂刊本　清宋翔凤撰

317. 15—375 下　孟子刘注一卷　嘉庆壬戌刊本　汉刘熙撰清宋翔凤辑

318. 15—376 上　孟子外书四卷附一卷　嘉庆二十三年刊

319. 15—376 下　孟子赵注考证一卷　咸丰七年刊本　清桂文灿撰

320. 15—377 下　朱子不废古训说十六卷附朱注引用文献考略四卷　道光二十一年刊本　清李中培撰
321. 15—378 下　四书因论二卷　道光乙未刊本　清许桂林撰
322. 15—379 下　经学质疑四十卷　道光丁酉刊本　清狄子奇撰
323. 15—380 上　校正四书逸笺六卷　道光癸巳活字本　清曾钊撰
324. 15—381 上　四书章句附考四卷家塾读本句读一卷　嘉庆辛未刊本　清吴英及其子至忠撰
325. 15—382 上　四书典故考一卷　咸丰元年刊本　清戴清撰
326. 15—383 上　四书贯解一卷　传抄本　清孙锡畴撰
327. 15—383 下　孟子要略五卷　道光二十九年刊本　宋朱熹撰
328. 15—384 上　孟子编年略一卷　嘉庆十十七年刻本　清臧庸撰
329. 15—384 下　孟子丁氏手音一卷　玉函山房辑佚书本　唐丁公撰
330. 15—397 上　四书释地补一卷四书释地续补一卷四书释地又续补二卷四书释地三续补二卷　嘉庆二十七年刊本　清阎若璩撰樊廷枚补
331. 15—398 上　四书改错二十二卷　嘉庆十六年翻刻本　清毛奇龄撰
332. 15—398 下　驳四书改错二十一卷　道光壬午刊本　清戴大昌撰
333. 15—399 下　四书偶谈内篇一卷外篇一卷　嘉庆辛酉刊本　清戚学标撰
334. 15—400 下　四书续谈内篇二卷外篇二卷　嘉庆二十四年刊本　清戚学标撰
335. 15—401 上　四书注说参证七卷　传抄本　清胡清焣撰
336. 15—402 上　四书问答二十四卷　嘉庆庚午刊本　清戴大昌撰
337. 15—403 上　四书纪疑录六卷　道光丙午刊本　清凌扬藻撰
338. 15—404 上　论语直指四卷　嘉庆丙子刊本　清何纶锦撰
339. 15—405 上　乡党考一卷　乾隆四十二年刊本　清黄守儁撰
340. 15—406 下　论语广注二卷　嘉庆五年刊本　清毕宪曾撰
341. 15—407 下　论语后录五卷　乾隆四十年刊本　清钱坫撰
342. 15—408 下　论语发疑四卷　光绪壬辰刊本　清顾成章撰

343. 15—409 下　四书笺疑疏证八卷　光绪丙申刊本　清徐天璋笺其子浚仁疏
344. 15—410 下　四书记闻二卷　道光二十一年刊本　清管同撰
345. 15—411 下　经学质疑四十卷　道光丁酉刊本　清狄子奇撰
346. 15—412 上　四书说賸一卷　同治元年刊本　清黄之晋撰
347. 15—412 下　四书说六卷　咸丰二年刊本　清吴嘉宾撰
348. 15—413 上　校正四书释地八卷　顾问重编刊本　清阎若璩撰顾问重编
349. 15—413 下　四书朱子集注古义笺六卷　日本印本　清李滋然撰
350. 15—414 上　四书通叙次一卷通疑似一卷　光绪甲午刊本　清胡垣撰
351. 15—414 下　四书纬四卷　道光丙申刊本　清常增撰
352. 15—415 上　四书说苑十二卷补遗一卷续遗一卷　道光四年刊本　清孙应科撰
353. 15—416 上　朱子论语集注训诂考二卷　光绪十六年刊本　清潘衍桐辑
354. 15—416 下　论语足征记二卷　北京大学活字印本　崔适撰
355. 15—417 下　论语古训十卷　乾隆五十九年刊本　清陈鳣撰
356. 15—418 下　皇侃论语义疏参订十卷　稿本　清吴骞撰
357. 15—420 上　四书说略四卷　道光三十年刊本　清王筠撰
358. 15—421 上　四书拾遗六卷　道光甲午刊本　清林春溥辑
359. 15—422 上　四书训解参证十二卷补遗四卷续补编四卷　咸丰壬子刊本《补遗》同治乙丑刊本　清张定鋆撰
360. 15—423 上　论语实测二十卷　排印本无年月　徐天璋撰
361. 15—424 下　论语稽二十卷　民国二年印本　清官懋庸撰
362. 15—425 下　论孟书法二卷附读四书一卷　光绪癸未刊本　清张瑛撰
363. 15—426 下　论语说四卷　道光丁酉刊本　清程廷祚撰
364. 15—427 下　论语异文考证十卷　道光甲午刊本　清冯登府撰
365. 15—428 上　论语事实录一卷　光绪末刊本　清杨守敬撰

366. 15—428 下　孟子弟子考补正一卷　光绪二十四年刊本　清陈矩撰
367. 15—429 下　孟子外书补注四卷　光绪十七年灵峰草堂刊本　清陈矩撰
368. 15—430 上　孟子外书补证一卷　道光间竹柏山房刊本　清林春溥撰
369. 15—432 上　礼记大学篇古微三卷　活字印本　清易顺豫撰
370. 15—432 下　大学古本旁注一卷　明王守仁撰
371. 15—433 上　疑疑孟一卷　道光六年刊　清黄本骥撰
372. 15—433 下　四书琐言一卷　民国十三年刊本　清虞景璜撰
373. 15—434 上　四书解细论不分卷　道光刊本　清李荣陛撰
374. 15—434 下　孟子时事考征四卷　嘉庆八年刊本　清陈宝泉撰
375. 15—435 下　孟子辨证二卷　光绪庚辰刊本　清谭沄撰
376. 15—441 上　大学古本说故一卷　咸丰元年刊本　清劳光泰撰
377. 15—441 下　大学臆说二卷　咸丰辛酉刊本　清苏源生撰
378. 15—442 上　大学臆古一卷　嘉庆乙卯刊本　清王定桂撰
379. 15—442 下　大学讲义一卷　光绪七年平陵书院重刊本　清芮城撰
380. 15—443 上　大学申义三卷　敬义山房刊本　清左钦敏撰
381. 15—443 下　大学谊诂一卷　民国癸亥刊本　马其昶撰
382. 15—444 上　大学古义一卷　烟霞草堂刊本　清刘光蕡撰
383. 15—445 上　中庸臆解一卷　光绪丙戌刊本　清张承华撰
384. 15—445 下　中庸补释一卷　光绪丙戌刊本　清张承华撰
385. 15—446 上　中庸章句质疑二卷　光绪十六年思贤讲舍刊本　清郭嵩焘撰
386. 15—446 下　大学章句质疑一卷　光绪十六年思贤讲舍刊本　清郭嵩焘撰
387. 15—447 上　四书遵朱会通不分卷　道光乙巳刊本　清杨廷芝撰
388. 15—448 上　中庸谊诂一卷　民国癸亥刊本　马其昶撰
389. 15—448 下　大学补释一卷　光绪丙戌刊本　清张承华撰

390．15—449 下　大学臆解一卷　光绪丙戌刊本　清张承华撰
391．15—560 下　读大学记一卷　道光刊本　清范泰衡撰
392．15—561 上　读中庸记一卷　道光刊本　清范泰衡撰
393．15—561 下　香草校孟子一卷　光绪刊本　清于鬯撰
394．15—563 上　孟子节文七卷　明洪武大字刊本　明刘三吾撰
395．15—564 上　大学古本一卷大学述一卷大学述问一卷　明刊本　明许孚远撰
396．15—564 下　四书引经纂五卷　明刊本　明邹巙纂
397．15—565 下　中庸四记一卷　道光刊《榕村全书》本　清李光地撰
398．15—566 下　大学古本私记一卷　旧抄本　清李光地撰
399．15—567 下　中庸余论注一卷道光刊安溪四种　书注本　清李光地撰宋懿修注
400．15—568 上　四书集说不分卷　乾隆乙酉刊本　清李道南撰
401．15—569 上　读孟子札记二卷　光绪刊罗氏遗书本　清罗泽南撰
402．15—569 下　大学补遗一卷　宣统二年写印本　清章钧撰
403．15—570 下　刘氏家塾四书解不分卷　光绪丙子刊本　清刘豫师撰
404．15—571 上　大学札记一卷　雍正七年刊《读书小记》本　清范尔梅撰
405．15—571 下　中庸札记一卷　雍正刊《读书小记》本　清范尔梅撰
406．15—572 上　孟子札记一卷　雍正刊《读书小记》本　清范尔梅撰
407．15—585 上　四书图说不分卷　乾隆乙卯刊本　清王道然撰
408．15—586 上　论语发隐一卷孟子发隐一卷　金陵刻经处本　清杨文会撰
409．15—587 下　四书杂考六卷　明刊本　明薛寀纂
410．15—588 上　高子讲义一卷　嘉庆甲子刊本　清潘世璜辑
411．15—655 下　古本大学释论五卷　明万历刊本　明吴应宾撰

412. 15—656 下　四书会要录二十八卷　康熙庚子刊本　清黄瑞纂
413. 15—657 上　大学旧文考证一卷　道光刊本　清朱曰佩撰
414. 15—658 上　中庸旧文考证一卷　道光刊本　清朱曰佩撰
415. 15—659 上　考正古本大学一卷　康熙刊本　清刘道明订
416. 15—660 上　四书记悟十四卷　同治辛未刊本　清王汝谦撰
417. 15—660 下　孟子读本二卷　同治甲戌刊本　清王汝谦辑评

群经总义类

1. 14—74 上　经史答问四卷　光绪甲午刊本　清朱骏声撰
2. 14—75 下　朋寿堂经说一卷　刊本无年月　清邹寿祺撰
3. 14—77 上　勿自弃斋遗稿一卷　《云南丛书》本　清华嵘撰
4. 14—99 下　四经正字考四卷　嘉业堂刊本　清钟麐纂
5. 14—100 下　经典通用考十四卷　嘉业堂刊本　清严章福纂
6. 14—101 下　经句说四卷　嘉庆庚午刊本　清吴英撰
7. 14—103 上　经句说二十二卷　嘉庆刊本　清吴英撰
8. 14—104 下　娱亲雅言六卷　嘉庆刊本　清严元照撰
9. 14—119 下　朋寿堂经说六卷　光绪辛丑刊本　清邹寿祺撰
10. 14—120 下　学荫轩经说三卷　民国丁巳活字印本　清王国瑞撰
11. 14—122 下　困学蒙证六卷　道光庚寅刊本　不题撰人名氏
12. 14—149 下　六经原流不分卷　崇祯戊辰刊本　明吴继仕辑说
13. 14—150 上　陈惕庵经说一卷　原稿本　清陈玉树撰
14. 14—151 上　五经同异三卷　嘉庆省吾堂刊本　题顾炎武撰
15. 14—151 下　读书杂释十四卷　咸丰十一年刊本　清徐鼒撰
16. 14—153 下　一贯问答一卷　传抄本　明陈瑚撰
17. 14—500 上　用我法斋经说一卷　《国粹学报》印本　清江慎中撰
18. 14—501 上　陈东之经说一卷　《国粹学报》印本　清陈潮撰
19. 14—502 上　何氏学二卷　嘉庆刊本　清何治运撰
20. 14—503 下　经谊杂识一卷　光绪刊本　清许克勤撰

21. 14—504 下　二李经说一卷　《昭代丛书》本　清李光墺李光型同撰
22. 14—505 上　五经古文今文考一卷　《昭代丛书》本　清吴陈炎撰
23. 14—505 下　诸经绪说八卷　刊本无年月　清李元春撰
24. 14—506 上　经传摭余五卷　《青照堂丛书》本　清李元春辑
25. 14—506 下　经义文要十卷　刊本无年月　清李元春辑
26. 14—507 上　经字正蒙八卷　光绪乙酉刊本　清吴文沂纂
27. 14—507 下　诸经纬遗一卷　《青照堂丛书》本　清刘学龙选
28. 14—525 上　经说丛抄四卷　光绪癸未刊本　清谢庭兰撰
29. 14—526 上　读俞氏经说随笔十卷　光绪刊本　清谢庭兰撰
30. 14—526 下　读经心解四卷　道光八年刊本　清沈楳撰
31. 14—527 下　读经三卷　乾隆刊本　清姚培谦撰
32. 14—528 上　十三经字辨八卷　道光庚寅刊本　清陈鹤龄撰
33. 14—535 下　经治堂解义二卷　嘉庆癸酉刊本　清郭坛撰
34. 14—536 下　经义亭疑三卷　宣统三年刊本　清蒋楷撰
35. 14—537 上　群经理话二卷　光绪刊本　清张楚钟撰
36. 14—537 下　五砚斋困知经说一卷　刊本无年月　清梁恩霖撰
37. 14—538 上　经书言学指要一卷　雍正十三年刊本　清杨名时撰
38. 14—538 下　五经赞一卷　半亩园刊本　清陆荣秬撰
39. 14—551 下　然后知斋答问二十卷　嘉庆丙子刊本　清梅冲撰
40. 14—553 上　新校郑志三卷附录一卷　嘉庆汗筠斋刊本　清钱东垣钱绎钱侗校
41. 14—554 上　北海经学七录七卷　乾隆甲午写刊本　清孔广林辑
42. 14—554 下　读经析疑二卷　嘉庆庚辰刊本　清聂敏镐撰
43. 14—555 下　经史辨论四卷　嘉庆乙丑刊本　清张均撰
44. 14—556 下　辨讹释义录六卷　嘉庆丁丑刊本　清张均撰
45. 14—557 下　苏斋述学一卷　民国甲子刊本　清钱文霈撰
46. 14—558 上　五经不二字音韵释文五卷　道光庚戌刊本　清庄缤澍辑

47. 14—558 下　经字辨体八卷　道光癸卯刊本　清邱家炜纂
48. 14—559 上　逸经一卷　观象卢刊本　清吕调阳述
49. 14—575 上　经窥续八卷　光绪癸卯刊本　清蔡启盛撰
50. 14—576 上　穆斋经诂四卷　道光庚子刊本　清任均撰
51. 14—577 下　读经札记二卷　同治丁卯刊本　清单为鏓撰
52. 14—578 上　卢本经典释文校记一卷　清钱馥撰
53. 14—578 下　陆氏经典异文辑六卷经典异文补六卷　雍正乙巳刊经玩本　清沈淑辑
54. 14—579 上　注疏琐语四卷　雍正乙巳刊经玩本　清沈淑辑
55. 14—579 下　御案七经要说二十五卷　道光甲午青照堂刊本　清刘廷升抄
56. 14—580 上　学海堂经解缩本编目十六卷　光绪壬辰石印本　清凌忠照张绍铭编
57. 14—583 上　经说二卷　光绪辛巳刊本　清丁午撰
58. 14—672 上　经剩一卷　刊本无年月　清章谦存撰
59. 14—673 上　国学讲义二卷　乾隆刘氏传经堂刊本　清王兰生撰
60. 14—714 上　说经三卷　乾隆刊本　清韩泰青撰
61. 14—715 上　读经一卷　乾隆十三年刊本　清方苞撰
62. 14—715 下　读经八卷　嘉庆丁丑刊本　清戴大昌撰
63. 14—716 下　经说弟子记四卷　咸丰八年刊本　清胡泉辑
64. 14—717 上　经说拾余一卷　咸丰八年刊本　清胡泉辑
65. 14—717 下　经义录六卷　道光庚子刊本　清张维屏撰
66. 14—718 上　说经补遗一卷　乾隆刊本　清韩泰青撰
67. 14—718 下　说经杂录四卷　乾隆刊本　清韩泰青撰
68. 14—719 上　式古堂目录十七卷　光绪壬辰石印本　清尤莹编
69. 14—725 下　经字异同四十八卷　光绪五年刊本　清张维屏辑
70. 14—726 上　十三经源流口诀一卷　光绪十年刊本　清鲍东里撰
71. 14—726 下　宗孔编二卷　宣统元年刊本　江瀚撰
72. 14—727 上　读经救国论六卷　民国丁卯活字印本　孙雄撰
73. 14—727 下　五经博士考三卷　道光乙未刊本　清张金吾撰

74. 14—728 上　读经指迷二卷　光绪戊戌刊本　清胡嗣运撰
75. 14—728 下　十三经读本　民国甲子刊本　清唐文治编
76. 14—729 下　经义骈枝二卷　惺諟斋排印本　清喻长霖撰
77. 14—730 下　学海堂经解检目八卷　光绪丙戌刊本　清蔡启盛编
78. 14—731 下　七经掌诀一卷　道光甲午刊本　清孟超然纂
79. 14—732 上　经术公理学四卷　光绪甲辰活字印本　清宋育仁撰
80. 14—745 下　文王受命改元称王辨证一卷　传抄本　清蒯光典撰
81. 14—746 下　经史管窥六卷　嘉庆丁丑刊本　清萧昙撰
82. 14—747 下　皇清经解分经合纂二百一十三卷　光绪乙未鸿宝斋石印本　无纂者名氏
83. 14—748 上　皇清经解一千四百十二卷　道光至同治刊本　题阮元编刊严杰编
84. 14—749 上　皇清经解续编一千四百三十卷　光绪南菁书院刊本　清王先谦编刊
85. 14—750 上　皇清经解续编目录十七卷　光绪丁酉蜚英馆石印本　无编者名氏
86. 14—750 下　经苑二百一十八卷　道光大梁书院刊本　清钱仪吉编
87. 14—751 下　通志堂经解康熙刊本　清性德编
88. 14—768 上　续隶经文一卷　道光刊本　清江藩撰
89. 14—769 上　阙里讲经编一卷　云麓山馆刊本　清徐天璋撰
90. 14—770 上　养气斋稽经文一卷　光绪丁未活字印本　清陈文新撰
91. 14—770 下　分订皇清经解十六卷　光绪庚寅船山书局刊本　无编者名氏
92. 14—771 上　五经备解不分卷　道光三年刊本　清周封鲁辑
93. 14—786 下　经典释文附录三卷　嘉庆二十四年刊本　清陈昌齐撰
94. 14—787 上　匏瓜录十卷　光绪甲申刊本　明芮长恤撰
95. 14—789 下　七经纪闻四卷附一卷　道光刊本　清管同撰

96. 14—790 下　抗心斋经解一卷　活字印本　清艾作模撰
97. 14—791 下　倦游楼经解一卷　活字印本　清谌百瑞撰
98. 14—792 下　经典释文校勘记二十七卷　嘉庆刊本　清阮元撰
99. 14—794 下　经心书院经解二卷　光绪己丑刊本　清左绍佐录
100. 14—795 下　经义塾钞一卷　光绪刊本　清俞樾撰
101. 14—796 上　经义正衡叙录二卷　活字印本　雷廷珍撰
102. 15—5 上　壁沼集四卷　光绪己丑刊本　清胡元玉撰
103. 15—6 下　郑许字义异同评二卷　光绪丁亥刊本　清胡元玉撰
104. 15—7 上　东山书院课集一卷　光绪壬辰刊本　清胡元玉撰
105. 15—8 上　授经簃课集一卷　光绪辛卯刊本　清胡元玉录
106. 15—9 上　研经书院课集一卷　光绪乙未刊本　清胡元玉录
107. 15—10 下　十一经音训二十六卷　道光辛卯刊本　清杨国桢辑
108. 15—11 上　读经笔记三十六卷续笔记二十卷　传抄本　清管凤苞撰
109. 15—11 下　经字正蒙八卷　光绪乙酉刊本　清吴文沂纂
110. 15—13 下　求益斋读书记六卷　光绪戊戌刊本　清张汝询撰
111. 15—14 下　经锄堂经说一卷　刊本无年月　不署撰人名氏
112. 15—15 下　经典释文补续略例一卷　宣统刊《振绮堂丛书》本　清汪远孙撰
113. 15—16 上　重刻宋本十三经注疏四百十六卷附校勘记七十二卷　嘉庆二十一年江西刊本
114. 15—25 下　经学博采录十二卷　原稿本　清桂文灿纂
115. 15—26 下　驳正朔考一卷　道光刊欆香三种本　清陈钟英撰
116. 15—27 下　经义说略一卷　道光刊《娱景堂集》本　清刘宝树撰
117. 15—28 下　经传小记续一卷　传抄本　清刘宝楠撰
118. 15—40 上　駉思室答问一卷　南菁书院刊本　清成蓉镜撰
119. 15—41 上　群经地释十六卷　光绪癸巳刊本　清周翼高撰
120. 15—44 上　小辨斋说义一卷　明刊本　明顾允成撰
121. 15—45 上　愚一录十二卷　光绪四年啸园刊袖珍本　清郑献

甫撰

122. 15—46 上　辟毛先声四卷附录一卷　传抄本　清蒋元撰

123. 15—47 上　经解筹世九卷　同治澥红山馆刊本　清李扬华撰

124. 15—48 下　经序录五卷　明最乐堂刊本　题东陂居士睦□编

125. 15—59 上　絜苦斋杂考一卷　活字印本　清戴熙撰

126. 15—60 上　十三经古注二百九十一卷　明崇祯己卯永怀堂刊本　明金蟠葛鼐葛鼒同校

127. 15—60 下　经序录一卷　旧刊本无年月　清吴承渐辑

128. 15—62 下　质盦经说一卷　光绪戊戌活字印本　清白作霖撰

129. 15—63 下　琐语一卷　嘉兴庚申全集附刊本　清章恺撰

130. 15—64 下　经解入门八卷　光绪戊子石印本　清江藩纂

131. 15—65 上　五经正义表一卷　嘉庆抱经堂刊本　清卢文弨录

132. 15—80 上　秋槎杂记内篇四卷　道光元年刊本　清刘履恂撰

133. 15—81 上　经学举要一卷　民国壬子活字印本　姚永朴撰

134. 15—104 上　汉学商兑三卷　道光辛卯刊本　清方东树撰

135. 15—105 上　汉学商兑刊误补义一卷　道光戊戌刊本　清方东树撰

136. 15—106 上　汉学商兑平四卷　光绪戊子刊本　清豫师撰

137. 15—107 上　十三经断句考补一卷　原稿本

138. 15—109 下　经解提纲残本四卷　原辑本　缺辑者姓名

139. 15—110 下　卧雪堂经说一卷　石印本　清袁嘉谷撰

140. 15—111 下　爱日精庐遗稿一卷　传抄本　清张金吾撰

141. 15—112 上　经义积微记四卷　沔阳卢氏影印本　清姚晋圻撰

142. 15—113 上　蔵厓考古录四卷　嘉庆十三年刊本　清锺褒撰

143. 15—114 上　群经补证十八卷　抄本　清桂文灿撰

144. 15—125 上　才兹经说一卷　光绪戊戌刊本　清王兆芳撰

145. 15—126 上　山公说经辨疑七卷　民国庚申活字印本　清曹林撰

146. 15—127 上　群经释疑六卷　原稿本　清黄维清撰

147. 15—128 上　广英堂遗稿一卷　道光刊本　清包慎言撰

148. 15—129 上　勉勉锄室经说四卷　光绪乙巳刊本　清祁永膺撰

149. 15—129 下　十三经提纲十二卷　民国甲子刊本　清唐文治辑
150. 15—130 下　经典释文考证札记一卷　《小学盦遗书》本　清钱馥撰
151. 15—131 上　群经考略六卷　排印本　姚永朴撰
152. 15—155 上　九峰精舍辛卯集五卷　光绪丁酉刊本　清王棻录
153. 15—156 上　九峰精舍壬辰集一卷　光绪刊本　清王棻录
154. 15—156 下　五经汇解二百七十卷　光绪戊子鸿文局石印本　题抉经心室纂
155. 15—157 下　浙士解经录五卷　嘉庆刊本　清阮元辑
156. 15—158 上　五经类要二十八卷　康熙刊本　清周世樟辑
157. 15—158 下　五经要义一卷　浮溪精舍刊本　清宋翔凤辑
158. 15—159 上　五经通义一卷　浮溪精舍刊本　清宋翔凤辑
159. 15—159 下　刘向五经通义一卷　《经典集林》本　清洪颐煊辑
160. 15—160 上　刘向五经要义一卷　《经典集林》本　清洪颐煊辑
161. 15—160 下　五经集说六卷　民国三年刊本　清张卫邦辑
162. 15—177 上　九峰精舍自课文一卷　光绪刊本　清王棻撰
163. 15—178 上　甕天经义录一卷　汗筠簃抄本　清赵树吉撰
164. 15—179 上　浙士解经录一卷　光绪辛卯写印本　清潘衍桐录
165. 15—180 上　汉儒传经记二卷　嘉庆甲子刊本　清赵继序编
166. 15—181 上　经义辨讹一卷　辨疑标目一卷　康熙刊本　清周世樟撰
167. 15—181 下　经解斠十二卷　道光刊小字本　题长沙唐陶山夫子鉴定
168. 15—182 上　诸经略说一卷　康熙刊本　清周世樟辑
169. 15—182 下　历朝崇经记一卷　嘉庆甲子刊本　清赵继序编
170. 15—193 下　临川答问一卷　光绪刊本　清李联琇撰
171. 15—194 下　□经日记一卷　光绪刊本　清刘尔炘撰
172. 15—195 上　经学讲义一卷　光绪刊本　清王舟瑶撰

173. 15—195 下　五经合纂大成三十卷　光绪十一年石印本　无纂人名氏
174. 15—205 下　慕良杂纂四卷　活字印本　清庄有可撰
175. 15—207 上　九经通假字考七卷　旧抄本　清钱坫撰
176. 15—207 下　会辅堂问答记略二卷　光绪庚子刊本　署亦畸编辑
177. 15—208 上　袁浦札记一卷　道光刊《蛾术堂集》本　清沈豫撰
178. 15—208 下　一辐集十八卷　乾隆庚戌刊本　清项淳撰
179. 15—209 上　读经如面一卷　道光刊《蛾术堂集》本　清沈豫撰
180. 15—209 下　六经读六卷　乾隆己酉刊本　明陈际泰撰
181. 15—210 上　忠恕堂读经记二卷　活字印本　清赵赞元撰
182. 15—210 下　温故录一卷　刊本无年月　题满洲长庚
183. 15—211 上　五经纂注五卷　明刊本
184. 15—213 下　群经大义述一卷　活字印本　清王舟瑶撰
185. 15—231 上　经传释词续编二卷　道光癸卯刊本　清孙经世撰
186. 15—231 下　惕斋经说四卷　道光癸卯刊本　清孙经世撰
187. 15—232 下　读经校语二卷　道光癸卯刊本　清孙经世撰
188. 15—233 上　蜕私轩读经记三卷　宣统己亥活字印本　清姚永朴撰
189. 15—234 上　十六观斋经说一卷　传抄本　清何维栋撰
190. 15—235 上　补句读叙述一卷　乾隆癸丑刊本　清武亿纂
191. 15—235 下　东塾读诗录一卷　传抄本　清陈澧撰
192. 15—236 上　一辐集续编十二卷　嘉庆丁卯刊本　清项淳撰
193. 15—455 上　五经要义一卷　玉函山房本　题雷氏撰
194. 15—455 下　白虎通四卷　乾隆甲辰抱经堂刊本　汉班固撰清卢文弨校
195. 15—456 上　白虎通德论二卷　程氏《汉魏丛书》本　题汉班固撰明程荣校
196. 15—456 下　白虎通德论十卷　元大德九年刊本　汉班固撰

197. 15—457 下　白虎通四卷阙文一卷补遗一卷　乾隆甲辰抱经堂刊本　汉班固撰清卢文弨校
198. 15—458 上　白虎通二卷　明刊《古今逸史》本　题汉班固纂明吴琯校
199. 15—458 下　经书卮言一卷　《昭代丛书》本　清范泰恒撰
200. 15—459 上　六艺论一卷　玉函山房本　汉郑玄撰
201. 15—459 下　六艺论一卷　《通德遗书所见录》本　汉郑玄撰清孔广林辑
202. 15—460 上　郑氏六艺论一卷　《鄦斋丛书》本　汉郑玄撰清臧琳辑
203. 15—460 下　六艺论一卷　光绪刊郑氏佚书本　汉郑玄撰清袁钧辑
204. 15—461 上　五经然否论一卷　《汉魏遗书钞》本　晋谯周撰清王谟辑
205. 15—461 下　五经然否论一卷　玉函山房刊本　晋谯周撰清马国翰辑
206. 15—462 上　五经通论一卷　《汉魏遗书钞》本　晋束皙撰清王谟辑
207. 15—462 下　五经通论一卷　玉函山房刊本　晋束皙撰清马国翰辑
208. 15—463 上　圣证论一卷　玉函山房本　魏王肃撰晋马昭驳孔晁答张融评清马国翰辑
209. 15—463 下　五经要义一卷　《汉魏遗书钞》本　雷氏
210. 15—464 上　五经疑问一卷　《汉魏遗书钞》本　魏房景先撰
211. 15—464 下　五经钩沉一卷　玉函山房刊本　晋杨方撰
212. 15—465 上　五经钩沉一卷　《汉魏遗书钞》本
213. 15—465 下　道统传经一卷　明抄本　明岳元声订
214. 15—466 上　五经析疑一卷　《说郛》本　题魏邯郸绰撰
215. 15—466 下　五经析疑一卷　《汉魏遗书钞》本　题宋邯郸绰撰

216. 15—467 上　说学斋经说一卷　《艺海珠尘》本　清叶凤毛纂
217. 15—468 上　郑记一卷　《郑氏佚书》本
218. 15—468 下　白虎通德论二卷　《两京遗编》本　题汉班固纂明杨祜校
219. 15—469 上　五经通义一卷　《说郛》本　题阙名
220. 15—469 下　五经大义一卷　玉函山房刊本　晋戴逵撰
221. 15—470 上　七经义纲一卷　玉函山房刊本　后周樊深撰
222. 15—470 下　七经义纲一卷　《汉魏遗书钞》本　题后周樊文深撰
223. 15—471 上　七经诗一卷　《汉魏遗书钞》本　晋傅咸撰
224. 15—471 下　圣证论一卷　《汉魏遗书钞》本　魏王肃撰
225. 15—472 上　六经略注序一卷　玉函山房刊本　魏常爽撰
226. 15—557 下　五经讲宗五卷　明刊本　明颜茂猷撰
227. 15—558 上　汉碑征经补一卷　原稿本　清王仁俊辑
228. 15—558 下　六艺论一卷　乾隆四十九年刊本　汉郑玄撰清陈鳣辑
229. 15—559 上　六艺论一卷　《通德堂经解》本　汉郑玄撰清黄奭辑
230. 15—559 下　驳五经异义十卷　《通德堂经解》本　汉郑玄撰清黄奭辑
231. 15—560 上　祚翰吟庵经学谭一卷　活字印本　常赞春撰
232. 15—562 下　竹书穆天子传校本六卷　嘉庆刊本　清洪颐煊校
233. 15—619 下　经图汇考三卷　道光刊本　清毛应观撰
234. 15—620 下　经解指要十八卷　嘉庆刊本　清陶大眉辑
235. 15—621 上　十三经心畬二十二卷　嘉庆刊本　清陶起庠纂
236. 15—630 下　稽古轩经解存稿八卷　道光十九年刊本　清赵逵仪撰
237. 15—631 上　鄂拊堂经解十二卷　道光十九年刊本　清吕伟山及其弟伟崤撰
238. 15—631 下　重校古经解钩沉三十卷　道光二十年刊本　清余萧

客撰
239．15—642 上　十三经独断一卷　光绪排印本　清赵曾望撰
240．15—643 下　十三经音义故例一卷　已学斋刊本　清孙葆璜撰
241．15—644 下　愢学读经记略一卷　光绪刊本　清杨澄鉴撰
242．15—645 下　读经志疑一卷　宣统元年刊本　清韩晋昌撰
243．15—646 下　钦定七经纲领一卷　宣统元年学部图书馆刊本　清学部图书馆编

传记类

1．14—70 下　新安全城定寇记一卷　旧抄本　明张鼎延撰
2．14—154 上　王船山年谱二卷　光绪己丑刊本　清刘毓崧纂
3．14—154 下　王船山年谱二卷　光绪癸巳刊本　清王之春纂
4．14—155 下　陆桴亭年谱一卷　光绪己亥刊本　清凌锡祺编
5．14—156 上　颜习斋年谱二卷　康熙刊本　清李塨纂王源订
6．14—157 上　潘文勤公年谱光绪刊本　清潘祖年辑
7．14—158 上　桂阳先贤传一卷　光绪庚子刊本　清陈运溶辑
8．14—158 下　襄阳耆旧记三卷　乾隆五十三年刊本　晋习凿齿撰清任兆麟校补
9．14—159 下　晋刘彧长沙耆旧传一卷　光绪庚子刊本　清陈运溶辑
10．14—160 上　晋张方楚国先贤传一卷　光绪庚子刊本　清陈运溶辑
11．14—160 下　武陵先贤传一卷　光绪庚子刊本　清陈运溶辑
12．14—161 上　零陵先贤传一卷　光绪庚子刊本　清陈运溶辑
13．14—161 下　云间孝悌录一卷　道光癸巳刊本　清胡澜辑
14．14—162 上　海宁乡贤录一卷　光绪癸卯刊本　清许湝祥辑
15．14—162 下　武林人物新志六卷　道光己未刊本　清施朝幹撰
16．14—163 上　中州朱玉集二卷　咸丰壬子刊本　清耿兴宗辑
17．14—163 下　桐城耆旧传十二卷　宣统三年刊本　清马其昶撰
18．14—164 下　敬止述闻一卷　同治癸亥刊本　清沈兆沄辑

19. 14—165 上　阎潜丘年谱一卷　道光丁酉刊本　清张穆编
20. 14—166 下　阎潜丘年谱斠识一卷　《香雪崦丛书》本　汝南常庸撰
21. 14—167 上　陆稼书年谱一卷　康熙戊戌刊本　清陆宸征李铉同辑
22. 14—167 下　陆稼书年谱定本二卷附录一卷　雍正三年刊本　清吴光酉纂
23. 14—169 上　陆子年谱二卷　乾隆己丑刊本　清张师载纂
24. 14—170 上　全谢山年谱一卷附《鲒埼亭集》本　清董秉纯编
25. 14—171 上　王在川行状一卷　乾隆刊本　王直所述
26. 14—171 下　王白田行状一卷　乾隆刊本　清王箴傅撰
27. 14—172 上　朱止泉行状乾隆刊本　清王箴傅撰
28. 14—172 下　李申耆年谱三卷小德录一卷　道光活字印本　清蒋彤纂
29. 14—173 下　鸿爪录一卷　道光刊本　清赵敬襄述
30. 14—173 上　潘星斋侍郎行述光绪刊本　清潘曾莹其子福同撰
31. 14—174 下　新编古列女传八卷考证一卷　嘉庆丙辰刊本　汉刘向编撰清顾之逵校刊顾广圻考证
32. 14—175 下　列女传校注八卷　道光振绮堂刊本　汉刘向撰清女士梁端校注
33. 14—177 上　广列女传二十卷　附录一卷　同治己巳重刊本　清刘开纂
34. 14—178 上　丹徒节孝列女传略四卷　乾隆壬子刊本　清冯锡宸辑
35. 14—178 下　越女表微录四卷　乾隆庚子刊本　清汪辉祖撰
36. 14—179 上　彤管阐幽录一卷　道光刊本　清许乔林辑
37. 14—179 下　感旧集小传一卷　光绪铅印本　清卢见曾纂
38. 14—180 下　东轩吟社画像附传一卷　光绪丙子振绮堂刊本
39. 14—181 上　绳枻斋年谱二卷　道光十五年刊本　清蒋攸铦自述
40. 14—182 上　一西自记年谱一卷　道光刊本　清张师诚记

41. 14—183 上　潘文恭公年谱一卷　咸丰刊本　清潘世恩自述
42. 14—184 上　杜文端公自证年谱一卷　咸丰刊本　清杜堮自证
43. 14—185 上　栗恭勤公年谱二卷　光绪庚寅刊本　题习余道人辑
44. 14—185 下　尚友记残本一卷　遽雅斋影印本　清汪喜孙撰
45. 14—186 上　畿辅三贤传一卷　光绪甲申刊本　清范鸣凤辑
46. 14—186 下　蕺山弟子谱一卷　道光甲申刊本　无编者名氏
47. 14—187 下　濂洛关闽六先生传道光二十七年刊本　清罗惇衍辑
48. 14—188 下　儒林录约刻四卷　嘉庆庚午刊本　清张恒撰黄培芳节录
49. 14—189 上　王学渊源录二卷　活字印本　清邵启贤辑
50. 14—190 上　燕济名宦传二卷　道光乙巳刊本　清史朴辑
51. 14—190 下　芦浦笔记一卷　刊本无年月　题驴背逸民述
52. 14—191 下　逊国神会录二卷　康熙乙卯刊本　题新安黄士良纂
53. 14—305 上　孟子年谱二卷　嘉庆十年刊本　清曹之升撰
54. 14—336 上　从亡随笔一卷　顺治元年钱士升刊本　明程济撰
55. 14—337 上　孔子世家补订一卷　道光十四年刊本　清林春溥撰
56. 14—338 上　孟子列传纂一卷　道光六年刊本　清林春溥撰
57. 14—339 上　增删孔子世家一卷　道光间刊本　清龚元玠撰
58. 14—340 下　孟子年略一卷　民国十四年印本　易顺豫撰
59. 14—347 上　建文年谱二卷　道光二十九年刊本　明赵士喆辑
60. 14—349 上　深宁年谱一卷　浙江书局《玉海》附刊本　清张大昌撰
61. 14—350 上　王深宁年谱一卷　道光八年刊本　清陈仅撰
62. 14—351 上　王深宁年谱一卷　嘉庆嘉兴郡斋刊本　清钱大昕撰
63. 14—352 上　顾亭林年谱一卷　光绪四年刊本　清吴映奎辑
64. 14—353 上　顾亭林年谱一卷　道光十七年刊本　清车持谦补辑
65. 14—354 上　顾亭林年谱一卷　道光二十三年刊本　清张穆补辑
66. 14—355 下　圣门诸贤辑传一卷　光绪十三年刊本　清查光泰辑
67. 14—379 下　孔子门人考一卷　光绪丙申刊本　清费崇朱撰
68. 14—380 下　孔子弟子考一卷孔子门人考一卷　康熙间《曝书亭

全集》本　清朱彝尊纂

69. 14—381 下　孔门弟子姓名表一卷　传抄本　清全祖望撰

70. 14—382 下　孔子世家后编一卷　光绪二十六年刊本　清张承燮纂

71. 14—383 下　孔门弟子列传补编一卷　光绪十七年辛丑《孔孟志略》本　清张承燮纂

72. 14—384 下　孟子列传补编一卷　光绪十七年辛丑《孔孟志略》本　清张承燮纂

73. 14—385 下　宗圣志二十卷　光绪十六年刊本　题湘乡曾国荃重修东湖王定安编辑

74. 14—404 下　重纂三迁志十卷　光绪十三年刊本　清孟广均原纂陈锦孙葆田重纂

75. 14—405 下　是仲明年谱一卷　光绪十二年刊本　无撰人名氏

76. 14—406 下　郭令公遗事一卷　崇祯八年刊本　明朱棐编

77. 14—407 上　南畇老人自订年谱一卷　光绪七年刊本　清彭定求撰

78. 14—430 下　郑玄别传一卷　《问经堂丛书》本　清洪颐煊辑

79. 14—432 上　郑司农年谱一卷　嘉庆十四年本　清孙星衍撰

80. 14—433 下　郑康成年谱一卷　《昭代丛书》本　清沈可培撰

81. 14—434 下　郑君纪年一卷　袁钧郑氏佚书本　清陈鳣撰

82. 14—435 下　郑君年谱一卷　道光二十三年癸卯颐志斋刊本　清丁晏撰

83. 14—436 下　北海三考六卷　湖南丛书本　清胡元仪撰

84. 14—438 上　郑大司农蔡中郎年谱合表一卷　冠悔堂小字本　清林春溥编

85. 14—447 上　亚圣年谱一卷　嘉庆《十四经通考》本　清式楹日撰

86. 14—449 下　安鼎名臣录不分卷　明崇祯刊本　明王都撰

87. 14—450 上　历代寿考名臣录不分卷　嘉庆文学山房活字印本　清洪梧撰

88. 14—450 下　皇明理学名臣言行录二卷续一卷　明刊本　明崔铣辑
89. 14—451 上　华氏文献表不分卷　乾隆家刊本　清华孳亨纂
90. 14—455 下　孟子年谱《赐砚堂丛书》本　清黄玉蟾撰
91. 14—460 上　岳鄂王行实编年二卷　旧抄本　宋岳珂撰
92. 14—461 上　建文帝后记一卷　《昭代丛书》本　清邵远平撰
93. 14—462 上　顾亭林年谱补正一卷　香雪崦刊《群书斠识》本　清常庸撰
94. 14—463 上　岳王年谱一卷岳王遗事一卷　道光刊《逊敏斋丛书》本　清黄邦宁传
95. 14—463 下　大学还旧一卷　光绪刊本　清王廷植撰
96. 14—464 下　黄梨洲年谱二卷　同治十二年刊本　清黄炳垕编
97. 14—466 上　张杨园年谱一卷　乾隆刊本　清姚夏辑
98. 14—467 上　张杨园年谱四卷附录一卷　道光甲午刊本　清陈梓辑
99. 14—468 上　张杨园年谱一卷附录一卷　道光癸卯刊本　清苏惇元编
100. 14—469 上　汪尧峰年谱一卷　赵氏又满楼刊本　清赵经达辑
101. 14—470 上　黄山年略一卷　乾隆辛未刊本　清法若真撰
102. 14—470 下　焦南浦年谱一卷　光绪廿三年聚珍印本　清焦以敬焦以恕编
103. 14—471 下　言旧录一卷　嘉业堂刊本　清张金吾撰
104. 14—472 下　万晴轩年谱一卷　光绪丙午刊本　清张鼎元辑
105. 14—473 下　沈归愚自订年谱一卷　乾隆甲申刊本　清沈德潜撰
106. 14—474 上　谦山行年录一卷　咸丰五年刊本　清熊枚撰
107. 14—475 上　杨蓉裳年谱一卷　光绪己卯刊本　清杨芳灿撰
108. 14—475 下　郑寒村年谱一卷　嘉庆戊辰刊本　清郑照辑
109. 14—476 上　韧叟自订年谱一卷　排印本　清劳乃宣撰
110. 14—477 下　刘青天传同治癸酉刊本
111. 14—478 下　黄侍郎年谱三卷　乾隆写刊本　清顾镇辑

112. 14—479 下　尹楚珍年谱道光五年刊本　清尹壮图自记
113. 14—480 上　弇山毕年谱一卷　嘉庆刊本　清史善长撰
114. 14—481 上　孙渊如年谱二卷　光绪戊戌刊本　清张绍南辑
115. 14—482 上　洪北江年谱一卷　光绪丁丑重刊本　清吕培编
116. 14—483 上　竹汀居士年谱一卷　道光辛卯刊本　清钱大昕自述其孙庆曾注
117. 14—484 上　斯未信斋年谱一卷　同治刊本　清徐宗幹自述
118. 14—484 下　学案备忘录一卷　传抄本　清成蓉镜撰
119. 14—485 上　越中先贤祠目一卷　光绪十一年刊本　清李慈铭撰
120. 14—485 下　陈句山年谱一卷　乾隆刊本　清陈玉绳述
121. 14—486 上　周稚圭年谱一卷　同治刊本　清周汝筠周汝策辑
122. 14—486 下　叶石农自编年谱一卷　咸丰五年写刊本　清叶葆述
123. 14—487 上　卜子年谱一卷　活字印本　清陈玉树撰
124. 14—488 上　唐仲友补传补一卷　光绪金华倪氏刊本　清张作楠辑其弟作楫注
125. 14—489 上　山阳录一卷　康熙患立堂刊本　明陈贞慧撰
126. 14—489 下　陆放翁先生年谱一卷　嘉庆八年刊本　清钱大昕撰
127. 14—490 下　陆放翁年谱一卷　《瓯北诗话》本　清赵翼撰
128. 14—491 下　陈恪勤公年谱一卷　道光乙巳刊本　清唐祖价纂
129. 14—492 下　焦里堂事略一卷　清焦廷琥辑
130. 14—493 上　苏溪渔隐读书谱四卷　光绪十五年刊本　清耿文光撰
131. 14—493 下　温壮勇公六合殉难事略一卷　光绪活字印本　无编者名氏
132. 14—494 上　杜文正公年谱一卷　咸丰刊本　清杜翰杜□纂
133. 14—494 下　恪靖公年谱一卷　乾隆刊本　清王永祺编
134. 14—495 上　郭庆藩行述一卷　光绪刊本　清郭振镛辑
135. 14—495 下　张朗甫行述一卷　刊本无年月　清张方咏等辑
136. 14—496 上　汪悔翁行状一卷　光绪刊本　清甘元焕纂
137. 14—496 下　黄公度事略光绪活字印本　清黄遵楷述

138. 14—539 上　李文正公年谱七卷　嘉庆甲子重定本　题法式善纂辑唐仲冕增补
139. 14—540 上　司马温公年谱八卷卷后一卷遗事一卷　求恕斋刊本　清顾栋高辑
140. 14—541 上　司马温公年谱五卷附录一卷　明万历刊本　明马峦辑
141. 14—542 上　司马文正公年谱一卷　乾隆《传家集附刊》本　清陈宏谋辑
142. 14—542 下　宋广东制置使凌公死事本末一卷　民国甲寅刊本　清凌鹤书撰
143. 14—543 下　孙玉庭自记年谱一卷　道光刊本　清孙玉庭自述
144. 14—544 下　黄勤敏公年谱一卷　同治刊本　清黄富民编
145. 14—545 上　卢厚山年谱一卷　道光刊本　清卢端黼编
146. 14—545 下　博野尹太夫人年谱　乾隆十年刊本　清尹会一编
147. 14—546 上　江西忠义录十卷　同治刊本　清江西巡抚沈葆桢刘坤一等修纂
148. 14—546 下　桃溪杨氏先德录二卷　咸丰刊本　清杨希闵辑
149. 14—547 上　梁文定公年谱一卷　旧抄本　清梁国治自述
150. 14—547 下　陈可斋年谱一卷　刊本无年月　清陈辉祖等辑
151. 14—548 上　孙平叔年谱一卷　道光刊本　清孙慧惇孙慧翼编
152. 14—548 下　龚文恭公年谱一卷　咸丰刊本　清龚守正自述
153. 14—560 下　明苏爵辅事略一卷附录一卷　民国己未刊本　清苏泽东辑
154. 14—562 上　流芳录不分卷　刊本无年月闵珪录
155. 14—563 上　孤忠录二卷　光绪五年活字印本　清袁祖志辑
156. 14—564 上　归安姚布政传略一卷　道光刊本　清姚文田辑
157. 14—565 上　厉樊榭年谱一卷　嘉业堂刊本　清朱文藻辑缪荃孙重订
158. 14—565 下　遂翁自订年谱一卷　同治刊本　清赵昀撰
159. 14—566 上　陈将军事实一卷　光绪己丑本　清尹琳基编

160. 14—566下　吴菘圃年谱一卷　道光刊本　清吴璥自述
161. 14—567上　鸳湖求旧录四卷　民国己未刊本　清朱福清纂
162. 14—567下　易笏山行状一卷　光绪丙午刊本　清易顺鼎易顺豫撰
163. 14—568上　庞文恪公年谱一卷　同治刊本　清庞钟璐自述
164. 14—568下　大梦编年一卷　道光甲辰刊本　清汪荆撰
165. 14—569上　陈布政行略一卷　咸丰刊本　清陈子辂撰
166. 14—569下　清芬录一卷　光绪刊本　清陈文騄辑
167. 14—584上　左忠毅公年谱定本　二卷　民国乙丑刊本　马其昶辑
168. 14—584下　方孩未年谱一卷报恩录一卷祸由录一卷　嘉庆丁丑刊本　明方震孺自述
169. 14—585下　倪文正公年谱四卷　旧抄本　明倪会鼎编
170. 14—586下　陈忠裕公年谱三卷前二卷　嘉庆八年刊本　明陈子龙自述王昶增补
171. 14—587下　金息斋事实一卷　康熙刊本　清金世濂金世渼述
172. 14—588下　魏果敏公年谱一卷　雍正甲寅刊本　清魏象枢自记
173. 14—590上　王文靖公年谱一卷　康熙刊本　清王熙自记
174. 14—590下　汤文正公年谱一卷　乾隆庚申刊本　清杨椿辑
175. 14—591下　张文贞公年谱　光绪辛丑活字印本　丁传靖辑
176. 14—592下　漫堂年谱四卷　康熙刊《西陂类稿》本　清宋荦自述
177. 14—593上　沈端恪公年谱二卷　浙江书局刊本　无编者姓名
178. 14—594上　钱文端公年谱三卷　光绪甲午刊本　清钱仪吉初编钱志澄增订
179. 14—595上　诸城王侍郎年谱一卷　乾隆十六年世德堂家乘刊本　清王棠编
180. 14—595下　相国三文敬公传一卷　道光刊本
181. 14—596下　时庵自撰年谱一卷　乾隆戊申刊本　清蒋元益撰
182. 14—597下　朱石君年谱三卷　嘉庆刊本　清朱锡经编

183. 14—598 下　孙征君年谱二卷　乾隆元年刊本　题门人汤斌魏一鳌赵御众耿极编次后学方苞订正
184. 14—600 上　刘忠介公年谱二卷　乾隆丁酉刊本　明刘汋撰
185. 14—601 下　刘子年谱二卷　道光甲申刊本　明刘汋撰
186. 14—603 上　刘子年谱录遗一卷　道光甲申刊本　明刘汋辑
187. 14—604 下　王心斋年谱一卷谱录一卷续谱录一卷　明隆庆刊本　明董燧聂静同辑
188. 14—605 上　王一斋年谱一卷　明刊本　无编者名氏
189. 14—605 下　明德先生年谱四卷　康熙刊本　清施化远等编
190. 14—606 下　吴聘君年谱一卷　光绪戊寅刊本　清杨希闵纂
191. 14—607 下　胡文敬公年谱一卷　光绪戊寅刊本　清杨希闵纂
192. 14—608 上　曹月川年谱一卷　咸丰刊本　明张信民编
193. 14—608 下　陆文安公年谱二卷　光绪四年刊本　清杨希闵辑
194. 14—609 下　许鲁斋年谱一卷　光绪庚辰刊本　清郑士范辑
195. 14—610 下　寿者传三卷　乾隆乙巳刊本　宋陈懋仁撰
196. 14—611 上　明良志略一卷　道光己酉刊本　清刘沅辑
197. 14—611 下　李氏三忠事迹考证一卷　刊本无年月无编者姓氏
198. 14—612 下　徐征君年谱一卷　光绪戊寅刊本　清杨希闵纂
199. 14—613 上　晋陶征士年谱一卷　光绪戊寅刊本　清杨希闵纂
200. 14—613 下　龚安节年谱一卷　又满楼刊本　明龚绂编
201. 14—614 下　傅青主年谱一卷　旧抄本　清张廷鉴辑
202. 14—615 下　傅青主年谱一卷　宣统三年刊本　清丁宝铨纂
203. 14—616 上　归玄恭年谱一卷　又满楼刊本　赵经达辑
204. 14—617 下　关圣帝君全书六卷　乾隆三十七年刊本　清彭绍升删定
205. 14—618 上　关帝事迹征信编三十卷补遗一卷　乾隆癸巳刊本　清周广业崔应榴纂
206. 14—619 上　文昌通纪八卷　乾隆戊戌刊本　清周广业辑
207. 14—619 下　汉汉寿亭侯世家一卷　嘉庆癸丑刊本　清郑环纂
208. 14—620 上　纪年草一卷　嘉庆刊本　清万庭兰撰

209. 14—621 上　法梧门年谱一卷　嘉庆刊本　清阮元删定
210. 14—622 上　陶园年谱一卷　咸丰甲寅刊本　清张家栻辑
211. 14—623 上　张度西年谱一卷　道光己酉刊本　清张家榗纂
212. 14—624 上　彭甘亭年谱一卷　光绪己亥刊本　清缪朝荃辑
213. 14—624 下　瞿木夫年谱一卷　嘉业堂刊本　清瞿中溶自述
214. 14—625 下　无成录一卷　道光戊申刊本　清陆我嵩自述
215. 14—626 上　潘功甫年谱一卷　咸丰刊本　清潘曾沂述潘仪凤补述
216. 14—627 上　鲍觉生年谱一卷　道光刊本　清鲍桂星自记
217. 14—627 下　潘绂庭自订年谱一卷　光绪刊本　清潘曾绶自述
218. 14—628 上　王湘绮年谱六卷　民国十二年刊本　王代功编
219. 14—629 上　王祭酒自定年谱三卷　光绪戊申刊本　清王先谦自述
220. 14—630 上　王文肃公年谱一卷　乾隆癸巳刊本　明王衡编其子时敏补编
221. 14—631 上　邱文庄公年谱一卷　光绪戊戌刊本　清王国栋辑
222. 14—632 上　明文正谢公年谱一卷　明刊本　题门人倪宗正编七世裔孙钟和重辑
223. 14—632 下　宋孙莘老年谱一卷　道光乙巳刊本　清茅泮林纂
224. 14—633 下　李忠定公年谱一卷　同治丙寅刊本　清杨希闵纂
225. 14—634 下　胡少师年谱二卷　光绪壬午刊本　清胡培翚辑胡培系补辑
226. 14—635 下　诸葛武侯年谱一卷　康熙戊寅刊本　清朱璘编
227. 14—636 上　诸葛忠武侯年谱一卷　道光刊本　清张澍纂
228. 14—636 下　诸葛忠武侯年谱一卷　光绪戊寅刊本　清杨希闵编
229. 14—637 上　桓阶别传一卷　光绪庚子刊本　清陈运溶辑
230. 14—637 下　罗含别传一卷　光绪庚子刊本　清陈运溶辑
231. 14—638 上　唐书魏郑公传注一卷　光绪癸未刊本　清王先谦撰
232. 14—639 上　魏文贞公年谱一卷　光绪癸未刊本　清王先恭撰
233. 14—639 下　陆宣公年谱辑略一卷　乾隆丙寅奏议附刊本　清江

榕辑

234. 14—640 上　陆宣公年谱一卷　道光癸卯颐志斋刊本　清丁晏编

235. 14—640 下　陆宣公年谱一卷　光绪四年刊本　清杨希闵编

236. 14—641 上　韩忠献公年谱一卷　光绪四年刊本　清杨希闵辑

237. 14—642 上　欧阳文忠公年谱一卷　光绪戊寅刊本　清杨希闵辑

238. 14—643 上　忠节编四卷　同治壬戌刊本　清何琮辑

239. 14—643 下　表忠录一卷　同治壬戌刊本　清陈文政录

240. 14—644 上　莲花山纪略一卷　咸丰甲寅刊本　陈文政辑

241. 14—644 下　陆清献莅嘉遗迹三卷　嘉庆戊午刊本　清黄维玉辑

242. 14—645 下　永宇溪庄职略六卷　乾隆刊本　清曹庭栋撰

243. 14—646 下　福慧双修庵小记一卷　活字印本　丁传靖辑

244. 14—647 上　济刚节公表忠录一卷　光绪刊本

245. 14—647 下　病榻述旧录一卷　光绪刊本　清陈湜自述

246. 14—648 上　右军年谱一卷　咸丰丙辰刊本　清鲁一同撰

247. 14—649 下　曾文定公年谱一卷　光绪戊寅刊本　清杨希闵纂

248. 14—650 下　元遗山年谱一卷附录一卷　嘉庆五年刊本　清翁方纲编

249. 14—652 上　元遗山年谱二卷　嘉庆刊本　清凌庭堪辑

250. 14—653 下　元遗山年谱一卷　道光壬午刊本　清施国祁辑

251. 14—654 下　广元遗山年谱二卷　同治丙寅刊本　清李光廷编

252. 14—656 上　归震川年谱一卷　乾隆戊申刊本　清孙岱撰

253. 14—656 下　施愚山年谱四卷　乾隆丁卯刊本　清施念曾编

254. 14—657 下　翁铁庵年谱一卷　借月山房刊本　清翁叔元自记

255. 14—658 上　随园年谱一卷　传抄本　清方濬师辑

256. 14—659 上　诸葛忠武侯故事五卷　道光刊本　清张澍辑

257. 14—659 下　魏郑公谏录校注五卷续谏录校注二卷　光绪癸未刊本　清王先恭校注《谏录》唐王方庆辑《续谏录》元翟思忠辑先恭合而校之

258. 14—660 上　魏文贞公故事拾遗三卷　光绪癸未刊本　清王先恭辑

259. 14—660 下　显忠录二卷续显忠录一卷　嘉庆十一年刊本　《显忠录》明程枢辑其子应阶订补《续显忠录》清程邦瑞
260. 14—661 上　金氏世德记二卷　丁氏嘉惠堂刊本　清金应麟辑
261. 14—661 下　袁石公遗事录七卷　同治八年刊本　清袁照辑
262. 14—662 下　明湖广巡按李公表忠录一卷　活字印本　清陈明盛记
263. 14—663 下　翁氏家事略记一卷　道光刊本　清翁方纲撰
264. 14—664 下　尺五堂述祖汇略一卷　康熙丙子刊本　清严我斯及弟允斯记
265. 14—665 上　宣城施氏家风述略一卷续编一卷　康熙刊本　清施闰章辑其子彦恪续辑
266. 14—665 下　游谱一卷谱余录一卷　康熙刊本　明孙奇逢撰其子望雅及门人马尔楹编
267. 14—666 下　颜氏忠孝家传一卷　康熙刊本　魏禧林璐王士禛施闰章朱彝尊李克敬等撰
268. 14—667 下　高邮王氏家传一卷　咸丰刊本
269. 14—668 上　师友渊源录一卷　光绪十二年刊本　清陈奂撰
270. 14—669 上　先友记一卷　光绪仰萧堂刊本　清张星鉴撰
271. 14—675 下　杭大宗轶事一卷　光绪十四年刊本　清汪唯曾辑
272. 14—676 下　贾景伯年谱一卷　《国粹学报》本　清陈邦福辑
273. 14—677 上　马季长年谱一卷　《国粹学报》本　清陈邦福辑
274. 14—677 下　嵇康圣贤高士传一卷　怡兰堂刊本　清严可均辑
275. 14—678 上　嵇康圣贤高士传三卷　传抄本　清周世敬辑
276. 14—678 下　虞槃佐高士传一卷　传抄本　清周世敬辑
277. 14—679 上　明高士传二卷　传抄本　清侯登岸撰
278. 14—680 上　宋诗纪事小传补正四卷　十万卷楼刊本　清陆心源辑
279. 14—680 下　国朝诗人征略六十卷　道光十年刊本　清张维屏辑
280. 14—681 上　国朝诗人征略二编六十四卷　道光二十二年刊本

清张维屏辑

281. 14—682 上　昭代名人尺牍小传二十四卷　道光丙戌刊本　清吴修辑

282. 14—682 下　瑯琊诗人小传二卷　旧抄本　不题撰人名氏

283. 14—683 上　山谷年谱三十卷　明嘉靖刊本　宋黄□编

284. 14—683 下　黄文节公年谱一卷附诗派图一卷　光绪四年刊本　清杨希闵辑

285. 14—684 上　增订秦淮海年谱一卷　同治《淮海集》本　清秦镛原编

286. 14—685 上　米海岳年谱一卷　嘉庆戊寅刊本　清翁方纲辑

287. 14—685 下　宋文宪公年谱二卷附录二卷　民国丙辰刊本　清朱兴悌戴殿江辑孙锵增辑

288. 14—686 下　陶主敬年谱一卷　景紫堂丛刊本　清夏忻辑

289. 14—687 上　何大复年谱一卷附录四卷　刊本无年月　清刘海涵编

290. 14—687 下　王弇州年谱一卷　嘉庆丁卯刊本　清钱大昕辑

291. 14—688 上　天山自叙年谱一卷　传抄本　明郑鄤撰自叙

292. 14—689 上　牧翁年谱一卷　传抄本　清葛万里编

293. 14—689 下　钱牧斋年谱一卷　宣统活字印本　题彭城退士撰

294. 14—690 上　陶庵年谱纪事一卷　康熙刊本　清李浃自记

295. 14—690 下　田蒙斋年谱一卷续一卷补一卷　康熙刊本　清田雯自记

296. 14—691 下　尤西堂年谱二卷　年谱图诗一卷　《西堂余集》本　清尤侗自记

297. 14—692 下　顾秀野年谱一卷　道光刊本　清顾嗣立自记

298. 14—493 上　方望溪年谱一卷　咸丰刊附文集本　清苏惇元编

299. 14—694 上　潜虚先生年谱一卷　旧抄本　清戴钧衡纂

300. 14—695 上　檀默斋寿谱一卷　嘉庆元年刊本　清檀萃自叙

301. 14—696 上　国史儒林传二卷文苑传二卷　坊刊本无年月

302. 14—696 下　船山师友记十八卷　光绪丁未刊　清罗正钧纂

303. 14—697 下　历代儒学存真录十卷　咸丰丁巳刊本　清田倣辑
304. 14—698 上　良吏述补一卷　道光己酉刊本　清钱仪吉辑
305. 14—698 下　中兴将帅别传三十卷　光绪丁酉刊本　清朱孔彰撰
306. 14—699 上　梓里表忠录五卷　同治己巳刊本　清玛佳恒龄编
307. 14—700 上　二林居集二卷　正觉楼刊本　清彭绍升撰
308. 14—700 下　祖孙殉忠录一卷　康熙辛酉刊本
309. 14—701 上　二续表忠记八卷　康熙戊寅刊本　清赵吉士纂卢宜辑
310. 14—702 上　孟子年谱一卷　嘉庆二十一年刊本　清管同撰
311. 14—702 下　圣门十六子书百零一卷　道光甲午刊本　清冯云鹓辑
312. 14—703 上　孔志补笺四卷　光绪辛丑刊本　清林昌彝补
313. 14—704 上　孔子纪年备要二卷　乾隆四十二年刊本　清周鸣翥纂
314. 14—709 上　褒忠录一卷　同治癸酉刊本
315. 14—709 下　思补斋自订年谱一卷　宣统庚戌鹿邑徐氏排印本　清徐广缙撰
316. 14—710 上　陆文慎公年谱二卷　民国癸亥刊本　清上卷陆宝忠自述下卷门人陈宗彝续编
317. 14—710 下　万里寻亲录一卷　乾隆刊本　清刘瓒刘资深辑
318. 14—711 上　殷侍郎自订年谱一卷　光绪刊本　清殷兆镛撰
319. 14—711 下　文庄公行述一卷　同治刊本　清怀塔布撰
320. 14—712 上　归安赵忠节公事实一卷　光绪八年刊本
321. 14—712 下　徐辛庵行述一卷　道光刊本　清徐元锡等撰
322. 14—713 上　毕太夫人行述一卷　道光刊本　清衍圣公孔繁灏撰
323. 14—713 下　徐青霞行述一卷　道光刊本　清徐根徐彦林徐椽撰
324. 14—732 下　澄怀主人自订年谱六卷　光绪庚辰重刊本　清张廷玉撰
325. 14—733 下　金正希年谱一卷附录一卷　民国戊辰恩贻堂刊本　明程锡类撰

326. 14—734 上　金正希年谱一卷　光绪丁酉两湖书院活字本　无撰人名氏
327. 14—734 下　郭中丞行述一卷　清郭襄之等撰
328. 14—735 上　启秀事略一卷　光绪刊本　清其继妻颜札氏所撰
329. 14—735 下　陈问山行述一卷　清陈玉章撰
330. 14—736 上　三忠传一卷　光绪刊本　荣禄辑
331. 14—736 下　王文僖公行述一卷　嘉庆刊本　清王宗诚撰
332. 14—737 上　国史金学士传一卷　恩贻堂刊本
333. 14—737 下　汾阳曹氏志传合刻一卷　嘉庆刊本　清曹锡龄辑
334. 14—738 上　云翁自订年谱一卷　道光刊本　清王楚堂自订
335. 14—738 下　冯桂山年谱一卷　同治刊本　清冯德馨自述其孙斯建补述
336. 14—739 上　田寿荪行述一卷　光绪刊本　清田兆林述
337. 14—739 下　愧室事略一卷　宣统写印本　清高而谦高凤谦撰
338. 14—740 上　张养亭行述一卷　清张琴撰
339. 14—752 上　懿畜前编不分卷懿畜后编不分卷　旧抄本　明黄道周撰
340. 14—753 上　黄忠端公年谱四卷　道光九年刊本　明庄起俦撰
341. 14—754 上　黄子年谱一卷　道光甲辰刊本　清洪思述
342. 14—755 上　黄漳浦年谱一卷　传抄本　清郑亦邹辑
343. 14—755 下　漳浦先生年谱二卷　道光刊《黄忠端公全集》本　清陈寿祺辑
344. 14—756 上　龚定庵先生年谱一卷　吴氏家刊本　吴昌绶撰
345. 14—757 下　忠孝节义录不分卷　明万历刊本　明陶登辑
346. 14—758 上　定庵年谱外记二卷　镜娟楼活字本　张祖廉辑
347. 14—758 下　家乘述闻一卷　石印本　清龚守正撰
348. 14—759 上　续家乘述闻一卷　石印本　清龚家尚撰
349. 14—759 下　定庵年谱稿本一卷　邃汉斋《定庵全集》本　黄守恒辑
350. 14—760 上　吴文端崇祀录一卷　康熙刊本

351. 14—760 下　张勇烈公行状一卷　同治刊本　清钱鼎铭撰
352. 14—761 上　福珠洪阿兄弟殉难事实一卷　宣统元年石印本
353. 14—761 下　冯潜斋年谱一卷　嘉庆刊本　其门人劳潼编冯应榴撰墓志铭
354. 14—772 上　南涧先生易箦记一卷　瑞安陈氏排印本　清李文藻自述
355. 14—773 上　艺风老人年谱一卷　文禄堂刊本　清缪荃孙自述
356. 14—774 上　张泗州事辑一卷　道光二十八年刊本　清张穆编
357. 14—774 下　重定张泗州事辑一卷　稿本　清张穆辑
358. 14—775 上　会稽莫公事略一卷　道光刊本　清张穆撰
359. 14—775 下　重订会稽莫公事略一卷　稿本　清张穆辑
360. 14—776 上　高南阜研史年谱一卷附一卷　咸丰二年刊本　清钱侍宸辑
361. 14—776 下　戴友梅事实一卷附一卷　光绪刊本　清戴燮元撰
362. 14—777 上　锦里新编十六卷　嘉庆庚申刊本　清张邦伸撰
363. 14—777 下　王壮节公年谱一卷　咸丰（申）［壬子］刊本　清王开云撰
364. 14—778 上　宋仁圃行述一卷　道光刊本　清宋鉴宋铨同撰
365. 14—778 下　张濬川行述乾隆刊本　清张彦烈述
366. 14—779 上　庆诞记二卷　道光戊申刊本　清张邦伸撰
367. 14—779 下　喻星槎行述一卷　清喻怀信撰
368. 14—780 上　甕芳录一卷　同治十三年刊　高德泰辑
369. 15—81 下　王篆泉年谱一卷　深泽王氏刊本　清王孝箴王孝铭王孝来同述
370. 15—82 上　思补过斋自叙年谱一卷　同治刊本　清李基溥自述
371. 15—82 下　蒋布政行状一卷　光绪刊本　清蒋泽沄蒋泽澍撰
372. 15—83 上　惕龠年谱一卷　光绪刊本　清崇厚自述
373. 15—84 上　仓布政年谱一卷　原稿本　清仓景愉自述
374. 15—85 上　胡文忠公年谱三卷　梅氏抱冰堂刊本　清梅英杰纂
375. 15—86 上　韩翰林诗谱略一卷　江阴缪氏刊本　清缪荃孙纂

376. 15—86 下　韩承旨年谱一卷　宣统辛亥刊本　清觉罗震钧纂
377. 15—87 上　郑桐庵年谱二卷《甲戌丛编》本　上卷徐云祥卢泾材记下卷郑敷教自记
378. 15—87 下　鸿雪因缘图记三卷　道光刊本　清麟庆记
379. 15—88 下　鸿雪因缘图记四集一卷　稿本　清麟庆记
380. 15—89 上　魏文靖公年谱一卷　江阴缪氏刊本　清缪荃孙纂
381. 15—89 下　补辑李忠毅公年谱一卷　江阴缪氏刊本　清缪荃孙纂
382. 15—90 上　姜司寇年谱一卷　嘉庆刊本　清姜晟自述
383. 15—91 上　醇亲王使德始末记排印本　无编者名氏
384. 15—134 上　倪高士年谱一卷　宣统元年刊本　清沈世良辑
385. 15—135 上　六安涂大司马行述一卷　民国庚申活字印本　清涂习恪撰
386. 15—136 上　何端简公年谱一卷　刊本无年月　题俞正燮编次
387. 15—137 上　张北湖年谱一卷　乾隆写刊本　清张京颜纂辑
388. 15—137 下　邓尚书年谱一卷补遗一卷　宣统元年刊本　邓邦康辑
389. 15—138 下　朱文端公行述一卷　道光刊本　清朱必堦等撰
390. 15—139 下　周渔璜年谱一卷　陈氏听诗斋刊本　清陈田辑
391. 15—140 上　沈文节公事实一卷　光绪壬午刊本　清沈守廉编
392. 15—140 下　崔东壁行略一卷　嘉庆刊本　清陈履和述
393. 15—141 上　秋士自述年谱一卷　道光刊本　清徐元润自述
394. 15—141 下　丁松生年谱四卷　清丁中立辑
395. 15—142 上　少司徒王公传一卷　明刊本　明郭正域撰
396. 15—143 上　陶方之行述一卷　光绪刊本　清陶葆廉述
397. 15—144 上　唐一庵年谱一卷　咸丰甲寅刊本　明李乐辑
398. 15—145 上　纪慎斋行述嘉庆刊本　清纪运矍述
399. 15—146 上　邻苏老人年谱一卷　石印本　杨守敬自述
400. 15—146 下　吴荷屋年谱一卷　嘉庆刊本　清吴荣光自述
401. 15　147 上　童宗伯行述一卷　光绪刊本　清童德厚童秉厚述

402．15—147 下　桃溪潘氏文献二卷　乾隆刊本　清潘书馨辑
403．15—148 上　鹿樵自叙年谱二卷　道光刊本　清张大镛撰
404．15—148 下　徐寿臧年谱业堂刊本　清徐士燕编
405．15—149 上　卢霖生自述年谱一卷　道光刊本　清卢荫溥自述
406．15—149 下　张温和公年谱一卷　咸丰刊本　清茂辰等编
407．15—150 上　翁文端公行述一卷　同治刊本　清翁同书等述
408．15—150 下　沧来自述年谱一卷　嘉庆刊本　清于鳌图自述
409．15—151 上　汤文端自订年谱一卷　清汤金钊撰
410．15—161 上　谢皋羽年谱一卷　《昭代丛书》本　明徐泌撰
411．15—162 上　葛壮节公年谱一卷　道光刊本　清葛以简葛以敦编
412．15—163 上　恩福堂年谱一卷　道光刊本　清英和自述
413．15—164 上　青城山人年谱一卷　嘉庆戊辰刊本　清李钧简陈希曾沈学厚吴廷琛编
414．15—165 上　杨忠武公年谱一卷　道光活字印本　清杨国桢撰
415．15—166 上　杨宫保中外勤劳录一卷　嘉庆刊本　清杨芳述
416．15—166 下　杨海梁自叙年谱一卷　道光刊本　清杨国桢述
417．15—167 上　康茂园行述一卷　嘉庆刊本　清康亮钧述
418．15—167 下　梅庵年谱二卷续编一卷　道光刊本　清铁保自述其子瑞元续
419．15—168 下　吴文节公年谱一卷　咸丰刊本　清吴养原撰
420．15—169 上　通介堂徐氏传略一卷　同治刊本　无编者名氏
421．15—169 下　曹俪笙行述一卷　道光刊本　清曹恩濙述
422．15—170 上　翠微山房自订年谱一卷　原稿本　清曹锡龄自述
423．15—170 下　刘簾舫传辑　同治刊本
424．15—171 上　江阴季氏家乘一卷　同治刊本　无编者名氏
425．15—184 下　渔洋山人自撰年谱二卷　乾隆刊本　清王士禛自撰惠栋注补
426．15—185 下　渔洋山人年谱一卷　乾隆刊本　清金荣编
427．15—186 上　郭华野年谱一卷附一卷　康熙刊本　清孙若彝撰
428．15—187 上　于襄勤公年谱二卷　道光戊戌重刊本　清宋荦李树

德同撰

429. 15—188 上　李文恭公行述一卷　咸丰元年刊本　清李概等撰

430. 15—188 下　骆宫保年谱一卷　同治刊本　清骆秉章自述

431. 15—189 下　魏秋浦行述一卷　嘉庆刊本　清魏成宪等撰

432. 15—190 上　仁庵自订年谱一卷　道光刊本　清魏成宪自述

433. 15—190 下　徐相国年谱节略一卷　排印本　清徐右翌撰

434. 15—191 上　重刻骆文忠公年谱二卷　光绪乙未刊本　清骆秉章自述

435. 15—191 下　王阮亭行述一卷　康熙刊本　清王启涑王启汸王启浒述

436. 15—192 上　秦宥横事略一卷　排印本　无撰者名氏

437. 15—192 下　罗提督事实一卷　光绪刊本

438. 15—193 上　赐恤纶言一卷　咸丰刊本

439. 15—203 上　杜东原年谱一卷　光绪二年刊本　明沈周撰

440. 15—204 上　周草窗年谱一卷　光绪二年刊本　清顾文彬辑

441. 15—205 上　吴氏家乘一卷　同治刊本

442. 15—214 下　玉池老人自叙一卷　光绪癸巳刊本　清郭嵩焘撰

443. 15—215 下　江忠烈公行状一卷　咸丰刊本　题左宗棠、郭嵩焘撰

444. 15—216 下　绵竹杨先生事略一卷　民国二年写印本　黄尚毅撰

445. 15—217 下　林文忠公传一卷　同治刊本　无撰人名氏

446. 15—218 下　周文忠公传一卷　同治刊本　不著撰［人］名氏

447. 15—219 下　胡文忠公传一卷　同治刊本

448. 15—220 下　王壮武公年谱二卷　光绪刊本　清罗正钧纂

449. 15—221 下　郑征君行述一卷　宣统元年刊本　郑知同撰

450. 15—222 上　陈安道年谱一卷　光绪壬辰刊本　陈溥述

451. 15—222 下　邓忠武公荣哀录一卷　光绪刊本　不署撰人名

452. 15—223 上　王烟客年谱一卷　光绪二年刊本　孙宝仁所辑

453. 15—223 下　沈鼎甫侍郎年谱一卷　道光刊本　沈宗涵沈宗济撰

454. 15—224 上　骆文忠公事实一卷　同治刊本　李光廷苏廷魁撰

455. 15—224 下　杨龢甫家传一卷　写印本　清李岳瑞撰
456. 15—225 上　精忠录二卷　光绪二年刊本
457. 15—236 下　诸文忠年谱一卷　道光癸卯刊本
458. 15—237 下　成山老人自撰年谱六卷附录一卷　宣统二年活字印本　清唐炯自述
459. 15—238 下　卢忠烈公年谱一卷　乾隆辛卯刊本　清卢安节编
460. 15—239 下　戎车日记旧抄本
461. 15—240 上　卢公遗事一卷　旧抄本　明许德士撰
462. 15—240 下　忠节全编不分卷　乾隆己未刊本　清卢豪然编
463. 15—241 下　华凤超年谱二卷附一卷　康熙刊本　清华良黄述
464. 15—242 上　高子年谱一卷　明华允诚纂
465. 15—242 下　高忠宪公年谱二卷　康熙刊本　清高世宁编
466. 15—243 上　高忠宪公事实不分卷　明崇祯刊本　明高世儒高世学高世宁编
467. 15—243 下　知非录一卷　咸丰壬子刊本　清孔昭杰撰
468. 15—244 上　理学张抱初年谱一卷　乾隆四年刊本　清冯奋庸编
469. 15—244 下　德仁圃行述一卷　嘉庆刊本　清英贵撰
470. 15—245 上　汪穰卿年谱一卷　排印本　汪诒年编
471. 15—245 下　李古余事略一卷　民国元年排印本　李遂贤李齐贤撰
472. 15—246 上　史尚书行述一卷附一卷　光绪刊本　清史念祖作
473. 15—472 下　章午峰年谱一卷　光绪壬辰刊本　清章家祚编
474. 15—473 上　孔志四卷　咸丰刊本　清龚景瀚编
475. 15—474 上　魏默深事略一卷　咸丰刊本　清魏耆述
476. 15—474 下　余黼山年谱一卷　光绪丙申刊本　清余祖香余家鼎编
477. 15—475 上　朱鼎甫行述一卷　光绪刊本　朱萃祥撰
478. 15—475 下　汪蓉甫年表一卷　嘉庆庚辰刊本　清汪喜孙辑
479. 15—476 上　校经叟自订年谱一卷　道光甲辰刊本　清李富孙述
480. 15—476 下　刘世謩行述一卷　嘉庆刊本　清刘台拱撰

481. 15—477 上　刘端临行状一卷　道光刊本　清朱彬撰
482. 15—477 下　冯柳东年谱一卷　传抄本　题门人史诠编
483. 15—478 上　汪蓉甫年谱一卷　嘉庆庚申刊本　清汪喜孙辑
484. 15—479 上　戴氏年谱一卷　《戴氏遗书》本　清段玉裁编
485. 15—480 上　汪双池年谱四卷　同治刊本　清余龙光辑
486. 15—480 下　李恕谷年谱五卷　雍正刊本
487. 15—481 上　裴光禄年谱四卷　光绪己亥刊本　清徐嘉编
488. 15—481 下　历年纪略一卷　康熙刊本　清惠霝嗣纂
489. 15—482 下　毋欺录三卷　光绪六年刊本　明朱用纯撰
490. 15—483 下　王兰史年谱一卷　咸丰刊本　清王锡九自记
491. 15—484 上　彭文敬公年谱一卷　同治刊本　清彭蕴章自记
492. 15—484 下　罗文恪公年谱一卷　同治刊本　清罗惇衍自记
493. 15—485 上　曾文正公年谱十二卷　同治刊本　清黎庶昌编
494. 15—486 上　文文忠公事略四卷　光绪刊本
495. 15—486 下　马端敏公年谱一卷　同治刊本　清马新祐编
496. 15—487 上　斋威烈公年谱一卷　咸丰刊本　清常恩编
497. 15—487 下　李文忠公事略一卷　光绪壬寅日本印本　清吴汝纶辑
498. 15—488 上　曾忠襄公年谱四卷　光绪刊本　清王定安编
499. 15—488 下　彭刚直公行状一卷　光绪刊本　清王闿运撰
500. 15—489 上　鲍公年谱一卷　同治刊本　清李叔璠编
501. 15—489 下　年华录四卷　乾隆刊本　题甬上全祖望绍永辑
502. 15—490 上　艺林汇谱一卷续一卷　传抄本　清翁方纲编
503. 15—490 下　四续疑年录一卷　原稿本　清朱燕昌辑
504. 15—491 上　疑年赓录一卷　光绪戊戌刊本　清张鸣珂录
505. 15—491 下　春秋疑年录一卷　光绪乙未刊本　清钱保塘录
506. 15—492 上　四史疑年录六卷　嘉庆二十三年刊本　清女士刘文如录
507. 15—492 下　黄氏家录一卷　康熙癸未刊本　明黄宗羲撰
508. 15—493 下　傅史一卷　宣统元年刊本　明傅山撰

509. 15—494 上　万氏宗谱十四卷　乾隆壬辰刊本　明万斯大修
510. 15—495 上　戴氏先德传二卷　道光二十三年刊本　清戴钧衡撰
511. 15—495 下　明经胡氏七哲集传一卷　咸丰乙卯刊本　清胡朝贺辑
512. 15—496 上　吴江沈氏家传不分卷　同治六年刊本　无撰人名氏
513. 15—496 下　关西马氏世行录后录续录又续录余录十六卷　同治刊本　清马先登编
514. 15—497 上　正定王氏家传六卷　光绪十九年刊本　清王耕心撰
515. 15—497 下　王荆公年谱考略二十八卷　嘉庆甲子刊本　清蔡上翔撰
516. 15—498 下　王文公年谱节抄四卷附存二卷　光绪戊寅刊本　清杨希闵节抄
517. 15—499 上　考定苏文忠公年谱一卷　康熙刊文集本　明郑鄤订
518. 15—499 下　邹道乡年谱一卷　文集附录本　清李兆洛订
519. 15—500 下　洪忠宣公年谱一卷　宣统刊本　清洪汝奎纂
520. 15—501 上　洪文安公年谱一卷　宣统刊本　清洪汝奎纂
521. 15—501 下　洪文惠公年谱一卷　宣统刊本　清洪汝奎增订
522. 15—502 上　洪文敏公年谱一卷　宣统刊本　清洪汝奎补订
523. 15—503 上　湛然居士年谱一卷　活字印本　张相文纂
524. 15—503 下　张端岩年谱一卷　借月山房刊本　明张文麟自叙
525. 15—504 上　李文正公年谱五卷　嘉庆八年刊本　题法式善纂辑
526. 15—504 下　太常公年谱一卷　光绪甲辰刊本　清钱泰吉辑
527. 15—505 下　赵忠毅公行述一卷　道光庚子刊本　明赵清衡述
528. 15—506 上　周忠惠公年谱一卷　同治壬申刊本　明周起元自记
529. 15—507 下　魏廓园自订年谱一卷　传抄本　明魏大中自述
530. 15—507 下　阿文成公年谱三十四卷　嘉庆癸酉刊本　清那彦成恭纂
531. 15—508 下　韩桂舲年谱一卷　道光刊本　清韩崶自记
532. 15—509 上　罗壮勇公年谱二卷　振绮堂刊本　清罗思举自叙
533. 15—509 下　别本罗壮勇公年谱二卷　光绪三十三年刊本　清罗

珍材补编
534. 15—510 上　张清恪公年谱二卷　乾隆刊本　清张师栻张师载编
535. 15—510 下　范忠贞公年谱一卷　咸丰癸丑刊本　清柯汝霖辑
536. 15—511 上　李文襄公年谱一卷　康熙刊本　清程光祖纂
537. 15—511 下　朱子年谱一卷　光绪六年刊本　清郑士范纂
538. 15—512 上　朱子年谱纲目十四卷　嘉庆七年刊本　清李元禄编
539. 15—512 下　朱子年谱一卷　乾隆五年刊本　清王懋存录
540. 15—513 上　朱子年谱不分卷　康熙庚子刊本　清黄中辑
541. 15—513 下　朱紫阳先生年谱一卷　康熙丙午刊本　清毛念恃录
542. 15—514 上　重镌朱子年谱三卷　康熙癸卯刊本　题何可化蓝润王同春蔺一元林云铭李脱凡重编
543. 15—514 下　李延平年谱一卷　康熙丙午刊本　清毛念恃辑
544. 15—515 上　罗豫章年谱一卷　康熙丙午刊本　清毛念恃辑
545. 15—515 下　杨龟山年谱一卷　康熙癸卯刊本　清毛念恃订
546. 15—516 上　姚江传二卷　传抄本　明施邦曜撰
547. 15—516 下　王文成公年谱二卷　光绪戊寅刊本　清杨希闵增订
548. 15—517 下　阳明先生年谱二卷　明刊本　明李贽编
549. 15—518 上　阳明先生年谱二卷　明刊本　明钱德洪编
550. 15—519 上　段容思年谱纪略一卷　道光三年刊本　明彭泽编
551. 15—519 下　仙儒外纪削繁不分卷　光绪丁未刊本　清刘雚撰王晋荣削繁
552. 15—520 上　潜确录一卷　康熙刊本　清李慎言录
553. 15—520 下　孝节录六卷　嘉庆乙丑刊本　清臧庸辑
554. 15—521 上　曾文正公事略四卷附一卷　光绪元年刊本　清王定安辑
555. 15—521 下　克复金陵勋德记一卷　曼陀罗阁刊本　清刘毓崧撰
556. 15—522 上　黄明经言行略一卷　光绪刊本　清黄以周述
557. 15—522 下　孝行录一卷　光绪刊本
558. 15—523 上　白夻山人年谱二卷　《阎古古集》刊本　张相文编

559. 15—524 上　白耷山人年谱一卷附寅宾录一卷　嘉业堂刊本　清鲁一同编
560. 15—525 上　钱田间年谱一卷　《文集附刊》本
561. 15—526 上　国朝臣工言行记二十六卷　原稿本　清梁章钜辑
562. 15—526 下　本朝忠义录十六卷　崇祯己巳刊本　明徐与参辑
563. 15—527 下　宋季忠义录十六卷附录一卷补录一卷　四明张氏刊本　明万斯同辑
564. 15—528 上　阐义二十二卷　康熙丁亥刊本　明吴肃公纂
565. 15—529 上　吴挚甫传状一卷　光绪刊本
566. 15—529 下　许珊林事实一卷　光绪刊本　无编者名氏
567. 15—530 上　汪孟慈年谱一卷　传抄本　清汪喜孙自述
568. 15—530 下　胡煦祀乡贤录一卷　乾隆刊本
569. 15—531 上　垩室录感一卷　明李颙录
570. 15—531 下　竹窗笔记一卷　光绪刊本　清醇亲王奕譞撰
571. 15—532 上　岳庙志略十卷　嘉庆八年刊本　清冯培辑
572. 15—532 下　梁祠辑略一卷　道光戊子刊本　清梁章钜辑
573. 15—533 上　竹居先德录一卷　光绪乙未刊本　清张士珩辑
574. 15—533 下　牧斋晚年家乘文一卷　国学扶轮社印本　清钱谦益撰
575. 15—534 上　东瀛载笔一卷　咸丰六年刊本　清马克惇撰
576. 15—534 下　忠统日录三卷　明崇祯刊本　无编者名氏
577. 15—535 上　南宋六陵遗事一卷　《昭代丛书》本　明万斯同辑
578. 15—535 下　三闾汇考六卷　道光戊申刊本　清屈见复纂
579. 15—536 上　张中丞事实集录四卷　道光庚子刊本　清王德茂录
580. 15—536 下　韩魏公言行录一卷　光绪丁亥刊本　清崔廷璋辑
581. 15—537 上　范文正公言行录四卷　光绪丁亥刊本　清崔廷璋录
582. 15—537 下　蔡福州外纪十卷附录一卷　同治癸亥刊本　明徐□辑
583. 15—538 下　清贤纪六卷　适园丛刊本　明尤长镗辑

584. 15—539 下　李见罗行略一卷　民国壬戌刊本　清李颎撰
585. 15—540 上　渔樵话一卷　传抄本　题锡山张夏秋绍编次
586. 15—541 上　郑垄阳辨诬录六卷　原稿本　清王仁俊录
587. 15—542 上　周列士传一卷　同治丙寅刊本　清顾寿桢撰
588. 15—542 下　泾川文载小传一卷　刊本无年月　清郑相如编
589. 15—543 上　粤东名儒言行录二十四卷　道光辛卯刊本　清邓淳辑
590. 15—543 下　颍上风物纪三卷　道光六年刊本　清高泽生撰
591. 15—544 上　江震人物续志十卷　道光庚子刊本　清赵兰佩辑
592. 15—544 下　国朝天台耆旧传八卷　光绪壬寅活字印本　清金文田辑
593. 15—545 下　唐市征献录二卷续二卷　光绪己亥刊本　清倪赐辑
594. 15—546 上　盩厔三义传一卷　道光刊本　明李颙撰
595. 15—546 下　瘿史一卷　清梁清远撰
596. 15—573 上　至德志十卷　附录一卷　乾隆三十一年刊本　清吴鼎科纂
597. 15—575 下　思恩太守年谱钞本　清敦崇自撰
598. 15—592 上　三案始末一卷　小方壶斋丛书本　清包世臣撰
599. 15—592 下　文贞公年谱二卷　道光乙酉刊本　清李清植纂
600. 15—593 下　榕村谱录合考二卷　道光丙戌刊本　清李清馥辑
601. 15—594 下　熊文端公年谱一卷　《微波榭遗书》本　清孔继涵撰
602. 15—595 下　乔氏载记二卷　同治壬申刊本　清乔松年辑
603. 15—596 下　夏检讨年谱一卷　乾隆甲辰刊本　清夏味堂辑
604. 15—647 上　吴梅村年谱四卷　道光刊本　清顾思轼纂
605. 15—648 上　鹿忠节公年谱二卷　明陈鋐辑
606. 15—649 上　张忠烈公年谱一卷　清赵之谦纂
607. 15—650 上　查东山年谱一卷　嘉业堂刊本　清沈起辑
608. 15—651 上　东山外纪二卷　嘉业堂刊本　清周骧刘振麟同纂
609. 15—652 上　钱警石年谱一卷　同治甲子刊本　清钱应溥撰

610. 15—652 下　张尚书年谱一卷　传抄本　旧题全祖望撰
611. 15—653 上　褒忠录七卷　道光刊本　郝明龙编
612. 15—654 上　萧氏旌孝录一卷　道光刊本　清刘文淇编
613. 15—654 下　山会先贤录一卷　道光十年刊本　清宗绩辰辑
614. 15—655 上　鹿氏家传一卷　道光刊本
615. 15—661 上　陶渊明年谱一卷　排印本　梁启超撰
616. 15—662 下　靖节先生年谱考异二卷　道光刊本　清陶澍撰
617. 15—663 下　陶靖节年谱一卷　宣统二年刊本　清杨希闵撰
618. 15—664 下　陶诗附考一卷　道光刊本　清方东树撰
619. 15—665 下　陶靖节年谱一卷　道光癸卯刊本　清丁晏撰
620. 15—666 下　陶靖节年谱一卷　陈氏灵峰草堂刊本　宋吴仁杰撰
621. 15—668 上　陶元亮年谱一卷　陈氏灵峰草堂刊本　清王质撰
622. 15—669 上　海忠介年谱一卷　稿本　清王国宪辑
623. 15—670 上　丁中丞行略一卷　稿本　清丁惠衡辑
624. 15—671 上　求可堂自记一卷　清廖翼亨撰
625. 15—671 下　庸闲老人自叙一卷　光绪刊本　清陈其元撰
626. 15—672 上　苏河督年谱一卷　稿本　无撰人名氏

时令类

1. 15—578 上　燕京岁时记文德斋刊本　清敦崇著

别集类

1. 15—579 下　南行诗草文德斋刊本　清敦崇撰
2. 15—580 下　哲川诗草一卷　钞本　清希濬撰
3. 15—581 下　紫藤馆诗草铅字印本　清敦崇著
4. 15—582 上　天然如意斋诗存铅字印本　清阜保著
5. 15—583 上　逸蓨阁遗诗刊本　清多敏撰
6. 15—584 上　涵性堂诗钞都六卷　已刊本　清宋庆常撰

附录二　误入伦明名下瞿汉所撰篇目

1. 15—246 下　辰州府志八卷　明万历四十三年乙卯刻本　马协重修吴瑞登纂侯加地参订
2. 15—247 下　凤凰厅志二十卷　清道光四年甲午刻本　黄应培主修孙均铨黄元复等纂辑
3. 15—249 上　永绥厅志三十卷　清宣统元年己酉铅印本　董鸿勋修
4. 15—250 下　澧志举要三卷　不著刊本　潘相撰
5. 15—251 下　直隶澧州志二十八卷　清道光元年辛巳刻本　安佩莲主修孙祚泰等纂辑
6. 15—253 上　石门县志十四卷　清同治七年戊辰刻本　林葆元主修陈煊接修申正飏等纂辑
7. 15—254 下　安福县志三十四卷　清同治八年己巳刻本　姜大定主修尹袭澍编纂
8. 15—256 上　桂阳直隶州志二十七卷　清同治七年戊辰刻汪敩灏吴嗣仲主修王闿运总纂
9. 15—257 下　靖州直隶州志十二卷　清光绪五年己卯刻本　吴起凤主修劳铭勋接修
10. 15—259 上　靖州乡土志四卷　清光绪三十四年戊申刻本　金蓉镜纂辑
11. 15—260 下　桂东县志二十卷　清同治五年丙寅刻本　刘华邦主修郭岐勋等编纂
12. 15—162 上　澧州志六卷　明嘉靖四十年辛酉刻本　胡容主修水之文汇正李檠删润李献阳编辑
13. 15—263 上　宝庆府志一百四十三卷　清道光二十五年乙巳刻本　黄宅中主修张镇南接修邓显鹤总纂邹汉勋同纂辑
14. 15—264 下　郴州总志四十三卷　清嘉庆二十三年庚辰刻本　朱

倔主修至善常庆徐凤喈接修陈昭谋总纂

15. 15—266 上　乾州厅志十六卷　清光绪三年丁丑校正同治十一年刻本　林书勋主修张先达编纂

16. 15—267 下　邵阳县志四十九卷　清嘉庆二十五年庚辰刻本　唐凤德主修黄崇光等编纂

17. 15—268 下　宜章县志二十四卷　清嘉庆二十年乙亥刻本　陈永图主修龚立海黄本骐汇纂

18. 15—270 上　南岳总胜集三卷　清光绪三十二年丙午重刊长沙叶氏《丽屡丛书》本　宋陈田夫撰

19. 15—271 上　衡岳志八卷　清康熙刊本　朱衮修袁奂辑

20. 15—272 上　洞庭湖志十四卷　清道光五年乙酉刊本　清陶澍督修万年淳撰

21. 15—273 上　浯溪集二卷　明嘉靖刊本　明黄焯辑

22. 15—273 下　濂溪志七卷附遗芳集一卷　清道光刊本　周浩撰

23. 15—274 上　衡岳游记一卷　《昭代丛书》本　清黄周星撰

24. 15—275 上　使楚丛谭一卷　《春融堂集》本　清王昶撰

25. 15—276 上　游金牛山记一种　《小方壶斋舆地丛钞》本　清潘耒撰

26. 15—276 下　游永州三岩记一种　《小方壶斋舆地丛钞》本　清潘耒撰

27. 15—277 下　游桃源山记一种　《小方壶斋舆地丛钞》本　清李澄中撰

28. 15—278 下　前游桃花源记一种　《小方壶斋舆地丛钞》本　清陈廷庆撰

29. 15—279 下　后游桃花源记一种　《小方壶斋舆地丛钞》本　清陈廷庆撰

30. 15—280 下　游天井峰记一种　《小方壶斋舆地丛钞》本　清罗泽南撰

31. 15—281 下　游连云山记一种　《小方壶斋舆地丛钞》本　清李元度撰

32．15—282 下　登天岳山记一种　《小方壶斋舆地丛钞》本　清李元度撰
33．15—283 下　游南岳记一种　《小方壶斋舆地丛钞》本　清金之后撰
34．15—284 下　登南岳记一种　《小方壶斋舆地丛钞》本　清唐仲冕撰
35．15—285 下　重游岳麓记一种　《小方壶斋舆地丛钞》本　清李元度撰
36．15—286 下　游南岳记一种　《小方壶斋舆地丛钞》本　清罗泽南撰
37．15—287 下　游石门记一种　《小方壶斋舆地丛钞》本　清罗泽南撰
38．15—288 下　游龙山记一种　《小方壶斋舆地丛钞》本　清罗泽南撰
39．15—289 下　罗山记一种　《小方壶斋舆地丛钞》本　清罗泽南撰
40．15—290 下　九疑山志四卷　康熙严陵詹氏刻本　清詹惟圣撰
41．15—291 下　楚游纪略一种　《小方壶斋舆地丛钞》本　清王沄撰
42．15—292 下　游南岳记一种　《小方壶斋舆地丛钞》本　清潘耒撰
43．15—293 下　游大云山记一种　《小方壶斋舆地丛钞》本　清吴敏树撰
44．15—294 下　乾溪洞记一种　《小方壶斋舆地丛钞》本　清张九钺撰
45．15—295 下　桂阳石洞记一种　《小方壶斋舆地丛钞》本　清彭而述撰
46．15—296 下　湘行记一种　《小方壶斋舆地丛钞》本　清彭而述撰
47．15—297 上　游浯溪记一种　《小方壶斋舆地丛钞》本　清彭而

述撰

48. 15—298 上　泛潇湘记一种　《小方壶斋舆地丛钞》本　清黄之隽撰

49. 15—299 上　浯溪记一种　《小方壶斋舆地丛钞》本　清黄之隽撰

50. 15—299 下　三滩记一种　《小方壶斋舆地丛钞》本　清陆次云撰

51. 15—300 上　游永州近治山水记一种　《小方壶斋舆地丛钞》本　清乔莱撰

52. 15—300 下　游静谷冲记一种　《小方壶斋舆地丛钞》本　清罗辰撰

53. 15—301 上　登君山记一种　《小方壶斋舆地丛钞》本　清陶澍撰

54. 15—302 上　郴东桂阳小记一种　《小方壶斋舆地丛钞》本　清彭而述撰

55. 15—303 上　湘水记一种　《小方壶斋舆地丛钞》本　清王文清撰

56. 15—304 上　漓湘二水记一种　《小方壶斋舆地丛钞》本　清乔莱撰

57. 15—305 上　永州纪胜一种　《小方壶斋舆地丛钞》本　清王岱撰

58. 15—306 上　乾州小志一种　《小方壶斋舆地丛钞》本　清吴高增撰

59. 15—307 上　永顺小志一种　《小方壶斋舆地丛钞》本　清张天如撰

60. 15—307 下　桂阳风俗记一种　《小方壶斋舆地丛钞》本　清某氏撰

61. 15—308 下　奉使纪胜一种　《小方壶斋舆地丛钞》本　清陈阶平撰

62. 15—309 下　湖南方物志一种　《小方壶斋舆地丛钞》本　清黄

本骥撰

63. 15—310 上　禹贡三江九江辨一种　《拙尊园丛稿》光绪刊本　清黎庶昌撰

64. 15—311 上　九江考一种　新化邹氏《敩艺斋遗书》本　清邹汉勋撰

65. 15—312 上　五溪考一种　《小方壶斋舆地丛钞》本　清檀萃撰

66. 15—313 上　五溪考略一种　《清风室文钞》民国二年刊本　清钱保塘撰

67. 15—313 下　游浯溪记一种　《遂初堂集》本　清潘耒撰

68. 15—314 下　游祁阳浯溪记一种　校邠庐光绪刊本　清冯桂芬撰

69. 15—315 上　九江考一种　《大云山房文稿》涵芬楼影印光绪十年刊本　清恽敬撰

70. 15—316 上　九江考一种　《汪梅村先生集》光绪刊本　清汪士铎撰

71. 15—317 上　三江彭蠡东陵考一种　新化邹氏《敩艺斋遗书》本　清邹汉勋撰

72. 15—318 上　九江考一种　《璧沼集》光绪刊本　清胡元玉撰

73. 15—319 上　保安湖田志二十四卷续编二卷　民国四年乙卯刊本　曾继辉撰

74. 15—320 上　三楚考一种　《汪梅村先生集》光绪刊本　清汪士铎撰

75. 15—321 上　汉长沙零陵桂阳武陵四郡考　新化邹氏《敩艺斋遗书》本　清邹汉勋撰

76. 15—322 上　宝庆疆里图说一种　新化邹氏《敩艺斋遗书》本　清邹汉勋撰

77. 15—323 上　潇水有是水名说一种　《汉孳室文钞》光绪会稽徐氏铸学斋刻本　清陶方琦撰

78. 15—324 上　海阳山湘漓水源记一种　《铜古书堂遗稿》本　清查礼撰

79. 15—325 上　重修濂溪志序一种　《寸心知室存稿》本　清汤金

钊撰

80. 15—326 上　桂阳汇水说一种　《青学斋集》本　清汪之昌撰

81. 15—327 上　与吴南屏舍人论罗水出巴陵一种　《养知书屋文集》本　清郭嵩焘撰

82. 15—328 上　重修南岳志序一种　《养知书屋文集》本　清郭嵩焘撰

83. 15—329 上　重修南岳志序一种　《养知书屋文集》本　清郭嵩焘撰

84. 15—330 上　湖南通志地理沿革考列洪亮吉三国东晋疆域志洪齮孙梁疆域志并目补陈疆域志举例一种　《养知书屋文集》本　清郭嵩焘撰

85. 15—331 上　秦始皇南渡淮水之衡山乃天柱山考一种　《质疑删存》本　清张宗泰撰

86. 15—332 上　读《尔雅·释山》论南岳一种　《皇清经解》学海本《经韵楼集》清段玉裁撰

87. 15—333 上　霍山为南岳解一种　《筠轩文钞》《邃雅斋丛书》本　清洪颐煊撰

88. 15—334 上　霍山即衡山考一种　《十经斋文集》本　清沈涛撰

89. 15—335 上　跋浯溪志一种　《带经堂集》本　清王士禛撰

90. 15—336 上　船山记一种　《姜斋文集》同治湘乡曾氏金陵刻本　清王夫之撰

91. 15—337 上　小云山记一种　《姜斋文集》同治湘乡曾氏金陵刻本　清王夫之撰

92. 15—338 上　与魏默深舍人论潇水一种　《邹叔子遗书·敦艺斋文存》本　清邹汉勋撰

93. 15—339 上　书浯溪新志后一种　《存吾文稿》本　清余廷灿撰

94. 15—340 上　桃花源志序一种　《退补斋文存》本　清胡凤丹撰

95. 15—341 上　岳阳君山志序一种　《退补斋文存》本　清胡凤丹撰

96. 15—342 上　沅水泛舟一种　《穆堂别稿》本　清李绂撰

97. 15—343 上　九江辨一种　《慕良杂著》本　清庄有可撰
98. 15—344 下　舜陵考一种　《存吾文稿》本　清余廷灿撰
99. 15—346 上　建朱子祠记一种　《存吾文稿》本　清余廷灿撰
100. 15—347 上　补修石鼓书院记一种　《存吾文稿》本　清余廷灿撰
101. 15—348 上　重修湘西万福桥记一种　《东洲草堂文集》本　清何绍基撰
102. 15—349 上　敦大中丞重修城南书院记一种　《存吾文稿》本　清余廷灿撰
103. 15—350 上　叙建爱莲池亭题额一种　《存吾文稿》本　清余廷灿撰
104. 15—351 上　黄陵庙志序一种　《退补斋文存》本　清胡凤丹撰
105. 15—352 上　楚地今名考一种　《沅湘通艺录》本　清曾朝祐撰
106. 15—353 上　楚地今名考一种　《沅湘通艺录》本　清左金孝撰
107. 15—354 上　洞庭湖创设浅水商轮有益无损说一种　《沅湘通艺录》本　清杨仁俊撰
108. 15—355 上　湖广水利论一种　《古微堂外集》本　清魏源撰
109. 15—356 上　洞庭湖淤塞于常德有何损益说一种　《沅湘通艺录》本　清戴丹诚撰
110. 15—357 上　洞庭湖淤塞于常德有何损益说一种　《沅湘通艺录》本　清蔡钟潜撰
111. 15—358 上　汉路山考一种　《敦艺斋文存》本　清邹汉勋撰
112. 15—359 上　李大中丞修江神庙记一种　《存吾文稿》本　清余廷灿撰
113. 15—360 上　小淹石路碑记一种　《印心石屋文钞》本　清陶澍撰
114. 15—361 上　重修石城桥记一种　《印心石屋文钞》本　清陶

澍撰

115．15—362 上　衡山考一种　晦明轩稿本　清杨守敬撰

116．15—363 上　贻庆桥碑记一种　《印心石屋文钞》本　清陶澍撰

117．15—364 上　沅江县尊经阁记一种　《印心石屋文钞》本　清陶澍撰

118．15—365 上　新宁形势说一种　《敩艺斋文存》本　清邹汉勋撰

119．15—366 上　宝庆沿革一种　《敩艺斋文存》本　清邹汉勋撰

120．15—367 上　汉志阳山阴山考一种　晦明轩稿本　清杨守敬撰

121．15—368 上　邵阳重修龙神火神刘猛将军庙记一种　《敩艺斋文存》本　清邹汉勋撰

122．15—369 上　新化建火神庙记一种　《敩艺斋文存》本　清邹汉勋撰

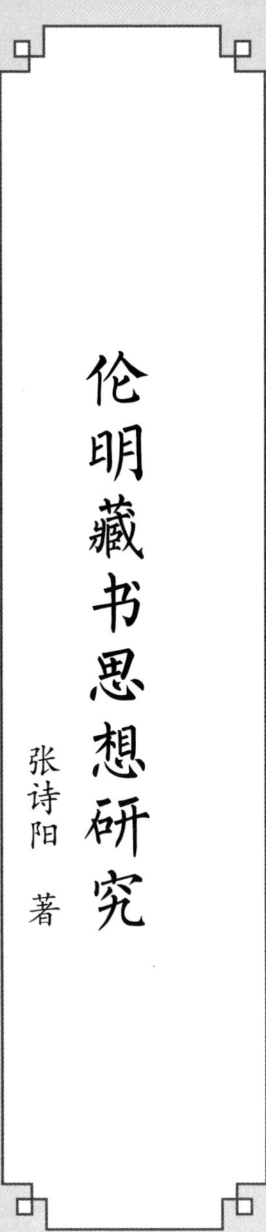

伦明藏书思想研究

张诗阳 著

第一章　绪论

第一节　研究背景

伦明（1875.11—1944.10）[①]，字哲如，广东东莞望牛墩人。藏书家、教授、诗人、书商。伦明横跨清末、民国时期，生平经历丰富：曾经考取清光绪朝举人，后进入京师大学堂学习；曾师从康有为，以康门弟子身份，通过创办报纸等方式参与维新活动；[②] 曾担任教职，任教于燕京大学、辅仁大学、岭南大学等多所民国著名大学；一直致力于续修《四库全书》，以续修《四库全书》为自己的终生事业；毕生致力于藏书，是我国著名的藏书家。

伦明所在的伦氏家族是书香世家，他幼承庭训，喜好藏书，所藏图书藏于取名为“续书楼”的藏书楼中。伦明一生致力于藏书、修书、校书，因而续书楼藏书极为丰富，他也因此成为近代藏书大家。近年来伦明已被东莞市名人档案库收录为东莞市名人，但迄今为止，除对伦明的著述进行过搜集整理如东莞图书馆整理出版了《伦明全集》等之外，对伦明的研究较少，面世的成果不多，且这些成果大多集中于《辛亥以来藏书纪事诗》等的研究上，除此之外，就是一些记述伦明生平经历的文字散见于一些专著及报刊中，与伦明藏书活动和藏书思想相关的专题研究、其藏书收藏处所续书楼以及通学斋的专门

---

① 伦明的出生时间，目前有几种说法：1872 年、1875 年、1878 年和 1883 年。杨宝霖在《藏书家伦明》中认为伦明的出生时间大致应为 1875 年 11 月，笔者认为此说比较可信。见杨宝霖、钟百凌、李炳球编辑：《东莞文史》第 29 期，政协东莞市文史资料委员会 1998 年，第 50—58 页。

② 参见陈汉才：《康门弟子述略》，广东高等教育出版社 1991 年版，第 83 页。

研究则基本未见。因此，可以说伦明研究有进一步拓展和深入的空间。就当前对私家藏书和私家藏书活动的研究来看，相对集中在两个方面：一是研究部分为世人所熟知的著名藏书楼、藏书家如天一阁、绛云楼、古越藏书楼等，[①] 一是介绍及研究个别朝代、地区或藏书家族及藏书家群体的大致情况，其他更广泛地从事私家藏书活动的藏书家及其藏书活动、藏书成就则较少，研究成果亦不多。伦明就是其中研究较少的一位。本文旨在通过对伦明藏书思想的研究及对伦明藏书思想的历史地位进行评价，使伦明的藏书思想和藏书成就为更多人了解，使伦明得到与其历史地位相匹配的学术评价，并增进对近代中国私家藏书的认识。

第二节　研究内容

本文以伦明生平、藏书活动及其藏书著述等为研究出发点，通过采用文献调研法、比较研究法和内容分析法等研究方法来开展伦明藏书思想的研究。主要研究内容为：伦明藏书思想及其比较与评价；伦明藏书活动与藏书著述。笔者认为，藏书活动与藏书思想的关系，是藏书活动及相关著述直接反映藏书思想，而藏书思想指导藏书活动，并透过藏书活动和相关著述表现出来，两者处于不断互动作用之中。本文整体的研究规划是：首先搜集和掌握相关研究资料，选取合适的数据库，制定和优化文献检索的检索策略，对搜集到的前人研究成果进行研究综述。在进行文献综述之后，制定和修改研究框架和安排内容。在研究开展过程中，结合文献调研法和比较研究法等研究方法进行调查研究，通过向熟悉伦明或研究过伦明的专家学者请教和探讨，获取更丰富、细致的研究资料，拓展研究视野，并进一步完善研究大纲。最后，通过对资料研究整合和分析研究伦明的藏书活动和藏书思

① 参见王纯：《中国著名私家藏书楼考略》，《图书馆建设》2001 年第 1 期，第 103—105 页。

想，最终形成本文。

本文的研究步骤：一是对伦明生平、藏书活动以及藏书著述等进行研究，这涉及诸如续书楼、通学斋、续修《四库全书》、《辛亥以来藏书纪事诗》以及伦明藏书的收藏和散佚脉络等研究点和研究线索。其目的是使读者了解伦明及其藏书活动的基本情况。二是通过对伦明生平和藏书活动资料的系统搜集、归纳和整理，梳理出伦明三个方面的藏书思想——藏书收集思想，藏书庋藏与保护思想以及藏书利用与聚散思想——这是本文的核心部分。三是对清末民初的时代背景和清末以来的藏书思想进行梳理，进而比对伦明与其同时代甚至是明清以来其他藏书家的藏书思想的异同，分析伦明及其藏书思想的历史地位，并对伦明的藏书思想和藏书活动进行历史评价：藏书活动成就斐然，藏书思想自成一家。其目的是使伦明及其藏书思想的历史地位及评价科学、客观地立足于其藏书活动的时代背景和思想背景之中。

本文各个章节核心内容：第一章，绪论部分。本章对论文的研究背景、研究内容、研究意义、研究方法、研究创新点进行论述，并对暨有的研究成果进行综述。研究综述主要从伦明的生平、著述和学术思想、藏书活动等三个方面对已有研究成果进行梳理和归纳，并简单梳理藏书思想研究在近年的研究态势。目前学界关于伦明的研究成果较少，研究综述部分也佐证了本研究的创新点，即对伦明藏书活动和藏书思想进行专题研究。第二章，伦明的生平及藏书著述。本章主要是研究伦明的藏书活动及生平。目前伦明研究比较冷门，学界和公众对伦明的了解相对较少，有必要对伦明的藏书活动、藏书著述及生平进行简要的介绍。第三章，伦明的藏书收集思想。本章是本文的核心之一，从藏书收集角度具体论述了伦明的藏书思想，具体又分为收集理念和收集方法两个方面。第四章，伦明的藏书庋藏与保护思想。本章从藏书庋藏与保护角度论述伦明的藏书思想，具体分为藏书庋藏思想和藏书保护与修复两个方面。第五章，伦明的藏书利用与聚散思想。本章从藏书利用与聚散角度论述伦明的藏书思想，具体分为藏书利用思想和藏书聚散思想。第三章至第五章在研究框架上是为伦明的藏书思想与其他同时代甚至是明清时期其他藏书家藏书思想的比较研究、伦明藏书思想的评价做理论储备。第六章，伦明的藏书活动与藏书思想的历史地位与评价。本章主要对伦明藏书思想比较分析：藏书思想的研究需要放在整个时代的大背景下，用发展的观点和视角开展研究，否则难免管中窥豹、一叶障目。在将伦明藏书活动的时代背景、清末藏书思想、藏书流派、藏书家类型划分等进行回顾性研究的基础上，对比分析伦明及明清以来十余位藏书家藏书思想在藏书收集、庋藏与保护、聚散与利用等方面思想与实践的相同点与差异点，以便研究伦明及其藏书思想的历史地位，进而对伦明的藏书思想进行历史评价。最后总结并反思"伦明藏书思想"研究过程中存在的不足，思考"伦明研究"在今后的发展远景。

第三节　研究意义

本文选择对伦明的藏书思想进行研究的目的：一是分析和研究伦明的藏书活动和藏书思想，使更多读者了解伦明和他的藏书思想与藏书成就。二是增加对私家藏书和藏书思想的研究。私家藏书是国家藏书构成的重要组成部分，研究伦明的藏书思想，有利于更好地了解和认识中国近代私家藏书和藏书思想的发展情况。

本文的核心理论意义在于：一是通过研究伦明的生平经历，尤其是透过对其藏书活动及其藏书著作的梳理和研究，总结、归纳出伦明个人的藏书思想，这也是本文最主要的研究目的和理论意义；二是探索藏书活动及藏书著述与藏书思想间的互动关系。

本文的思维脉络是：藏书家的藏书活动及藏书著述直接反映了藏书思想，而藏书家的藏书思想指导着藏书活动的实践，并借由藏书活动和相关著述外显出来，藏书活动、藏书著述与藏书思想处于不断的互动作用之中。在研究伦明的藏书活动和藏书思想时，本文采用如下的研究视角：在对伦明的藏书思想进行基础分析与归纳研究的基础上，通过进一步对比伦明的藏书思想与明清以来其他藏书家的藏书思想来分析两者的异同，从而定位伦明及其藏书思想的历史地位，并对其藏书思想和藏书活动进行历史评价。

本文的核心现实意义：一是目前与伦明相关的研究有待丰富、提高，其研究成果目前多集中于对其著作和生平的简要回顾和梳理，通过本文，可以深入而系统地发掘相关的资料，向世人展示伦明的藏书活动、藏书成就和藏书思想，增加世人对伦明学术价值和学术成就的了解和认可；二是当前国家层面积极推进基本公共服务均等化和全民阅读，在这一政策和社会环境氛围之下，对私家藏书和私家藏书活动的研究，有助于挖掘私家藏书和私家藏书活动的文化价值与文化潜力，有助于丰富可供文化服务和公民文化修养培养所利用的资源，从而更好地满足公民的文化信息需求。借助对伦明及其藏书思想的研究，可以进一步增进人们对藏书文化的了解和兴趣，助力全民阅读的推进。

第四节　研究方法

在研究开展过程中，依据研究需要选取了如下三种研究方法：

一是文献调研法。主要应用于调查研究中搜集、分析和整理与伦明相关的研究资料，主要包括：伦明本人的著述、关于伦明的研究以及相关人士的评价和回忆等。部分调研成果除应用于文献综述部分以外，还将为正文中的一些观点提供论点和论据支持。通过获得更多、更细致的一手资料，从而最大限度地搜集相关的一次文献，以确保研究立足于坚实的历史事实、明确无误的文献资料以及可靠的人物佐证，从而最大限度地了解和还原伦明在历史中的活动和形象。

二是比较研究法。通过表格的形式比对伦明藏书思想与其他藏书家藏书思想的异同来研究伦明特别是其藏书思想的特殊之处，探讨伦明及明清以来部分藏书家藏书思想的相同点与差异点，并进一步对伦明藏书思想和藏书活动进行评价。

三是内容分析法。伦明藏书思想研究部分需要应用内容分析方法，以便通过伦明的著述或相关研究资料以及其藏书活动，分析、总结、归纳出伦明的藏书思想。

第五节　研究创新点

本文具有以下几个创新点：

一是系统地对伦明藏书活动和藏书思想进行专题研究。通过对已有研究成果的整理分析发现，目前对伦明的专门研究较少，且现有的研究资料、论述绝大多数零散分布于相关学术著作和论文中，有系统化研究的必要性。据现有研究资料来看，迄今为止学术界对伦明特别是其藏书思想这一研究主题的研究成果较少。因此“伦明藏书思想研究”具有较大的研究价值和研究潜力。

二是通过评价伦明藏书思想来揭示其对后世的启示和借鉴意义。一方面，伦明藏书活动和藏书思想值得后世思考和借鉴。另一方面，目前与藏书和藏书思想相关的研究多将研究重点和注意力集中于藏书和藏书思想本身，而对藏书思想评价和反思的重视程度不够，并且对藏书的最终归宿或蜻蜓点水式的简单提及，或根本就未纳入到研究范围内。例如，藏书归宿实质是藏书思想的重要体现方式之一，是藏书思想研究过程中不可或缺的部分。伦明的续书楼藏书除散佚、毁损之外，在其逝世后大部分捐赠给国家，系统地收藏于中国国家图书馆和广东省立中山图书馆等公共图书馆内。将伦氏藏书的归宿与历史上其他藏书家的藏书最终难免流散亡佚的结局相比对，续书楼藏书的归宿是颇为理想的，这主要归功于伦明开明的藏书思想，也体现了伦明令人敬佩的独到眼光和先见之明。

第六节　研究综述

通过对研究资料的搜集和整理，笔者发现目前学界对伦明的研究尤其是对其藏书活动和藏书思想的研究有待提升：在搜集到的研究资料中，存在大量仅对伦明作简要介绍或简略提及伦明生平经历的论文和专著，且内容重复，参考意义不大，故在文献综述中仅对此类文献作简要的归纳陈述，不详细介绍其内容。对“伦明研究”这一研究领域而言，亟待在横向上进一步拓展研究的范围，在纵向上进一步深入开展相关研究。因为既有的研究成果多为介绍式的论述，缺乏系统而深入的研究，对伦明的生平、著述和学术思想、藏书活动等的研究有待进一步深入和进一步拓展的空间。且已有研究均未涉及本研究——伦明藏书思想研究，与之有间接关联的也仅仅是蜻蜓点水式的论及伦明的藏书活动及与之相关的其他事务，这正是本文的独特价值和创新性所在。此外，需要指出的是，通过查阅图书馆资料和进行检索图书馆数据库后，笔者注意到国外尚未出现与伦明相关的研究，国内的相关研究也存在明显的时间分布差别，专著类资料的年限相对于期刊论文等资料，时间更为久远。

为方便进行文献综述，首先对相关概念进行明确：

“藏书”概念，本文选用《文献学辞典》对“藏书”的论述：“收藏图书的活动……不仅指收藏图书，还包括与收藏有关的购置、鉴别、校勘、装治、典藏、钞补、传录、刊布、题跋、用印、保护等一系列活动。”①

“藏书家”概念，本文选用《中国读书大辞典》的论述：“私家藏书的开创者或私家藏书的传人、皇家藏书的管理者于藏书事业作出贡献的人。”②

“藏书思想”概念，本文选用王蕾在《清代藏书思想研究》中对藏书思想的定义：“在中国古代藏书活动中形成和积累的有关藏书收集、整理、保存和利用的思想观念和理论方法。”③

出于方便开展学术回顾的考量，笔者将目前与伦明相关的研究，依据其涉及的研究对象和论述的具体内容分为四个大类进行综述。

一是伦明及其生平研究。此类研究资料按详略程度可以划分为几

① 赵国璋、潘树广主编：《文献学辞典》，江西教育出版社1991年版，第917页。

② 王余光、徐雁主编：《中国读书大辞典》，南京大学出版社1993年版，第444页。

③ 王蕾：《清代藏书思想研究》，广西师范大学出版社2013年版，第6页。

种类型：

其一是简略介绍和研究伦明生平的资料。此类研究资料在搜集到的文献中占很大一部分，内容主要集中于简单介绍或提及伦明及其生平，但未进行深入的解释和阐述，且内容多为对伦明个人著作《续书楼藏〈书〉记》的简单转述，从研究角度来看，价值不大，也无法从中得到有研究价值的线索。这部分文献主要有两种类型：一种是辞典类，如《中国目录学家辞典》等；另一种是散见于其他人著作中的申畅等编《中国目录学家辞典》简要介绍，如傅璇琮和谢灼华的《中国藏书通史》[①]、苏精的《近代藏书三十家》[②]，以及吴企明编的《李贺资料汇编》[③] 等。

其二是较详尽地介绍和研究伦明生平的资料。这类文献从数量上看相对较少，但就其内容来看，极具研究参考价值，并且部分还富含值得挖掘利用的研究线索，可供进一步深入研究。例如《学者型藏书家——伦明》[④]，研究者对伦明的整个人生经历和主要活动进行了记述，特别是对其早年经历、续修《四库全书》活动及《辛亥以来藏书纪事诗》有较深入、详细的论述，可以从中提炼一些关于伦明生平的线索，具有一定的研究参考价值；《藏书家伦明研究述略》[⑤] 首先简单介绍了伦明的生平，紧接着对与伦明相关的研究资料进行了梳理，并择要对一些资料的内容进行解释说明，对伦明不甚了解者可由此对伦明的情况有一个概括式的了解，对研究的深入开展也有较大的参考性。

其三是对伦明的回忆性记述。这部分文献较为特殊，多记述一些细节，可帮助研究者从细节中观察和研究伦明。例如，《记目录学家

① 傅璇琮、谢灼华主编：《中国藏书通史》，宁波出版社 2001 年版，第 1188 页。

② 苏精：《近代藏书三十家》，中华书局 2009 年版，第 143 页。

③ 吴企明编：《李贺资料汇编》，中华书局 1994 年版，第 399 页；申畅、陈方平、霍桐山、王宏川编《中国目录学家辞典》，河南人民出版社 1988 年版，第 292 页。

④ 陈思：《学者型藏书家——伦明》，《广东史志》1995 年第 Z1 期，第 77—80 页。

⑤ 李雅、游雪雯：《藏书家伦明研究述略》，《大学图书馆学报》2015 年第 1 期，第 117—120 页。

伦明先生二三事》[①] 是与伦明曾有工作交集的傅振伦对伦明在20世纪20年代末的经历和活动的详尽回忆和介绍，我们可以借此了解伦明的一些细节性事务，同时也为我们提供了一个独特的观察视角；《冀淑英古籍善本十五讲》[②] 则是上过伦明课程的学生对伦明授课情况的回忆；《书林琐记》则是伦明开设的书肆——通学斋所雇佣的伙计雷梦水、孙殿起等人对伦明开设书肆和搜书、访书、修补书籍等活动的回忆。[③] 与之类似的还有《清代藏书楼发展史续补藏书纪事诗传》[④] 等。

二是伦明著述和学术思想研究。伦明的个人著作相对较少，这可能与伦明日常事务较繁忙且精力多倾注于为续修四库而撰写提要、忙于通学斋事务有关。伦明的著作多为手稿，付梓较少，而且也因各种各样的原因逐渐遗失了。伦明著述现存《伦哲如诗稿》《辛亥以来藏书纪事诗》、其他一些考据学文章以及为续修四库全书做准备而撰写的一些提要和序言、题跋、建议书和书信等，这些著述在《伦明全集》(一)[⑤] 中有比较全面的收录。

目前学界对伦明的研究，除简要介绍其生平外，多数为对伦明著述的研究，主要集中在《辛亥以来藏书纪事诗》（以下简称《纪事诗》）和《伦哲如诗稿》。《纪事诗》是仿清代叶昌炽《藏书纪事诗》而撰写的以纪事诗形式记述清末民初170多位藏书家的生平和藏书活动的著作。《伦哲如诗稿》是伦明日常所作诗文的汇编，题材和内容丰富多样。这类研究的主要成果有：张纹华的《〈伦哲如诗稿〉探析》对《伦哲如诗稿》的版本进行了研究，指出其缺憾和不足，并

---

① 傅振伦：《记目录学家伦明先生二三事》，《文献》1987年第2期，第286—288页。

② 冀淑英：《冀淑英古籍善本十五讲》，北京图书馆出版社2009年版，第67页。

③ 雷梦水：《书林琐记》，人民日报出版社1988年版，第5—90页。

④ 谭卓垣、伦明等撰，徐雁、谭华军整理：《清代藏书楼发展史　续补藏书纪事诗传》，辽宁人民出版社1988年版，第207页。

⑤ 《伦明全集》计划出版四卷本，目前出版了第一卷，主要收录伦明个人的著作和文章、手稿以及少量的历史照片、伦明的通信手札等。

略带论及伦明诗歌的分期和创作特色；[①] 翟朋的《藏书纪事诗研究》认为伦明的《辛亥以来藏书纪事诗》是纪事诗繁盛时期的产物；[②] 黄正雨的《伦明与〈辛亥以来藏书纪事诗〉》对《纪事诗》的基本概况和史料价值进行了论述，并论及伦明访求图书的一些情况。[③] 李英珍在《〈藏书纪事诗〉的形成与发展》中对伦氏的《纪事诗》进行了全面的评价："（《纪事诗》）默察时变、深究风习……意旨深沉，非限于藏书一事。"[④] 谢灼华简要介绍了伦明的《纪事诗》。[⑤] 李雪梅对《纪事诗》中记述的藏书家籍贯和地域分布进行了研究，证明广东籍藏书家在藏书家群体中占据了很大的比重。[⑥]

伦明是著名藏书家、教授、诗人、书商，也是一位目录学家，但目前学界对伦明学术思想的研究极少，仅有两篇相关文献：《伦明目录学思想初探》从伦明的《目录学讲义》出发，从目录学的重要意义、目录学不等于版本学、目录学不等于目录这三个方面对伦明的目录学思想进行了探讨。《伦明先生文献学著述考》则对伦明的十余部专著和文章进行了介绍、研究和考据，最后附带论述了伦明在书籍校勘方面的部分成就。[⑦]

三是伦明藏书活动研究。对伦明藏书活动的研究整体上比较零散，零星散布于他人对伦明藏书活动的回忆性文章和一些专著、文集之中。研究伦明的藏书活动，必须研究续书楼和通学斋以及伦明的终

---

① 参见张纹华：《〈伦哲如诗稿〉探析》，《顺德职业技术学院学报》2014 年第 1 期，第 75—79 页。

② 参见刘平：《伦明目录学思想初探》，《图书馆》2014 年第 6 期，第 99—101 页。

③ 参见黄正雨：《伦明与〈辛亥以来藏书纪事诗〉》，《图书馆论坛》1995 年第 5 期，第 17—19 页。

④ 参见李英珍：《〈藏书纪事诗〉的形成与发展》，《芒种》2012 年第 16 期，第 132—133 页。

⑤ 参见谢灼华：《回顾民国时期古代藏书与近代图书馆史研究》，《图书馆理论与实践》2009 年第 10 期，第 57—62 页。

⑥ 参见李雪梅：《中国近代藏书文化》，现代出版社 1999 年版，第 130 页。

⑦ 参见熊静：《伦明先生文献学著述考》，《大学图书馆学报》2014 年第 1 期，第 110—115 页。

生志向——续修四库全书，故将伦明藏书活动按研究的重点分为如下几类：

第一，关于续书楼及通学斋的研究。伦明是广东的藏书大家，其续书楼藏书量之丰在当时得到了广泛的称羡，研究伦明的藏书活动就必须对续书楼这一伦氏藏书的收藏处所进行研究。迄今为止，关于续书楼的研究多为介其大致情况。罗继祖和范凤书两位学者对此研究领域有所涉猎，也取得了一些研究成果：罗继祖的《东莞伦氏“续书楼”》对伦氏藏书活动和续书楼的源起、伦明的藏书理念和特点进行了介绍。大致是《续书楼藏书记》内容的翻译和转述，但总体上没有深入。[①] 另外，罗继祖的其他三部著作《两启轩笔麈》[②] 《枫窗三录》[③] 以及《墐户录》[④] 也对续书楼的概况有提及。范凤书在《私家藏书风景》等著作中也对续书楼和伦明进行了介绍式的论述。[⑤] 与之类似的还有马嘶的《学人藏书聚散录》。[⑥] 王謇在《续补藏书纪事诗》中为伦明作诗一首并附以文字介绍。此外，还有少量文献粗略论及伦氏续书楼的藏书数量和进行了简略的介绍，如《续书楼藏书有多少》中提到藏书家朱希祖在参观伦氏藏书后曾感叹：“北平藏书家无出其右者。”[⑦] 项晓晴在其论文中提及了伦明藏书分装于四百余大箱，由此我们可以推见伦氏藏书量之丰。[⑧]

通学斋是伦明听取为自己修补藏书的魏姓修书匠建议，一方面为方便自己搜书、访书、修补藏书，另一方面也为贴补藏书而设立的私人书肆，平常由孙殿起、雷梦水等伙计为打理。与通学斋相关的研究

---

① 参见罗继祖：《东莞伦氏“续书楼”》，《史学集刊》1987 年第 1 期，第 77 页。

② 参见罗继祖：《两启轩笔麈》，上海书店出版社 2000 年版，第 169 页。

③ 参见罗继祖：《枫窗三录》，大连出版社 2000 年版，第 396 页。

④ 参见罗继祖：《墐户录》，黑龙江人民出版社 1989 年版，第 146 页。

⑤ 参见范凤书：《私家藏书风景》，河北教育出版社 2007 年版，第 16 页。

⑥ 参见马嘶：《学人藏书聚散录》，清华大学出版社 2010 年版，第 37 页。

⑦ 张宪光：《续书楼藏书有多少》，《东方早报》2013 年 4 月 7 日 A09 版。

⑧ 参见项晓晴：《中国近代藏书家藏书访集活动的比较研究》，广西民族大学硕士论文，2012 年，第 4 页。

资料不多，且多为回忆式、偏向于细节的记述。如尹奇岭《民国时期旧体诗词的刊印传播》对通学斋修补书籍所用的材料和修补步骤有过比较详细的记述。[①] 关永礼《旧京书业话“三卿”》介绍了伦明开设通学斋的原因、开设初期的情况，并提及通学斋伙计孙殿起数年间披沙拣金地访书、搜书的几个具体事例。[②] 对伦明和孙殿起亦师亦友的关系进行了记述，伦明在专业技术和思想方面对孙殿起多有提携，并且允许孙殿起可以不经他而进入伦明藏书的地方随意观阅，这仅是孙殿起才有的特殊待遇。类似文献还有《孙殿起和他的通学斋》等。

第二，关于续修《四库全书》的研究。伦明以续修《四库全书》作为终生的宏愿，其进行藏书活动的一个直接目的便是为续修四库全书做资料和素材的搜集与整理。所以研究伦明的藏书活动，必须要关注伦明与续修四库全书的文献资料。这方面的文献，有一部分是伦明的文章、手稿和通信，如《续修〈四库全书〉刍议》等。来新夏在学术论文中转引了伦明续修四库全书事宜与陈垣通信的内容，提到伦明对续修四库全书的意见和建议，这是十分珍贵的史料，也是研究伦明极有价值的参考资料。[③] 还有一些资料，如《伦明与〈续修四库全书总目提要〉》阐述了伦明对续修四库全书这项浩繁工作所倾注的大量心力，陈述了伦明曾多次尝试续修四库全书，并撰写了字数以数十万计的近2000篇提要。[④] 此外，《书林逸话·北京藏书概略》提及了伦明藏书主要收集清人著作，特别是集部，以为其终身志向——续修四库全书进行编纂素材的准备。[⑤]

第三，关于伦明及其藏书著作与活动评价的研究。民国时期，伦

---

① 参见尹奇岭：《民国时期旧体诗词的刊印传播》，《出版科学》2011年第2期，第102—109页。

② 参见关永礼：《旧京书业话“三卿”》，《书屋》2013年第5期，第9—13页。

③ 参见来新夏：《读伦明先生致陈垣先生的信件　纪念陈垣先生130岁冥诞》，《中国文化》2011年第1期，第189—191页。

④ 参见熊静：《伦明与〈续修四库全书总目提要〉》，《山东图书馆学刊》2013年第3期。

⑤ 参见谢兴尧：《书林逸话·北京藏书概略》，见周越然等：《蠹鱼篇》，辽宁教育出版社1998年版，第69—70页。

明曾在多所大学担任教职，因此李学敏在《试论二十世纪初叶的广东藏书家》中将伦明归为学者型藏书家，并评价其为“辛亥以后广东最负盛名的藏书家”之一，认为伦明的藏书经验值得总结。[①] 冯玲在《东莞藏书家述略》中评价伦明的《辛亥以来藏书纪事诗》可以作为“研究历代藏书家……工具性质的著作”[②]。徐信符在其所著《广东藏书纪事诗》中评价伦明的藏书活动：“四库重修愿莫申，续编提要有何人。”[③]

第四，关于伦明藏书思想研究。国内“藏书思想”研究起步于20世纪80年代，2009—2014年是这一研究领域相对活跃阶段，如表1-1所示，至今共有83篇相关论文，与图书馆学其他研究领域相比，这个领域的研究比较稀缺，表明藏书思想研究的研究热度较低，并且从研究内容来看，专著与藏书思想本身的研究就较少，因此有继续充分挖掘的潜力。

表1-1　藏书思想研究领域发文量统计表

发文年	发文量（篇）	发文年	发文量（篇）
1983	1	2000	3
1984	0	2001	1
1985	1	2002	2
1986	1	2003	3
1987	1	2004	2
1988	0	2005	6
1989	0	2006	4
1990	0	2007	3
1991	0	2008	2

① 参见李学敏：《试论二十世纪初叶的广东藏书家》，《岭南文史》1993年第1期，第28—30页。

② 参见冯玲：《东莞藏书家述略》，《图书馆论坛》2007年第5期，第172—174页。

③ 徐信符：《广东藏书纪事诗》，商务印书馆1963年版，第425页。

（续表）

发文年	发文量（篇）	发文年	发文量（篇）
1992	1	2009	11
1993	0	2010	5
1994	1	2011	8
1995	0	2012	8
1996	2	2013	7
1997	0	2014	5
1998	2	2015	2
1999	1		

第二章　伦明的生平及藏书著述

第一节　伦明的生平

伦明，字哲如，1875（光绪元年）11 月出生于广东东莞望牛墩，1944 年 10 月在故里病卒。纵观其生平，伦明跨越了两个历史时期：清末时期和民国时期。

第一个时期：清末时期（1875—1911 年）。清末是伦明的少年、青年时期。这一时期，伦明主要经历是四方求学，其藏书活动处于起步阶段。伦明出身的伦氏家族是东莞本地的名门望族、官宦世家，祖父伦梦麒、父亲伦常都曾任知县，同辈兄弟中出众者四人：伦迈、伦明、伦叙、伦绰，其中伦明与兄伦迈、弟伦叙皆为举人出身。伦明的藏书活动也始于年少之时。伦明之父伦常曾任江西崇仁县令，伦明幼时便随父赴任。伦常喜好读书，无论去到哪里都携藏书十几簏，加之在崇仁县令任上又多方搜访求购，因而逐渐积攒了一批私人藏书。伦明入塾开蒙后渐渐通晓经书诗文之义，常在课余进入伦常书房阅读父亲的藏书，因此伦明少年时期便涉猎广泛。随着视野的开阔和读书的增多，伦明逐渐觉察到父亲的藏书已不能很好地契合与满足自己的阅读需求，当他通过私塾先生得知江西省会书肆众多且各类书籍十分完备时，便常常开列书单请赴省会公干的县差衙役代为购置，他的零用钱几乎都用于此。自此伦明开始自己主动收集书籍，所购买的书籍“堆满几榻”[①]。他后来回忆道：“记

---

① 伦明：《续书楼藏书记》，见东莞图书馆编：《伦明全集一》，广东人民出版社 2012 年版，第 238—243 页。

此者，溯聚书所从始也。”[①] 1897 年伦明考入县学，1901 年时年 24 岁的伦明考取了举人，授广西候补知县。1902 年，伦明三人与幼弟伦绰先后考入京师大学堂学习。1907 年，伦明以优等生的成绩从京师大学堂师范馆毕业。[②] 戊戌变法期间，伦明曾师从维新派领袖康有为，并通过与他人合作办报的方式参与过维新变法运动：与黄荣新合作复刊《时敏报》，使其成为公民党广东支部的机关报；[③] 与李汉桢合办，由徐信符任主编的《广东平报》等。[④] 伦明一生致力于访书、藏书、修书、校书等，其藏书得到了时人的称颂。纵观伦明整个人生历程，这个时期对伦明个人日后兴趣志向的塑造影响深远：首先，培养了伦明读书、藏书的习惯；其次，决定了伦明藏书活动和藏书思想的主线和基调，为伦明日后的藏书和藏书思想奠定了基础。但这一时期伦明的藏书和藏书思想尚处于萌芽阶段：读书和藏书主要是个人兴趣，尚未形成自己的藏书理念和思想，藏书活动处于初级阶段。

第二个时期：民国时期（1912—1944 年）。这个时期伦明主要从事教育藏书等，他的藏书活动走向专业化，其思想也趋于成熟完善。这一时期伦明主要寓居北京，活动区域以北京等地为主，其藏书活动在理论与实践上皆有长足的进步，在理论方面，伦明于 1917 年起，在北京大学、北京师范大学、燕京大学、辅仁大学等担任教职，教授诗词、目录学等，并编纂了《目录学讲义》等；在实践方面，续书楼藏书不断丰富，伦明也于 1918 年在北京开设了通学斋书肆、参与续修四库事宜，并常年校勘藏书并撰写提要序跋。伦明是个嗜书如命的人，在北京城时曾因专心访书而不拘小节，经常不修边幅，因此知悉

---

① 伦明：《续书楼藏书记》，见东莞图书馆编：《伦明全集一》，广东人民出版社 2012 年版，第 238—243 页。

② 参见北京大学校史研究室：《北京大学史料第一卷（1898—1911）》，北京大学出版社 1993 年版，第 394 页。

③ 参见张宪文、方庆秋、黄美真主编：《中华民国史大辞典》，江苏古籍出版社 2001 年版，第 953 页。

④ 参见广东炎黄文化研究会、番禺炎黄文化研究会编：《岭峤春秋——徐信符研究文献集》，广东人民出版社 2004 年版，第 35 页。

伦明为人的常常戏称伦明为“破伦”。[1]

续修四库全书是伦明的理想，伦明为了这一理想倾注了毕生心力。1928 年伦明赴沈阳参与四库筹印活动，此后更是多次建言续修四库全书，为校雠、印行四库全书而多方献策、奔走。与此同时，他也撰写了近两千篇续修四库全书提要稿，只可惜受限于当时的社会状况及其他客观条件，终其一生也未能了却自己的夙愿。徐信符曾感叹说：“四库重修愿莫申，续编提要有何人。”[2] 1937 年，抗日战争全面爆发，为躲避战乱，伦明从北京返回广东，曾在广东省立中山图书馆担任副馆长及广东大学历史学系教授兼主任。1944 年 10 月，伦明在广东东莞望牛墩故里病逝。

为对伦明的生平有一个更直观的了解，笔者特整理了伦明生平活动的简谱（详见附录：伦明简谱）。

第二节　伦明的藏书活动

一是续书楼。伦明庋藏藏书的主要场所——续书楼位于北京东莞会馆内。伦明生性喜好聚书，旅居北京二十多年的积累使其藏书量逐渐扩大，但囿于没有足够的地方庋藏，故而将东莞会馆辟为藏书的主要处所，并赋名“续书楼”。续书楼的得名源于伦明对《四库全书》的认知。伦明认为，清代乾隆朝编纂的《四库全书》表面上是皇皇巨著，蔚为大观，但“皆糟粕耳”，这一认知促使他产生了续修四库全书的想法，所以将自己的藏书楼命名为“续书楼”。续书楼的藏书十分丰富，除伦明存放在广东的部分藏书以外，仅北京的藏书便达百万

① 参见刘铁梁主编：《中国民俗文化志（北京宣武区卷）》，中央编译出版社 2006 年版，第 147 页。

② 徐信符：《广东藏书纪事诗》，商务印书馆 1963 年版，第 425 页。

卷之巨。这些藏书分别存放在数百口书箱内，“书斋充盈溢，并列廊下”[①]。可惜由于伦明藏书早已散佚，藏书目录也多遗失，故具体的藏书量目前并没有精确的统计，这也成为研究者的遗憾。[②] 伦明认为“书至近代始可读”[③]，同部分藏书家崇宋好古、苛求版本的藏书理念相异，续书楼中富有清代书籍，集部典籍收藏最为完备，朱希祖曾感慨“北平藏书家无出其右者”[④]，显然就是伦明践行这种理念的体现。时人对伦明的藏书也多有称赞，例如王謇在《续补藏书纪事诗》中记述伦明说：“藏书盈库兼仓富，续补可嗣四库书。”[⑤] 续书楼藏书的庋藏方式也很独特：与一般藏书楼将藏书置于案架、箱箧之中不同，续书楼中并无书架，藏书放置在木板之上，高度远超人的身高，“骈接十数间”[⑥]。除个人习惯使然外，这种藏书陈列方式也与续书楼所处的地理位置和建筑格局有关，续书楼所在的东莞会馆位于北京烂缦胡同127号，四间院舍直线排列，院门外以通道相连。

二是通学斋。通学斋是伦明为方便开展藏书活动而于1918年在北京开设的书肆。伦明初到北京时，因藏书多有残破，因而雇佣魏姓书匠为其修补。魏姓书匠向伦明直言修补藏书之事耗费时日极多，绝非短时间内可以完成，因此建议开设书肆以解此困局：（开设书店）“装书便……求书易……购书廉”[⑦]。伦明采纳了他的建议，书肆开设初期也由其代为打理。后来魏姓修书匠因病请辞，书肆便交由原在会

① 孙耀卿口述，雷梦水整理：《伦哲如先生传略》见伦明著，雷梦水校补：《辛亥以来藏书纪事诗》，上海古籍出版社1990年版，第149页。

② 参见黄增章：《广东私家藏书楼和藏书家的地位与贡献》，《中山大学学报（社会科学版）》1998年第6期，第131页。

③ 东莞图书馆编：《伦明全集一》，广东人民出版社2012年版，第238页。

④ 参见朱希祖1929年2月24日日记，原件现藏于中国国家图书馆。

⑤ 王謇著，李希泌点注：《续补藏书纪事诗》，书目文献出版社1987年版，第203页。

⑥ 上海图书馆历史文献研究所编：《历史文献》第4辑，上海科学技术文献出版社2001年版，第18页。

⑦ 伦明：《续书楼藏书记》，见东莞图书馆编：《伦明全集一》，广东人民出版社2012年版，第240页。

文斋工作的孙殿起。孙殿起久在书肆工作，熟知版本，再加上伦明常常提点，办事能力很强，伦明后来入藏的清代藏书大半都是经孙殿起之手。伦、孙的关系亦师亦友，伦明对孙殿起亦颇为欣赏，在《辛亥以来藏书纪事诗》中专门有诗记述其事迹，[①] 孙殿起后来也由书店伙计成长为著名的版本目录学家，对伦明的栽培之恩亦甚为感念。

三是续修四库全书。伦明进行藏书活动的动力除其嗜好藏书之外，为续修四库做文献的搜集和储备是其重要驱动力——伦明是续修四库活动的坚定支持者和积极参与者。《四库全书》是明朝修纂《永乐大典》以来最大规模的一次文献整理活动，共收书 3461 种，36275 册。[②] 但这部书也有其局限之处，如在编纂过程中大量书籍被禁毁等，所以自嘉庆起朝野便有续修四库的提议和行动，阮元曾编纂《四库未收书提要》，[③] 翰林院编修王懿荣也曾奏请光绪帝续修四库并得到首肯：修纂《四库全书》时未搜集到的书需要增补，而《四库》成书后未来得及收录的新书则应续入，但后来时局动荡而被搁置下来。进入民国之后，续修四库又渐渐回到学人和政府的视野。伦明续修四库全书的行动最早可以追溯至 1924 年，当时他的同乡富商胡子俊曾答应资助其进行续修四库的活动，伦明便计划用 5 年时间全心投入，但后来因为胡子俊经商失败，此事便没有了下文。伦明大半生为续修四库全书奔走，身体力行地撰写了大量提要，耗费了无数的钱物购买、收藏典籍，他曾借诗表达了个中的艰苦："廿年赢得妻孥怨，辛苦储书典笥裳。"[④] 但令人感到惋惜的是，直到其病逝，续修四库全书的理想也未能实现。

---

① 《辛亥以来藏书纪事诗》第 146 首《孙耀卿　附：王俊卿》。

② 参见王星智、张兰菊编著：《中国简史》，中国文史出版社 2014 年版，第 358 页。

③ 参见杨琳：《古典文献及其利用》，北京大学出版社 2010 年版，第 151 页。

④ 此诗作于伦明 1927 年新年赴河南收书时。

第三节 伦明的藏书著述

一是《辛亥以来藏书纪事诗》。《辛亥以来藏书纪事诗》（以下简称“《纪事诗》”）成书于1935年，最初连载于杂志，直到1990年经雷梦水整理后才由上海古籍出版社出版。[①]

《辛亥以来藏书纪事诗》是伦明最重要且流传最广的一部著作。清代叶昌炽所著的七卷《藏书纪事诗》将上自五代下讫清季的730余位藏书家收录于416篇纪事诗中，成为后世“研究中国藏书家及藏书史的开山之作”[②]。《藏书纪事诗》得到学界好评的同时，也存在一些瑕疵及缺憾，因此体例相仿的各种著述陆续出版，最为世人熟知者如伦明的《辛亥以来藏书纪事诗》、徐信符的《广东藏书纪事诗》等。伦明撰写《纪事诗》时，在体例上参考了叶昌炽的《藏书纪事诗》，但也存在差异：从纪事诗涉及的论述范围和对象来看，叶昌炽的《藏书纪事诗》以记述私家藏书为主，而伦明的涉猎范围更广泛，伦明自称“凡属于书者，无所不纪”[③]；从关注的侧重点来看，伦明将论述的关注点集中在藏书的聚散上，他认为藏书的聚散不存在“公”与“私”的区别，未来藏书活动的发展趋势是“属于公，而不属于私”[④]；在记述对象所涉及的时间跨度上，《纪事诗》记述的时间断代以辛亥革命以后的藏书家或藏书家族为限，但亦有例外，譬如某藏书家或藏书家族的藏书事迹在辛亥革命以后才逐渐为人所知，或其确实有某些值得称道之处，亦会被伦明收录进《纪事诗》中。

《纪事诗》共记录了170余个藏书家或藏书家族，以及1个藏书

---

① 分别在《正风》半月刊第一卷第1至24期、第2卷第1至3期连载。

② （清）叶昌炽：《藏书纪事诗》前言，北京燕山出版社2008年版，第4页。

③ 伦明等撰，杨琥点校：《辛亥以来藏书纪事诗》，北京燕山出版社2008年版，第3页。

④ 伦明等撰，杨琥点校：《辛亥以来藏书纪事诗》，北京燕山出版社2008年版，第3页。

机构——涵芬楼；在具体的记述内容上，多包含与所记述人物相关的典故、生平、收藏偏好、著作、学术特长或专攻领域等，著名藏书楼和藏书家基本都已论及；在藏书上，更关注藏书的兴亡散佚及其 归宿。伦明记述的藏书家身份各异，诗人、学者、官员、商人等，多为其友人或（藏书活动）有结交者。伦明还多次在诗中提及其藏书的来源。此外，从诗中也可了解一些当时的历史细节和风土民情等。通过对《纪事诗》进行研究和分析，可以总结出以下六点：第一，藏书家之间多有师承或友人等关系，伦明也曾利用这种关系，访得所需收藏的典籍。第二，记述内容以藏书及藏书活动为主，不怎么涉及其政治身份背景等，如袁世凯之子袁克文。此外，与伦明有交结或伦明熟悉者往往论述得比较详尽。第三，关注典籍的刊刻、传播。一般而言，从事藏书活动的藏书家或藏书家族也开展刻书活动，或为牟利或为传承典籍。第四，鄙视藏书敝帚自珍者，提倡藏以致用，并主动践行。例如，伦明得知有人需要自己的藏书时，曾慨然赠予。第五，常在《纪事诗》中论及某位藏书家之藏书喜好，并直言对特定藏书家所持的观点或态度。第六，非常关注藏书的流转脉络，并在多首藏书纪事诗中论及特定藏书家或藏书家族所藏典籍的流转过程及散佚情况。伦明认为藏书活动实际上是累世积累所得之成果，多非一代或一人之力可以完成，一般需要几代人的传承和积累才能功成。

二是《辛亥以来藏书纪事诗草稿》。《辛亥以来藏书纪事诗草稿》（以下简称“《纪事诗草稿》”）是宋远整理伦明未收入《辛亥以来藏书纪事诗》的续作手稿而成，后延请雷梦水校注，收录于上海古籍出版社出版的《中华文史论丛》第 49 辑中。[①] 这是伦明的重要著述。从具体内容来看，《纪事诗草稿》多记载藏书人物、藏书机构的重要事件或与藏书活动有关的事。与为人所熟知的《纪事诗》相比，《纪事诗草稿》并未得到学界和研究者的足够关注和研究：从研究伦明藏书思想的学术角度而言，其具备丰富的史料价值和研究价值。以记述

① 参见宋远：《辛亥以来藏书纪事诗未刊稿笺注》，见钱伯城主编：《中华文史论丛》第四十九辑，上海古籍出版社 1992 年版，第 75—100 页。

的对象和内容为标准进行划分，《纪事诗草稿》的收录范围为藏书家、刻书家、藏书机构、伦明的藏书观点等，其中尤以伦明的藏书观点最有研究价值，我们可以借此来一窥伦明藏书思想的全貌。

《纪事诗》与《纪事诗草稿》的关系，我们可以这样理解：《纪事诗草稿》是对《纪事诗》的补充和丰富：一方面，《纪事诗草稿》补充了伦明未出版的纪事诗手稿，其最直接、最明显的作用是使束之高阁的书稿得到发掘和整理，以供欣赏和研究之用；另一方面，《纪事诗草稿》的收录范围较《纪事诗》单纯收录藏书家和藏书家族更加多元、广泛，除藏书家外，还涉及图书馆等藏书机构、刻书家以及许多伦明的藏书观点，这为研究伦明及其藏书思想提供了更丰富的研究资料，可以挖掘出更多有价值的研究资料和研究线索。

三是其他藏书著述。

第一，《续修〈四库全书〉刍议》、《拟印〈四库全书〉之管见》以及《关于印行〈四库全书〉意见书》。伦明积极参与续修《四库全书》的相关事宜，民国以后，国内形势愈发混乱，续修四库之事更是无人问津，直到美国退还庚子赔款并指明其仅能用于文化事业，当时的内阁才重新把续修四库提上了议事日程。1925 年，民国政府决定利用列强退还的庚子赔款影印《四库全书》，并商讨续修提要的相关事宜。伦明素以续修四库全书为终生志向，得知此事后，随即在报刊上发表了《续修〈四库全书〉刍议》一文，从搜集、审定、纂修三个方面阐明了自己的观点和建议，并认为“搜集”是重中之重。虽然随后影印之事因各种原因搁置，但伦明的这篇文章却在学人中产生广泛影响，多次刊行。[①] 此外伦明还在文中提出了一些其他的具体建议，阐述了续修四库附带的其他效益，如《国史经籍志》和清史儒林、文苑传也可附带而修纂成功。这也体现了伦明一贯的观点和思想——藏书、专建藏书楼进行藏书便是为了续修四库全书做资料的搜集和准备。1928 年，伦明应邀赴沈阳协助筹备印行《四库全书》事宜，他对这件事十分投入，撰写了《拟印〈四库全书〉之管见》一文。这

① 《国学月刊》《中华图书馆协会会报》先后刊发了伦明此文。

篇文章从字体、页数、工费、纸价、装订等费、校费、成本总额、册数、售约等9个方面十分详尽地阐述了自己的观点：不用原写本，代以他刻本；不用摄印，用排印；格式改为并行并字以缩小印刷本的体量；对成本等尽皆有所考量；批评商务印书馆抽印四库珍本的行为等。此外，伦明还在《关于印行〈四库全书〉意见书》中开门见山地陈述了关于印行四库的意见，如选用完本、择要校勘、酌加序跋、推广销路、加印珍本、储蓄纸料、择印存目、择印续书、续编书目、设藏书楼等。

第二，《目录学讲义》。[①] 署名“亢庐导师伦哲如”的自编教材《目录学讲义》，伦明开篇即从目录学的重要性开始：“研究国学者之于目录学，譬之游西湖者必观西湖便览，到上海者必阅上海指南。”继而对目录学和版本学、目录学与目录等进行了辨析，如提示目录学与版本学的区别云：“为版本学者，属自古之今部分藏书家所有事；为目录学者，通古与今凡一般学者所有事也。”之后就书之起源、书之分类、书之聚散、清代撰著之特色以及目录学有广、狭之别等方面进行了阐释，最后并列举了若干经、易、书、毛诗类著作。

第三，《伦哲如诗稿》。伦明除了为外界熟知的藏书家身份外，还是一位著作颇丰的诗人，他的诗作，大多收录在《伦哲如诗稿》中，其中有部分涉及藏书活动。《伦哲如诗稿》共分为六个部分，从诗作内容来看，主要分为以下几种：日常生活纪事；与诗友唱和；怀念亲朋故友；触景触物感怀；与藏书活动相关的记述等。从诗作的形式来看，有几个比较鲜明的特点：诗题一般较长，短则十余字，长则二三十字，且一般以陈述、叙事的形式呈现，多为解释作诗缘由或诗文内容等；多附有自注或说明性文字，可以作为研究者深入研究的线索；擅长叠韵诗，从诗题可看出往往有数十叠，最多的达六十九叠。[②]《伦哲如诗稿》手稿由国家图书馆收藏，2012年东莞图书馆整理、编辑《伦明全集一》时将其收录其中，使这些诗稿得以更好地发挥其

① 《目录学讲义》文献资料由东莞图书馆提供。

② 如《伦哲如诗稿》中的《贺杨宣仲得子六十九叠前韵》。

价值。

除以上著述外，清末考据风气兴盛，伦明亦有一些考据之作。这些文章多与其藏书活动相关：或依个人兴趣利用藏书进行研究考证，或对某些具体事件发表个人见解。据已掌握的文献资料看，伦明的此类文章主要有：

《续书楼读〈书〉记》。伦明对《尚书》和诗学比较关注，曾将与《尚书》有关的十二篇考据文章与《孔子家语疏证》一起结集为《续书楼读〈书〉记》。

《渔洋山人著书考》。伦明对渔洋山人王士禛十分推崇，嗜读渔洋山人之诗书，其嗜书的癖好也丝毫不逊于渔洋山人。鉴于其续书楼藏书中渔洋山人王士禛的三十六种本“字迹多漶漫”，故欲得初印单行本而多方搜集、订补，最终成《渔洋山人著书考》。《渔洋山人著书考》中详尽列举了一百二十六种渔洋山人的著述，并附三十六种书目。

《建文殉国考疑》。伦明在文中列举了多个论据，力证建文帝是“逊”国而非“殉”国，并附带罗列了与此历史公案相关的其他一些不同观点、文章，一一加按语。此文从一个侧面揭示了伦明在考据学上的功底和造诣，不仅说明伦明涉猎群书、旁征博引，而且体现了伦明藏书致用的思想。

《孔子作〈孝经〉证》。在《孝经》作者问题上，伦明通过对诸家谬说、汉儒旧说以及《孝经》与《春秋》《礼》《易》《书》《诗》《四子书》（《大学》《中庸》《论语》《孟子》）、六国时人传述《孝经》等从多方面的材料进行辨析，一一加以考据，最终得出了自己的结论：《孝经》的作者是孔子。这也体现了其藏以致用的藏书思想和理念。

第三章　伦明的藏书收集思想

第一节　伦明的藏书收集理念

一、重视收藏清代著述

一是“书至近代始可读”的观点及其在藏书收集实践上的影响。伦明在《续书楼藏书记》中说：“书至近代始可读。”这鲜明地提示了伦明对清代图书的喜好。与同时代多数藏书家的藏书习惯和喜好不同，伦明在藏书的搜集和收藏过程中非常重视今人（清人）著述。在写给莫伯骥的一封信中，他曾直言在藏书收藏活动中“尤好清人著述”[①]，这种观点极大地影响了他的藏书收集理念：无嗜宋崇元偏好，重视收藏今人（清人）著述。在实践上，伦明藏书也确实藏有大量清代的书籍。此外，若从中国图书传统分类来分析伦明藏书的构成，便会发现伦明的藏书明显集部种类最丰富，数量也最多，但遗憾的是伦明并未给集类藏书专门编制目录，在其藏书目录残缺不全的情况下，想要了解其集部藏书的具体情况及细节就变得异常困难了。伦明自己也充分意识到这个问题，他与莫伯骥往来的一封书信中曾明确说：“弟所藏以集部为多，清初秘本尤多，但杂在群书中，尚未有目耳。”[②]

二是重视收藏清代著述的藏书收集理念的历程。伦明重视收藏清

① 伦明：《与莫伯骥书》，见东莞图书馆编：《伦明全集一》，广东人民出版社2012年版，第456页。

② 伦明：《与莫伯骥书》，见东莞图书馆编：《伦明全集一》，广东人民出版社2012年版，第457页。

代著述，与其亲身经历和感悟是密不可分的。伦明最初接触过一部分清人著述之后，曾有过“时人的著述自己已基本了然”的肤浅认识，但随着学养的加深，识见的增广，藏书的增加，渐渐发觉事实并非如此。在长期搜书、访书过程中经常遇到各种不同情况：著作流传广、影响大，但著者却名不见经传；著者名声在外，但著作却不为人知；著作、著者蒙尘，不为学人所了解，但著者、著作均极佳；等等。[1]这些促使伦明更加深入、系统地思考。伦明认为，既然自己所接触到的只是存在文献中的沧海一粟，如果不能将其他的文献也进行发掘整理，将在历史长河中散佚、湮。作为一位具有传统士大夫文化情怀和文化责任意识的藏书家，他萌生出了竭尽全力将浩如烟海的典籍中蒙尘的“明珠”发掘出来，并使之广为流传的雄心。基于这样的认识，再结合他“书至近代始可读”的读书理念，便逐渐形成了重视收藏清人著述的特色。

三是富有清人著述的藏书收藏特色与同时代许多藏书家“贵远而忽近”的藏书收藏习气间的差异。一般的藏书家普遍受到“贵远而忽近”的藏书习气影响，在收藏时都有收藏宋元本的癖好。[2] 其根源在于：一方面，长期以来的社会风气使然。自清代以降，在藏书界及文人仕宦群体中长期弥漫着一股浓厚的崇宋尚元的风气——下至文人士子，上至达官显贵，普遍以拥有宋元珍本自傲。究其原因在于宋本的数量少和质量佳：一方面，宋代雕版印刷术已较为成熟，胡应麟在《少室山房笔丛》中曾记述：“雕本……至宋盛行。”[3] 雕版印刷技术的成熟和广泛应用使文化知识的传播效率倍增，印行成本也显著下降，这使得宋本得以广泛传播，但历经数百年，至清代时存世的宋版书数量就大大减少了。另一方面，宋版书在成书过程中非常“重视书

① 参见伦明：《续书楼读书记》，见东莞图书馆编：《伦明全集一》，广东人民出版社2012年版，第242页。

② 参见（清）叶德辉：《书林清话》，广陵书社2007年版，第200页。

③ （明）胡应麟：《少室山房笔丛》卷四《经籍会通》，中华书局1958年版，第53页。

籍内容的审校和刻印的质量”[①]，内容的准确权威、刻印和装帧的精良以及版本的慎重选定，这三者综合在一起成就了宋版书的高质量，为其在藏书家和文人阶层中赢得了极佳的口碑。除此以外，近世之书量多而分布散乱，不利于藏书家搜集齐全，部分藏书家出于收藏和整理的便利，对这类书籍采取选择性放弃的方式。因此，伦明的藏书收集思想与同时代“崇宋嗜古”的主流藏书收藏思想相比，显得别具一格。

二、秉承儒藏观，主动寻觅

一是继承了明清以来逐渐发展完善的儒藏说思想。伦明曾经做出建设儒藏的设想，其主要观点如下：应该依照郑樵的“求书八道（即类以求、旁类以求、因地以求、因家以求、求之公、求之私、因人以求、因代以求）”[②] 为指导原则，以编制书籍目录为起始点，建设一个拥有完备藏书收藏的儒藏，[③] 从而达到避免典籍因时间推移、物理条件等主客观因素影响而散佚、毁损的最终目的。这一设想的具体执行步骤是：首先，需要编制一份待访求的书籍目录来“按图索骥”，派人购买或钞借，以各种手段来获取书籍，再妥为贮藏和利用。伦明认为此事看似耗费浩繁且程序繁杂，实则不然，并且认为这是“当为之事”，甚至还专门为此赋诗一首。[④] 儒藏思想起源于明代丘濬，由清代周永年系统阐发。周永年，自称“林汲山人”，曾参与《四库全书》编纂工作，所作《儒藏说》的核心思想是“公”与“共”，即

---

① 王蕾：《清代藏书思想研究》，广西师范大学出版社 2013 年版，第 95 页。

② （宋）郑樵：《四库家藏：通志略（四）》，山东画报出版社 2004 年版，第 8 页。

③ 明朝末年，曹学佺受佛教和道教开设专藏以妥善保存其经典典籍（“佛藏”“道藏”），以免遭战乱等毁损的做法的启发，萌生了模仿其做法建设“儒藏”的想法，清代的周永年将这一思想发扬光大。

④ 伦明：《辛亥以来藏书纪事诗草稿》，见东莞图书馆编：《伦明全集一》，广东人民出版社 2012 年版，第 156 页。

“藏书公之能久存”“天下万世共读之”[①]。

二是主动寻觅、为用而藏的藏书收集理念。伦明是一位依据自身的收藏兴趣或客观条件与环境来因地制宜、因时而变、自成体系的藏书家，在藏书实践尤其是藏书搜求活动中坚持主动寻觅、为用而藏的理念。伦明自萌生了续修四库全书的宏愿之后，便始终致力于此事，其藏书活动的一个重要目的，就是为续修四库全书搜集所需文献，其故友曾回忆道，伦明自称其续书楼内收藏的藏书，《四库全书》中“未见者十之七八”[②]。丰厚的藏书为伦明续修四库打下了基础，在此基础之上，伦明才撰写了大量的续修四库全书提要稿。在实际搜集收藏书方面，伦明为搜集自己所需的书籍，一方面，常常流连于琉璃厂等书肆之中，与众多书贩广为结交，遇有所需典籍，书贩也往往会为伦明预先留下。途经市井街巷也十分留心古旧书摊或小贩，借此购得了不少珍贵典籍。另一方面，多次差人远赴各地搜书、访书、购书、抄书。正是在长期的藏书收藏和治学活动过程中伦明形成了这种主动寻觅、亲力亲为的收藏风格，才收藏到许多珍稀的典籍，有些甚至是海内孤本。伦明在藏书收藏过程中并不仅仅局限于收藏整本或整套书籍，遇到“残编断简，零书小册”[③] 也会收而藏之。

三、禁毁书籍的收藏

清政府为消除汉族人的满汉种族差异观念以巩固其统治，[④] 大兴文字狱，戴名世、吕留良等案在知识分子中产生了较大的震慑作用。[⑤]

---

① 王蕾：《清代藏书思想研究》，广西师范大学出版社 2013 年版，第 281—283 页。

② 孙耀卿口述，雷梦水整理：《伦哲如先生传略》，叶昌炽、伦明：《藏书纪事诗（附补正）　辛亥以来藏书纪事诗（附校补）》，上海古籍出版社 1999 年版，第 151 页。

③ 参见孙耀卿口述，雷梦水整理：《伦哲如先生传略》，叶昌炽、伦明：《藏书纪事诗（附补正）辛亥以来藏书纪事诗（附校补）》，上海古籍出版社 1999 年版，第 150 页。

④ 参见程焕文著：《中国图书文化导论》，中山大学出版社 1995 年版，第 346 页。

⑤ 参见陈登原：《古今典籍聚散考古学纵横》，华东师范大学出版社 2010 年版，第 57—61 页。

伦明藏书收集的一个特点是：收藏官方明令禁毁的书籍。中国国家图书馆在整理所收藏的伦明藏书时，发现伦明藏书中有大量的官方禁毁书籍，以及未被收录进《四库全书》的书籍，[①] 这很能体现伦明藏书的特点以及藏书理念的独特性，同时也可窥见清末民国时期官方查禁禁书的力度较清代中前期大为减弱，藏书家们对文字狱等的担忧已顾虑不多。

四、藏书质量与品相并重

一是质量与品相并重的藏书收集理念。伦明收藏书籍的一个重要理念是藏书的质量与品相并重。从藏书的版本角度分析，伦明比较推崇“原本初印”，其收藏的书籍中便有很大一部分是“初刻原本”。与此相关，伦明不收藏大部头的丛书。[②] 从藏书的品相角度分析，与一些藏书家不同，伦明认为不能过分推崇影印本。究其原因，可能是影印本在加工、影印过程中会存在谬误、遗漏，除了可能与初刻本有异之外，还存在书商或刻印者增加其他内容的可能性，如果用这样的书籍进行考证、研究，易有以讹传讹、“误入歧途”的风险。

二是“精益求精”与“宁滥毋略”的藏书收集原则。伦明收集藏书不避繁复，始终秉持“精益求精”与“宁滥毋略”的原则。遇到质量和品相更佳的版本，伦明会以此佳版本来替换掉旧版本，这种做法似是目前图书馆业务工作中的“剔旧”和单复本或少复本政策的结合。久而久之，伦明的藏书中便有了许多品相和质量绝佳的原本初刻本。[③] 同时，伦明在抄书时也秉持精益求精的理念，如其对抄书所

---

① 参见冀淑英著：《冀淑英古籍善本十五讲》，北京图书馆出版社 2009 年版，第 67—87 页。

② 参见孙耀卿口述，雷梦水整理：《伦哲如先生传略》，叶昌炽、伦明：《藏书纪事诗（附补正） 辛亥以来藏书纪事诗（附校补）》，上海古籍出版社 1999 年版，第 151 页。

③ 参见伦明：《续书楼读书记》，见东莞图书馆编：《伦明全集一》，广东人民出版社 2012 年版，第 242 页。

用的纸、所选用的字体等均额外留心。值得注意的是，上述只是伦明收集整理的一般方法，对于少量珍本，伦明会有更具针对性的做法，譬如伦明藏有数部不同版本的《七禄斋集》，孙殿起在检视、整理藏书时，出于经济以及丰富藏书种类的考虑，曾经向东家伦明提出建议：将存在重复的所藏典籍进行调换，但伦明否决了孙殿起的提议，并向孙殿起解释道："珍本不妨多备一二。"①

第二节　伦明的藏书收集方法

伦明在藏书收集过程中"开源节流"，以资收藏。其在藏书搜集过程中所采用的具体方法主要有两种：第一，四处搜求并直接出资购求藏书；第二，从友人等处借钞藏书。对藏书活动而言，收藏什么典籍和如何收藏典籍，十分考验藏书家智慧，不同藏书家对这两个问题的解决之道也千差万别。关于"收藏什么"的问题，有的藏书家博采众长，收藏典籍重视部类齐全、品种完备，经、史、子、集、丛无所不收，所求在"全"；有的藏书家"术业有专攻"，专注于收藏特定类型或主题的典籍，或专注于方志，或专注于金石，或专注于经史，或专注于文集，不一而足，所求在"专"；有的藏书家则两者融会贯通，根据自身的收藏兴趣、客观条件与环境来因地制宜、因时而变，自成体系。关于"如何收藏"的问题，有的藏书家一掷千金，广为购求；有的藏书家致力于刻书，以刻代藏、以刻资藏；有的藏书家则勤于钞借，长年累月地进行抄书以丰富所藏；也有的藏书家互通有无，互相交换或开放自己所藏，颇有几分信息资源共享的意味，伦明便属于这类藏书家。

① 孙耀卿口述，雷梦水整理：《伦哲如先生传略》，叶昌炽、伦明：《藏书纪事诗（附补正）　辛亥以来藏书纪事诗（附校补）》，上海古籍出版社 1999 年版，第 151 页。

一、藏书购求

自古以来，藏书都是极其耗费心力和财力的事，很多藏书家几乎付出了全部财力和精力。耗费财力、精力是包括藏书活动在内所有收藏活动的一个显著特点。但是，能挥金如土、大肆搜求的藏书家毕竟只是极少数，对大多数藏书家而言，他们必须正视藏书活动极其耗费财力这一客观事实，努力开源节流以维持，伦明在这方面的理念和实践可以说给了我们极大的启发。

伦明出身书香世家，举人出身，属于有一定社会地位、略有家底的社会阶层，但也并非豪奢巨富之家，也没有过多的财力供其藏书，因此与其他藏书家一样，藏书活动意味着沉重的经济压力。

伦明开展藏书活动的资金来源，一方面，常年勤俭自戒，拮据日用，将省下来的钱用于搜求书籍。除节俭外，伦明常年雇抄书匠抄书，也省去了不少成本。据孙殿起回忆，常年为伦明抄书的有两三人，这些抄书匠抄书完毕之后也兼校雠。伦明对书价和印书材料也有自己独到的见解，他认为读古书的人日渐减少，因此大部分书籍的书价会下跌，仅有少部分因学者研究和治学之用所需的珍本、善本书价值暴增；因为成本和收益的限制，以往外出大肆搜购古籍善本的书商不再外出收书；印书者为了节省成本牟取利润，印书所用的纸材、墨料等材料质量愈发低劣，从而导致印刷成品的观感和阅读体验严重下降，更甚者甚至收集无用的废纸转制成包装所用的粗纸。对这些行径，伦明曾专门作诗进行了辛辣的讽刺——“丑女无媒空倚门，青云得路几飞翻”[①]。另一方面，通过各种渠道设法筹措资金。伦明曾在北京大学、燕京大学、辅仁大学等多所高校任过教职，薪俸收入除了维持家庭日常生活之外，剩余的基本都用于购求所需书籍；伦明也曾得到过同乡商贾的资助，本来计划花几年时间专心将续修四库的宏图

① 伦明：《辛亥以来藏书纪事诗草稿》，见东莞图书馆编：《伦明全集一》，广东人民出版社2012年版，第156页。

伟业毕其功于一役，但可惜的是同乡生意失败，此事最后只能不了了之；[①] 设立书肆是伦明搜集书籍的另一个主要途径和依仗，通学斋的设立除了为伦明访求搜集书籍带来便利之外，也补贴了伦明购求藏书的耗费，使伦明数十年里得以持续地开展藏书搜集和购置。

伦明精准把握书价涨跌趋势。伦明藏书收集的主要方法之一是直接出资购买藏书，这一做法贯穿伦明整个藏书生涯，也是藏书家收藏藏书的主要途径。伦明的高明之处在于其对书价涨跌趋势的精准把握，他曾多次借书价大跌的时机购入了大量藏书，由此节省了大笔购书资金，且购置的图书质量也非常高，有众多珍本、善本。

伦明的藏书购求自幼年起便开始，最初是将父亲每个月给他的零用钱积攒下来，请父亲衙署的差役外出公干时代为购置所需书籍。年长一些后，与同族兄弟一起赴京师大学堂求学，[②] 有机会接触到更丰富的典籍资源。当时的北京城，是全国书籍尤其是珍贵典籍的交易中心之一，以北京的琉璃厂等地最为人所熟知。伦明在北京期间，一直是琉璃厂的熟客，为众多书贩商贾熟稔，常常从书贩商贾处购买藏书。庚子（1900）年，北京城遭遇兵祸，一些贵族和官宦世家避祸离京，所藏典籍多有流出，其中不乏珍本、善本，伦明曾借此机会购买了数车典籍。返回广东故里期间，适逢三十二万卷楼藏书以及几位广东藏书家的藏书散出，伦明经过挑选后又购买了一批藏书。辛亥革命以后，伦明返回北京，北京城弥漫着一股动荡的气氛，人们争相外出躲避动乱，书价下跌，借此时机，伦明又选购了大批典籍入藏续书楼。[③] 乙卯（1915）年，伦明正式定居北京，并设立了书肆通学斋，雇佣孙殿起为通学斋掌柜。孙殿起在通学斋的一项重要工作便是为伦明搜购书籍，除了利用书店之便搜集购买书籍外，还多次远赴外省寻

---

① 参见伦明：《续书楼读书记》，见东莞图书馆编：《伦明全集一》，广东人民出版社2012年版，第242页。

② 同父兄弟：伦叙、伦绰；同祖兄弟：伦鉴。

③ 参见伦明：《续书楼读书记》，见东莞图书馆编：《伦明全集一》，广东人民出版社2012年版，第239页。

购。此外，伦明也曾多次赴各地搜购，足迹遍布上海、天津、河南开封、江苏南京、湖北武昌、江苏苏州、浙江杭州，以及河南怀庆、卫辉、清化等地，获得了不少珍贵的善本书。[①]

二、藏书借抄

伦明在藏书收集中将借抄作为购求的补充。藏书借抄由来已久，"古书无刻本，故其一切出于手钞"[②]。伦明雇佣的伙计雷梦水曾撰文回忆：伦明经常在得知一些珍本、秘册的消息下落后，不辞辛劳、千方百计地获取，如果不能将之收入囊中，也要采取"勤勤假钞备副"[③] 的折中方案来弥补藏书收藏体系中的缺憾。伦明抄书的途径和渠道有很多，大致有图书馆、私人藏书家收藏的藏书，书肆售卖的书籍等；按版本划分则有稿本、刻本、传钞本等。伦明除了自己亲自抄写和整理书籍外，也常雇佣抄书匠为其抄写书籍，其具体流程和步骤如下：首先，排除万难获取所需典籍，选用优质纸张以楷体字抄录，[④] 待抄录完毕之后将原书完璧归赵，继而对钞本进行校勘和撰写题跋。在整个过程中，校勘虽然十分考验校勘者的学识和经验，但毕竟可以通过自身努力或求教他人来克服，最困难的当属求借珍贵的藏书。藏书主人一般都对藏书视若珍宝、爱惜异常，要求其借予甚至借出，其难度可见一斑，长期浸淫藏书界的伦明对此中甘苦深有体会，因此，曾发出这样的感叹："安得遍访海内外之书，尽见之而尽抄之。"[⑤]

伦明采用借抄方法的原因除了经济外，社会风气、获取限制以及

---

① 参见伦明：《续书楼读书记》，见东莞图书馆编：《伦明全集一》，广东人民出版社2012年版，第241页。

② （清）叶德辉：《书林清话》，广陵书社2007年版，第22页。

③ 雷梦水：《书林琐记》，人民日报出版社1988年版，第90页。

④ 参见东莞图书馆编：《伦明全集一》，广东人民出版社2012年版，第243页。

⑤ 参见伦明：《续书楼藏书记》，见东莞图书馆编：《伦明全集一》，广东人民出版社2012年版。

技术和学术价值等也是其选择收藏钞本和自行抄写书籍的重要因素。

一是经济因素。抄借藏书可以有效地缓解财力的压力，从而弥补因没有足够的购书资金而与心仪的藏书失之交臂的遗憾。对藏书家而言，其所欲购的书籍数量永远是超出其财力的，通过抄借，可以最大限度地获取书籍，从而间接克服物质条件对藏书收藏活动产生的客观限制。另一方面，抄借藏书也可以极大地节约成本，利用有限的资金来达到收藏尽可能多藏书的目的。在抄书过程中，藏书家只需付出笔、墨以及抄书的人工等成本，这是远远低于直接购买书籍的。叶德辉《书林清话》中曾举实例解释了抄书之工价低廉。[①]

二是获取限制因素。许多珍本、善本、孤本的获取难度极大，藏者即使不秘不示人，也基本不会将藏书售卖或赠予，允许求书者观阅或抄录副本已是很了不起了，所以抄录副本是十分明智和极具可行性的策略。伦明曾在访求书籍的过程中多次遇到这样的情况：藏者坚决不肯将藏书“割爱”，伦明便只能利用有限的时间和条件将书的主要内容择要抄录，借此获取心仪的珍本、善本、孤本书籍的副本。

三是社会风气因素。藏书家通过抄写藏书的方式来丰富自己的收藏，这在当时是较为普遍的做法，很多藏书家也或多或少进行过抄书。抄书在显著节约藏书收藏成本的同时，也是藏书家读书、治学的一部分，是藏书家开展校勘、考据工作的前期基础性工作。即便是那些不采用抄书的藏书家，也多会采用自行刻印藏书以及互赠、交换藏书等诸多替代方式来丰富自己的收藏，例如叶德辉等人就曾大规模地刻印书籍。

四是技术和学术价值因素。谭卓垣、伦明等认为：“抄书在明代已经成为一种技术性很强的工作，钞本书已不比早期的刻本更少魅

---

① 参见（清）叶德辉：《书林清话》，广陵书社 2007 年版，第 197 页。

力。”[①] 我国台湾学者封思毅也总结了抄书为藏书家所重视的 8 个原因。[②] 因此，从这个意义上讲，钞本的价值和效用其实并不逊于刻本、初印本、影印本等，清代藏书家中青睐和倚重明代钞本者不在少数，例如鲍廷博[③]、清吟阁阁主瞿世瑛[④]等。

伦明的藏书借抄实践。伦明初到北京时，与藏书家曾习经邻近居住，二人交谊深厚，伦明常常从曾习经处借书抄录。此后，抄借一直伴随着伦明藏书活动的始终。为了弥补购求方法的不足，伦明常年雇用抄书匠为其抄写、校雠书籍。伦明生性嗜书，平生也以藏书和校书为乐，身边的人后来曾回忆说伦明常常从早到晚手不释卷，忙于撰写提要、校勘藏书。累世传承的藏书机构，不管是官府藏书、书院藏书、寺观藏书，还是私家藏书，一般都制定有流通阅览和抄借的相关规制，譬如与文渊阁有关的《大学士舒赫德等奏遵旨详议文渊阁官制及赴阁阅抄章程折》[⑤]、广州学海堂的《藏书规条》[⑥]、《玉海楼藏书规约》[⑦] 等，都对藏书的利用和流通阅览等进行了规定。伦明的续书楼在制度规范方面虽然有所欠缺，但对待自己的藏书从不悭吝自珍，一直秉持开明和开放的藏书理念。对有求于他的文人墨客和藏书家亦常常慨然相借甚至直接赠：刘半农是伦明在燕京大学时的同事，曾经急需《翻清说》，虽然多方访求但始终一无所获，伦明得知这件事后，

---

① 谭卓垣、伦明等著，徐雁、谭华军整理：《清代藏书楼发展史　续补藏书纪事诗传》，辽宁人民出版社 1988 年版，第 48 页。

② 参见封思毅：《历代写本概述》，见吴哲夫：《古籍鉴定与维护研习会专集》，台北“中国图书馆学会” 1985 年版，第 291—293 页。

③ 参见沈津：《抄本及其价值与鉴定》，《四川图书馆学报》1982 年第 3 期，第 48—52 页。

④ 参见曹之：《清代抄书考》，《图书馆》1990 年第 1 期，第 36—40 页。

⑤ 中国第一历史档案馆编：《清代档案史料纂修四库全书档案上》，上海古籍出版社 1997 年版，第 524 页。

⑥ （清）林伯桐撰著，陈沣补编著：《学海堂志》，广文书局有限公司 1971 年版，第 82—84 页。

⑦ 《瑞安孙氏规约数种》，中国社会科学院近代史研究所近代史资料编辑组编：《近代史资料》总 52 号，中国社会科学出版社 1983 年版，第 17—20 页。

十分慷慨地“吾当举以相赠”[①]。伦明在参与编纂《四库全书总目提要》时也曾将藏书开放给同事供其编写提要稿时使用。[②]

① 徐雁:《中国旧书业百年》,科学出版社 2005 年版,第 133 页。

② 参见东莞市政府文史资料研究委员会编:《东莞文史资料选辑》第 14 辑,东莞市政府文史资料研究委员会 1988 年版,第 45 页。

第四章 伦明的藏书庋藏与保护思想

第一节 伦明的藏书庋藏思想

针对藏书入库后的庋藏，伦明有两个较为突出的特征：第一是因地制宜，根据藏书地点和藏书建筑等客观物质条件来开展藏书庋藏活动，具有独特的风格；第二是强烈关注藏书庋藏陈列是否处于稳定、妥善的安全状态，重视藏书庋藏过程中自然、人为因素对庋藏安全的影响。

一、藏书建筑和庋藏陈列思想

一是伦明的藏书庋藏处所。伦明的藏书收藏地点主要有两个：一是伦氏家族中的南伦书院。伦明在离开广东前往北京期间曾将自己的部分藏书寄存在南伦书院，除毁损部分外，剩余藏书被后来伦明转运至北京的续书楼中继续贮藏。第二是伦明自己的藏书楼——续书楼，这里贮藏了伦明的大部分藏书，是伦明倾注心力最多的藏书场所，常年雇用伙计为其看护。续书楼位于东莞会馆，东莞会馆是在北京的东莞籍人士的聚集场所，一个典型的老北京四合院，续书楼就在紧邻胡同口的东莞会馆内部的 4 号院。整个 4 号院便是大名鼎鼎的“续书楼”，按照伦志清与李金海的测绘结果估计，续书楼的面积一百多平方米，以伦明的巨大藏书规模来审视，续书楼的藏书贮藏空间无疑极为紧张。

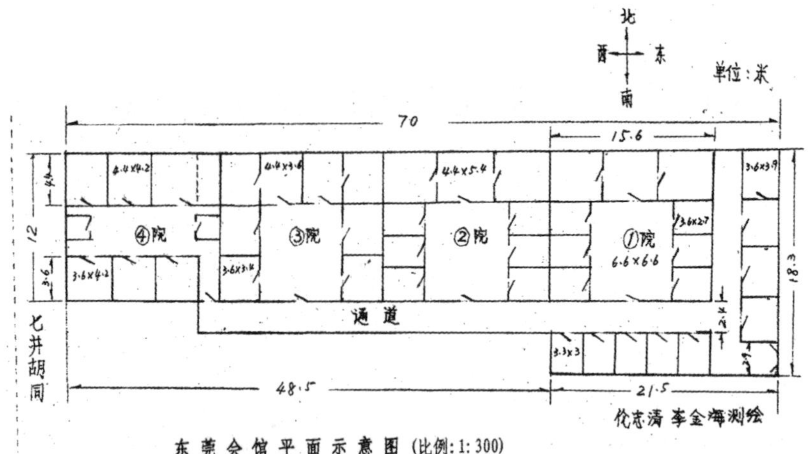

东莞会馆平面示意图（比例：1：300）

地址：北京宣武区烂漫胡同127号（老门牌49号）
东莞会馆原是明代东莞忠烈张家玉的宅地
上图是东莞会馆1966年前后保留的原明代建筑格局
会馆占地面积：2.073亩
会馆共有房间41.5间
会馆房屋建筑面积约：929.2平方米
会馆2007年初止，已成民居大杂院住户40户

图4－1　东莞会馆平面示意图①

二是续书楼建筑结构对藏书庋藏的影响。如图4－1所示，从建筑结构来看，续书楼所在的4号院位于七井胡同的胡同口，紧邻街面，人流量比较大，这对藏书的安全有一定的威胁（存在一定的盗窃隐患以及对藏书的稳定安全的庋藏环境产生影响），所以伦明专门雇佣伙计住在续书楼，昼夜看守，以保证其藏书庋藏处于安全、可控的稳定状态。从续书楼内部的具体陈设排列来看，藏书的庋藏陈列方式与一般藏书家的做法有很大差异，一般藏书家多是将其收藏的藏书放置在木制的格子架等书架上，更考究的藏书家则会将藏书收入特制的布袋或木盒后放置在书柜或箱箧中，再分门别类地按藏书所属部类或内容种类进行存放。其优势在于保证藏书庋藏安全的同时，也保证藏书时刻处于有序的文献排列状态，便于藏书家查找利用。

三是伦明因地制宜，形成了自己独特的藏书庋藏陈列风格。与藏

① 《东莞会馆平面示意图》由东莞图书馆提供。

书庋藏的一般形式相比，伦明的藏书庋藏陈列方式显得特立独行：不同于南方的湿气和潮热，北京的气候环境较为干燥，伦明根据这种气候特点以及续书楼内空间有限的客观现实，创新性地在地面上预先放置大片木板，使之起到阻隔潮湿和防御虫害的作用，之后将藏书直接层层上摞，堆积在木板上，其最高位置甚至超过了人的头顶。从客观角度来分析，伦明的这种藏书层层挤压且堆积过高的方式，对藏书的方便取阅有一定的限制，[①] 但对伦明来说却不受影响。这种陈列方式的根源在于伦明个人的藏书利用习惯：藏书随意放置，随取随用。遇到有人求借藏书时，如无伦明在场便无从寻觅，借书者往往只能“望书兴叹”，但伦明却能直接取出，这一方面显示了伦明出众的记忆力和对续书楼藏书的熟悉程度，另一方面也间接表现出续书楼藏书庋藏方式的鲜明特点。

二、藏书庋藏安全思想

伦明重视藏书的庋藏环境，特别关注自然环境因素和人为因素等对安全产生的影响。

一是伦明重视影响藏书庋藏安全的自然因素。长期以来，藏书所遭遇的书厄不胜枚举，或毁于天灾，或毁于人祸，具体有水灾、火灾等。[②] 伦明在《辛亥以来藏书纪事诗》中也多次记载了藏书家藏书毁于火灾的情况，如周铣诒的藏书和文稿毁于火灾。在这方面，伦明的关注点主要在水患。伦明祖籍广东，南方气候潮湿多雨，多洪灾，且易孳生虫蠹，不利于藏书的庋藏和保存，历代藏书家对这一点的认识是一致的，因水灾虫蛀等灾害遭受毁损的例子也不胜枚举。伦明的藏书也曾遭过洪灾，导致部分藏书毁损：伦明寓居北京期间，寄存在伦

---

① 参见上海图书馆历史文献研究所编：《历史文献》第 4 辑，上海科学技术文献出版社 2001 年版，第 18 页。

② 参见陈登原：《古今典籍聚散考古学纵横》，华东师范大学出版社 2010 年版，第 337—360 页。

氏宗族的南伦书院藏书，当时西江水因暴雨而上涨，大量洪水倒灌至书院内，这部分藏书未能幸免于难，加之仆役隐瞒不报，错过了最佳的抢救和修复时机，致使部分藏书最终无法修复，伦明对此印象深刻，甚为惋惜。① 这件事促使伦明思考藏书庋藏环境的问题，并特别在意自然灾害和人为因素对藏书庋藏安全的影响，一段时间后伦明便将南伦书院中幸存的藏书转运到北京的续书楼了。

二是伦明重视影响藏书庋藏安全的人为因素。在这方面，伦明主要的关注点在于：其一，藏书家身故后其子孙不能保有其藏书，藏书因各种各样的原因而散佚或者毁损。这方面的例子不胜枚举，如最令人扼腕叹息的当属皕宋楼藏书被东流日本；② 其二，藏书家仍然健在，但其藏书因为战乱、盗窃、庋藏管理不善、对藏书价值无知漠视等人为因素而散佚或者毁损。此种情况俯拾皆是，如伦明在南伦书院积存的藏书便曾遭到仆役的盗窃，散于书店、地摊之间。人为因素对藏书庋藏安全产生的影响在伦明的《辛亥以来藏书纪事诗》中多有涉及，如谭莹、丁氏八千卷楼、沈氏海日楼等。

自藏书事业肇始，不论是官府藏书，还是私家、书院、寺观藏书，其因天灾人祸所遭遇的损毁固然数不胜数，其毁于人祸者更是严重，这其中，除藏书家保存方法不当以及书籍遭到统治者的禁毁外，战乱是破坏力度最大的因素，如东方图书馆毁于日军轰炸等。对图书遭受的灾劫，有研究者依据牛弘、胡应麟总结的“五厄”专门总结出了历朝历代的“书厄十六劫”③。伦明在《辛亥以来藏书纪事诗》中多次记载了藏书毁于战乱的情况，如涵芬楼的藏书毁于日军对上海的进攻，杨以增的海源阁藏书毁于战乱等。④ 因此，如何安全地藏书一

---

① 参见伦明：《续书楼读书记》，见东莞图书馆编：《伦明全集一》，广东人民出版社2012 年版，第 239 页。

② 参见焦树安：《中国藏书史话》，中国国际广播出版社 2011 年版，第 111 页。

③ 老剑：《书厄十六劫——简谈我国历史上毁书事件》［2015—12—16］http://blog.sina.com.cn/s/blog_40bba8a70102w59a.html.

④ 参见陈登原：《古今典籍聚散考古学纵横》，华东师范大学出版社 2010 年版，第221—223 页。

直是藏书家最为关注的问题，随着时间的推移和实践的积累，他们也逐渐总结出了一套较为系统完备的理论和方法，如庋架制度、曝书理论和制度、藏书建筑的设计和管理等。伦明的藏书庋藏陈列安全，思想值得后世借鉴和研究。

第二节　伦明的藏书保护与修复思想

伦明的藏书保护与修复思想可以概括为：关注藏书庋藏过程中的保护，注重藏书装帧和虫害防治，悉心修补藏书。藏书庋藏过程中的保护是藏书活动的重要流程和组成部分。清代以来，藏书的装帧保护和藏书的修复是藏书保护的两个重要领域，相关的研究和著述十分丰富，比较主流的观点是藏书的装帧对藏书的长期保存以及藏书价值的影响十分大。叶德辉在《书林余话》中曾对如何分辨书籍的价值进行过阐述：要依据具体书籍的版本、印刷所用刻板、印刷用纸、装订、印刷等情况，以及对其需求的轻重缓急等从多方面进行综合的考量和评价。[①]

在藏书保存方面，伦明认为：首先，与南方相比，北方更为适宜，晴朗干燥天气多、地势较高的地方条件最好，因为蠹虫不易孳生，有利于藏书的长期保存。而广东、福建以及江浙等东南沿海地区气候潮湿，蠹虫孳生，再加上地势低洼，还有洪灾威胁。其次，南方多以掺杂进硝石和硫黄的丹纸附在书的上下部以预防蠹虫，但实际效果并不明显，丹纸的作用仅限于与靠近的几页，对其他书页却鞭长莫及，又不可能给每页书都附上丹纸，再加上近代以来不再生产丹纸，所以这个方法收效甚微。一些书肆误以为所谓的“丹纸”就是红色的纸，纷纷将红纸衬在书的封面与封底下，丝毫起不到防止蠹虫的作用，[②] 反

① 参见（清）叶德辉撰，刘发、王申、王之江校点：《书林清话：附书林余话》，辽宁教育出版社 1998 年版，第 254 页。

② 参见伦明：《辛亥以来藏书纪事诗草稿》，见东莞图书馆编：《伦明全集一》，广东人民出版社 2012 年版，第 157 页。

而使书页受潮后被染成红色。再次，与蠹虫相比，白蚁对藏书的威胁和危害更大。因为白蚁平时隐匿在箱箧里，不易被人察觉，待到被发现时，箱中收藏的书籍往往已经被啃噬一空，伦明曾专门写诗对此进行记述："蚕食同于鱼烂亡，人家难保十年藏。"[①] 因此，伦明十分重视防治蠹虫和白蚁，如他曾从友人处听闻德国生产的一种丸形臭味材料在防治蠹虫方面效果显著，每箱只需要放置三四块，每年更换一次，不用再担心藏书被虫吃鼠咬。伦明对此类信息极感兴趣，可以看出了他对藏书保护的重视。

伦明的藏书保护与修复思想与其藏书保护的实践相辅相成，具体实践主要分为两个方面：藏书的装帧以及藏书的修复。

在藏书装帧方面，伦明每次获得新藏书时，依据藏书品相的不同会有针对性地进行处理。近代以前的中国古籍多有衬纸，起保护书籍的作用，当新进藏书有衬纸时，伦明会首先将衬纸去除，然后换上新的书皮。清代以来的古籍装帧形制基本为线装，如果遇到有多册的情况，伦明会将数册藏书合订在一起，装为厚册，然后收储在布套中，妥为庋藏。[②]

在藏书修复方面，伦明所采用的方法极具独创性和地域特色。一般的藏书修复工艺多选用面粉等制成糊状液体作为黏合剂涂抹在待修补的书籍上进行修复操作，而伦明选用的则是其家乡产的一种干菜，具体的方法是：将干菜入沸水煮烂后充作修补书籍的原料。[③] 这种做法与藏书的保存与保护关系密切，伦明所选用的干菜经过加工用于书籍修复后可以起到防潮和不易生蠹虫的功效，有利于长期保存，这也从另一个角度体现了伦明因地制宜并注重庋藏安全的藏书思想。

---

① 伦明：《辛亥以来藏书纪事诗草稿》，见东莞图书馆编：《伦明全集一》，广东人民出版社 2012 年版，第 157 页。

② 参见尹奇岭：《民国时期旧体诗词的刊印传播》，《出版科学》2011 年第 2 期，第 103 页。

③ 参见尹奇岭：《民国时期旧体诗词的刊印传播》，《出版科学》2011 年第 2 期，第 103 页。

第五章　伦明的藏书利用与聚散思想

第一节　伦明的藏书利用思想

一、校、跋详尽，不加钤印

伦明在藏书活动中自始至终都十分重视对藏书的利用，除通过四处搜购、借抄来收集藏书以及庋藏藏书外，长期躬身于校勘、撰写题跋和研究文章，这种做法与一部分藏书家的装点门面、为了藏书而藏书等收藏理念和行为相比，境界的高低一目了然。从伦明的批校手迹中我们可以观察到：伦明的批校细致入微，字迹工整绵密，如《封氏闻见记》，其批语和注解性文字密密麻麻，篇幅和字数比书中原有的文字还多。[①] 从数量上看，伦明撰写的研究著述亦不在少数，如对古文《尚书》的研究即有《古文尚书冤词》等十余篇，后来结集为《续书楼读〈书〉记》。伦明撰写题跋最多、倾注心力最大的当属《续修四库全书总目提要》。伦明与其他学者共同参与《续修四库全书总目提要》文稿的撰写，据统计，伦明共撰写了一千九百二十余篇四库提要稿，内容涉及四书五经、诗学、文集、年谱等。[②] 伦明自幼便对书籍和藏书活动有浓厚的兴趣，且在生活中注重节俭，将省下来的钱用于藏书收藏："髫岁与诸昆仲入塾攻读，日得茶点之资，尽作书费；偶一日，先君奉政公询及诸昆仲茶资之用途，余告以所得购书用去，奉政公欲取书一阅，当即将书尽数献出，奉政公始知余嗜书，

① 资料由东莞图书馆提供。

② 资料由东莞图书馆提供。

心喜而钟爱焉。”[①] 伦明的这种行为并不是浅尝辄止，也不是一时兴起偶然为之，而在于他能善始善终，对藏书活动抱持的热情始终不减，数十年间积极投身于藏书的收藏及校勘、题跋和研究。

在藏书利用过程中，伦明一方面精心校勘、撰写题、跋抄写藏书，另一方面也非常“爱书”，对藏书不加钤印。一般来说，藏书家都有在藏书上题名或加盖藏书印、私章等的习惯和爱好，这种做法最早可以追溯到唐代李泌的“渤海图书”[②] 藏书印，其后，此风遂一发不可收拾，最著名的莫属嗜好题跋和盖印的乾隆。伦明则不同，他藏书不加盖藏书印与签条（签条是指书签等起备忘作用的阅读工具），也绝不在藏书上题写伦明或者续书楼等名称字号，只有藏书目录。伦明藏书的这一特点与其“爱书”的以及“公”与“共”的藏书理念不无关系。伦明的这种做法突显了他对图书的保护，但客观上也造成另外一个问题——一旦藏书目录遗失或缺乏，将给后世鉴别伦明藏书以及研究一些珍贵典籍的流布带来了很大困难和障碍。

伦明藏书利用有比较强烈的目录意识。关于藏书目录，伦明十分重视，录并充分认识到目录对藏书活动的重要性，但在藏书目录的整理实践中这种思想的表现并不明显。目录在藏书的庋藏、管理乃至利用方面发挥着重要作用，一直为文人学者和藏书家所倚重，据叶德辉记载，王仁俊在《敦煌石室真迹录》中评价藏书目录有“光被东西，俾助文化”[③] 的作用。伦明的续书楼编有《东莞伦氏续书楼藏书目》[④]，1943 年 8 月抄写完成，目前传世的共有十三册。对留存下来的藏书目录进行分析后可以发现：一、伦明的藏书十分丰富；二、伦明藏书分类较粗，仅按不同的部类或主题分别存放在 200 余个不同的藏书箱中，每箱藏书 190—200 册不等；三、藏书目录除记录书名、

① 孙耀卿：《记伦哲如先生》，中国人民政治协商会议北京市委员会文史资料委员会编：《文史资料选编》第 12 辑，北京出版社 1982 年版，第 176 页。

② 李致忠：《古书版本鉴定》，北京图书馆出版社 2007 年版，第 165 页。

③ （清）叶德辉：《书林清话》，广陵书社 2007 年版，第 6 页。

④ 资料由东莞图书馆提供。

册数、附录内容之外，间或记载藏书的作者、版本（如稿本、抄本、刻本、铅印本、石印本、照代本、明刊本、东洋刊本、仿宋刊本、影印本、聚珍本、畿辅本等）[①]、拥有副本数、装订以及缺佚情况。虽然《东莞伦氏续书楼藏书目》为伦明藏书的研究提供了线索，但这份书目是一份图书的装箱清单，所附藏书信息十分有限，从严格意义上来看，目录效用比较有限，研究难度也较大。但伦明对目录及其作用是十分重视的，民国政府利用庚子赔款在北京设立了东方文化会，计划续修《四库全书提要》，并设立图书馆收集古近书籍。伦明认为，虽然受制于客观条件，只能编成提要而无法全部获取原书，但提要也应按原书目录编辑齐备，不能缺斤少两，否则四库的续修便是欺世盗名的行为。[②] 此外，伦明在北京担任高校教职时曾主讲目录学课程，还著有《目录学讲义》。

二、藏以致用

长期以来，平衡藏书的“藏”与“用”关系一直深深考验着藏书家的智慧。从宏观上看，藏书家（包括各类藏书机构）或审慎庋藏，概不外借，例如瞿镛的铁琴铜剑楼因藏书时有失窃，所以其藏书便秘不示人；或有求必应，慷慨外借，如国英向外界开放自己共读楼的藏书，自称“何妨与人共读，成己成人”[③]；或将前两种方式结合，有选择地借阅并制定相应的规范和制度，如北大、清华、燕京各拥有一部分碧琳琅馆赠书，允许外借，但又仅限本校师生，伦明批判这种做法“俨同割据耳”[④]。伦明是“藏以致用”观点的拥趸，基本上继承了儒藏说的核心思想——“公”与“共”。对伦明而言，“用”是

① 仅部分藏书附载版本或散佚等情况。

② 参见伦明：《辛亥以来藏书纪事诗草稿》，见东莞图书馆编：《伦明全集一》，广东人民出版社 2012 年版，第 154 页。

③ 来新夏等：《中国近代图书事业史》，上海人民出版社 2000 年版，第 94 页。

④ 伦明：《辛亥以来藏书纪事诗草稿》，见东莞图书馆编：《伦明全集一》，广东人民出版社 2012 年版，第 154 页。

"藏"的目的，"藏"是"用"的基础。他不但藏书以资考据之用，而且勤于利用藏书以辅助自己的学术研究，撰写大量的提要稿，校勘大量的藏书。以藏书利用中的一些具体行为为例，伦明藏书中包含了部分前人选编的文集，针对这些选编文集的内容及编辑体例，伦明认为历代文人因个人好恶而恣意品评、有选择性地辑录他人著作以表达自身观点的行为较为粗鄙，并举了一例：王德甫所编纂的《湖海诗传》收录的诗作，虽然数量较多且范围广泛，但由于编者以自己的喜好随意辑录，一些名篇佳作却被忽略或舍弃，伦明表示不知道王氏到底是何居心。伦明十分希望采取实际行动来改变这种现状，他曾设想亲自选取历代文人的作品而不论其著名与否，而后对其进行客观公正的品评，从而避免后世读者被一些别有用心的选家所蒙蔽和欺骗。[①]从伦明这一设想的最终目标来看，气势恢宏，如真能实施，应对后世很有裨益，但由于各种原因最终只能停留在设想阶段。

藏书家一般也从事刻书活动，如朱彝尊、黄丕烈、缪荃孙、叶德辉、张元济、张海鹏、曾国藩、鲍廷博等就曾大规模参与过刻书，叶德辉还曾撰写过专门著述《书林清话》《书林余话》。藏书家刻书，除了弥补购抄不足、增加藏书量外，促进书籍的流通和文化的传播也是不可忽视的一点。历史上江浙地区以及古徽州地区的私人刻书业十分兴盛，除了经济利益的考量，也是促进书籍流通和推动文化交流、学术发展的需要。伦明在藏书刊刻流布领域也有非常深刻的认识，除了体现在通学斋刊印过三十余种书籍外，[②]也体现在参与筹印《四库全书》之中。他在参与筹印《四库全书》时曾撰写过《拟印〈四库全书〉之管见》，从印刷字体、整书页数、工人工费、纸张价格、装订费用、校对费用、印刷总成本、整书册数、发行销售计划等方面详尽地表达了自己的意见，费用、册页数量等都非常精确，选用材料等都明确是何种材料，各个环节都有可供操作的具体方案和流程，由此

① 参见伦明：《辛亥以来藏书纪事诗草稿》，见东莞图书馆编：《伦明全集一》，广东人民出版社2012年版，第159页。

② 参见东莞图书馆编：《伦明全集一》，广东人民出版社2012年版，第21页。

可见，他对图书印刷的熟悉程度。

第二节 伦明的藏书聚散思想

伦明长期关注藏书的聚散及归宿，并常常痛惜和忧虑藏书的毁损和散佚，这与许多藏书家是一样的。鲍廷博云“聚散者，天地人物古今不易之定理也”[①]，正表达了藏书家们“自知聚散无常”的认知。

伦明关注个体藏书家藏书的聚散，这是《辛亥以来藏书纪事诗》（包括《辛亥以来藏书纪事诗草稿》）的一个重点，几乎每首纪事诗及注释都有涉及，十分清晰、直观地表明了伦明对藏书聚佚及其归宿的关切。就阅读习惯而言，伦明有“好奇癖”，即喜欢阅读自己之前没有见过的书，这也是旧时代文人士大夫身上所蕴含的文化特质之一。整个藏书收藏活动的客观现实是：为藏书家所拥有的藏书不过是沧海一粟罢了，随着时间的推移，大部分书籍的归宿往往是湮灭不存。所以从自古到今的书籍，其绝对数量很多，但能存世的则少之又少，伦明表示只求竭尽全力保存和传承，既借此愉悦自身，也在冥冥之中告慰古人对藏书散佚的遗憾之情。[②] 陈登原曾在《古今典籍聚散考》中系统论述过典籍聚散的原因和历史。[③]

伦明还比较留心国家层面的典籍流失现象。辛亥革命以后，西方主要国家以及日本等国，或直接或通过其代理人花重金在中国大批量采购古籍，许多珍贵古籍流失到海外，譬如著名的陆氏皕宋楼藏书被整体出售给日本静嘉堂文库，国人十分痛惜地称之为“文化史之惨祸”[④]。时至今日，这种古籍流失还在深刻地影响和制约着学术研究

---

① 陈登原：《古今典籍聚散考古学纵横》，华东师范大学出版社 2010 年版，第 289 页。

② 参见东莞图书馆编：《伦明全集一》，广东人民出版社 2012 年版，第 158 页。

③ 参见陈登原：《古今典籍聚散考古学纵横》，华东师范大学出版社 2010 年版。

④ 祝玉芳：《皕宋楼藏书东渡的历史文化省思》，《西北师大学报（社会科学版）》2009 年第 4 期，第 110—113 页。

的开展和深化，研究者常常要“艰难险阻”远赴国外查阅文献，一些研究机构则花重金回购古籍，如2012年时北京大学花亿元巨资回购日本所藏之“大仓藏书”[①]。伦明十分重视国家在藏书保存中的作用：“私家弃藏……保守之勿使放失，国家之责也。”[②] 伦明认为国家庋藏最完备的莫过于隋朝开皇年间：开皇以后，虽然历朝历代常有官方明令征集、民间自愿呈献等方式不断补充国家公藏，但始终难以企及开皇年间国家藏书的恢弘气象。伦明并建议效仿道藏、佛藏的形式，依据郑樵的“求书八道”建设完备儒藏。

关于伦明个人藏书的聚散和归宿，他曾认真考虑过其个人藏书的归宿。伦明生前及身后皆有藏书散佚流出，其归宿大致可以总结为捐、赠、卖、毁等几类：

一是捐赠国家。伦明藏书的主要收藏地点在广州和北京两地，后伦明请友人代其将这些藏书分别整批捐赠给北平图书馆（今中国国家图书馆）和广东省立中山图书馆。

二是赠送亲友。伦明在生前曾向三弟伦叙和友人张伯桢等赠送过自己的一部分藏书。[③]

三是后人鬻卖。伦明逝世后，因伦氏家族生活困难，家人为补贴家用便将一部分藏书零散变卖。通学斋的书也在其亡故后渐渐转卖，其中部分藏书由北平图书馆购入补充其清刻本馆藏。[④]

四是仆役盗卖或迁徙转运时散失。伦明离开广东赴北平后，一部分藏书存放在家族中的南伦书院，仆人偷盗院内物品，一部分伦明的藏书也被盗卖，伦明的朋友书信告知伦明在书店中见到伦明所藏之

---

① 《北大斥资亿元回购中国典籍》，《新京报》［2015—12—21］http://epaper.bjnews.com.cn/html/2014—05/04/content_ 509815.htm?div = —1.

② 伦明：《辛亥以来藏书纪事诗草稿》，见东莞图书馆编：《伦明全集一》，广东人民出版社2012年版，第156页。

③ 参见东莞图书馆编：《伦明全集一》，广东人民出版社2012年版，第14—15页。

④ 参见冀淑英：《冀淑英古籍善本十五讲》，北京图书馆出版社2009年版，第82页。

书，伦明才知藏书被盗卖的事情，但为时已晚，已有很多书被盗卖。[①] 此外，伦明的部分藏书也在各地转运途中散佚。

五是毁于水患等天灾。1909 年，西江洪水泛滥、水位暴涨，洪水流进伦明藏书之地，部分藏书遭水浸泡，字迹模糊不清。仆人们害怕遭受责罚，对此事隐瞒不报。待伦明发现时，水浸的书已无法修补。[②]

① 参见伦明：《续书楼藏书记》，见东莞图书馆编：《伦明全集一》，广东人民出版社 2012 年版，第 239 页。

② 参见伦明著：《续书楼藏书记》，见东莞图书馆编：《伦明全集一》，广东人民出版社 2012 年版，第 239 页。

第六章　伦明藏书活动与藏书思想的历史地位与历史评价

第一节　伦明藏书活动与藏书思想的历史地位

伦明的藏书活动在不同阶段存在着差异，其藏书思想在不断地发展、成熟，主要表现在“质”和“量”两个方面：

在“质”上，一方面，伦明的藏书收藏逐渐走向系统化，收藏方式和手段不断规范，对藏书的利用和保护也不断深入；另一方面，收藏的藏书价值和质量不断提高。

在“量”上，不同时期伦明的藏书量也相差较大，在藏书活动起步阶段的清末时期，伦明的藏书量远逊于民国时期，民国时期伦明的藏书达到百万卷之多，成为藏书大家，为当世所称道。

研究和评价伦明藏书思想的历史地位，需要对清末民初的时代背景和清末以来的藏书思想进行简要的梳理。

一方面，清末民初正处于“古代藏书即将终结和新式图书馆已经产生”[①] 的阶段。清末至中华人民共和国成立前也是中国近代以来最为动荡的一段历史时期，戊戌变法、庚子之变、辛亥革命、军阀混战、抗日战争等，内忧外患，整个社会处于混乱状态，人们饱受离散之苦，原有的社会治理体制也逐渐崩溃并最终彻底瓦解，新的政治、经济和社会制度在急剧的变化中慢慢显现。与此同时，伴随着“西学东渐”潮流而引入中国的各种新思潮也产生了强烈的激荡和深刻的变动。民主、科学、共产主义等思想和观念渐渐深入人心，这些思想和观念中也包含了近代以来西方的图书馆学思想。西方图书馆学思想的

---

① 王蕾：《清代藏书思想研究》，广西师范大学出版社 2013 年版，第 15 页。

引入对中国近代以来的图书馆学术思想发展意义深远，一大批传统的旧式藏书楼改建为图书馆，亦有一大批的藏书楼毁于天灾人祸，仅有屈指可数的几座历尽艰辛留存了下来，大批珍贵的藏书的散佚令学界和国人扼腕叹息。

另一方面，清代是“中国古代藏书思想的集大成朝代”[①]，清代的藏书思想主要分为收集、庋藏、流通几大类[②]：

一是在藏书收集思想方面。主要有三类：其一是藏书收集的方法论，如孙从添的“四最论”——选购和搜求藏书的过程是“最难事，亦最美事、最韵事、最乐事”[③] 和收藏次第论——“经为上，史次之，子集又次之”[④] 等。其二是藏书搜集的观念分为佞宋、善本、抄本、鉴别等小类。三是藏书的收集方法主要有征、购、抄等三种。

二是藏书庋藏思想方面。主要有三类：其一是建筑保护，主要是藏书楼等藏书建筑的设计、用料等。其二是庋藏保护，主要包含藏书的排架、日常管理和维护工作等。其三是书籍保护，主要关于藏书的装订和修补。

三是藏书流通思想方面。主要有四类：其一是抄借思想，主要是互抄互借、订立书约，如丁雄飞和黄虞稷之间签订的《古欢社约》等。[⑤] 其二是开放借阅的思想，如周永年之借书园[⑥]、陆心源之守先阁，以及国英之共读楼等。其三是流通思想，主要分官府、书院和私人等 3 个小类。其四是刊布思想，主要分为官府、书院和私人等 3 个

① 程焕文：《论清代藏书思想及其与晚清图书馆学术思想的关系》，《清代藏书思想研究》序，《图书馆建设》2013 年第 1 期，第 3 页。

② 王蕾：《清代藏书思想研究》，广西师范大学出版社 2013 年版，第 2—4（目录）页。

③ 四最论，见孙从添《藏书纪要》。

④ （清）孙从添：《藏书纪要》，（明）祁承㸁等撰：《澹生堂藏书约（外八种）》，上海古籍出版社 2005 年版，第 35—37 页。

⑤ 参见赵传仁、鲍延毅、葛增福主编：《中国书名释义大辞典》，山东友谊出版社 2007 年版，第 245 页。

⑥ 参见程焕文：《藏而致用流通开放——中国古代私人藏书的本质和主流》，《图书馆学研究》1987 年第 4 期，第 70 页。

小类。

研究明清以来藏书家藏书思想与实践的异同，可以更客观地审视和评价伦明藏书思想的历史地位。表6－1选取了明清以来十余位身份背景各异的藏书家，通过对比伦明与他们在藏书收集、藏书典藏与保护、流通与利用、藏书聚散与归宿等方面的核心主张和具体藏书活动实践来研究伦明与其他藏书家藏书思想的同异，从而更全面客观地理解和定位伦明藏书活动与藏书思想的历史地位。

表6－1　明清时期部分藏书家藏书活动和藏书思想简表

藏书家	藏书收集	藏书典藏与保护	藏书流通与利用	藏书聚散与归宿
伦明	不嗜宋崇元，重视收藏清人著述； 秉承儒藏观，主动寻觅，为用而藏； 藏书的质量与品相并重，藏书收集不避繁复； 藏书收藏方法：购买与钞借并举	因地制宜，重视典藏安全； 藏书庋藏管理严格，但疏于制度建设； 重视藏书保护与修复	校跋详尽，不加钤印； 主张藏书开放，藏以致用； 关注藏书聚散过程和最终归宿	捐献、赠与、后代售卖、损毁
叶德辉①	佞宋重清、经学为先的理念； 藏书收藏方法：购买、交换、抄借、赠送、继承	重视藏书保藏	重视藏书校勘； 重视藏书整理	对待藏书，后辈子孙能阅读利用的要保留，不能读的则可以向外流散②； 殁后，藏书被子孙鬻卖以书易书，

① 参见王晋卿：《叶德辉的藏书思想与方法》，《湘潭大学学报（哲学社会科学版）》1996年第3期，第112—118页。

② 参见（清）叶德辉：《书林清话》，广陵书社2007年版，第199页。

（续表）

藏书家	藏书收集	藏书典藏与保护	藏书流通与利用	藏书聚散与归宿
傅增湘①	广泛搜求； 藏书求精，不盲目求全	主张藏书“合理聚散”	精心校勘、考据藏书； 主张藏书开放和流通； 从事刻书活动	藏书流转较为频繁
刘承幹②	财力雄厚，购书不惜成本		重视藏书流通，不吝钞、借； 从事刻书活动	家道中落和战乱导致藏书散佚
鲍廷博③	数十年持续搜求； 注重藏书品质，以宋元本为主，但不轻慢时人著述； 藏书收藏方法：购买、抄录	拥有藏书楼“知不足斋”	旁征博引，痴迷于校勘、考证藏书内容； 互通有无，相互交换藏书； 从事刻书活动	赠阅自刻书籍； 向官府进献藏书； 藏书家间互相交换藏书
胡应麟④	勤搜集，藏书博而精； 重视佛家、道家类书籍	审慎保藏，藏书地“二酉山房”	主张藏书流通； 重视藏书利用	总结“十厄说”，重视对藏书聚佚的理论探讨

① 参见李衍翎：《傅增湘先生藏书思想探析》，《山东图书馆季刊》1992 年第 2 期，第 72—75 页。

② 参见张红燕：《试论刘承幹的藏书思想》，《河南大学学报（社会科学版）》2005 年第 1 期，第 130—133 页。

③ 参见周生杰：《论鲍廷博开放的藏书思想》，《国家图书馆学刊》2011 年第 2 期，第 86—89 + 94 页。

④ 参见张晶晶：《胡应麟的藏书思想、实践及价值研究》，郑州大学硕士学位论文，2012 年。

（续表）

藏书家	藏书收集	藏书典藏与保护	藏书流通与利用	藏书聚散与归宿
祁承㸁①	购书不惜费用； “购书三术”； “鉴书五法”	主张对藏书分类编目； 注重藏书的典藏安全，制定严格的制度规范	主张藏书流通； 重视藏书利用	藏书曾经毁于火灾，后来重新开始藏书活动
缪荃孙②	广泛搜购，藏书力求多多益善； 为读书治学而藏书	创建江南图书馆等公共图书馆，重视公共图书馆在藏书保存方面的作用	重视藏书利用，撰写书目和题跋，参与《书目答问》的编纂； 主张藏书流传和传播； 从事刻书活动	注重将私家藏书收入公共图书馆系统，并为之奔走
曾国藩③	搜集广泛，藏书种类丰富，涉及诸多学科； 收藏英文书籍； 藏书收藏方法：继承父辈或自购藏书，接受官僚、士绅的赠书	藏书楼“富厚堂”，管理制度严格，重视典藏安全	注重藏书和其他文书资料的整理； 编制藏书目录	藏书保存较为完好，在近代史上较为罕见

① 参见翟秀凤：《祁承㸁的藏书思想及理论实践》，《黑龙江史志》2014 年第 19 期，第 48—49 页。

② 参见徐苏：《缪荃荪藏书思想研究》，《图书情报研究》2011 年第 1 期，第 46—51 页。

③ 参见郝天侠：《从富厚堂藏书楼看曾国藩的藏书思想》，《兰台世界》2010 年第 9 期，第 56—57 页。

（续表）

藏书家	藏书收集	藏书典藏与保护	藏书流通与利用	藏书聚散与归宿
王同愈①	不计较书籍版本，藏书以普通本为主； 藏书以儒家经典类书籍为主	藏书地“栩栩庵”；推崇藏书典藏的制度化规范，制定相关藏书规条致力于藏书经验的理论化总结：入室五忌	致力于藏书经验的理论化总结：看书七戒、看书七宜； 提倡经世致用，注重藏书的利用	子孙鬻卖
张元济②	重视善本和地方志收藏； 总结出“求书四法”； 注重外文书收藏； 藏书搜集范围广泛，曾赴海外钞借藏书	通过编译古书来保存文献，主张用出版发行的手段保存藏书	制订了《艺学堂图书馆图书馆章程》； 主张藏书的利用； 主张藏书对外开放	
梁鼎芬③	“正统”观念强烈，影响了藏书的选择和收藏； 接受“中体西用”观点，收集科技类藏书； 鼓励捐书行为	重视对藏书的保护； 《梁祠图书馆章程》	鼓励借书和藏书开放	生前和逝后分批捐赠藏书，一部分藏书保存在梁氏宗祠

① 参见朱文洁：《王同愈藏书活动与藏书思想研究》，《山东图书馆学刊》2013 年第 1 期，第 39—42 页。

② 参见赵玲：《张元济藏书思想研究》，《图书馆界》2005 年第 3 期，第 17—21 页。

③ 参见刘晓娥：《梁鼎芬藏书活动与藏书思想研究》，湖南大学硕士学位论文，2009 年。

（续表）

藏书家	藏书收集	藏书典藏与保护	藏书流通与利用	藏书聚散与归宿
黄遵宪①	以传统典籍为主，轻视西方文化和书籍； 不重视藏书版本，看重藏书的实用性	“人境庐”藏书	主张藏书利用，倡导书籍翻译和藏书开放，以“开民智”，并付诸行动； 认为应当禁止对书籍的盗刻行为	

从表6－1的分析可以看出：藏书家藏书的目的和用途虽不尽相同，但基本上可以归纳为以下四种：“著述、校勘、博采、贩贾”②。长久以来对藏书家的类型划分有多种观点，胡应麟、叶德辉等皆有论述，较具代表性的观点是将藏书家划分为三个类别：一是“学问之藏书家”，此类藏书家是为方便学术研究而进行藏书活动；二是“收藏之藏书家”，此类藏书家是以收藏、把玩为目的而进行藏书活动；三是“掠贩之藏书家”③，此类藏书家以倒卖书籍牟利为目的而进行藏书活动。藏书家实际上大多都拥有多重的身份和文化背景：有的藏书家身为官宦，有的藏书家是士子文人，有的藏书家则是商贾，抑或各种身份兼而有之。因此，对一个藏书家的研究不能囿于“藏书家”这一单一的身份属性，而需要通过对藏书家的生平经历和家世背景等进行深入挖掘来探寻和研究其身份、文化背景，如此才能得到更加精准和客观的研究结果。具体到伦明的藏书思想研究，如果仅仅将研究的关注点聚焦于伦明的“藏书家”身份，那就难免流于表面。具体而言，我们在研究过程中需要充分考虑到伦明丰富的个人经历和身份属性：学者、教授、书商、官宦世家、举人、候补知县等，只有多角度

① 参见苏全有：《论黄遵宪的藏书思想》，《山东图书馆学刊》2012年第1期，第40—46页。

② 周少川：《论古代私家藏书的类型》，《文献》1998年第4期，第148—162页。

③ 程焕文：《关于私人藏书家的分类》，《宁夏图书馆通讯》1985年第4期，第20—22页。

地进行分析和研究，才能最大限度地还原伦明在历史中的活动和思想情况，进而才能有效并准确地归纳和把握伦明藏书思想的内涵及外显形式。总而言之，在藏书收集、藏书庋藏与保护、藏书流通与利用、藏书聚散与归宿等方面，藏书家之间既有“共识”也有“分歧”。

一、伦明与其他藏书家藏书思想及实践的共性

一是致力于扩大藏书规模。藏书家搜集藏书的手段和途径各异，大致可分为以下几种：购买、抄写传录、赠予和交换、刻书和印书等。不同藏书家会依据自身的财力条件、收藏爱好和志趣以及客观环境等选择一至数种方式：财力雄厚者可一掷千金，大肆入藏；志趣专一者常瞩目于特定类藏书；交结广泛者常互赠互借。通过多种手段和途径搜集藏书，努力丰富藏书，这是藏书家的共通之处。这与中国图书文化中“嗜书重守”[①] 的文化特征关联密切，伦明曾言“余将重保其有者，而大增其未有者”[②] 便是这一文化特征的具体体现。

二是重视藏书的庋藏安全和保护、修复。藏书的庋藏安全是藏书活动的重中之重，也是藏书家最关心的问题，不同藏书家对庋藏安全的重视程度略有差别，但都高度重视。同理，藏书的保护与修复也是如此。不同藏书家的藏书在庋藏陈列、保护与修复可能在规制、理念和具体操作方面存在差异，但在注重藏书的庋藏安全和保护、修复这一点上是比较一致的。

三是重视对藏书的利用。“藏”与“用”关系的平衡从藏书活动肇始便一直伴随，时至今日，如何平衡这关系，仍然考验着藏书家和图书馆学人的智慧。伦明所处时代，重视对藏书的利用，基本上是藏书思想的主流观点，藏书的互抄互借和流通开放较为普遍。从表6－1可以看出，藏书家基本对藏书的流通利用持开放和肯定的态度，个别

① 程焕文：《中国图书文化导论》，中山大学出版社1995年版，第84页。

② 东莞图书馆编：《伦明全集一》，广东人民出版社2012年版，第243页。

藏书家如张元济等甚至还制定了相应的规章制度来保障藏书的开放和流通利用。

二、伦明与其他藏书家藏书思想及实践的差异

一是藏书活动经验的理论总结程度不同。藏书活动实践经验的总结可以使单纯、零散的经验累积并上升为更具普遍性和更具指导意义的理论。历代藏书家中也不乏重视藏书经验并加以理论总结者，例如郑樵的“求书八道”。但不同藏书家对藏书活动经验的理论总结程度不同，甚至对这一问题的重视程度也不尽相同：有的藏书家重视经验总结并有自己独特的理论或方法，如表6－1所述，祁承熢的“购书三术”“鉴书五法”，王同愈的“看书七戒”“看书七宜”，以及张元济的“求书四法”等；有的藏书家则对这一问题不甚重视，忽略经验总结和积累，藏书活动多依靠个人志趣和爱好来进行，藏书经验缺乏理论升华。

二是对藏书散佚及藏书归宿的观点不同，导致不同的结局。多数藏书家对藏书搜集入藏，即“聚书”问题的重视程度高于对藏书散佚及藏书归宿的关注。这应该是藏书家个人视野和对这一问题的认知程度不同，只注重藏书的收藏和保护，更多地考虑如何使藏书免于水火等天灾的侵害，而没有更深入地思考如何使藏书累代传承所致。另一方面也是由客观环境的限制以及自身的无能为力所致。纵观伦明所处的这一时代乃至整个藏书史，藏书家藏书的散佚除直接毁于天灾和战乱外，“人祸”的危害也不可低估，许多藏书家藏书的散佚多因子孙不肖等原因发生在身殁之后，也有一部分藏书家穷困潦倒以至于借出售藏书来维持生计。

三是藏书搜集的渠道与类别方面存在差异，各有侧重。不同藏书家对藏书搜集方法的选用也不尽相同：有的藏书家专注于购买和抄写，如刘承幹等人搜集藏书便不计成本、大肆搜购，伦明则是“购抄并举”；有的藏书家则独辟蹊径，专注于采用赠予和交换等方法来促进藏书的收藏和传播流通，如鲍廷博等人向友人及其他藏书家赠与自

己刻印的书籍等。在藏书搜集的类别方面：有的藏书家倾向于求“全”，广泛收藏不同部类和类别的藏书，儒家经典、杂家典籍、地方史志等尽皆囊括在内，如曾国藩的藏书涉类广博，涉及了政治、经济、军事、史志等诸多学科；有的藏书家则倾向于求“专”，专注于收藏特定类别或部类的藏书，如张元济注重收藏善本和地方志，胡应麟佛家、道家类藏书较多，王同愈注重收藏儒家经典类藏书，伦明集部收藏最为丰富等。

四是藏书管理的理念和规制存在差异。对于藏书管理的理念和规制，藏书家的观念和做法差异表现在两个方面：一是藏书管理的松紧尺度，二是藏书管理的制度化规范程度。一方面，不同藏书家对藏书管理的松紧尺度有不同。藏书管理严格者，藏书活动相关的规制清晰且执行力度和执行效果好，或辟专室由专人负责，或亲力亲为不许他人擅入，如曾国藩富厚堂藏书专门设置管书人负责打理，藏书的修补与保护等事务也延请专业人员负责；藏书管理松散者，藏书管理没有明确规制，盲目性和随意性强，藏书堆积如仓库，再辅以杂役看守。另一方面，不同藏书家对藏书管理制度化规范程度也不尽相同。藏书管理规范化程度高的藏书家一般会制定一些规章和制度，以文本等形式确立的规范和制度来管理藏书，如梁鼎芬制定的《梁祠图书馆章程》、张元济制订的《艺学堂图书馆图书馆章程》等。但也有一部分藏书家严格，却疏于藏书管理的制度化规范，藏书管理局限于“口耳相传”，没有形成规范化的规制，这也埋下了藏书散佚和损毁的隐患。藏书家在世，基本上还可以保护藏书无虞，藏书家身殁，后世子孙鲜有能继承遗志者。

五是对藏书版本和年代所持的观点不同。藏书的版本和年代问题是任何藏书家都无法回避的，这一问题与藏书家个人的收藏爱好和志趣的关联性比较强。不同藏书家对藏书收藏的年代和版本的主要观点有三类：一类是专注或苛求于特定年代和版本的藏书，如鲍廷博的藏书便以宋版书和元版书为主，张元济注重对善本书的搜集和收藏；一类是藏书收藏不拘泥于版本和年代，没有特定的版本和年代嗜好，如王同愈不关注藏书的版本，藏书基本上以通行的普通本为主；一类是结合前两者的做法，在重点收藏某个版本和年代的藏书的同时，也收藏其他版本和年代的藏书。最后一类观点较为主流。伦明也属于最后一类，他不过分苛求特定版本，对于同一书不同版本者，也只是选择质量和品相较好的版本。

综合以上分析，我们大致可以得出伦明藏书活动及其藏书思想在中国近代私家藏书史中的历史地位。不同时期社会的风气和理念以及价值观存在着差异和变动，新思想、新理念不断产生，旧观念、旧思想或趋于消亡，或革新而与新时代相适应。清末以来，西方的图书馆学思想传入中国，与中国传统的藏书思想产生了激烈的碰撞和融合，一些理念开始被国人接受，如公共图书馆和藏书开放，这些理念和思想同时又是与传统藏书思想里开明一派的观点和理念不谋而合，因此近代以来中国私家藏书思想整体上趋于开放和开明，伦明便属于开明藏书家的一个代表，其“书至近代始可读”“藏书之事属公而不属私”等藏书思想在近代中国私家藏书史上留下了独特的印记。

第二节　伦明藏书活动与藏书思想的历史评价

纵观伦明的藏书活动和藏书思想，可以得出这样的结论和评价：藏书活动成就斐然，藏书思想自成一家。其一，藏书活动成就斐然。主要表现在：首先，藏书规模极为可观。根据其遗留下来的藏书目录，储书的书箱便达200余箱，其宏大的藏书规模由此可见一斑。其次，创设书肆以资收藏。这也是颇具创举性的做法，通学斋是伦明藏书活动的重要渠道和助力。再次，藏书利用的成果丰硕。仅为续修四库全书做准备而撰写的提要稿便近2000篇。其二，藏书思想自成一家。伦明的藏书思想既继承了清代以来开明、开放的主流思想，也独立摸索出了自己独特的藏书理念和方法，因此，可以说伦明的藏书思想自成一家。

虽然伦明藏书活动成就斐然，藏书思想自成一家，但也存在一些不足：藏书管理疏于制度性规定；藏书整理力度不足。首先，从出入制度和借阅制度方面分析，伦明的续书楼并无明确的管理制度。除了伦明外，只有孙殿起得到特许，获得随意出入续书楼的资格，但这也未以制度化的文字规定等形式予以确认，缺乏规范性。从日常管理方面分析，雇佣两三个伙计居住在续书楼中，虽然起到看守藏书的作用，但却对其职责没有进行明确规定。因此，整体来说，伦明藏书虽然管理较为严格，但却疏于制度性规范。历代以来，有关藏书日常管理的著述汗牛充栋，发展至清代，制度已臻于完备。就私家藏书而言，天一阁是一个典型。天一阁于道光九年（1829）制定专门针对藏书楼管理的《范氏禁例》，从藏书楼建筑的建造与维护、管理人员、内部陈设、借阅制度、人员出入制度，以及藏书楼入阁制度等方面进行了详尽的规定，并明确了范氏族人违反禁例后具体的惩罚措施。① 并且，回顾范氏家族的整个藏书历史我们可以发现，范氏家族一直十分注重藏书的保存与保护，并采取各种措施对藏书安全予以保障，范氏子孙后代始终谨守着范钦“代不分书，书不出阁”的家训。相对于以天一阁等为代表的拥有森严、明确的藏书管理制度的私家藏书楼，伦明的续书楼在制度建设方面则显得相形见绌，“人治”的色彩比较浓厚，缺乏制度性的规章制度来规范藏书楼的日常管理与维护。其他的还有阮元的《杭州灵隐书藏记》。② 其次，伦明虽然始终重视藏书的收藏和利用，但对藏书的整理力度不足。除对新购或新抄的藏书进行整理，以及编制简单的藏书目录之外，日常的整理活动较少。续书楼中依伦明随取随用的个人习惯而产生的层层堆叠挤压的皮藏方式也不利于藏书的整理。所以，伦明对藏书整理重视程度不够，客观上也造成了后世对伦明及其藏书进行研究的限制和障碍。

---

① 参见骆兆平编纂：《天一阁藏书史志》，上海古籍出版社 2005 年版，第 16—17 页。

② 参见（清）叶德辉：《书林清话》，广陵书社 2007 年版，第 216—217 页。

第七章　结语

本文以伦明生平及其藏书活动、藏书著述为切入点，通过采用文献调研法、比较研究法和内容分析法等研究方法来开展伦明藏书思想的研究。笔者认为：藏书活动与藏书思想的关系是藏书活动及相关著述直接反映了藏书思想，而藏书思想指导藏书活动的实践并透过藏书活动和相关著述表现出来，两者处于不断互动作用中。伦明藏书活动成就斐然，藏书思想自成一家，两者之间是相辅相成的关系，这值得后世研究和借鉴。伦明的藏书活动取得了为人瞩目的成就，续书楼声名远扬，广获美誉；其藏书思想按藏书活动中的不同环节可以概括为一套自成体系的系统：藏书收集思想、藏书庋藏与保护思想方面以及藏书利用与聚散思想。但从研究角度分析，伦明的藏书活动和思想也存在白玉微瑕：藏书管理疏于制度性规定，藏书整理力度不足等。

囿于笔者研究水平和研究资料的限制，本文难免存在局限和有待进一步改进之处：国外尚未见对伦明及其藏书、藏书思想的研究成果，而国内相关论述绝大多数零散分布于相关学术著作和论文中，专题研究较少，参考资料欠缺。本文从藏书的收集、藏书的保护与庋藏、藏书的利用与聚散等宏观层面进行了研究，总结并归纳了伦明的相关思想和理念。此外，由于藏书思想这一研究主题具有抽象性，伦明藏书思想涉及归纳、总结、评价等定性研究时，所选取的判定标准等存在需要商榷的地方，在概括总结和对比伦明藏书思想的研究过程中可能存在一定的偏差，笔者将在未来的研究中努力改进。

目前可供研究者继续开展研究的选题很多，如伦明个人生平活动的详细研究、伦明个人诗作的鉴赏性和学术性研究、对伦明所收藏的具体藏书细致深入的研究，以及伦明续修四库全书活动的专题研究等。对伦明藏书思想的研究以及藏书思想的比较研究也可以进一步深化、完善，资料搜集的类型和广度可以进一步拓展。在未来的研究过程中，可在把握伦明生平阅历和学术思想以及个人著述的基础上，开展进一步的专题研究，从而丰富和发展与伦明相关的研究。

参考文献

一、专著

［1］徐信符：《广东藏书纪事诗》，商务印书馆 1963 年版。

［2］苏精：《近代藏书三十家》，中华书局 2009 年版。

［3］李雪梅：《中国近代藏书文化》，现代出版社 1999 年版。

［4］傅璇琮、谢灼华主编：《中国藏书通史》，宁波出版社 2001 年版。

［5］谭卓垣、伦明等著，徐雁、谭华军整理：《清代藏书楼发展史 续补藏书纪事诗传》，辽宁人民出版社 1988 年版。

［6］种福元主编：《中国古旧书报刊收藏交流指南》，上海古籍出版社 2002 年版。

［7］中共东莞市委宣传部主编：《影响中国的东莞人》，广东经济出版社 2014 年版。

［8］顾颉刚著，顾洪，张顺华编：《顾颉刚全集》，中华书局 2010 年版。

［9］王钊宇总纂，岭南文化百科全书编纂委员会编：《岭南文化百科全书》，中国大百科全书出版社 2006 年版。

［10］麦群忠、朱育培主编，王振东、王文超副主编：《中国图书馆界名人辞典》，沈阳出版社 1991 年版页。

［11］胡道静主编，陈光贻、虞信棠主纂：《简明古籍辞典》，齐鲁书社 1989 年版。

［12］余章瑞编著：《藏书故事》，北京出版社 2001 年版。

［13］甘桁：《斋名集观》，汉语大词典出版社 2005 年版。

［14］东莞市地方志编纂办公室编：《东莞人物录第 1 辑》。

［15］雷梦水：《书林琐记》，人民日报出版社 1988 年版。

［16］来新夏：《一苇争流来新夏随笔》，广西人民出版社 1999 年版。
［17］吴企明编：《李贺资料汇编》，中华书局，1994 年版。
［18］马嘶：《学人书情》，岳麓书社 2010 年版。
［19］张磊编：《东莞奇人录》，香港中华文化出版社 1994 年版。
［20］王河主编：《中国历代藏书家辞典》，同济大学出版社 1991 年版陈方平、霍桐山、王宏川。
［21］陈广珍、张国梁主编：《蒋楷文集》，香港银河出版社 2002 年版。
［23］黄俊贵主编：《广东省中山图书馆同人文选》，广东省中山图书馆 1992 年版。
［24］申畅、陈方平、霍桐山、王宏川编：《中国目录学家辞典》，河南人民出版社 1988 年版。
［25］李云编：《中国私家藏书清前期及近现代下》，贵州人民出版社 2009 年版。
［26］冀淑英：《冀淑英古籍善本十五讲》，北京图书馆出版社 2009 年版。

二、期刊论文

［1］徐雁：《80 年代以来中国历史藏书的研讨成果概述》，《中国史研究动态》1999 年第 4 期。
［2］徐雁：《芸香浓处多吾辈——〈藏书纪事诗〉行世百年祭》，《图书馆》1998 年第 5 期。
［3］徐雁，谭华军：《〈续补藏书纪事诗传〉前言》，《古籍整理研究学刊》1989 年第 2 期。
［4］刘平：《伦明目录学思想初探》，《图书馆》2014 年第 6 期。
［5］熊静：《伦明先生文献学著述考》，《大学图书馆学报》2014 年第 1 期。
［6］李雅、游雪雯：《藏书家伦明研究述略》，《大学图书馆学报》2015 年第 1 期。

[7] 郝润华、沈畅：《20世纪以来“四库”相关目录的编纂》，《甘肃联合大学学报（社会科学版）》2013年第5期。
[8] 郭万青：《〈书目答问汇补〉“国语”条目疏补》，见首都师范大学电子文献研究所、中国诗歌研究中心、亚洲大学资讯学院：《第四届中国古籍数字化国际学术研讨会论文集》，首都师范大学电子文献研究所、中国诗歌研究中心、亚洲大学资讯学院2013年版。
[9] 熊静：《伦明与〈续修四库全书总目提要〉》，《山东图书馆学刊》2013年第3期。
[10] 关永礼：《旧京书业话“三卿”》，《书屋》2013年第5期。
[11] 章广：《叶昌炽与〈藏书纪事诗〉研究》，福建师范大学硕士学位论文，2013年。
[12] 王洁：《莫伯骥〈五十万卷楼群书跋文〉研究》，河北大学硕士学位论文，2013年。
[13] 栾伟平：《李盛铎与周叔弢的藏书抵押关系小考——兼述北京大学图书馆之钤“周暹”印善本来源》，《图书馆工作与研究》2013年第4期。
[14] 江山：《何多源对图书馆学术的贡献（1930—1949）》，《图书馆论坛》2012年第6期。
[15] 郑玲：《收藏冠冕皖南学问博极风雅——徐乃昌的收藏与刻书》，《大学图书情报学刊》2012年第6期。
[16] 周生杰：《〈辛亥以来藏书纪事诗〉新论》，《社会科学战线》2012年第9期。
[17] 李英珍：《〈藏书纪事诗〉的形成与发展》，《芒种》2012年第16期。
[18] 赵安民：《孙殿起与〈琉璃厂书肆三记〉》，《出版史料》2012年第3期。
[19] 陈东辉：《〈书目答问汇补〉平议》，《大学图书馆学报》2012年第5期。
[20] 荣方超：《从〈书目答问〉到〈书目答问汇补〉：一部“举要

书目”的世纪接力》，《山东图书馆学刊》2012 年第 3 期。
[21] 项晓晴：《中国近代藏书家藏书访集活动的比较研究》，广西民族大学硕士学位论文，2012 年。
[22] 苏全有：《万木草堂藏书考》，《图书馆论坛》2012 年第 3 期。
[23] 王立民：《叶昌炽研究述论》，《社会科学战线》2011 年第 7 期。
[24] 冯汉才：《孙殿起〈贩书偶记〉研究》，河北大学硕士学位论文，2011 年。
[25] 胡林：《近代藏书家李盛铎研究》，江西师范大学硕士学位论文，2011 年。
[26] 张西园：《孙殿起和他的通学斋》，《山东图书馆学刊》2010 年第 6 期。
[27] 刘尚恒：《〈近代藏书三十家〉简评》，《图书馆杂志》2010 年第 9 期。
[28] 温显贵：《孙殿起〈贩书偶记〉的史料价值》，《贵州文史丛刊》2009 年第 4 期。
[29] 杨旭辉：《王謇〈续补藏书纪事诗〉清稿本叙录》，《语文知识》2009 年第 4 期。
[30] 谢灼华：《回顾民国时期古代藏书与近代图书馆史研究》，《图书馆理论与实践》2009 年第 10 期。
[31] 徐寿芝：《民国时期公私藏书的变化与利用》，《图书与情报》2009 年第 2 期。
[32] 杨洪升：《缪荃孙藏书流散考》，《文献》2008 年第 4 期。
[33] 王兴堂：《〈藏书纪事诗〉新论》，《文史杂志》2008 年第 2 期。
[34] 冯玲：《东莞藏书家述略》，《图书馆论坛》2007 年第 5 期。
[35] 翟秀凤：《祁承㸁的藏书思想及理论实践》，《黑龙江史志》2014 年第 19 期。
[36] 宋卫忠，王嘉彦：《北京近代书业经营方式及特点分析》，《北京历史文化研究》2007 年第 2 期。
[37] 萨仁高娃：《有关〈续修四库全书总目提要〉的通信》，《文献》2006 年第 3 期。

[38] 曾洁莹：《广东藏书家的历史地位及其贡献》，《科技情报开发与经济》2006 年第 12 期。

[39] 陈耀盛：《岭南近代私家藏书文化研究》，《图书馆理论与实践》2005 年第 2 期。

[40] 徐苏：《缪荃荪藏书思想研究》，《图书情报研究》2011 年第 1 期。

[41] 程焕文：《建国以来晚清图书馆学术史研究综述》，《图书馆学研究》2003 年第 11 期。

[42] 苏全有：《论黄遵宪的藏书思想》，《山东图书馆学刊》2012 年第 1 期。

[43] 张娟：《清代私家藏书对学术发展的影响》，《吕梁学院学报》2015 年第 2 期。

[44] 黄增章：《广东私家藏书楼和藏书家的地位与贡献》，《中山大学学报（社会科学版）》1998 年第 6 期。

[45] 周生杰：《孟晋超群：叶昌炽藏书研究成就与影响》，《中国矿业大学学报（社会科学版）》2014 年第 4 期。

[46] 周生杰：《论鲍廷博开放的藏书思想》，《国家图书馆学刊》2011 年第 2 期。

[47] 范凤书、张德新：《中国近现代私家藏书评述》，《图书馆杂志》2000 年第 1 期。

[48] 张红燕：《试论刘承幹的藏书思想》，《河南大学学报（社会科学版）》2005 年第 1 期。

[49] 李衍翎：《傅增湘先生藏书思想探析》，《山东图书馆季刊》1992 年第 2 期。

[50] 彭明哲：《〈续修四库全书总目提要〉考略》，《湘潭大学学报（社会科学版）》1994 年第 2 期。

[51] 罗琳：《〈续修四库全书总目提要〉编纂史纪要》，《图书情报工作》1994 年第 1 期。

[52] 刘晓娥：《梁鼎芬藏书活动与藏书思想研究》，湖南大学硕士学位论文，2009 年。

[53] 吉少甫：《中国的琉璃厂和日本的文求堂》，《中国出版》1991年第10期。

[54] 傅振伦：《记目录学家伦明先生二三事》，《文献》1987年第2期。

[55] 伦明：《续修〈四库全书〉刍议》，《古籍整理研究学刊》1986年第2期。

[56] 吴晓明：《〈贩书偶记〉和孙殿起》，《图书馆杂志》1984年第4期。

[57] 茅振芳：《旷古均帙学术真存——略谈〈续修四库全书〉》，《中国图书馆学报》1996年第6期。

[58] 朱文洁：《王同愈藏书活动与藏书思想研究》，《山东图书馆学刊》2013年第1期。

[59] 于丽萍：《20世纪上半期的北京书业发展》，《首都师范大学学报（社会科学版）》2003年第S1期。

[60] 郝天侠：《从富厚堂藏书楼看曾国藩的藏书思想》，《兰台世界》2010年第9期。

[61] 赵玲：《张元济藏书思想研究》，《图书馆界》2005年第3期。

[62] 李雪梅：《近代的南北书肆（下）》，《文史知识》1998年第6期。

[63] 徐雁平，武晓峰：《现代书商和中国典籍的聚散》，《图书馆》1997年第5期。

[64] 张晶晶：《胡应麟的藏书思想、实践及价值研究》，郑州大学硕士学位论文，2012年。

[65] 王晓娟：《〈书林清话〉研究》，湖南师范大学硕士学位论文，2007年。

[66] 黄国声：《广东的藏书家》，《中国典籍与文化》1993年第4期。

[67] 王海明：《瞿氏铁琴铜剑楼藏书散佚毁失初探》，《中国典籍与文化》2002年第1期。

三、报刊及电子资源

[1]《北大斥资亿元回购中国典籍》，《新京报》[2015—12—21] http://epaper. bjnews. com. cn/html/2014—05/04/content_ 509815. htm?div = -1.

[2] 老剑：《书厄十六劫——简谈我国历史上毁书事件》，[2015—12—16] http://blog. sina. com. cn/s/blog_ 40bba8a70102w59a. html.

[3] 刘燕：《千金散去不复来百万藏书泽后世》，《东莞日报》2012—09—18（A20）[2015—12—16]。

[4]《书痴伦明和伦姓》，《揭阳日报》2014—02—24（08）[2015—12—16]。

附录　伦明简谱

1875 年 11 月	伦明在广东东莞望牛墩出生
1897 年	伦明进入县学
1901 年	伦明考取光绪庚子辛丑并科举人
1902 年	伦明进入京师大学堂学习；庚子兵乱后，在北京大规模收书
1907 年	伦明自京师大学堂毕业，清廷分发其任广西候补知县； 返回广东后，收部分南海孔氏三十三万卷楼、番禺何氏、钱塘汪氏等藏书家散佚藏书
1908 年	伦明任广东模范高等小学校长、广西浔州中学堂校长
1910 年	伦明与张伯桢共同主持两广方言学堂教务
1912 年	伦明任广东视学官
1915 年	伦明迁居北京
1917 年 11 月	蔡元培聘请伦明任北京大学法预科教授
1918 年	伦明开设通学斋
1920 年 9 月	伦明从北大辞职，为续修四库闭门读书
1921 年	伦明任北京大学国学研究所诗词教授； 伦明致信陈垣，请校四库
1923 年	伦明担任河南道清铁路秘书长
1925—1934 年	伦明负责编纂东方文化事业委员会编《续修四库全书》的孝经部分
1927 年	伦明任北京大学文学院教授，教授目录学、明清史籍解题等课程，并自编讲义； 伦明赴沈阳参与筹印《四库全书》； 伦明发表《续修〈四库全书〉》刍议

1928 年	伦明赴沈阳协助筹印文溯阁《四库全书》，但最终不了了之； 伦明在《燕京学报》发表《续书楼读书记》
1929 年	陈垣聘请伦明任辅仁大学教授，教授目录学、清儒著述概要等课程； 伦明在《辅仁学志》发表《续书楼藏书记》
1930 年	伦明赴日本东京鉴定斯文会收藏的中国典籍
1930—1937 年	历任北京大学、北京师范大学、燕京大学、辅仁大学、民国学院等校文科教授
1931 年	伦明为东方文化事业委员会代购书籍
1932 年	伦明在《辅仁学志》发表《建文殉国考疑》
1933 年 9 月	伦明发表文章《拟印四库全书之管见》
1934 年	伦明为孙殿起《丛书目录拾遗》作序
1935 年	《辛亥以来藏书纪事诗》成稿
1937 年	“七七事变”后，伦明由北京返回广东； 伦明担任广东省立图书馆（今广东省立中山图书馆）副馆长、岭南大学教授
1938 年	日军侵占广州，伦明返回东莞故里
1944 年 10 月	伦明病卒于广东东莞望牛墩家中
1947 年	遵照伦明生前嘱托，其部分藏书捐赠给北平图书馆（今中国国家图书馆）

（备注：《伦明简谱》依据《伦明全集》等相关研究资料汇集整理而成。）

致　谢

首先，感谢我的导师程焕文教授！感谢程老师在研究生学习阶段对我的谆谆教诲和悉心培养。程老师广博的学识和厚实的学术底蕴、科学严谨的治学态度、精益求精的工作作风给我留下了深刻的印象，使我终生受益。《伦明藏书思想研究》是在程老师的悉心指导下完成的，在论文的选题、研究资料搜集、论文框架设计以及论文撰写、修改和完成的整个研究过程中，均得到程老师的精心点拨和支持。

感谢东莞图书馆馆长李东来老师和参考咨询部张石欣老师在论文研究资料搜集过程中对我的无私帮助和大力支持。李东来老师在得知我正在进行伦明的相关研究之后，非常热情地鼓励我继续深入开展研究，这极大地鼓舞了我的信心。张石欣老师给我提供了极具研究价值的文字及图片资料，对研究的开展和论文的撰写提供了巨大的帮助。

感谢中山大学资讯管理学院各位老师在研究生学习阶段对我的教诲和指导。在各位老师的指导下，通过各项专业课程的学习以及科研工作的锻炼，我的知识储备和研究能力得到了显著的提升。

藏书思想研究是一项十分考验学术功底的研究，对于伦明及其藏书思想的研究而言，我只是一个初学者，囿于个人研究水平，论文中难免有偏颇谬误之处，衷心感谢研究者批评斧正。

张诗阳

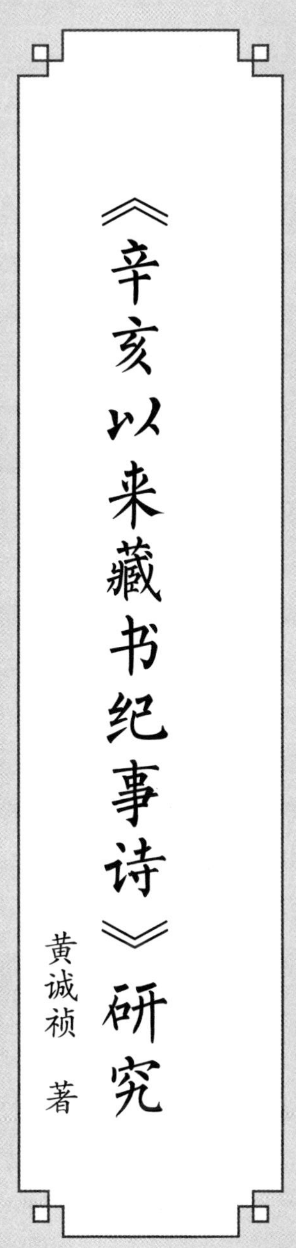

《辛亥以来藏书纪事诗》研究

黄诚祯 著

引言　莫将奇书等闲看

伦明（1878—1944），字哲如，广东东莞人，光绪年间举人，著名藏书家，曾任北京大学、北京师范大学、燕京大学、辅仁大学、岭南大学等高校教授。《辛亥以来藏书纪事诗》是他在 1935 至 1936 年间所撰的藏书纪事诗合集。作为继叶昌炽《藏书纪事诗》之后的又一大力作，伦明的《辛亥以来藏书纪事诗》在藏书纪事诗的发展史上具有承前启后的意义，它不仅远绍前贤，还开示后人（如王謇继之撰《续补藏书纪事诗》）。伦明是书效仿叶昌炽《藏书纪事诗》的体例，以人为中心，以书为线索，概述了清末至民国藏书界搜书、刻书、读书、校书、藏书的盛况，在藏书史上具有不可忽视的地位。然而，如此富有意蕴的奇书在学界虽有好评，但是将之视为研究对象者却寥寥无几，更遑说深入论述其难得的史学价值、绚美的文学特质以及至善的社会意蕴了。有鉴于此，笔者不揣浅陋，斗请诸君——莫将奇书等闲看！

一、研究对象

（一）书名涵义

正如书名所示，《辛亥以来藏书纪事诗》一名蕴三义：

第一义是“藏书”，揭示撰述的主旨在于藏书的聚散离合。

第二义是“辛亥以来”，明确言及是书关注对象的时间上限为 1911 年。

第三义是“纪事诗”，体现其撰述形式的独特性。

不过，细心的读者会发现，伦明是书虽然自称是“辛亥以来”，但是诸如范钦（1506—1585）、纪昀（1724—1805）、谭莹（1800—1871）、谭宗浚（1846—1888）、卢址（1725—1794）、杨以增

（1787—1855）、瞿镛（1794—1846）、丁丙（1832—1899）、李文田（1834—1895）、盛昱（1850—1900）、李希圣（1864—1905）、刘鹗（1857—1909）、景廉（1832—1895）、麟庆（1791—1846）等皆为1911年前已亡故的藏书家，伦明如此命名，岂不矛盾？其实，关于这一点，伦明早有说明：

> 是编定以辛亥后为限；然有其人在辛亥以前而其事征于辛亥以后，如李仲约侍郎，方柳桥太守，已见叶书卷七，但余之得观侍郎书也在己巳（案：指1929年），余之得见李亦元题跋也在癸酉（案：指1933年），则不得不复记于此矣。[①]

据此可知，伦明是以自己所见藏书家之藏书或著述的时间为划分依据，而非完全以藏书家生活之年代为标准，因此显然不是伦明自坏是书的撰述体例。

（二）撰述体例

除44首未刊手稿所记录的20余人外，《辛亥以来藏书纪事诗》共记录藏书家178人，存诗155首。《辛亥以来藏书纪事诗》与叶昌炽《藏书纪事诗》的撰述体例甚为一致：首先，为藏书家撰一首七言绝句。诗歌多数是专述一人，然有时亦数人并论于一诗，其中常有父子并叙（如贺涛与贺葆真）、兄弟并叙（如徐世章与徐世昌）、师徒并叙（如王国维与赵万里）、同行并叙（如孙耀卿与王晋卿）的情况存在。伦明有时还特意为个别藏书家撰写两首诗，如丁日昌、张之洞、李盛铎、傅增湘、张伯桢等。其次，于诗后为藏书家撰写小传。小传一般会交代藏书家的籍贯、生平、爱好、逸闻等信息，重点则在于介绍藏书家的藏书特点、藏书聚散情况及个中缘由。有时，亦会针对藏书界的现象发表自己的看法。

---

① 伦明著，雷梦水校补：《辛亥以来藏书纪事诗》，上海古籍出版社1990年版，第2页。

（三）刊行情况

《辛亥以来藏书纪事诗》原刊于1935至1936年的《正风》半月刊，后来由于《正风》停办，部分手稿尚未发表。此后，《辛亥以来藏书纪事诗》多有抄本在坊间流传。直至1988年，辽宁人民出版社出版了由徐雁、谭华军整理的《清代藏书楼发展史·续补藏书纪事诗传》，这才结束了《辛亥以来藏书纪事诗》的手抄本流传状况。再到1990年，经雷梦水校补，上海古籍出版社首次出版《辛亥以来藏书纪事诗》单行本。随后的1999年，上海古籍出版社又将王欣夫补正的《藏书纪事诗》与雷梦水校补的《辛亥以来藏书纪事诗》合刊为一册出版。同年，杨琥以雷梦水校补本为基础，参校《正风》半月刊，重新点校，并与徐信符的《广东藏书纪事诗》、王謇的《续补藏书纪事诗》合刊为《辛亥以来藏书纪事诗（外二种）》，由北京燕山出版社出版。值得注意的是，1992年，《读书》杂志编辑宋远女士已在《中华文史论丛》（第49辑）发表《辛亥以来藏书纪事诗未刊稿笺注》，不知何故，1999年上海古籍出版社及北京燕山出版社出版的两本书均未收录。到了2012年，《伦明全集》由广东人民出版社出版，首次将伦明未刊的40余首藏书纪事诗手稿收录在书内。这大致就是《辛亥以来藏书纪事诗》在《正风》杂志首次发表，到坊间手抄稿本流传再到单行本正式刊行的情况。[①]

二、研究现状

研究现状，可分两部分予以说明。

首先文本的整理情况。目前虽然有了雷梦水、杨琥等的《辛亥以来藏书纪事诗》整理本，但是其整理仍有未惬人意之处：其一，校勘欠精。据笔者所知，雷梦水整理本自云是以“江公所藏抄本，番禺叶

① 参阅罗志欢著：《伦明评传》，广东人民出版社2014年版，第116—129页。

氏（案：指叶恭绰）节本对勘”[1]，杨琥后出的整理本则是以雷梦水整理本为底本，参校《正风》半月刊原刊本，择善而从。不过，雷、杨二君虽然竭力在复原伦明是书的原貌，但是由于文字排印等因素，其鲁鱼亥豕之处在所难免。作为后出之作，在文字的校订上，杨著能订正雷著个别失误。如《辛亥以来藏书纪事诗·梁思孝》中，雷氏整理本作“无书何用保书架”[2]，其中“书架”一语令人费解。经杨琥查实，伦明注文仅云“书夹”，此“架”实乃“枷”之讹，杨氏遂予以更正。又如李世珍条，雷本作“李士珍”[3]，其实，这里的“士珍”当为“世珍”，李世珍乃李叔同之父，杨琥查证后在注文加以补正。[4]杨著在雷著之后，按理校勘当更臻精密，然而，仔细考察，不难发现情况并非如此：如“四明刘氏抱经楼书之一部分”[5]中“刘”乃“卢”字之误，“卢”实指四明卢址，雷、杨二先生皆一时不察，未遑订正。又如“万人海里人焉廋”句，雷书作“万人海里人焉瘦”，句后云“（瘦）平读”[6]，而杨氏不察亦作“万人海里人焉瘦”[7]。再如平步青条，杨著作“或疑其滥，余则以为高隘。暇拟补之，所增当在二倍以上”[8]，其中“高隘”一词，出语甚怪，查雷梦水校本，“高隘”作“尚隘”，显然，杨著文字乃属形误。诸如此类，俯拾可见：如平步青撰有《国朝文棷题跋》，而杨著误作“《国朝文椰题跋》”[9]；

---

① 伦明著，雷梦水校补：《辛亥以来藏书纪事诗》，上海古籍出版社1990年版，第120页。

② 伦明著，雷梦水校补：《辛亥以来藏书纪事诗》，上海古籍出版社1990年版，第22页。

③ 伦明著，雷梦水校补：《辛亥以来藏书纪事诗》，上海古籍出版社1990年版，第110页。

④ 伦明等著，杨琥点校：《辛亥以来藏书纪事诗（外二种）》，北京燕山出版社1999年版，第132页。

⑤ 伦明著，雷梦水校补：《辛亥以来藏书纪事诗》，上海古籍出版社1990年版，第110页。

⑥ 伦明著，雷梦水校补：《辛亥以来藏书纪事诗》，上海古籍出版社1990年版，第104页。

⑦ 伦明等著，杨琥点校：《辛亥以来藏书纪事诗（外二种）》，北京燕山出版社1999年版，第124页。

⑧ 伦明等著，杨琥点校：《辛亥以来藏书纪事诗（外二种）》，北京燕山出版社1999年版，第124页。

⑨ 伦明等著，杨琥点校：《辛亥以来藏书纪事诗（外二种）》，北京燕山出版社1999年版，第124页。

如谭莹曾为伍崇曜校刊《粤雅堂丛书》，而杨著误作“《粤雅堂最书》”[①]；如章炳麟条，杨著中的“门下气留书七种”[②]，经查，“气”乃“乞”之误；又如丁丙条，杨云“日本岛田翰讥存齐失道，存齐有知，亦何以自解耶”[③]，其实，“存齐”乃“存斋”之误，存斋指的是陆心源；再如“熊译元曾参沈子培安徽幕府”，杨著作“熊泽元曾参沈子培安徽幕府”[④]，一字之差，适成张冠李戴。总之，校勘虽然琐屑细微，但对准确理解《辛亥以来藏书纪事诗》却有着十分重要的作用，切不可掉以轻心。其二，注释不详。相较于雷梦水整理本，杨琥整理本在注释上多有可取之处。杨琥依据现有资料尽量为每一位藏书家补作包括籍贯字号、生卒年月、藏书去向、学术贡献在内的个人简介。然而，囿于资料，关注角度单一，其注释仍有些许遗憾：一是限于目力，对个别藏书家的介绍仍稍嫌简略。比如梁思孝条，杨著云：“梁思孝，广东番禺人。梁鼎芬子。其父逝世后，他将‘梁祠图书馆’藏书六百余箱，捐给广东省图书馆。”[⑤] 现查2001年出版的《中央文史研究馆馆员传略》，不仅可以寻觅到梁思孝本人的照片，而且可见到如下翔实介绍：“梁思孝，以字行，曾用名梁劬，广东番禺人，1892年2月生。父梁鼎芬，清光绪进士，授翰林院编修，曾总办湖北学务，官至湖北按察使。梁思孝毕业于湖北师范学校。民国初年，曾任北洋政府交通部总务厅科员，并以诗文投稿各报馆，讽刺时政，颇受社会赞扬。嗣后因疾耳目失于视听，即停笔，未再出任公

---

① 伦明等著，杨琥点校：《辛亥以来藏书纪事诗（外二种）》，北京燕山出版社1999年版，第23页。

② 伦明等著，杨琥点校：《辛亥以来藏书纪事诗（外二种）》，北京燕山出版社1999年版，第76页。

③ 伦明等著，杨琥点校：《辛亥以来藏书纪事诗（外二种）》，北京燕山出版社1999年版，第13页。

④ 伦明等著，杨琥点校：《辛亥以来藏书纪事诗（外二种）》，北京燕山出版社1999年版，第21页。

⑤ 伦明等著，杨琥点校：《辛亥以来藏书纪事诗（外二种）》，北京燕山出版社1999年版，第32页。

职。喜藏书，父子前后曾将古籍六百余箱捐赠广东图书馆、镇江之焦山、当阳之玉泉山，未取分文。1952 年 8 月被聘任为中央文史研究馆馆员。1981 年 2 月 28 日病故，终年 89 岁。”[①] 参酌增补此番简介，定可为《辛亥以来藏书纪事诗》增色不少。再如伦明诗中的山阳吴怀清、番禺陈之鼐，杨琥注本皆语焉不详。查由华东师范大学出版社影印的《清代官员履历档案全编》即可寻觅不少关于吴怀清的信息，而查《番禺县续志》可补充陈之鼐的一些生平事迹。二是杨氏注释以人为主，多不及诗歌，尤其忽略诗歌的典故出处，这对理解伦明的政治倾向、诗歌的批判意蕴、个人的情感来说皆缺少有力的依据。比如咏张勋诗中“为爱牙签沾御气，顿教髻样变时妆”[②]，系从素来主张以诗歌干预现实的白居易的新乐府《上阳白发人》点化而出，颇具政治批判意味。至于像曾习经这样的遗老，伦明用《史记》中的武王平殷，天下翕然宗周，而伯夷、叔齐不食周粟后饿死首阳山的典故以评[③]，真可谓是温柔敦厚，颇含讽谏。又如咏梁思孝诗中的“葛帔西华境可嗟”[④]，则是典出《南史·任昉传》：“（任昉）有子东里、西华、南容、北叟。西华冬月着葛帔练裙，道逢平原刘孝标，泫然矜之，谓曰：‘我当为卿作计。’”[⑤] 与梁思孝之父梁鼎芬有交情的伦明用此典故，实是委婉细腻地传达出自己对友人后代的关心。诸如此类，杨著皆未注释，有必要予以发覆。三是由于年代记录习惯不同，《辛亥以来藏书纪事诗》多用干支纪年法，而今日读者不免稍费一番筹算才能确知具体年份，并可能因此而忽略诗中所蕴含的重要信息，因此，有必要括注公元纪年，并补充相关史实，以期加深读者对伦明

① 中央文史研究馆编：《中央文史研究馆馆员传略》，中华书局 2001 年版，第 104—105 页。

② 伦明等著，杨琥点校：《辛亥以来藏书纪事诗（外二种）》，北京燕山出版社 1999 年版，第 38 页。

③ 参见（汉）司马迁著，（南朝宋）裴骃集解，（唐）司马贞索隐，（唐）张守节正义：《史记》第 7 册，中华书局 1959 年版，第 2121—2123 页。

④ 伦明著，雷梦水校补：《辛亥以来藏书纪事诗》，上海古籍出版社 1990 年版，第 22 页。

⑤ （唐）李延寿撰：《南史》第 4 册，中华书局 1975 年版，第 1455 页。

诗歌记录史实的印象。例如杨守敬条，伦明云“甲寅入都为参政，卒于乙卯一月。遗书尽归国务院，其家属得七万金。后数月而有筹安会之事”[①]。假若我们稍微补充一些信息的话，似乎更能明了事件的经过：“甲寅（案：1914 年）入都为参政，卒于乙卯（案：1915 年）一月。遗书尽归国务院，其家属得七万金。后数月而有筹安会（案：指杨度、刘师培、严复等人组成的政治团体，支持袁世凯，鼓吹恢复帝制。）之事”。经此番注解，自更能体会伦明诗歌“积来辛苦天宁负，险煞杨云要美新”[②] 所蕴含的政治褒贬意味了。总而言之，学界正期待着一部在文字校勘与词句注释方面均臻于理想的《辛亥以来藏书纪事诗》整理本。

其次是专门探讨《辛亥以来藏书纪事诗》的文章及论著的情况。针对《辛亥以来藏书纪事诗》的专门研究，目前鲜有专著，研究成果多以辞书介绍或单篇论文的形式呈现。关于单篇论文，中国知网涉及伦明《辛亥以来藏书纪事诗》的文章有 20 余篇，剔除无关的论文之后再细加辨析，可以发现：来新夏《读伦明先生致陈垣先生的信件——纪念陈垣先生 130 岁冥诞》[③]、钱昆《伦明与孙殿起交游考》[④] 等文章侧重探讨伦明与他人的交游关系。刘平《伦明目录学思想初探》[⑤]、熊静《伦明与〈续修四库全书总目提要〉》[⑥] 等致力于抉发伦明的文献学学术贡献。李雅、游雪雯《藏书家伦明研究述略》[⑦] 则是综述历年伦明研究的情况。真正以《辛亥以来藏书纪事诗》为研究对象的有 3 篇较具代

---

① 伦明等著，杨琥点校：《辛亥以来藏书纪事诗（外二种）》，北京燕山出版社 1999 年版，第 79 页。

② 伦明等著，杨琥点校：《辛亥以来藏书纪事诗（外二种）》，北京燕山出版社 1999 年版，第 79 页。

③ 来新夏：《读伦明先生致陈垣先生的信件——纪念陈垣先生 130 岁冥诞》，《中国文化》2011 年第 1 期。

④ 钱昆：《伦明与孙殿起交游考》，《图书馆论丛》2016 年第 7 期。

⑤ 刘平：《伦明目录学思想初探》，《图书馆》2014 年第 6 期。

⑥ 熊静：《伦明与〈续修四库全书总目提要〉》，《山东图书馆学刊》2013 年第 3 期。

⑦ 李雅、游雪雯：《藏书家伦明研究述略》，《大学图书馆》2015 年第 1 期。

表性：黄正雨的《伦明与〈辛亥以来藏书纪事诗〉》一方面勾勒了伦明倾心藏书的一生，另一方面指出伦著既全面反映了藏书家的藏书、著述情况，也披露了一些鲜为人知的史料。[①] 周生杰的《〈辛亥以来藏书纪事诗〉新论》从三个层面考察了伦明撰述此书的背景，一是仿效叶氏著作，二是热心于藏书，三是藏书形势的改变。他认为其书特点有三，其一是在继承叶昌炽著作的基础上有所发展，其二是记载了诸多藏书家，其三是藏书家中广东籍为多。[②] 而在《论藏书纪事诗的学术价值及文学史意义》一文中，周生杰更指出藏书纪事诗作为诗、史传统的产物，一方面具有可纵述藏书渊源递嬗等方面的史学价值，另一方面又颇富个人色彩的艺术价值。[③] 不过，由于此文是总论性质，故在结合《辛亥以来藏书纪事诗》文本来解读其诗学与史学价值方面显得较为单薄。据了解，目前专门以伦明为研究对象的专著仅有暨南大学罗志欢的《伦明评传》一书。相较于冼玉清《记大藏书家伦哲如》与孙殿起口述、雷梦水整理的《伦哲如先生传略》等回忆性文章，《伦明评传》的资料更翔实，论述更全面，堪称近年来伦明研究最见功力的专著。值得注意的是，罗氏书中辟有“以诗纪书——《辛亥以来藏书纪事诗》”一节，专门介绍伦氏此书的版本刊行、著述体例与后续影响等情况。[④] 这些论述，出言有据，言之成理，然限于《伦明评传》重在介绍其人的体例，罗氏之论，未能充分展开。

综上可以发现，学界对《辛亥以来藏书纪事诗》的研究或是偏重介绍其撰述体例与撰述特点，或是将之纳入藏书纪事诗发展的整体历史予以考察，而在联系伦明的生平来探讨该书的撰述机缘，结合时代背景来介绍该书的史料价值，依据文本来探讨该书的艺术价值与社会意蕴等方面尚显薄弱。而这薄弱之处，正是发掘《辛亥以来藏书纪事诗》独特价值的学术进路。

---

① 黄正雨：《伦明与〈辛亥以来藏书纪事诗〉》，《图书馆论坛》1995 年第 5 期。

② 周生杰：《〈辛亥以来藏书纪事诗〉新论》，《社会科学战线》2012 年第 9 期。

③ 周生杰：《论藏书纪事诗的学术价值及文学史意义》，《文学遗产》2015 年第 2 期。

④ 罗志欢著：《伦明评传》，广东人民出版社 2014 年版，第 116—129 页。

第一章　学术因缘：其来有自

历来学人关注伦明《辛亥以来藏书纪事诗》一书，多习惯于将之纳入藏书纪事诗创作的谱系之中予以考察。比如上海古籍出版社刊行的《辛亥以来藏书纪事诗》于“出版说明”中就指出：

> 叶昌炽《藏书纪事诗》首创了我国有诗有叙，综述藏书家渊源递嬗之独特体例，风靡所及，历来为士林所推重。惜此书搜集清季藏书家，遗珠尚多。辛亥以来，尤为阙如。缘是续补者竞起仿效，各逞千秋。其间以吴则虞《续藏书纪事诗》，王謇《续补藏书纪事诗》，徐信符《广东藏书纪事诗》等，差可媲美。然吴氏、王氏成书较晚，徐氏记载仅限于广东一隅，若以成书早而又不限于一地论，当推伦明《辛亥以来藏书纪事诗》见长。①

嗣后的1999年，北京燕山出版社出版的《辛亥以来藏书纪事诗（外二种）》前言中，亦有类似的说法：

> 清末学者叶昌炽《藏书纪事诗》首创了有诗有传，综述藏书家渊源递嬗之独特体例，为士林所推重，缘是而续补者竞起仿效。其间以伦明《辛亥以来藏书纪事诗》、徐信符《广东藏书纪事诗》、吴则虞《续藏书纪事诗》、王謇《续补藏书纪事诗》等，与叶著比肩。②

① 伦明著，雷梦水校补：《辛亥以来藏书纪事诗》，上海古籍出版社1990年版，第1页。

② 伦明等著，杨琥点校：《辛亥以来藏书纪事诗（外二种）》，北京燕山出版社1999年版，第1页。

正如二书所指出，伦明之书乃系踵步叶氏《藏书纪事诗》之作，其渊源固是有自。然而，是书之学术因缘，是否仅限于此呢？在探究《辛亥以来藏书纪事诗》撰述背景方面，罗志欢、周生杰等贡献良多。[①] 笔者即试图在他们研究的基础上说明除文体渊源之外，诗、史合一的文化传统、图籍飘零的动荡时代、超俗好书的岭南风尚、重文轻财的家学庭训、教学相长的师友交往于伦氏此书的撰述亦有甚大关涉。

第一节　诗、史合一的文化传统

自叶昌炽撰《藏书纪事诗》之后，藏书纪事诗遂自成一体。在写作形式上，我们可以看到伦明自觉模仿叶氏的写作体例：先撰一首七言绝句，以介绍藏书家的藏书及其为人风范；继而在诗后讲述所见所闻或引用典籍来加以证实，并不时发表自己对藏书家其人、其书、其学的评论。而在《辛亥以来藏书纪事诗》中，伦明亦不忘再三向叶昌炽这位首开风气的前贤致以敬意，以示追随之志。

他先是在“自序”中言明仿效叶书体例，并加益补之意：

> 长洲叶鞠裳提学《藏书纪事诗》六卷，元和江建霞刻于《灵鹣阁丛书》中。其后鞠裳自为改订，并增一卷自刻之，时宣统二年也。其书自四卷以下，皆清人。七卷附录中，有清人十一，都三百二十九人，余读而少之，为益数十人。辑录粗就，尚待润色。依例叶书……[②]

---

① 关于伦明家世情况，请参见罗志欢：《伦明评传》，广东人民出版社 2014 年版，第 1—64 页。至于伦明撰述此书的背景，可参见周生杰：《〈辛亥以来藏书纪事诗〉新论》，《社会科学战线》2012 年第 9 期。

② 伦明著，雷梦水校补：《辛亥以来藏书纪事诗》，上海古籍出版社 1990 年版，第 1 页。

继而撰“叶昌炽”藏书纪事诗，将之置于是书殿首，开篇明意：

芸香浓处多吾辈，广觅同心叙古欢。[①]

再则，他在诗后的小传中说：

> 叶鞠裳学政昌炽，精目录金石之学，所著《藏书纪事诗》《语石》《邠州石室录》《诗文集》，俱梓行。近始见其《缘督庐日记钞》，凡平生所得及所见之书及金石，俱详载其中。晚岁居上海，所见古书尤博。……余尝补君《纪事诗》数十人，今又拟《辛亥以来纪事诗》若干人，识陋才拙，狗尾之续，惭恧而矣。[②]

于此，伦氏虽然旨在说明叶氏学问渊博，涉猎广泛，并一再谦逊地表示自己才疏学浅，但是其宗法叶氏之意却非常明显。饶有意味的是，听闻山西有不少人家能够谨守先代遗留下来的图籍，伦明大加赞赏云：

> 殷亮才、冯子训、郭象昇诸君，俱好古，而所得克副其志，此可补鞠裳之憾矣。[③]

如此看来，一般人是一篇之中“三致意”，而伦明在此书中“四致意”，就文体的渊源而言，视伦明为叶昌炽《藏书纪事诗》的“衣钵传人”洵为不虚。

不过，倘若我们仅仅从撰述形式与关注对象两个维度来比较《藏书纪事诗》与《辛亥以来藏书纪事诗》的异同，不免拘泥于二者诗传合一的体例、专属藏书流散的旨趣之“同”，与一近通代之《史

① 伦明著，雷梦水校补：《辛亥以来藏书纪事诗》，上海古籍出版社 1990 年版，第 1 页。

② 伦明著，雷梦水校补：《辛亥以来藏书纪事诗》，上海古籍出版社 1990 年版，第 1 页。

③ 伦明著，雷梦水校补：《辛亥以来藏书纪事诗》，上海古籍出版社 1990 年版，第 99 页。

记》，一似断代之《汉书》的“异”，似乎忽略了蕴藏在二书里更为深远而重要的人文传统：“诗史传统”。

我国是一个重视诗歌的国度，也是一个重视历史的国家。如此一来，诗歌与历史结合的产物“诗史传统”就变得尤为独特。历史上较早自觉将诗歌与历史巧妙地结合在一起的，是杜甫。自杜甫之后，理论界阐扬“诗史传统”者甚多，诸如孟棨、钱谦益，其后的陈寅恪、缪钺，高扬“诗史互证”的阐释方法。鉴于学界论述已多，下面仅就杜甫与黄庭坚的文学创作略举两个例子，以说明诗以纪人、纪事之文化传统早已有之。杜甫涉重大历史事实的诗歌我们不必一一列举，下面且看《饮中八仙歌》。其诗曰：

> 知章骑马似乘船，眼花落井水底眠。
> 汝阳三斗始朝天，道逢麹车口流涎。
> 恨不移封向酒泉，左相日兴费万钱。
> 饮如长鲸吸百川，衔杯乐圣称避贤。
> 宗之潇洒美少年，举觞白眼望青天。
> 皎如玉树临风前，苏晋长斋绣佛前。
> 醉中往往爱逃禅，李白一斗诗百篇。
> 长安市上酒家眠，天子呼来不上船。
> 自称臣是酒中仙，张旭三杯草圣传。
> 脱帽露顶王公前，挥毫落纸如云烟。
> 焦遂五斗方卓然，高谈雄辩惊四筵。[①]

从形式上看，杜甫此诗与藏书纪事诗有几点区别：第一，杜甫在此是以诗写人，并不具备诗、传合一的体例。第二，就所咏叹的对象与诗句的篇幅来看，相较于藏书纪事诗的齐整，杜诗的分配是不均的：贺知章 2 句，李琎 3 句，李适之 3 句，崔宗之 3 句，苏晋 2 句，李白 4 句，张旭 3 句，焦遂 2 句。然而，从内容上看，此诗的线索是

① 萧涤非主编：《杜甫全集校注》第 1 册，人民文学出版社 2014 年版，第 137 页。

甚为分明的，它以一个“酒”字，将八人紧紧地关联在一起。从诗句中，我们虽然看到的是长安街头的八位醉态十足的诗人，但是，细细品味不难发现，在这八个醉客背后伫立着一个清醒的诗人杜甫。[①] 诸如“道逢麴车口流涎”“饮如长鲸吸百川”“举觞白眼望青天”“醉中往往爱逃禅”“长安市上酒家眠”“脱帽露顶王公前”“高谈雄辩惊四筵”[②] 这样的诗句，何尝不可视为“醉客纪事诗”？很显然，杜甫描摹了贺知章等八位诗人的醉态风神，而当我们参阅新旧《唐书》时，不难得出这样的认识：这就是“醉客纪事诗”——以醉客的不能自拔彰显盛唐隆盛表象下危机的兆萌。

再看黄庭坚的一首小诗《陈留市隐　元祐二年秘书省作》：

市井怀珠玉，往来终未逢。
乘肩娇小女，邂逅此生同。
养性霜刀在，阅人清镜空。
时时能举酒，弹镊送飞鸿。[③]

在此诗的开头，其实还有一个小序：

陈留江端礼季共曰：陈留市上有刀镊工，年四十余，无室家子姓，惟一女，年七岁矣。日以刀镊所得钱与女子醉饱。醉则簪花吹长笛，肩女而归。无一朝之忧，而有终身之乐，疑以为有道者也。陈无己为赋诗，庭坚亦拟作。[④]

---

① 参见程千帆：《一个醒的和八个醉的——杜甫〈饮中八仙歌〉札记》，《中国社会科学》1984 年第 5 期。

② 萧涤非主编：《杜甫全集校注》第 1 册，人民文学出版社 2014 年版，第 137 页。

③ （宋）黄庭坚著，刘琳等点校：《黄庭坚全集》第 1 册，四川大学出版社 2001 年版，第 130 页。

④ （宋）黄庭坚著，刘琳等点校：《黄庭坚全集》第 1 册，四川大学出版社 2001 年版，第 130 页。

倘若我们稍作变换，置序于诗后，则视为“镊工纪事诗”又有何不可？当然，就诗歌的形式而言，藏书纪事诗是诗歌与小传的结合，上引黄庭坚诗为诗与序文的结合，此乃二者形式上的区别。就文体功用来看，黄氏小序旨在说明诗歌撰述的原因以及诗中主人公的状况，以供读者了解此诗，而藏书纪事诗的小传多数非但是旨在说明诗中主人公之风采，更是着重于说明藏书家之著述以及所藏文献之情况。

需要说明的是，以上所举二例，不过是想借助一些形式相近的诗歌来说明“诗史传统”之影响深远，如果说藏书纪事诗的源头可追溯到此二诗，自然是皮相之论。不过，从以上比较中，我们其实可以得出这样的结论：就文体渊源来看，叶昌炽的《藏书纪事诗》显然是伦明《辛亥以来藏书纪事诗》的“父系传本”，然而，就创作的本质而言，“诗史传统”乃是孳生此一文体的“嫡系祖本”。在诗、史合一的文化传统影响下，藏书纪事诗以诗歌的形式，讲述藏书家的奇闻逸事，追踪典籍的聚散离合，无疑是在记录“书”的历史。从诗与史的关系来看，它所注重的不是文学的虚构性，而是文学的纪实性；它所注重的不仅仅是作者本人的情感流露，而是强调诗句文学审美形式背后客观的讲述与理性的评论。正如麦克卢汉所言，“媒介即信息”，艺术的媒介设定奠定了艺术品的审美品格，而这外在的审美形式恰好折射出作家本人独特的审美取向。[①] 从这个意义上讲，《辛亥以来藏书纪事诗》的独特之处并不在于讲述历史，而在于其以诗文相参的文体形式讲述了清末至民国一大批藏书家及其藏书聚散离合的真实历史。这正是伦明对杜甫所等奠定的“诗史传统”的呼应。[②]

① 参见麦克卢汉：《理解媒介》，商务印书馆 2000 年版，第 33 页。

② 罗志欢先生曾指出：“他（伦明）在辅仁大学文学院开设‘历代诗代表作品’‘诗专家研究’课，专门讲授杜诗，他认为杜诗‘集前代之大成，开后来之宗派’，其许多诗作与杜诗气味相近，受之影响很深。”见《伦明评传》，广东人民出版社 2014 年版，第 196—197 页。

第二节　图籍飘零的动荡时代

假若说浸染于重视诗歌与历史的文化传统，叶昌炽与伦明共同发扬了藏书纪事诗这一独特文体，那么，图籍飘零的动荡时代，则为伦明提供了特定的写作素材。

19 到 20 世纪，国门洞开，西方列强用武力强行敲开了原本戒备森严的宫殿，掠夺了无数璀璨夺目的珍宝，其中，自然也包括凝聚着古人智慧的典籍。外国军队肆意掠夺，以至于“海外学者，盛倡东方文化，自大学图书馆以逮私人，所需无限量”[①]。请人四处代购，允为学术需求，尚在情理之中，但一些附庸风雅之辈，不怀好意之徒，孜孜于名，汲汲于利，也加入了坑蒙拐骗的“掠书”“祸书”洪流之中。正如伦明在“自序”中所言：

> 廿余年来，为变甚剧，掠书之贾，始河南北，山东西，渐推及苏浙皖赣，又渐推及川陕闽粤，极于滇桂，挨家而索，等于竭泽。百数十年之积蓄，尽于一旦；万数千里之输运，集于一隅。犹未已也，涵芬楼靡于非意料之烈弹，海源阁劫于无意识之战火，犹可委曰，天灾时势，无可如何。乃一家奴耳，能罄丁持静之全；一鼠窃耳，能分范天一之半：是则人谋之不臧矣。[②]

从这些语带激愤的描述中，我们不难想见彼时全国书籍飘零的窘况。不过，如果说以上所言，仅仅是着眼于对全国的情况作一鸟瞰，仍不足以反映情况的严重的话，那么，下面我们不妨把目光稍稍集中一些，看看 1929 年前后伦明眼中北京书业的兴衰变化：

① 伦明著，雷梦水校补：《辛亥以来藏书纪事诗》，上海古籍出版社 1990 年版，第 124 页。

② 伦明著，雷梦水校补：《辛亥以来藏书纪事诗》，上海古籍出版社 1990 年版，第 1 页。

京师为人文渊薮，官于斯者，多由文学进身，乡会试之士子，比年一集。清季变法，京朝官优给月俸，科举虽废，高级学校相继立，负笈来者尤众，以故京师书业甲全国。辛亥以还，达官武人，豪于赀，雅慕文墨，视蓄书亦为挥霍之一事。而海外学者……就地之书不足给，于是搜书之客四出……余尝慨叹，竭泽而渔，不出十年，故书尽矣。近年往者渐稀，盖所得不偿所费，因之相戒裹足，而书值日趋于昂，不知者诧良贾居奇，深识者信种子将绝矣。[①]

由是可知，处在鼎革时代，藏书流散的速度明显加快，而附庸风雅的达官贵人掺和，使得原已堪忧的书籍存藏更陷入被动。我们从伦明《纪事诗》中张勋的作为，就可窥见一斑了：

将军事事志尊王，识字无多学不荒。
为爱牙签沾御气，顿教髻样变时妆。[②]

“顿教髻样变时妆”，表面看来，此句是从白居易《上阳白发人》“小头鞋履窄衣裳，青黛点眉眉细长。外人不见见应笑，天宝末年时世妆”[③] 点化而出。饶有意味的是，1951 年陈寅恪撰《文章》一诗，亦用此一“古典”，云“白头宫女哈哈笑，眉样如今又入时”。[④] 然而，与陈氏的“今典”讥讽彼时学者的趋炎附势、立说争宠不同，伦明用此典显然是将矛头明确指向张勋之不学无术、败坏时风：

辛亥后，武人拥厚资，大治宫室，以图书供点缀，惟张少轩将军勋，自有宗旨。所收书以殿本为限，殿本书又及百册者为

① 伦明著，雷梦水校补：《辛亥以来藏书纪事诗》，上海古籍出版社 1990 年版，第 124 页。
② 伦明著，雷梦水校补：《辛亥以来藏书纪事诗》，上海古籍出版社 1990 年版，第 29 页。
③ （唐）白居易著，顾学颉校点：《白居易集》，中华书局 1979 年版，第 59 页。
④ 参见胡文辉：《陈寅恪诗笺释》，广东人民出版社 2008 年版，第 599 页。

> 限。书坊觊其重值，就不及百册者，每页中垫以纸，一册可分装二三册，张亦不细审也，自是遂成风气。其始犹用细洁之纸，渐且以粗劣者代之矣。其始但施于贵重之书，渐且普通之书亦为之矣。购者亦知其弊，吝不增价，而积习牢不可破，今沪浙尽效颦，甚矣，坏习之易移人也。[①]

于此可见，由于政局的变动，一些不学无术之辈的地位发生改变，其特殊喜好亦对藏书界的风气产生不良影响。不过，辩证来看，所谓国家不幸诗家兴，这样的动荡局面，对于伦明来说，具有了如下的写作机缘。

首先，动荡局面的出现，一些私家藏书不免星散，一些熟人藏书的流落，自然引发伦明的感叹。《辛亥藏书纪事诗·孔昭鋆》诗后小传即云："岳雪楼书未散时，先取其佳本以归。有南园别业，饶花木之胜，余尝陪觞咏于此者数矣。不数年，家亦骤落，季修（孔昭鋆）郁郁死。南园已易主为酒家。岁戊午，余在广州麦栏街邱某家，见宋椠王右丞、孟浩然、韦苏州诸集，旧抄《宋十二家文集》，毕秋帆、钱竹汀诸家校《资治通鉴》等书，并宋拓兰亭书画多种，皆孔氏抵债物，转数主而至邱也，为怃然久之。"[②] 基于此番见闻，伦明作诗云："珍本分来岳雪遗，南园觞咏可胜思。他家玉貌惊初见，却是悲秋含怨时。"[③]

其次，私家藏书的散佚流落，他有了亲睹难以寻觅稀见版本的机会。如他寻书至河南清化，"有极罕觏者，毛尚书昶熙家物也"。[④] 又如山东聊城杨以增以海源阁藏书知名，经核对，其有海内孤本468种：宋本120种，明本33种，元本83种，校本141种，抄本91种。

---

① 伦明著，雷梦水校补：《辛亥以来藏书纪事诗》，上海古籍出版社1990年版，第29页。

② 伦明著，雷梦水校补：《辛亥以来藏书纪事诗》，上海古籍出版社1990年版，第9页。

③ 伦明著，雷梦水校补：《辛亥以来藏书纪事诗》，上海古籍出版社1990年版，第9页。

④ 伦明：《续书楼藏书记》，见伦明著，雷梦水校补：《辛亥以来藏书纪事诗》，上海古籍出版社1990年版，第125页。

然而由于战乱，其书星散于保定、济南诸地。伦明即于傅增湘处见到杨以增所藏的“四库底本《韩文举正》等若干种”[①]。

再次，得遇稀见版本以及未刊著作，让伦明具备了判断他人藏书丰歉的眼光以及评骘著述水平高低的底气。如伦明评叶德辉云：“清话篇篇掇拾成，手编藏目不曾赓。相逢空有抄书约，隔岁俄闻遭枪崩。”[②] 语带戏谑，其实是追忆自己与叶德辉有过互抄书目以互换所有（彼此书目以页数相等为准）的约定。伦明履约复信，而后叶德辉未能回复，伦明以此判断叶氏所藏未丰，此为“相逢空有抄书约”的由来。至于“清话篇篇掇拾成”，是认为“（叶德辉）见古本不多，所著《书林清话》《余话》，大率撮自诸家藏书志。自编《观古堂书目》，亦无甚佳本。据云尚有《续目》，未编成，君殁后见其《郎园读书志》，不过如是，勿刊可也。然君素精小学，辑录各书，具有条理，但版本目录，非所长耳。”[③] 当然，这里需要注意：叶德辉乃著名的藏书家、版本目录学家，伦明仅凭借一封信未复便断言叶氏所藏未丰，似嫌武断；而又谓叶氏享誉学界的《书林清话》《书林余话》为抄掇之作，更有文人相轻之嫌。不过，以素存续修“四库全书”之志的伦氏所见之广博，其所评所论，亦非无的放矢。

综合以上来看，举世之“书厄”，对伦明来说，似乎成为了一种“幸运”。君不见，伦明听闻藏书家之事迹，多入其诗乎？君不见，伦明虽然未能尽得诸藏书家珍视之秘本，然诸多宋刊元本却因伦氏的记载而有了可以寻觅的踪迹？职是之故，对那些秘刊异本散佚的藏书家而言，毕生精力所系之秘笈随时代而飘零，后人不可轻易一睹，伦明之幸抑或是他们之幸？正如刘勰所言，“文变染乎世情，兴废系乎时序”[④]，动荡时代给诸多藏书家以万厄，而这万厄适生一《辛亥以来藏书纪事诗》。

---

① 伦明著，雷梦水校补：《辛亥以来藏书纪事诗》，上海古籍出版社1990年版，第5页。

② 伦明著，雷梦水校补：《辛亥以来藏书纪事诗》，上海古籍出版社1990年版，第117页。

③ 伦明著，雷梦水校补：《辛亥以来藏书纪事诗》，上海古籍出版社1990年版，第117页。

④ 刘勰著，范文澜注：《文心雕龙注》，人民文学出版社1958年版，第675页。

第三节　超俗好书的岭南新风

岭南自古是贬谪之地，远如汉代的冷褒、毋将隆，三国至隋代的虞翻、薛道衡等人姑且不言，即以唐朝为例，遭受贬谪的即可列出一份令人瞩目的名单：王义方、崔仁师、褚遂良、宋之问、沈佺期、杜审言、张说、卢藏用、王昌龄、韩愈、刘禹锡、李德裕、李商隐等[①]。由是视之，当时岭南是“文人的输入地”而非“文人的输出地”，被视为“文化荒漠”当有其“依据”。不过，随着全国经济中心的南移，明清以后，岭南逐渐成为税收大户、镇守要地，既走进了阮元、张之洞这样著名的学问家兼政治家，也出现了黄佐、梁储、张萱、陈琏、梁朝钟、屈大均、吴荣光、曾钊、吴兰修、丁日昌、伍崇曜、谭莹、谭宗浚、潘仕成、陈澧、李文田、孔广陶、康有为、梁启超、黄遵宪、黄节、叶公绰等藏书家、学问家，更是诞生了持静斋、粤雅堂、广雅书院、广雅书局、岳雪堂、万木草堂等著名印书、藏书的胜地。[②] 这些说明，伦明及其续书楼的存在，其实与明清以来超俗好书的岭南新风尚有极大关联。故而考察岭南超俗好书风尚的形成原因，有助于我们了解《辛亥以来藏书纪事诗》的撰述机缘。那么，岭南喜好藏书、刻书的风尚是如何形成的呢？笔者以为，从藏书家的身份来看，以下几个因素值得注意。

第一，政府大员的积极推动。

近代岭南藏书史上，有两位政治人物值得重视。第一位是阮元（1764—1849）。作为大学问家兼政治家，阮元在清代享有盛誉，《清史稿·阮元传》谓：“（阮元）身历乾、嘉文物鼎盛之时，主持风会

① 曾大兴：《文学地理学研究》，商务印书馆 2012 年版，第 244—245 页。

② 参见伦明等著，杨琥点校：《辛亥以来藏书纪事诗（外二种）》，北京燕山出版社 1999 年版。

数十年，海内学者奉为‘山斗’焉。”[①] 所谓“山斗”，即学界的“泰山北斗”，可见其卓然挺立、众星拱月之“汉学殿军”风范。嘉庆二十二年（1817），阮元主政两广，开始不遗余力地推动文化的教育与普及事业。他一则开办学海堂，汇聚不少名儒耆硕以充学堂之师资，招收众多有志青年以续读书之种；二则邀请江藩、吴应逵等续修《广东通志》，赓续岭南文史之命脉；三是刊印典籍，如刊印收录183种重要著作的《皇清经解》。这些有力举措，对培育岭南的重文兴教、藏书备用的风气起到极大的促进、推动作用。

第二位则是在文教上有意效法阮元的张之洞。张之洞（1837—1909），字孝达，号香涛，为洋务运动的中坚人物，倡导“中学为体，西学为用”之说。张之洞素好藏书，伦明称其“每日暮，必驱车至琉璃厂，满载而返，临去，至罄橐不能给价”[②]，其于书籍之钟情可见一斑。光绪十五年（1889），张之洞总督两广，于广州城西彩虹桥创办广雅书院。对学生，张氏悉心关怀：“选高材生、肄业诸生，各给必读书若干种，听其点勘，名曰斋书。又广购巨帙精椠，储之一楼，供诸生参阅。刊有《广雅书院藏书目》二册。”[③] 对刻书，更是求贤若渴：“督粤日，开广雅书局刻书……前后司校勘者，有武进屠敬山师寄、会稽陶心云濬宣、元和王捍郑仁俊、长洲叶鞠裳昌炽诸人，皆一时之彦也。”至刊书重点，“（张之洞）所刻多乙部切用之书。盖之洞雅慕阮文达，文达创学海堂，之洞亦创广雅书院；文达刻解经诸书，之洞则刻考史诸书，不相袭而遥相师也。”[④]

确如伦明所言，阮元刊书重在经学，张之洞刻书偏取史学，此乃时势流风不同所致，至于教育方针，自有其宗旨不离、一脉相承之处。岭南一隅有这样政见相近的政府大员倡导力行，文教渐隆自是顺理成章。有必要指出，除了阮元、张之洞这样的封疆大吏重视文化教

---

① 赵尔巽等：《清史稿》第36册，中华书局1977年版，第11424页。

② 伦明著，雷梦水校补：《辛亥以来藏书纪事诗》，上海古籍出版社1990年版，第18页。

③ 伦明著，雷梦水校补：《辛亥以来藏书纪事诗》，上海古籍出版社1990年版，第17页。

④ 伦明著，雷梦水校补：《辛亥以来藏书纪事诗》，上海古籍出版社1990年版，第37页。

育工作之外，一些地方官员亦嗜好藏书："光宣间，粤吏多好收藏，如姚布政觐元、陆兵备心源、王观察秉恩、沈提学曾桐、蒋运使式芬、汪知府大钧、莫知府棠、裴县令景福及子展辈皆是。"[①] 故而，伦明"岭南有吏都超俗，但论收藏趣自佳"[②] 并非虚言，足征一地嗜书之风尚。

第二，开明富绅的积极参与。在《广东藏书纪事诗》中，徐信符列举了数十位自明代以来的广东藏书家。其中，有几位藏书家的身份比较独特。他们便是伍崇曜、潘仕成、易若谷、孔广陶、辛耀文、潘宗周。[③] 说他们身份特殊，在于他们除了是藏书家之外，还是富甲一方的乡绅。事实上，藏书虽属雅事，但若非出于自身的爱好或实际的研究需要，实难负荷此种靡费钱币之事。然而，刊书、藏书并非全然无利、无名可图之事。

首先，书籍作为物质商品的一种，有识见的商贾自可于刊书、藏书、搜书、售书中收获良多，此为当注意者一。其次，刊书、藏书并非全然无名可获之举。张之洞即曾指出即使无学术造诣可言之人亦可通过资助校书、刊书而流芳百世，此为当注意者二。复次，我国历来有"耕读并行，诗礼传家"的传统。一般家族倘若拥有大量藏书，一来可以为子弟求学提供便利，二来可以显示良好的家学传承，此为当注意者三。再则，收藏古籍除了可成接近权贵、攀缘风雅的"终南捷径"外，亦是一种变样的炫富夸财之举，可满足一些人的夸耀心理，此为当注意者四。

不过，一般豪绅即使有殷实的家产，也未必肯轻易在藏书上浪掷，如伍、潘、易、孔等巨贾坐拥万贯家财仍致力于追求精神财富，堪称难得。如前举的伍崇曜，"字元薇，号紫垣，南海人。以洋商起

---

① 伦明著，雷梦水校补：《辛亥以来藏书纪事诗》，上海古籍出版社1990年版，第37页。

② 伦明著，雷梦水校补：《辛亥以来藏书纪事诗》，上海古籍出版社1990年版，第37页。

③ 参见伦明等著，杨琥点校：《辛亥以来藏书纪事诗（外二种）》，北京燕山出版社1999年版。

家，轻财好客，搜藏古籍”[①]，遂有粤雅堂存焉。又如潘仕成，“字德畲，番禺人。道光年间盐筴致富，以副贡捐输，钦赐举人。官至两广监运使。潘氏收藏，名与伍氏埒，在广州筑海山仙馆，有水木清华之胜”[②]。再如广州为重要的通商口岸，以“七十二行”闻名全国，其中易氏若谷为重要行商之一，富且好藏书，于是遂有目耕堂。至于孔广陶，“字少唐，南海人。以盐业起家，富收藏，家居广州南关太平沙。藏书处曰‘三十三万卷书堂’，其楼曰‘岳雪楼’”[③]。再有辛耀文，字仿苏，广东顺德人，“家豪于资，先世在香港，以糖业起家。光绪晚年，挟十数万金，游京师……广收名画古书……旋归粤，由登云阁主人骆浩泉作介，搜罗孔氏岳雪楼散出之书。又得香山何佩舫家书，粤垣藏书，自孔、方二家衰替后，继起者，不得不推辛氏矣”[④]。

第三，学人治学的内在需求。

假若说政府要员兴办学堂、刊印书籍是为了促进地方文教事业的隆盛，地方乡绅建造书楼、广揽群书是为了秉承“诗礼传家”的传统、谋取外在声誉，那么，那些有“为天地立志，为生民立道，为往圣继绝学，为后世开太平”[⑤] 雄心的学者广购群书就是为了满足精神上的需求了。在岭南，这样的学者并不少见。

我们不妨先看看陈澧（1810—1882）的读书与著述情况。1982年，钟旭元、许伟建撰有《东塾先生读书著述年表》，述之甚详，兹以表格的形式节录如下[⑥]：

---

① 伦明等著，杨琥点校：《辛亥以来藏书纪事诗（外二种）》，北京燕山出版社 1999 年版，第 264 页。

② 伦明等著，杨琥点校：《辛亥以来藏书纪事诗（外二种）》，北京燕山出版社 1999 年版，第 267—268 页。

③ 伦明等著，杨琥点校：《辛亥以来藏书纪事诗（外二种）》，北京燕山出版社 1999 年版，第 292 页。

④ 伦明等著，杨琥点校：《辛亥以来藏书纪事诗（外二种）》，北京燕山出版社 1999 年版，第 296 页。

⑤ （宋）张载著，章锡琛点校：《张载集》，中华书局 1978 年版，第 320 页。

⑥ 钟旭元、许伟建：《东塾先生读书著述年表》，《学术研究》1982 年第 5 期。

陈澧读书、著述年表

时间	读书、著述及当年主要大事	时间	读书、著述及当年主要大事
1810	出生	1849	修订《公孙龙子注》
1816	入私塾，开始读《论语》	1853	读《晋书》《周礼》《孝经》
1818	读《论语》《大学》《中庸》《孟子》	1854	读《周礼注疏》，撰《汉儒通义》
1819	读《孟子》《诗经》《周易》《尚书》	1855	撰《初学篇》
1820	读《尚书》《礼记》	1856	编修《番禺县志》，读《列子》《南史》《周礼注疏》
1822	读《左传》	1858	读《礼记》，撰《学思录》
1827	于粤秀书院肄业，问学于张南山、侯君谟两位先生	1861	读《新唐书》《新五代史》《陆宣公集》《战国策》《国语》《尚书正义》《尔雅正义》《淮南子》
1831	读《四库简明目录》	1863	读《文子》《楚辞》《诗集传》
1832	读《禹贡锥指》	1864	读《宋史》
1834	读《文选》《穀梁春秋》，于学海堂肄业，撰《汉地理图》	1865	读《辽史》《素问》《易疏》
1835	读《毛诗》《汉书》《文选》，撰《三统术详说》	1866	读《通典》
1837	读《后汉书》《三国志》	1867	读《后汉纪》
1838	撰《切韵考》	1868	读《世说新语》，撰《字体辩误》
1840	读《资治通鉴》，撰《说文声表》	1870	读《金史》
1844	撰《唐宋歌词新谱》	1871	大病后作《自述》
1845	撰《读墨子》	1876	修订《东塾读书记》
1847	撰《汉书地理志水道图说》	1882	仙逝

作为一位出生在嘉庆年间，经历了嘉庆、道光、咸丰、同治、光

绪五朝的文人，陈澧致力于传统的经史考订之学，其读书、藏书自然也是从先秦一直绵延到清代。如乙部著作，陈氏是先读《左传》《穀梁春秋》《汉书》《三国志》，再读《晋书》《南史》《新唐书》《宋史》《辽史》《金史》。而随着时间的推移，陈氏的眼界亦从四书五经推展到诸子百家（如先读《论语》《大学》《中庸》《孟子》，后读《墨子》《公孙龙子》《列子》《淮南子》《世说新语》），以致《广东藏书纪事诗》称其为“传鉴堂前东塾楼，穷经正变熟源流”①。

所谓“闻道有先后，术业有专攻”②，不同学者会基于自己的研究旨趣而有意识地挑选、阅读、收藏特定范围的书籍。其实，不独陈澧，像李文田关注西北地理，故其先后收藏、批点的珍贵书籍即有《西域水道记》《西陲纪略》《蒙跶备录》《黑跶事略》《西游记》《辽左见闻录》《西使记》《西域经行记》《西域地理图说》《龙沙纪略》《蒙古源流考》《至元译语》《华夷译语》等，《广东藏书纪事诗》赞其“地穷北徼史南疆，蒙鞑源流考核详。明代遗民元代语，两朝秘史广储藏”③。黄节晚岁治《毛诗》《楚辞》，“凡见《毛诗》，《楚辞》，《文选》三类书，靡所不收。所储既多，不无罕见本”④。总之，随着研究的深入，学人的藏书日丰，以致多能获常人所未获之珍本。

一言以蔽之，活跃于岭南的，无论是封疆大吏，还是地方豪绅，或是素心学者，泰半不乏超俗好书的雅兴。这对生于斯长于斯的伦明雅尚藏书其实起了很大的潜移默化功用。正如王锺陵先生所说：“东方国家形态有四个层次：一是国家，二是乡邦，三是宗族，四是个人。个人依血缘所决定的身份生活在宗族里，而宗族存在于乡邦。”⑤

---

① 伦明等著，杨琥点校：《辛亥以来藏书纪事诗（外二种）》，北京燕山出版社 1999 年版，第 277 页。

② （唐）韩愈著，马其昶校注，马茂元整理：《韩昌黎文集校注》，上海古籍出版社 1986 年版，第 44 页。

③ 伦明等著，杨琥点校：《辛亥以来藏书纪事诗（外二种）》，北京燕山出版社 1999 年版，第 280 页。

④ 伦明著，雷梦水校补：《辛亥以来藏书纪事诗》，上海古籍出版社 1990 年版，第 70 页。

⑤ 王锺陵：《中国文学史的原生态生长情状》，《学术研究》1994 年第 6 期。

基于宗法制的国情，乡邦文化对一个人的影响，无疑是巨大的。换言之，通过回溯历史的方式，伦明触摸到活动于岭南的诸多先贤雅尚藏书的历史真相（如伦明言“岭南有吏都超俗”），而对明清以来诸如陈澧、李文田等探求文明精神的高度认可，令他找到了切实的归属感。这正是伦明在风雨飘摇的时世撰写《辛亥以来藏书纪事诗》的根本性因素。而他颇为关注陈垣、叶公绰等众多活跃于广东或者祖籍为岭南的藏书家，其目的显然是记述乡贤事迹，重塑重文精神。

第四节　重文轻财的家学庭训

所谓“庭训”，现在一般用来指称父亲的教诲，其典源于《论语·季氏》：

> 陈亢问于伯鱼曰：“子亦有异闻乎?”对曰：“未也。尝独立，鲤趋而过庭。曰：‘学《诗》乎?’对曰：‘未也。’‘不学《诗》，无以言。’鲤退而学《诗》。他日又独立，鲤趋而过庭。曰：‘学《礼》乎?’对曰：‘未也。’‘不学礼，无以立。’鲤退而学《礼》。闻斯二者。”陈亢退而喜曰：“问一得三，闻《诗》，闻《礼》，又闻君子之远其子也。”①

伟大教育家孔子是怎样对待自己的儿子的呢？孔门弟子陈亢满是疑惑，而孔鲤的回答让他明白了孔子的庭训其实是“学诗以言，学礼以立”。“诗礼传家”不仅是孔门的庭训，亦成为无数家族文化绵延、生生不息的庭训。如伦明同乡莫伯骥（1878—1958），即是“庭训分明”。莫伯骥的父亲莫启智，生于1844年，卒于1880年，虽然英年早逝，但莫启智学殖深厚，远见非凡，在有生之年撰有《诫子庸言》

① （清）程树德撰，程俊英、蒋见元校：《论语集解》第4册，中华书局1990年版，第1168—1169页。

二卷以教儿辈，其自序曰：

> 启智年未四十，抚有三子，大儿……幼子伯骥，呱呱在抱……盖骨肉主恩，拳拳至爱，往往有师友启发而无方，家庭训导而易入者。司马文正云："慈而不训失尊之义，训而不慈害亲之理。"细玩潜虚，如诏我矣。爰以暇日，本生年之甘苦，草为学之箴规。嘉言至德，采自前贤。华藻不加，非等问世。专于克己省身，为吾儿体察之先导。若夫四部典籍，插架连云，比来大儒多启途径，订为专书，以资后觉，读之自有良法，无烦告戒。非谓经史子集之渊涵，不足助儿曹身心之益。然先河后海，区区纂者，或亦入德之门欤。①

莫启智重视儿辈的德行教育，而于子孙的经典阅读启蒙自是不敢怠慢。莫伯骥后来成长为一位学识渊博的藏书家自然要归功于此。这充分说明诗礼传家传统的现实意义。不过，尽管"诗礼传家"的大传统是相似的，其具体的表现形式却因每一位父亲的脾性、学养的不同而不同。如同属东莞的藏书大家，伦明与莫伯骥二人就不一样。在《续书楼藏书记》一文中，伦明曾深情地回忆道：

> 忆少日，侍先君子宰江西之崇仁，先君子夙好书，所至以十数簏自随。在任所，又购得宜黄某氏书，藏益富。余时年十一二岁，略识文义，课暇，窃取浏览，因而博涉，渐感不足。闻塾师言，去此数百里是省会，书肆多，购无不具，心大动。县差有解饷至省会者，月一往，开书目若干种属焉。县差返，有得有不得，亦不审值之昂否也。先君子爱余慧，又怜其（案：当为余）早失母也，年节赉赐，倍他兄弟。一日，召余兄弟至前，问所蓄，诸兄弟争献其所有以验，余独空如，急欲涕。先君子色变，

---

① 《广东文征》编印委员会：《广东文征》第 6 册，香港中文大学出版社 1973 年，第 409—410 页。

> 固诘之，以购书对，不信，则出书验之，往来搬运，堆满几榻。先君子色渐霁，一一检翻，徐曰："孺子亦解此乎？善读之。"呜呼！日月不居，言犹在耳，余荒怠无成，重负庭训，今且老矣，记此者，溯聚书所从始也。[①]

以上叙述，娓娓道来勾勒出一位关切儿辈成长的慈父形象。关于伦明的父亲伦常，其生平事迹不详。不过，据相关资料，可以了解到"所至以十数簏（书）自随"的他应是一位颇具学养的官员。在外，他忙于吏事，乐善好施；而在内，他则以诗文自娱、亲近风雅，是一位很懂得教育的父亲。[②] 从以上伦明的回忆中，我们不难发现，伦明的藏书嗜好其实来自于家庭生活的耳濡目染：伦常的喜聚书早已为伦明幼小的心灵埋下了藏书的"种子"，而这枚"种子"在生根发芽之际，又得到一位重文轻财的父亲的宽容与呵护。此正是伦明一生的精神财富。

正是凭借幼年形成的"重文轻财"理念，伦明才能为保护藏书的完整无损，即使于动荡岁月中亦能从容以处：

> 辛亥，余再至京师……九月间，武昌事起，都人初惊变故，仓皇奔避，数月来议值未就之书，至是纷纷愿贬价售。同邑叶大令燦薇，以谒选留京，愿以余资假我，乃尽购之，载四大簏。时从弟鉴，十一弟叙，十四弟绰，同寓京，相约南还，运书簏至车站，则见人如蚁聚，行李阻塞，不得上，废然返，连往数日，皆如是。弟等自津催促，词至危迫，余覆书曰："余誓与书同行。"后数日，去者渐尽，余乃从容挟书簏上车，弟等犹在津候航轮，

① 伦明：《续书楼藏书记》，见伦明著，雷梦水校补：《辛亥以来藏书纪事诗》，上海古籍出版社 1990 年版，第 121—122 页。

② 参见罗志欢著：《伦明评传》，广东人民出版社 2014 年版，第 9—10 页。

遂同行焉。[①]

正是凭借幼年形成的“重文轻财”理念，伦明才能恪守藏书以读之本义，不因世俗流风之激荡而奇货自居，亦不因偶遇佳本就待价而沽，而是于冷摊淡市中纵意渔猎：

> 余一窭人耳，譬入酒肉之林，丐得残杯冷炙，已觉逾分，遑敢思大嚼哉。顾余之求之也，有异乎人之求之者，京中旧习，士大夫深居简出，肆伙晨起，挟书候于门，所挟书率陈陈相因，余概却不见。闲游厂肆，见有散置外室，若不甚爱惜者，视之，多有佳本。及遍翻其架上下，尘灰寸积中，残册零帙，往往惊所未见。又过他街市，于冷摊上，时亦无意遇之。[②]

也正是凭借幼年形成的“重文轻财”理念，伦明才能四处觅书，甘于贫苦寂寞，忍受旁人的冷眼与不解。孙耀卿口述、雷梦水整理的《伦哲如先生传略》曾这样回忆道：

> 1917 年，先生任职国立北京大学文学系教授，所获除饘粥之余，无不归之书肆。公余必至厂肆搜罗。身着破大衣，破鞋袜，书贾赠先生绰号曰“破伦”。……1926 年，先生同乡陈某任道清铁路局局长，聘先生为总务处处长，公余尝往开封购书。嗣岁撰有《丁卯五日诗》有“卅年赢得妻孥怨，辛苦储书典笥裳”之句。先生之家人尝谓耀卿曰：“我家主人犹似无主之人，口食残羹剩饭，身着破衣烂履不以为苦。”先生之衣食也如此，而于书则不吝重价。先生有此嗜好，未免财力时感困难，尝以善本秘

---

① 伦明：《续书楼藏书记》，见伦明著，雷梦水校补：《辛亥以来藏书纪事诗》，上海古籍出版社 1990 年版，第 123 页。

② 伦明著，雷梦水校补：《辛亥以来藏书纪事诗》，上海古籍出版社 1990 年版，第 124—125 页。

籍抵押与人，或借债，利息多寡绝不计较。耀卿尝劝先生嗜书不可太劳精神，先生曰："生平无一日，托其心静耳。"①

而伦明自己也曾赋诗表露心声：

不薄今人爱古人，今书求备太纷纭。
好奇徒欲见未见，到老方知贫又贫。

自来藏书家贵远而忽近，固由习尚，亦以世近则多而又散，不可尽也。余有好奇癖，喜读未见书，宋元以上，要籍大略寓目。由明而清，降而愈近，无目可据，但凭见闻，计三十年来，所见不为不多，而闻而未得见者尚多也，为我所未得闻者尤多也，以闻而未得见者之多，推之于所未闻，而知书之不可易求也。区区所有不过太仓一粟耳，备云乎哉，然久之终归于淹没，所以古来（书）多而传者少也，但竭吾之力达吾之愿，不但古人遇我冥冥中可以不憾，而我耳目中常有无穷之愉快，亦何负于我哉，不知茫茫广宇，有与我同情者否。②

如此看来，伦明之嗜书，虽源于其父，然而比其父更是有过之而无不及，可谓"光扬庭训，不坠宗风"。这正为伦明后来撰述《辛亥以来藏书纪事诗》"埋下了伏笔"。

第五节　群居切磋的书友交往

若果说"重文轻财"的"庭训"在年幼的伦明身上种下了一颗

---

① 伦明著，雷梦水校补：《辛亥以来藏书纪事诗》，上海古籍出版社 1990 年版，第 150—151 页。

② 宋远：《辛亥以来藏书纪事诗未刊稿笺注》，见钱伯城主编：《中华文史论丛》（第 49 辑），上海古籍出版社 1992 年，第 92—93 页。

灵澈纯真的“读书种子”的话，那么，教学相长的师友交往则使得这颗“种子”得以吸收烂漫的朝阳与温润的雨露，从而能够茁壮成长。孔子说“益者”有“三友”，“友直，友谅，友多闻”[①]。在伦明的一些回忆性文章中，有两个人其实最符合“友多闻”这一评价。

一是曾习经（1867—1926）。伦明不止一次提到曾氏的引导作用。在《辛亥以来藏书纪事诗·曾习经》中，伦明曰：

> 揭阳曾刚甫右丞习经，居丞相胡同潮洲馆。余壬寅来京师，多从君借书读。君喜谈书本，暇则偕游琉璃厂，随所见谆谆指示，余之癖于此，由君引之也。[②]

而在《续书楼藏书记》中，伦明对曾氏嗜书健谈的描述更是细微入神：

> 壬寅，余初至京师，值庚子兵后，王府贵家，储书大出。余日游海王村隆福寺间，目不暇给，每暮，必载书满车回寓。始识潮阳曾主事习经。曾嗜书，癖过余，客至，偶谈及书，神态飞动，论议飙起，且谈且从架上取书作证。一书未了，又及其他，口与手与足无少停。客渐倦，犹强聒不已。客起欲辞，再三留，不得去，人以是为厌，相戒勿与谈书。而余最乐此。时余居烂面胡同，曾居绳匠胡同，相距不百步，每造访，必留共饭，食老米，不下咽，馔亦不适口。饭后，饮所称工夫茶者，杯极小，湿仅沾唇，余绝不识其味。入夜，谈益纵，赏奇析疑，恒至漏四下乃别。别时，必挟书数册归，或读、或抄、或校，再访时，挟还之，如此数月。后余迁居东城，过从遂疏……[③]

---

① （清）程树德撰，程俊英、蒋见元点校：《论语集解》第 4 册，中华书局 1990 年版，第 1149 页。

② 伦明著，雷梦水校补：《辛亥以来藏书纪事诗》，上海古籍出版社 1990 年版，第 69 页。

③ 伦明著，雷梦水校补：《辛亥以来藏书纪事诗》，上海古籍出版社 1990 年版，第 122 页。

所谓同饮一江水，两心益发亲，伦明与曾习经，一为广东东莞人士，一为广东揭阳人，同寓京城，他乡遇老乡，自然倍感亲切。更何况，两人皆嗜好藏书，而当时曾习经所藏比伦明多，所闻比伦明更广，所谈比伦明益纵，伦明深受曾氏的影响也是很自然的事了。

二是孙殿起。孙殿起（1894—1958），河北冀县人，以《贩书偶记》《贩书偶记续编》《北京风俗杂咏》诸书为世推重。金毓黻就曾赋诗表彰孙氏其人，其诗云：

断简零缣满架尘，陈思应为访书金。
筑台市骏都无济，君是燕中第一人。[①]

金毓黻谓孙氏为“燕中第一人”，自然是对他在书籍的真伪辨别、访书收藏诸方面能力的认可。值得注意的是，按出生年月来看，伦明是孙氏的前辈，在图书的搜集、整理上，孙氏始而是伦明的学生，后来随着自身的不断努力、所闻所见的日益广博，就逐渐成为伦明的左膀右臂乃至良师益友了。伦明于《〈丛书目录拾遗〉序》言及孙殿起的“博览”云：

其博览也，能详人所略，他人所究者，宋元明版耳。君于版本外，尤留意近代汉宋学之渊源，诗古文辞之流别，了晰于胸，随得一书，即能别其优劣。[②]

论及孙耀卿的“强记”则说：

君尝窥我架上书，凡某类缺某种，某种缺某卷，某卷缺某页，默志之，久之又久，一一为余觅补，按之无爽。[③]

① 秋禾、少莉编：《旧时书坊》，生活·读书·新知三联书店2012年版，第281页。

② 东莞图书馆编：《伦明全集一》，广东人民出版社2012年版，第451页。

③ 东莞图书馆编：《伦明全集一》，广东人民出版社2012年版，第451页。

综上所言，若果说曾习经是首次将伦明引上了漫漫藏书路，而后由于追求、心性不同，二人遂分道扬镳，那么，孙殿起就是那个于漫漫觅书路中持一盏明灯与伦明踽踽同行的良师益友。这对于伦氏后来撰写《辛亥以来藏书纪事诗》自然是功莫大焉。尤其需要说明的是，曾习经与孙殿起是伦明的良师益友，后来成为《辛亥以来藏书纪事诗》中的传主并非孤例。实际上，康有为、梁启超、章太炎、刘师培、陈伯陶、叶恭绰、莫伯骥、陈垣、冼玉清、梁鼎芬、傅增湘、夏孙桐、朱希祖、马叙伦等人与伦明皆有交往：康有为、梁启超、夏孙桐等是他的老师，陈垣、莫伯骥、叶恭绰、冼玉清、傅增湘等是他的好友，马叙伦、朱希祖是他任教北大时的同事，刘师培、梁鼎芬则与他有过一面或数面之缘。[①]《辛亥以来藏书纪事诗》中的传主即为身边人，这使得伦明在收集传主的生平、喜好、趣闻等资料时自然是“近水楼台先得月”，而对他们藏书、为人、治学的评判更属“不深不浅种荷花”了。如1932年杨树达、陈垣、余嘉锡等人为了宴请声望甚高的章太炎，特意把章太炎请到北京丰盛胡同一位谭姓人家中。乍一看来，众人请客，何必如此小肚鸡肠，到私人住宅中去？其实，读过《辛亥以来藏书纪事诗·谭莹》的读者很快就能从“谭姓人家”四字识出个中内情：“（谭祖任）有老姬，善作馔，友好宴客，多请代庖，一筵之费，以四十金为度，名大著于故都”。如是看来，伦明所言“但传食谱在京师”[②]并非诳语。再如杨树达系叶德辉的入门弟子，素精小学，嫌王先谦的《汉书补注》不够全面妥帖，故撰《汉书补注补证》一书。伦明在为杨树达作传时就先赋诗一首，云：

郎园许学有传薪，祭酒班书补缀勤。
自为长沙开学派，再传门下几门人。[③]

---

① 参见罗志欢：《伦明评传》，广东人民出版社2014年版。

② 伦明著，雷梦水校补：《辛亥以来藏书纪事诗》，上海古籍出版社1990年版，第3—4页。

③ 伦明著，雷梦水校补：《辛亥以来藏书纪事诗》，上海古籍出版社1990年版，第75页。

继诗之后则补充道：

> 长沙杨遇夫树达，为叶焕彬入室弟子。专致力王益吾《汉书补注》，遍搜王氏未采诸家，为之增益。君所至以《汉书》为教，故都讲坛中，无第二人也。①

在此，伦明一则谓杨树达是师出有门，二则谓其讲授《汉书》为故都第一，评价甚高。那么，杨树达对这评价有何回应呢？我们且看1935年十一月十七日的杨氏日记：

> 十七日。闻伦哲如撰《辛亥以来藏书纪事诗》载入《正风》杂志（二十二期）。购取阅之，中曾语及余《汉书》之业云。②

由于杨氏日记系一事实陈述，当时的心境如何，我们难以确知。不过，我们可以推测：杨氏治学素来主张独立自由，不媚时尚，以其心性而言，倘若伦明溢美过甚，杨氏断然不会将之记入日记之中，此乃一；倘若伦氏所言不虚，深得杨氏之怀，以杨树达之谨严自持，亦断然不会引言自重，自媒自炫，故而，“购取阅之，中曾语及余《汉书》之业云”③ 为最适度的情感表达：稍加认可而不大肆张扬。于此可见日常交游对伦明写作的特殊意义。

此外，还有一个人物值得特别注意，即《正风》杂志主编吴柳隅（广东澄海人）。他对伦明《辛亥以来藏书纪事诗》的写作、刊行有关键的作用：“适吴柳隅君主编《正风》半月刊，以重金征文。先生（伦明）遂记述近代藏书家逸事，而系之以诗投之。因连载数期，即作此也。后以吴君逝世，《正风》停刊，诗亦中止。”④ 需要说明的

---

① 伦明著，雷梦水校补：《辛亥以来藏书纪事诗》，上海古籍出版社1990年版，第75页。

② 杨树达：《积微翁回忆录·积微居诗文钞》，上海古籍出版社1986年版，第107页。

③ 杨树达：《积微翁回忆录·积微居诗文钞》，上海古籍出版社1986年版，第107页。

④ 伦明著，雷梦水校补：《辛亥以来藏书纪事诗》，上海古籍出版社1990年版，第120页。

是，吴柳隅主编《正风》虽然得益于“南天王”陈济棠的经济赞助，但是，其主编思想自有卓然独立之处。其1930年4月于《东北周刊》上发表的一篇史学论文，即代表吴氏以铮铮史笔记录时代变迁的观念，兹节录如下：

> ……故尝谓中国一部历史，自春秋以前，为卜祝之势力范围时代；自孔子以至于今，为儒者之势力范围时代；自今以往，则将成为国民之势力范围时代。而儒者之言，比之卜祝较可征信；国民全体之言，比之个人，又较可征信。后来居上，进化之公例，诚如是也。虽然，因史家位置之变迁，于是史之性质，亦从而异焉。即自春秋以前，史家之记事，以褒贬善恶，为其主要目的；自今以往，史家之记事，以述国家文明之进步，民族存在之大势，为其主要之目的。而今之历史，其目的所在，既与全体国民有关系，则史家之地位，不可不得国民信仰之人以当之；史家之记载，不可不体国民公意所在以定之。故史家之位置，比古为高，而史家之责任，亦比古为重也。[①]

吴氏主张现代史家之撰述，当“以述国家文明之进步，民族存在之大势，为其主要之目的”[②]，俨然可见其强烈的现实关怀。职是之故，伦明的纪事诗以记述近代藏书之聚散离合为主旨，兼及彼时藏书由私人藏书变为公家藏书为主、私家藏书为辅的历史大势，可无愧吴氏所言之“史家责任”，其诗为吴氏所赏并得以连续刊行当非无故。

总而言之，《辛亥以来藏书纪事诗》是伦明师友砥砺志行，群相切磋的产物。

---

① 蒋大椿主编：《史家探渊——中国近代史学理论文编》，吉林教育出版社1991年版，第1040页。

② 蒋大椿主编：《史家探渊——中国近代史学理论文编》，吉林教育出版社1991年版，第1040页。

小　结

正如先哲所言，事物的发展有内因与外因，以上所言诗、史合一的文化传统、墨香飘零的鼎革时代、超俗好书的岭南近风、重文轻财的家学庭训以及群居切磋的师友交往等，不过是伦明撰写《辛亥以来藏书纪事诗》的外在机缘。事实上，得以成书，最关键的因素在伦明：一是他素善诗文创作，且以杜甫、李商隐等人的诗歌为宗；二是辛亥革命以后他四处交游，见闻甚广；三是他“朝斯夕斯、念兹在兹”地藏书以续修“四库全书总目”，保存国粹的学术之梦。藏书以续修《四库全书总目提要》是他的毕生追求，撰写书目提要目的在于“辨章学术，考镜源流”，如此一来，写作《辛亥以来藏书纪事诗》不过是“牛刀小试”罢了。不过，当日他谦称此书是“齐东之语”，在今日则可视乎“汝南之评”了。

第二章　史料价值：其事甚真

藏书纪事诗关注的是书籍的聚散离合，而书籍的聚散离合，尤其是动荡年代书籍的辗转流离，其背后并非一己悲欢，而是涉及家族、民族乃至国家的升沉荣辱。就藏书而言，其本身就是近乎“奢侈”的文化消费，就算是收入较为可观的家庭，长期下去也是不容易的。所以，当拥有秘刊异本的高大书楼开始失去赖以维护其名声的典籍之时，也就是楼主人或其家族走向衰颓之时。与此同时，正因为权家势族的没落，一些静藏楼阁的珍贵典籍才有可能走出深宅大院，为世所知，就像刘禹锡《乌衣巷》一诗所言“旧时王谢堂前燕，飞入寻常百姓家”[①]。从这个角度来说，《辛亥以来藏书纪事诗》的史学价值也就呼之欲出了：真实地记录了清末、民国这一鼎革时期上至皇亲贵戚、股肱大臣下至地方乡绅、打鼓小贩的搜书、藏书、刻书、校书、读书的状况，堪称“藏书界之诗史”，由此可知时代之更替，觇风气之变迁。

第一节　以自身见闻为基础，勾勒藏书家的俊采风神

由雷梦水校补刊行的《辛亥以来藏书纪事诗》共存诗155首，主要记述藏书家150人，附录28人，共177人。[②] 为说明方便，现据杨

---

① 《刘禹锡集》整理组点校，卞孝萱校订：《刘禹锡集》，中华书局1990年版，第310页。

② 据国家图书馆所藏伦明44首未刊藏书纪事诗手稿，明确可考者尚有文廷式、谭延闿、何绍基、杜贵墀、王鹏运、吴之驷、刘咸炘、张慎仪、吕调阳、廖平、唐百川、严式诲、袁树五、陈思、罗振玉、席玉照、汪康年、赵元益、赵学南、黄侃等20余人。由于国家图书馆所藏的伦明手稿多有增删涂改之处，且有语焉不详者数人，不经深入考释，贸然采用，诸多不妥，故而，此处不拟加以考察。

琥点校的《辛亥以来藏书纪事诗（外二种）》，将177位藏书家的籍贯情况列表如下：

藏书家籍贯表

省份	人数	名字（籍贯）	备注
广东	39	谭莹（南海）、谭宗浚（南海）、谭祖任（南海）、丁日昌（丰顺）、孔广陶（南海）、孔昭鋆（南海）、陈澧（番禺）、廖泽群（南海）、李文田（顺德）、陈伯陶（东莞）、梁鼎芬（番禺）、梁思孝（番禺）、陈庆龢（番禺）、陈庆佑（番禺）、汪兆镛（番禺）、康有为（南海）、梁启超（番禺）、曾习经（揭阳）、黄节（顺德）、江天铎（花县）、陈垣（新会）、叶恭绰（番禺）、沈宗畸（番禺）、张伯桢（东莞）、张次溪（东莞）、陈融（番禺）、盛景璿（番禺）、徐信符（番禺）、曾钊（南海）、吴道镕（番禺）、桂浩亭（南海）、易学清（鹤山）、陈之鼐（番禺）、辛仿苏（顺德）、莫伯骥（东莞）、张柳池（番禺）、李棪（顺德）、冼玉清（南海）、潘明训（南海）	1. 谭莹、谭宗浚、谭祖任为祖、父、孙；李文田、李棪为祖孙；孔广陶与孔昭鋆、梁鼎芬与梁思孝、张伯桢与张次溪、陈澧与陈庆龢、陈庆佑为父子；康有为、梁启超为师徒 2. 番禺15人，南海11人，顺德4人，东莞4人
江苏	30	叶昌炽（苏州）、瞿镛（长熟）、王仁俊（苏州）、邓邦述（南京）、屠寄（武进）、缪荃孙（江阴）、缪禄保（江阴）、刘鄂（丹徒）、夏孙桐（江阴）、陶湘（武进）、李详（兴化）、章钰（苏州）、孙师郑（常熟）、朱师辙（苏州）、刘师培（仪征）、丁传靖（丹徒）、钱学霈（元和）、高燮（金山）、姚光（金山）、封文权（松江）、曹元忠（吴县）、方尔谦（扬州）、沈应奎（吴江）、许博明（吴县）、钱基博（无锡）、邓之诚（南京）、韩国钧（泰县）、孙人和（盐城）、尹炎武（扬州）、董康（武进）	1. 朱师辙原籍安徽，祖父为朱骏声，朱师辙长居苏州，故纳于此 2. 缪荃孙、缪禄保为父子 3. 苏州4人，江阴3人，南京2人，扬州2人，武进2人，丹徒2人

（续表）

省份	人数	名字（籍贯）	备注
浙江	28	范钦（宁波）、卢址（宁波）、丁丙（杭州）、李慈铭（绍兴）、孙诒让（瑞安）、谭献（杭州）、平步青（绍兴）、吴昌绶（杭州）、沈曾植（嘉兴）、沈曾桐（嘉兴）、王绶珊（绍兴）、王存善（杭州）、张均衡（吴兴）、罗振常（上虞）、刘承幹（上虞）、蒋汝藻（吴兴）、章炳麟（余杭）、王国维（海宁）、赵万里（海宁）、朱希祖（海盐）、朱文钧（萧山）、徐鸿宝（金华）、马叙伦（杭州）、王叔鲁（杭州）、张岱杉（萧山）、李赞侯（慈溪）、张咏霓（宁波）、马廉（宁波）	1. 沈曾植、沈曾桐为兄弟；王国维、赵万里、章太炎与朱希祖为师徒 2. 杭州6人，宁波4人，绍兴4人
河北	12	纪昀（献县）、张之洞（南皮）、贺涛（武强）、贺葆真（武强）、张允亮（丰润）、王瑚（定县）、高步瀛（霸县）、邢之襄（南宫）、袁同礼（徐水）、何厚甫（衡水）、孙耀卿（冀县）、王晋卿（任丘）	贺涛、贺葆真为父子
湖北	12	柯逢时（武昌）、陈毅（黄陂）、卢靖（沔阳）、卢弼（沔阳）、周贞亮（汉阳）、杨守敬（宜都）、樊增祥（恩施）、王鸿甫（?）、张国淦（蒲圻）、刘绍炎（黄冈）、徐恕（武昌）、方觉慧（黄冈）	1. 卢靖、卢弼为兄弟 2. 武昌2人，黄岗2人，沔阳2人
湖南	9	李希圣（湘乡）、余嘉锡（常德）、杨树达（长沙）、章士钊（长沙）、袁思亮（湘潭）、周铣诒（江永）、叶德辉（长沙）、王礼培（长沙）、郭宗熙（长沙）	1. 杨树达与叶德辉为师徒 2. 长沙5人

（续表）

省份	人数	名字（籍贯）	备注
满洲	7	景廉（正黄旗）、端方（正白旗）、麟庆（镶黄旗）、耆龄（?）、光熙（?）、金梁（正白旗）、盛昱（镶白旗）	
汉军	2	杨钟羲（正黄旗）、凤山（镶白旗）	1. 盛昱、杨钟羲为中表 2. 满洲、汉军皆为八旗人，故纳于此
安徽	6	萧穆（桐城）、徐乃昌（南陵）、刘体智（庐江）、刘世珩（贵池）、吴闿生（桐城）、周暹（东至）	桐城2人
天津	5	徐世昌（天津）、徐世章（天津）、金钺（天津）、张鸿来（天津）、李世珍（天津）	1. 徐世昌、徐世章为兄弟 2. 天津5人
河南	4	史宝安（卢氏）、张凤台（安阳）、刘镇华（巩县）、袁克文（项城）	
山东	4	杨以增（聊城）、吴式芬（海丰）、徐梧生（临清）、潘馨航（济宁）	
贵州	4	莫友芝（独山）、陈田（贵阳）、姚华（贵阳）、赵蔚苍（贵阳）	贵阳3人
江西	4	张勋（奉新）、李盛铎（九江）、熊罗宿（丰城）、欧阳成（吉水）	
四川	3	王秉恩（成都）、傅增湘（江安）、杨歗谷（成都）	成都2人
福建	2	陈宝琛（福州）、梁鸿志（长乐）	

（续表）

省份	人数	名字（籍贯）	备注
山西	2	张籁（平陆）、张瑞玑（赵城）	
辽宁	2	于省吾（海城）、吴瓯（辽阳）	
陕西	1	吴怀清（山阳）	
广西	1	唐景崇（灌阳）	

根据上面的表格，我们不难发现，伦明所列举的177位藏书家，籍贯属广东的人数最多（39人），依次为江苏（30人）、浙江（28人）、河北与湖北（均为12）、湖南（9人）、满洲（7人）、安徽（6人）、天津（5人）、河南（4人）、山东（4人）、贵州（4人）、江西（4人）、四川（3人）、福建（2人）、山西（2人）、辽宁（2人）、陕西（1人）、广西（1人）。从表面上看，岭南的藏书家最多，但需要说明的是，《辛亥以来藏书纪事诗》记述的广东藏书家，多数与伦明有直接或间接关系：有的是伦明的老师，如南海康有为、番禺陈庆龢；有的是伦明的好友，如新会陈垣、番禺叶恭绰；有的是伦明的同乡，如张伯桢、张次溪、莫伯骥。其中值得注意的是，《辛亥以来藏书纪事诗》列入的仅是伦明目力所及的藏书家，所以黄人（江苏常熟）、吴梅（江苏苏州）、汪鸣鸾（浙江杭州）、姚文栋（上海）、郑文焯（辽宁铁岭）、严修（天津）、丁谦（浙江杭州）、邵章（浙江杭州）、吴保初（安徽庐江）、陈三立（江西修水）、王季烈（江苏苏州）、王葆心（湖北罗田）、冒广生（江苏如皋）、丁祖荫（江苏常熟）、钱骏祥（浙江嘉兴）、周绍良（安徽东至）、马一浮（浙江绍兴）、顾颉刚（江苏苏州）等众多非广东籍的藏书家则不在其中①，换言之，我们不能将其当作全面的统计数据。不过，由于伦明酷爱藏书，其多年来四处游历，物以类聚，所以他选取的藏书家也具有一定

① 参见伦明等著，杨琥点校：《辛亥以来藏书纪事诗（外二种）》，北京燕山出版社1999年版。

的代表性。基于此，我们不妨将这177位藏书家当作20世纪30年代伦明所作的一次抽样调查，在此基础上进行分析，同样有助于我们窥见彼时藏书界的情况。

第一，多数藏书家集中在省会城市。如湖南藏书家9人中，有5人籍贯为长沙；贵州藏书家4人中，有3人地处贵阳；四川藏书家3人中，有2人居于成都。这说明，政治、经济条件优渥的地方，有利于藏书家的成长。

第二，多数藏书家的分布呈“众星捧月”态势，即以省会或某一历史文化名城为依托，彼此遥相呼应。例如广东，当时的广州为省会，故而番禺、南海两地的藏书家甚多，伦明所列举的即有26人。但也不尽然，如东莞距省会已较远，有藏书家4人，而揭阳亦不乏藏书家。再如浙江28人中，以杭州为多（6人），而宁波（4人）、绍兴（4人）、上虞（2人）亦不逊色。

第三，一地的藏书家有可能存在某种联系。他们之间或具有血缘关系，如谭莹与谭宗浚、谭祖任；孔广陶与孔昭鋆；梁鼎芬与梁思孝；陈澧与陈庆龢、陈庆佑；张伯桢与张次溪；缪荃孙与缪禄保；沈曾植与沈曾桐；贺涛与贺葆真；卢靖与卢弼；徐世昌与徐世章等。或是师生关系，如康有为与梁启超，王国维与赵万里，章太炎与朱希祖。这可以体现我国藏书有以血缘以及师友交往为基础而分布、流转的特点。

第四，伦明《辛亥以来藏书纪事诗》虽有表彰同邑乡贤的嫌疑，但这种“抽样调查”，从某种意义上来说，在彰显江、浙历来是人文渊薮之余，也说明岭南藏书家的不容忽视。

总而言之，伦明以自身见闻为基础，为我们勾勒了一幅纲领略具、纲日颇张的藏书家分布图。那么，这幅“分布图”里，有什么样的“宝藏”呢？就笔者所见，至少有以下数端值得注意：

一、足征藏书家之待书态度

洪亮吉在《北江诗话》中，据藏书家对书的取用态度将藏书家分为数等：一是推本求源、纠谬扶偏的考订家，此类学者有钱大昕与戴震；二是考究版本、订正讹误的校雠家，典型如卢文弨、翁方纲；三是广搜异本、以便众览的收藏家，如范钦诸辈即是；四是罔顾作者之意，独求精本，以宋本为尊，以知晓刻书年月为能的鉴赏家，此以黄丕烈为代表；五是“于旧家中落者，贱售其所藏，富室嗜书者，要求其善价，眼别真赝，心知古今，闽本蜀本，一不得欺，宋椠元椠，见而即识，是谓掠贩家”。[①] 倘若我们就诸家对待《文心雕龙》的态度取向从《辛亥以来藏书纪事诗》中“按图索骥”，自可觅出诸如谭笃生这样“熟版本，光宣年间执书业之牛耳”，又“好以赝本欺人”的“贩掠家”[②]，更可觅出章太炎般“推本求原，纠谬扶偏”的考订家，李详般“考究版本，订正讹误”的校雠家，王礼培般“好求宋本”的“鉴赏家”。先看考订家章太炎的风采：

> 北来留得雪泥痕，学养功深气象温。
> 门下乞留书七种，胜如关尹五千言。
>
> 余杭章太炎先生炳麟，辛未再来故都，滞留半载，余倾慕三十余年，始得瞻仰颜色。谈次，论学推重宋儒，论文不薄方姚，与曩时意气迥异，是先生晚年进境欤，抑退境欤，非末学所能窥矣。……[③]

以上有两点值得注意：其一，“辛未再来故都”，指的是 1931 年，其时已近章太炎治学的晚年。其二，“论学推重宋儒，论文不薄方姚”，其实涉及彼时的汉学与宋学之争、桐城派与文选派之争。汉学与宋学之争由来已久，而治学不以汉、宋家法强立门户，提倡兼收并

① 参见（清）洪亮吉著，陈迩东点校：《北江诗话》，人民文学出版社 1998 年版，第 46 页。

② 参见伦明著，雷梦水校补：《辛亥以来藏书纪事诗》，上海古籍出版社 1990 年版，第 110 页。

③ 参见伦明著，雷梦水校补：《辛亥以来藏书纪事诗》，上海古籍出版社 1990 年版，第 64 页。

蓄的主张亦非起于一时，作为朴学名家的章太炎晚年推重宋儒，可说是治学的进境。而桐城派与文选派之争民国初年白热化，桐城派崛起于康乾之际，代表人物是“桐城三祖”方苞、刘大魁以及姚鼐，其主张是“义理、考据、词章”三者相合。不过，桐城派的散文创作也有明显的不足，即雅洁气度充盈有余，而文采辞藻稍显逊色。正是围绕着这一缺陷，清代的阮元主张以骈文为文体正宗，撰写《文言说》等文章向桐城派进行大胆挑战。秉承着“文选派”的论文精神，与桐城派传人姚永朴同时任教于北京大学的刘师培撰写了《广阮元〈文言〉说》，正式向桐城派宣战，由此引发了桐城派与文选派就文学之本质问题进行的激烈讨论。作为论争的热心观众，晚年的章太炎有持平的见解。在《文学总略》一文中，他先是从字源学的角度指出“文”的本义不当如阮元、刘师培所言那样狭窄，继而以充分的论据阐明其“著于竹帛者皆可谓之文章”的观点[①]。正是有着这样的宏通视野，他作出了如下的平允之评说：

> 阮芸台妄谓古人有文有辞，辞即散体，文即骈体，举孔子《文言》以证文必骈体，不悟《系辞》称“辞”，亦骈体也。刘申叔文本不工，而雅信阮说。余弟子黄季刚初亦以阮说为是，在北京时，与桐城姚仲实争，姚自以为老耄，不肯置辩。或语季刚：呵斥桐城，非姚所惧；诋以“末流”，自然心服。其后白话盛行，两派之争泯于无形。由今观之，骈、散二者本难偏废。头绪纷繁者，当用骈；叙事者，止宜用散；议论者，骈、散各有所宜。不知当时何以各执一偏，如此其固也。[②]

这也就是伦明谓章太炎“论文不薄方姚”的由来。实际上，正是基于“推本求源，纠谬扶偏”的理念，他对同样具有“泛文学观”

---

① 参见章太炎著，陈平原导读：《国故论衡》，上海古籍出版社2003年版，第49—56页。

② 转引自周勋初所撰《黄季刚先生〈文心雕龙札记〉的学术渊源》一文，见黄侃著、周勋初导读：《文心雕龙札记》，上海古籍出版社2000年版，第3页。

的《文心雕龙》推崇备至：

> 《文心雕龙》于凡有字者，皆谓之文，故经、传、子、史、诗、赋、歌、谣，以至谐、隐，皆称谓文，唯分其工拙而已。此彦和之见高出于他人者也。[①]

值得注意的是，章太炎还屡次以《文心雕龙》为教材，为许寿裳、朱希祖、鲁迅诸生讲课，并对《文心雕龙》屡施校勘，多方考订。例如《文心雕龙·诸子》谓："暨于暴秦烈火，势炎昆冈，而烟燎之毒，不及诸子。"明朝的陈仁锡在点评此句时，对秦始皇焚书不及诸子的说法深表赞同："秦火时，人知有经，不知有子，故得免。"[②] 那么，这种说法是否正确呢？经过认真考辨，章太炎明确指出：一、秦火"不及诸子"之说，非始于刘勰，更早可见于王充《论衡》。二、王、刘之说有不合理之处："经书多言礼制，历史为不可移易之物，若子书则各有是非，议论易涉及纵横，为害尤巨。既禁经书，断无不禁子书之理。其所以不残缺者，亦有故。盖子书为当时人书，训诂易解，而信奉其说者，易于记忆故也。"[③] 这一说法得到后来史学家范文澜等人的认可。由此，伦氏说章太炎"学养功深气象温"盖亦有征，而此处谓章太炎为"推本求原，纠谬扶偏"的考订家允为妥当。

次看李详般"考究版本，订正讹误"的校雠家。关于李详，伦明先有诗云：

> 枚叟刊余逸稿多，冷摊残帙手摩娑。
> 怪君汲汲藏山计，可有崔门陈履和。[④]

---

① 黄霖编著：《文心雕龙汇评》，上海古籍出版社 2005 年版，第 168 页。

② 见黄霖编著：《文心雕龙汇评》，上海古籍出版社 2005 年版，第 168 页。

③ 参见周兴陆所撰《章太炎讲解〈文心雕龙〉辨释》，见黄霖编著：《文心雕龙汇评》，上海古籍出版社 2005 年版，第 177—188 页。

④ 伦明著，雷梦水校补：《辛亥以来藏书纪事诗》，上海古籍出版社，1990 年版，第 47 页。

诗后附文介绍道：

> 兴化李审言先生详，亦近世东南名宿也，其骈文诗集，俱已行世。他著若《正史源流急就篇》《文心雕龙补注》……昔年曾于《国粹学报》中见其一斑。……①

与章太炎一样，李详亦与《文心雕龙》有渊源。其《文心雕龙补注》，善于利用不同版本来校字，《文心雕龙》文字校勘史上，上可补纪昀、黄叔琳之疏漏，下足启杨明照之精审。今据杨明照《增订文心雕龙校注》将李氏校勘成果抄录如下：

李详《文心雕龙》文字校勘简表

《文心》原文	李详《文心雕龙补注》	杨明照《增订文心雕龙校注》
《正纬》："孝论昭晳。"	详案：明吴兴凌云本"晳"原作"哲"，许改。孙氏诒让《札迻》云：《说文》日部：昭晳，明也。"晳"或作"晣"，"晣"即"晰"之讹体。此书《征圣》《明诗》《总术》三篇"昭晰"字，元本、冯抄本（指冯舒钞本）亦并作哲，用假借字也。《易·大有》九四象云：明辩，晢也。《释文》云：晢晢，又作哲。彦和用经语多从别本。(《札迻》语在《征圣》篇"文章昭哲"条下，系据黄尧圃校元至正本。案明凌云所见元本"昭晳"在《正纬》篇，故剪裁孙语归此条下。)②	"孝"，唐写本作"考"。"晳"，唐写本作"哲"。（梁本、别解本、张松孙本、崇文本同。）按："孝"，孝经也；"论"，《论语》也。《孝经》有"鉤命诀"，《论语》有谶，故云"鉤谶葳蕤"。犹上之先言六经，而继云"纬候"然也。唐写本作"考"，非是。"晳"当从唐写本作"哲"。③

① 伦明著，雷梦水校补：《辛亥以来藏书纪事诗》，上海古籍出版社1990年版，第47页。

② 杨明照：《增订文心雕龙校注》上，中华书局2012年版，第44页。

③ 杨明照：《增订文心雕龙校注》上，中华书局2012年版，第44—45页。

（续表）

《文心》原文	李详《文心雕龙补注》	杨明照《增订文心雕龙校注》
《诏策》“孝宣玺书”二句。	明凌云本“赐太守”元作“责博士”，梅考《汉书》改。《札迻》云：疑当作“责博于陈遂”。此陈遂负博进，玺书责其偿，《汉书》所载甚明。元本唯“于”字讹作“士”，“责博”二字则不误，梅、黄固妄改，纪校亦误，读《汉书》皆不足凭也。详案：黄注从梅改。纪云：“责博进”当作“偿博进”，“偿”“责”并从“贝”脚，以形似误，故孙云然。①	黄校云：“‘赐太守’，元作‘责博士’，考《汉书》改。（此沿梅校）汪本作‘责博进陈遂’。”冯舒云：“‘赐太守’，元版作‘责博士’，梅鼎祚所改也。当作‘责博进’。”按汪氏私淑轩原刻及覆刻，皆作“责博士陈遂”，（弘治本、张本、佘本、两京本、王批本、胡本、凌本、合刻本同）黄校有误。孙诒让（《札迻》十二）谓当作“责博于陈遂”，甚是。梅鼎祚所改非也。（训故本作“责太守陈遂”亦非）②
《檄移》“惟压鲸鲵”二句。	《札迻》云：案“惟压”义不可通。惟，黄校元本（谓黄尧圃校元本）、冯本、汪本、活字本并作“摧”，是也。当据正。③	“惟”，元本、弘治本、活字本、张乙本、两京本、王批本、胡本、训故本作“摧”；汪本、佘本、张甲本、何本、梅本、凌本、合刻本、梁本、秘书本、谢钞本、汇编本、别解本、尚古本、冈本、四库本、王本、张松孙本、郑藏钞本、崇文本作“推”。按“摧”字是。（《喻林》八七引作“摧”）“推”“惟”并“摧”之残误。黄本出于梅氏，梅原作“推”，诸本亦无作“惟”者，则“惟”乃黄氏臆改。④

① 杨明照：《增订文心雕龙校注》上，中华书局2012年版，第267页。

② 杨明照：《增订文心雕龙校注》上，中华书局2012年版，第272页。

③ 杨明照：《增订文心雕龙校注》上，中华书局2012年版，第282页。

④ 杨明照：《增订文心雕龙校注》上，中华书局2012年版，第290页。

杨明照晚于李详，且终生孜孜屹屹，致力于《文心雕龙》研究，故所得《文心雕龙》版本较为可观，这也使得其在订正前人讹误方面贡献良多。不过，就文字校勘的质量而言，由于李详慎选版本，再加上充分吸收汉学大师孙诒让的成果，故在补正纪昀、黄叔琳的讹误上亦收效显著，足为杨明照汇聚众家版本、以求一字之稳的先声。当然，除了《文心雕龙补注》之外，李详的其他著述如《颜氏家训补注》《杜诗证选》《韩诗证选》亦掷地有声。职是之故，伦明谓李详乃“东南名宿”。

至于王礼培般“好求宋本”的“鉴赏家”，我们亦不妨引录伦明的诗文：

> 京曹得暇访书丛，王郭同年志亦同。
> 三百二编无力问，最难忘是宋雕龙。[①]

“王郭同年志亦同”中的“王”是指王礼培（1864—1943），“郭”指的是王礼培的湖南长沙老乡郭宗熙（1978—1934）。而“最难忘是宋雕龙”涉及一段旧日往事：1929年，王礼培致信金梁（1878—1962），求售其所藏325部抄校本书籍，其中，还有《文心雕龙》一部。据王礼培自称，此书系“依季沧苇所影宋本过录，有《隐秀》一篇”[②]。众所周知，《文心雕龙》众多元、明刊本中，独《隐秀》一篇残缺不全。然而，据资料显示，常熟钱功甫从阮华山处借得宋本，将残缺的《隐秀》篇补全。钱功甫的补抄本后来传到了钱谦益手中。可惜，钱谦益的绛云楼失火，此书亦随之成为灰烬。不过，历史的巧合之处在于，在绛云楼失火之前的天启七年（1627），冯舒曾从钱谦益处借得钱功甫的《文心雕龙》钞补本。为避免《隐秀》篇外传，冯舒先是委托友人谢恒抄录了除《隐秀》篇外的49篇，而自己则独自抄录了《隐秀》篇全文。后来，冯舒的抄录本流落到季

① 伦明著，雷梦水校补：《辛亥以来藏书纪事诗》，上海古籍出版社1990年版，第118页。

② 伦明著，雷梦水校补：《辛亥以来藏书纪事诗》，上海古籍出版社1990年版，第118页。

振宜、瞿镛等人手里。[①] 而王礼培在20世纪30年代竟然得见以季振宜所影宋本为底本的抄本，其意义非小：这为考究《隐秀》篇的真伪提供了极为重要的线索。不过，王礼培既然欲售卖此书，显然意不在此。据伦明了解，王礼培除了欲售的325部书外，“所藏尚有宋元本”[②] 若干。由此，王氏好宋元善本之热忱可见一斑，故伦明称之为“罔顾作者之意，独求精本，以宋本为尊”的“鉴赏家”。

当然，除了以上所举的人物之外，《辛亥以来藏书纪事诗》还刻画了像屠寄这样“笔一枝，酒一壶，”[③] 怡然写史书的著述家，像邓邦述这样“群碧徒知尊古本，一篇释骨语懵懵”[④] 的鉴赏家，像张凤台这样“家富而性吝”，“好争锱铢”[⑤] 的购书家，像孙蜀丞这样“不辞夕纂与晨抄，七略遗文尽校雠”[⑥] 的校雠家，还有知道自己所购之书非海内孤本后遂“取己书片碎之”[⑦] 的吴昌绶，更有精通版本之学而家中无甚藏书的董康……实际上，正如《水浒传》将108位好汉描绘得栩栩如生一样，伦明也通过其生动的笔触，将一百多位藏书家的性情、爱好、举止、言谈一一摹写下来，为今日我们去触摸那尘封的历史以及远去的历史人物提供了感性而独到的材料，堪称“藏书界之《世说新语》”。

二、足悟学问家之读书方法

我国学者自来重视读书之法。读书之法，譬如登岸之筏，攀山之履，倘掌握得当，自可于学海书山中闲庭信步，纵化大浪。古来的学者，亦多有自己的读书方法，如韩愈有“提要钩玄”法，苏轼有

① 参见杨明照：《增订文心雕龙校注》下，中华书局2012年版，第984—985页。

② 伦明著，雷梦水校补：《辛亥以来藏书纪事诗》，上海古籍出版社1990年版，第118页。

③ 伦明著，雷梦水校补：《辛亥以来藏书纪事诗》，上海古籍出版社1990年版，第30页。

④ 伦明著，雷梦水校补：《辛亥以来藏书纪事诗》，上海古籍出版社1990年版，第29页。

⑤ 伦明著，雷梦水校补：《辛亥以来藏书纪事诗》，上海古籍出版社1990年版，第98页。

⑥ 伦明著，雷梦水校补：《辛亥以来藏书纪事诗》，上海古籍出版社1990年版，第103页。

⑦ 伦明著，雷梦水校补：《辛亥以来藏书纪事诗》，上海古籍出版社1990年版，第31页。

“八面读书”法等藏书家，其实亦不例外。在一百多位藏书家中，有不少人是满腹经纶的学问家。正是注意到了这一点，伦明有意识地记录了陈澧、傅增湘等人的读书法，为有志求学之士提供度人之金针。下面抄录伦氏原文如下：

学者	读书之法
陈　澧	先生治学之法，凡阅一书，取其精要语，命胥写于别纸，通行之书，则直剪出之。始分某经，继分某章、某句、某字连缀为一。然后别其得失，下以己见。如司法官之搜集证据，乃据以定案也。余因阅《学思录》与《读书记》，而悟其法如此。①
平步青	其斠书也，不凭异本，但以书证书，识其缺误。②
李文田	每书衣皆有题识，证书中得失，无不精切，不似他藏书家但记得书岁月，板刻源流也。③
傅增湘	自云，每遇一宋元本或明抄本，必以他本校过一次，书不能皆为我有，已不啻为我有矣。又云，每日校书，以三十页为度，平生所校，约八千卷……④
王国维	君读书最精细，凡过目者，多有精密校本，所纠讹文阐新义，多谛当。⑤
张柳池、杨歗谷	番禺张柳池，成都杨歗谷，一西洋学生，一东洋学生也，俱好聚书。柳池初收小学类，渐及精椠古本；歗谷所得且有宋元本，与后生辈仇视旧籍，至欲摧烧之为快者异趣矣。闻欧洲人亦重视古本，亦讲校雠，且法比吾国加密。若东方诸学者，则治考据、校雠、版本、目录，与吾国老儒无异，而加以专精。因知学虽异，其同者固有在也。⑥

如上表所示的藏书家读书法，大体可归纳为两类：一是“分类摘录，裁剪成文”法，如陈澧；二是“抄而后读，校而后读”法，如平步青、

① 伦明著，雷梦水校补：《辛亥以来藏书纪事诗》，上海古籍出版社1990年版，第10页。

② 伦明著，雷梦水校补：《辛亥以来藏书纪事诗》，上海古籍出版社1990年版，第15页。

③ 伦明著，雷梦水校补：《辛亥以来藏书纪事诗》，上海古籍出版社1990年版，第19页。

④ 伦明著，雷梦水校补：《辛亥以来藏书纪事诗》，上海古籍出版社1990年版，第42页。

⑤ 伦明著，雷梦水校补：《辛亥以来藏书纪事诗》，上海古籍出版社1990年版，第68页。

⑥ 伦明著，雷梦水校补：《辛亥以来藏书纪事诗》，上海古籍出版社1990年版，第95页。

傅增湘、王国维、张柳池、杨歗谷诸辈皆是。常言道，不动笔墨不读书，书非校不能读，后一类读书法，因易操作，且收效甚广，故为多数人所熟知。然而“分类摘录，剪裁成文”法则似未能引起一般初学者之重视。下面，且用陈澧《东塾读书记》中一、二例子稍加阐明。

先从《孟子》与《孝经》的对读中看陈氏是如何“分类摘录，裁剪成文”。

陈澧《孟子》《孝经》对读表

《孟子》原文	《孝经》原文	小结	总结
《告子下》：“子服尧之服，诵尧之言，行尧之行。”①	《卿大夫章》：“非先王之法服不敢服，非先王之法言不敢道，非先王之德行不敢行。”②	以“服、言、行”三者并言之。③	
《离娄上》：“天子不仁，不保四海；诸侯不仁，不保社稷；卿大夫不仁，不保宗庙；士庶人不仁，不保四体。”④	《天子章》曰：“刑于四海。”《诸侯章》曰：“保其社稷。”《卿大夫章》曰：“守其宗庙。”《庶人章》：“谨身。”⑤	亦似本于《孝经》也。⑥	《孟子》七篇中多与《孝经》发明者。⑦

很显然，若非摘录《孟子》中《告子下》与《离娄上》的词句作为材料一，抄录《孝经》中《卿大夫章》《天子章》《大夫章》《庶人章》的言论作为材料二，再进行比较，陈澧是很难得出“《孟子》七篇与《孝经》多相发明”⑧ 这样的结论的。至考察《孟子》与

① （清）焦循撰，沈文倬点校：《孟子正义》，中华书局 1987 年版，第 816 页。
② （清）阮元校刻：《十三经注疏》，中华书局 1980 年版，第 2547 页。
③ （清）陈澧：《东塾读书记 · 后东塾读书记》，世界书局 1936 年版，第 2 页。
④ （清）焦循撰，沈文倬点校：《孟子正义》，中华书局 1987 年版，第 492 页。
⑤ （清）阮元校刻：《十三经注疏》，中华书局 1980 年版，第 2545、2547、2549 页。
⑥ （清）陈澧：《东塾读书记 · 后东塾读书记》，世界书局 1936 年版，第 2 页。
⑦ （清）陈澧：《东塾读书记 · 后东塾读书记》，世界书局 1936 年版，第 2 页。
⑧ （清）陈澧：《东塾读书记 · 后东塾读书记》，世界书局 1936 年版，第 2 页。

《诗经》《尚书》的关系时，陈澧所运用的“分类摘录，裁剪成文”法更明显了：先是抄录《孟子》所引用的《诗经》文字 30 处，再摘录《孟子》论《诗经》的文字 4 处；继而抄录《孟子》明确引用《尚书》的文字 18 处，引而不明言者 2 处，说明孟子通晓五经，而于《诗经》《尚书》尤善，并推导出孟子之学说发源于《诗经》《尚书》的结论。[①] 诸如此类，《东塾读书记》中比比皆是，不胜枚举。

三、足闻说诗家之“第一义谛”

在文学欣赏、阐释领域，对于同一首诗或者同一人的作品，由于文本意义的游移，读者阅读视角的多元，再加上写作主旨的模糊指向，往往很难形成统一的认识，这就是所谓的“诗无达诂”。职是之故，对于“第一义谛”的寻求，也就成了说诗家的独特使命。在《辛亥以来藏书纪事诗》中，其实也有一、二说诗语录，特抄录、备注如下，以见昔日学者之风采：

涉及问题	伦氏见闻	备注
吴梅村诗“墓门深又阻侯门”句，“阻侯门”三字何指？	己巳，谒先生（陈伯陶）于九龙，留余饭。席间，谈及《梅村诗发微》，余急询：“梅村题冒辟疆姬小像，末首‘墓门深又阻侯门’句，阻侯门三字何谓？”先生曰：“此指陈沅耳，辟疆尝属意沅。见陈其年妇人集。其时已归吴三桂，故曰阻侯门也。”往者故友罗瘿公即据此三字，为小宛入宫之证。冒鹤亭又力辨其非，使早得先生是说，两君俱可以息喙矣。[②]	此问题牵涉到董小宛是否入宫这一问题，继罗、冒二君后，争论亦是不休，认为董小宛入宫者有陈寅恪、陈垣、邓之诚，而认为董小宛不曾入宫者有孟森。[③] 平心而论，董小宛是否入宫一案虽迄今未能定，然陈伯陶之说自有其卓然挺立之处。

① （清）陈澧：《东塾读书记·后东塾读书记》，世界书局 1936 年版，第 25—26 页。

② 伦明著，雷梦水校补：《辛亥以来藏书纪事诗》，上海古籍出版社 1990 年版，第 20 页。

③ 参见邓小军撰：《董小宛入清宫考》，《中国文化》2015 年第 2 期。

（续表）

涉及问题	伦氏见闻	备注
曹植《赠白马王彪》“何必同衾帱，然后展殷勤”用何典故？	顺德黄晦闻节，民国初来京，在各大学校授诗……晚岁治《毛诗》，撰《诗旨纂辞》，亦时采韩义。尝谓余，曹子建赠白马王彪诗“何必同衾帱，然后展殷勤”，盖用韩诗义，《文选注》引毛传，非也。①	《文选》李善注：“《毛诗》曰：‘抱衾与裯。’毛苌曰：‘衾，被也。’郑玄曰：‘裯，床帐也。’帱与裯古字通。”② 查黄节注、叶菊生校订《曹子建诗注》③同李善注，无录伦明所言黄语。今查《诗三家义集疏》，可见曹诗用韩诗义之说，王先谦早有论述：“曹（谓曹植）学《韩诗》者，言虽不与彪同行，而殷勤之意可以词达，足证‘衾帱’为远役携持之物，非燕私进御之物。若如《传》（指《毛传》）说，曹诗义不可通矣。”④ 案：就此诗的主叙兄弟之情而言，取韩诗义更为妥洽。

诗论家之言虽然条目无多，但是亦属吉光片羽，颇值关注。

四、足见目录家之辨章学术

在《辛亥以来藏书纪事诗》中，伦明记述了177位藏书家。然而，在未刊的手稿中，他将自己亦视为众多藏书家之一员。显然，伦

---

① 伦明著，雷梦水校补：《辛亥以来藏书纪事诗》，上海古籍出版社1990年版，第69—70页。

② （梁）萧统编，（唐）李善注：《文选》第3册，上海古籍出版社1986年版，第1125页。

③ 黄节注、叶菊生校订：《曹子建诗注》，人民文学出版社版，1957年版，第43页。

④ （清）王先谦著，吴格点校：《诗三家义集疏》，中华书局1987年版，第106页。

明是以藏书家自居的。藏书以续修“四库全书”，这是伦明的学术梦想，故伦明一则大肆觅书，为续书准备充分的基础性材料，一则亦勤读古今书籍，以提升自身学养。如此一来，他本人既是一个藏书丰厚的藏书家，也是一个水平甚高的版本目录学家，故而，我们在《辛亥以来藏书纪事诗》中，时常可以听到伦明搦笔和墨，锐于论文的声音。伦氏的辨章学术，可以分为两类，一类是考辨真伪，为作者争署名权：

伦明考辨作者真伪简表

著作	伦氏见解及其依据
纪容舒《玉台新咏》	系纪昀代为修订，以书中所引用异本非容舒所能见为据。
伍绍棠《粤雅堂丛书》	每书后面的伍绍棠跋文，皆为谭莹代笔。
张之洞《书目答问》	据陈慈首所言，此书系缪荃孙在一江阴老贡生文稿的基础上与张之洞参酌而成。
陆心源《群书校补》	据章式之言，此书系陆心源窃自黄尧翁之《所见录》稿本。
陆心源《仪顾堂集》	据闻此稿前二卷系陆心源窃自伦明东莞同乡。

学术史上确实存在“捉刀代笔”、“剽窃他著”的情况，不过，由于年代久远，其事又属隐秘，故历史真相很难被世人所知。伦明是书敢于对世上的习见之说提出异议，为他人争著作权，这是首先要肯定的，如他指出伍绍棠所刻《粤雅堂丛书》每一书后的跋文出自谭莹之手，为读者指引深究真相的线索，这就是真正意义的“辨章学术”。[①] 不过，伦氏以上诸说，多半本之坊间传闻，虽然足以标新立异，但是从学理的层面来看，仍显得证据不足，只能说是提出了数种猜想，而这猜想正确与否尚需要考证。就此而言，伦明的学术贡献虽不容轻视，但亦不能高估。

至于“辨章学术”的第二类，就是伦明对他人著作的点评。与前

① 参见罗志欢:《〈粤雅堂丛书〉校勘及其跋语考略》,《文献》1997 年第 1 期。

面所言的考辨著作真伪的拿捏相对缺乏铁证相比，以下评论尤可见其学术眼光：

伦明点评他人著作言论简表

序号	点评言论
1	尝谓文达（纪晓岚）论诗之识，在清代应首屈，即覃谿（翁方纲）不能及，亦在所评彦和、子元二书上。①
2	尝欲汇其（纪晓岚）文集笔记及评《玉台》《律髓》，王子安、李义山、苏子瞻诗集，题曰《纪河间诗话》，竟有人先我而为之者。阅其书，但辑《阅微草堂笔记》五种及《四库提要》集部中语而成。不知集部提要，不必尽出文达手，笔记偶引诗，亦未尝论诗也。②
3	（平步青）《昔窥》中有《国朝文棷题跋》六卷，凡三百三十余家。或疑其滥，余则以为尚隘。暇拟补之，所增当在二倍以上。③
4	天津徐菊人世昌，开晚晴簃选诗搜集部，佐之者嘉善曹理斋秉璋也。然全无别择，而应有者反多阙漏，今其书犹存理斋所，加以所选之人，不详考始末，生死不别，宜诗钞之不足观矣。④
5	武陵余季豫同年余嘉锡，积二十余年之力，成《四库全书提要辨证》，博而核，止史子二部，已得七百余篇。所辨者单就提要本文，证其舛谬，于阁书之割裂删改，尚未之及。⑤

① 伦明著，雷梦水校补：《辛亥以来藏书纪事诗》，上海古籍出版社 1990 年版，第 3 页。
② 伦明著，雷梦水校补：《辛亥以来藏书纪事诗》，上海古籍出版社 1990 年版，第 3 页。
③ 伦明著，雷梦水校补：《辛亥以来藏书纪事诗》，上海古籍出版社 1990 年版，第 15—16 页。
④ 伦明著，雷梦水校补：《辛亥以来藏书纪事诗》，上海古籍出版社 1990 年版，第 49 页。
⑤ 伦明著，雷梦水校补：《辛亥以来藏书纪事诗》，上海古籍出版社 1990 年版，第 53 页。

（续表）

序号	点评言论
6	先生（康有为）诸所著书，以《新学伪经考》为最下，相传授之廖季平，以伪造古文，归狱刘歆，引群书证成其说，于不可通处，硬下己意，实为今人疑古废经之先导，苏子瞻所由以李斯之罪罪荀卿也。①
7	友渔主矜慎，一字不敢删削，惟（刘师培）原稿多属未完。又先生操笔时恃其强记，不暇覆审原书，加以印本草率，字多鱼鲁。②
8	霸县高阆仙步瀛，撰《文选义疏》，甚详博，脱稿者未及十一，已六巨册矣！与已成之《古文辞类纂注》，俱不免过繁之嫌。③
9	（于省吾）迩来专治经学，旁及金石，援古籀甲骨鈢印泉布、石刻诸文字，以证尚书，题曰《尚书新证》，为说经家特辟蹊径。④

以上摘录的评论共 9 条，主要涉及 13 人（纪晓岚、翁方纲、邵承照、平步青、徐世昌、曹秉璋、余嘉锡、康有为、廖平、郑友渔、刘师培、高步瀛、于省吾），论及著作 11 部（《纪评〈文心雕龙〉》《史通削删》《纪河间诗话》《国朝文椒题跋》《晚晴簃诗汇》《四库全书提要辨证》《新学伪经考》《刘申叔遗稿》《文选义疏》《古文辞类纂注》《尚书新证》），涉及诗学理论的整理、基础文献的真伪考辨、学术方法的运用等问题。值得注意的是，以上 9 处评语之中，有 3 处评语涉及纪昀，显然伦明比较关注纪昀。在第一则评语中，伦明运用了先扬后抑、抑而后扬的言说策略。他先把纪昀放在整个清朝的学术史之中，推尊其第一人的学术地位；继而，将之与翁方纲相比，以说明纪昀与翁氏当不相上下；再接着是退一步来说：假若与翁方纲

① 伦明著，雷梦水校补：《辛亥以来藏书纪事诗》，上海古籍出版社 1990 年版，第 60—61 页。

② 伦明著，雷梦水校补：《辛亥以来藏书纪事诗》，上海古籍出版社 1990 年版，第 66 页。

③ 伦明著，雷梦水校补：《辛亥以来藏书纪事诗》，上海古籍出版社 1990 年版，第 84 页。

④ 伦明著，雷梦水校补：《辛亥以来藏书纪事诗》，上海古籍出版社 1990 年版，第 106 页。

相较仍难以显出纪昀的学识的话，那就请阅读他的两部书——《纪评〈文心雕龙〉》与《史通删削》。那么，伦明所言，是否属实？我们不妨引用清人的一句话来作结，以见时人对纪昀学识的高度认可：“昔黄鲁直谓‘论文则《文心雕龙》，论史则《史通》，学者不可不读’。余谓文达之论二书，尤不可不读。”[①] 在第二条评语中，伦明率先言明自己曾有为纪昀辑录诗话的计划，继而指出计划的中止乃是因为“有人”捷足先登。那么，这里的“有人”指何人？根据《纪河间诗话》这一书名，我们不难判断其人即为邵承照。邵承照，生于1928年，卒年不详，京都顺天府大兴县人，其于光绪十五年（1889）辑录有《纪河间诗话》。[②] 伦明的批评矛头，显然指向此书：第一，邵氏一书选取材料的范围太狭窄，不足以全面反映纪昀的诗学主张。第二，邵氏一书未能处理好文献的真伪考辨工作，即误《提要》尽出纪昀之手，似有指鹿为马、张冠李戴之嫌疑。第三，邵氏一书未能将“诗论”这一选取标准贯彻到底，应将其书中与《阅微草堂笔记》无关的言论删去。由此可见，伦氏所评允出称出语有据，论之成理，足为一家之言。

第二节　以藏书家为中心，追踪图书的聚散离合

《辛亥以来藏书纪事诗》虽然明确以辛亥为时间界限，但亦涉及范钦（1506—1585）、纪昀（1724—1805）、谭莹（1800—1871）、谭宗浚（1846—1888）、卢址（1725—1794）、杨以增（1787—1855）、瞿镛（1794—1846）、丁丙（1832—1899）、丁日昌（1823—1882）、孔广陶（1832—1890）、陈澧（1810—1882）、莫友芝（1811—1871）、李慈铭（1830—1895）、孙诒让（1848—1908）、萧穆

① 转引自周积明：《纪昀评传》，南京大学出版社1994年版，第54页。

② 参见傅璇琮主编，刘德重分册主编：《中国古代诗文名著提要》（诗文评卷），河北教育出版社2009年版，第593页。

（1835—1904）、谭献（1830—1901）、平步青（1832—1896）、吴式芬（1796—1856）、张之洞（1837—1909）、李文田（1834—1895）、盛昱（1850—1900）、李希圣（1864—1905）、刘鹗（1857—1909）、景廉（1832—1895）、麟庆（1791—1846）、耆龄（？—1863）等26位辛亥以前人物。表面看来，伦明是自坏体例，实则不然：这书命题本意乃在说明其所睹纪昀等人之书与所闻耆龄等人[①]是在辛亥以后。换句话来说，伦明撰写此书之意图乃是记录自己的觅书见闻。而在诸多见闻中，伦明最关注的莫过于藏书家的藏书。那么，以藏书家为中心，伦明看到了什么？我们仍先以雷梦水校本为依据，择要抄录伦明的相关论述，并补充一二重点信息，再作分析。

序号	藏书家	图书之聚与散
1	纪昀	以数千金买鉴古堂韦氏书，见李文藻《琉璃厂书肆记》。则文达亦好聚书者。其书于戊辰岁（1928）全散出，余于琉璃厂穆斋鬻书处见之，无宋元本，亦无精校秘抄，惟刻本都在嘉庆前，略可贵耳。余得其《河间纪氏家集》。（页2）
2	卢址	四明卢青崖址，与绍弓学士（案：指卢文弨）……钱竹汀（案：指钱大昕）作《抱经楼记》言其博学嗜古，尤好聚书，遇有善本，不惜重价购之。闻朋旧得异本，宛转借抄，晨夕校雠。搜罗三十年，得书数万卷，为楼以贮之云云。所藏于丙辰（1916）全散出，惟史类颇有佳本，皆为刘翰怡所得。（页4）
3	谭莹	（谭莹孙）瑑青参事祖任，擅填词，家多藏书，其广州西关旧宅所藏，多被人窃卖，坊间流出，钤南海谭氏藏书印者所在有之。瑑青兄某官湖北，携书数十簏，弃之芜湖广州会馆。瑑青喜书画，善鉴别，惟于书若不甚珍惜，尝觅某书店代为整理，某书店利其售也，凡全者分而散之，诡称残缺。既而瑑青无后命，遂弃破屋中，逾年，某书店以百金得之。（页4）

① 伦明称自己于1928年前后首次看到纪昀藏书，允为事实；不过伦明说他于辛亥后尚见耆龄，恐为记忆之误或者有两耆龄，姑且存疑，以俟后考。

（续表）

序号	藏书家	图书之聚与散
4	杨以增	聊城海源阁藏书，自杨以增传子绍和、孙保彝，递有增益……岁己巳（1929）战乱，匪于其家驻军，其家设司令部，至以阁中书炊火。后官兵又大肆劫掠，其书散见济南、保定各地。北京书客，争往收之，皆最善本也。先是保彝子某，携佳椠多种至天津。余在傅沅叔（案：指傅增湘）处见之……辛未（1931）后，杨氏子收拾余烬，拟售与山东图书馆，要价十三万，议又不就，不知如何收结也。（页5）
5	丁丙	仁和丁松生丙，藏书处曰八千卷楼。盖沿先世之称，其实逾四十万卷。……宣统（1907）末，归江南图书馆，所余尚数倍。松生子立中字修甫，能保守之。（页6）
6	丁日昌	丰顺丁雨生中丞日昌，抚吴有惠政，吴人至今思之。江南乱后，故家书尽出，中丞留意收拾，遂成巨观。（页7）持静斋书之散出，世人多不知其故，亦不知其始于何时。以余所闻，揭阳城内有书店多家，专伺丁书。书之出也，悉由婢仆之手，多少精劣全缺不一。久而久之，而书已尽……乙卯岁（1915），华英（书局）挟《持静斋书目》版片归，遂不复去，书当尽于此时矣。（页8）
7	孔广陶	南海孔少唐广陶，居广州城南关，藏书处曰三十三万卷楼。光绪戊申（1908）后，书已散出。余方归自桂林，四五年间，月必数登其楼。菁华渐尽，剩者惟巨帙及习见本而已。岁壬子（1912），尽归康长素（案：指康有为）。（页8）
8	陈澧	所藏书迩年尽散出，多为徐信符所得。（页10）余收得东塾（案：指陈澧）手校《通典》四十册。（页23）
9	莫友芝	有影山草堂，在黔南，旧藏已经乱无存。后宦金陵，因家焉……先生有侄棠，字楚生，需次广东知府，亦嗜书，与王雪澄，沈子封辈同声气。辛亥之变（1911）弃官去。临行，多所遗失。其挟而去者，未几亦散之沪肆。莫氏之书殆尽矣。（页11）

（续表）

序号	藏书家	图书之聚与散
10	李慈铭	会稽李悉伯先生慈铭，卒于光绪中叶岁乙未（1895），其家以《越缦堂遗书》九千余册，归北平图书馆。每书皆有校注，经史要书尤详。迩年杭州书店，屡悉伯以精校书标目，索重价，则馆中所收，似未全也。（页12）
11	萧穆	桐城萧敬孚穆，诸生，为曾国藩所知，派充上海制造局文牍二十余年，月薪止二十两。时值江皖洊乱，故家书玩散落，君以贱值得之。性极朴，节缩所余，尽以购书。故所蓄颇富，且多佳本，居然充藏书家矣。熊译元曾参沈子培安徽幕府，时君已殁，译元语余，藩署旁有一书店，所售皆敬孚书也。其佳本多为沈得，译元亦拾其余。（页13—14）
12	谭献	光绪末余居粤，闻先生已殁（案：谭献卒于1901年），遗书渐出。（页14）
13	吴式芬	海丰吴子苾观察式芬，及其子仲饴侍郎重憙，累代积书……侍郎殁于辛亥（1912）后，遗书渐散，至去岁九十月间，出尤亟，日见打鼓贩趋其门。最后，山涧口书贩李子珍以千二百金全有之，载数十车。人皆以为弃余物，不之顾。余翻阅半夕，得佳本数十种。（页16—17）
14	张之洞	公殁后，所藏书至辛酉（1921）散出，宋本止数种，《文中子》最佳。余明刻旧抄若干种，皆归傅沅叔。余亦得精椠数种，闻其家属仅得值三千元，或云其佳者早归高凌霨云。（页18）
15	柯逢时	富藏书。殁后（1912），二子各得其半。其次子不克守，岁丁卯，邃雅斋以万二千金得之。（页19）
16	盛昱	清宗室伯羲祭酒盛昱，殁于庚子（1900）乱前。所藏书分次散出，至癸丑（1913）而尽。佳本多为景朴孙所得。己庚之间，余游宣武门内小市，有醉香阁者，不知从何处拾得其残余。（页20）
17	陈伯陶	好收明清间野史，及万历后诸家奏议别集……先生殁于辛未（1931），遗命以所藏书，捐置酥醪观中。（页20—21）

（续表）

序号	藏书家	图书之聚与散
18	徐梧生	光绪中叶后，故都言收藏者首数之。庚子（1900）之乱，多所丧失，而搜求不辍，较前尤盛。……殁于丙辰（1916），遗书渐散，翰文斋诡得之。（页21）
19	梁鼎芬	君藏书数百簏，三分之，一赠焦山寺，一存广州梁祠，一留自读，今保存者惟焦山寺书耳……按察（案：指梁鼎芬）有仆史某，殁后（梁鼎芬卒于1919年），其妾倚用之。史乘间窃书出，久之，事破。其戚崔介其余书归余，佳本略尽矣。（页22—23）
20	王仁俊	殁于辛亥后（1913年）。庚辛间，书始散出。（页25）
21	沈曾桐	才誉远逊其兄（案：指沈曾植），亦好收藏，宦粤东日，购南海孔氏（案：指孔广陶）书甚多，凡新抄本，皆归之。……殁于辛亥后（1921年）。其季子某，设书店于后门大街，曰赖古堂。售所蓄，颇得善价。数年书尽。（页34—35）
22	王绶珊	有杜国盛者，撰《九峰旧庐藏书记略》，言其有宋本百余种，明本一千余种，方志二千八百一部，全国未收得者止十分之一。（页35）
23	徐乃昌	尝刊《清闺秀词集》初二编。无专集者，别为《闺秀词抄》。凡百数十家，搜采不易。……闻所藏已尽散，其佳者多归天津李嗣香。（页35—36）
24	刘鹗	（1908年）被劾，发往军台效力。铁云（案：指刘鹗）素以收藏著称，除书外，金石甲骨之属尤富。旋尽散（案：当于1909年刘鹗病逝后），其书为会文斋、文友堂所得。（页38）
25	陈毅	素治蒙古地理，当局采其虚誉，骤用为库伦都护使，遇变，仓卒逃归（1921年），幸箧中书未失，书多地理类，尤多秘本……君殁，书散出。（页40）
26	李盛铎	早年购得湘潭袁漱六卧雪庐书。聊城杨氏书最先散出者，如《孟浩然集》《孟东野集》《山谷大全集》等，皆百宋一廛故物（案：指黄丕烈之物），君皆得之。所蓄亦不限于古本，吾国今日惟一大藏家也……近岁境大窘，商售于北平图书馆，当事者以费绌不敢答。（页41）

（续表）

序号	藏书家	图书之聚与散
27	陶湘	不重宋元本，所藏明闵氏套印本，汲古阁刻本，武英殿刻本，俱完全不缺。又搜明刻附图诸书，五色红格医书，《汇刻书目》所载大小丛书，各甚备，不问何类，凡开花纸所印，皆收之，一时有陶开花之称。其《程氏墨苑》五色本最罕见。近年渐散出。其丛书类全部，售于日本，误以足本五百册《石仓诗选》杂其中，极可惜。其殿本类开花纸类，则售与北平文友、直隶两书店。（页43）
28	刘体智	君藏宋元明本甚夥，余所知者，有持静斋（案：指丁日昌持静斋）旧藏《禹贡图》，南海孔氏（案：指孔广陶）旧藏《六艺之一录》。（页44）
29	刘承幹	吴兴刘承幹，今日东南大藏书家也。所藏古本精椠不可胜数，旧抄本稿本亦多，若王惟俭《宋史记》、徐松《宋会要》，皆巨帙，已归北平图书馆。（页45）
30	蒋汝藻	君收储富于先世，编有《传书楼书目》十二卷，未刊。后以营商失败，尽捐其所有。宋元本多归刘晦之，明刻本多归北平图书馆。贵阳陈松山给谏田撰《明诗纪事》，收明人集部最夥。陈殁尽归于君，今北平图书馆所得，即陈氏故物也。（页46）
31	周贞亮	汉阳周子幹贞亮，积书甚富，晚岁尽售之，惟存手选《清五百家骈文》一大箧。（页51）
32	贺涛	松坡（案：指贺涛）亦好购书，于光绪初年，得宋本《诗人玉屑》，及他明刻精椠甚多，其子性存（案：指贺葆真）遵先志，岁有所益。以松坡尝学于吴挚甫（案：指吴汝纶），于挚甫评点诸书，搜刻殆尽，谊笃师门。（页53）
33	景廉	蒙古景廉字朴孙，收藏之富，可匹意园。有宋刊《张于湖集》《纂图互注周礼》《绝妙好词选》等，后归袁寒云；宋抄《洪范政鉴》，后归傅沅叔；《翁覃谿诗文杂著》手稿三十余册，后归李赞侯，转归叶誉甫。（页57）

（续表）

序号	藏书家	图书之聚与散
34	端方	所藏金石彝器甲宇内，旁及古籍，亦有佳本。壬癸间，其炉房以二千金得之，仅知者，有宋本《通鉴》，后归傅沅叔（案：指傅增湘），今影印百衲本者是也。（页 57）
35	凤山	所藏与朴孙埒，仅知者，有宋本《方舆胜览》《通鉴纪事本末》，又有抄本《六艺之一录》，乃得之南海孔氏者，今归刘晦之。（页 57）
36	麟庆	其家所藏书……十年前，渐有散出，至去岁（案：伦明是书作于 1935，此指 1934）而大尽。（页 59）
37	耆龄	满洲耆龄字寿民，辛亥后尚存（案：据杨琥考证，耆龄卒于 1863，伦明称耆龄辛亥后尚存，或是记忆之误，或是有两耆龄，未详，俟考。）……所藏有汲古阁抄本《古文苑》《宋高僧诗选》《酒边词》《琴趣三编》等，后皆归袁寒云。（页 60）
38	光熙	专收清人集部，多精椠，半归北平图书馆，半散书坊。余收得百余种。（页 60）
39	康有为	光绪中，讲学广州万木草堂，聚书甚备。戊戌政变（1898），尽被籍没。壬子（1912），归自海外，购得南海孔氏残书，殿本《图书集成》在焉。旋居上海，收储益富。先生性豪侈，用常窘，屡以《图书集成》抵债家，后竟弃之……先生书法为时宝重，殁后尤甚，门人徐某以整理为名，尽有之。其他图籍器物，则为女夫潘某所把持，尽散出矣。（页 60—61）
40	梁启超	先生聚书，四部略备，身后并一切遗稿，捐赠北平图书馆，馆中辟一室储之，编有《饮冰室书目》。（页 63—64）
41	杨守敬	甲寅（1914）入都为参政，卒于乙卯（1915）一月。遗书尽归国务院。（页 67）

（续表）

序号	藏书家	图书之聚与散
42	曾习经	国变后（案：指1911年辛亥革命后），积俸余三四万金，有人给以买田天津，既乃咸不可耕，遂丧其赀，贫至鬻书为活。殁后（1926年），所遗尚数十簏，叶誉甫念旧谊，拟尽购之，属余点查，议给价七千金，惟不欲以独力任，迁延数载，其戚陈某以售之琉璃厂翰文斋，闻得值无几。（页69）
43	黄节	藏有汪龙撰《毛诗申成》稿本，未殁前（案：指1935年）数日，由余作介以副本归东方图书馆，余书则韫椟存北京大学。（页70）
44	樊增祥	恩施樊山增祥，未殁（案：樊增祥卒于1931年）前，旧藏抄本宋元人诗集数十册散出，盖《永乐大典》辑佚原本，法梧门祭酒（案：指法式善）旧藏也。……余购得其旧藏明刻数种。（页71）
45	方尔谦	扬州方地山尔谦性豪侈，工诗，与袁寒云以师生而结姻娅。其弟尔咸，辛亥（1911）后转运淮扬，故地山资甚雄，大购字画古书……后移居津门，境渐窘，斥所有以济之。余十年前，识之于津门书店……比闻书已尽出，日惟以借小债度活。（页74）
46	王鸿甫	所藏不论抄刻，皆罕见本。我识君时，书未尽散……未几，无一书存矣。君所藏多归刘绰云。（页77）
47	袁克文	袁寒云克文，于乙丙间，大收宋椠，不论值，坊贾趋之，几于搜岩熏穴。所储又多内府物，不知如何得之也。项城（案：指袁世凯）败后，随即星散大半，为李赞侯、潘明训所有。（页77）
48	姚华	君殁（案：姚华卒于1930年），所藏归文禄堂、邃雅斋二家，得值一万三千金。有宋本《汉隽》《周易注疏》，明刻附图传奇多种。（页79）
49	朱文钧	藏有蔡君谟自书诗墨迹，宋拓整本《九成宫碑》，及古玉古铜等无算。书则有宋刻《啸堂集古录》，翁覃谿（案：指翁方纲）故物也。他宝玩佳椠甚多。迩年卧病故都，稍有散失。（页79—80）

（续表）

序号	藏书家	图书之聚与散
50	陈垣	君最服膺钱竹汀（钱大昕）、王怀祖（案：指王念孙）二先生，因而宝爱其遗墨，所得二先生手稿甚多。去岁新得王怀祖撰《段若膺墓志铭稿》，尤可贵。其《经义述闻》，乃怀祖稿，非伯申，可异也。君藏书数万卷，非切用者不收。较谈版本目录者，又高一等矣。（页 81）
51	叶恭绰	番禺叶誉南恭绰，亦喜收书，但与时人微异。时人喜收省府州县乡镇志，山志及书院志；时人喜收诗文集，而君独收词集。君素好佛，故多收佛经。又其祖兰台先生曾手写名人画像，并附辑小传，君以为未完，而思补之。故于诗文集之附遗像者，求之唯恐不及，所收皆甚备。（页 82）
52	钱基博	喜聚书，尤喜搜近代学人故事。（页 83）
53	章士钊	于唐宋诸家，独重柳宗元，因是凡诸家评点柳集，搜集独备。喜收清代名家手稿。……“九一八”事变，潜居京沪间，鬻文自给，不足则尽鬻所藏。（页 83—84）
54	袁思亮	藏宋本《苏诗》，翁覃溪故物也。（页 85）
55	沈宗畸	广收清代笔记数百种，多罕见之品，逝后尽流散矣。（页 86）
56	张伯桢	喜收书与刻书……又喜搜集近世史料……此外搜集粤东人诗文集颇多。（页 86）
57	陈融	方纂《清诗纪事》，广搜近代诗集，至千数百家。（页 89）
58	曾钊	南海曾勉士先生钊，晚年以面城楼所有书，售于龙山温氏。先是禁烟之役（案：1839 年，林则徐虎门销烟，1840 年中英鸦片战争开始）广东与英人开衅，总督祁𡎴以先生知兵，檄令修碉筑坝，募勇固守。旋议和，所支帑三十余万，不能报销，倾家不克偿，遂质其所有于温氏。徐铁孙自浙寄诗怀之，有“误人岂有阴符书”句，盖指此也。（页 91）
59	易学清	家存先世遗书，厅壁楼槅皆贮满……余屡造其家，见书日减少。辛亥（1911）后，犹于书坊见其《文苑英华》《六十种曲》诸书。（页 93）

（续表）

序号	藏书家	图书之聚与散
60	熊罗宿	先生殁后（案：熊罗宿卒于1930年），遗稿并仅存之书，归南昌图书馆，尚得值三千金。（页97）
61	张凤台	好聚书……殁后（案：张凤台卒于1924年）京寓之书尽散，余未得见，闻有佳本。（页98）
62	刘绍炎	近二十年，以购古本书著闻。力甚豪，南北书贾得佳本，争致其门。今岁五月（案：指1935年），在北平图书馆见明抄本《晏公类要》等十余种，钤有澹生堂诸印，询之，则刘氏书，书客从鄂寄来者也。何聚之艰而散之速耶？（页99）
63	金梁	其所藏则有清史未刊稿，如《氏族教派》等志，及太平天国诸王将传，皆至奇变。又旧藏各地方志，府以上皆全，亦至难得者也。（页100）
64	马叙伦	数年前，君以所藏，全归辅仁大学，凡两万余册。近代人词集，多至数百册，君不善词，而好收词集。（页101）
65	金钺	性喜聚书，尤好搜集乡贤遗著。（页102）
66	孙蜀丞	喜校雠，经子要书，皆有精校之本。所收书，亦以涉于考据者为准。（页103）
67	邢之襄	近年以购古本称于故都，未得观其藏目。所知者，有江都秦氏刻《扬子法言》祖本，又有蜀本李长吉、许丁卯、孙可之诸集。北地自张之洞、徐梧生衰替后，屈指到君矣。（页104）
68	周暹	向藏北宋本《文选》，《汤注陶诗》最精。后又得海源阁宋刊本宋校《庄子注》，他宋元本，皆不足数矣。（页105）
69	于省吾	长沙叶氏书之归北平某书局也，君以捷足，尽得其佳本。往时喜收桐城派诸家文集，略备。（页106）

（续表）

序号	藏书家	图书之聚与散
70	马廉	收藏曲本甚夥。晚近以剧曲为重要文学，各大学多添讲剧曲史一科，不须审音识律，但能略举曲名，便可登坛。隅卿素不治学，居然拥皋比矣。身后所藏曲本，售之北京大学，得值万数千金。（页 107）
71	赵慰苍	早殁。余识其子士炜，贫甚。十余年间，惟藉卖书赡家。（页 107）
72	潘明训	少时供事洋行，现充英工部局总办。喜储宋椠，初以百种为限，闻近已逾限矣，并闻眼识甚高，元明以下蔑如也。（页 109）
73	李世珍	喜积书，京津书客争趋之，尝收得上海徐氏积学斋（案："徐氏"当为安徽南陵徐乃昌），四明刘氏抱经楼（案："刘氏"当为"卢氏"之音误，四明有抱经楼者仅卢址）书之一部分。士珍殁（案："士珍"当为"世珍"，李叔同之父，卒于 1884 年），其子以所有归北平图书馆，得值六万金。中多明抄明刻本及他精刻本，宋本项安世《周易玩辞》，最佳。（页 110）
74	谭笃生	熟版本，光宣间执书业之牛耳。……殁于壬子（1912），无子。歇业后，剩余之书，由其戚孔某，在文昌馆封卖，凡三四次殆尽。（页 110—111）
75	何厚甫	厚甫殁，其子介文友堂售于日本，得值七千金。（页 111）
76 77 78 79 80	王叔鲁 张岱杉 李赞侯 潘馨航 张咏霓	辛亥以来，掌财部者，如王叔鲁、张岱杉、李赞侯、潘馨航、张咏霓，皆好聚书。王有宋本《后汉书》、张有宋小字《公羊穀梁合刊本》、宋本《通鉴纲目》，李、潘古本精椠尤多。罢官后，皆散佚矣。（页 114）
81	方觉慧	拟改造《明史》……所收明代史料，盈数屋，尚搜访未已，自云切要者有三百余种，屈翁山《四朝成仁录》足本，亦有之。（页 115—116）

由于伦明见闻有限，笔之于书者亦有所选择，故我们只能从《辛亥以来藏书纪事诗》中辑出涉及 81 位藏书家的言论。不过，上表虽

然仅仅涉及81位藏书家，但是，就177位藏书家的总数而言，上面的情况已经颇具代表性。

那么，上表呈现了哪些信息呢？

首先，伦明重视藏书家“汇聚”图书，在这方面他是有看法的：其一，不同藏书家的藏书取向及其原因：有的是出于学术研究的需要，如陈垣因研究历史而主要收藏史部切用之书，方觉慧拟改造《明史》故广收明代史料。有的是出于兴趣，如叶恭绰喜欢收藏佛经，主要出于对佛教感兴趣；马叙伦收藏近人词集、陶湘则凡开花纸印刷的书籍一概收之，皆是如此。至于张勋收藏殿本就完全是出于“尊王复辟”的心理。值得注意的是，有时藏书风气的形成乃学术潮流所致，某一类书之价格亦因时而异。例如看到素不治学的马隅卿将所藏曲本售给北京大学，得万数千金，伦明即指出其原因在于“晚近以剧曲为重要文学，各大学多添讲剧曲史一科，不须审音识律，但能略举曲名，便可登坛”[①]，这说明伦明深悉学术风气对书籍汇聚之影响甚为重大。其二，关注藏书家的人员组成及其变化。如针对掌握财政大权的官员爱好藏书的情况，他说：“辛亥以来，掌财部者，如王叔鲁、张岱杉、李赞侯、潘馨航、张咏霓，皆好聚书。王有宋本《后汉书》、张有宋小字《公羊谷穀合刊本》、宋本《通鉴纲目》，李、潘古本精椠尤多。罢官后，皆散佚矣。”[②] 又如看到原本主要从事商业活动的银行家潘明训加入藏书的队伍中，伦明亦说：“近来银行家，多喜藏书，武进陶兰泉、庐江刘晦之，其最著者也……往日藏书之事，多属官僚，今则移之商家。官僚中虽不乏有力者，而忙于钻营征逐，无暇及此，亦可觇风气之变迁也。”[③] 这说明伦明有着发展的历史眼光。

其次，伦明顾及了藏书家书籍的来源，也关注了藏书家书籍的散佚，但他最关注的是藏书家藏书的去向。当然，需要指出的是，在20世纪30年代，陈垣、叶恭绰这样的藏书家仍健在，他们的藏书不存

① 伦明著，雷梦水校补：《辛亥以来藏书纪事诗》，上海古籍出版社1990年版，第107页。

② 伦明著，雷梦水校补：《辛亥以来藏书纪事诗》，上海古籍出版社1990年版，第114页。

③ 伦明著，雷梦水校补：《辛亥以来藏书纪事诗》，上海古籍出版社1990年版，第109页。

在大量流失问题。不过，将这些人物去掉之后再来统计，仍可从字里行间看出伦明叙述的重点在藏书家藏书最终如何“流散”，而非如何“汇聚”。就藏书的流失而言，有三点值得注意：

第一，就藏书家图书大量流失的原因来看，主要有几种情况（或者说以下几种情况有可能并存）：一是藏书家生病或者经济出现困难，需要资金周转，开始向外出售藏书，如章士钊、方尔谦等。二是藏书家亡故，图书得不到很好的保管，有的被仆人私下售卖，如梁鼎芬；有的为儿子公开售卖，如沈曾桐的儿子于屋后开设书店，数年后图书售罄；有的因一时不慎，被书店贱价卖出，如徐梧生、曾习经。诸如此类，不一而足。其中藏书家亡故，后继无人，为图书流失的主要因素。三是遭遇战乱，如山东聊城杨以增海源阁的图书四散，主要是遭遇兵火之灾。

第二，就藏书家图书流转的方向来看，方式很多。如白居易将自己的藏书分置三地的做法得到了梁鼎芬的认同，他把自家的藏书“一赠焦山寺，一存广州梁祠，一留自读”[①]。又如莫友芝等人的藏书是在他们死后，多半是在亲友手上流传，再至坊间书肆。但主要呈现以下趋势：古代藏书多数存于私人住宅或寺庙，而从清末开始，由于公共图书馆的设立，大学院校的兴起，出现以公共图书馆藏书为主、大学院校及私人藏书为辅的趋势。如1907年，丁丙的藏书开始归入江南图书馆，1931年杨以增的残余图书拟售给山东图书馆，1935年黄节的藏书分别藏入东方图书馆与北京大学，马叙伦的藏书归入辅仁大学，熊罗宿的藏书归入南昌图书馆，刘绍炎、刘翰怡、蒋汝藻、陈松山、梁启超等人的图书亦先后售卖或捐赠北平图书馆。这证实了伦明所言“书之聚散，公私无别，且今后藏书之事，将属于公，而不属于私，今已萌兆之矣”[②]。当然，也存在着这样的情况，藏书家的大量书籍虽然已经并入图书馆，但其藏书亦有少量流失，像伦明在杭州书店得见李慈铭的图书即为例证。具体情况，可如下图所示：

---

① 伦明著，雷梦水校补：《辛亥以来藏书纪事诗》，上海古籍出版社1990年版，第22页。

② 伦明著，雷梦水校补：《辛亥以来藏书纪事诗》，上海古籍出版社1990年版，第2页。

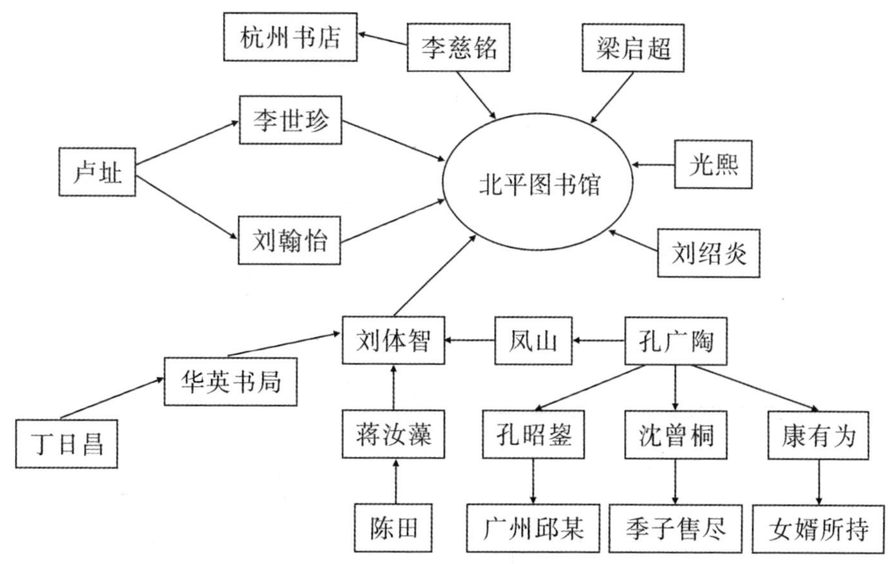

藏书家图书流转趋势图 1

第三，就藏书家图书的购入与售出比例来看，人去书尽，有出无入的不仅不在少数，更可谓是触目皆是。从上面表格可知，伦明实际上记载了自 1840 年至 1935 年间数十位藏书家藏书的散佚情况。其中，藏书流散的除了图 1 上述藏书家图书流转趋势图 1 所见的卢址、丁日昌、李世珍、刘翰怡、陈田、蒋汝藻、刘体智、凤山、孔广陶、沈曾植、康有为、刘绍炎、光熙、李慈铭、梁启超 15 家外，还有梁鼎芬、樊增祥、纪昀、张之洞、杨以增、盛昱、端方、景廉、李赞侯、袁寒云、耆龄、吴昌绶、袁漱六、黄丕烈等 14 家，而实际上图书汇入的仅伦明、傅增湘、潘明训、叶誉甫等少量私人家宅。具体情况，可如下图所示：

就图书散出的 29 家与汇入的 4 家而言，这比例颇能彰显动荡时代藏书家图书流失情况之严重。值得注意的是，对于藏书家图书的流失，伦明屡次用一“尽”字，足称一字惊心！评丁日昌时言“久之又久，而书已尽”，① 评陈澧时言“所藏书迩年尽散出”②，评莫友芝

① 伦明著，雷梦水校补：《辛亥以来藏书纪事诗》，上海古籍出版社 1990 年版，第 8 页。

② 伦明著，雷梦水校补：《辛亥以来藏书纪事诗》，上海古籍出版社 1990 年版，第 23 页。

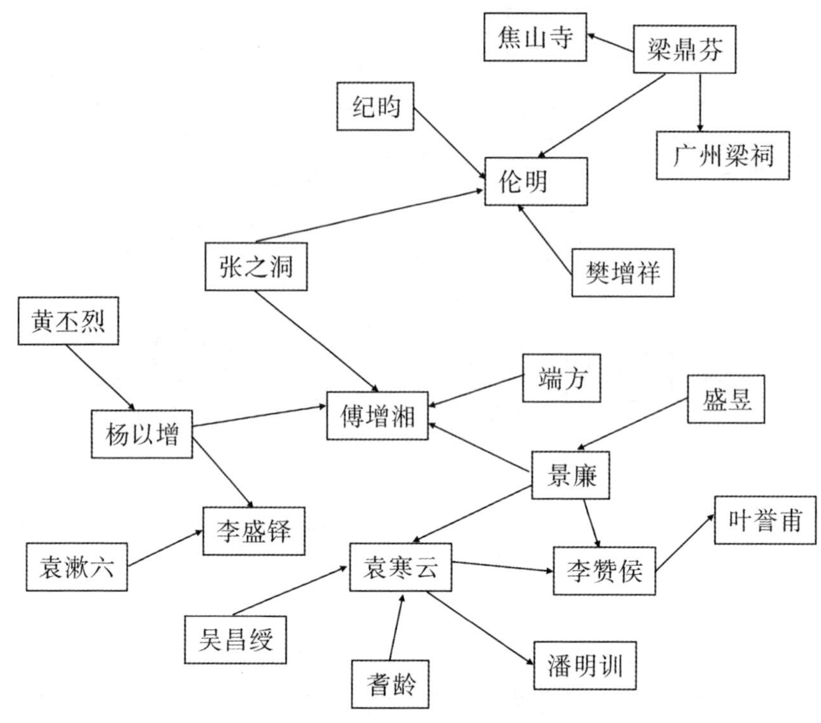

藏书家图书流转去向示意图2

时说“莫氏之书殆尽矣”①，评萧穆时云“书略尽矣”②，评吴式芬时云“而吴氏之书，从此尽矣”③，评梁思孝时说“佳本略尽”④，评沈曾桐时说“数年书尽”⑤，评麟庆时说“十年前，渐有散出，至去岁而大尽”⑥，评康有为时说“先生书法为时宝重，殁后尤甚，门人徐某以整理为名，尽有之。其他图籍器物，则为女夫潘某所把持，尽散出矣”⑦，评张凤台时说“殁后京寓之书尽散”。⑧ 由是言之，伦明于

① 伦明著，雷梦水校补：《辛亥以来藏书纪事诗》，上海古籍出版社1990年版，第11页。

② 伦明著，雷梦水校补：《辛亥以来藏书纪事诗》，上海古籍出版社1990年版，第14页。

③ 伦明著，雷梦水校补：《辛亥以来藏书纪事诗》，上海古籍出版社1990年版，第17页。

④ 伦明著，雷梦水校补：《辛亥以来藏书纪事诗》，上海古籍出版社1990年版，第22页。

⑤ 伦明著，雷梦水校补：《辛亥以来藏书纪事诗》，上海古籍出版社1990年版，第35页。

⑥ 伦明著，雷梦水校补：《辛亥以来藏书纪事诗》，上海古籍出版社1990年版，第59页。

⑦ 伦明著，雷梦水校补：《辛亥以来藏书纪事诗》，上海古籍出版社1990年版，第61页。

⑧ 伦明著，雷梦水校补：《辛亥以来藏书纪事诗》，上海古籍出版社1990年版，第98页。

自序所感叹的"散者之有出无入，一如国家帑藏之外溢也，是不可以寻恒聚散视之也"[①]，确实值得重视。

第三节　以图书的聚散离合，彰显家国的沧桑剧变

如果说以见闻为基础，伦明为我们勾勒了藏书家的俊采风神，而以藏书家为中心，我们得见图书的聚散离合，那么，以图书的聚散离合，我们更可以一睹伦明那秉笔直书的史家笔法。伦明记录的固然是藏书家与藏书，然而，记录众多藏书家与藏书的离合，为我们揭开了一幅沧桑的历史画卷。换言之，伦明的藏书纪事诗，由于记录了图书的辗转流离，可视作"图书漂流记"，更可当作个人、家族、民族、国家荣辱兴亡之历史来看。

这家国沧桑剧变，一开始就和曾钊以及他的私人藏书紧紧地联系在一起。曾钊（1821—1854），广东南海人，伦明在《辛亥以来藏书纪事诗》中如是云：

面城故物尚依然，人说朱翁此泊船。
我亦曾在桑下宿，嫏嬛一梦竟无缘。[②]

在解说此诗前，需要对句中典故稍作交代："桑下"本指"桑下三宿"，源出《后汉书·襄楷列传》。原意是指印度佛陀时代，一般僧众是白天四处修行，居无定所，夜间则在大树底下休息，然而在同一棵大树下不能停留超过三宿，以免产生眷顾之意。[③] 而"嫏嬛"指的是传说中天帝藏书的地方，用的是元伊世珍《嫏嬛记》中张华的典

① 伦明著，雷梦水校补：《辛亥以来藏书纪事诗》，上海古籍出版社1990年版，第2页。

② 伦明著，雷梦水校补：《辛亥以来藏书纪事诗》，上海古籍出版社1990年版，第91页。

③ 参见陆尊梧、李志江主编：《历代典故辞典》，作家出版社1992年版，第580页。

故。说张华一次外出，遇见一谈吐有致、衣着华丽之人，二人遂相约同行。而在此人的指引下，张华进入了一个梦幻仙境，其中一间专门储藏历代奇书的地方令张华艳羡不已。张华遂问同行人，此是何地，同行人答曰，此乃“嫏嬛妙境”。后来，人们遂用它来指代藏书胜地。[①] 伦明用这两个典故，意在表明其念念所系乃诗中首句所云的“面城故物”，即曾钊的面城楼藏书。那么，伦明为什么会对南海曾钊的面城楼藏书念念不忘呢？况周颐（1859—1926）所撰《餐樱庑随笔》为我们提供了线索：

> 南海曾勉士先生（钊）湛深经术，博稽古籍，粤人治汉学者未能或之先也……道光辛丑（1841）、壬寅（1842）间，海氛孔棘。制府高平祁公檄令修碉筑坝，募勇团守，旋已议款，敌兵不至，而所支帑不能报销者，至三十二万余金，倾家不偿，坐此免官。藏书数万卷，并质于人。徐孙铁观察，由浙中寄诗怀之，有“误人岂有阴符书”句，盖伤之。[②]

那么，其中的“并质于人”，指何人？伦明更加细致地为我们交代了事件的来龙去脉与图书的聚合离散：

> 南海曾勉士先生钊，晚年以面城楼所有书，售于龙山温氏。先是禁烟之役，广东与英人开衅，总督祁𡎴以先生知兵，檄令修碉筑坝，募勇固守。旋议和，所支帑三十余万，不能报销，倾家不克偿，遂质其所有于温氏。徐铁孙自浙寄诗怀之，有“误人岂有阴符书”句，盖指此也。[③]

原来，曾钊之书售予龙山温毅夫，而曾钊之书的流散，缘于1840

① 参见陈从周主编：《中国园林鉴赏辞典》，华东师范大学出版社2001年版，第166页。

② （清）况周颐著，张继红点校：《餐樱庑随笔》，山西古籍出版社1995年版，第157页。

③ 伦明著，雷梦水校补：《辛亥以来藏书纪事诗》，上海古籍出版社1990年版，第90页。

至1842年的中英鸦片战争。曾氏以一介儒生自任，为清廷尽忠，不惜举债以修筑炮台抵御外敌，而清廷懦弱不堪，有负曾氏，以致曾钊最后不得不鬻书抵债，数十年之积蓄转眼间易手！经伦明的交代，可感性而清晰地了解到藏书家私人藏书的聚散竟与国家之兴亡有如此直接的关联。

这沧桑剧变，亦和杨以增家族以及他们的藏书紧紧地联系在一起。杨以增（1787—1855），山东聊城人。在《辛亥以来藏书纪事诗》中，伦明如是评述杨以增及其家族藏书：

累世搜储祖逮孙，海源恨不在桃源。
杨江王目参差甚，兵火之余百一存。[①]

在此诗后，伦明有明晰的注释：

聊城海源阁藏书，自杨以增传子绍和、孙保彝，递有增益……岁己巳战乱，匪于其家驻军，其家设司令部，至以阁中书炊火。后官兵又大肆劫掠，其书散见济南、保定各地。北京书客，争往收之，皆最善本也。先是保彝子某，携佳椠多种至天津。余在傅沅叔处见之，有四库底本《韩文举正》等若干种，不知究归何氏。[②]

“桃源”出晋陶渊明的《桃花源记》，伦明用这一典故，既是利用“桃源”与“海源”同音，亦借此说明海源阁与桃花源同“源”而不同“遇”：一是祥和安宁，一是命途多舛。需要交代的是，“岁己巳”指是1929年，而“匪于其家驻军”的“匪”指土匪王金发（案：在此之前更有土匪王冠军侵犯）。关于其中的经过，丁源峰《海源阁今昔谈》有过详细的描述，兹抄录如下：

---

① 伦明著，雷梦水校补：《辛亥以来藏书纪事诗》，上海古籍出版社1990年版，第5页。

② 伦明著，雷梦水校补：《辛亥以来藏书纪事诗》，上海古籍出版社1990年版，第5页。

> 1927年7月10日，土匪王金发进入聊城。其司令部设在杨宅内。海源阁再次遭劫。当时家主杨敬夫正在天津，杨宅主事者为其二庶母和三庶母，两人得匪迅先逃……王金发及其随从将宋元秘笈及金石书画，随意择优掠去。时山东省立图书馆馆长王献唐实地调查后，在其《聊城杨氏海源阁藏书之过去现在》中谈到了海源阁遭劫后的凄惨情形："见其书零落，积尘逾寸。宋本《史记》，残余一册，宋本《咸纯临安志》，残余二册……黄尧圃手校宋本《蔡中郎集》，为海源阁刻原本，第四册后页，亦以拭抹鸦片烟签，涂污满纸。以镇库之珍籍，损坏如此，可为痛心！其家人并谓匪徒每以阁上书籍炊火，旧书不易燃烧，愤言谁谓宋版书可贵。"[①]

以宋版书炊火，真正是"斯文扫地"，其粗鲁无耻，简直罄竹难书！倘若家国安宁，断然不至于有此局面。所谓"天下兴亡，匹夫有责"，然而，家族藏书之兴亡，天下岂不有责？由此视之，"兵火之余百一存"[②]，直切事实，更是意含褒贬。

这沧桑剧变，还与凤山等人的民族以及他们的藏书紧紧地联系在一起。在《辛亥以来藏书纪事诗》中，有一组诗（共3首）特别引人注意。其特殊的地方，就在于藏书家的民族身份属于满族，这使得他们藏书的流传，更具特殊意义。我们不妨看伦明眼中景廉（字朴孙，生于1832年，卒于1895年）、端方（字午桥，号匋斋，生于1861年，卒于1911年）、凤山（字禹门，生年不详，卒于1911年）的藏书命运：

> 意园风雅继梧门，一脉相承有朴孙。
> 风雅顿衰王气尽，资州南海两归元。[③]

---

① 齐鲁书社编：《藏书家》（合订本）第11—16辑，齐鲁书社2014年版，第54页。

② 伦明著，雷梦水校补：《辛亥以来藏书纪事诗》，上海古籍出版社1990年版，第5页。

③ 伦明著，雷梦水校补：《辛亥以来藏书纪事诗》，上海古籍出版社1990年版，第57页。

为解读方便，依次介绍诗中相关的人物。诗中“意园”，是指清康熙年间状元赵熊诏（1663—1721）的府邸，规模宏大，收藏甚丰。“意园风雅继梧门，一脉相承有朴孙”，意思是说就收藏的宏丰而言，继汉族赵氏意园、蒙古族法式善之后，满族景廉之藏堪称众所难匹，言外之意，谓满族威权自1830至1890年间仍如日中天。而最后一句急转下转，言“风雅顿衰王气尽”，是说清廷之强撑实乃苟延残喘，其最终结局是“青山遮不住，毕竟东流去”[①]。那么，这种历史的大势如何表现呢？伦明选取了两个人物的命运作为表征：“资州南海两归元”。关于“资州”与“南海”，伦明自有注释：“匋斋死于资州民兵，禹门死于广州炸弹。”[②] 这一注释看似无关紧要，其实暗藏玄机。先说“禹门死于广州弹药”。“禹门”指凤山，汉军镶白旗人，素晓兵略，曾任荆州将军。其于南海（广州）亡故的经过，可参阅如下记载：

> 黄花岗事败后，黄兴避难。在港期间，他情绪低落，一直不见起色，闭门谢客，冥思苦想，期图以暗杀打开局面，急与清廷大吏拼命，孙中山曾函电劝慰之。而此前孚琦、李准在广东遇刺或毙命或重伤。前来接替孚琦的，是自诩素知兵略的凤山，他是汉军镶白旗人，曾任北京东安巡捕分局总办、西安将军、荆州将军。凤山调任广州时，此情报为党人侦知，黄兴毅然决然地要亲自刺杀他。徐仲可先生说：党人以兴关系重大，欲得人代之……
>
> 1911年10月25日，凤山抵达广州，乘八抬大轿前往将军衙署……看得凤山一行已到店前，李培基（案：指革命党人）扳动机关，子弹悉数滚下，不偏不倚落在队伍中。轰然巨响，凤山坐

---

① 邓广铭笺注：《稼轩词编年笺注》，见《邓广铭全集》第4卷，河北教育出版社2005年版，第34页。

② 伦明著，雷梦水校补：《辛亥以来藏书纪事诗》，上海古籍出版社1990年版，第57页。

> 轿被炸至半空，街石炸裂，店铺受震坍塌，卫队死者几尽。[①]

由是可知，凤山之死，乃是革命党人的行刺。至于"匋斋死于资州民兵"中的"匋斋"是端方。端方为满洲正白旗人，举人出身，曾任两江总督，且以宪政考察大臣的身份代表清廷出使英、日、德、意等国，可谓朝廷重臣。与凤山的命运不同，1911 年端方被内讧的兵士所杀：

> 9 月 7 日，"成都血案"发生。9 月 10 日，（清廷）急命尚在湖北的端方带部分湖北新军赴川平乱。接到上谕后，端方从汉阳出发……一路上磨磨蹭蹭，走了两个月，11 月 13 日才到四川资州，在资州又盘桓了 14 天。这时，武昌起义的消息传来，军心愈发动摇，端方显然已陷入彷徨不安的困境……
>
> 此时，端方许诺已经派人赴成都借款 4 万两发军饷，等了几天饷银不来，士兵们以为被端方欺骗，11 月 27 日将端方兄弟乱刀砍死。[②]

作为满族子弟，端方与凤山顽固地站在了清廷的立场，故而，他们以及他们藏书的命运自然是"风雅顿衰王气尽，资州南海两归元"[③]。而景廉亡于 1895 年，其诸多藏书亦随着清廷的没落而流散。

> （景廉）有宋刊《张于湖集》《纂图互注周礼》《绝妙好词选》等，后归袁寒云；宋抄《洪范政鉴》，后归傅沅叔；《翁覃豁诗文杂著》手稿三十余册，后归李赞侯，转归叶誉甫。……

---

① 熊菘策、纪彭：《压垮清王朝的十根稻草：1894—1912》，人民日报出版社 2013 年版，第 20 页。

② 熊菘策、纪彭：《压垮清王朝的十根稻草：1894—1912》，人民日报出版社 2013 年版，第 54—55 页。

③ 伦明著，雷梦水校补：《辛亥以来藏书纪事诗》，上海古籍出版社 1990 年版，第 57 页。

> （端方）亦有佳本。壬癸间，某炉房以二千金得之，仅知者，有宋本《通鉴》，后归傅沅叔，今影印百衲本者是也。……（凤山）有宋本《方舆胜览》《通鉴纪事本末》，又有抄本《六艺之一录》，乃得之南海孔氏者，今归刘晦之。[①]

需要说明的是，景廉的不少宋刊本后来到了袁寒云（即袁克文，袁世凯次子）手里。袁世凯倒台后袁寒云的书籍又落入民国财务部官员李赞侯、南海商人潘明训等人手里。而李赞侯等人的书在他们官职被罢后又尽数转手他人，真可谓是“一时俊物走权家，容易归他又叛他”[②]。

这沧桑的剧变，更把杨守敬的藏书和国家民族观念的形成紧紧地联系在了一起。杨守敬（1839—1915），字惺吾，藏书甚多。伦明《辛亥以来藏书纪事诗》中最后一句颇存春秋笔法：

> 积来辛苦天宁负，险煞杨云要美新。[③]

所谓的“险煞杨云要美新”，其“古典”是指扬雄为王莽作《剧秦美新》之事，其“今典”则是谓：“甲寅（案：指1914年）入都为参政，卒于乙卯（案：指1915年）一月。遗书尽归国务院，其家属得七万金。后数月而有筹安会之事。”[④] 耐人寻味的是，伦明还有诗涉及杨守敬，兹录如下：

> 项城南面不成雄，输与宜都享素封。
> 何物屠门思大嚼，略分一半与旌忠。[⑤]

---

① 伦明著，雷梦水校补：《辛亥以来藏书纪事诗》，上海古籍出版社1990年版，第57页。

② 伦明著，雷梦水校补：《辛亥以来藏书纪事诗》，上海古籍出版社1990年版，第77页。

③ 伦明著，雷梦水校补：《辛亥以来藏书纪事诗》，上海古籍出版社1990年版，第66页。

④ 伦明著，雷梦水校补：《辛亥以来藏书纪事诗》，上海古籍出版社1990年版，第67页。

⑤ 宋远：《辛亥以来藏书纪事诗未刊稿笺注》，见钱伯城主编：《中华文史论丛》第49辑，上海古籍出版社1992年版，第83页。

诗后更有详细的注释云：

> 岁乙卯（1915），袁慰亭以七万金购宜昌杨氏书，贮国务院，未及清理，而云南难作，遂无暇及此。民国六年，范静生长教部，思得之，请于国务院。院秘书长张远伯，以书归教部，太占便宜，因议由院自建图书馆，迁延数月，而远伯去位，时松坡已卒。梁任公辈发起设松坡图书馆，以旌其功绩。政府重其意，乃分与杨氏书之一部，全书别储一室。岁丁卯（1927），尽国务院所有书，归之故宫。①

自辛亥革命以来，人思共和，士念民主，而袁世凯大权在握之后，罔顾民情，一心想称帝，遂注意优厚遗老，以造复辟之舆论（筹安会即在1915年成立）。对于杨以增，袁世凯亦是如此：先于1914年延请其担任自己的顾问，继而，在杨守敬病故后，又以重金购买其书，存贮国务院，以笼络人心。伦明显然是看出了袁世凯的伎俩，故以历史上王莽与扬雄的典故来寄讽意。至于其后，以蔡锷为首的民主斗士奋起云南，袁世凯倒台，杨氏的书籍残留难置，又成历史问题。再到梁启超等人筹建松坡图书馆，分杨氏一部分图书以储存，这更是杨守敬万万没有想到的。伦明在此，无疑是想通过一个人藏书的辗转流离，说明民主共和的国家观念俨然形成，帝制独尊的大势已去。耐人寻味的是，中华人民共和国成立前夕，原本储存在故宫的杨守敬图书又被国民党政权偷偷运至台湾，更成为新的历史事件的"经历者"，这不管是杨守敬，还是伦明，恐怕是做梦亦难以料想的结局。

总而言之，伦明是在记录藏书家藏书的聚散，然而通过对书籍聚散离合的记录，其诗歌已经触及1840年的鸦片战争、1911年的辛亥革命、1915年的护国战争等一系列重大事件，谓之"诗史"，不亦可乎？

---

① 宋远：《辛亥以来藏书纪事诗未刊稿笺注》，见钱伯城主编：《中华文史论丛》第49辑，上海古籍出版社1992年版，第83页。

小 结

由于欣赏人的独立姿态，伦明关注了自南粤至北辽的一百余位藏书家，讲述了他们的藏书旨趣、生平逸事；由于珍视书籍的传世价值，伦明追踪了像《禹贡图》《六艺之一录》之类的古籍，写下了它们的特识标志、辗转流离；由于正视国家的积贫积弱，伦明忠实地记录了诸如中英鸦片战争、黄花岗起义等重要历史事件，这使得《辛亥以来藏书纪事诗》具有多维度的史料价值。这也是今日我们再来重新阅读这本虽然写在 1935 年，但是无论何时均能掷地有声的小书的原因之一。

第三章 文学特质：其诗洵美

藏书纪事诗，是以历史事实为基本内容，以诗歌艺术为手段，以展现藏书家的风华以及藏书的聚散离合，凸显波澜壮阔的搜书、藏书、读书、校书、印书活动。故而我们一方面要关注它的史料价值，以存昔日典籍流通、保护的真相，另一方面亦要发掘它的文学特质，以欣赏、评鉴这种独特的艺术创作。就此而言，把《辛亥以来藏书纪事诗》作为文学研究的个案，观其位体、观其置辞、观其通变、观其事义、观其宫商也就殊具意义。[①]

第一节 观其位体：主宾相从

所谓“观其位体”，是指考察作品的体制。就《辛亥以来藏书纪事诗》而言，其体制较为独特的地方在于采取了诗文互注的形式，像宾主相揖，进退有节。

需要说明的是，藏书纪事诗以诗为主，以注为宾，这涉及两种文体，一是押韵诗歌，一是无韵散文。在我国古代，有“诗文兼善”与“诗文偏胜”的争论：前者认为同一个人作诗与作文兼能优胜，其代表人物是司空图；而后者认为有的人以作诗见长，有的人以作文见长，但总体是专工者多，兼善者少，其代表人物则是柳宗元、许印芳。[②] 其实，从文学创作的历史来看，柳宗元、许印芳的观点是较为切合实际的。为什么呢？原因当然有很多，不过，值得注意的一点，

① 参见范文澜：《文心雕龙注》，人民文学出版社 1958 年版，第 715 页。

② 参见祖保泉：《司空图诗品解说》（修订本），安徽人民出版社 1980 年版，第 112—113 页。

就是文体的不同。对于诗歌而言，由于它在字数、韵律上多有限制，这使得它的表达偏向于营造意象或者抒发情感，而不是长篇叙事或大段议论。而对于散文而言，由于它在字数、形式上没有太多的条条框框，它的表达更加灵活自由，可以尽情发挥描写、叙事、抒情、议论等多种功能。伦明的藏书纪事诗，便是综合了两种文体，诗之短，文补之。

就描摹人物而言，由于诗歌在字数、韵律上皆有限制，故而它适合创造独特的场景，借此来捕捉人物的神韵。而散文没有太多限制，故而它可以补充人物的字号、籍贯等信息。例如在刻画清朝末期藏书家耆龄时，伦明云：

> 长白残阳硕果留，坐陪词客与僧流。①

所谓“长白残阳”，是说从长白山发源的清廷已渐近历史生命的晚期，满族藏书家已经为数不多。后一句则是说，在这为数不多的藏书家中，有一位老人终日喜欢宴请宾朋，经常与文人雅士、九流僧众交往。然而，这位老人是谁呢？这些词客又有谁呢？为了解答这个疑惑，伦明在诗歌的后面添加注释道：“满洲耆龄字寿民，辛亥后尚存，与徐梧生善，终日摩挲古椠以为乐。”② 我们由此便能通过其人际关系网来认识这位终日与古籍相伴的老人耆龄了。

又如记叙事件的经过，由于字数有限，诗人创作诗歌往往会选取省略的方式。如此一来，对不谙内情者，要准确理解诗歌，就需要倚重注释了。例如在说明浙江宁波天一阁的目录修订史时，伦明说：

> 灵光依旧峙翁洲，新目杨修继薛收。③

---

① 伦明著，雷梦水校补：《辛亥以来藏书纪事诗》，上海古籍出版社 1990 年版，第 60 页。

② 伦明著，雷梦水校补：《辛亥以来藏书纪事诗》，上海古籍出版社 1990 年版，第 60 页。

③ 伦明著，雷梦水校补：《辛亥以来藏书纪事诗》，上海古籍出版社 1990 年版，第 1 页。

“杨修”指谁？“薛收”指谁？三国有名士曰“杨修”，隋朝诗人薛道衡也有一个叫作“薛收”的儿子，明朝天一阁书目的修订怎么会与三国、隋唐人物扯上关系？不了解内情自然是一头雾水。不过，经由注文的补充，自然对此有清晰的了解。原来，明末清初的大学者黄梨洲曾经在范氏天一阁借抄过书，并为之编撰过藏书目录，这就是天一阁目录修订史的开端。而后薛福成、杨子毅又先后为天一阁编写新的藏书目录，这就是“新目杨修继薛收”。

再如诗歌本为抒情艺术，有时作者在特定场景下，触物生情，难免会写诗来抒发岁月如梭、旧人不存的感慨。如：

珍本分来岳雪遗，南园觞咏可胜思。
他家玉貌惊初见，却是悲秋含怨时。①

就这首诗而言，其感伤的情绪流于字里行间。然而，伦明为什么会发出这样的感伤呢？我们可以在注文中一探究竟。岳雪楼主人孔广陶的儿子孔昭鋆，有一名为南园的别墅。多年以前，伦明与孔昭鋆在南园有过对酒当歌、把盏言心之乐。不想数年之后，孔家家道中落，藏书四散，孔昭鋆郁郁寡欢而死。这首诗就是1918年伦明在广州麦栏街邱氏家中看到故友孔昭鋆旧藏宋槧王右丞、孟浩然、韦苏州诸集后满怀感慨写下的。依此可见，注文其实有交代背景之功能。

复如湖北卢弼致力刊印当地乡贤的书籍，这本为好事。伦明见之，大加赞赏，赞赏之余，不免大发议论：

易李吴杨佚待搜，骈文博选汉阳周。
烦君努力二不朽，积雪南皮陋鄂州。②

诗中“汉阳周”指汉阳周贞亮。而“易李吴杨”指易本烺、李

① 伦明著，雷梦水校补：《辛亥以来藏书纪事诗》，上海古籍出版社1990年版，第9页。

② 伦明著，雷梦水校补：《辛亥以来藏书纪事诗》，上海古籍出版社1990年版，第51页。

道平、吴光耀、杨守敬。他们都是湖北的著名经学家。伦明提及他们，无疑是希望卢弼刊印这些学问家的未刊稿。不过，诗中也有令人摸不着头脑的地方。我国历来有立德、立功、立言“三不朽”的说法，伦明在诗中说“二不朽”，这“二不朽”何来？再如“南皮陋鄂州”，又是从何说起？这些问题的答案，诗中难以寻觅。阅读注文，我们便可知晓，原来张之洞曾说刻书也是不朽之事。这里的“不朽”，自然是劝卢弼刻书、著书齐努力，以雪张之洞撰写《书目答问》时所列举经学家达八百余人竟不及湖北一人的“耻辱”。至于易本烺、李道平、吴光耀、杨守敬等人皆为湖北经学名家，张之洞为什么不及此四人呢？伦明在注中交代了原因：“盖易李吴杨及洪右丞侍御所著，皆出于光绪中叶后，撰《答问》时未及见也。”[①] 非读注文，显然是难知道伦明这番见解。由是可见，注文有揭晓诗歌言外之意的功能。

以上，我们选择了几个例子说明就描写、叙事、抒情、议论这四方面而言，藏书纪事诗中的“文”是可以补“诗”之不足的。不过，反过来，把“文”当作“主”，把“诗”当作“宾”，可发现，“诗”亦可补文之不足，进而主客相从，相得益彰。

诗歌为音乐的文学，它非常注重文章的韵律。就创作的过程来看，伦明显然掌握了藏书家的信息之后，再想到用诗歌的形式来表现。如此，注文或许可以视为诗歌的原材料。伦明创作诗歌，无疑是赋予这些普通文字以音乐的节奏。我们先看一段注文：

> 灌阳唐春卿尚书崇景，晚岁注《唐书》未成。有见之者，谓《天文》《律历》二志最详且精，列传全缺。[②]

这是一段客观叙述的文字，一般人或许不会有什么感觉，然而，灵敏的诗人有着猎犬般的嗅觉。他嗅到了，并以闪电般的速度将它的猎物擒于爪下：

① 伦明著，雷梦水校补：《辛亥以来藏书纪事诗》，上海古籍出版社1990年版，第51页。

② 伦明著，雷梦水校补：《辛亥以来藏书纪事诗》，上海古籍出版社1990年版，第16页。

尚书晚岁注新唐，律历天文志最详。[①]

这一句诗，有四点值得注意：第一，唐春卿曾任学部尚书，故伦明称其为尚书。而“唐尚书”注“唐书”，这是利用了“唐”的同音。第二，唐春卿注《唐书》是在晚年，诗中谓其是“尚书晚年注新唐”，一“新”一“晚”适相对照。第三，诗的上联是“新”与“晚”的对应，而诗的下联是《律历》与《天文》二志的平行，可谓两两相对。第四，如果说由“唐尚书”注“唐书”想到要押“江”韵的话，那么，一个“详”字既是服从韵律的需要，又不失唐景崇注《律历》《天文》二志最“详细”的特点，可谓音义两美。由此可见，伦明写作此诗，并非率尔操觚。当然，平心而论，诗句虽然和谐有其意趣，但毕竟是以牺牲了以下信息为代价的：第一，唐景崇虽然注《唐书》，但是其书尚未注成。第二，唐氏所撰的《唐书》以《律历》《天文》最详，但是列传全部残缺。从信息的完整性来看的话，注文的存在，确实是十分必要的。

如果说“尚书晚岁注新唐，律历天文志最详”可以使注文在音乐节奏上增色不少，那么，伦明为章士钊所写的诗就更在注文外平添一番韵味了：

回忆甲寅惊虎啸，终传鸣凤集孤桐。
如何忽梦辽阳鹤，万里飞来作卧龙。[②]

这首诗有什么独特的地方呢？我们不妨先将注文抄录如下：

章士钊行严，又字孤桐，湖南长沙人。于唐宋诸家，独重柳宗元，因是凡诸家评点柳集，搜集独备。喜收清代名家手稿。中岁主苏报，以文字提倡革命，尝著《逸仙传》……辑《荡虏丛

① 伦明著，雷梦水校补：《辛亥以来藏书纪事诗》，上海古籍出版社 1990 年版，第 16 页。
② 伦明著，雷梦水校补：《辛亥以来藏书纪事诗》，上海古籍出版社 1990 年版，第 83 页。

书》，为晚清士大夫所喜读，清廷下令通缉。易鼎后创刊《甲寅杂志》，揭袁世凯称帝阴谋，其后不屑与国民党合作，时时以文字击抨之，因受通缉。张学良雅重之，以礼聘任东北大学教授。"九一八"事变，潜居京沪间，鬻文自给，不足则尽鬻所藏。[①]

诗与文两相对照，这首诗的匠心独运之处昭然可见：寅者，虎也。诗中"甲寅惊虎啸"说的是章士钊创办《甲寅杂志》，揭露袁世凯称帝阴谋，如同山林中一声虎啸，威震天地。凤者，高洁物也。《庄子·秋水》云："夫鹓鸰（案：鹓鸰为凤凰一类的鸟），发于南海而飞于北海，非梧桐不止，非练实不食，非醴泉不饮。"[②] 诗中"鸣凤集孤桐"，既嵌入章士钊的字，又呼应从庄子到柳宗元再到章士钊的孤傲精神，实乃一箭双雕。辽阳鹤，典出托名陶潜所撰的《搜神后记》："丁令威，本辽东人，学道于灵虚山。后化鹤归辽，集城门华表柱。时有少年，举弓欲射之。鹤乃飞，徘徊空中而言曰：'有鸟有鸟丁令威，去家千年今始归。城郭如故人民非，何不学仙冢垒垒。'遂高上冲天。"[③] "诗中忽梦辽阳鹤"，是以"辽阳鹤"指称东北的张学良。而"忽梦"二字，又暗与李白《行路难》"忽复乘舟梦日边"所用伊尹典故相涉[④]，用来指代章士钊遭受通缉，渴思出路恰为张学良所礼遇的处境。至于最后一句"万里飞来作卧龙"，既是指章士钊从北到南的行踪，亦是指"九一八"事变后章士钊潜居京沪，以俟良主三顾茅庐、重振山河的心态。诗歌构思巧妙，用典精当，而注文讲述明晰，解读有力，二者亦主亦客，分开是一个独立的单元，结合是一个自洽的整体，既回顾了章士钊的曲折人生历程，又勾勒出章士钊孤傲自赏、心怀家国的国士风神，真乃相得益彰的逸品也。

---

① 伦明著，雷梦水校补：《辛亥以来藏书纪事诗》，上海古籍出版社 1990 年版，第 83—84 页。

② 陈鼓应注译：《庄子今注今译》（最新修订重排本），中华书局 2009 年版，第 475 页。

③ （晋）陶潜撰，顾希佳选译：《搜神后记》，浙江古籍出版社 1987 年版，第 15—16 页。

④ 詹锳主编：《李白全集校注汇释集评》第 1 册，百花文艺出版社 1996 年版，第 392—394 页。

第二节　观其置辞：精炼传神

所谓“观其置辞”，是指考察作品辞句的遣用。伦明在辞句上的精妙，既表现在一字一句的斟酌损益中，也体现在对诗文构思的整体锤炼以达到传神描摹人物之目的。关于前者，我们在“尚书晚岁注新唐，律历天文志最详”中已经稍有体认。下面，拟从人物的描摹上看伦明的遣词造句功力。

先看伦明是如何刻画屠寄的。其诗云：

> 日日先生住醉乡，生平不逐著书长。①

就此一句，似乎已经看到一个失意好酒、著述自娱的隐者形象。然而，伦明还不急着停笔，他还要用更细致的笔触再给这位主人公添上喜人的眉目：

> 武进屠敬山师寄，中年后，屏绝他务，专撰《蒙兀儿史记》。性嗜酒，笔一枝，酒一壶，恒不离手。戊己间以国史馆事，重来京师，余在北京大学授课，往返经其庐，修谒较勤，尝乘间请曰：“书何时可成？”先生笑曰：“余今年六十矣，再须六十年可成，然余固不期其成。家中雇一刻工，成一篇即刻一篇，死而后已。”久之南归，而讣书至矣。②

读完这一段，想必心中再难忘怀这样一位肆意人生的长者了。是什么让人如此记忆深刻？奥秘在于：首先，伦明采取了攻其一点，不及其余的写法。关于屠寄，伦明要说明的是他的旷达自任。而要突出

① 伦明著，雷梦水校补：《辛亥以来藏书纪事诗》，上海古籍出版社1990年版，第30页。

② 伦明著，雷梦水校补：《辛亥以来藏书纪事诗》，上海古籍出版社1990年版，第30页。

旷达自任，不在于如何夸赞屠寄的功业，而在于点出其心中仅存两事：一是饮酒，二是著书。“笔一枝，酒一壶”，这一对称有力的短句，恰像来回的钟摆：屠寄的一生，就在喜爱的事物之间自由地回旋，饮酒著书，著书饮酒。其次，伦明插进了一段意趣盎然的对话。在这短暂的对话中，“余”是一个游走于尘世的大学教授，而屠寄则是一个修书不期其成的先生。在这段对话里，我们看到了一个痴者的旷达：一百二十年之约固是不能去赴，然而，死而后已，此生已足。这种对生命的超脱，对功名的毫无牵挂，非“先生”二字，何足以称之？再次，对屠寄生命的终结，伦明也是用一个短暂的片段，即用接到先生讣书后的瞬间来展现。彼时的心情是惊愕？是感叹？是感伤？伦明未言明，留有无尽的回味。总而言之，伦明尽悟语言的张力，通过简洁的一帧画像，简要的一个短对话，简单的一个瞬间，刻画了游走在酒与书、功名尘网与至道仙乡、生与死之间的屠寄。

次看伦明笔下的吴昌绶。其诗云：

> 一书悻悻君何褊，仕宦文章总梦华。①

在诗中，伦明率先向读者抛出了两个疑问：“一书悻悻”，此一书何谓？此一“悻悻”为何？伦明在注文中为我们揭晓了答案：

> 君熟于目录，尤究心典故名物，君尝选诗晚晴簃，一日以手抄本陈梦雷《松鹤堂诗集》示同人曰：“此未刻孤本，可宝也。”同坐关颖人，知余有刻本，明日借以相示，君大恨，取己书片碎之。人或讥其褊，余谓出之君，亦雅事也。②

常人皆有夸耀的心理，而吴昌绶的可爱之处在于，其有夸耀之心，然无护短之意：得一手抄本，遂以为天下孤本，宝爱之，这是

① 伦明著，雷梦水校补：《辛亥以来藏书纪事诗》，上海古籍出版社1990年版，第31页。

② 伦明著，雷梦水校补：《辛亥以来藏书纪事诗》，上海古籍出版社1990年版，第31页。

“一日以手抄本示人”的由来；而一旦示人之后，遂有明日同坐关颖人借书相示之事，“君大恨”，似乎也是理所当然了。不过，伦明的一番话，倒也道出了吴昌绶的真性情——痴到真时痴亦雅。就此段描写，有几处值得注意：第一，“一书”是线索。正是有了陈梦雷《松鹤堂诗集》手抄本，才有了往后一波三折的故事，这是故事的导火索。第二，“一日”是契机。伦明同样是选取了一个场景，在这样一个场景里，主人公肆意夸耀，难免引起同座人的艳羡或者嫌恶。然而，同座无人发作，剧情的发展也就留待了明日。第三，“一人”是关键。在这场示书—借书—碎书的小闹剧中，有一个人（关颖人）扮演着关键的角色。他既是挑动者，亦是得益者。正是得益于他，这场闹剧才有峰回路转的玄机。实则言“褊”或不在吴昌绶，而在关颖人乎？（案：关颖人，民国时期曾任交通部长，失意后以灯谜为乐。）伦明语焉不详，只好留待读者去猜了。

再看伦明眼中的吴鼎芬。其诗云：

> 花之寺里遇花间，语及瑶华我恧颜。
> 晚慕东坡留带意，分书一部与焦山。①

诗下注曰：

> 梁节庵按察鼎芬，余慕名数十年，未及修谒。戊午四月，遇于花之寺，询姓名，知为余，即曰：“君家有多少好书耶？”余答：“无有。”又曰：“我曾借抄《瑶华集》，君记之耶？”盖十年前广州某书店，有蒋重光选《瑶华集》，君拟购之，未就，旋为余有。友人某向余借抄，久之，友始告余，实受君托。余踧然不安，决以书奉君，而君已北行，余亦忘之矣。君藏书数百簏，三分之，一赠焦山寺，一存广州梁祠，一留自读，今保存者惟焦山

① 伦明著，雷梦水校补：《辛亥以来藏书纪事诗》，上海古籍出版社1990年版，第22页。

寺书耳。[①]

伦明与梁鼎芬的缘分，始于一本书——蒋重光选《瑶华集》；伦明与梁鼎芬的相识，端赖一座庙——花之寺；伦明于梁鼎芬的最终印象，有“三个一”——“三分之，一赠焦山寺，一存广州梁祠，一留自读，今保存者惟焦山寺书耳”。伦明对梁鼎芬形象的塑造，亦是先用一个模糊的镜头，以对梁氏的倾慕为引子，让人对梁鼎芬其人产生兴趣。继而，采用一个大特写，将自己与梁鼎芬在寺庙里的对话呈现给观众。然后，将视线拉回十余年前，把梁鼎芬执着求书的心态刻画得淋漓尽致。最后，以梁鼎芬仿效白居易的做法，三分其书为结局，把结局定格在焦山寺。伦明的叙述，宛如一部电影，娓娓道来，让人对梁鼎芬的高士形象肃然起敬。在这段描写里，值得注意的仍是悬念的层级设置、主客对话的细腻呈现以及戛然而止的落幕。正是文章的悬念起笔，人们对梁鼎芬的关注才有一定的期待——这是一位怎样的“高人”？而在人物的对话中，人们通过“余”的自我陈述，更了解了这位藏书家的坦荡胸怀。到了最后的定格焦山寺，梁鼎芬不仅和远在千年的白居易站在了同一高度，还达到了一种近乎宗教皈依的境界。透过一层的写法，足以令人深入了解梁鼎芬的性格。

在以上伦明讲述的故事里，我们不难找到三个共同点：第一，有叙事主体“我”的存在。第二，有细腻的人物对话。第三，主人公皆有鲜明的个性。而“我”的存在，“我”的所见所闻，皆是为了彰显主人公鲜明的性格。无论是屠寄的“笔一枝，酒一壶，恒不离手”[②]，还是吴昌绶的“取已书片碎之”[③]，或是梁鼎芬的“藏书数百簏，三分之，一赠焦山寺，一存广州梁祠，一留自读”[④]，这些鲜明的动作或者举止描述之所以能够抓住读者的心，并不仅仅在于辞句的有力，

① 伦明著，雷梦水校补：《辛亥以来藏书纪事诗》，上海古籍出版社1990年版，第22页。

② 伦明著，雷梦水校补：《辛亥以来藏书纪事诗》，上海古籍出版社1990年版，第30页。

③ 伦明著，雷梦水校补：《辛亥以来藏书纪事诗》，上海古籍出版社1990年版，第31页。

④ 伦明著，雷梦水校补：《辛亥以来藏书纪事诗》，上海古籍出版社1990年版，第22页。

更在于这些辞句的遣用其实皆为彰显主人公或旷达自任，或躁竞气褊，或高雅超俗的鲜明个性而服务。换言之，辞句的遣用是表，而深入了人物的灵魂才是里，只有抓住了人物性格的精髓，才能遣词出彩。一言以蔽之，伦明的置辞，其实是以诗文的整体混融、臻于人物神韵为宗旨。

第三节　观其通变:吐故纳新

所谓“观其通变”，是指考察作品的守成与开拓。在《辛亥以来藏书纪事诗》中，伦明说自己拟补叶昌炽的《藏书纪事诗》若干人。而这若干人里，其实与叶昌炽《藏书纪事诗》重复者有数人，他们是范钦、纪昀、曾钊、瞿镛、莫友芝、丁丙、李文田等。伦明屡次言及自己受叶昌炽《藏书纪事诗》的影响，在形式上自然对《藏书纪事诗》有所继承，那么，在内容上，伦明有无突破呢？下面，就这些诗歌稍作比较，以见二者的同异。

先看叶昌炽与伦明二人笔下的天一阁（案：以下诗歌顺序皆是先举叶诗，再举伦诗）。

烟波四面开玲珑，第一登临是太冲。
玉几金娥无恙在，买舟欲访甬句东。[①]

灵光依旧峙翁洲，新目杨修继薛收。
不怪阁中书日减，怪他作贼是风流。[②]

叶、伦二诗第一、二句皆是叙述范钦天一阁的历史，第三、四句

① （清）叶昌炽著，王欣夫补正，徐鹏辑:《藏书纪事诗（附补正）》，上海古籍出版社1989年版，第185页。

② 伦明著，雷梦水校补:《辛亥以来藏书纪事诗》，上海古籍出版社1990年版，第1页。

则就藏书的现状发表自己的意见。这是两首诗的共同写作思路。不过，在具体写作时，由于二人所见不同，故而所选取的叙述重点亦有所不同。叶诗首句是先向读者交代天一阁的地理环境，说明天一阁之所以四周烟波绵邈，是因为楼前的池水与旁边的月湖相通，隐约点出范钦"天一阁"之命名来源。次句"第一登临是太冲"，说的是天一阁有藏书目录，始于黄太冲，即黄宗羲。一、二两句总体是从空间与时间两个维度交代了天一阁的相关情况。第三句中的"玉几金蛾"是指范钦之子范子宣在藏书《艺文类聚》上所钤之印。这一句是以此印的安然无恙来交代天一阁经历二百余年，其书至今完好的事实。第四句中的"甬句东"是指天一阁所在的宁波，所谓"买舟欲访甬句东"，即表达自己想要登临天一阁一览群书的愿望。值得注意的是，伦明诗歌后出，故而对叶氏的诗歌有所借鉴，比如"灵光依旧峙翁洲"即是从"玉几金娥无恙在，买舟欲访甬句东"点化而来。不过，与叶诗相比，有两点不同：第一，叶诗从地理环境、藏书历史两个维度描述天一阁，而伦明更看重的是藏书编目的历史，为此，他增补了继黄宗羲之后薛叔耘与杨子毅先后修订天一阁藏书目录的历史。第二，叶氏所见的天一阁藏书完整，故而他在诗句的最后表达了乘舟拜访的愿望，而伦明由于见到天一阁藏书日减，故而对那些盗书之人颇有微词，在诗中寄寓了对天一阁藏书命运的关切之意。

次看叶昌炽与伦明诗中的纪昀：

韩非口吃著说林，校雠七略似刘歆。
山河泡影谈何易，一见公羊涕不禁。[①]

河间四库读殆遍，所藏碌碌绝无奇。
初见徐评与杜解，始知家学善论诗。[②]

---

① （清）叶昌炽著，王欣夫补正，徐鹏辑：《藏书纪事诗（附补正）》，上海古籍出版社1989年版，第507页。

② 伦明著，雷梦水校补：《辛亥以来藏书纪事诗》，上海古籍出版社1990年版，第2页。

纪昀乃名闻天下的《四库全书》总纂官，其于目录学的学术史地位，叶、伦二诗皆有反映。不过，二人对纪昀的刻画，着力点略有不同：叶诗中“韩非口吃著说林”，其实暗指纪昀口吃而善著述，“校雠七略似刘歆”则是以刘歆编撰《七略》之功来说明纪昀在目录学上的杰出贡献。其后的“山河泡影”是指纪昀《阅微草堂笔记》中曾引用佛家大地山河皆为泡影之说来劝慰友人不必为子孙鬻尽先人之书而介意。至于“一见公羊涕不禁”则是说纪昀虽然劝友人对于书籍的流落不必萦怀，言甚旷达，可是等到他亲眼见到一个富贵人家的女仆用宋椠《公羊传》残留纸张来包裹欲卖的玉佩时又不免惆怅良久，为之怃然。叶氏之诗，以纪昀的行为特征（如口吃）、学术贡献（如任《四库全书》总纂官）、藏书观念（如不尚久）为线索，为我们展现了一个立体丰满的性情中人形象。与叶诗关注纪昀的身体特征不同，伦明开篇即指出纪昀乃是一个博览全书的大学者，旋即以自身见闻来告知，这样一个大学者竟然并无特别贵重的藏书，读书之博与藏书之寡形成一个鲜明的反差。继而，伦明以自己所见到的《玉台新咏考异》与《杜律详解》为据，说明纪昀在诗学方面识见甚高并非渊源无自——原来，纪昀之父纪容舒亦善论诗，而纪昀是青出于蓝而胜于蓝罢了。两下相较，不难确知：同是关注纪昀的藏书，叶诗旨在揭示纪昀所谓藏书不需久的观点，而伦诗则指出纪昀藏书不以异本为尚的理念；同是推重纪昀其人，叶诗重在言其性情，而伦诗偏向说明其诗学成就；同是关注二人取得成就的原因，叶氏似乎仅及纪昀的个人才能，而伦明则强调纪家善论诗的家学传统。

再看叶昌炽与伦明眼中的莫友芝：

世上居然有唐本，千年古镜出尘埋。
尫隤我亦马生疥，欲得君家枯柳揩。[①]

① （清）叶昌炽著，王欣夫补正，徐鹏辑：《藏书纪事诗（附补正）》，上海古籍出版社1989年版，第682页。

云散烟销旧草堂，书丛惊见影山章。
一家子弟同陵替，五马仓皇弃五羊。[①]

在比较二诗之前，需要先交代叶诗中“唐本”的由来。同治年间，莫友芝从弟弟莫祥芝口中得知黟县张廉臣有唐人写《说文·木部》残卷，莫友芝遂托其弟于张廉臣处抄录。后来，为免抄录之辛苦，张廉臣遂慷慨将此唐本持赠莫友芝。这便是“唐本”的由来。而得知莫友芝获此“唐本”并撰有相关研究成果后，曾国藩甚感欣慰，命人刊印并为之题诗，其诗曰：“插架森森多于笋，世间何曾见唐本？……我闻此言神一快，有如枯柳谐马疥……”[②] 显然，这就是叶昌炽上诗所本。诗中以疲劳生病的老马自比，以“杨柳枝”比喻莫氏之书，显然是出于对莫氏其人、其学的倾慕。饶有意味的是，伦明诗中亦出现了“马”这一意象，不过，与曾国藩、叶昌炽的自比不同，伦明诗中的“马”乃是指莫友芝的子侄辈，而“五马仓皇弃五羊”涉及如下事实：“（莫友芝）先生有侄棠，字楚生，需次广东知府，亦嗜书，与王雪澄、沈子封辈同声气。辛亥之变弃官去。临行时，多所遗失。其挟持而去者，未几亦散之沪肆。莫氏之书殆尽矣”[③]。言下之意是，莫友芝的子侄辈仓皇逃离广州，以致莫氏之书流散粤沪诸地。总之，由于所见不同，所用之意象虽同，而其涵义迥若天壤，其褒贬色彩亦不同，这正是叶、伦二诗的区别。

以上，我们比较了叶、伦二人的同题之作，其实可以发现一个潜在的规律：一方面，二人的诗歌题目相同，难免会出现一些相同的元素，比如对天一阁藏书目录生成的记载，对纪昀目录学贡献的关注，又如对“马”这一意象的继承。另一方面，由于二人生活年代迥别，所见不同，所思有异，故而在记叙藏书楼的总体情况、描摹人物的个

① 伦明著，雷梦水校补：《辛亥以来藏书纪事诗》，上海古籍出版社1990年版，第11页。

② （清）叶昌炽著，王欣夫补正，徐鹏辑：《藏书纪事诗》（附补正），上海古籍出版社1989年版，第682页。

③ 伦明著，雷梦水校补：《辛亥以来藏书纪事诗》，上海古籍出版社1990年版，第11页。

性特征、赋予诗歌意象含义等方面便略有区别。事实上，这些区别，既与个人有关，更与时代有关。所谓“文变染乎世情，兴废系乎时序”[①]，由于时代的动乱，伦明能得见天一阁藏书的流失，得持纪昀、纪容舒手稿本，又闻见莫友芝子侄辈仓皇逃离广州，这些均是动荡的时代赋予诗人的新素材。正是得益于新材料，伦明在写作同题诗歌时能够有“承”有“避”，做到拿捏有度。故而从小的方面来说，比较叶昌炽、伦明二人之诗，我们可以得见藏书纪事诗的继承与创新，而从大的方面来说，比较叶昌炽、伦明二人之诗，我们可以窥见历史的兴替与时代的变迁。此正是双重意义上的“观通变”。

第四节　观其事义:厚重绵远

所谓“观其事义”，是指考察作品典故的择用。关于典故的运用，素来有主张迥异的两派：一派认为运用典故，可旁征博引，沟通古今，故宜多用，譬如颜延之、任昉、黄庭坚辈；一派则崇尚自然，以为吟咏情性，非关事典，即目所见，无需抄书，持此见解者有钟嵘、严羽等。[②] 表面看来，这二派针锋相对，没有调和的余地。实际上，从典故须为诗文创作服务这一旨归而言，这两种取向其实是殊途同归的。换言之，对于用典，学者们并没有强调绝对不可用或者绝对要用，其分歧乃在于应当如何用，用的程度如何而已。典故的使用，本质是为了传达作者的情感、观念，倘若为了发表一些比较敏感的言论，传达一些比较微妙的情感，使用典故其实可以使表达更含蓄委婉，使风格典雅厚重或意境深远。

众所周知，我国不少著作中的批评议论，素来遵守一个不成文的约定，论文不及时人，这固然是由于时近人存，未能盖棺定论，更是

① 范文澜注：《文心雕龙注》，人民文学出版社 1958 年版，第 675 页。

② 参见张健著：《知识与抒情——宋代诗学研究》，北京大学出版社 2015 年版，第 404—411 页。

因为批评时人，易惹是非，文人自当稍避。不过，既然是记录辛亥以后的藏书家，伦明的《辛亥以来藏书纪事诗》自然需要触碰个人思想倾向、家庭纠纷等较为敏感的话题。那么，伦明如何在诗歌中处理这些问题呢?

先就个人思想倾向而言。19 世纪末至 20 世纪初，时局动荡，各种政治力量犬牙交错，有激进的革命派在掀起运动，有温和的改良派在鼓吹新法，也有顽固的遗老遗少在大放厥词。这个时候，个人的思想倘若一味守旧，难免会遭受进步、激进势力的非议。然而，政治立场的形成有历史原因，更非一人、一时所能轻易改变，我们应有同情的理解。故而对于遗老遗少心恋旧阙、罔顾时流的做法，如何评议才能既出言有据，又不涉及人身攻击？我们不妨看看伦明是如何评论曾是自己的良师益友，后来却因为志向不同而分道扬镳的曾习经：

> 晚悟津门农利非，破书聊换首山薇。
> 湖楼无恙堪慰老，底是无官不肯归。[①]

经由诗歌后的注文，我们可以得知，首句所感叹的是曾习经晚年在天津买田被人欺骗，以致家境窘迫的遭遇，二、三、四句则是说明在此遭遇之后，曾习经本来有机会到上海安度晚年的，然而由于心恋旧庭，“固守故都，以至于死”[②]。像曾习经这样的遗老，伦明使用《史记》中的武王平殷，天下翕然宗周，而伯夷、叔齐毅然不食周粟，采薇以充饥，最后饿死首阳山的典故[③]，可谓是宅心仁厚：既尊重曾氏眷恋清廷的个人意志，又不放弃自己的民主共和立场；既同情其不幸遭遇，又微讽其思想陈旧、温驯不争。至于张勋复辟之流、杨守敬亲近袁世凯之举，伦明分别以“为爱牙签沾御气，顿教髻样变时妆”

① 伦明著，雷梦水校补：《辛亥以来藏书纪事诗》，上海古籍出版社 1990 年版，第 69 页。

② 伦明著，雷梦水校补：《辛亥以来藏书纪事诗》，上海古籍出版社 1990 年版，第 69 页。

③ 参见（西汉）司马迁：《史记》第 7 册，中华书局 1959 年版，第 2121—2123 页。

“积来辛苦天宁负，险煞杨云要美新”[①] 来点评，其以古典喻今典，颇含春秋笔法。

再就家庭纠纷而论。正如伟大的俄国作家列夫·托尔斯泰所说“幸福的家庭家家相似，不幸的家庭各各不同”[②]，每个不幸的家庭自有其难言之隐，作为外人是不大好随意评论的。然而，有时“路见不平”，诗人伦明难免要“拔刀相助”：

小人女子败而家，葛帔西华境可嗟。[③]

据伦明交代，这首诗评论的是梁思孝，而梁思孝正是前面提及的梁鼎芬之子。伦明用《论语·阳货》中孔子所言“唯女子与小人为难养也”[④] 来表达自己对梁家败落的同情，自有微讽之意。再如“葛帔西华境可嗟”，《南史·任昉传》：“（任昉）有子东里、西华、南容、北叟。西华冬月著葛帔练裙，道逢平原刘孝标，泫然矜之，谓曰：‘我当为卿作计。’”[⑤] 任昉与刘孝标相知甚深，而伦明与梁鼎芬素来神交，用此典故恰能真切地传达出伦明对故人之子处境的哀怜。再如评沈曾桐之子售尽先父之书时谓“太邱门内愧元方”，述李盛铎与其侍妾因事对簿公堂时说“非管吹翻一池水，直愁倾了两书城”亦用典精当[⑥]，读来亦令人深思。

再次就群体主事者之行为而谈。公家藏书本当供社会科研之用，

---

① 伦明著，雷梦水校补：《辛亥以来藏书纪事诗》，上海古籍出版社 1990 年版，第 29、66 页。

② ［俄］列夫·托尔斯泰著，草婴译：《安娜·卡列尼娜》上，上海译文出版社 1982 年版，第 3 页。

③ 伦明著，雷梦水校补：《辛亥以来藏书纪事诗》，上海古籍出版社 1990 年版，第 22 页。

④ （清）程树德撰，程俊英、蒋见元点校：《论语集解》第 4 册，中华书局 1990 年版，第 1244 页。

⑤ （唐）李延寿：《南史》第 4 册，中华书局 1975 年版，第 1455 页。

⑥ 参见伦明著，雷梦水校补：《辛亥以来藏书纪事诗》，上海古籍出版社 1990 年版，第 34、41 页。

但出于保护古籍，难免要制定一些仅供内部人员参阅之类的规定。伦明对此其实是不满的，他说："清华燕京二大学，十余年来，增加图书费，购入不少，间遇佳本，惟校外人不得参观，俨同割据耳。"故他作诗道："不同历史同文物，割据居然鼎足成。"[①] 这里用《史记·淮阴侯列传》中"三分天下，鼎足而居"之典[②]，批判之意甚明。再如四库藏书本为国家之宝，文溯阁藏书被地方军阀张作霖借机运回沈阳；而位居高位的徐世昌因受到外国友人的馈赠，想要以文汇阁中藏书相酬，此事为时论所阻，于是，伦明就此二事发表言论谓："黄鹤已随白云去，木瓜其奈琼琚何。"[③] 首句化用唐人崔颢《黄鹤楼》诗，用以指文溯阁藏书一去不复返，而后一句，乍一视之是源出《诗经·卫风·木瓜》，实则是用唐张说之典[④]，以说明义有小大，徐氏不可以私谊坏公义。

由上可见，正是得益于使用典故，关于藏书界的小大是非，伦明多能委曲道之而不失宽厚之心，横眉论之而言出有据。至于论及自己对藏书的钟情，评论自己与个别藏书家的关系，伦明又能由近事而追溯远古，倍添藏书界的"韵事佳话"。比如伦明偶见广东丰顺的大藏书家丁日昌家中散落的《禹贡图》《毛诗要义》、文与可《画絜》，遂起购买之念。谁知此三书价格惊人，伦明阮囊羞涩，只好空手而归。不过，由于这一面之缘，他对这三本书的下落一直念念不忘，还专程赋诗一首，云：

禹贡毛诗可比肩，文家画絜字如钱。
汉皋解佩非吾望，不忘墙东一面缘。[⑤]

---

① 宋远：《辛亥以来藏书纪事诗未刊稿笺注》，见钱伯城主编：《中华文史论丛》第49辑，上海古籍出版社1992年版，第87页。

② 参见（汉）司马迁撰：《史记》第8册，中华书局1959年版，第2623页。

③ 宋远：《辛亥以来藏书纪事诗未刊稿笺注》，见钱伯城主编：《中华文史论丛》第49辑，上海古籍出版社1992年版，第87页。

④ 参见（宋）计有功撰：《唐诗纪事》，中华书局1965年版，第198页。

⑤ 伦明著，雷梦水校补：《辛亥以来藏书纪事诗》，上海古籍出版社1990年版，第7页。

“汉皋解佩”用的是无疑是《韩诗外传》中郑交甫事：传说郑交甫行赴楚国，行至汉皋台之下，遇到两个衣袂飘飘的仙女。二仙女盛情赠送郑交甫两个玉佩，然而，忽然之间，仙女消失不见，而两个玉佩亦不知何踪。[①] 伦明以此美人典故言自己与《禹贡图》等书的遭遇，可见一个爱书者对书籍的“钟情”。同样值得回味的，还有“墙东一面缘”。所谓“墙东”，实则同于“东墙”，本自宋玉《登徒子好色赋》：“天下之佳人莫若楚国，楚国之丽者莫若臣里，臣里之美者莫若臣东家之子。东家之子……然此女登墙窥臣三年，至今未许也。”[②] 这里，亦是以美女典故喻书，用以说明自己对于《画絜》等书的难以割舍之情。再如，在谈及自己与同邑的藏书家莫伯骥时，伦明打趣曰：

> 君堪继起孔兼丁，我似相逢尹避邢。[③]

诗中的“孔”与“丁”指的是南海孔广陶与丰顺丁日昌，皆系广东有名的藏书家。伦明首句其实是在赞扬莫伯骥藏书之多，而后句中的“尹避邢”则本自《史记·外戚世家》：

> 尹夫人与邢夫人同时并幸，有诏不得相见。尹夫人自请武帝，愿望见邢夫人，帝许之。即令他夫人饰，从御者数十人，为邢夫人来前。尹夫人前见之，曰：“此非邢夫人身也。”帝曰：“何以言之?”对曰：“视其身貌形状，不足以当人主矣。”于是帝乃诏使邢夫人衣故衣，独身来前。尹夫人望见之，曰：“此真是也。”于是乃低头俛而泣，自痛其不如也。谚曰：“美女入室，

---

① 参见（梁）萧统撰，（唐）李善注：《文选》第 1 册，上海古籍出版社 1986 年版，第 151 页。

② （梁）萧统撰，（唐）李善注：《文选》第 1 册，上海古籍出版社 1986 年版，第 893 页。

③ 伦明著，雷梦水校补：《辛亥以来藏书纪事诗》，上海古籍出版社 1990 年版，第 95 页。

恶女之仇。”[1]

伦明与莫伯骥皆系东莞的藏书大家，作为同行，难免会稍存妒忌。正是基于此心理，伦明以尹夫人见邢夫人后的自痛不如来打趣，可谓谐而有节。而在注文中，伦明更以虬髯客遇太原李世民作比，言二人藏书难分秋色，不如让对方一头。总体看来，伦明用此典故，从汉说到了唐，再从唐说到了当下，言外之意：知己心即可知彼心，容人处即有容己处。

以上所举，还透露出一个信息：伦明喜欢化用与美人相关的典故。其实，这一点，梁启超早就发现了。在《饮冰室诗话》中，梁启超论及伦明（东莞生）[2] 的早期诗歌风格为“哀怨直追玉溪，言外之美人芳草，字字皆《湘累》血泪也”[3]。显然，伦明以美人典故入藏书纪事诗，并非一时兴起，而是渊源有自。从这个角度来看，伦明的一些诗歌，由于善于化用典故，使得其放言遣论，抒发感情，事近而言远，恰到好处。

第五节　观其宫商：韵外有致

所谓“观其宫商”，是指考察作品音节的处置。伦明对诗歌平仄、押韵等规则的把握，从《辛亥以来藏书纪事诗》中即自能有所体认。这里，试图在平仄、押韵之外，略论伦明诗歌中值得注意的音节处理方式。对于诗歌而言，由于字数有限制，作家在拟想辞句时多数会避免用同一个字，以尽量发挥每一个字词的音义效果。不过，这是一般的做法，凡事皆有例外，比如杜甫有诗云“不薄今人爱古人”，其中“人”字两见，却不妨碍其辞句的清新流畅，反而由于“人”字两

① （汉）司马迁：《史记》第6册，中华书局1959年版，第1984页。

② 参见罗志欢：《伦明评传》，广东人民出版社2014年版，第196页。

③ 梁启超：《饮冰室诗话》，人民文学出版社1959年版，第79页。

见，造成语音上的前后回环，更能产生一种强烈的对比感。正是看到了这样的艺术效果，伦明对此诗句甚为喜爱，两次在诗中全引此句。[①]不仅如此，伦明在评论藏书家时还特意模仿此一手法。比如孙诒让的著作《墨子间诂》及《周礼正义》等书先后被湖北楚学社、温州永嘉学社刊印，伦明评曰："楚社才完温社继"，突出了孙氏著作的备受时人重视。其他诸如"五马仓皇奔五羊""桂水载来还载去""鸿雪前踪接后踪""一苏斋变两苏斋""是否平方误立方""孙耀卿同王晋卿""朝局翻连使局翻""王郭同年又同志"等[②]皆有此用意。不明就里的读者见之，不免有欲知其事如何的阅读期待。由此可见，字不惧重，音不畏同，系伦明写作的一个习惯，与注文参读，足以令其诗产生一种陌生化的审美效果。

其实，伦明的诗歌写作不仅不惧音节的相同，有时还特意利用这种音节的相同。比如为了说明藏书家觅书的勤奋，伦明说他们是"海王村近朝朝过""厂肆时时见徜徉"[③]。这里的"时时""朝朝"是叠音，而"徜徉"是叠韵，经由此番语音上的重叠，自然能造成一种时间上的绵延回荡，使人感受到张鸿来、沈应奎等藏书家因为钟情于书而流连琉璃厂的"痴情"神态。再如为了说明藏书家读书的刻苦与学问的扎实，伦明说他们是"篇篇题跋妙钩玄""余事论文语语精"[④]。这里的"篇篇""语语"其实是以叠音的形式，从数量的叠加与范围的铺衍来形容其学问精妙的程度，使得论说更具说服力。至于为了说明版本鉴赏家邓邦述的学问疏漏，伦明更是出语精到："群碧徒知尊

---

① 此句一见于伦明著，雷梦水校补：《辛亥以来藏书纪事诗》，上海古籍出版社 1990 年版，第 82 页，二见于宋远撰：《辛亥以来藏书纪事诗未刊稿笺注》，见钱伯城主编：《中华文史论丛》第 49 辑，上海古籍出版社 1992 年版，第 92 页。

② 伦明著，雷梦水校补：《辛亥以来藏书纪事诗》，上海古籍出版社 1990 年版，第 12、11、17、59、85、96、111、115、115 页。

③ 伦明著，雷梦水校补：《辛亥以来藏书纪事诗》，上海古籍出版社 1990 年版，第 102、76 页。

④ 伦明著，雷梦水校补：《辛亥以来藏书纪事诗》，上海古籍出版社 1990 年版，第 42、78 页。

古本，一篇释骨语懵懵”[①]。所谓“懵懵”，即“懵懵懂懂”，形容一个人蒙昧未开、似懂非懂的样子。经由此语，我们不难想象出一个仅仅知道搜罗宋元版本，而于甲骨文的学术价值一无所知的“鉴赏家”形象。此外，像“宋雕元椠漫云云”“法源寺里日营营”“割心一一遣金钗”“江南文献时时盛”“求友丁丁伐木声”“怪君汲汲藏山计”“平生矫矫西京学”“文学彬彬大小徐”“闇公宦隐腹便便”[②] 这些诗句，亦是充分考虑到叠音所能带给人的质、量、声、色、形诸方面的想象。由此可见，伦明对叠音、叠韵词语的恰当运用，确乎能增进作品的感染力。

除了运用音节来增进作品的感染力，伦明有时还善于从藏书家姓名、藏书楼等方面做文章，赋予诗歌深远的意境，或让诗句妙趣横生。比如，言及卢址，伦明诗歌首句云：

抱经堂外抱经楼，此日卢家嫁莫愁。[③]

读此一句，我们似乎可以想象这样的一个画面：在一个夕阳西下的黄昏，在荡漾的芦苇边上，缓缓跃出一队人马，他们吹着唢呐，敲打着锣鼓，为轿子里端庄的莫愁姑娘送行……然而，是否可以这样解读呢？诗歌的下文，立刻给了我们现实的提示：“万卷校雠何处去，绿签碧轴尽归刘。”[④] 原来，伦明写的不是婚礼，而是买卖！然则，伦明为什么要这样写呢？我们一读李商隐《马嵬》中“如何四纪为天子，不及卢家有莫愁”[⑤]，便知晓个中缘由：在传说中，美丽的莫愁姑娘嫁到卢家，其结局是幸福的，然而，在马嵬，一代君王，竟然

① 伦明著，雷梦水校补：《辛亥以来藏书纪事诗》，上海古籍出版社1990年版，第29页。

② 伦明著，雷梦水校补：《辛亥以来藏书纪事诗》，上海古籍出版社1990年版，第115、113、101、106、76、47、14、48、72页。

③ 伦明著，雷梦水校补：《辛亥以来藏书纪事诗》，上海古籍出版社1990年版，第4页。

④ 伦明著，雷梦水校补：《辛亥以来藏书纪事诗》，上海古籍出版社1990年版，第4页。

⑤ 刘学锴，余恕诚：《李商隐诗歌集解》（增订重排本）第1册，中华书局2004年版，第336页。

让自己宠爱的杨贵妃死于眼前而无能为力。李商隐用莫愁的传说与杨贵妃的命运做对比，惋惜之意溢出笔端。而在现实中，李隆基为四纪天子，在位有四十余年；卢址虽为平民，但其辛苦搜罗图籍亦有三十余载，就此而言，他们是平等的，而他们的心情在心爱的事物失去的时刻无疑亦是相通的。经由此番对比，自能深刻感受到藏书家失去心爱藏书的悲痛，并由此对藏书家卢址的不幸表示理解和同情。再如山东杨以增有书楼名为“海源阁”，伦明诗云：

累世搜储祖逮孙，海源恨不在桃源。[①]

其中，“桃源”一语，当是从“海源”的谐音联想而来。而用陶渊明理想中的“桃源”与现实中杨以增破碎的海源阁相比，其境遇不免令人唏嘘。再如陈衍、陈松山、陈融分别撰有《元诗纪事》《明诗纪事》《清诗纪事》，这是前后踵武的文坛佳话。伦明自然不会错过评论的机会，他说：

陈陈何事苦相因，纪事诗罗一代人。[②]

伦明此句以藏书家的共同姓氏为构思起点，拆“陈陈相因”这一成语作为首句，自然是匠心独运、颇具谐趣。至于“管教依然老教官”“尚书晚岁注新唐”“花之寺里遇花间”[③] 诸句，亦是充分调动想象力，在藏书家的姓氏、藏书家的事迹方面做文章。由此可以看到，伦明从音节的暗示性层面对诗歌词语的择用，是经过深思熟虑的，这也是使得其诗歌在满足平仄、押韵等要求之外别添一番韵致。

① 伦明著，雷梦水校补：《辛亥以来藏书纪事诗》，上海古籍出版社 1990 年版，第 5 页。

② 伦明著，雷梦水校补：《辛亥以来藏书纪事诗》，上海古籍出版社 1990 年版，第 89 页。

③ 伦明著，雷梦水校补：《辛亥以来藏书纪事诗》，上海古籍出版社 1990 年版，第 1、16、22 页。

小　结

王夫之评陈子昂的《感遇》诗时曾说："正字《感遇》诗似诵、似说、似狱词、似讲义，乃不复似诗，何有于古?"[①] 鲜明地指出陈子昂同类型诗歌的重大缺陷：理胜乎情，气胜乎辞，质胜乎文，淡乎寡味而缺乏荡人心胸、引人入胜的艺术感染力。从情感作为艺术之根，艺术作品当抒发情感的要求来看，伦明多数诗歌的审美性并不高；从作品反映个人悲欢，彰显时代脉搏的强度而言，伦明的诗歌亦不能称得上是时代之音。然而，诗歌的功能并不仅仅在于抒发一己悲欢之情，诗歌的意义亦不能单纯凭借诗品座次来定夺，从更为宽广的文化视野来看，《辛亥以来藏书纪事诗》的最大价值其实在于辨章学术、考镜源流的表象所蕴含着的内在风骨：典籍飘零、文化沦丧的危机感，旨在匡扶、力挽狂澜的责任感，春秋评定、舍我其谁的历史感。我们不可因伦明诗歌的艺术水准并非第一流就否定其价值。其实，正如前文所述，当我们以《文心雕龙·知音》篇的"五观"说来审视《辛亥以来藏书纪事诗》时，可以发现，无论是从诗歌体裁的拟定，辞句的安排，典故的择用，音节的处置，还是从作品对前人的继承抑或创新来看，伦明的诗歌都还是有可圈可点之处的。这也是作为诗人的伦明不懈追求诗歌的艺术美的具体体现。从这个角度来看，《辛亥以来藏书纪事诗》之作，不亦有其动人之处乎？

---

① （清）王夫之著，陈书良点校：《唐诗评选》，上海古籍出版社 2011 年版，第 41 页。

第四章　现实关怀：其意尤善

在《辛亥以来藏书纪事诗》中，伦明一方面忠实记录了清末至民国诸多藏书家的事迹，另一方面也用诗歌的形式艺术化地呈现了波澜起伏的藏书界历史。这两方面的成就使得他既无愧于“藏书史家”这一称号，亦可斩获“诗人”这一桂冠。然而，伦明撰述这诸多的诗篇，难道就是要成为一个藏书史家或者诗人吗？显然，成为藏书史家或者诗人，皆非伦明的本意。

1878 年，伦明出生于风雨飘摇的大清王朝。在其成长的岁月里，他见证了大清王朝的国门洞开以及民生的疾苦。在那时候，许多年轻人惊于世变，或是选择了热血革命，或是选择了维新改良，而伦明亦未尝没有过悲歌慷慨过燕市、铁马干戈保家国的想法。他早年所撰的《无题》《汴梁行》《书事》《又书事》等无不体现了忧国忧民的满腔愁绪。而作为康有为的弟子，梁启超的通信知交，伦明也曾加入新派政党，参与《时敏报》《广东平报》等进步报刊撰文，积极为社会变革出谋划策。[①] 只是，由于性情偏于沉静，深知自己的个人才能，伦明终究还是走向了研经考史、藏书立说的学者之路。为此，他自己亦曾说：“研经订史非吾愿，济世匡时自有人。”看来这是一种无奈的自我辩解，实际上，从字里行间不难体会他那不曾泯灭的济世情怀。[②] 事实上，学者虽未直接干预时事，但其自有匡扶世风的独特方式，那就是“余事为诗”。《辛亥以来藏书纪事诗》虽然主要侧重记录藏书家的藏书聚散，但是，在记录藏书聚散的同时，亦曾就各种社会现象发表自己的看法。这些看法，无疑就是伦明淑世情怀的具体表现。

---

① 参见罗志欢：《伦明评传》，广东人民出版社 2014 年版，第 174—195 页。

② 参见罗志欢：《伦明评传》，广东人民出版社 2014 年版，第 195 页。

第一节 倡导不滞于物的藏书观

孔子云："志于道，据于德，依于仁，游于艺。"[①] 虽然对于"艺"的理解，有传统狭义上的礼、乐、射、御、书、术的"六艺"说与后来统称下棋、作诗、赏石、养鸟、种花等消遣娱乐活动的区别，但是，朱熹注所云的"游者，玩物适情之谓"[②] 始终是适合人的正常需求的。作为"艺"的一种，藏书亦具备玩物适情之功能。在伦明看来，藏书乃是一种兴趣，更属一种雅好。藏书作为兴趣，任何人都可以去尝试、去培养。比如，他在评论广东政坛藏书家甚多这一现象时说："岭南有吏都超俗，但论收藏趣自佳。"[③] 而商人出身的潘明训喜好收藏，伦明对他的评论亦甚为旷达："百宋何妨又一廛，俗人雅事喜能兼。琴中领得无弦趣，不解咿唔也自贤。"[④] 伦明以为，藏书是一种以占有来获得心理满足的娱乐方式，它能给人带来无穷的乐趣，用伦明的话来说便是"无多签轴自娱情"[⑤]。

然而，当收藏书籍作为一种追求虚名或者谋利的手段，或沦为一种不良嗜好时，伦明的讥讽又是分明的。例如，在评论张勋时，伦明说"为爱牙签沾御气，顿教髻样变时妆"[⑥]，言下之意是说张勋所爱非书，而是书背后的王权而已。再如评论辛仿苏时，伦明亦说："高歌山木越人思，余事财多总致之。书不借人不自读，何如开阁放杨枝。"[⑦] 在伦明看来，藏书并非目的，藏书家藏书的价值在于藏书以自读，藏书以供人读。这一点，他在看到柯逢时藏书散佚时，有过明

---

① （宋）朱熹：《四书章句集注》，中华书局2012年版，第94页。

② （宋）朱熹：《四书章句集注》，中华书局2012年版，第94页。

③ 伦明著，雷梦水校补：《辛亥以来藏书纪事诗》，上海古籍出版社1990年版，第37页。

④ 伦明著，雷梦水校补：《辛亥以来藏书纪事诗》，上海古籍出版社1990年版，第109页。

⑤ 伦明著，雷梦水校补：《辛亥以来藏书纪事诗》，上海古籍出版社1990年版，第89页。

⑥ 伦明著，雷梦水校补：《辛亥以来藏书纪事诗》，上海古籍出版社1990年版，第29页。

⑦ 伦明著，雷梦水校补：《辛亥以来藏书纪事诗》，上海古籍出版社1990年版，第94页。

确的表达："柯家山馆半成荒，百簏缣缃看过江。记听中丞违俗语，好书堪读不堪藏。"[①] 在此，伦明以藏书备读的观念来进行批评，否定过多地利用藏书以获取名声与利益的行为，更否定藏书成为不良嗜好的做法。正是秉持藏书以切用的原则，他认为陈垣所收藏的书籍皆以实用为务，其境界远高于那些仅看重文献的版本、刊刻年月的鉴赏家。而对于那些仅知道宋刊、元本珍贵，却忽略近人著作或者甲骨文等重要文献的人，他又是语带批评："堪笑痴儿保孤本，只今还是宋元时""群碧徒知尊古本，一篇释骨语懵懵"[②]。与稍欠善意的嘲讽相较，更能体现出深切人文关怀的，则是伦明对那些一辈子为书所困的藏书家的同情。比如萧穆一生清贫，唯嗜藏书，殁后其书遂散，著作未能刊印，伦明有感于此，赋诗云："收藏有分到寒儒，片纸来从血汗余。忘向黔妻询觋缕，箧中巨帙是何书。"[③] 再如王鸿甫，一生嗜书，伦明说他是"晚年贫病两缠身，卧榻谈书最有神"，然而，由于不能割爱，一生的积蓄到头来却是为别人作嫁妆，"乞得嫢书晚村像，眼看国色属他人"[④]。一生沉迷嗜欲，迷途而不知返以致有此落寞的晚年，这是为藏书嗜好所累的藏书家的悲剧性结局。

藏书，在本质上是一种物质占有，亦是欲念的一种满足。作为理性的人，其实不应该被自己的欲念控制，而应以意志来控制欲念，做到以心驭物，而非被外物驾驭本心。在《辛亥以来藏书纪事诗》中，我们固然可以看到如洪亮吉《北江诗话》所言的五类藏书家（考订家、校雠家、收藏家、鉴赏家、掠贩家）。然而，在伦明看来，考订家并非藏书家的最高境界。按照伦明的观念，藏书家的境界，其实是以"役于物"为下，以"役物"为上。《荀子・修身》云："志意修则骄富贵，道义重则轻王公，内省而外物轻矣。传曰：'君子役物，

---

① 伦明著，雷梦水校补：《辛亥以来藏书纪事诗》，上海古籍出版社 1990 年版，第 19 页。
② 伦明著，雷梦水校补：《辛亥以来藏书纪事诗》，上海古籍出版社 1990 年版，第 35、29 页。
③ 伦明著，雷梦水校补：《辛亥以来藏书纪事诗》，上海古籍出版社 1990 年版，第 13 页。
④ 伦明著，雷梦水校补：《辛亥以来藏书纪事诗》，上海古籍出版社 1990 年版，第 77 页。

小人役于物。’此之谓也。”[①] 所谓“役于物”与“役物”，其本质区别乃在于志与物，欲念与理性何者为主导。很显然，传统儒家推崇的是以丰盈的内心精神来主导外在的财物、富贵、名利、车马。正是基于此，伦明所欣赏的乃是如傅增湘般“不滞于物”的藏书家。且看伦明笔下的傅增湘：

海内外书胥涉目，双鉴已成刍狗陈。
取之博者用以约，不滞于物斯至人。[②]

诗后有注云：

先生于书，随弃随收，毫无沾滞，近者又去宋椠本四种，易一北宋《周易单疏》。每慨黄荛圃、张月霄辈，汲汲一世，晚岁乃空诸一切，盖由役于物而不知役物，卒以自困，若先生进乎道矣。[③]

所谓“进乎道”，言下之意，傅增湘对藏书并非完全是物质占有的方式，而是充分利用书籍记载文字、思想的功能，让书籍成为人的工具，让读书成为培养志向的良好方式。换言之，傅增湘看重的是书籍的内在，而非其外在的文物价值。相反，大多数藏书家仍停留在“器”的层面，为书籍的外在文物价值所吸引，忽略了书籍最内在的本质属性乃是其学术与思想，故而往往成为书籍的奴隶，沦落到玩物丧志的境地。

尤其值得注意的是，收藏书籍在古代多半属于私人的行为，然而，清末以来，由于社会形势的改变，公共图书馆的设立，重要藏书

---

① （清）王先谦撰，沈啸寰、王星贤点校：《荀子集解》上，中华书局 1988 年版，第 27 页。

② 伦明著，雷梦水校补：《辛亥以来藏书纪事诗》，上海古籍出版社 1990 年版，第 19 页。

③ 伦明著，雷梦水校补：《辛亥以来藏书纪事诗》，上海古籍出版社 1990 年版，第 19 页。

开始流入公共图书馆。重要藏书的保存方式由私人所有转变为公家所有，这是历史发展的趋势。伦明看到了这一点，故对那些未谙此理的藏书家大声疾呼："兰台难得班昭续，竹简休同孔鲋藏。"[①] 言下之意，甚为明了：将重要书籍留归后人保管固然无可非议，然而，由于诸多难以意料的外在因素，比较稳妥的保管方式，自然是将书籍交托公共图书馆。所谓生不唤来明月，死不带去清风，对藏书家而言，为图书寻觅一个好归宿，是对自己历年所搜集图书负责任的表现，亦是对自己以及后人的一个历史交代。正如来新夏所言："海源阁兴于杨以增，败于杨敬夫，历时四世百余年。饱经苦难沧桑，终未能逃脱'君子之泽，五世而斩'的命运。聚散无常，人间正道。聚书淘书，固读书人之快事，但生前若能化私为公，善加处置，为藏书谋栖身之所，既免流散之厄，又为另一代读书人增便利，得哺育，岂非善举。'子孙宝之'，实乃妄念，历代藏家之兴废，可为明证。"[②] 就此而论，藏书以娱情养志，存道舍器，不滞于物，这是最理想的藏书观念，亦是至高的人生境界。这是伦明对于众多藏书家的深切期待。

第二节　护持诗书传承的家风

父业子承，这是我国传统小农社会常见的一种职业传承方式。它所强调的是人与人之间的血缘纽带，所依赖的则是职业的稳定性。然而，由于人的兴趣、志向、能力皆有不同，父业子承有时难免沦为"一厢情愿"。对清末以来的藏书家而言，亦是如此。诗书传家，本为佳事，然而人不同志，更何况，时代的多变，生存的艰难，更给了藏书家的后代增添了诸多诱惑。本来，人的职业选择是双向的，人对包括藏书在内的财产的支配亦是自由的，没有任何人能够强加给子女任何意愿。不过，在伦明看来，藏书家图籍、著述的流散，多是由于子

① 伦明著，雷梦水校补：《辛亥以来藏书纪事诗》，上海古籍出版社1990年版，第16页。

② 来新夏：《书卷多情似旧人》，上海人民出版社2015年版，第235—236页。

孙的“不肖”。很显然，伦明的批评依据是《论语》所言的“父在，观其志；父没，观其行；三年无改父之道，可谓孝矣。”[①] 故而，从伦明所撰的《辛亥以来藏书纪事诗》中，我们可以看到他对诸多“不肖子孙”的批评。

先看伦明对于廖泽群儿子的批评：

犹胜廖君三礼表，鼠伤虫蚀听顽儿。[②]

诗后注云：

（陈澧）先生入室弟子廖泽群编修廷相，著《三礼表》，藏于家。其子伯鲁，秘不肯示人。有欲代刊者，并坚谢之。不知其居何心也。[③]

我们应该看到：伦明一则使用了形容境况甚为凄凉的词语“鼠伤虫蚀”，二则不避忌讳地使用感情色彩属于贬义的几个短语，一是“听顽儿”，二是“秘不肯示人”，三是“坚谢之”，四是“不知其居何心”。这几乎就是疾言厉色的“兴师问罪”，伦明的不满，溢于纸上。

再看伦明对徐梧生儿子的批评：

手定规模建石渠，好书留与后人畲。
如何轻舍传家宝，来换应官一纸符。[④]

① （清）程树德撰，程俊英、蒋见元点校：《论语集解》第1册，北京：中华书局1990年版，第42页

② 伦明著，雷梦水校补：《辛亥以来藏书纪事诗》，上海古籍出版社1990年版，第10页。

③ 伦明著，雷梦水校补：《辛亥以来藏书纪事诗》，上海古籍出版社1990年版，第10页。

④ 伦明著，雷梦水校补：《辛亥以来藏书纪事诗》，上海古籍出版社1990年版，第21页。

诗后注云：

> （徐梧生有）北宋本《周易单疏》，为宋本经部第一，海内无第二本。其子某，求官于世交某君，以是书为贽。[①]

在伦明看来，宋本《周易单疏》乃徐梧生留传子孙的传家之宝，然而其子为求得一官半职，将此至宝转送他人，可谓自断诗书持家的传统。言下之意便是，诗书传家与一官半职，这二者的轻重，自然不是不肖子孙所能掂量，而伦明的惋惜与批评之意尽显无遗。

次看伦明对沈曾桐儿子的批评：

> 赖古堂中无雪客，太邱门内愧元方。[②]

诗后有注曰：

> 其（案：指沈曾桐）季子某，设书店于后门大街，曰赖古堂。售所蓄，颇得善价。数年书尽，旋闭歇。周栎园亮工，有赖古堂，富藏书。其子在浚，字雪客，能继其志。[③]

伦明是将沈曾桐的儿子置于历史长河之中，与能继承父志的周雪客与不辱父风的陈元方相提并论。所谓“不孝有三，无后为大”，假若让伦明来诠释此句，这里的“后”除了子孙繁衍的生命传承，还应当包含护持前人藏书的文化传承。正是把文化传承看得无比重，伦明才不避忌讳，对可能仍在世或者其子孙弥布的廖、徐、沈三氏出言甚重。

---

① 伦明著，雷梦水校补：《辛亥以来藏书纪事诗》，上海古籍出版社 1990 年版，第 21 页。

② 伦明著，雷梦水校补：《辛亥以来藏书纪事诗》，上海古籍出版社 1990 年版，第 34 页。

③ 伦明著，雷梦水校补：《辛亥以来藏书纪事诗》，上海古籍出版社 1990 年版，第 34—35 页。

与上述对“不肖子孙”的贬责形成鲜明对比的是，伦明对有志延续家学的士子则是大举褒扬。比如贺松坡，其人生于 1849 年，卒于 1912 年，其家族藏书早亦有之，故伦明在《辛亥以来藏书纪事诗·自序》中说：“贺松坡家之世泽远在百年，而能保守至今，守成之与创业，其有功于宗祏一也，藏书亦犹是耳。”[①] 值得一提的是，他在为贺松坡作传时，特意提及贺松坡之子贺葆真，称“其子性存遵先志，岁有所益。以松坡尝学于吴挚甫，于挚甫评点诸书，搜刻殆尽，谊笃师门，在近今尤不可多见。”[②] 又如伦明专门为李文田作过诗传，而李文田有孙名棪，好学上进，伦明亦另外赋诗道：“读书种子故家风，年少英声郑小同。”[③] 郑小同乃经学大师郑玄之孙，伦明把李棪比作郑小同，溢美之词，无以复加。再如张伯桢是伦明的知交好友，伦明为他作诗一首云：“国史久传六代名，回思家学想升平。抱残守缺谈何易，父子继承百世成。”[④] 而且不避阿谀同好的嫌疑，又为其子张次溪赋诗一首以赞美其学识之佳。总而言之，伦明对有志传承家学之士子青睐有加，赞不绝口，而对不刊印先人书籍的陈氏、以先人书籍为问路石的徐氏、以先人书籍为生财之道的沈氏贬责有加，言辞俱严，显然不是由来无端。作为藏书家，伦明深知一书得来之不易，这是他不惧流言、敢于直陈得失的首要原因，而作为一名文化学者，伦明更深知，诗书传家乃是文化传承的一种重要方式，这便是他不惧阿谀之嫌、发溢美之词的深因。有意思的是，有的后人听从了先人的遗言，不将先人晚年之日记刊印，但是还是遭受到了伦明的委婉批评：“容斋末笔人争睹，独懔遗言不敢镌。”[⑤] 原因无他，著作所有权虽属于个人，但是文化遗产却属于全体国人。（顺便说一句，“容斋末笔”指的是缪荃孙晚年所撰写的日记，后命名为《艺风老人日记》

① 伦明著，雷梦水校补：《辛亥以来藏书纪事诗》，上海古籍出版社 1990 年版，第 2 页。

② 伦明著，雷梦水校补：《辛亥以来藏书纪事诗》，上海古籍出版社 1990 年版，第 53 页。

③ 伦明著，雷梦水校补：《辛亥以来藏书纪事诗》，上海古籍出版社 1990 年版，第 105 页。

④ 伦明著，雷梦水校补：《辛亥以来藏书纪事诗》，上海古籍出版社 1990 年版，第 86—87 页。

⑤ 伦明著，雷梦水校补：《辛亥以来藏书纪事诗》，上海古籍出版社 1990 年版，第 33 页。

交由北京大学出版社影印出版）。[1]

第三节　推动乡贤文献的梓行

正如上节所言，有时为了表彰有志于传承家学的士子，伦明不惜溢美之词，如赞扬李棪等。如果说为李文田、李棪祖孙单独赋诗有颂美同好之嫌疑，那么，《辛亥以来藏书纪事诗》专门为同属于东莞的张伯桢创作两首诗歌似乎更宜遭受“不无阿附乡曲之见”[2] 的批评。事实确是如此吗？伦明是因为与张伯桢同为乡邻而如此吗？笔者以为，有必要为伦明的此番写作“正名”。首先，如前所揭，伦明笔下的藏书家多为伦明的知交好友、师门长辈、世交叔侄，然而，同是知交好友，为什么单独为张伯桢父子留下三首诗呢？除了张伯桢父子之外，其他人有此“荣幸”吗？其次，伦明诗歌中的粤籍藏书家居多，然而，是否皆为阿附乡曲呢？再次，伦明推重乡贤，是否仅仅限于广东一隅呢？这些问题的解答，关系到伦明的写作旨意，不容不辨。

先看问题一：伦明为什么要单独为张伯桢父子留下三首诗？

关于张伯桢父子的三首诗，看似重复且无必要，实则三首诗的侧重点不同。第一首是赞扬张伯桢的家学渊源久远。第二首是颂扬张伯桢推崇本邑英雄人物袁崇焕之举。第三首是赞扬张次溪的才学洵佳。这三首诗各有侧重点，分开是独立的，合起来则可以成为一个彼此相连的整体：家学传承与地方文化本来是紧密相连的，实难以孤立来看。

再看问题之二：除了张伯桢父子外，其他人有此“荣幸”吗？

在《辛亥以来藏书纪事诗》中，以父子并列的，张伯桢父子并非孤例。像谭莹、谭宗浚、谭祖任是祖、父、孙三人并列一诗；丁日昌

---

① 参见伦明等著，杨琥点校：《辛亥以来藏书纪事诗（外二种）》，北京燕山出版社1999年版，第44页。

② 周劭：《一管集》，山西古籍出版社1998年版，第261页。

是两首诗，诗中提及其子；孔广陶与孔昭鋆合计两首诗；陈澧、陈庆龢与陈庆佑合计两首；李文田及李棪合计两首；梁鼎芬、梁思孝合计两首；缪荃孙、缪禄保合计两首；贺涛、贺葆真并列一首。以此来看，父子并列也有不少，所谓“荣幸”倒不成“荣幸”。

次看问题之三：伦明诗歌中的粤籍藏书家居多，然而，是否皆为阿附乡曲呢？

伦明诗歌中粤籍藏书家居多，然而所列并非空头藏书家，像梁鼎芬、康有为、梁启超、丁日昌、孔广陶、莫伯骥、叶公绰、陈垣等，皆是大藏书家。

再看问题之四，伦明推重乡贤，是否仅仅限于广东一隅呢？

以已刊的《辛亥以来藏书纪事诗》及未刊的草稿本来分析，这个问题即可迎刃而解。兹录伦明原稿相关文字如下：

> 石屏袁树五……近见其《卧雪庐文集》，十三经皆有说。昆明李印泉将军根源，遍搜滇人专著，得数十种，刻云南丛书，袁（原稿如此，当系“叶”之误）鞠裳纪事诗，山西、四川、广西、云南，俱无一人，兹补于此。[①]
>
> 太原张贯三籁，所聚书多集部，尝欲集明清两朝乡会殿试首选而有集行世者，为百元集。……闻人言于襄勤公成龙之后，一支在山西某县，能守先代遗书，书估到门，皆拒绝之。果尔，则天一阁外，求旧莫如此家矣。以余所知，尚有殷亮才、冯子训、郭象昇诸君，俱好古，而所得克副其志，此可补鞠裳之憾矣。[②]
>
> 叶鞠裳《藏书纪事诗》，清代三百人，四川无一人焉。余所见辛亥后尚存者，若吴之驷，刘咸炘，张慎仪，吕调阳，廖平诸

① 宋远撰：《辛亥以来藏书纪事诗未刊稿笺注》，见钱伯城主编：《中华文史论丛》第49辑，上海古籍出版社1992年版，第80页。

② 伦明著，雷梦水校补：《辛亥以来藏书纪事诗》，上海古籍出版社1990年版，第99页。

> 先生，所撰述俱已行世。[①]
>
> 余往居桂林，半年后又居浔州三月，觅一书不可得，深叹桂人之陋。今得三君（案：指王鹏运、况周颐、李朴卿），可为粤西山水生色矣。[②]

伦明补苴叶氏遗漏地方人物之心耿耿于是。

综合来看，以上四个问题说明了什么呢？第一，伦明专门为张伯桢写两首诗确实不同寻常，然而这并不能简单地视为阿附乡曲，伦明如此安排实在是与其推重乡贤的理念紧密相关。为张伯桢写第二首诗，主要是因为张伯桢推重东莞籍的名人袁崇焕。第二，伦明确有推重乡贤之心，然并不仅仅限于广东，这牵涉伦明保护地方文化的观念，不容不察。在伦明看来，乡贤文化，不仅应当重视，还应当在全国范围内引起重视。伦明认为，梓行地方学者的未刊之作，表彰其道德文章，功莫大焉。正是基于此理念，他对卢弼、周铣诒等人刊行同乡学者的未刊著作多有溢美之词。如评湖北卢弼，他说："易李吴杨佚待搜，骈文博选汉阳周。烦君努力二不朽，积雪南皮陋鄂州。"[③]评江西欧阳成，他说："碑传明贤存吉水，诗文宋本宝欧阳。见君眷眷乡兼族，会见颓风起豫章。"[④]评山西张籁等人，他说："晋水文章集百元，赵城带草绕谁园。山丛俗朴书香远，谨笃襄勤九世孙。"[⑤]评天津金钺，他说："乡贤著作网罗勤，铅椠连年自策励。韵事鲍金今再见，共惊空谷足音闻。"[⑥]评湖南周铣诒，他说："耆旧沅湘两续

① 宋远撰：《辛亥以来藏书纪事诗未刊稿笺注》，见钱伯城主编：《中华文史论丛》第49辑，上海古籍出版社1992年版，第79页。

② 宋远撰：《辛亥以来藏书纪事诗未刊稿笺注》，见钱伯城主编：《中华文史论丛》第49辑，上海古籍出版社1992年版，第78—79页。

③ 伦明著，雷梦水校补：《辛亥以来藏书纪事诗》，上海古籍出版社1990年版，第51页。

④ 伦明著，雷梦水校补：《辛亥以来藏书纪事诗》，上海古籍出版社1990年版，第98页。

⑤ 伦明著，雷梦水校补：《辛亥以来藏书纪事诗》，上海古籍出版社1990年版，第99页。

⑥ 伦明著，雷梦水校补：《辛亥以来藏书纪事诗》，上海古籍出版社1990年版，第102页。

编，荒坟拾骼赖筠仙。百年文献惟余此，遮莫诗魂散弹烟。”[①] 于此，伦明极力表彰之意昭昭可见。不过，表彰归表彰，一些有财力者尽管热心刊印地方乡贤著作，但是由于学识不足，难免出现一些瑕疵，对此，伦明亦是不留情面。他说：“乡邦梓旧计空前，微惜纡筹谬后先。”并于注文中明确指出：“沔阳卢木斋提学靖，以独力印《湖北丛书》，拟分三期，首四库著录者，次四库存目者，又次在四库著录存目外者，计全书当在千册以上，非《畿辅》《豫章》所敢望也。其弟慎之（案：指卢弼）曾就商于余，以为四库书今存三部，著录者尽人得见，存目者亦可按目求书，此外则人既未见其书，并不知其目，据闻多是稿本，不印将佚，宜倒置先后，而君则谓事在必成，缓急何别。果也初次书出，而后者不继矣。”[②] 由是可见，对事不对人，此乃伦明的公心所在。

所谓“诗可群”，其基础是“仁者爱人”与“泛爱众”。[③] 伦明写作表彰张伯桢等人的诗歌，可以说是热爱乡邦的仁者看到与自己有同样善心的同道之后的群居切磋之作。职是之故，伦明颂扬张伯桢、卢弼、周铣诒等人之诗，其言似谀而其意甚善，不宜谓伦明乃阿附乡曲，抹煞其表彰地方学者、社会有财力的人员刊印地方乡贤文献，推重地方名人之举的仁者之心。

第四节　秉守激浊扬清的正气

文化之命，赖于图籍，而图籍命运之所系，有小大之分。大而言之，系乎时运。伦明所处的时代，经历了晚清的江河日下、民国的骤然兴起，辛亥革命、袁世凯复辟、抗日战争这样的大事件中，有多少

---

① 伦明著，雷梦水校补：《辛亥以来藏书纪事诗》，上海古籍出版社1990年版，第116页。

② 伦明著，雷梦水校补：《辛亥以来藏书纪事诗》，上海古籍出版社1990年版，第50页。

③ 参见张少康著：《中国文学理论批评史教程》（修订本），北京大学出版社2011年版，第15—16页。

触目惊心的场面？故而伦明每每论及时政，不免痛心疾首，长叹末世动乱、图籍飘零。本着秉笔直书、针砭时弊的观念，伦明用诗歌反映了藏书被兵火的过程，传达了一个深爱祖国、深爱传统文化的知识分子对时局的关切。例如新阳赵学南父子皆好藏书，伦明说“学南尤劬于学，丹黄不离手，所居在沪南，近制造局，有小园，杂种花木，幽雅可爱”[①]。从此番描述中，我们似乎可以感受到小园静读书的谐和闲雅，感受到伦明对和平的喜爱与向往。然而，天有不测之风云，“癸丑二次革命，制造局被攻累月，适当其冲，（赵氏）仓卒迁家，藏书数万卷不及携取，尽付劫灰。”[②] 伦明不免感伤，作诗云：

雷声震处失鸡窗，家住淞南近战场。
两世刊储归一炬，此番小劫属新阳。[③]

诗中的“鸡窗”是指赵氏所藏《鸡窗丛话》，用于首句是说赵氏所收藏的《鸡窗丛话》等重要书籍尽毁于1913年的“讨袁之役”中。在伦明看来，这是赵氏父子的劫难，更是国家、文化的劫难，一个“失”字，流露出无限惋惜。而“一炬”，显然典出杜牧《阿房宫赋》中“楚人一炬，可怜焦土”[④]，伦明用此典，无疑把称皇称孤的袁世凯（袁项城）比作了屠城千里、焚毁典籍的项羽，流露出对复辟浊流的痛恨。尽管伤痛莫名，赵氏父子的劫难终归是告一段落了，然而，“新阳”一词表明，在伦明看来，这不过是“小劫”，藏书界更大的劫难还在后面：1932年，涵芬楼被日军炮弹击中，诸多藏书与藏书楼同时被毁。怀着满怀的悲伤与愤恨，伦明写道：

---

① 宋远：《辛亥以来藏书纪事诗未刊稿笺注》，见钱伯城主编：《中华文史论丛》第49辑，上海古籍出版社1992年版，第97页。

② 宋远：《辛亥以来藏书纪事诗未刊稿笺注》，见钱伯城主编：《中华文史论丛》第49辑，上海古籍出版社1992年版，第97页。

③ 宋远：《辛亥以来藏书纪事诗未刊稿笺注》，见钱伯城主编：《中华文史论丛》第49辑，上海古籍出版社1992年版，第97页。

④ 吴在庆：《杜牧集系年校注》第1册，中华书局2008年版，第10页。

几岁搜储一杪休，江陵道尽痛斯楼。[①]

字里行间，隐含着一个钟情祖国文化，不忍其被外人摧残、凌辱的作者之志。所谓人不在其位，不谋其政，然而，伦明偏偏要如曹刿一样果敢地站出来，向“肉食者”进言：“初今何地安弦诵，应费诸公牖户谋。”一个“费”字，坚定而有力，是请求，更是责令，明白透露出一介文人对文化图籍的拳拳之心。再到1933年前后，以汪精卫等人为首的一些民国要员，开始向日本侵略者抛去“讪笑的媚眼”，签订了丧权辱国的塘沽协定，不仅让东三省落入他人之手，还加剧了我国包含典籍在内的文化遗产的毁坏、遗失。故而，伦明义愤填膺，在描摹汪精卫兄长汪兆镛的一首诗中，顺带把汪精卫痛批了一顿：

早岁归依陈太邱，晚岁纂录晋阳秋。
在山尽有同源水，泾自清流渭浊流。[②]

在这首诗中，伦明把汪兆镛比作“泾水”，把汪精卫比作“渭水”，二者孰清孰浊，一目了然。

小而论之，图籍之命运不外关乎水、火、虫、鼠。时运之事，常人无力改之，水、火之袭，常人亦难以完全避免，此属无可奈何之事，然虫、鼠二事，关乎人力，系乎人心。对于自然界的虫、鼠，自然有芸香、捕鼠器之类防范器械，然而，对于混迹在人间的“蠹虫”与“鼠辈”，即便是历来以防盗著名的天一阁、素以清德显世的张之洞等人亦是无可奈何。故而，伦明每每赋诗痛斥盗书之徒：天一阁藏书自古是防盗有术，然而辛亥之后，伦明屡见天一阁藏书散佚在外，后来得知，是有人专门遣贼盗书，故而伦明叹曰“不怪阁中书日减，怪他作贼是名流”[③]。瞿氏铁琴铜剑楼原本是开放供人免费阅读的，

① 伦明著，雷梦水校补：《辛亥以来藏书纪事诗》，上海古籍出版社1990年版，第109页。

② 伦明著，雷梦水校补：《辛亥以来藏书纪事诗》，上海古籍出版社1990年版，第24页。

③ 伦明著，雷梦水校补：《辛亥以来藏书纪事诗》，上海古籍出版社1990年版，第1页。

后来因为监守者与阅读者的不自觉，瞿家藏书颇有散失，故而，为保藏书之完整，瞿家封锁楼阁，伦明闻后，不免深叹："末世人心难与善，瞿氏楼户镇长关"[①]。张之洞主政南粤期间，曾建广雅书院，巨额购买藏书供学子阅读。此后，由于书院荒废，加之战乱，这批书籍曾被运到广西梧州保存，不过，后来大部分藏书皆被人盗走，流落坊间。职是之故，伦明说："桂水载来还载去，似闻弱盗胜强兵"[②]。"算是刀兵不敢伤，无如内盗自分赃"[③]"梧门祭酒效升庵，物证留传匪二三"[④]两句则是指诸如吴怀清、法式善这些入驻翰林院的官员监守自盗，以致《永乐大典》这样的国宝流落坊间，难以复原。由上所述来看，可知从个人藏书到国家藏书，被盗的情况非常严重，难怪伦明如此慷慨激切，愤愤不平。值得注意的是，对那些廉洁自守的藏书家，伦明则赞扬有加。比如王瑚，伦明说他是"王公夙好老子学，为吏人传廉介名。岭表携归盗泉水，淮南鸡犬未飞升"[⑤]。再如徐鸿宝，伦明称赞他是"穷士穷商两馈饥，手中挥斥几多赀。诸非吾有皆吾有，更清名载口皆碑"[⑥]。两相比较，伦明激浊扬清的目的昭然可鉴。

孔子云："饭疏食饮水，曲肱而枕之，乐亦在其中矣。不义而富且贵，于我如浮云。"[⑦]在儒家看来，生财须有道，获贵应合义，此种道德律令不独适合普通民众，亦适合饱读诗书的知识分子，更适合手握权柄的大小官员。在道与义的面前，一切人都是平等的。正是秉持这样的信念，伦明才屡屡于在诗文中激浊扬清，弘扬正气，以求藏书界乃至社会的清明。

---

① 伦明著，雷梦水校补：《辛亥以来藏书纪事诗》，上海古籍出版社1990年版，第6页。

② 伦明著，雷梦水校补：《辛亥以来藏书纪事诗》，上海古籍出版社1990年版，第17页。

③ 伦明著，雷梦水校补：《辛亥以来藏书纪事诗》，上海古籍出版社1990年版，第54页。

④ 伦明著，雷梦水校补：《辛亥以来藏书纪事诗》，上海古籍出版社1990年版，第71页。

⑤ 伦明著，雷梦水校补：《辛亥以来藏书纪事诗》，上海古籍出版社1990年版，第78页。

⑥ 伦明著，雷梦水校补：《辛亥以来藏书纪事诗》，上海古籍出版社1990年版，第101页。

⑦（清）程树德撰，程俊英、蒋见元点校：《论语集释》，中华书局1990年版，第465页。

第五节　改善保存国粹的方式

19世纪末至20世纪初，我国正处国力疲弱、外寇滋扰不断的患难时局中，伦明深切感受到文化沦丧的危机。他一方面看到了书籍四海飘零的局面，不无感慨地说：

> 廿余年来，为变甚剧，掠书之贾，始河南北，山东西，渐推及苏浙皖赣，又渐推及川陕闽粤，极于滇桂，挨家而索，等于竭泽。①

这些掠书之贾得到的图籍，一半尚在国内四处流转，然不少已随西方人漂洋过海，不知所踪。这让伦明甚为痛心。另一方面，他又看到了国内激进思想对传统文化的肆意冲击：

> 自学校兴而需新书多，需旧书者少；自大图书馆兴，即需旧书者多，而购书者少。校倡废经人号古。以浅俗白话，代粹美之文学；用新式符号，读深奥之古书。斯则学术之患，世道之忧，所系尤巨。②

作为从清末教育体系下走出来的传统士子，伦明对提倡白话文、创作新诗等新文化运动有抵触，这是可以理解的。然而，伦明并未完全走向新文化运动的对立面，他始终是以补苴的方式从事着文化遗产的保护工作。萦绕在伦明心中的其实是古籍的流落无所归。在他看来，古籍流落西方国家，实是一种文化的沦丧。他有诗歌一首，足见其心迹：

① 伦明著，雷梦水校补：《辛亥以来藏书纪事诗》，上海古籍出版社1990年版，第1页。

② 伦明著，雷梦水校补：《辛亥以来藏书纪事诗》，上海古籍出版社1990年版，第2页。

惯看源源上海船，楚弓得失意徒偏。
西云轻淡东风紧，各赴程途不拟旋。[①]

诗后有注曰：

旧书外输亦盛于辛亥以后，大抵白种人，除柏熙和（案：指伯希和）外，于我国目录学知识甚浅，其诸旅居及游历者之所需，俱与版本无涉，数年前英人某君，专收明本，不问优劣，耗数万金，云受某图书馆之托，此外不多购也。日本文求堂主人田中庆太郎，往来故都三十年，岁凡一二次，每次携一二万金，金尽始去。私人则京城大学教授藤塚邻，目录既熟，收购尤勤，其他若书店，若图书馆，若收藏家，若专门学者，或旅居，或游历，或通函交易，不可胜举。其倾库而出者，归安陆氏之后，继以武进陶氏，即此一端，亦成外强中干之局矣。[②]

文化典籍作为思想与文化的载体，在我国一直有极高的位置。本来，图书的使用无须强分国家、地域，正如楚国的人丢失了弓箭，楚国的人拾到了，这是善事，而楚国的人丢失了弓箭，赵国的人得到了它，同样亦是善事。不过，在特定的时期，图籍的流落，即说明国家的处境甚为窘迫，历史上所称的“靖康之难”，金人大肆抢掠宋人图籍即彰显了这一点。同样，在20世纪初，图籍的流落西方，无疑刺激着那些以传统文化为荣的学者之心，陈垣如是（陈垣的《敦煌劫余录》书名中的“劫余”二字即是这种愤慨心理的强烈表现），伦明亦如是。值得注意的是，“挽回外输”一词屡见于伦明的笔下，这正是伦明文化沦丧危机感的直接表现。然而，与一般的盲目排外不同，伦

① 宋远：《辛亥以来藏书纪事诗未刊稿笺注》，见钱伯城主编：《中华文史论丛》第49辑，上海古籍出版社1992年版，第88页。

② 宋远：《辛亥以来藏书纪事诗未刊稿笺注》，见钱伯城主编：《中华文史论丛》第49辑，上海古籍出版社1992年版，第88页。

明一方面呼吁学界梓行从日本等地寻觅回来的珍贵古籍以及外域相关著述，比如他说“若岛田翰《古书源流考》《访余录》《皕宋楼藏书源流考》，若多纪元胤《医籍考》，他山之石，亦我国之晁陈也”[①]。另一方面，在这种危机感的驱动下，十分注意关注同仁的举动，以吸收西方先进的理念，为古籍的保护出谋献策。

先看伦明对西方防蛀术的推扬。在我国，书籍的保护历来是个问题。伦明说：“吾国藏书，北方最宜，以天气多晴，地势高爽，蠹类不生也。浙闽粤则不然，大抵闽甚于浙，粤又甚于闽，盖地势卑湿，蠹类即应湿气而生，前人多用丹纸附于册之上下，意在辟蠹，此纸质杂硝磺，诚可辟蠹，但效止及相近一二页。页页儭一丹纸，势所不能，入民国来，已不造此纸，书坊不察，以为凡红色者即可辟蠹，以普通红色纸代之，一遇湿气，全册染红色，而蠹生如故。别有白蚂蚁，亦产南方，其喙最利，能蚀金类成灰，往往书藏箧中，忽惊羽化无迹，则又甚于蠹矣。”[②] 基于这种情况，伦明作诗谓：“蚕食同于鱼烂亡，人家难保十年藏。”怎么解决这样的问题呢？伦明给出了解决方案：“幺么也畏洋人势，海外传来辟蠹方。”[③] 那么，海外的辟蠹方从何而来呢？原来，身为大藏书家的莫伯骥素善医术，其用来自德国的臭丸原料以辟蠹，收效显著。本着造福藏书界的信念，伦明特意写了上面这首诗。可惜此诗作为手稿一直藏于伦明的箱箧，不为时人所知。

次看伦明对西方藏书编目分类、设馆储存的宣传。伦明对藏书编目等新方式的接受似乎本之袁同礼。袁同礼（1895—1965），字守和，河北人。他在北京大学毕业后赴美国留学，专攻图书馆学。伦明说：“大兴袁守和同礼，始从欧洲传图书馆学归国，有最便宜者数事：

① 宋远：《辛亥以来藏书纪事诗未刊稿笺注》，见钱伯城主编：《中华文史论丛》第49辑，上海古籍出版社1992年版，第89页。

② 宋远：《辛亥以来藏书纪事诗未刊稿笺注》，见钱伯城主编：《中华文史论丛》第49辑，上海古籍出版社1992年版，第91页。

③ 宋远：《辛亥以来藏书纪事诗未刊稿笺注》，见钱伯城主编：《中华文史论丛》第49辑，上海古籍出版社1992年版，第91页。

（一）编目不以经史子集分，而以笔画多少分，诸要书各附索引，亦有合若干种书，其作一索引者，于检甚便。（二）记书目于散片上，可以随时更调增损。（三）书帙包上下四周，不似旧式之空其上下。书本大小长短不同，而帙则同，插架有整齐画一之观。”[①] 正是看到新式笔画检索编目较传统的四部分类精细而易检索、书籍有固定的开本故而能排放整齐美观这些优点，伦明赞之为“万人海里人焉瘦（案：当作‘庾’），点鬼簿上鬼自由”，并特意指出——“此三事，藏书家皆当遵用者”[②]。

至于各地设立新式图书馆以保存书籍，伦明亦是积极献策、热心推动。例如卢靖（字木斋，湖北人）曾经捐资10万元创办南开图书馆，又准备在北京设立木斋图书馆。伦明闻讯后，一方面对其善举表示赞赏，另一方面也不无忧虑地说道：“金绢不将求异本，麒麟石室亦徒然。”[③] 伦明还进一步指出：

> 余以为近十余年来，国中设图书馆不少，即如吾粤省立图书馆，窥其所有，仅如寒儒斗室，每月常费千数百元，不添置一册，徒耗于馆员薪金。近闻政府议以三十万金，改筑馆址，诚美观矣，如败絮其中何。现值道衰文弊之日，守缺搜残，实为要务。力大者，自古椠至精刻旧抄，宜尽量收之；力小者，则就经史子集中，择其一部，应有尽有，庶几挽回外输，保存国粹，徒斤斤于形式，何当耶！君所设两图书馆，余尚未得参观，窃愿以迂见作刍荛之献也。[④]

可见，本着“挽回外输，保存国粹”的信念，伦明十分注重图书馆的实用性，宁愿图书馆小而精、少而全，也不希望有关人员仅在形

① 伦明著，雷梦水校补：《辛亥以来藏书纪事诗》，上海古籍出版社1990年版，第104页。

② 伦明著，雷梦水校补：《辛亥以来藏书纪事诗》，上海古籍出版社1990年版，第104页。

③ 伦明著，雷梦水校补：《辛亥以来藏书纪事诗》，上海古籍出版社1990年版，第50页。

④ 伦明著，雷梦水校补：《辛亥以来藏书纪事诗》，上海古籍出版社1990年版，第50页。

式上极尽夸饰之能事，求大、求全以装门面。

从今天的图书制作与图书馆的运作情况来看，伦明当时的一些想法（如以笔画顺序为藏书编目、书后附有索引）已经成为了现实，实在算不了什么。不过，在70多年前，伦明有意识地专门介绍西方藏书的经验，可谓有远见卓识，用心良苦。至于他所言的图书馆当以精以全为务，勿在形式上做功夫，何人敢言早已过时耶?

小　结

如果说倡导不滞于物的藏书观、坚持诗书传承的家风、推动先贤文献的梓行、秉守激浊扬清的正气是伦明试图用传统儒家的修身、齐家、治国、平天下的道德理想来重建由己及群、天下大同的良好社会秩序的话，那么，在“中学为体，西学为用”的观念主导下，伦明更是试图运用西方先进的现代医药技术、简易可行的新式目录、运作有效的现代图书馆制度来为国粹的绵延传承保驾护航。由是言之，伦明藏书纪事诗之作，其意可谓善矣。

结语　一腔心事有谁知

作为藏书纪事诗发展史上承前启后的力作，伦明的《辛亥以来藏书纪事诗》素来不乏瞩目之人。然而，遗憾的是，多数学者把它当作叶昌炽的效颦之作，完全忽略了其迥异前人的撰述机缘及其独特的撰述目的。

在考察了伦明撰述《辛亥以来藏书纪事诗》的内外机缘之后，我们发现，伦明将是书的上限定为“辛亥以来”，并非无由。作为继叶昌炽之后的藏书纪事诗，伦明的创作无疑浸染了那个动荡时代的气息。与叶昌炽笔下清末藏书家之藏书聚散大致对等不一样，伦明笔下清末至民国的藏书家之藏书是聚少散多，此正是伦明所言的“不可以寻恒聚散视之”[①] 的原因。正如汪辟疆所言：“近代岭南派诗家，以南海朱次琦、康有为，嘉应黄遵宪，蕉岭丘逢甲为领袖……此派诗家，大抵怵于世变，思以经世之学易天下，及余事为诗，亦多咏叹古今，指陈得失。或直溯杜公，得其沉郁之境；或旁参自传，效其讽喻之体。”[②] 作为一名毕生致力于保存国粹的藏书家，伦明确乎是“余事为诗”，其关心的是“世变”，在乎的是“思以经世之学易天下”。换言之，要求直面现实，关怀社会，此乃伦明创作旨归。故而，目睹藏书的聚散、家国的兴衰之后，伦明的诗时常带有杜甫式的沉郁，白居易式的直白，李商隐式的感伤。总之，作为“诗史传统”的产物，《辛亥以来藏书纪事诗》并不仅仅是一个藏书家撰写的藏书兴亡史，或者仅仅是一个诗人所写的150余首七言绝句，它分明体现了一个传统的知识分子企图在故纸堆上重构一个政治清明、文化隆盛的太平王国的宏愿。就此而言，仅仅关注《辛亥以来藏书纪事诗》史料之真或

---

① 伦明著，雷梦水校补：《辛亥以来藏书纪事诗》，上海古籍出版社1990年版，第2页。

② 汪辟疆：《汪辟疆说近代诗》，上海古籍出版社2001年版，第40页。

文学特质之美，并不能抓住问题的核心，只有在把握其书所蕴含的史（真）与诗（美）的基础上，我们才能深切体悟伦明那瞩目现实、保存国粹的良苦用心。

参考文献

一、论著类

[1]（清）陈澧：《东塾读书记·后东塾读书记》，世界书局 1936 年版。

[2]（梁）刘勰著，范文澜注：《文心雕龙注》，人民文学出版社 1958 年版。

[3]（西汉）司马迁著，（南朝宋）裴骃集解，（唐）张守节正义：《史记》，中华书局 1959 年版。

[4] 梁启超：《饮冰室诗话》，人民文学出版社 1959 年版。

[5] 祖保泉：《司空图诗品解说》（修订本），安徽人民出版社 1980 年版。

[6] 孙殿起：《琉璃厂小志》，北京古籍出版社 1982 年版。

[7] 杨树达：《积微翁回忆录·积微居诗文钞》，上海古籍出版社 1986 年版。

[8]（梁）萧统编，（唐）李善注：《文选》，上海古籍出版社 1986 年版。

[9]（清）焦循著，沈文倬点校：《孟子正义》，中华书局 1987 年版。

[10]（清）王先谦著，沈啸寰、王星贤点校：《荀子集解》，中华书局 1988 年版。

[11] 谭卓垣、伦明、徐绍荣、王謇等著，徐雁、谭华军整理：《清代藏书楼发展史·续补藏书纪事诗传》，辽宁人民出版社 1988 年版。

[12]（清）叶昌炽著，王欣夫补正：《藏书纪事诗（附补正）》，上海古籍出版社 1989 年版。

[13] 伦明著，雷梦水校补：《辛亥以来藏书纪事诗》，上海古籍出版

社 1990 年版。
[14]（清）程树德著，程俊英、蒋见元点校：《论语集解》，中华书局 1990 年版。
[15] 蒋大椿主编：《史家探渊——中国近代史学理论文编》，吉林教育出版社 1991 年版。
[16] 黄裳：《榆下杂说》，上海古籍出版社 1992 年版。
[17] 周退密、路宋霞：《上海近代藏书纪事诗》，华东师范大学出版社 1993 年版。
[18] 周积明：《纪昀评传》，南京大学出版社 1994 年版。
[19]（清）况周颐著，张继红点校：《餐樱庑随笔》，山西古籍出版社 1995 年版。
[20]（清）洪亮吉著，陈迩东点校：《北江诗话》，人民文学出版社 1998 年版。
[21] 伦明等撰，杨琥点校：《辛亥以来藏书纪事诗（外二种）》，北京燕山出版社 1999 年版。
[22]（清）叶昌炽、伦明：《〈藏书纪事诗（附补正）〉〈辛亥以来藏书纪事诗〉（附校补）》，上海古籍出版社 1999 年版。
[23] 黄侃：《文心雕龙札记》，上海古籍出版社 2000 年版。
[24]（宋）黄庭坚著，刘琳等点校：《黄庭坚全集》，四川大学出版社 2001 年版。
[25] 汪辟疆：《汪辟疆说近代诗》，上海古籍出版社 2001 年版。
[26] 章太炎：《国故论衡》，上海古籍出版社 2003 年版。
[27] 黄霖编：《文心雕龙汇评》，上海古籍出版社 2005 年版。
[28] 胡文辉：《陈寅恪诗笺释》，广东人民出版社 2008 年版。
[29] 傅璇琮主编：《中国古代诗文名著提要》（诗文评卷），河北教育出版社 2009 年版。
[30] 东莞图书馆编：《伦明全集》（一），广东人民出版社 2012 年版。
[31] 杨明照：《增订文心雕龙校注》，中华书局 2012 年版。
[32] 秋禾、少莉编：《旧时书坊》，生活·读书·新知三联书店 2012

年版。
[33]（宋）朱熹：《四书章句集注》，中华书局 2012 年版。
[34] 曾大兴：《文学地理学研究》，商务印书馆 2012 年版。
[35] 萧涤非主编：《杜甫全集校注》，人民文学出版社 2014 年版。
[36] 罗志欢：《伦明评传》，广东人民出版社 2014 年版。
[37] 伦明著，东莞图书馆整理：《伦明全集》，广东人民出版社 2017 年版。

二、论文类

[1] 钟旭元、许伟建：《东塾先生读书著述年表》，《学术研究》1982 年第 5 期。
[2] 程千帆：《一个醒的和八个醉的——杜甫〈饮中八仙歌〉札记》，《中国社会科学》1984 年第 5 期。
[3] 伦明：《续修〈四库全目〉刍议》，《古籍整理研究学刊》1986 年第 2 期。
[4] 傅振伦：《记目录学家伦明二三事》，《文献》1987 年第 2 期。
[5] 刘奉文：《马廉"不登大雅文库"藏书记略》，《古籍整理研究学刊》1990 年第 5 期。
[6] 宋远：《辛亥以来藏书纪事诗未刊稿笺注》，《中华文史论丛》1992 年第 49 辑。
[7] 黄正雨：《伦明与〈辛亥以来藏书纪事诗〉》，《图书馆论坛》1995 年第 5 期。
[8] 罗志欢：《〈粤雅堂丛书〉校勘及其跋语考略》，《文献》1997 年第 1 期。
[9] 徐雁平：《私家藏书之兴衰与社会文化之变迁》，《博览群书》2005 年第 5 期。
[10] 来新夏：《读伦明先生致陈垣先生的信件——纪念陈垣先生 130 岁冥诞》，《中国文化》2011 年第 1 期。
[11] 周生杰：《〈辛亥以来藏书纪事诗〉新论》，《社会科学战线》2012 年第 9 期。

[12] 熊静：《伦明与〈续修四库全书总目提要〉》，《山东图书馆学刊》2013 年第 3 期。
[13] 熊静：《伦明先生文献学著述考》，《大学图书馆学报》2014 年第 1 期。
[14] 刘平：《伦明目录学思想初探》，《图书馆》2014 年第 6 期。
[15] 李雅、游雪雯：《藏书家伦明研究述略》，《大学图书馆学报》2015 年第 1 期。
[16] 周生杰：《论藏书纪事诗的学术价值及文学史意义》，《文学遗产》2015 年第 2 期。
[17] 邓小军：《董小宛入清宫考》，《中国文化》2015 年第 2 期。
[18] 钱昆：《伦明与孙殿起交游考》，《图书馆论坛》2016 年第 7 期。

三、学位论文类

[1] 胡一女：《叶昌炽与〈藏书纪事诗〉》，武汉大学硕士学位论文，2004 年。
[2] 章广：《叶昌炽与〈藏书纪事诗〉研究》，福建师范大学硕士学位论文，2013 年。

东莞图书馆 编

SPM
南方出版传媒
广东人民出版社
·广州·

图书在版编目（CIP）数据

伦明研究 / 东莞图书馆编. —广州：广东人民出版社，2020. 8
ISBN 978 - 7 - 218 - 14460 - 3

Ⅰ. ①伦… Ⅱ. ①东… Ⅲ. ①伦明（1878—1944）—人物研究
Ⅳ. ①K825. 4

中国版本图书馆 CIP 数据核字（2020）第 170156 号

LUNMING YANJIU
伦明研究
东莞图书馆 编

出 版 人：肖风华

责任编辑：张贤明 李沙沙 周惊涛
封面设计：彭 力
责任技编：吴彦斌 周星奎

出版发行：广东人民出版社
地 址：广州市海珠区新港西路 204 号 2 号楼（邮政编码：510300）
电 话：（020）85716809（总编室）
传 真：（020）85716872
网 址：http://www. gdpph. com
印 刷：广州市浩诚印刷有限公司
开 本：787mm × 1092mm 1/16
印 张：80. 75 字 数：1160 千
版 次：2020 年 8 月第 1 版
印 次：2020 年 8 月第 1 次印刷
定 价：450. 00 元（全三册）

如发现印装质量问题，影响阅读，请与出版社（020 - 85716808）联系调换。
售书热线：020 - 85716826

《伦明研究》编辑委员会

各册著者（以姓氏笔画为序）

第一册：马　嘶　王伯祥　王　謇　石光明　叶恭绰
台静农　伦志清　刘　平　关国煊　许起山
孙耀卿　苏　精　李吉奎　李　雅　杨宝霖
来新夏　吴则虞　吴　格　何多源　沈汉炎
宋　远　张次溪　张纹华　张　涛　陈汉才
陈　思　罗志欢　罗继祖　周生杰　周永卫
周　劭　冼玉清　郑丽芬　胡　适　钟敬忠
钱　昆　徐绍棨　徐　雁　黄正雨　董馥荣
傅振伦　童　轩　游雪雯　谢灼华　雷梦水
詹谷丰　熊　静　冀淑英

第二册：李建权　张诗阳　黄诚祯

第三册：钱　昆

前 言

习近平总书记指出：社会主义道路自信、理论自信、制度自信，说到底是要坚持建立在5000多年文明传承基础上的文化自信。东莞作为岭南文化的发源地，中国近代史的开篇地，东江抗日的根据地，千年以降，名人辈出，遗存了大量的著述资料和研究资料，这些文献既是东莞历史的印记，东莞城市发展的缩影，更是东莞文化软实力的象征和东莞文化自信的底气所在。东莞图书馆作为东莞地方文化传承与弘扬的主阵地，一直把东莞地方文献的收集、保存、整理与开发作为工作的重中之重。在历经八年点校、整理出版《伦明全集》后，于2017年又开启了《伦明研究》资料搜集和编纂的征程，旨在多维度挖掘并展示东莞文化名人伦明的学术思想和学术精神，为当今“湾区都市 品质东莞”建设交出一份文化自信的答卷。

伦明（1878—1944），东莞望牛墩人，近代中国著名藏书家、版本目录学家、大学教授，近代中华传统文化传承的突出代表。他出身于书香门第，从小便酷爱读书，最后毕业并任教于京师大学堂（今北京大学的前身）。伦明的弟弟伦叙、伦绰、伦鉴均毕业于京师大学堂。伦氏一门五杰，其中，四人毕业于京师大学堂，当时有“望溪五鱼”的美谈。伦明幼年时常省下父亲的赏钱买书，成年后更是节衣缩食、倾家所有集书。“廿年赢得妻孥怨，辛苦储书典笥裳”，既是伦明家庭生活的现实写照，也是伦明藏书艰辛的自嘲。伦明非常重视清人集部以及刻本书籍的收藏，其续书楼“耗尽千金，藏书百万”。伦明的藏书观非常开明，崇尚“藏以致用”，不仅开放私藏，对研究治学者慷慨相借，而且在晚年病革时，嘱咐将全部藏书捐赠给北平图书馆（现中国国家图书馆），以延续典籍的生命。伦明以续修《四库全书》为一生之志，其藏书楼取名“续书楼”即为此意。伦明在京师大学堂念书期间，就发现《四库全书》“搜采未尽”，于是凡是过眼《四库全书》未收之书便抄录，期待有一天能补齐缺失。后甚至辞去北大教席，奔走呼吁《四库全书》“宜校、宜补、宜续”，并率先撰稿，只为续修《四库全书》。在《续修四库全书总目提要》撰稿总量中，伦明占二十分之一，为撰稿最多者。伦明一生浮沉书海，读书、教书、写书、访书、抄书、校书、论书、编书、续书、藏书，独乐其中。其《伦哲如诗稿》《辛亥以来藏书纪事诗》《辛亥以来藏书纪事诗草稿》《伦哲如札记》《续书楼读〈书〉记》《续书楼藏书记》《读未见斋书录》《渔洋山人著书考》《颜元及弟子著作札记》《孔子作〈孝经〉证》《建文逊国考疑》《清史谈屑》《道光广东夷务杂记》《三补顾亭林年谱》《版本源流》《目录学讲义》《续修〈四库全书〉刍议》《拟印〈四库全书〉之管见》《关于印行〈四库全书〉意见书》《续修四库全书总目提要》《清代及今人文集书名索引》《清代及今人文集著者索引》等著述，无论在古籍搜集和整理方法上，还是在诗歌创作、校勘、目录、版本、文献学等方面，都给后学以极大的启迪和借鉴。

关于伦明研究，从民国三十年代至今一直未曾中断，这也从侧面反映了伦明学术思想和精神的生命力。《伦明全集》未出版之前，由于伦明的著述除《辛亥以来藏书纪事诗》传世以外，其他则散见于民国报刊及一些专著中，部分手稿更是鲜为人知，这使得伦明研究局限于“伦明生平”“藏书家伦明”“通学斋”“续书楼”“‘破伦’精神”“伦明的交游”“伦明与《辛亥以来藏书纪事诗》”等介绍层面的研究成果，且重复内容较多。《伦明全集》将伦明的存世著述第一次全面系统搜集，第一次点校，第一次将繁体字变简体字，第一次公开整理出版，为专家、学者系统了解和研究伦明提供了坚实的基础。正因为如此，涌现出了教育部人文社会科学研究规划基金项目、中国博士后科学基金资助项目、北京大学东莞图书馆博士后创新实践基地刘平博士的专著——《伦明〈辛亥以来藏书纪事诗〉研究》，北京大学钱昆的博士学位论文《伦明文献学理论与实践研究》，南昌大学李建权的硕士学位论文《伦明续修四库全书总目提要研究》，安徽师范大学黄诚祯的硕士学位论文《〈辛亥以来藏书纪事诗〉研究》，以及罗志欢研究馆员的《伦明交游考述》，熊静博士的《伦明先生文献学著述考》《伦明与〈续修四库全书总目提要〉》，刘平博士的《伦明目录学思想初探》《藏书家伦明文章文学双创特色初探》《伦明书缘探微》，郑丽芬博士的《藏书家伦明与京师大学堂师范馆关系史实考源》《伦明与北京大学》，钱昆博士的《伦明与孙殿起交游考》《伦明生平及其学术成就述略》，张涛先生的《伦明著述中所见的近代图书馆事业》，张纹华先生的《〈伦哲如诗稿〉探析》等一系列系统、深入、新颖的学术研究成果，这既是对伦明学术成就和学术思想的探索、拓展、提升和总结，更是对伦明矢志传承中华传统文化精神的弘扬和光大。

为了系统地挖掘和展示伦明研究的学术成果，东莞图书馆组织专人通过民国时期报刊数据库、CNKI 数据库、维普数据库、网络媒体全文下载，通过相关馆藏文献节选，通过与北京大学信息管理系合作，通过与伦明研究者及伦明后人约稿等途径，获取伦明研究成果信息 190 条。其中，著作 2 部，文章 188 篇。经过筛选，《伦明研究》共收录文章 62 篇。其中，博士论文 1 篇，硕士论文 3 篇，其他研究文章 58 篇。《伦明研究》共三册，第一册收录“伦明生平研究”“《辛亥以来藏书纪事诗》研究”“《续修四库全书总目提要》研究”“藏书事业研究”“文献目录学研究”“学人交流研究”“其他研究”等文章 58 篇；第二册收录南昌大学李建权的硕士学位论文《伦明续修四库全书总目提要研究》、中山大学张诗阳的硕士学位论文《伦明藏书思想研究》、安徽师范大学黄诚祯的硕士学位论文《〈辛亥以来藏书纪事诗〉研究》；第三册收录北京大学钱昆的博士学位论文《伦明文献学理论与实践研究》，以及《伦明研究目录总览》《伦明研究著者索引》。编者虽通过多种渠道广泛搜集，但由于时间跨度大，或有遗珠，俟作后补。同时，由于篇幅有限，未能将所有研究成果囊括书中，敬请作者谅解。此外，由于种种原因，凡我们未能联系上的作者或家属，请及时与我们联系，我们一定按照相关规定，补奉样书或稿酬。

东莞历史文化名人是城市的宝贵财富，充分挖掘整理并传承弘扬其学术成果、学术思想和学术精神，对于推动地方文化自信与文化自觉，展现城市文化底蕴具有积极意义和深远影响。东莞图书馆将继续牢记使命，秉承职责，服务社会，扎实做好东莞地方文献的收集、保存、整理与开发工作，深入发掘和阐发东莞历史文化名人的内涵，谱写品质东莞的时代芳华。

编者

2020 年 3 月

凡 例

一、《伦明研究》搜集1930年至2019年年底有关“伦明研究”的著作2部和文章188篇，按照研究的学术性、系统性、新颖性等标准，选择62篇文章编辑成册。凡研究内容相同或相近，以学术价值为遴选标准；凡学术价值相当，以刊发时间靠前者入选；凡研究主题相同，以研究系统者或观点新颖者入选；凡文章中只有某个段落论及伦明，则不入选。

二、《伦明研究》共三册，第一册收录“生平活动研究”“《辛亥以来藏书纪事诗》研究”“《续修四库全书总目提要》研究”“藏书事业研究”“文献目录学研究”“学人交流研究”“其他研究”等文章58篇，按著者所在年代以及文章刊发时间先后进行排序；第二册按时间先后收录南昌大学李建权的硕士学位论文《伦明续修四库全书总目提要研究》、中山大学张诗阳的硕士学位论文《伦明藏书思想研究》、安徽师范大学黄诚祯的硕士学位论文《〈辛亥以来藏书纪事诗〉研究》。其中对李建权的硕士学位论文《伦明续修四库全书总目提要研究》编者按出版要求进行了修改。第三册收录北京大学钱昆的博士学位论文《伦明文献学理论与实践研究》。

三、《伦明研究》第三册附录《伦明研究目录总览》《伦明研究著者索引》。《伦明研究目录总览》共收录1930年至2019年底伦明研究的著作2条及文章188条。或有漏收，俟作补遗。《伦明研究著者索引》共收录伦明研究的著者150位。凡全文收录于《伦明研究》，则在篇名尾端右上角以“（＊）”标注。

四、《伦明研究目录总览》分为著作和文章两部分。已正式刊发的，按照出版时间排序；未刊发的，按照写作完成时间排序；出版时间不详者，按照作者所在年代排序。著作通过书名、著者、出版地、出版者、出版年份、页码等要素进行揭示；文章通过篇名、著者、出版地、出版者、出版年份、页码等要素进行揭示。

五、《伦明研究著者索引》按照著者汉语拼音进行排序，首字拼音相同者，按照第二字排序，依次类推。一篇文章有多名著者，依著者分别揭示。通过著者、篇名、出版地、出版者、出版年份、页码等要素对著者进行揭示。

六、《伦明研究》收录的文章，原文为繁体字者，改用简体字，异体字改为常用字，标点仍沿其旧。原文有独立题名者，则沿用原题名；无独立题名者，采用文章题名与“伦明”或者“伦明续书楼”组合方式，中间用“·”连接，如：《中国藏书家辞典·伦明》《中国私家藏书史·伦明续书楼》；收录专著中一部分内容，在文后加“本文为节选”字样。

目 录

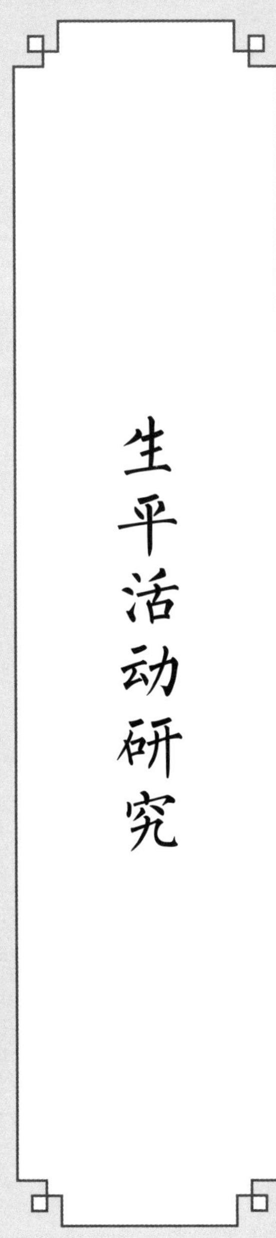

生平活动研究

广东藏书家考（四续）·伦哲如

何多源

伦明，字哲如，东莞人也。性嗜书，其旅居北平，凡二十余年，虽贫无一椽之栖，而好聚图籍。聚既多，室不足以容，则思建楼以贮之，楼曰“续书”。其所聚书，尤详于近代，意谓书至近代始可读。自乾隆朝命儒臣纂《四库书》，撰提要，裒然大观矣。由今视之皆糟粕耳，则思为书以续之，此“续书楼”所由名。然而楼迄今未成，书亦未尽备也。

哲如少时，随其父宰江西之崇仁，其父夙好书，所至以十数簏自随。在任时，又购得宜黄某氏书，藏益富。时哲如仅十一二岁，略识文义，课暇，窃取浏览，因而博涉，渐感不足。闻塾师言，去此数百里是省会，书肆多，购无不具，心大动。县差有解饷至省会者，月一往，开书目若干种属焉。县差返，有得有不得，亦不审值之昂否也。其父甚爱哲如之慧，又怜其早失母也，年节赍赐，倍他兄弟。一日，召其兄弟至前问所蓄，诸兄弟争献其所有以验，哲如独空如，急欲涕，其父色变。因诘之，以购书对，不信，则出书验之，往来搬运堆满几榻。其父色渐霁，一一检翻，徐曰：“孺子亦解此乎？善读之！”哲如自幼即承庭训，故及长，更蓄志于藏书。

壬寅，哲如初至京师，值庚子乱后，王府贵家储书大出。哲如日游海王村隆福寺间，目不暇给，每暮，必载书满车回寓。始识潮阳曾主事习经，曾嗜书癖过人，客至，偶谈及书，神态飞动，论议飙起，且谈且从架上取书作证。一书未了，又及其他，口与手与足无少停。客渐倦，犹强聒不已，客起欲辞，再三留，不得去，人以是为厌，相戒与谈书。而哲如最乐此。时哲如居烂面胡同，曾居绳匠胡同，相距不百步，每造访，必留共饭，食大米不下咽，馔亦不适口。饭后，饮所称工夫茶者，杯极小，湿仅沾唇。入夜，谈益纵，赏奇析疑，恒至漏四下乃别，别时，必挟书数册归，或读，或抄，或校，再访时，携还之，如此数月。后哲如迁居东城，过从遂疏。又后数年，重来京师，曾官已贵，收储更富，惟当年兴趣略减矣。

哲如丁未旋粤，时南海孔氏三十三万卷楼书初散出，而鹤山易氏、番禺何氏、钱塘汪氏（官于粤者）所藏亦散，哲如皆得择而购之。同时潮阳丁氏持静斋藏书，间有见与坊肆者，屡屡属其友谋之，未得间，而书已尽矣。顺德李侍郎文田家，多藏明清之际野史，哲如展转请托，竟不获一阅。是二事，彼甚憾之！粤地最卑湿，书易生蠹，哲如以储积过多，不易整理，残缺较甚，己酉夏，寓广州小东门，西江水骤涨，逾阈而入，转瞬高二三尺，仆辈收拾不及，有浸于水者，恐受责，讳言无之，他日检书，乃多所失。哲如尝出游，以书寄存广州南伦书院。院寓一卖破铜器者，贫无赖，私挖书橱钢轮易钱，次及书，其友人于书肆见书，认为哲如之物，以函告，哲如乃究而逐之，然书之被盗取，已不少矣。

辛亥，哲如再至京师，书值已大涨，询其故，则自粤辛仿苏开之也。辛氏家富饶，挟资数万游京师，征逐应酬外，兼好字画书籍，意所可，不计值。尝以六百金购已缺数册之《墨海金壶》一部，他可推知矣。九月间，武昌事起，都人初惊变故，仓皇奔避，数月来议值未就之书，至是纷纷愿贬值售。其同邑叶大令灿薇，以谒选留京，愿以余资假哲如，哲如乃尽购之，载四大簏。时其从弟鉴、十一弟叙、十四弟绰同寓京，相约南还，运书簏至车站，则见人如蚁聚，行李阻塞，不得上，废然返，连往数日，皆如是。其弟等自津催促，词至危迫，哲如复书曰："余誓与书同行。"后数日，去者渐尽，哲如乃从容挟书簏上车，其弟等犹在津候航轮，遂同行焉。

乙卯，哲如三至京师，已决心弃乡土。初意尽挈群书北行，而窘于运资，乃分为二，以一部随行，他一部仍寄南伦书院，不意迁延至今。惟庚申冬间，偶一返粤，席不暇暖，未及料理书事。未几，书院以修马路故被拆，其书之迁徙流失，不可问矣。哲如始至京，赁居莲华寺，以书之残破待装补者至伙，雇一书匠魏姓者，月资十五金，魏言其书待装补完，非二十年不为功，因言设书肆，有数利，装书便一也，求书易二也，购书廉三也。哲如思之，良是。经营甫就，魏适病，有孙耀卿者，佣于会文斋书店，其经理即叶焕彬《书林清话》中所称何厚甫其人也。哲如浼主肆务，孙勤于事，又极警。自来藏书家贵远贱近，肆贾之智识因之，若者宋本、元本、明嘉靖本，若者影抄本、明抄本、名家手抄本，又若者白棉纸、开花纸，不问书之良否，而惟版本纸质是尚。孙初见哲如喜购近人书，颇讶之，哲如每得一书，为言其佳处何在，略及清代学术、诗文派别，孙似领会渐能推所未知，哲如比年储藏大半出其手。迩来风会一变，清儒撰著价大贵，海内外指名以索，肆贾又移其视线于此。然披沙拣金，不知何者是金，因是孙反见忌于侪偶矣。

克师为文人渊薮，官于斯者，多由文学进身，乡会试之士子，比年一集，清季变法，京朝官优给月俸，科举虽废，高级学校相继立，负笈来者尤众，以故京师书业甲全国。辛亥以还，达官武人豪于赀，雅慕文墨，视蓄书亦为挥霍之一事。而海外学者盛倡东方文化，自大学校图书馆以逮私人，所需无限量。就地之书不足给，于是搜书之客四出，始直隶河南山东山西，次江浙闽粤两湖，又次川陕甘肃，各省域中，先通都大邑，次穷乡僻壤，远者岁一往返，近者岁三四往返，哲如尝慨叹之，谓："竭泽而渔，不出十年，故书尽矣！"近年往者渐稀，盖所得不值所费，因之相戒裹足，而书值日趋于昂。不知者诧良贾居奇，深识者信种子将绝矣。哲如之求书也，有异乎人之求之者。京中旧习，士大夫深居简出，肆伙晨起挟书候于门，所挟书率陈陈相因，哲如概却不见。闲游厂肆，见有散置外室若不甚爱惜者，视之多有佳本。及遍翻其架上下，尘灰寸积中，残册零帙，往往惊所未见。又过他街市，于冷摊上，时亦无意遇之。盖小贩中有打鼓者，收卖住户破旧器物书纸，转鬻于市摊，市摊以得之贱也，亦贱售之。游人熙熙，稍纵即逝。久之，稍熟习，则留以相待者有之。又书客之载书而返也，箧中琳琅，得之者在捷足，哲如先时，探其讯，则预伺焉。若为他人所先，视其籍踪跟而求，十不失一。凡彼之得书也，以俭、以勤、以恒，俭以储购书之资，勤以赴遇书之会，计童龄迄今垂四十年，其间居京师最久，又际群籍集中之时，日积月累，有莫知其然而然者。

哲如游迹所至，上海天津为南北通衢，经过最频。次则开封，前后至者十余次。南京、武昌，至者二次。苏州、杭州，至各一次。居河南三岁，游怀庆、卫辉、清化，俱有所获，在清化所得，有极罕观者，毛尚书昶熙家物也。语云："伯乐一过而马群空。"哲如之于书有似之焉。

始哲如读《汉学师承记》《文献征存录》《诗人征略》《书目答问》等书，其意谓清人述作，略具于斯矣。乃访购所及，时出各书称引之外：有其人甚著，而书不著者；有其书甚著，人以为佚而实未佚者；有其人，其书不著而绝佳者。于是爽然于前贤著录，多属一隅之见，而发潜德，而阐幽光之亟不容已矣。哲如抱此志，始甚壮，继而怯。壮者，求人所不能求，为人所不敢为也；怯者，以有涯之生，逐无涯之物，求之而不可尽，为之而不必成也。此犹就所见者言之耳，有见者，即有未见者，因甲书而知有乙书，又因乙书而知有丙书、丁书，递相引而无穷，盖其胸中之目录，十倍于眼中之目录。夫书之为物，非如布帛粟米，取之市而即给，不得已乃以抄书补购书之穷。有抄之图书馆者，有抄之私家所藏者，又有力不能致，而抄之坊肆者，有抄自原稿本者，有抄自传抄本者，又有猝不易得，而抄自刻本者。抄书不难，而抄之先借书难，抄之后校书难，校书之事己为政，借书之事人为政，故借书尤难焉。

哲如续书之志，发于甲子。其乡人胡子俊者，大连富商，一日谈及《四库书》，哲如曰："此书宜校、宜补、宜续，而续最要，且最难。"胡曰："谁能为者?"哲如曰："今海内不乏绩学士，但苦无凭借，独我能为之耳。有岁给我三千金者，将屏绝人事，致力于此，计五年可成。"胡慨然自任。已而营业失利，款不时至，事遂中辍。岁乙丑，当轴者以各国退还庚款，限用于文化事业，于议决影印《四库书》后，会议及续修提要，决交内教两部核办。时哲如在河南，拟《刍议》一篇，寄刊报上。尔后时局纷扰，无复有过问者。哲如所拟条例，断自顺治元年始，凡书成在顺治元年后者，或书成在顺治元年前，而其人死在顺治元年后者，又或其人其书，皆在顺治元年前，而编辑校刻在顺治年后者，皆收之。盖断限者，假定之词，以便蒐集，非如史例之严，不可稍出入也。所以然者，以《四库书》中，清代最疏漏：（一）忌讳太多；（二）搜采未尽；（三）进退失当。哲如别著文论之。故续者不得仅接乾隆四十七年以后，然若补与续同举，则各还其位可也。其大体与《四库书》异者：（一）著录分甲乙二等，不用存目之例；（二）四部各分三大类，经部曰辑佚、曰校勘、曰笺注，史、子集部曰辑佚、曰校注（校勘、笺注合为一类）、曰撰著。然辑佚、校勘、笺注大都前代之书，若补与续同举，仍各还其位可也。戊辰夏间，《清史稿》印成，哲如略观之，谓："《艺文志》略讹殊甚，儒林、文苑传为数寥寥。"因又发愤欲撰一书，只录书目，下缀最简评语，仿《书目答问》而略详，后附著书事实，俾与前相参照，兼详其他著之未见者，期合艺文、儒林、文苑为一，以补《清史稿》之缺，且为修读书者之大辂椎轮焉。又哲如之求书也，不避繁复，初得一本以为佳，继得更佳者，随将前本易去，更得更换。今所存者，大率原刻初印本也。新抄本亦择精纸，命端楷写之。哲如今仍在北平，尝谓："将重保其已有者，而大增其未有者。"睹其搜罗典籍之勤劬，殊足令人钦仰也。（此文事迹、文词均采录伦哲如先生所撰之《续书楼藏书记》。）

（原载《广州大学图书馆季刊》1935年第1期）

记大藏书家伦哲如

冼玉清

五十年来，粤人蓄书最富而精通版本目录之学者，当推东莞伦哲如先生。先生名明，生于光绪元年（1875）十一月，性绝慧。其父曾宰江西崇仁县，爱蓄书，先生受其熏染，髫龄即嗜尝。年十二县差有解饷至省者，辄托为代购图书，自谓一生聚书自此始。弱冠入庠，旋补廪生。光绪二十七年（1901）庚子辛丑恩正并科，以第九十名举于乡。明年至京，肄业京师大学凡五年，时值庚子乱后，王府贵家储书大出，先生每游海王村及隆福寺，必载书归。又友潮阳曾习经，研求讨论，自是所得愈富。大学毕业，复得举人衔。光绪三十三年（1907）返粤，主讲两广方言学堂，时南海孔氏、鹤山易氏、番禺何氏、钱塘汪氏，藏书散出，先生得择购之。宣统二年（1910）入张鸣岐幕。民国六年（1917）复北来，任参议院秘书，十三年（1924）任河南道清铁路秘书长，十八年（1929）赴沈阳任奉天通志馆协修。先后住北京三十余年，历任北京大学、北京师范大学、辅仁大学等校教授。课余辄以访书为事。其求书与士大夫之靠肆伙挟书候门者异，日日游行厂肆及冷摊，凡书册为人所忽视者，辄细意翻阅，每于灰尘寸积中，残册零帙中，得见所未见之佳本。复辟通学斋书店，以便装书求书。尝谓得书以俭、以勤、以恒。俭以储购书之资，勤以赴遇书之会。匣中琳琅，有得之捷足者，有得之预伺者，有得诸跟踪而求者。其求书不避烦复：初得一本以为佳，继得更佳者，随将前本易去。更得更换。今所存者，大抵皆原刻初刻本。新钞本亦择精纸，命端楷写之。其全神贯注如此，宜乎物聚于所好矣。

京穗而外，复屡至天津、开封、南京、武昌、苏州、杭州、怀庆、卫辉、清化，所至皆得善本。伯乐一顾而凡马空，先生于书，仿佛似之。

先生自谓胸中之目录，十倍于眼中之目录。又谓书之为物，非如布帛粟米，取之市而即给，不得已乃以抄书补购书之穷。有抄之图书馆者，有抄之私家所藏者，又有力不能致而抄之坊肆者，有抄自原稿本者，有抄自传抄本者，有猝不易得而抄自刻本者。故所居恒有三数抄书人随之。抄后校雠，昼夜不辍。某岁津沽书贾以重资购入翁方纲未刻稿，先生以价昂不可致，乃托言介绍出沽，携归旅邸，尽三昼夜，录副而还。其用力抄书如此。独惜抄后每缺钉装，疏于整理。大抵事繁，不及兼顾欤？先生不修边幅，余资悉以购书，室人交谪不之顾。尝有诗云："卅年赢得妻孥怨，辛苦储书典笥裳。"盖纪实也。

至其读书眼光，有特独过人者，尝谓书至近代始可读，固不同于腐儒之厚古薄今也。每嗤藏书家贵古贱今，崇远忽近。张之洞《书目答问》，叶德辉《观古堂书目》，及于近代，叹为有识。故其聚书属于近代者尤多。番禺陈融辟颙园书楼，先生教其尽买清代诗文集，其旨趣可见也。又谓四库书不完不备，而以清代为最疏漏。盖忌讳太多，搜采未尽，进退失当，别著《续修〈四库全书〉刍议》以论之。又谓《四库全书总目提要》著录虽丰，由今视之，皆糟粕耳。欲据所见书再作提要，以赓续之。故颜所居为续书楼。大抵先生毕生宏愿，在续修《四库提要》，其《续修刍议》，发表于民国十四年（1925），惜时局纷扰，不能竟其志。其已成零稿，散见于《燕京学报》中。

予识先生，在民国十八年（1929）春。时予得岭南大学休假漫游北京，王蘧秋湄亦自沪至，一日同游小市书摊，与先生相遇于鸿春楼，谈文甚契。翌日赠诗云："粤峤知名早，京华识面新。锦车来墨客，绛幔拜经神。林下论文友，闺中不字身。惊闻归计急，家有倚閭人。"余僦居锡拉胡同女青年会，先生每得佳椠，辄以相视。又同访傅增湘沅叔及北京图书馆，看所藏善本，余之留意版本自此始。六月余南归，先生撰五言长古四首送行，第三首畅论吾粤学风，一时传为佳作。翌年先生应日本斯文会之邀，赴日审查古籍，约余同行，余以事不果往。廿二年（1933）北京有人倡抄《四库全书》，先生早不满于《四库全书》，以事由傅增湘主动，碍于交情，不便反对。乃与订条件，全书内容须改换较善之本，且须精校一次。傅亦允之。乃邀余来助，余以教务亦不果往，然书间往来不辍，曾和余长韵诗十余首。

廿六年（1937）七月，先生以家事南归，预约两月言返，抵穗后即至岭南校斋相访，过从甚殷。余力规其洗脱旧日文人放浪不羁恶习，以笃实周慎为务。先生作诗相谢，有“积过如山去日长，悚然一棒下当场”句，其服善如此。未几卢沟桥事变，交通梗塞。先生寓其第六女家，忽患脑充血病，全身瘫痪，几濒于危。广州沦陷，乃返故乡望牛墩，辗转于新塘横沥之间。时土匪猖獗，声言扒村，先生一夕数惊，苦不可言。而乡间无书籍，又无可谈之人，日惟作诗以自遣。《御批通鉴辑览》一书，已翻阅数次，几可背诵云。

余随岭南大学迁校香港，先生来信谓乡间不可居，欲来港就专馆教席。余与马鉴、许地山两公熟商，都冀其来，但难求栖止之地，遂尔中止。先生来诗云：“局蹐穷乡一岁长，艰难屡觅避兵场。战争道阻音书梗，忧患心劳笔砚荒。果帝暴秦甘蹈海，所思之子怅横江。黄冠白刃吾何任，切欲从君一审详。”则其志之苦可知矣。先生久欲编印《续岭南遗书》，其弟子李棪劲庵允经纪其事，并允向粤督陈济棠措款，先生尽以所藏粤人著述秘籍授之。李君来香港执教，以书寄存北京大学图书馆。先生来书嘱访李君求交代，李君唯唯。其后邓之诚文如教授亦有函来，嘱转告李君速为处理。今李君远适异国，秘籍之下落如何？中心耿耿。盖编印《续岭南遗书》，乃粤人应有之事也。时北平图书馆馆长袁同礼守和久滞香港，先生欲以个人藏书归公，嘱为关说。卒以条件不符而罢。当其乡居，曾作《乡园忆旧》七言绝句数百首，积稿盈寸。谓恨不能与余击节赏之。已而香港亦沦陷，余再随校迁曲江，音问遂断。

抗战胜利，余重返广州，知先生已于三十三年（1944）十月病终东莞故里，至为惋惜。因函商其北京家属，请以藏书归公，卒归北京图书馆，成先生志也。先生性和易，学问渊博，于书无所不读。工诗文，下笔如飞，尤擅叠韵诗，每每一韵叠至五六十首者。所著有《建文逊国考疑》《渔洋山人著书考》《续四库全书提要》《续修〈四库全书〉刍议》《辛亥以来藏书纪事诗》等，尤以《藏书纪事诗》为士林重视云。

（原载《艺林丛录》第五编，商务印书馆香港分馆1964年版）

伦哲如先生传

张次溪

伦哲如先生讳明，广东东莞县望牛墩人。髫龄侍父常宰江西崇仁。常性好书，所至以书自随。先生窃取浏览，因而博涉。尝居一小楼中，亘数年不出户，衣虱累累，若不自知，惟笃志观书，众目为痴。少丧母，父爱其慧，年节赍赐倍他儿。县差有解饷至省者，先生辄托为代购图籍，自谓一生聚书自此始。弱冠入县庠，旋补廪生。光绪二十七年（1901）庚子辛丑恩正并科，以第九十名举于乡。明年至京，值庚子乱后，王府贵家储书大出，先生每游海王村及隆福寺间，游归必载书。自是先后居北京凡三十余年，其所聚书属于近代者尤多，尝曰：书至近代始可读。自乾隆时，《四库全书总目提要》成，著录虽丰，由今视之，皆糟粕耳。又尝思据所见书再作提要，以赓续之，故尝自颜所居曰“续书楼”。又尝以书非如布帛粟米，取之市而即给，不得已，乃以抄书补购书之穷。故有抄自图书馆者，有抄自私家所藏者，又有力不能致，而抄自坊肆者。有抄自原稿者，有抄自传抄本者，又有猝不易得，而抄自刻本者。故所居恒有三五抄书人随之，更有数人终年为之补书。先生尝曰：抄书不难，借书难，抄后校书亦难。校书之事我为政，借书之事人为政，故借书比校书尤难。先生终岁无分昼夜，从事校补，手不释卷。某岁津沽书估以重赀购得翁方纲未刻稿，先生急往访，以价昂不可得，托言为之代售，携至旅邸，尽三昼夜力，录副而还之。晚岁居京多暇，恒流连厂肆间。凡书册为人所忽视者，必详加检阅，谓此中尝多珍品。先生不喜修饰，衣帽破旧，履恒露趾，书估戏以破伦呼之，先生亦笑而应之。先生有钱悉以购书，家人多用不给，诟谇嘈杂之声盈室，而先生若无闻，校书购书如故。尝有诗云：“卅年赢得妻孥怨，辛苦储书典笥裳。”盖自况也。先生初来京，居宣南莲花寺，旋分居上斜街东莞新馆，又居烂漫胡同东莞会馆，积书满檐下。民国二十六年（1937）七月，以事南旋，预期两月即归，抵粤未久，交通梗绝，不能北返，郁郁以终。溯先生生于光绪元年（1875）十一月，卒于民国三十三年（1944）十月，享年七十岁。配李氏，侧室钟氏、周氏。子四人：有守、润荣、伟荣、铁球；女五人：阿秀、阿隐、慧珠、阿霄、少珠。先生乡举后曾入北京大学堂肄业。光绪三十四年（1908）回乡，后与先君子篁溪公，同应瑞安陈黻宸之聘，主讲两广方言学堂。民国六年（1917）再北来，任国立北京大学教授，并任参议院秘书。十三年（1924）任河南道清铁路处长。十八年（1929）赴沈阳任奉天通志馆协修。二十七年（1938）留粤，任广东省立图书馆长，兼岭南大学教授。游踪所至，辄以访书为乐。遗著有《渔洋山人著书考》《建文逊国出亡考》《辛亥以来藏书纪事诗》《续修〈四库全书〉刍议》《续修四库全书提要·凡例》《续修四库全书提要》。先生尤工诗文，惜多散佚。其寓与余仅隔一墙，以两世通家之好，视余如犹子，故所知较多。往岁宁武南佩兰，欲刻丛书，余告以伦家有仪征刘申叔师培遗稿，南氏介余往借刻之，即世所传《刘申叔遗书》也。先生病笃，尝贻书篁溪公，属以所藏书介归国立北京图书馆。三十六年（1947）冬，又经陈援庵丈再商始成，去先生之逝已三年矣。今其所藏书，均存国立北京图书馆中。

（原载张次溪：《宣南逸乘》）

藏书家伦哲如

孙耀卿口述　雷梦水整理

1956年，舅父孙殿起（按：即《贩书偶记》作者）以多病亡身，命我代笔录他与藏书家伦哲如先生的交往。今整理成文发表。

梦水　附记

伦讳明字哲如，亦作喆儒，广东东莞县县学廪生，清光绪二十七年（1901），中试举人。哲如先生为东莞县望族，世居溪乡望牛墩，世传孝友。自幼嗜书，无所不读，在北京居住甚久。1916年，耀卿在小沙土园文昌会馆内会文斋供职时，开始认识伦先生，因志同道合，终于成为莫逆交。伦先生说过："小时候与诸兄弟入塾读书，日得买茶点的钱，尽用来买书。"耀卿与他交历三十载，印象最深。他生平酷嗜杜甫、韩愈的书，并佩服清初王阮亭、吕晚村的著作，一生工诗文，又致力于目录学。壮年时多获藏书家旧物，晚年学益精粹，嗜书成癖，收储至富。偶闻别处有奇书珍籍孤本秘册，如果不能得，就去抄下来。他的藏书原在家乡，因广东潮湿，因而移来北京。他喜爱书，自朝至暮手不停地翻阅。历年为他抄书的有二三人，修补书的一人，抄后校对，昼夜不停。他每得一书，如获至宝，遇有衬纸的就要换过纸，不衬纸的也要加装璜，换好书皮，做好布套，改订厚册，甚至有三四册装作一册的。他修补书不用面粉，独用广东寄来的一种形似麒麟菜的干菜，以滚水浸烂补之，着潮也不生虫。有一年，天津书商以重值购入清朝翁方纲未刻稿数种，他赶赴天津，因书价奇贵而没有买到，他就用了三昼夜时间抄了这几种书稿的摘要，其努力抄书可见一斑。1917年，他任国立北京大学文学系教授，兼任参议院吴景濂的秘书，所获薪俸大多用于购书。工余必至书店搜罗。身着破大衣，破鞋袜，人们赠他一个绰号“破伦”。凡北京城中卖书的大小书铺约百数十家，不论书店伙计，只身卖书的书摊贩没有一个不认识伦先生。因他待人和蔼，加上他对残编断简的零书小册也都搜罗，故受欢迎。有一天，他偶然听到晋华书局一位姓孔的购书一批，就前往去看，得知书目中有《倚声集》，很高兴。当询其书，孔回答：那书刚刚派店里的伙计送往某宅门去了。他听后当即乘人力车追逐至某宅门前等候，不一会店伙计挟书包而来，遂尽得其书。书商结账，无论大小书铺及摊贩，伦先生都不少分文。1926 年他任道清铁路局总务处处长时，工余常往开封购书，后来撰有《丁卯五日诗》，有“卅年赢得妻孥怨，辛苦储书典笥裳”之句。他家中的人与耀卿说过：“我家主人宁吃残羹剩饭，身着破衣烂履而不以为然。”这样，未免财力时感困难，他就把善本秘籍抵押与人，或借债。他那部《吴柴庵全集》押出去以后，就未能赎回。耀卿曾劝伦先生嗜书不可太劳精神，他说：“生平无一日记其心静耳。”他的藏书有一书两三部者，如《七禄斋集》即是。逢有欲得的书而款又拮据，他就把夫人的奁物变作购书之款，真所谓典衣销带所不顾者，正斯人也。他很自豪地说：“鄙藏之书，可作续修四库资料者，已达十之七八，岂料近来之书愈购而可收者愈多，不胜望洋之叹。”他藏书数百万卷，分贮的箱橱有四百数十只。耀卿每入其书斋，无踏足之地。其所储藏，杂取古人著书，《四库全书》中已见者十之二三，其未见者十之七八，多属初刻原本。他藏书最重于搜集续修《四库全书》的资料，自命斋名“续书楼”。他的藏书皆不书签条，亦不加盖藏印。如需某书，他能指出在某房第几箱几橱，一一无误，甚至某书第若干卷缺页，第若干页缺字也知道。平时他告诉家里人等任何人不准擅自动他的书籍。一般朋友难进他的书房。唯独耀卿例外，可以随意进去翻阅，他也没有不满。他在北京所储藏的书，写记目录凡两次，20 年代奉派杨宇霆、郑谦为张学良抄过一次，因故中辍；1938 年他眷属南归，又抄一次，计十余册，每册五十页。由他的眷属携归，经友人借阅佚去数册。1917 年至 1943 年，他在广东所存的书，耀卿曾经看过，其中以粤人所著书居大半。伦先生著述有《续修〈四库全书〉刍议》、《辛亥以来藏书纪事诗》、《续书楼读书记》、《续书楼藏书记》、《丁卯五日诗》、《渔洋山人著书考》、《建文逊国考疑》、《版本源流》（一名《版本学》）、《续修四库全书提要稿》等数十册。以上陆续付印。其未付印者、杂文等堆稿盈尺，还藏在家里。1937 年 7 月，他回广东扫墓。不久背疽忽发，经医生调治痊愈之后，曾任广州省立图书馆副馆长，兼岭南大学教授。工余则与当时名流结诗社，用力过度，伤劳成疾。伦先生经手校订过的书百数十种，汇为丛书者如张氏“双肇楼”即《燕都黎园史料》正续编，及董氏《邃雅斋丛书》都靠他的帮助而成。1941 年秋，耀卿三游广州，见他形体渐瘦，精神亦衰，是时伦先生方著《送钟君宝华任罗浮酥醪观都管数百韵》。他与耀卿说：“吾近数年撰提要稿于学问尤见进益，至其群经传授源支派无不洞悉，近年在粤有所闻见，辄笔书之，积稿盈箧。”他又出示近数年在广州所得之书，其中最得意者为清朝顺德人吴梯撰写的《读杜姑妄》（咸丰四年刊），清朝丹阳人姜筠撰写的《名山藏》（道光二十七年元孙华刊木活字本）。伦先生当时还列举他的藏书，谈至深夜，讲到文辞之学须通经史，不然学问则无根底。至 1943 年夏，耀卿将北归，与伦先生握别，视其疾加剧，步履艰难。他说：“君先回北京，吾待交通恢复，即行北上，再与我君畅谈。”1944 年春，伦先生哲嗣绳叔润荣忽接噩耗，惊悉伦先生已于客岁十月某日疾终里第。耀卿伤悼悲恸，不能自已。伦先生生于清光绪元年（1875）十一月，享年七十岁。1947 年冬，他在北京所有藏书，已全部归于北平图书馆收藏。

（原载《随笔》第九集，广东人民出版社 1980 年版）

记目录学家伦明先生二三事

傅振伦

1927年，奉系军阀张作霖占据北京，合并国立院校为国立京师大学堂，改北大文科为文学院，新聘教师有名于时者有邵瑞彭、邓之诚、伦明诸先生。

伦明字哲如，广东东莞人，居宣武门外东莞新馆，富藏书，收罗清代文集尤多，为学生讲授目录学，编印《清代史籍书目提要》讲义。当时史学系民十八级友会正编辑《中国史学书目提要》，我朝夕请教，获益实深，曾应招至其寓所，商定体例，原稿犹存，今录之于下：

《拟编辑史籍书目略例》：一、暂依四库史部分类法，从事搜集，俟搜集稍备时，再定之。二、搜集之断限，自有史之日，以至现在。三、搜集之书，分存、佚、阙、未见四种，备注于本书下。四、各书宜详时代、著者、爵里、学行、板刻新旧；不知者暂缺俟补。五、搜集所资：（一）《四库书目提要》、诸史艺文志及官私书目；（二）各省府州县志艺文门；（三）史传、行状、年谱及诗文集之序跋、题咏；（四）访问藏书家（未有书目行世者）、京外大书店。可约分三组：（一）从事明以前者；（二）从事清以下者；（三）从事方志者。每组以数人分任之。还说京师警察厅某退职人员已编有清代书目提要初稿，可去请教，今已忘其姓氏、住址。他还赠给我一份1925年（乙丑岁）7月他所作的《续修〈四库全书〉刍议》的自印石印本。我曾根据他的指教，写了一篇《编辑中国史籍书目提要之商榷》，登在中华图书馆协会的《图书馆学季刊》7卷2期，1933年6月。

1928年6月28日国民政府接收清史馆，派易培基接收故宫博物院，行政院设清史稿审查委员会，北大史学系主任兼故宫博物院文献馆专门委员朱希祖先生参加其事，嘱我襄助。审查后我提出十九条主要意见。当时和伦明先生谈及《清史稿》得失，他主张：《明史》应补忠节、遗逸二传。《清史》应以儒林、文苑二传改作《学人传》，其内容应包括经学、史学、文学、诗学、词学、艺学（如印人传、书人传、画家传、竹人传以及畴人传等）。朱兰坡《史学文抄》《经学文抄》《国朝耆献类征初编》，钱仪吉《碑传集》，缪荃孙《续碑传集》等，虽未称完备，但皆可取资。

当时我正在编纂《河北新河县志》，伦明先生很重视方志，建议编辑《古今方志存缺（佚）考》《方志艺文考》《方志金石考》《方志人物考》，启发了我修志侧重艺文著作，金石文物和文献等主张，也为我启示了整理旧方志的重点。

1928 年我从朱希祖先生研究《史通》，谈到《史通》版本，北京图书馆收藏未备，伦明先生说黄叔琳《史通训故补》胜于王惟俭的《史通训故》，陆深《史通会要》收于《俨山外集》，约七八十元可以买到。又说迪先（即希祖先生之字）有翻宋本。张之象于万历五年校宋刻本而刻之（解放后，中华书局有影印本），还说北京图书馆藏傅增湘校本，即张本复刻之书。民国十七年（1928）六月十一日来函谈到借给《史通训故补》及代买《俨山外集》事，今犹珍存其手迹于家。

（原载《文献》1987 年第 2 期）

北平辅仁旧事

台静农

邓文如在《清诗纪事》序中说；“东莞伦明以书为性命，专收清人集部几备。”伦字哲如，也是由援庵先生引入大学任教的。国内专力收藏清人著作的，不过三数家，要以他所收的为最多了。他在北平数十年，日常出入于大小书坊。他想编续四库全书，故斋名续书楼。这一宏愿，当然不能达到，后来他的书归了北京图书馆。他在前清是举人，又毕业于京师大学堂。他还替人考中了两名举人，每名报酬三千两银子。这是他同我聊天时说的。他虽是制义文高手，到北京会试却落第了，他在教员休息室，常被外系同事注目，光头蔽衣，极不修边幅，尤其外国同事知道他有颇多的姨太太，更不以为然。

［原载台静农：《龙坡杂文》（增补本），生活 · 读书 · 新知三联书店 2002 年版］

近代藏书三十家·伦明续书楼

苏　精

《四库全书》收录书籍三千四百七十种、七万九千余卷，装成三万六千三百册，抄成七部庋藏南北各地，足当中国图书集大成之作无愧；而将其中每种书籍撮举大旨、条列得失的《四库全书总目提要》二百卷，也可说是古今目录学的登峰巨作。可是自从此一中华文化空前事业完成以后，便陆续有不少学者对《四库全书》“稽古右文”的权威性加以怀疑批评，对于《总目提要》的一些错谬也多所匡正，其中一位提倡续修四库全书及其提要最力，甚至自号室名为“续书楼”的学者，便是广东省东莞县籍的伦明先生。

一、家庭背景

伦明（1875—1944），字哲如，东莞县中堂属的望牛墩人，生于清光绪元年（1875）十一月。曾祖乾显，祖梦麒，为武庠生，早逝；父常，字元第，号棣卿，生于道光十四年（1834），咸丰十一年（1861）辛酉科乡试举人，大挑陕西知县，因寡母年老呈准改分邻近的福建，光绪八年（1882）左右母亲病殁再改为江西，由于伦常精擅医药，前往江西报到时颇得同擅其术，曾为慈禧太后诊病的巡抚潘霨（伟如）青睐，委以创办公医院事，再派良口厘局差事，不久便补授武定府崇仁县知县，任内设征收局、盲人院、疯人院，捐俸修桥坝、县署，增建毓秀书院，捐藏书于院中，光绪十五年（1889）卒于任所，年五十六。

丧父当年伦明十五岁，在兄弟四人中排行第二，幼年先已失恃，两个弟弟为继母所生。长兄伦迈，字静如，宣统元年（1909）最后一科优贡，本来科举岁试已于光绪三十一年（1905）停废，但为顾及已入学童生的出路，优贡、拔贡仍照常举行至当届为止。伦明自己二十岁入县学，又中光绪二十七年（1901）庚子辛丑并科乡试举人；三弟伦叙，字达如，光绪二十九年（1903）癸卯科顺天乡试举人；四弟伦绰，字绰如，监生。

二、求学做事

光绪二十八年（1902）诏旨重开京师大学堂，伦明偕同伦叙及堂弟伦鉴（淡如）同赴北京就读，不久之后伦绰也追随兄长入都，在大学堂五百学生中，伦氏一门四杰，可称佳话。当时大学堂分预备科及速成科，先办的速成科再分仕学馆与师范馆，光绪二十八年（1902）十一月开学，伦氏三兄弟均入师范馆习英文，低一班的伦绰也入师范馆，但兼习英文与日文。

两年后伦明升入大学堂新成立的优级师范科，伦叙入文科，伦鉴入农科，三人均于光绪三十三年（1907）毕业，伦明及伦叙或因原本即是举人，伦明且已是分发广西候补知县，故两兄弟都未列入学部奏奖名单内，伦鉴则以毕业成绩列优等（74.33）奖给举人，以中书科中书尽先补用。伦绰后来入政科，毕业成绩列为中等（68.06）奖给举人，以各部寺务用。伦叙以后担任国立中山大学及广东国民大学教授，伦鉴与伦绰则不悉出处如何。

大学堂毕业后，伦明遄返广东从事教育工作，数年中先就广东模范高等小学堂校长，继赴广西浔州中学堂校长，再回广州先后任两广高等师范学堂教员、两广方言学堂教务长。宣统二年（1910）九月，张鸣岐自广西巡抚升授两广总督，聘伦明入幕，至翌年辛亥革命止。民初任广东省视学官，四年（1915）举家迁居北京，六年（1917）任参议院秘书，七年（1918）执教北京大学法预科教授，十三年（1924）赴河南就道清铁路秘书长，居河南三载，十七年（1928）任东北奉天通志馆协修，助印《四库全书》，十九年（1930）应日本研究汉学团体“斯文会”之邀，至东京鉴定古籍，其后历任北京大学、北平师大、辅仁大学、民国学院等校教授，东方文化事业委员会研究员等。

民国二十六年（1937）七月，伦明因事返粤，以七七事变后交通不便未能北上，复患脑溢血症瘫痪，日军攻陷广州后避居望牛墩故里，欲往香港任教亦未果，终于在抗战中赍志而殁，据与其熟识之冼玉清教授谓伦明卒于民国三十三年（1944）十月，享年七十，另据徐信符在《广东藏书纪事诗》中，则记其卒于民国三十一年（1942）。

三、续书楼藏书

伦明的东莞同乡莫伯骥，在其《五十万卷楼藏书目录初编·序文》中，曾提到伦氏的父亲是县中有数的藏书人物。故伦明幼承家传，自十一二岁随在父亲江西任所时即喜购书，每月必嘱进省解饷之差役代买若干，以是独得其父怜爱，事经四十余年之后，伦明自撰《续书楼藏书记》，仍念念不忘溯至幼年的藏书之始。

伦氏续书楼的藏书基础，奠定于自光绪二十八年（1902）入京师大学堂至辛亥为止的十年之中，首先是初入大学堂时期，正逢义和团及八国联军之后，王府贵家散出的珍籍颇多，伦明每天赴琉璃厂及隆福寺一带的书肆必满载而归，同时又经常向广东同乡中有“湖楼”藏书的曾习经（刚父）借抄，据说人皆怕与曾氏谈书，因曾氏好书成癖，每谈必欲罢不能，只有伦明与他“书”味相投，乐此不倦。其次是他毕业后执教广东期间，收购不少相熟的南海孔广陶“三十三万卷书堂”、鹤山易学清“目耕堂”、番禺何氏、钱塘汪氏等大小藏家流散的图书。第三是辛亥那年，革命起后北京人心仓皇，书价也告贬落，当时伦明在京，正苦行囊不丰，却喜得一位叶姓同乡的慨借，痛快搜购了四大箱国书载运南归。

经过这前后约十年的蒐求，伦明的“书癖”有增无减，终于在民国四年（1915）迁居北京，以便在宝山书海中从容搜讨，而且经常趁南来北往之便，在各地留意古籍善本，他比喻自己搜书有如伯乐一过而良马空。后来为求得书之便，干脆效法前辈大藏家黄丕烈开设“滂喜园”书肆之例，也出资在北京新华街设立一家“通学斋”书肆，自顾之不暇，从另一家“会文斋”挖来一名叫孙殿起（耀卿）的年轻人代主店务，并指点其版本目录学知识，甚至及于学术流变，久而久之，仅只高小毕业的孙氏竟能先后撰成《贩书偶记》《丛书目录拾遗》及《清代禁书知见目录》及《琉璃厂小志》等书，尤其《贩书偶记》名似俚俗，实则收录他经手目睹约一万余种《四库全书》不收或后出未及收的书，而又完全照《四库》原来的分类编排，因此成为续补《四库全书》相当成功之作，这与伦明可谓是青出于蓝一脉相承。

伦明搜书的原则有三：以俭、以勤、以恒。其方式则绝不在家等候书贾登门求售，而是亲自前往书肆尘灰寸积之下，或在市摊百货旧书中寻觅，甚至如获知某家书肆派赴各省搜购之人将于某日回京，便先期至其肆坐候，以能先得为快。购买之外，伦明又借抄以补购买之不足，他固定雇用三四名抄工，准备随时可以抄写，不过，他认为抄书其实容易，而事先的借书与事后的校书却难，尤其以求之于人的借书最难，因为这是秘惜如命的藏书家最不乐意的事，叶昌炽日记中有某次吴昌绶（印臣）托朱祖谋（彊村）向叶“游说”，请代向潘祖年（仲午）借一部宋板书，叶氏深知其难，告以借则不可，但可代求赴潘宅抄录，结果以叶氏与滂喜斋潘氏关系之密及与祖年的师生之谊，仍为祖年借口“天寒非抄写时宜”推辞，事实上吴昌绶与叶氏早在三十年前即已认识，叶在日记中数次称其旧友、故人，而为了请代开口借书还得托人游说，可见向藏书家借书之难如上青天，无怪伦明会有如此的感慨！

可惜伦明虽极力搜书，却疏于整理典藏，除了颇多虫蛀残缺之外，宣统二年（1910）西江水涨，他在广州寓所的书不少为水浸失，以后将藏书一半寄存南伦书院，先是为人窃取，继而在民国十年（1921）左右，书院因拓路被拆，伦明人在北京鞭长莫及，全告散失，幸而精善本都已在数年前随携北上。伦明所藏编有《续书楼书目》，但未刊行，加以上述的一些损失，故其藏书究竟多少迄未能悉，仅据徐信符谓以集部较多，集部中又以清人撰著为最多。抗战中蛰居故里的伦明有意将所藏让归国立北平图书馆，未成而卒。在此之前，他已看出由于时代演变，“今后藏书之事，将属于公，而不属于私”。抗战胜利后，由冼玉清教授作介，续书楼遗书仍归北平图书馆收藏，完成了伦明的遗愿，如今我们仍能从《北京图书馆善本书目》中，发现大约有十五部以集部为多的书名下，记著伦明批校题跋的字样。

自藏之外，伦明也与徐鸿宝（森玉）等共为“东方文化事业总委员会”代购图书，这是利用日本退还的庚子赔款设立的组织，委员会预计在北平设立大规模的图书馆及人文科学研究所，在上海设立自然科学研究所，同时进行续修《四库全书》。在图书馆方面，开始筹设即以五十万元（一说四十万）巨款大购图书，因得伦、徐二人代为鉴定，虽然在数量上尚不足与北平图书馆抗衡，其价值则几无逊色，尤以抄校稿本及各地方志为最。

四、续修四库全书

乾隆纂修《四库全书》时，基于政治因素致收书偏而不全，而完成以后新出问世的书更不在少数，因此从光绪十五年（1889）王懿荣（字廉生，殉于庚子之役，谥文敏）首倡续修之后，便屡有讨论响应者。同时为使仅存三部半（半部指曾经补抄的杭州文澜阁）的库书广为流传，并宣扬于世界，自民国成立后也有数次影印的计划，每当一次旧事重提，便在朝野上下引起骚动热潮，报章杂志连篇累牍，各执一说，甚至效法当年流行的通电一番，而不论是倡议续修或照本影印，伦明都是其中最热心的人之一。伦明因为自己藏书颇重清人撰著，所以对于《四库》所收书范围之偏狭、既收书内容之讹误、未收书种类之繁富都相当了解，因此他的主张便是《四库全书》应予增补、重校、续修，三项中又以后者为最重要。他从民国十三年（1924）起立志续修库书，自号室名为“续书楼”，复得同乡胡姓富商资助，预计每年以三千元费用，连续五年期以告成，才开始不久便因富商生意失败而成泡影。

民国十四年（1925），章士钊在教育部长任内计划影印库书，这已是第三次旧事重提，消息腾布后，伦明在报上发表一篇《续修〈四库全书〉刍议》，建议改影印为续修，并就搜集、审定、纂修三方面详加讨论，主张凡成于清顺治元年以后的书均予收录，再依各书内容价值高低分成甲乙丙三等，又建议趁修书之便顺带完成《国史经籍志》与《清史》儒林、文苑两传，经籍志乙书因不限于清代，故用的“国史”两字。以后教育部的影印计划中辍，各方献言卓见也告偃旗息鼓，只有伦明的《刍议》长文在十六年（1927）的元月和八月，先后由胡朴安主编的《国学月刊》和袁同礼等主持的《中华图书馆协会会报》两度重为披露，可见他的主张受人重视一斑。

民国十七年（1928），伦明应东北当局之邀，赴沈阳协助筹印文溯阁《四库全书》事，这是民国以来第四次，伦明以张学良（总裁）、翟文选（副总裁）等人名义，起草宣言通电全国，并译成外电发至各国，宣言中除了表示东北地方影印此书的决心外，更显示了伦明对《四库》的一贯的思想：

“……学良等爰发宏愿，拟垫私财，就兹巨编，影以新法，售取廉值，成限短期。更有进者，阁书创始，美犹有憾，搜求未遍，忌讳过深，秉笔诸儒，弃取亦苛，漏略不免，亟宜补苴。又况乾隆距今，时逾百载，家富珠璧，坊盛枣梨，或阐古义，或拓新知，冰水青蓝，后出更胜，不有赓续，曷集大成。加以鱼豕之讹，古籍多有，校雠之学，时贤益精，广参众本，旁稽异文，别成札记，附于书后。凡兹三事，亟待并举。……”

这段电文的内容便是他一向主张的增补、续修、重校，而这三项学术性的整理工作加上机械性的影印工作如能完成，确属不逊乾隆初修“库书”的百世盛业。因此通电之后引起中央也要争印“库书”的一番僵持，可是人算不如天算，主持东北影印计划的杨宇霆突于十八年（1929）初被刺，于是又告搁浅而不了了之，而中央方面却也不再进行了。伦明怏怏而返，此行只完成了一份《续修总目》，包括一万种图书，几乎是原有《四库全书》的三倍！

第五度影印“库书”的争议起于民国二十二年（1933），当时南京成立中央图书馆筹备处，负责筹备的蒋复璁呈准选印文渊阁《四库全书》未刊珍本，于是再度引起学界名流如蔡元培、叶恭绰、张元济、董康等等，与教育部间的函电交驰，《北平晨报》、天津《大公报》、上海《申报》等都辟专刊报道，甚至举办此一专题征文，令人眼花缭乱、目不暇给。

这时伦明也在天津出版的《国闻周报》上，发表一篇《拟印〈四库全书〉之管见》，这一次他和其他的众说纷纭有些不同，一般人还是和历次争议一样的斤斤于“库书”贬劣与选印取舍的问题，伦明却就实际影印的行格、用纸、工费、装订、成本、售价等项加以探究，或许他已预卜这第五次影印计划终有实现之可能，因此宁可早观其成，他在《管见》文中引述足发深省的前人《题观钓图》诗：“得渔同一乐，何必我持竿。”果然在中央图书馆蒋复璁和商务印书馆王云五的合作下，两三年中印成“库书”未刊珍本初集二百三十一种、一千九百六十册，以后由于抗战爆发，未能继续原订计划的近千种，不过酝酿十多年的“库书”影印总算有了一些成果。

至于《四库全书提要》的续修，伦明先是独力进行，完成经部尚书类，部分稿曾发表于《燕京学报》上。大约从民国二十年（1931）起，东方文化事业委员会积极展开续修《四库提要》的工作，伦明便应聘为该会十多名研究员之一，在全部六十类中，他参与撰著的有十一类，负责整理主编的有经部的尚书类等五类、史部的传记类、集部别集类的广东部分等，他并以“续书楼”藏书供会中之用。

委员会的续修工作，在日人桥川时雄主持下，共完成二万八千余部书的提要，先后参与撰写的有八十五人，直到太平洋战争爆发而停顿，伦明则已在数年前便困居千里之外的广东，极可能未曾与闻战争期间的续修工作。

事隔三十年，台湾商务印书馆辗转自日本京都大学人文科学研究所获得仅存一万余部续修提要稿内容，在 1971 年印成《续修四库全书提要》，连索引共十三册，其中每篇提要或署撰者姓名或付阙如，由伦明署名较多的如四书类之二百四十七篇、孝经类五十一篇，都超过这两类的半数以上。

五、续藏书纪事诗

伦明的撰著除续修提要外似不多见，已知有登在《燕京学报》的《续书楼读书记》《渔洋山人著书考》，登在《辅仁学志》的《续书楼藏书记》《建文逊国考疑》等篇，及蛰居故里时的《乡园忆旧》七言绝句数百首。此外，他最出名而脍炙人口的，当为继叶昌炽《藏书纪事诗》而作的《辛亥以来藏书纪事诗》。

叶氏的《纪事诗》记至清末为止，每一藏书家各赋一诗，自宣统二年（1910）增订重刻后风行海内，一时步武之作此唱彼和，而关于藏书家的文献也大为增加，伦明除了为叶氏增补数十人之外，新作《辛亥以来藏书纪事诗》，顾名思义是民国以来的藏书故实，凡一百五十五首，以叶氏为首，以梁鸿志为殿，其中不仅私人藏书家而已，又及于公家藏书与市尘中的书估之辈，民国二十四年（1935）底在《正风》半月刊连载了九期。伦明既精于版本目录学，本身又是藏书家，又是书肆老板，加上数十年中南北各地无所不至，耳闻目睹尽是真切的藏书轶闻，因此写来自是与众不同，为人所乐看，徐信符称他是最熟于藏书掌故的广东人，绝非虚议。可惜的是伦明此作在体例上不如叶氏之严谨，往往涉想所至即笔而书之，精悍有余，完整不足，尤其各藏书家年里言行等基本资料几均无有，后人据以研究时便非大费周章不可。

民国二十年（1931）以后，燕京大学在洪业（煨莲）主持下，陆续编印了一套汉学引得丛刊，其中有二十六年（1937）左右蔡金重编的《藏书纪事诗引得》一种，收录的便是叶昌炽与伦明两人的先后纪事诗，这套引得丛刊是目前汉学研究很重要的参考工具，而伦明所作得与叶氏并列垂诸久远，确是可以自慰的了！

六、结语

20 世纪上半叶关于影印《四库全书》的几次计划，数十年来已在台湾与大陆先后实现。只是影印终究与伦明倡议的校补续修有别，性质上既各不相侔，价值上更不可等量而观，而且影印固可成于民间，校补续修则势非政府不足为之，即使目前一时难以蹴及，退而求其次，先编印一部《四库以来中国图书总目》，有如伦明当年在东北所编续修总目之类，将乾隆纂修《四库》迄今二百余年种种书刊作一总的记录，实在是这一代对千秋万世应做而且能做的事。

（原载苏精：《近代藏书三十家》，中华书局 2009 年版）

民国人物小传·伦明

关国煊

伦明，字哲如，广东东莞人，生于清光绪元年十一月（1875 年 12 月，此据冼玉清《记大藏书家伦哲如》，苏精《伦明——书之伯乐》亦作生于 1875 年；徐汤殷《广东藏书家生卒年表》作生于同治十一年壬申，即 1873 年，误，壬申为 1872 年，1873 年岁次癸酉），行九。父常（棣卿），尝宰江西崇仁县，喜蓄书，任内增建毓秀书院，捐藏书于院中，伦明受其熏染，髫龄侍父任所即嗜书。年十二，每月县差有解饷至省者，辄托为代购图书，自谓一生聚书自此始。十五年（1889），年十五，父卒于崇仁县任所，年五十六。弱冠入庠，旋补廪生。二十七年（1901），中庚子、辛丑并科第九十名举人。二十八年（1902）十一月，京师大学堂（管学大臣张百熙）招生开学，先办速成科，分仕学馆及师范馆，考入师范馆旧班第二类，分科习英文，学习期限五年，与弟伦叙（达如，行十一，光绪二十九年癸卯科举人）同班；又弟伦绰（绰如，行十四，监生）入师范馆新班第一类，习东文英文，从弟伦鉴（淡如，行三，监生）入师范馆第四类，分科习英文，在京师大学堂五百学员中，伦氏一门四杰，堪称佳话。时值庚子乱后，京师王府贵家藏书大出，伦明嗜书成癖，每游海王村、隆福寺一带书肆，必满载而归；又友揭阳曾习经（刚父，1867—1926，光绪十八年壬辰科二甲第七十八名进士，授户部主事），习经精版本，喜蓄书，所藏书册，钤“湖楼”二字，略有评跋，伦明喜与之研求讨论，自是所得愈富。三十年（1904），升读京师大学堂优级师范科（伦叙入文科）。三十三年（1907），大学堂毕业，复得举人衔，分发广西候补知县，同年返粤，从事教育工作，初任广东模范高等小学堂校长，继赴广西任浔州中学堂校长，回广州后，先后任两广高等师范学堂教员、两广方言学堂教务长，时南海孔广陶“岳书楼”、鹤山易学清“目耕堂”、番禺何氏、钱塘汪氏等藏书散出，伦明择其佳者购之。

宣统二年（1910）九月，广西巡抚张鸣岐继袁树勋为两广总督，伦明入张鸣岐幕；同年西江水涨，广州藏书不少为水浸失。三年（1911）八月，武昌革命军兴；九月，党人李沛基炸毙广州将军凤山，同月广东宣布独立，张鸣岐拒任粤督，由沙面乘英舰逃往香港，再转日本，伦明留穗。民初，任广东省视学官。四年（1915），举家迁居北京。六年（1917），任参议院秘书。七年（1918），任北京大学（民国元年五月，袁世凯准京师大学堂更名为北京大学校，由严复任校长，分文、法、商、农、工等科；二年秋增设预科第一、二类）法预科教授。八年（1919），于北京南新华街路东七十四号开设“通学斋”书肆，延孙殿起（耀卿）代主店务（或作“通学斋”乃孙殿起所开设），以便装书求书，后归孙氏独资经营。十年（1921），北大设立国学研究所，伦明后应聘为该所诗、词教授。十三年（1924），赴河南就道清铁路（自河南浚县道口镇起，至沁阳清化镇止，全长一五〇公里，二十五年并入京汉铁路作为该路支线）秘书长，居豫三载，同年立志续修《四库全书》（清高宗乾隆三十七年诏开“四库全书馆”，历十年而成，凡三千四百六十种，计七万九千三百三十九卷，分经、史、子、集四部，故名“四库”），缘当年《四库》收书时忌讳太多，搜采未尽，即所收之书，非尽善本佳椠，因馆臣不识版本，多以劣本充之，每肆意删节窜易，改为钞本，以泯其迹，故应予增补、重校、续修，其中尤以后者最为重要，刻不容缓，欲据所见书再作提要以赓续之，故颜所居为“续书楼”，其时得同乡胡姓富商资助，预计每年以三千元费用，连续五年期以告成，不意开始不久，即因富商生意失败而中辍。十四年（1925）夏，司法总长兼教育总长章士钊（行严）计划影印《四库全书》，是为第三次旧事重提。伦明闻之，在报上发表《续修〈四库全书〉刍议》，公开建议改影印为续修，并就收集、审定、纂修三方面详加讨论，有见于库书中以清代最为疏漏，主张凡成于清世祖顺治元年（1644）以后之书悉予收录，再依各书内容价值高低分为甲、乙、丙三等；又建议乘修书之便，顺带完成

《国史经籍志》与《清史》儒林、文苑两传。旋因章士钊辞职，影印库书计划不果行。十六年（1927）一月，《国学月刊》（主编胡朴安）第一卷第四期重刊伦明之《续修〈四库全书〉刍议》；八月，袁同礼等主持之《中华图书馆协会会报》第3卷第1期亦重刊该文，惜续修有心，终因时局纷扰不能竟其志；十月，任"故宫博物院"管理委员会干事。十七年（1928）（一作十八年，误），赴沈阳任"奉天通志馆"协修，并协助筹印庋藏于"文溯阁"之《四库全书》（当年库书编成，缮录七部，分贮于清宫之"文渊阁"、奉天之"文溯阁"、圆明园之"文源阁"、热河之"文津阁"、扬州之"文汇阁"、镇江之"文宗阁"与杭州之"文澜阁"，几经变乱，存者仅文渊、文溯、文津、文澜四部而已），是为民国以来第四次筹印库书，尝以筹印库书正、副总裁张学良、翟文选等名义起草宣言，通电全国，并译成外电发至国外。十八年（1929）一月，因主持影印计划之杨宇霆被刺而又告搁浅；九月，在《辅仁学志》第1卷第2期发表《续书楼藏书记》。

十九年（1930），应日本"斯文会"之邀，至东京鉴定该会所藏之中国古籍。伦明先后寓居旧京三十余年，历任北京大学、北京师范大学、燕京大学、辅仁大学、民国学院等院校文科教授，"东方文化事业委员会"研究员（其时该会在日人桥川时雄主持下，积极展开续修《四库全书总目提要》工作，伦氏在全部六十类中，计参与撰著者十一类，负责整理主编者有"经部"之尚书类等五类，"史部"之传记类，"集部"别集类中之广东部分等，并以"续书楼"珍藏供会中之用），又与徐鸿宝等为"东方文化事业总委员会"代购图书。伦明生性和易，不修边幅，学识渊博，精目录版本学，工诗文，下笔如飞，尤擅叠韵诗，每每一韵叠至五六十首，主书目学讲席之余，辄以访书为乐，余资悉以购书，室人交谪不之顾，尝有句云："卅年赢得妻孥怨，辛苦储书典笥裳。"盖纪实也。其求书与士大夫之赖肆伙挟书候门者不同，日日游行厂肆与冷摊，喜"冷摊负手对残书"，凡书册为人所忽视者，辄细意翻阅，每于灰尘寸迹、残册零帙中，得见前所未见之佳本，尝谓得书"以俭、以勤、以恒"，"俭"以储购书之资，“勤”以赴遇书之会，“恒”以访欲得之书，庋藏琳琅满目，有得之以捷足者，有得之预伺者，有得之跟踪而求者，其求书不避繁复：初得一本以为佳，遇继得更佳者，随将前本易去，更得更换，故最后所藏者，大抵皆原刻初刻本，新抄本亦择精纸倩人以端楷写之。独惜勤于搜书，却疏于整理庋藏，除颇多虫蛀残缺之外，宣统二年（1910）存于省城之藏书为西江洪水浸失，其后将所藏存书之半寄存南伦书院；先是为人窃取，继而于民十（1921）左右，书院因拓路拆去，时伦明远客北京，鞭长莫及，全部散失，犹幸精、善本于四年（1915）举家离粤时携同北上。京、穗而外，复屡至天津、开封、南京、武昌、苏州、杭州、怀庆、卫辉、清化访书，所至皆得善本，尝谓：“胸中之目录，十倍于眼中之目录！”又谓：“书之为物，非如布帛粟米，取之市而即给，不得已乃以抄书补购书之穷。”珍藏中有抄之图书馆者，有抄之私家所藏者，有抄自原稿本者，有抄自传抄本者，有力不能致而抄之坊肆者，有猝不易得而抄自刻本者，故所居恒有三数抄书人随之，抄后亲自校雠，绝不假的他人，虽日以继夜，恒乐此不疲，尝自题“校书图”，中有句云：“千元百宋为吾有，眼倦灯昏搁笔初。”校余吟咏不辍。伦明“续书楼”藏书以近代者为多，认为书至近代始可读，反对腐儒“厚古薄今”之说，每嗤藏书家“贵古贱今”“崇远薄近”之论，推崇张之洞《书目答问》、叶德辉《观古堂书目》及于近代，叹为有识；番禺陈融（协之，1876—1955）于广州越秀山麓筑“颙园书楼”，伦明教以尽买清代诗文集，其旨趣于此可见（其后颙园主人从其言，专收清人集部，所蓄清代诗文集在二千种以上，蔚为大观）。

二十二年（1933），北京有人倡抄《四库全书》，伦明虽然平素不满于《四库全书》，以事由傅增湘（沅叔）主之，碍于交情，未便反对，先与订明，全书内容须改换较善之本，且须精校一次，傅然之；同年南京“中央图书馆”蒋复璁呈准选印“文渊阁”《四库全书》未刊珍本，伦明在天津《国闻周报》第 10 卷第 35 期发表《拟印〈四库全书〉之管见》，就影印本之行格、用纸、工费、装订、成本、售价等项，详加探讨，是为第五次筹印库书（其后由“中央图书馆”与“商务印书馆”合作，印行库书未刊珍本初集二百三十一种，共一千九百六十册）；伦明久欲编印《续岭南遗书》（清道光二十七年，伍崇曜辑《岭南遗书》六集三百四十八卷），尽以所藏粤人著述秘籍授弟子李棪（劲庵），由彼经纪其事，唯迄未成书。

二十三年（1934），孙殿起编成《丛书目录拾遗》十二卷，伦明为之序，对孙推崇备至（孙复于二十五年印行《贩书偶记》二十卷，其后续成《贩书偶记续编》），尝赠之诗云：“书目谁云出郘亭？书坊老辈自编成。后来屈指胜蓝者，孙耀卿与王晋卿！”王晋卿名树枏，光绪十二年（1886）丙戌科三甲第四十八名进士，著有《陶庐目治》《陶庐题跋》等书。二十四年（1935）十月，在《正风》半月刊第1卷第20期至第2卷第3期连载《辛亥以来藏书纪事诗》，凡一百四十二首，以叶昌炽为首，杨守敬为殿，论者以是篇与叶昌炽《藏书纪事诗》相比，评为“精悍有余，完整不足”。

二十六年（1937）七月，以家事南归，在广州时，岭南大学女教授冼玉清劝以洗脱旧日文人放浪不羁陋习，以笃实周慎为务，伦明赋诗相谢，中有“积过如山去日长，悚然一棒下当场”之句；同月抗战军兴，旋以交通梗塞，未能北上，暂寓其第六女家，忽患脑充血病，全身瘫痪，几濒于危。二十七年（1938）十月，广州沦陷，以城居不易，返回东莞望牛墩故里，后辗转于新塘、横沥之间，时“大天二”（粤语土匪之谓也）猖獗，声言“扒村”，以致一夕数惊，苦不堪言，乡居时得书不易，唯以吟诗自遣，尝赋《乡园忆旧》七绝数百首；是时岭大迁港，伦明致书冼玉清，欲至港就专馆教席，不果，又闻“北平图书馆”馆长袁同礼滞居香港，欲以“续书楼”藏书归公，嘱冼玉清为之关说，卒以条件不合而罢。三十三年（1944）十月，病终东莞故里（此据冼玉清《记大藏书家伦哲如》，苏精《伦明——书之伯乐》从冼说；徐信符《广东藏书纪事诗》、徐汤殷《广东藏书家生卒年表》、余祖明《广东历代诗钞》作卒于民国三十一年壬午），年七十岁。殁后“续书楼”藏书卒归“北平图书馆”公藏，得偿遗愿。

伦明乃我国近代版本学者，徐信符《广东藏书纪事诗》有“伦明续书楼”藏书纪事诗七绝一首，诗云：“四库重修愿莫申，续编提要有何人？奇赢亿中非无术，通学斋开足疗贫。”（引案：雷梦水《记目录学家孙耀卿》以“通学斋”乃孙殿起于民国八年“独自开设”，与徐说不同。）著有《续书楼藏书记》《续书楼读书记》《建文逊国考疑》《渔洋山人著书考》《续四库全书提要》《续修〈四库全书〉刍议》《辛亥以来藏书纪事诗》及诗文集等，余祖明《广东历代诗钞》卷六选录伦明诗十首；编有《续书楼书目》。（关国煊稿。参考：冼玉清：《记大藏书家伦哲如》，载《艺林丛录》第五编，1964年12月，商务印书馆香港分馆版；苏精：《伦明——书之伯乐》，载《传记文学》第37卷第2期，总号第219期，1980年8月出版；徐信符：《广东藏书纪事诗》，1963年8月，商务印书馆香港分馆版。）

（原载《传记文学》1983年第42卷第6期）

伦　明

杨宝霖

伦明字哲如，东莞望牛墩人，生于光绪元年（1875）十一月[①]。行九。父伦常，曾为江西崇仁县令，喜蓄书，在任所增建毓秀书院，捐藏书于院中。日常所至，必以书随，伦明因而博涉经史。伦明有一段儿时的回忆：

> 忆少日，侍先君子宰江西之崇仁，先君子夙好书，所至以十数簏自随。在任所，又购得黄某氏书，藏益富。余时年十一二岁，略识文义，课暇，窃取浏览，因而博涉，渐感不足。闻塾师言，去此数百里是省会，书肆多，购无不具，心大动。县差有解饷至省会者，月一往，开书目若干种属焉。县差返，有得有不得，亦不审值之昂否也。先君子爱余慧，又怜其早失母也，年节赍赏，倍他兄弟。一日，召余兄弟至前，问所蓄，诸兄弟争献其所有以验，余独空如，急欲涕。先君子色变，固诘之，以购书

① 伦明的生平，综观各种资料，有四说：徐汤殷《广东藏书家生卒年表》，谓伦明生于“同治十一年壬申（1872）”。光绪二十七年（1901）广东《乡试录》载：“第九十名伦明，年二十四岁。”以此推算，则伦明生于光绪四年戊寅（1878）。孙殿起口述、雷梦水整理之《记伦哲如先生》中谓：“一九四四年春，先生（霖按：指伦明）哲嗣绳叔润荣忽接噩耗，惊悉先生已于客岁十月某日疾终里第，享年七十一岁。”由此推算，伦明生于光绪九年癸未（1883）。冼玉清《记大藏书家伦哲如》谓“生于光绪元年（1875）十一月”，张次溪《伦哲如先生传》同。伦明有子二人伦仲新、伦铁球，今犹健在，居伦明故里东莞望牛墩，而其父卒时，年尚幼，不复记忆。窃以为冼玉清为伦明友好，张次溪为伦明同乡、伦明挚友张伯桢之子。伦明北京所居，与张伯桢张次溪父子“仅隔一墙”，视次溪“如犹子，故所知较多”（《伦哲如先生传》中语），其言当可信。

对。不信，则出书验之，往来搬运，堆满几榻。先君子色渐霁，一一检翻，徐曰："孺子亦解此乎？善读之。"

（伦明《续书楼藏书记》）

光绪十五年（1889），父卒于任所，伦明回故乡东莞。弱冠，入县庠，旋补廪生。光绪二十七年（1901）庚子、辛丑恩正并科，以第九十名举于乡（省试入选）。

光绪二十八年（1902）十一月京师大学堂招生开学。伦明入师范馆，学习五年。时值庚子乱后，王府贵家储书大出，伦明每游海王村及隆福寺间书肆，必罄囊购书而归。

有友人揭阳曾习经，精版本，喜蓄书，伦明常与之探求讨论，自是版本之学益进。伦明与曾习经过从详情及伦明爱书情景，伦明有一段生动的回忆：

始识潮阳曾主事习经。曾嗜书，癖过余，客至，偶谈及书，神态飞动，论议飙起，且谈且从架上取书作证。一书未了，又及其他，口与足无少停。客渐倦，犹强聒不已。客起欲辞，再三留，不得去，人以为厌，相戒勿与谈书，而余最乐此。时余居烂面胡同，曾居绳匠胡同，相距不百步。每造访，必留饭，食老米，不下咽，馔亦不适口。饭后，饮所称工夫茶者，杯极少，湿仅沾唇，余绝不识其味，入夜，谈益纵，赏奇析疑，恒至漏四下乃别。别时，必挟书数册归，或读，或抄，或校，再访时，挟还之，如此数月。后余迁居东城，过从遂疏。又后数年，重来京师，曾官已贵，收储更富，唯当年兴趣略减矣。

（伦明《续书楼藏书记》）

光绪三十三年（1907），伦明北京大学堂毕业，复得举人衔，分发广西候补知县。是年返粤，初任广东模范高等小学堂校长，继任广西浔州中学堂校长。回广州后，任两广高等师范学堂教员。宣统二年（1910），与张伯桢同主两广方言堂讲席，九月，入张鸣岐幕。当时，南海孔氏三十三万卷楼藏书初散出，鹤山易氏、番禺何氏、官于粤省之钱塘汪氏等人藏书，时有见于书肆，伦明得从容选购。伦明在粤所藏之书，寄存伦氏族人所建的坐落广州仙湖街的南伦书院。

宣统三年（1911），伦明再入京师。九月间，武昌起义消息传来，都人惊恐，仓皇出奔，书价大跌。伦明得为县令谒选留京的东莞人叶灿薇的资助，买书四大簏，携之乘火车运抵广州，一并寄在南伦书院。民国初年，伦明任广东视学官。

1915 年，伦明举家迁居北京。因粤地潮湿，多生蠹鱼，于书不良，决计尽携北上，但窘于运资，遂将藏书分为二，一半北行，一半入藏南伦书院。数年后，广州扩小街为马路，书院被拆，伦明广州所藏，不可问矣。

伦明第三次到北京后，任参议院秘书。1917 年 10 月，为故宫博物院管理委员会干事。后赴沈阳任奉天通志馆协修，并协助筹印藏于沈阳文溯阁的《四库全书》，曾代筹印《四库全书》的正副总裁张学良、翟文选起草宣言，通电全国，并译成外电发至国外。1919 年 1 月，因主持影印计划的杨宇霆被刺而中辍。1918 年，任北京大学法预科教授。1920 年，北京大学设立国学研究所，伦明应聘为诗词教授。

1921 年 12 月，粤人陈垣任教育部次长，总长黄炎培不到任，陈垣代理部事。其时刚辞去北京大学教席的伦明，致书陈垣，请求校雠《四库全书》，编写《续收四库全书提要》。其略曰：

> 前此曾有刊印四库之议，但此书之讹脱，触目而是，若任刊布，贻笑外人（前日本人某曾著论言之）。且传布此讹脱不完善之本亦奚取乎？（略）何如移一部分之人以校此书。且馆中人员亦不少，若去其素餐者以置清通之人，不一二年，此书便可校完。(略)
>
> （陈智超《陈垣来往书信集 · 伦明》）

> 续收四库全书提要，此着为最要紧，乾隆修书之时多所忌

讳，未著录并未存目者甚多，且晚出之书为当时所未见者亦多。若乾隆以后之著述，其未及收更不待言矣。尝谓我国学术之发辉光大皆在乾隆以后，若此小半截不全，大是憾事。

（陈智超《陈垣来往书信集·伦明》）

在函中，并作毛遂自荐，说："自九月即脱离大学教席，绝无别事，日惟闭户读书，自分见弃于世矣，若得附骥尾而有所表见，则我公之赐也。"①

1922 年 5 月，陈垣辞去教育部次长之职，伦明的建议，终成泡影。1924 年，同乡陈某任河南就道清铁路（河南浚县道口镇至沁阳清化镇）局局长，聘伦明为总务处处长，历时三年。

伦明在 1924 年已立志续修《四库全书》，以为当年编《四库全书》时忌讳太多，搜采未尽，即以所收之书而论，多非善本佳槧，又肆意删节窜易，故应增补、重校、续修，尤以续修为急务。伦明欲据所见书再作提要，以续《四库全书总目提要》，故颜所居曰"续书楼"。其时得同乡大连富商胡子俊资助，预计每年资助三千元为费用，连续五年，期以告成。不意刚刚开始，即因胡姓富商生意失败而中辍。1925 年夏，司法总长兼教育总长章士钊计划影印《四库全书》，伦明在报上发表《续修〈四库全书〉刍议》，公开建议改影印为续修，并就搜集、审定、纂修三方面详加讨论，又建议乘修书之便，顺带完成《国史经籍志》、《清史》儒林文苑两传。旋因章士钊辞职，影印《四库全书》亦成泡影。1925 年 1 月《国学月刊》第 1 卷第 4 期重刊伦明的《续修〈四库全书〉刍议》。8 月，《中华图书馆协会会报》第 3 卷第 1 期亦重刊该文。1929 年 9 月，《辅仁学志》第 1 卷第 2 期发表伦明的《续书楼藏书记》。

1930 年，他应日本"斯文会"之邀，至东京鉴定该会所藏的中国古籍。后历任北京大学、北京师范大学、燕京大学、辅仁大学、民国学院等院校教授，后为东方文化事业委员会研究员，其时该会在日

① 陈智超编注：《陈垣来往书信集》，上海古籍出版社 1990 年版，第 42 页。

人桥川时雄主持下，积极开展续修《四库全书总目提要》工作，伦明在全部六十类中，参与撰著者十一类，负责整理主编者有经部之尚书类等五类、史部之传记类、集部中之广东部分等，并以“续书楼”珍藏供会中之用。

1933 年，南京中央图书馆选印文渊阁《四库全书》未刊珍本，伦明在《国闻周报》第 10 卷第 35 期发表《拟印〈四库全书〉之管见》，就影印本之行格、用纸、工费、装订、成本、售价等项详加探讨，其后由中央图书馆与商务印书馆合作，印行《四库全书未刊珍本初集》二百三十一种，共一千九百六十册。伦明久欲编印《续岭南遗书》，尽以所藏粤人著作秘籍授弟子李棪，为经纪其事，后因事未能成书。

1934 年，孙殿起编成《丛书目录拾遗》十二卷，伦明作序，对孙殿起推崇备至。曾赠之诗，有云：“书目谁云出郘亭，书坊老辈自编成。”

1937 年 7 月，伦明以家事南归。在广州时，岭南大学教授冼玉清劝以洗脱旧日放浪不羁之习，以笃实周慎为务，伦明赋诗相谢，中有“积过如山去日长，悚然一棒下当场”之句。这时“七七”卢沟事变，抗战军兴，交通梗塞，未能北上，留居广州，任广东省立图书馆馆长，兼岭南大学教授。不久，广州沦陷，岭南大学迁香港，伦明留居第六女家。1938 年 10 月，返回东莞望牛墩故里，忽患脑充血，全身瘫痪，惟以吟诗自遣，有《乡园忆旧》七绝数百首。是时东莞沦陷，敌、匪骚扰，转徙于新塘、横沥间。兵荒马乱，一夕数惊。1944 年 10 月，伦明病逝于东莞，年七十。

伦明病革时，曾致书居北京的同乡张伯桢，嘱以藏书全归北平图书馆，1947 年冬，经陈垣与北平图书馆反复商议，始能实现，其时，只能慰伦明于九泉了。

徐信符《广东藏书纪事诗·伦明续书楼》云：“四库重修愿莫

申，续编提要又何人？奇赢亿中非无术，通学斋[①]开足疗贫。”痛惜其重修《四库全书》之愿未偿，续修《四库全书提要》之志不果。

伦明著作，除上文所提及者外，尚有《续书楼读书记》《辛亥以来藏书纪事诗》《续书楼书目》等。

伦明居北京三十余年，其所聚书，属近代者尤多，曾说："书至近代始可读。自乾隆朝命儒臣纂四库书，撰提要，裒然大观矣，由今视之，皆糟粕耳。"[②]

伦明求书，根据自家家计不丰的特点，与士大夫求书大异其趣：

> 余一窭人耳，譬入酒肉之林，丐得残羹冷炙，已觉逾分，遑敢思大嚼哉？顾余之求也，有异乎人之求者。京中旧习，士大夫深居简出，肆伙晨起，挟书候于门，所挟书率陈陈相因，余概却不见。闲游厂肆，见有散置外室，若不甚爱惜者，视之，多有佳本。及遍翻其架上下，尘灰寸积中，残册零帙，往往惊所未见。又过他街市，于冷摊上，时亦无意遇之。盖小贩中有打鼓者，收购住户破旧器物书纸，转鬻于市摊，市摊得之贱也，亦贱售之。游人熙熙，稍纵即逝。久之，稍熟习，则留以相待者有之。又客之载书而返也，箧中琳琅，得之者在捷足，余先时而探其讯，则预伺焉。为他人所先，视斯籍跟踪而求，十不失一。
>
> （伦明《续书楼藏书记》）

---

① 通学斋书肆，开设于1919年，在北京南新华街东七十四号。雷梦水《记目录学家孙耀卿》谓为孙殿起"独自开设"。徐信符诗意，谓通学斋书肆为伦明开设，与雷梦水之说异。伦明自己有明确的记载，《续书楼藏书记》说："余始至京，居莲花寺，以书之残破待装补者至伙，雇一书匠魏姓者，月资十五金，魏言余书待装补完，非二十年不为功，因言设书肆。有数利，装书便，一也；求书易，二也；购书廉，三也。余思之，良是。经营甫就，魏适病，有孙耀卿（霖按：孙殿起字耀卿）者，佣于会文斋书店，其经理即叶焕彬《书林清话》中所称何厚甫其人也。余浼主肆务，孙勤于事，又极警。（略）"可见徐信符之言不误。

② 伦明：《续书楼藏书记》，《辅仁学志》1929年第1卷第2期。

伦明总结自己得书的经验，谓“以俭，以勤，以恒。俭，以储购书之资；勤，以赴遇书之会。计童龄迄今，垂四十年，其间居京师最久，又际群籍集中之时，日积月累，有莫知其然而然者”[①]。

伦明初至北京，居宣南莲花寺，不久，迁居上斜街的东莞新会馆，又居烂缦胡同东莞会馆。所居各处，积书满檐下。伦明求书，不避重复，初得一本以为佳，遇继得更佳者，随将前易去，故最后所藏，大抵原刻初刻本。又曾谓“书非如布粟鱼肉，取之市而即给，不得已，乃以抄书补购书之穷”[②]。故有抄自图书者，有抄自私家所藏者；又有力不能致，抄自书坊者。有的抄原稿，有的抄自传抄本，有的抄自刻本。伦明所到之处，常有抄书五人随之，更有数人终年为之补书。伦明曾说：“抄书不难，而抄之先借书难；抄之后校书亦难。校书之事，我为政；借书之事，人为政。故借书比抄书尤难。”[③]

伦明访书之地，京、津而外，开封、南京、武昌、苏州、杭州、怀庆、卫辉、清化皆有其足迹。伦明有钱，悉以购书，家人多，日用不给，诟谇嘈杂之声盈室，而伦明若无闻，购书、校书如故，尝有诗云：“卅年赢得妻孥怨，辛苦储书典笥裳。”[④] 是他自己真实的写照。伦明的藏书生活，与他相交数十年的挚友孙殿起，有一段真实的描写：

> 先生（霖按：指伦明，下同）嗜书，自朝至暮，手不停披。历年为先生抄书者二三人，修补者一人，抄后校雠，昼夜不辍。（略）某岁，津门书贾以重价购入翁覃溪方刚未刻稿数种，先生得知，亟赴津往观，以其价奇昂不可得，乃设计携归旅邸，尽三昼夜之力摘其切要而还之。其用力抄书，可见一斑。先生节衣缩食数十年无懈倦，虽舟行，旅舍，而书册未尝去手。1917 年，

① 伦明：《续书楼藏书记》，《辅仁学志》1929 年第 1 卷第 2 期。

② 伦明：《续书楼藏书记》，《辅仁学志》1929 年第 1 卷第 2 期。

③ 伦明：《续书楼藏书记》，《辅仁学志》1929 年第 1 卷第 2 期。

④ 伦明《丁卯五日》诗中句。

先生任职国立北京大学文学系教授，所获除饘粥之余，无不归之书肆。公余必至厂肆搜罗，身着破大衣、破鞋袜，书贾赠先生绰号曰“破伦”。北京九城鬻书者大小书铺约百数十家，铺中店伙、只身售书者，以及沿街售书摊贩，无不识先生。因先生待人和蔼，残编断简，零书小册，无不搜罗，故备受鬻书者欢迎。

经数十年的访求，伦明藏书，蜚声海内，惜无所藏书目，具体数字，及其版本，不得而详，但通过伦明友人的记述。亦可略知其崖略。

孙殿起说：“先生拥书数百万卷，分贮箱橱凡四百数十只，书斋充溢，并列廊下。”①

北京大学教授邓之诚说：“东莞伦明，以书为性命，专收清人集几备，尝见语所藏原刻顺康人集，凡十二木箱。”②

岭南大学教授冼玉清说：“五十年来，粤人蓄书最富而精通版本目录之学者，当推东莞伦哲如先生。”③

伦明自己说：“鄙藏之书，可作续四库资料者，已达十之七八。”④

从伦明藏书之楼的楼名，及所藏之书而观，伦明毕生求书的目的，是修续《四库全书》，在国困民贫的旧中国，是不可能实现的。一代学人赍志而殁，在意料中。但是像伦明这样，为祖国为中华文化的繁荣，甘心含辛茹苦，节衣缩食，其品格，其精神，值得后世景仰。

伦明工诗，伦明的诗，世所罕见，《乡园忆旧》七绝数百首，今一字无存。他所作《辛亥以来藏书纪事诗》一百五十五首，近年上海

① 孙耀卿口述、雷梦水整理：《伦哲如先生传略》，见伦明著，雷梦水校补：《辛亥以来藏书纪事诗》，上海古籍出版社 1990 年版，第 151 页。

② 邓之诚：《清诗纪事初编序》，上海古籍出版社 1984 年版。

③ 冼玉清：《记大藏书家伦哲如》，见《艺林丛录》第五编，商务印书馆香港分馆 1964 年版。

④ 伦明：《续书楼藏书记》，《辅仁学志》1929 年第 1 卷第 2 期。

古籍出版社、北京燕山出版社都有印本。但藏书纪事诗非创作的诗歌。伦明曾在北京大学教授诗词，诗词之作定多，惜于今难觅。笔者多年辑莞诗之佚，伦明诗得数十首，以应酬之作为多，殊难窥其风貌。

曩年读梁启超《饮冰室诗话》，有一则云：

乡人有自署东莞生者，以《无题》八首见寄，哀艳直追玉溪（霖按：唐李商隐号玉溪），而言外之美人芳草，字字皆湘累血泪也，亟录以谂同好者。但蒹葭伊人，尚希示我姓字耳。诗云：

长门幽怨诉年年，身住蓬莱学散仙。
思子台空吹暮雨，回心院冷锁寒烟。
早传沧海填精卫，苦听荒山叫杜鹃。
谁遣蛤蟆吞魄去，几回翘首望团圆。

几闻沧海变桑田，见惯麻姑亦可怜。
云暗鼎湖龙去日，尘荒华表鹤归年。
嫦娥应悔偷灵药，天女偏愁欠聘钱。
八骏不来桃又熟，瑶池昨报宴群仙。

庭院深深闭暗尘，西风残照易黄昏。
相思相望成终古，愁雨愁风又一春。
怨到湘妃唯有血，招来宋玉已无魂。
团圆记得年时月，酒冷灯昏不忍论。

览镜双蛾独自羞，怕随邻女独风流。
泥人春病全无状，诳我归期又是休。
红袖背人唯有泪，白云望远不胜愁。
章台夹道车如水，日暮珠帘莫上钩。

紫台一去苦相思，马角乌头可有期？

尺帛漫传苏属国，千金谁赎蔡文姬？
素衣珍重休教染，纨扇飘零且莫辞。
回首秋波应一哭，楼台甲帐已全非。

一雨桃花委马蹄，东风狼藉黯凄凄。
恼人天气春如醉，似水年华日又西。
连夜梦魂烦镇压，一春心绪总凄迷。
鞭丝漫指关山道，红雪纷飞鸟乱啼。

谁向修罗问夙因，尘寰一谪苦沉沦。
剧怜鸡犬云中客，尽是虫沙劫后身。
回望风云俱惨淡，过来花鸟亦精神。
蓬山此去无多路，青鸟殷勤好问津。

《玉树》悲凉唱《后庭》，琵琶胡语不堪听。
红羊失记何年劫，白雁凄闻故国声。
缫尽春蚕丝有恨，淘残秋水浪难平。
沉沉心事无人识，独倚银屏待月明。

这位作者“东莞生”是谁？梁启超云：“蒹葭伊人，尚希示我姓字。”连梁启超也不知道。后阅南海余祖明《广东历代诗钞》，其书卷六伦明名下，收此八首。题下注云：“余按：先生籍东莞，与廖道传为京师大学堂同学，廖先生曾和此八首。”检廖道传《三香山馆诗集》卷一，有《燕京秋感》七律八首，全用伦明《无题》诗韵，该诗集卷一后有校语云：《燕京秋感》原题《燕京秋感次友人东莞生韵》。又检《饮冰室诗话》，引了嘉应健生《燕京秋感》七律八首，并评云：“与原作工力悉敌，可称双绝。”

伦明的《无题》作于何时？梁启超“戊戌变法”失败后，亡命日本，作《饮冰室诗话》，连载于1902年至1907年在日本横滨创办的《新民丛报》半月刊上，以发表诗话时间来定伦明《无题》诗的写作时间，是不能得出准确的结论的。《三香山馆诗集》附有廖道传之子廖明扬《先府君叔度公年谱》，年谱在“光绪二十九年”载：“是年公以《燕京秋感次友人东莞生韵》八律寄梁任公，署名嘉应健生，任公采入《饮冰室诗话》。”廖道传次韵之年，应是伦明作《无题》之年。是年伦明二十九岁，其时在燕京大学堂读书。

（原载中共东莞市委宣传部、东莞市文学艺术界联合会编：《东莞现代人物》，广东教育出版社2008年版）

康门弟子述略·伦明

陈汉才

伦明（1875—1944），字哲如，广东东莞人。父常（棣卿），曾为江西崇仁县知县，喜蓄书，任内增建毓秀书院，捐藏书于院中。伦明幼随父任，受父熏陶，从小酷爱书籍。十二岁，每月县差有解饷至省者，辄托代购图书，自谓一生聚书实自此始。且勤奋好学，博览群书，聪慧过人，一目十行。1889 年，即伦明十五岁那年，父亲死于崇仁县任上，享年五十六岁。弱冠入庠，不久补为廪生。曾拜康有为为师，执弟子礼。光绪二十七年（1901），中庚子、辛丑并科第九十名举人。次年十一月，考入京师大学堂师范馆旧班第二类，分科习英文，学习期限五年。其弟伦叙、伦绰、伦鉴亦同考入师范馆不同班类就读，四兄弟同时在京师大学堂读书，实为中国教育史所无，有“一门四杰之誉”，亦为当时一段佳话。

义和团运动发生之后，京师王府贵族藏书大量散出，伦明嗜书成癖，每游书肆，必购满而归。常与揭阳书友曾刚父研究藏书版本，探讨图书目录精微。1907 年，在京师大学堂毕业后，分发广西后补知县，任广西浔州中学堂校长。回粤后先后任广东模范高等小学校长、两广高等师范学堂教员、两广方言学堂教务长。宣统二年（1910）九月，入两广总督张鸣岐幕。次年八月，武昌革命军首义，继之广东宣布独立，张鸣岐拒任粤督，逃往香港、日本。伦明留在广州。民国初年，任广东省视学官。1915 年，举家迁居北京，先后任参议院秘书、北京大学法预科教授、北京大学国学研究所诗词学教授。其间曾在北京南新华街路东七十四号开设“通学斋”书肆，卖书购书，收藏精版。

1924 年，赴河南就道清铁路秘书长，居豫三载，得同乡富商资助，始续修《四库全书》，后因富商生意失利而中辍。不久，司法总长兼教育总长章士钊计划影印《四库全书》，伦明闻之，在报上发表《续修〈四库全书〉刍议》，建议改影印为续修，并就搜集、审定、纂修三方面详加讨论，提出合理建议，力倡实行“奖以优价”“奖以名誉”的征书优惠政策广为征书，“以补购书所不及”。可惜由于章氏辞职而搁置。伦明于 1927 年 10 月，任故宫博物院管理委员会干事。次年，赴沈阳任“奉天通志馆”协修，并协助筹印庋藏于文溯阁之《四库全书》。1930 年，应日本“斯文会”之邀，至东京鉴定该会所藏之中国古籍。

伦明寓居北京三十余年，热心从事高等教育工作和文化学术工作，历任北京大学、北京师范大学、燕京大学、辅仁大学、民国学院等院校文科教授，东方文化事业委员会研究员，积极参与续修《四库全书总目提要》工作。他个性随和，不拘小节，不修边幅，学识渊博，尤精目录版本学，工诗文，擅论叠韵诗，下笔如有神，每每一韵叠至五六十首。在高等学校主讲“目录学”“书目学”之余，辄以访书肆、购图书为乐，余资悉以购书，曾有诗云：“卅年赢得妻孥怨，辛苦储书典笥裳。”[①] 他常久久恋于旧书摊中，于残册尘书中寻得未见之佳本，曾谓得书“以俭、以勤、以恒”[②]，“俭”以储购书之资，“勤”以赴遇书之会，“恒”以访欲得之书。他说：“胸中之目录，十倍于眼中之目录！”“书之为物，非如布帛粟米，取之市而即给，不得已乃以抄书补购书之穷。”[③] 这是伦明购书、研究图书目录学之可贵经验。伦明游览全国各地，寻得善本、珍本，必购之。若购不到，则带领二三人抄之。抄后亲自校雠，绝不假手他人，虽日以继夜，恒乐此不疲。其自题“校书图”诗有句云：“千元百宋为吾有，眼倦灯昏搁笔初。”[④] 校余吟诵不绝。他的“续书楼”藏书以近代者为多，认为书至近代始可读，反对腐儒“厚古薄今”之说，每嗤藏书家“贵

① 刘绍唐主编：《民国人物小传》第六册，台湾传记文学出版社 1983 版，第 178 页。

② 刘绍唐主编：《民国人物小传》第六册，台湾传记文学出版社 1983 版，第 178 页。

③ 刘绍唐主编：《民国人物小传》第六册，台湾传记文学出版社 1983 版，第 178 页。

④ 刘绍唐主编：《民国人物小传》第六册，台湾传记文学出版社 1983 版，第 179 页。

古贱今”“崇远薄近”之偏见，推崇张之洞《书目答问》、叶德辉《观古堂书目》及于近代，赞为有识。这些观点，无疑是新鲜的、进步的。

伦明先生不仅酷爱图书，而且积极推进我国图书事业的发展。1933 年，南京中央图书馆呈准选印文渊阁《四库全书》未刊珍本。伦明闻此消息，立即在天津《国闻周报》第 10 卷第 35 期上发表《拟印〈四库全书〉之管见》一文，就影印之行格、用纸、工资、装订、成本、售价等项，详加探讨，提出不少宝贵的意见，后中央图书馆与商务印书馆合印，皆得力于伦明推波助澜、积极建议之功。1934 年，伦明为孙殿起编成之《丛书目录拾遗》（十二卷）一书作序，对孙氏推崇备至，并赠之以诗云：“书目谁云出邵亭？书坊老辈自编成。后来屈指胜蓝者，孙耀卿与王晋卿！”①

伦明在北京长期浸淫书目学，造诣甚深。1937 年 7 月，以家事南归，到广州时会见岭南大学女教授冼玉清。冼教授规劝他脱旧日文人放浪不羁之陋习，务笃实周慎之功。伦明赋诗以谢，其中有句云：“积过如山去日长，悚然一棒下当场。”抗日战争全面爆发后，伦明寓居于其第六女家，突发脑充血病，全身瘫痪，几乎危命。1938 年广州沦陷，以城居易炸，极不安全，乃返回东莞望牛墩故里，后辗转于新塘、横沥之间。时“大天二”（粤语“土匪头”之意）猖獗，常常于夜黑入村打家劫舍，抢掠财物，以致一夕数惊，苦不堪言。乡居友少，唯以吟诗自遣，曾欲谋教职，托人关说，卒以条件不合而罢。1944 年 10 月，病逝于东莞故里，享年七十。

伦明是我国近代现代著名的版本学、目录学专家。善于鉴别图书版本之真伪、优劣，苏精先生誉之为“书之伯乐”。徐信符先生“伦明续书楼”藏书纪事诗七绝一首云：“四库重修愿莫申，续编提要有何人？奇赢亿中非无术，通学斋开足疗贫。”② 著述有《渔洋山人著书考》《续四库全书提要》《续书楼藏书记》《续书楼读书记》《建文

① 刘绍唐主编：《民国人物小传》第六册，台湾传记文学出版社 1983 版，第 179 页。

② 徐信符：《广东藏书纪事诗》，香港商务印书馆 1963 年版。

逊国考疑》《辛亥以来藏书纪事诗》等。

关于伦明生卒年月，有不同说法。关于生年，冼玉清《记大藏书家伦哲如》、苏精《伦明——书之伯乐》均作光绪元年十一月（即1875年12月）；徐汤殷《广东藏书家生卒年表》作同治十年壬申（即1873年）。徐说误。壬申为1872年，1873年岁次癸酉。关于卒年，冼玉清《记大藏书家伦哲如》、苏精《伦明——书之伯乐》作民国三十三年十月（即1944年10月）；而徐信符《广东藏书纪事诗》、徐汤殷《广东藏书家生卒年表》、余祖明《广东历代诗钞》均作民国三十一年（即1942年）。今从前者。

（原载陈汉才：《康门弟子述略》，广东高等教育出版社1991年版）

“破轮”[①]

周　劭

这是个怪题。在解题之前，不妨先说一则笑话：本世纪初，科举既废，西学大举东渐，西方的历史名人也进入中土，最知名的是华盛顿和拿破轮。这位科西嘉士兵名字汉译一反常例，按一般应该都用的是嘉字，独对他用个“破”字，实在很不敬；而“轮”字也有作“仑”或“伦”的。一位试官出了一个“拿破轮”的试题，有一本试卷竟然用“力拔山兮气盖世”的项羽和“举鼎绝膑”的秦武王大做文章。这堪说是异想天开，语妙天下。不过我这个题目和拿翁毫无关系，但“破伦”也是个人名，是一位藏书家的雅号。

我国版本目录之学，琳琅载籍，因为文化历史悠久，在世界文化史上堪称首列，用各种文学形式来记述典籍的流传以及藏庋，历代都有著述，其最后的一种形式，是用一首七言绝句来记述藏书家事迹的，叫做《藏书诗》，创始者当为清季的叶鞠裳，他的《藏书纪事诗》，诗及纪事文并茂，综述藏书家渊源递遭，堪称书林鸿宝。曾孟朴的《孽海花》小说有一回描写同光间京师名士在盛伯熙的意园中临潼斗宝时，李慈铭祭起他的《越缦堂日记》，取得了金牌冠军。我想其银牌亚军应该会属于叶昌炽的《藏书纪事诗》了；不过他并未祭起他的法宝，或许那时他尚未写成此书的缘故。自缘督庐主人之后，继之而起的颇不乏人，如吴则虞、王謇、徐信符之伦所续，都很脍炙人口。

---

① 此文发表于上海《文汇读书周报》。隔了两期，同时发表了吴小如、舒芜两先生的文章，对此文有所补充。该报编者并加按语说：“本刊今年（1994）四月九日刊发周劭先生的《‘破轮’》一文，其中拈出一段掌故，引起了读者的兴趣。北京的舒芜、吴小如两位先生都撰稿补充了这段掌故的始末。这段掌故看似一则笑话，实际上都涉及近代考试制度的变迁以及西方文化刚进入中国时的遭遇等问题。从小题目看大背景，这种文章正是本刊所求的。欢迎新老读者、作者继续支持。”

叶氏的书并不冷僻，近年且有铅排本出版，但书铺却售罄买不到。有位朋友要向我借一本，此书给我放在书堆中，找得一身汗硬是不见，却找到了一本《辛亥以来藏书纪事诗》，也是与叶书同类的著作，我想以此塞责算了。打电话给朋友，不料他大呼一声："是'破伦'的，我已经有了。"因此我留下来自己拜读一下。

这书怎样来的，已记不清楚，买来并未看过，但近代藏书家有个姓伦的是知道的，只知道叫伦哲如，并不知道其大名是伦明，更不要说雅号叫"破伦"了。并且一直还以为他是一位旗人，因为姓得很僻，虽是广东人，当是广东驻防的满族。我那朋友是北人，毕业于北京大学，而伦哲如正是北大的教授，或许正是他的老师，故对之很熟悉，所以会在电话中脱口大呼"破伦"的雅号了。据孙耀卿的伦哲如传略，这个"破伦"雅号是厂肆的伙友喊出来的，因为他身为北大文学系教授，月薪银币四百元，却到琉璃厂买书时，总是着破大衣、破鞋袜，身上无一不破，故赠此雅号。他除了北大之外，还任过道清铁路总务处长的肥缺，薪俸所得除了糊口之外，全部用于买书，其藏庋之富，可想而知。

不过"破伦"这本书，我以为不逮叶昌炽，其缺点首是体例不严，书名"辛亥以来"，却羼入不少辛亥之前的藏书家；再则二十八个字的诗和纪事，亦不如叶氏文笔的流畅可诵；且更收罗很不少广东的藏书家，不无阿附乡曲之见，所以我对书的内容也不想多赘。只觉得书中所收的藏家，竟多一般认为与书无缘的名人，真是咄咄怪事。

与书无缘的人，当然会想起是赳赳武夫、辛亥以来祸国殃民的军阀，从前我只知道堪称军阀中的顶儿脑儿人物祸鲁的张宗昌。他罗致逊清状元为他幕府僚属，并刊刻精美绝伦的四书五经及珂罗版印名为《清宫皕美图》的《金瓶梅》插图二百帧。在伦书中"陶湘"一条，还从而知道陶兰泉曾为张督军刻过《唐石经》这样的大书，那真是"狗肉将军"极风雅之举，今人得之，哪不奉为至宝？

"破伦"胸怀大志，毕生精力要续修《四库全书》，其名藏书之所曰"续书楼"，乃续《四库全书》也。他还要影印这部手抄的大书，巴巴地跑到沈阳去见奉天的军阀杨宇霆。这个杨宇霆自诩是诸葛亮，故字邻葛。张大元帅被炸后，他是奉系的实权人物，视少帅如无物。他不但有兵权，还要文功，所以“破伦”与之一拍即合，仗着东三省的财力和拥有的一部文溯阁《四库全书》，想印了此书，便足以问鼎关内，和国民党政府抗衡。这一着引起南京政府中文人如胡汉民、汪兆铭等的恐慌，连忙和尚未易帜的奉系军阀情商，推说南京教育部已在筹印文渊阁本，请不要再印以免闹双包案。结果是双方都没有印成，而杨邻葛也被清洗与鬼为邻去了。

与张宗昌、杨宇霆相似的大军阀，还有“辫帅”张勋，也在伦书中有专条，其诗云：“将军事事志尊王，识字无多学不荒。为爱牙签沾御气，顿教髫样变时妆。”这位军阀藏书有一特点，便是非殿本不收，而殿本又非百册以上不收，真是藏书家的别创一格的奇事。以军人武夫而为藏书家收入伦书者还有多家，如刘镇华、方觉慧等，其名望不如上述等人，也就不赘了。

以“识字无多”而好购书藏书，可见是那个时代的风气。书买了藏起来，即使不看或看不懂，能附弄风雅也总是好事，盖贤于一席数万元，一履数千金者远矣！

今人爱书如伦明者不会没有，但宁破而买书，则恐怕今世继起无人。陈宝琛有诗云：“何须远溯乾嘉盛，说着同光已惘然。”这是遗老的心情，今天则应视同光时代为书市和藏书家的乾嘉盛世了，可不慨夫！

（原载《文汇读书周报》1994 年 4 月 9 日第 476 期）

学者型藏书家——伦明

陈　思

近代以来，广东藏书家辈出，伍崇耀的粤雅堂、谭莹的乐志堂、潘仕成的海山仙馆、丁日昌的持静斋、孔广陶的岳雪楼、莫伯骥的五十万卷楼、曾习经的湖楼……皆颇具规模，名噪一时。然而，以藏书丰富而又精通版本目录学来论，则当首推续书楼主——伦明先生，他集藏书家、版本目录学家、大学教授于一身，在近代广东藏书界中占有重要的地位。

一

伦明，字哲如，清光绪元年（1875）生于广东东莞县望牛墩，早年入读县庠，旋补廪生。光绪二十七年（1901）庚子、辛丑恩正并科乡试举人。次年入读京师大学堂，光绪三十三年（1907）毕业，得举人衔，分发广西候补知县。同年返粤，任广东模范高等小学校长。嗣赴广西任浔州中学堂校长。后又回广州，历任两广高等师范学堂教员、两广方言学堂教务长。宣统二年（1910），他与张伯桢同主两广方言学堂讲席，同年九月，张鸣岐自广西巡抚升授两广总督，他受聘入幕，至翌年辛亥革命止。

广东军政府成立后，他出任广东省视学官。1915 年全家迁居北京，1917 年任参议院秘书、故宫博物院管理委员会干事。1918 年任北京大学法预科教授，1921 年北京大学设立国学研究所，他应聘为该所诗、词教授。1924 年赴河南就任道清铁路秘书长。1928 年任东北奉天通志馆协修，协助筹印《四库全书》。1930 年应日本研究汉学团体“斯文会”的邀请，东渡日本，鉴定该会所藏之中国古籍。以后历任北京大学、北平师大、燕京大学、辅仁大学、民国学院等校教授，东方文化事业委员会研究员等。

1937 年 7 月他因家事返粤，旋因“七七”卢沟桥事变，交通不便，而留居广州。曾任广州市立中山图书馆副馆长，兼任岭南大学教授。不久，因患脑溢血病，全身瘫痪。1938 年 10 月广州沦陷后，返回东莞望牛墩，日以吟诗自遣。1944 年于东莞故里病逝，享年七十岁。

二

伦明一生酷爱藏书，其藏书生涯可追溯到少年时代。他的父亲伦常是东莞当地有名的藏书家。受家庭熏陶，伦明从小就勤奋好学，博览经史，对藏书尤其钟爱。每月当县差解饷至省，他总是倾尽积蓄的零用钱，委托代购图书。他曾自言：“一生聚书自此始。”

1902 年伦明入读京师大学堂后，结识了寓京的粤籍藏书家曾习经。曾氏拥有收藏繁富的藏书楼“湖楼”，且通版本目录学。伦明经常向曾氏借珍藏善本，或读，或抄，或校。闲暇则常与曾氏谈书论道，或偕同游琉璃厂，所见获曾氏谆谆指导，版本目录学知识大有长进，且对藏书兴趣更为浓厚。他自称：“余之癖于此，由君引之也。”（《辛亥以来藏书纪事诗》）恰好这时正值八国联军入京，王府贵族储书大量散出。他时常赴琉璃厂及隆福寺一带的书肆刻意搜寻，所获甚丰。此后，一有闲暇，必流连京城书肆，乐此不疲，由是藏书略具规模。

1907 年伦明毕业后返粤讲学期间，恰遇南海孔广陶的岳雪楼、鹤山易学清的目耕堂、番禺何氏、钱塘汪氏等大小藏书楼所藏图书陆续散出，他抓住机会，择其佳者而购之，致使藏书更丰。辛亥革命爆发后，伦明一度留京，其时政局动荡，人心惶惶，不少清宫贵族、书商巨贾，竞相折价抛售图书，他幸得友人资助，尽兴购买了四大箱图书，满载南归。

经过十年来各方面的搜书、求书，伦明的藏书日臻宏富。1915 年他举家迁居北京，以便能在北京这一典籍荟萃的文化中心从容寻书，并利用南来北往之便留意各地古籍善本。为了筹集资金，特别是方便访书，1919 年，他在北京开设“通学斋”，延聘孙殿起代主店务。通过“通学斋”，伦明与书商建立了密切联系，使京城的珍本、孤本能尽量罗致门下。

伦明的藏书有三个秘诀：“以俭、以勤、以恒”。“俭”，以储购书之资，“勤”，以赴遇书之会，“恒”，以访欲得之书。他居京、穗间，均为一介清贫教书匠，为了购书，省吃俭用，积累资金，遇有佳本，则不惜重金购置，甚至变卖家当，也在所不顾，他曾自嘲“三十年赢得妻孥怒，辛苦储书典笥裳”。他一反以往士大夫深居简出，在家等候书贾登门求售的陋习，常常亲自游行于厂肆冷摊之间，凡不为人所重视的书籍，必细心翻阅，时常于灰尘寸积的残册零帙中，寻得前所未见的珍本。他认为图书非如布帛粟米，取之市而即给，不得已乃以抄书补购书之穷，有抄自图书馆者，有抄自私家所藏者，又有力不能致，而抄自坊肆者。他常年固定雇用三四名抄工，准备随时可以抄写。有一年，天津书商重资购入翁方纲未刻稿，因书价奇贵而没有买到，他便托名介绍出沽，携归旅邸，用三昼夜抄了手稿的摘要。其嗜书如此，以致有“书虫”之称。

伦明搜书所至，遍及京穗城郊外，天津、上海、开封、南京、武昌、苏州、杭州等地亦皆有其足迹，所至都得善本。经过几十年的日积月累，其藏书达数百万卷，分贮书橱四百余只，排列于十数个房间里，可称汗牛充栋，蔚为大观。其藏书之富，饮誉京华。除了数量的宏富之外，伦明的藏书别具特色：其一是版本精良，他求书不避繁复，初得一本以为佳，遇继得更佳者，随将前本易去，更得更换，故最后所得者，大抵皆为原刻本、初刻本，新抄本亦择精纸命端楷写之。其二是注重近代版本图书，他一反其他藏书家厚古贱今的做法，刻意搜集近代以来精良的珍、善典籍，特别留意《四库全书》编成后出版的书籍，为其续修《四库全书》准备资料。伦明曾编有《续书楼书目》，但未刊行，故其藏书的确切数字和内容未能尽悉。仅据徐信符称以集部居多，集部中又以清人撰著为最多。

伦明虽致力于藏书，但却疏于整理、典藏。因此，续书楼的藏书历经虫蛀、水浸、失窃，损失颇多。幸好其中的精善本，已于1915年举家迁京时携同北上，得以完好保存下来，并在他去世后，归赠北平图书馆。

三

与一般的富商巨贾出身的藏书家不同，伦明在搜集图书，保存历史文献的同时，还致力于版本目录学的研究，并凭借其藏书和学识，用于更高层次的文化遗产的抢救和保护工作，这集中地体现在伦明对民国以来几次影印、续修《四库全书》工作的热心参与。

《四库全书》收录书籍三千四百七十种，计七万九千三百三十九卷，分经、史、子、集四部，这是集中国图书之大成的巨著。可是自此一中华文化空前事业完成以后，便陆续有不少学者对《四库全书》“稽古右文”的权威性加以怀疑批评，有的学者对于总目提要的一些错误也多所匡正，还有的学者提倡续修《四库全书》及提要。伦明就是其中最热心的一位。他认为当年《四库全书》并不完备，而修书诸臣，常“挟掊击之私，则弃所不当弃，惮考证之博，则遗所不当遗”（《四库全书目录补编序》），收书时“忌讳太多，搜采未尽，进退失当”（《续书楼藏书记》），即以所收之书而论，也非尽善本佳椠。因诸臣不识版本，多以劣本充之，每肆意删节窜易，改为抄本，以泯其迹。故应予增补、重校、续修，其中尤以后者最为重要，刻不容缓。又谓《四库全书总目提要》著录虽丰，由今视之，皆糟粕耳，欲据所见书再作提要以赓续之，故颜所居为“续书楼”。伦明因为自己藏书颇重清人撰著，所以对于四库所收书范围之偏狭、既取书内容之讹误、未收书种类之繁富都相当了解。因此，他从1924年起立志续修《四库全书》，其时得同乡富商胡子俊资助，拟每年资助三千元为续修费用，连续五年，期以告成，不料刚刚开始，即因胡子俊生意失败而告流产。

1925年，北京政府以各国退还庚款限用于文化事业，于是，议决影印《四库全书》，由教育总长章士钊总理其事。这时伦明在河南，他闻讯后即发表了《续修〈四库全书〉刍议》，称："近阅报载有阁议通过续修四库全书之事，盖各国退还庚款，以用于文化事业为限，因而联想及此，固国学之大幸，亦意外之新闻也。"其欣喜之情溢于言表。接着，他建议改影印为续修，并就搜集、审定、纂修三方面的具体问题进行系统的论述。他认为《四库全书》中以清代疏漏最甚，主张凡成于顺治元年（1644）以后之书悉予收录，并依各书内容价值高低分为甲、乙、丙三等。又主张乘修书之便，顺带完成《国史经籍志》、《清史》儒林文苑两传，以补《清史稿》之不足。旋因章士钊辞职，计划遂告中止。1928 年，伦明应东北当局之邀请，赴沈阳任奉天通志馆协修，并协助筹印庋藏文溯阁的《四库全书》。他曾编订一份包括一万种图书的《续修总目》。可是次年 1 月，由于主持影印计划的杨宇霆被刺，影印计划又告搁浅。

1933 年南京中央图书馆蒋复璁呈准选印文渊阁《四库全书》未刊珍本，于是再度引起学术界和新闻界的关注。蔡元培、张元济、袁同礼等，都参加了讨论。《北平晨报》、天津《大公报》、上海《申报》等也开辟专刊报道，甚至举办此一专题征文。这时伦明在天津《国闻周报》第 10 卷第 35 期发表《拟印〈四库全书〉之管见》，他反对张元济等人只印部分"珍本"的意见，主张将全书印行。并就影印本之字体、页数、工费、纸价、装订费用、校费、成本总额、册数、售价等具体问题，详加探讨。对于个人的意见采纳与否，他并不斤斤计较："更有言者，余草此议，绝无成见，不过本一得之愚，供国人采择。如以为是，借群力共督成之，余不敢居功，尤不愿身与其事，如以为不是，请别研究所谓是者，俾国内外早慰观成之望。幸勿徒意见之私，使惊世伟业因相持而归于停顿也。"在中央图书馆蒋复璁和商务印书馆王云五的合作下，两三年中印成库书未刊珍本初集二百三十一种，共一千九百六十册，以后由于抗战全面爆发，未能继续原订计划的近千种。

至于四库全书提要的续修，伦明先是独力进行，完成经部尚书类，部分稿曾发表于《燕京学报》上。大约从 1931 年起，东方文化事业委员会积极开展续修四库全书提要的工作，伦明便应聘为该会研究员，在全部六十类中，他参与撰著的有十一类，负责整理主编的有经部的尚书类等五类、史部的传记类、集部别集类的广东部分等。他还以续书楼藏书供会中之用。

四

伦明不但是一位出色的藏书家，而且也是一名知识渊博的学者。他勤奋笔耕，著述甚丰。除了为参与影印、续修《四库全书》工作而撰写的一批专题文章，以及《续修四库全书总目提要》（部分内容）外，伦明还先后著述有《续书楼读书记》《续书楼藏书记》《渔洋山人著书考》《丁卯五言诗》《版本源流》《建文逊国考疑》《辛亥以来藏书纪事诗》《续书楼书目》《孔子作孝经证》，及蛰居故里时的《乡园忆旧》诗七言绝句数百首；校订的有《燕都梨园史料》三十八种，《燕都梨园史料》续编十三种，均为学术界所重视。其中尤以《辛亥以来藏书纪事诗》影响较大，是一部有珍贵文献价值的图书馆学著作。

《辛亥以来藏书纪事诗》最初于 1935 年发表在《正风》半月刊，分别在第 1 卷 1—24 期、第 2 卷 1—3 期连载。1936 年结集出版线装本。1990 年由上海古籍出版社出版铅印本。该书继承了叶昌炽《藏书纪事诗》的独特体例，每一藏书家各赋一诗，收入藏书家一百五十人，附录二十七人，另收藏书楼一处。其中兼收清季二十二人，其余均为辛亥以来近人。正文以叶昌炽为首，梁鸿志殿后。该书记载大量辛亥以来藏书家的轶闻逸事、掌故以及生平、著述和藏书概貌，有较高的史料价值。其内容很大一部分为后来吴则虞著的《续藏书纪事诗》所引用。徐汤殷在补校《广东藏书纪事诗》时称《辛亥以来藏书纪事诗》与《藏书纪事诗》“于历代藏书家之身世考证，及所藏典籍之聚散源流，搜集勤劳，洵称殊绩”，当属中的之言。虽然书中所叙诸人，年里言行间有未备，体例上也未及叶氏所著严谨，此自属白璧微瑕，不能苛求。燕京大学编印的《汉学引得丛刊》中，就有汇录叶昌炽的《藏书纪事诗》和伦明的《辛亥以来藏书纪事诗》而编成的《藏书纪事诗引得》，其学术参考价值当可见一斑。

作为近代以来藏书界的巨匠，伦明的藏书实践活动与理论研究，在岭南文化史上自当占有一席之地。

（原载《广东史志》1995 年 Z1 期）

以“破伦”精神来藏书

来新夏

40年代，我负笈京华，在向一些学术界老辈请教版本目录之学时，常听他们提到一位被谑称为“破伦”的奇人。这是当时鼎鼎有名的藏书家、学者伦明先生的绰号。

伦明先生于清光绪元年（1875）出生于广东东莞县，字哲如，一字喆儒。他在辛亥革命时任广东视学官。1917年任北京大学教授，并兼任参议院议长吴景濂的秘书。1926年任道清铁路秘书长，奉天通志馆协修，北京大学、北平师大、辅仁大学和民国学院等校的教授，东方文化事业委员会研究员。1937年回粤任广东省图书馆副馆长，兼岭南大学教授。1944年卒于故里，享年七十岁。从这些经历看，伦明先生无疑是位官员和社会名流，可以称得上是位“缙绅先生”；但为什么他在同行专家中却博得这个含有怜惜意味的“雅称”呢？

原来，伦明先生自幼酷爱图书，后来无论就学和任职一直热心购藏图书，可是家境不甚富裕，不得不节衣缩食，甚至动用妻子出妆奁，以致妻子有怨言，而他却以诗自嘲说：“卅年赢得妻孥怨，辛苦储书典笥裳。”他为了购置图书，不惜四处搜求，如无余财，宁可吃残羹剩饭，身着破衣烂履而不顾，以致被人谑称为“破伦”；但是，伦明先生面对这些或是善意的怜惜，或是恶意的嘲讽一律置之不顾而泰然处之。他为更便于搜求珍籍，抛却了官员、教授等显位，纡尊降贵地去做“书贾”，在北京开设通古斋书肆，经销古今图书。他以“破伦”精神终于使自己成为一位先后藏书数百万卷，贮柜四百余只的大藏书家，得到了“千宋百元为吾有”的精神富足。同时，他在开书肆过程中还培养了一位出身下层，自学成才，日后享誉版本目录学界的孙殿起——《贩书偶记》的撰者。

伦明先生不是好古嗜奇的单纯藏书家，而是位学识渊博的学者。他刻意求书的主旨在于续编《四库全书》，使华夏文化的丰富遗产得以保存传递，他曾自豪地说："鄙藏之书，可作续修四库资料者，已达十之七八。"这种出自破衣烂履的伦明先生之口的豪言壮语赋予了"破伦"之称以闪耀照人的光芒。伦明先生还为自己的书斋命名为"续书楼"，以表明其一生旨趣之所在。他并以其版本、目录、校勘诸学的专长撰写了《续书楼读书记》《续书楼藏书记》和《续书搂书目》，做了续修四库的先驱工作，给后世留下了宝贵的文化遗产。

伦明先生完全有条件走向尊贵清华的辉煌仕途，过着席丰履厚的优裕生活。但这些都被他视如浮云敝屣。他破除俗见，执着专一地奔驰于心向往之的事业。他的"破伦"精神成为他高尚情操的动力。我在听到伦明先生行事时，心情激动，十分钦敬而欲师事之，但那时他已辞世多年。我自恨缘悭未能列于门墙，但他的"破伦"精神却鼓舞我去从事不甚为人热衷的版本目录之学。可叹这种"破伦"精神为人遗忘久矣！有些为贪口腹之欲者，一掷千金无吝啬，而当看到一本有益好书，仅需数元纸币时，却徘徊犹豫，终致掉头而去；甚者读书而不买书者更大有人在，实大可叹！因此，我衷心祷念"莘莘学子"能有一点点"破伦"精神。

（原载来新夏：《冷眼热心——来新夏随笔》，东方出版中心 1997 年版）

伦明：中国近现代藏书大家

罗志欢

1875 年 11 月，伦明出生在广东东莞望牛墩一户书香之家。二十四岁参加科举，以第九十名入选。1902 年参加京师大学堂（北京大学的前身，辛亥革命后改称北京大学）招生考试，名列前茅。迁居北京期间，伦明应日本汉学团体“斯文会”邀请，赴东京鉴定古籍。1924 年赴河南，任道清铁路局总务处长，历时三年。1928 年赴沈阳，任奉天通志馆协修，并筹印沈阳故宫文溯阁所藏《四库全书》。1937 年 7 月因事回广东，因战乱留居广州。

以续修《四库全书》为志向的藏书家

在中国近代藏书史上，广东出名的藏书家很多，其中伦明就是赫赫有名的一位。著名文献学家冼玉清曾说：“五十年来，粤人蓄书最富而精通版本目录之学者，当推东莞伦哲如先生。”

伦明在《续书楼藏书记》中曾经记载小时候藏书的故事：他的父亲伦常是当地有名的才子，喜欢藏书，家中藏书很多。受父亲的影响，伦明十二岁的时候就读遍家中藏书，因而博涉经史。随着他读的书越来越多，家中的藏书已经不能满足阅读的需要，于是开始自己买书，父亲给他的零用钱全都用来买书了。伦明喜欢藏书就是从这个时候开始的，从此与藏书事业结下不解之缘。

与其他藏书家不同，伦明藏书目的很明确，就是要续修《四库全书》。《四库全书》由乾隆皇帝亲自组织编纂，是中国历史上规模最大的丛书。伦明对这部书很不满意，认为有三大缺点：一是由于七阁抄本“急于完书，以致缮校不精，讹错百出”；二是“忌讳太多，遗书未出，进退失当”；三是参加编修的大臣不识版本，往往以劣本充数，随意删节和窜改书中的内容。因此，这部书大有增补、校勘和续修的必要。为了表明续修《四库全书》的志向和决心，伦明将家中藏书处命名为“续书楼”。

1902 年，伦明考入京师大学堂。当时正值庚子事变（1900）不久，宫廷、王府和民间私人藏书大量流散到市肆书摊。伦明初到北京，在琉璃厂、海王村、隆福寺等古董街流连忘返，收购了大量图书。这个时候，他结识了一位广东老乡曾习经。他家有藏书楼叫“湖楼”，收藏繁富，而且精通版本目录学。伦明经常到他家请教和探讨，每次都顺便借数册书回去，或读，或抄，或校。闲暇时则一起到琉璃厂书摊“淘书”。在曾习经指导下，他的版本目录学知识大有长进，对藏书兴趣更浓。他自称：“余之癖于此，由君引之也。”

1907 年，伦明从京师大学堂毕业后回到广州，先后在广州以及广西桂林、浔州等地任教。在广州工作期间，他常常利用教务的空闲，到府学东街（今文德北路）逛古旧书店，收购了一批广东籍或在广东做官的著名藏书家散出的图书。

1915 年伦明迁居北京，曾在北京大学、辅仁大学和民国学院等多所学校任教授。为了筹集资金，他在北京新华街开设“通学斋”书店，雇用原会文斋学徒孙殿起主持店务。此后二十余年，“通学斋”成了伦明的吸书机器，在孙殿起的协助下藏书数量猛增，单行、初印、罕传、名家批校之本纷纷归集到“续书楼”中。

为了收集续修《四库全书》的资料，伦明一有空闲便四处访书。除北京和广州外，上海、天津因为南北通衢，到访最多；次则开封，前后往返十余次；到南京、武昌两次；苏州、杭州各一次。在任道清铁路局总务处处长时，在河南焦作居住了三年，多次到附近的怀庆、卫辉、清化访书。伦明是一清贫教书匠，家境不算富裕，为了购书，不得不省吃俭用，节衣缩食。只要遇有好的书，就不惜重金购买，如果买不到，便亲自或请人抄录。他常年雇用三四名抄工，随时为他抄写喜欢的图书。教书之余，他总是身披一件破大衣，脚蹬一双破鞋袜，出没于大小书摊之间，凡有用的残篇小册，断简零书，无不收集。久而久之，北京大小数百家书铺伙计，沿街书摊小贩无不认识这位先生，大家打趣地称他为“破伦”。

经过几十年艰辛的搜集和积累，至 1937 年伦明南归广东前，他的藏书多至四百多箱，数百万卷。他收藏的图书以清代诗文集最为丰富，而且珍稀秘本极多，据说仅清代康熙年间（1662—1722）刻本就有十二箱。这对私人收藏家来说，是件很不简单的事。所以他曾自豪地说：“鄙藏之书，可作续修《四库全书》资料者，已达十之七八。”

伦明的藏书观非常开明，常常利用自己的藏书为学术研究服务，很多学者都曾得到他的帮助。他在总结历代图书聚散的主客观原因后，进而得出“书之聚散，公私无别，且今后藏书之事，将属于公而不属于私”的结论。适应这种历史潮流，伦明生前就有将藏书归公的打算。抗战中，目睹日本侵略者在中国大肆劫掠文物古籍的罪行，更加强了将藏书归公的愿望。1944 年伦明逝世，藏书由其家人管理。为了实现他生前的心愿，也为了保存其视之为“性命”的珍贵典籍，陈垣、冼玉清、袁同礼等一批学者为之奔走努力。1947 年春，“续书楼”大部分藏书终于归于北平图书馆（现国家图书馆），实现了伦明生前的愿望。

一个想独自续修《四库全书》的人

由于《四库全书》存在许多不足，伦明很早就想续修。他以续修《四库全书》为己任，四处奔走，呼吁当局主持校雠《四库全书》，编写《续修四库全书提要》，以弘扬我国文化学术。1927 年，他分别在《国学月刊》（第 1 卷第 4 期）和《中华图书馆协会会报》（第 3 卷第 1 期）发表《续修〈四库全书〉刍议》一文，反对当时影印《四库全书》的提议，公开建议改影印为续修，针对《四库全书》存在的缺点，从搜集、审定到纂修以及续修完成之后的工作，提出了完整而周详的具体规划，其中有不少创新之举，而且具有很强的操作性。他认为搜集、审定、纂修三事之中，应把重点放在搜集书籍的工作上，因为搜集最难。“搜集不成，则审定、纂修无从说起，而斯议成空言矣。”他的主张受到世人广泛关注和重视。1933 年 9 月 4 日，他又在《国闻周报》（天津）第10卷第35期上发表《拟印〈四库全书〉之管见》一文，不赞同当时教育部和北平图书馆有关选印《四库全书》的办法。主张全印，而且“续修”“校对”要同时进行。伦明在文章中就影印之字体、页数、工费、纸价、装订等费、校费、成本总额、册数、售约九项，提出了更加具体可行的办法。《国闻周报》编辑后记写道：“伦哲如（伦明）先生是与《四库全书》有历史关系的人，他这篇《拟印〈四库全书〉之管见》，是一个合理可行的计划，值得当局考虑。”

但是，他的呼吁屡遭意外。先是有能力支持他续修的陈垣、梁启超、章士钊等师长，辞职的辞职，去世的去世，后来答应出资资助他的广东籍商人胡子俊又遭生意失败。时运不济，造化弄人，伦明续修《四库全书》的宏愿终成泡影。1924年，在失望无奈之下，伦明决意独自进行。他计划先易后难，先撰写《续修四库全书提要》，再寻找机会完成续修《四库全书》工程。他一边工作，一边写作，至1927年春，所撰经部尚书类提要稿数十篇，后经东莞同乡容庚教授代为刊登在《燕京学报》（1928年第3期）上，文章标题为《续书楼读书记》。这是伦明首次，也是仅有的一次公开发表他的《续修四库全书提要稿》。

1931年7月，日本人利用“庚子赔款”，组织中国学者开始编撰《续修四库全书提要》。在全部六十类中，伦明负责编纂经部之书类、诗类、礼类、孝经类、四书类、群经总义类，史部之传记类，集部之粤人著述等。从1932年5月开始交稿，至1937年7月止，伦明利用多年搜集积累的藏书，个人撰成续修提要稿共一千九百零八篇，其中经部最多，共一千一百二十四篇，另有史部传记、地理、方志类，集部之粤人诗文集若干篇，在提要撰写队伍中，伦明是撰稿最多的作者之一。抗战胜利后，《续修四库全书总目提要》稿本、图书及档案，全部由中方代表沈兼士正式接收。1949年10月中华人民共和国成立后，全部归属中国科学院图书馆。

研究、续修《四库全书》的活动几乎贯穿伦明的一生。他想以个人力量完成这项巨大工程，无奈势单力薄，加之处于军阀混战年代，规划和宏愿最终"运虚成实究成虚"。值得庆幸的是，伦明续修《四库全书》计划虽然没有完全获得成功，但编修《续修四库全书提要》工程却得以实施，这在很大程度上得益于伦明的推波助澜和积极建议。王謇在《续补藏书纪事诗》中赞扬伦明在藏书、续补《四库》和撰写续修《四库提要》的功绩："藏书盈库兼仓富，续补可嗣四库书。安得群儒策群力，提要远追逊代初。"伦明身后留下了近两千篇《续修四库全书提要稿》以及《四库全书目录补编序》《续书楼读书记》《续修〈四库全书〉刍议》《拟印〈四库全书〉之管见》等文章，洋洋数十万言，为今天研究和了解续修《四库全书》的过程提供了珍贵的资料。在今后一个较长的时间里，他所撰写的《续修四库全书提要稿》，从其规模和水平来看，仍具有较高的研究参考价值。

承前启后的《辛亥以来藏书纪事诗》

清朝末年，叶昌炽撰写的《藏书纪事诗》一书，是中国藏书史研究的开山之作，又首创"纪事诗体藏书家传"的体式，素有"书林之掌故""藏家之诗史"的美誉。自从这本书在 1897 年出版以来，出现了多部续补著作，其中伦明的《辛亥以来藏书纪事诗》，以其创作最早、变体最新、传人最多、影响最大，堪与叶书比肩。自 1935 年在杂志上公开发表以来，该书便被抄录、转录，广为流传，20 世纪 80 年代以来有多种整理本行世，一版再版，颇受文化学术界读者喜爱。

伦明认为叶昌炽的《藏书纪事诗》搜集清代藏书家遗漏尚多，而且此书成稿于 1890 年，至 1935 年相隔了四十多年，其间又出现众多藏书家，特别是辛亥（1911）以来，藏书家辈出，很有必要为他们立传，于是撰《辛亥以来藏书纪事诗》以续补叶书之不足。全书依照《藏书纪事诗》的体例，为每位藏书家各写七言绝句一首（个别一人两首），共一百五十五首，记录藏书家一百五十人。以诗系事，作为诗的注脚，实际上是藏书家的传记。其诗不注重文采，而重在概括描写藏书家的精神。在注传中，详细辑录有关该藏书家的史料文献，包括作者对文献或传主的考释和评论。内容除记述藏书故事外，还记述有关刻书、校书、买书、卖书、抄书、读书、著书等遗闻轶事，包含古籍版本、目录、校勘、印刷等方面的丰富史料，对于了解古籍聚散线索、珍贵版本的递藏源流、近代藏书家事迹以及目录版本等，均有重要的参考价值。

广东著名藏书家徐信符曾说："今日粤中明悉藏书掌故者，当推伦氏。"此言不虚。作为藏书家、学者和诗词教授，伦明既精于版本目录学，本身又是通学斋书店老板，加之十数年到各地搜访图书的经历，对当代藏书家及其藏书聚散了如指掌，耳闻目睹尽是真切的藏书逸闻，对传主材料的采集和运用得心应手，内容上有不少独到的见解。所记罗振常以下一百零二位藏书家是同代人，其中粤籍藏书家共三十五人，占全书的四分之一。三分之二的传主或为来往知交，或为偶遇书友，很多记载取材于作者"耳目触接"的第一手资料。书中讲述图书聚散离合的故事，揭露了许多鲜为人知的事件，这样的书林掌故令人神往。因为伦明记述的藏书故事材料新鲜，内容丰富，与众不同，故为人们所乐看。

伦明所撰《辛亥以来藏书纪事诗》，继承了《藏书纪事诗》体例和编撰风格，开续补之先，又有所发展，具有较高的历史价值和资料价值。他的"续补"体例又为后人所效仿。如王謇撰《续补藏书纪事诗》一书，就引用了很多伦明书中的资料。此外，还有吴则虞、刘声木、莫伯骥、徐信符、周退密等人也争相效仿，他们的著作逐渐形成中国文学领域和史学领域中的一个流派。《辛亥以来藏书纪事诗》成为承前启后的著作，这类著作的相继问世，使研究藏书家历史一时蔚然成风，从一个侧面折射出中华文化典籍保存、流通、传播的基本情况，集中展示了历代藏书家这一中国文化人特定阶层的精神风貌。

伦明学识渊博，集藏书家、学问家和大学教授多种身份于一身，在近代广东乃至全国文化界、学术界占有重要地位。

（原载中共东莞市委宣传部主编：《影响中国的东莞人》，广东经济出版社2014年版）

藏书家伦明与京师大学堂师范馆关系史实考源

郑丽芬

伦明（1878—1944），广东东莞人，著名藏书家，精于版本、目录、校勘学，毕生志在独立续修《四库全书》，号其书斋“续书楼”，藏有各类清代著作近百万种，并撰写有《四库全书》史部、经部、集部各类提要一千九百余篇。伦明一生访书、抄书、藏书、校书，曾在京师琉璃厂开设通学古斋旧书店，与各类藏书家过从紧密，有代表作《续补藏书纪事诗》（编校者注：《辛亥以来藏书纪事诗》）广为流传。

伦明与北京大学有着不解之缘。他曾就读于北京大学的前身京师大学堂师范馆，此后又三次执掌北大教席。光绪二十八年（1902）底，他考入京师大学堂师范馆，光绪三十三年（1907）初从优级师范科毕业。在京师大学堂学习的四年多时间，是伦明与北大关系渊源最久的一个时期。彼时京师大学堂处于草创阶段，各项政策、规章常常修改，师范生的招考、学制、课程等也不断变动。因为这种不确定性，导致现有文献中关于伦明在京师大学堂就学期间的记录较为模糊，很多细节语焉不详，并易使读者产生误解。笔者仅就所相关史料和档案片段的考源，力图还原伦明求学京师大学堂的一些细节，使伦明与京师大学堂的关系得到进一步的说明。

一、京师大学堂的三个章程与现代师范教育的兴办

师范教育可谓是京师大学堂最重视的学科。京师大学堂拟设以来，清政府先后颁布了三个重要的章程，均涉及兴办师范教育。因办学章程的修改更迭，京师大学堂的师范教育主体先后有师范斋、师范学堂、速成科师范馆、优级师范科等不同的称谓，关于其生源、学

制、课程、教习等的规定也常有变动。

（一）《拟奏京师大学堂章程》。光绪二十四年（1898）五月十五日由梁启超执笔颁布，特别提出了兴办师范教育的必要性："西国最重师范学堂，盖必教习得人，然后学生易于成就。中国向无此举故省学堂不能收效。今当于堂中别立一师范斋，以养教习人才。"[①] 该章程也对师范生的生源作了特别的规定。京师大学堂拟招学生共计五百名，所有学生根据功课优劣分为六级，按照级别层第决定膏火（津贴）之多寡。其中第一级定额三十人，每月膏火二十两。而"于前三级学生中，选其高才者作为师范生，专讲求教授之法，为他日分往各省学堂充当教习之用"[②]。可见，所有学生中，只有非常优秀者才可进入师范学堂就学。

（二）《钦定学堂章程》（壬寅学制）。光绪二十八年（1902）七月十二日，管学大臣张百熙首次向清廷呈《学堂章程折》，允以《钦定学堂章程》公布，史称"壬寅学制"，包括《钦定蒙学堂章程》《钦定小学堂章程》《钦定中学堂章程》《钦定高等学堂章程》《钦定京师大学堂章程》及《考选入学章程》六件。这是中国第一个完备的新教育制度，其中正式规定师范教育分为师范馆和师范学堂两级。师范馆附设于京师大学堂，师范学堂又分为附设于高等学堂和附设于中学堂两级。

《钦定京师大学堂章程》中所办的师范馆为大学堂速成科之一，实际相当于专科层次的师范教育，目标是造就各处中学堂教员。[③] 学生来源，"京师由本学堂招考，各省照原奏由大学堂拟定格式，颁发各省照格考取后，咨送到京复试，方准入学肄业"。《钦定京师大学堂章程》规定师范馆学制为四年，需要学习伦理学、经学、教育学、习

① 北京大学校史研究室编：《北京大学史料第一卷 1898—1911》，北京大学出版社 1993 年版，第 81 页。

② 北京大学校史研究室编：《北京大学史料第一卷 1898—1911》，北京大学出版社 1993 年版，第 83 页。

③ 北京大学校史研究室编：《北京大学史料第一卷 1898—1911》，北京大学出版社 1993 年版，第 88 页。

字、作文、算学、中外史学、中外舆地学、博物学、化学、外国文学、图画、体操等十四门功课，每周课时大约三十六个学时。[①] 各门功课先经教习考验，然后由管学大臣复考，合格后，将“择优带领引见。如原系生员者，准作贡生，原系贡生者，准作举人，原系举人者，准作进士，均候旨定夺，分别给予准为各处学堂教习文凭”[②]。

《钦定学堂章程》公布后，遭到了清廷顽固派的阻挠，最高统治者对张百熙的革新思想亦不放心，“壬寅学制”未及施行即被废止。

（三）《奏定学堂章程》（癸卯学制）。光绪二十九年（1903）十一月二十六日，由慈禧下令、管学大臣张之洞会同张百熙、荣庆等重新拟定的《奏定学堂章程》正式颁布执行，这套章程包括《学务纲要》、《大学堂章程》（附《通儒院章程》）、《优级师范学堂章程》、《初级师范学堂章程》、《实业教育讲习所章程》以及《各学堂管理通则》、《任用教员章程》、《各学堂奖励章程》等。《学务纲要》（也称癸卯学制）是在各学堂章程前群述要旨的文件，其中提到要首先急办师范学堂，“初级师范以教初等小学及高等小学之学生，优级师范以教中学堂之学生及初级师范学堂之师范生。……优级师范学堂，在中国今日情形，亦为最要，并宜接续速办”[③]。《奏定学堂章程》的颁布标志着设立独立的师范教育组织系统有了官方依据。然而因为各项条件尚未成熟，京师大学堂分科和预备科均未兴办，而只办了速成科。于是《大学堂章程·京师大学堂现在办法章》规定本应独立兴办的速成科师范馆和仕学馆暂由大学堂兼管，并将速成科师范馆改称优级师范学堂，参照同年颁布的《优级师范学堂章程》办理。

《优级师范学堂章程》规定，优级师范学堂以培养初级师范学堂及中学堂之教员和管理员为宗旨，每所学堂学生人数最少定位二百四十人，每日功课六点钟，三年毕业，京师和省城宜各设一所。其学科

---

① 北京大学校史研究室编：《北京大学史料第一卷 1898—1911》，北京大学出版社 1993 年版，第 93 页。

② 郝平：《北京大学创办史实考源》，北京大学出版社 2008 年版，第 182 页。

③ 舒新城：《近代中国教育史料》，中国人民大学出版社 2012 年版，第 193 页。

分为公共科、分类科、加习科三类。公共科和加习科课程限一年毕业，分类科课程限三年毕业。公共科科目有人伦道德、群经源流、中国文学、东语、英语、辨学、算学、体操八门。分类科共计四大类：第一类系以中国文学、外国语为主；第二类系以地理、历史为主；第三类系以算学、物理学、化学为主；第四类系以植物、动物、矿物、生理学为主。[①]

二、伦明与京师大学堂师范馆

（一）伦明的入学与分科。光绪二十八年（1902）九月十三日京师大学堂正式举行招生考试，首先招考速成科学生。考试科目包括“修身伦理大义一篇、教育学大义一篇、中外史学十二问、中外地理学十二问、算学比例开方代数六问、物理及化学六问、浅近英文论一篇、日本文论一篇”。考试分两到三天举行，考试方法和取录的标准为：“其各项问题由教习按照学级逐条发问，生徒随笔答数语，但取简明不须成篇。试毕比较优劣，以得全分者为满格，得十分之六以上者为及格，如有一二门其分数为无者为不及格，不及格者不录。”[②]此次考试，招取仕学馆生三十六名，师范馆生五十六名。光绪二十八年（1902）十月二十六日大学堂再次招生，仕学馆、师范馆共录取学生九十名。[③]

按照光绪二十八年（1902）七月十二日学务大臣张百熙制定的《大学堂考选入学章程・速成师范馆考入学章程》，除了京师招考外，师范生还可通过各省督抚学政就近调考咨送，名额定大省七名，中省

① （清）张百熙撰，谭承耕、李龙如校点：《张百熙集》，岳麓书社2008年版，第294—296页。

② 北京大学校史研究室编：《北京大学史料第一卷1898—1911》，北京大学出版社1993年版，第352页。

③ 王学珍等主编：《北京大学纪事（1898—1997）》，北京大学出版社2008年版，第12页。

五名，小省三名。[①] 广东省于光绪二十八年（1902）十一月二十七日选送黄嵩裴、曹冕、吕达英、廖道生、朱兆燊五名学生备大学堂考选，光绪二十九年（1903）四月又选送关庆麟、潘敬、罗正阶、陈伯驺、卢崇恩、程祖彝六名学生到京师大学堂考选。

除以上两种招生途径外，还有一些师范生是从译学馆拨入，类似现在所说的专业调剂。据光绪二十九年（1903）十二月北京大学堂编纂的《京师大学堂同学录》记载，共计一百九十五名师范生，其中七十六人为直接考取入学，八十人由各省咨送，三十九人由译学馆拨入。《京师大学堂同学录》中的《同学姓名报告》关于伦明的记载为："姓名：伦明（哲如）。年岁：二十六岁。籍贯：广东广州府东莞县人。馆别：师范。入学识别：考取。"而关于伦绰、伦鉴的记录则显示是由译学馆拨入到师范馆。[②] 伦明后来曾作《赋呈叔海夫子七律四首并乞削正》诗，其中的注释亦提到："岁壬寅，京师创师范馆，初次招考，明被取第一。"[③] 由此可见伦明是自行到京师投考而非由粤省考送的，并且为1902年10月14日首次招考入学的学生。

由于入学途径不同，他们的入学时间也不相同。"兹特揭入学先后之概例于下：（一）凡下注考取者，俱壬寅（即1902）冬入学；（二）凡下注咨送者，除直隶、奉天、山西、山东、浙江五省系壬寅（1902）冬入学外，余俱癸卯（1903）春夏间入学；（三）凡下注译学馆拨入者，俱癸卯（1903）九月入学。其有不属此例者只少数耳。"[④] 光绪二十八年（1902）十一月十六日张百熙上奏折，报明京师大学堂师范馆定于当年十二月十七日正式开学，并举行开学仪式，

① 北京大学校史研究室编：《北京大学史料第一卷1898—1911》，北京大学出版社1993年版，第361页。

② 北京大学堂：《北京大学堂同学录》，锦合印书馆光绪二十九年十二月初十（1903年1月26日）发印，见《北大名册》，北京大学档案，档号MC190301。

③ 东莞图书馆编：《伦明全集一》，广东人民出版社2012年版，第166页。

④ 北京大学堂：《光绪二十九年〈京师大学堂同学录〉例言》，锦合印书馆光绪二十九年十二月初十（1903年1月26日）发印，第8页，见《北大名册》，北京大学档案，档号MC190301。

伦明当于此时入学，习英文。广东籍学生与他一起学英文的还有弟弟伦叙、廖道传、关庆麟、张达綫、陈伯驺、卢崇恩、胡祥麟七人。[①]

1904 年，随着《奏定学堂章程》的发布，京师大学堂将原师范馆改为优级师范科，当年添招师范生，预备科和师范科先后招收学生三百六十余名，合计旧有之师范生则超过五百人。[②] 1902 年师范馆的学生是第一期，故称为师范旧班。1904 年以优级师范科名义招考的学生是第二期，因而称为师范新班。伦明于 1902 年入学，自然为师范旧班学生。

优级师范科不同于师范馆专科层次的师范教育，而是本科层次的高等师范教育了。优级师范科的课程分为公共科、分类科和加习科三种。学生入学后第一年上公共科的课程，包括人伦道德、群经源流、中国文学、东语、英语、伦理学、算学、体操八科。分科类为二年级学生就其兴趣及专长分门别类所设的学科，共分为四类。升读优级师范科以后，伦明为分科第二类学生。所习课程以地理、历史为主，具体包括人伦道德、经学大义、中国文学、教育学、心理学、地理、历史、法制、理财、英语、生物学、体操十二科。[③] 每学年的课程门数各不相同，每周固定三十六个学时，既有通习课（类似我们今日的基础课），也有主课（类似我们今日的专业课）。有的课程要连上三个学年，如人伦道德、经学大义、中国文学、体操、地理、历史等，有的只需上两个学年，最少的只用上一个学年，如生物。按照《优级师范学堂章程》，分类科各学年具体的课程安排为：

---

① 房兆楹：《清末民初洋学学生题名录初辑》，精华印书馆股份有限公司 1962 年版，第 126 页。

② 北京大学校史研究室编：《北京大学史料第一卷 1898—1911》，北京大学出版社 1993 年版，第 148 页。

③（清）张百熙撰，谭承耕，李龙如校点：《张百熙集》，岳麓书社 2008 年版，第 296 页。

表1　伦明就读优级师范科各学年课程表

序号	学科	学年	讲授内容	周学时	备注
1	人伦道德	学年一	摘讲宋元明国朝诸儒学案	2	
		学年二	同上	同上	
		学年三			
2	经学大义	学年一	《钦定诗义折衷》《书经传说汇纂》《周易折中》	6	通习
		学年二	《钦定春秋传说汇纂》	5	
		学年三	《钦定周礼义疏》《仪礼义疏》《礼记义疏》	4	
3	中国文学	学年一	练习各种字体	1	
		学年二	上同	同上	
		学年三			
4	心理学	学年一	普通心理学	1	
		学年二	应用心理学	1	
5	英语	学年一	讲读	1	
		学年二	同上	2	
6	法制与理财	学年一	法制总论	3	通习
		学年二	法制及理财民法、理财总论、生产、分配、流通、消费	3	
7	生物学	学年一	生物通论、生物进化论	3	
8	体操	学年一	体操及有益之运动、兵式训练	3	
		学年二	同上	同上	
		学年三			
9	地理	学年一	亚细亚洲、大洋洲	5	主课
		学年二	欧罗巴洲、阿非利加洲	5	
		学年三	亚米利加洲	5	

（续表）

序号	学科	学年	讲授内容	周学时	备注
10	历史	学年一	中国史、亚洲各国史、西洋史	12	
		学年二		10	
		学年三		10	

（二）伦明在京师大学堂的受业生活。就读师范馆期间，学生的膏火、饭食免费，但是月中须用纸笔、中外图书及一切服务等费，需要自己筹措。师范生为一介穷儒，无以谋生计，且多已成家，离家万里，毕业又须历四年，因此常有内顾之忧。为了让学生安心学习，部分省府给本地在京师大学堂学习的师范生以津贴，津贴银数和筹发年限不一，如湖北省给每名师范生每月二十两银，包括安家银十二两，在京费用银八两。光绪二十九年（1903）九月初一日，黄嵩裴、曹冕、廖道生、朱兆桑四名广东籍师范生禀求广东善后总局按照湖北省的做法，发给津贴。获准后，其他粤籍学生陆续效仿，伦明等亦于光绪二十九年（1903）十一月十三日提出申请。光绪二十九年（1903）十一月二十一日，督办两广学务处特用道张鸣岐发给京师大学堂咨文中称："举人伦明、廪贡生姚梓芳、拔贡生张达綫、廪生陈发檀、附贡生何炎森等五名，既自行赴京投考，经管学大臣取补速成师范馆学生。虽非广东咨送，同系粤人，同习师范，计卒业之期尚远，自应酌给津贴，以坚向学之心。"[①] 由此伦明也获得政府补助。

光绪三十一年（1905）四月二十三日的《两广总督详明在京粤生津贴办法》调整了粤籍学生的补助办法："从前北京大学堂学生津贴，计分三起：第一起，为咨送之师范生黄嵩裴、曹冕、廖道生、朱兆桑四名，系由善后局筹解，已汇寄至三十一年六月止；第二起，为咨送之师范生关庆麟、潘敬、罗正阶、陈伯驺、卢崇恩、程祖彝、胡祥麟七名，亦系由善后局筹解，已汇寄一年津贴；第三起，为考取之

① 北京大学校史研究室编：《北京大学史料第一卷 1898—1911》，北京大学出版社 1993 年版，第 369 页。

师范生伦明、姚梓芳、张达綫、陈发檀、何炎森五名，系由本处所在所收裁节各书院经费项下支拔，已汇寄至三十一年三月止。以上三起，每人月给二十两，共三百二十两。善后总局月应解二百二十两，本处月应解银一百两。现奉改章，每月加给八十两，按名均摊，自应遵照宪台札饬，核定截止起支月日，以清界限。”[①] 说明自光绪三十一年五月起，粤籍学生的补助额度提高到了每月人均津贴二十五两，伦明的津贴也每月增加了五两白银。

因为师范馆的学生一般年龄较大，又大多是进士、举人出身，国学的根底较深厚，所以京师大学堂在教学法上特别注重讨论的方式，从而养成了师生之间“互相讨论、坐而论道”的良好风气。伦明在京师大学堂的老师，如江瀚、陈黼宸、服部宇之吉等，与他建立了良好的关系，并对伦明后来藏书、教书、修书产生过一定的影响。陈黼宸于光绪三十二年（1906）五月在京师大学堂担任历史教习，后来他在粤首办两广最早方言学堂，草创时期，陈先生办学艰难，延请伦明担任教务。伦明不但擅长古学，而且又懂经济又懂教务，全力协助陈先生，成为校长的得力助手。[②] 江瀚于光绪三十二年（1906）七月入学部，即署京师大学堂师范馆监督兼教务提调，教授经学。伦明既是他们的及门弟子，后来与他们又成为同掌北京大学教席的同事。京师大学堂的师范教育制度多模仿日本，因此聘请了很多日本教员，其中服部宇之吉的影响最大。他为日本文学博士，是日本东京帝国大学文科大学教授，于光绪二十八年至光绪三十二年（1902—1906）间就职速成科正教习。伦明曾有《寿日本服部宇之吉博士七十》诗稿：“修名难得更修龄，灵寿扶来寿益灵。两国学人尊北斗，五经博士重东京。早留教泽文中子，又见儒宗物茂卿。回首春风曾点瑟，挥弦此际谱冈陵。”其中还专门提到“余在京师师范馆时，博士充总教习”。[③]

---

① 《粤督咨解津贴分给各项学生由》，北京大学档案，档号 JS000058。

② 据陈黻宸嫡孙陈德溥所发表先祖与他人文章辑录，http://blog.sina.com.cn/s/blog_6f2ab71f0100ori3.html[EB/OL]:2012-8-10

③ 东莞图书馆编：《伦明全集一》，广东人民出版社 2012 年版，第 60 页。

（三）优级师范科考试和毕业。按照《奏定大学堂章程》，学部制定了师范生毕业考试方法：先由总监督将应考毕业生的履历册、功课分数册、请假旷课册、各教员编撰讲义及所用的教科书、学生笔记成绩等呈送学部备核，再决定考试日期。学生毕业总成绩，是将学生毕业考试的各科成绩平均后，与该生历年考试各科的平均分数相加再平均，以定等级，照章奖励。等级的划分为：满八十分以上者为最优等，满七十分以上者为优等，满六十分以上者为中等，不满六十分者为下等，不满五十分者为最下等。如毕业考试的成绩有两科以上不满六十分，或一科不满五十分者不得列为最优等；有两科以上不满五十分或一科不满四十分者，不得列为优等。[①]

1907 年 2 月 25 日至 3 月 2 日，学部在大学堂举行分科毕业考试。大学堂师范馆第一批应届生共一百零三名参加毕业大考试。[②] 除人伦道德、经学、中国文学、周秦诸子学、生物学、英文、历史等科由学部派员拟题外，其余教育学、心理学等科则由大学堂派员命题，密封呈送学部以备圈选。体操一科由大学堂体操教习在大学堂体操场举行考试。各类学生每天分三场举行，每场考试时间二三小时不等，视科目性质而定。

伦明于光绪三十三年（1907）二月十三日获得京师大学堂颁发的毕业证书。在此将部分证书内容摘录如下：

“京师大学堂为给发文凭事：照得本学堂师范科学生三年毕业[③]，经本学堂按照所习学科分科考试并将历期历年考试分数与毕业考试分数平均核算，今考得第二类学生伦明，年二十九岁，系广东广州府东莞县民籍人，总平均分数在七十分以上（笔者按：总分七百八十点五

---

① 学部奏章：《修改各学堂考试章程折》，见《学部官报》1907 年第 13 期，第 103—108 页。

② 房兆楹：《清末民初洋学学生题名录初辑》，精华印书馆股份有限公司 1962 年版，第 4 页。一说一百零七人，见北京大学校史研究室编：《北京大学史料第一卷 1898—1911》，北京大学出版社 1993 年版，第 332 页。

③ 伦明实际上是学习了四年有余，因 1902 年入的是速成科师范馆，至 1904 年师范馆改称优级师范科，因此说在师范科学习三年。

分，总平均分七十八点零五分），相应给发毕业文凭。”笔者根据毕业证书上的各科成绩和教员信息整理为下表：

表 2　伦明毕业各科成绩及各科教员信息

学科	分数	教员姓名、分科及任职年限
人伦道德（人伦道德 60，伦理学 80）	70 分	林纾（经学教员，光绪三十二年八月至宣统元年十二月）；法贵庆次郎（东文兼伦理教习，光绪三十一年七月至三十四年十二月）
经学	70 分	饶檀龄（经学教员，光绪三十年七月至宣统元年十二月）
中国文学	75 分	钱葆青（国文教员，光绪三十二年四月至三十四年二月）
心理学	78 分	服部宇之吉（东文兼伦理心理教员，光绪二十八年至宣统元年）
生物学	90 分	程家柽（东文教员，光绪三十二年三月至三十三年十一月）
教育学	75 分	法贵庆次郎（同上）
法制及理财（法制 70，理财 63）	66.5 分	王鸿年（法制教员，光绪三十二年二月至三十三年十一月）、陆世芬（法政教员，光绪三十二年）
体操	90 分	台树仁（体操教员，光绪三十二年正月至宣统元年五月）
地理（中国地理 80，外国地理 90）	87.5 分	谭绍裳（史学、舆地教员，光绪三十二年至宣统元年十二月）；坂本健一（东文兼世界史、外国地理教员，光绪三十年七月至三十四年十二月）
历史（中国历史 72，外国历史 85）	78.5 分	李稷勋（史学教员，光绪三十一年七月至三十三年一月）；坂本健一（同上）

据光绪三十三年（1907）三月十五日的《大学堂师范生毕业分数等第单》，此批师范生考列最优等者十七人，优等者六十人，中等者二十一人。伦明三兄弟添列京师大学堂师范馆优等毕业生，伦明毕业平均分数为七十六分八厘六毫，伦叙为七十六分九毫，伦鉴为七十四分三厘三毫。[①]

关于师范生毕业后的分配，学部在向清廷的上奏中写道："该学生等专心学业，时历四载，此次试验成绩颇优，下等四名仅发及格文凭，俟义务年满再行给奖外，其余中等以上各生，自应照章请奖。"[②]其中"考列最优等者，为师范科举人，以内阁中书尽先补用，并加五品衔；考列优等者，作为师范科举人，以中书科中书尽先补用；考列中等者作为师范科举人，以各部司务补用"。如原有官职而不愿就毕业奖励者，准其呈明以原官原班用。伦明因原系举人，拣发广西知县，当时同级效力广西的还有廖道传、吴鼎新、张东烈等四人。伦鉴、潘敬等其他四十六名优等毕业生均给师范科举人，以中书科中书尽先补用。[③]

《优级师范学堂章程》规定师范生四年卒业，伦明于1902年底入学，照例应该于1906年毕业，而为何直到1907年才毕业？这在《国立北京大学廿周年纪念册》中关于京师大学堂的沿革记载中可以找到解释："三十二年十二月师范旧班一二三四类学生举行毕业考试，三十三年二月举行毕业典礼，师范旧班原定满四年毕业。嗣因定章分为四类，添聘教习，组织学科，一时未克完备，致稍迟延，计由二十八年十一月开学，迄三十二年十二月终，历四年余。学生所习公共科多一学期，而分类少一学期。是年年终，大学学生人数，计优级师范科

① 北京大学校史研究室编：《北京大学史料第一卷 1898—1911》，北京大学出版社 1993年版，第394页。

② 这里与毕业证书上平均分数略有差异，毕业证书上是按照10门功课成绩平均的，这里应该是按照12门功课成绩平均的。

③ 北京大学校史研究室编：《北京大学史料第一卷 1898—1911》，北京大学出版社 1993年版，第394页。

二百十七名。”[①] 事实上，大学堂草创之期，各项配套均不完备，师范馆开学已经是 1902 年年末的事了。加上招生途径不一，开学后，各省陆续咨送的学生和译学馆拨入的学生，均并入第一班同批上课，共达一百三十（疑为一百零三）人。所以最早者读了将近五年，最晚者勉强四年。[②]

毕业后，学部奏大学堂师范毕业生义务期内不得兼营他业等事，并制定了《师范生义务章程》，称“优级师范生，有效力全国教育职事之义务，其年限暂定为五年。年限以内应尽心教育，不得营谋教育以外之事业，不得规避教育职务事，充当京外各衙门别项差使”。学部还对师范毕业生的流向和任职情况进行了详查，如果发现违反义务的，即将所得奖励撤销，并予以处罚。[③] 因此，伦明在分发广西候补知县未就职后，返粤即从事教育工作，先后任两广高等师范学堂教员、两广方言学堂讲席。

三、结语

京师大学堂师范馆是为了适应中国新式教育的需要，以培养专门教习人才，其创办是中国近代高等师范教育的开端。在科举与学堂并存的情况下，京师大学堂的师范教育是在不断摸索和调整中进行的，因此政策和各项规章制度时有调整，加之相关文献的记载常不太准确，因此在关于伦明这一阶段生平的考证上，常常让人产生诸多疑惑。1904 年，师范馆改为优级师范科，1908 年 5 月，师范馆脱离京师大学堂，改称优级师范学堂，并于该年 10 月迁至厂甸五城学堂旧址，成为独立设置的高等师范院校。此后随着政权的变更和社会的需要，经过不断发展与合并，几易其名，最终成为今天的北京师范大

---

① 《国立北京大学廿周年纪念册》，北京大学档案，档号 MC191802。

② 陈明远：《那时的大学》，山西人民出版社 2011 年版。

③ 北京大学校史研究室编：《北京大学史料第一卷 1898—1911》，北京大学出版社 1993 年版，第 433—434 页。

学。伦明则经历了清末旧学向新学的过渡，他既是旧式的举人，经历了科举考试，同时也见证了科举考试的废除，成为新式教育的第一批亲历者，此后数度执教杏坛，以教书育人、传承文化典籍为己任。而伦明的儿子伦绳叔，民国三十四年（1945）毕业于北京师范大学物理系，后来亦从事教职，这到底是历史的巧合，还是必然？

（原载《山东图书馆学刊》2016 年第 2 期）

伦明生平及其学术成就述略

钱　昆

2017 年 12 月，由东莞图书馆整理的《伦明全集》（一至五册）成功付梓，这是继《伦明全集》（第一卷）于 2012 年 10 月出版后，东莞图书馆方面继续整理完善资料，不断精益求精，最后与已经出版的《伦明全集》（第一卷）融会贯通后，分为五册，统一体例格式，历经五年时间最终完帙付梓。这是东莞图书馆方面及相关学界同仁共同努力的结果，对东莞地方乡贤文献的整理与研究极具意义。笔者有幸参与该套《全集》的编纂工作，对相关资料比较熟悉，在此基础上进一步爬梳和分析资料，形成对伦明其人及其学术成就进行研究的基本写作思路，本文即是笔者的初期研究成果。

一、伦明家世背景

（一）东莞伦氏。广东东莞伦氏一族，其始祖可追溯到宋代的伦次陆。伦次陆（1146—1237），字鸿渐，号羽仪，宝庆进士，封儒林郎，任广州府教谕（宋代始设，负责教育生员，元明清县学皆置教谕，官正八品）[①]。据罗志欢《伦明评传》所记伦次陆育有四子，长子乐静、次子罄宜、三子德辅、四子晚兴，而东莞一房是伦次陆长子乐静的开支，以伦常及其四子最为有名。[②]

伦明的父亲伦常（1834—1889），字元第，号棣卿，咸丰十一年（1861）辛酉科乡试举人，同治十年（1871）得陕西知县，后因照顾年迈母亲就近呈改福建，母亲病逝后又改职江西，任崇仁县令

① （元）陈大震：《南海志》，元大德刻本，第 11 页。

② 罗志欢：《伦明评传》，广东人民出版社 2014 年版，第 11 页。

(1887—1889)。伦常一生修学好古，政绩清明，于任所深得百姓爱戴，于乡里亦得传颂思念。伦常所处并非高官厚禄之位，除却本身的政绩清明外，亦喜好读书、藏书，常言“养花种树得春气，读书听香生妙心”[①]，这种重视文化教育的习性直接体现在其子女的成长过程中，其四子一女皆以名闻，传为一时美谈。长子伦迈，字静如，宣统元年（1909）最后一科优贡；次子伦明，字哲如，光绪辛丑恩科补行庚子科举人，京师大学堂师范科毕业；三子伦叙，字达如，光绪癸卯恩科顺天中式，京师大学堂文科毕业；四子伦绰，字绰如，监生，京师大学堂法科毕业；女耀华，1912 年 4 月当选粤省女代议士，成为我国乃至亚洲最早的三位女议员之一。[②]

（二）望溪五鱼。自古人们常用“如鱼得水”来描述生活的幸福美满，故东莞伦氏有“望溪五鱼”之美谈。“望溪五鱼”并不包括伦常之女，而是伦常之四子伦迈、伦明、伦叙、伦绰，外加伦明的堂弟伦鉴。伦鉴，字淡如，京师大学堂农科毕业。广东话“如”发音“鱼”，所以在东莞有“望溪五鱼”的美称。

“望溪五鱼”中除伦迈外，其余四人先后就读于京师大学堂师范馆，并在毕业后投身于教育事业。伦叙自京师大学堂毕业时，成绩被评定为“史学门甲等”[③]，取得“文学士”学位，毕业后曾担任国立中山大学、广东国民大学文学院、广东法学院等大学的教授；伦绰从法科政治门毕业，取得“政学士”学位后被分配到有关部门供职，具体情况不详[④]；伦鉴自京师大学堂农科毕业，毕业成绩为“农学乙等”[⑤]，回到家乡东莞从事教育工作，于 1914 至 1918 年任东莞县立中

---

① 东莞图书馆编：《伦明全集一》，广东人民出版社 2012 年版，第 3 页。

② 《粤省女代议士履历》，《申报》1912 年 4 月 8 日，第 6 版。

③ 王学珍、郭建荣主编：《北京大学史料第二卷 1912—1937》，北京大学出版社 2000 年版，第 706 页。

④ 王学珍、郭建荣主编：《北京大学史料第二卷 1912—1937》，北京大学出版社 2000 年版，第 705 页。

⑤ 王学珍、郭建荣主编：《北京大学史料第二卷 1912—1937》，北京大学出版社 2000 年版，第 710 页。

学校长，业绩斐然[①]。

与伦叙、伦绰、伦鉴三兄弟从师范科直接升读本科的选择不同，伦明自京师大学堂师范科毕业时年三十岁，他并没有升读大学本科，而是拣发广西候补知县，但并未就任，于毕业当年（1907）返回广州从事教育工作，此后辗转两广、北京、河南等地，以续修《四库全书》为志业，继续其从学、从商、从政的一生，当然其从商与从政归根结底还是为其从学服务的。笔者试从伦明人生发展的六大阶段进行归纳梳理，以期还原伦明一生的活动轨迹，这也为后世客观评价其人及其学术成就提供研究基础。

二、伦明生活轨迹

伦明生于东莞，卒于东莞，虽为时事所迫，但也算落叶归根。纵观其一生居游活动，遍及中国多个省份，其人生的主要生活轨迹和阶段发展，笔者通过列表与分阶段阐述的方式进行归纳总结，如下：

表3　伦明一生主要生活轨迹（居住区域）

时间	1878	1887	1889	1901	1902	1907	1915	1924	1927	1937	1943
地点	东莞	江西	东莞	广西	北京	两广	北京	河南	河南 北京	广州 东莞	东莞

（一）青少年求学入仕时期（1878—1901）。清光绪四年（1878），伦明生于广东东莞中堂属望溪乡之伦氏家族[②]，东莞伦氏家族有重视文化教育的传统。伦明十岁时随父伦常就读于江西崇仁县衙斋。伦父好书，自带十余箱书籍于任所，伦明时“略识文义，课暇，窃取浏览，因而博涉，渐感不足”[③]，于是伦明自己开列所需书目托县差至百里

---

① 中国人民政治协商会议广东省委员会文史资料研究委员会编：《广东文史资料》第七十四辑，广东人民出版社1994年版，第248页。

② 北京东莞学会：《北京东莞学会会员录》，民国七年（1918）版，第2页。

③ 东莞图书馆编：《伦明全集一》，广东人民出版社2012年版，第238页。

之外的省会书肆帮忙购书，一月一次。县差所返，有得有不得，而且不审书价之贵贱是否值当。这对少年时期的伦明来说应该算是不小的一笔花销，所幸伦父喜爱伦明聪慧，又怜惜其早年丧母，所以每逢年节赏给伦明的零花钱是其他兄弟的几倍。一日，伦父召集伦家兄弟一起并询问其所蓄，其余兄弟争相献出所有以验，唯独伦明两手空空泫然欲泣。伦父脸色大变并责问伦明钱财去向，伦明以购书作答，伦父不信，于是伦明往来搬运自己平日所购书籍，堆满床榻。伦父脸色渐转并一一翻检，最后对伦明说："孺子亦解此乎？善读之。"[①] 伦明以此为庭训，是其藏书之始也。

伦明少年时期即有志于藏书，并谨记父亲庭训，不仅藏书还识书、懂书，因书究学。光绪十五年（1889）其父卒于任所，伦明回到故乡东莞，时年十二岁。光绪二十年（1894），伦明十七岁，入县庠，旋补廪生。光绪二十二年（1896）前后，拜康有为为师并执弟子礼，但是关于伦明的这段跟随康有为读书治学之经历，后世资料记载较少，众所周知梁启超亦是康有为的弟子，并且早年梁氏于学于政皆追随康有为，因此才有中国近代史上比较著名的历史事件"戊戌变法"。但是随着康有为、梁启超二人在政见上的渐行渐远，伦明对待康梁二人的态度明显倾向于支持梁启超，梁氏对于伦明来说更像是老师而非同门。

光绪二十七年（1901），农历辛丑年，补行庚子科乡试，伦明以第九十名的成绩考中举人[②]，后被拣发广西知县，但"未半载假归"[③]。伦明半载即假归的原因不得而知，次年（1902）即北上考取京师大学堂。

（二）就读京师大学堂师范馆（1902—1907）。光绪二十八年（1902），京师大学堂速成科仕学和师范两馆举行首次招生考试，考试科目包括修身伦理大义、教育学大义、中外史学、中外地理学、算

---

① 东莞图书馆编：《伦明全集一》，广东人民出版社 2012 年版，第 238 页。

② 《广东乡试录》，光绪二十七年（1901）庚子辛丑恩正并科。

③ 东莞图书馆编：《伦明全集一》，广东人民出版社 2012 年版，第 18 页。

学、物理、化学、外文八门[①]。伦明以举人身份参加考试，以第一名的成绩被师范馆录取[②]，由此开始了近五年的京师大学堂学习生涯。师范馆学生的课程安排是第一学年为人人皆学之普通课，如国学、中外历史地理、日语（也可兼习英、法、德、俄国等语）及普通科学等；第二学年开始分科学习，共分四科，即四大类，第一类为国文、外国语（英语、法语、德语，学生自择一种，分班教授），第二类为中外历史、地理，第三类为物理、化学、数学，第四类为动物、植物、矿物、物理、卫生、农学、园艺，总名为博物科。[③] 伦明主修第二类分科，即中外历史、地理和英文。据伦明《京师大学堂毕业文凭》登录，伦明毕业时考试科目包括人伦道德（即伦理学）、经学、中国文学、心理学、生物学、教育学、法制及理财、体操、地理（中国地理、外国地理）、历史（中国历史、外国历史）。以每学期考试分数和毕业考试分数的平均数来核算最后成绩，伦明成绩为 78.05 分，算是优等。[④]

（三）两广地区主要从事中小学基础教育（1907—1915）。光绪三十三年（1907），伦明自京师大学堂优级师范科师范班毕业，成绩为“优等”，同年毕业的还有伦叙、伦鉴二人，成绩亦为“优等”。毕业后，伦明、伦叙、伦鉴兄弟三人回到广州，同被聘为两广方言学堂讲师。三年后伦叙、伦鉴与刚毕业的伦绰继续在京师大学堂深造，升读本科，然而伦明并未继续深造，而是留在两广地区从事教育工作。

其实伦明在光绪二十七年（1901），即农历辛丑年补行庚子科乡试时，已获举人身份，自京师大学堂毕业时因成绩优异再获赐举人衔，所以容肇祖称其为“双举人”。伦明自京师大学堂毕业后亦是拣

---

① 崔运武：《中国师范教育史》，山西教育出版社 2006 年版，第 33 页。

② 江翰编，高福生释笺：《片玉碎金：近代名人手书诗札释笺》，中华书局 2009 年版，第 119 页。

③ 北京师范大学校史编写组编：《北京师范大学校史（1902—1982）》，北京师范大学出版社 1984 年版，第 5 页。

④ 东莞图书馆编：《伦明全集一》，广东人民出版社 2012 年版，第 3 页。

发广西知县，但“不到省”[①]，即并未赴任，也就是说伦明以举人身份曾有两次取得做县令的资格但都未就任，个中缘由现已无从知晓，笔者推测原因或许有二：一是时局影响，晚清历经“戊戌变法”、“义和团运动”、八国联军入侵北京等事件后，已是穷途末路，伦明可能感到仕途难测，所以先后两次放弃县令资格；二是京师大学堂的从学经历，伦明1902年考取京师大学堂时，京师大学堂已经完成了由旧式书院向新式学堂的转变，其课程设置和师资配备使得伦明接受了当时比较先进的新式教育，开拓了眼界，为其日后治学中心的转移奠定了基础。

伦明1907年自京师大学堂师范馆（后改为优级师范科）毕业时，清政府刚刚废除了科举制并推行新政，各种新式学堂遍及全国，当时广州的新式教育随着清末新政的颁布而起步，伦明毕业后即回到广州，首先被聘为两广方言学堂教务长兼经济科教授[②]，同时也兼任广东学务公所开办的广州西区模范高小校长，直至宣统二年（1910）十月。辛亥革命爆发后，伦明辗转广西履职，初居桂林，后居浔州（今桂平），任浔州中学堂校长。1914至1916年间，伦明任广东视学官，后因伦明定居北京的决心而结束。

（四）定居北京从事高等教育又辗转河南任职（1915—1927）。1915年，伦明“三至京师”并“决心弃乡土”[③]，对于定居北京的原因，伦明本人并未细说，笔者根据其此前生活轨迹并《续书楼藏书记》中所载，大致归纳原因有三：一是前两次的在京经历影响。伦明第一次在京是就读京师大学堂师范馆，接受新学教育，第二次是辛亥革命爆发后，短暂留京期间大肆收书，从他两次放弃县令资格可看出其无心仕途，自京师大学堂毕业后即投身教育事业。而定居北京，是

---

① 《民国丛书》编委会：《民国丛书》第三编，上海书店1984年版，第3—4页。

② 北京图书馆编：《北京图书馆藏珍本年谱丛刊》第186册，书目文献出版社1999年版，第149—150页。

③ 东莞图书馆编：《伦明全集一》，广东人民出版社2012年版，240页。

其少年时期即有志于藏书的需要，当时的北京已是“书业甲全国”[①]。二是藏书管理的需要。伦明以“续书楼主人”自居，他被后人所知，首先也是因为其藏书家的身份。伦明一生辗转多地，他的藏书处所也分散多处，其中放在广州南伦书院和小东门寓所的藏书，因粤地气候潮湿及水淹、偷盗之事而损失惨重。北京气候干燥适宜藏书，伦明在京定居后开设通学斋并聘孙殿起负责经营，藏书规模及管理日益完备。三是治学中心的转移。伦明将其藏书处所命名为“续书楼”，即为续修《四库全书》而备，而伴随其被聘为北京大学教授后，他的这种治学倾向越发明显。

1912 年 5 月 3 日，京师大学堂更名为北京大学校（即国立北京大学），1917 年 11 月，北京大学文科研究所成立，分设国文学、英文学、哲学三个研究所，伦明被聘为文科研究所国文门诗词科教员[②]，同时也被聘为法预科教授[③]。伦明在北大法预科具体教授什么课程，后世资料没有相关记载，但是在文科研究所的授课内容及学时安排则有记载，据《国文研究所研究科时间表》记载，伦明在文科研究所主要负责讲授“诗”，每月一次，第一星期（三）四时至五时。[④]

1921 年 9 月，伦明辞去北京大学教席。究其原因，笔者认为除了为“浙派所排”[⑤] 之外，还有一个比较重要的原因，即有可能是伦明想要全身心地投入到续修《四库全书》的志业中。1924 年 12 月，伦明致信时任教育部次长的陈垣，提出校雠《四库全书》及撰写《续修四库全书总目提要》的请求，信末说：“弟自九月即脱离大学教席，

① 东莞图书馆编：《伦明全集一》，广东人民出版社 2012 年版，240 页。

② 国立北京大学：《国立北京大学廿周年纪念册》，国立北京大学 1918 年版，第 3 页。

③ 北京大学：《专任教员题名》第十三号，《北京大学日刊》1917 年 11 月 30 日，第 3 版。

④ 北京大学：《纪事·国文研究所研究科时间表》第十六号，《北京大学日刊》1917 年 12 月 4 日，第 2 版。

⑤ 罗志欢：《伦明评传》，广东人民出版社 2014 年版，第 33 页。

绝无别事，日惟闭户读书，自分见弃世矣。”[①] 可惜五个月后陈垣辞去教育部次长之职，该次建议终成泡影。同年，伦明的同乡陈某任河南道清铁路局局长，聘伦明为总务处处长，历时三年。除平日处理局中事务外，伦明还利用闲暇时间到焦作周边市镇，如怀庆、卫辉、清化等地搜访图书。他想要以一己之力完成续修《四库全书》的志愿也发于这一时期，其《续书楼藏书记》中言：“余续修之志，发于甲子。”[②] 民国时期的甲子年即1924年，正是伦明在河南任职的第一年。

（五）再次定居北京后专心学术研究（1927—1937）。1927年下半年，伦明在河南道清铁路任职期满，再次返回北京，经梁启超推荐，重返北京大学任教，主讲目录学、版本学等课程，他的学生傅振伦回忆：“新聘教师有名于时者有邵瑞彭、邓之诚、伦明诸先生。”[③]“教员多逊清遗老耆旧，不学无术，独江瀚、伦明、邵瑞彭、邓文如诸先生学识渊博，为学生所推重。……伦哲如授《明清史籍解题》及《目录学》……”[④] 20世纪20年代以后，开始有日本留学生进入北京大学做旁听生，吉川幸次郎于1928年选听了伦明的“版本源流”[⑤]，仓石武四郎于1929年选听了伦明秋季学期周五下午的“版本源流”[⑥]，此外伦明在北大讲授的课程还有“清代著述考”[⑦]“明清史籍研究”“清代史学书录”[⑧]，同时还编印有《清代史籍书目提要》讲义[⑨]。据

---

① 陈智超编注：《陈垣来往书信集》（增订本），生活·读书·新知三联书店2010年版，第74—75页。

② 东莞图书馆编：《伦明全集一》，广东人民出版社2012年版，第242页。

③ 傅振伦：《记目录学家伦明先生二三事》，《文献》1987年第2期，第287页。

④ 邓珂编：《邓之诚学术纪念文集》，北京大学出版社1991年版，第35页。

⑤ 桑兵：《国学与汉学：近代中外学界交往录》，浙江人民出版社1999年版，第269—270页。

⑥ ［日］石武四郎著，荣新江、朱玉麟辑注：《仓石武四郎中国留学记》，中华书局2002年版，第11页。

⑦ 傅振伦：《蒲梢沧桑·九十忆往》，华东师范大学出版社1997年版，第51页。

⑧ 尚小明：《1899—1937北大史学系早期发展史研究》，北京大学出版社2010年版，第39页。

⑨ 傅振伦：《记目录学家伦明先生二三事》，《文献》1987年第2期，第287页。

上述伦明所授课程及编写的讲义，目前可见的只有《目录学讲义》《版本源流》和《清代史学书录》三种，其中《清代史学书录》北大图书馆有藏单印本与合订本两种，因北大图书馆古籍部正在搬迁，笔者并未得见，东莞图书馆编《伦明全集》亦未收入。

伦明除了在北京大学担任讲师教职外，同时也被辅仁大学聘为讲师（1929），讲授的课程包括历代诗代表作品、诗专家研究、史记汉书研究、作文（二年级）[①]。此外，伦明还参加了“北平：辅仁大学辅仁社十九年（1930）夏令讲习会”，演讲题目为“中国书籍之分类”[②]。1933 年，伦明先后离开北京大学、辅仁大学，进入北平民国学院任教[③]，主讲目录学直至 1937 年南归。

伦明再次定居北京并做大学教授的十年间（1927—1937），也是其治学中心逐渐转向版本目录学领域的一个重要阶段，在此期间，他不仅讲授目录学、版本学相关课程，还发表了《续修〈四库全书〉刍议》《续书楼读书记》《续书楼藏书记》等文章，为实现其续修《四库全书》之志业奔走努力，参与日本东方文化事业总委员会组织的《续修四库全书总目提要稿》的撰写工作，是续修事业用力最多的学者之一。

（六）南归直至去世（1937—1943）。1937 年 7 月，伦明南归回家扫墓，适逢卢沟桥事变，交通阻塞，滞留广州，其间“忽患脑充血病，全身瘫痪，几濒于危”[④]，后经德国医生诊治痊愈[⑤]，但随着战事的加剧，伦明直至去世前都没有再回过北京。

---

① 辅仁大学编：《辅仁大学文学院中国文学系课程组织及说明》，辅仁大学出版社 1933 年版。

② 北平辅仁大学辅仁社：《北平辅仁大学辅仁社十九年夏令讲习会讲题》，辅仁大学辅仁社 1930 年版，第 2 页。

③ 北平民国学院：《民国学院一览》（1933），北平民国学院出版社 1934 年版，第 4 页。

④ 《艺林丛录》第五编，商务印书馆香港分馆 1964 年版，第 327 页。

⑤ 中国人民政治协商会议北京市委员会文史资料研究委员会编：《文史资料选编》第十二辑，北京出版社 1982 年版，第 178 页。

1938 年 10 月，日军占领广州，继而东莞沦陷，伦明返回故乡望牛墩，“辗转于新塘、横沥之间……乡间无书籍，又无可谈之人，日惟作诗以自遣”[①]。同年 10 月底，伦明欲赴港任岭南大学（当时借用香港大学校舍）教席，但因“难求栖息之地，遂尔中止”[②]。广州沦陷后，广州市立中山图书馆和市立博物馆合并，改名为“广州市立图书博物馆”，郑渭中兼馆长，聘伦明为副馆长兼图书部主任。[③] 1941 年 4 月 15 日，馆长郑渭中报称：“副馆长兼图书部主任伦哲如，年老多病，不胜烦剧，拟请免去本兼各职，遗缺请委郎宝琛接充。”4 月 18 日，《广州市政府指令》（指字第五九八号）称“应予照准”[④]，当天郑渭中签发了免职通知。

1940 年 7 月 26 日，日伪广东省政府决议创立广东大学，该大学是沦陷时期广州的最高学府，于 1945 年 8 月 14 日日本投降后解体。曾参加创办广东大学的陈嘉蔼回忆称：“广东大学院系确立后，开学前后，人事任用渐次确定。文学院分三系：中国文学系，我兼主任；教育学系，区声白教授兼主任；历史学系，伦哲如教授兼主任。伦逝世后，该系合并于中文系。”[⑤] 可见伦明曾被伪广东大学聘为历史系教授兼主任，直至去世。在广州沦陷时期，很多高级知识分子迫于生计而进入伪广东大学教书，其中“年纪较大，素以教书为职业者居多数”[⑥]，如理学家任元熙在应聘伪广东大学教授时说：“古时王猛当秦苻坚的宰相，许衡出任异族，做元朝的官吏均是不得已之事。我来大学，只教我的书，所有开会、演讲和政治有关的事情，我决不参加。

---

① 《艺林丛录》第五编，商务印书馆香港分馆 1964 年版，第 327 页。

② 《艺林丛录》第五编，商务印书馆香港分馆 1964 年版，第 327—328 页。

③ 《广州市政府指令》指字第五九八号，广东省档案馆藏。

④ 《广州市政府指令》指字第五九八号，广东省档案馆藏。

⑤ 广州市政协文史资料委员会编：《广州文史资料》第 52 辑，广东人民出版社 1998 年版，第 343 页。

⑥ 广州市政协文史资料委员会编：《广州文史资料》第 52 辑，广东人民出版社 1998 年版，第 343 页。

这是我首先声明的。"[①] 徐信符也表示可以应聘为图书馆长，但是要更名为徐成，并且只能在港遥领。这些言论及行为也表现了当时知识分子矛盾且复杂的心态，伦明也是在这种复杂的背景下进入伪广东大学任教的。

1941 年秋，孙殿起来广州访书，见伦明"形体渐瘦，精神亦衰"，待孙氏 1943 年夏再次访书并返京之时，伦明已"步履艰难"，二人会谈握别之时，伦明对孙殿起说："君先回北京，吾待交通恢复，即行北上，再与我君畅谈。"[②] 可惜 1943 年的 10 月[③]，伦明即病故于东莞故里，享年六十六岁。

三、客观评价伦明其人及其学术成就

伦明一生从学、从政、从商、从教，他的各种社会身份，他的各种理论观点及实践，主要还是围绕其从学服务的。笔者认为，随着时代的发展和学术研究的需要，抑或是对伦明这一历史人物抱以"同情之理解"，都应客观看待伦明其人及其学术成就。伦明的学术成就主要包括两个方面，一是诗歌创作领域，二是文献学领域。

（一）诗歌创作领域。伦明嗜书成癖，亦好诗，以诗纪书成为他诗歌创作的一个重要组成部分，《辛亥以来藏书纪事诗》即是其代表。除此之外，国家图书馆所藏的《伦哲如诗稿》（一至六册）保存了大量伦明诗作，东莞图书馆编《伦明全集》（第一册）在此基础上，又增辑一些散篇，合约二百七十余首，为研究伦明及其学术思想，尤其在他的诗歌创作领域提供了宝贵资料。笔者受专业所限，对伦明诗歌创作领域的成就研究较少，实际上目前关注于此领域研究的成果也是比较少的，因此笔者希望能通过此文抛砖引玉，为有志于研究该领域的学人起到一定的指引作用。

---

① 李齐念编：《广州文史资料存稿选编》第四辑，中国文史出版社 2008 年版，第 251 页。

② 《随笔》第九集，广东人民出版社 1980 年版，第 96 页。

③ 冀淑英：《冀淑英古籍善本十五讲》，国家图书馆出版社 2009 年版，第 67 页。

（二）文献学领域。伦明以“续书楼主人”、“通学斋东主”、大学教授、藏书家、古旧书业经营家、版本目录学家等多重身份为后人所知，但是以“文献学家”直呼其名的情况较少，张宪光在《续书楼藏书有多少》一文中，对东莞图书馆“为一位藏书家、文献学家编纂全集的做法感到高兴”①，这是后世研究人员首次以“文献学家”的身份定义伦明。笔者认为伦明虽无“文献学家”之名，却有“文献学家”之实。对于伦明的文献学成就，笔者认为可以用“承前启后”四个字来概括：

在藏书方面，伦明的藏书观念在晚清民国时期具有一定的先进性，因此他的藏书才能保证其读书治学以自用，同时还能惠及友人并泽被后世。他的《辛亥以来藏书纪事诗》，继承了叶昌炽《藏书纪事诗》的著述体例，对后续几家续补之作亦有启示作用；在续修方面，伦明不仅有续修《四库全书》的理论，而且还多方奔走努力，甚至有以一己之力完成续修《四库全书》的宏愿，是当时于续修事业用力最多的学者。虽然诸多努力最后并未如愿，但是《续修四库全书总目提要》的撰写参与工作，为其实现续修之志提供了机会与可能。据东莞图书馆整理统计，伦明撰稿一千八百九十九篇，遍及经、史、子、集四部，尤以经史两部居多，在校勘、辨伪、辑佚诸方面皆有研究；在版本目录学方面，伦明不仅有实践经验，而且还升华到理论高度，主要体现在其自编的讲义《版本源流》和《目录学讲义》两部著作中。

最后，需要说明的是，对于伦明的生平事迹，暨南大学图书馆罗志欢研究馆员的《伦明评传》一书，所涉史料相对翔实，就目前研究现状来看，于“传”的部分，可谓无人出其右，故笔者在研究伦明的生平时，多有参考，在此基础上进一步爬梳资料，将伦明的生平按其人生发展的六大阶段进行归纳整理，相对清晰地展现伦明的一生，并对伦明的学术成就从诗歌创作和文献学两个领域进行归纳总结，希望对以后有志于此的研究者亦能起到参考的作用。

（原载《山东图书馆学刊》2019 年第 3 期）

---

① 张宪光：《续书楼藏书有多少》，《东方早报》2013 年 4 月 7 日，第 A09 版。

藏书家伦明研究述略

李　雅　游雪雯

伦明（1878—1944），字哲如，广东东莞人，嗜书如狂，毕生以续修四库全书为志业，号其书斋为“续书楼”，收藏有清代著作近百万种。伦明一生撰写四库全书各部提要一千多篇，并有代表作《辛亥以来藏书纪事诗》广为流传。这样一位集藏书家、版本目录学家、大学教授于一身的学者吸引了很多后人关注的目光，并对其展开了一系列的研究。

笔者通过对这些研究成果进行内容分析，将其归结为以下几个方面：伦明的生平与藏书、伦明与《辛亥以来藏书纪事诗》、伦明与续修四库全书、藏书家群体中的伦明、伦明的交游与事业及其在诗歌创作上的成就等。由于资料分散且有限，目前对于伦明的总体研究还不够深入和系统，以生平概述或者回忆性文章为主，另有一些散见于续修四库全书及藏书纪事诗专题研究中，有待进一步的挖掘。

一、伦明的生平与藏书

目前对伦明的研究半数都是对其生平与藏书经历的研究，包括他的生平、藏书活动、致力于续修四库全书以及撰写《辛亥以来藏书纪事诗》等。这方面的文章分为两类：一类是以伦明作为研究对象，研究内容涉及面较广的回忆性、研究性文章或著作；另一类是仅在文章或者著作中提及伦明，论及其一生的藏书经历，以藏书纪事诗的形式为主。

（一）专题性文章或著作。关于伦明的专题性文章，分为回忆性和研究性两类。回忆性文章里，以孙殿起口述、雷梦水整理的《记伦哲如先生》[①]，冼玉清的《记大藏书家伦哲如》[②] 最全面和详细，因孙、冼二人和伦明有过长期的交往，孙经营的通学斋书店就是伦明投资的。这两篇回忆文章也成了研究伦明生平和藏书经历的重要史料。罗继祖的《东莞伦氏“续书楼”》[③]、陈思的《学者型藏书家——伦明》[④]、苏精的《近代藏书三十家》[⑤] 中的《伦明续书楼》等文章都对伦明进行了详细的介绍，囊括了出生和生平、爱书和藏书的事迹及对续修四库全书的追求等，为后人了解伦明提供了很大的帮助。但是另一方面，这些文章对伦明的研究仅停留在介绍的层面，并且重复内容较多，研究有待深入。今后在不断获取第一手资料的基础上，可编纂出《伦明年谱》，将伦明的学术活动及其贡献做进一步的梳理，以便总结提炼其学术思想。

另外颇具代表性的研究著作是由王余光、李东来主编的《伦明全集》[⑥]。此书共分四卷，伦明所著的诗、词、文章为第一卷；《续修四库全书提要稿》由于字数较多，分两卷出版，为第二卷和第三卷；后人对伦明的研究文章以附录形式作为第四卷。《伦明全集》通过全面收集、整理伦明著述以及对伦明的研究成果，为人们系统了解和研究伦明提供了基础，为传承伦明的文化精神和学术财富提供了渠道。

此外，由于伦明的很多作品是未刊载的手稿本，读者访求不易，因此熊静撰写《伦明先生文献学著述考》[⑦] 一文对伦明的著作做了梳理，作为对《伦明全集》的补充，亦有很高的参考价值。

---

① 孙耀卿口述，雷梦水整理：《记伦哲如先生》，见雷梦水：《书林琐记》，人民日报出版社 1988 年版，第 91—92 页。

② 冼玉清：《记大藏书家伦哲如》，见《艺林丛录》第五编，商务印书馆香港分馆 1964 年版。

③ 罗继祖：《东莞伦氏“续书楼”》，《学集刊史》1987 年第 1 期，第 7 页。

④ 陈思：《学者型藏书家——伦明》，《广东史志》1995 年第 Z1 期，第 77—80 页。

⑤ 苏精：《近代藏书三十家》，中华书局 2009 年版，第 137 页。

⑥ 东莞图书馆编：《伦明全集一》，广东人民出版社 2012 年版，前言。

⑦ 熊静：《伦明先生文献学著述考》，《大学图书馆学报》2014 年第 1 期，第 110—115 页。

（二）藏书纪事诗中的伦明及其他。因为伦明在藏书家群体中举足轻重的地位，很多学者在做研究时也用一定的篇幅对伦明进行了介绍。这部分的文章以记录伦明藏书活动的藏书纪事诗为主，如王謇的《续补藏书纪事诗》中，为伦明作诗一首并附以文字介绍，诗云：“藏书盈库兼仓富，续补可嗣四库书。安得群儒策群力，提要远追逊代初。”[①] 谭卓垣等著，徐雁、谭华军整理的《清代藏书楼发展史·续补藏书纪事诗传》[②] 更是将描述伦明的藏书纪事诗和目见的研究文章进行了汇编，藏书纪事诗除了王謇的《续补藏书纪事诗·伦明》之外，还有徐绍棨的《广东藏书纪事诗·伦明》。该诗云：“四库重修愿莫申，续编提要有何人？奇赢亿中非无术，通学斋开足疗贫。”增补的文献有伦明《辛亥以来藏书纪事诗》、乙亥年（1935）孟秋于北京宣南寓庐的自序、徐信符的《广东藏书记略》、雷梦水的《书林琐记·伦哲如的〈辛亥以来藏书纪事诗〉》、苏精的《近代藏书三十家·伦明续书楼》等，在伦明诗传方面不可谓不全面了。李玉安、陈传艺编写的《中国藏书家辞典》[③] 和北京市文史研究馆编的《耆年话沧桑》[④] 也将伦明列出作了简要介绍。

这部分的文章主要是记录伦明的藏书纪事诗，形式简单，通俗易懂，并附有作者按语，具有比较重要的史料价值。

二、伦明与《辛亥以来藏书纪事诗》

虽然伦明的作品很多，但是多数并未出版，不为世人所知，而他的代表作《辛亥以来藏书纪事诗》却因为创作最早、变体最新、传人最多，成为继叶昌炽以后藏书纪事诗的代表，对伦明的研究有相当一

① 王謇：《续补藏书纪事诗》，北京燕山出版社 1999 年版，第 203 页。

② 谭卓垣、伦明等著，徐雁、谭华军整理：《清代藏书楼发展史·续补藏书纪事诗传》，辽宁人民出版社 1988 年版，第 71—73 页。

③ 李玉安、陈传艺：《中国藏书家辞典》，湖北教育出版社 1989 年版，第 318 页。

④ 北京市文史研究馆编：《耆年话沧桑》，上海书店出版社 1993 年版，第 156—157 页。

部分是围绕此书进行的。

周生杰的《〈辛亥以来藏书纪事诗〉新论》[1] 对伦明撰著《辛亥以来藏书纪事诗》的背景、作品的特点及学术价值做了分析和阐述。以纪事诗为藏书家做传的体例虽非首创，但也有几方面的特点：一是对藏书纪事诗的集成与发展；二是记载藏书家类型众多，并记录伦氏亲见、亲闻的藏书家逸事；三是广东藏书家居多，有三十人，占总数的五分之一。作者认为《辛亥以来藏书纪事诗》兼具史学和文学两方面的学术价值，不唯可以当作藏史书来看，也可以当作文学创作来欣赏。黄正雨的《伦明与辛亥以来藏书纪事诗》[2] 在概述伦明求书访书活动之后，重点分析了其著作中最为重要的《辛亥以来藏书纪事诗》。在对著作进行内容分析的基础上，指出其优于叶昌炽《藏书纪事诗》之处，以及对后世“纪事诗”体例发展的影响。翟朋在南开大学硕士学位论文《藏书纪事诗研究》[3] 中对“藏书纪事诗”这一特殊文体进行系统研究，将该文体的发展历程分为初创期（1884—1917）、繁盛期（1918—1949）、衰变期（1950—1977）、绝响四个时期。论文将伦明的《辛亥以来藏书纪事诗》归为纪事诗繁盛时期的产物，称叶昌炽《藏书纪事诗》为书林《史记》，而《辛亥以来藏书纪事诗》则为书林《汉书》，开创了纪事诗断代之作。李雪梅的《中国近代藏书文化》[4] 也对伦明及《辛亥以来藏书纪事诗》有所提及。

在《辛亥以来藏书纪事诗》之前有叶昌炽的《藏书纪事诗》，之后有徐信符的《广东藏书纪事诗》、王献唐的《山东藏书纪事诗》、莫伯骥的《藏书叙事诗补续》、王謇的《续补藏书纪事诗》等，因此在研究伦明的《辛亥以来藏书纪事诗》时还可以将其与别的纪事诗做比较研究，以便读者获得更深入的理解。

---

① 周生杰：《〈辛亥以来藏书纪事诗〉新论》，《社会科学战线》2012 年第 9 期，第 163—167 页。

② 黄正雨：《伦明与辛亥以来藏书纪事诗》，《图书馆论坛》1995 年第 5 期，第 17—19 页。

③ 翟朋：《藏书纪事诗研究》，南开大学硕士学位论文，2010 年，第 26—27 页。

④ 李雪梅：《中国近代藏书文化》，现代出版社 1999 年版，第 130 页。

三、伦明与续修四库全书

伦明以续修四库全书为毕生事业，其一生的收书、藏书、校书活动也都围绕这一目标进行，撰写了四库全书各部提要一千九百余篇。因此，续修四库全书也是伦明研究的重要着眼点。

关于续修四库全书的研究已不胜枚举，但专文探讨伦明在此工作中所做贡献的研究还十分有限。其中，熊静的《伦明与〈续修四库全书总目提要〉》[①] 介绍道：伦明从早期提出续修四库全书到 1921 年至 1933 年间，四次尝试续修四库并提要，均因故不果，最后只得转为依靠个人之力独自进行；至 1925 年，利用日本庚子赔款在京成立东方文化事业总委员会，下设人文科学研究所，以续修四库提要为首要目标，伦明在其中发挥了很大的作用，共撰写一千九百余篇提要稿，涉及经、史、集三部，尤以经史两部为多。通过这篇文章我们可以深刻了解到伦明在续修四库全书这个漫长的过程中做出的努力及发挥的巨大作用。

此外，复旦大学王亮的博士学位论文《续修四库全书总目提要研究》以民国期间北平东方文化事业总委员会组织编纂《续修四库全书总目提要》为研究对象，考述了《续修四库全书总目提要》的编纂原委及整理与研究简史，可以说是《续修四库全书总目提要》较为全面的研究成果。在第一章《续修四库全书总目提要》纂修的背景与起因中，作者概述了清中叶以来续修《四库全书》及《四库提要》的历程，列举了从王懿荣到伦明的种种倡议，认为“伦明是议续修四库用力最多，擘画最密者”[②]。

---

① 熊静：《伦明与〈续修四库全书总目提要〉》，《山东图书馆学刊》2013 年第 3 期，第 23—25 页。

② 王亮：《续修四库全书总目提要研究》，复旦大学博士学位论文，2004 年，第 13 页。

四、藏书家群体中的伦明

道光以后、辛亥以来，广东藏书家纷纷崛起，藏书事业一度十分兴盛，在全国藏书界有鼎足而立之势。部分学者对包括伦明在内的广东藏书家群体进行了研究，论述这一群体崛起的原因、藏书特点及贡献等。通过这些文章，我们可以从不一样的角度认识作为广东藏书家群体中一员的伦明。

黄增章的《广东私家藏书楼和藏书家的地位与贡献》[①] 介绍了广东藏书家收藏精、规模大的藏书特点，分析了他们崛起的原因，指出广东藏书家在采集和保存珍贵历史文献方面的重大作用并赞扬了他们对待藏书的开明态度。伦明作为广东藏书家群体中的一员，也在其中做出了贡献，该文作者尤其肯定了《辛亥以来藏书纪事诗》在藏书史保存上的重要作用以及对后世纪事诗创作的影响。

李学敏撰写的《试论二十世纪初叶的广东藏书家》[②] 一文源自于读了正式出版的《辛亥以来藏书纪事诗》，分析了近世广东藏书兴盛的原因之一是其迅速成为全国文化的先进地区和新学昌盛之地，原因之二是商业发展的带动。在文章的第三部分“学者型藏书家及其贡献”中，特别提到了辛亥以后广东地区最负盛名的藏书家是以教书为职业的大学教授，伦明就是其中的代表。

黄敏的《明清民国时期东江藏书家论略》[③] 对伦明在内的明清以来东江藏书家进行了介绍，分析他们藏书的特点和所做贡献。东江藏书家的特点体现在藏书家出身背景广泛，涵盖了官宦政客、学者教师、商贾富豪、平民百姓等各个阶层，伦明是文化教育界藏书家的代

---

① 黄增章：《广东私家藏书楼和藏书家的地位与贡献》，《中山大学学报（社会科学版）》1998 年第 6 期，第 130—135 页。

② 李学敏：《试论二十世纪初叶的广东藏书家》，《岭南文史》1993 年第 1 期，第 28—30 页。

③ 黄敏：《明清民国时期东江藏书家论略》，《惠州学院学报》2002 年第 22 卷第 5 期，第 69—74 页。

表；藏书目的在于治学，伦明搜集明清文集著作，目的就在于为续修四库全书做准备；收藏图书各有侧重，伦明的藏书特点在于凡书皆收，博求广采，并以明清著作以及广东地方文献居多；对待藏书豁达开明，伦明晚年有志捐献，死后其藏书由家人捐献给北平图书馆和广东省立图书馆。

藏书家群体研究能够反映出某一时期、某一地域内的藏书特点，伦明是广东藏书家的代表，将伦明研究与广东藏书家研究结合起来，能够更深入全面地考察伦明藏书活动的地域特征和对广东地区藏书活动的影响。

五、伦明的交游与事业

除了对伦明个人的研究之外，伦明与同代人的交游与事业发展之间的关系，也成了伦明研究的关注点。这方面的文献以同代人的回忆为主，这些回忆及相关史料作为第一手资料具有很高的研究价值，是研究伦明最为可靠的依据。

其中比较全面的是来新夏的《读伦明先生致陈垣先生的信件——纪念陈垣先生130岁冥诞》[①] 一文，文中不仅对伦明进行了回忆，还提供了伦明致陈垣先生的多封信件。通过这些信件我们可以了解到伦明要求编一部“求书目录”以充实教育部图书馆的庋藏、校勘四库全书和续修四库全书的主张。傅振伦的《记目录学家伦明先生二三事》[②] 也通过回忆展现了伦明在目录学、清史、方志和藏书版本等多个方面的博学。此外还有吉川幸次郎，他在《琉璃厂后记》[③] 中追忆了伦明先生的“通学斋”，并提到孙殿起和伦明为书店搜书、访书的

---

① 来新夏：《读伦明先生致陈垣先生的信件——纪念陈垣先生130岁冥诞》，《中国文化》2011年第1期，第189—191页。

② 傅振伦：《记目录学家伦明先生二三事》，《文献》1987年第2期，第286—288页。

③ 吉川幸次郎：《琉璃厂后记》，见秋禾、少莉编：《旧时书坊》，生活·读书·新知三联书店2005年版，第29页。

一些轶事。可惜的是目前这种一手资料非常稀少，成为伦明研究中的一个遗憾，也是伦明人物研究无法深入下去的原因。

在回忆和实物之外，对于伦明交游与事业发展的专题研究比较少，但在一些机构和人物研究中有所提及。如通学斋研究，世人往往从经营者孙殿起入手进行考察，但无法忽略伦明在书店运营过程中所起的作用。张西园的《孙殿起和他的通学斋》一文对孙殿起经营通学斋进行全面的考察，肯定了他在古籍搜访和保存上所做的贡献。其中一节“因书识人，以书会友”谈到了孙氏与伦明结交的过程，以及伦明在书店经营过程中所起到的重要作用。文中提到“两人既是莫逆之交，伦明所藏善本，多经孙殿起采购，通学斋书店开店之初因资金不足，也是由伦明出资支持的。在通学斋经营期间，孙老先生任经理，伦明则指导其如何令古书经营服务于学术研究，或是识别古籍时的种种细节，两人一起切磋、相得益彰，在古旧书上建立了一种极为亲密的战友情节……”[①]。另有叶祖孚的《北京琉璃厂》[②] 在“人才辈出的通学斋书店”这一章中介绍了和通学斋有着密切联系的三位学者——伦明、孙殿起和雷梦水，主要内容为他们搜访古书的经历，在伦明的部分还进一步挖掘他在书店经营过程中的人际交游和所起到的作用。

六、其他

其实伦明除了以藏书家名世之外，在诗歌创作上也很有建树，但是后人在这方面的研究甚少。目前只有张纹华将伦明作为一个诗人来进行研究，他在《〈伦哲如诗稿〉探析》[③] 一文中详细分析了《伦哲如诗稿》的特色——书世界及叠韵怀人诗，也指出了其在诗题与用韵

① 张西园：《孙殿起和他的通学斋》，《山东图书馆学刊》2010 年第 6 期，第 41—44、53 页。

② 叶祖孚：《北京琉璃厂》，北京燕山出版社 1997 年版，第 129—130 页。

③ 张纹华：《〈伦哲如诗稿〉探析》，《顺德职业技术学院学报》2014 年第 1 期，第 75—79 页。

方面的明显不足，感慨诗歌创作与伦明身处的时代正渐行渐远。

另外有傅璇琮、谢灼华的《中国藏书通史》[1] 和谢兴尧的《书林逸话》[2] 提到伦明藏书精、致力于清人集部书籍收藏等。

到目前为止，研究伦明的材料很少而且大多数文章只是就其生平经历、热衷于藏书及致力于续修四库全书等方面泛泛而谈，重复性高而新颖性不足。另外，诸如作品原稿、往来信件和回忆录等史料价值较高的资料太过稀缺，为研究伦明造成了很大障碍。伦明不仅是一个藏书家，也是一个版本目录学家和博学的学者，因此对他的研究可以从不同的角度，以不同的身份作为切入点，这样才能构建完整的伦明学术思想体系。

（原载《大学图书馆学报》2015 年第 1 期）

---

① 傅璇琮、谢灼华：《中国藏书通史》，宁波出版社 2001 年版，第 1188 页。

② 谢兴尧：《书林逸话》，见周越然等：《北京藏书概略》，辽宁教育出版社 1998 年版，第 69—70 页。

“丹桂有根，长在诗书门第”
——读《伦明全集》兼析其书文化情意

徐　雁

由东莞图书馆组织有关文史专家、文献学者整理而成的《伦明全集》，计有二百三十万字，在2017年底由广东人民出版社精装为五册出版。

伦明（1875—1944）字哲如、哲儒，系东莞望牛墩人，近代知名藏书家、文献学家。清末举人，1907年毕业于京师大学堂优级师范科。他平生第三次赴京是在1915年，当时他已拥有诸多私人藏书，且已决计在“书业甲全国”的京师，发展自己的文献学志业。他在1944年10月于家乡不幸病逝后，其家人将其留存在北京的部分遗藏之书，或卖或捐予北京图书馆等机构。如今，在中国国家图书馆古书乙库中，珍藏有来自伦家的七八百种清人著述刻本和稿本等珍贵文献。冀淑英研究馆员评价说：“重视清刻本就是伦明提出的，他开了风气之先……我们如果有机会把伦家的书看看，可以吸收很多关于清代人的知识。”

在《伦明全集》首册卷前，印有与著作者生平活动相关的若干照片、书影及文稿、书信手迹等，有北京大学教授王余光先生及其弟子郑丽芬博士合撰的《伦明生平》一文。该文是我国学术界迄今为止有关伦氏最全面深入的一篇专论。该文依次述及伦氏家世渊源及伦明生平概略，藏书事迹，续修《四库全书》之志，在北平琉璃厂出资开设通学斋书店，与各界人士的交游及其读书、治学、教书生涯。文章指出：“他一生沉浮书海，沉湎于目录、版本之学，为续修《四库全书》奔走呼喊，为文献典籍的抢救与保存、为中华文化的传承和完善矢志不渝……回顾伦明的一生，客观评价其成就，于今日之图书事业及我辈学人意义重大。”“他用尽一生的心力，访书、搜书、校书、续书、编书，为中国近代典籍的保存、传播和完善保存了书籍火种，他‘以有涯之生逐无涯之物’的执着，将一生艰难所蓄慷慨捐公的无私，让后人感动和敬佩。”

所谓“见贤思齐”，今人究竟能够借助《伦明全集》获得哪些具体的人文精神滋养呢？这首先得穿越时空，回返历史岁月，看看东莞伦氏家庭文化，是如何为少年伦明奠定书文化情意，进而使他在历史文化资源最为丰厚的故都北平，终于养成为一个知名藏书家和文献学家的。

“养花种树得春气，读画听香生妙心”，是伦明的父亲伦常的联语墨宝。关于儿时读书、购书的启蒙，伦明在1929年9月发表的《续书楼藏书记》一文中回忆说，少小时受到了爱好藏书的父亲的熏陶。其父在江西崇仁知县任所时，携有十数簏书籍，并曾购得宜黄一户人家的藏书。伦明在十来岁时，于私塾读书之余，常常到其父书房里去看书，因而养成了喜欢涉猎经书史著的爱好，尤喜杜甫、韩愈的诗文作品。当他听得塾师说，在数百里外的省城有不少书肆，可以随心所欲买到想要看的书，便悄悄开列书目，私自托付县衙公差在赴省会时帮助代购。后来此事被其父发觉后，曾一边翻检一边教诲道：“你这孩子也晓得这部书啊，那就要好好地读啊！”

“耕读吾家事，先人有敝庐”“少好弄笔墨，中年复治经”。在得到父亲的鼓励之后，伦明读书、购书就更有底气了，不仅聚书、藏书的爱好因而养成，他不仅自奉甚俭，而且在自立门户、建立家庭以后，时常为买书而不顾家计，以至于“居京师二十年，贫无一椽之栖而好聚书，聚既多，室不足以容”“卅年赢得妻孥怒，辛苦储书典笥裳”。在《买书》诗中，他曾自责道：“平生丝粟惜物力，独遇奇书不论钱。书坊质库两欢喜，只有妻孥饿可怜。”在《卖书》诗中，他也曾自嘲说：“货殖仍然不离儒，本来稗贩笑吾徒。长门赋价今时贱，不卖文章改卖书。”

尽管如此，“不爱临池懒读书，习劳聊破睡工夫。异时留得精抄本，算与前贤充小胥”（《抄书》），“一字辛勤辨鲁鱼，益书益己竟何如？千元百宋为吾有，眼倦灯昏搁笔初”（《校书》）。试想，尚友古书、步武前贤至于此等境界，要不是具有深厚而坚执的中国典籍文化情意，尤其是念兹在兹的历史文献价值观，是不可想象的。

在伦明由一个早慧爱书的学子，成长为知名文献学家的路径上，还不可忽视的是，既得益于作为元明清三个王朝的故都、中国古书旧籍的渊薮——北京城的文化环境，又进益于有共同爱书之好的粤地同乡藏书家曾习经的专业指点。

伦明天赋甚佳，记忆力又强，再加上其少年以来形成的旺盛求知欲，故而在从私塾到县学，乃至京师大学堂的阶梯式教育深造的过程中，他不断充实着自己的知识结构和学问框架。尤其是在北平获得了藏书名家的进一步指点后，其有关书籍目录、版本的学识越来越专深，尤其难能可贵的是人到中年，他日益明确了属于自己的那一份文献职责和文化使命，那就是通过淘书、购书、藏书，为完善《四库全书》的收录，为《四库全书总目提要》的续修尽心尽力。他表示："尝拟独力续修《四库（全）书（总目）提要》，搜储遗籍万数千种，多人间罕见本。"

伦明在《版本源流》中指出："古籍流传至今，存者什一，佚者什九……递传递失，以今视古，百不传一""迩来书价日昂，在私人聚之难而失之易，佳本往往流出海外，一去而不复返。是则公、私人图书馆所当急起而负责者也"。这充分说明，他对于保护中国典籍文化是有着非常清醒的理性自觉的。也因此，他对于藏书家先辈和同仁充满了"同情之理解"，20 世纪 30 年代初连载于《正风》半月刊的《辛亥以来藏书纪事诗》，是继叶昌炽《藏书纪事诗》之后，专补清末民初藏书家故实的，凡百余首，为 20 世纪以来中国藏书文化史之珍贵史料。

"丹桂有根，长在诗书门第；黄金无种，生于勤俭人家。"这是历史上东莞乡间一家祠堂中曾经悬挂过的对联。那么，伦明的书文化情意及其文献学成就，对于今日东莞构建"学习型城市"，乃至深耕"书香东莞"的全民阅读推广活动，具有怎样的现实意义呢？我认为，其中至关重要的一点就是，阅读情意求知欲，须为娃娃抓上心。也就是说，"社会的细胞是家庭"，惟其拥有了万户千家、千家万户的

“学习型家庭”，以及无数位“学习型家长”，才有望不断接近于“学习型城市”的目标，乃至“书香社会”的愿景，而全民阅读才可能拥有读者资源上的源头活水，阅读推广才是一项可持续良性发展的事业。而这，也正是在国家和中央、地方政府层面上，以立法形式促进全民阅读的终极人文关怀。

（原载《中华读书报》2018 年 4 月 4 日第 08 版）

伦明与北京大学

郑丽芬

藏书家伦明是庚子、辛丑并科举人，同时又是新式教育的第一批亲历者，光绪二十八年（1902）他考取京师大学堂师范馆，受业四载有余，此后又执掌北大教坛十余年，与北京大学有着不解之缘。

光绪二十八年（1902）七月十二日清廷公布《钦定京师大学堂章程》，明确规定兴办师范馆，以造就各处中学堂教员。学生来源，除京师招考外，还可通过各省督抚学政就近调考咨送。光绪二十八年（1902）九月十三日，京师大学堂正式举行招生考试，二十六岁的伦明以举人身份赴京赶考，名列第一。与伦明同入京师大学堂的还有弟弟伦叙、伦绰，从弟伦鉴。在师范馆五百学员中，伦氏一门四杰，堪称佳话。

1904 年，师范馆改为优级师范科，伦明于本年升读优级师范科，为分科第二类学生，所习课程以舆地、历史为主，包括人伦道德、经学大义、中国文学、教育学、心理学、地理、历史、法制、理财、英语、生物学、体操十二科。师范生求学期间，所需膏火、饭食免费，有些省份的学生还能领取津贴。伦明自 1904 年 1 月 8 日起获得广东善后总局的津贴，每月二十两白银，翌年五月起增至二十五两白银。因师范馆学生年龄较大，又多获科举功名，国学根底较深，京师大学堂在教学法上特别注重讨论的方式，形成了师生“互相讨论、坐而论道”之风。学堂诸师如陈黼宸、江瀚、服部宇之吉对伦明后来的治学从教生涯影响至深。

1907 年 2 月 25 日至 3 月 2 日，学部在大学堂举行分科毕业考试，师范馆第一批应届生共一百零三名参加。伦明毕业平均分数七十六分八厘七毫，伦叙七十六分九毫，伦鉴七十四分三厘三毫，三兄弟均添列优等毕业生。毕业后，伦明分配拣选广西知县，但并未就任，于同年赴粤从事教育工作，担任两广方言学堂教务长兼经济科课程，伦叙、伦鉴亦分别在该校教授西史与博物课程。

1917 年 11 月，北大校长蔡元培聘伦明任法预科教授。同年底，北京大学设文科研究所，下设国文门，伦明和刘农伯同任诗、词两科教员。伦明讲“诗”的时间为每月第一周周三四时到五时。同时他还担任史学系教授，讲“明清史籍研究”和“清代著述考”，曾著有《清修明史考稿》（发表与否未详）。据 1919 年北大工资簿显示，伦明时任四级教授，月薪二百二十元，彼时胡适、朱希祖、辜鸿铭等为一级教授，月薪二百八十元。

这期间，伦明积极参与北大校内活动。1918 年 2 月，他认购“北京大学筹备消费公社”事务所募股；同年 5 月 11 日，与马寅初等联名发起在北大法科建立苑囿，率先捐款，并在《北大日刊》上刊登“募捐启”；1919 年 10 月 6 日，参与北大国文教授会讨论修订教员会章程；1920 年，北大教授马夷初因到教育部“索薪”而“被”辞职，伦明与师生联名上书挽留，伸张正义。他常常与北大同僚游厂肆或结诗社，吟诗唱和，最有名的是 1920 年他与沈尹默等的《金鱼唱和词》。他曾编印《清代史籍书目提要讲义》，并与国文系教授林损、陈怀合编《文范》讲义六册。校内同仁常因著述考证之事与其过从紧密，或借书，或抄书，或讨论版本，如胡适就曾托伦明为其校书。

1921 年 9 月，伦明辞去北京大学教席。因此期北大国文门教员多半为浙籍人士或章太炎弟子，据后来梁启超给江瀚的信中提到，其“为浙派所排而去”。请辞后伦明欲潜心续修四库，这年 12 月 26 日，他致信教育部次长陈垣，建议校雠《四库全书》，请求陈垣将续修四库全书之事委派于他，“若得附骥尾而有所表见，则我公之赐也”。然翌年 5 月，陈垣即辞去教育部次长职位，伦明的提议未能如愿。

1927 年，张作霖派刘哲改组北大，更名京师大学，改北大文科为文学院，叶恭绰任文学院院长。经梁启超推荐，伦明于 1928 年重返北大，讲授目录学、明清史籍解题等课，直至 1933 年进入北平民国学院任教。这期间，日本留学生吉川幸次郎、仓石武四郎也选听伦明的“版本目录学”课程。至于上课的评价，傅振伦曾提到：“新聘教师有名于时者有邵瑞彭、邓之诚、伦明诸先生。”“教员多逊清遗老耆旧，不学无术，独江瀚、伦明、邵瑞彭、邓文如诸先生学识渊博，为学生所推重。”张中行在《红楼点滴》中的回忆则更为详细：“讲目录学的伦哲如（明）先生，他知识丰富，不但历代经籍艺文情况熟，而且，据说见闻广，许多善本书他都见过。可是有些事却糊里糊涂。譬如上下课有钟声，他向来不清楚，或者听而不闻，要有人提醒才能照办。关于课程内容的数量，讲授时间的长短，他也不清楚，学生有时问到，他照例答：‘不知道。’”

（原载《中华读书报》2018 年 4 月 4 日第 08 版）

伦明与东莞

钟敬忠

集版本目录学家、藏书家、大学教授于一身的伦明于1878年生于东莞望溪乡（现东莞望牛墩镇），其家族为当地望族，代有人才。伦明的祖父伦梦麒，为东莞县的武秀才。伦明的父亲伦常为举人，曾任陕西、福建、江西等地知县，一生喜欢读书、藏书，“所至以十数簏自随”。伦明深受其影响，从小便博涉经史，与书结下不解之缘。这与他之后成为藏书大家有很大关系。

伦明少时随父亲在其任职之地读书，1889年父亲去世后与兄弟返回故乡东莞读书。他二十岁入县庠，后又曾在广州康有为的万木草堂读书，在其弟子名录中排在第二十四位。1901年，伦明中广东乡试举人，1902年，又考入京师大堂师范馆就读。居东莞近十六年中，在伦氏家族优良的家风以及东莞浓厚文化气韵的熏陶下，伦明成长为一名才华横溢的读书人。他曾赋诗描述家乡：“吾家南海衍东江，子姓无多谱牒详。蕊榜一时谈盛事，荆花双萼占秋光。祠堂未获抠衣拜，艺苑应惭数典忘。展卷翩然仙蝶舞，仙凫一去渺何乡。”

1915年，伦明举家搬至北京生活。虽远离故乡，但与东莞的联系并没有中断。在北京，伦明一家人长期居住在北京东莞会馆里，他的藏书楼——续书楼也设在里面。东莞会馆是莞人北上首选的旅居之地，也是莞籍同乡在北京的聚会之所。1918年，在京东莞籍学生与教职员正式成立“北京东莞学会”，在国立北京大学当教授的伦明被选为会长，会址就在刚开馆的上斜街东莞新馆。1922年，驻京莞籍学生及毕业生成立的“留京东莞学会”也设在此地。伦明在会馆与后来成名的中国著名金石学家容庚、民俗学家容肇祖、历史学家张荫麟、广东文献学家张伯桢张次溪父子长期联系紧密，共同探讨学问。伦明常为容庚主办的《燕京学报》投稿，他研究考证的著作如《续书楼读书记》《渔洋山人著书考》及有关续修四库全书的论文，最初大多发表在《燕京学报》上。伦明还十分重视对家乡著名人物袁崇焕的挖掘和宣传。1935 年，组织好友容庚、张次溪合作编辑、出资、影印《东莞袁崇焕督辽饯别图诗》卷五十本，送给各图书馆和广东会馆收藏，影响很大。

1937 年，伦明因事返粤，但七七事变后，京粤交通阻隔，无法返京，只好留在广州。广州沦陷后，时局混乱，伦明在家乡辗转，苦不可言。他整日作诗自遣，曾给冼玉清写诗云：“局蹐穷乡一岁长，艰难屡觅避兵场。战争道阻音书梗，忧患心劳笔砚荒。果帝暴秦甘蹈海，所思之子怅横江。黄冠白刃吾何任，切欲从君一审详。”但在这种情况下，伦明还不忘遗书好友张伯桢，嘱咐将其北京续书楼的百万藏书捐赠给北平图书馆。伦明在故乡期间，著有《乡园忆旧》等诗数百首，但因战乱而丢失。1944 年 10 月，伦明病逝于东莞。他给后人留下的百万卷中化文献典籍，以及在求知、藏书和续修四库之路上不懈探索、永不止步的文化精神，让后人感动和敬佩。

（原载《中华读书报》2018 年 4 月 4 日第 08 版）

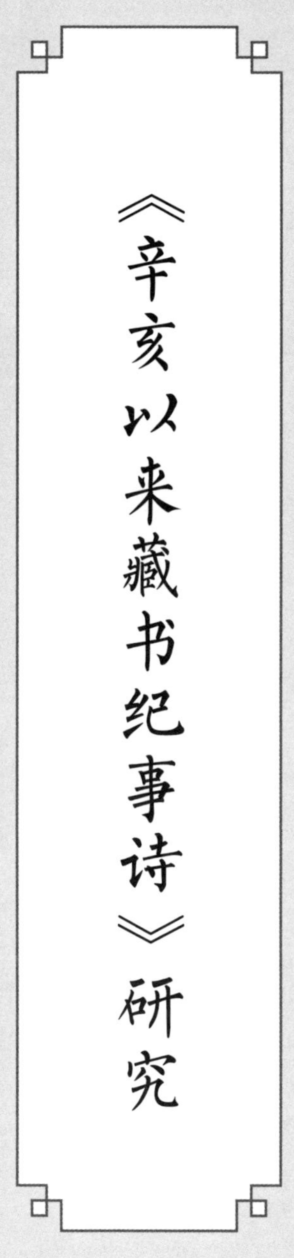

《辛亥以来藏书纪事诗》研究

伦哲如的《辛亥以来藏书纪事诗》

雷梦水

《辛亥以来藏书纪事诗》为已故伦哲如先生所著，所记多近五十年事。先生喜读书，以搜访故书及过录批校之事耗去一生精力，著书时间反而被夺去。抗战前，吴柳隅主编《正风》半月刊，伦先生试作记述近代藏书家轶事，而系以诗，俾使读者得知梗概，于是连载数期，即《辛亥以来藏书纪事诗》。后以《正风》停刊，尚有若干首没有刊布，幸好原稿尚未遗失，并有钞本流传。伦哲如先生的藏书纪事诗以近代为主，有异于叶昌炽的多是根据传说的《藏书纪事诗》，写有近人百数十家，其中有康有为、梁启超、章太炎、王国维、陈垣、姚茫父、冼玉清、刘师培等人，有不少独得之见。这些看法也见于他写的《续书楼藏书记》和《拟印〈四库全书〉之管见》等文中。伦哲如与琉璃厂的孙耀卿最友善，其所藏精品，多经孙先生购得。他指导孙耀卿先生经营古书，如何为学术研究服务，并在业务当中，特别留意四库未收之书，编成《贩书偶记》及续编、《丛书目录拾遗》、《清代禁书知见录》、《琉璃厂小志》、《北京风俗杂咏》等，为学术界所称道。

（原载雷梦水：《书林琐记》，人民日报出版社 1988 年版）

辛亥以来藏书纪事诗未刊稿笺注

宋　远

作为记载藏书家事迹的珍贵文献，继叶昌炽《藏书纪事诗》之后，又有伦明《辛亥以来藏书纪事诗》，业由雷梦水先生校补整理，印行出版。但伦明尚有续作，手稿藏于北京图书馆，此次未能附入，不免犹有遗珠之憾。因自馆中假得，手录一过，并仿雷先生校补之例，略事笺注。又，叶恭绰校刊《辛亥以来藏书纪事诗》（附于《矩园余墨·纪书画绝句》之后），冠有叶氏序言一篇，今亦一并抄出，附录于后，以供参考。

稿本原题“辛亥以来藏书纪事诗草稿”，半叶九行，四周双边，版心印有“续四库全书总目”七字。全册十五叶，由稿纸裁贴而成，故每叶行数多有出入。诗以大字书写，注则小字双行，诗下无注者，皆预留空白，以待补入。增删涂乙之处甚多，偶见笔误，盖属草未定之稿。

此次笺注，未暇博稽详考，但依见闻所及，故或详或略，未作划一，私意以为众所熟知者，亦不复赘辞。所识甚小，阙疑犹多，谨俟方家匡教。

非关贬谪到长沙，学士遗书散外家。
秘册短篇惊未见，翰林钞出墨横斜。

萍乡文道希学士廷式[①]，有外妇即王益吾[②]侄女，而番禺梁按察[③]之夫人也。或云学士于夫人未婚时与有私，归梁后无故大归，按察以关两家体面，不敢显为决绝。守武昌日，夫人径入衙署，居数日去。按察商于张文襄，文襄劝以善处之。其后言官讦按察，有帷薄不修语，即指此也。按察时望，以文章气节负，不幸有此妇。学士亦以此不理于众口，晚年失意侘傺，依梁夫人以居。身殁，梁夫人尽得其所有。余曾见抄（抄下似夺“本”字）《永乐大典》多册，学士物也。岁癸酉（1933），游南京，遇徐行可[④]，云得学士辑录稿五十余册，大抵皆取（取下似夺“自”字）《永乐大典》者，允以目见示。其补《晋书·艺文志》[⑤]，及《云起轩诗词》[⑥]，已有人为之印行。

①文廷式，字道希，别号纯常子，官至侍读学士。王謇《续补藏书纪事诗》收《文廷式》一则。诗云：“纯常枝语深宁学，云起诗词辛杜神。落叶哀蝉环天室，满腔心事与谁论。”注曰：“文芸阁学士读《永乐大典》诸书，削肤存液，《纯常子枝语》十六册，其精博不在王伯厚《困学纪闻》下，世人崇古贱今，莫测识也。《云起轩诗词》惟杜老辛幼安是师，名笔也。曾重伯广钧《环天室诗集·落叶哀蝉曲》，世传为珍贵妃发，实则为其师发也。”

②王先谦。

③梁鼎芬。光绪三十二年（1906）、三十三年（1907）湖北按察使，尝为武昌知府。

④徐恕，《辛亥以来藏书纪事诗》已收；文氏《纯常子枝语》，番禺汪氏（兆铭）双照楼刊刻，其稿即出徐行可所。

⑤《补晋书艺文志》六卷，有宣统元年（1909）长沙铅印本。

⑥陈三立《文道希先生遗诗序》：吾友萍乡文道希学士既殁，门下士徐君积余为刊《云起轩诗词》若干卷，盛传海内矣。今岁，叶君玉甫复搜刊君遗诗若干卷，以君朋辈故旧仅存者莫余若，属序其端。按：《云起轩词钞》一卷，有光绪间徐乃昌（积余）刊本（收入《怀豳杂俎》）；《云起轩词》手稿有民国二十三年（1934）南京王氏娱生轩影印本；龙榆生合校二本编为《重校集评云起轩词》，有龙氏忍寒庐刊本（曾连载于《同声月刊》）。《文道希遗诗》一卷，有民国十八年（1929）番禺叶氏（恭绰）刊本。

新国元勋旧翰林，彼时帝典未忘钦。

郑吾老去依袁绍，犹是平生金石心。

长沙谭组庵延闿[①]，居京师日，尝于德友堂购得元刻本书经。长沙郑叔进沅[②]，其师也，素治金石，所收金石书甚多，曾见其《永乐大典》数册。晚岁贫甚，组庵在南京任要职，招之不赴，嗣商就担任笔札之事，居上海不到南京，月领薪数百金，叔进鬻字，月入甚优。久之，组庵殁，叔进亦病甚，不得归。

①谭延闿，光绪三十年（1904）进士，授翰林院编修，武昌起义后，任湖南都督。民国十七年（1928）曾任国民政府主席。谭以擅书名，取法颜平原，有影印《谭组安先生手写诗册》、《谭延闿书札》（手书粘贴本）、《谭组安论诗书手札》、《谭组安庐山纪游墨迹》等行世。

②北京图书馆藏有郑沅书《钱母戴太夫人墓志铭拓本》（铭文吴仕鉴撰）。

泽传五世斩何疑，蝯叟书题一望知。
最怕惑人张黑女，康成婢亦解言诗。

道州何氏藏书，自文安公凌汉，传子绍基，字子贞[①]；孙庆涵，字伯源；曾孙维朴，字诗孙，维棣，字棠孙。维朴官中书，晚岁鬻书沪滨，不归。维棣官四川道员，俱殁于辛亥后。棠孙子某不肖，遗书尽售出，盖五世矣。其书多厚册，书脚有合三四厚册为一题者，子贞笔也。凡书经子贞手题，值增三四倍以上。惟批校本多赝鼎，其家子弟至婢仆皆效子贞书法，几可乱真。大抵过于端整者，皆可疑也。子贞学张黑女碑，而深讳之。今有榻本流行，但难信为原本耳。

①何绍基以书名著于世，亦多撰述，所撰著有《东洲草堂文钞》、《东洲草堂诗钞》、《东洲草堂金石跋》、《何蝯叟日记》、《使黔草》、

《福建乡试录》（道光十九年乙亥科）、《山阴县志》、《丹徒县志》、《安徽通志》等。

湛深高密一家学，穷老巴陵八十翁。
屈指湖南经乱屡，莫将家稿委蒿蓬。

巴陵杜仲丹举入贵墀，历主湖北勺庭经心、湖南岳阳校经各书院，所著《巴陵人物志》搜辑至备，与《典礼质疑》文集俱刊行[①]。未刊者有《郑氏经学考》，内分《郑注群经互异考》《郑氏易义考》《郑笺引易考》《郑笺引书考》《郑引公羊考》《郑引穀梁考》《郑与穀梁同义考》《郑引尔雅考》《郑注字义考》《郑注声近考》《郑注省声考》《郑注假借考》《郑君注记时未见毛诗考》《考经郑注考》《汉书注引郑氏考》共十五种。又附《郑服异解考》《许君解字与先后郑经注同异考》《王肃难郑考》共三种。自来言郑学，未有如此赅博者。他若《春秋浅测》《左传贾服杜三注平议》《公羊传注使若例》《尔雅山海经郭注汇证》《说文随举》《音韵随举》《戈麻韵正》《书简错脱考》《读经汇记》《通鉴采书例》《汉书注例》《五代史记注削繁》《汉律辑证》《汉杂事辑》《湘中记辑》《汝南人物志辑》《兴国州志》《续修巴陵县志》《舆地纪胜驳正唐人旧说考》《四库全书提要补正》《读史汇记》《经史决事》《经世纂言》《读书法汇》《悲愤录》《称谓录》《恒言录补》《读诸子汇记》《桐华阁骈文集》《词集》《词钞》《读文汇记》等，凡数十种。卒年七十八。

①《巴陵人物志》十五卷与《典礼质疑》六卷俱收入《桐华阁丛书》。《丛书》共六种四十二卷，此两种外，尚有《汉律辑证》六卷、《读书法汇》一卷、文集十二卷、词抄二卷，光绪二十五（1899）至二十八（1902）年先后刊行。

五家文后二家词，四印遗珍畀古微。

秋冷众香吹散后，大声忽起鸟惊飞。

临桂王佑遐给谏鹏运[①]，况夔笙中书周仪[②]，官京师日，同好言词。给谏好收宋元词，得汲古阁未刻宋元诸家词稿。卒，遗书归朱古微[③]。中书好收清初迄近代诸家词集。给谏刻《四印斋宋元诸家词》，中书亦刻《粤西词见》。给谏殁后，遗书归朱古微（此句与前重，可见此系未定稿也）。中书辛亥后居上海，未殁前，所藏已尽散。中书有《众香词集》，所选皆明清间女子之词，最宝之。给谏尝得明陈夏大声[④]《乐府》，孤本也，缪筱珊[⑤]欲取而刊之，遍觅不可得。急曰：吾欲为大声大哭。后三十年，戚（原稿如此，疑为衍字）王氏戚某忽于破簏中检得之，现归北平图书馆。又临桂李朴卿好积书，所藏明刻甚夥，有元椠杜诗尤佳。余往居桂林，半年后又居浔州三月，觅一书不可得，深叹桂人之陋。今得三君，可为粤西山水生色矣。广西近年汇刊吕月沧、朱伯翰、龙翰臣、王定南、郑献甫五家古文，皆嘉道间人[⑥]。

①王鹏运曾汇刻《花间集》以迄宋、元诸家词为《四印斋所刻词》。又自刻所作词曰《袖墨》《虫秋》《味梨》《蜩知》等集，其后删订为《半塘定稿》。

②况周仪有《蕙风丛书》十种，包括《阮庐笔记五种》《香东漫笔》二卷、《万邑西南山石刻记》二卷附《南浦郡极善寺两唐碑释文》一卷、《薇省词钞》十卷附录一卷（辑）、《粤西词见》二卷（辑）、《香海棠馆词话》一卷、《蕙风词话》五卷、《第一生修梅花馆词》九卷等。

③朱祖谋，又名孝臧，号沤尹，又号彊村。曾校刻唐、宋、金、元人词百六十余家为《彊村丛书》，又辑《湖州词征》二十四卷（后增订为三十卷）、《国朝湖州词征》六卷、《沧海遗音集》十三卷。其自为词，经晚岁删定为《彊村语业》二卷，身后门人龙榆生为补刻一卷，入《彊村遗书》中。朱氏尝督广东学政，汪兆铭举秀才适于其任，汪既荣显，至沪上，知先生晚境不裕，月奉四百金，为其婉拒。

④伦氏此语有误，此书系况氏所藏。《蕙风词话续编》卷二有记载：“明陈大声（铎）《草堂余意》具澹、厚二字之妙，足与两宋名家颉颃。半塘借去未还。筱珊先生急欲付诸剞氏，而元书不可复得。筱珊谓余：可为陈大声一哭。”

《草堂余意》二卷，后赵尊岳觅得此本刻入《惜阴堂汇刻明词》中，惜未及印行。施蛰存据龙榆生藏红印本刊入《词学》第一辑。明刊原本国家图书馆及台北“中央图书馆”皆有藏。

⑤缪荃孙，《辛亥以来藏书纪事诗》已收。

⑥《粤西五家文钞》，清谢元福辑，包括《月沧文集》六卷（吕璜撰）、《怡志堂文初编》六卷（朱琦撰）、《经德堂文集》四卷（龙啓瑞撰）、《龙壁山房文集》四卷（王拯撰）、《补学轩文集》四卷（郑献甫撰）。

> 吴刘张吕各詹詹，六译谈经海语兼。
> 锦水带围两书库，大关唐与渭南严。

> 叶鞠裳《藏书纪事诗》，清代三百余人，四川无一人焉。余所见辛亥后尚存者，若吴之驷[①]、刘咸炘[②]、张慎仪[③]、吕调阳[④]、廖平[⑤]诸先生，所撰述俱已行世。其单以卷帙之富著声于近时者，若大关唐百川[⑥]，渭南严式诲[⑦]。式诲寄居成都，其贲园书库，所蓄尤备。二家皆好刻古书，椠本流布海内外。

①疑即吴之英，四川名山人。撰有《寿栎庐丛书》（民国九年名山吴氏刊本）。

②刘咸炘，四川双流人。撰有《子疏》《子疏补》《庄子释滞》《吕氏春秋发微》《文学述林》《史学述林》《治史绪论》《修德简说》《理文百一录》《骈文省钞》《太史公书知意》《汉书知意》《后汉书知意》《三国志知意》《内书》《中书》《外书》《左书》《右书》《弄翰余沈》《妇学》等；又精目录、校雠之学，有《目录学》《校雠述林》《续校雠通义》等箸。

③张慎仪撰有《菱园丛书》九种三十四卷。

④吕调阳撰著大都收入《观象庐丛书》（光绪十四年叶长高刊本，其中仅二三种为他人所撰）。

⑤廖平，四川井研人。著有《何氏解诂三十论》《公羊补证》《左氏古经说》《杜诗辨正》等，晚年手自编定《六译馆丛书》，凡一百四十三种。

⑥唐鸿学，字百川，唐友耕之子。云南大关人，寓成都。清季曾官道员，与其弟鸿昌（少坡）锐意搜求典籍书画金石文物，为四川著名收藏家。唐百川又精版本校雠，先后刻有《怡兰堂丛书》《三朝北盟会编》《梦溪笔谈》等书。其藏储除宋、元、明旧刻外，尚多名家校本及未刊稿本。晚年困窘，藏书渐散，抗战初期病殁。

⑦严式诲辑有《音韵学丛书》（民国间渭南严氏成都刊本）、《渭南严氏孝义家塾丛书》（民国十四年成都渭南严氏孝义家塾刊本）。又，《贲园书库目录辑略》一卷，张森楷撰，收入《渭南严氏孝义家塾丛书》。

末榜词科榜首人，投戈讲艺一将军。
雪庐略出群经说，珥海全收众族鳞。

石屏袁树五提学嘉穀[①]，举光绪癸卯经济特科第一，近见其《卧雪庐文集》《十三经》皆有说。昆明李印泉将军根源，遍搜滇人专著，得数十种，刻《云南丛书》，袁（原稿如此，当系叶之误）鞠裳《纪事诗》，山西、四川、广西、云南，俱无一人，兹补于此。

①袁树穀撰有《卧雪堂文集》二十二卷、《卧雪堂诗集》十二卷、《移山簃随笔》等。

词人南宋母西王，事事关心到鬓霜。
旧学商量如昨日，招魂不是旧辽阳。

辽阳陈慈首思[1]，最熟南宋事，尝撰《辛稼轩年谱》《姜白石年年（原稿如此，系衍字）谱》《姜白石词笺》，辑《白石遗文》，数书皆考索数十年，俱脱稿。又撰《西王母考汇》，存江阴，余未之见也。君又熟古地理，以为《穆天子传》《山海经》所言地理，按之古书，无不合，断非伪作。因撰《古地理表》，未成。余戊巳（1928—1929）间居沈阳，与君日夕相见，谈学最洽。君殁于东北事变后，余今岁四月游东京，道过沈阳，住车站一宿，忽触想君前日送行处，为怅惋不已。

①陈思所撰《白石道人歌曲疏证》《白石道人年谱》《清真居士年谱》《稼轩先生年谱》，俱印入《辽海丛书》。

异时史纪国师歆，难没当年抱缺心。
老去爱钱憎旧物，免教随尔落鸡林。

上虞罗叔韫振玉[1]，十余年前，从大连单开抄本书目近百种，向燕京大学求售，索值二万金。容希白[2]持示余，中多罗氏已刊者。余主分售，选择若干，罗示不允。后闻售与上海中国书店，议已就矣，而资不足，乃由罗氏函燕京大学，依原议，所得多佳本。尤佳者，吴槎客[3]《论语集解考证》稿本，翁覃谿[4]读经诸札记。中国书店所得尤佳者，《明实录》全部，余不能记忆矣。近闻燕京大学以典守者非人，致全失之，怅惋不已。

①王謇《续补藏书纪事诗》收《罗振玉》一则。诗云："雪堂校刻留书录，三代吉金著证笺。敦煌经卷流沙简，书库大云叙佚编。"注曰：罗氏搜罗三代吉金殷墟书契流沙汉晋木简敦煌经卷，成《三代吉金文存》《殷墟书契文编》《敦煌木简文字考释》等。又有《大云书库藏书叙》及所藏书目。所刻书有数百种，晚清一名著家也。

②容庚。

③吴骞，叶昌炽《藏书纪事诗》已收。

④翁方纲。

军需局设世宗初，二次编成天禄书。
半部西征身僇后，十年南内手撕余。

雍正初设军需局，后改军机处，凡留中章奏、禁毁秘件皆在焉。此外又有各项地图、历科殿试策、乡会试进呈朱卷，皆储其中。汪景祺《西征随笔》下册，即从此检出。近年故宫月刊，皆取材于是也。《天禄琳琅书目》[①]，经乾隆、嘉庆两次编次，今检查其书，与目不符。盖散失多矣。夏闰枝[②]云，德宗自戊戌初闻维新之说，痛恨旧书，居懋勤殿，日取旧书手碎之，遍地破纸，久之，命内监悉扫除去。其中亦有完整者。师又云，殿中之书，系放在地上，多年不动，其近地一二册，已霉坏不可揭云。谭笃生[③]之得内府书，或在此时，而《天禄琳琅书目》所不见，亦当在此破纸堆中矣。

①清宫所藏善本书目。乾隆九年（1744），帝命于乾清宫东之昭仁殿藏宋、金、元、明版书籍，御题“天禄琳琅”。乾隆四十年（1775）命于敏中等编《天禄琳琅书目》十卷，收宋以来善本四百二十九部。嘉庆二年（1797）书毁于火。乾清宫修复后，重汇善本庋藏其中。彭元瑞等续成《后编》，收善本六百六十三部。《后编》之书颇多散佚，现存约半数。民国间有专记其存佚的《查存书目》和《现存书目》。

②夏孙桐，《辛亥以来藏书纪事诗》已收。夏氏供职翰林院时，与王乃征、秦树声、朱祖谋皆为词友。朱氏编《沧海遗音集》，收录当代词人集十一家，夏之《悔龛词》与焉。辛丑（1901）简广东乡试副考官，伦明即是科所得士。

③正文斋书店主人，《辛亥以来藏书纪事诗》已收。傅增湘《藏园群书题记·宋刊本方言》跋：“壬子（1912）春，余客燕京，适盛伯义祭酒遗书散出，正文斋谭笃生、宏远堂赵聘卿以二千金捆载数十

簏入市。余诣宏远堂，睹此书，告以此蜀人遗著，颇欲得之。赵云：‘书为合资公置，若此书归我者固易言也。’既而列价拈阄，此书竟为谭估所得。谭颇识版刻，恒以高价居奇，余往问值，则云非五百金不可。时余绌于资，告以二百金，不可得，遂辍议。回津后私自惋叹而已。会伏暑，谭遘疾，孙君伯恒为调护之，疾笃，持此书告伯恒曰：‘傅君常欲得是书，吾固心许之，特价未谐耳。今余病恐不起，药饵之资不足于用，愿得二百金归之。’余感其言，急持金入都，载之以归。”

相公原自读书来，内阁恢恢纳众材。
方略馆连资政院，一时举目感兴衰。

清代方略馆，储书最富。名列禁毁者此亦有之。李映碧《南北史合注》[①]，即其一也。资政院所储，多方志，他类书亦有之。民国初，馆与院废，其书移归国务院。

①明李清撰。清字心水，号映碧。扬州兴化人，礼部尚书思诚之孙，大学士春芳之玄孙。崇祯辛未进士，官至吏科给事中。事迹附见《明史·李春芳传》。此书原已收入《四库全书》史部，乾隆五十二年（1787），当朝发现《四库全书》中李清所撰《诸史同异录》有诋毁之辞，遂将李氏其他撰著一并撤毁，中即有《南北史合注》（一百九十一卷）。

项城南面不成雄，输与宜都享素封。
何物屠门思大嚼，略分一半与旌忠。

岁乙卯（1915），袁慰亭[①]以七万金购宜昌杨氏[②]书，贮国务院，未及清理，而云南难作，遂无暇及此。民国六年，范静生[③]长教部，思得之，请于国务院。院秘书长张远伯[④]，以书归教部，太占便宜，因议由院自建图书馆，迁延数月，而远伯去位，时蔡松坡已卒。梁任公辈发起设松坡图书馆，以旌其功绩。政府重违其意，乃分与杨氏书之一部[⑤]，全书别储一室[⑥]。岁丁卯(1927)，尽国务院所有书，归之故宫。

①袁世凯。

②杨守敬，《辛亥以来藏书纪事诗》已收。

③范源濂：湖南湘阴人。

④张志潭，直隶丰润人。

⑤据《松坡图书馆纪事·缘起》："政府拨予宜都杨氏旧藏图书二万四千余册。"

⑥同据上书。"十一年秋，政府拨予北海快雪堂全部及石虎胡同七号屋，专为松坡图书馆之用。"

刑鼎新成小司寇，宝书旧掌大行人。
最多图籍关舆地，一统河山内外分。

京师各部衙门，除教育部有附属图书馆，此外若司法部图书馆，有新印大本《图书集成》一部，南海戴少怀尚书鸿慈[①]所购置也。又有各省方志甚多，则顺德胡子贤祥麟[②]为佥事时所建议征集也。又有《元典章》刻版，则董授经[③]主部时据抄本精雕也。此书故宫有元刊本，陈援庵[④]为作校勘记，别行。其他则新旧法律诸书，修改法律，系沈子惇侍郎家本[⑤]主其事。最惜者，旧存历朝要案供招，亦史料之一种。徐谦[⑥]代部日，悉付炬火，闻明天启、崇祯间一部分溢出，归北京大学研究所。熊廷弼、袁崇焕等供招在焉。余未得见也。又若外交部图书馆，外交部系译署改名，译署旧存边界地图，及关于边地译著之作居多，然亦有他杂书。余所见有顺德张樵野侍郎荫桓《铁画楼诗文钞》。盖樵野曾官译署，或其所赠存也。花县朱楚白进士衔，素与李仲约侍郎[⑦]考求西北地理，著书多种，家稿已失，余亦见之此。自政府南迁，二部图书，随以俱去，惟《元典章》板片，尚存故都保管处，至内务部，所储方志不亚司法，惟无他书，不足记也。

①戴鸿慈，光绪三十二年（1906）至宣统二年（1910）任法部尚书。

②胡祥麟，民国十一至十二年（1922—1923）任司法部参事（任佥事当在其前）。

③董康，民国九至十年（1920—1921）任司法总长。《辛亥以来藏书纪事诗》已收。惟雷梦水注云其著《书舶庸谈》六卷，而此书续有增订，终为九卷。

④陈垣。

⑤沈家本，字子惇，别号寄簃。归安人。曾主持修订《大清律例》为《大清现行刑律》，又制订《大清新刑律草案》。著有《沈寄簃先生遗书》甲编二十二种、乙编十三种，又编有《枕碧楼丛书》十二种。

⑥徐谦，字季龙，安徽歙县人。民国六年（1917）八月以司法部次长代理张耀会长部务。

⑦李文田，叶昌炽《藏书纪事诗》与伦明《辛亥以来藏书纪事诗》均收。

史馆时移有旧新，私家刻稿又横云。
是非易起南浔狱，存佚难寻东观文。

清代国史馆储书甚富，尤多未刊本，盖谕旨立传之人必将附带其生平著作，而馆中亦自有供参考者。光绪初年，曾由馆咨行各省学政，令采访当地人士著作呈馆，今有江苏学政黄体芳[①]《江苏采访书目册》行世。昔尝从馆员入内观览，见诸抄本原稿不少，皆外间罕见者，民国改为清史馆，另派总裁、纂修诸员，旧档幸未散失，史局开，人家以事实呈馆立传者，亦必附带著作，数亦不少。曩从朱少滨[②]许，见其抄本书目，似尚未尽。民国己巳（1929），有揭发《清史稿》违碍者，议禁毁，于是以馆所藏《清史稿》印本，及馆藏一切史料，悉送南京。其提取未尽者，仍存故宫，杂入故宫书目中，不可辨别矣。

①黄体芳，字漱兰，浙江瑞安人，任江苏学政在光绪六至九年（1880—1883）。

②朱师辙，《清史稿·艺文志》总成者，1929年应聘故宫博物院图书馆专门委员会。《辛亥以来藏书纪事诗》已收。

积水潭边广化寺，相公筚路此开山。
书移天水中兴旧，经贮敦煌石室残。

光绪末张文襄以军机大臣兼管学部，奏设学部图书馆，初借城北积水潭广化寺，移内阁大库书于此。书多元明旧帙，其中宋本，犹为元师平宋时，收之临安秘阁者，后编为《宋元本留真谱》。又编本馆善本书目八卷[①]，各省志书目四卷。又（原本如此，当系“未”之误）几迁大方家胡同，又以敦煌石室唐人手写经卷附焉。此项经卷，由甘肃布政何某[②]，派员送京师，其子部郎某约友迎之廊坊，先擅取其佳者，余归学部，再归图书馆，己未（1919）以后，渐整理之。

①《清学部图书馆善本书目》收古学汇刊中，北京图书馆有藏本，但无八卷之说。

②此项经卷宣统二年（1910）启运进京，当时甘肃布政使为何彦昇。

平津平地涌楼台，半是新材半旧材。
愁听风声迁贿去，惯看日景坐车来。

北平图书馆，初设北海，后与教育部图书馆合，迁中海。已已改建新址，即今北平图书馆，并改其地曰文津街。

辟馆储书首树声，惩于陆氏受于丁。
遥遥南北双文库，气象开基与守成。

光绪末叶归安陆氏皕宋楼书[①]，归于日本岩崎氏，而钱塘丁氏，家亦中落，江苏当道，恐为陆氏之续，乃议以七万金，全购善本善（原文如此，当系“书”之误）室所藏，益之他捐购之本，设江南图书馆于蟠龙里[②]，系缪艺风主其事，时京师学部图书馆尚未拟及也。初名江南图书馆，旋改江南第一图书馆，又改中央大学国学图书馆，每月全馆经费仅五百元，视北平图书馆，规模悬绝矣。

①陆心源存斋，藏书皕宋楼。存斋殁后，其家人以全部藏书售于日人岩崎氏，载归，贮之静嘉堂文库。

②《国立中央大学国学图书馆小史》：“光绪季年号称立宪，苏抚端方赴欧考察，归而盛道泰西之文明首在图书馆之美备。比督两江，适浙江丁氏欲售藏书，日本人多方觊觎，冀与皕宋楼之书并归三岛。端方以其事关国粹，遂属缪荃孙、陈庆年等购其书至金陵，而置馆于盋山。”按：盋山即蟠龙里之盋山园。以下伦氏所述沿革诸事，亦并见于《小史》。

中央划界又中央，阁本刊传哄一场。
搜得太平新史料，短篇英桀署玕王。

南京新设中央图书馆，起因于《四库全书》南移。当事者与商务馆订约，以一部分孤本摄印，而馆收其利。主之者海宁蒋慰堂复聪也。而时论多持异见。因又有折中之议，即今所印四库罕见珍本是也。馆中新印《太平天国丛书》若干种，皆抄自伦敦图书馆者。近闻新收得《英桀归真》一册，仅三十五页，刻者玕王，即洪仁玕也，为伦敦图书馆所未有云。

四库移来自热河，累他文溯两奔波。
黄鹤已随白云去，木瓜其奈琼琚何。

民国初，移热河文汇阁[①]，奉天文溯阁，两四库书归京师，今存北平图书馆者，文汇阁本也。文溯阁书张雨亭复运回沈阳。徐菊人[②]受法国博士之脍，欲以文汇阁书酬之，为舆论所阻，不果行。

①内廷有四阁，文汇在扬州大观堂，文宗在镇江金山寺，文澜在杭州圣因寺，前二阁书皆毁于太平天国之役，圆明园之文源阁毁于咸丰英法联军。热河乃文津，而非文汇。

②徐世昌，《辛亥以来藏书纪事诗》已收。

犹听胶庠弦诵声，两居郊外一居城。
不同历史同文物，割据居然鼎足成。

故都除北京大学旧藏碧琳琅馆[①]所赠书，辛亥后，年有添置，曾编善本书目一册，此外则清华、燕京二大学，十余年来，增加图书费，购入不少，间遇佳本，惟校外人不得参观，俨同割据耳。

①方功惠，字柳桥，刻景宋本《碧琳琅馆丛书》，叶昌炽《藏书纪事诗》已收。

事成樽俎折冲间，收拾群书待订删。
徒笑晓岩[①]疏目录，只今采访事尤艰。

日本退还庚款设东方文化会于故都，拟《续修四库全书提要》，及补乾隆四十八年以前所漏收者，因之同时设立图书馆，收购古近书籍。但乾隆时曾出内府藏书，又谕各省采访进呈。今江苏、浙江二省，原目尚存，又有私家进呈如范鲍[2]诸氏者。至今尚憾其漏略。今日情异势殊，图书馆又乏伟力，不得已勿问原书，先成提要，其究也必至全如《四库》存目部分，使后人徒见食单，仍感枵腹，且难免有英雄欺人之事，似应及早别筹善计也。

①晓岩，疑为晓岚之误。纪昀字晓岚，主四库事（总纂官），人有讥其疏于目录板本者。

②范钦，字尧卿，储书天一阁，叶昌炽《藏书纪事诗》已收；鲍廷博字以文，藏书知不足斋，亦见叶著。

惯见源源上海船，楚弓得失意徒偏。
西云轻淡东风紧，各赴程途不拟旋。

旧书外输亦盛于辛亥以后，大抵白种人，除柏熙和[1]外，于我国目录学知识甚浅，其诸旅居及游历者之所需，俱与版本无涉，数年前英人某君，专收明本，不问优劣、耗数万金，云受某图书馆之托，此外不多购也。日本文求堂主人田中庆太郎，往来故都三十年，岁凡一二次，每次携一二万金，金尽始去。私人则京城大学教授藤塚邻，目录既熟，收购尤勤，其他若书店，若图书馆，若收藏家，若专门学者，或旅居，或游历，或通函交易，不可胜举。其倾库而出者，归安陆氏之后，继以武进陶氏[2]，即此一端，亦成外强中干之局矣。

①今通译伯希和（Paul Pelliot，1878—1945），法国东方学家，1906年潜入新疆、甘肃考察，探查敦煌千佛洞，抄录壁画题记，为洞窟编号。1920—1924年间将其在敦煌所摄壁画照片编为《敦煌石窟》六卷出版。又有与日人羽田亨合编《敦煌遗书》第一集、《敦煌秘籍留真》、《敦煌石窟笔记》等书。

②陶湘，字兰泉，号涉园，《辛亥以来藏书纪事诗》已收。陶氏

1929年曾与陈垣、赵万里、余嘉锡等十人同时应聘故宫博物院图书馆专门委员，乃其中唯一一位来自商场俗世之雅人。其半生从事实业，而雅好藏书。傅沅叔初与之识，曾以搜得明嘉靖刊本一百部，即以“百嘉斋”题匾相赠为许，后湘所收竞逾二百部（涉园明版书多至一千余部），或谓可以“皕嘉斋”榜之。

佚本唐抄又宋雕，新刊更见太平朝。
恰如海客离乡久，招得魂归岂惮遥。

古籍散佚，归自海外者，若《群书治要》，刻于连筠簃；孔郑《孝经》，刻于知不足斋，事在嘉道前，若杨惺吾佐黎莼斋刻《古逸丛书》[①]，除《荀子注疏》、蔡刻《杜诗》外，皆此类也。迩年董授经汇印文馆词林，于黎、杨二本外，又增出若干卷，然未流布者尚多，不止如惺吾之致憾于慧琳《一切经音义》、杨善《太素经》[②]二书也。其日本学者所著，若森立之《经籍访古志》，若岛田翰《古书源流考》《访余录》《皕宋楼藏书源流考》，若多纪元胤《医籍考》，他山之石，亦我国之晁、陈[③]也。十年前北京大学从英图书馆录得太平天国史料三种，最近中央图书馆又录得多种，俱印行。

①黎庶昌，光绪七至十年（1881—1884）、光绪十三至十六年（1887—1890），两任驻日使臣，影抄唐宋旧籍以归，成《古逸丛书》；其自著，有《拙尊园丛编》。叶氏《藏书纪事诗》已收。

②此误。按《黄帝内经太素注》三十卷，隋杨上善撰，有光绪二十三年（1897）刊本。

③晁公武、陈振孙。

运虚成实究成虚，妙想刊传至巨书。
万里江山收尺幅，一丘一壑太区区。

岁戊辰（1928），余游沈阳，正道正筹印《四库书》，余建议不用原写本，代以他刻本。不用摄印，用排印，不照原行格，并行并字，缩成每一部只占地中国尺一丈二尺。印中国连史纸，每部成本一千八百元。一切工料，皆有精密核算，事不果行。而商务印书馆有抽印罕见珍本之举，余曾著论登于《国闻周刊》，无如当事者固执己见，不见采纳，姑记其略于此。

广征异本溯隋朝，分道求书备郑樵。
我欲依之作儒藏，免教卷帙趁时凋。

书莫备于隋代开皇三年。牛弘表请搜访异本。每卷赏绢一匹，于是异书间出。《经籍志》云："平陈以后，经籍渐备。"《北史》云：隋嘉则殿有书三十七万卷，唐以后无此盛矣。幸而有私家弆藏助其不及，古籍赖以稍存，今则时移事异，私家弆藏将日减以至于绝，则保守之勿使放失，国家之责也，郑渔仲论求书之道有八，一即类以求，二旁以求，三因地以求，五求之公，六求之私，七因人以求，八因代以求[①]，周书昌[②]谓释家有释藏，道家有道藏，儒家自应有儒藏，窃谓宜按渔仲求书之法，造一完备之儒藏，先编待访之目，次派访书之使，编目所资：一、各省府州县艺文志；二、见于别集中序跋题记或说部所称引；三、见于别集中之墓志、行状、事略及单行之墓志行状事略；四、海内外公私藏家藏书目录；五、在上述四项之外，目见或耳闻者。编目既定，摷而求之，借而录之。同一书而多异本者，并收之。宁滥毋略，期使书之存于现代者，尽萃此中，以待后之学者。此议骤聆之，若甚繁难，实则不然，且当为之事，讵可委之繁难而不为耶。

①叶昌炽《藏书纪事诗》"郑樵渔仲"条下曾引。此脱"四因家以求"。

②周永年，叶著已收。《儒藏说》一卷，收入《松邻丛书甲编》。

丑女无媒空倚门，青云得路几飞翻。
眼中弃物滔滔是，愁见他时尔返魂。

迩年读旧书者日少，除最少数因学者之需要，其值倍长，余都无人过问。去岁某书客归自陕西，有明版茅选《八大家文钞》，在文昌馆标价，得值止六元。客曰：吾在陕来值即六元，加邮费约一元，始到此，今亏一元矣。因是之故，厂肆之往外收书者，不谋而同止。幸而节费裁人，仅可支持。然不能久矣。余游杭沪，见书店情状亦如此，大抵向时通行应用之书，全不适于今日。一则读不到，一则虽读到，而有石印价廉者代之，则胥归于无用，不但四书讲义、典林时艺之类然也。浙地有所谓还魂纸厂者，专收破碎无用之纸，转制粗纸，为市物包裹之需者。吁，可慨也。

蚕食同于鱼烂亡，人家难保十年藏。
幺麽也畏洋人势，海外传来辟蠹方。

吾国藏书，北方最宜。以天气多晴，地势高爽，蠹类不生也。浙闽粤则不然，大抵闽甚于浙，粤又甚于闽，盖地势卑湿，蠹类即应湿气而生，前人多用丹纸附于册之上下，意在辟蠹，此纸质杂硝磺，诚可辟蠹，但效止及相近一二页。页页衬一丹纸，势所不能，入民国来，已不造此纸，书坊不察，以为凡红色者即可辟蠹，以普通红色纸代之，一遇湿气，全册染红色，而蠹生如故。别有白蚂蚁，亦产南方，其喙最利，能蚀金类成灰，往往书藏箧中，忽惊羽化无迹，则又甚于蠹矣。吾友莫天一[①]，多储书，又识西药，据云自德国来之臭丸原料，可辟蠹，每书一箧，置三四块，年一换，效最著，余未曾试，不知然否。

①莫伯骥，《辛亥以来藏书纪事诗》已收。

难辨庐山真面目，不同内府聚珍书。
诸公雅意倡存古，翻与书丛益豕鱼。

近日流布古书，不出二法，一曰摄影，一曰排字。向读同文局印《二十四史》，至某篇，意义不接，断然错误，但以出之殿本，不应有此。此（原稿如此，当为衍字）一时亦不易觅殿本校对，逾十余年，偶忆及，即借一殿本校之，果非原文。反复思之，乃同文局所用非初印本，中有断缺或模糊处，摄者随意修补，而见者不觉也。近摄印各书，墨色晶莹，亦出摄者修改无疑。闻张菊生摄印某书，自为修改，日仅二三页，精细者为之，尚少此弊，然不免于厌。至于巨帙若《四部丛刊》者，则无法矣。活字排印，滋误尤甚。惟《武英殿聚珍丛书》无此弊。相传乾隆时，派翰林诸公充校对，发见有一误，罚俸一年，证之刊本，每页必具校者姓名，可信。然印刷所何能以此待校员耶。行世如《四部丛（此处疑脱一刊字）》《万有文库》之类，所以不为读者所赖也[①]。又尝读湖北局《资治通鉴》，是书系购得胡果泉[②]原版，惟缺坏处有修补，乃亦有错误。此时修补时，随意取证他本之故。故善读书，必须原本初印，岂徒为美观计耶？藏家每重视影印本，以为止下真本一等，谬矣。

①《四部丛刊》确有描润之失，如叶景葵《卷庵书跋》“齐民要术”条下所云：“前借群碧楼明钞本校嘉靖本，即用此本对读，发见描润时臆改之失，详细注于此本。”然丛刊为功学林甚巨，未可以一眚掩大德。伦氏为印《四库》事似有憾于菊生，未免稍失褒贬之公。

②胡克家，字占蒙，号果亭，亦作果泉，鄱阳人。刻书甚多，刊印极精，出著名刻工江宁刘文奎兄弟之手。最著者为嘉庆间顾千里、彭兆荪所主持影刻宋淳熙间池阳郡斋本《文选》，纸墨精洁，几可乱真，世称“胡刻《文选》”。

不薄今人爱古人用杜句(原注)，今书求备太纷纭。
好奇徒欲见未见，到老方知贫又贫。

自来藏书家贵远而忽近，固由习尚，亦以世近则多而又散，不可尽也。余有好奇癖，喜读未见书，宋元以上，要籍大略寓目。由明而清，降而愈近，无目可据，但凭见闻，计三十余年来，所见不为不多，而闻而未得见者尚多也，为我所未得闻者尤多也，以闻而未得见者之多，推之于所未闻，而知书之不可易求也。区区所有不过太仓一粟耳，备云乎哉，然久之终归于湮没，所以古来（此处疑脱一“书”字）多而传者少也，但竭吾之力达吾之愿，不但古人遇我冥冥中可以不憾，而我耳目中常有无穷之愉快，亦何负于我哉，不知茫茫广宇，有与我同情者否。

文苑诸公有倖心，各因时运异升沉。
独伸我见删人见，论定千秋著作林。

古今集部最夥，而时论之无凭也亦最甚。韩昌黎不遇欧阳永叔，岂能传至今日，为古今不祧之祖哉。十年来人始重江弢叔之诗[①]，二十年来，人始重袁中郎之文。然如江弢叔、袁中郎者，岂少也哉？人未知之耳，即知而力不能表扬之耳。往读王益吾《续古文辞类纂》所录，除周仕槐为其乡人外，其他皆与方姚有渊源者。又读王德甫《湖海诗传》[②]，选者不多不广，而任意抑扬，取诸家专集对之，往往舍其名篇，充以率作，不知其立心何居也。窃欲取千百年来显晦不同之著作，平心彰瘅，以结旧文学之局，不使后之人为浅陋偏隘忮刻之选家所欺蔽，殆亦今日之切务也。

①江湜，字弢叔，长洲人。工诗，身世坎坷，着有《伏敔堂诗录》十五卷，《续录》四卷（同治元年、二年刊）。

②王昶，字德甫，一字兰泉，青浦人。嗜金石之学，曾集三代至

辽金金石拓本一千五百余种，编为《金石萃编》一百六十卷。辑有《明词综》《国朝词综》《湖海诗传》等。叶昌炽《藏书纪事诗》已收。

廿余年事梦匆匆，断代为篇篇未终。
声应神交存没异，怀人夜雨一灯中[1]。

①按：此诗缺注。

流传刻本异麻沙，艳说南巡驻翠华。
梨枣渐衰铅石继，细哉螳臂怎当车。

洞庭山席氏[1]，自明季即设扫叶山房于苏州城内，尝得毛氏汲古阁书板。自刻书甚多且精，以百家唐诗为最巨。廿余年前曾见罗纹纸初印本，绝可爱，索价千元，几等宋元本矣。相传圣祖南巡，曾驻跸其家，即以百家唐诗进呈，帝大称赏，其时各地多有支店，余及见者苏州尚有一家，上海又有一家，在上海者，光宣间改以石板印行诗文集笔记等，虽字多讹脱，而价甚廉，一时销路颇盛。近年群趋摄照，而《万有文库》《文（原稿如此，当为“四”之误）库珍本》等，又乘时而起，其不竟殆意中事也。麻沙地名，属福建建阳县，其地所刻书板，多以柔木为之，取其易成而速售，宋明时往往因题目字讹，士子喧争，皆为建阳本所误也。今人称刻书不精又板本模糊者曰“麻沙本”[2]，则不因其地矣。建阳刻书，由宋至元明，约三百年始绝。

①席玉照，叶昌炽《藏书纪事诗》已收。

②陆游《老学庵笔记》卷七载一趣事：“三舍法行时，有教官出《易》义题云：‘乾为金，坤又为金，何也?’诸生乃怀监本《易》至帘前请云：‘题有疑，请问。’教官作色曰：‘经义岂当上请?’诸生曰：‘若公试，固不敢。今乃私试，恐无害。’教官乃为讲解大概。诸

生徐出监本，复请曰：‘先生恐是看了麻沙本。若监本，则坤为釜也。’教授皇恐，乃谢曰：‘某当罚。’即输罚，改题而止。然其后亦至通显。”宋朱彧《萍洲可谈》记此，云系姚祐事。

家学传来振绮堂，晚年一出误瞿王。
雅言小录多奇秘，历数遗书某某藏。

仁和汪穰卿康年[①]，振绮堂后人也，光绪丁戊（1897—1898）间曾与梁任公办《时务报》[②]，因事不合去，故未及于难。后王文韶招入京，办某报。王殁，瞿鸿禨利用之。顾与庆邸相构，借康年报中泄某秘密事，瞿遂去职，辛亥湖北起义后，殁其（疑为“于”之误）天津，逾数年，有人刊其遗著中有《雅言录》一种，述所见遗籍，皆载明现藏某家。如张石洲《延昌地形志》，祁韵皋《皇朝藩部要略》稿本，存陈士可[③]处。纪文达《四库全书提要》稿本存河间张氏，钱辛楣《元史纪事》存翁叔平[④]处。王船山《龙源夜话》，存朱肯甫[⑤]处。毛岳生《元史》在应敏斋[⑥]处。按图索骥。又言江建霞有屈翁山《崇祯宫词》及《三吴纪》《五潘纪》，又有《测圆海镜》，与今本多异。又沈子良家多写本野史，葛止水家有元裕之《算书》。所举之人或尚在，即殁亦未远，宜可指名以索也。

①汪康年辑有《振绮堂丛书》二十五种，有光宣间泉唐汪氏刊本，又有《汪穰卿先生遗文》三卷（民国杭州汪氏铅印本）、《汪穰卿遗著》八卷（附卷首，民国九年铅印本）。

②《时务报》创始于光绪二十二年（1896）七月。

③陈毅，《辛亥以来藏书纪事诗》已收。

④翁同龢。

⑤朱逌然，浙江余姚人，同治元年（1862）进士。

⑥应实时，号敏斋。

客来为说沁州吴，自辟精庐贮百厨。
裔出文端凡几叶，赐书今日尚存无。

沁州吴端涛淞曾官高等法院检查长，藏书之富甲山右。康熙间大学士吴文端公琠裔孙也。

粤士荒于吕拔湖[①]，颓风欲挽石陈吴[②]。
如何作官抛书去，垂老伤心说故居。

①按：此诗缺注。吕拔湖即吕洪，字福瑜，一字拔湖，广东鹤山人。道光十九年（1839）举人，官韶州府训导，有《广文遗稿》。

②徐绍棨《广东藏书纪事诗》收“石德芬”一则。诗云：渠渠石室富琳琅，问字人来讲席旁。无限宦情悲入蜀，三间莫访岁寒堂。注曰：石德芬，字星巢，番禺人，同治癸酉（1873）举人，官四川道员。星巢寓城南清水濠，颜所居曰“石室”，亦曰“徂徕山馆”。藏书四部略备，宋、元椠亦有数种。光绪戊子、己丑（1888、1889）间，广州郡学宫、大馆林立，星巢与陈石樵、吴玉臣合作，名“陈石吴馆”，以学者最盛。首倡经、史古学，有石室藏书以供阅览，每月课艺，拔其尤者发刊，名文坛帜，颇负时名。梁启超即受业于是间。

表成方镇补新唐，讫宋明清数典详。
为有腹中书柜在，不堪卑湿住南方[①]。

①按：此诗缺注。揣其所咏，似为吴廷燮。

新书堆里旧书多，一百年间价不磨。
稍有骆翁知鉴别，称雄百粤老夫佗[①]。

①按：此诗缺注。

半编明史得收场，瓜圃刊余又老档。
误袭官书疑俗目，几将首鼠拟忠良[①]。

①按：此诗缺注。揣其所咏似为金梁。《辛亥以来藏书纪事诗》已述其行迹。王謇《续补藏书纪事诗》亦收《金梁》一则。诗云："满洲老档搜奇史，瓜圃丛刊著异闻。刘邵独传人物志，珠林秘殿录烟云。"注曰："金息侯秘监（梁），满族瓜尔佳氏。所印满洲老档《瓜圃丛刊》，当世知之者綦多。又作《当代人物志》《盛京故宫书画录》，则流传较少。"

二酉三槐尚见之，眼中谁是百年基。
几回李缪谈书肆，南北而今迭盛衰[①]。

①按：此诗缺注。检李文藻《琉璃厂书肆记》，有云："或曰二酉堂自前明即有之，谓之老二酉。"又见缪荃孙《琉璃厂书肆后记》："二酉或云即前明之老二酉，或云非是，袭其名耳，均未可知。"同书："城内隆福寺街昔年有三槐堂王氏。"孙殿起、雷梦水《记厂肆坊刊本书籍》一文则道三槐堂乃龙氏宜古于道光间开设。

朱蔡谦谦未敢为，顿教古拙合时宜。
解颐学会无情搭，记得几时问塾师[①]。

①按：此诗缺注。

通俗原来白话宜，如何去韵也称诗。
中郎伯敬有侔进，白傅诚斋未受知[①]。

①按：此诗缺注。

雷声震处失鸡窗，家住淞南近战场。

两世刊储归一炬，此番小劫属新阳。

新阳赵静涵举人元益[①]，其子学南，俱好收藏。间校刊有用而罕见之本，如韩文考异之类。学南尤劬于学，丹黄不离手，所居在沪南，近制造局，有小园，杂种花木，幽雅可爱。癸丑二次革命，制造局被攻累月，适当其冲，仓卒迁家，藏书数万卷不及携取，尽付劫灰。此壬申涵芬楼之先声也。赵氏所刊书，有《鸡窗丛话》。

①王謇《续补藏书纪事诗》收《赵诒琛》一则。诗云："峭帆屋烬空留景，又满楼荒孰咏怀。真赏斋中群宅相，建霞不作稼秋埋。"注曰："赵学南（诒琛），承其先人静涵孝廉（元益）之后，藏稿抄精校本极多。1913 年之役，以所居上海峭帆楼逼近高昌庙，致遭焚如，图书悉烬。学南回忆所得，编为《峭帆楼书目》，刻之，亦犹虞山钱蒙叟之撰《绛云楼书目》也。辛亥后三年，流寓我吴，性之所好，节衣缩食，又得书若干箧。黄颂尧（钧）赠以诗，有万卷藏书又满楼之句。学南喜甚，乃刻《又满楼丛书》，并重刻《峭帆楼丛书》。嗣又约不佞刊《艺海一勺》，多花谱、石赞之属，为其后偕王欣夫（大隆）刊甲戌（1934）迄辛巳（1941）丛编之先声。身后萧条，家人斥其书以一角银一册，书为□□，虽曰薄乎云尔，然犹胜于论秤而尽也。"

骂名微觉掩文名，续札雕龙成未成。
秘籍漫矜扃𫔎固，敏求记已泄风声[①]。

①按：此诗缺注。揣其所咏，似为黄侃。

长别重阳酒数杯，章门应见泣颜回。
平生孤立憎多口，今日同声惜此才[①]。

①按：此诗缺注。

（原载钱伯城主编：《中华文史论丛》第四十九辑，上海古籍出版社 1992 年版）

《辛亥以来藏书纪事诗》序

叶恭绰

伦节予为余少时旧识，此册为其1935年所作，于其殁后其家以示余者，因录其副。节予好藏书，恒节衣缩食以求，以每一书之板本齐备为的，亦一特色。殁后其家不省，任市侩择尤抽取，而弃其余，乃拉杂贱售之，不知其优点在各本齐备，一拆散即无价值也。其藏书本拟以万金悉归余，余因乏力未果。此与不收曾刚甫[①]遗书同一憾事，然余之藏书今亦已不能保，固不足悔矣。此册所纪不少遗闻轶事，然有传闻失实者，又时杂以恩怨，未尽足据，且思想亦颇陈腐，特乡邦文献得此著录，固亦佳事。因与徐信符所补《广东藏书纪事诗》并为印行，以谂知好焉。玉甫叶恭绰识。

①曾习经：《辛亥以来藏书纪事诗》云：曾氏“殁后，所遗尚数十簏，叶誉甫念旧谊，拟尽购之，属余点查，议给价七千金，惟不欲以独力任，迁延数载，其戚陈某以售之琉璃厂翰文斋，闻得值无几”。又据云：梁任公亦曾托友人向东方文化会介绍收购曾氏藏书，尝致函江翊云（庸）曰：“亡友曾刚父身后萧条，同人为谋遗族抚养（原注：弟与叶玉父实负全责），不得已处分其藏书。书虽不多，率皆初印精本也。环顾力能任此者，舍东方文化会外无它望。……”

辛亥以来藏书纪事诗

王伯祥

辛亥以来藏书纪事诗　湜儿抄本，一厚册。

东莞伦哲如（明）撰，志在续吾乡叶氏缘裻老人未竟之绪者。［鞠裳原书六卷，元和江建霞曾刻入《灵鹣阁丛书》中，宣统二年（1910），鞠裳自为改订，并增一卷自刻之，是为七卷全本，寒斋有之。哲如意欲续之，凡清人藏书之未及入叶咏者，胥罗而致之，依旧例分咏焉，并及近人。又倡议续修《四库全书》，有《刍议》一篇，载朴安、乃乾所编《国学》第1卷第4期中。民国十六年（1927）大东书局出版。廿九年（1940）五月，予移录于《碧庄随录》中，先后凡历两星期，始迄事也。］仅在杂志分期刊登，未见完帙，十年前曾属绍虞为予钞寄一本（以此杂志在北方发行，上海无从觅得，乃托绍虞雇书手钞全寄沪）。去岁之冬，命湜儿复过录一通（以原抄本乃乾欲之，因命湜重钞，即以原钞本移赠乃乾焉）。顷始毕工，装册备览，亦多储一副本也。惜字迹潦草，首尾未能一贯，致有犹憾之叹耳。辛卯五月廿三日，容翁记于小雅一廛。

（原载王伯祥：《庋榢偶识》，中华书局2008年版）

续补藏书纪事诗传·伦明（哲如）

徐　雁　谭华军整理

王謇《续补藏书纪事诗·伦明》：藏书盈库兼仓富，续补可嗣四库书。安得群儒策群力，提要远追逊代初。

伦哲如（明），广东东莞驻防旗籍人。久寓北京。藏书极富，占新、旧粤东两会馆屋储书尚嫌不足。自题其居室曰“续书楼”，作有记文，曾载某杂志。“续书楼”者，盖欲续《四库全书》作为提要，以补其不足者也。因见叶鞠裳（昌炽）《藏书纪事诗》尚有可续补者，乃作《辛亥以来藏书纪事诗》，载天津《正风》杂志。拙诗之作，盖由先生启之也。

徐绍棨《广东藏书纪事诗·伦明》：四库重修愿莫申，续编提要有何人？奇赢亿中非无术，通学斋开足疗贫。

伦明，字哲如，东莞人。少聪颖，一目十行。光绪二十七年（1901）辛丑举人，后毕业于京师大学堂。精目录、版本学。辛亥以后，主北京大学、辅仁大学、师范大学等校书目学讲席。曾应邀赴日本鉴定古书，为我国近代版本学者。

复以乾隆时四库馆纂修诸臣不识板本，多以劣本充乏，每肆意删节窜易，改为钞本以泯其迹，故于民国十六年（1927）丁卯有《续修〈四库全书〉刍议》之作，详析搜集、审定、纂修三要旨。因内战，不果行。二十二年癸酉（1933）九月复倡议续修，又有《拟印〈四库全书〉之管见》一文。适卢沟事变，议遂寝。

返粤，隐居故乡。辟“续书楼”以庋南携之古本，日校群书其中。自题《校书图》有“千元百宋为吾有，眼倦灯昏搁笔初”句。孜孜然雌黄，于字里行间可睹梗概，校余仍吟咏不辍。著有诗文集及《辛亥以来藏书纪事诗》，惜未梓而逝。时民国三十一年（1942）壬午也。

【增补】王謇所撰伦明藏书诗传中提及伦氏曾为续书楼“作有记文，曾载某杂志”。经查，记文为《续书楼藏书记》，载于《图书馆学季刊》第3卷第4期（1929），自述续书楼藏书故事甚详。

伦明，字哲如，广东东莞人。生于清光绪元年（1875），卒于民国三十一年（1942），或说卒于民国三十三年（1944）。清光绪二十七年（1901）中举，次年入学京师大学堂。卒业后返粤以事教育工作，民国初出任广东省视学官。1915年移居北京，从事学术活动。精于目录之学，以续书楼名藏室，志在续修《四库全书总目》。藏书基础建设于1902—1911年间，先后于琉璃厂、隆福寺搜购，向湖楼藏书主人曾习经借钞并收得孔广陶、易学清等部分遗藏。为蒐求珍本，效法吴中前辈黄丕烈开设滂喜园书肆先例，于北京厂甸畔创通学斋书肆，向会文斋书肆中聘得孙殿起代主店务，并指点其学问门径。孙氏后至撰成有续补四库全书目录之功的《贩书偶记》。所藏以清人集部为特色，编有《续书楼书目》（稿本），未梓行。典藏乏善，书楼虫蛀而外，或为水厄，或以盗祸，或告破坏，屡遭损失。晚年有志捐献，未成而卒。卒后由冼玉清之介，续书楼遗书仍归北平图书馆收藏。生平倡导整理（增补、重校、续修）《四库全书》甚力，曾主撰部分续四库全书提要，成果见于1971年台湾商务印书馆印行的《续修四库全书提要》（附索引，凡十三册）。另撰有《续书楼读书记》《渔洋山人著书考》等文，见于原《燕京学报》杂志。于中国藏书史之贡献，最见于《辛亥以来藏书纪事诗》。苏精《近代藏书三十家》有“伦明续书楼”一篇；《民国人物小传》第六册有传。

《辛亥以来藏书纪事诗》原刊于天津《正风》半月刊（序刊于1935年9月，载第1卷第20期至第2卷第3期、第5期），问世以来颇为学林注目。今将其自序及有关文献汇编如下：

伦明《辛亥以来藏书纪事诗》乙亥（1935）年孟秋于北京宣南寓庐自序：长洲（今江苏苏州）叶鞠裳提学《藏书纪事诗》六卷，元和（今吴县）江建霞刻于《灵鹣阁丛书》中。其后鞠裳自为改订并增一卷，自刻之。时宣统二年（1910）也。其书自四卷以下皆清人。七卷《附录》中有清人十一，都三百二十九人。余读而少之，为益数十人。辑录既就，尚待润色，例依叶书。大抵据志乘、说部、别集信而有征者。

若乃其事其人，耳目触接，远不一世。近在当前，不烦摭拾，涉想即至，及今不述，久且忘之。且廿余年来为变甚剧。掠书之贾始河南北、山东西，渐推及苏、浙、皖、赣，又渐推及川、陕、闽、粤，极于滇、桂，挨家而索，等于竭泽。百数十年之积蓄，尽于一旦；万数千里之输运，集于一隅。犹未已也：涵芬楼，糜于非意料之烈弹；海源阁，劫于无意识之狂匪。犹可委曰天灾、时势，无可如何；乃一家奴耳，能罄丁持静之全；一鼠窃耳，能分范天一之半。是则人谋之不臧矣！其他则书价之忽贵忽贱也。夫价之有贵贱，常也。大率旧者贵而新者贱、精者贵而粗者贱、罕者贵而多者贱。今也不然。同是一书，适时则贵，过时则贱，而“时”之为义又至暂。例如辛酉（1921）以前，宋元集部人所争得也，乃过此则竟无问之者矣！又如辛未（1931）以前，明、清禁书人所争得者也，乃过此亦几几无问之者矣。又其他，则藏书之易聚易散也。夫物之有聚散，亦常也；自聚之而自散之，则偶也。梁武帝曰：“自我得之，自我失之，亦复何恨?”然梁武在位之日甚久，以三十年为一世计之，几及两世矣。今之人朝聚而夕散者，何其多也；聚而无不散者，何其不期而合也！尤可异者：昔之聚散，如西家卖田、东家置产，不有所废，其何以兴?今也不然。试历数二十余年来，散者接踵不绝，聚者屈指几何?！散者之有出无入，一如国家币藏之外溢也。是不可以寻恒聚散视之也。自学校兴，而需新书者多，需旧书者少；自大图书馆兴，即需旧书者多，而购旧书者少。校倡废经，人号□古。以浅俗白话，代粹美之文学；用新式符号，读深奥之古书。斯则学术之患、世道之忧，所系尤巨。知而不述，人且忽之。

是编定以辛亥后为限。然有其人在辛亥以前、而其事征于辛亥以后，如李仲约侍郎、方柳桥太守，已见叶书卷七。但余之得观侍郎书也，在己巳（1929）；余之得见李亦元题跋也，在癸酉（1933），则不得不复记于此矣。又如贺松坡家之世泽，远在百年，而能保守至今，守成之与创业，其有功于宗祏一也。藏书亦犹是耳。与叶书异者，叶书但纪私家，此则凡属于书者无所不纪。所重在书之聚散。书之聚散，公私无别，且今后藏书之事，将属于公而不属于私，今已萌兆之矣。叶书《附录》，有书贾八首。余交游中，书贾居半，纪不胜纪，则摘其可称者数人著之。自维弇陋之资、疏谬之识，学不足以知津、句仅同于击壤，重以下笔轻快、无瑕检点，戏谑不善、时近于虐。读者勿据为汝南之评，但视作齐东之语可也。

徐信符《广东藏书记略》："（伦明）又续叶氏《藏书纪事诗》（家刻本）为《辛亥以来藏书纪事诗》，于南北藏书家收藏事迹极为明审，今日粤中明悉藏书掌故者，断推伦氏。《续书楼书目》以集部最为丰富，其余各部悉备，秘本极多，此亦粤中所不可得也。"（载于《广东文物》卷九）

雷梦水《书林琐记·伦哲如的〈辛亥以来藏书纪事诗〉》："《辛亥以来藏书纪事诗》为已故伦哲如先生所著，所记多近五十年事。先生喜读书，以搜访故书及过录批校之事耗去一生精力，著书时间反而被夺去。抗战前，吴柳隅主编《正风》半月刊，伦先生试作记述近代藏书家轶事，而系以诗，俾使读者得知梗概，于是连载数期，即《辛亥以来藏书纪事诗》。后以《正风》停刊，尚有若干首没有刊布，幸好原稿尚未遗失，并有钞本流传。伦哲如先生的藏书纪事诗以近代为主；有异于叶昌炽的多是根据传说的《藏书纪事诗》[①]，写有近人百数十家，其中有康有为、梁启超、章太炎、王国维、陈垣、姚茫父、冼玉清、刘师培等人，有不少独得之见。这些看法也见于他写的《续书楼藏书记》和《拟印〈四库全书〉之管见》等文中。伦哲如与琉璃厂的孙耀卿最友善，其所藏精品，多经孙先生购得。他指导孙耀卿先生经营古书，如何为学术研究服务，并在业务当中，特别留意四库未收之书，编成《贩书偶记》及续编、《丛书目录拾遗》、《清代禁书知见录》、《琉璃厂小志》、《北京风俗杂咏》等，为学术界所称道。"（载于《学林漫录》第九集）

---

① 叶昌炽《藏书纪事诗》殊少记叙，最多辑录，虽征引不忠于原文，但线索可贵。雷梦水以为"多是根据传说"，误。——整理者注

苏精《近代藏书三十家·伦明续书楼》："叶氏的纪事诗记至清末为止，每一藏书家各赋一诗。自宣统二年（1910）增订重刻后风行海内，一时步武之作此唱彼和，而关于藏书家的文献也大为增加。伦明除了为叶氏增补数十人外，新作《辛亥以来藏书纪事诗》，顾名思义是民国以来的藏书故实，凡一四二首。叶氏为首，其中不仅私人藏书家而已，又及于公家藏书与市廛中的书估之辈，民国二十四年（1935）底起在《正风》半月刊连载了九期。伦明既精于版本目录学，本身又是藏书家，又是书肆老板，加上数十年中南北各地无所不至，耳闻目睹尽是真切的藏书轶闻，因此写来自是与众不同，为人所乐看。徐信符称他是熟于藏书掌故的广东人，洵非虚誉。[①] 可惜的是伦明此作在体例上不如叶氏的严谨，往往涉想所至即笔而书之，精悍有余，完整不足，尤其各藏书家年里言行等基本资料几都无有，后人据以研究时便非大费周章不可。民国二十年（1931）以后，燕京大学在洪业（煨莲）主持下，陆续编印了一套汉学引得丛刊，其中有二十六年（1937）左右蔡金重编的《藏书纪事诗引得》一种，收录的便是叶昌炽与伦明两人的先后纪事诗。[②] 这套引得丛刊是目前汉学研究很重要的参考工具，而伦明所作得与叶氏并列垂诸久远，确是自慰的了！"

（原载谭卓垣、伦明等著，徐雁、谭华军整理：《清代藏书楼发展史·续补藏书纪事诗传》，辽宁人民出版社 1988 年版）

---

① 参前徐信符《广东藏书记略》。——整理者注

② 伦明的《辛亥以来藏书纪事诗》，一共在《正风》半月刊载出九期。从第 1 卷第 20 期至第 2 卷第 3 期连载八期后，又于第 2 卷第 5 期登出最后一篇。蔡金重在编索引的时候，可能因疏忽而没有将最后一篇收录在内。——苏精原注

《续补藏书纪事诗传》序

谢灼华

伦明《辛亥以来藏书纪事诗》……虽仍沿用叶昌炽《藏书纪事诗》之体例写作，但内容和集录范围与叶著已经有了不同了。

首先值得重视的是伦明等撰辑藏书史料内容的真实性。由于伦明、王謇、徐绍棨诸人，均为近代文化学术界人士，他们所撰述的藏书史料，改变了叶昌炽的以文献史料为主要依据的情况；而以贤人学者见闻纪实为主，辅之以查检所得文献，经耳的同行见解、书坊信息，事未久远、人亦相近，自然，这里所记述的材料可靠性就大多了。这一点，伦明所撰《辛亥以来藏书纪事诗》最为明显，也最足称道。

其次值得重视的是伦明等所撰藏书史料的广度问题。伦明等生于20世纪前后，亲身经历社会的变化，亲见藏书家兴衰事实和风气转变，他们的记述在一定程度上反映了近代图书事业发展变化的历史面貌。我们从伦明等的续补藏书纪事诗著作中应该充分重视如下五个方面的问题：①关于东南沿海图书市场的发展；②关于东南沿海藏书家队伍的变化，收藏兴趣、藏书兴衰的沿革；③关于近代藏书家与近代图书馆的兴起；④关于近代藏书家活动与近代出版印刷事业发展的关系；⑤关于近代藏书家与文化学术发展的关系。

第三需要注意的是伦明等撰辑的藏书家传较之叶著的辑录有了新的深入。如反映私人藏书家的著述，如朱师辙祖孙三代所著书目录，平步青所著书目录和未刊著作目录，王仁俊著作目录等，这些著述目录有的是编撰者经眼的，有的直接抄自作者，这是很可宝贵的；又如列出一些藏书家所藏珍善本目录，如吴梅藏书中较珍贵者；列出一些著作家的著述稿本书目，并示入藏处所等等。凡此种种，都很有价值。

（原载谭卓垣、伦明等著，徐雁、谭华军整理：《清代藏书楼发展史　续补藏书纪事诗传》，辽宁人民出版社1988年版。此文为节选）

伦明与《辛亥以来藏书纪事诗》[①]

黄正雨

我国自文字产生以来，文献典籍卷帙浩繁，汗牛充栋，历代士人均以家藏万卷为荣，因而藏书家辈出。随着藏书家的出现，至清代产生了一种独特的文体，有诗有叙，综述历代藏书家之渊源、递嬗及流变，此即“藏书纪事诗”，为叶昌炽首创，其所著《藏书纪事诗》，风靡所及，为历代士林所推崇，后续补叶者竞起仿效。如伦明的《辛亥以来藏书纪事诗》、徐信符的《广东藏书纪事诗》、莫伯骥的《藏书纪事诗补续》、王謇的《续补藏书纪事诗》等等。而成书较早者，当首推伦明所著《辛亥以来藏书纪事诗》。

伦明，字哲如，广东东莞人。光绪二十七年（1901）举人，后毕业于京师大学堂，历任北京大学、师范大学、辅仁大学教授等职，是近代广东一隅首屈一指的大藏书家。

伦氏世居东莞县溪乡望牛墩，为该地望族。自小即嗜书，幼时入私塾，每日所得茶点之资尽作书费。及长，入京师大学堂，于书无所不读，渐至博学多闻。1917 年出任国立北京大学中文系教授，教书之余，必至厂肆搜罗，所获薪水除维持生计外，无不归之书肆。“日游海王村隆福寺间，目不暇给，每暮，必载书满车回寓。”伦明生活俭朴，不修边幅，常穿破衣破鞋穿梭于厂肆之中，北京大小书肆一百多家，肆中店伙及沿街摊贩没有不识得他的。伦明待人和蔼，残编断简、零散小册无不收罗，因而书贾均戏称其为“破伦”。他口食残羹

① 本文参考文献：伦明：《辛亥以来藏书纪事诗》，上海古籍出版社 1990 年版；叶昌炽：《藏书纪事诗》，古典文学出版社 1958 年版；王謇著，李希泌点注：《续补藏书纪事诗》，书目文献出版社 1987 年版；雷梦水：《书林琐记》，人民日报出版社 1988 年版。

剩饭，身着破衣烂履而不以为苦，于买书一事却不惜重金。伦氏曾撰《丁卯五日诗》，中有“卅年赢得妻孥怨，辛苦储书典笥裳”之句，道尽个中苦衷，为此时感财力困窘，因而常以善本秘籍作抵押，有时甚至借债而不计较利息的多寡。曾有好友劝他于书不可太劳精神，而他却说“生平无一日托其心静云耳”。其嗜书之情溢于言表。

伦明为访书，遍游京、津、沪、豫、鄂、粤等地。“余游迹所至，上海、天津为南北通衢，经过最频。次则开封，前后至者十余次。南京、武昌，至者两次，苏州、杭州，至各一次……”闻某地藏书家之藏书散出，必亲至搜访，不辞劳苦。伦氏求书与人不同，一般士大夫均深居简出，等候书贾挟书于其门，从中挑选，而伦明则喜“闲游厂肆，见有散见外室，若有不甚爱惜者，视之，多有佳本。及遍翻其架上下，尘灰寸积中，残册零帙，往往惊所未见。又过他街市，于冷摊上，时亦无意遇之”。伦明常叹“生也有涯而书海无涯”，许多书无缘无力购置，乃以抄书补购书之穷。历年为其抄书者有二三人，“有抄之图书馆者，有抄之私家所藏者，又有力不能置而抄之坊肆者”。抄后校雠，昼夜不辍。伦氏求书广求异本。他认为“珍本不妨多备一二”“初得一本以为佳，继得更佳者，随将前本易去，更得更换”。因此，他所藏之书大多为原刻初印本。每过厂肆，闻某书贾收有异本，必以得手为快，甚至典衣销带而不顾。每得一书，如获至宝，遇有破损者，即换书皮，做书套，改订原册，乐此不疲。

如果说孙殿起经营旧书业，著《贩书偶记》《琉璃厂小志》等书而名闻天下的话，那么伦明的求书活动对其则不无影响。伦氏与孙殿起交为莫逆，其所藏善本多经孙氏采购，且伦明为方便寻书购书，曾出资开设通学斋书店，孙氏即为书店经理。伦明与孙互相切磋，相得益彰，指导孙对古书经营如何为学术研究服务。伦明很欣赏孙“勤于事，又极警”“余每得一书，为言其佳处所在，略及清代学术、诗文流别，孙似领会，渐能推所未知，余比年所藏，大半出其手”。在伦明影响下，孙氏特别留意四库未收之书，据经眼过手之书，编成《贩书偶记》《贩书偶记续编》《清代禁书知见录》等书，在学界影响匪小。在此，伦明可谓功不可没。

伦明求书还喜购近代人著述。他认为“书至近代始可读”。《四库全书》中所收之书，在伦明看来尽皆糟粕，因此有续修《四库全书》之想法，他购书之目的也是为了续书而准备的，且命其藏书室为“续书楼”。他曾撰《续书楼藏书记》一文，对其四十年来的求书生涯进行了回顾，道尽其中的痛苦与欢乐。1925 年，伦明拟写《续修〈四库全书〉刍议》，他认为“此书（指《四库全书》）宜校、宜补、宜续，而续最要，且最难”，并且从搜集、审定及纂修等方面对该书的续修进行了详细的论述，甚至对其分类体系也提出了一些异议：“宜特立一门，分目录、文字及图像、义例诸子目。”体现了他在目录学上的造诣。据 1994 年 7 月 11 日《人民日报》报道，荟萃古代典籍精华，作为中华文化又一座丰碑的《续修四库全书》已开始编撰，由著名的版本目录学家顾廷龙任主编，全书约计 1800 册，计划四年内出齐。这一巨制，是近百年来海内外有识之士不断呼吁的结果。而伦明则是其中呼声最高的。他的《续修〈四库全书〉刍议》为其提供了许多可资借鉴的根据，这也可看出生活在大半个世纪前的伦明何等远见卓识！

伦明一生著述甚丰，主要有《续修〈四库全书〉刍议》《续书楼读书记》《续书楼藏书记》《丁卯五日诗》《渔洋山人著书考》《建文逊国考疑》《版本源流》《续修四库全书提要稿》《辛亥以来藏书纪事诗》等等。而《辛亥以来藏书纪事诗》则是其中最为重要的一种。抗战前，天津吴柳隅主编《正风》杂志半月刊，伦明试作记述近代藏书家轶事，系以诗，俾使读者得知梗概，从卷 1 第 1 期至卷 2 第 3 期止，共连载二十七期，此即《辛亥以来藏书纪事诗》。后因《正风》停刊，尚有若干首没有刊布，幸好原稿尚未遗失，以抄本流传，直到 1990 年才由上海古籍出版社出版单行本。

《辛亥以来藏书纪事诗》共收录藏书家一百五十人，附录二十八人，以近代为主，兼收清季二十二人，得诗一百五十五首，其中丁日昌、张之洞、李盛铎、傅增湘和张伯桢五人各二首。该书仿照叶昌炽《藏书纪事诗》体例，对每个藏书家各写一诗，以诗系事，作为诗的注脚。作者根据正史以及稗乘方志、官私薄录、古今文集和自己的亲历等材料，一一考求藏书家的生平事迹，材料详备丰富。而所加按语，对已有的材料或加以补充，或纠正舛误，或提出质疑，颇多独到见解。

《辛亥以来藏书纪事诗》可以说是辛亥以来这一历史时期的图书史，从一个侧面反映了图书的发展及其社会作用。它不同于叶昌炽的《藏书纪事诗》，叶氏只纪私家藏书，而伦氏“凡属于书者，无所不纪”，而且“所重在书之聚散”。书中记载了近代许多著名的藏书楼，如杨以增的海源阁、瞿氏铁琴铜剑楼、丁丙的八千卷楼等，他们藏书丰富，尤其注意收藏善本，是我国文化史上的明珠。许多藏书家同时又是当时的著名学者，如余嘉锡、康有为、梁启超、王国维、章士钊、陈垣、袁同礼、马叙伦、于省吾等，他们利用丰富的藏书撰写学术著作，或者刊刻流传，对于传播文化，促进学术的繁荣发展，都起到了巨大的作用。这些学者的著述情况，伦氏在按语中也比较全面地作了反映，对于后人了解这些大学者的著述提供了依据。如晚近汉学大师孙诒让，“著述满家，生前流布只《周礼正义》《墨子闲诂》《古籀拾遗》《札迻》《述林》数书，而《周礼》《墨子》二书，尤为精力所萃。二书先有活字本，《闲诂》后多改削重刊之本，《正义》虽系定本，而纸墨粗劣，字多讹误懞糊，湖北楚学社亦重刻之，近五六年始刊就印行”。此段记载不仅说明了孙氏生前著述的流传，而且对版本的递嬗及优劣也进行了评价，并且在该文后按语中详细列出了孙氏的《周礼政要》《九旗古义述》等十三种著述，比较全面地反映了孙氏在汉学方面的成就。

在《辛亥以来藏书纪事诗》中还可以看到，不少藏书家是目录学家、校勘学家，同时又是刻书家。他们所刻之书都进行了精细的校订，极精审，或以善本翻刻。如湖北宜都杨守敬“又为黎莼斋刻《古逸丛书》，除《庄子注疏》、蔡刻《杜诗》外，皆吾国久佚之本也。其雕版之精，实出宋椠之上，《穀梁传》尤精佳，无一笔异形”。浙江慈溪人陶湘“喜印刻书，别出新意，所印《天工开物》等书，写工画工艺绝精，殊胜原书”。又如江苏武进人董康，“尝聚工匠于法源寺刻书，数十年不辍”，“其影刻宋残本《五代史评话》，摹刻绝似，几可乱真，后来又陆续刻印宋元明清罕传秘籍十七种，汇刻成《诵芬室丛刊》初编、二编”。由此，《辛亥以来藏书纪事诗》也可以说是一部带有工具性质的书，意在“示学者津梁”，为后学提供了丰富的古籍知识。

在记载这些藏书家盛举的同时，《辛亥以来藏书纪事诗》又对某些藏书楼的藏书无端散佚而深表惋惜。如聊城杨以增的海源阁，“岁己巳战乱，匪于其家驻军，其家设司令部，至以阁中书炊火。后官兵又大肆劫掠，其书散见济南、保定各地”。常熟瞿氏铁琴铜剑楼，“已而书渐失，盖有不肖者（按：登楼阅览者）乘间窃去，典守者不自觉也”。又如钱塘丁丙的八千卷楼，“其子某以十万卷楼所有，售之日本松崎”。字里行间，不禁流露出伦氏对这些著名藏书楼的藏书散落飘零的惋惜之情。

历代藏书家大抵可分为保守性和通达性两种，在《辛亥以来藏书纪事诗》中也可以看到。保守者往往佳本居奇，秘不示人，如李盛铎“性极秘惜，无人得窥其所有”。而通达者则与此相反，如瞿氏铁琴铜剑楼“以供众览，凡造楼者，并供其膳宿”。书中还介绍了许多藏书家们的甘苦辛酸，如江宁邓邦述“昔借债以买书，今鬻书以偿债”；又如“上海涵芬楼，储书甚富……壬申上海之役，空中落一弹，书与楼同毁”；何厚甫得宋本《备全总效方》一书，“不见诸家著录，盖孤本也。厚甫秘之，不以示人。厚甫殁，其子介文友堂售于日本，得值七千金”；杨守敬“自少壮入都，日游市上，节衣缩食而得（书）”等等。这些史实无不扣人心弦，闻之使人动容。

至于书中所述藏书家的志趣、治学态度、书林轶事，也耐人寻味，予人以有益的启迪。章钰条下云：“君又言黄荛翁《所见录》稿本十余册，殁后付瞿木夫，庚申劫后，为陆存斋所得，所著《群书校补》即窃之荛翁者。向闻人言，《仪顾堂集》前二卷，考证之文，系吾乡某君之稿，存斋购得，攘为己有。果尔，是存斋惯于窃庄也。”而武进人屠奇“中年后摒弃他务，专撰《蒙兀儿史记》。性嗜酒，笔一枝，酒一壶，恒不离手”。伦明曾问“书何时可成？”层寄笑曰：“余今年六十矣，再须六十年可成，然余固不期成。家中雇一刻工，成一篇即刻一篇，死而后已。”以上两人治学态度，前者偷梁换柱，后者壮心不已，两两对比，不可以给我们以深深的启迪吗？又如吴昌绶条下云：“君熟于目录，尤究心典故名物，君常选诗晚晴簃，一日以手抄本陈梦雷《松鹤堂诗集》示同人曰：‘此未刻孤本，可宝也。’同座关颖人，知余有刻本，明日借以相示，君大恨，取己书片碎之。”吴氏对孤本的如此偏爱，也不失为一书林佳话。

另外，《辛亥以来藏书纪事诗》中还记载了一些鲜为人知的史料。如《书目答问》一书，世人一直以为是张之洞所作，不料缪荃孙条下云：“张之洞的《书目答问》，乃先生（指缪荃孙）代作，据年谱则作于二十四岁时也。”还有精于版本目录之学，以撰写《书林清话》一书而名载史册的叶德辉，却“为湖南土豪，鱼肉乡里，早被红军镇压”。由此可以看出《辛亥以来藏书纪事诗》的史料价值。

如果说叶昌炽所著《藏书纪事诗》影响了伦明而作《辛亥以来藏书纪事诗》，那么，伦氏的《辛亥以来藏书纪事诗》却又启发了王謇（字佩诤）作《续补藏书纪事诗》。王氏在该书中谓“拙诗之作，盖由先生启之也”。并专为伦明作诗一首，对伦明一生的事迹作了简要的概括。其诗云：

藏书盈库兼仓富，续补可嗣四库书。
安得群儒策群力，提要远追逊代初。

（原载《图书馆论坛》1995 年第 5 期）

《辛亥以来藏书纪事诗》新论

周生杰

叶昌炽撰著的《藏书纪事诗》是中国藏书史研究的开山之作，开创了诗传结合的“纪事诗体藏书家传”体例，其综述藏书家渊源递嬗的独特体例为士林所重，纪事诗体藏书家传的编撰一时成为风潮，在各种继起之作中，当数伦明的《辛亥以来藏书纪事诗》创作最早、变体最新、传人最多，堪与叶书比肩。伦明（1875—1944），字哲如，一作哲儒，广东东莞人。二十七岁时中光绪举人，1902 年入京师大学堂，毕业后，分发广西候补知县。同年返粤，先后任两广高等师范学堂教员、两广方言学堂讲席。1910 年，入张鸣岐幕。1917 年北上任参议院秘书、北京大学文学系教授。1923 年任河南道清铁路秘书长。1927 年，赴沈阳任奉天通志馆协修。1930 年应邀赴东京鉴定古籍，回国后任北京师范大学、燕京大学、辅仁大学、民国学院等校教授，1937 年任广东省立图书馆副馆长兼岭南大学教授。1935 年，伦明撰著《辛亥以来藏书纪事诗》成，有以下几方面的背景。

一、克绍叶氏著述

叶德辉曾称赞叶昌炽撰著《藏书纪事诗》“于古今藏书家，上至天潢，下至方外、仿估、淮妓，搜其遗闻佚事，详注诗中。发潜德之幽光，为先贤所未有。即使诸藏书家目录有时散逸，而姓名不至灭加，甚盛德事也”[①]。伦明亦对于叶氏著述十分喜爱，细细研读之后，他在《辛亥以来藏书纪事诗·自序》中说：“余读而少之，为益数十人。辑录粗就，尚待润色，例依叶书。”在撰述《辛亥以来藏书纪事

① 叶德辉：《书林清话》，广陵书社 2007 年版。

诗》一书时，伦明第一个诗赞叶昌炽，诗曰：“买书难遇盲书贾，管教仍然老教官。芸香浓处多吾辈，广觅同心叙古观。”纪事部分表达了克绍叶书之志，云：“余尝补君《纪事诗》数十人，今又拟《辛亥以来藏书纪事诗》若干人，识陋才拙，狗尾之续，惭恧而矣。”①

二、热心藏书事业

伦明先生自幼年起即嗜书如命，无所不览，儿时常将赏赐钱托人代购书籍。在读书和执教之余，他以访书为乐。辛亥革命前后十余年，伦明在北京大学和辅仁大学任教时，多次至琉璃厂访书搜书，每得一书如获至宝。平日在生活上，不甚讲究，以至衣衫褴褛，而被人戏呼为“破伦”，但若遇到心爱之书，则不惜重金以购藏。孙殿起回忆说，伦明“嗜书如命，有‘书虫’之称；因其对各种版本了然于胸，又有‘书之伯乐’美誉”②。被称为“书虫”的伦明“生活俭朴，所获薪水除维持生计外，尽归书肆。每遇佳本，不惜重金。有时甚至将妻子妆物变卖购书，置家人谪而不顾。如不能购得，则请人抄写，亲自校勘。后来为求书方便，伦还出资在北京设立‘通学斋’书肆，进行聚书”③。经过多年的抄写、购买，伦明的藏书多达“数百万卷，分贮的箱橱有四百数十只”④。时人有诗赞其藏书曰：“藏书盈库兼仓富，续补可嗣四库书。安得群儒策群力，提要远追逊代初。”⑤

---

① 伦明：《辛亥以来藏书纪事诗》，北京燕山出版社 1999 年版，第 5 页。

② 孙耀卿口述，雷梦水整理：《记伦哲如先生》，见中国人民政治协商会议北京市委员会文史资料委员会编：《文史资料选编》第十二辑，北京出版社 1982 年版，第 176 页。

③ 黄敏：《明清民国时期东江藏书家论略》，《惠州学院学报》2002 年第 22 卷第 5 期。

④ 孙耀卿：《藏书家伦哲如》，见秋禾、少莉编：《旧时书坊》，生活 · 读书 · 新知三联书店 2005 年版，第 355 页。

⑤ 王謇：《续补藏书纪事诗》，北京燕山出版社 1999 年版，第 203 页。

三、藏书形势新变

近代以来，受西学东渐的影响，西方各国的公共藏书制度逐渐传入中国，受到开明绅士的追捧，渐渐地，从 19 世纪末开始，以公众阅览为核心的西方公共藏书制度及其以书育才的实际功用已经深入人心，藏书形势发生了新的变化。关于这个问题，伦明在《辛亥以来藏书纪事诗·自序》中说：

> 廿余年来为变甚剧。掠书之贾始河南、北、山东、西，渐推及苏、浙、皖、赣，又渐推及川、陕、闽、粤，极于滇、桂，挨家而索，等于竭泽。百数十年来之积蓄，尽于一旦；万数千里之输送，集于一隅。犹未已也：涵芬楼，靡于非意料之烈弹；海源阁，劫于无意识之狂匪。犹可委曰天灾、时势，无可如何。乃一家奴耳，能罄丁持静之全；一鼠窃耳，能分范天一之半。

伦明提到的“掠书之贾”是指近代以来以贩书为生的书商，他们学问不高，但在长期的经营中积累了丰富的版本鉴别经验，常常贱买贵卖，牟取暴利，有的还为求高价，将珍贵典籍卖往国外，造成了中华典籍的大量流失。其时，另一个有别于传统的现象是，那些拥有雄厚资财的实业家成为购书的主体，“近来银行家，多喜藏书，武进陶兰泉、庐江刘晦之，其最著者也。闻杭州叶揆初者，亦浙江兴业银行董事，收藏稿本、钞校本甚夥”[①]。此外，各地公共图书馆的建设，严重冲击了秘不示人的藏书传统，伦明认识到“书之聚散，公私无别，且今后藏书之事，将属于公而不属于私，今已萌兆之矣”，因此撰写此书，“所重在书之聚散”（《辛亥以来藏书纪事诗·自序》）。

《辛亥以来藏书纪事诗》成书后，率先在粤籍名流吴贯因（别号柳隅）在天津创办的《正风》1935 年第 20—24 期、1936 年第 1—3、

① 伦明：《辛亥以来藏书纪事诗》，北京燕山出版社 1999 年版，第 131 页。

5 期连载，不久抗战全面爆发，《正风》停刊，尚有若干首没有刊发，幸好原稿尚未遗失，并有抄本流传，直至抗日战争胜利以后，始辑入叶恭绰纂辑的《矩园余墨》丛书《纪书画绝句》内排印刊行。作为纪事诗藏书家传，该书不是首创，但它具有以下几方面的特点：

（一）对《藏书纪事诗》的继承与发展。叶昌炽《藏书纪事诗》成书于光绪十六年（1890），相隔四十年后，其间又出现众多的藏书家，很有为之立传的必要，伦明《辛亥以来藏书纪事诗》就是顺应这一藏书史实而创作的，是叶昌炽《藏书纪事诗》后最重要的一部续作，在体例和内容上既有继承又多发展。

叶书属于通代藏书家诗传，上自五代毋昭裔，下至清末周星诒（1904 年去世），上下历时一千多年，集中展示了七百三十九位藏书家的藏书成就及其文化、学术贡献。但是，历史上私人藏书家众多，叶氏之书遗漏甚多，伦明拜读后深感不足“为益数十人”（《辛亥以来藏书纪事诗·自序》），其中明代范钦为天一阁创始人，藏书富甲江南，在古代私家藏书史上影响巨大，叶书将其遗漏实不应该。伦书共有诗作一百五十五篇，收藏书家一百四十九人，附录二十八人，其中为丁日昌、张之洞、李盛铎、傅增湘、张伯桢五人各作两首诗，其中清代及以前二十二人，余皆为辛亥以后人。尤其是开篇为叶昌炽诗传，其赓续叶书之意十分明了。因此，从所传人物来说，叶书为通代藏书家传，而伦书为断代藏书家传，“倘以叶昌炽《藏书纪事诗》为书林《史记》，伦明《辛亥以来藏书纪事诗》则为书林之《汉书》”①。

诗作中，伦氏诗传最有创意者有一首诗专咏涵芬楼，诗曰：“几岁搜储一杪休，江陵道尽痛斯楼。初今何地安弦诵，应费诸公牖户谋。”其注云：

> 上海涵芬楼，储书甚富，先是当事者防万一之险，屡以他本贮安全地，而未能尽。余游沪，登阁览竟三日，所见名人稿本、

① 翟朋：《藏书纪事诗研究》，南开大学硕士学位论文，2010 年，第 27 页。

钞校本尚多，方志尤备，略记要目而去。壬申上海一役，空中落一弹，书与楼同毁。①

与私人藏书楼不同，涵芬楼属于近代史上第一个商业印书馆——商务印书馆所设的一个图书室，创办的动机“是想给商务印书馆的编译工作提供可以信赖的参考资料”②，伦明为其诗传，打破了叶氏只为藏书家立传的体例，实为新创。后来，徐信符在创作《广东藏书纪事诗》时，受伦明启发，为广东近代著名藏书楼如广雅书院（冠冕楼）、广雅书局（十峰轩）、南州书楼等题诗作传。

《藏书纪事诗》采用诗和传结合的形式，为每位藏书家咏七言绝句一首，后录各条文献，作为诗的注，实为藏书家之纪事及传，必要时加以按语。而《辛亥以来藏书纪事诗》亦采取诗、传结合的方式，但是注和传为笔记，因为伦明所记藏书家多为同时代人，笔记体更为方便，而且很多记载取材于作者与传主的实际接触，又多为外人所不知，所以甚为珍贵。如第八十一则《曾习经》条注云：“揭阳曾刚甫右丞习经，居丞相胡同潮州馆。余壬寅来京师，多从君借书读。君喜谈书本，暇则偕游琉璃厂，随所见谆谆指示，余之癖于此，由君引之也。”③ 不是来自文献，而是来自自己闻见经历，史料价值较高。

（二）记载各类藏书家。首先，为一批名不见经传的书贾立传。近代以来，遍布南北的书肆业兴起，给私人藏书事业带来新的机遇。书肆是藏书家淘书的重要场所，而书商又是书籍与藏书家之间的中介，书肆“具有文化继承和文化传播的重要作用”④，他们的经营方式和规模，与私人藏书关系至密。伦明曾经在北京琉璃厂开过书肆通学斋，“（通学斋）主人是孙殿起，因脸上有麻子，故有孙麻子的绰号。他的店也像主人一样不大清洁，但孙殿起对清朝考据家的书籍十

---

① 伦明：《辛亥以来藏书纪事诗》，北京燕山出版社 1999 年版，第 130 页。

② 傅璇琮、谢灼华：《中国藏书通史》，宁波出版社 2001 年版，第 1283 页。

③ 伦明：《辛亥以来藏书纪事诗》，北京燕山出版社 1999 年版，第 81 页。

④ 吉少甫：《中国出版简史》，学林出版社 1991 年版，第 303 页。

分精通，如有神明，写有《贩书偶记》《丛书目录拾遗》等书，记录他一生的见闻。这书店的东家即资本拥有者是伦明教授，他是清朝文物的搜集家，为了更便于自己的搜集活动，才让孙麻子替他开店”①。伦明对于书贾十分了解，赞赏他们在近代书籍流通过程中所做出的贡献，因而《辛亥以来藏书纪事诗》辟出专篇，为多位书贾立传。如前面提到的孙殿起（字耀卿），由贩书而成为著名的版本目录学家，尤精通清代禁书，他的《贩书偶记》一版再版，常为藏家所谈论。和孙殿起一样，以书商而有著作闻名者尚有王晋卿，他对裱书和识别版本极有研究，著有《文禄堂访书记》。伦书诗赞两位书贾曰：“书目谁云出郘亭，书坊老辈自编成。后来屈指胜蓝者，孙耀卿同王晋卿。”②

其次，多记载藏书之外的逸事。伦明《辛亥以来藏书纪事诗》所记多为民国年间事，藏家包括康有为、梁启超、章太炎、王国维、陈垣、姚茫父、冼玉清、刘师培等人，有不少独得之见。尤其在注和传中多伦明的亲见、亲闻之事，可以从中考察近代藏书家之间的逸闻趣事。如关于叶德辉，伦氏诗曰：“清话篇篇掇拾成，手编藏目不曾赓。相逢空有抄书约，隔岁俄闻遭枪崩。”纪事云：

> 长沙叶焕彬德辉，己亥春始于故都识面，约相互抄所有两家书，彼此有所欲得，抄就交换，以页数略相等为准。别后曾致长沙一书，未得复，而君难作矣。君见古本不多，所著《书林清话》《余话》，大卒撮自诸家藏书志。自编《观古堂书目》，亦无甚佳本。据云尚有《续目》，未编成，君殁后见其《郎园读书志》，不过如是，勿刊可也。然君素精小学，辑录各书，具有条理，但版本目录，非所长耳。君有侄启勋字定候，积书好古，克绍家风。③

① 吉川幸次郎：《琉璃厂后记》，见秋禾、少莉编：《旧时书坊》，生活·读书·新知三联书店 2005 年版，第 29 页。

② 伦明：《辛亥以来藏书纪事诗》，北京燕山出版社 1999 年版，第 134 页。

③ 伦明：《辛亥以来藏书纪事诗》，北京燕山出版社 1999 年版，第 141 页。

叶氏藏书闻名遐迩，其爱书惜书也是世所共知，伦明所记与他相约彼此抄书十分有趣，更难得的是，伦明竟称其所藏“无甚佳本”。再如扬州富豪方尔谦（字地山）是当时京津藏书界的著名玩家，伦明与方尔谦结识于津门书肆。方尔谦与袁世凯次子袁克文是姻亲，而袁克文是民国时期有名的藏书家，这样伦明通过方氏与袁克文也成了书友，方尔谦晚年移居津门，家财散尽，伦明对于他有诗曰：“旧日豪华识地山，乱书堆呈拥红颜。十载津门阻消息，白头乞食向人间。”纪事中有“比闻书已尽出，日惟以借小债度活”[①]之语，为他书不载。

（三）广东藏书家居多。中国古代文化从地理上来说，起源于黄河流域，从先秦而魏晋，而隋唐，至北宋，古代文化的中心始终处于黄河流域，受此影响，作为文化表征之一的私人藏书，其分布亦多集中于中原一带。宋室南渡以后，文化中心随着政治中心的迁移而南移，长江流域成为了私人藏书的主要地理分布，这一情况一直保持到现在。广东僻处岭南，虽很早接受中原文化影响，但是私人藏书家却直到明代才崛起，但人数、规模与影响等皆难与北方抗衡。近代以来，广东接受外来文化影响最深，文化自觉意识较强，藏书家如雨后春笋出现。各种藏书史对于广东藏书家多进行统计“明清以来，见于文献记载的广东藏书家约有一百多位，而在这些藏书家中有相当一部分人不仅富藏书，同时也是著述、校雠、刊刻、整理、汇编等方面的大学问家”[②]。其中徐信符《广东藏书纪事诗》收广东藏书家五十一人，何多源《广东藏书家考》收四十多人，而伦明的《辛亥以来藏书纪事诗》亦收三十人。

《辛亥以来藏书纪事诗》不唯可以当作藏史书来看，笔记式按语多亲闻亲见，史料价值颇高。因为它用诗歌的形式为藏书家立传，又可以当作文学创作来欣赏，因此，谈及本书的学术价值应该从史学价值和文学价值两方面入手。

---

① 伦明：《辛亥以来藏书纪事诗》，北京燕山出版社 1999 年版，第 88 页。

② 曾洁莹：《广东藏书家的历史地位及贡献》，《科技情报开发与经济》2006 年第 12 期。

《辛亥以来藏书纪事诗》不仅记载了近代藏书家的生平事迹，交游爱好，且记载了每位藏书家的收藏特点，藏书状况，所藏书的聚散离合以及重要典籍的存毁流传。如有清末四大藏书楼之称的瞿、杨、陆、丁四大藏书家的藏书命运在本书中皆有反映，《瞿镛》注交待铁琴铜剑楼藏书“已而书渐渐失，盖不肖者乘间窃去，典守者不自觉也”①。《杨以增》注记载海源阁书籍散亡之由：“岁己巳战乱，匪于其家驻军，其家设司令部，至以阁中书炊火。后官兵又大肆劫掠，其书散见济南、保定各地。北京书客，争往收之。皆最善本也。”② 陆心源十万卷楼藏书为“其子某以十万卷楼所有，售之日本松崎”，而《丁丙》八千卷楼藏书在“宣统末，归江南图书馆”③。从这些记载中，我们可以看出由于时代的原因，近代藏书的总趋势是私家藏书的衰落和公共图书馆的兴起。本书还记录了近代藏书风气的变迁及其与思想观念、学术风气之转移之间的关系。伦明自序：

> 叶书但纪私家，此则凡属于书者无所不纪。所重在书之聚散。书之聚散，公私无别，且今后藏书之事，将属于公而不属于私，今已萌兆之矣。叶书《附录》，有书贾八首。余交游中，书贾居半，纪不胜纪，则摘其可称者数人著之。

古代藏书家多以珍藏前代的版本为主，重在收藏和鉴赏版本，而近代藏书家主要以自己的学术志趣为取舍，不甚重视版本，重在应用。又如古代藏书家所藏范围尽管极为广泛，但是基本上以儒家经典及释经之作为主，诸子、史地和文集均为附庸，至于小说、戏曲之类，更被视为不登大雅之作，很少有人问津。而晚清以降，随着西方文化的传入和先秦诸子学的复兴，正统观念受到巨大冲击，传统上被视为“异端”的思想复活，此种观念的转变于藏书风气产生深刻的影

---

① 伦明：《辛亥以来藏书纪事诗》，北京燕山出版社 1999 年版，第 12 页。

② 伦明：《辛亥以来藏书纪事诗》，北京燕山出版社 1999 年版，第 11 页。

③ 伦明：《辛亥以来藏书纪事诗》，北京燕山出版社 1999 年版，第 13 页。

响，以前不甚重视的子、史、集均为藏书家所重点搜罗的对象，乃至著名学者学者吴梅、朱希祖、马廉等均以收藏小说、戏曲而成收藏名家。再如清代藏书家慑于专制主义的淫威，凡统治阶级宣布为禁毁之书，多不敢收藏，更不能刊印，而辛亥革命后，为宣传革命，揭露清政府之专制，章太炎、黄节、邓实、刘师培等创办《国粹学报》，刊布大量清廷禁毁书目，一时之间，明季野史、明末清初遗民文集成为众藏书家搜集收藏的重点。

《辛亥以来藏书纪事诗》的诗传形式十分灵活，有一诗多人，亦有一人多诗。如关于丁日昌有两首，其一曰："中丞遗爱在三吴，豪夺何人敢肆诬。浊世翩翩一公子，可惜无福读楹书。"其二曰："禹贡毛诗可比肩，文家画絜字如钱。汉皋解珮非吾望，不忘墙东一面缘。"第一首为总括，述丁氏在江苏任巡抚等留意文籍，广事搜求之事，关于"豪夺何人敢肆诬"一句，伦明注云："相传有豪夺之事，盖陆存斋诬之。存斋欲据郁氏宜稼堂书，及自闽归，其精椠已为中丞所得，大嗛之，因造无稽之言。"① 后一首主要从丁氏藏书价值说起，为丁氏持静斋书散出而惋惜，注云："持静斋书之散出，世人多不知其故，亦不知始于何时。以余所闻，揭阳城内有书店多家，传伺丁书。书之出也，悉由婢仆之手，多少精劣全缺不一。久之又久，而书已尽。广州有华英书局者，亦分支店于揭阳，有所得，随寄广州。余所见最精者，有《禹贡图》《毛诗要义》文与可《画絜》等。"② 两诗相互比照，丁日昌藏书成就和特点则完整体现出来了。

伦明以饱含热情的赞美之笔，在注中对爱书如命的藏书家饱含赞美。如《萧穆》的按语云：

> 桐城萧敬孚穆，诸生。为曾国藩所知，派充上海制造局文牍二十余年，月薪止二十余两。时值江皖洊乱，故家书玩散落，君以贱值得之。性极仆，节缩所余，仅以购书。故所蓄颇富，且多

① 伦明：《辛亥以来藏书纪事诗》，北京燕山出版社 1999 年版，第 14 页。

② 伦明：《辛亥以来藏书纪事诗》，北京燕山出版社 1999 年版，第 15 页。

佳本，居然充藏书家矣。熊泽元曾参沈子培安徽幕府，时君已殁，泽元语余，藩署旁有一书店，所售皆敬孚书也。其佳本多为沈得，泽元亦拾其余。书略尽矣，熊诡店中人介至敬孚家，有书一大簏，册皆厚廿许，一老妇指谓熊曰："此先夫一生精血所在，宁饿至死不卖。"①

伦明《辛亥以来藏书纪事诗》与叶昌炽《藏书纪事诗》的诗学风格一脉相承，创造了以纪事、唯实、唯真为特点的诗学思维或诗学模式，并由此构成了语言简洁、多用掌故与比拟，情辞谨严等方面的艺术特色。有的诗作典重质实，有的则容纳了藏书家个人遭际和世事纷纭之变。如《袁克文》诗云："一时俊物走权家，容易归他又叛他。开卷赫然皇二子，世间何时不昙花。"② 袁世凯当国之时，袁克文凭皇二子身份四处搜罗珍本古籍，以满足自己的典藏癖好，可以说只要他相中的典籍，没有不设法得到的。但是，乃父的帝王梦碎后，袁克文苦心经营的善本古籍很快散出府邸，易手他人。"此诗言藏书细事，而极世情变幻，结语一声棒喝，照见五蕴皆空，天心月明。"③

伦明以学者兼藏书家的身份撰写《辛亥以来藏书纪事诗》，书中时现学者之主观灵动和史家之客观求实，既继承了叶昌炽《藏书纪事诗》开创之体例，又启发了后世频仍续作。伦氏之后，王謇《续补藏书纪事诗》、徐信符《广东藏书纪事诗》、刘声木《清藏书纪事诗补遗》、周退密与宋路霞《上海近代藏书纪事诗》、吴则虞《续藏书纪事诗（关于四川藏书家部分）》等相继问世，另有王献唐《山东藏书纪事诗》（惜亡佚）、《藏书十咏》以及邢蓝田《藏书百咏》等变体续作。藏书纪事诗体创作蔚然成风，它们作为一个独特诗歌类型的艺术特质，为中华诗国诗学文化的丰富性、多样性举证，同时对于探索古代藏书对文学活动的作用与影响为功尤巨。但是，由于伦氏"下笔轻

① 伦明：《辛亥以来藏书纪事诗》，北京燕山出版社1999年版，第21页。

② 伦明：《辛亥以来藏书纪事诗》，北京燕山出版社1999年版，第92页。

③ 翟朋：《藏书纪事诗研究》，南开大学硕士学位论文，2010年，第30页。

快，无暇检点”（《辛亥以来藏书纪事诗·自序》），故该书存在些许不足：一是书名为《辛亥以来藏书纪事诗》，但书中有不少藏书家去世于辛亥以前的，当属清人；二是所传藏书家有与叶书重合者，如无新资料之利用，则此种重复似可不必；三是对于藏书家的藏书具体数目多语焉不详。当然，瑕不掩瑜，伦书在藏书史、诗传史上的地位会越来越受到学术界的重视。

（原载《社会科学战线》2012 年第 9 期）

伦明对乡邦文化的揄扬

——以《辛亥以来藏书纪事诗》为中心

李吉奎

伦明（1875—1944），字哲如，广东东莞人，光绪举人。据载曾拜康有为为师。1902 年入京师大学堂师范馆习英语。1907 年毕业，重获举人衔，分发广西候补知县，任浔州中学堂校长。返粤，先后任广东模范高等小学校长、两广高等师范学堂教员及两广方言学堂教务长。1910 年入粤督张鸣岐幕。次年 10 月武昌起义后，广东独立，张鸣岐逃港，伦明留广州，在民初曾任广东视学官。1915 年（另说 1917 年），伦明举家迁京，曾任参议院秘书。1924 年，任道清铁路秘书长，在河南三年，于 1927 年 10 月任故宫博物院管理委员会干事。次年任奉天通志馆协修。1930 年应日本“斯文会”之邀赴日，在东京鉴定该会所藏之中国古籍。①

从 20 世纪 20 年代后期开始，伦明先后在北京大学、北京师范大学、燕京大学及辅仁大学任教授，讲授诗词、“目录学”、“书目学”，是中国知名版本目录学家，与当时在京的粤籍一流学者梁启超、陈垣、黄节齐名，是岭南学术从边沿走向中心的重要标志之一。

伦明之父伦常（棣卿）曾任江西崇仁知县，伦明随父读书。伦常喜蓄书。受乃父影响，伦明自小喜书，至每月请饷差代购图书。伦明赴京就学时，去“拳变”未久，公私所藏载籍大量流出，伦明趁机在书肆购入。从 1919 年开始，他与书贾孙殿起（耀卿）在北京开设“通学斋”书店，经营古籍，从中卖书购书，收藏善本、精版。京津沪外，他还到开封、南京、武汉、苏杭等地，访购珍本、孤本。据载，他有访书的三字经，即俭、勤、恒。对购不到的书，便雇人抄

① 陈汉才：《康门弟子述略》，广东高等教育出版社 1991 年版，第 83—86 页。

书，即所谓“书之为物，非如布帛粟米，取之市而即给，不得已乃以抄书补购书之穷”[①]。他建“续书楼”以庋藏，或谓其藏书数百万卷，分储箱橱四百余只。王謇《续补藏书纪事诗·伦明》记称，伦之藏书，“占新旧粤东两会馆屋，储书尚嫌不足”云。

伦明积书既丰，参校多书，认为《四库全书》并不完备，且当时参与编纂之人忌讳太多，删节窜易太甚，采择未尽，应予重校与续修，自谓“余藏书可作续修四库资料之八九矣”，故颜其斋名“续书楼”，并撰《续修〈四库全书〉刍议》《续修四库全书提要》。然格于时局，所议未行。1937 年，抗战军兴，伦明返粤，居广州。一说曾任岭南大学教授。[②] 旋因病，返故乡望牛墩。据载，乡居仍“辟续书楼以庋南携之古本，日校群书其中”。既卒，“藏书均转归北京图书馆收藏”。[③] 此记或系指留京之书，未详南携之书下落。

伦明著述甚丰，言伦明著述者，莫不首推《辛亥以来藏书纪事诗》。徐信符《广东藏书纪事诗·伦明（续书楼）》为之题诗，且在所撰《广东藏书记略》中指出：“又续叶氏藏书纪事诗为《辛亥以来藏书纪事诗》，于南北藏书家收藏事迹极为明审，今日粤中明悉藏书掌故者，断推伦氏。续书楼书目，于集部最为丰富，其余各部悉备，秘本极多，此亦粤中所不可得也。”[④] 此文脱稿在 1941 年以前，伦尚在人世，徐氏之推重，决非虚而言之，徐亦粤中藏书大家，其推服如此，固有原因。伦、徐本属旧识，徐氏自谓：“拙诗（按：指《广东藏书纪事诗》之作）盖由先生启之也。”

《辛亥以来藏书纪事诗》是七言绝句，有诗有传，全书冠以自序。伦明生前已定稿，原刊于吴贯因主编的天津《正风》半月

① 陈汉才：《康门弟子述略》，广东高等教育出版社 1991 年版，第 84 页。

② 《东莞市志·伦明》，广东人民出版社 1995 年版，第 1441 页。

③ 王謇：《续补藏书纪事诗——伦明》，见伦明等撰，杨琥点校：《辛亥以来藏书纪事诗（外二种）》，北京燕山出版社 1999 年版，第 203 页。

④ 徐信符：《广东藏书记略》，见《广东文物》下册卷九，广东人民出版社 2013 年版，第 857 页。

刊（1935 年 20—24 期，1936 年 1—3、5 期），后由雷梦水补校，上海古籍出版社 1993 年刊行。该书所收为之推介藏书者主要是沿海省份人士，凡一百五十五则（有一人二则者），其中，粤籍人士及在粤为宦有志于藏书之人，凡三十七则，三十八人，几占总数四分之一。

外省籍在粤为宦而从事藏书者，伦明首举张之洞，称“斋书粗劣院书精，广雅储才拥百城”。伦明记述：“张之洞督粤日，创广雅书院，选高材生，肄业其中。诸生各给必读书若干种，听其点勘，名曰斋书。又广购巨帙精椠，储之一楼，供诸生参阅。”传中还讲到广雅书院藏书的变迁及“片纸无存”的结局。沈曾桐是浙江嘉兴人，曾在广州任提学使，他在广东从事书业不是为广东藏书，而是从广东购书带走，伦氏谓“（其）宦粤东日，购南海孔氏书甚多，凡新抄本，皆归之。旋为粤督张坚伯所劾”云。四川华阳王秉恩，为张之洞广雅书局刻书任提调，前后在广雅书局司校勘者有屠寄、陶濬宣、王仁俊及叶昌炽等人，皆一时之彦，所刻之书多乙部（史学）切用之书。伦明言，宣统中王秉恩卸钦廉道后重寓羊城，曾引伦观其所藏古书字画，目不暇接。

广东藏书家，伦明所记，有祖孙三代者（谭莹、谭宗浚与谭祖任），有祖孙二人者（李文田、李棪），有父子二人者（孔广陶、孔昭鋆，梁鼎芬、梁思孝，张伯桢、张次溪），有藏书实际多不在广东者，如戊戌变法后之康有为、梁启超、梁鼎芬（梁藏分三部分，广东为其中之一，后归省立中山图书馆）、曾习经、黄节、王天铎、叶恭绰、张伯桢父子、盛景璿、辛仿苏、潘明训、陈垣等人，因仕宦或从教，或晚岁在京津沪等地居住，图书多携赴所在，故不在家乡存书，此辈事业在外，名声亦在外，故里则藏书阙如。

伦明在《辛亥以来藏书纪事诗》自序中说道，该纪事诗依例叶书，读后以为收录之人不足，故为益数十人。这数十人中，便是包括上面引述的与广东有关的藏书家。这些藏书家，有的是知名的，有的并不太知名。例如花县人王天铎，曾留学日本，返国后在北京任职，据载其专法学，书法劲绝，其诗文委抑深奥，自成一派，藏书则喜搜求集部，与伦交，“每遇佳本，辄来书相炫”。又如盛桂莹即盛景璿，是梁鼎芬的朋友，有书数十簏，据杨琥所记，其人“工诗，擅书，嗜金石，亦喜藏书，曾收购丁日昌持静斋遗书于潮州、汕头”。但是，聚难散易，卒后藏书尽散。有的在外地知名在原乡并不知名，如潘明训便被收入周退密、宋路霞编著的《上海近代藏书纪事诗》中，且详其事迹。

广东藏书家不甚为人所知者，伦明举例有辛仿苏、张柳池、潘明训诸人。

顺德人辛耀文（1876—1928）字仿苏，得父遗产甚厚，乃事收藏。伦明谓辛在京住大吉巷，其“间与过从，异书满屋。与会文斋主人何厚甫最洽。厚甫新得当湖刘铁云家书，其佳本多归之。旋返粤，又得香山何佩舫家书。粤中自孔丁二家衰替后，不得不推君矣”。“顾君嗜欲多，无暇读书，又秘籍不轻以借人，身殁未几，所藏皆就地散佚，其家得值无几也。”

番禺张柳池是另一例。张为西洋学生，其藏书，初收小学类，渐及精槧古本。伦明与交，闻欧洲人亦重视古本，亦讲校雠，且法比吾国加密。又从四川杨啸谷（留东者）交，知日本学者则治考据、校雠、版本、目录，与吾国老儒无异，而加以精专，因知学虽异而同者固有在也。

南海潘宗周明训，伦明讥之为“俗人雅事喜能兼”者。盖潘少时供事洋行，一买办也，发迹后任上海英租界工部局总办，喜储宋槧。据杨琥记述，20 世纪 20 年代，袁克文到上海作寓公，售其所藏，中有南宋三山黄唐所刊《礼记正义》，乃为曲阜孔府旧藏，海内孤本，事为日人所知，欲出高价收购。潘氏获悉后，即以巨资购得，遂命名新居藏书楼为宝礼堂。不久袁氏所藏宋刻珍本，尽入宝礼堂。后又广收黄氏百宋一廛、汪氏艺坛精舍、郁氏宜稼堂、杨氏海源阁之部分旧藏，终积宋槧多达百余种、千余册，号称今世“百宋一廛”。因多为世间孤本，即请张元济编撰《宝礼堂宋本目录》四卷行世，又有《宝礼堂书目》一种，亦为张元济手订。所藏书于新中国成立前夕运放香港，新中国成立后由其后人全部捐献给国家，现藏于北京图书馆。[①] 新中国成立前后之事，伦明不及见，仅知其积宋椠逾百种，而伦所重视者为藏书风气之转移，“往日藏书之事，多属官僚，今则移之商家，潘氏其粤人之著者也”。伦明对潘视之甚卑，曰“俗人”，曰“自贤”。然潘之用重金收购宋椠，自是保存国家文化资源之有力者，功德无量。伦既发之于先，徐信符复游扬于后，其《广东藏书纪事诗》潘氏条云：“潘氏十余年来，旁收博采，骎骎与北杨（聊城海源阁）南瞿（常熟铁琴铜剑楼）相颉颃。言吾粤藏书多宋椠者，明清以来惟有持静斋，继起者当推宝礼堂。”[②] 潘氏藏书以不在粤中，乡人多未见，故冼玉清之《广东之鉴藏家》未见收入。

《广东文物》卷九所收徐信符《广东藏书记略》一文，与其所作《广东藏书纪事诗》，可谓互为表里。徐氏之纪事诗，盖亦伦明纪事诗之发挥与补充。徐氏纪事诗与伦氏纪事诗，同一时段，所收入之藏书家有重叠者，亦有“徐诗”有而“伦诗”所无者，如龙凤镳（知服斋）、陶福祥（爱庐）、林国赓（軥录庵）、黄绍昌（秋琴馆）、黄遵宪（人境庐）、邓实（风雨楼）、徐绍桢（学寿堂）、伦明（续书楼）及方功惠（碧琳琅馆）九家。这九家，剔除伦明本人，伦氏对各家藏书未必不知晓，或许是资料不全，或许有他种原因，未予胪列。而徐信符之拓张，是补伦诗之缺，功莫大焉。

粤人藏书之盛，发皇于嘉道以后。对外贸易发达引发若干有力商

① 王謇：《续补藏书纪事诗——伦明》，见伦明等撰，杨琥点校：《辛亥以来藏书纪事诗（外二种）》，北京燕山出版社1999年版，第131页。

② 王謇：《续补藏书纪事诗——伦明》，见伦明等撰，杨琥点校：《辛亥以来藏书纪事诗（外二种）》，北京燕山出版社1999年版，第308页。据《顾廷龙年谱》（1943年9月30日）记，潘明训书已由中央图书馆收购，价五百万元，“潘氏非急售之家，‘中央’亦非急办之时，并不闻有觊觎之者，忽有此举，莫测高深”。但此传实系烟幕，当时之欲得之者大有人在，据宋路霞《宝礼堂往事》所记，该藏书在1941年太平洋战争爆发后，由潘明训之子世兹请英舰运至香港，入藏汇丰银行保险库。1951年运回内地，捐京馆者达111部（宋版105部，元版6部）共计1088册。“文革”前，潘世兹曾任复旦大学图书馆馆长。

人刻书藏书固是前因，而阮元督粤办学海堂、修《广东通志》、刻《皇清经解》及扩修贡院所引发之人才、载籍聚集，是其动因。及张之洞治粤，设广雅书院，聚书之盛，就书院而言，冠冕海内。伦诗中所收入辛亥以来广东藏书家诸人，不少与上述二书院有直接或间接关系。上述二书院并非专致力于科举考试者，其于经古之学，转向经世致用，渐与时代趋向并进。及至洋务日兴，翻译西书日多，风气既开，藏书者所集不同版本，而以实用为指归，办学者亦以汉译西书为读物，新生事物，藏书家固不免有拒之者，仍以千元百宋相尚，但聚中西书籍于一廛之渐流，已不可避免。康有为万木草堂之课士，就是一例。

粤人且在粤藏书，堪称巨擘，伦明所着意介绍者，其为徐信符与莫天一。徐绍棨字信符，以字行，曾肄业于学海堂，入民国，先后任中山大学等校教授，其藏书之地称“南州书楼”。该书楼最盛时达六百余万卷，尤富广东地方文献，所撰《广东藏书记略》即广东历代藏书历史，号为详明，后之作者，无以逾此。伦明称“君家城北系南州，名满书林书满楼”，是相知者之语。又谓徐“家本儒素，而购书甚豪。往昔余居粤时，与有同游，每一佳本出，辄为所夺。君未出广州一步，而自北平至宁、苏、沪、浙诸书店，无不识君名，盖皆曾通函购书者也。数年前新起一楼，以储珍本，楼中秘异不胜举”。伦明又叙及徐信符之堂兄“学寿堂”（通介堂）绍桢藏书事，是粤人中兄弟皆以藏书闻书林中者。①

东莞莫伯骥字天一，与伦明少所相习，后多通函谈聚书事。伯骥弱龄取字天一，与宁波范氏藏书阁名同，实异事，其藏书堂名“五十万卷楼”。伦明诗谓：“君堪继起孔兼丁，我似相逢尹避邢。卌万卷书非幸致，后身应是范东明。”伦明此语，信非浪言，盖莫天一所藏多为宋刻、元椠、精钞及罕传、孤本，号为民国间粤中藏书之冠。可惜“五十万卷楼”藏书大多毁于大水、日寇战火及盗劫。天一卒于1958

① 王謇：《续补藏书纪事诗——伦明》，见伦明等撰，杨琥点校：《辛亥以来藏书纪事诗（外二种）》，北京燕山出版社1999年版，第107页。

年，有《五十万卷楼藏书目录初编》《五十万卷楼群书跋文》存世。[①]

伦明《辛亥以来藏书纪事诗》所收粤人或与广东有关之藏书家，其身份有异，地住不同，在全国知名度及影响尤其参差。其中或官或商，多为学者，少数则为家中富有而藏书繁富者，个别则为子承父产而终至湮灭者。[②] 伦明卒于抗战期间的乡下，《纪事诗》成于20世纪30年代，后此之事，与夫有关藏书之下落，固其所不能闻问者，则徐信符之《广东藏书纪事诗》实可谓赓续之作，于揄扬粤人之藏书，说明近代广东文风之一斑，良堪称道；若如叶昌炽《藏书纪事诗》仅收四粤人（曾钊、吴石华、丁日昌、李文田），即王謇之《续藏书纪事诗》，亦不过收丁惠康、罗悖曧、徐绍桢、叶恭绰、冼玉清、蔡有守、陈奇猷七人，其中伦诗中既收者有徐绍桢、叶恭绰、冼玉清，丁惠康则子承父（日昌）业，且未能保全，故王氏所新收入粤人之号藏书家者，充其量仅四家耳。如此，则粤人之藏书足以比肩内地者，直微不足道，与文化沙漠何异？所幸伦明不仅以其版本目录之长独步春明，“续书楼”之汗牛充栋、声满旧京，而《辛亥以来藏书纪事诗》刊世，尤光大当年粤人之治学藏书，灿然可观，是伦明之记述，留下一段历史，使后之治史者有所凭式，是此文撰述之旨趣也。

（原载东莞市政协、莞城区办事处编：《东莞地方文献整理与东莞学人研究文集》，齐鲁书社2015年版）

---

① 王謇：《续补藏书纪事诗——伦明》，见伦明等撰，杨琥点校：《辛亥以来藏书纪事诗（外二种）》，北京燕山出版社1999年版，第112页。

② 积书须具财力，伦明《纪事诗》中记粤人及在粤从事藏书事业者，大多为官员（或幕客）兼学者（如谭莹、丁日昌、张之洞、李文田、陈伯陶、梁鼎芬、陈庆龢兄弟、汪兆镛、沈曾桐、王秉恩、梁启超、曾习经、王天铎、叶恭绰、陈融、桂文灿、易学清、徐绍桢等）；有因商贾致富后或家本厚实而从事积书者（如孔广陶、辛仿苏、莫伯骥、潘明训等）；有纯为学者而积书者（如孔昭鋆、陈澧、黄节、陈垣、沈宗畸、张伯桢次溪父子、盛景璿、徐信符、曾钊、吴道镕、张柳池、李棪、冼玉清等，以及万木草堂时期之康有为）；至于梁思孝，则系主要接收了乃父鼎芬之遗业。但史载其亦“喜藏书，父子前后曾将古籍之百余箱捐赠广东图书馆、镇江之焦山、当阳之玉泉山，未取分文”（中央文史研究馆编：《中央文史馆馆员传略》，中华书局2001年版，第104页）。

记事存藏书史　抒情明读书志

——伦明《辛亥以来藏书纪事诗》研究

刘　平

中国古代藏书具有悠久的历史根源，深厚的文化积淀。私人藏书不仅反映了当时的社会风尚和世态人情，而且对图书出版、学术传播、文化教育等领域具有重要的价值导向作用。伦明（1878—1944），集藏书家、版本目录学家、阅读学家、教育家于一身，撰述的《辛亥以来藏书纪事诗》共收录藏书家一百五十人、附录二十八人，以近代为主，兼收清季二十二人，得诗一百五十首。“是书较多地反映了近代藏书家受时代变革影响，注重经世致用，在藏书、治学及志趣等方面都较以往偏于玩赏，秘不示人的藏书家有很大的不同。”① 陆游常言注诗之难，知诗不易：“诗岂易言哉！一书之不见。一物之不识，一理之不穷，皆有憾焉。同此世也，而盛衰异；同此人也，而壮老殊。一卷之诗有淳漓，一篇之诗有善病，至于一联一句，而有可玩者，有可疵者；有一读再读至十百读，乃见其妙者；有初悦可人意，熟味之使人不满者。……呜呼艰哉！”② 对藏书纪事诗的解读正如陆游所言，关乎理解角度、阅读情境、吟诵程度等，世易时移，淳漓善病，可妙可疵，见仁见智。目前学界对《辛亥以来藏书纪事诗》已有黄正雨、周生杰等人的研究，本文主要透过藏书诗中读书、藏书与治学相互融合的诗篇（本文所撷取之诗句均按伦明《辛亥以来藏书纪事诗》中所列藏书家之顺序排序）呈现伦明读书与藏书的接受取向与治学志趣，从藏书诗中领悟藏书人与读书人的深刻学理，品味藏书人与读书人的审美意趣，传扬辛亥以来藏书家典范的确立和藏书与治学互

① 伦明著，雷梦水校补：《辛亥以来藏书纪事诗》重版说明，上海古籍出版社 1999 年版。

② 曾祥芹、刘苏义：《历代读书诗》，中国文联出版社 2001 年版，第 2 页。

动之特色，期冀开拓《辛亥以来藏书纪事诗》所展示的藏书史、文献学与学术史、阅读学交叉交融的学术价值。

一、以诗记读书事，以诗存藏书史

《辛亥以来藏书纪事诗》依照叶昌炽《藏书纪事诗》的体例，为每个（或两个）藏书家各写一首七言绝句，以诗系事，所加按语作为诗的注脚，对史料文献或加补充，或纠正舛误或提出质疑，颇多独到见解。“与叶书异者，叶书但纪私家，此则凡属于书者，无所不纪。所重在书之聚散。”① 自序其诗既点染出形神兼备的文采，又注重书之聚散，灌注藏书家以诗存史之精神。徐信符说：“今日粤中明悉藏书掌故者，当推伦氏。”②

（一）书林轶事。《辛亥以来藏书纪事诗》记载了藏书家们的生平事迹，藏书状况与特点以及重要典籍的存毁流传，并将历史事件贯穿其中。“若乃其事其人，耳目触接，远不一世，近在当前，不烦摭拾，涉想即至……”③ 自序或传其目或睹其书，蕴含着深厚情谊与远见卓识，甚为书迷们所赏阅。

“河间四库读殆遍，所藏碌碌绝无奇。”④ 勾画出《四库全书》总编纂纪晓岚“读殆遍”而穷搜与博览中国文化典籍的阅读大家形象，展现其“碌碌”得来的藏书奇观。“初见徐评与杜解，始知家学善论诗”则表明其有“家学”渊源之根，可以《徐评》《杜解》为证，其书评“无语不精”。按语所言“文达论诗之识，在清代应首屈，即覃谿不能及，亦在所评彦和、子元二书上”是对纪晓岚“善论诗”的注解，亦强调了阅读鉴赏的“识见”。

---

① 伦明著，雷梦水校补：《辛亥以来藏书纪事诗·自序》，上海古籍出版社 1999 年版。

② 徐信符：《广东藏书记略》，见广东省文史研究馆编：《广东文物》卷九，上海书店出版社 1990 年版，第 857 页。

③ 伦明著，雷梦水校补：《辛亥以来藏书纪事诗·自序》，上海古籍出版社 1999 年版。

④ 伦明著，雷梦水校补：《辛亥以来藏书纪事诗》，上海古籍出版社 1999 年版，第 2 页。

"三百三家犹憾隘，待搜集目补文楸。"[①] 赞赏平步青"斠书也，不凭异本，但以书证书，识其缺误"。"霞外奇书纳众流"则体现了平步青既长于考辨疏证，尤能发现一些不为人所留意的问题。《读经拾沈》《读史拾沈》为经史札记，《霞外攟屑》则属稗乘之作，内容有掌故、时事、格言、里事、斠书、论文、小说传奇、方言土语等。平步青亦长于目录学，所纂《南雷大全集叙录》《楼山堂全书叙》《考定南雷》及所论丛书起源、纂修年谱之学，均为后人治史提供了借鉴。

"书刊史部百千卷""一编鸿烈是家珍"，[②] 称赞王秉恩为"一时之彦"，其丰富藏书如"家珍"。按语言："张之洞督粤日，开广雅数据刻书，君充提调……所刻多乙部切用之书。盖之洞雅慕阮文达，文达创学海堂，之洞亦创广雅书院；文达刻经解诸书，之洞则刻考史诸书，不相袭而遥相师也。之洞移鄂，君亦去职。"让我们亦了解了张之洞之轶事，尤其是"不相袭而遥相师"道破了读书、著书、藏书的传承真谛。

"好古好游兼两类，更看万里记孤征。"[③] 赞誉冼玉清既不像"徐霞客好游而不好古"，也不像"陈寿卿好古而不好游"，而是"好古好游兼两类"，写下《万里孤征记》，既可说是"徐霞客再生"，继承了《徐霞客游记》传统；又可说是"徐霞客超生"，兼用"读书"与"观景"，探"有字书"之意，究"无字书"之理。

在《辛亥以来藏书纪事诗》中还有不少借书林轶事蕴含劝诫之意的诗句。例如，"痴绝买珠还椟事，无书何用保书枷"[④]。韩非子的寓言故事"买椟还珠"比喻没有眼力，单取价值低的外装木匣，舍弃价值高的内在宝珠，讽刺不明实质、舍本逐末的人。伦明用此典故批评"性谨而痴"的梁思孝只保书枷而弃书，是干了买椟还珠的蠢事，警

---

① 伦明著，雷梦水校补：《辛亥以来藏书纪事诗》，上海古籍出版社 1999 年版，第 15 页。

② 伦明著，雷梦水校补：《辛亥以来藏书纪事诗》，上海古籍出版社 1999 年版，第 36 页。

③ 伦明著，雷梦水校补：《辛亥以来藏书纪事诗》，上海古籍出版社 1999 年版，第 108 页。

④ 伦明著，雷梦水校补：《辛亥以来藏书纪事诗》，上海古籍出版社 1999 年版，第 22 页。

示藏书人不要单求木匣的美丽包装，而要追求价值更高的“宝书”（宝珠），更要分清外表和实质，去粗取精、取舍得当。

（二）书史变迁。私家藏书活动的主流是“聚书”，而“散书”尽管客观上为典籍的传承流布提供了契机，但往往导致典籍在流转过程中毁佚散失。[①] 在我国古代藏书发展史上，因遭受自然灾害或人为破坏而造成散佚毁失是普遍现象，称为“书厄”或“艺林难劫”。由于近代战乱纷扰，很多古籍毁于战火或被掠走，当时的藏书家基于对先人的怀念和崇敬，对曾经辉煌的古籍文献将要消失于世的痛惜，除了为满足自我需求收藏图书以外，更有一份为国家为后人保存文化典籍的历史责任感与使命感。[②]

“抱经堂外抱经楼”[③]，两个“抱经”以物喻人，描绘了藏书名家的“抱经”形象和读书名家的“抱经”情志。卢址少嗜古博学，尤喜聚书，遇有善本书，不惜重价购获。“闻亲朋好友有异书，宛转借抄，晨夕校雠。搜罗三十年，得书数万卷。”校刊核对古籍善本到了废寝忘食的地步。先后得到谢象三、全祖望等家遗书，藏书数万卷。所藏书延续到民国初年流散，相继售与书贾，刘承干、孙毓修等家亦搜罗有旧藏多种。清咸丰十一年（1861）抱经楼藏书惨遭劫掠，不久后被人出售，鄞县商人杨氏花了二千六百金将这些书籍买下，悉数免费归还抱经楼，亦成为一时佳话。1916 年有抱经楼所藏的五万多卷书籍在上海“古书流通处”书肆出售，开价五万元。这藏书遂分散于江浙各藏家，其中的大部分流入吴兴刘氏嘉业堂（王欣夫《藏书纪事诗补正》中有记载），真可谓“万卷校雠何处去，绿签碧轴尽归刘”[④]。

---

① 王海明：《瞿氏铁琴铜剑楼藏书散佚毁失初探》，《中国典籍与文化》2002 年第 1 期，第 81—85 页。

② 项晓晴：《中国近代藏书家藏书访集活动的比较研究》，广西民族大学硕士学位论文，2012 年，第 27 页。

③ 伦明著，雷梦水校补：《辛亥以来藏书纪事诗》，上海古籍出版社 1999 年版，第 4 页。

④ 伦明著，雷梦水校补：《辛亥以来藏书纪事诗》，上海古籍出版社 1999 年版，第 4 页。

“末世人心难与善，瞿家楼户镇长关。”[①]“铁琴铜剑楼”收藏皆为宋元旧刻旧抄之本，拥书之多，藏书之精，当时无人超越。与山东聊城杨以增“海源阁”藏书相对峙，时有“南瞿北杨”之称。瞿镛笃志藏书，不为名利所动。其藏书有专人管理，每年必曝书一次。每有学人志士想阅览他的藏书，亦允许入书斋参阅，但不许借出，并为读者专辟阅书室，且提供茶水膳食。然“已而书渐渐失，盖不肖者乘间窃去，典守者不自觉也。于是扃其楼钥，而览书者遂绝足矣”。由此可见藏书楼如何开放是藏书家需思虑的问题。1940 年瞿氏第四代藏书家瞿启甲意识到铁琴铜剑楼藏书散佚势所难免，临终遗言子孙“书勿分散，不能守则归之公”[②]。

“容膝室中密四周，都在图书馆学求。”[③] 1942 年袁同礼任北平图书馆馆长，1949 年赴美，先后在美国国会图书馆和斯坦福大学研究所工作，是中国现代图书馆事业的先驱。伦明归纳了袁同礼“始从欧洲传图书馆学归国，有最便者数事：一是编目不以经史子集分，而以笔画多少分，诸要书各附索引，亦有合若干种书，共作一索引者，于检甚便。二是记书目于散片上，可以随时更调增损。三是书帙包上下四周，不似旧式之空其上下。书本大小长短不同，而帙则同，插架有整齐画一之观”。认为此三事，藏书家皆当遵用，表达了吸收西洋图书馆学的诉求，亦展示了图书管理发展史。

“百宋何妨又一廛，俗人雅事喜能兼。琴中领得无弦趣，不解咿唔也自贤。”[④]称赞商家潘明训“多喜藏书”“闻其眼识甚高”，感叹“往日藏书之事，多属官僚，今日则移之商家。官僚中虽不乏有力者，而忙于钻营片逐，无暇及此，亦可以觇风气之变迁也”。此话预测了图书由官藏转向民藏、商藏的变迁史。

---

① 伦明著，雷梦水校补：《辛亥以来藏书纪事诗》，上海古籍出版社 1999 年版，第 6 页。

② 王海明：《瞿氏铁琴铜剑楼藏书散佚毁失初探》，《中国典籍与文化》2002 年第 1 期，第 81—85 页。

③ 伦明著，雷梦水校补：《辛亥以来藏书纪事诗》，上海古籍出版社 1999 年版，第 104 页。

④ 伦明著，雷梦水校补：《辛亥以来藏书纪事诗》，上海古籍出版社 1999 年版，第 109 页。

二、以诗抒藏书情，以诗传读书经

“诗言志”，故读诗应采取审美和实用的双重视角，除“通情”外，还要“明志”。[①] 品读《辛亥以来藏书纪事诗》既要体味其诗意情结，更要领悟其诗性哲理，即诗句中所涵盖的读书、著书、传书之理。

（一）缘书抒情。藏书诗多缘书事以抒情。叶昌炽的《藏书纪事诗》开创了系列传记七绝体式，实现了藏书史和文学史的巧妙结合，成为书林之掌故，藏家之“诗史”[②]。伦明《辛亥以来藏书纪事诗》中亦处处以诗传书情与书缘，以诗明书志与书理。

“非管吹翻一池水，直愁倾了两书城。”[③] “直愁”二字淋漓尽致地表达了藏书家的爱书深情；“间摊往往获书佳，日日同寻府学街。岂是晚年憎绮业，割心一一遣金钗”[④] 描述了藏书家寻摊获书之勤和抒发了割心献书之慨；“累世搜储祖逮孙，海源恨不在桃源。杨江王目参差甚，兵火之余百一存”[⑤] 的毁书之痛则令千古悲叹；伦明亦曾“游沪，登阁阅览竟三日”[⑥]，痛惜涵芬楼因战乱“书与楼同毁”；“百年文献惟余此，遮莫诗魂散弹烟”[⑦]，哀叹周铣诒所辑《沅湘耆旧集续编》等“百年文献”“魂散弹烟”，付之一炬，“诗魂”与“书魂”一词相映，言书烬魂散之苦。

“晚年贫病两缠身，卧榻谈书最有神。”[⑧] “谈书”是用口头表达心得的一种读书形式，王鸿甫到晚年处于贫病交加的困境依然卧榻阅

① 曾祥芹、刘苏义：《历代读书诗》，中国文联出版社 2001 年版，第 44 页。
② 曾祥芹、刘苏义：《历代读书诗》，中国文联出版社 2001 年版，第 42 页。
③ 伦明著，雷梦水校补：《辛亥以来藏书纪事诗》，上海古籍出版社 1999 年版，第 41 页。
④ 伦明著，雷梦水校补：《辛亥以来藏书纪事诗》，上海古籍出版社 1999 年版，第 101 页。
⑤ 伦明著，雷梦水校补：《辛亥以来藏书纪事诗》，上海古籍出版社 1999 年版，第 5 页。
⑥ 伦明著，雷梦水校补：《辛亥以来藏书纪事诗》，上海古籍出版社 1999 年版，第 109 页。
⑦ 伦明著，雷梦水校补：《辛亥以来藏书纪事诗》，上海古籍出版社 1999 年版，第 116 页。
⑧ 伦明著，雷梦水校补：《辛亥以来藏书纪事诗》，上海古籍出版社 1999 年版，第 77 页。

读，谈笑有神，藏书人爱书之情跃然于诗句中，令人为之动容。“学就屠龙时已晚，众书端为一书亡”[①]，描述熊罗宿“精鉴别，工心计”，但实验绘图配书的新法（用影版粘钢板上）未能成功，赞扬其探索精神，感叹其失败。古谚云：“图书，图书，左图右书。”在探索图文并茂的征途上，藏书家曾经有多少挫折！“不辞夕纂与晨抄，七略遗文尽校雠”[②]，夸赞孙人和“晨抄”、“夕纂”、校雠七略遗文的辛劳，敬佩其“全是为人谋”的藏书宏愿，读书、抄书、校书的确是“益人益己”的崇高事业。“读书种子故家风”[③]，“读书种子”一词继承金圣叹的“书种”之说，意味代代相传的读书人就像“书种”绵绵不绝，使阅读的文化传承生生不息，这更是藏书家与读书家的宏愿。李棪“多藏禁毁书”，则显示了藏书家冲破官藏图书的局限，重视民藏图书的价值。“书目谁云出邵亭，书坊老辈自编成。后来屈指胜蓝者，孙耀卿同王晋卿。”[④] 称赞孙耀卿著《贩书偶记》《丛书目录拾遗》，王晋卿著《古本过目记》“皆具通人之识”，属于“青出于蓝而胜于蓝者”。“通人之识”可奉为藏书家与读书家的标准素养。“自标一帜黄汪外，天下英雄独使君”[⑤]，徐恕“所储皆士用书”“尽读其所藏”。“暇则出游，志不在山水名胜，而在访书。”与伦明之旨趣不谋而合。“一切仕宦声利，悉谢不顾，日汲汲于故纸。版不问宋元，人不问古近，一扫向来藏书家陋习，与余所抱之旨，殆不谋而相合者。”[⑥] 以此宣泄了藏书家的情志：读其所藏，不顾声利，就是“自标一帜”，堪称“天下英雄”！

（二）读书明志。“好书堪读不堪藏”[⑦]，伦明一语道破了“藏书旨在读书”的要核。如果藏而不读，读而不用，就失去藏书的意义。

---

① 伦明著，雷梦水校补：《辛亥以来藏书纪事诗》，上海古籍出版社1999年版，第96页。

② 伦明著，雷梦水校补：《辛亥以来藏书纪事诗》，上海古籍出版社1999年版，第103页。

③ 伦明著，雷梦水校补：《辛亥以来藏书纪事诗》，上海古籍出版社1999年版，第105页。

④ 伦明著，雷梦水校补：《辛亥以来藏书纪事诗》，上海古籍出版社1999年版，第111页。

⑤ 伦明著，雷梦水校补：《辛亥以来藏书纪事诗》，上海古籍出版社1999年版，第115页。

⑥ 伦明著，雷梦水校补：《辛亥以来藏书纪事诗》，上海古籍出版社1999年版，第115页。

⑦ 伦明著，雷梦水校补：《辛亥以来藏书纪事诗》，上海古籍出版社1999年版，第19页。

“书中自有黄金屋，快哉书屋两兼之”[①]，“书屋”与“黄金屋”“两兼”的畅快，正显示了藏书家与读书家的志趣融通。

“群书手校墨淋漓，百册残余署学思。”[②] 赞扬陈澧“阅书至博，每书皆有校记”的校书之艰巨。其《学思录》《读书记》，既标举了学思结合的阅读原则，又指点了读书之法：“先生治学之法，凡阅一书，取其精要语……始分某经，继分某章、某句、某字，连缀为一。然后别其得失，下以己见。如司法官之搜集证据，乃据以定案也。”这里有“取其精要”的提炼功夫，有“连缀为一”的贯通功夫，还有“别其得失”的鉴别功夫和“下以己见”的独评功夫，更有司法官“职业阅读”的搜证定案功夫。

“订疑补缺用功深，字细如绳密似针。”[③] 称赞李慈铭的《越缦堂遗书》宣示了读书方法：“每书皆有校注，经史要书尤详。”“订疑补缺”是一种字斟句酌的细密似针的精深功夫。伦明把善读书者奉为作者的知音，有高山流水之共鸣，与刘勰《文心雕龙·知音》一脉相承。

“不读书衣题识偏，那知精识媲全钱。”[④] 观李文田《元史地名考》巨制，始知“每书衣皆有题识，辨证书中得失，无不精切”。这里把精切的“题识”看作“书衣”，即书的外表装饰，它是读者必先识别的“门牌”，唯有“精识”，方能入室登门。“认题识”可谓读书的初阶，“辨得失”可谓读书的升堂。

“手定规模建石渠，好书留与后人畬。”[⑤]“畬”，本指用草木灰做肥料的耕作方法。伦明把“畬田”比作读书，烧草木灰肥田是农民耕作的方法，从书本中吸取精神肥料是士人读书的方法。藏书家留下好书就是为了让“后人畬”，继续在经典中耕作，吸取精神营养。这是

---

① 伦明著，雷梦水校补：《辛亥以来藏书纪事诗》，上海古籍出版社 1999 年版，第 102 页。

② 伦明著，雷梦水校补：《辛亥以来藏书纪事诗》，上海古籍出版社 1999 年版，第 10 页。

③ 伦明著，雷梦水校补：《辛亥以来藏书纪事诗》，上海古籍出版社 1999 年版，第 12 页。

④ 伦明著，雷梦水校补：《辛亥以来藏书纪事诗》，上海古籍出版社 1999 年版，第 18 页。

⑤ 伦明著，雷梦水校补：《辛亥以来藏书纪事诗》，上海古籍出版社 1999 年版，第 21 页。

对“阅读是精神产品的再生产”的形象阐述，宣示了古代农业社会耕读传家、诗书传家的光荣传统。

“史稿难完又选诗，更修学案接前规。”[①] 则以夏孙桐修《清儒学案》为例表明阅读“接前规”的学术传承价值。“人向书中老”赞誉夏孙桐八十一岁翁仍“健步豪谈”，撰写《续修四库全书医类提要》，由此渗透了伦明主张终身阅读的思想。

“取之博者用以约，不滞于物斯至人。”[②] 体现傅增湘既善于处理“博读”和“约写”的关系，吸取要博，运用要约；又善于处理物与人的关系，即“不滞于物”，言“先生于书，随弃随收，毫无沾滞”。“役于物而不知役物，卒以自困”，意味读者不要被读物所役使，而要学会“役物”，做读物的主人。“篇篇题跋妙钩玄”[③] 则指出傅增湘的《藏园题跋》妙在提要钩玄；“过目都留副本存”言其读书过目不忘，看一遍就在脑海里留下书的副本，这是“眼脑直映”的快读技能。“手校宋元八千卷”言其校书之多，“书魂永不散藏园”夸其读书之精，魂不舍书。“书魂”一词视为阅读学的尖端术语。

“以类求书书不同，巧于弃取绍陶公。”[④] “以类求书”即“分类求解”，即苏东坡的“八面受敌法”，亦即曾祥芹提出的“多光聚焦法”，采取不同视角去挖掘文本内涵，必然会得出不同的意蕴，“类解”越多样，书的内蕴越丰富，这是经典阅读的高妙思维。“巧于弃取”，又一次强调取舍得当的技巧。“藏书岂若传书久，欲散家资养刻工”[⑤]，既体现了藏书家散资养工刻书的可贵精神，又区分了“藏书”与“传书”，藏书而不读书，不经过跨时空的阅读，则书的传播会受到限制。

“异学同源待讨论”明确提出了中外阅读学同源待究的问题，言

① 伦明著，雷梦水校补：《辛亥以来藏书纪事诗》，上海古籍出版社 1999 年版，第 40 页。

② 伦明著，雷梦水校补：《辛亥以来藏书纪事诗》，上海古籍出版社 1999 年版，第 42 页。

③ 伦明著，雷梦水校补：《辛亥以来藏书纪事诗》，上海古籍出版社 1999 年版，第 42 页。

④ 伦明著，雷梦水校补：《辛亥以来藏书纪事诗》，上海古籍出版社 1999 年版，第 43 页。

⑤ 伦明著，雷梦水校补：《辛亥以来藏书纪事诗》，上海古籍出版社 1999 年版，第 43 页。

“欧洲人亦重视古本，亦讲校雠，且法比吾国加密。若东方诸学者，则治考据、校雠、版本、目录，与吾国老儒无异，而加以专精。因知学虽异，其同者固有在也”[①]。藏之为阅读，而阅读学的民族化必须与国际化相沟通，以此促进人类阅读学的共同发展。

三、以诗颂读书人，以诗观学之变

伦明在《辛亥以来藏书纪事诗》自序中指出：“同是一书，适时则贵，过时则贱，而‘时’之为义又至暂。例如辛酉以前，宋元集部人所争得也，乃过此则竟无问之者矣；又如辛未以前，明清禁书人所争得者也，乃过此亦几几无问之者矣。”藏书家们从好宋本到好明本，爱好适时而互动，学术变迁可谓是藏书界的风向标。对任何一位学者的学术思想和任何一个时代的学术变迁作观察和研究，著述、书札、日记、藏书各居一翼，有若户牖相瞰。《辛亥以来藏书纪事诗》所记不限藏书家一门，还有当时的著名学者，如余嘉锡、梁启超、王国维、陈垣、于省吾等，他们的藏书喜好随着学术潮流的变化而变化，进而影响其学术研究的方向。

“改字删篇四库书，馆臣属草更粗疏。”[②] 余嘉锡是近代著名历史文献学家，治学秉承乾嘉历史考据学的传统，以目录学为根本，立足于对《四库全书总目》的考证，在此基础上，完成了《四库提要辨证》《目录学发微》与《古书通例》等著作。伦明盛赞其“改字删篇”“提要本文，证其舛谬”“博而核”，有“精识”。在西方文化冲击中国传统的情况下，余嘉锡借历史文献的考证以申明传统的华夷之辨与国家复仇之义，以达到正人心、励士气、贬奸佞的目的。由于现实政治环境的刺激，尤其是日本侵华之后所引发的民族生存危机，促使余嘉锡在学术研究中蕴藏着强烈的当下关怀，有以学术经世致用之义。总体而言，余嘉锡与清末民初的旧学者以及五四以后的新学人皆

---

① 伦明著，雷梦水校补：《辛亥以来藏书纪事诗》，上海古籍出版社 1999 年版，第 95 页。

② 伦明著，雷梦水校补：《辛亥以来藏书纪事诗》，上海古籍出版社 1999 年版，第 53 页。

有一定程度的区别。他的学术研究，立足于对传统历史考据学的继承，又吸收近代以来的新材料与新方法，与新旧学术皆有深刻牵连而又有所区别，在民国时期的学术界颇具典型意义。①

“今日新非昨日新，尊师岂若友通人。”② 无论是校勘方法的确立，辑佚理论的阐述，还是人物年谱的做法，国学大师梁启超都提出了极新颖的创见，表现出超越前人，后来居上的特色，为清至近代以来相关问题的进一步深入求索提供了借鉴。③ 伦明在其按语中谈到梁启超在编撰《群籍考》时打算将辨伪加入“存、佚、缺”考中，“尝欲撰《群籍考》，用朱竹垞《经义考》存、佚、缺、未见四例，而增入辨伪，属稿数岁”。并在与梁启超的学术交流中，表达了自己的不同看法，“余复书略有所诤。大意谓时代愈迈，耳目难周，存佚无从定。《隋书·经籍志》所云亡云有者，止据书目为断，以故其所亡者，往往发见于唐时。又辨伪一门，徒滋聚讼，不如听学者自辨，不必下我见。又书目以解题为要，不可如近人展转稗贩，讹谬杂出”。伦明指出，时代在前进，所见闻难以周全，存佚无从定夺；辨伪之学术已演变为争论聚讼，不如听学者自辩；书目最重要的是解题，对近人展转稗贩，讹谬杂出提出了批判。这三点亦是当时学术风气之体现。

“门下气留书七种，胜如关尹五千年”④ 的章炳麟，学术深湛，藏书丰富。章氏的思想受到多方影响，因为变化的历程相当繁复，依其《菿汉微言》中的自述，是以“始则转俗成真，终则回真向俗”十二字予以归结。自《齐物论释》著成之后，章太炎因齐物思想的启示，不再仅以唯识为唯一标准，转而认为凡“外能利物，内以遣忧”之学皆有价值，开始对古今中外的学术思想进行重估。即进入“回真向俗”的境界。故伦明在按语中感觉先生与“曩时意气迥异”，倾慕其三十余年，于辛未年间“始得瞻仰颜色”，称赞其“学养功深气象

① 安学勇：《余嘉锡学术思想研究》，南开大学硕士学位论文，2014年。

② 伦明著，雷梦水校补：《辛亥以来藏书纪事诗》，上海古籍出版社1999年版，第63页。

③ 梁松涛：《梁启超文献学思想研究》，河北大学学位论文，2005年。

④ 伦明著，雷梦水校补：《辛亥以来藏书纪事诗》，上海古籍出版社1999年版，第64页。

温”“论学推重宋儒（二程、朱熹），论文不薄方（苞）姚（鼐）”。

“绝代峨眉王静安”[①]，伦明对喜好藏书，治学广博精深的王国维称赞有加，“十余年来，故都言国学者，靡不曰王静安，几如言汉学者之尊郑康成，言宋学者之称朱子也。”并指出其治学方法：“读书最精细，凡过目者，多有精密校本，所纠讹文阐新义，多谛当。”王国维的著作有六十余种，多收入《海宁王静安先生遗书》。关于藏书及目录学方面，撰有《库书楼记》《传书楼记》校勘有《文渊阁书目》《千顷堂书目》《铁琴铜剑楼书目》等，并翻译有《世界图书馆小史》等。

“俯首王钱到遗墨，但言校例已成陈。”[②] 陈垣曾担任过京师图书馆馆长、北平图书馆馆长、故宫博物院图书馆馆长；他读书、写书，终生未辍，在中国宗教史、元史、中西交通史及历史文献学等领域都做出了开创性的贡献。陈垣先生与近代诸多讲究宋椠珍版的藏书家不同，既藏书又用书，属于学者兼藏书家的典型。其藏书体系与其学术研究密不可分。他曾说：“我不是藏书家，不重宋元等版本，也无力购买，只藏我阅读、实用的书籍。”收藏图书的主要目的是为了学术研究。[③] 伦明尤其指出陈垣“藏以致用”的藏书思想，即“藏书数万卷，非切用者不收”，称赞其“较谈版本目录者，又高一等矣”。北京师范大学刘乃和教授曾回忆道：“陈垣先生的几万册书，都是在读书、写作时积累的，这段时间正有什么课题，就集中买什么内容有关的书。”陈垣亦非常注重题赠本、批校本和手稿本的保存。其藏书思想颇值得后人借鉴和思考。

“今文读有钱基博，不薄今人爱古人。”[④] 伦明按语称钱基博“喜聚书，尤喜搜近代学人故事。搜讨旧献，旁罗新作，凡十年始成《现

---

① 伦明著，雷梦水校补：《辛亥以来藏书纪事诗》，上海古籍出版社 1999 年版，第 68 页。

② 伦明著，雷梦水校补：《辛亥以来藏书纪事诗》，上海古籍出版社 1999 年版，第 81 页。

③ 毛建军：《陈垣先生藏书思想管窥》，《河南科技学院学报》2014 年第 5 期，第 94—96 页。

④ 伦明著，雷梦水校补：《辛亥以来藏书纪事诗》，上海古籍出版社 1999 年版，第 82 页。

代中国文学史》”。并概括了《现代中国文学史》的撰写特色为：“新旧学人之交替，风气之变迁，此书靡不脉络分明。”称颂“中国近代文学史，春秋笔削自通神”。纵观先生一生著述，可谓博通四部之学，“熔载经史，旁涉百家，堪为天下通儒”。同时致力于文献的整理、校勘，形成了自己的文献学思想。[①] 文献的整理与研究是为了运用到学术中去，以运用来促文献研究，这也体现了在西学东渐影响下晚清学术界之风气。

“时俗疑书信金石，别搜龟甲证新经。”[②] 不仅体现了当时的学术潮流，抑或是造成于省吾学术专长转变的原因。其治学道路是由文学而经学，由经学而史学，然后融会贯通，自成一家。尤其是他严谨的治学态度和科学的治学方法，更为古文字研究和古籍整理学界所钦仰。[③] 伦明指出于省吾“往时喜收桐城派诸家文集，略备”“迩来专治经学，旁及金石，援古籀甲骨钵印泉布、石刻诸文字，以证尚书，题曰《尚书新证》，为说经家特辟蹊径”，可以看出其藏书亦随着其学术旨趣的改变而转变。

四、结语

伦明自幼酷嗜读书，在阅读、藏书、治学中掌握了大量丰富的第一手材料，这对他搜访书籍、开阔视野都起了很大的作用。《辛亥以来藏书纪事诗》以诗颂藏书人、读书人、著书人、传书人，又以诗观藏书史、文献学、阅读史、思想文化史之流变，真实生动地再现了晚清“藏书在藏史”的自觉，揭示了学人们不仅利用丰富的藏书进行研究，撰写学术著作或刊刻流传，而且对于传播文化，促进近代藏书文化和学术传播的互动关系，都发挥了重要作用。同时，诗中揭露了许

---

① 涂耀威：《钱基博文献学成就三论》，《图书与情报》2007 年第 1 期，第 109—112 页。

② 伦明著，雷梦水校补：《辛亥以来藏书纪事诗》，上海古籍出版社 1999 年版，第 106 页。

③ 朱永慧：《著名古文字学家于省吾的藏书特色》，《文献》2001 年第 1 期，第 238—243 页。

多鲜为人知的事件，或亲历或考证，还原历史真相。例如，记丁日昌之按语中，陆心源对丁日昌的不满与攻讦，缘于丁先他购到了上海郁松年“宜稼堂”的精华部分。伦明在对事件进行详尽考证后，断定此事其错在陆：“相传有豪夺之事，盖陆存斋诬之。存斋欲据郁氏宜稼堂书，及至闽归，其精椠已为中丞所得，大嗛之，因造无稽之言。”[①] 此事后来经过蒋凤藻（香生）、俞樾（荫甫）的居中调停后，以陆不得已向丁认错而告终。此外，伦明在交游中，结识了不少坊肆书贾，“余交游中，书贾居半，纪不胜纪，则摘其可称者数人著之”[②]。自序历来书贾为人轻视，但他们的丰富经验和卓越能力，对书籍流通与流传做出了较大的贡献。伦明不囿成见，在藏书诗中为书贾立传，肯定了书商在抢救典籍、保存和传播书面文化中的积极作用，亦体现了近代藏书阶层的多元化。

“芸香浓处多吾辈，广觅同心叙古欢。”[③] 藏书是收藏者通过阅读与藏书交流思想感情的“觅同心”活动，藏书亦是与古圣先贤交心“叙欢”的过程。《辛亥以来藏书纪事诗》非伦明自谦所言为“狗尾之续”，而是续补叶昌炽《藏书纪事诗》而承上启下的一部力作。对于我们探微藏书家之书缘、书史、书情，挖掘古籍聚散线索、追溯版本递藏源流，扩大阅读文化的丰富视野，深究近代藏书史与学术变迁之相辅相成等，均有重要参考价值。

（原载《图书馆论坛》2017 年第 12 期）

---

① 伦明著，雷梦水校补：《辛亥以来藏书纪事诗》，上海古籍出版社 1999 年版，第 7 页。

② 伦明著，雷梦水校补：《辛亥以来藏书纪事诗·自序》，上海古籍出版社 1999 年版。

③ 伦明著，雷梦水校补：《辛亥以来藏书纪事诗》，上海古籍出版社 1999 年版，第 1 页。

广东藏书纪事诗·伦明续书楼

徐绍棨

四库重修愿莫申，续编提要有何人？
奇赢亿中非无术，通学斋开足疗贫。

伦明，字哲如，东莞人。少聪颖，一目十行。光绪二十七年（1901）辛丑举人，后毕业于京师大学堂。精目录、版本学。辛亥以后，主北京大学、辅仁大学、师范大学等校书目学讲席。曾应邀赴日本鉴定古书，为我国近代版本学者。复以乾隆时四库馆纂修诸臣不识板本，多以劣本充乏，每肆意删节窜易，改为钞本以泯其迹，故于民国十六年（1927）丁卯有《续修〈四库全书〉刍议》之作，详析搜集、审定、纂修三要旨。因内战，不果行。二十二年（1933）癸酉九月复倡议续修，又有《拟印〈四库全书〉之管见》一文。适卢沟事变，议遂寝。返粤，隐居故乡。辟续书楼以庋南携之古本，日校群书其中。自题《校书图》有"千元百宋为吾有，眼倦灯昏搁笔初"句。孜孜然雌黄，于字里行间可睹梗概。校余仍吟咏不辍，著有诗文集及《辛亥以来藏书纪事诗》，惜未梓而逝。时民国三十一年（1942）壬午也。

（原载《近代中国史料丛刊续编》第二十辑，台湾文海出版社1975年版）

续补藏书纪事诗·伦明（哲如）

王　謇

藏书盈库兼仓富，续补可嗣四库书。
安得群儒策群力，提要远追逊代初。

伦哲如（明），广东东莞驻防旗籍人。久寓北京，藏书极富，占新旧粤东两会馆屋，储书尚嫌不足。自题其居室曰：“续书楼”。作有记文，曾载某杂志。续书楼者，盖欲续《四库全书》作为提要，以补其不足者也。因见叶鞠裳（昌炽）《藏书纪事诗》尚有可续补者，乃作《辛亥以来藏书纪事诗》，载天津《正风》杂志。拙诗之作，盖由先生启之也。

（原载王謇著，李希泌点注：《续补藏书纪事诗》，书目文献出版社 1987 年版）

续藏书纪事诗·伦明

吴则虞

此才晚出惜沉沦，赤脚拖鞋垫角巾。
我亦有诗三百首，青萍无处觅斯人。

伦明字哲如，又字喆儒。东莞人。光绪二十七年（1901）举人。京师大学堂毕业，任两广方言学堂教务长。民国后曾教授辅仁大学、燕京大学、北京师范大学、北京大学。藏书楼曰续书楼。后在琉璃厂开通学斋，以清人集部为有名。孙殿起即受其指点。此近数十年来广东博览之通人也。卒后，书捐入北平图书馆。著有《续书楼藏书记》《续四库全书提要》《辛亥以来藏书纪事诗》。

《续书楼藏书记》云："续书楼者，余钤书所自署也。余居京师二十年，贫无一椽之栖，而好聚书。聚既多，室不足以容，则思构楼以贮之。其所聚者，尤详于近代，意谓书至近代始可读。自乾隆朝命儒臣纂四库书、撰提要，裒然大观矣。由今视之，皆糟粕耳，则思为书以续之。此续书楼所由名。然而楼未成书亦不备，志之云尔。"

又云："壬寅，余初至京师，值庚子乱后，王府贵家储书大出。余日游海王村、隆福寺间，目不暇给。每暮必载书满车回寓。始识潮阳曾主事习经，曾嗜书癖过余。客至偶谈及书，神态飞动，论议飙起，且谈且从架上取书作证。一书未了，又及其他，口与手与足无少停。客渐倦，犹强聒不已。客起欲辞，再三留不得去，人以是为厌，相戒勿与谈书，而余最乐此。时余居烂面胡同，曾居绳匠胡同，相距不百步。每造访，必留共饭。食大米不下咽，馔亦不适口，饭后饮所称工夫茶者，杯极小，湿仅沾唇，余绝不识其味。入夜谈益纵，赏奇析疑，恒至漏四下乃别。别时必挟书数册归，或读，或抄，或校。再访时挟还之。如此数月。后余迁居东城，过从遂疏。又后数年，重来京师，曾官已贵，收储更富，惟当年兴趣略减矣。

“余丁未旋粤时，南海孔氏三十三万卷楼书初散出，而鹤山易氏、番禺何氏、钱塘汪氏（官于粤者）所藏亦散，余皆得择而购之。同时潮阳丁氏持静斋藏书间有见于坊肆者，屡属友谋之，未得间而书已尽矣。

“顺德李侍郎文田家多藏明清之际野史，余展转请托，竟不获一阅。是二事，余甚憾之。粤地最卑湿，书易生蠹。余以储积过多，不易整理，残缺较甚。己酉夏，余寓广州小东门，西江水骤涨，逾阈而入，转瞬高二三尺，仆辈收拾不及，有浸于水者，恐受责，讳言无之。他日检书，乃多所失。使早告，虽水渍至不可揭视，余尚有法救治之也。

“余尝出游，以书寄存广州南伦书院。院寓一卖破铜器者，贫无赖，私挖书橱铜钥易钱，次及书。友人于书肆见书，认为余物，以函告余，乃究而逐之。然书之被盗取已不少矣。

“辛亥，余再至京师，书值已大涨，询其故，则自吾乡辛仿苏开之也。辛君家富饶，挟资数万游京师，征逐应酬外，兼好字画书籍，意所可不计值。尝至其斋，见《墨海金壶》一部，中缺数册，云购价六百金，他可推知矣。

“九月间，武昌事起，都人初惊变故，仓皇奔避。数月来议值未就之书，至是纷纷愿贬价售。同邑叶大令灿薇，以谒选留京，愿以余资假我，乃尽购之，载四大簏。时从弟鉴、十一弟叙、十四弟绰同寓京，相约南还。运书簏至车站，则见人如蚁聚，行李阻塞不得上，废然返。连往数日皆如是。弟等自津催促，词至危迫，余复书曰：余誓与书同行。后数日去者渐尽，余乃从容挟书簏上车。弟等犹在津候航轮，遂同行焉。”

又云：“余始至京赁居莲花寺，以书之残破待装补者至夥，雇一书匠魏姓者，月资十五金。魏言余书待装补完，非二十年不为功。因言设书肆有数利：装书便一也；求书易二也；购书廉三也。余思之良是。经营甫就，魏适病，有孙耀卿者，佣于会文斋书店，其经理即叶焕彬《书林清话》中所称何厚甫其人也。余浼主肆务。孙勤于事，又极颖悟。自来藏书家贵远贱近，肆贾之智识因之，若者宋本、元本、明嘉靖本，若者影宋抄本、明抄本、名家手校本，又若者白棉纸、开花纸，不问书之良否，而惟版本纸质是尚。孙初见余喜购近人书，颇讶之。余每得一书，为言其佳处何在，略及清代学术诗文派别，孙似领会，渐能推所未知。余比年储藏大半出其手。迩来风会一变，清儒撰著价大贵，海内外指名以索，肆贾又移其视线于此。然披沙拣金，不知何者是金，因是孙反见忌于侪偶矣。

“京师为人文渊薮，官于斯者多由文学进身乡会试之士子，比年一集。清季变法，京朝官优给月俸。科举虽废，高级学校相继立，负笈来者尤众，以故京师书业甲全国。辛亥以还，达官武人豪于资，雅慕文墨，视蓄书亦为挥霍之一事。而海外学者盛倡东方文化。自大学校图书馆，以逮私人，所需无限量，就地之书不足给，于是搜书之客四出，始直隶、河南、山东、西，次江、浙、闽、粤、两湖，又次川、陕、甘肃各省城中。先通都大邑，次穷乡僻壤。远者岁一往返，近者岁三四往返。余尝慨叹竭泽而渔，不出十年，故书尽矣。近年往者渐稀，盖所得不偿所费。因之相戒裹足，而书值日趋于昂。不知者诧良贾居奇，深知者信种子将绝矣。余一窭人耳，譬入酒肉之林，丐得残杯冷炙，已觉逾分，遑敢言储藏哉！顾余之求之也，有异乎人之求之者。

“京中旧习，士大夫深居简出，肆伙晨起挟书候于门，所挟书率陈陈相因。余概却不见。闲游厂肆，见有散置外室若不甚爱惜者，视之多有佳本。及遍翻其架上下，尘灰寸积中，残册零帙，往往惊所未见。又过他街市，于冷摊上时亦无意遇之。盖小贩中有打鼓者，收卖住户破旧器物书纸，转鬻于市摊。市摊以得之贱也，亦贱售之。游人熙熙，稍纵即逝。久之稍熟习，则留以相待者有之。又书客之载书而返也，箧中琳琅，得之者在捷足。余先时而探其讯，则预伺焉。若为他人所先，视其籍跟踪而求，十不失一。凡余之得书也，以俭以勤以恒。俭以储购书之资，勤以赴遇书之会。计童龄迄今垂四十年，其间居京师最久，又际群籍集中之时。日积月累，有莫知其然而然者。”

又云：“余续书之志发于甲子。乡人胡子俊者，大连富商也。一日，谈及四库书，余曰：此书宜校宜补宜续，而续最要，且最难。胡曰：谁能为者？余曰：今海内不乏绩学士，但苦无凭借独我能为之耳。有岁给我三千金者，将屏绝人事，致力于此，计五年可成。胡慨自任。已而营业失利，款不时至，事遂中辍。岁乙丑，当轴者以各国退还庚款，限用于文化事业，旋议决影印《四库》书，后曾议及续修《提要》，决交内、教两部核办。时余在河南，拟《刍议》一篇，寄刊报上，尔后时局纷扰，无复有过问者。余所拟条例断自顺治元年始，凡书成在顺治元年后者，或书成在顺治元年前而其人死在顺治元年后者，又或其人其书皆在顺治元年前而编辑校刻在顺治元年后者，皆收之。盖断限者假定之词，以便搜集，非如史例之严不可稍出入也。所以然者，以《四库》书中清代最疏漏：（一）忌讳太多；（二）搜采未尽；（三）进退失当。余别著文论之。故续者不得仅接乾隆四十七年以后，然若补与续同举，则各还其位可也。其大体与《四库》书异者：（一）著录分甲乙二等，不用存目之例；（二）四部各分三大类，经部曰辑佚、曰校勘、曰笺注。史子集部曰辑佚、曰校注（校勘笺注合为一类）、曰撰著。然辑佚、校勘、笺注大都前代之书，若补与续同举，仍各还其位可也。今岁（戊辰）夏间《清史稿》印成，余略观之，《艺文志》略讹殊甚，儒林、文苑传为数寥寥。因又发愤欲撰一书，只录书目，下缀最简评语，仿《书目答问》而略详，后附著书人事实，俾与前相参照，兼详其他著之未见者，期合艺文、儒林、文苑为一，以补《清史稿》之缺，且为修续书者之大辂椎轮焉。

“又余之求书也，不避繁复。初得一本以为佳，继得更佳者，随将前本易去，更得更换。今所存者大率原刻初印本也，新抄本亦择精纸，命端楷写之。他日流布，当就原书影印，勿烦缮写。继今以往，余将重保其已有者，而大增其未有者。呜呼！岂易言哉！岂易言哉！”

伦明《辛亥以来藏书纪事诗·自序》云：“长洲叶鞠裳提学《藏书纪事诗》六卷，余读而少之，为益数十人，例依原书，大抵据志乘说部别集信而有征者。若乃其人其事耳目接触，不须摭拾，涉想即至，及今不述，久且忘之。且廿余年来，为变甚剧，掠书之贾，始河南、北、山东、西，渐推及苏、浙、皖、赣，又渐推及川、陕、闽、粤，极于滇、桂。挨家而索，等于竭泽。百数十年之积蓄，尽于一旦，万数千里之输运，集于一隅。犹未已也。涵芬楼靡于非意料之烈弹，海源阁劫于无意识之狂匪。犹可委曰天灾时势，无可如何，乃一家奴耳。能罄丁氏持静之舍，一鼠窃耳；能分范天一之半，是则人谋之不臧矣。其他则书价之忽贵忽贱也，夫价之有贵贱常也，大率旧者贵而新者贱，精者贵而粗者浅，罕者贵而多者贱。今也不然，同是一书，适时则贵，过时则贱，而时之为义又至暂，例若辛酉以前，宋元集部人所争得也，乃过此竟无问之者矣。又如辛未以前，明清禁书，人所争得者也，乃过此，亦几无问之者矣。又其他则藏家之易聚易散也。夫物之有聚散亦常也，自聚之而自散之，则偶然也。梁武帝曰：自我得之，自我失之，亦复何恨！然梁武在位之日甚久，以三十年为一世计之，几及两世矣。今之人朝聚而夕散者何其多也。聚而无不散者，何其不期而合也。尤可异者，昔之聚散如西家卖田，东家置产，不有所废，其何以兴。今也不然，试历数二十余年来，散者接踵不绝，聚者屈指几何？散者之有出无入，一以国家帑藏之外溢也，是不可以寻恒聚视之也。

“是编定以辛亥后为限，然有其人在辛亥以前而其事征于辛亥以后，如李仲约侍郎、方柳桥太守，已见叶书卷七，但余之得观侍郎书也在己巳，余之得见李亦元题跋也在癸酉，则不得不复记于此矣。又如贺松坡家世泽远在百年而能保守至今，守成之与创业，其有功于宗祐一也，藏书亦犹是耳。

“与叶书异者，叶书但纪私家，此则凡属于书者无所不纪，所重在书之聚散。书聚散公私各别，且今后藏书之事将属于公，而不属于私，今已萌兆之矣。叶书附录有《书贾》八首，余交游中书贾居半，纪不胜纪，则摘其可称者数人著之。”

则虞案：伦诗作于乙亥孟秋，刊载于《正风》杂志。今叶恭绰又为重印。

杨圣遗诗《答哲如》云：“入座高谈岸角巾，此才晚出惜沉沦。诗名直接南园后，苦节能知北郭贫。丰镐文章非昔日，管王风义属流人。白头何限辽东豕，不废鸡鸣待晌晨。”

胡碧城《知困斋诗存·岁暮怀人绝句·怀伦哲如孝廉》云：“赤脚拖鞋似往年，使君才调自翩翩。小词绝句工吟写，温李秦黄孰后先。”

徐信符《广东藏书纪事诗》云："四库重修愿莫申，续编提要有何人？奇赢亿中非无术，通学斋开足疗贫。"

与哲如同年且同居北京撰讲与北庠者，有武陵余嘉锡，字季豫，号狷翁。湖南常德人。自幼秉承家学，后任辅仁大学、北京大学教授。民国为中央研究院院士，新中国成立后任中国科学院语言研究所特聘研究员。著有《目录学发微》《世说新语笺》《四库全书提要辨证》《余嘉锡论学杂著》。

嘉锡收藏不及哲如，才气亦在哲如下。积二十余年之力，成《四库全书提要辨证》，博而核，止史子二部，已得七百余篇。所辨者单就提要本文证这舛谬，于阁书之割裂删改，尚未之及也。此外校辑之书尚多，于古今目录之学，探索尤深。其藏书至今守而勿失。

伦明《诗》注："吴江沈羹梅应奎、丰润张庾楼允亮，与余订交较晚，而十余年前余早识之厂肆。二君游必相偕，嗜好同，精识亦相等。他时记二君者，必为之作合传也。羹梅藏有明涂刻《盐铁论》真本。庾楼藏有宋本《李太白集》《草堂诗笺》、元本《杨仲宏集》等。尝手编《故宫书影》。又为北京大学编定书目。"

则虞案：张庾楼字雨楼，举人。任北京财政部佥事、故宫博物院专员，后任北京大学图书馆编目、古物陈列所所长。著有《故宫善本书影》《故宫善本书目》。

（原载吴则虞撰，吴受琚增补，俞震、曾敏整理：《续藏书纪事诗》，国家图书馆出版社2016年版）

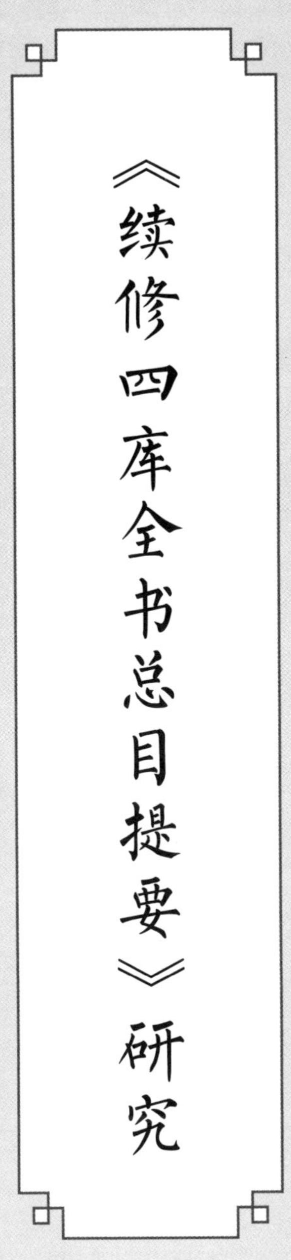
《续修四库全书总目提要》研究

东洋文库藏《续修四库全书总目提要》资料随录

吴　格

第九册

编纂者　伦明/研究所

书根及书背黑色铅字钤印“伦明（一）”题目。封底白纸签题编号：6。

著录：

《孟子篇叙录》起，至《尚书约旨》止（未完，接下册）。

收稿日期：

［二十一年］五月廿一日（廿一年五月份），六月十四日，七月十八日（廿一年七月份），八月十五日，九月十七日，十月十五日，十一月廿八日（二十一年十一月），十二月十三日；

［二十二年］一月十九日，二月十七日，三月十九日（二十二年三月份），四月二十日（二十二年四月份），六月二十日，七月十八日（二十二年七月份），八月二十日，九月九日（二十二年九月份），十月十九日，十一月二十日（二十二年十一月份），十二月二十日；

［二十三年］一月二十日（二十三年一月份），二月九日（廿三年二月份），三月十五日，四月十一日（廿三年四月份），五月十日（廿三年五月份），廿三年六月份，七月份（廿三年七月份），八月份，九月份（二十三年九月份），十月三日（二十三年十月份），十月十二日（二十三年十月份），十月十七日（二十三年十月份），十一月九日，十一月十七日（二十三年十一月份），十二月十日（二十三年十二月份），十二月十八日；

［二十四年］一月十二日（二十四年一月份），二月十三日，三月九日，四月十二日，四月廿四日（二十四年四月份），五月十六日，

五月二十九日，六月三日，六月九日，七月八日，七月十五日，八月十六日，八月二十一日，九月十日，九月二十三日，十月十四日，十月二十一日，十一月六日，十一月十三日，十一月二十一日，十二月十三日；

［二十五年］一月二十日（二十五年），二月四日，二月八日，三月六日，三月十日，四月二日，四月十七日，五月四日。

格按，本册未完。册内经部“群经类”《钦定七经纲领》行端铅笔记“七卷末”，次行“四书类”《考正古本大学》行端铅笔记“在八卷中”。又史部“传记类”《史尚书行述》行端铅笔记“十六卷末”，“诗类”《三百篇诗评》行端铅笔记“十九卷末”。据此推测，伦氏所撰提要交稿时已自行分卷。

第十册

编纂者　伦明/研究所

书根及书背以黑色铅笔钤印“伦明（二）”题目。封底白纸签脱落。

著录：

（接上册）《诗问》起，至《香草校孟子》止，与上册合计共一千七百余种。

收稿日期：

［二十五年］五月十三日，六月五日，六月十二日，七月六日，七月十六日，八月七日，八月十五日，九月一日，十月十六日，十一月四日，十一月二十一日，十二月五日；

［二十六年］一月四日（民国二十六年），二月四日，三月五日，四月一日，四月二十三日，五月七日，六月十一日，六月二十五日，六月份，七月一日。

格按，以上两册所录为经部各类，史部传记、地理、方志等类著作。检《续修提要》原稿，伦明所撰提要存一千九百四篇，为《续修提要》撰稿最多者之一。封面左上红签铅笔旁注年月“26．7”，知伦氏此册交稿截止与民国二十六年七月。

第三册

伦明先生　书目

著录：

《古文尚书辨》起，至《韩魏公言行录》止，凡一千余种（末有铅笔记阙数：435）。

格按，书根题“伦明一”，“书目第二册”未见。此册所录为经部各类及史部传记类著作，半数以上钤印有“已撰”印（传记类均已完成，经部未完成）。《续修提要》载伦明所撰提要一千九百四篇，类目及数量均较此增加。

（原载张本义主编：《白云论坛》第四卷下辑，北京图书馆出版社2007年版。本文为节选）

伦明与《续修四库全书总目提要》

熊　静

伦明（1878—1944），字哲如，广东东莞人，近代著名藏书家。[①]毕生以续修四库为志业，故号其书斋为“续书楼”，一生从事的搜书、校书活动也都以此为第一要务。近代以来，伦明多以民国大藏书家的身份进入学术研究的视野，而对其在续修四库全书方面的贡献，特别是为东方文化事业委员会撰写续修四库提要的工作，鲜有关注。近年来，续修四库的工作取得了长足进步。2002 年，历经八年之功，收书五千余种的《续修四库全书》由上海古籍出版社影印出版，较《四库全书》增量达 50% 以上。与《四库全书》配套，我国古代基本古籍书库的建设已见雏形。[②] 撰写提要，是我国传统目录学“辨章学术、考镜源流”的重要手段。在古籍影印出版已经颇具规模的前提下，仿四库提要之例，为新影印的古籍撰写提要，对揭示文献价值，传承传统文化，特别是为青年学子指示学问门径，具有重要的作用。因此，本文以伦明续修四库的志业为切入点，重点介绍其为东方文化事业委员会撰写续修四库提要的经过和内容，希望引起学界对《续修四库全书总目提要（稿本）》的关注，为今后的类似工作提供借鉴。

一

《四库全书》修成后，代有学者从事补遗、辑佚的工作，但被公

---

① 伦明生平事迹，参考王余光、郑丽芬：《伦明生平（代序）》，见东莞图书馆编：《伦明全集一》，广东人民出版社 2012 年版。

② 续修四库全书编纂缘起，见《续修四库全书》第 1 册，上海古籍出版社 2004 年版，第 1 页。

认为续修四库滥觞的，则要溯及光绪十五年（1889）六月十六日，翰林编修王懿荣上疏恳恩特饬续修库书。王氏议出后，各界云起响应。翰林院检讨章梫、翰林喻长霖、学者孙同康等人纷纷附议，一时之间，续修之议，几成学界公论。光绪帝虽亦有“《会典》纂辑告成后，由翰林院奏明请旨”之谕。但清末国事多艰，续修之事，终告垂成。[①] 民国以后，随着清政府设置的思想关防松动，特别是在西方思潮影响下，新的学术范式建立，《四库全书》的收录范围，版本选择，受到了越来越多的质疑。故此，续修的倡议，大有愈演愈烈之势，伦明就是其中的一个重要推手。据伦明在《续书楼藏书记》中回忆，其“续书之志，发于甲子（1924）”[②]。事实上，伦明开始从事与续修四库相关的工作，要远早于此。民国十年（1921），时任北京大学教授的伦明，为了专心修书，辞去教席，在他给新任教育部长陈垣的信中，提出了自己关于修书的建议，第一步为“编定一应之书目以待访求”，第二步“校雠《四库全书》”，第三步则要“续修四库全书提要”。[③] 可见，至少在民国十年（1921）以前，伦明对于续修四库全书已有通盘考虑，并将其作为自己的毕生事业之一，而他的收书、校书活动，也都是围绕这一目标展开的。伦明对于《四库全书》的不满，集中在“忌讳太多、遗书未出、进退失当”[④]。续修收书范围，则侧重于近代，认为“书至近代始可读”，将书籍年代上限定为顺治元年（1644）以后，并欲借此完成“国史艺文、儒林、文苑”诸传。伦明虽有完备的续书计划，并聚二十年之功，着力收集图书，但续修之事并非个人之力能及，借他人之力进行的数次尝试，也都以失败告终。

---

① 修四库倡议过程，见郭伯恭：《四库全书纂修考》附录《四库全书之续修与影印述略》，《民国丛书》第四编41册，上海书店1989年版，第241—258页。

② 伦明：《续书楼藏书记》，《辅仁学志》1929年第1卷第2期。

③ 伦明：《与陈垣书》，见东莞图书馆编：《伦明全集一》，广东人民出版社2012年版，第458页。

④ 伦明：《续修〈四库全书〉刍议》，见东莞图书馆编：《伦明全集一》，广东人民出版社2012年版，第431—432页。

第一次尝试，即前述与陈垣信中所提建议，后以陈垣去职，此事遂不了了之。1924 年，伦明与同乡大连富商胡子俊论及续修之事，胡氏慨然应之，以年三千金助之修书，计划五年完成。不久即因胡氏生意失败，款项难以为继，其事又告中断。第三次机会缘于梁启超掌清华国学院后的工作计划。民国十四年（1925），梁启超计划创立清华国学院，拟定的工作计划有六，其中的第五条就是“续辑《四库全书》，搜集《四库》未收书，及乾嘉以后名著，编定目录，撰述提要，俟有力时乃刊”①。计划制定后，梁启超曾去函聘请伦明至清华国学院专事修书，付给薪金之余，并请以其个人藏书移储清华，计价购入，以为续修之基础。伦明得此信后，十分欣喜，以为多年心愿终可付诸实施，专门去信孙殿起，请其代为编辑在京之书的目录，开始着手准备修书之事。不料任公却在 1929 年初遽然离世，因无人主持，此次续修又无下文。在此期间，时任教育部部长的章士钊，于 1925 年再次以影印四库全书事提请国务院讨论，议定以文渊阁书交商务印书馆照原书付印，由政府自各国归还庚款中拨款补贴。伦明得知此事后，发表《续修〈四库全书〉刍议》，完整地提出了自己续修四库的构想。此事后以清室善后委员会的反对和教育部人员的阻挠，终又告吹。因中央政府屡议屡辍，遂有奉天地方政府影印文溯阁书之举。民国十七年（1928）秋，杨宇霆发起影印，招徕伦明参谋其事。由伦明起草电文，张学良、翟文选、杨宇霆联署后通电全国，提出影印、续修、校雠三事。电文发出后，遭到中央政府的极力反对。又因杨宇霆突然被刺，奉方多番敷衍，续修之事复又告辍。虽然屡遭挫折，伦明续修之志并未动摇。“九一八事变”后，民国政府复有选刊之议。1933 年，借文渊阁书移沪之便，与商务印书馆订约，从文渊阁书中选印《四库全书珍本初集》。伦明得知后，仍为此事大声疾呼，在报纸上发表了《拟印〈四库全书〉之管见》，提出了十分详尽的影印计划，并力主抽换底本，以善本易之。

民国初年（1911）至 20 世纪 30 年代，虽然伦明一直为续修之事

① 王亮：《续修四库全书总目提要研究》，复旦大学博士论文，2004 年，第 14 页。

奔走呼号，但实际效果并不明显。这样的状况，直到在日本退还庚款支持下的东方文化事业委员会成立后，才有所好转。续修四库全书的工作终于取得了一定的实质性进展。

二

1923 年 3 月，日本政府仿效美国退还庚款之举，由国会通过议案，决定退回庚款支持对华文化事业，公布“对支文化事业特别会计法”，对款项的使用作出了规定。1924 年 2 月和 1925 年 5 月，中日两国公使和相关人员分别签订了《汪公使与出渊局长了解事项觉书》《芳泽公使与沈外长换文》。按照这几份文件的规定，1925 年 10 月 9 日，东方文化事业总委员会成立，由中日委员共十八人组成，柯绍忞担任委员长。1927 年 12 月 20 日，东方文化事业委员会下的人文科学研究所成立，通过《人文科学研究所暂行细则》，提出本所将以“续修四库全书总目提要和新字典、十三经索引三项为研究事项”。1928 年，济南惨案发生后，中方委员发表声明，于 5 月 13 日全部退出，东方文化事业委员会随即改由日方独自经营。[①] 事实上，中方委员声明退出后，仍有部分学者在坚持工作。据王亮博士引录国家图书馆藏《柯凤孙追悼会记录》（1933）中《凤孙先生学行录》一文记载，“民国十七年，因中国方面委员全部退出之后，仍在其自己指导下之研究事业，不忍中途停其辍止，致功亏一篑，抱定研究学问无关国界主义，而嘱全体研究院及职员，仍旧工作，每星期必亲到会，召集研究院全体会议一次”[②]。可见，续修四库提要的工作一直在进行之中，也主要是由中国学者从事具体工作的。虽然续修四库提要的工作并未终止，但进展一直比较缓慢。据罗琳先生介绍，续修工作大致可分为

① 日方退还庚款及成立委员会事宜，见王亮：《续修四库全书总目提要研究》；中国科学院图书馆整理：《续修四库全书总目提要（稿本）》前言，齐鲁书社 1996 年版。

② 《续修四库全书总目提要研究》，见东莞图书馆编：《伦明全集一》，广东人民出版社 2012 年版，第 32 页。

三个阶段。1. 拟目阶段。1928 年 1 月起至 1931 年 6 月止，完成了原定两年事毕的选择著录书目的工作。2. 撰写提要。1931 年 7 月至 1945 年 7 月，在日方新任署理总务委员桥川时雄的主持下，提要撰写工作大大加快。据中国科学院图书馆工作人员统计，存留下来的提要稿有三万一千八百余篇，累计一千五百余万字。① 先后参加撰写的中方学者则有七十一人。② 3. 整理提要。1938 年 4 月设立“整理提要室”，聘请专职嘱托从事提要稿整理、打印等工作。直至 1945 年日本战败，民国政府同年 10 月派来沈兼士接收东方文化事业委员会为止，该项工作一直在进行之中。

提要稿和相关档案被民国政府接收后，部分善本转拨中央研究院，后随该院迁至台湾，今归台湾傅斯年图书馆。该所研究院黄宽重 2002 年 11 月 30 日发表的《谈四库全书底本的价值——从本所收藏谈起》讲演，其中“傅图‘善本’与续修四库全书的关系”一节，介绍了这批书的基本情况。③ 剩余的提要稿和相关档案，1949 年后，归入中国科学院图书馆。1972 年，台湾商务印书馆曾据人文科学研究所寄送给日本东方文化学院京都研究所（今日本京都大学人文科学研究所）的提要打印稿，影印出版《续修四库提要》，收录一万余种。1993 年，中国科学院图书馆郭永芳、罗琳等整理的《续修四库全书总目提要》经部标点本由中华书局排印出版。1996 年，齐鲁书社与中科院图书馆合作，影印了该馆所藏全部提要稿，极大地便利了学者的研究与利用。

---

① 郭永芳：《续修四库提要纂修考略》，《图书情报工作》1982 年第 5 期，第 19 页。

② 参与撰写提要的学者，据王云五在《续修四库全书提要・序》中回忆桥川时雄的说法，有八十五人。而中科院图书馆以提要原稿署名统计，实际为七十一人。王云五：《续修四库全书提要・序》，见《续修四库全书提要》第 1 册，台北商务印书馆 1972 年版。

③ 黄宽重：《谈四库全书底本的价值——从本所收藏谈起》，台北“中央研究院”历史语言研究所历史文物陈列馆 2002 年通俗演讲。

三

在东方文化事业委员会组织的续修四库提要工作中，伦明是主要撰稿人之一。民国八年（1919）冬，民国政府第一次计划影印《四库全书》时，学者金梁曾经提出“续修四库书不易续，目则易修，二百年来，新出书籍，将倍于前。始存其目，以待后来，所谓不得已而其次耳”[①]，是最早提出的续修四库提要的建议。1928 年，奉天政府提议影印文溯阁书时，聘请金梁为坐办，即委托伦明拟出《续修总目》一万余种。[②] 在受聘于东方文化事业委员会之前，伦明已经独立从事提要撰写工作多年。

1926 年，《广东七十二行商报》刊载的伦明致莫伯骥书言及“欲以个人之力，成《续修四库全书提要》。已着手两载，成二百数十篇”[③]。1928 年，伦明在《燕京学报》上发表《续书楼读书记》，也提到“余拟修四库书提要”，并成“尚书”类若干篇。[④] 此外，伦明诗稿中《丁卯（民国十六年，1927）五日吟稿》其三“余拟续修四库书提要从事三载成稿寥寥元日秉笔感而作”[⑤] 等，也都记录了伦明撰写提要之事。

东方文化事业委员会成立时，伦明并未在创始委员之内。他参与提要撰写工作，应始于 1931 年，正式开始撰写提要后，第一次增聘撰稿“嘱托”之时。伦明得此聘任，或与东方文化事业委员会后期的实际负责人桥川时雄不无关系。伦明诗稿中，有数首与桥川时雄的唱和之作。[⑥] 而伦明本身就是大藏书家，又一直致力于续修四库的相关

---

① 吴哲夫：《四库全书纂修之研究》，台北故宫博物院 1990 年版，第 311 页。

② 《四库全书纂修考》，见东莞图书馆编：《伦明全集一》，广东人民出版社 2012 年版，第 250 页。

③ 东莞图书馆编：《伦明全集一》，广东人民出版社 2012 年版，第 456 页。

④ 伦明：《续书楼读书记》，《燕京学报》1928 年第 3 期，第 457 页。

⑤ 东莞图书馆编：《伦明全集一》，广东人民出版社 2012 年版，第 19 页。

⑥ 东莞图书馆编：《伦明全集一》，广东人民出版社 2012 年版，第 50—51 页。

工作，得此聘任，对于伦明来说固然是得偿夙愿，对于人文科学研究所，也不能不说是所托得人。

当然，伦明与东方文化事业委员会的渊源还不止于此。东方文化事业委员会成立后，特设图书筹备处搜求古籍，以备续修提要参考。第三次总委员会会议时，聘任徐森玉为图书筹备处事务主任。与徐森玉一起工作的，就有伦明。谢兴尧在《北京藏书概略》提到："东方文化会，原亦庚子赔款退还者所组成……时南北书籍之价正廉，而主持买书者，又为板本目录学家徐森玉、伦哲如二氏。"[①] 前引黄宽重先生文也提到"在北京成立'东方文化事业总会及附设人文科学图书馆'等机构，邀集中国学者及日本汉学家从事续修《四库全书》的工作，一方面四处搜购图书，约十四万册（有一大部分是近代藏书家伦明的藏书）"[②]。可见，在正式受聘为嘱托之前，伦明曾协助徐森玉为东方文化事业委员会搜求图书。在此过程中，也部分实现了其在《续修〈四库全书〉刍议》《拟印〈四库全书〉之管见》中提出的关于版本选择、搜求方法的意见。

1931 年，伦明开始受聘为人文研究所撰写提要后，一直保持着相当的撰稿量。直到 1937 年"七七事变"后，伦明还乡避祸，从此未再履足燕京。故今日收入《续修四库全书总目提要（稿本）》的伦明所撰提要，撰写时间均应在 1931 至 1937 年间。笔者据齐鲁书社《续修提要》影印本第 14 册 70 页下至第 15 册 672 页上统计，伦明所撰提要稿类别分布与数量如下[③]：

经部	史部	集部	总计
1138	759	6	1903

伦明撰写的提要稿，以经史两部居多，所选版本，以道光后为主，体现了伦氏好近代之书的藏书理念。经部提要，囊括易、书、

① 谢兴尧：《北京藏书概略》，见《堪隐斋随笔》，辽宁教育出版社 1995 年版，第 33 页。

② 黄宽重：《谈四库全书底本的价值——从本所收藏谈起》，第 6 页。

③ 因部分提要稿并未注明类别，故本统计可能存在分类和数量上的误差。

诗、礼、孝经、四书、小学、群经总义八个小类，以书、诗、孝经、四书四类提要数量较多，其余有易类一种《周易大象应大学说一卷》，礼类一种《周礼释文问答一卷》，小学类两种《字典校录一卷》《字典校录外编四卷》。史部提要主要包括两大类，一为年谱，一为地方志，特别是《小方壶斋舆地丛钞》所收各本，基本均由伦明一人撰写。集部六种为《南行诗草》《哲川诗草一卷》《紫藤关诗草》《天然如景斋诗存》《逸旧阁遗诗》《通性堂诗钞六卷》，提要原稿均有大片删改痕迹，其中的《南行诗草》《紫藤关诗草》《天然如景斋诗存》并涂去原撰者姓名，《南行诗草》撰者处改题“伦明”。因1934年提要撰写工作全面展开后，东方文化事业委员会曾与公布《关于研究嘱托编纂事项规定》十九条，第八条言明“研究嘱托所编纂之提要，所有批评是非、议论得失，必须一一就全部书中加以检讨，如仅由题序跋记中采摘而成者，其稿本本会可不收手，且得退还之”。这几条集部提要底稿，初稿可能是由他人撰写，因不符要求，又请伦明修改的。

最后，伦明回到广东后，虽然已不再为东方文化事业委员会撰写提要，但续修四库的工作仍未停止。据雷梦水整理之孙殿起回忆与伦明交往事宜的《记伦哲如先生》一文记载：“1941年（辛巳）秋耀卿三游广州……先生谓耀卿言：‘吾近数年撰提要稿，于学问尤见进益，至其群经传授源流支派无不洞悉，近年在粤有所闻见，辄笔书之，积稿盈箧。’云云。”[①] 可见，伦明先生晚年，仍不忘续书之志，依旧在为续书做着最后的努力。

（原载《山东图书馆学刊》2013年第3期）

① 孙耀卿口述，雷梦水整理：《记伦哲如先生》，见雷梦水：《书林琐记》，人民日报出版社1988年版，第91—92页。

伦明与他的《四库全书》续编梦

沈汉炎

明末散文家张岱有一句名言："人无癖不可与交，以其无深情也；人无痴不可与交，以其无真气也。"意思是说做人没有些小怪癖小爱好，这样的人不能和他交朋友，因为他们没有真感情，没有乐趣。而有癖有痴的人不仅有真性情，对使之成癖成痴的事物也往往比常人更为专注，更容易出成就。这就是佛家所说的"不疯魔不成佛"。

对于东莞人伦明来说，他一生爱书成癖，为了搜书藏书，他成了学者、版本学家、著名藏书家，也因为搜书藏书缘故，他节衣缩食，甚至把妻子的首饰都给变卖了，自己成天破衣蔽体，流连于书肆书摊中，每日到了黄昏都拉着一大车书回家，被人们笑称为"破伦"，晚年甚至颠沛流离，贫病潦倒。

正如所有伟大的理想，既能激励人奋斗，也能让人为之颠沛。对于伦明而言，他极力搜书藏书的目的都是为了续修《四库全书》。《四库全书》是乾隆皇帝亲自组织编纂的，是中国历史上规模最大的丛书。伦明对这部书很不满意，认为它缺点很多，决心以个人之力重编，知其不可为而为之。

1917 年，伦明便开始四处奔走，吁告当局，望出力出资校雠《四库全书》，编写《续修四库全书提要》，用以弘扬我国文化学术。只是当时北洋军阀当政，混战不断，当局哪里肯为此花费人力物力。因此伦明的此种呼吁，连连受挫：支持他的陈垣、梁启超、章士钊等人辞职的辞职，去世的去世；连打算五年内每年资助他三千元的广东籍商人胡子俊又遭遇生意失败；主持奉天通志馆筹印文溯阁《四库全书》的杨宇霆被刺身亡……绝望之余，伦明以精卫填沧海的精神，决定以个人蚍蜉之力，来撼《四库全书》这棵大树。于是一方面开设"通学斋"书店，筹措经费，一方面奔波于全国各地搜书，但蚍蜉还是撼不动大树，精卫也填不平沧海，何况是在战争频频的年代，故其毕生宏愿最终成泡影。

好在皇天不负苦心人，其编修的《续修四库全书提要》却得以完成，身后还留下了近两千篇《续修四库全书提要稿》以及《四库全书目录补编序》《续书楼读书记》《续修〈四库全书〉刍议》《拟印〈四库全书〉之管见》等文章，为今天研究和了解续修《四库全书》提供了珍贵的资料。

所以，人还是要有点理想，有点癖好的，万一实现了呢？即使没有完全实现，那个叫命运的女神，也总会在其他方面奖励你的付出的。

人物简介：伦明（1878—1944），字哲如，近代藏书家、学者，东莞望牛墩人。他一生嗜书如命，曾为筹印《四库全书》到处奔波，但最终成空。晚年颠沛流离，逃回东莞，因贫病交加，又受战乱惊吓，1944 年病逝于莞。此后友人陈垣根据其生平愿望，将其藏书捐献给北京图书馆。新中国成立后，其《续修四库全书总目提要》稿本、图书及档案，全部归属中国科学院图书馆。编有《续书楼书目》，著有《续修〈四库全书〉刍议》《续修四库全书提要》《续书楼藏书记》《渔洋山人著书考》《丁卯五言诗》《版本源流》《建文逊国考疑》《辛亥以来藏书纪事诗》等，均为学术界所推重。

一、顶级书痴是怎样炼成的

一件事情做到了极致，往往就成了艺术，成为经典，流传后世，就像屠夫之中有庖丁，混混之内有杜月笙一样。至于爱书成癖者，往往成为藏书家，甚至大学者，东莞人伦明就是其中最典型的一个例子。

但作为一个举世闻名的书虫，他是怎样炼成的呢？

当然，首先是时势造英雄。清朝末年，广东是最早受到西方影响的省份，其中东莞，自第一次鸦片战争开始，便卷入了近代史的前端，最早接受西风吹拂，资本主义商贸得到一定的发展。当时有一批江浙藏书家在粤当官，如兵备道陆心源、提学使沈增桐等，这些人都嗜好藏书。结果上行下效，一批藏书家陆续出现，著名如伍崇曜的粤雅堂、曾钊的面城楼、孔广陶的岳雪楼、潘仕成的海山仙馆等，一时间社会中藏书之风气盛行，图书出版业市场也随之繁荣起来。1875年出生于东莞望牛墩的伦明，正躬逢其盛。

当然，在中国，很多藏书家，均有家学渊源，伦明也不例外。根据伦明在《续书楼藏书记》的记载，他的父亲伦常是当地有名的才子，曾任江西崇仁县令，喜欢看书藏书，属于走到哪都要带着书的那种人，他在任期间还增建毓秀书院，并捐了不少藏书给该院。伦明儿时常是父亲的跟屁虫，因此耳濡目染，十二岁时就把家中的藏书都读完了，经史子集都有所涉猎。此后，为了看更多的书，伦明便开始琢磨着自己买书。

伦明从小聪明好学，很受父亲喜爱，他得到的零花钱都比其他兄弟要多，但他并没有乱花钱，每个月当县衙里的工作人员要到省会去交税时，他便偷偷央求他帮忙买书，而且不管价格高低，买回来的都被当成宝贝看待。伦常对此全然不知。

有一天，伦常突然把他们兄弟几个叫过来，询问零用钱还剩多少，结果只有伦明两手空空。伦常以为伦明纨绔无知，胡乱挥霍，便厉声呵斥，狠狠地教训了伦明一顿，还要惩罚伦明。伦明不得已供出买书事情，并将买来的书全部搬出来给父亲检查。因为书太多了，以至于来来回回好几趟，累得满头大汗，所有的书把整张床都堆满了。伦常翻看了伦明所买的书籍，对儿子的广泛涉猎又惊又喜，黑脸马上变红脸，摸着伦明的脑袋欣慰地笑了。

这件事给伦明印象非常深刻，一种被肯定的喜悦无以言表，他自己在回忆录中说，自己一生的藏书就是从这个时候开始的。

由此可见，父母的言传身教对孩子的影响有多么大，古人说“三岁看大”，大概也是在说明家教的重要性吧。因为受父亲的肯定，伦明在读书藏书上一发不可收拾，博闻强记，涉猎广泛，学习成绩一路高涨，十六岁便中了举人，次年考入了京师大学堂（北京大学前身）。

当时正值庚子事变（即1900年八国联军侵华）不久，宫廷、王府和民间私人藏书大量流散到书肆书摊。伦明那时刚到北京，便马不停蹄地在琉璃厂、海王村、隆福寺等古董街流连，收购图书。在此期间还结识了广东籍藏书家、岭南近代诗词四家之一的曾习经。曾氏拥有收藏繁富的藏书楼“湖楼”，且精通版本目录学。伦明常去他家讨教，每次都要借好些书回去，或读或抄或校，两人还经常到琉璃厂等地摊淘书，成为当时的一道风景，历史的一段佳话。

这里面还有一段很有趣的故事，曾习经嗜书如命，每次有客人到他家来，他就滔滔不绝地谈论书籍的事情，而且表情生动，动作夸张，不仅眉飞色舞，手舞足蹈，还口水四溅，即使客人听累了，他也说不停。真的“有如滔滔江水连绵不绝，又似黄河决堤，一发不可收拾”。因此，久而久之，没人与他聊天，而伦明却以此为乐。伦明每次去造访，曾必留他吃饭，喝功夫茶，甚至秉烛夜谈至凌晨两三点才作罢。在曾氏指导下，伦明的版本目录学知识大有长进，对淘书藏书更是专业，对藏书兴趣更浓了。他曾颇有感慨地对曾氏说：我从此染上了藏书怪癖，上了你的贼船了。

1907 年伦明毕业后回广州教书，他也常利用业余时间到府学东街（今天的文德北路）逛古旧书店，搜购那些广东籍或在广东当官的著名藏书家散出来的图书。

二、续修《四库全书》是他毕生心愿

随着藏书的增多，学识的精进，伦明发现中国历史上最大规模的丛书《四库全书》纰漏多多，很不完善。伦明对这部书很不满意，认为它至少有三大缺点：一是由于七阁抄本急于完成，导致缮校不精，错误百出；二是当时忌讳太多，很多明朝的书没有选入，而且处理不当；三是参加编修的大臣们不懂版本之学，往往以质量差的版本来充数，并且有随意删节和篡改书中的内容的毛病。因此，伦明认为这部书大有增补、校勘和续修的必要。

自 1917 年起，修续《四库全书》成他毕生的心愿，也为此颠沛流离。这一年起，伦明在搜书藏书上目的更加明确了——就是要为续修《四库全书》而准备。也是在这一年，伦明便开始四处奔走，吁告当局，望出力出资校雠《四库全书》，编写《续修四库全书提要》，以弘扬我国文化学术。为了表明续修《四库全书》的志向和决心，他还将家中藏书处命名为“续书楼”。但当时北洋军阀混战，国家动荡不安，政府不想为这个花费人力物力，无人理会他这种书生之见。因此，伦明的此种呼吁，屡遭挫折。首先是支持他请求的陈垣辞去教育部次长之职；后来有广东籍商人胡子俊打算五年内每年出资三千元助他续修《四库全书》，按此计划应该能全部做完，但不料事情刚开始，胡商生意失败，计划就此流产；再后来是计划影印《四库全书》的章士钊辞去教育总长一职；最后是主持奉天通志馆筹印文溯阁《四库全书》的杨宇霆被刺身亡……凡此种种，让伦明倍感失望，于是他决定独自进行续修《四库全书》。

他计划先易后难，先撰写《续修四库全书提要》，再找机会完成《四库全书》的续修工程，他一边工作，一边写作，至1927年春，所撰经部尚书类提要稿数十篇，后经东莞同乡容庚代为刊登在《燕京学报》上，文章标题为《续书楼读书记》。这是伦明首次，也是仅有的一次公开发表他的《续修四库全书提要稿》，此后又发表了不少与《四库全书》相关的文章。

1931年7月，日本人利用“庚子赔款”，要组织中国学者编撰《续修四库全书提要》。伦明听到后，欢呼雀跃，撰写并发表《续修〈四库全书〉刍议》称这是“意外之新闻”。在全部六十类中，伦明负责编纂经部之书类、诗类、礼类、孝经类、四书类、群经总义类，史部之传记类，集部之粤人著述等。从1932年5月开始交稿，到1937年7月止，伦明利用多年搜集积累的藏书，个人撰成续修提要稿共一千九百零八篇，其中经部最多，共一千一百二十四篇，另有史部传记、地理、方志类，集部粤人诗文集若干篇，在提要撰写队伍中，伦明是撰稿最多的作者之一。新中国成立后，《续修四库全书总目提要》稿本、图书及档案，全部归属中国科学院图书馆。

三、为搜书，伦明变“破伦”

此外，从 1917 年开始为续修《四库全书》四处奔走疾呼起，伦明便开始筹措相关资金，为此，还在北京新华街开设“通学斋”书店，与书商建立起密切联系，将京城的珍本，尽可能罗致门下。此后二十多年，其他的藏书数量猛增，单行、初印、罕传、名家批校之本纷纷归集到“续书楼”中。

为了收集续修《四库全书》的资料，伦明一有空闲便四出访书。除北京和广州外，上海、天津、开封、南京、武昌、苏州、杭州、怀庆、卫辉、清化等地都遍布他搜书的足迹。作为一介清贫教书匠，为了购书，伦明不得不节衣缩食。但遇有好的书，却不惜重金购买，如果买不到，便亲自或请人抄录。他常年雇用三四名抄工，随时为他抄写喜欢的图书。当时的人们总能看见他身披一件破大衣，脚蹬一双破鞋袜，出没于大小书摊之间，凡有用的残篇小册，断简零书，无不收集。久而久之，北京大小数百家书铺伙计，沿街书摊小贩无不认识这位先生，大家打趣地称他为“破伦”。为了搜书买书，伦明的钱基本都套在这里面了，但家里人口多，家用又常常不足，甚至有一次为了一部好书，把妻子的首饰都给变卖了，这一切导致家人对他的抱怨和谩骂之声音充满屋子，但伦明假装没听见，买书校书如故。其实他心里也明白，自己为了藏书，亏欠家里太多了，所以曾有诗说：“卅年赢得妻孥怨，辛苦储书典笥裳。”这是他自己真实的写照。

经过几十年艰辛的搜集和积累，至 1937 年伦明南归广东前，他的藏书多至四百数十箱，数百万卷，没有十间房堆放不下。他曾自豪地说，他的藏书，可作为续修《四库全书》资料的，已达十之七八了。但即使这样，伦明终其一生，依然没有实现续修《四库全书》的理想。晚年，因战祸，伦明辗转回东莞，一路兵荒马乱，日夜惊魂，1938 年前后，忽患脑溢血，致全身瘫痪，1944 年，抱憾离世，其修续的夙愿最终落空。

陶渊明《读山海经》有诗句说：精卫衔微木，将以填沧海。刑天舞干戚，猛志固常在。伦明像精卫鸟一样终其一生几乎都在“填”（研究、续修）《四库全书》这片大海。但即使他有刑天的猛志，在面对如此巨大的工程，加之时代的动乱，宏愿最终还是落空了。

值得庆幸的是，其编修的《续修四库全书提要》得以面世，身后又留下了近两千篇《续修四库全书提要稿》以及《四库全书目录补编序》《续书楼读书记》《续修〈四库全书〉刍议》《拟印〈四库全书〉之管见》等文章，为今天研究和了解续修《四库全书》的过程提供了珍贵的资料。

此外，还著有《辛亥以来藏书纪事诗》，既继承了前朝叶昌炽《藏书纪事诗》的体例和编撰风格，开续补之先，又有所发展，尤其对于了解古籍聚散线索、珍贵版本的递藏源流、近代藏书家事迹以及目录版本等，均有重要参考价值。自 1935 年公开发表以来，广为流传，一版再版，颇受文化学术界读者喜爱。

（原载《东莞时报》2014 年 11 月 16 日第 A06 版）

藏尽四库谁续书

詹谷丰

博尔赫斯说："天堂应该是图书馆的模样。"这个当过阿根廷国家图书馆馆长的作家，如果生前到过广东，一定会将伦明、莫伯骥这两个被时光湮没了的东莞人的名字刻在天堂的石碑上，并且在天堂的建筑图纸上，画上"五十万卷楼"和"续书楼"，同时在天堂图书馆的醒目位置，摆上浸透了伦明终生心血的《四库全书》续书。

博尔赫斯笔下的天堂图书馆，是一个活着的读书人无法描绘的仙境，我想象中巍峨的天堂图书馆，"五十万卷楼"和"续书楼"，都是奠基的砖头和支撑穹顶的梁柱。

一

伦明出生的时候，《四库全书》以国宝的珍贵收藏在皇宫的文渊阁里。一个南海岸边名为望牛墩的乡间孩子出生，他与众相同的呱呱哭声里，所有算命卜卦测字的半仙，都无法看出这个孩子日后与一部浩如烟海的丛书之间的关联。后人只能通过他的家族文化传承和姓名字号找到一个续书者的蛛丝马迹。

伦明启蒙之后入县庠，补廪生，拜师康有为，乡试中举，拣发广西知县，就读京师大学堂，以及后来任教两广方言学堂、浔州中学堂、北京大学、辅仁大学、北平民国学院的经历被视为他散尽家财搜书藏书，为《四库全书》续书的起源。如果说，伦明续书《四库全书》是海明威笔下的老渔夫圣地亚哥钓到的大马林鱼，那么伦明此前所经历过的一切，都是大马林鱼上钩之前的渔船、钓竿、诱饵、长线、食物、匕首等准备的漫长过程。后来的读者，看到的只是那条一千五百磅的大鱼和海上的历险，却忽视了那些平淡的准备过程。

如果说《四库全书》是一个帝王的文化伟业，那么，续书《四库全书》就是一介书生的最大梦想。在伟大的汉字中，平民伦明与乾隆皇帝之间搭建了一座长桥。

读书和藏书，是伦明续书《四库全书》宏大理想的一粒种子。这粒种子入土、发芽、长叶、开花，没有人留意到那些漫长的光阴。

十一岁的时候，伦明随知县任上的父亲伦常居住江西崇仁，遍读家中藏书。听私塾先生说南昌书肆林立，可以购到自己的心仪之书，便开列书单，托县衙差人解饷的机会，到省会买书。年终时，父亲召集伦明诸兄弟，询问赏钱，兄弟们争先恐后亮出积蓄，只有伦明不剩分文。父亲以为伦明不知节俭，面露愠色，乃至声色俱厉，伦明坦言购书之事，父亲初时不信，后来竟被儿子购书丰富和广泛涉猎折服。

清光绪十五年（1889）伦常卒于江西任所，伦明迫不得已回到东莞故里的时候，才十二岁。罗志欢在《伦明评传》中认为："因受父亲熏陶，此后教书、藏书、续书《四库全书》成了伦明生活的重心，一生与'书'结下不解之缘。"

倒是最了解伦明搜书藏书的岭南才女冼玉清教授，为伦明藏书的时间作了一个年代上的大致界定。在《记大藏书家伦哲如》一书中，冼玉清说："五十年来，粤人蓄书最富而精通版本目录之学者，当推东莞伦哲如先生。"

《四库全书》，是一个国家的文脉，同时也是一个读书人的命运。

只有一个站在盛世里的帝王，才会在威严的龙椅上想起汉字，想起用无数汉字排列组合的巨书。

乾隆皇帝的伟大设想产生于安徽学政朱筠的一封奏折。乾隆三十七年（1772），朱筠上奏，建议各省搜集前朝刻本、抄本，"沿流溯本，可得古人大体，而窥天地之纯"。

帝王的龙颜在安徽学政的上书中大放喜悦，乾隆皇帝想起了明朝的《永乐大典》。那部成祖皇帝下令编纂的巨书，以一万多册的巨幅引领了中国所有的典籍，可惜被战火焚毁，它用藏之书库秘不示人筑成的金汤也无法抵御乱世的兵燹，藏在南京的原本和副本几乎全部化为灰烬。

在没有战争和领土扩张的盛世繁荣中，一个帝王的最大雄心转化成了汉字和典籍。纸页虽然轻薄，但用它承载的汉字却可以用书的形式展示一个帝王的抱负。一个王朝的盛世，不是残阳里的人头和鲜血，而是纸页上的歌舞升平，是阳春三月的清明上河图。

安徽学政朱筠的上书，成了那个年代的合理化建议，而乾隆皇帝的表态，化作了“四库全书馆”的设立。

故宫学研究员、散文家祝勇在《故宫的隐秘角落》一书中描述了《四库全书》的滥觞：“只有在乾隆时代，在历经康熙、雍正两代帝王的物质积累和文化铺垫之后，当‘海内殷富，素封之家，比户相望，实有胜于前代’，才能完成这一超级文化工程，而乾隆自己也一定意识到，这一工程将使他真正站在‘千古一帝’的位置上。如果说秦始皇对各国文字的统一为中华文明史提供了一个规范化的起点，那么对历代学术文化成果全面总结，则很可能是一个壮丽的终点——至少是中华文明史上一个不易逾越的极限。”

祝勇在《文渊阁：文人的骨头》一文中说：“乾隆四十六年（1781）十二月，历经十年，第一部《四库全书》缮写完成。三年后，第二、第三、第四部抄写完成。又过六年，到乾隆五十五年（1790）最后一部（第七部）《四库全书》抄完了最后一个字，装裱成书。”

由此推断，《四库全书》这项史无前例的国家文化工程，奠基于乾隆三十六年（1771）十二月。经、史、子、集，四个汉字，几乎将乾隆之前中国古代所有的大书囊括其中。在乾隆这个既懂业务，又代表了国家最高权力和意志的帝王召唤下，一大批文化精英陆续走进了四库全书馆。

在史料的记载中，《四库全书》正式列名的编纂者达三百六十多名，而那些从全国各地层层遴选产生担任抄写的馆阁体书法家，更是达到了三千八百多人。只有这么多的学者和这么多的缮写人员，只有十年的漫长时间，才能让汉字堆码成一座书籍的珠穆朗玛峰。《四库全书》在经、史、子、集的分类中，收入了三千四百六十一种七万九千三百零九卷图书，这些图书包括早已绝版、失传了的许多珍品，共装订成三万六千三百册六千七百五十二函，皇皇九亿多字。

《四库全书》第一次排列在文渊阁里接受乾隆皇帝检阅的时候，光绪四年（1878）出生的伦明是不可能看见人类历史上文字和图书的壮阔场景的。

伦明的书斋命名与众不同，去除了地域或环境的因素，也不张扬个人藏书的数量，却以个人终生的心态作为理想的旗帜。续书楼，暗藏了《四库全书》的体量，又体现了一个读书人的伟大抱负。在研究者那里，伦明的目的更加简洁明确："为了表明续修《四库全书》的志向和决心，遂将家中藏书处命名为'续书楼'。"

以"续书"两字命名的书斋，为伦明所独有。文化人多以静、雅、趣和梅、兰、竹、菊等草木组成的汉字命名书房，赋予它读书写作的日常功能，极少有人像伦明一样，凭一己之力，用一生时间，完善补充作为国家文化工程的巨书。

与其他藏书家不同，伦明藏书目的很明确，就是要续修《四库全书》。原来伦明读书眼光别具一格，他认办"书至近代始可读"，以为乾隆时编纂的《四库全书》并不完备，于清代尤为疏漏。他指出此书有三大缺点：一是由于七阁抄书"急于完书，以致缮校补精，讹错百出"。二是参加编修的大臣不识版本，往往以劣本充数，随意删节和篡改书中的内容。三是"忌讳太多，遗书未出，进退失当"。因此，这部书大有增补、校勘和续修的必要。为了表明续修《四库全书》的志向和决心，遂将家中藏书处命名为"续书楼"。

二

一个以搜藏书籍续修《四库全书》为人生目标的读书人，他的人生履历却并不像战争那样惊险和曲折。

作为藏书家，伦明的生平只是广东至北京之间一条漫长的直线。而这条长线上的每个绳结，都与读书、访书、买书、卖书、抄书、校书、藏书、编书关联。

光绪二十八年（1902），二十五岁的伦明进入京师大学堂学习。

由于住在烂缦胡同的东莞会馆，他从光绪十八年（1892）的探花、东莞人陈伯陶那里借到了一本《四库全书略注》，用工整的小楷抄录下来。

十三年之后，伦明再次北上来到北京的时候，已经将他多年收藏的精善书籍随同带来，那些书，成了他生命的一部分，而且，他还远赴上海等地访书，用书籍延续着生命。伦明作为北京大学教授的职业与身份，也从民国六年（1917）年开始。

《四库全书》，是乾隆皇帝的血肉，从它出生的那一天开始，乾隆就为它的未来做了精心的安排。

乾隆是一个有为的帝王，他的眼光，超越了属于他的那个时代。然而，他无法看到故宫的易姓换代，更不能预测《四库全书》的未来和最终命运。

光绪二十六年（1900）出现的义和团，是《四库全书》劫难的导火索。义和团在帝国列强对中国的欺凌中产生，是菜园里必然结出的一个苦瓜。在“扶清灭洋”的旗帜下，义和团拔电杆、毁铁路、烧教堂、杀洋人、打教民，导致了大不列颠与北爱尔兰联合王国、美利坚合众国、法兰西第三共和国、德意志、俄罗斯、日本、意大利、奥匈帝国八个国家的军队入侵。八国联军以镇压义和团的名义，大肆瓜分和掠夺中国。

史料的记载中，这支大约五万人的军队在北京所向无敌。侵略者将对义和团的仇恨扩张到了古老帝国和它所有的子民。北京古城沦陷于1900年8月14日，除了杀人放火之外，皇家禁地紫禁城、中南海、颐和园成了他们偷窃和抢掠的宝库。

一场劫掠，圆明园文渊阁中的《四库全书》和御河桥翰林院藏书以及王府名宦所藏典籍，均被夺走，还有许多书，漏网之鱼一样散落到了民间。

《四库全书》的每一张纸页和书上的文字，都是人类生命的载体。九泉之下的乾隆皇帝，在陵寝中尸骨疼痛，但是，他无法在万众朝拜的威严中站立起来，重新回到他的辉煌之中。

幸好，古老中国的辽阔大地上，还有文津、文溯、文宗、文汇、文澜等藏放了乾隆皇帝梦想的五处宝阁。在帝王的想象中，强盗的魔爪再长，也不会伸到那些遥远的地方。

伦明不在《四库全书》遇难的现场，但他在遥远的南方感受到了文明毁灭的痛楚。一年之后，以京师大学堂学士身份来到了北京的伦明，仍然在宫墙上看到了战火的创伤，在夕阳里看到了中华文明的灰烬。

一百多年之后，我在文字中看见了二十五岁的伦明在北京的身影。在《续书楼藏书记》中，伦明记载了自己的踽踽脚步："壬寅（1902）初至京师，值庚子之乱后，王府贵家储书大出，余日游海王村、隆福寺间，目不暇给，每暮必载书满车回寓。"

乾隆三十八年（1773）朝廷开馆修纂《四库全书》的时候，海王村这个地名日渐淡薄，而琉璃厂这个名字却因为古董玩物古籍图书而声名日隆。琉璃厂的另一种景观由一批学富五车的鸿儒耆宿组成，这是修建《四库全书》巍峨文字金字塔的杰出工匠群体。为了考证典故，列书目，这些编纂者经常去琉璃厂访书购书，切磋学问，琉璃厂无意中成了《四库全书》的第二个编纂处。清代翁方纲在《复初斋诗集》中记载了《四库全书》编纂的一个情景："每日清晨，诸臣入院，设大厨供茶饭。午后归寓，各以所校阅某书应考某典，详列书目，至琉璃厂书肆访之。"

《四库全书》的滥觞之处，一百多年之后，成了伦明的寻根之地。乾隆三十八年（1773）《四库全书》编纂者们在琉璃厂出入的忙碌，为民国时期的北京大学教授伦明提供了一幅文化的背影。

伦明的访书购书藏书，起于续修《四库全书》的目的，所以，他与书的因缘，贯穿了一生。光绪二十八年（1902），第一次来到北京的伦明，只是一个京师大学堂的学生，琉璃厂就成了他经常光顾的地方，民国六年（1917），伦明重回京都，受聘为北京大学教授之后，琉璃厂更是他出入往返的私家菜园。书籍，成了一个续书者的命之后，伦明的执着乃至迂腐，就发酵成了琉璃厂的流行故事，"破伦"这个无贬义的名词，就成了一个书生的绰号。

"破"，在任何一个时代，都是贫苦的证明，都是寒酸的讽刺。民国时期的教授，收入待遇高于常人，购房屋、买汽车之类的高消费，都是一个文人正常收入的体现。只有伦明，被人用“破”字修饰，成了一个大学教授的嘲讽。我在久远的资料中，找到了“破伦”这个名词的来源：

他为了购置图书，不惜四处搜求，如无余财，借债、押物也是常有的事。教书之余，他总是身披一件破大衣，脚蹬一双破鞋袜，出没于大小书摊之间，凡有用之残篇小册、断简零书，无不收纳。久而久之，北京大小数百家书铺伙计、沿街书摊小贩无不认识这位先生，大家乐于向他提供图书信息，打趣地称他为“破伦”。

“破”，显然是伦明的心甘情愿。伦明家境并不富裕，又无官职支撑，他的每一本书，都是自己省吃俭用节衣缩食换来的。伦明自述：“余一窭人耳，譬入酒肉之林，丐得残杯冷炙，已觉逾分，遑敢言诸藏哉？”当他为了购书变卖家当，动用妻子妆奁时，夫妻矛盾无法避免。面对妻子的怨言，伦明写诗自嘲：“廿年赢得妻孥怨，辛苦储书典笥裳。”

伦明对书的热爱与感情，超越常人，令许多藏书家自叹不如。伦明曾用诗记录过自己的爱书境界：“我生寡嗜好，聚书成痼疾。佳椠如佳人，一见爱欲夺。”

孙殿起的《记伦哲如先生》一文中，曾讲述过一个伦明购书的故事：

一日，伦明偶然听说琉璃厂晋华书局新近购进一批图书，便赶忙跑去看。见书目中有一部《倚声集》，心中窃喜，这正是他久访未得之书，便要购买此书。但书肆中人告知，刚刚派店里的伙计送往某宅了。伦明闻之，焦急万分，赶紧乘人力车追赶，他吩咐车夫抄近路，快跑，在某宅门外等着送书的伙计。一会，该店伙计挟书包而来，不等进门，便将所喜好之书半路“打劫”了。

东莞，远离北京，远离《四库全书》的所有现场，对《四库全书》的劫难，对藏书七阁苦难命运的疼痛，没有人超得过伦明。伦明穷尽一生，用一介读书人的微薄之力，修补文化，实在是东莞的幸运与光荣。东莞的伦明，是一个可以与他的乡贤何真、袁崇焕、张家玉并肩的英雄。

自有文字以来，中国从来没有一套书像《四库全书》这样，受人关注，被人记挂。许多读书人，将续修《四库全书》上升到抢救中华文化典籍的高度。《四库全书》成书之后的二百多年间，许多文人为完善《四库全书》，历尽艰辛，大海捞针一般搜集《四库全书》有意忽略遗漏的著作。《伦明评传》的作者罗志欢教授说：自“光绪十五年（1889）六月十六日，翰林院编修王懿荣上书，恳请‘重新开馆，编纂前书’。尔后代有学人为之奋斗，逐渐形成一股续修的声浪。至1946年止，续修之倡竟达十次之多”。

伦明在阮元、王懿荣等前辈之后出场，由于没有锣鼓震天鞭炮齐鸣的戏剧场面，所以少有人知道，伦明是续修《四库全书》这出大戏的主角。

1921年9月，伦明辞去了北京大学教席，将所有的时间，专心用于《四库全书》的续修。伦明非常清楚自己工作的意义和价值，在同年12月26日写给教育部次长陈垣的信中，他用国粹兴亡的高度，阐述了续修《四库全书》的重要性。

伦明自知个人力量微薄，不足以推动续书《四库全书》的火车，他给陈垣写信，其意在于借助政府的公权之力，完成续修《四库全书》的大业。然而，五个月后，陈垣辞去了教育部次长职务，伦明的计划化为了泡影。

三

一生藏书，只为《四库全书》。伦明续书的理想，从来没有被坚硬的现实粉碎过。一个百折不挠的人，不可能被陈垣辞职的挫折击倒。如果说，《四库全书》是王屋与太行，那么，伦明就是那个不回头的愚公。1924年的一天，他同乡人胡子俊谈论续书《四库全书》时说：“此书宜校、宜补、宜续，而续最要，且最难。”胡子俊问：“谁能为者？”伦明当即答道：“今海内不乏绩学，但苦无凭借，独我能为之耳。”

如果不是发誓独力续修《四库全书》，就不会有“通学斋”这个名词的产生。

通学斋是伦明在北京琉璃厂南新华街开设的一家书肆。通学斋这块招牌挂起的时间，并不与伦明辞去北京大学教授的时间同步。虽然1918年就有了这块文气氤氲的书肆招牌，但这块招牌上的每一条木纹、每一个笔画，都透露出伦明为接下来的续修《四库全书》开始的前奏和布局。

伦明开设通学斋之前，就已经破釜沉舟，不仅将在粤地所藏书籍悉数运往北京，而且离弃乡土，举家北上。伦明的选择与举动，显然不是后人在纸上回忆如此轻松，他离乡迁徙的每一步，都充满了困难和阻力。由于缺少运输书籍的费用，伦明只好将藏书一分为二，先让一部分精善之本随自己北上，留下的书籍暂时寄存在广州的南伦书院。

“暂时”显然是一个轻松的词语，但对于伦明来说，这个词的笔画中潜伏着永别的悲伤，一个书生的心碎在这个常用词中剥笋一般展开。几年之后，广州兴修马路，南伦书院被粗暴拆除，伦明性命一般的藏书，不知所终。心虽然被剜，但伦明却不是一个容易倒下的书生，通学斋这家书肆，慢慢成了伦明愈合伤口的良药。

书籍，显然不是富商大贾们的财富，但却是一个读书人的性命。伦明的一生中，曾经有过用生命保护藏书的举动。辛亥革命那一年，是清帝被推翻的封建终结，也是书籍贬值的乱世。伦明向一个名叫叶灿薇的东莞人借了一笔钱，抢购了一批在乱世中流浪的古籍，装满了四大竹箱。由于局势混乱，伦明同同居京城的堂弟伦鉴和胞弟伦叙、伦绰决定离京逃往天津暂避，但是车站却人流如蚁，道路堵塞，书籍行李已无通道。伦明在车站数日，无功而返。已经到达天津的伦鉴、伦叙来信催促，让伦明在危急之时弃书逃难。伦明坚拒好意，称誓与书籍共进退存亡。

通学斋，这个如今已经消失了的书肆，是民国时期伦明续修《四库全书》过程中的一个重要符号，它是伦明搜集藏书和管理藏书最有效的场所。通学斋之所以被研究者称为伦明的收书之器，就在于伦明的懂书与用人。

通学斋，萌芽于一个专事修补图书的魏先生。伦明用每月十五金的工钱请魏先生上门装订修复残破图书。魏先生认为，伦明的残破之书甚多，以一人之力，需要二十年时间才能完成，不如开设书肆，一是装书便，二是求书易，三是购书廉。伦明采纳了魏先生的建议，立即着手筹办。不料魏先生此后生病，不能入店服务，伦明便物色了一个名叫孙殿起的人来打理。

人认字，书也认人。孙殿起和通学斋的缘分，实在就是书的缘分。孙殿起，字耀卿，号贸翁，河北冀县人，注定与书相交，与伦明结缘。孙殿起因生活所迫，光绪三十四年（1908）辍学进入琉璃厂书肆郭长林门下谋生，五年之后又由友人推荐到鸿宝阁书店充任司账，后又转到会文斋书店。在伦明眼中，孙殿起“彼中人日与书亲，多接名公通人，议论气度不饰而彬雅，闻见不学而赅洽，至其版本目录之精且博”。

孙殿起加盟通学斋，伦明如虎添翼，藏书数量猛增，单行、初印、罕传、名家批校之本，纷纷投奔明主。金毓黻用“似闻天禄添新帙，购到伦家一百厨”的诗句，赞颂伦明收藏和流布典籍的功绩，周叔弢也认为：“《贩书偶记》前后编之书，绝大部分是孙殿起为伦明所收集。”伦明则坦承：“余比年储藏，大半出其手。”

孙殿起的辛劳，当得起“不负重托”四个大字。那些珍贵的古籍，都在他的手上重见天日。文献中，记载了一个书店经营人足迹：为搜罗珍贵图书，他不辞辛劳，多次离京访书，足迹涉及江、浙、鲁、豫、皖、粤各省以及天津、上海等地方，可谓遍游大江南北。分别于1922年、1933年、1941年、1942年四次南下广州，先后访得古籍无数，其中多有粤人旧物以及名家珍稀罕见之本。雷梦水在《琉璃厂书肆四记·通学斋条》中说：孙殿起“长于版本鉴定，熟知某书有若干刻本，某刻本最善，某本多舛误，某板片藏于何处，都能了如指掌”。在孙殿起的努力下，通学斋如雨后春笋。书肆全盛时期，每年收售书籍一到两万部（册），营业额达大洋三至四万元，店中伙计增至十余人。

伦明访书的足迹，也连成了一条漫长的路线。上海、天津、开封、南昌、武昌、苏州、杭州，都是他路线图上的一个圆点。访书路途上的艰辛，伦明用诗句作了只有自己能懂的叹息：攀鳞附翼集群才，此地重开市骏台。我亦炎天趋走者，谁知单为访书来。

伦明在《续书楼藏书记》中谈到过他的访书经验："书之为物，非如布帛粟米，取之市而即给，不得已乃以抄书补购书之穷。有抄之图书馆者，有抄之私家所藏者，又有力不能致，而抄之坊肆者；有抄自原稿本者，有抄自传抄本者，又有猝不易者，而抄自刻本者。"一个"抄"字，透露了伦明藏书的秘诀，记录了一个时代读书人的艰辛。伦明常年雇用三名抄工，人手不够时，常常自己动手。抄书这种手工劳作，在我们这个照相、复印时代几近绝迹，但它却是《四库全书》编纂的一个重要方式。

通学斋的开办，让伦明的藏书不断丰富，让他看到了续书《四库全书》的希望。1929 年，同是藏书家的清华大学教授朱希祖参观伦明的藏书，用"北平藏书家无出其右者"的话评价伦明所藏清代集部最富。有历史学家看到伦明的藏书时，不禁惊叹："伦哲如先生性好搜罗秘籍，任辅仁大学教授，课外足迹全在书肆，数十年中所得孤本不少。其居在宣外东莞会馆，刚于抗日战争前曾往参观，室中不设书架，惟铺木板于地，寘书其上，高过于人，骈接十数间，不便细索也。"

最了解通学斋内情和伦明藏书的孙殿起的回忆，当是最可靠的说明："伦明拥书数百万卷，分贮箱橱凡四百数十尺，书房非有十楹屋宇，不得排列。"

纪晓岚、戴震、于敏中那些名震天下的学者的名字，已经留在了《四库全书》编纂者的史册里，后世的读者，却看不到那些从全国各地层层遴选出来的抄写者，三千八百多个抄写者，已经在漫长的岁月中消失了姓名，但是他们的字迹，却成了乾隆时代的标准字体。

李炳球，可能是翻阅过《四库全书》的唯一一个健在的东莞人。李炳球戴着白色手套在甘肃兰州文溯阁的地下书库里小心翼翼地翻看《四库全书》时，不会想到，六年之后，会有一个写散文的人，请他描述一部巨书的真容。

我在李炳球先生的精彩描述中，看到了用四种颜色的纸张和统一字体抄写的《四库全书》，三万六千三百册，约十亿字的经、史、子、集，装在古老的金丝楠木精心做成的函套中，那种特殊的书香，那种浩瀚的阵势，让一个仅仅在梦中到达过的写作者深深震撼与陶醉。2017 年 12 月 20 日那个阳光温暖的下午，我分享了李炳球先生的幸运和快乐，我穿越时光，看到了伦明、莫伯骥两个先贤。

李炳球是《东莞历史名人评传丛书》《影响中国的东莞人》和《东莞学人文丛》等多套文献的策划者，他以一个顾问的身份隐藏在荣誉之后，这个对东莞历史文化研究开掘做出了许多贡献的读书人，经常为我打开东莞历史真相的大门。这个年轻的文化官员，用我不熟悉的粤语方言与古人对话，他是伦明、莫伯骥的知音。

从兰州文溯阁的难忘记忆中走出来之后，我们回到了望牛墩，回到了伦明的续书楼。

《四库全书》诞生的乾隆时代，具有强大的经济实力。三千八百二十六位馆阁体书法家的报酬，为每人每天两钱五分银子。有人算了一笔账：若每部《四库全书》以十亿字计算，抄写一部就要花二十五万两白银。以乾隆大帝的气度和乾隆盛世的国力、财力，既不是怕因抄写速度快而多给人家付酬，也不会因为财力困难而无法给先期完成任务者提前兑现……只有用严格的限速，才能确保准确、精致、质量的要求。《四库全书》之所以成为中国古代最伟大的图书集成，不仅在编辑、校对、管理等各个方面都有它的成功经验，就连抄写这样的环节，也有独到之处。

在一个大数据的印刷时代，后人已经无法想象三千八百二十六个抄写者，从乾隆三十七年（1772）到乾隆五十二年（1787），历时漫长的十五年，抄录七部《四库全书》，约七十亿个汉字，字迹优美，笔体整齐，以一种恒河沙数的伟大壮观让人惊叹。

伦明续修《四库全书》的雄心，超出了个人的一己之力。在三千八百二十六位抄写者面前，伦明聘请的三个抄写人员，只是国家肌体上的九牛一毛。

续修《四库全书》，伦明一生都没有想到过回头。

四

目前存世的《四库全书》，只剩下了三部半。在存世的《四库全书》中，文溯阁藏本最为命运多舛。世界上所有图书的波折叠加起来，都比不过文溯阁《四库全书》的灾难。每一个走进文溯阁的读书人，都会感到汉字的痛楚。

文溯阁《四库全书》的苦难，最早来源于梦想称帝的袁世凯。为了让1916年元旦的登基大典更有文化的氛围，袁世凯下令，让沈阳故宫文溯阁中的《四库全书》进京。北京故宫的保和殿，就成了文溯阁《四库全书》的一个新家。可是，随着袁世凯的被迫退位和暴病身亡，保和殿里的《四库全书》无人问津，几乎成为一个弃儿。

随后的灾难，差点让《四库全书》背井离乡，沦落异邦。腐朽的王室，以经济困难为由，欲将文溯阁《四库全书》以一百二十万元的价格卖给日本。幸好北京大学教授沈兼士带领学生进故宫整理清代档案时意外得到这个消息，他立即上书国民政府教育部，陈述反对的理由。最后由于舆论的压力，文溯阁《四库全书》才留在它的祖国。

文溯阁《四库全书》的原乡在沈阳。奉天文化人士，无人不盼望《四库全书》回到它出生的故土。奉天省教育会会长冯广民和弘达学院教师董袖石，采取联手请愿的方式，要求索回文溯阁《四库全书》。经过张学良和东北学人的共同努力，段祺瑞政府内阁会议于1925年7月20日作出决定，归还文溯阁《四库全书》。

对于《四库全书》回归的盛事，沈阳用整修文溯阁来作为隆重的迎接。董袖石受张学良少帅委托，雇佣二十多位抄写人员，历时两年，对文溯阁《四库全书》勘查缺损，精心抄补。对于《四库全书》回归文溯阁这一重大的文化事件，奉天省教育会郑重地在文溯阁的宫墙上刻下了《四库全书运复记碑》。这是1931年6月，在《四库全书》回家的喜庆中，没有人可以预见到，两个月后，文溯阁《四库全书》和整个东北大地，都将落入日本侵略军之手。九一八事变，是一个国家的耻辱，它的疼痛，数百倍超过了文溯阁《四库全书》的流离。直到1945年8月日本投降，《四库全书》才结束它十四年的漫长噩梦。

然而，文溯阁《四库全书》的厄运仍未终了。三年内战中，东北行辕政务委员会欲将《四库全书》运往北平。因为民众反对，计划才遭中止。

文溯阁《四库全书》，没有人能够预见到它的命运和最终结局，即使改朝换代，颠沛流离的灾难依然是它命运的主流。中华人民共和国成立之后的1966年，国家基于战备的需要，决定将文溯阁《四库全书》转移至甘肃。沈阳至兰州漫长的路途，在中央军委副主席林彪的命令下，变得安全和平坦。兰州军区的二十七辆军用卡车，装载着文溯阁《四库全书》，在全副武装的军人护送下，秘密起程，一路风尘，安全运抵甘肃省永登县连城鲁土司衙门的妙因寺庙。

妙因寺庙建于明代，它比乾隆大帝和《四库全书》历史更加悠久。但是，妙因寺庙只是甘肃省图书馆的战备书库，难以成为文溯阁《四库全书》的久留之地。1970年底，文溯阁《四库全书》转移到了榆中县甘草店项家堡村的新书库。三十多年之后的2005年6月，位于兰州黄河岸边的北山九州台的藏书馆竣工，文溯阁《四库全书》才结束了它一生的艰难困苦和颠沛流离。

文溯阁《四库全书》，并不是辽宁人在大红花轿的喜庆中嫁出的闺女。自1966年10月文溯阁《四库全书》远走他乡之后，沈阳故宫中那幢灰墙绿瓦的文溯阁，只留下了《文溯阁记》的碑文。辽宁文化的伤口，在刮风下雨的时候，始终隐隐作痛，只有让《四库全书》回到故土，他们的伤口才能愈合。20世纪80年代以来，辽宁社会各界以“书阁合璧”为由，向千山万水之外的遥远甘肃，一再表达“物归原主”的心愿。

寄养的儿女，长大之后便有了骨肉亲情。此时的文溯阁《四库全书》，早已忘记了纷飞的战火，它们的方言里，已是正宗的兰州口音。甘肃方面，用镇省之宝，从保护文物的角度出发，应当留在兰州的理由作了挡箭的盾牌。

文溯阁《四库全书》的归宿，最后将由国家来决定。

伦明续书《四库全书》的伟大理想，最终被日本侵华的炮火粉碎。

伦明续书《四库全书》的宏伟大厦，最接近动工的一次，是1925年，奉天省的文化界人士，上书国民政府，要求索回暂时寄放在故宫保和殿中的文溯阁《四库全书》，并提出了开设校印馆、影印、校雠和续修的动议。远在北京的伦明起初并不知道这项由杨宇霆发起，张学良任总裁，翟文选为副总裁，金梁为坐办的盛大文化举措。由于伦明续书《四库全书》的贡献和影响力、知名度，时任安国军总参议和第四方面军军团长的杨宇霆热情邀请伦明参与。

伦明的参与，无异于一台轰然运转的机器注入了高质量的润滑油。1928年12月，伦明起草电文，以张学良、翟文选、杨宇霆联名的形式通电全国，并且用英文和德文对外通告。伦明执笔的文字，每一个都信心百倍地表明，《四库全书》，即将开启一个新的时代。

在“影印”“续修”和“校雠”三种续修方式中，伦明坚持自己的一贯主张，提出“既非原书，惟排印乃成一律，为省费省纸，且便于储贮计，缩之至小，如《云窗丛刻》中之《西陲石刻录》”的设想。在此基础上，伦明着手编成了《四库全书目录补编》，为续修的《四库全书》增加书目一万余种。

此后的进展，都是《四库全书》续修的噩耗。1929年1月10日，力主修书的杨宇霆被张学良以“谋反”的罪名杀死。雪上加霜的是，九一八事变，日本人占领东北，文溯阁《四库全书》搬至伪满“国立奉天图书馆”，从此落入侵略者手中。

续修《四库全书》计划流产，伦明的失望和无奈返回北平的悲痛，后人只能在1933年出版的《国闻周报》第10卷第35期《拟印〈四库全书〉之管见》一文中感受到一个书生的无力和苦楚。胡汉民、张学良、吴铁城等国民党要人，以及袁同礼、李盛铎、傅增湘、张元济、陈垣、董康、周叔弢、张允亮、章钰、邢士襄等学界人士，都见证了无可奈何花落去的肃杀。

对于这套被誉为“千古巨制”和“中国文化的万里长城”的

《四库全书》，日本帝国主义始终是个觊觎者。它先是用小偷的手法盗窃，然后用强盗的方式武力掠夺。20 世纪 20 年代日本迫于国际压力，比照美、英等国的做法，退还一部分庚子赔款，指定其中一小部分用于“对华文化事业”。在对华文化的幌子下，日本人完全操纵了庚款的使用权。然而，强盗的嘴脸是无法用庚子赔款掩盖的，一点点掌握在侵略者中的庚款只能是《四库全书》续修的杯水，它无法推动文化的车轮。

穷凶极恶的日本侵略者，深深懂得文化和文明的价值，懂得只有毁灭一个国家的文化才能征服人心的道理。1932 年 1 月 28 日爆发的淞沪抗战，十九路军奋勇抵抗。日军飞机将商务印书馆总厂和东方图书馆作为重点目标多轮轰炸，无数中华文化珍宝被侵略军的炮火吞噬，被称为中国文化中枢的商务印书馆八十多亩土地上，一片火海，厂房和机器焚毁殆尽。指挥这场战争的日军指挥官盐泽幸一没有隐藏侵略者战争的野心和实质，他毫无掩饰地表示：“烧毁了闸北几条街，一年半年，中国人马上可以恢复，把商务印书馆总厂及东方图书馆即中国最重要的文化机关焚毁了，中国人才永久不能恢复。”（华振中：《十九路军抗日血战经过》，《淞沪烽火：十九路军“一二八”淞沪抗战纪实》，广东人民出版社 1991 年版）

五年之后，侵华日军进攻天津。地处城南八里台的南开大学，成为了日军毁灭的首个目标，日军炮火瞄准校内高耸的木斋图书馆，几十万册宝贵图书和珍稀资料灰飞烟灭。炮击之后的轰炸，将南开大学和相邻的南开中学、南开女中、南开小学摧为平地。对教育机构的毁灭，已经超过了某些军事目标。炮击和轰炸之后，日军派出了骑兵与汽车，在校园各处浇洒煤油，纵火之后，中国教育的版图上，物质的南开大学已彻底消失。

南开大学校长张伯苓，在南京听闻了这场斩草除根式的文化灭绝，当即昏倒。在随后与蒋介石的会面中，张伯苓老泪纵横，哽咽不止。战时中国最高领袖蒋介石安慰他说：文化没有了，一切都没有了，南开是为中国而牺牲的，有中国即有南开！

日本侵华，毁灭中华文化，没有人是战火中的幸免者，没有物质可以逃过劫难。

伦明不在战火的现场，他无法看到作为中华文化结晶的珍贵图书，正在北平遭到日军的洗劫，他无法听见在清华园里保护图书的文学院院长冯友兰先生悲壮的誓言：中国一定会回来，要是等中国回来，这些书都失散了，那就不好，只要我人在清华一天，我们就要保护一天！

这个时候，伦明已经回到了故乡东莞，为他的先人扫墓。在他的计划中，两个月后，他将回到北平，继续他续书的梦想。然而，日军侵华的炮火，阻断了他北返的脚步。卢沟桥事变，让一条畅通的长路突然阻塞，无奈之下，他滞留广州女儿家中。可以用度日如年来形容伦明的颓丧，远离了北平的续书楼，伦明的心没有一日安宁，脑溢血和全身瘫痪，魔鬼一般追随他而来。

五

伦明一生的心血，就是此时风雨飘摇的北京续书楼中的那些藏书。一个人的生命，如果与他心爱的东西相连，那么，他的呼吸将会如同大雪中的竹子一样脆弱。在病床上苦苦煎熬的时候，伦明仍然没有想到，那些他用一生的付出换来的藏书，从此像一只断了线的风筝，离他远去。

叶恭绰、胡适、朱希祖、顾颉刚等，都是亲眼目睹过伦明藏书的人。续书楼的图书，在孙殿起眼中，“拥书数百万卷，分贮箱橱凡四百数十只，书房非有十楹屋宇，不得排列”。孙殿起的回忆，只是一种形象化的描述，最可信的事实，当是如今存于上海图书馆中共十三册的《东莞伦氏续书楼藏书目录》。

十三册《东莞伦氏续书楼藏书目录》，其实只是一个残存，专家考证，另有三册遗失。十三册目录中的藏书，所幸没有毁于战火，合众图书馆于1953年6月将目录中的二十五万册图书和一万五千种金石拓片捐献给了上海市人民政府，成为上海图书馆馆藏文物的重要组成部分。

没有任何资料准确地统计出续书楼藏书的数量，后人提供的数据只不过是时间的吉光片羽。伦明用一生时间搜集到的藏书，有如河边的沙滩，后人只能看见沙子的反光，而不能数尽它们的数量。

在名留青史的藏书家中，只有伦明以续修《四库全书》为明确目的。所以，续书楼里的书，没有数量的高峰，却有灵魂的高度。伦明身后那些成为社会公器的古籍图书，在公共图书馆的书架上，依然散发着纸页的墨香。

（原载《作品》2019 年第 2 期）

《续修四库全书总目提要》伦明撰写部分研究

许起山

民国时，“东方文化事业总委员会”组织人员编撰了《续修四库全书总目提要》（以下简称《续修提要》），虽然战乱频繁、资金短缺，但最终编成了约三万四千条提要（含重复部分）。参与编撰者，多为当时博学多识之士，这部提要，“基本上反映了清乾嘉以后至20世纪30年代存世典籍的概况，是学者必备的参考用书”[①]。

伦明（1878—1944），字哲如，东莞人。著名藏书家、目录学家，一生究心于续修《四库全书》，并参与了民国时编撰《续修提要》一役，独立撰成提要稿近两千条，约一百万字。

一、伦明与《续修提要》[②]

伦明很早就为续修《四库全书》做准备，收藏乾隆以来各家著作近百万册，并名其藏书楼曰“续书楼”。“从其1921年致书陈垣，请

① 中国科学院图书馆整理：《续修四库全书总目提要（稿本）》，齐鲁书社1996年版，前言。

② 关于伦明与《续修提要》的研究，自《伦明全集一》出版后，熊静发表了《伦明与〈续修四库全书总目提要〉》（《山东图书馆学刊》2013年第3期）、《伦明先生文献学著述考》（《大学图书馆学报》2014年第1期），刘平发表了《伦明目录学思想初探》（《图书馆》2014年第6期），李雅、游雪雯发表了《藏书家伦明研究述略》（《大学图书馆学报》2015年第1期），钱昆发表了《伦明生平及其学术成就述略》（《山东图书馆学刊》2019年第3期）等。这些文章对伦明所撰《续修提要》仅根据文集做整体上的论述，未能从提要内容入手做更深一步的探讨。笔者特撰文将整部《续修提要》中的问题，举例阐述，以待与诸位学者探讨。

求校雠《四库》，续修《提要》以来，至其逝世前二十多年间，伦明一直参与其中，是主张续修《四库》诸人中既有理论又付诸实践的先行者。”①

民国时局纷杂，续修工程举步维艰，伦明没能实现续修《四库》的夙愿。稍稍给他安慰的是，东方文化事业总委员会组织人员编撰《续修四库全书总目提要》，伦明为重要编修人员之一。伦明藏书丰富，又精通目录学，可谓最佳人选。

正式编撰提要，始于1931年7月，到1942年1月基本停止。按照分工，伦明主要负责《续修提要》经部的诗类、书类、礼类、孝经类、四书类、群经总义类等部分篇目，以及史部的传记类、地理类等部分篇目。子部、集部，只负责数条而已。从1931年至1937年，是伦明撰写提要稿的时期，1937年7月返粤以后，撰写工作基本停止。②

二、《续修提要》的稿本与排印本

中科院图书馆整理出《续修四库全书提要·经部》两册，1993年由中华书局排印出版（下简称中华本）。所据底本为民国时的油印本，共收录经部提要四千四百条。整理者进行了简单句读，并且“对提要稿著录内容尽量查核有关资料，订正错讹衍漏”③。然而，所修订的地方，没有做任何说明，让人不知何处修改、原稿面貌如何。中科院图书馆于1998年，将《续修提要》稿本交齐鲁书社全部影印，共三十八册（含目录索引一册），依撰稿人编排。伦明所撰提要，编排在了第14、15两册。

将中华本与稿本比对，发现某些条目差别较大。此种差别，并不

---

① 罗志欢：《伦明评传》，广东人民出版社2014年版，第134—135页。

② 吴格：《东洋文库藏〈续修四库全书总目提要〉资料随录》，见《白云论坛》（第四卷下辑），北京图书馆出版社2007年版，第534—535页。

③ 罗琳：《续修四库全书提要·经部》整理说明，中华书局1993年版。

意味着是由中华本整理者所改，可能是民国时编撰总委员会作了修订。现以稿本（影印本）14 册 71 页到 360 页所收经部提要为例，将两版本的主要差别作一简单说明。

1. 作者差异。稿本第 14 册 317 页著录“《中庸传》一卷”，稿本作“宋晁以道撰。按晁说之字以道，此书盖以字行”。中华本作“宋晁说之撰。按晁说之字以道”。稿本言“此书盖以字行”，知其所据版本题撰者姓名作晁以道。中华本修改不当。稿本第 14 册 294 页著录“《四书典故辩正续编》五卷”，稿本著录作者为“周柄中”，中华本作“周炳中”。经查，中华本误，当作“周柄中”。稿本第 14 册 328 页著录“《四书诠义》三十八卷”，开首为“清汪烜撰。烜为学宗朱子”，中华本作“清汪绂撰。绂原名烜，为学宗朱子”。查原书及相关材料，书中所题作者为“汪烜”，中华本所改不当。当然，伦明也有笔误的时候，如稿本第 14 册 130 页著录“《书经说》四卷”，其作者，稿本作“陈运镕”，中华本作“陈世镕”。稿本第 14 册 670 页有“《诗经说》六卷”，伦明著录其作者为“陈世镕”。查其他目录书，皆作“陈世镕”，故知伦明在著录《书经说》时，有笔误，中华本改正为是。提要中在作者姓名前，若是民国以前人，会著录其所在朝代。但有些人经历了改朝换代，稿本与中华本对此类作者所属朝代有分歧。如王建常、张溥、王夫之，稿本属明人，中华本属清人。王祖畬、庄缤澍、喻长霖、徐天璋、胡元玉、曹林、刘尔炘、赵赞元、王舟瑶、刘光蕡，稿本属清人，中华本属民国。这些人多生在前朝，殁在鼎革后。若一些人有遗老遗少心结、不愿做新朝之民者，或者成书时在前朝，将这些人归为前朝之人并没有错，反而符合了当时的实际情况。《续修提要》非一人所撰，为了统一，中华本作一些处理，也无可厚非。但也有处理不当的地方，比如，稿本中在著录唐文治的几种著作时，伦明皆作“清唐文治”，中华本 292 页有“清”字，其他处皆无，并没有做到统一。

2. 卷数差异。稿本第 14 册 75 页，著录“《朋寿堂经说》一卷，刊本无年月”，第 14 册 119 页又有“《朋寿堂经说》六卷，光绪辛丑刊本”，皆为邹寿祺撰。中华本也有两处，皆作“《朋寿堂经说》六卷，光绪辛丑刊本”。中华本把书名卷数统一了，似乎认为伦明重复撰写了提要。其实，伦明所著录的是两种书，一为一卷本，一为六卷本，并没有重复撰写提要。稿本第 14 册 245 页著录“《古本大学通解》不分卷”，中华本作“《古本大学通解》二卷”。稿本第 14 册 245 页著录“《集虚斋四书口义》无卷数”，中华本作“《集虚斋四书口义》十卷”。稿本第 14 册 333 页著录“《孟子发微》一卷”，中华本作“《孟子发微》二卷”。经查原书和相关目录书，这三条中华本改正的较准确。

3. 内容差异。由稿本转为油印本，中华本再据油印本进行整理，几经辗转，文字上必有差异。然而有些条目差别甚大，实让人费解。稿本第 14 册 122 页著录“《困学蒙证》六卷”，稿本有“月樵当是其字”一句，中华本此处作“又有武进吴孝铭序，称‘乌程宋子薇卿筮仕于闽’，月樵、薇卿当是其字，乌程人。盖道光己丑进士宋炳垣也，是书”。稿本第 14 册 334 页著录“《中庸私解答问》一卷”，稿本有“此徐润第答静生之问也。问署静生，自称其名曰‘鉴’，当是名鉴而字静生者。首条又称李楷亭所录本，似即一人。果尔，则姓李而又字楷亭矣。问语言有会心及疑处，谨疏己意，粘签请示”，中华本作“清徐润第答问者，署曰静生。润第有《中庸私解》已著录，曰‘鉴’。卷末有徐登鳌跋，惜其年不永，推为徐门之颜。按静生姓张名廷鉴，山西阳曲人。嘉庆辛酉进士，改翰林院庶吉士，散馆，又改知县，援例就内阁中书”。同条稿本又有“按润第为清嘉庆进士，官翰林典修，徐继畬之父。其为学杂儒释之间。卷尾有徐登鳌跋，称静生为舍人，而惜其事之不永，推为徐门之颜，当是曾官内阁中书而早殁。是书为《敦艮斋遗书》之一种，润第裔孙登鳌排印于民国十二年”，中华本此段作“按润第为清乾隆乙卯进士，登鳌为润第裔孙，是篇系就遗墨付印者”。这类情况的出现，有些可理解为伦明把撰好的提要稿上交后，总编处对一些条目作了修订。有些则纯粹是油印、整理时疏忽所致。

4. 中华本对稿本的明显补充。稿本第 14 册 97 页有“《尚书异字同声考》一卷”，在“清丁显纂”之后，中华本多出“显字韵渔，山阳人”一句。稿本第14册101页著录“《经句说》四卷”，在“清吴英撰。英字简舟，江苏吴县人，诸生”后，中华本多出“是书刊行初仅四卷，继为七卷、十卷，最后成二十二卷。盖自嘉庆庚午已二十年矣”一段。稿本第14册第208页著录“《古本大学集说》三卷”，说作者是“涂阳人”，中华本作“安徽涂阳人”。这类补充，还是有必要的。

5. 同意而表述不同。稿本第14册194页著录“《学庸图说》一卷”，稿本作“有总图有分图，总图者全部之图也，分图者各章之图也”，中华本作“有全部之图是为总图，有各章之图是为分图”。稿本第14册212页著录“《孝经义疏》不分卷”，提要中有一句“此类俱极精确”，中华本作“凡此之类，俱见深研有得”。稿本第14册214页著录“《孝经全注》一卷”，提要中有一句“所见尤大”，中华本作“所见极通”。稿本第14册243页著录“《大学指掌》一卷”，稿本有一句“书眉有评，着语简要”，中华本作“其要旨粹语，每缀于书之上方”。稿本第14册256页著录“《四书自课录》无卷数”，稿本有“惟著书之旨，仍不外为作举业文计，墨守一家，发明殊鲜”，中华本作“意存墨守，殊鲜发明”。稿本第14册307页著录“《论孟语录》四卷”，稿本有“俱甚惬当”，中华本作“于义俱惬”。此类甚多，不下数十处。细分析，也看不出中华本改动的高明之处，有些甚至有画蛇添足之嫌。

三、伦明所撰《续修提要》的数量

伦明具体撰写了多少条提要，学术界意见不一。

吴格先生依据稿本作了统计，“检《续修提要》原稿，伦明所撰提要存一千九百四篇”[①]。罗志欢先生共统计出伦明所撰提要一千九

① 吴格：《东洋文库藏〈续修四库全书总目提要〉资料随录》，见张本主主编：《白云论坛》第四卷下辑，北京图书馆出版社2007年版，第534—535页。

百零八篇，经部有一千一百二十八条。[①] 熊静也根据稿本，共统计出：经部一千一百三十八条，史部七百五十九条，集部六条，总计一千九百零三条。[②] 笔者对伦明所撰条数进行了彻底的普查，共统计出经部提要一千一百六十条，史部七百六十九条，子部五条，经部七条，总计一千九百四十一条。

稿本共有一千九百零四条，但同为经部，中华本与稿本在数量上有出入。经部有些条目中华本有，但稿本无，这些条目分别是《古文尚书音》（中华本 212 页）、《尚书札记》（221 页）、《书义原古》（242 页）、《书经问答补》（256 页）、《尚书纪疑》（259 页）、《禹贡增注或问》（275 页）、《葩经旁意》（324 页）、《读诗小记》（333 页）、《读诗经》（356 页）、《毛诗集解训蒙》（405 页）、《韩诗遗说补》（448）、《论语注》（869 页）、《论语集注附考》（869 页）、《论语集注训诂考》（871 页）、《论语述注》（871 页）、《论语古注集笺》（871 页）、《四书一得录》（991 页）、《四书体味录》（994 页）、《经传释义》（1349 页）、《群经释地》（1359 页）、《玉函山房目耕帖》（1376 页）、《雪樵经解》（1387 页）、《群经音辨》（1400 页）、《汉碑经义辑略》（1409 页）等，共计二十四条，也是伦明所撰。

另外，伦明在 1928 年发表在《燕京学报》第 3 期上的《续书楼读书记》，其中包含十三条经部提要，虽然有些书名又在稿本中出现，但有着绝对的差别，故此次统计也将此十三条作为新增条数统计进去。

伦明所撰《续修提要》，现存共有一千九百四十一条。由于经、史、子、集四部分类依据不同，故而不同人统计出的每部条数有差异。

① 罗志欢：《伦明评传》，广东人民出版社 2014 年版，第 147 页。

② 熊静：《伦明与〈续修四库全书总目提要〉》，《山东图书馆学刊》2013 年第 3 期，第 39 页。

四、伦明所撰《续修提要》的价值

撰写《续修提要》的学者多至七八十人，各有自己的撰写特点。总编委会虽然做了一定的分工，但依然避免不了两人甚至数人同撰一种提要的事情。以经部为例，中华本共出现七条他人所撰提要与伦明所撰重复，分别是中华本第209页《尚书大传注三卷补遗》、220页《尚书家训》、889页《古本大学集说》、890页《古本大学通释》、920页《孟子要略》、1355页《经字辨体》、1400页《群经音辨》。经过对重复的七条提要考察，再结合伦明所撰史部提要，共总结出伦明所撰提要的以下优点：

1. 评价公允。撰写提要，其实就是在给一本书写书评。这本书的质量如何，撰写提要者的评价，可以指导读者阅读。中华本209页，伦明所撰《尚书大传三卷补遗一卷》提要，与孙海波所撰重复，两人所用底本皆为“孙晴川八种本”。此书为孙之騄辑，孙海波对孙之騄多褒词，但伦明开首即说“之騄未见旧本，仅从群书钞提荟萃而成”，接下来又引用了卢文弨对此书的批评。伦明最后也说他“搜讨苦心，究不可没”。中华本889页，《古本大学集说》提要重复，一为伦明撰，一未著录撰者。后者对此书优劣未作评论，伦明在提要末说：“是书征引虽博，无所阐发，聊便披寻耳。”简单数言，就把一种书的优缺点展现在读者面前，从而知晓此书价值几何。

2. 考证精审。稿本第14册336页有《从亡随笔一卷》，明人程济撰，叙述建文帝出逃事。钱谦益等人认为此书为伪造，伦明据王崇炳《学耨堂诗稿》有《皇回庵见谦帝像》及《程济墓》二诗，参考其他史料，认为程济是书绝非伪造，所云确有其事。伦明又在《建文年谱》提要中，对建文帝出逃经过，考之甚详，补充了年谱的不足。伦明所撰史部提要中，年谱、行述尤多，一些年谱为谱主自撰，或由子孙、门人、友朋所撰，难免有避讳处。伦明在提要中，参照其他材料，说明哪些记载过于夸张，哪些记载有所隐晦，哪些记载搜辑史料未备等，对了解谱主真实的一生是十分有益的。

3. 关注晚清政局。自鸦片战争起，中国受到外国列强近百年蹂躏，伦明所处时代正值乱世，国力极为衰落，外敌虎视眈眈。伦明向来有读书救国之心，所以他对晚清以来的中国政局格外关注。他认为中国受到外国的欺污，很大原因在于中国官员的封闭自守。对鸦片战争前的形势，他写道："其时当事者于外情与战具，一切茫昧。上受朝旨之督责，下迫民情之愤激，非失之畏葸，即失之操切，无时不可以起衅。"[①] 林则徐在广东禁烟，一直为世人所称道，但伦明根据当时形势，发出议论："大约则徐处此，过于操切……使则徐据以入告，予以变通，未必不可就范。盖英人非不知鸦片害中国，违背正义，惟解决须有途径。此战役，所谓无事自扰。一着之误，遂至不可收拾，则徐不能辞咎也。"[②]

4. 留意广东。伦明对乡贤格外关注，一些非广东籍但曾在广东做过官的作者，伦明也会提到他做过广东的什么官，政绩如何等。伦明出于乡里情节，对广东人事关注稍多一些，但并没有为乡人袒护。如《经义录》，番禺人张维屏撰，伦明评价维屏此书"所论断多未当，而采摭亦殊陋也"。又如维屏所撰《经字异同》，伦明也说他"所摭拾亦绝不赅备，不知著书之意何居也"。维屏《国朝诗人征略》，伦明评论道："其标题摘句，凭意去取，亦未尽善。虽援引皆注所出，而所见甚俭。"如此之类，颇见公允。

五、伦明所撰《续修提要》的不足之处

因撰写条目多，时间跨度大，岁月既久，难免遗忘，伦明有一种书撰写两条提要的情况。稿本14册507页、15册11页皆有《经字正蒙八卷》，虽内容稍异，但作者同、版本同，应是一种书，伦明重复

① 中国科学院图书馆整理：《续修四库全书总目提要（稿本）》第14册《卢厚山年谱》，中华书局1993年版，第545页。

② 中国科学院图书馆整理：《续修四库全书总目提要（稿本）》第15册《林文忠公传》，中华书局1993年版，第217页。

著录。稿本14册402页、15册93页皆有《齐永明诸王孝经讲义一卷》，经过比对内容、版本等，知伦明所撰重复。稿本14—279页、15—240页皆有《四书说略四卷》，经过比对，确为伦明重复为一书所撰。中华本991—992页，收入伦明两条《四书一得录二卷》提要，版本同，作者同，显是重复。

伦明撰写提要时，对某人中了哪一年进士，不甚清楚，留下空格待补。但有的忘记了填补，一直保留着空格。对一些人生平，考证也不够细微。如伦明在《孟子外书》的提要中提到了马廷鸾，说“马廷鸾何人，无可考”。马廷鸾为晚南宋末年宰相，《四库全书总目》著录了他的几部著作，他又是《文献通考》作者马端临的父亲。现存有关马廷鸾的材料并不少，并不是伦明说的“无可考”。

伦明存有清朝遗老思想。他对清帝的名号颇有忌讳，如对“弘”“玄”等字，多作避讳。[①]

综而观之，伦明呈现给读者的提要稿，真正做到了“辨章学术，考镜源流”。徐信符《广东藏书纪事诗》评价伦明：“四库重修愿莫申，续编提要有何人?”[②] 王謇撰写《续补藏书纪事诗》，也赞扬伦明“提要远追逊代初”[③]。值得我们注意的是，稿本与中华本提要有差异，在使用时不可仅仅依赖一个版本。中华本经过整理，有失原稿样貌，这一点也是要清楚的。

---

① 中华本径改清代皇帝避讳，也无可厚非，但一旦修改，在不作说明的情况下，就反映不出伦明的思想，对研究伦明和所撰提要就会失掉一些线索。另外，整理者将有关太平天国运动、李自成起义的称呼，由“粤匪”“闯贼”，径改为“太平军”“李自成”等，失去了提要本来面貌。

② 徐信符：《广东藏书纪事诗》，见《近代中国史料丛刊续编》第二十辑，台湾文海出版社1975年版，第254页。

③ 王謇著，李希泌点注：《续补藏书纪事诗》，书目文献出版社1987年版，第39页。

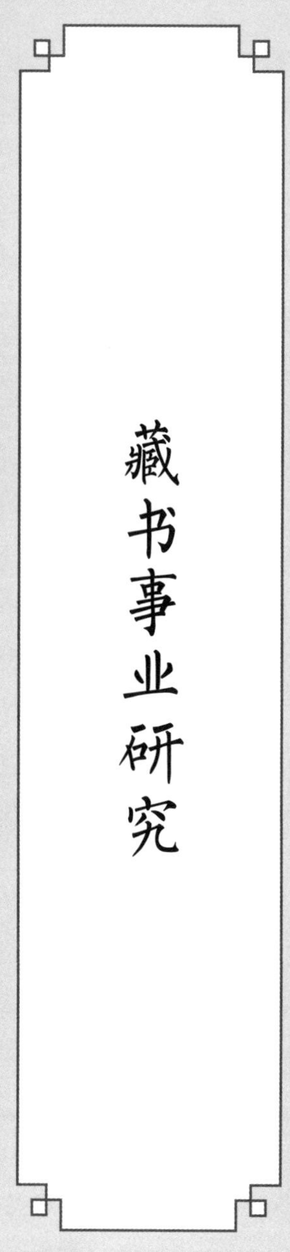

藏书事业研究

东莞伦氏“续书楼”

罗继祖

东莞伦哲如（明）以“续书”名其藏书之楼，盖志在续修《四库全书》也。顾志未遂而书又散佚，所著唯存《续藏书纪事诗》数卷而已。

哲如有《续书楼藏书记》一文（见《文字同盟》第四年第三期，附陶鸿庆《诸子札记》后），言其父作令江西，好书，所至以书十数簏自随。哲如亦幼即染书癖。光绪壬寅（1902）至京师，值庚子乱后，王邸、显宦储书大出。日游厂肆，日必载书满车归。遇揭阳曾刚甫（习经），曾亦癖书，每谈神态飞动，议论飙起，且谈且取书作证，口与手足更番无少停。客既倦犹强聒不已，客兴辞，再三留，不得去。人或厌之，哲如独乐此不疲。居既近，每过必留共饭，入夜谈益纵，赏奇析疑，恒至漏四下乃别。丁未（1907）哲如返粤，更得南海孔氏三十万卷楼及鹤山易氏、番禺何氏、钱塘汪氏诸家书，犹以未得潮阳丁氏持静斋、顺德李氏书为憾。辛亥（1911）、乙卯（1915）凡三至京，书值昂于前，然犹节缩衣食购之。设通学斋书肆于海王村，延孙耀卿（殿起）主其事，孙，陶五柳、钱听默之俦也，能辨书本良窳，经哲如指授，更能推所未知，以是所蓄愈富。

哲如自述其得书经验，概以三字，曰俭、勤、恒，俭以储购书之资，勤以赴遇书之会，恒则日积月累，有莫知其然而然者。又曰：书有见者即有未见者，因甲以知乙，因乙以知丙丁，遂相引而无穷，故胸中之目录，千倍于眼中之目录。又曰：书之为物，非如布粟鱼肉，取之市而即给。不得已以抄书补购书之穷，有抄之图书馆者，有抄之私家者，有抄之坊肆者，有抄自原稿本者，有抄自传抄本者。不难于抄而难于借，难于校。又曰：访购所及，时出著录称引之外，有人名甚著而书不著者，有书名甚著，人以为佚而实未佚者，有人与书同不著而书绝佳者，始爽然于前人著录多限于一隅，而发潜阐幽之不容已也。皆属甘苦有得之言。

其续书之志发轫于甲子（1924），预计五年成之。有乡人胡某商于大连，愿助以资。会营业失利不克继。嗣岁丁卯（1927），当轴将于选印《四库全书》之后续修《提要》，适日本政府亦有意将退回庚子赔款组织东方文化事业委员会续修此书，哲如曾预其役。会卢沟桥事变起，哲如载书返粤，以壬午年（1942）卒，年七十一。

哲如藏书之特点有二：一、尤重清人著述，为续修《四库》计也；二、凡一书骈罗众本，不避重复，披沙拣金，留其佳者，故所有大率原刻初印。殁后，其家不省，任肆估择尤窜取，菁华一空。得之之难如彼，而失之之易如此，古今同慨也。

《续藏书纪事诗》曾分期刊某杂志中，曩于海东见之，踵叶书例，惜收采稍滥。犹记中有先邈园叔祖一首，叔祖设蟫隐庐书肆于上海汉口路，以鬻书糊口终其身，性故濡缓，不能与同业竞锥刀，货书目岁出一册，必部次秩然然后出之，同业多笑其迂。哲扣独赏其涉笔不苟，赋诗记之，叔祖穷老丧子，偃蹇一生，何图获知己于哲如也。

（原载《史学集刊》1987 年第 1 期）

伦明“续书楼”藏书及《辛亥以来藏书纪事诗》

马 嘶

伦明（1875—1944）字哲如，广东东莞人，光绪二十七年（1901）举人。光绪二十八年（1902）入京师大学堂师范馆，1907 年毕业。伦明的父亲伦常是位藏书家，伦明幼承家传，嗜书如命，从十二三岁起也开始购藏古籍。他曾立志续修《四库全书》，为了聚敛续修《四库全书》的文献资料，他不遗余力遍搜各种古代典籍，并把自己的书斋命名为“续书楼”。

光绪三十三年（1907）伦明以优等毕业，年二十九岁。

从 1917 年起，伦明任北京大学教授，又兼任北京参议院议长吴景濂的秘书。此时，他大量购藏古籍，成了琉璃厂书肆的常客。此后，他又扶掖会文斋的青年店员孙殿起，于 1918 年在琉璃厂开设了通学斋旧书肆，由孙殿起来经营，后孙殿起亦成为精通古籍的版本目录学家。

抗战爆发后，伦明离开京都回到广东，任广东省立图书馆副馆长，岭南大学教授。从此，他潜心著述，著有《续书楼读书记》《辛亥以来藏书纪事诗》《续修〈四库全书〉刍议》《续书楼藏书记》《渔洋山人著书考》等。

一、“伯乐一过而良马空”：伦明聚书的痴迷与豪爽

伦明迁居北京，执教于北大、北师大等校，其目的便在于能在茫茫书海中从容搜讨，为他的“续书楼”聚藏古籍。他也经常趁南来北往之便，在各地留意搜求珍善本典籍。他曾比喻自己搜购图籍有如“伯乐一过而良马空”。

伦明到北大任教时，任法预科教授兼文科国文门研究所教员，后又讲授“目录学”“清人著述考”等课程。那时，朱希祖、周作人、钱玄同、胡适、吴梅等人都是文本科教授兼国文门研究所教员，他们常常一同去琉璃厂逛旧书肆，鲁迅也常常到那里去淘书。在琉璃厂的街上，常常会见到这一群身穿长衫的购书者，而伦明和朱希祖是去得最勤的人。伦明是个不修边幅的人，他常是穿着一件破大衣，一双破鞋袜，一副穷酸气，旧书肆中人背后都称他为“破伦”。但“破伦”却出手大方，从不吝惜钱，只要看中了的书，想方设法也要弄到手。他家住在米市胡同延宾馆（后又迁居宣武门外东莞新馆），他的家中也总有书估造访，送来他需要之书。

其实，伦明于光绪二十八年（1902）以广东举人身份来京师大学堂师范馆就读时，每月有津贴银 20 两，他便有经济力量来买书了。他在《续书楼记》中说：“壬寅（1902）初至京师，值庚子乱后，王府贵家，储书大出，余日游海王村隆福寺间，目不暇给，每暮必载满车回寓。”据孙殿起在《琉璃厂书肆三记》中的统计，从 1901 年到 1911 年的十年间，琉璃厂新设古旧书肆、书摊二十九家。而 1900 年以后，隆福寺的旧书业也发展较快，到宣统年间已有书肆十一家。除坐商外，在每月两日的庙会上，还有不少冷摊。此时，隆福寺已成为仅次于琉璃厂的北京第二个大旧书市场。到民国初年，隆福寺书肆已有三十余家，琉璃厂的书肆书摊就更多了。伦明在《续书楼记》中又说：辛亥革命后，“都人初惊变故，仓皇奔避，数月来，议值未就之书，至是纷纷愿贬值售”。这样的文化氛围，使伦明如鱼得水，遂大力购书聚书。

伦明在大学里教书，薪俸优厚，但他的收入几乎全用来买书。正如他自己所说：“除膳粥之余，无不归之书肆。”

一次，他听说晋华书局新进了一批书，便赶忙去看，见书目中有《倚声集》一部，这正是他所需之书（他在北大文科国文门研究所讲授诗和词），便去购。但书肆中人说，店员已经送到某先生宅院去了。他得知这店员出门未久，便急乘一辆人力车去追。他吩咐车夫抄近路，快跑。跑到那宅院门口，他便等着，过了一会儿，那店员才到了，他便从店员手中买到了《倚声集》。他购书之痴迷，由此可见一斑。

伦明访书求书，遵循着以俭、以勤、以恒的原则。他采取多种途径去购书。他不光是等着书商上门求售，而是不辞辛苦地去逛书店、书摊，在尘封的书堆中寻寻觅觅，从不懈怠。他眼观六路，耳听八方。当获知某书肆外出各地进书之人将于某日回来，便先期到书肆中坐等，以能先得为快事。

除了广泛地搜求、购藏，伦明又常从别人那里借书抄录，以补充自己的藏书。

伦明虽不遗余力地大力购书，聚书，但又疏于管理，以致藏书常遭虫蛀、水浸乃至人窃，常有损伤或遗失。因此，他的藏书究竟有多少，他自己也不太知详。现在所知，他的藏书多至四百余橱，约计有数百万卷，因而成为民国年间的大藏书家。

他的藏书以集部为多，尤以清人撰著为最。

关于伦明的藏书的数量和重点，与伦明相熟的孙殿起在《伦哲如先生传略》中说："先生拥书数百万卷，分贮箱橱凡四百数十只，书斋充溢，并列廊下。其所储藏，杂取古人著书，《四库全书》中已见者十之二三，其未见者十之七八；多属初刻原本，大部丛书不收。先生藏书大旨，最重于搜集续修《四库全书》之资料，自颜其斋曰'续书楼'，即续修四库之意也。"

二、出资开设"通学斋"书肆，丰富后期收藏

为了求书之便，伦明还效法黄丕烈开设"滂喜园"书肆的先例，出资在北京开设了古旧书肆"通学斋"。

伦明频繁地去琉璃厂淘书，他与书肆中人皆相熟，有些甚至成了倾心相与的挚友，会文斋二十几岁的青年店员孙殿起便与年过半百的伦如教授成了莫逆的忘年交。

孙殿起是河北衡水地区冀县孙家村的贫苦农家子弟，在家乡只读过三年小学便辍学了，1908 年十四岁时离开家乡，去北京，投奔在

琉璃厂宏经堂书坊经营古旧书业的同乡郭长林，学习古旧书收售业务。三年学徒期满后做店员，一年后又受雇于鸿宝阁书店，做司账兼店员。1916 年到会文斋书店做司账兼店员。

此时，他已十分熟悉古籍版本知识，因而受到店主的器重。

孙殿起与伦明结识之后，经常在一起切磋古旧书的专业知识，大有长进。于是，1918 年孙殿起辞谢了会文斋的优厚待遇，投奔伦明。伦明出资开起了通学斋书店，由孙殿起出面经营。孙殿起一方面潜心钻研古籍版本目录之学，又勤奋地走家串户，四处奔走为收购古籍，搜残补缺，足迹遍及北京。1920 年代以后，他又走出京城，到各地访书购书，上海、杭州、广州、南京、扬州、镇江、天津、河北、河南、安徽等地，到处留下了他的足迹。

孙殿起搜购之书往往是与伦明的聚藏有一定关系的，伦明欲续《四库全书》，孙殿起所访求搜购的也多是有清一代的著作，有不少是专为伦明搜集的。正如学者金毓黻诗中所说：“断简零缣满架尘，陈思应为访求贫。筑台市骏都无济，君是燕中第一人。辛苦何曾为贩书，梳篇理叶亦寒儒。似闻天禄添新帙，购到伦家一百橱。”

几十年矢志不渝地搜求研究，孙殿起成为 20 世纪一位著名的目录版本学家，他著有《贩书偶记》及续编、《清代禁书知见录》、《琉璃厂小志》、《北京风俗杂咏》等书。孙殿起的成才与成功，伦明自然有提携扶掖之功。

三、伦明的《辛亥以来藏书纪事诗》

伦明是学者藏书家，有多种著述传世，其中最具影响的当是他仿效清代叶昌炽（1849—1917）《藏书纪事诗》的体例而撰的《辛亥以来藏书纪事诗》。

伦明的《辛亥以来藏书纪事诗》撰于 1935 年。为什么要撰著这部书呢？他在《自序》中说得很是清楚，他写道：“廿余年来，为变甚剧，掠书之贾，始河南北，山东西，渐推及苏浙皖赣，又渐推及川陕闽粤，极于滇桂，挨家而索，等于泽竭。百数十年之积蓄，尽于一旦；万数千里之输运，集于一隅。犹未已也，涵芬楼靡于非意料之烈弹，海源阁劫于无意识之战火，犹可委曰，天灾时势，无可如何。”“又其他藏家之易聚易散也。……试历数二十余年来，散者接踵不绝，聚者屈指几何?”

大概正是由于他感到近年时势变易之大，深感散书者多，聚书者少，他才要撰写藏书家之书。他接续着叶昌炽《藏书纪事诗》写历代藏书家之事，“是编定以辛亥后为限”，写辛亥以来的藏书家之事。

伦明的《辛亥以来藏书纪事诗》与叶昌炽《藏书纪事诗》有不同之处，“叶书但纪私家，此则凡属于书者，无所不纪。所重在书之聚散”。这是因为，“书之聚散，公私无别，且今后藏书之事，将属于公，而不属于私，今已萌兆之矣”。

雷梦水在《辛亥以来藏书纪事诗校记》中说：“所记多近五十年事，于近代藏书之渊源具备矣。先生一生致力于搜书与藏书，亦喜读书。以搜访故书，过录批校，耗去一生精力。适吴柳隅君主编《正风》半月刊，以重金征文。先生遂记述近代藏书家逸事，而系之以诗投之。因连载数期，即此作也。后以吴君逝世，《正风》停刊，诗亦中止。”

《辛亥以来藏书纪事诗》共写了一百五十五位近代藏书家的逸事，发表于《正风》半月刊第1卷1—24期至第2卷1—3期止。

（原载马嘶：《学人藏书聚散录》，清华大学出版社2010年版）

伦明藏书与清刻本的入善问题

冀淑英

我们馆差不多有七八百种书是伦家的书。伦家的书绝大部分是清刻本或清代著述。我馆建立乙库就是以清刻本和清人著作为主，建库时是从大书库挑出来的一批书和零买进来的一些为基础。伦家的书，是整批买进的。

清代人的著作从20世纪二三十年代以来，很有一些人注意，这也有道理，因为在将近三百年的时间中，清代刻书的数量非常多，而且质量好。明刻本到了明代晚期，有很多内容芜杂，刻书的质量也不好。所以内容既不值得称道，刻书的质量也比较差，这样当时书店叫白了称之“乏明版”，清刻本要比明代刻得好，不会有类似这种质量。

在介绍伦家的清刻本之前，先把清代的几个大书略微说一下。

清代的刻书光看字体大体上有两种字，一种是方体字，后来有人叫它仿宋字；一种是写刻体的字，一般称软体字，软体字是用正楷书写，刻印之后跟书写的字形几乎完全一样。软体字在清刻本里是一大特色，清朝初年一直到康熙初年二三十年之间刻的书，还有点明朝刻书的风气，所以一般都是方体字多，就是现在说的像印刷体的字，康熙中期以后，因为有很多学者特别重视正楷，写了以后上板，就盛行软体字。当时有很多著名的书法家，请他们写之后再刻板，刻出文字就非常精美。

例如，康熙年间的林佶，字古人，康熙三十八年（1699）举人，官内阁中书，他也是个藏书家，藏了很多书，在《藏书纪事诗》里有记载。《藏书纪事诗》可参考的就是从明代到清代的人。林佶曾手写三部书上板付刻，都很有名，一部是王士禛的《渔洋山人精华录》，一是汪琬的文集《尧峰文钞》，再有一个是陈廷敬的《午亭文编》。这三种书都是林佶写了之后上板刻的，质量非常好，以精美著称，林信也因此出了名。康熙中期以后，盛行软体字刻书。康熙时候刻的书，质量好，书店里称“康版”。

清代学者辈出，著作很多，书的流传也广，书出版量大的时候就不可能都工楷写刻，所以在软体字盛行的同时也有方体字，即仿宋字出现。仿宋字的出现也是比较自然的，因为需要出版的书太多了，都写刻当然来不及，就流行一种比较规范化的字称仿宋字体。这就是一般规范化的写法，可以更多的人掌握，有利于出版的发展。所以清刻本里两种字体并行。乾隆嘉庆以后，这些仿宋字也有进步，趋向于细长，不那么方了，也有很多精品出现。直到现在来说，对清刻本的软体字，有很多藏书的人专门重视这一点，认为这个书刻的时候花的力气大，刻得比较精，所以值得保存。

明朝主要的官刻为经厂，当时专门成立经厂，刻印了两部大部头的书，一部是《道藏》，一部是佛家大藏《北藏》。经厂是由宫廷管理，刻书由太监司职，太监的文化不是很高，书的质量也就大受影响。不过明朝还有国子监刻书，南京国子监、北京国子监都刻书，地方官也刻书。清朝地方机构、书院、私人全都刻书，中央刻书则是康熙、雍正、乾隆以来的武英殿刻本的书。

从源流上来说，康熙十九年（1680）设了一个武英殿造办处。武英殿在北京西华门里，是一个小型工厂、作坊，给宫里做东西。康熙四十四年（1705）就把跟刻书没关系的这些工厂、作坊都挂在养心殿造办处，武英殿造办处既专门管刻书的事情。这个时候刻的书一般都称内府刻本，内府刻了很多书，有的是给皇帝歌功颂德的，有的是皇帝的文集。

早期的内府刻书，有一部书可以参考，就是《国朝宫史》。《国朝宫史》记了一些清代宫里的典章制度，比如皇太后用什么东西，皇后用什么东西，贵妃、妃子用什么等宫里的制度。《国朝宫史》最后有书籍门，里头详细记了某书什么时候刻，这个可以供我们参考。

习惯上我们把康熙以来的宫廷刻书叫内府刻本，内府刻本和武英殿刻本没有什么明显的标记。有一个说法，乾隆四年（1739）刻了二十一史，后扩充到二十四史。刻二十四史后都称是“武英殿二十四史”。有的也笼统地把康熙以来的内府刻本叫武英殿刻本。

清代有几部大书，并且这几部大书都跟我们的馆藏有关系。

康熙时用铜活字大规模地印了一部书叫《古今图书集成》。刻印开始于康熙四十年（1701），到康熙四十五年（1706）完成。原来叫《古今图书汇编》，完成的时候改成《古今图书集成》。这个书是由康熙时的词臣陈梦雷一手编成的。陈梦雷，福建人，十九岁中举，次年中了进士，康熙十二年（1673）请假回家探亲，正碰上耿精忠响应吴三桂造反作乱，把他隔在福建。恰好有个姓陈的官员归顺了耿精忠，谣传是陈梦雷，他回到北京后没法说清楚，就被治罪，充军到沈阳。康熙皇帝东巡到沈阳时，看中他献的诗，认为他学问还好，就把他带回来。他以戴罪之身在康熙帝第三子的王府里，辅佐侍奉。康熙四十年（1701），发起编《古今图书集成》。编了《古今图书集成》之后，他创办了一套铜活字，预备刻印。在印这个书之前，他试板用铜活字也印了几种天文、数学的书，《星历考原》《数理精蕴》，这都是零星印的。这样的本子可能现在还存在，编《中国古籍善本书目录》的时候，有人拿过零本的《星历考原》，是铜活字，推想是陈梦雷铜活字印的零本。后来还用活字印成一部陈梦雷自己的文集《松鹤山房诗集》。

康熙晚年，他的几个儿子为争皇位，政治矛盾非常激烈。《古今图书集成》还没来得及印出，雍正即位，皇三子诚亲王作为雍正曾经的政治对手被打下去，陈梦雷也被重新治罪，发配到东北。雍正又派蒋廷锡重新编《古今图书集成》，使用铜活字排印，从雍正四年（1726）到雍正六年（1728）《古今图书集成》全部印出。书中著者写的是“蒋廷锡奉敕撰”，而没有提到陈梦雷，实际上是蒋廷锡坐享其成。

《古今图书集成》规模宏大，共有一万卷，装订成五千册，还有目录四十卷，装订成二十册，整部书共五千零二十册。有两种说法，一个说法是印了六十四部，一个说法是印了六十一部，现在究竟哪个对也无从考察。乾隆时修《四库全书》，江南献书献得多的就赏一部《古今图书集成》。这个书印得非常好，用了两种纸，一种是白纸，叫开化纸，一种是稍黄一点的纸，叫太史连纸，书里还有非常精美的插图。我馆有一套全的，五千零二十册，是黄的，用太史连纸印的。

《古今图书集成》是一部大百科全书性质的书，资料非常丰富。《古今图书集成》出来之后，因为印得非常少，流传不广。后来又进行了重印。一个印本是光绪年间，两个英国人在上海成立图书集成印书局，用铅活字翻印的，印了一千五百部。这个铅活字比较扁，后来的人就称它“扁体字”。第二次在光绪十六年（1890），皇帝下令，让总理各国事务衙门经营，由上海同文书局照相石印。这回印了一百部，可惜这个书没有全发出来，就毁于火灾，这一种我馆也有收藏，第三次是到了民国以后印的。1934 年上海中华书局有一个缩小的印本。

再有一次清代大规模的活字印书，是乾隆时的《武英殿聚珍版书》。我们称它“武英殿聚珍版丛书”，实际上书上并没有丛书的名字，就叫“武英殿聚珍版书”。编《中国古籍善本书目录》时，编到丛部，大家研究了一下，书名上还是不加“丛”字。《中国丛书综录》也称《武英殿聚珍版书》。

为什么要印这部书呢？因为纂修《四库全书》时，《永乐大典》虽然缺了一些，还留存有九千九百多册。四库馆的纂修官就从《永乐大典》里辑出了很多现在已经失传的书。把这些书重新出版、以广流传是个大工程，人力、物力，要刻版、印刷，全部耗费很大。《四库全书》馆有一个朝鲜人叫金简，他提议，印一部书从写书到刻版，印刷得耗费很多钱，假如要是用活字，只要造十万到二十万活字的字模排印，排印一部书，卸下字模来，还可以排印别的书，这样就经济得多。乾隆采纳了金简的建议，造了一批木活字，并起了一个好听的名字叫“聚珍版”。《武英殿聚珍版书》共收了一百三十八种书，我馆有一部全的。《武英殿聚珍版书》出来之后，金简把他筹划这批木活字和这个工作程序、工作经验写成了《武英殿聚珍版程式》。这份资料说明当时这套木活字是怎么造出来的，给我们的印刷史留下了一份很好的资料。

乾隆四十一年（1776）之后，《武英殿聚珍版书》完成了，并发到东南各省，准他们翻印通行，这样，从《永乐大典》辑出来的失传的书及其丰富资料，得以广泛流传，浙江重刻，只刻了三十八种。乾隆四十二年（1777）福建重刻，刻的种数多一些，到道光、同治年间还陆续在刻，共刻了一百二十三种。福建刻本是照书原来的形式刻的，上面也刻有“武英殿聚珍版”的字样，有人可能把这个福建刻本认错了，当成是真的《武英殿聚珍版书》。同治十三年（1874），江西书局也重刻《武英殿聚珍版书》，刻了五十四种。最多的一次是光绪二十五年（1899），广东广雅书局刻，是根据福建刻本又重刻的。这样的书我们有一部全的，新中国成立之前，琉璃厂书店生意萧条，他们可能是拼起来的，有一部《武英殿聚珍版书》，一百三十八种，我们馆买下来了。有的馆将此书零本作为善本，我们馆因有全的，零本就不用入善本了。

乾隆时有一件大事是修《四库全书》。修好后在北方抄写了四部，藏于北方四阁：故宫文渊阁、清朝发祥地沈阳的文溯阁、圆明园的文源阁、承德避暑山庄的文津阁。文渊阁的《四库全书》在抗战时迁到南方，现在存在台北的故宫博物院，这个书已经影印出来了。文溯阁在沈阳，据说阁里比较潮湿，发现有虫蛀了，就存到兰州的甘肃省图书馆。文源阁的运气最不好，圆明园被烧时焚毁了。文津阁这部，原来在承德避暑山庄，1915 年搬到北京，四个阁书的种数和册数都不一样。我们所存的文津阁《四库全书》是三万六千三百零四册。书架是原来乾隆年间的，一百二十八架，每一架四格，每一格四摞，每一摞三函，共是六千一百四十四函。《四库全书》当时做的也挺科学，书架不是一块整板，是分格子的，可以流通空气。经部的书是绿色绫子封面，史部是大红色的封面，子部书是天蓝色的，集部书是灰色近乎驼色。四种不同的颜色象征春夏秋冬，包罗万象。除了北方四阁之外，因为修《四库全书》时江南的藏书家和读书人献了很多书，所以又抄了三部存放南方。一部藏文澜阁，在杭州，一部在扬州的文汇阁，一部在镇江的文宗阁。南方的三个阁可以让江南士子进阁看书。太平天国清兵打仗时，文汇阁、文宗阁都毁于战火，文澜阁藏书散失了一部分，由当时的藏书家丁丙收集起来，缺失的部分后来根据文津阁本抄补了。

再看看伦家的书。伦明，字哲如，广东人，光绪二十七年（1901）举人，特别爱书，在北大开过课，讲目录学，还在辅仁大学教过课，1943 年去世。伦明自己藏书的地方叫续书楼，著有《辛亥以来藏书纪事诗》。

原来叶昌炽编《藏书纪事诗》，里面记述的人截止到清代光绪年间。伦明则编《辛亥以来藏书纪事诗》，收了一百五十五个人，都是清末到民国以来的藏书家，每人一首七言绝句，然后说这个人的生平、藏书特点。这个书很有用，我们在编目时碰到一个人或者图章不大清楚，就可以查《藏书纪事诗》和《辛亥以来藏书纪事诗》。此书上海古籍出版社 1990 年出版。

伦明到北京以后，什么书都收集。重视清刻本就是伦明提出的，他开了风气之先。他开的书店，就专门收集清刻本。他是怎么想起开书店的？他收集书时遇到很多残破的书，需要修补，他就找了一个姓魏的人修书。这个人说，你这些书这样修得二十年，不如开个书店，能有三好处。一个是装订修补书方便，原来琉璃厂的旧书店的学徒都要先学补书，一边修书，一边学习古书的专业知识，这样几年就学出来了。我们馆里当年的几位老师傅，都是从琉璃厂的店里学徒满再工作锻炼出来的。一个是买书、求书时容易。再有一个，可以买到便宜的书。伦明认为很对，就开办了一处书店。他的书店经营的差不多成了的时候，这位姓魏的师傅正好有病，伦明就把在会文斋书店工作的孙殿起（字耀卿）请来帮他经营，书店叫通学斋。

孙殿起主持通学斋几十年。他非常用功，将经手的书全都做了记录，编成《贩书偶记》。《贩书偶记》在学界、教育界非常受重视，学者对它的评价很高，认为《贩书偶记》是清代著作的一个总目录，是《四库全书总目》的续编。我们很值得把《贩书偶记》介绍一下。在编目工作中遇到的明刻本、清刻本最多，要是碰上一个清刻本，到底这个书是善还是不善，我们就可以请教一下《贩书偶记》。《贩书偶记》有几条原则，它收的书都是单行本，不是单行本不录。丛书本一般不著录，假如这个书见于丛书，却是这个丛书的初刻本或者是油印本，这种情况下才收录。第二个特征，凡是《四库全书总目》著录，《贩书偶记》就不收了。假如收录的书名称与《四库全书总目》相重，那就是卷数不一样或版本不一样的。再有一个，我们打开《贩书偶记》好像很平常，但是用处大多了。每个书除去书名、卷数、作者，还说明了作者的籍贯，遇到相同的名字，籍贯不一样，就可以分出来了。还有一个最大的优点，这部书哪年刻，什么地方刻，有几个刻本，在清代又重刻的，他把几种情况都注出来。这对我们认识清刻本用处很大。《贩书偶记》收的都是清代著作或者是清刻本，里面有极少数是明朝人，或作者入了民国了。《贩书偶记》的著录原则如此，我们馆购买的伦家的书也符合这些原则。

这批伦家的书，实际就是通学斋书店的书，我们馆全部买下来了，资料相当丰富。这里面有清刻本，清朝人的著作，还有极少数的明人著作，都和《贩书偶记》著录的一样，我们买的伦家的书，几乎都可以从《贩书偶记》查出来。

伦家书有个特点，就是收了很多禁书，包括乾隆时禁毁的书和《四库》不收的书，再有一个特点，就是书中多有伦明的校跋。我们的馆藏有乙库存的清刻本和清人著作打底子，再加上伦家的书，以及多年来零买的书，在清刻本和清人著作方面，我们才大大地丰富起来。北京图书馆的书库里，并不都是宋元本、稿本、抄校本，我们还有大量的丰富的清代人的著作在内。

伦家的书，禁书有很多比较希见的资料。有一部书叫《虬峰文集》，著者为李驎，兴化人，兴化李氏曾出了很多名人。故宫编了一部《清代文字狱档》，把清代雍正、乾隆以来大小的文字狱的资料，是什么缘故，涉及什么人都编入。李驎的这个《虬峰文集》就编入《清代文字狱档》，而且在当时是非常严重的。李驎对清朝无比仇恨，话很恶毒，所以查出后对他的处置非常严重，事情揭发出来的时候，李驎早已死了，虽然他没有儿女，不必迁累后人，还是被从坟里刨出来，扬骨灰。

伦明跟孙耀卿（殿起）两位老先生开通学斋书店，得到很多特别的资料。比如有几种吕留良的书，以及很多别的禁书。还有当时所谓正面的东西，比如说纳兰性德的集子《通志堂集》，这个集子完整的当时也很少见，这个书非常漂亮。还有很多清代的文集，伦家书里都有，我们如果有机会把伦家的书看看，可以了解很多关于清代人的知识。

孙殿起搞了几十年书店，出了《贩书偶记》。这个书 1936 年有个刻本，现在非常少见，1982 年上海古籍出版社出版了排印本。1936 年之后，又陆续收了很多资料，后由他的徒弟，也是他的外甥整理出了一个《贩书偶记续编》，1980 年出版，现在我们要看《贩书偶记》及《续编》就非常方便。

有人认为《贩书偶记》里的书因为著录版本，作者都很详细，其中的书都可以入善本，其实不尽然。《贩书偶记》可以作为我们区别清代刻的古籍是否可以列为善本的参考条件，我们如果挑选清代人的书，必须要参考《贩书偶记》。可是善本范围究竟怎么定，应该说是随着时代的变迁而发展的。清代不全的本子或清代末年的都不会作为善本。在 20 世纪二三十年代以后，这个书很少见，而且资料性很强，也就可以作为善本。做《中国古籍善本书目录》时，也讨论过这个问题，有人主张从时代断，断到乾隆——清代乾隆以前的可以作为善本，乾隆以后的不收，这样很不妥当。清代刻本特别是清代人的著作，善或者不善要根据书的性质和书的内容，学术价值或者版本源流，再一个条件是稀见与否，稀见就可以入善本。一些书很有用而且很罕见，即使刻印不太精，也值得重视，因为我们可以由此熟悉书的内容，熟悉作者，熟悉当时的学术概况。这些，《贩书偶记》可以作为参考。

另外，乾嘉以来的学者或者是清代初年的作者，他们的书很有学术价值，可是当时没有机会刻版，过了若干年才刻印。如乾嘉时赵一清的《三国志注补》，资料丰富，学术价值也高，可是没机会出版，直到光绪时广雅书局才刻版。虽然是光绪广雅书局出版，这个书还是可以收到善本里去。如果某书刻了之后，不久版就毁掉了，传本很少，学术价值也够，这个书当然可以归入善本。还有一些清人时代比较晚，他的书传的比较少，比如许瀚的《攀古小庐杂著》，这个书要论版本也是光绪本，比较晚，但这个书历来流传很少，我们把它破格收到善本。

我们选清代的书可以从几个方面着眼。首先是学术著作，清代人学术著作非常多，而且质量比较高、资料性比较强。其次是清代人的文集，文集内容比较复杂，价值和作用也很不一样。有的学者的集子，一篇一篇的文章，就是学术论文集。一些清初的甚至是乾嘉以来的文集中，也包含了一些重要的史料，比如文集里有某人的传，某人的墓志铭，某人的行述。有时这个人的传记别处没有，只能从文集里找。再次是纪事类的资料，尤其是清初社会比较动乱，纪事就具有史料价值。再次是清代人的笔记，其中有很多杂记，里面的内容有很多相当于野史。另外一类是地方志，某些地方志只流行在当地，这个资料价值也高。省有省志，府有府志，县有县志，甚至于一个镇也有镇志。再有就是清代人的戏曲小说之类的东西。我们碰到清代人的这些方面的资料，选的时候就值得注意。

清代官刻本，主要是武英殿刻本，另外还有扬州诗局刻本也很有名。康熙四十四年（1705），康熙皇帝下令成立扬州诗局。之所以叫诗局，是因为要刻印《全唐诗》。清代编的几部大书，除《四库全书》等，《全唐诗》也是其中一个，有九百卷。为刻印《全唐诗》，朝廷在扬州设立扬州诗局，令曹寅负责此事。曹寅，字子清，一号楝亭，是《红楼梦》作者曹雪芹的祖父，曹寅做江宁织造时，是曹家的鼎盛期。他不是满族，学问文章都好，富有声名。康熙皇帝特别信任他，任命他为江宁织造。他在扬州主持刻了《全唐诗》，还刻了其他一些书，软体字刻得非常精美。他还刻了《楝亭五种》、《楝亭十二种》、《佩文韵府》（《佩文韵府》是康熙时修的类书）。刻的所有书都非常精致，非常漂亮。

《全唐诗》是当时文臣们编出来的，也有稿本，是季振宜的唐诗的稿本。季振宜搞的唐诗稿本是七百一十七卷，还有五卷目录。这部《全唐诗》的稿本在我们馆里，目录全，正文缺几卷，有季振宜的校和跋。康熙时文臣们编《全唐诗》就根据这个本子来的。

（原载冀淑英著，李文洁插图：《冀淑英古籍善本十五讲》，北京图书馆出版社2009年版）

书海因缘一绪微

——谈伦明旧藏《宋四家词选》抄本

童　轩

古人云："书聚于所好。"这话不假。数年前，我正开始做《海绡词笺注》，一些有关文献、书籍便从友人转致，纷至沓来。其中颇有不求而自至者，如《宋四家词选》抄本即是。

《宋四家词选》是常州词派重要著作之一。选辑者周济（1781—1839）字保绪，号止庵，江苏荆溪人，嘉庆十年（1805）进士，官淮安府学教授，后弃官隐居，潜心著述，有《晋略》八十卷，周氏为清中叶重要词学家，有词集《味隽斋词》，及词学论著《词辨》《介存斋论词杂著》及《宋四家词选》。

《海绡词》作者陈洵曾自言："余年三十，始学为词。从吾家简庵借书，得见《宋四家词选》。"（见《玉桀楼词钞序》）又云："吾读周氏四家词选，即欲从事于美成。乃求之于美成，而美成不可见也。求之于稼轩，而美成不可见也。求之于碧山，而美成不可见也。于是专求之于梦窗，然后得之。"（见《海绡说词》）这些话，显示陈氏学词与《宋四家词选》关系非常密切。我既笺注《海绡词》，此书自然少它不得。但我所藏书中没有这部词选，一时也未及找寻或到图书馆去借阅，不料竟然得此抄本。

某夜，家兄忽然来电，谓从亡友刘峻处获得藏书一批，其中有周济《宋四家词选》抄本一部，且附有陈洵题字。"此书非尔莫属!"我骤闻好音，大喜，星夜驰往，于是得见其真面目。抄本封面已失，露出红页，所幸正文、封底完好无缺。翻开前面空白页，赫然就见陈洵手迹：

金针度，词辨止庵精。截断众流穷正变，一灯乐苑此长明。

推演四家评。（丁丑五月陈洵录彊村词）

后面钤“陈洵长寿”白文印章一枚。抄本用纸为朱丝栏方格，每页左下角有“学海”二字。正文行楷墨书，笔致工丽，天头批语则以朱墨，字亦较小。正文末署“宋四家词选终”，复题“丙子雨水日写毕”数字。在正文之后，另附有“清秘阁造笺”，较“学海”笺稍短，共八页，乌丝栏，半叶九行，抄补《词选》批语，其始曰：

> 余向友人处得阅周止庵原本，有圈点，评语亦较丛书本为详。岂重定本耶？岂潘氏刻书时有所删削耶？亟补录于此。伦明记。

由此得知，抄本原为近世著名藏书家伦明所收藏。抄本无题签，似伦氏得之时已无，抄本并经伦氏重新装订。

据周济自序，《宋四家词选》完成于道光十二年（1832）。但迟至同治十二年（1873），才由潘祖荫付梓，收入其“滂喜斋丛书”中。（按：查国家图书馆著录有道光刻本，未见，此据潘序之说。）今抄本前面载有潘序，可知是转抄自潘氏刊本。抄本有“丙子雨水日抄毕”题记，可据以考索抄本年代。查“丙子”年，自1873年至今有二，前者为1876年，后者为1936年，以我愚见，抄本之年代当作前“丙子”为是。盖作后“丙子”，抄本就只可能是伦明自己请工抄写。由于潘本之后，尚有光绪廿一年之汇编本和光绪卅四年之铅印本行世，以伦氏收藏巨擘，应不至觅刊本不得，以至于要使人抄写也。再者，伦氏提到“周止庵原本有圈点”，而抄本未见过录，任其缺失，殊为可惜，然此适可见伦氏宝爱抄本，不欲损其旧观，实有所不得已。况且，抄本所题“丙子雨水日写毕”数字，味之极似抄写《词选》以为己用之心态，而绝不类抄工口吻。又抄本用笺有“学海”二字，不知是学海堂用笺否？倘是，亦可作一旁证，盖学海堂约于1901年结束，远在1936年以前。然则，此本实为潘氏刊刻流传之最初二三年间所抄者欤？

伦明所补录“批语”，约有六十条。按之唐圭璋《词话丛编（二）》（中华书局1986年版）所载“宋四家词选目录序论”，除论陈允平一条（有异文可互勘），其余均失载。其中如吴梦窗词之评语，潘本全无，而伦氏所录则有五条，评及《忆旧游》等四首词，并有总评。想当日止庵推许梦窗为宋四家之一，岂能独无点评主语？既往之读潘本《宋四家词选》者，于此又岂能无所疑惑？今得此录而其疑乃释，且可用补潘本之遗憾焉。爰将周氏论梦窗五条移录如次，亦欲以与同好者一睹为快也：

> 吴梦窗《忆旧游》“送人犹未苦”，周、柳有此发端。“葵麦迷烟处”，以下如鹏羽翩翩，气盛故也。
>
> 《点绛唇》以下阕今昔之感，不著一字，尽得风流。此妙于用脱字诀者：
>
> 《西子妆》“（不堪）衰鬓（著）飞花（旁）绿阴冷烟深树”，凡六实字。只一“著”字、一“旁”字，运气无痕，收入“不堪”，但见轻妙。良工心苦，暗度金针，勿草草看过。（按：括号内字据原词校补）
>
> 《玉漏迟·中秋》只是初夜有云，将晓月出耳。看他罄控纵送，无限解数。过变后，其音尖裂，愈接愈高，如浮暑合尖。信是梦窗独步。
>
> 评吴梦窗：生胜熟，涩胜滑，谏果之味美于回（甘）。知此者可与言梦窗词。凡接笔，总是起落相间。弛而不张文武弗为，张而不弛文武弗能，一张一弛文武之道。曩读太史公文、杜工部诗，往往有数笔连起者，不谓词中又得此境于梦窗。

以上对梦窗词之品评，均与周氏《宋四家词选序》中所论不相重复，其于周氏论梦窗，确为不可或缺。按伦氏所抄录周氏未刊评语共约两千字（六十条），而潘本所载之评语亦不过两千字（八十一条），两者字数相捋。即以字数论，其于后人研究《宋四家词选》及止庵词学之重要意义，可谓不言而喻。伦氏当日借抄之“周止庵原本”，不知何人所藏？今几经变乱，不知尚存人间否？然益知此本为可贵矣。

伦明（1872—1943）字哲如，广东东莞人，光绪廿七年（1901）举人，1917年任职北京大学文学系教授，遂长期旅居北京，1937年南还，曾任广东省立图书馆副馆长兼岭南大学教授。伦氏工诗文，长于目录之学，著有《续书楼读书记》《续书楼藏书记》《辛亥以来藏书纪事诗》《版本源流》《续修四库全书提要稿》等，“晚年学益精粹，嗜书成癖，鉴裁甚精，收储至富”。伦氏生平酷嗜藏书，孙耀卿《伦哲如先生传略》载其“口食残羹剩饭，身着破衣烂履不以为苦”，遇珍本秘籍，则“竭资购求，乃至质钗典衣，在所不顾”。又记一事云：“某岁，津门书贾以重值购入清翁覃溪方纲未刻稿数种，先生得知亟赴津往观，以其价奇昂不可得，乃设计携归旅邸，尽三昼夜之力摘其切要而还之。”（见伦明《辛亥以来藏书纪事诗》，上海古籍出版社1990年版）今抄本中伦氏手痕，尚可令人想见其倚灯疾书之神情也。

陈洵之题词，谓言作于“丁丑五月”。“丁丑”指1937年，其时陈氏正在广州中山大学任教词学。其“五月”之记，与《传略》称伦氏是年“七月朔返粤扫墓”不合，二者当有一误。愚意是《传略》误，盖孙氏《传略》属事后多年追记，且已老耄仅能口述；而陈氏是当时所记，且为人题书，不容有误，自较慎重也。然则伦氏返粤时间或是1936年农历七月，或是1937年农历五月以前，且应不迟于二月，以粤俗于清明、重阳两节扫墓故。伦氏居穗，与陈洵相过从，当知陈于《宋四家词选》情有独钟，又为伏膺止庵词论之当世大词家。我推测伦氏因此缘故，请陈为抄本题签，但陈洵谦让，乃书录故友朱祖谋之词以应命。这一段文字因缘，自今看来，无意中又为抄本增色不少。

据《传略》记载，伦明自此次南归，即未再离粤，直至去世。故这抄本亦应是在穗时转入刘峻家中。考刘峻之父栽甫（1888—1966），广东新宁人，1912年以记者身份当选国会议员，曾以一票选举孙中山而名扬全国。1917年后，在穗主办《新国民报》，历任台山县县长、广东省民政厅厅长，后退出政界，移居香港，新中国成立后返穗，任广东省政协委员以终。刘既是粤中名流，又工诗能文，与文化人交往至广，伦氏肯慨然以这抄本相赠，固含有“红粉赠佳人”之意，亦可知两人交情非同一般。刘峻为栽甫之幼子，博学能文，以诗词闻名粤中。

伦明于1943年病逝。前一年，陈洵病逝。1966年，刘栽甫谢世。三贤均卒于广州。后三十二年，而此本流入我“童轩”。当刘谢世之时，正遭遇“文化大革命”，家被抄，所藏尽没，“文革”后始发还，而所损失已多不可计，此抄本乃劫残偶存者耳。

我每于暇日玩赏此卷，回溯从“丙子雨水日抄毕”至今，中间历经战火动乱百有二十余年，常三抚而叹！粤自秦火以还，至于“文革”，书籍之巨劫，何代无之？当变乱之起，家室夫妇父子且不能相保，何论饥不可食寒不可衣之书籍乎？而待到社会安定以后，好古之人辗转相寻，重金求索之风又勃然复起……是我辈所亲历者也。吾尝思之，人类文化之兴兴废废，生生灭灭，岂有命运作祟于其间耶？于今，国家终尔复归和平建设，上下一心，迈向富强之途。但愿此饱经劫难侥幸以存之前人心血，从今以后，可得常保于世间。

（原载《收藏·拍卖》2004年第1期）

《东涧写校李商隐诗集》伦明眉批注释

石光明

《东涧写校李商隐诗集》为清宣统间影印明末东涧老人（钱谦益）写校本，三卷。据查《中国古籍总目·集部》，底本为辽宁图书馆藏明末钱谦益抄本《李商隐诗集》三卷。影印本书名页为吴人蒋黼题写“东涧写校李商隐诗集”；目录等题“李义山诗集”；卷端由“李义山诗”圈改为“李商隐诗集”；书名页背面题：李义山诗集　旧抄本　绛云主人手书　东涧家旧钞善书　牧翁校宋本数过。钤“罗振玉”“唐风楼”等印。

伦明（1878—1944，又作1875—1944），字哲如，一作哲儒，广东东莞望牛墩镇人。二十岁入县学，二十四岁中光绪二十七年（1901）庚子辛丑科举人，三十三年（1907）毕业于京师大学堂优级师范科。他少年时就非常聪慧，读书一目十行，尤喜杜甫、韩愈诗文，曾拜康有为为师。康有为、梁启超在广州讲学时，他常去听课，因此思想上深受其影响。辛亥前后，他曾加入新派政党，并通过办报来积极投身维新活动。学问上他不仅精研国学、文学、诗词、版本，同时也接受新学教育，学习英文。他学识渊博，藏书百万卷，担任过多所著名大学的教授。他一生大部分时间用于读书、搜访古籍及过录批校之事，经他手批校题跋过的古籍达百数十种。特别要提及的是，他将其毕生所搜集的藏书——续书楼藏书的部分古籍，捐给了国家图书馆前身——北平图书馆。伦明主要著述有《续修〈四库全书〉刍议》《拟印〈四库全书〉之管见》《续修四库全书提要稿》《续书楼读书记》《续书楼藏书记》《渔洋山人著书考》《建文逊国考疑》《版本源流》《孔子作孝经证》《辛亥以来藏书纪事诗》等。

钱谦益（1582—1664），字受之，号牧斋，晚号蒙叟、东涧老人，学者称虞山先生，江苏常熟人。明万历进士，官至礼部侍郎，明末福王时被招为礼部尚书。清多铎平定江南，钱谦益迎降，授礼部右侍郎。后归乡里，以文章、诗词标榜东南，被奉为明末清初诗坛的盟主之一，与吴伟业、龚鼎孳并称为“江左三大家”。钱氏藏书极富，建绛云楼藏之，其中宋元孤本、历代旧钞本甚多。清顺治七年（1650）初冬之夜，绛云楼不慎失火，钱氏藏书尽毁。著有《牧斋初学集》《牧斋有学集》，另有辑明人诗《列朝诗集》等。

锦瑟

锦瑟无端五十弦，一弦一柱思华年。
庄生晓梦迷蝴蝶，望帝春心托杜鹃。
沧海月明珠有泪，蓝田日暖玉生烟。
此情可待成追忆，只是当时已惘然。

伦明批注（1）录《诗学纂闻》汪师韩[①]曰：“按《旧唐书》，义山仕宦不进，坎壈终身。”裴廷裕《东观奏记》[②]曰：“商隐自开成二年升进士第，至大中十二年，以盐铁推官死。”则锦瑟乃是以古瑟自况。《汉书·郊祀志》：“泰帝使素女鼓五十弦瑟，悲，帝禁不止，故破其瑟为二十五弦。”师古曰：泰帝，泰昊也。世所用者二十五弦之瑟，而此乃五十弦之古制，不为时尚；成此才学，有此文章，即已亦不解其故，故曰“无端”，犹言“无谓”也。自顾头颅老大，一弦一柱，盖已半百之年矣。“晓梦”喻少年时事。义山早负才名，登第入仕，都如一梦。“春心”者，壮心也。壮志消歇，如望帝之化杜鹃，已成隔世。“珠”“玉”皆宝货，珠在“沧海”，则有遗珠之叹，唯见“月”照而“泪”。“生烟”者，“玉”之精气。“玉”虽不为人采，而“日”中之精气，自在蓝田。“追忆”谓后世之人追忆也。“可待”者，犹云必传于后无疑也。“当时”，指现在言；“惘然”，无所适从也，言后世之传，虽可自信，而即今沦落，为可叹耳。诗中虽虚文无一泛设，众解纷纭，似皆无当。即世传东坡四字分解，应亦假托也。

注：

①汪师韩（1707—?），字抒怀，号韩门，浙江钱塘（今杭州）人。清雍正十一年（1733）进士，官编修。著有《诗学纂闻》《上湖纪岁诗编》《上湖分类文编》《韩门缀学》《文选理学权舆》《观象居易传笺》等。

②裴庭裕，一作廷裕，字膺馀，河东闻喜（今山西闻喜）人，生卒年代不详。唐乾宁年间供奉内廷，文书敏捷，号为“下水船”。官至右补阙，自宣宗以后达四十年。后中原大乱，日历、起居注不存一字。他于唐昭宗大顺二年（891）至景福元年（892）谨采宣宗朝耳闻目睹，撰成三卷，名《东观奏记》。由于此书是为修撰实录作预备，所以撰作态度严肃不苟，内容也多属朝政大事或宫廷秘闻，史料价值颇高。司马光作《资治通鉴》，多采其说。

伦明批注（2）录《石洲诗话》：翁覃谿[①]曰：锦瑟本是五十弦[②]，其弦五十，其柱如之，故曰“一弦一柱”也。此义山回复幽咽之旨，在既破作二十五弦之后，而追说未破之初，“无端”二字，从空顿挫而出，言此瑟若本是二十五弦，则此恨无须追诉耳。无奈其本是五十弦，谁令其未破之先，本自完全哉。“无端”者，若诉若怪，此善言幽怨者，正以其未破之时，不应当初完全，致令破作二十五弦而懊惜也。所谓欢聚者，乃正是结此悲怨之根耳。五、六句“珠”以“月明”而已先“含泪”，“玉”以“日暖”而已自“含烟”，所以末二句“此情可待成追忆，只是当时已惘然”，不待今已破而后感伤也，其情种全在当初未破时耳。以此回抱三、四句之“晓梦”“春心”，乃得通体神理一片。

注：

①翁方纲（1733—1818），字正三，一字忠叙，号覃溪，晚号苏斋，直隶大兴（今属北京）人。清乾隆十七年（1752）进士，授编修，历督广东、江西、山东三省学政，官至内阁学士。精通金石、谱录、书画、词章之学。著有《复初斋文集》《复初斋诗集》《经义考补正》《两汉金石记》《粤东金石略》《汉石经残字考》《焦山鼎铭考》《庙堂碑唐本存字》《石洲诗话》等。

②瑟，汉族拨弦乐器。形状似琴，有二十五根弦，弦的粗细不

同。每弦瑟有一柱。按五声音阶定弦。最早的瑟有五十弦，故又称“五十弦”。锦瑟，装饰华美的瑟。

按：伦明所录《石洲诗话》论李商隐《锦瑟》诗，与通行本略有不同。如清咸丰元年（1851）南海伍氏刻《粤雅堂丛书》本，其卷八论《锦瑟》语：“以此回抱三、四句之‘晓梦蝴蝶’‘春心杜鹃’，乃得通体神理一片。”伦明所录仅为“晓梦”“春心”，缺“蝴蝶”“杜鹃”二词。

重过圣女祠

白石岩扉碧藓滋，上清沦谪得归迟。
一春梦雨常飘瓦，尽日灵风不满旗。
萼绿华来无定所，杜兰香去未移时。
玉郎会此通仙籍，忆向天阶问紫芝。

伦明批注：“梦雨”二字，注家以阳台梦雨[①]事实之，若是阳台梦雨，何得云一春常飘。按金王若虚《滹南诗话》[②]云：萧闲[③]云：“风头梦雨吹无迹”。盖雨之至细若有若无者谓之梦，田夫野老皆道之。而雷溪[④]注以为梦中云雨，又曰云梦泽之雨，谬矣。贺方回[⑤]有“风头梦雨吹成雪”之句，又云：“长廊碧瓦，梦雨时飘洒。”岂亦如雷溪之说乎？

注：

①阳台梦雨：喻男女私情。典出宋玉《高唐赋》：“昔者先王尝游高唐，怠而昼寝，梦见一妇人曰：‘妾巫山之女也，为高唐之客，闻君游高唐，愿荐枕席。’王因幸之。去而辞曰：‘妾在巫山之阳，高丘之阻，朝为行云，暮为行雨，朝朝暮暮，阳台之下。’”

②王若虚（1174—1243），字从之，号慵夫，藁城（今河北藁城）人。金代文学家。登金章宗承安二年（1197）经义进士，累官直学士。金亡不仕，自称滹南遗老。著有《五经辨惑》《滹南遗老集》等。其《滹南诗话》三卷，有诗话九十则：上卷二十一则，中

卷三十二则，卷下三十七则。他主张论诗“以意为之主，字语为之役”，反对尖巧文风、形式的过分雕琢；倡导天全，注重形似，反映出一种务实的作风。

③蔡松年（1107—1159），字伯坚，因家乡别墅有萧闲堂，故自号萧闲老人，真定（今河北正定）人。金代文学家。有词集《明秀集》。

④魏道明，生卒年不详，约为辽末金初人，字元道，晚年居雷溪，号雷溪子。河北易县人。少工诗，举进士，累官至安国军节度使。著有《鼎新诗话》《国朝百家诗略》《萧闲老人明秀集注》等。

⑤贺铸（1052—1125），字方回，号庆湖遗老，卫州（今河南卫辉）人。北宋词人。博学强记，工语言，尤长于度曲。北宋元祐间任通直郎，后改太平州通判。以任酒使气不得重用。藏书数万卷，手自校雠，无一误字。著有《东山乐府》《庆湖遗老集》等。

南朝

玄武湖中玉漏催，鸡鸣埭口绣襦廻。
谁言琼树朝朝见，不及金莲步步来。
敌国军营漂木柹，前朝神庙锁烟煤。
满官学士皆颜色，江令当年只费才。

伦明批注：项联[①]非谓琼树[②]不及金莲[③]，乃反诘之词。云，谁谓琼树不及金莲，合一句则明。

注：

①项联：亦称为“颔联”，指律诗四联中的第二联，即三、四句。

②琼树：喻美女。南朝后主陈叔宝，荒淫无度，尝选择宠姬、狎客赋艳诗，配乐歌唱，多为描写张、孔二妃的美丽姿色，其中有“璧月夜夜满，琼树朝朝新”之句。

③金莲：喻美人的小脚。南朝齐废帝东昏侯萧宝卷，不但昏庸荒淫，而且具有变态的审美观——恋足癖。《南史·废帝东昏侯本纪》

记载：东昏侯令人“凿金为莲花以贴地，令潘妃行其上，曰：‘此步步生莲花也’”。

韩碑

元和天子神武姿，彼何人哉轩与羲。
誓将上雪列圣耻，坐法宫中朝四夷。
淮西有贼五十载，封狼生貙貙生罴。
不据山河据平地，长戈利矛日可麾。
帝得圣相相曰度，贼斫不死神扶持。
腰悬相印作都统，阴风惨澹天王旗。
愬武古通作牙爪，仪曹外郎载笔随。
行军司马智且勇，十四万众犹虎貔。
入蔡缚贼献太庙，功无与让恩不訾。
帝曰汝度功第一，汝从事愈宜为辞。
愈拜稽首蹈且舞，金石刻画臣能为。
古者世称大手笔，此事不系于职司。
当仁自古有不让，言讫屡颔天子颐。
公退斋戒坐小阁，濡染大笔何淋漓。
点窜尧典舜典字，涂改清庙生民诗。
文成破体书在纸，清晨再拜铺丹墀。
表曰臣愈昧死上，咏神圣功书之碑。
碑高三丈字如斗，负以灵鳌蟠以螭。
句奇语重喻者少，谗之天子言其私。
长绳百尺拽碑倒，粗砂大石相磨治。
公之斯文若元气，先时已入人肝脾。
汤盘孔鼎有述作，今无其器存其辞。
呜呼圣王及圣相，相与烜赫流淳熙。
公之斯文不示后，曷与三五相攀追。
愿书万本诵万遍，口角流沫右手胝。

传之七十有二代，以为封禅玉检明堂基。

伦明批注：愤河朔三镇[①]之不庭[②]，而朝廷不复能用武也。作者于平淮西文倾倒[③]，如此，况其人乎。一则曰帝得圣相，再则曰圣皇及相，抚今思昔之意深矣。

注：

①河朔三镇：又称河北三镇，是指唐朝末年藩镇割据时位于河朔地区的三个藩镇势力，即卢龙（或称幽州，今北京及长城附近一带）、成德（卢龙以南和山西接壤的地区）、魏博（后改称天雄，渤海湾至黄河以北）。

②不庭：不朝于王庭。《左传·隐公十年》：“以王命讨不庭。”宋王安石《上皇帝万言书》：“于是内修政事，外讨不庭，而复有文武之境土。”

③平淮西碑，又名“韩碑”，由唐代文学家韩愈撰文，记述了唐宪宗元和十二年（817）裴度平定淮西（今河南省东南部）藩镇吴元济的战事。史实是大将李愬首先破蔡州生擒叛将吴元济。韩文主要是突出了裴度在执行宪宗旨意时的运筹帷幄。这引起李愬不满。愬妻（唐安公主之女）进宫诉说碑文不实，宪宗就命翰林学士段文昌重新撰文勒石，是为“段碑”。而韩碑则被用长绳捆住拉倒，并用粗砂大石磨掉碑文。

哭刘蕡

上帝深宫闭九阍，巫咸不下问衔冤。
广陵别后春涛隔，湓浦书来秋雨翻。
只有安仁能作诔，何曾宋玉解招魂。
平生风义兼师友，不敢同君哭寝门。

“上帝深宫闭九阍，巫咸不下问衔冤”句伦氏旁注：此二句叙其放废[①]而死。“广陵别后春涛隔”句伦氏旁注：叙其离居。“湓浦书来秋雨翻”句伦氏旁注：点出闻讣。“不敢同君哭寝门”句伦氏旁注：言哭之寝，不可哭之门[2]，又不尽兼师友之义。

注：

①放废，放纵自弃。《明史·文苑传二·王廷陈》：“屏居二十余年，嗜酒纵倡乐，益自放废。”

②按照古礼，作为朋友，只在寝门外哭吊；作为学生，应在内寝哭吊。《礼记·檀弓上》：“师，吾哭诸寝；朋友，吾哭诸寝门之外。”

药转

郁金堂北画楼东，换骨神方上药通。
露气暗连青桂苑，风声偏猎紫兰丛。
长筹未必输孙皓，香枣何劳问石崇。
忆事怀人兼得句，翠衾归卧绣帘中。

伦明批注：按此《药》转[1]，非真所谓上药也，盖今之房中术耳。看他起处七字，岂终身立命之地耶？“露气”句用汉武承露盘[2]及其桂宫事[3]，此言求药之勤也。“风声”句则斥其有害也，欲求佳露岂料兰摧乎？下二句则申其害，言服此药便溺先受其毒，肿痛岂让于孙皓[4]，而石崇之香枣[5]，无所用之矣。忆前事之不远，怀所知而致动，岂如我“翠衾归卧”，得人道之正乎？

注：

①李商隐《药转》诗，历来被视为诗中之谜。因诗句晦涩难懂，注家众说不一，争议不断。明以前鲜有人笺释，自清何焯始至今仅得十余家。下罗列几家以供参考：（1）“如厕说”。此说源自清何焯。缘自诗中“长筹”“香枣”二典之故。（2）“私产堕胎说”。此说创自清冯浩。以诗中第二句“换骨”，比喻为“饮药堕之”；三、四句为“弃之后苑”；五、六句“藉以对衬”；末句“则指其人归卧养疴也”。（3）“妇人月事说”。执此说者为民国人张采田。其在《李义山诗辨正》卷上云：“此篇本难强解，竹垞谓‘药转’是如厕之义；冯

氏谓是咏闺人私产者；余谓若云专赋妇人月事，亦可通。”除以上几家外，还有如“忆事怀人说”“赠令狐以自解说”“期遇高贵者说”，及70、80年代台湾的几位学者的评论。特别要提的是，从伦明的批注中我们看到了一种新的观点“求药行房事有害说”。

②承露盘又名金铜仙人承露盘，由汉武帝建造。武帝好神仙，作承露盘以承甘露，以为服食之可以延年。《资治通鉴》卷二〇：“春（指汉武帝元鼎二年，即前115年）起柏梁台，作承露盘，高二十丈，大七围，以铜为之，上有仙人掌，以承露，和玉屑饮之，云可以长生。宫室之修，自此日盛。”

③桂宫是汉代长安城除未央宫、长乐宫、建章宫之外的一处重要皇家宫苑。建于汉武帝太初四年（前101），又称“四宝宫”，在未央宫以北偏西，平面矩形，东西宽八百米，南北长一千八百米。据史书记载，桂宫是汉武帝时专为后宫嫔妃修建的一座宫殿，建筑十分奢华。

④孙皓（242—284），字元宗（一说元景），三国时期吴国的末代皇帝，他是孙权的孙子、孙和的儿子。据《法苑珠林》卷二一“敬佛篇·感应缘”记载：吴时，于建业后园平地获佛像一尊，孙皓得之，素未有信，不甚尊重，置于厕处，令执屏筹。至四月八日，皓如厕，戏曰：“今是八日浴佛时！”遂尿头上。寻即通肿，阴处尤剧，痛楚号叫，忍不可禁。太史占曰：“犯大神圣所致。”便遍祀神祇，并无效应。宫内伎女，素有信佛者，曰：“佛为大神，陛下前秽之，今急，可请耶。”皓信之，伏枕归依，忏谢尤恳，有顷便愈。遂以马车迎沙门僧会入宫，以香汤洗像，惭悔殷重，广修功德于建安寺，隐痛渐愈也。

⑤石崇（249—300），字季伦，小名齐奴，渤海南皮（今河北南皮东北）人。西晋开国元勋石苞第六子，西晋时期文学家、大臣、富豪，“金谷二十四友”之一。早年历任修武县令、城阳太守、散骑侍郎、黄门郎等职，吴国灭亡后获封安阳乡侯，后任南中郎将、荆州刺史、南蛮校尉、鹰扬将军，在任上劫掠往来富商，因而致富，其后任徐州刺史、卫尉等职。《太平御览》卷九六五转引《世说新语》记

载：大将王敦尝至石崇家，如厕，见漆箱中盛干枣，本以塞鼻，敦遂食尽，群婢莫不笑。

无题四首

其二

飒飒东风细雨来，芙蓉塘外有轻雷。
金蟾啮锁烧香入，玉虎牵丝汲井回。
贾氏窥帘韩掾少，宓妃留枕魏王才。
春心莫共花争发，一寸相思一寸灰。

伦明批注：按《世说》[①]注曰："《郭子》谓与韩寿[②]通者，乃陈骞女[③]，即以妻寿，未婚而女亡，寿因取贾氏[④]，故世因传是充女。"考《隋书·经籍志》，东晋中郎郭澄之撰《郭子》三卷[⑤]，其书久不传，刘所引，当即此。又考《晋书·贾充传》云：时西域有贡奇香，一著人则经月不歇，帝甚贵之，唯以赐充及大司马陈骞。则偷香一事，应属陈女也。

注：

①《世说新语》又称《世说》《世说新书》。由南朝宋宗室临川王刘义庆组织一批文人编写，梁代刘峻作注。全书原八卷，刘峻注本分为十卷，今传本皆作上、中、下三卷，分为德行、言语、政事、文学、方正、雅量等三十六门，共一千多则。内容主要是记录魏晋名士的逸闻轶事和玄言清谈，也可以说这是一部记录魏晋风流的故事集，是中国魏晋南北朝时期"笔记小说"的代表作。

②韩寿（？—300），字德真，西晋时期官员，曹魏司徒韩暨曾孙，西汉初年诸侯王韩信之后，南阳堵阳（今河南方城）人。《晋书》说他"美姿貌，善容止"。伦氏引《郭子》认为韩寿偷香是韩寿与陈骞之女的故事，而不是贾充之女，只是二人还未结婚而陈骞女病亡，韩寿才娶贾充之女。

③韩寿偷香的女主角。《太平御览》卷九八一引《郭子》："陈骞以韩寿为掾，每会，闻寿有异香气，是外国所贡，一著衣，历日不歇；骞计武帝惟赐己及贾充，他家理无此香，嫌寿与己女通，考问左右，婢具以实对。骞以女妻寿，寿时未婚。"

④传为"韩寿偷香"的另一女主角。《晋书》卷四〇列传第十贾充列传："……韩寿，字德真……贾充辟为司空掾。充每宴宾僚，其女辄于青锁中窥之，见寿而悦焉……寿闻而心动，便令为通殷勤。婢以白女，女遂潜修音好，厚相赠结，呼寿夕入。寿劲捷过人，逾垣而至，家中莫知，惟充觉其女悦畅异于常日。时西域有贡奇香，一著人则经月不歇，帝甚贵之，惟以赐充及大司马陈骞。其女密盗以遗寿，充僚属与寿燕处，闻其芬馥，称之于充。自是充意知女与寿通……充乃考问女之左右，具以状对。充秘之，遂以女妻寿……"

⑤郭澄之，字仲静，为魏晋名门太原郭氏之后，约东晋安帝元兴（402—405）前后在世，太原阳曲（今山西太原）人。东晋著名文学家，为南渡江淮的北方士族。他擅长于著述，《隋书·经籍志》著录有文集十卷，已佚；小说集《郭子》三卷，据传唐代犹存，贾全曾为之作注，今仅存清光绪间马国翰所辑《玉函山房辑佚书》所收的一卷本。

碧城三首

其一

碧城十二曲阑干，犀辟尘埃玉辟寒。
阆苑有书多附鹤，女床无树不栖鸾。
星沈海底当窗见，雨过河源隔座看。
若是晓珠明又定，一生长对水精盘。

其二

对影闻声已可怜，玉池荷叶正田田。
不逢萧史休回首，莫见洪崖又拍肩。
紫凤放娇衔楚佩，赤鳞狂舞拨湘弦。
鄂君怅望舟中夜，绣被焚香独自眠。

其三

七夕来时先有期，洞房帘箔至今垂。
玉轮顾兔初生魄，铁网珊瑚未有枝。
检与神方教驻景，收将凤纸写相思。
武皇内传分明在，莫道人间总不知。

伦明批注录《石洲诗话》：翁覃谿曰："《碧城三首》或谓咏其时贵主事。盖以诗中用萧史[①]及董偃水精盘事[②]。阮亭先生亦取其说。然竹垞[③]跋《杨太真外传》，则谓妃不由寿邸入宫[④]，证以此三诗：一咏妃入道，一咏妃未归寿邸，一咏明皇与妃定情系七月十六日。此说当为定解，而注家罕有引之者。"

注：

①萧史，传说春秋时的人物。汉刘向《列仙传·萧史》云：萧史善吹箫，作凤鸣。秦穆公以女弄玉妻之，作凤楼，教弄玉吹箫，感凤来集，弄玉乘凤、萧史乘龙，夫妇同仙去。此诗喻指男主人公。

②董偃，汉武帝时期人物，与武帝姑母兼岳母的馆陶公主关系暧昧。曾得汉武帝宠幸，后失宠，郁郁而终。水精盘之事，出自前秦王嘉撰《王子年拾遗记》：（董偃）"又以玉精为盘，贮冰于膝前，玉精与冰同洁澈，侍者谓冰之无盘必融湿席，乃合玉盘拂之落阶下，冰玉俱碎，偃以为乐"。玉精，就是水晶。

③朱彝尊（1629—1709），清代诗人、词人、学者、藏书家。字

锡鬯，号竹垞，又号醧舫，晚号小长芦钓鱼师，又号金风亭长，秀水（今浙江嘉兴）人。清康熙十八年（1679）举博学鸿词科，除检讨。二十二年（1683）入直南书房。曾参与纂修《明史》。其学长于考证，工古文，诗与王士禛称南北两大宗。又好为词，风格清丽，为浙西词派创始人，与陈维崧并称朱陈。著有《曝书亭全集》《经义考》《明诗综》《日下旧闻考》等。

④根据《旧唐书》《新唐书》《资治通鉴》等史书记载，杨玉环原为唐玄宗儿子寿王李瑁的王妃。开元二十四年（736），唐玄宗最宠爱的武惠妃（寿王李瑁的母亲）死了。二十九年（741）趁窦太后"忌辰"的时候，玄宗诏令杨玉环出家做女道士，说是要为窦太后荐福，并赐道号"太真"，让杨玉环搬出寿王府，住进太真宫。天宝四年（745）召入宫，封为贵妃。这就是"谓妃不由寿邸入宫"。

辛未七夕

恐是仙家好别离，故教迢递作佳期。
由来碧落银河畔，可要金风玉露时。
清漏渐移相望久，微云未接过来迟。
岂能无意酬乌鹊，惟与蜘蛛乞巧丝。

伦明批注：首四句是翻案法①，言咫尺天河可渡，何在七夕方是佳期②。

注：

①"翻案法"，就是诗人在作诗时，故意沿用前人诗意，但又必求一反前人诗意，而其意又当在情理之中。宋魏庆之《诗人玉屑》有语"反其意而用之"，意在翻出新意。

②诗意：既然河西的"牛郎"与河东的"织女"能够每年渡河相会，又何必一定要待金风玉露之七夕才相会呢？

（原载国家图书馆古籍馆年刊《文津学志》2015 年）

伦明所藏抄本述略

董馥荣

伦明是中国近代著名的藏书家、文献学家。伦明续书楼收藏独具特色，声名远播；其所著《辛亥以来藏书纪事诗》（以下简称《纪事诗》）是关于清末民初藏书家及藏书活动的重要著作；他更是《续修四库全书》的倡导者并参与了《续修四库全书提要稿》的撰写。王謇在《续补藏书纪事诗》总结为“藏书盈库兼仓富，续补可翩四库书。安得群儒策群力，提要远追逊代初”。作为民国时期重要的文化学者，伦明一直受到很大的关注，但正如李雅、游雪雯在《藏书家伦明研究述略》中指出的“由于资料分散且有限，目前对于伦明的总体研究还不够深入和系统，以生平概述或者回忆性文章为主，另有一些散见于《续修四库全书》及《藏书纪事诗》专题研究中，有待进一步的挖掘”。本文试从国家图书馆所藏伦明藏书中的抄本入手，对伦明所藏书中的抄本情况和伦明抄本的特征做初步的探讨，以期抛砖引玉，对深入研究伦明有所裨益。

一、国图藏伦明藏书中的抄本

伦明倾尽一生搜书、藏书，但是没有留下一部完整的藏书目录，因此我们难以全面了解伦明藏书的具体情况。据上海图书馆所藏抄本《续书楼书目》统计，伦明藏书总计一万三千种左右，四万三千册左右。[①] 因为该书目并不完整，所以实际数量肯定不止于此。关于伦明藏书的去向，除了原存于北京的藏书于1947年转让给北平图书馆（现国家图书馆）外，尚有原存放在广东的藏书，以及交李棪编印

① 罗志欢：《伦明评传》，广东人民出版社2014年版，第87页。

《续岭南遗书》所选用的粤人著作，分别藏于中国科学院图书馆、北京大学图书馆等多家单位及伦氏后人手中，访求不易。[①] 因此，目前可供研究利用的伦明藏书，只有国家图书馆所存的这部分比较明确且相对集中。因为国家图书馆所存的这批藏书已经按分类打散编目，且伦明藏书没有藏书章等特别的标志，所以逐一的查验比较困难，现仅就目验的情况对伦明藏抄本的情况做初步介绍。

根据当年的采访记录，国家图书馆收藏有伦明藏书六千零九十一种，其中抄本四百九十七种，稿本四十五种，抄稿本合计五百四十二种。按分类统计，这批抄稿本中有经部四十七种，史部一百七十八种，子部八十二种，集部二百三十五种。按照作者的朝代统计，有清人著作二百三十七种，明人著作三十种。上述统计结果与人们对于伦明藏书特点的认识是基本一致的，即伦明偏爱清人著作及集部文献。但仅就抄稿本情况而言，史部书籍所占的比例也是比较大的。从版本时代来看，著录为清代的约有一百五十五种。由于抄稿本的特殊性，判定年代比较困难，因此这方面的统计可能不够准确，但也大致反映了这批藏书的版本情况。

在这批抄稿本中有些是知名藏书家的旧藏，不仅有较高的文献价值，也是研究藏书史的重要资料。如浙江三大名阁之一双溪冯氏醉经阁所藏元黄庚撰《月屋樵吟》，清代经学家、藏书家惠周易旧藏《金壶记》，吴县潘氏旧藏《东坡诗抄》，丁氏八千卷楼藏《叶氏箓竹堂碑目》，清末藏书家光熙藏《黄山纪胜》《山右金石存略目录摘要》，梁鼎芬旧藏《静妙斋诗草》，吴昌绶所藏《研思堂家传医宗心法全书》等。此外还有现代藏书家徐恕、庞镜塘、陈毅等人的藏书。上述藏书家多见于伦明所著《纪事诗》中。

在这批藏书中还不乏名家的抄本，具有很高的资料价值，其中时代最早的要属明代祁氏澹生堂抄本《周易义海撮要》。此外还有清代皇家谱牒《星源集庆》为内府抄本；元徐大焯撰《烬余录》，是近代文学家、史学家王仁俊的抄本；明王岳辑《清流摘镜》四卷，钤

① 熊静：《伦明先生文献学著述考》，《大学图书馆学报》2014 年第 1 期。

“常熟周左年家抄本书”等印，是清末著名藏书家周大辅藏本；《四明尊尧集》，南海孔氏岳雪楼抄本；《东塾初学编》，清光绪十八年（1892）番禺陈庆耜洁花书屋抄本；《海宁经籍备考》，小清仪阁写本；《小山堂藏书目录备览》，民国藏书家黄陂陈毅灯崖阁抄本。值得一提的是，伦明藏书中还有一种日本抄本，为日本青木正儿据内藤氏宝左庵藏本所抄的《章氏遗书目录》，而且书内有胡适根据浙印本所做的校注。

以上这些名家藏书的数量和名家抄本的数量都不大。这也反映了伦明藏书的大致面貌。伦明财力所限，同时以讲求实用为原则，所以大规模购藏大收藏家藏书的机会比较少。这些零星的收藏，绝大多数应该是他在书摊冷肆中披沙拣金所得的成果，虽然为数不多，但也弥足珍贵。

这批书的另一宝贵之处还在于其中有相当一部分属于伦明的抄本，可以作为伦明藏书研究的第一手资料。“不爱临池懒读书，刁劳聊破睡功夫。异时留得精抄本，算与前贤充小吏。”这是伦明的《抄书》诗。它也说明抄书是伦明藏书活动中非常重要的一项。他在《续书楼藏书记》中曾说：“书非如布帛粟米，取之市而即给，不得已，乃以抄书补购书之穷。有抄之图书馆者，有抄之私家所藏者，又有力不能致而抄之坊肆者。有抄自原稿本者，有抄自传抄本者，又有猝不易得，而抄自刻本者。”伦明在版本目录学方面造诣深厚，对于文献的价值有着独到的眼光，因此我们有理由推测其抄本具有较高的文献价值。

二、伦氏抄本的特征

在关于伦明的记述里，多数会提到他的抄书活动。罗志欢在《伦明评传》中提到“他常年雇用三名抄工，随时为之抄写”。他还根据胡金兆《百年琉璃厂》，找到了一名曾为伦明抄书者的名字，那就是邃雅斋弟子王志鹏。[①] 除了雇人抄书外，在特殊的情况下，伦明也会

---

① 罗志欢：《伦明评传》，广东人民出版社2014年版，第93页。

亲自抄录。孙殿起在《记伦哲如先生》中提到，曾有天津书贾购得翁方纲数种未刊书稿，伦明因价高无力购买，就想办法将该书带回旅店，用三昼夜的时间摘录其要而还之。[①] 在国家图书馆的采访记录中标为伦明抄本的有十三部。这显然与伦明的抄书活动不相称。

表 1　国图采访记录中的伦明抄本

丁氏遗著残稿	（清）丁寿征撰	1 册
潄六山房读书记	（清）吴昆田撰	1 册
汉隶今存录	（清）王琛撰	1 册
日知录校正	（清）丁晏纂	1 册
杜诗附记二卷	（清）翁方纲撰	2 册
爱日精庐文抄	（清）张金吾撰	1 册
金天少昊世	（汉）宋衷注（清）张澍辑	12 册
慎子内篇一卷外篇一卷逸文一卷	（明）慎懋赏校	1 册
两朝剥复录	（明）吴应箕撰	2 册
声律余论		1 册
别号录九卷	（清）葛万里撰	1 册
苏河督年谱	（清）苏廷魁编	1 册
历代传授图		1 册

笔者通过与上述已知的伦明抄本相比对，发现了一批抄写、批校风格与之相似的书籍，初步判断应属于伦明的抄本。判断这些抄本为伦明抄书的一个重要依据是这些抄本上都有伦明校改的痕迹。

表 2　伦明抄本补充目录

论语雅言十卷	（清）董增龄述	4 册
三百篇鸟兽草木记	（清）徐士俊撰	1 册
历代编年大事表	（清）施彦士辑	1 册

① 罗志欢：《伦明评传》，广东人民出版社 2014 年版，第 93 页。

（续表）

爝火录	（清）李天根撰	1 册
闽海纪略	（清）佚名撰	1 册
明季实录四卷	（清）顾炎武撰	4 册
金陵野抄十八卷	（清）顾苓抄	1 册
三案始末	（清）包世臣撰	1 册
记桐城方戴两家书案	（清）佚名辑	1 册
逊园逸书	（明）钱士升辑	3 册
秕言十卷	（明）郑明选撰	2 册
广东钱局银钱两厂章程		1 册
圭美堂题跋五卷	（清）徐用锡撰	1 册
字溪诗集二卷	（清）阳枋撰	1 册
鸣盛集四卷	（明）林鸿撰	2 册
甘白先生张子宜诗集五卷	（明）张适撰	2 册
疑云集四卷	（明）王彦泓撰	1 册
聊斋文集	（清）蒲松龄撰	3 册
聊斋文集	（清）蒲松龄撰	4 册
金氏精华录笺注辨讹	（清）惠栋撰	1 册
破梦斋诗草	（清）王鏔撰	1 册
荪溪集十三卷	（清）姚炳撰	1 册
浮云集十二卷	（清）陈之选撰	2 册
草堂清话	（明）陈震撰	6 册
续书堂明稗类抄十六卷	（清）潘永因辑	12 册
同时尚论录十六卷	（明）蔡士顺辑	16 册
易附记	（清）翁方纲撰	5 册
汉书正误四卷	（清）王峻撰（清）钱大昕校	2 册
杂庸轩读书杂录七卷	（清）方世举撰	2 册
汉书校证二十四卷	（清）史学海撰	2 册
左庵杂文	刘师培撰	4 册

由于没有全部核对所有的抄本，加之有些抄本的风格虽然相似，但没有伦明的校改痕迹，也难以找到其他的根据，故不能确定是否为伦氏抄本，因此此表也并不是国图所藏伦明抄本的全部。但是，通过对这些抄本的比较，大致可以总结出伦氏抄书的几个特点：

第一，伦氏抄本没有使用特制的专属稿纸，而是以质量较好的无行格纸抄写，纸的颜色以偏黄色的居多，少数使用白棉纸。使用空白纸抄写的好处是，一方面可以节省开支，另一方面可以不受行格的限制，依照底本的行款格式进行抄写，在保留内容的同时也保留了原书的行款等基本特征。

第二，装帧方面，采用赭黄色或蓝色书衣，四眼线装订。无书签，书衣也不题写书名。多用四合套装。

第三，校改方式，绝大多数是在写错的字上以朱笔直接进行修改，间或也有在错字旁边修改的情况。伦明校书是很认真的。他不仅纠正抄错的文字，对一些抄手习惯性的不正规的书写也会逐一加以规范修改。

第四，一部书往往会由二人或三人共同抄写，因此会有不同笔迹的现象。如《金陵野抄》十八卷，卷一至十一为一人所抄，十二至十八为另一人所抄。《秕言》十卷二册，由两个人抄写。《汉书校证》二十四卷，存十一卷，卷一至五、卷十四至十七、卷十八至二十二分别由三个人抄写。《荪溪集》十三卷，也有三个人的笔迹。关于这点，在《与罗香林书》中伦明有比较详细的说明，他写道："弟之抄法，系觅工多人抄写，且抄后再请一校对。"① 这样做也许是因为一部书需要在很短的时间内抄完，所以才不得不由几个人同时抄写，而这也成为伦明抄本的一个特别之处。

第五，伦明抄本一般部头比较小。伦明抄书或借自朋友，或借自书肆，或借自图书馆，其所借抄的又多为稀见之书，要长时间地借抄是有难度的，所以伦明抄书还是有所选择的。在《纪事诗》陈宝琛条中，伦明就写道：

---

① 东莞图书馆编：《伦明全集一》，广东人民出版社 2012 年版，第 460 页。

其旧抄本《西园闻见录》，当属海内孤本。书为明张萱撰，萱我粤惠州人，全帙六十余册。往时，李仲约侍郎曾借录一部，后失去十余册。余一见于丁闇公所，再见于邓文如所，以卷帙之巨，未敢借抄也。①

从《秕言》后的题记中，我们也可以发现伦明选择抄书的原因和角度。题记曰：

《全毁书目》内有《郑侯升集》十本，不言卷数。余从友人处见一本，题《郑侯升先生全集》，卷首有朱国桢序，共四十卷，亦装十册。卷一赋，卷二至十二诗，卷十三至卷三十六文，卷三十一至四十《秕言》。考《明诗综》，郑明选字侯升，归安人，万历己丑进士，除安仁知县，擢南京刑科给事中，有《鸣缶集》。引《诗话》谓其诗五言近体全学商达夫，七言近体全学杜子美，语不求工而句锤字炼，卓然名家。录其诗多至四十六首。今集中无《鸣缶》之目，岂尚有别本耶？是集系传抄本，似未曾付刻。诗之佳者，竹坨已尽入选，文亦简洁，余特爱其《秕言》之博雅，亟移录之。己未重阳后十日，伦明哲如氏识于宣南寓庐。

三、伦明抄书的相关活动

在《爱日精庐文抄》内夹有一纸书札，使用的是桐风顾绿格稿纸，内容是关于该抄本首叶内所缺文字的讨论。这封信既见证了伦明在抄书过程中与其他学者的交流，也反映了当时学者间相互抄书的风气。书曰：

题目“冕”上当有“释”字，第一句权当作“冕者俛也”

① 东莞图书馆编：《伦明全集一》，广东人民出版社2012年版，第80页。

四字，然不敢定。第二行引左桓二年疏，疏引宋仲子云：“冕冠之有旒者”，此云宋衷注是也，然阙文无法臆测。第三行第二字是“位”字，第一字难定。第四行小注阙“矜”字，应补。《释冕》《释弁》二篇敬求饬书手代钞一分，须费若干即当奉缴。拜托，拜托。此上，哲如先生。弟菊仕顿首，三月卅一日。

伦明抄本即依信中所言，将所缺的字以朱笔填写，并加眉批曰：

二行以意补之也耳，疏文作宋仲子，不作宋衷，盖亦非抄原文也。

桐风庼是现代著名藏书家徐恕（1890—1959）的藏书楼。徐恕字行可，小字六一，号强誃、强簃，湖北武昌人。储书十余万卷，与伦明多有交往。伦明在《纪事诗》中说他“所储皆士用书，大多稿本、精校本”。又称其“版不问宋元，人不问古近，一扫向来藏书家痼习，与余所抱之旨，殆不谋而相合也”[①]。此信不能确定是否为徐恕所写，但应该和他有一定的关系。通过这封信，反映出伦明在抄书过程中遇到问题时会与朋友进行讨论交流，足见其抄书态度之认真。这封短函还反映了一个问题，就是伦明除了为自己收藏抄书外，也为别人抄书。这点在他给广东藏书家莫伯骥的信中也有反映。他说：“弟在京设有通学斋书店，在琉璃厂，已数年。京师为书籍聚集之地，无论如何难得者，亦可代购，或借抄也。”[②] 我们在伦明藏抄本中也发现有同种书有两个抄本的情况。例如纪容舒撰《杜律详解》八卷，一为原传抄本，另一抄本的开本较前本要小，似为伦明抄本，但没有校改的痕迹。虽然我们难以确定此抄本的用途，也不排除此本是替他人所抄的可能。

---

① 东莞图书馆编：《伦明全集一》，广东人民出版社 2012 年版，第 142 页。

② 东莞图书馆编：《伦明全集一》，广东人民出版社 2012 年版，第 456 页。

四、尚待发现的伦明藏书

《纪事诗》是伦明的代表作。它不仅记录了辛亥以来一百五十余位藏书家的生平事迹和藏书情况，也记录了伦明自己的一些藏书活动。在这当中就有些与抄稿本相关的记载。将国图采访登记目录与《纪事诗》的相关内容做比较，可以发现二者之间有些内容是能够相互佐证的。这些可以帮助我们确定某些书的流传过程；还有一些则存在着较大的差异，有待于我们对伦明藏书做进一步的探寻。

《纪事诗》中王仁俊条，伦明列出了一百种王仁俊的未刊稿目录，并称其“按目求之，十得二三”。按伦明所言，伦明所得王仁俊未刊稿应有二三十种。国图采访记录中有王仁俊《正学堂集》和《正学堂杂著》。这说明伦明确实收藏有王仁俊稿本，然而二者数量相去甚远。又纪昀条，伦明言其曾得《河间纪氏家集》原写本二册，文达《玉台新咏考异》手稿本，及其父容舒《杜律详解》传写本。现国图稿抄本记录中只有纪容舒《杜律详解》，而《河间纪氏家集》以及《玉台新咏考异》则未见。又丁传靖条，伦明云“尝借得丰润张氏《明季清初二十八科进士履历》，又借余《崇祯十五年缙绅录》，皆手抄之”。现国图藏本记录中均未发现。又刘师培条，伦明称刘师培故后，其遗稿散佚，“余所得除印本外，另从友人家抄得十余种”。国图采访记录中，刘师培的著作抄稿本仅有两种。仅从《纪事诗》所记述的内容来看，尚有四十种左右的抄稿本著作下落不明，有待进一步探求。

作为民国时期非常活跃的藏书家，伦明因其独特的收藏理念而显得与众不同。在他不遗余力的努力下，许多珍稀古籍得以被发现和收藏，其中有些就在伦明所藏抄稿本中。随着对伦明藏书的进一步整理，我们会有更多的发现，对伦明的藏书思想和藏书活动的研究也将更为深入。

（原载国家图书馆古籍馆年刊《文津学志》2017 年）

论伦明藏书成就与文化意义

周生杰

“藏书盈库兼仓富，续补可嗣四库书。安得群儒策群力，提要远追逊代初。”[①] 这是王謇描写近代藏书家伦明的一首绝句，诗作概括伦明致力于藏书、续补《四库全书》和撰写《续修四库全书提要》等与书打交道的一生，十分经典。伦明（1878—1944），字哲如，亦作喆儒，广东东莞人。伦明家学渊源，幼承名师教导，十五岁时拜康有为为师，在万木草堂弟子名录中排在第二十四位[②]。当时，康有为和梁启超常来广州讲学，伦明每次都不错过机会，因此其一生治学受二位先生影响颇深。此外，张之洞督粤时，曾创办广雅书院，伦明常去广雅书院读书，由此积累了广博的知识。伦明一生从事多种职业，是近代著名的目录学家、版本学家、藏书家、诗人和大学教授，在学术界享有盛名，但其最为人熟知的还是藏书家的一面。早在童蒙时期，伦明就表现出对书籍超乎常人的喜爱，自言：“髫岁与诸昆仲入塾攻读，日得茶点之资，尽作书费；偶一日，先君奉政公询及诸昆仲茶资之用途，余告以所得购书用去，奉政公欲取书一阅，当即将书尽数献出，奉政公始悉余嗜书，心喜而钟爱焉。”[③] 今略述其藏书成就。

一、独遇奇书不论钱：伦明访书活动

伦明无论求学还是任职，课余、工余时间大多用在了求书、购

① 王謇著，李希泌点注：《续补藏书纪事诗》，书目文献出版社 1987 年版，第 39 页。

② 蒋贵麟：《康南海先生弟子考略》，见《蒋贵麟文存》，香港文化教育出版社有限公司 2001 年版，第 110—169 页。

③ 孙耀卿：《记伦哲如先生》，见北京市政协文史资料委员选编：《文苑撷英》，北京出版社 2000 年版，第 32 页。

书、校书等藏书活动中。北京为明清旧都、文化中心，雕版印刷事业和藏书事业一向发达，为私家求书、购书的最佳选择地。光绪二十八年（1902）十一月，伦明入京师大学堂师范馆习英文，初到京师，正值庚子乱后，王府贵族之藏书纷纷散出，伦明便日日在海王村隆福寺间闲游，书肆中善本秘籍目不暇接，以至于每天傍晚都购得满满一车回家。

中国古代私家藏书历来发达，但是由于各种原因能够子孙保守者少，每当私家藏书散出时，也是新兴私家藏书兴起的好时机。光绪三十四年（1908），伦明从桂林归广东，值南海孔广陶三十三万卷楼藏书散出，伦明每月几次登楼寻书。就在同时，鹤山易氏学清目耕堂、番禺何氏、钱塘汪氏（官于粤）所藏亦散，伦明亦趁机择购较多。

在时局动乱之际，普通百姓往往以保护性命为第一要务，伦明却趁机低价收购图籍，充实藏书，深有远见之明，且自觉负起文化保护之责。宣统三年（1911）九月，辛亥革命消息传来，都人惊恐，仓皇出奔，书价大跌。其时伦明第二次入京，得为县令谒选留京的东莞人叶灿薇之助，买书四大簏，携之乘火车运抵广州，一并寄往南伦书院。

在地方任职时，伦明更以藏书家眼光搜集各地文献。民国十三年（1924），他赴河南就任道清铁路秘书长，在河南期间，将寓所题为“读书庐”，足迹遍布怀庆、卫辉、清化等地，四处搜罗罕见传本。伦明求书方式十分独特，他自述说：

> 余一窭人耳，譬入酒肉之林，丐得残羹冷炙，已觉逾分，遑敢思大嚼哉？顾余之求之也，有异乎人之求之者。京中旧习，士大夫深居简出，肆伙晨起，挟书候于门，所挟书率陈陈相因，余概却不见。闲游厂肆，见有散置外室，若不甚爱惜者，视之，多有佳本。及遍翻其架上下，尘灰寸积中，残册零帙，往往惊所未见。又过他街市，于冷摊上，时亦无意遇之。盖小贩中有打鼓者，收卖住户破旧器物书纸，转鬻于市摊，市摊得之贱也，亦贱售之。游人熙熙，稍纵即逝。久之，稍熟习，则留以相待者有

之。又客之载书而返也，箧中琳琅，得之者在捷足，余先时而探其讯，则预伺焉。为他人所先，视斯籍跟踪而求，十不一失。[①]

苏精说："伦明搜书的原则有三：以俭、以勤、以恒。其方式则绝不在家等候书贾登门求售，而是亲自前往书肆尘灰寸积之下，或在市摊百货旧书中寻觅，甚至在获知某家书肆派赴各省搜购之人将于某日回京，便先期至肆坐候，以能先得为快。"[②] 所论极是。随着藏书知识越加丰厚，以及求书经验不断积累，伦明求书视野越来越开阔。民国十九年（1930），他受国民政府委任，赴东京鉴定日本斯文会所藏中国古籍，业余时间不是游览各地风光，而是逛各地书店。

当然，求书、购书之外，伦明还通过借抄方式来弥补购书之不足，他长期雇佣三四名抄工，准备随时抄写。如民国二十七年（1938），伦明将北京藏书目录抄写一份，计十余册，每册五十页，由眷属携归，后被友人借阅，遗失数册。他亦自己操刀，劬力抄书，"有一年，天津书商以重值购入清朝翁方纲未刻稿数种，他赶赴天津，因书价奇贵而没有买到，他就用了三昼夜时间抄了这几种书稿的摘要"[③]。

由于长期购书，伦明生活变得十分拮据，但是购书痴心不改，孙耀卿说他"逢有欲得的书而款又拮据，他就把夫人的衣物变作购书之款，真所谓典衣销带所不顾者"[④]。他有一首诗《买书》描述这种生活说：

平生丝粟惜物力，独遇奇书不论钱。书坊质库两欢喜，只有

---

① 伦明：《续书楼藏书记》，见东莞图书馆编：《伦明全集一》，广东人民出版社2012年版，第241页。

② 苏精：《伦明续书楼》，见苏精：《近代藏书三十家》，中华书局2009年版，第140页。

③ 孙耀卿：《藏书家伦哲如》，见秋禾、少莉编：《旧时书坊》，生活·读书·新知三联书店2005年版，第354页。

④ 孙耀卿：《藏书家伦哲如》，见秋禾、少莉编：《旧时书坊》，生活·读书·新知三联书店2005年版，第355页。

妻孥饿可怜。[①]

更为叫绝的是，伦明痴心求书，不修边幅，任北京大学文学系教授时，“所获薪俸大多用于购书。工余必至书店搜罗。身着破大衣，破鞋袜，人们赠给他一个绰号：‘破伦’。凡北京城中卖书的大小书铺约百数十家，不论书店伙计、只身卖书的书摊贩，没有一个不认识伦先生的”[②]。

二、拥书万卷助学术：伦明藏书特色

发轫于童蒙时用茶资购书，奠定于入京师大学堂时每天赴琉璃厂和隆福寺一带求书，经过前后约十年的搜求，伦明藏书已经初具规模，藏量可观。时人给以“五十年来，粤人蓄书最富而精通版本目录之学者，当推东莞伦哲如先生”[③] 的评价。经过数十年不断访求，花尽全部积蓄购买，并不断勄力抄写，伦明藏书蜚声海内，孙殿起记其藏书之富说：“先生拥书数百万卷，分贮箱橱凡四百数十只，书房非有十楹屋宇，不得排列。”[④]

1929 年 12 月，伦明撰写《续书楼藏书记》一文，文中说：“余居京师二十年，贫无一椽之栖，而好聚书，聚既多，室不足以容，则思构楼以贮之。……然楼未成也。”[⑤] 可知所谓“续书楼”有其名而

---

① 伦明：《伦哲如诗稿》，见东莞图书馆编：《伦明全集一》，广东人民出版社 2012 年版，第 12 页。

② 孙耀卿：《藏书家伦哲如》，见秋禾、少莉编：《旧时书坊》，生活・读书・新知三联书店 2005 年版，第 354 页。

③ 冼玉清：《记大藏书家伦哲如》，见《艺林丛录》，商务印书馆香港分馆 1973 年版，第 131 页。

④ 孙耀卿：《记伦哲如先生》，见北京市政协文史资料委员会选编：《文苑撷英》，北京出版社 2000 年版，第 34 页。

⑤ 伦明：《续书楼藏书记》，见东莞图书馆编：《伦明全集一》，广东人民出版社 2012 年版，第 238 页。

无其实。他有心修建，但无力为之，名“续书楼”者，“自乾隆朝命儒臣纂四库书，撰提要，裒然大观矣，由今观之，皆糟粕耳。则思为书以续之，此续书楼所由名”[①]。此后学界称伦明藏书楼曰“续书楼”成为定例。

伦明的“续书楼”，在北京的则指烂缦胡同东莞会馆西面的四号院。民国四年（1915），他打算定居北京，于是从广东运了一批书到其所住的烂缦胡同四十号东莞会馆，当时运载书的马车队，竟然从火车站一直排到了会馆门口。后来伦明迁居上斜街东莞新馆，烂缦胡同东莞会馆西面的四号院一共八间房全部用来藏书，这便是伦明称作“续书楼”的地方。在续书楼里，为了存放更多书，屋里没有书架，藏书层层叠叠地从木地板一直堆放，高过于人。据孙耀卿先生回忆说：“先生（伦明）拥书数百万卷，分贮箱橱凡四百数十只，书房非有十楹屋宇，不得排列。……其所储藏，杂取古人著书，《四库全书》中已见者什之二三，其未见者什之七八，多属初刻原本，大部丛书不收。”[②]

续书楼藏量可观，多达数百万卷，引起学者们侧目。藏书家朱希祖曾在1929年专门参观伦氏藏书，感叹其所藏清代集部最富，“北平藏书家无出其右者”。顾颉刚在《邃雅斋丛书》题跋中说，抗日战争前他曾到东莞会馆参观伦氏藏书，“室中不设书架，惟铺木板于地，置书其上，高过于人，骈接十数间”，由此可见续书楼藏书之富。[③]

由于伦明生前没有将全部藏书编制目录，因此不得而知藏书的具体数目。但是，综观伦明藏书，特色非常明显，主要表现在以下五个方面：

（一）不加钤印。除了校对朱批和题跋，伦明很少在书上留下印

---

① 伦明：《续书楼藏书记》，见东莞图书馆编：《伦明全集一》，广东人民出版社2012年版，第238页。

② 孙耀卿：《记伦哲如先生》，见北京市政协文史资料委员会选编：《文苑撷英》，北京出版社2000年版，第34页。

③ 张宪光：《续书楼藏书有多少》，《东方早报》2013年4月7日，第A09版。

迹，这是因为他秉持开放的藏书观，不斤斤于一家之矜秘，并在其生前已开始向国家捐献藏书。另外，藏书不加钤印，也与伦明一向十分重视保存藏书有关，孙耀卿说："先生每得一书，如获至宝，遇有衬纸者必撤纸，不衬纸者必加装潢，换好书皮，做好布套，改订厚册，甚至有三四册作一册者。"[①] 伦明对于藏书的保护措施，十分专业和科学，利于古籍保护。

（二）藏书以清人著作为多。伦明不厚古薄今，贵远贱近，他认为书至近代始可读，因此偏爱收藏清人著作。邓之诚说："东莞伦明以书为性命，专收清人集几备，尝见语所藏原刻顺康人集，凡十二木箱。"[②] 伦明所收清人著述以文集居多，徐信符记述说：

> 东莞伦哲如精目录学，居北平数十年，多获异书，尝欲续《四库全书目录》，因名所藏为续书楼。又续叶氏《藏书纪事诗》为《辛亥以来藏书纪事诗》，于南北藏书家收藏事迹极为明审，今日粤中明悉藏书掌故者，断推伦氏。《续书楼书目》以集部最为丰富，其余各部悉备，秘本极多，此亦粤中所不可得也。[③]

因为爱收清人著述，伦明在和孙耀卿共同开办通学斋时，有意培养孙这方面的知识，伦明记载说：

> 孙见余喜购近人书，颇讶之，余每得一书，为言其佳处何在，略及清代学术，诗文派别，孙似领会，渐能推所未知，余比年储藏，大半出其手。迩来风会一变，清儒撰著，价大贵，海内外指名以索，肆贾又移其视线于此。然披沙拣金，不知何者是

---

① 孙耀卿：《记伦哲如先生》，见北京市政协文史资料委员会选编：《文苑撷英》，北京出版社2000年版，第32—33页。

② 邓之诚：《清诗纪事初编·序》，上海古籍出版社2013年版，第3页。

③ 徐信符：《广东藏书记略》，见《广东文物》下册卷九，香港中国文化协进会1941年版，第857页。

金？因是孙反见忌于侪偶矣。[①]

经过长期与清人文集接触，孙耀卿渐成清代文集方面的专家，所著《贩书偶记》等书，成为研究清代文集的入门书，伦明之功不可没。

（三）不避重复。伦明“初得一本以为佳，继得更佳者，随将前本易去，更得更易，求之勤而辨之精”[②]，对于珍本和善本，则不妨多备一二。遇有精椠秘抄，常力促好事者影印刊布，以泽惠艺林。如明末番禺人赵焊夫曾绘有《肤公雅奏图》一幅，后流传至近人江翰手中，1921 年江翰携至天津，罗振玉鉴定为真迹并作跋，伦明得悉后，无力购买，但于 1935 年与同乡容庚、张伯桢父子等共同出资，以《东莞袁崇焕督辽饯别图》为名，影印五十本分送各大图书馆。

（四）多收禁书。伦明所收的“禁书”包括乾隆时禁毁的书和《四库全书》不收的书，今人冀淑英非常推崇伦明爱收禁书这一藏书特色说：

> 伦家的书禁书有很多比较希见的资料。有一部书叫《虬峰文集》，著者为李驎，兴化人；兴化李氏曾出了很多名人。故宫编了一部《清代文字狱档》，把清代雍正、乾隆以来大小的文字狱的资料，是什么缘故，涉及什么人都编入。李驎的这个《虬峰文集》就编入《清代文字狱档》，而且在当时是非常严重的。李驎对清朝无比仇恨，话很恶毒，所以查出后对他的处置非常严重，事情揭发出来的时候，李驎早已死了，虽然他没有儿女，不必牵累后人，还是被从坟里刨出来，扬骨灰。
>
> 伦明跟孙耀卿（殿起）两位老先生开通学斋书店，得到很多特别的资料。比如有几种吕留良的书，以及很多别的禁书。还有

---

① 伦明：《续书楼藏书记》，见东莞图书馆编：《伦明全集一》，广东人民出版社 2012 年版，第 240 页。

② 东莞市地方志编纂办公室编：《东莞人物录》，1988 年，第 82 页。

> 当时所谓正面的东西，比如说纳兰性德的集子《通志堂集》，这个集子完整的当时也很少见，这个书非常漂亮。还有很多清代的文集，伦家书里都有，我们如果有机会把伦家的书看看，可以了解很多关于清代人的知识。①

伦明一生践行这一藏书特色，收录大量的所谓“禁书”，虽然在其生活的时代，没有能够做到续补《四库全书》，但其宏愿终在其人去世半个世纪后得到实现。

（五）首尾齐备。伦明一生辗转南北各地，每到一处都尽力购求藏书，所购之书最有名者为南海孔氏三十三万卷楼、鹤山易氏学清目耕堂、番禺何氏、钱塘汪氏等著名藏书楼，因而藏书向以完整齐备著称，叶恭绰称：

> 节予（按：伦明号，此号独见此文）好藏书，恒节衣缩食以求，以每一书之板本齐备为的，亦一特色，殁后其家不省，任市侩择优抽取，而弃其余，乃拉杂贱售之，不知其优点在各本齐备，一拆散即无价值也。②

对于残缺之书，伦明不惜一切代价修补，尽力使之齐备。孙耀卿记载说：“历年为他抄书的有二三人，修补书的一人，抄后校对，昼夜不停。他每得一书，如获至宝，遇有衬纸的就要换过纸，不衬纸的也要加装潢，换好书皮，做好布套，改定厚册，甚至有三四册装作一册的。他修补书不用面粉，独用广东寄来的一种形似麒麟菜的干菜，以滚水浸烂补之，着潮也不生虫。”③

---

① 冀淑英：《冀淑英古籍善本十五讲》，国家图书馆出版社2009年版，第83页。

② 叶恭绰：《辛亥以来藏书纪事诗序》，《矩园余墨序跋》，见国家图书馆编：《国家图书馆藏古籍题跋丛刊》第20册，北京图书馆出版社2002年版，第178页。

③ 孙耀卿：《藏书家伦哲如》，见秋禾、少莉编：《旧时书坊》，生活·读书·新知三联书店2005年版，第353—354页。

三、余誓与书同行：伦明藏书文化意义

伦明十分爱惜自己的藏书，视之如同性命，辛亥革命期间，北京官民纷纷出逃，亲人多次来信催促伦明南下，他却回信说："余誓与书同行。"[①] 爱书之痴，令人动容。"誓与书同行"的伦明藏书事业可堪名山，他还从以下几方面深化了藏书的文化意义。

（一）发挥丰富藏书经验，积极筹划续修《四库全书》。清乾隆年间纂修的《四库全书》"集中国古来典籍之大成"[②]，但是，由于编纂该书时受政治势力影响太多，以至于未能著录的书籍很多，且随着时间推移，新著之书日增月益，因此，《四库全书》甫一告蕨，续修之事即起，在民国间，续修《四库全书》方面用力最多者当为伦明。民国十年（1921），伦明利用自己丰富的藏书经验，致信教育部次长陈垣，希望能够校雠《四库全书》，并进而续写《续收四库全书提要》。伦明与陈垣交往二十余年，二人既有同乡之谊，又是志同道合的好友，对于这一提议，陈垣先生大力支持，但第二年，陈垣辞去教育部次长之职，伦明提议遂成泡影。民国十六年（1927），因各国退还庚子赔款，限定用于文化事业，国民政府遂决定影印《四库全书》，同时议及续修提要之事，交给内务部和教育部合办。时任司法总长兼教育部署长的章士钊提议将文渊、文津之《四库全书》择一运到上海，交商务印书馆影印，伦明在河南闻知消息后，当即撰写《续修〈四库全书〉刍议》一文，刊于《国学月刊》第1卷第4期，文中提出具体续修计划"一曰搜集，二曰审定，三曰纂修"，又建议乘修书之便，顺带完成《国史经籍志》和《清史》"儒林""文苑"两传。然而令人惋惜的是，不久，章士钊辞职，影印《四库全书》一事遂罢，伦明建议续修之事更难以落实。

---

① 伦明：《续书楼藏书记》，见东莞图书馆编：《伦明全集一》，广东人民出版社2012年版，第240页。

② 郭伯恭：《四库全书纂修考・自序》，岳麓书社2010年版。

民国十七年（1928），杨宇霆电邀伦明赴沈阳任奉天通志馆协修，并协助筹印文溯阁《四库全书》。时奉天打算以地方政府之力承印文溯阁《四库全书》，由伦明起草电文，代表张学良、翟文选、杨宇霆通电全国，提出三点建议：一是影印，二是续修，三是校雠。沈阳通电发出后，遭到国民政府干涉，提出中央政府正在筹划此事，请沈阳方面不要再印。沈阳方面不为所动，以筹备已妥为由，坚持印刷，并聘请伦明纂辑续修总目一万余种，杨宇霆、郑谦等人并前往伦明续书楼抄写书目送给张学良。次年夏，伦明来到南京，见到了国民政府方面提出筹议《四库全书》的负责人胡汉民，向他提出影印的想法，胡大为赞许，准备提交行政会议讨论此事，但需要沈阳方面让步。经再次交涉，沈阳方面依然态度坚决，号称志在必印，并答应印成后赠伦明一部。不幸的是，不久沈阳方面负责此事的杨宇霆遭刺杀，影印之事遂告流产。民国二十年（1931），东方文化事业委员会积极开展续修《四库全书》提要工作，伦明应聘为该会研究员，在全部六十类中，他参与撰著十一类，负责整理主编经部之尚书类、史部之传记类、集部之广东部分等五类，并以续书楼之珍藏供会中之用。民国二十二年（1933），南京中央图书馆选印文渊阁《四库全书》未刊珍本。九月，伦明撰写《拟印〈四库全书〉之管见》发表在《国闻周报》第10卷第35期，就实际影印的价格、用纸、工费、装订、成本、售价、尺寸等加以详细探究。

随后十多年，伦明积极奔走，借力各方，希望尽快落实续修《四库全书》的工作，但是，直至1944年伦明在东莞故里逝世，这一宏愿仍未能实现。伦明为此十分苦恼，他曾有诗《余拟续修四库书提要从事三载成稿寥寥元日秉笔感而有作》，诗中称：“廿年赢得妻孥怨，辛苦储书典笥裳。”[①] 有悲愤，更有无奈。今人杨宝霖说：“从伦明藏书之楼的楼名，及所藏之书而观，伦明毕生求书的目的，是续修《四库全书》，在国困民贫的旧中国，是不可能实现的。一代学人赍志而

① 伦明：《伦哲如诗稿》，见东莞图书馆编：《伦明全集一》，广东人民出版社2012年版，第19页。

没，在意料之中。但是像伦明这样，为祖国为中华文化的繁荣，甘心含辛茹苦，节衣缩食，其品格，其精神，值得后世景仰。”①

（二）秉承开放的藏书观念，变私藏为公藏。伦明精通藏书史，尤其对于历代私家藏书的最终去向十分了解，藏书家们生前省吃俭用，辛苦一生积聚起来的藏书成果，往往在其死后不久即由于子孙不守，或由于兵燹、灾荒等因素，要么被贱卖散佚，要么惨遭毁坏。为此，伦明曾经感慨地说：

> 夫物之有聚散，亦常也；自聚之而自散之，则偶也。……今之人朝聚而夕散者，何其多也；聚而无不散者，何其不期而合也。尤可异者：昔之聚散，如西家卖田，东家置产，不有所废，其何以兴？今也不然，试历数二十年来，散者接踵不绝，聚者屈指几何？……书之聚散，公私无别，且今后藏书之事，将属于公而不属于私，今已萌兆之矣。②

基于这种开明的藏书观，伦明对于自己收藏的上百万卷图书不矜为己物，其藏书上面绝少私印，就是一明证，因为他知道藏书最终还会接力流传。

伦明藏书绝大部分流入国家藏书单位，流入方式多样：（1）国家购买。民国八年（1919），伦明曾在琉璃厂买到清末两江总督端方档案多册，其中大部分为电报档案，这些档案关乎清末历史，后来为陈垣所注意，为故宫购入，现成为第一历史档案馆珍贵史料之一种。再如20世纪60年代，国家图书馆、中国书店等单位从伦明后人手中零星购入部分伦明藏书。（2）直接捐献。1947年，伦明去世后，其藏书正式捐给国家，但不是全部。又如伦明之女伦慧珠将张荫麟（按，即伦明女婿，伦慧珠丈夫）遗留在东莞会馆的藏书捐给其曾任教的浙

---

① 杨宝霖：《伦明》，见中共东莞市委宣传部、东莞市文学艺术界联合会编：《东莞现代人物》，广东教育出版社2008年版，第236页。

② 东莞图书馆编：《伦明全集一》，广东人民出版社2012年版，卷首第3—4页。

江大学，浙大当时专门在图书馆建了一个“东莞图书馆”，其中亦有伦明藏书。再如伦明生前曾将在广州的部分藏书转让给弟弟伦叙，以帮助伦叙从事教学，后来这部分藏书被伦叙女儿伦德仪在“土改”期间捐给了广州文化事业委员会。（3）被迫捐献。“文化大革命”期间，伦明散存在东莞望牛墩的图书就是这种情况。（4）其他途径。如《伦哲如诗稿》六册，民国时期不知如何流入广州来熏阁，新中国成立后卖给了国家图书馆。应该说，伦明藏书最终流入了国家藏书单位，是找到了很好的归宿。

（三）深挖藏书史实，撰写《辛亥以来藏书纪事诗》。清人叶昌炽《藏书纪事诗》是研究中国藏书家及藏书史的开山之作，该书开启了藏书历史文化研究进入专门化、系统化的时期。但是，叶书所载藏书家以晚清为限，民国以来则付之阙如，随着民国时期藏书事业逐渐扩大，且藏书形势发生重大改变，能够续补叶书者，须有广博知识，尤其对于目录学、版本学、典藏学等具相当造诣，方可从事之。从各种条件来说，伦明最堪当此大任，民国二十四年（1935），伦明不负众望，撰写《辛亥以来藏书纪事诗》，全书共一百五十五篇，收藏书家一百四十九人，附录二十八人，其中丁日昌、张之洞、李盛铎、傅增湘、张伯桢五人各作诗两首，另记涵芬楼一篇。伦明自称《辛亥以来藏书纪事诗》“例依叶书”[①]，但仿于叶书而不拘于叶书，能够推陈出新，多所发明。

一方面，开创断代藏书纪事诗体。叶书属于通代藏书家诗传，所收藏书家上自五代毋昭裔，下至清末周星诒（1904 年去世），上下历时一千多年，集中展示了七百三十九位藏书家的藏书成就及其文化、学术贡献。但是，历史上私人藏书家众多，叶氏之书遗漏甚多，伦明拜读后深感不足，如明代范钦为天一阁创始人，藏书富甲江南，在古代私家藏书史上影响巨大，而叶书居然将其遗漏，实不应该。伦书收藏书家一百四十九人，附录二十八人，其中清代及以前二十二人，余皆为辛亥以后人。尤其开篇为叶昌炽诗传，其赓续叶书之意十分明

① 东莞图书馆编：《伦明全集一》，广东人民出版社 2012 年版，卷首第 1 页。

显。因此，从所传人物来说，叶书为通代藏书家传，而伦书为断代藏书家传，如果把叶昌炽《藏书纪事诗》看作史林《史记》，那么伦明《辛亥以来藏书纪事诗》就是史林《汉书》。

虽为断代藏书纪事诗，但是与叶书不收遗民的做法不同，伦明对于那些人在辛亥以前而事征于辛亥以后者，亦一并收入，因此《辛亥以来藏书纪事诗》所收藏书家与叶书有重复收录的情况，如纪昀、李文田、方功惠等，并见于两书。

另一方面，反映近代藏书新变。近代以来，西学东渐，西方公共藏书制度逐渐传入中国，受到开明绅士追捧，渐渐地，从19世纪末开始，以公众阅览为核心的西方公共藏书制度及其以书育才的实际功用已经深入国人心中，藏书形势逐渐发生新的变化。关于这个问题，伦明是这样认识的：

> 且廿余年来为变甚剧。掠书之贾始河南北、山东西，渐推及苏、浙、皖、赣，又渐及川、陕、闽、粤，极于滇、桂，挨家而索，等于竭泽。百数十年之积蓄，尽于一旦；万数千里之输运，集于一隅。犹未已也：涵芬楼，靡于非意料之烈弹；海源阁，劫于无意识之狂匪。犹可委曰天灾、时势，无可如何。乃一家奴耳，能罄丁持静之全；一鼠窃耳，能分范天一之半。是则人谋之不臧矣！①

伦明提到的“掠书之贾”指的是近代以来以贩书为生的书商，他们学问不高，但在长期的经营中积累了丰富的版本鉴别经验，常常贱买贵卖，从中谋取暴利，有的还为求高价，将珍贵典籍卖往国外，造成中华典籍的大量流失。

与叶昌炽重在为藏家立传不同，《辛亥以来藏书纪事诗》“非亟亟于辑录史料，为藏家留影，而在默察时变、深究风习，既存学术故

① 伦明：《辛亥以来藏书纪事诗·自序》，北京燕山出版社1999年版，卷首第1页。

实，且忧世道人心。其意旨深沉，非限于藏书一事”[①]。

由藏书而知藏书之艰辛，而有续编《四库全书》之举，再进而有为藏书家作传之事，应该说伦明先生的藏书事业功昭后人，藏书文化意义影响深远。

（原载《东莞理工学院学报》2017 年第 2 期）

① 翟朋：《藏书纪事诗研究》，南开大学硕士学位论文，2010 年，第 29 页。

伦明书缘探微

刘　平

“藏书盈库兼仓富，续补可嗣四库书。安得群儒策群力，提要远追逊代初。”[①] 集藏书家、版本目录学家、阅读学家、大学教授于一身的伦明（1878—1944），字哲如，“少年持志，终生嗜书”[②]，冼玉清云：“五十年来，粤人蓄书最富而精通版本目录之学者，当推东莞伦哲如先生。”[③] 伦明聚书丰厚，选书精湛，归书以公，为典籍之保存、文化之传承做出了自己的贡献，在近代藏书史中占有重要地位。罗志欢教授的《伦明评传》，从生平、藏书、学术和交游等方面，全方位回顾了伦明的事迹并客观评价了其成就[④]，熊静[⑤]、李雅[⑥]、郑丽芬[⑦]、钱昆[⑧]等亦从不同角度对伦明进行了研究，拙作拟在学界已有研究的基础上，从“聚书途径”“藏书志趣”“致用旨归”三个方面探寻伦明与书结下的不解之缘。

---

① 王謇著，杨琥点校：《续补藏书纪事诗》，北京燕山出版社 2008 年版，第 189 页。

② 罗志欢：《伦明评传》，广东人民出版社 2014 年版，第 67 页。

③ 冼玉清：《记大藏书家伦哲如》，见《艺林丛录》第五编，商务印书馆香港分馆 1964 年版，第 324 页。

④ 罗志欢：《伦明评传》，广东人民出版社 2014 年版，第 1—291 页。

⑤ 熊静：《伦明先生文献学著述考》，《大学图书馆学报》2014 年第 1 期，第 110—115 页。

⑥ 李雅、游雪雯：《藏书家伦明研究述略》，《大学图书馆学报》2015 年第 1 期，第 117—120 页。

⑦ 郑丽芬：《藏书家伦明与京师大学堂师范馆关系史实考源》，《山东图书馆学刊》2016 年第 12 期，第 40—45 页。

⑧ 钱昆：《伦明与孙殿起交游考》，《图书馆论坛》2016 年第 7 期，第 111—114 页。

一、多元的聚书途径

伦明在《续书楼藏书记》中曾阐述其聚书之心得："凡余之得书也，以俭、以勤、以恒。"[①] 他以"俭"倾囊购书，以"勤"广觅精椠，以"恒"抄录校书。每到一地，便抽空到厂肆、书店、小书摊觅书，一反京中"士大夫深居简出，肆伙晨起挟书候于门，所挟书率陈陈相因"[②] 的旧习，往来朋友间亦以书会友，若遇价昂者或罕见本，则借阅后自行抄录，不仅提升了学识内涵，而且促进了藏书的收集与流通。

（一）独遇奇书不论钱——倾囊购书。"平生丝粟惜物力，独遇奇书不论钱。书坊质库两欢喜，只有妻孥饿可怜。"[③]《买书》一诗描述了伦明购书之苦乐，其一生的活动区域，不外乎学校、官场，书肆更是闲暇时的去处，访书、购书足迹遍及北京、上海、天津、开封、广州、南京、武昌、苏州、杭州等地。为了购书，他一清贫教书匠，四处搜求、节衣缩食，遇有佳本，不惜重金购置，如价格不菲，便与书贾讨价还价，或变卖家当，动用妻子妆奁等，如无余财，借债、押物为常有之事，"廿年赢得妻孥怨，辛苦储书典笥裳"[④]。

光绪二十八年（1902），二十五岁的伦明考取了京师大学堂，"壬寅（1902）初至京师，值庚子之乱后，王府贵家储书大出，余日游海王村、隆福寺间，目不暇给，每暮必载书满车回寓"[⑤]。虽初到北京，但他不失时机地收购了达官贵人们抛出的大量书籍，买到不少善本。光绪三十三年（1907），三十岁的伦明从京师大学堂毕业回到南粤，先后在广西和广东从事新式教育，曾担任两广方言学堂教务长

① 伦明：《续书楼藏书记》，《辅仁学志》1929 年第 1 卷第 2 期，第 64 页。

② 伦明：《续书楼藏书记》，《辅仁学志》1929 年第 1 卷第 2 期，第 63 页。

③ 伦明：《伦哲如诗稿》第二册，国家图书馆藏稿本，自编，第 9—10 页。

④ 伦明：《伦哲如诗稿》第三册，国家图书馆藏稿本，自编，第 3 页。

⑤ 伦明：《续书楼藏书记》，《辅仁学志》1929 年第 1 卷第 2 期，第 61 页。

兼经济科教授、广州西区模范高小校长等职，闲暇之余，常逛古旧书肆，并特别留意广东地区藏书大家的书藏流向。“余丁未（1907）旋粤，时南海孔氏三十三万卷楼书初散出，而鹤山易氏、番禺何氏、钱塘汪氏（官于粤者）所藏亦散，余皆得择而购之。同时潮阳丁氏持静斋藏书，间有见于坊肆者，屡属友谋之，未得间，而书已尽矣。顺德李侍郎文田家，多藏明清之际野史，余辗转请托，竟不获一阅，是二事余甚憾之。”[①] 虽有遗憾，但这一时期伦明搜集了不少广东和做官于广东的著名藏书家散出之书。伦明也曾远赴焦作、沈阳等地任职，其见书如朝圣，个中苦楚波折、经济窘迫，难以尽言。

（二）佳椠一见爱欲夺——笃勤觅书。“我生寡嗜好，聚书成痼疾。佳椠如佳人，一见爱欲夺。”[②] 伦明为了专注搜藏典籍，甚至抛却官员、教授等显位，降尊纡贵为书贾，开设了“通学斋”，经销古今图书。访书、觅书完全进入了自觉不自觉、无有目的而达目的“莫知其然而然”[③] 的自然境界。伦明曾自述访书情形：“盖小贩中有打鼓者，收卖住户破旧器物书纸，转鬻于市摊，市摊以得之贱也，亦贱售之。游人熙熙，稍纵即逝。久之，稍熟习，则留以相待者有之。又客之载书而返也，箧中琳琅，得之者在捷足，余先时而探其讯，则预伺焉，若为他人所先，视其籍跟踪而求，十不失一。”[④] 因其总是身披一件破大衣，脚蹬一双破鞋袜，出没于大小书摊之间，凡有用之残篇小册，断简零书，无不收纳。久而久之，北京大小数百家书铺伙计、沿街书摊小贩无不认识他，也乐于向他提供图书信息，打趣地称他为“破伦”。面对或怜或嘲的议论，伦明一律置之不顾而泰然处之。文化典籍对人生志趣的召唤力可见一斑。

1918 年至 1919 年间，为了方便搜集和管理藏书，伦明曾多次亲

---

① 伦明：《续书楼藏书记》，《辅仁学志》1929 年第 1 卷第 2 期，第 62 页。

② 伦明：《南归次老杜北征韵留别渚友》，《民大中国文学系丛刊》1934 年第 1 期，第 1 页。

③ 伦明：《续书楼藏书记》，《辅仁学志》1929 年第 1 卷第 2 期，第 64 页。

④ 伦明：《续书楼藏书记》，《辅仁学志》1929 年第 1 卷第 2 期，第 63 页。

自回广州访书。“岁戊午（1918），余在广州麦栏街邱某家，见宋椠王右丞、孟浩然、韦苏州诸集，旧抄《宋二十家文集》，毕秋帆、钱竹汀诸家校《资治通鉴》等书，并宋拓兰亭书画多种，皆孔氏抵债物，转数主而至邱也，为怃然久之。”[①] 又常与粤中藏书家徐信符、莫天一等赏奇辨异、交流心得。1924 年至 1927 年间，伦明因就任道清铁路局总务处长之职，居焦作三年，其间曾多次到附近的怀庆、卫辉、清化等地访书，每次都有收获。1931 年夏，伦明在上海访得罕传本、嘉庆间梅花书院原刊本《二洪遗稿》一部，并据原本影印三百余部，撰跋附后。是年由同业处访得清初禁书番禺屈大均所撰之《翁山文钞》一部计十卷，为常熟薛熙评本、康熙间刻本，书内凡忌讳处皆有墨钉。此书后由商务印书馆伊见思代《广东丛书》编委会购去，影印于《广东丛书》第一、二集内。约 1933 年 4 月，伦明得到“东方文化事业总委员会”的赞助，应日本汉学研究团体“斯文会”的邀请，前往东京帮助鉴定该会所藏的中国古籍。在日本工作期间，他常常到当地的书摊或书店搜访图书。1934 年秋，又在北京访得高邮王氏三世稿本若干种。由他与陈垣、余嘉锡、孙人和诸人集资合购。其中包括王念孙所撰写的《段懋堂（玉裁）墓志铭》《与江晋三论音韵书》等。1937 年夏历七月，伦明由京返粤。是年访得南海曾氏“面城楼”的宋、元、明善本十二种，其中有宋刊本宋熊节所撰《新编音点性理群书句解》二十三卷，订十六册，钤有“玄律周京图书”“长洲吴氏”“栋亭曹氏藏书”“堇斋考藏印”等印记。

（三）异进留得精抄本——恪敏录书。“不爱临池懒读书，习劳聊破睡工夫。异进留得精抄本，算与前贤充小胥。”[②] 购买之外，伦明若碰到佳本欲购而不得，便以借抄补购书之穷，常常亲自抄录，“书之为物，非如布帛粟米，取之市而即给，不得已乃以抄书补购书之穷。有抄之图书馆者，有抄之私家所藏者，又有力不能致，而抄之

① 伦明著，雷梦水校补：《辛亥以来藏书纪事诗》，上海古籍出版社 1999 年版，第 9 页。

② 伦明：《伦哲如诗稿》第二册，国家图书馆藏稿本，自编，第 9—10 页。

坊肆者；有抄自原稿本者，有抄自传抄本者，又有猝不易得，而抄自刻本者”[①]。《抄书》诗亦自言常年雇用三名抄工，随时为之抄写。孙殿起记云：“某岁津门书贾以重值购入清翁覃溪方纲未刻稿数种，先生得知亟赴津往观，以其价奇昂不可得，乃设计携归旅邸，尽三昼夜之力摘其切要而还之。”[②] 遇到书贵质高的情形，伦明则千方百计借阅之，昼夜不辍地抄录校雠。古代文献的传布全靠抄录，即使有了雕版印刷之后，一些孤本秘笈，未刊稿本仍靠抄录流传。[③]《辛亥以来藏书纪事诗》传八五“丁传靖”中记载伦明曾多次向其借抄河北丰润张允亮收藏过的《明季清初二十八科进士履历》《崇祯十五年缙绅录》等书。[④] 中国文献典籍的长流广积，与历代藏书家的书癖笔痕、执志抄录密不可分。

二、鲜明的藏书特色

伦明因志业于续修《四库全书》，故“辟续书楼以庋南携之古本，日校群书其中”[⑤]。其在广州和北京两地的藏书楼和书斋都称为“续书楼”，由此表明续修《四库全书》的决心。而如何择书以藏，伦明在古来藏书者与治学者已有门径之上形成了自己的特色，既能通目录纠厚古薄今之弊，又能明版本补近书禁书之漏。

（一）补近漏以续书。文献学家罗继祖在《东莞伦氏续书楼》中总结伦明藏书特点云：“尤重清人著述，为续修《四库》计也。”[⑥] 其

---

① 伦明：《续书楼藏书记》，《辅仁学志》1929 年第 1 卷第 2 期，第 64 页。

② 孙耀卿：《记伦哲如先生》，见北京市政协文史资料委员会选编：《文苑撷英》，北京出版社 2000 年版，第 33 页。

③ 罗志欢：《伦明评传》，广东人民出版社 2014 年版，第 93 页。

④ 伦明著，雷梦水校补：《辛亥以来藏书纪事诗》，上海古籍出版社 1999 年版，第 72 页。

⑤ 徐信符：《广东藏书纪事诗》，见《近代中国史料丛刊续编》第二十辑，台湾文海出版社 1975 年版，第 255 页。

⑥ 罗继祖：《两启轩笔麈》，上海书店出版社 2000 年版，第 170 页。

读书、选书眼光别具一格，提出“书至近代始可读”[①]，认为乾隆时编纂的《四库全书》并不完备，于清代尤为疏漏，因此大有增补、校勘和续修的必要。伦明重视清人著作和清代出版物在其生活的时代无疑是开风气之先。他曾自豪地说：“鄙藏之书，可作续修四库资料者，已达十之七八。”[②] 以未见于《四库全书》者最多，清人著作、清刻精抄之本不胜枚举。伦明钟情于清人著作原因有三：其一，认为“前贤著录，多属一隅之见”亟待“发潜德而阐幽光之”。有云：“始余读《汉学师承记》《文献征存录》《诗人征略》《书目答问》等书，意谓清人述作，略具于斯矣。乃访购所及，时出各书称引之外。”[③] 其二，伦明曾说：“自来藏书家贵远贱近，肆贾之智识因之。若者宋本、元本、明嘉靖本；若者影宋抄本、明抄本、名家手校本；又若者白棉纸、开花纸；不问书之良否，而惟版本、纸质是尚。”[④] 他认为一味追求所谓宋刊、元槧、明抄，离开图书内容和学术价值去谈版本形式是不对的，不问书之良否，而惟版本、纸质是尚的风气，不过是“肆贾之智识”，应该加以拨正。因而反对腐儒厚古薄今之说，否定藏书家贵古贱今、崇远薄近之论。可见伦明对当时藏书界的积习有一种清醒的认识。其三，伦明认为《四库全书》“宜校、宜补、宜续，而续最要，且最难”[⑤]。故其撰写《续修四库全书提要》，大多借助所藏的丰富的清人著作，并注重收集当代书籍以及《四库全书》未收之书，为抢救、保护传统文化遗产竭尽全力。台静农的《北平辅仁旧事》写道：“国内专力收藏清人著作的，不过三数家，要以他（伦明）所收的为最多了。他在北平数十年，日常出入于大小书坊。他想编续《四库全书》，故斋名续书楼，这一宏愿，当然不能达到，后来

---

① 伦明：《续书楼藏书记》，《辅仁学志》1929 年第 1 卷第 2 期，第 61 页。

② 孙耀卿口述，雷梦水整理：《藏书家伦哲如》，见《随笔》第九集，广东人民出版社 1980 年版，第 95 页。

③ 伦明：《续书楼藏书记》，《辅仁学志》1929 年第 1 卷第 2 期，第 64 页。

④ 伦明：《续书楼藏书记》，《辅仁学志》1929 年第 1 卷第 2 期，第 63 页。

⑤ 伦明：《续书楼藏书记》，《辅仁学志》1929 年第 1 卷第 2 期，第 64 页。

他的书归了北京图书馆。”①

原北京图书馆研究馆员冀淑英（1920—2001）就现存于国家图书馆的伦明藏书的数量、质量、内容和特点作过详细介绍，并给予极高评价：“我们馆差不多有七八百种书是伦家的书。伦家的书绝大部分是清刻本或清代著述。我馆建立乙库就是以清刻本和清人著作为主，建库时是从大书库挑出来的一批书和零买进来的一些为基础。伦家的书，是整批买进的。”②“伦家书有个特点，就是收了很多禁书，包括乾隆时禁毁的书和《四库》不收的书。再有一个特点，就是书中多有伦明的校跋。我们的馆藏有乙库存的清刻本和清人著作打底子，再加上伦家的书，以及多年来零买的书，在清刻本和清人著作方面，我们才大大地丰富起来。”③浩如烟海的清人诗文集，对于清史以及中国文化遗产的研究甚有价值。

（二）通目录以编书。晚清名臣张之洞以“门径”来比喻目录学对于读书人之重要性，他在《輶轩语·语学》中以“读书宜有门径”为标目明确提出：如果读书“泛滥无归，终身无得（虽多无用）。得门而入，事半功倍……此事宜有师承，然师岂易得？书即师也。今为诸君指一良师，将《四库全书总目提要》读一过，即略知学问门径矣”。伦明将其毕生的大部分精力，都用在了续修《四库全书》及其提要上，而其动力，源之于他对目录学重要性的认识，他不仅十分清楚目录的功用，而且将编纂目录的重要性提高到关乎国粹兴亡的高度。“编订一应之书目，以待搜求也。查教部直辖之图书馆，收藏非不富，然皆就旧有而保存之，初未调查我国现存之籍共有若干。例如经部，除四库所录外，其未收者若干种。在修四库后成书当时未录者若干种。或旧本尚存，或尚有抄本。其最精要之某种则不可不多方求之，或就藏书家移录之。盖此图书馆为全国之模范，

---

① 台静农：《北平辅仁旧事》，见《龙坡杂文》（增补本），生活·读书·新知三联书店2002年版，第104—105页。

② 冀淑英：《冀淑英古籍善本十五讲》，北京图书馆出版社2009年版，第67页。

③ 冀淑英：《冀淑英古籍善本十五讲》，北京图书馆出版社2009年版，第82页。

其完备亦当为全国冠。况迩来旧书日少，且多输出，私家藏贮，不可持久。若无一大图书馆办此，则国粹真亡矣。”[①] 伦明认为图书馆藏书不仅要丰厚，而且更要重视书籍的编目，以方便搜查。并指出“尝谓我国学术之发挥光大皆在乾隆以后，若此小半截不全，大是憾事”。乾隆修书之时多所忌讳，未著录并未存目者甚多，且晚出之书为当时所未有者也甚多，至于乾隆后之著述未收入的就更多。因此，他建议乘“为时未久，各书搜求尚易，且宿学现存者亦尚有人”的有利时机，组织专人从事此项工作，争取“一二年而功成”，并毛遂自荐，请求陈垣将续修《四库全书》及其提要的事委派于他[②]，但此信写后不久（第二年5月），陈垣辞去教育部次长职位，伦明的提议也就不了了之。

此后，伦明又多次参与有关方面续修《四库全书》及其提要的计划，但都屡屡受挫。1931年后，他参与日本人主导的东方文化事业委员会组织的续修四库提要工作。据统计，在全部六十类提要中，伦明参与撰著的有十一类，负责整理主编的有经部尚书类等五类、史部传记类、集部别集类广东部分。[③] 抗战全面爆发后，伦明回到广东，在十分艰苦的环境下，仍以一己之力续修《四库全书提要》。孙殿起后来在回忆与老师交往事宜时记载：“1941年（辛巳）秋，耀卿三游广州……先生谓耀卿言：‘吾近数年撰提要稿，于学问尤见进益，至其群经传授源流支派无不洞悉，近年在粤有所闻见，辄笔书之，积稿盈箧’云云。”[④] 伦明晚年孜孜不倦地为撰写提要而研读群经，探索源流支派日有所进，为续书做着不懈努力。

---

① 陈智超编注：《陈垣来往书信集》（增订本），生活·读书·新知三联书店2010年版，第74页。

② 伦明：《与陈垣书》，见东莞图书馆编：《伦明全集一》，广东人民出版社2012年版，第458页。

③ 熊静：《伦明与〈续修四库全书总目提要〉》，《山东图书馆学刊》2013年第3期，第23—25页。

④ 孙耀卿口述，雷梦水整理：《记伦哲如先生》，见雷梦水：《书林琐记》，人民日报出版社1988年版，第91—92页。

（三）明版本以辨书。通目录方可求所需之书，然书有先刻、后刊，亦有真、有伪，去伪存真需多阅读相关的书籍与实际经验的累积。例如，宣统间，日本田中氏刊印莫友芝的《郘亭知见传本书目》；未几，邵章又刻其祖邵懿辰《四库目录编注》（一名《批注四库简目标注》，后称《增订四库简明目录标注》），伦明认为“二书无甚同异”。经过一番考证，始知“侍郎（李文田）殆从此移录。而莫（友芝）、邵（懿辰）二公亦如是耳”。指出《郘亭知见传本书目》多有征引《四库目录编注》，而有大量材料为《四库目录编注》所无。这两部书目各有特点，是考证《四库全书》版本的重要参考书。

《书目答问》是一部颇有影响的书目，在近现代流传很广，它给初学者指引治学门径，对研究者也有极大的参考价值。尽管它本身存在某种程度的错误和不足，但实践证明这是一部颇具水平的书目，自光绪二年（1876）刊布以来，有大量翻刻、校补版本面世。[①] 在主要撰述人张之洞去世以后，关于谁是真正的作者曾有争议，成为近代学术界的一桩公案：一说为张之洞自撰（或张之洞自撰，缪荃孙助理）；一说为缪荃孙代作；一说为依据书坊旧本而成。陈垣主张“张之洞自撰说”，曾撰《艺风年谱与书目答问》一文[②]，肯定《书目答问》的作者是张之洞，缪荃孙仅为助理。伦明先主张“缪荃孙代作说”，后又主张“依据书坊旧本说”。1919 年至 1929 年的十年间，伦明对《书目答问》进行研究，批校补正全书，“通校全书的有胡玉缙、伦明两家。胡氏批校以考订古籍为主，内容固多精审，而涉及原书补阙纠谬之处不多。伦氏批校以考订版本为主，所补正于原书的明刊本与叶（德辉）本有些重复，但多比较罕见的清刊本”[③]。伦明得益于收藏有丰富的清人著述和清刻清抄本，方便其进行认真考订，其批校本题记云：“余过录此本在己未夏间，距今岁一周星矣。时时检览，偶

① 来新夏等汇补：《书目答问汇补》，中华书局 2011 年版，第 1119—1308 页。

② 吴泽主编：《陈垣史学论著选》，上海人民出版社 1981 年版，第 382 页。

③ 袁行云：《〈书目答问〉和范希曾的〈补正〉》，见李万健、赖茂生编：《目录学论文选》，书目文献出版社 1985 年版，第 391 页。

有所见，亦注其下，未有识别，竟致混淆。忆乙丑始晤叶先生于都门，谈次各相见恨晚，约互抄借所未有书。别数月，余一寓书长沙，候起居不得复，未几，先生遂遭横祸。比闻其藏书散出，沪上旧都直隶书局售得其一部，以目见示，佳本十不二三，未知其他又失落何所，为之怆然，因授笔记之于此。己巳夏四月六日书于沈阳故宫之通志馆，东莞伦明。”[①] 伦明认为，《书目答问》系据“江阴某君记录旧本而成”。且《四库目录编注》《郘亭知见传本书目》用的也是旧书坊“纪录秘本”。《辛亥以来藏书纪事诗》云：“江阴缪筱珊先生荃孙，为近代大目录学家。张之洞《书目答问》乃先生代作，据年谱则作于二十四岁时也。颇疑先生早岁从宦川滇，地既偏僻，又乏师承，何能博识若此？陈慈首云：‘是书盖江阴一老贡生所作。先生得其稿，又与张之洞共参酌成者。’慈首尝令江阴，所言或有据。此书津逮艺林，至今治学者无以易之，功亦大矣。而先生一生以书为事业，实肇于此。”[②] 此说虽有“以传闻代替事实”[③] 之嫌，但亦不失为一家之言，亦体现出伦明“辨章学术，考镜源流”的精神。

（四）知校勘以修书。校勘古籍，乃是古典文献研究较高层次的方法，必须明目录、版本，方能为之。伦明在自题《校书》诗中就曾不无自豪地表示“一字辛勤辨鲁鱼，益书益已竟何如。千元百宋为吾有，眼倦灯昏搁笔初”[④]。经过他校勘的书，大致可做到“千元百宋为吾有”1934 年，伦明为邃雅斋校订《邃雅斋丛书》。内收《三传经文辨异》四卷、《孔子三朝记》七卷及目录一卷、《史记释疑》三卷、《尚友记》不分卷、《师友渊源记》不分卷、《筠轩文钞》八卷等八种稀见文史著作，是现代出版史上一套著名的丛书。邃雅斋开业于 1926

---

① 伦明：《伦明书目答问朱笔题识（1929）》，见来新夏等汇补：《书目答问汇补》，中华书局 2011 年版，第 1218 页。

② 伦明著，雷梦水校补：《辛亥以来藏书纪事诗》，上海古籍出版社 1999 年版，第 32 页。

③ 袁行云：《〈书目答问〉和范希曾的〈补正〉》，见李万健、赖茂生编：《目录学论文选》，书目文献出版社 1985 年版，第 386 页。

④ 伦明：《伦哲如诗稿》第二册，国家图书馆藏稿本，自编，第 9—10 页。

年，是琉璃厂中颇有名气的书店。该店由张樾丞出资，董金榜（会卿）、刘英豪（子杰）、郭景新（子璋）三人合伙经营。它不仅售书、收书，还出版书籍。《邃雅斋丛书》主要由刘英豪、郭景新具体操作。董氏先策划后总其成。董氏在《序》中，对丛书之制及其源流，详细辨析，阐明此套丛书以传刻罕见不彰之书为职司，很具水平，绝非一般书商所能。实则这与伦明的参与有直接关系，《序》云："东莞伦哲儒先生储藏之富，鉴别之精，并时无两。厨中秘笈概允相假，因拟次第流布，以兹编为发轫。原书为刻为抄，概就摄印，不烦剞劂，并谢校雠。"[①] 可见这套丛书的立意、选目、出版，都接受了伦明的指导和建议，甚至所据底本也多取自伦明的藏书。

据现存的伦氏批校本来看，伦明校书极讲章法，所选校本均为珍、善之本，如有多种校本，则以各色工楷小字抄写于页面空白处，不改原文，版面整洁精美，堪称精品。中国国家图书馆现藏伦明校本——《玉管照神局》《历代纪元部表》《金石林地考》《元和郡县图志》，以岱南阁刻本为底本，据孙伯渊跋抄本校录。《杜诗附记》《漱六山房读书记》《日知录校正》《丁氏遗著残稿》《蒿庵集》，清张尔岐著，一函四册，前三册为乾隆癸巳刊本，第四册为抄本，辑录了刊本未收的张氏诗文，卷末有伦明过录张氏遗嘱，故第四册可能由伦明辑佚。此外，伦明代友人校订的书籍尚有张次溪的《清代燕都梨园史料》、张樾丞的《邃雅斋丛书》等。"书不校勘，不如不读，校勘之功，厥善有八。"[②] 校勘不仅能静心养性，以利己；又补缺残本为全本，以利人。

三、开明的致用旨归

藏书不易，持久保藏亦难，故一般藏书家都坚守唐代杜暹的"鬻及借人为不孝"的古训，对藏书保管严密，不轻易借人，或只作局部

---

① 董金榜主编：《邃雅斋丛书》，1934 年邃雅斋影印本，第 3 页。

② 叶德辉：《藏书十约》，上海古籍出版社 2005 年版，第 50 页。

开放，允许朋友借抄。明清两代藏书家在文化学术上的贡献是巨大的，但作为社会文化财富的保藏者，他们比较封闭，缺乏开放性，因而限制了藏书的社会作用。至近代，这一状况发生了改变。20 世纪以后，传统的藏书私有、子孙世守的观念已日趋淡漠，它随着近代公共图书馆的设立与发展，以及视图书为“天下之公器”的观念的树立，而在社会学术文化的发展中退居次要地位。于是，私藏转公藏为大多数藏书家所认同。如康有为、梁启超、石德芬、梁鼎芬、邓实等岭南藏书家，都反对把藏书作为私有财产秘不示人的陋习，而主张图书流通，开放私人藏书供士人阅览，甚至将家中所藏捐献给国家。

伦明壮岁多获藏书家旧物，晚年学益精粹，嗜书成癖，鉴裁甚精，收储至富，可称汗牛充栋、蔚为大观。[①] 其对来之不易的藏书十分爱惜，“平时他告诉家里人等任何人不准擅自动他的书籍。一般朋友难进他的书房。”[②] 但对学者和识书、懂书之人却十分开放，乐意利用自己的藏书为学术研究服务。例如，张荫麟云：更有一意外之获，近从伦明先生处，得读余数年来谒求而未得之《通志堂集》，喜可知矣。据此书可补正本传之处甚多。[③] 钱玄同云：余在未借得刘氏家藏稿本以前，有十余种已先向赵斐云、伦哲如两君借得传抄本录印……《中国民族志》，此书系郑君向伦哲如君借得原印本录印。[④] 张荫麟撰《纳兰成德传》，南桂馨、钱玄同编撰《刘申叔遗书》时，伦明尽举家中所有与之，均鼎力相助。胡适撰写《醒世姻缘考证》，也用到了伦明抄录的李葆恂的《归学庵笔记》、佚名的《般阳诗萃》等珍贵材料。[⑤]

---

① 罗志欢：《伦明评传》，广东人民出版社 2014 年版，第 84 页。

② 孙耀卿口述，雷梦水整理：《藏书家伦哲如》，见《随笔》第九集，广东人民出版社 1980 年版，第 96 页。

③ 张荫麟：《纳兰成德传》，《学衡》1929 年第 70 期，第 26 页。

④ 钱玄同：《刘申叔先生遗书总目·跋》，见刘师培：《刘申叔遗书》上，江苏古籍出版社 1997 年版，第 4—5 页。

⑤ 胡适：《致伦明（1934 年 1 月 7 日）》，见欧阳哲生编：《胡适书信集》上，北京大学出版社 1996 年版，第 605 页。

伦明精研藏书史，深为“学术之患，世道之忧”而思虑。在总结了书之聚散的主客观原因后得出结论：“书之聚散，公私无别，且今后藏书之事，将属于公，而不属于私，今已萌兆之矣。”[①] 他生前就对自己的藏书归宿有了打算，抗战中，目睹日本侵略者在中国大肆劫掠文物古籍的罪行，更加强了他欲将所藏归公的愿望。1941 年 2 月至 8 月间，北平图书馆（今中国国家图书馆）馆长袁同礼滞留香港，联系转移北平图书馆三百箱善本运入美国，寄存到美国国会图书馆暂时保管之事。伦明嘱托当时在香港的冼玉清，希望将自己的藏书归于北平图书馆。当时或因战乱无暇顾及，或因“条件不符而罢”[②]，最终未能遂愿。病势危急之时，伦明归书以公的愿望越来越强烈，曾贻书张伯桢，“属以所藏书介归国立北京图书馆”[③]。但未等到消息，1944 年 10 月，伦明怀抱未遂之愿而溘然长逝，藏书由其家人保存和管理。

为了实现伦明生前的心愿，也为了保存伦明视之为“性命”的珍贵典籍，陈垣、冼玉清、袁同礼等一批学者为之奔走努力。1945 年 9 月间，冼玉清随岭南大学从粤北迁回广州河南康乐村，始知伦明已于去年十月病终东莞故里，至为惋惜。“因函商其北京家属，请以藏书归公，卒归北京图书馆，成先生志也。”[④] 同年 12 月 28 日，北平图书馆馆长袁同礼在给胡适的一封信中，谈到正在接洽的私家藏书中，包括伦明的藏书，信中写道：“适之先生著席：战争结束以来，故家文物纷纷散出，除海源阁已收归国有外，正在接洽中者只有傅沅叔、伦哲如（在平）、潘明训、刘晦之、刘翰怡及潘氏滂喜斋（均在沪）

① 伦明著，雷梦水校补：《辛亥以来藏书纪事诗》，上海古籍出版社 1999 年版，第 2 页。

② 冼玉清：《记大藏书家伦哲如》，见《艺林丛录》第五编，商务印书馆香港分馆 1964 年版，第 328 页。

③ 罗志欢：《伦明评传》，广东人民出版社 2014 年版，第 100—101 页。

④ 冼玉清：《记大藏书家伦哲如》，见《艺林丛录》第五编，商务印书馆香港分馆 1964 年版，第 328 页。

……"[①]

1946年12月13日，通学斋伙计告知邓之诚："伦哲如书决定由北平图书馆出资收买，价由图书馆组织'评价委员会'定之，等于发官价而已。其书装大木箱三百余，皆有清一代文集。"邓氏叹之"富哉"。[②] 1947年春，"又经陈援庵（垣）丈再商始成，去先生之逝已三年矣"[③]。其藏书归于公藏，终可慰伦明于九泉矣。1947年3月11日，通学斋店员雷梦水告知邓之诚，"伦哲如藏书近以一万万元归北平图书馆"[④]，故胡适有"他（伦）家藏书很富，听说后来也卖光了"[⑤] 之言。"卖"是事实，但相对伦明藏书的数量及其学术价值而言，所谓"卖"实无异于"捐"。当时邓之诚就为之愤愤不平，直截了当地说："此价在平世不及万元，得值仅十之一耳！无异掠夺。"[⑥]

关于伦明藏书归于北平图书馆的交接经过，伦绳叔有一段记录："先父一生从事学术，除著作外，当以所存之书籍闻著于社会，命之曰伦氏续书楼。然吾辈后生不得保守，乃决议让与北平图书馆。此乃八姐慧珠由港与袁同礼氏商洽而定。今由图书馆派人帮予同整目录（前目录已遗失，仅余五册目录），迄今已告完毕矣。（民三十六，一月，廿九日）。"[⑦] 伦志清亦从父辈那儿得知，当时"场面比较壮观，几大卡车，运了好几次"。伦明藏书归公后，时任职于北平图书馆的

---

① 袁同礼：《袁同礼致函胡适（1945年12月28日）》，见中国社会科学院近代史研究所中华民国史组编：《胡适来往书信选》下，中华书局1980年版，第73—74页。

② 邓之诚遗作，邓瑞整理：《五石斋文史札记》（二十四），《中国典籍与文化》2007年第2期，第122页。

③ 张次溪：《伦哲如先生传》，见张次溪：《宣南逸乘》，油印本（出版年月未详），第4页。

④ 邓之诚遗作，邓瑞整理：《五石斋文史札记》（二十四），《中国典籍与文化》2007年第2期，第109页。

⑤ 胡颂平编：《胡适之先生晚年谈话录（1960年3月30日）》，中国友谊出版公司1993年版，第62页。

⑥ 邓之诚遗作，邓瑞整理：《五石斋文史札记》（二十四），《中国典籍与文化》2007年第2期，第109页。

⑦ 罗志欢：《伦明评传》，广东人民出版社2014年版，第103页。

王重民曾检阅这批藏书。在 1947 年 6 月 17 曰致胡适信中云："今日检阅伦哲如的藏书，有蒋师焓《咏怀诗注》两本，末附纪昀、戴衢亨《蒋公墓志铭》两篇，秦赢《东桥先生传》一篇，始恍然为十余年前编《文集索引》时记得那个名字。"①

时人对伦明藏书的去向也多有记述。冼玉清云："先生（伦明）久欲编印《续岭南遗书》，其弟子李棪劲庵允经纪其事，并允向粤督陈济棠措款，先生尽以所藏粤人著述秘籍授之。李君来香港执教，以书寄存北京大学图书馆。先生来书嘱访李君求交代，李君唯唯。其后邓之诚文如教授亦有函来，嘱转告李君速为处理。今李君远适异国，秘籍之下落如何？中心耿耿。盖编印《续岭南遗书》，乃粤人应有之事也。"② 这批粤人著述是伦明生前准备用来续修《岭南遗书》的，现是否仍存于北京大学图书馆及其去向有待查考。叶恭绰云："节予（伦明）好藏书，恒节衣缩食以求，以每一书之版本齐备为的，亦一特色，殁后其家不省，任市侩择尤抽取，而弃其余，乃拉杂贱售之，不知其优点在各本齐备，一拆散即无价值也。其藏书本拟以万金悉归余，余因乏力未果，此与不收曾刚甫遗书同一憾事，然余之藏书今亦已不能保，固不足悔矣。"③ 郑逸梅的《忆叶恭绰老人》云："他（叶恭绰）藏书很多，不少是原来藏书家伦明的藏品，伦明逝世后，恭绰购存之。"④ 是说与叶恭绰的自记颇有出入。魏隐儒的《藏书家伦哲如》云："伦氏卒后，将广州藏书全部让于广东省图书馆。北京所藏部分，于 1947 年全部归北京图书馆。"⑤ 但据查考，尚无实物和文字

---

① 北京大学信息管理系、台北胡适纪念馆编：《胡适王重民先生往来书信集》，北京图书馆出版社 2009 年版，第 481 页。

② 冼玉清：《记大藏书家伦哲如》，见《艺林丛录》第五编，商务印书馆香港分馆 1964 年版，第 327—328 页。

③ 罗志欢：《伦明评传》，广东人民出版社 2014 年版，第 106 页。

④ 《古都艺海撷英》，北京燕山出版社 1996 年版，第 308 页。

⑤ 章长炳、宁玉环、张永林主编，北京市文史研究馆编：《耆年话沧桑》，上海书店出版社 1993 年版，第 157 页。

资料证明伦明在广州的藏书“让于广东省图书馆”[①]。

四、结语

伦明一生含辛茹苦、节衣缩食地搜书、访书、藏书、校书、编书，潜心于学问，其在1929年发表的《续书楼藏书记》中说“计童龄迄今垂四十年”，或从光绪二十八年（1902）京师求学到1935年发表《辛亥以来藏书纪事诗》，亦有三十多年的访书、藏书经历，其间“际群籍集中之时，日积月累，有莫知其然而然者”[②]。他不但有丰富的藏书实践经验，而且有独到的观点，其虽言“以搜访故书及过录批校之事耗去一生精力，著书时间反而被夺去”[③]，然往来奔波之余仍既述且著、笔耕不辍，所知见者有《续修四库全书提要稿》《目录学讲义》《清代史籍书目提要》《建文逊国考疑》《渔洋山人著书考》《伦哲如诗稿》《辛亥以来藏书纪事诗》《续书楼读书记》《续书楼藏书记》等。就内容而言，涵盖版本目录学、史学、文学等；就形式而言，关涉诗文创作、史志编纂。其文献、史志高屋建瓴、考证源流；诗词文学博洽多闻、深邃开阔，体现“文章文学共创”之特色。斯人远矣，书痕书韵犹存。伦明以绵薄之力，无论在藏书史与文献学，还是在学术史与阅读学等方面，都给后学者以借鉴和启迪。

（原载《大学图书馆学报》2018年第2期）

---

① 罗志欢：《伦明评传》，广东人民出版社2014年版，第98—107页。

② 伦明：《续书楼藏书记》，《辅仁学志》1929年第1卷第2期，第64页。

③ 孙耀卿口述，雷梦水整理：《记伦哲如先生》，见雷梦水：《书林琐记》，人民日报出版社1988年版，第5页。

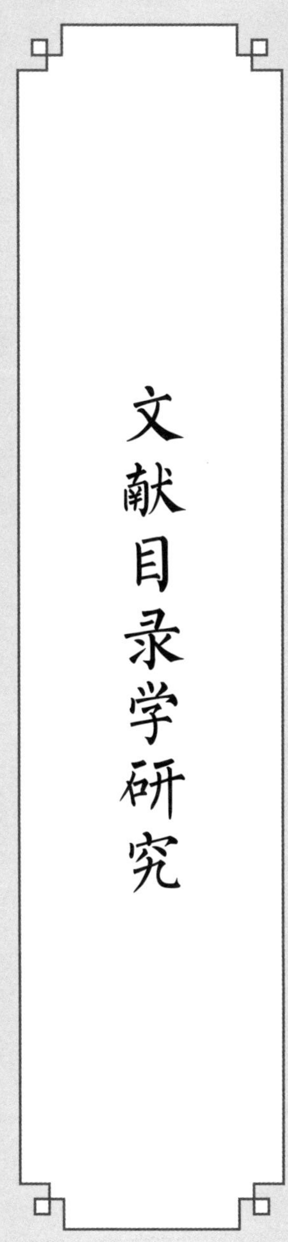

文献目录学研究

伦明先生文献学著述考

熊　静

伦明（1878—1944），字哲如，广东东莞人，近代著名藏书家、文献学家。清光绪二十七年（1901）举人，光绪三十三年（1907）自京师大学堂师范科毕业后，历任广东模范高等小学校长、北京大学法预科教授、河南道清铁路秘书长等职。1927至1937年，担任北京大学、北京师范大学、燕京大学等校教授，其间曾于1930年受邀赴日本东京斯文会鉴定古籍。1937年，避乱归粤，数年后因病卒于故乡。[①]

伦明早年立志续修四库全书，故毕生藏书、校书活动均以此为中心展开。经年所积，藏书累万，“续书楼”之名远近皆闻，伦明遂以大藏书家的面目为世人熟知。但与一般藏书家不同的是，作为一位知名学者，伦明更加重视对藏书的整理和版本的蒐集。叶恭绰在刊印伦明《辛亥以来藏书纪事诗》时就曾总结，续书楼藏书“以每一书之板本齐备为的”[②]，可见伦氏藏书的特色。因毕生为续修四库奔走，伦明的私人著述并不多，但为东方文化事业委员会撰写的续修四库提要就有五十余万字之巨。由于伦明一直坚持亲自抄书、校书，故其版本、目录学思想颇合实用，是近代一位非常重要的文献学家。2012年，东莞图书馆为弘扬乡邦文献，组织编纂了《伦明全集》第一辑，收录了知见的伦明诗文作品，是伦明研究的重要成果。然因伦氏故后，手稿和藏书屡经分割，现在分散地收藏在国家图书馆、中国科学院图书馆、北京大学图书馆等多家单位及伦氏后人手中，访求不易，故该书仍不免遗漏。现以笔者访查所得，略为编次，即补《全集》之

① 东莞图书馆编：《伦明全集一》，广东人民出版社2012年版，第3—5页。

② 叶恭绰：《〈辛亥以来藏书纪事诗〉序》，见叶恭绰：《矩园余墨》，1948年自刊本。

遗，复见伦哲如先生文献学研究之崖略，以为引玉之砖，引起更多同好对伦明研究的关注。

一、《清代史学书录》

1927 年，奉系军阀张作霖占据北京后，将北京大学与其他八所国立大学合并，更名为京师大学校，原北大文科改为文学院。伦明于此时受聘为文学院教授，为学生讲授目录、版本学。由于伦明当时已是闻名于世的学者，且专擅目录之学，故学生虽激烈反对军阀干预校务，但对伦氏的学问都十分敬佩，常有朝夕求教之举。《清代史学书录》就是伦明为授课编写的讲义。由于此书并未公开发行，故传本甚罕，北京大学图书馆藏有两部（书号：X/813. 09/8012；X/018. 51/2867），今据之述其概要。

X/813. 09/8012 本，与《中国小说史讲授纲要》《日文初步文法讲义》合订一册，书衣钤“张公量印”阳文朱印，朱笔另题“一九三三年”。首页卷端题“清代史学书录”，题名下墨笔手书“伦明编述”。全书以版心印有“北京大学出版组印”的纸张印制。正文前有《绪言》，概述清代史学著作的类别，分为“辑佚、补注、重编、补志（补表、补传）、考订、史评、撰著、方志”八类，每类均略述其源流。按其《绪言》所示，正文本应按照上述八类分别著录史籍，但我们见到的两种藏本，正文均只有“辑佚”一百八十七种，“补注”七十三种，共计收录二百六十种清代史学书籍。这也许是因为原书本就没有做完，也有可能是授课内容较多，需要分段讲述，我们见到的只是全部讲义的一小部分。

《书录》以单本书为单位著录史籍，著录项目包括书名、卷数、版本、作者、提要。提要的内容主要有考证作者，摘录篇目，概述主旨，最后叙版本源流，属辑录体。X/018. 51/2867 本内容与前本完全一致，但是并未与他种书籍合订，为单行本，书衣钤有“前北大生存物纪念品民国三十年清理”阳文朱印。

本书未见前人记载，也没有收入《伦明全集》。与之相关的文字，仅见于傅振伦《记目录学家伦明先生二三事》。傅振伦（1906—1999），我国著名历史学、档案学家，1922 年考入北京大学预科，1929 年毕业[①]，在北京大学求学期间，曾经师从伦明学习版本目录学。在回忆这段经历时，傅氏提到伦明“为学生讲授目录学，编印《清代史籍书目提要》讲义”。此处讲义的名称与《清代史学书录》已经十分接近了，那么，两者是否为同书的不同名称呢？回答这个问题的关键，在于对“史籍”和“史学”两个概念的界定。为了解决这个问题，我们需要找到伦明对此的观点。

前引傅振伦的文章还提到，傅氏曾就编辑中国史学书目的问题向伦明求教，并在其指导下完成了《编辑中国史籍书目提要之商榷》。故此，《商榷》中关于史籍分类的观点，可以看作是伦明、傅振伦师生的共同看法。在《商榷》中，傅振伦将中国历史书籍分为四类十二部，史学部位列第四。史学部之外，尚有纪传部、编年部、星历部、谱牒部等十一部。可见，“史学”“史籍”虽一字之差，但概念的外延却大不相同。“史籍”是上位类，而“史学”只是“史籍”中的一小部分。因此，1927—1929 年间，伦明在北京大学授课所用的《清代史籍书目提要》与我们今天见到《清代史学书录》，应当并不是同一种书。

那么，《清代史学书录》又作于何时呢？前面说道，北大图书馆 X/813. 09/8012 本钤盖有“张公量”印。张公量，1932 年 8 月被北京大学历史系录取，与邓广铭、傅乐焕等人同班。[②] 曾在《禹贡》《史学杂志》上发表《穆传之版本及关于穆传之著述》《苏秦说秦辨伪》等文章。8012 本上朱笔手写的“一九三三年”，应该就是此书主人张公量求学期间所题，是他本科二年级时的课本。在北大图书馆为《清代史学书录》编写的目录中，有一段介绍：

据白化文回忆，北大早期的讲义是由图书馆下属的收发讲义室负

① 《傅振伦》，《中华读书报》2000 年 1 月 12 日，第 6 版。

② 王学珍、郭建荣主编：《北京大学史料第二卷 1912—1937》，北京大学出版社 2000 年版，第 573 页。

责印刷、管理和分发的。1918 年成立北京大学出版部，仍隶属于图书馆。1929 年，北京大学出版部改名为北京大学出版组。

由之可见，《清代史学书录》应当完成于 1929 年之后，但不会晚于 1933 年。综上，我们可对伦明在北京大学讲授目录学所用讲义的演变情况作一推测。1927 年，伦明开始担任北大教职后，授课讲义的名称为《清代史籍书目提要》，持续时间至 1929 年左右。1929 年后，可能由于“史籍”提要数量过于庞大，故开始选取“史籍”中的某一类讲授，《清代史学书录》就是其中之一。发生这一转变的原因，当与伦明续修四库之志有关。在《续书楼藏书记》中，伦明回忆“余续书之志，发于甲子（1924）”，而续修的重点，在于清代顺治元年（1644）以后的清代典籍，“以四库书中，清代最疏漏”[①]。其后，虽然没有得到官方支持，但伦明个人的收书、藏书活动都是围绕这个目标展开的。因此，我们或可揣测，在伦明初任北大教职时，掌握的清代史籍还不是非常丰富，通过数年有计划地收集后，伦明知见的清代史籍数量大增，而《史籍提要》的规模也随之一再扩充。在规定的授课时间内，完全讲授《史籍提要》时有不逮，故只能分类、逐段介绍，《清代史学书录》就这样产生了。

最后，我们要对《清代史学书录》的分类略作考证。按照本书《绪言》所载，“清代史学”书籍应当分为八类。而在前述伦明指导、傅振伦撰写的《编辑中国史籍书目提要之商榷》中，也有关于史学部分类的说明。《商榷》中，史学部子目包括史考（考异、校正、补遗、史注、训释）、辑佚、校雠、义例（史评）、评论（史论）、蒙求。与《清代史学书录》的分类并不完全一致，但二者的收书范围是基本相同的。对于这种分类方法的来源，《商榷》并不讳言，谓之“章氏（注：章学诚）史学专部，以刊误之类为考订……今师之而增其目如上”[②]。可见，《商榷》史学部分类是直接增补章学诚《史籍

① 伦明：《续书楼藏书记》，《辅仁学志》1929 年第 1 卷第 2 期，第 64 页。

② 伦明：《续书楼藏书记》，《辅仁学志》1929 年第 1 卷第 2 期，第 64 页。

考》而成的。[①] 与《商榷》分类体系基本同源的《清代史学书录》，在撰著过程中应该也受到了章学诚目录学思想的影响。

二、《版本源流》

《版本源流》是伦明在北大任教期间开设的另外一门课程的讲义。1928 年，日本著名汉学家吉川幸次郎在北京求学期间，就曾旁听过伦明的“版本源流”[②]。此书亦仅以讲义行世，没有单行本。以下据北京大学图书馆藏本予以介绍。

《版本源流》（X/010. 2/2533），民国排印本，首页卷端题“版本源流”。从上往下依次钤盖“张庆隆”“张子兴”“青藜阁”朱印（“青藜阁”，据孙殿起《琉璃厂小志》，是河北冀县张庆隆在京开设的旧书店，旧址在南新华街路十一号，1951 年开业。张庆隆，1920 年代曾在厂甸著名书肆松筠阁工作。[③]）。版心上鱼尾上方题写书名，下鱼尾以一条细黑线代替，细黑口，并印有“北京大学”字样。正文前有《绪言》，由对数个问题的讨论构成，议题包括书用竹帛考、书有刻板考、书有活字板考、宋元明清及近日刻书之优劣论、历代目录配隶（注：分类）大略、四库全书总目提要之弊端、近世目录学流派。

正文则由一个简略的集部古籍目录构成，计收楚辞类四十五种、别集类二百七十三种。每种均著录书名、卷数、版本、作者，并简述其内容。收录标准是“在元以前，概收靡遗。明人则慎择之。自清以后，另为专书”（《绪言》）。特重集部的原因，或是因为伦明认为四库全书“子集二门提要，较经史为劣也”（《绪言》）。

---

① 傅振伦：《编辑中国史籍书目提要之商榷》，《图书馆学季刊》1933 年第 1—4 期，第 230 页。

② 章学诚著，王重民通解：《校雠通义通解》，上海古籍出版社 2009 年版，第 174—175 页。

③ 桑兵：《国学与汉学：近代中外学界交往录》，浙江人民出版社 1999 年版，第 269—270 页。

三、《清代及今人文集著者索引》《清代及今人文集书名索引》

《清代及今人文集著者索引》（目211/927：1－2）、《清代及今人文集书名索引》（目211/9275：1－2），现藏中国国家图书馆，手稿本。两书虽属同一性质的检索工具书，大部分内容也是互相重合的，但收书数量和排列方式却不尽相同。

《清代及今人文集著者索引》，一函两册，线装，抄本。正文以预先印制的绿格稿纸抄写。每页版心均题有“续四库全书提要”“哲如手稿”。正文按照著者姓氏笔画顺序排列，仅录作者、书名两项。“八旗人、僧、闺秀”单独列类，不依姓氏笔画。共收清代及民国初年著者作品一千三百一十三种。

《清代及今人文集书名索引》，版式、形制与《清代及今人文集著者索引》完全相同，亦用“哲如手稿”绿格稿纸抄写。著录书名、卷数、作者（无则省），共收书五百五十六种。

上述两书均未见前人记载。从抄写用纸来看，应当是伦明续修《四库全书》的工作成果，供撰写集部提要检索之用。光绪十五年（1889）六月十六日，翰林编修王懿荣上疏恳恩特饬续修库书，是续修的最初提议。此论出后，虽应者云集，但由于种种原因，始终未能实现，即使是影印《四库全书》的计划，也是屡议屡辍。[①] 而在多年的藏书、校书活动中，伦明深感《四库全书》“忌讳太多、遗书未出、进退失当”[②]，故矢志续修库书，并终生为之奔走呼号，未有一日稍辍。据伦明本人回忆，续修之志，始于1924年。但实际上早在1921年前后，伦明在给时任教育部次长的陈垣的信中，已经提到了自己的修书计划。1924—1928年间，伦明曾有三次机会实现自己续修

① 孙殿起：《琉璃厂小志》，上海书店2010年版，第116页。

② 郭伯恭：《四库全书纂修考》，上海书店1989年版。

《四库全书》的理想，但均因合作者之故，半道中辍。按照伦明的计划，完整的续修工作，包括搜集、审定、纂修三步，除了广罗异本，撰写提要，还要精校善本。也许是感到以个人之力行续修之事，实在力有不逮，于是在续修工作无法全面推进的情况下，伦明将主要精力放到了续修四库提要上面。伦氏续修四库提要的记载，最早见于1926年《广东七十二行商报》刊登的伦明致莫伯骥书，谓“欲以个人之力，成《续修四库全书提要》。已着手两载，成二百数十篇”[①]。1928年，伦明在《燕京学报》上发表《续书楼读书记》，收录“尚书”类提要十三篇，就是其续修提要的阶段性成果。直至1931年左右，伦明受聘为东方文化事业委员会人文科学研究所撰稿“嘱托”之前，他撰写续修四库提要的工作一直在持续进行着，并主要是依靠个人藏书独立完成的。1931年至1937年间，伦明受邀为东方文化事业委员会撰写续修四库提要。据笔者统计，今存标明为伦明所撰的条目，约有五十余万字。那么，《清代及今人文集著者/书名索引》，是为上述哪次续修提要工作而编撰的呢？

1996年，齐鲁书社与中科院图书馆合作，将该馆所藏原东方文化事业委员会主持编纂的续修四库提要稿全部影印出版。[②] 提要俱为手稿，但均用统一印制的纸张。版心从上往下依次为：“续修四库全书总目　上鱼尾　卷　经/史/子/集部　书名（按：书名均为手写，并非每页都有）下鱼尾处有一条横线”。也有部分提要抄写在版心空白的纸张上。不管是何种形制，均与前述《清代及今人文集书名索引》用纸完全不同。此外，伦明为东方文化事业委员会所作提要，绝大部分属经史二部，集部仅有数条。因此，《清代及今人文集书名/著者索引》应当不是为了东方文化事业委员会而作。无独有偶，上海古籍出版社1990年版的《辛亥以来藏书纪事诗》封面，选用了一张伦明手稿，蓝格纸抄写，版心题“续四库全书提要哲如手稿”，正文为《仰萧楼文集》之提要。除去颜色略有不同，纸张形制与《清代及今

---

① 伦明：《续修〈四库全书〉刍议》，《国学月刊》1927年第1卷第4期。

② 东莞图书馆编：《伦明全集一》，广东人民出版社2012年版，第456页。

人文集书名/著者索引》完全相同，而《仰萧楼文集》，也恰好出现在上述两种索引之中。再检索齐鲁书社版《续修四库全书总目提要（稿本）》，虽有《仰萧楼文集》条目，但作者并非伦明。可见，《仰萧楼文集》提要手稿与《清代及今人文集书名/著者索引》是属于同一时期、同一系列的作品。一般来说，罗列书目是纂修工作的基础，《清代及今人文集书名/著者索引》的编纂应该在撰写集部提要之前。对于《四库全书》收录的经史子集四部书籍，伦明最不满的就是集部，认为“惟集部未得其人，因之疏陋谬误特为减色”[①]。因此，优先进行集部书的收集和编纂，是完全合理的。因此或可推断，《清代及今人文集书名/著者索引》是伦明在着手续修四库提要之初，编纂完成的检索工具书。从这两种索引和《仰萧楼文集》提要手稿来看，伦明的续修工作是有整体规划的，通过我们的挖掘，应当会有更多的伦氏提要手稿呈现在读者面前。

四、《续书楼读书记》

《续书楼读书记》，刊于《燕京学报》1928 年 3 期，今已收入《伦明全集》。国家图书馆藏有《续书楼读书记》手稿本，与刊本颇有不同，今略述之。

国图本《续书楼读书记》（总 510/9275），一册一函，线装，以《燕京学报》稿纸抄写，一页三百字。封面及正文均题“续书楼读书记”“伦明”。除去后来刊出的《古文尚书冤词》等十三种外，尚有《建文年谱二卷》一种，为刊本所无。《建文年谱》，明赵士喆纂修。伦明为之撰写的提要，与《古文尚书冤词》等篇体例相同，考作者生平、成书过程、版本源流，并辑录了前人对此书的观点。建文逊国是伦明一直关注的研究课题。1932 年，伦氏在《辅仁学报》上发表《建文逊国考》，文中第三部分已经提到赵士喆此书[②]，故《建文年

① 中国科学院图书馆整理：《续修四库全书总目提要（稿本）》，齐鲁书社 1996 年版。
② 伦明：《续修〈四库全书〉刍议》，《国学月刊》1927 年第 1 卷第 4 期。

谱》提要应当作于此前。

剩余的十二种“尚书”提要，及《孔子家语疏证》，目次与《燕京学报》刊本一致。但与刊本相比，《古文尚书冤词》《尚书未定稿》《古文尚书私议》《古文尚书辨惑》《孔子家语》等五种，均有大段文字被删落。如《古文尚书冤词》，删掉了“攻古文者，又谓安国未尝遭巫蛊事。……据《史记・贾谊传》，则司马迁宣帝时尚存，当卒于宣帝之世”及“奇龄是书，殆因阎若璩《尚书古文疏证》而作。……相传若璩为奇龄冤词所诤，其书迄未刊行；至乾隆时，其孙学林始刻于淮阳”等两段数百字。

五、《续修四库全书总目提要稿》

在介绍《清代及今人文集著者/书名索引》时，我们已经提到，1931 至 1937 年之间，伦明曾为东方文化事业委员会撰写了数十万字的续修四库提要，以下对这批提要的内容和数量略作补充说明。

1925 年，利用日本政府退还的庚子赔款，中日双方派员共同建立了东方文化事业委员会。1927 年 12 月，其下设机构人文科学研究所成立，提出“续修四库全书总目提要”的目标。后为抗议济南惨案，中方委员集体辞呈，该委员会遂改由日方独自经营。自 1928 年至 1938 年间，先后聘请了七十余位中国学者参与提要撰写，伦明就是其中之一。[①] 伦明大约在 1931 年前后受聘于东方文化事业委员会，至 1937 年返乡为止，共撰写提要一千九百零三条，其中经部一千一百三十八条，史部七百五十九条，集部六条。这批提要，今已收入齐鲁书社影印本《续修四库全书总目提要（稿本）》第 14 册 70 页下至第 15 册 672 页上。

① 伦明：《建文逊国考疑》，《辅仁学志》1932 年第 3 卷第 2 期，第 1—62 页。

六、《辛亥以来藏书纪事诗》

《辛亥以来藏书纪事诗》是伦明最广为人知的作品。此书在伦氏生前并未刊出单行本，故在相当长的一段时间内，均以抄本流传，1990年代后出现了多种整理本，版本面貌比较复杂。下面我们将按照时序，逐一介绍《辛亥以来藏书纪事诗》的版本，并对各版本之间的关系作一说明。

《辛亥以来藏书纪事诗》最早连载于天津《正风》半月刊1935年第1卷20—24期，1936年第2卷第1—3期、5期，共记藏书家（藏书楼）一百四十三位。此后，直到伦明故去之前，《辛亥以来藏书纪事诗》未出版过单行本。1948年，伦明同乡，近代著名收藏家叶恭绰刊印《矩园余墨》，将伦明《辛亥以来藏书纪事诗》，徐绍棨（信符）《广东藏书纪事诗》《广东藏书家生卒年表》《广州版片记略》，及黄慈博《广东宋元明经籍椠木记略》合刊一册。据叶氏《序》《辛亥以来藏书纪事诗》所用底本为伦明去世后，叶氏自其家抄录的遗稿。然叶氏所录为残本，仅载藏书家三十二位。

1985年，徐雁、谭华军将伦明《辛亥以来藏书纪事诗》、王謇《续补藏书纪事诗》、徐绍棨《广东藏书纪事诗》、吴则虞《续藏书纪事诗》四种汇为一编，统一按照作者姓氏笔画排列，收入北京大学学海社编印的《北京大学学海丛书》，是《辛亥以来藏书纪事诗》最早的今人整理本。此书后又与《清代藏书发展史》合刊，交由辽宁人民出版社出版（1988）。其中《辛亥以来藏书纪事诗》整理所据版本，据编者介绍，底本为天津《正风》半月刊刊本，参校本为上海高燮闲闲山庄抄本。[①]

1990年，上海古籍出版社刊出了雷梦水校补的《辛亥以来藏书纪事诗》，是本书最早的单行本。据其出版说明，这次整理实际完成于1987年之前。全书由雷梦水借江氏藏抄本对勘叶氏节本，过录标

① 谭华君点注，徐雁校补：《续补藏书纪事诗传》，辽宁人民出版社1988年版。

校，加按语缀补而成，并经顾廷龙审阅。共收藏书家一百五十五位，附录二十八人。[①] 1999 年，上海古籍出版社又将此本与叶昌炽《藏书纪事诗》合订，出版了合刊本。

1999 年，杨琥以雷梦水补校本为底本，参校《正风》半月刊连载本，重新点校《辛亥以来藏书纪事诗》，由燕山出版社刊出。[②] 此本后又在 2008 年出版过重印本。

除去上述整本外，还有学者在国家图书馆发现《辛亥以来藏书纪事诗草稿》一部，十五页，半页九行，以“续四库全书总目”稿纸抄写，从中辑出未发表的残稿四十四首。此《草稿》及雷梦水校补的《辛亥以来藏书纪事诗》，均被收入《伦明全集》。

以上就是迄今为止已经刊出的《辛亥以来藏书纪事诗》的主要版本。从版本源流来看，1990 年代后出版的整理本，基本上都出自雷梦水校补本系统。我们将雷梦水校补本与《正风》连载本对看，有两个显著的不同之处，其一是收诗数量（按：《正风》连载本未刊完），其二就是藏书家的排列次序。举例说明，《正风》连载本的前五位藏书家为“长沙叶昌炽、同邑陈子砺伯陶、丰顺丁日昌、南海孔少唐、孔昭鋆”，而雷梦水校补本则为“叶昌炽、鄞县范氏、纪昀、谭莹、卢址”。《矩园余墨》虽为节本，但共有条目的次序与《正风》连载本一致。

《正风》连载本是《辛亥以来藏书纪事诗》的祖本，《矩园余墨》印行于伦明去世之后，所据底本抄自伦氏家藏本。可见，至少在伦明生前，《辛亥以来藏书纪事诗》手稿的次序是一如《正风》连载本的。那么，今天我们见到的通行本的次序又是谁确定的呢？雷梦水校补本的出版说明，虽然提到所据底本为江氏抄本，但并未具体说明此本的来历。所幸今存伦明遗稿可以帮助我们解决这一问题。《伦明全集》正文前影印了不少伦氏遗稿的图片，其中《伦明〈辛亥以来藏书纪事诗〉手稿》引起了我们的注意。该手稿以红色稿纸抄写，卷端

---

① 伦明著，雷梦水校补：《辛亥以来藏书纪事诗》，上海古籍出版社 1990 年版。

② 伦明著，杨琥点校：《辛亥以来藏书纪事诗》，北京燕山出版社 1999 年版。

前三行分别题："辛亥以来藏书纪事诗/东莞伦明著/门人张次溪编校"。其后数页记录的藏书家次序，一如雷梦水校补本。张次溪，名函锐，号江裁，以字行。广东东莞人。近代著名藏书家、文史学家。伦明与张父伯桢为通家之好，又有同乡之谊，在北京更是比邻而居，故视次溪"如犹子"[①]。曾助张次溪校理《清代燕都梨园史料》，并题十二绝句代序。伦明故去后，张次溪亦为之作《伦哲如先生传》，以资纪念，可见二人关系之密切。因此，在伦明逝世后，由张次溪为之整理遗稿，是完全合理的。我们也可对《辛亥以来藏书纪事诗》收录次序改变的原因略加推测，《正风》连载本的排序依据是藏书家籍贯，同邑则前后相继。张次溪编定本则将之改为按照藏书家主要活动年代排列，更有利于体现全书的逻辑性。最后，雷梦水校补本所据底本"江氏抄本"，也许就是得自张次溪（张氏号江裁），当然，这点并无证据可资说明，列此聊备一说。

七、其他

除去上述作品以外，伦明其他的文献学著作，版本较为易得，均已被收入《伦明全集》，以下简列其目，以便读者检索。

《续书楼藏书记》（《辅仁学志》1929 年 1 卷 2 期）；《渔洋山人著书考》（《燕京学报》1929 年 5 期），此文底稿藏国家图书馆（/31350），《燕京学报》刊本在"附惠栋《精华录》采用渔洋书目"处刊漏一种"癸卯诗卷（同西樵）"；《孔子作孝经证》（有单行本，收入《伦明全集》）；《续修〈四库全书〉刍议》（《国学月刊》1927 年 1 卷 4 期，此文后又被《中华图书馆协会会报》1927 年 3 卷 1 期转载）；《拟印〈四库全书〉之管见》（《国闻周报》1933 年 10 卷 35 期）；《关于印行〈四库全书〉意见书》（有民国单行本）。

最后尚需一提的是伦明在校勘群书方面的成就。与一般藏书家不

---

① 宋远：《辛亥以来藏书纪事诗未刊稿笺注》，见钱伯城主编：《中华文史论丛》第四十九辑，上海古籍出版社 1992 年版，第 75—99 页。

同，续书楼藏书，不仅要广罗异本，还需精抄精校。对于伦明来说，抄书、校书是和买书同样重要的活动，甚至具有更高的学术价值。伦明在自题《校书》诗中就曾不无自豪地表示，经过自己校勘的书，差可做到“千元百宋为吾有”。

伦明一生手校书籍数量极大，今已无从记数。据现存的伦氏批校本来看，伦明校书极讲章法，所选校本均为珍、善之本，如有多种校本，则以各色工楷小字抄写于页面空白处，不改原文，版面整洁精美。经伦氏校勘之书，可称善本。下面据前人记载及笔者访查所得，略述伦明在这方面的贡献。

《论衡》，东汉王充著，北京大学图书馆藏（NC/1135. 3/7293）。底本为明天启六年（1626）虎林阎氏刻本，校本包括：夏润枝藏校宋本；傅增湘据宋、明刊本校《汉魏丛书》本；朱宗莱据元刊本校《汉魏遗书》本，俞荫甫孙仲容考证。分别以蓝、朱、墨笔过录异文。

国家图书馆藏伦明校本：《玉管照神局》（20265）；《历代纪元部表》（4356）；《金石林地考》（/古 411/784. 1）；《元和郡县图志》（/地 84/4641），以《岱南阁刻本》为底本，据孙伯渊跋抄本校录；《杜诗附记》（36716）；《漱六山房读书记》（/8483）；《日知录校正》（7856）；《丁氏遗著残稿》（8486）；《蒿庵集》（23865），清张尔岐著，一函四册，前三册为乾隆癸巳刊本，第四册为抄本，辑录了刊本未收的张氏诗文，卷末有伦明过录张氏遗嘱，故第四册可能由伦明辑佚。

此外，伦明代友人校订的书籍尚有张次溪《清代燕都梨园史料》、张樾丞《邃雅斋丛书》等。

（原载《大学图书馆学报》2014 年第 1 期）

伦明目录学思想初探

刘　平

伦明（1878—1944），字哲如，广东东莞人，我国近代著名的藏书家、文献学家和目录学家。由于种种原因，目前学术界对伦明的研究有限，成果不多，多集中在对他的生平、藏书思想和文献学思想的研究上，他的目录学思想基本没有涉及，就是专门研究近代目录学的一些文章和著作，也很少提到伦明和1937年他在《讲坛月刊》第5—8期上连载的《目录学讲义》。这不能不说是伦明研究和中国近代目录学史研究的一大缺失。为了弥补这一缺失，文章拟以伦明的《目录学讲义》为基本资料，就伦明的目录学思想作一初步探讨。概而言之，伦明在他的《目录学讲义》中阐述了以下几方面的重要思想。

一、目录学的重要意义

我国的书籍浩如烟海，一般都归之于经、史、子、集四部，但究竟归之于四部中的哪一部，一部中又归之于哪一类，以及诸如哪些书籍应该读，哪些书籍应多参考，某书的内涵是醇正还是驳杂，某书的版本是优佳还是劣质、是完整还是残缺，等等，诸如此类的问题“舍求之目录学，则不能知也”。

关于目录学的重要性，学者多有论及。唐代学者毋煚指出，如果没有“剖判条流，甄明科部”的目录学，学者读书就会像“孤舟泳海、弱羽凭天、衔石填溟、倚杖追日”一样困难，而有了目录学，学者读书就“将使千峡于掌眸，披万函于年祀，览录而知旨，观目而悉词，经墙之精术尽探，贤哲之睿思咸识，不见古人之面，而见古人之心”。[①] 宋代学者尤袤认为，目录学对于读者来说，犹如饥饿时得到肉吃，寒冷时得到裘衣一样重要。清代学者王鸣盛则认为读书人如果没有目录学知识，就无法读书。晚清名臣张之洞以“门径”来比喻目录学对于读书人之重要性，他在《輶轩语·语学》中以“读书宜有门径”为标目明确提出：如果读书“泛滥无归，终身无得（虽多无用）。得门而入，事半功倍……此事宜有师承，然师岂易得？书即师也。今为诸君指一良师，将《四库全书总目提要》读一过，即略知学问门径矣”。“《四库提要》为读书之门径。”他在《书目问答》卷二“史部·谱录类·书目之属”的注释中又强调：“此类各书，为读取一切经、史、子、集之途径。”又说：“为学之道，岂胜条举，根柢工夫，更非寥寥数行所能宣罄。此为初学有志者略言之，乃阶梯之阶梯，门径之门径也。”[②] 清末重要思想家梁启超进一步论述了目录学的职能和作用。他指出：“著书足以备读者之顾问，实目录学家最重要之职务也……就目录学的立场言之，则取便检查，亦是此学中一重要条件。”他还认为目录学可以帮助读者查阅有关文献，了解那些“非一人之力所能尽藏、所能尽读”之书的内容，因为“流览诸录，可以周知古今著作之大凡，有解题者读其解题，虽未读原书，亦可知梗概”[③]。伦明在张之洞、梁启超等人的基础上，更进一步，以游历西湖的人必先看西湖便览、出差上海的人必先阅上海指南，来说明目录学对于读书人的重要意义，不仅更形象，更贴切，也更简明易懂。

正因为对目录学的重要性有充分认识，所以，伦明以续修《四库全书》及其提要为自己一生的主要志业，据他在《续书楼藏书记》中回忆，其“续书之志，发于甲子（1924）”。实际上，伦明从事续修《四库全书》及其提要的工作可以追索到1921年。是年9月他辞

---

① 毋煚：《古今书录序》，见《全唐文·标集四部经籍序略》卷三七九一。

② 张之洞：《輶轩语（卷一）·语学》，见《张之洞全集》卷二七二，武汉出版社2008年版。

③ 梁启超：《佛家经录在中国目录学之位置》，见梁启超：《饮冰室合集·专集之七十六》，中华书局1989年版。

去北大教席，每天闭门读书，以为续修《四库全书》及其提要做准备。这年12月，他在给教育部次长陈垣的信中提出三点建议："(一)编定一应之书目以待搜求也" "（二）为校勘《四库全书》也" "（三）续修四库全书提要"。并指出这第三点"最要紧"。他认为，乾隆修书之时多所忌讳，未著录并未存目者甚多，且晚出之书为当时所未前者也甚多，至于乾隆后之著述未收入的就更多。"尝谓我国学术之发挥光大皆在乾隆以后，若此小半截不全，大是憾事。"因此，他建议乘"为时示久，各书搜求尚易，且宿学现存者亦尚有人"的有利时机，组织专人从事此项工作，争取"一二年而功成"。他毛遂自荐，请求陈垣将续修《四库全书》及其提要的事委派于他，"若得附骥尾而有所表见，则我公之赐也"[①]。但此信写后不久（第二年5月)，陈垣辞去教育部次长职位，伦明的提议也就不了了之。

1925年，因各国退还庚子赔款限定用于文化事业，当局遂决定影印《四库全书》，同时提议续修提要，并交内政部和教育部办理。时任代理教育部部长的章士钊提议将文渊阁、文津阁藏之《四库全书》择一运到上海交上海商务馆影印。伦明得知此事后，即撰成《续修〈四库全书〉刍议》一文，交报纸刊出，提出续修之事分为搜集、审定、纂修三项，三项之中又以搜集最难，他因而建议，通过"奖以优价""奖以名誉"的优惠政策来购书、征书。他还对续修提出如下建议：（一）进书不必发还，可将原本汇集成帙；（二）改抄写为影印，以节省劳力。但此事后来又因清室善后委员会的反对和教育部人员的阻扰而流产。[②] 此后，伦明又多次参与有关方面续修《四库全书》及其提要的计划，但都屡屡受挫。1931年后，他参与日本人主导的东方文化事业委员会组织的续修四库提要工作。据统计，在全部六十类提要中，伦明参与撰著的有十一类，负责整理主编的有经部尚

① 伦明：《与陈垣书》，见东莞图书馆编：《伦明全集一》，广东人民出版社2012年版，第457页。

② 王余光、郑丽芳：《伦明生平（代序)》，见东莞图书馆编：《伦明全集一》，广东人民出版社2012年版。

书类等五类、史部传记类、集部别集类广东部分。抗战全面爆发后，伦明回到广东，在十分艰苦的环境下，仍以一人之力续修四库全书提要不止。伦明的学生孙殿起在回忆与老师交往事宜的《记伦哲如先生》一文中记载“1941 年（辛巳）秋，耀卿三游广州……先生谓耀卿言：‘吾近数年撰提要稿，于学问尤见进益，至其群经传授源流支派无不洞悉，近年在粤有所闻见，辄笔书之，积稿盈箧’云云”[①]。可以说，伦明把他毕生的大部分精力，都用在了续修《四库全书》及其提要上，而其动力，则源于他对目录学之重要性的认识。

二、目录学不等于版本学

伦明指出，今人每将版本与目录混为一谈，实际上版本是版本，目录是目录，目录学并不等于版本学。版本学，主要是通过对古籍之行格款式、字体、纸质、墨色等种种之异同的辨别，来判定其版本的异同优劣。就此而言，目录学与版本学有相同的一面，如某书刻本佳，某书刻本不佳；某书是完本，某书是缺本之类，这也是目录学所涉及的内容。除此之外，目录学还要涉及诸如某书醇、某书疵、某书醇疵参半、某书大醇小疵、某书小醇大疵等内容。又同一书，注之者有多家，校之者也有多家，那么，这些多家的注校者中，哪家的注本或校本精而详？哪家的注本或校本疏而略？这些都属于目录学涉及的内容。凡醇者精者详者，悉阐发之，不厌其多，应有尽有；凡疵者疏者略者，悉指适之，亦不厌其多，应有尽有。这样，人们只要阅读了有关的目录学著作，就能知所取舍。又比如，目录学还要研究历代传本是存还是佚，是完还是缺，或者已佚已缺但已经重辑重补的情况，并要加以一一著明，以便使当今的读者只要阅读有关目录学著作就能一览了然。总之，“为版本学者属古之今，部分藏书家所有事；为目录学者通古与今，凡一般学者所有事也”。换言之，版本学研究的是

---

① 孙耀卿口述，雷梦水整理：《记伦哲如先生》，见雷梦水：《书林琐记》，人民日报出版社 1988 年版，第 90—94 页。

图书版本的出版年代、刻版或印刷的质量优劣，而目录学研究的，除版本学研究内容之外还要“辩章学术，考镜源流”，研究图书内容的优劣、真伪和源流等问题，所以一为“藏书家所有事”，一为“学者所有事”。

此前的学者在论述目录学与版本学、考证学、校勘学的关系时，更多的是强调他们之间的联系。如晚清学者姚振宗在阐述目录学与版本学、考证学、校勘学的关系时便指出：“目录之学，言其粗，则胪列书名，略次时代，亦不失其体裁；言其精，则六经传注之得失，诸史记载之异同，子集之支分派别，各具渊源，版槧之古刻今雕，显有美恶，与夫纸墨优劣，字画精粗，古人亦不废抉奥提纲，溯源散委，盖实有校勘之学，寓于其中，而考证之学，且递推递密至无穷尽也。”[①] 姚振宗强调的是，目录学中包含着版本学、考证学和校勘学，但目录学与版本学、考证学和校勘学究竟有何区别，他并没有明确指出。张之洞在姚振宗的基础上，进一步把“版本学与目录学有机地结合起来，更好地为读书治学服务”[②]。他在《书目答问·略例》中提出，“读书不知要领，劳而无功。知某书宜读，而不得精校、精注本，事倍功半”“读书宜求善本”。而他在《辅轩语·语学第二》给善本所定的标准是：“一足本（无缺卷、未削删）；二精本，一精校、一精注；三旧本，一旧刻、一旧抄。”[③] 张之洞强调，读书做学问不仅要有目录学知识，要知道哪些书该读，哪些书不该读，而且还需要有版本学知识，要读该读之书的精校、精注本，这样就会事半功倍，否则，将“事倍功半”甚至劳而无功。和姚振宗一样，张之洞也没有明确指出目录学与版本学的区别或不同。明确指出目录学与版本学的不同，并认为版本学为“藏书家所有事”，目录学为“学者所有事”，从学科的性质上将二者区别开来，这是伦明对中国目录学思想的一大

① 陶存煦：《姚海槎先生年谱》，《文澜学报》1936 年第 1 卷。

② 余度蓉、王晋卿：《中国目录学思想史》，湖南教育出版社 1998 年版。

③ 张之洞：《蝤轩语（卷一）·语学》，见《张之洞全集（卷 272）》，武汉出版社 2008 年版。

贡献。

伦明认为版本学为“藏书家所有事”，目录学为“学者所有事”，实际上他本人就是有名的藏书家，同时又是著名学者。岭南大学女教授冼玉清曾这样评价过伦明的藏书成就：“五十年来，粤人蓄书最富而精通版本目录之学者，当首推东莞伦哲如先生。”[①] 他藏书的总量，据孙殿起回忆“先生拥书数百万卷，分贮箱橱凡四百数十只，书房非有十楹屋宇，不得排列”。他在北京的私人图书馆“续书楼”占房八间，文史学家顾颉刚曾于新中国成立前参观过“续书楼”，实地感受了“续书楼”的藏书之多，“室中不设书架，惟铺木板于地，寘书其上，高过于人，骈接数十间，不便细索也”[②]。藏书之多可以想见伦明非富有之人，他当北大教授，月薪只有二三百大洋，除维持家庭基本的生活费用之外，其余都用来购买了图书。他曾自嘲曰：“余一穷人耳，譬入酒肉之林，丐得残杯冷炙，已觉逾分，遑敢思大嚼哉。”

作为既是藏书家又是著名学者的伦明，他的藏书有以下几个特点：第一，他藏书的目的非常明确，即为了续修《四库全书》及其提要。我们前面已经提到，续修《四库全书》及其提要是伦明一生的主要志业，为了实现这一志业，他几乎倾尽所有来购书藏书，并把自己的藏书楼取名为“续书楼”。也正因为他购书藏书的目的是为了续修《四库全书》及其提要，所以，他收购和珍藏的图书以续修的重点清代的诗文集最为丰富，据说仅清代康熙间（1662—1722）刻本就有十二箱。这对私人收藏家来说，是件很不容易的事情。他曾自豪地说：“鄙藏之书，可作续修《四库》资料者，已达十之七八。”其次，他藏书的观念非常开明，即为了学术研究服务。和一些藏书家视自己的藏书为珍宝、为私产，不轻易示人、借人不同，伦明的藏书是对学界开放的，只要研究治学需要，他都慷慨相借，很多学人都得到过帮

① 王余光、郑丽芳：《伦明生平（代序）》，见东莞图书馆编：《伦明全集一》，广东人民出版社 2012 年版。

② 王余光、郑丽芳：《伦明生平（代序）》，见东莞图书馆编：《伦明全集一》，广东人民出版社 2012 年版。

助。伦明曾给容肇祖提供过所藏明代刻本，以便于他深入研究明代学者何心隐的哲学思想史论。王重民编纂《清代文集篇目索引》、谢国桢从事明末清初学术思想研究、顾颉刚研究姚际恒思想，亦都找伦明借阅过相关藏书。再次，他藏书的最后归宿，是公而非私。伦明精研藏书史，对旧式藏书家藏书的聚散命运有充分了解，许多藏书家耗尽一生心血积聚起来的藏书，在藏书家去世之后，或被贱卖散佚，或被不发处之。对此，他感慨万千，指出："夫物之聚散，亦常也；自聚而自散之，则偶也……书之聚散，公私无别，且今后藏书之事，将属于公而不属于私，今已有萌兆也。"为了避免旧式藏书家藏书的聚散命运，伦明在自己晚年病重期间，对"续书楼"的藏书做了处置，他致信给自己的好友张伯桢，委托他将"续书楼"的全部藏书，无偿捐赠给了北平图书馆（即现在的国家图书馆），以延续图书的生命，从而更好地为学术研究服务。

三、目录学不等同于目录

伦明强调，目录学不仅不等于版本学，也与目录有别，"今人又每以目录为即目录学，误矣"。目录只是古今以来私人藏书楼或公家图书馆对所藏书目的造册登记，不足以言学。但是目录学又基于目录而成，"故研究目录学者，关系目录之各事项，固不可不知也"。那么，目录学与目录究竟有何区别呢？刘纪泽给目录和目录学下的定义是："目为篇目，录谓叙录。""目录学者，纲纪群籍簿属甲乙，辨章学术，剖析源流，鉴别旧椠，校勘异同，提要钩玄，治学涉经之学。"① 汪辟疆在1934年商务印书馆出版的《目录学研究》一书中认为："目录者，综合群籍，类居部次，取便稽考是也。目录学者，则非仅类居部次，又在确能辨别源流，讲究义例，本学术条贯之旨，启后世著录之规。"伦明虽然没有直接回答目录学与目录的区别问题，但从他的前后论述来看，其见解与刘纪泽、汪辟疆大致相同，认为目

① 刘纪泽：《目录学概论》，中华书局1931年版。

录只是古今以来私人藏书楼或公家图书馆对所藏书目的造册登记，而目录学则要在此基础上“辩章学术，考镜源流”。伦明区分目录学与目录的不同这一见解非常重要，而如今有的研究者则把两者混为一谈，如他们把梁启超、胡适等人在五四时期向青年人推介的阅读国学最低书目也说成是目录学著作，即是一例。

伦明认为，研究目录学者，必须知道“关系目录之各事项”，这其中包括：“书之起源”“书之分类”“书之聚散”和“清代撰著之特色”。伦明在论述“书之分类”时，提出了“目录之例因时而变”的思想。他指出，“目录之例”并不是一成不变的，是随着时代的变迁而发生变化，比如，金石目录二门，以前仅附属于史部，今因这两类题材大增，有“宜量为变通”的必要，“使之匀称”，他门有类于金石两门者，“亦宜推及之”。他也十分赞同“近日图书馆又以点画繁简分类，不复拘拘于四部”的做法，认为与“四部分类”法比较，“以点画繁简分类，于检寻自较便”，因而“可兼用之”。但如果因此“废除四部之别，则大可不必也”。伦明在论述“书之聚散”时，对于近代以来，“私家藏书将渐渐熄灭以至于无”的状况，深感惋惜，他尤其对近二十年来“掠贩家”为一己私利，而“四处搜括”私人藏书，“几尽竭泽而渔”的做法，表示出了极大的愤慨，因为这些人“所掠得之书，除一小部分归公私各图书馆外，余者流出海外，一去不返，吁可哉惧”。他还指出，编辑目录之事“渐盛”于近代，其中有“以一类为限者”，如朱彝尊之《经义考》、谢启昆之《小学考》；有“以一省一区或一府为限者”，如徐世昌的《大清畿辅书徵》、张国淦的《湖北书徵存目》、项元勋的《台州经籍志》、孙诒让的《温州经籍志》；有“以一家为限者”，如钱氏胡氏袁氏《艺文目》；有“以一人为限者”，如他自己的《渔洋著述》书目。其他如顾修的《汇刻书目》、朱记荣的《续汇刻书》、杨守敬的《丛书举要》、孙耀卿的《丛书目录拾遗》，此类甚多，“则购书者之检查也”。如倪氏的经籍会要，张氏之书目答问，“近来此类甚滥，佳者甚勘，则示读书者所取资也，是皆不必家有其书，自儿其书，但据目以成编，其中或有不可信者，须分别观之”。伦明在论述“清代撰著之特色”时，认为“撰著之体，代有进步”，与前代相比，“清代特色有六”，即“辑佚”“补注”“订残”“校勘”“翻译”“丛刊”。

就目录学自身而言，伦明认为，它也有广狭之别。在刘向之前，中国所谓的目录之书，等于簿记，而真正可称之为目录学的，始于刘向的《别录》，其他如南宋陈振孙的《书录解题》、南宋晁公武的《郡斋读书志》、清代钱曾的《读书敏求记》、乾隆时的《四库提要》、阮元的《四库未收书目提要》、张之洞的《书目答问》等，与《别录》近似，“示学者以途径使知所取舍，而不必夸骛博”，也可称之为目录学，但都是一种狭义的目录学，我们今天所讲的目录学，亦即狭义的目录学。

尽管目前所见伦明有关目录学的文字不多，仅只有一篇数千字的《目录学讲义》，但他论述了目录学的重要意义、目录学与版本学的区别、目录学与目录的不同等一些重要的目录学思想，这些思想对于中国目录学研究具有重要的参考价值。

（原载《图书馆》2014 年第 6 期）

伦明著述中所见的近代图书馆事业

张　涛

伦明先生的一生，除参与政治事务外，以在学校任职兼课、居家著述和纂修文籍的时间为多，然而却与我国近代图书馆事业有着千丝万缕的联系。他虽自称“余交游中，书贾居半”[①]，但因为有聚书同好，也免不了与图书馆界人物多打交道，更何况近代图书馆兴起之初，有很多图书馆界的学者本来就与伦明一样是传统文史的专家，其间共同话题自然不少。这也无形中造就了伦明著述中颇多有关图书馆事业记述的这一事实。2012 年，东莞图书馆编辑的《伦明全集》第一卷由广东人民出版社出版，本集收录了目前所能见到的大部分伦明诗文专著，对于我们深入了解伦明先生的学行提供了很多便利，也为我们挖掘伦明与近代图书馆事业之间的关系打开了一扇窗。

一、对图书馆事业的关注

伦明撰有《辛亥以来藏书纪事诗》一书，曾不经意地透露出他对近代图书馆事业的关注。在这部关于近代藏书史的名著中，颇不乏涉及当时图书馆情形的记录。如记湖北卢靖“尝捐资十万，设南开图书馆，去岁又拟在故都旧刑部街设木斋图书馆”[②] 的善举。又如“几岁搜储一杪林，江陵道尽痛斯楼。初今何地安弦诵，应费诸公牖户谋”一诗，所咏的是商务印书馆涵芬楼被日军炸毁一事，伦氏传云：“上

① 伦明：《辛亥以来藏书纪事诗・序》，见东莞图书馆编：《伦明全集一》，广东人民出版社 2012 年版，第 62 页。

② 伦明：《辛亥以来藏书纪事诗・卢靖》，见东莞图书馆编：《伦明全集一》，广东人民出版社 2012 年版，第 99 页。

海涵芬楼，储书甚富，先是当事者防万一之险，屡以他本移贮安全地，而未能尽。余游沪，登阁阅览竟三日，所见名人稿本、抄校本尚多，方志尤备，略记要目而去。壬申上海一役，空中落一弹，书与楼同毁。”[①] 商务印书馆收藏善本的涵芬楼与收藏其他典籍的东方图书馆毁于“一·二八”之役，是中国近代图书馆发展的痛史，“书与楼同毁”，楼毁可以再建，而书毁已不可再得。

除此以外，在《辛亥以来藏书纪事诗》最初未曾发表的底稿中有更多关于近代图书馆的史料，如清末北京以学部附属图书馆为代表的各衙门图书馆、北海北平图书馆、松坡图书馆东方文化事业委员会图书馆，又如南京的江南图书馆、中央图书馆等等。记述这些内容的底稿现以《辛亥以来藏书纪事诗草稿》为名，皆已收入《伦明全集》，对学人了解当时图书馆事业发展实情很有助益。例如，伦明曾对南京、北京两地图书馆发展此消彼长的态势有所提及：光绪末叶“江苏当道……设江南图书馆于龙蟠里，系缪艺风主其事，时京师学部图书馆尚未拟及也。初名江南图书馆，旋改江南第一图书馆，又改中央大学国学图书馆，每月全馆经费仅五百元，视北平图书馆，规模悬绝矣”[②]。提及馆名变更的文献，或许所在多有，但细致到馆中经费支绌情形的记载，恐怕他处不易查找。

伦明之关注这些图书馆的动向，多半是因为关系其中馆藏的珍稀典籍。如上引《涵芬楼》诗传即说登楼后“略记要目而去”。他到南京龙蟠里国学图书馆参观后，也有诗作云：“攀鳞附翼集群才，此地重开市骏台。我亦谈天趋走者，谁知单为访书来。”[③] “单为访书来”，确乎是伦明与图书馆之间主要联系的真实写照。1921 年年末，他写信给新任教育部次长陈垣，畅论他“怀抱而欲行者久矣”的图书馆业

① 伦明：《辛亥以来藏书纪事诗·涵芬楼》，见东莞图书馆编：《伦明全集一》，广东人民出版社 2012 年版，第 138 页。

② 伦明：《辛亥以来藏书纪事诗草稿》，见东莞图书馆编：《伦明全集一》，广东人民出版社 2012 年版，第 153 页。

③ 伦明：《伦哲如诗稿二·观龙蟠里图书馆作》，见东莞图书馆编：《伦明全集一》，广东人民出版社 2012 年版，第 11 页。

务，包括编定待访书目、校雠《四库全书》和续书提要三要事，可惜最终都没有能够依托图书馆机构来施展。[①]

另据苏精《近代藏书三十家》中的伦氏专章，因为参与东方文化事业委员会事务的关系，伦明还曾为该会所设图书馆代购书籍。[②] 对此，谢兴尧曾有追述谓："时南北书籍之价正廉，而主持买书者，又为板本目录专家徐森玉、伦哲如二氏。……伦氏名明，于图书见闻极博，收藏亦富，通学斋书店，彼即东家，尤注意史料冷货。于是东方所藏凡经二人之手者，莫非佳椠，几集北京图书之精美，其性质纯为学术之书。尤以名校精钞稿本最多，出目录十厚册，在数量上虽不足与北平图书馆比，而其精粹，则不相上下，洵孤本秘籍之大观矣。"[③] 这批藏书后来多归中国科学院图书馆，颇多秘籍，其中自有伦明的贡献。至于好些资料提及伦明1937年南归后曾任广东省立图书馆副馆长一事，本应为伦明与近代图书馆间关系之最大者，无奈笔者所见现存伦氏著述对此似未道及，而且翻检2012年出版的《广东省立中山图书馆志》，竟然不见其名，未免费解。姑存疑以俟高明垂教。

二、对图书馆古书交易的意见

伦明自谓"独遇奇书不论钱"[④]，一语道尽他遇到心仪书籍时的狂态。而近代图书馆事业在中国兴起的初期，大肆采购中外文献、以求充实馆藏也是各个图书馆馆务的重点所在。同是买书，自然有所交集，伦明著述之中涉及图书馆古书交易情况的也有一些难得的资料。

---

① 伦明：《与陈垣书》，见东莞图书馆编：《伦明全集一》，广东人民出版社2012年版，457—459页。

② 苏精：《近代藏书三十家》，中华书局2009年版，第141页。

③ 谢兴尧：《书林逸话·北京藏书概略》，见周越然等：《蠹鱼篇》，辽宁教育出版社1998年版，第69—70页。

④ 伦明：《伦哲如诗稿二·买书》，见东莞图书馆编：《伦明全集一》，广东人民出版社2012年版，第12页。

采购文献的过程中，最关键也是最容易产生纠纷的就是钱款交易这一道手续。伦明将他个人平日买书的习惯带了进来，对于图书馆购书交易中一些他看不惯的事情特别敏感，不能不有所指摘。比如罗振玉晚年居辽，曾想出售一些历年搜罗的抄本给燕京大学图书馆，索值二万元。一般来说，抄本较为稀缺，开价往往不菲。可是伦明发现这批抄本有不少曾经罗氏整理刊印，故虽原本，亦非必得，乃从图书馆的利益出发，主张就罗氏书目中选择若干，分而购之。罗振玉一开始当然坚拒，但另觅买家后却无法成交，遂不得不遵从伦明的建议。这样，便为燕京大学图书馆省下了大笔资金。而针对卖方罗振玉的心理，伦明就讥讽他是“老去爱钱憎旧物”[①]。与此类似而更甚者，是伦明对马廉所藏曲本身后售与北京大学图书馆的批评。[②] 伦明对于戏曲文献价值的低估或许不当，他对马廉等浙系学人或许也满是偏见（伦明之所以从北大离职，似与浙派的排挤有关，梁启超有一封写给江瀚替伦明说项的信函曾对此有所提及）[③]，但他态度中流露的对高价叫卖书籍给图书馆的行为的厌恶，无疑是真挚的。

相反，伦明对于那些摒私奉公处理采购文献事宜的图书馆人，则颇多好感。比如他说“吴兴徐森玉鸿宝，夙精版本目录之学。数年以来，为北平、东方各图书馆购书，凡耗数十万金，国内珍本，尽归公库。俗例，凡经手支出，必有回润，而君一毫不染，故书肆无不交口颂君云”[④]。言语之间，颇多赞美。徐森玉先生是中国近代文化事业发展中一位隐而不彰的大人物，近年以来始陆续出现若干文字，弘扬

---

① 伦明：《辛亥以来藏书纪事诗草稿》，见东莞图书馆编：《伦明全集一》，广东人民出版社 2012 年版，第 149—150 页。

② 伦明：《辛亥以来藏书纪事诗·马廉》，见东莞图书馆编：《伦明全集一》，广东人民出版社 2012 年版，第 136—137 页。

③ 赵一生、王翼奇主编：《香书轩秘藏名人书翰》，浙江古籍出版社 2005 年版，第 713—714 页。

④ 伦明：《辛亥以来藏书纪事诗·徐鸿宝》，见东莞图书馆编：《伦明全集一》，广东人民出版社 2012 年版，第 133 页。

他的事迹。伦明的记述，可以帮助我们更好地理解徐先生其人其事。更值得注意的是，伦明为徐氏所撰之诗云："穷士穷商两馈饥，手中挥斥几多赀。诸非吾有皆吾有，更清名载口皆碑。"抛开颂扬之辞不谈，一句"诸非吾有皆吾有"虽化用傅增湘句[①]，却着实道出了图书馆事业的公藏属性。

三、关于图书馆馆藏建设

伦明的一生都与书结缘。所以在图书馆各项事业当中，他对馆藏建设最为关心，也最有心得。他曾评论家乡广东的图书馆事业说："往者粤当道漠视文化，图书馆等于虚设；近年则侈建筑之观，不知充实内容，皆是憾事。"[②] 可见就广东文化发展这一问题，相比图书馆馆舍建设而言，伦明显然更看重广东文献的收集整理工作。

这一观点决不应看作是伦明对乡邦文化的私情流露，他对馆藏建设在图书馆事业中的重要性实有系统完整的意见。他曾多次指出，随着时代变迁，读旧书、买旧书的人越来越少，"自学校兴而需新书多，需旧书者少；自大图书馆兴，即需旧书者多，而购书者少"[③]。对此，图书馆不能无所作为。

伦明在《辛亥以来藏书纪事诗》中评价卢靖所设图书馆时顺便说道："余以为近十余年来，国中设图书馆不少，即如吾粤省立图书馆，窥其所有，仅如寒儒斗室，每月常费千数百元，不添置一册，徒耗于馆员薪金。近闻政府议以三十万金改筑馆址，诚美观矣，如败絮其中何?"在馆舍与馆藏二者之间，伦明看重的无疑是后者。他对近代图书馆事业发展偏重新建馆舍的现象有所针砭，认为大笔资金不能用于

---

① 伦明：《辛亥以来藏书纪事诗·傅增湘二》，见东莞图书馆编：《伦明全集一》，广东人民出版社 2012 年版，第 94 页。

② 伦明：《与罗香林书》，见东莞图书馆编：《伦明全集一》，广东人民出版社 2012 年版，第 459 页。

③ 伦明：《辛亥以来藏书纪事诗·序》，见东莞图书馆编：《伦明全集一》，广东人民出版社 2012 年版，第 62 页。

充实馆藏文献，而仅耗费在硬件设施与人员配备上，虽然成就了图书馆建筑一时的美观，可在他看来，这些图书馆称得上是却有馆无书，“败絮其中”。这是伦明从一个文献学者职业角度提出的一种观点，自然有其局限，未必全面。不过若站在图书馆事业史的角度来观察，便不难发现那些图书馆收购的珍贵文献在今日仍有其不可磨灭的价值，而当时美轮美奂的馆舍却早已湮没在历史的尘埃中了。伦明确有其独到的眼光。而且，他还讲出一番道理，即他认为近代中国的社会形势所迫，使得保存文献成为一项迫在眉睫的工作，如不能全力以赴，恐有毁灭之虞，所谓“现值道衰文敝之日，守缺搜残，实为要务。力大者，自古椠至精刻旧抄，宜尽量收之；力小者，同就经史子集中，择其一部，应有尽有。庶几挽回外输，保存国粹。徒斤斤于形式，何当耶!”[①] 伦明也曾为教育部图书馆献计献策，以为该馆“收藏非不富，然皆就旧有而保存之，初未调查我国现存之籍共有若干。……迩来旧书日少，且多输出，私家藏贮，不可持久。若无一大图书馆办此，则国粹真亡矣。”[②] 将图书馆的馆藏建设上升到国粹存亡的高度，不可谓不沉重而深刻。相信任何一位对中国近代文献流散变迁遭际有着切肤之痛的人都能体会，伦明此论的确是有为而发。后来和众图书馆主要发起人之一的叶景葵曾坦承立馆缘由：“古籍沦亡，国内公立图书馆基本薄弱，政潮暗淡，将来必致有图书而无馆，私人更无论矣。是以发愿建一合众图书馆。”[③] 叶氏“有图书而无馆”之说，与伦明的“败絮其中”论，看似相反，实则相成，一定程度上反映了近代图书馆馆藏建设的问题所在。

伦明认为，“书之聚散，公私无别，且今后藏书之事，将属于公，

① 伦明：《辛亥以来藏书纪事诗・卢靖》，见东莞图书馆编：《伦明全集一》，广东人民出版社2012年版，第99页。

② 伦明：《与陈垣书》，见东莞图书馆编：《伦明全集一》，广东人民出版社2012年版，第458页。

③ 顾廷龙：《张元济与合众图书馆》，见《顾廷龙文集》，上海科学技术文献出版社2002年版，第558页。

而不属于私，今已萌兆矣”[①]。故而他非常留意大宗古籍文献的动向，因此对图书馆收购公私藏家古籍入库之事多有记述。如他记李慈铭越缦堂遗书九千册、梁启超饮冰室藏书遗稿、蒋汝藻传书堂明刻本、刘承干嘉业堂大部头善本、湖北藏家刘绍炎明钞本、天津盐商李士珍全部藏书（多明钞本及其他精刻本）、满人光熙所藏半数清代集部书籍归入北平图书馆；记李盛铎因需钱而商售藏书于北平图书馆，而馆中以缺少经费婉拒；记马叙伦的藏书两万余册全归辅仁大学图书馆，其中不少近代人词集；记丁丙八千卷楼藏书归江南图书馆事；记经学大师皮锡瑞弟子熊罗宿的遗稿与残存藏书归江西南昌图书馆；记黄节所藏善本副本入东方图书馆；记杨氏海源阁与山东图书馆交涉转让藏书事等等。

在谈及唐景崇书籍文献的归属时，伦明指出，唐氏存稿在其戚属之间流转，争端纷起，而最后议定由唐氏家属及余、陈二家共同保管的办法，在伦明看来竟“未悉其意何居”，因为：“以言藏也，曷不寄之北平图书馆耶？以言刊也，曷不付之商务印书馆耶？”[②] 不论是收藏在北平图书馆还是靠商务印书馆的力量来传播，都是着眼于珍稀典籍的公藏与公开，在这一点上，近代图书馆要比个人收藏或者传统藏书楼优越得多。为此，伦明甚至联想到自己的朋友余戟门是唐景崇的外甥，还想要就此事去问一问余戟门。这种内心活动，正是前引诗句“诸非吾有皆吾有”理念的体现，更是近代公共图书馆思想在伦明这位看似传统的文献学家身上的集中映射。

四、近代图书馆学的点滴知识

原来，不论是伦明还是徐森玉等人，他们心中都蕴涵着一种化私

① 伦明：《辛亥以来藏书纪事诗·序》，见东莞图书馆编：《伦明全集一》，广东人民出版社 2012 年版，第 62 页。

② 伦明：《辛亥以来藏书纪事诗·唐景崇》，见东莞图书馆编：《伦明全集一》，广东人民出版社 2012 年版，第 74—75 页。

为公的情怀，这与近代图书馆发展潮流是相呼应的。传统藏书楼秘不示人的风气，受到近代公共图书馆风气的影响，已经开始松动，不少学人都在反思私人藏书的弊端。比如谭卓垣即称“人们常常希望着中国的藏书楼发展成为一个重要的文化机构，但遗憾的是，这一愿望始终未能成为现实。……清代的私家藏书虽然在许多方面是杰出的，但它们同样未能为藏书事业的发展发挥出应有的最大作用。藏书家们缺乏面向大众的精神，他们把藏书总是或多或少地视作家产。因此，一般人难以接近它们，有时连亲朋密友都难以一睹。……开放私人藏书供公众阅览，但在当时的中国却很少有”①。在鸟瞰清代私家藏书概况之后，袁同礼也得出结论认为“私家藏书愈秘不示人，愈不能永其传。……全国缺乏公共收藏机关，实学术不发达之主要原因。此则愿今之服务典藏者，有以力矫之”。② 伦明在给时任广州市立中山图书馆馆长罗香林的一封信中，特别点出“事关公益”四字。③ 在这一点上，伦明与这些图书馆人的心理很是相通。

伦明对于从国外传入的近代图书馆学绝非深拒固斥，他从藏书的角度出发，对于其中自认为有用的部分，是很善于吸收利用的。他对袁同礼引进国外图书馆学的做法特加表彰，认为其中“有最便者数事”：一是“编目不以经史子集分，而以笔画多少分；诸要书各附索引，亦有合若干种书，共作一索引者，于检甚便”；二是“记书目于散片上，可以随时更调增损”；三是“书帙包上下四周，不似旧式之空其上下；书本大小长短不同，而帙则同，插架有整齐画一之观”。伦明本人对四部分类法本有异议④，所以对袁同礼的举措加以青眼，

① 谭卓垣、伦明等著，徐雁、谭华军整理：《清代藏书楼发展史·续补藏书纪事诗传》，辽宁人民出版社 1988 年版，第 71—73 页。

② 袁同礼：《清代私家藏书概略》，见国家图书馆编：《袁同礼文集》，国家图书馆出版社 2010 年版，第 80 页。

③ 伦明：《与罗香林书》，见东莞图书馆编：《伦明全集一》，广东人民出版社 2012 年版，第 459 页。

④ 伦明：《与莫伯骥书》，见东莞图书馆编：《伦明全集一》，广东人民出版社 2012 年版，第 456 页。

引为知音。

四部分类，非对传统目录之学有所了解者难以使用，而改以笔画检索，方便查找；为重要书籍做索引，同样是为了方便做研究。图书馆以卡片编制书目，一书一卡，既利于查阅，又可随时调整增删，胜于私人藏家录簿多矣。所以伦明在诗中形象地将之譬喻为“万人海里人焉廋，点鬼簿上鬼自由”。至于为装帧大小不同的书籍定做统一样式的书套，更是美观。以上三条虽然不是袁同礼图书馆学见解的精髓所在，但对于伦明来说，却十分便于他的藏书利用，故而认为这是“藏书家皆当遵用者”，更不吝对他所理解的图书馆学作出赞美：“容膝室中密四周，都在图书馆学求。”当然，或许是因为对近代图书馆学颇有隔膜的缘故，伦明在这里说袁同礼是“从欧洲传图书馆学归国”，实则袁先生虽有很长时间在欧洲考察当地的图书馆事业，但他所受的图书馆学教育主要还是在美国。

五、对藏书家、图书馆人的看法

由于所好相同，伦明对藏书家、图书馆人很是关心，他记录下来一些近代图书馆人的生活信息，是了解那个时代图书馆学界（尤其是古籍界）不可多得的素材。曾任职教育部图书馆和北平图书馆的赵慰苍、赵士炜父子生活困苦而仍藏书、著述不辍，可惜都过早去世，伦明撰写《辛亥以来藏书纪事诗》时，特别为他们记上一笔。[①]

伦明又谈到当时许多银行家以富于财力，争力购书，颇能见出一时风气：“南海潘明训，少时供事洋行，现充英工部局总办。喜储宋椠，初以百种为限，闻近已逾限矣，并闻眼识甚高，元明以下蔑如也。案近来银行家，多喜藏书，武进陶兰泉、庐江刘晦之，其最著者也。闻杭州叶揆初者，亦浙江兴业银行董事，收藏稿本、抄校本甚夥。往日藏书之事，多属官僚，今则移之商家。官僚中虽不乏有力

① 伦明：《辛亥以来藏书纪事诗·赵慰苍》，见东莞图书馆编：《伦明全集一》，广东人民出版社 2012 年版，第 137 页。

者，而忙于钻营片逐，无暇及此，亦可以觇风气之变迁也。”[①] 叶揆初即叶景葵，他的藏书全都捐给了合众图书馆。叶先生所任职的浙江兴业银行，由蒋抑卮创办，而蒋氏也是当时颇为著名的藏书家。从语气上推断，伦明与他们不甚熟悉，但可以说，伦明的观察是一针见血的，所谓“往日藏书之事，多属官僚，今则移之商家”确是当时藏书界的精准写照。其他所说如“辛亥后，武人拥厚资，大治官室，以图书供点缀”[②]，也有助于今日了解那一时段藏书家群体的部分面貌。

对那些懂得流略之学的图书馆人，特别富有好感。如编著有《故宫善本书影》《故宫善本书目》《北京大学善本书目》等重要文献学著作的张允亮，在故宫博物院、北平图书馆、北京大学图书馆长期从事古籍善本书目的研究工作，曾任编纂员、善本部主任，1949 年以后留任故宫博物院图书馆主任，在图书馆古籍界原本享有盛名。不知从何时就很少提起他了。而伦明必要给他记上一笔，称赞他是“口说能详经目广”[③]。张允亮籍贯河北丰润，丰润张氏是近代史上的望族，出国许多著名人物。张允亮先生虽然年长，但却与著名作家张爱玲算同一辈。

阅读伦明著作，不经意中发现他似乎对赵万里先生稍有芥蒂，这让作为后生的笔者颇觉意外。本来《辛亥以来藏书纪事诗》所记多为前辈或平辈，赵万里是少数几个跻身其中的晚辈学者，尽管是附于王国维之下。赵万里与伦明关系并不密切，但以深得王国维版本目录之传，又先后出掌北海、北平两馆馆务，以英年而享盛誉，故而才得以为伦明采入《辛亥以来藏书纪事诗》。诗云“手中何限名山副，眼底无涯沧海观”，但小传末一句“屡次南下，为图书馆访书，又得造天

---

① 伦明：《辛亥以来藏书纪事诗·潘明训》，见东莞图书馆编：《伦明全集一》，广东人民出版社 2012 年版，第 138—139 页。

② 伦明：《辛亥以来藏书纪事诗·张勋》，见东莞图书馆编：《伦明全集一》，广东人民出版社 2012 年版，第 849 页。

③ 伦明：《辛亥以来藏书纪事诗·沈应奎附张允亮》，见东莞图书馆编：《伦明全集一》，广东人民出版社 2012 年版，第 115 页。

一阁观其所藏，宜目中无余子矣”，[①] 似有微讽存焉。而在写给容庚的私信中，伦明谈到了杨钟羲，介绍说“此人系盛伯羲表弟，深于目录”云云，这还不算，竟有“胜赵万里十倍”的月旦之评。[②] 这话在我们今日看来，不免令人感到有些讶异。但杨钟羲是老一辈的学者，他与赵万里的学问孰高孰下，后生不好妄议；伦明为何对赵万里的态度近似“苛评”，后生也不敢揣度（倒是可以与此后其他一些老辈对赵先生的态度稍作对照[③]）。这里只是立此存照，暂且留此一段学人掌故。

六、结语

谢灼华在谈到伦明以降诸家续补叶昌炽《藏书纪事诗》的一系列著作时指出，“伦明、王謇、徐绍棨诸人，均为近代文化学术界人士，他们所撰述的藏书史料，改变了叶昌炽的以文献史料为主要依据的情况；而以贤人学者见闻纪实为主，辅之以查检所得文献，经耳的同行见解、书坊信息，事未久远、人亦相近，自然，这里所记述的材料可靠性就大多了。这一点，伦明所撰《辛亥以来藏书纪事诗》最为明显，也最足称道。……伦明等生于20世纪前后，亲身经历社会的变化，亲见藏书家兴衰事实和风气转变，他们的记述在一定程度上反映了近代图书事业发展变化的历史面貌。”[④] 谢先生并提议对这些著作之中珍贵的历史资料应该给予充分重视，至少有五个方面的问题值得学界深入研究，其中之一就是“关于近代藏书家与近代图书馆的兴起”。其实，何止《辛亥以来藏书纪事诗》是如此，伦明的其他著述

① 伦明：《辛亥以来藏书纪事诗·王国维附赵万里》，见东莞图书馆编：《伦明全集一》，广东人民出版社2012年版，第109—110页。

② 伦明：《与容庚书》，见东莞图书馆编：《伦明全集一》，广东人民出版社2012年版，第462页。

③ 陈麦青：《赵万里：一生为书》，《东方早报》2013年6月2日，第B09—B10版。

④ 谢灼华：《〈续补藏书纪事诗传〉序》，见谢灼华：《蓝村读书录》，河北教育出版社2004年版，第108页。

也都蕴藏着丰富的史料线索，有着极高的文献价值，其就是中国近代图书文献发展的一个缩影。笔者这篇小文对伦明著述中涉及近代图书馆事业发展史料的初步钩稽，就看作是对谢灼华先生提议的粗浅尝试吧。

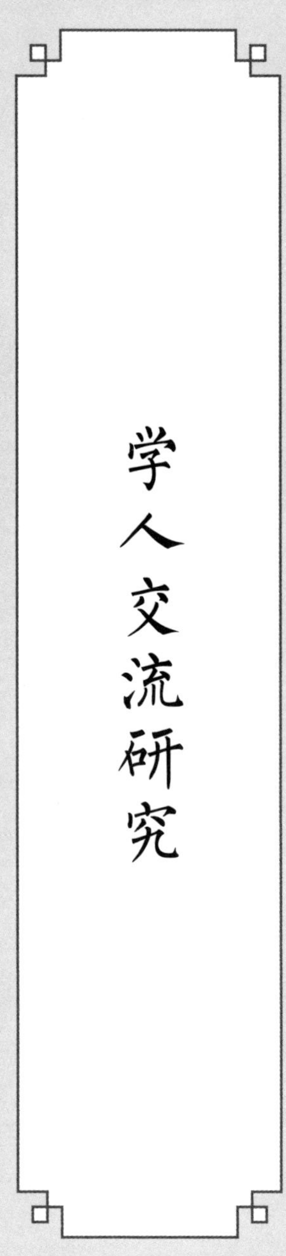

学人交流研究

致伦哲如先生书

胡　适

哲如先生：

你的大札因少贴了一分邮费，罚了我三分钱，还耽误了四五天才收到！

拙著《醒世姻缘考证》，承先生印可，我很高兴。又承抄示李葆恂笔记，甚感。李君在当时能如此推崇此书，不可谓非先觉。《般阳诗萃》中有蒲留仙诗百四十首之多，我竟不知有此书。

昨托余季豫先生带去石印本蒲集一套，又三种蒲集目录互勘对照表一册，倘蒙先生一校之，当可添不少佐证材料。如先生需用其他两种抄本，亦乞示知。

小航先生死时，我正将去国，不及往吊唁。今读先生挽诗，追念此老殷勤见访之厚意，不胜感慨之至。他的世兄现在北大，我前曾嘱以搜集小航先生材料。他说，许多烂纸都给老人家病中“擤”鼻涕用掉了！我听了只能叹一口气而已。匆匆问新年中起居。

胡适敬上　廿三，一，七

（原载耿云志主编：《胡适遗稿及秘藏书信》19，黄山书社 1994 年版）

读伦明先生致陈垣先生的信件

——纪念陈垣先生130岁冥诞

来新夏

1942年夏，我负笈京华，就读辅仁大学历史学系，始列陈垣先生门墙。陈垣先生为史学大家，时皆尊称援庵先生。入学后，历年得聆援庵师亲授“中国史学名著评论”“佛教史籍概论”及“史源学实习”诸课程，获益滋多，为我一生从事学术工作奠定初基。援庵师著述闳富，所著《元也里可温教考》《史讳举例》及《滇黔佛教考》等常置案头，而《二十史朔闰表》尤为时加翻检之学术工具书，而援庵师则谦称此为“智者不为”之作，而“不为终不能得其用”，旨哉斯言！我终身服其言，亦望天下学人皆能置诸座右。

援庵师学识渊博湛深，为人尤重情义，凡同辈及后学有所函询及面质，无不认真答问。又海内外交游颇广，故来往信札较夥，或未加整理，杂置一隅，或抄家时为他物所掩没，致未为“文革勇士们”所注意，视同废纸，幸免于难。20世纪80年代，援庵师文孙智超教授得此遗物，董理编次，成《陈垣来往书信集》一书，达数百件。其间以友人来鸿为主。出版后获读全书，更见援庵师道德文章之深蕴，惜未能亲睹原件为憾。

2010年春，小友赵胥枉顾寒舍，携来北京韩斗先生自市肆所得各方学人致援庵师函多件，共得十三人。有我曾受业的朱师辙先生，有相识并有交往者史念海及谢兴尧二先生，又有闻名仰慕而未获一面者卢弼、缪凤林、吴玉搢、伦明、方豪及莫伯骥等先生，皆享誉于学林的饱学之士，其他尚有未之识的社会名流若干人。另有日本学人松崎鹤雄一人。此十数函所涉及者多援庵师之著述及各类有关学术问题，可供参考者颇多。经查核，均已见收于《陈垣来往书信集》。今得见手书原件，幸何如也！

这十三封信中最有价值的是伦明先生的信，伦明先生（1875—1944），字哲如，广东东莞人。曾任官经商，是当时著名藏书家。他为了实现续修《四库全书》的宏愿，节衣缩食，甚至卖去妻子的妆奁，自己生活得破衣烂衫，筹款采购有关典籍，以致落个“破伦”的雅谑，而他却自嘲是“卅年赢得妻孥怨，辛苦储书典笥裳”。他遇到许多困难，适当其时，援庵师正在教育部次长任上。伦明先生遂于1921—1922年间致函援庵师，除略陈教育部部员罢工和八所高校索费二事外，主要提出三点要求，都是有关图书事业的。

其第一点是要编一部“求书目录”以充实教育部图书馆的庋藏：

> （一）编订一应之书目，以待搜求也。查教部直辖之图书馆，收藏非不富，然皆就旧有而保存之，初未调查我国现存之籍共有若干。例如经部，除四库所录外，其未收者若干种。在修四库后成书当时未录者若干种。或旧本尚存，或尚有抄本。其最精要之某种则不可不多方求之，或就藏书家移录之。盖此图书馆为全国之模范，其完备亦当为全国冠。况迩来旧书日少，且多输出，私家藏贮，不可持久。若无一大图书馆办此。则国粹真亡矣。

《求书目录》亦可称《阙书目录》。这种目录缘起于北魏。北魏孝文帝积极推行鲜卑人汉化的政策，于迁都洛阳后，鉴于北魏图书甚缺，使命人编定《魏阙书目录》，持赴南朝求书。这是北朝唯一见于著录的一部目录。伦明先生是一位目录学家，可能想到这一做法，所以提议编一求书目录。

其第二点要求是：

> （二）为校雠《四库全书》也。前此曾有刊印四库之议，但此书之讹脱，触目而是。若任刊布，贻笑外人（前日本人某曾著论言之）。且传布此讹脱不完备之本亦奚取乎？但此书博大，校雠不易。现在教部人员极冗，一时谅难裁撤。其中文理清通者当不乏人，与其画诺而无所事事，何如移一部分之人以校此书。且

> 馆中人员亦不少，若去其素餐者以置清通之人，不一二年，此书便可校完。在国家不费分文而成此大业，何快如之。至校书之法，则宜将内务部新得之四库，或再借用文渊阁之四库，至各书之有刻本者亦居大多数。皆可取资也。

校勘四库，兹事体大。又牵涉某些既得利益者，置游手好闲，无所事事者流于日事丹铅，朝夕点勘诸事，岂能无窒碍乎？近十年来国内竞相刊布四库，或一阁多版，或出以光盘，皆借以牟利，未闻有能聚清通之士，一一点勘者，不知何以对伦明先生？

其第三点即是有关续收《四库全书提要》一事：

> 续收《四库全书提要》，此着为最要紧。乾隆修书之时，多所忌讳，未著录并未存目者甚多。且晚出之书为当时所未见者亦多。若乾隆以后之著述，其未及收更不待言矣。尝谓我国学术之发挥光大，皆在乾隆以后。若此小半截不全，大是憾事。为时未久，各书搜求尚易，且宿学现存者，亦尚有人。宜聘请通达者约十人之谱，每人薪修，月约五六十元（另有课责之法，兼差者亦可但需限若干日成一书）。月需经费约一千元左右，亦约一二年而功成，即在学款所减内筹出此数非难。

续修《四库全书》是伦明先生的夙愿，他曾倾家财聚书为续修四库作准备。他曾自豪地说："鄙藏之书，可作续修四库资料者，已达十分之七八。"并名其书斋为"续书楼"，著《续书楼读书记》与《藏书记》，而续提要尤为其要看。值得庆幸的是，时隔两年，编纂《续修四库全书总目提要》一事即在1925年10月开始策划，由日本人出面，利用"庚子赔款"进行，并于1931年7月开始撰修提要，至1945年7月由各类学科的中国学者（有个别日人）共同完成初稿，共收入古籍三万余种。伦明先生得亲见其事始终，并参与撰写提要，亦可谓已完成其夙愿，伦明先生亦足自慰矣。

伦明先生这三点要求，确为图书事业中之重大举措。颇寄希望于援庵师，故在函末又郑重其事地申言云：

> 如能办到三事，则我公为福于国学者不细。且政治不过暂局，我辈在世界上要当作一事业，留作后世纪念。昔彭文勤在朝，颇不满于清议而功在四库，至今谈者犹乐道之。我公如有希望于后世者，此其时矣。闻教长尚未定人，最好我公以次长代理部务。

伦明先生满怀热诚，以至情寄希望于援庵师，而援庵师究竟如何对答处理，因无援庵师复函，也无其他记载与传闻，不能妄加猜测。按照援庵师处理事务的习惯，会有复信的。但原件未得，难见真相。至伦明先生所言三事，以今视之。亦颇有难度。援庵师书生入仕，职任副贰，恐亦难周章其事。又致函时间在直皖战争后，直系军阀正意气自得，扩充武力之际，视教育文化事业若敝屣，即使诉之上峰，其结果亦不过付之“待议”而搁置。若未来档案中有所发现，当可补此缺陷。

今年为援庵先生130岁冥诞，有关方面在京举办纪念会，我理应到会，自陈学业进程；但年近望九，步履维艰，且气候变化靡常，未能躬逢其盛。适得伦明先生此函，捧读再三，若见前辈学人风范，乃作题记呈献，以见白头门生之虔诚。

2010年冬写于南开大学邃谷

（原载《中国文化》2011年第1期）

藏书家伦明与史学家陈垣的书缘

伦志清

2010 年初秋，我到北京兴华胡同的辅仁大学校友会及陈垣故居参观，碰到广东江门宣传部长和江门博物馆副馆长一行，他们正为纪念陈垣诞辰 130 周年缺少新资料发愁，听说我能提供关于祖父和陈垣的历史资料，异常高兴，傍晚一同来到北师大，与他们约好的文史、教育系教授座谈。由于祖父伦明曾任北师大教授，父亲伦绳叔也在北师大毕业并为师，话题投机，畅谈很晚。我及时将祖父为陈垣写的诗手稿、陈垣为伦明著作签署盖红章的影印件及文字资料，给江门博物馆发了邮件，丰富了其纪念陈垣资料。

陈垣早年在广州创办《时事画报》《震旦日报》，宣传反清。辛亥革命后，他历任北大国学门导师、辅仁大学校长、京师图书馆馆长、故宫博物院图书馆馆长。新中国任辅仁大学校长、北师大校长及全国人大代表等职，是很有成就的史学家、教育家，毛泽东称赞他是："我们国家的国宝"。由于历史的机遇，祖父伦明曾与陈垣交往 20 年，不仅是同乡而且成为志同道合的朋友。他们都是辛亥革命后由广东到北京定居，同在北太、北师大和辅仁大学任教，伦明钦佩陈垣的博学，由于共同爱好收藏书籍、研究版本学、探讨文史和立志续修四库全书提要而矢志不渝，建立了以书为缘的友谊。

广东研究文史的学者称我祖父伦明是民国时期知名的学者型藏书家，他藏书重清人撰著，而且大量收集近代学者文集，特别搜集《四库全书》未收入书目，又精通版本目录学，曾编辑《版本源流》。所以他对于四库全书所收书范围的偏狭、收书内容的讹误、未收书种类繁简都相当了解，伦明认为清乾隆年间的四库馆纂修诸臣不识版本，又每肆意删节窜易，改为抄本灭其迹，造成讹误，所以应校正，曾说："书至近代始可读。自乾隆时，《四库全书总目提要》成，著录虽丰，由今视之，皆糟粕耳。”陈垣是伦明的知音，俩人都喜爱藏书并多年研读过《四库全书》，为续修四库全书提要费尽心机，在 20 世纪二三十年代常在一起研究、探讨和付诸行动续修四库全书提要，伦明曾给陈垣写信谈道：“《续修四库全书提要》，此着为最要紧，乾隆修书时多所忌讳，未注录并未存者甚多，且晚出之书为当时所未见者亦多，若乾隆以后之著述，其未及修更不待言矣，尝谓我国学术之发扬光大，皆在乾隆以后，若此小半截不全，大是憾事。”1920 年 12 月 26 日伦明得知陈垣即将担任教育部次长，给陈垣去信，提议部属图书馆多搜求旧书，以及校勘《四库全书》和续修四库全书提要。信中说：“顷悉我公即长教育，不胜雀跃。……弟所有恳于公者，由为图书馆一事，弟怀抱而欲行者久矣，今将凭借我公而达到之。（一）编定一应之书目以待搜求也。……（二）为校勘《四库全书》也。……（三）续收四库全书提要。……如能办到三事，则我公为福于国学者不细。且政治不过暂局，我辈在世界上要当一事业，留后世纪念。”随后，伦明毛遂自荐，诚恳地说，从 9 月就辞退了北大教席，绝无别事，每日只是闭门读书，把续修四库全书之事委派给他。此事刚运作，1921 年 5 月，陈垣因辞去教育部次长职务，伦明的建议成为泡影。

伦明认为《四库全书》是国家经典，必须完善，应予增补、重校、续修最为妥善，三项中又以续修为最重要。续修书是一项系统工程，应是政府行为，在军阀混战时期政府及业界无力的情况下，伦明要独辟蹊径，以私人之力逐步完成续修书之事。据“通学斋”书铺的合伙人、挚友孙殿起说，伦明藏书已有四百多箱计百万册，两个东莞会馆所居之处，积书满檐下。另外，在广州还有一些藏书。伦明求书，不避重复，初得一本以为佳，遇继得更佳者，随将前本易去。伦明自陈：“其藏书资料已够续修四库全书提要的十之七八”，“胸中之目录，十倍于眼中目录”。他写过一组诗，表达了藏书过程中的苦与乐。诗云：

买书

平生丝粟惜物力，独遇奇书不论钱。
书坊质库两欢喜，只有妻孥饿可怜。

卖书

货殖仍然不离儒，本来稗贩笑吾徒。
长门赋价今时贱，不卖文章改卖书。

抄书

不爱临池懒读书，习劳聊破睡工夫。
异时留得精抄本，算与前贤充小胥。

校书

一字辛勤辨鲁鱼，益书益己竟何如。
千元百宋为吾有，眼倦灯昏搁笔初。

1924 年伦明为了表明意志和目标，特意给烂缦胡同原四十九号东莞会馆里自己收藏书的八间房屋起名为“续书楼”，意在续修四库全书。最初，他得到同乡富商胡子俊的赞许和资助，谈好预计每年用三千元费用，连续五年期即可续修告成。谁知才开始不久，因富商生意失败而泡汤。

1925 年，时任教育部长的章士钊计划影印四库全书，这是第三次旧事重提。消息传开，伦明在报刊上发表《续修〈四库全书〉刍议》，公开建议改影印为续修，并就搜集、审定、纂修三方面详加讨论，主张凡成于清顺治元年（1644）以后的书均预收录，再依各书内容价值高低分成甲、乙、丙三等，又建议乘修书之便顺带完成《国史经籍志》与《清史》“儒林”“文苑”两传，《经籍志》一书因不限于清代，故用“国史”两字。以后，教育部的影印计划中途停止，各方献言和高见也偃旗息鼓，只有伦明的《续修〈四库全书〉刍议》在 1927 年元月和 8 月先后登载到《国学月刊》和《中华图书馆协会会报》。两度登载可见其主张受到专业学者的重视。伦明还将《续修〈四库全书〉刍议》自印石印本传送给有关专家学者，被其认可，后来采纳了他的符合实际的建议并实施。

1928 年又有一次续修的机遇，伦明应东北局之邀，赴沈阳协助筹印文溯阁四库全书，这是民国以来第四次计划影印及续修，当时张学良兼任东北大学校长，伦明与总裁张学良和副总裁翟文选等商议，按当时的流行方法，起草宣言通电全国，同时译成外电发至各国，宣言既表示东北影印此书的决心、张学良拟垫私财的宏愿，又表明了伦明的一贯思想，即他一向主张的增补、续修、重校工作，组织这三项学术性的整理工作，以及完成实际影印的技术操作工作，应是不逊于乾隆初修四库全书的百年盛业，因此通电引起中央也要争印库书，双方就此僵持了一番，可人算不如天算，1929 年 1 月主持东北影印计划的杨宇霆突遇刺身亡，于是续修又告搁浅，而中央方面也不再进行了。好在伦明吸取数次影印、续修中止的经验教训，已抓紧工作。此行只完成了一份《续修总目》，但包括一万种图书，几乎是原有四库全书数量的三倍。在战乱年代，伦明续修四库全书之路，经历几波几折。后来，他又陆续参与了四库全书提要续修及影印工作。

伦明受朋友推荐，曾在河南道清铁路任处长，其寓室自称“读书庐”，1926 年刚过，心系拟续修四库书提要之事，已经从事三载成效寥寥，思绪万千，回忆历史修四库全书，自己续修受到冷嘲热讽，家中储书的辛苦，以及坚定续修的意志，1927 年元旦奋然挥笔赋诗：

> 圣朝文治盛乾康，多见鸿儒厕鹭行。
>
> 草茅秘籍呈大府，韦布新衔署玉堂。（赏翰林院庶吉士戴转诸人以修书）

笑我无端思汉竹，生儿奚异自空桑。
廿年赢得妻孥怨，辛苦储书典笥裳。

伦明为搜集续修四库全书的书籍，抄写提要资料，数十年如一日不松懈，就是乘车、坐船、住旅社，也书册不离手。在他会馆的家里，凡坐卧起居的书桌、沙发旁、床头都摞满书，随时可以拿来读，他休息就是看书，手不释卷，就此积累学问，为续修四库全书做准备。伦家人教育子女时，都习惯把伦明刻苦钻研学问的精神作为榜样。有一年，伦明和几个朋友从北京到上海旅游，人家观光游览，他却到涵芬楼登阁阅览竟三日。涵芬楼是上海专贮珍贵图书的藏书楼，1926 年始对外开放，宋、元、明、清善本极多，伦明有针对性地阅读、抄录了许多稿本、校本和方志等记要目录，“满载而归”。

伦明与陈垣的交往由来已久，20 世纪 20 年代初因筹办续修四库全书通信来往较多。1927 年元月伦明在河南道清铁路局时，怀念与陈垣以书交友的情谊，特吟诗并题跋：

怀陈援庵都中十二叠南韵

徐（光启）李（之藻）图书译越裳，地与天算逮农桑。

几人报器来西土，有客抄书聚北堂（君亲求利玛窦、南怀仁辈遗著甚备，重印行世，于西教传华本来记述尤详）。

百犬吠声难上谤（君被推为管理清宫委员，为势要所忌将陷之法），十年树木想连行（君手创平民中学又兼北大教授）。

由来成学京师易（曾文正语），又见家风绍海康（陈海扐侍御昌，粤康人，著书甚多，而王石曜善，王极称诵之）。

1918 年北大蔡元培任校长期间，伦明应聘为诗词教师，1921 年伦明向陈垣自荐续修四库全书未果，1922 年到北师大教授国文，1927 年二度回北大任教，教授版本目录学等，1929 年经辅仁大学校长陈垣推荐，应聘到定阜大街一号北京辅仁大学，任专任教授，讲授课程为“唐宋元明清文家综论”“清儒著述概要”“目录学”“史学通论”以及“国文”。我现存伦明在辅大时撰著的《建文逊国考疑》这本书上盖有“陈垣”两字的一公分见方的红色印章，应是陈垣审校通过而刊行的样本。伦明所撰《续书楼藏书记》于 1929 年 9 月首载《辅仁学志》第 1 卷第 2 期上。陈垣也常去伦明于 1919 年开办的琉璃厂“通学斋”书铺寻书、购书。当年伦明开书铺不是为了赚钱，而主要是找捷径收集古书，从琉璃厂“会文斋”书铺“挖来”有经营头脑的年轻店员孙殿起，并与他成为三十余年莫逆之交，是以书为友的典范。伦明常年忙于教学及外出，实际上把自己的“通学斋”书铺生意全部交给孙殿起打理，陈垣及其学生启功是“通学斋”寻书籍资料的常客，陈垣、伦明、孙殿起和东莞会馆的张次溪成为知己，常在一起探讨文史及古籍版本，东莞会馆成为他们常聚会的场所。在伦明和陈垣等学者潜移默化的指导、影响下，孙殿起成为少见的学者式书商，曾将几十年贩书经历写成《贩书偶记》，成为知名目录学家。伦明和陈垣的志向、爱好相同，陈垣是史学家，善书法，喜收藏，精于鉴赏。俩人著书立说、谈收藏往来的机会更多了，共享收藏的乐趣。一次，陈垣收集到明代岭南大儒陈白沙（献章）的手书，十分兴奋，特意约伦明来家，在书房共赏陈白沙佳作。伦明写诗二首相贺：

陈援庵新得白沙草书手卷属题——款署石斋白沙别号

合浦还珠事岂殊，汉皋解佩感何如？
诗情字法无非学，闽粤同名两大儒。

伦明对自己的诗文注解：陈白沙手卷先是我的朋友徐行可所得，后转给陈援庵，徐先生家在汉皋（湖北），恰有“汉皋解佩”朋友相遇解佩相赠的典故特拟诗。明代漳浦黄忠端公也号石斋，理学、文章书法并重千古。

讽咏高于击壤吟，收藏重以敬乡心。

江门一脉通黎滘，独感家书抵万金。

伦明对自己的诗文又注解：我最近收得明嘉靖五年白沙诗教解二册，我同乡林时嘉所校刊，时嘉也是白沙的门人。尤其回忆十年前，丁先生介绍某书画店拿来先祖明朝弘治年状元伦文叙的书法字条，我欣喜后细察看，是作假的，而真迹从来没见过。伦文叙第三子伦以诜曾授礼部仪制司主事，是白沙再传门人，世居南海黎滘村。家书抵万金是戏用杜甫诗句。

陈垣有个得意弟子叫单士元，曾在故宫博物院工作，后成为档案学家、清史学家。他在《回忆陈援庵师》一文中提到伦明与陈垣为故宫提供史料的故事：1933 年左右，一天陈垣对小单说，有一批私人档案，关于清末的故事，已商定让给故宫，其中有“上海《苏报》案”资料。该案发生在 1903 年，上海《苏报》章士钊主笔倾向革命，清政府对章太炎、邹容在上海《苏报》上发表反满革命言论要治重罪，租借地的列强干预，反复庭审，最后减刑。单士元提到：“一日援师偕我到宣武门外的东莞会馆伦明先生家，伦明先生字哲如，亦北京大学教员，伦先生喜购书，曾在琉璃厂买得清末两广总督端方档案多册，大部分为电报档案，关系清末历史的珍贵史料，如上海《苏报》案的档案即在其中，援师以 900 银元的价格，为故宫文献馆购入。当日委我押送到故宫。”

1944 年 10 月，伦明病逝于东莞望牛墩，享年七十岁。他生前已看出时代演变：“今后藏书之事应属于公，而不属于私。”病重期间，他写信给居住北京烂缦胡同东莞会馆的同乡好友张伯桢，嘱托将藏书转归北平图书馆（现中国国家图书馆），但其没来得及尊伦明遗愿办理，就于 1946 年病逝。1947 年冬，捐书之事由冼玉清教授介绍，联系伦明家属及其好友原北京大学、辅仁大学校长陈垣斡旋，我姑姑伦慧珠特意回北平筹办，尊祖父遗愿，于 1947 年将伦明一生的珍贵藏书大部分捐献给了北平图书馆，少量藏书变现补助了家庭生活。如今我们仍可以从改名为国家图书馆的善本书目中，发现以集部为多的书名下有伦明批校题跋的字迹；伦慧珠还经手将伦明在广州和东莞的藏书捐给广东省立图书馆。另外，她又把存放在东莞会馆我姑父张荫麟（清华大学教授）的许多藏书捐给了浙江大学，因为抗战时期，为躲避日寇，西南联大南迁，张荫麟随行在浙大教过书，该大学史地系特意建立"东莞图书室"纪念他。

我祖父伦明在北京间断续编的四库全书提要，后转给有关历史研究院及图书馆，以及纳入日本京都大学人文科学研究所，仅存一万部续修提要稿。现出版的《续修四库全书提要》中有相当一部分为伦明所写。由他署名较多的如：四书类之二百四十七篇、孝经类五十一篇，都超过这两类的半数以上：经部之中大部分，史部之传记类，集部类中之广东部分等。另外，伦明也忙里伏案有些撰著，如《续书楼读书记》、《续书楼藏书记》、《续修〈四库全书〉刍议》、《拟印〈四库全书〉之管见》、《版本源流》（一名《版本学》）、《读未见书斋书目》、《孔子作孝经证》、《渔洋山人著书考》、《建文逊国考疑》、《辛亥以来藏书纪事诗》、《续修四库全书提要稿》数十册，以及《乡间忆旧》七言诗数百首，伦明撰著中影响比较大且受学者推重的是《辛亥以来藏书纪事诗》。上述著作有些曾陆续付印。2008 年 4 月，我又到文津街过家图书馆，查找到伦明当年撰著手稿，如《原孔》、《三补顾亭林年谱》一卷、《清史谈屑》三种（《尚可喜父子事考》《道光广东夷务记》《道光广东夷务杂记》）、《伦哲如札记》、《清代与今人文集著者索引》、《丁卯五日诗》、《伦哲如诗稿》、《关于印行〈四库全书〉意见书》。伦明撰稿的部分著作，由于有珍贵的历史参考价值而被国家图书馆升级为善本书。其中伦明撰《关于印行〈四库全书〉意见书》是陈垣精心保存并经手捐给了该图书馆，这是陈垣与伦明心照不宣的书缘，以及学者的执着。2010 年 9 月东莞市档案局依据伦明的成就和影响力，评其为东莞名人。

伦明的著作《辛亥以来藏书纪事诗》采用诗和传结合的形式，被读者所推崇，即为每位藏书家写一首七言绝句，后录藏书家的史实，作为诗的注，主要写辛亥以来的藏书家，其中与他熟知往来、接触学者的藏书家居多，为陈垣（援庵）写诗如下：

唐官补出石柱字，元代招来西域人。
俯首王钱到遗墨，但言校例已成陈。

陈垣多年致力于研写《元史》，著有《元西域人华化考》《唐郎官石柱题名》《中西回史日历》《中国佛教史籍概论》《四库书考异》和《四库全书纂修始末》等。其藏书丰富，达四万余册。陈垣在“文化大革命”中没受到冲击，与周总理的保护有关。他晚年生活简朴而有规律，1971 年 6 月 21 日在京逝世，享年九十一岁。陈垣和伦明一样有着文人的爱国赤诚，以奉献精神传承中华民族文化遗产，陈垣也嘱托家人，将自己的藏书和文物捐献给了国家。

（原载《莞水情》2011 年第 3 期）

解开藏书家伦明与梁启超的情谊谜团

伦志清

清末戊戌变法失败后，梁启超流亡日本，1903 年的一天，梁启超收到中国京师寄来一封贴着小蟠龙邮票的来信，里面只有一首诗，匿名“东莞生”，梁启超赞叹这诗写得好，有唐诗李商隐的韵味，但是对未署名百思不得其解，只好登载到有关刊物上。后来，广东文史专家杨宝霖对藏书家伦明有过深入的研究，曾解开伦明与梁启超这段因诗书交往之谜。近年，笔者在研究祖父伦明资料时也对梁伦关系有偶得及深究。

杨宝霖研究藏书家伦明撰著和经历时，曾看到梁启超在《饮冰室诗话》中赞誉道：“乡人有自署东莞生者，以《无题》八首见寄，哀艳直追玉溪（唐代诗人李商隐，号玉溪），而言外之美人芳草，字字皆湘累血泪也，亟录以谂同好者。”戊戌变法失败后，流亡在日本的梁启超只收到中国寄来的诗，但不知道此诗的东莞作者是谁，梁将这七律《无题》八首登载到于日本横滨创办的 1903 年以后的《新民丛报》半月刊上，后载入梁启超《饮冰室诗话》。杨先生又查阅南海余祖明《广东历代诗钞》六卷才看到在伦明的名下收录了这七律《无题》八首诗，伦明诗云：

长门幽怨诉年年，身住蓬莱学散仙。
思子台空吹暮雨，回心院冷锁寒烟。
早传沧海填精卫，苦听荒山叫杜鹃。
谁遣蛤蟆吞魄去，几回翘首望团圆。

几闻沧海变桑田，见惯麻姑亦可怜。
云暗鼎湖龙去日，尘荒华表鹤归年。

嫦娥应悔偷灵药，天女偏愁欠聘钱。
八骏不来桃又熟，瑶池昨报宴群仙。

庭院深深闭暗尘，西风残照易黄昏。
相思相望成终古，愁雨愁风又一春。
怨到湘妃惟有血，招来宋玉已无魂。
团圆记得年月日，酒冷灯昏不忍论。

览镜双蛾独自羞，怕随邻女斗风流。
泥人春病全无状，诳我归期又是休。
红袖背人惟有泪，白云望远不胜愁。
章台夹道车如水，日暮珠帘莫上钩。

紫台一去苦相思，马角乌头可有期？
尺帛漫传苏属国，千金谁赎蔡文姬？
素衣珍重休教染，纨扇飘零且莫辞。
回首秋波应一哭，楼台甲帐已全非。

一雨桃花委马蹄，东风狼藉黯凄凄。
恼人天气春如醉，似水年华日又西。
连夜梦魂烦镇压，一春心绪总凄迷。
鞭丝漫指关山道，红雪纷飞鸟乱啼。

谁向修罗问夙因，尘寰一谪苦沉沦。
剧怜鸡犬云中客，尽是虫沙劫后身。
回望风云俱惨淡，过来花鸟亦精神。
蓬山此去无多路，青鸟殷勤好问津。

《玉树》悲凉唱《后庭》，琵琶胡语不堪听。
红羊失记何年劫，白燕凄闻故国声。

缫尽春蚕丝有恨，淘残秋水浪难平。
沉沉心事无人识，独倚银屏待月明。

在1898年之前，梁启超随老师康有为到广州讲学，二十二岁的伦明经常从东莞赴广州的“万木草堂”听康有为讲课，结识了梁启超。东莞人张伯桢清末在广州成为康有为的“万木草堂”弟子，他在回忆“万木草堂”的资料中，将伦明列入同学名单的第83人。四年后，伦明考入京师大学堂时正是踌躇满志的二十六岁年华，敬仰梁启超是戊戌变法爱国图强的大英雄，也是起草京师大学堂章程的才华横溢师长，按现在的说法梁启超就是当年伦明“追星族”的偶像，伦明将精心写作的《无题》八首诗寄给了在日本的梁任公，是“粉丝”的敬仰。许多文史学家疑惑伦明是北大诗词教授，但少见其面世的诗稿。笔者也带着这个谜团沿着当年祖父伦明藏书捐给北平图书馆的线索，于2009年4月到文津街国家图书馆古籍馆查阅，终于查找到了《伦哲如诗稿》，是珍贵的一至六册手写稿，系辛亥年（1911）至丁丑年（1937）所作诗篇一百九十余首，其中，我豁然看到伦明寄给梁任公诗稿的又一实证，与杨宝霖考证伦明作诗给梁启超事实不谋而合。伦明曾于丁卯年（1927）初在河南清道铁路任职时，作怀念梁任公并合作续书之事的诗篇，并加以注解。诗云：

怀梁任公先生都中七叠前韵

斟酌新衣改故裳，早年观海住扶桑。

爱我诗篇图主客（癸卯岁以无题七律八首寄日本，承采入《诗结》），迟君书目写祠堂（去岁索余藏书目，至今写未竣也）。

大儒人识尊荀况，素学谁云变许行。

冰水青蓝言语妙，世间目论并提康。

以上伦明诗的第三句回忆说明了梁启超喜爱他的诗篇，明确是在癸卯岁即光绪二十九年（1903）把《无题》七律八首寄日本并被采纳。伦明寄给东渡日本的梁启超的《无题》诗八首，为什么未署名？我认为这是由于祖父把梁启超作为师长的矜持，再有，梁启超是清朝政府通缉的“革命党人”，伦明是京师大学堂的学生并在京城，若在诗上署名岂不担忧被牵连加害？

梁启超流亡日本十三年，1898 年 10 月赴日本东京，为了生活方便，起了日本名字吉田晋。1911 年 10 月辛亥革命爆发，1912 年 1 月 1 日孙中山在南京宣告成立中华民国，梁启超于同年 9 月乘日本“天草丸”轮船返回中国。伦明于 1915 年迁到北京居住，一直打听梁启超的消息，在京城时，前去登门拜访，叙旧如初，伦明问梁：“您可曾记得十多年前东莞人寄到扶桑的诗？”梁任公恍然大悟，两人因诗书持续了多年友情。特别是 1923 年梁启超到清华学校（1928 年更名为清华大学），1925 年应聘为清华国学研究院导师，梁伦从交流续修四库全书提要的学术问题，到逐步深谈与学者的合作，从一拍即合的宏愿到商定双方续修四库全书提要的实施方案。

1926 年至 1927 年初，伦明还在清道铁路局任总务处长（秘书）时，虽忙于行政事务，仍日夜思绪续修四库全书，心系学者朋友梁任公，当时梁启超是清华大学的国学大师，伦明通过信函与梁任公商议为清华大学开办国学院续修四库全书之事。伦明为了收藏古书曾在琉璃厂南侧开办“通学斋”书铺，当时伦明给“通学斋”书铺经理孙殿起（耀卿）的信函写道：“一月前曾致函梁任公。因清华学校开办国学院，且财政充裕，我欲与彼停约，由院聘任专修《续四库提要》，而将我之书籍（志清按：指烂缦胡同东莞会馆的‘续书楼’）移存该校保存，校中每月送我薪金三百元，购买书籍在外，我修成之书，则版权归该校。将来成书后，我之书另与该校订价值，或先定价值，而后修书。此层于我之生计及柜上生意，均极有利。顷接任公复书，大体赞成。惟要先看书目，但书目不易编就。今还有最简办法，此处之书由我编目，在京之书由你代编，不必审慎。但分经、史、子、集四大类，而经之中亦不必分易、书、诗、春秋、礼等类，但系经即归一处，集部亦不分时代先后，惟该书系诗文或他杂著，则列明 ×× 堂文集若干卷、诗集若干卷或札记若干卷（此类要详，勿略），某人著、何时刻板便得。即请见字即刻办理，俾我得持以商订办法。兹附任公原书一阅，阅讫存好，勿失。”从中看出伦明与梁任公已是学者之间的老朋友了，亦师亦友，为共同办好续修四库全书之事煞费苦心，也可从信函看到伦明对孙殿起在学术上的指导及相互支持。

因书缘，伦明与梁启超联系多一些是在 20 世纪 20 年代，伦明是北大、师大、辅大教授，梁启超于 1920 年以后弃政，集中精力从事文化教育和学术研究，是清华教授，两人在藏书和续修四库全书上志向相同，共同筹办续修库书之事。梁启超 1929 年 1 月 19 日病逝，当时伦明还写了《挽梁任公先生》一诗作为悼念，诗中写道：“略书寝门临哭后，遗稿问何如?”表达了痛失老朋友及又失去续修四库全书事业机会的复杂心情。任公离去时才五十七岁，要不是医院大夫误切其好肾留坏肾，也许能恢复健康。假如，梁启超多健在几年，伦明的续书楼会转到清华大学，也会圆了含辛茹苦续修四库全书的梦，可惜历史没有假设。

早年，伦明还从梁任公处得知清华张荫麟是有才学的学生，张荫麟敢于直言给梁任公提出有着孔子的问题疑惑。伦明常给《燕京学报》撰稿，《燕京学报》是燕京大学东莞人容庚教授主办的，伦明看到作为清华学生的东莞籍学生张荫麟也常在该报撰稿，如：1927 年 6 月《燕京学报》第 1 期登载张荫麟《秦妇吟之考证与校释》，第 2 期又载其《九章及两汉之数学》。伦明看中张荫麟的才华，当年，聘其作为女儿伦慧珠的国语家庭教师，后来由于笔者祖父的极力劝说，促成了姑姑伦慧珠与张荫麟的婚姻。

往日如烟，藏书家伦明和梁启超学者之间的书缘情谊谜团解开了，鲜为人知成为了历史佳话，从中也体现出，维系东莞人伦明和新会人梁启超的乡情和爱国情，促成了学者之间的交流合作；在清末及民国初期，粤人学者在粤人圈内交往活动较多。

（原载《莞水情》2013 年第 10 期）

陈垣与伦明的交往

周永卫

伦明（1875—1944），字哲如，一作哲儒，近代著名藏书家、版本目录学家，广东东莞人。光绪二十七年（1901）举人，次年入京师大学堂学习，1907年毕业后返粤，曾任两广方言学堂教务长。一生嗜书成癖，衣履破旧，购书时却十分慷慨大方，遂被人呼为“破伦”。著有《续修四库全书总目提要》《续书楼读书记》《续书楼藏书记》《辛亥以来藏书纪事诗》等。

1917年，伦明进京任参议院秘书，1918年后，历任北京大学、北京师范大学、燕京大学和辅仁大学教授。在这期间，结识了同样爱书如命、与他志同道合的广东同乡陈垣。陈智超编《陈垣来往书信集》中收录伦明来函仅一封。此函无年月，只有“廿六日”，编者厘定为1921年年底、1922年年初。刘乃和等著《陈垣年谱配图长编》将此信定为1921年12月26日，王明泽《陈垣事迹著作编年》将此函系于1921年12月27日陈垣署理教育部次长之下，均十分恰当。此信正是写于1921年12月26日，因为信中说道：“弟自九月即脱离大学教席。”显然是指同一年，而绝不可能是次年年初。

续修四库全书是伦明终生的抱负和理想，当他得知好友陈垣即将出任教育部次长的消息后，十分激动，连夜给陈垣修书一封，提出三条建议，一是编写善本书目，“编定一应之书目以待搜求也”；二是校雠《四库全书》；三是续收四库全书提要。认为“如能办到三事，则我公为福于国学者不细。且政治不过暂局，我辈在世界上当作一事业，留作后世纪念”。但当时的北洋政府，内忧外患，千疮百孔，身为教育部次长的陈垣也无力回天，不可能有大的作为。五个月后，陈垣辞去了教育部次长的职务，伦明的建议也只能化为泡影。

在学术研究上，陈垣一直把伦明、胡适、陈寅恪三人奉为知己和诤友。1928 年 2 月，陈垣完成他的重要学术著作《史讳举例》。《史讳举例》初稿曾送胡适、杨树达、沈兼士、伦明、朱希祖等学者审阅，定稿时吸收了他们的部分观点和材料。1929 年，陈垣聘伦明为辅仁大学讲师，主讲“目录学”“版本学”等课程，一直到 1933 年 7 月，两人曾有四年多的同事关系，来往十分密切。抗战期间，伦明逃亡至家乡东莞，陈垣孤守京城，对伦明等人十分怀念。在给逃亡香港的长子陈乐素的信中，流露出对伦明等昔日挚友的思念之情。1938 年 12 月 22 日，陈垣完成学术论文《汤若望与木陈忞》，1939 年 1 月 14 日，他致乐素信中道：“前者文成必先就正于伦、胡、陈诸公。今诸公散出四方，无由请教，至为遗憾。”

1940 年 1 月，陈垣在他的论著《明季滇黔佛教考》即将杀青之际，在信中向爱子乐素倾吐了对伦明的思念之情：“文成必须有不客气之诤友指摘之，惜胡、陈、伦诸先生均离平，吾文遂无可请教之人矣。”这年 8 月，他将刚刚刊印出来的《明季滇黔佛教考》九册寄给陈乐素，吩咐将其中一册转寄给伦明。

陈垣、伦明等人经常一起逛琉璃厂、隆福寺，搜购古籍珍本。余嘉锡 1935 年《跋王石臞父子手稿》中记载了他与陈垣、伦明等人一起合购高邮王氏三世稿本的一段经历：“甲戌（1934）秋，北平琉璃厂书肆通学斋购得高邮王氏三世稿本若种，为一大捆，颇丛杂无绪。学斋索价甚高，更数主皆不谐。伦君哲如明乃与余辈集资合购之，其大部分归孙君蜀臣人和，其奇零归于余与哲如，而精华则为陈援庵先生所得，即石臞先生所撰段懋堂（段玉裁）墓志铭，江晋三论音韵书是也。”身为版本目录学家的伦明对陈垣的学识及在版本目录方面的学识非常佩服。他在其著作《辛亥以来藏书纪事诗》中，诗赞陈垣：“唐官补出石柱字，元代招来西域人。俯首王钱到遗墨，但言校例已成陈。”在自注中，对他与陈垣、余嘉锡等一起购买高邮王氏遗墨的这件士林趣事也念念不忘：“君最服膺钱竹汀（钱大昕）、王怀祖（王念孙）二先生，因而宝爱其遗墨，所得二先生手稿甚多。去岁（按：指 1934 年）新得怀祖撰《段若膺（段玉裁）墓志铭》稿，尤可贵。其《经义述闻》，乃怀祖稿，非申（王念孙之子王引之），可异也。君藏书数万卷，非切用者不收。较版本目录者，又高一等矣。”

20世纪20—30年代的北京，人文荟萃，大师辈出，学术研究风气异常活跃，各种学术团体层出不穷。20年代初，章太炎弟子安徽歙县吴承仕假歙县会馆创办以校订古书为宗旨的思误社，后来更名为思辨社。1925年，谭祖任创办聊园词社。谭祖任，字瑑青，清代著名文学家谭莹之孙，谭宗浚之子，清末著名学人，广东南海人。谭祖任不以词著，而以治谭家菜享誉，人称“谭馔精”。治谭家菜由其父始，传至瑑青，更享盛誉。民初京华有“戏界无腔不学谭（谭鑫培），食界无口不夸谭（谭瑑青）”之语。谭祖任家学渊源，早年便驰骋文坛，是有名的鉴赏家和辞章家，诗词篆刻也十分精通。陈垣、伦明先后加入思辨社和聊园，成为其中一员。伦明有诗赞曰：“玉生（谭莹）俪体荔村（谭宗浚）诗，最后谭三擅小词。家有籯金懒收拾，但传食谱在京师。”1928年4月6日，陈垣、伦明、尹炎武、余嘉锡、杨树达等在谭宗浚宅（即谭家菜府）宴请国学大师章太炎。可惜这样的盛况，随着抗日战争的爆发而烟消云散，一去不返。

1962年夏，陈垣挚友，昔日同事，同为思辨社、聊园成员的尹炎武，在读到陈垣为纪念北京师范大学建立60周年而作的八首七言诗后，情不自禁，也赋诗八首，回忆当年聊园、思辨社与陈垣、伦明等一起度过的美好时光。其中二首：“珠江学海肇仪真，粤秀承风更绝尘。今日代兴起新会，不知面广几由旬（陈东塾学出仪真而精纯过之。先生实承其术，面复加广）。”“黄（晦闻）陈（匪石）伦（哲如）孟（心史）闵（葆之）孙（蜀丞）谭（篆卿），二邵（伯纲、次公）张（孟劬）洪（泽丞）共一龛，若问聊园思辨社，空余惆怅望江南（黄诗，陈词，伦、孟、闵、孙考证，二邵、张、洪均词家，谭金石赏鉴）。”

1944年，伦明在家乡东莞病逝。陈垣闻讯后，十分伤痛。1956年，当陈垣得知广东学者中山大学冼玉清教授正在搜辑伦明遗诗时，不遗余力，鼎力支持，将自己手中的《丁卯五日吟稿七十首》油印本邮寄冼玉清，后来又得到排印本伦明遗诗十三首，抄录两首，及时告知冼玉清。陈垣为此还专门致函琉璃厂通学斋老板孙殿起，请他帮助留意收集伦明遗诗。以此来表达他对自己昔日挚友的思念之情。

（原载张荣芳、戴治国主编：《陈垣与岭南：纪念陈垣先生诞生130周年学术研讨会论文集》，中国社会科学出版社2011年版）

伦明与孙殿起交游考

钱　昆

伦明（1878—1943）[①]，字哲如，亦作喆儒，广东东莞望牛墩人。出身重视文化教育的伦氏家族，是“望溪五鱼”（指伦氏一门五杰，包括：伦迈，字静如；伦明，字哲如；伦叔，字达如；伦绰，字绰如；伦鉴，字淡如。广东话“如”发音“鱼”，伦氏家族故乡居东莞望牛墩，境内有一望溪河，所以在东莞有“望溪五鱼”的美称[②]）之一。光绪二十七年（1901）中举人，次年（1902）入京师大学堂，1907年毕业后，伦明主要辗转于北京、东莞两地，既做过清朝知县，也做过民国官员，同时还历任过北京大学等多所知名大学文科教授，一生以续修四库全书为志，藏书处称“续书楼”。伦明是当时著名的学者、藏书家和版本目录学家，主要著述有《续修〈四库全书〉刍议》《续书楼藏书记》《续修四库全书提要稿》和《辛亥以来藏书纪事诗》等，均为学术界所推重。

孙殿起（1894—1958），字耀卿，别字贸翁，河北冀县孙家杜村人。少时家贫，自幼勤俭，十一岁始入私塾读书，然不足三年，及至光绪三十四年（1908），因生活艰难乃辍读，到北京投琉璃厂宏经堂书坊学业，受业于同邑郭长林（字荫甫）。初学书业，即笃好之。1911年学业期满后，离开宏经堂，曾在琉璃厂独自经营一年（1912）。后于民国二年（1913）投西琉璃厂鸿宝阁书店充司账兼店员，又于民国六年（1917）转投文昌会馆内会文斋书店充司账兼店

① 孙耀卿：《记伦哲如先生》，见北京市政协文史资料委员会选编：《文苑撷英》，北京出版社2000年版，第32—35页。

② 王余光、郑丽芬：《伦明生平（代序）》，见东莞图书馆编：《伦明全集一》，广东人民出版社2012年版。

员，受到会文斋书店经理何培元（字厚甫）的器重与赏识，其时孙殿起已经积累了丰富的书业经营及版本鉴定的实践经验。而认识伦明之后，在伦明的影响和熏陶下，终成一代著名的版本目录学家和古旧书业经营家。主要著述有《贩书偶记》及其续编、《丛书目录拾遗》、《清代禁书知见录》等。

伦明与孙殿起是研究中国版本目录学和古旧书业经营方面谈必提及的两位著名人物，二人因古旧书业而结缘，各自取得巨大成就并终成莫逆之交。关于二人的交游过程主要散见于对二人各自的研究资料中，业内至今都没有对其相对全面而系统的梳理，对于二人交游过程中涉及的时间、地点及主要事件等的记载不多或不详，例如二人究竟于何时、何地相识，通学斋的建立究竟是伦明独资还是伦明与孙殿起合资的，诸如此类，有些研究资料中还存有异说，如关于伦明的生卒年一直存有异说，王余光、郑丽芬取 1878—1944 之说，赵安民取 1872—1942 之说，冼玉清、张次溪取 1875—1944 之说。笔者对伦明的生年取 1878（与王余光、郑丽芬二人所取生年相同）之说，同时结合孙殿起的回忆录［孙殿起在《记伦哲如先生》一文中曾说："一九四四年（甲申）春先生哲嗣绳叔润荣忽接噩耗，惊悉先生已于客岁十月某日疾终里第……"[①] 古语中的"客岁"即指"去年"，所以根据孙耀卿的回忆，伦明应于 1943 年 10 月去世］，故将伦明的生卒年定为 1878—1943。鉴于以上种种，有必要对二人的交游过程进行系统的梳理，笔者通过对第一手资料的分析探究，分三个阶段对二人的交游过程进行梳理。

---

① 孙耀卿：《记伦哲如先生》，见北京市政协文史资料委员会选编：《文苑撷英》，北京出版社 2000 年版，第 35 页。

一、二人相识于孙殿起供职会文斋之时（1916 年或 1917 年）[①]

据伦明在《续书楼藏书记》中说："乙卯（1915），余三至京师，已决心弃乡土。"[②] 得知伦明在 1915 年已决定迁居京师，而在 1907 至 1915 年之前，伦明的主要生活轨迹集中在两广地区。而孙殿起是 1908 年到北京琉璃厂宏经堂当学徒的，1915 年正是其在西琉璃厂鸿宝阁书店充司账兼店员的时候，在此期间二人相识的可能性极小，即使在伦明迁居京师之后，由于伦明是学者型的藏书家而溜达琉璃厂，那么二人有可能存在业务往来，但也许是处于"相见"而不"相识"的状态。

关于二人究竟何时相识，有文献可考的是雷梦水在《孙耀卿先生传略》一文中的记载："民国五年（1916），先生二十三岁，辞鸿宝阁司账职。明年转投文昌会馆内会文斋书店充司账兼店员。……此时先生始识东莞伦教授哲如，结为莫逆交。"[③] 据此可以看出此二人应于 1917 年相识，但在同样是由雷梦水整理、孙耀卿口述的《记伦哲如先生》一文中，孙耀卿回忆说："民国五年（1916），耀卿在小沙土园文昌会馆内会文斋供职时，始识先生（伦明），因与先生志同道合，遂为莫逆交。"[④] 该口述资料是在 1958 年 1 月孙殿起病弱弥留之际嘱雷梦水记录完成的，之后"先生卧病日久，体力、脑力渐衰，以

---

① 雷梦水：《孙耀卿先生传略》，见北京市政协文史资料委员会选编：《文苑撷英》，北京出版社 2000 年版，第 37—50 页。

② 东莞图书馆编：《伦明全集一》，广东人民出版社 2012 年版，第 3 页。

③ 雷梦水：《孙耀卿先生传略》，见北京市政协文史资料委员会选编：《文苑撷英》，北京出版社 2000 年版，第 38 页。

④ 孙耀卿口述，雷梦水整理：《记伦哲如先生》，见中国人民政治协商会议北京市委员会文史资料委员会编：《文史资料选编》第十二辑，北京出版社 1982 年版，第 176 页。

致昏迷不醒”[①]，是年 7 月去世。据孙的回忆可知二人是相识于 1916 年，不过鉴于孙当时的身体情况，不知该时间是否有出入，所以目前关于二人相识的时间有两种结论：一是据孙殿起（耀卿）自己的回忆，即 1916 年；一是据雷梦水的整理，即 1917 年。两种说法的共同点是皆肯定二人相识于孙殿起在会文斋供职时，所以相识地点应该是在会文斋；又因伦明在《续书楼藏书记》中说“有孙耀卿者，佣于会文斋书店……”[②]，由此可推断伦明与孙殿起二人相识于孙供职会文斋之时是可信的，只是具体时间尚有出入，或为 1916 年（孙殿起），或为 1917 年（雷梦水）。

二、在经营通学斋的过程中结成莫逆之交（1918—1943）

伦明是学者型的藏书家，藏书颇丰，藏书处称“续书楼”，然因其所藏之书残破、待裱补者太多，以至于其所雇的补书匠魏氏建议其开设书肆，如此则“装书便一也，求书易二也，购书廉三也”[③]。伦明欣然采纳，遂在 1918 年于南新华街路东七十四号开设“通学斋”书店，同年孙殿起“辞会文斋司账职……遂为伦哲如经营通学斋于南新华街路东七十四号”[④]。“通学斋”书店的开设在一定程度上较好地融汇了裱书、求书、购书等各个环节，孙殿起在常走访经营“通学斋”的过程中，对伦氏“续书楼”的藏书不断进行考证和整理。据书评人张宪光分析，流传于世的《东莞伦氏续书楼藏书目录》钞本（现藏于上海图书馆）很有可能出自孙殿起之手。这个目录有两套钞

---

① 孙耀卿口述，雷梦水整理：《记伦哲如先生》，见中国人民政治协商会议北京市委员会文史资料委员会编：《文史资料选编》，北京出版社 1982 年版，第 175 页。

② 东莞图书馆编：《伦明全集一》，广东人民出版社 2012 年版，第 240 页。

③ 东莞图书馆编：《伦明全集一》，广东人民出版社 2012 年版，第 21 页。

④ 雷梦水：《孙耀卿先生传略》，见北京市政协文史资料委员会选编：《文苑撷英》，北京出版社 2000 年版，第 41 页。

本：一套是红格十六开的墨笔稿本，共十三册，每半页十行，首册书口横截面有“孙”字一个，无序跋，无印鉴。另一套是三十二开蓝格钞本六册，封面下题“卅二年八月钞成”，版心有“合众图书馆”字样，故蓝格本是当时的合众图书馆据红格本抄录而成。[①]

关于通学斋的设立，究竟是伦明独资还是与孙殿起合资的问题，坊间有多种说法，如张西园认为通学斋是由伦明和孙殿起合资开设的[②]；而李宇认为孙殿起是在伦明的资助下开设了通学斋书店[③]；朱建路认为通学斋书店是由伦明出资开设，孙殿起任经理[④]；赵安民亦认为通学斋是由伦明投资开设的[⑤]。以上种种，结合雷梦水的论述“时伦哲如虽为通学斋东主”[⑥]，表明通学斋是由伦明出资开设、孙殿起为其经营的说法比较可信。

通学斋初开业时店面很小，也没有多少藏书，起先是暂借伦明的藏书和魏氏兄弟文友堂的藏书各一部分，随后是一边卖书一边收书，书店的业务始慢慢发展起来。民国十一年（1922），孙殿起首次赴广州访书。接下来的十余年时间里，孙多次南下访书，既为通学斋的发展充实提供了保障，同时也在访书期间为自身书业经验的积累打下了基础。在访书过程中，孙殿起与东家伦明逐渐形成了亦师亦友的关系。其实早在通学斋成立之初，伦明曾就访书一事指引过孙殿起，伦明的《续书楼藏书记》有如下的记载：

---

① 张宪光：《续书楼藏书有多少》，《东方早报》2013 年 4 月 7 日，第 A09 版。

② 张西园：《孙殿起和他的通学斋》，《山东图书馆学刊》2010 年第 6 期，第 41—44 页、第 53 页。

③ 李宇：《学徒出身的版本目录学家孙殿起》，《中国典籍与文化》1992 年第 3 期，第 12—13 页。

④ 石志生、秦进才主编：《冀州历史文化论丛》，河北人民出版社 2010 年版，第 414—418 页。

⑤ 赵安民：《孙殿起与〈琉璃厂书肆三记〉》，《出版史料》2012 年第 3 期，卷首 1。

⑥ 孙耀卿：《记伦哲如先生》，见北京市政协文史资料委员会选编：《文苑撷英》，北京出版社 2000 年版，第 32 页。

余浼主肆务，孙勤于事，又极警，自来藏书家贵远贱近，肆贾之智识因之……孙初见余喜购近人书，颇讶之，余每得一书，为言其佳处何在，略及清代学术，诗文派别，孙似领会，渐能推所未知，余比年所藏，大半出其手。[①]

又曾在《与孙殿起书》中提及清华学校开办国学院（1925 年开办，1929 年停办）一事，故此信件应是于 1925 年清华国学院开办之前写就。信中曰：

一月前曾致函梁任公。因清华学校开办国学院，且财政充裕，我欲与彼停约，由院聘任专修《续四库提要》。而将我之书籍移存该校保存。……惟要先看书目，但书目不易编就。今还有最简办法，此处之书由我编目（当时伦明客居河南，任道清铁路秘书长），在京之书由你代编，不必审慎。但分经、子、史、集四大类，而经之中亦不必分易、书、诗、春秋、礼等类，但系经即归一处，集部亦不分时代先后，惟该书系诗文或他杂著，则列明 ×× 堂文集若干卷、诗集若干卷或札记若干卷（此类要详，勿略），某人著、何时刻板便得。即请见字即可办理，俾我得持以商定办法。……此信接后祈即回示为盼。[②]

可惜孙殿起的回信于今已不复现，至于他是否有所回复我们也不得而知，况且伦明欲往清华国学院一事最终未能成行，所以其续修四库的宏愿再次搁置。但是从此信中我们可以看出在伦明的指引下，孙殿起逐渐丰富了自己书业经营的理论和实践，二人亦师亦友的关系逐渐浮现。至 20 世纪 30 年代，孙殿起将历经十余年的访书经验并在伦明的学术指导和影响下，于 1931 年整理编印了《二洪遗稿》，1934 年编印了《丛书目录拾遗》，又于 1936 年编印了《贩书偶记》，其后

---

① 东莞图书馆编：《伦明全集一》，广东人民出版社 2012 年版，第 240 页。

② 东莞图书馆编：《伦明全集一》，广东人民出版社 2012 年版，第 455 页。

更有其所撰之《清代禁书知见录》于1957年由上海商务印书馆印行，1962年又编辑出版了《琉璃厂小志》[①]。所有这些成果，既是孙殿起勤奋好学的结果，同时也与伦明的学术指导和影响分不开。伦明曾为《丛书目录拾遗》写序，序言中如是说：

> 吾友孙君耀卿，商而士者也。……君博览而强记。其博览也，能详人所略，他人所究者，宋元明版耳。君于版本外，尤留意近代汉宋学之渊源，诗古文辞之流别，了晰于胸，随得一书，即能别其优劣。其强记也，姑举一事证之。君尝窥我架上书，凡某类缺某种，某种缺某卷，某卷缺某页，默志之，久之又久，一一为余觅补，按之无爽，即此可知矣。君最勤析疑辨异，恒至午夜，饿忘食，倦忘息，不知者疑以为肆务忙也。余尝戏谓：使君夙治学如我辈，不知造到若何境地矣。……[②]

该序言充分体现了伦明对孙殿起的赏识，及至伦明在《辛亥以来藏书纪事诗》里更是对孙殿起大加褒扬，撰诗云：

> 书目谁云出邵亭，书坊老辈自编成。
> 后来屈指胜蓝者，孙耀卿同王晋卿。[③]

---

① 赵安民：《孙殿起与〈琉璃厂书肆三记〉》，《出版史料》2012年第3期，卷首1。

② 东莞图书馆编：《伦明全集一》，广东人民出版社2012年版，第451—452页。

③ 东莞图书馆编：《伦明全集一》，广东人民出版社2012年版，第140页。

三、孙殿起继承伦明遗志经营通学斋（1943—1958）[①]

伦明于1943年10月去世，孙殿起“伤悼悲痛，不能自已”[②]，然在少一同志益友后，其仍继续经营通学斋书店，并陆续访得数种罕见传世之刊本。1955年孙殿起初患高血压症后身体日衰，次年命雷梦水并佐其编成《清代禁书知见录》，同年通学斋因新中国公私合营而并入了中国书店。1957年3月间，孙的病情加重，转为半身不遂，即卧病不起，受到老友陈垣及中国书店各领导同志等的关怀和慰问。

1958年孙殿起在病重期间，曾成《记伦哲如先生》一文，叹谓：“先生（伦明）卒后，耀卿少一同志益友，每思著文报先生于九泉，而蹉跎未果。近日多病，恐终负吾亡友也，乃力疾述其大略，今兹命甥雷梦水代笔记之。惜耀卿不能尽发其蕴，以扬先生之学。就所知见，述其梗概，亦足以知其志之所在，以俟修史传者采摘云。”[③] 是年7月9日，孙殿起病重不治，与世长辞。

伦明与孙殿起二人，一位出身重视文化教育的伦氏家族，一位是学徒出身，年龄上亦相差十余岁，若二人成为忘年交尚可理解，然则此二人却成为了亦师亦友的关系，并终成莫逆之交，究其原因，恐怕只能用“志同道合”四个字来形容，具体表现就是他们既有经营通学斋的相互默契，又有学术上伦明对孙殿起潜移默化的影响，同时还有二人对古旧书业情感上的真挚维系。

---

① 北京市社会科学界联合会编：《文化软实力与民族复兴——纪念中华人民共和国成立60周年论文集》，北京师范大学出版社2009年版，第116页。

② 孙耀卿：《记伦哲如先生》，见北京市政协文史资料委员会选编：《文苑撷英》，北京出版社2000年版，第35页。

③ 孙耀卿：《记伦哲如先生》，见北京市政协文史资料委员会选编：《文苑撷英》，北京出版社2000年版，第35页。

四、结语

通过对伦明与孙殿起二人交游过程中涉及的时间、地点、交游经过等方面资料的爬梳，较系统地补充、丰富了这一领域的研究空白，今后，期望对以下研究领域进行关注：

（1）二人各自的学术成就及影响。在文献学研究领域，伦明与孙殿起的著述多为学术界所推重，近年已有相关研究涉足这些领域，但只限于围绕他们著述的某一部或是思想的某一方面进行研究，仍然缺乏对其二人思想的整体把握和研究，比如伦明的文献学成就及其思想就值得进一步的研究。

（2）通学斋在古旧书业方面的地位和影响力。通学斋建立之初的地址在北京琉璃厂南新华街路东七十四号，书店的规模并不大，但经过伦明与孙殿起二人独具慧眼的收书、藏书、校书、售书的一系列经营，使得通学斋名噪京城，成为当时文人雅士往来的主要场所，亦是当时中国古旧书业的主要代表之一。目前对通学斋的研究还有待进一步的深入，如研究当时的文人雅士青睐于通学斋的轶事与原因，这样有助于了解通学斋在古旧书业方面的地位和影响力；再者还可以研究通学斋因公私合营并入中国书店的经过，由于这方面的关注较少，因此可填补这一研究领域的空白。

（原载《图书馆论坛》2016 年第 7 期）

伦明交游考述

罗志欢

自光绪二十八年（1902）进京就读京师大学堂，至1937年南归留居家乡，伦明在北京工作和生活不下三十年。在这三十年的岁月里，伦明主要在北京、两广从事教育、搜访图书和续修《四库全书》的工作。其间曾在两广方言学堂、广州西区模范高小学校、广西浔州中学堂、北京大学、辅仁大学、民国大学等校从事教学或管理工作。又曾远赴焦作、沈阳等地任职。为访书，其足迹所至上海、天津、开封、南京、武昌、苏州、杭州等。生平交游颇广，阅历丰富。《伦哲如诗稿》所咏师朋好友凡八十余人，《辛亥以来藏书纪事诗》所记熟知藏书家多达一百五十多位，足见其与各行业，各阶层人士以及外国学者有着广泛的接触与交往。

一、在北京的交游

（一）与老师、同事的交往

光绪二十七年（1901），伦明参加庚子、辛丑恩正并科考试，以第九十名中举人。是年认识了考官夏孙桐。在古代，参加乡试或会试的读书人，若考中举人或进士，则要拜本科的主考官为座主，而座主则称这些弟子为门生。所以伦明说："江阴夏闰枝师孙桐，余乡试座主也。"[①] 后来两人又同寓居京城，师生之间时有交游过从。

---

① 伦明著，雷梦水校补：《辛亥以来藏书纪事诗·夏孙桐》，上海古籍出版社1990年版，第40页。

1. 夏孙桐

夏孙桐（1857—1941），字闰枝，一作润枝，又字悔生，晚号闰庵。江苏江阴人。光绪十八年（1892 年）进士，授编修，历官湖州、宁波、杭州等地知府。“戊戌、癸卯，两分会闱。庚子，典四川乡试，以拳乱停罢折回。辛丑，典广东乡试，得人称盛。”[①] 是科夏孙桐任广东乡试副主考官。按清制，乡试考试通常安排在八月举行，因此叫“秋试”。而此时的广州正值酷暑，天气非常炎热。“试院衡文汗浃裳”，考官和考生等个个汗流浃背。1927 年春，伦明留在河南焦作过年，有《怀夏润枝师都中八叠前韵》诗云：

试院衡文汗浃裳，一麾出守劝湖桑。
晚岁竽吹清史馆，故人笛感艺风堂。
残编逐渐归书肆，妙帖何缘乞米行。[②]

诗中回忆起当时夏孙桐评阅试卷时的情景，自注云：“师典粤试，日阅卷独勤。天酷热，两仆从爰挥扇，数日夜不懈。”民国初，夏孙桐移居北京，充清史馆纂修[③]，专任嘉庆、道光、咸丰、同治四朝臣工列传及循吏、艺文两汇传。一人撰稿近百卷，于《清史稿》功为最高。

1936 年农历四月二十一日，夏孙桐八十岁大寿，伦明以诗贺之：

商山芝胜首山薇，老景长如夏日晖。
梦里西湖五骢马，眼中南海万明珠。
著书转感文章贱，观奕不惊朝市非。

---

① “拳乱”指义和团事件。卞孝萱、唐文权编：《民国人物碑传集 · 夏孙桐》，团结出版社 1995 年版，第 747 页。

② 《伦哲如诗稿三》，国家图书馆藏稿本，第 5 页。

③ 伦明：《寿夏闰枝师（孙桐）八十》自注，见《伦哲如诗稿六》，国家图书馆藏稿本，第 23 页。

门士无多头总白，休论前辈玉堂稀。[①]

句末自注提到“近岁又为东方文化委员会撰医书类提要”。所谓“东方文化委员会”即1927年设立的“日本文化事业总委员会”。该会买下北京东厂胡同黎元洪府宅，在园中建“北平人文科学研究所”和“近代科学图书馆”，这三个机构都是日本用退还我国的部分庚子赔款开办的。该会又以巨款购书并罗致中国学者合作，夏孙桐与伦明先后进入“北平人文科学研究所”，参与《续修四库全书总目提要》的编纂。夏孙桐“精于医”[②]，所撰提要以子部医家类为主，凡七百五十余篇，另有清别集数十种。[③]

夏孙桐与缪荃孙为同乡，其三妹嫁与缪荃孙，又与朱祖谋为儿女亲家。工词，亦能诗文。著有《观所尚斋文存》七卷及《悔龛词》二卷，又曾协助徐世昌编辑《晚晴簃诗汇》及《清儒学案》。[④] 同时“亦谙目录之学”[⑤]，家中藏书颇多。缪荃孙私人藏书极富，先后购藏六百余种善本，书籍十余万卷，藏书处名“艺风堂”“联珠楼”“对雨楼”“云自在龛”等。缪氏逝世后，家道日渐中落，夏氏“尝就商购缪氏藏书，议未就而已售绝矣”[⑥]。其子缪禄保先后售于上海古书流通处，其中金石拓片约一万余件售于燕京大学。夏孙桐居京城麻刀胡同，与伦明家相近，因此常到伦家借书、“豪谈”。伦明为之立传，

---

① 伦明：《寿夏闰枝师（孙桐）八十》，见《伦哲如诗稿六》，国家图书馆藏稿本，第23页。

② 伦明著，雷梦水校补：《辛亥以来藏书纪事诗·夏孙桐》，上海古籍出版社1990年版，第40页。

③ 吴格：《东洋文库藏〈续修四库全书总目提要〉资料随录》，见张本义主编：《白云论坛》第四卷下辑，北京图书馆出版社2007年版，第531—532页。

④ 伦明：《寿夏闰枝师（孙桐）八十》自注，见《伦哲如诗稿六》，国家图书馆藏稿本，第23页。

⑤ 伦明著，雷梦水校补：《辛亥以来藏书纪事诗·夏孙桐》，上海古籍出版社1990年版，第40页。

⑥ 伦明：《怀夏润枝师都中八叠前韵》，见《伦哲如诗稿三》，国家图书馆藏稿本，第5页。

诗曰：

史稿难完又选诗，更修学案接前规。
玉堂人向书中老，不是承明著作时。[①]

当时夏氏已进入耄耋之年，然每次到伦家借书，仍“健步豪谈，见者不知其为八十一翁也”。

光绪三十三年（1907）伦明在京师大学堂毕业，当时师范馆各科教员包括林纾（人伦道德）、法贵庆次郎（伦理学、教育学）、饶橿龄（经学）、钱葆青（中国文学）、服部宇之吉（心理学）、程家柽（生物学）、王鸿年（法制）、陆世芬（理财）、台树仁（体操）、谭绍裳（中国地理）、坂本健一（外国地理、外国历史）、李稷勋（中国历史）等[②]，皆一时名彦。

2. 林纾

林纾（1852—1924），原名群玉，字琴南，号畏庐、冷红生，晚称蠡叟、践卓翁、六桥补柳翁、春觉斋主人。福建闽县（今福州）人。光绪八年（1882）举人。早年曾从同县薛锡极读欧阳修文及杜甫诗。后读同县李宗言家所藏书，不下三四万卷，博学强记，能诗，能文，能画，有“狂生”的称号。从光绪二十三年（1897）起，根据曾留学海外的魏翰、王寿昌等人口述，用文言文翻译西方小说。经他改译的法国名著《巴黎茶花女遗事》面世后，轰动全国。严复曾评价说，“可怜一卷《茶花女》，断尽支那荡子肠”[③]。林纾后来又陆续改译了《伊索寓言》《鲁宾逊漂流记》《新天方夜谭》《黑奴吁天录》等作品，无不被国人竞相传阅，风靡一时。这些西洋小说向中国民众

① 伦明著，雷梦水校补：《辛亥以来藏书纪事诗·夏孙桐》，上海古籍出版社 1990 年版，第 40 页。

② 据伦明京师大学堂毕业文凭，光绪三十三年二月十三日。（伦志清藏）

③ 严复：《甲辰出都呈同里诸公》，见严复著，周振甫选注：《严复选集》，人民文学出版社 2004 年版，第 204 页。

展示了丰富的西方文化，开拓了人们的视野。林纾被公认为中国近代文坛的开山祖师及译界的泰斗，留下了“译才并世数严林，百部虞初救世心”[①] 的佳话。二十六年（1900）在北京任五城中学国文教员，所作古文为桐城派大师吴汝纶所推重，名益著，因任京师大学堂讲席。伦明毕业前，林纾是“人伦道德”课的教员。他曾九谒崇陵，以示为清王朝的子民。故伦明诗有“道丧微闻沈陆叹，泪拈刚自谒陵归”[②] 之句。后在北京专以译书售稿与卖文鬻画为生。林纾逝世，伦明有诗挽之曰：

山人门外盛轩裳，卖画钱多胜税桑。
幽径有书传梅国，冬青无树哭陵堂。
门生才盛多津要，名士资深少辈行。
谁向长安叹珠口，晚年高卧境逾康。[③]

1917 年，伦明回到母校北京大学任教，被聘为法科预科教授兼文科研究所国文门诗词教员。在法科预科的同事有王彦祖、郭汝熙、朱锡龄、韩述组、李景忠、林损、沈颐、黄国聪、黄振华等[④]；在文科研究所的同事有钱玄同、陈汉章（伯弢）、黄侃（季刚）、刘师培（申叔）、马叙伦（夷初）、朱希祖（逿先）、吴梅（瞿安）、刘文典（叔雅）等[⑤]。

从伦明诗文看，诸同事中，与马叙伦、朱希祖交往最笃。

---

① “严林”指严复和林纾。康有为：《琴南先生写万木草堂图题诗见赠赋谢》，见《庸言·诗录》第1卷第7号，1913 年 3 月 1 日，第 3 页。

② 伦明：《呈林琴南师四首录二》，见《伦哲如诗稿一》，国家图书馆藏稿本，第 16 页。

③ 伦明：《追挽琴南师五十三叠前韵》，见《伦哲如诗稿三》，国家图书馆藏稿本，第 29 页。“珠”下缺一字。

④ 《北京大学日刊·专任教员题名》第十三号，1917 年 11 月 30 日，第三版。

⑤ 国立北京大学编：《国立北京大学廿周年纪念册·各研究所研究科目及担任教员一览表》，1918 年，第 3 页。

3. 朱希祖

朱希祖（1879—1944），字逷先，又作迪先、逖先。浙江海盐人。道光状元朱昌颐族孙。历任北京大学、北京师范大学、清华大学、辅仁大学、中山大学及中央大学等校教授，是著名的史学家。他较早地倡导开设“中国史学原理”及“史学理论”等课程，讲授“中国史学概论”，在中国史学史的早期研究方面起到了一定的作用。1932 年任广州中山大学教授兼文史研究所所长，先后撰写《南明之国本与政权》《南明广州殉国诸王考》《中国最初经营台湾考》《屈大均传》《明广东东林党传》等数十篇论文，成为研究南明史的权威。伦明与朱希祖先后进入北京大学，同在文科研究所任教。朱希祖讲授“中国文学史”“中国史学史”，伦明讲授“版本源流”。据朱希祖儿子朱偰回忆，“到了一九二七年以后，我家来往的人，都是史学家或藏书家。史学家有陈垣、陈寅恪等；藏书家有伦明（伦哲如）、郑振铎、马隅卿等人”①。

朱希祖也喜欢收集古籍，那时北大教授去琉璃厂最勤的有朱希祖、钱玄同、刘半农、伦明等人。朱希祖于明清珍刻、宋季野史、南明史籍、地方志乘、抄本秘籍，无不搜求。最初藏书是为研究晚明史收集资料，所收稗官野史资料甚富，缪荃孙所藏野史多被他收藏。因收藏有明抄本郦道元的《水经注》，版本极珍，遂命其藏书楼为“郦亭”，章太炎题写“郦亭书室”匾额。藏书多达二十五万册，在学界享有盛名。所藏书多有题跋，有“读书藏书家”之称。1924 年，伦明购得一部《茗斋百花诗》，张元济便托好友朱希祖请人借抄。② 伦明在《辛亥以来藏书纪事诗》中为他立传，诗云：

---

① 朱偰：《我家的座上客——交游来往的人物》，见朱偰：《天风海涛楼札记》附，中华书局 2009 年版，第 17 页。

② 朱元曙：《张元济与朱希祖学术交往轶事钩沉》，见张元济研究会、张元济图书馆编：《张元济研究论文集：纪念张元济先生诞辰 140 周年暨第三届学术思想研讨会论文集》，中国文史出版社 2009 年版，第 267 页。

书坊谁不颂朱胡，轶简孤编出毁馀。
勿吝千金名马至，从知求士例求书。

传曰：

海盐朱逖先希祖，购书力最豪，遇当意者，不吝值。尝岁晚携巨金周历书店，左右采掇，悉付以现。又尝预以值付书店，俟取偿于书，故君所得多佳本。自大图书馆，以至私家，无能与君争者。君所得乙部居多，尤详于南明，兼及万历以后诸家奏议、文集，遇古本及名人稿本亦未尝不收也。①

（二）与留京粤人的交往

清末特别是进入民国以来，广东人赴京求学者为数不少，北京大学的广东同学会颇具声色。“综海内二十二省，合文、理、法、工四分科，共五百余人，而广东居全国六分之一，凡八十有六人，不仅一时敢称全国最”而且被认为“自有大学以来，从四方至，执业肄习其间者，惟广东人最多，亦最勤学。”② 这是清末的情况。到了1918年，仅东莞一县，留京求学者就多达九十四人。③ 同时一批有志于学术的粤籍人士仰慕北京人文环境，北上问学，加上在政界、财界颇具影响的叶恭绰以及好诗词鉴赏的粤籍世家谭祖任（谭莹之孙）等人的支持和参与，“20世纪20至30年代，相继聚集北京的文史名家有新学梁启超，史学陈垣、张荫麟、陈受颐，诗学黄节，古文字学容庚、商承祚，版本目录学伦明，思想史容肇祖，以及崭露头角的后进罗香林

① 伦明著，雷梦水校补：《辛亥以来藏书纪事诗·朱希祖》，上海古籍出版社1990年版，第75页。

② 陈瀫宸：《北京大学分科广东同学录序》，见陈德溥编：《陈瀫宸集》，中华书局1995年版，第659—660页。

③ 北京东莞学会编：《北京东莞学会会员录》，北京东莞学会印，1918年。

等"[①]，可以说是粤学在异地开花结果。

在《伦哲如诗稿》中，咏及粤人近二十人，诗作凡三十余首。如梁启超、黄节、胡祥麟、关庆麟、关赓麟、陈垣、李汉父（惠州人）、罗惇曧、罗惇、温肃、叶恭绰、陈伯陶、廖道传、张涵锐（次溪）、江天铎、张其淦、朱兆莘等，伦明与这批旅居京城的粤籍同乡保持着良好的交往。

1. 梁启超

伦明认识梁启超可追溯到广州万木草堂时期。光绪十七年（1891），当时正在学海堂书院读书的梁启超，转随康有为就读于万木草堂，接受康有为的思想学说，并由此走上改革维新的道路，世人合称"康梁"。十九年（1893），梁启超从新会老家搬到了省城居住，与康有为在广州、东莞等地讲学。[②] 时伦明因父亲卒于江西任所，回到故乡东莞。二十二年（1896）前后，伦明来到广州，与同邑张伯桢先后拜康有为为师，执弟子礼。在康有为万木草堂弟子名录中伦明排在第二十四位。[③]

光绪二十三年（1897）九月，戊戌政变发生，梁启超逃亡日本。二十八年（1902）初至三十三年（1907）冬，在横滨创办《新民丛报》半月刊，共出九十六号（期）。《饮冰室诗话》即连载于该刊第4—95号。当时尚在京师大学堂就读的伦明，曾作《无题》八首，署名"东莞生"寄给梁启超，随即被录入《饮冰室诗话》，在《新民丛报》上发表。梁氏对此诗评价极高："哀艳直追玉溪（李商隐），言外之美人芳草，字字皆《湘累》血泪也。"[④] 可惜当时梁启超并不知道此"东莞生"就是伦明。但梁启超很想认识这位作者，他说："但蒹葭伊人，尚希示我姓字耳。"期望这位"蒹葭伊人"告诉他姓甚名

① 桑兵：《晚清民国的国学研究》，上海古籍出版社 2001 年版，第 31—32 页。

② 丁文江、赵丰田编：《梁启超年谱长编》，上海人民出版社 1983 年版，第 30 页。

③ 蒋贵麟：《康南海先生弟子考略》，原载《大陆杂志》（台湾）1980 年第 61 卷第 3 期，转引自《文教资料简报》1984 年第 6 期，第 88 页。

④ 梁启超著，舒无校点：《饮冰室诗话》（九九），人民文学出版社 1959 年版，第 79 页。

谁，表达了交往的愿望。直到1926年，伦明在《怀梁任公先生都中七叠前韵》的自注中说出了真相："癸卯岁（1903）以《无题》七律八首寄日本，承采入《诗话》。"[①] 此时，梁启超已与《饮冰室诗话》中称为"乡人""蒹葭伊人"的伦明交往多年，两人在学术、藏书方面多有交流与探讨。

1922年起，梁启超在清华学校兼课。1925年初，清华学校设立国学研究院，梁启超被聘为研究院导师。国学院初办，财政充裕。时在河南的伦明曾致函梁启超，意欲辞去现职，"由院聘任专修《续四库提要》"。并打算将"续书楼"藏书搬到清华学校保存，以便撰写提要时参考。不久，接到梁启超的复信，对此计划"大体赞成"，要求伦明先提供一份书目。[②] 但书目不易编就，一年后伦明说："去岁索余所藏书目，至今写未竣也。"[③] 由于种种原因，结果伦明并未向梁启超提交这份藏书目录。

在维新变法失败之后，康有为、梁启超曾致力于文化活动。1919年，康有为出资在琉璃厂开设长兴书局，委托伦明代为管理，专售康有为、梁启超的著作。据潘叔玑《万木草堂弟子姓名忆述》记载："伦明字哲如，东莞人。目录学甚好。北京长兴书局管理人。先外舅（康有为）晚年所刻经学各书皆其经办。"[④] 虽然伦明本人从未提及此事，但资料显示长兴书局的实际管理人就是伦明。1924年，长兴书局歇业，其图书一部分转入通学斋书店。[⑤] 通学斋店员雷梦水曾说：

---

① 见该诗"爱我诗篇图主客"句自注，《伦哲如诗稿三》，国家图书馆藏稿本，第5页。

② 伦明：《伦哲如与孙耀卿书》，见中国人民政治协商会议北京市委员会文史资料委员会编：《文史资料选编》第十二辑，北京出版社1982年版，第179页。

③ 伦明：《怀梁任公先生都中七叠前韵》注，见《伦哲如诗稿三》，国家图书馆藏稿本，第5页。

④ 广东省政协学习和文史资料委员会编：《广东文史资料存稿选编》第五卷，广东人民出版社2005年版，第260页。

⑤ 叶祖孚："其资产一部分转入通学斋书店；一部分并入直隶官书局，后来又转成为上海商务印书馆在北京开设的京华印书局。"见叶祖孚：《北京琉璃厂》，北京燕山出版社1997年版，第62页。

"1924年康南海先生将设于海王村内之长兴书局归通学斋经营。"[①] 所以，不知内情的日人长泽规矩也认为"长兴书局和通学斋是一家"[②]。

1927年间，伦明从河南回到北京。次年2月，江瀚就任京师大学校文科学长，梁启超写推荐信，请江瀚恢复伦明在北大的教职。

> 叔澥先生吾丈道鉴：溽暑初退，台候何似，敬以为念。近读报，知丈已就文科学长之聘，最高学府得耆硕主持，前途可胜忭颂！敝同乡伦哲如兄自民国六年至十年曾久任北大文科教席，后为浙派所排而去。伦君最精目录之学，以独力编著《续四库提要》，已裒然成帙。其于清儒著述收藏之富、别释之精，尤为并时所稀见。渠昔在北大受学时，丈正为监督，有师生之谊，若承罗致复职，必能副我丈作人之盛心也。手此奉荐，唯采择定，幸幸。专请道安，不一一。
>
> 启超顿首，廿六日[③]

信中可见梁启超对伦明的藏书十分了解，知道他收藏有丰富的清人别集，并称赞其"别释之精，尤为并时所稀见"。谢国桢撰《晚明史籍考》，曾得以饱览梁启超的藏书，然"即于所藏丛书中求之，犹嫌以为未足"[④]，于是，梁启超又介绍谢氏借阅了伦明、朱希祖和傅增湘三家藏书。1927—1928年间，梁启超在主持编纂《中国图书大辞典》（又名《群籍考》）时，曾去信伦明与其商讨，并"以集部相委"。伦明"覆书略有所诤"，对其中的一些问题提出不同的看法。

① 雷梦水：《燕市访书第一人——孙耀卿》，见河北省政协文史资料委员会编：《河北历史名人传（科技教育卷）》，河北人民出版社1997年版，第167页。

② ［日］日长泽规矩也：《中华民国书林一瞥》，见［日］内藤湖南、［日］长泽规矩也等著，钱婉约、宋炎辑译：《日本学人中国访书记》，中华书局2006年版，第210页。

③ 赵一生、王翼奇主编：《香书轩秘藏名人书翰》下，浙江古籍出版社2005年版，第713—714页。

④ 谢国桢编著，中华书局上海编辑所编辑：《增订晚明史籍考》，中华书局1964年版，第16页。

他在《辛亥以来藏书纪事诗》中谈及此事时说：

> （梁启超）尝欲撰《群籍考》，用朱竹垞《经义考》存、佚、缺、未见四例，而增入辨伪，属稿数岁。一日，天津来书，以集部相委，余覆书略有所诤，大意谓时代愈近，耳目难周，存佚无从定。《隋书经籍志》所云亡云有者，止据书目为断，以故其所亡者，往往发见于唐时。又辨伪一门，徒滋聚讼，不如听学者自辨，不必下我见。又书目以解题为要，不可如近人展转稗贩，讹谬杂出。先生虽未有后命，而书竟因之中辍。[①]

编纂《中国图书大辞典》的宏愿因梁启超1929年遽尔去世而未能实现，但梁氏等人的构想和工作，推进了传统体例书目的发展，具有学术史的阶段性意义。伦明挽梁启超诗曰：

> 往复一瓻酒，商量七略书。
> 寝门临哭后，遗稿问何如？[②]

伦明痛感失去一位对整理典籍、续修《四库全书》有共同目标的师长。

梁启超"一心治国故"，而其藏书四部略备。身后藏书四万余册以及金石墨本、手稿、私人信札等，全部捐赠北京图书馆，馆中设一专室收藏，编有《梁氏饮冰室藏书目录》。伦明为之立传，诗曰：

> 今日新非昨日新，尊师岂若友通人。

---

① 伦明著，雷梦水校补：《辛亥以来藏书纪事诗·梁启超》，上海古籍出版社1990年版，第63页。

② 伦明：《挽梁任公先生》，见《伦哲如诗稿五》，国家图书馆藏稿本，第2页。

错增朱例微经义，轻信间书论古文。[①]

2. 陈垣

陈垣（1880—1971），字援庵，又字圆庵，笔名谦益、钱罂等。广东新会人。出身药商家庭，自幼好学，但没有师承，也没有家承，靠勤奋自学，经过多年实践经验，闯出一条宽广而深入的治学门路。在考据学、宗教史、元史和史论等方面，著作等身，成绩卓著，受到国内外学者的推重。主要著述有《二十史朔闰表》、《元西域人华化考》、《元典章校补释例》（又名《校勘学释例》）、《史讳举例》、《南宋初河北新道教考》、《明季滇黔佛教考》、《释氏疑年录》、《中国佛教史籍概论》及《通鉴胡注表微》等，另有《陈垣学术论文集》行世。陈垣从教七十多年，任过四十六年大学校长，他的治学方法和治学精神，热心传授给广大青年学者，影响深远，造就了众多的人才。他曾任北京大学、北京师范大学、辅仁大学教授、导师。1921 年，创办北京平民中学（今北京市第四十一中学）；1926—1952 年，任辅仁大学校长；1952—1971 年，任北京师范大学校长。1949 年，他还担任过京师图书馆馆长、故宫博物院图书馆馆长。1949 年后，任中国科学院历史研究所第二所所长，历任第一、二、三届全国人民代表大会常务委员会委员。[②]

1912 年，陈垣当选众议员，次年定居北京。“因为陈垣的原因，很多在北京的东莞学人聚集在一起。”（陈智超语）[③] 陈垣曾在一封信中对弟子容肇祖称赞道：“粤中后起之秀，以东莞为盛。”[④] 这些东莞学人包括著名藏书家、版本目录学家伦明，古文字学家容庚，中国哲

① 伦明著，雷梦水校补：《辛亥以来藏书纪事诗 · 梁启超》，上海古籍出版社 1990 年版，第 63 页。

② 陈乐素：《陈垣》，见陈清泉等：《中国史学家评传》下册，中州古籍出版社 1985 年版，第 1244 页。

③ 徐丽：《对话陈智超：世纪广东学人在北京》，《南方日报》2011 年 8 月 21 日，第 9 版。

④ 容肇祖：《容肇祖与陈垣书》（1933 年 9 月 24 日），见陈智超编注：《陈垣来往书信集》（增订本），生活 · 读书 · 新知三联书店 2010 年版，第 300 页。

学史研究专家、民俗学家容肇祖，以及历史学家张荫麟等。

自嘉庆初年阮元购得《四库全书》未收之书二百余种，撰成《四库未收书提要》五卷，首开续修《四库全书》之路。尔后代有学人为之奋斗，至民国间逐渐形成一股影印、续修和整理《四库全书》的声浪。1919 年，金梁建议北京当局徐东海（世昌），请印《四库全书》，并拟续修《四库》书目。又以《四库全书》舛误至多，且卷帙分割，亦与原本有异同，主张作校勘记，附各卷之末，以备考订。接着便有政府第一次影印《四库全书》的宣布。1920 年，影印的前期准备工作在抓紧进行。北京当局明令派朱启钤督其事，又派陈垣实地调查藏于承德避暑山庄文津阁的《四库全书》（后因故移存国立京师图书馆，即现国家图书馆），在张宗祥等人协助下，陈垣率先清点《四库全书》，摸清了《四库全书》架、函、册、页的准确数字，最终编制了《文津阁册数页数表》，并绘制了《文渊阁四库全书排架图》。这次北京政府宣布影印，结果是流产了，续修更消沉于无声之中。然陈垣的研究并未停止，之后用了十年时间来研究这一巨著，取得了开创性成果。当时伦明在北京大学国学研究所任诗词教授。续修《四库全书》是他终生的抱负和理想，这与同样爱书如命，热衷《四库全书》研究的陈垣很有契合的一面。1921 年 9 月，伦明辞去北京大学教席，意欲专事续修《四库全书》的工作。12 月，当他刚刚得知陈垣任教育部次长，代理部长的消息后，“不胜雀跃”，立即致书陈垣，除对教育部员工罢工和八校索薪提出意见和建议外，重点就有关图书事业提出三点要求：一是请求编订《一应之书目》（《求书目录》）；二是校雠《四库全书》；三是编写《续修四库全书提要》。[①] 时值军阀混战时期，当局无暇顾及，身为教育部次长的陈垣也回天乏力。五个月后，陈垣辞去了教育部次长之职，伦明的建议终成泡影。

1924 年，伦明远赴河南，就任道清铁路局总务处处长，历时三年。身在焦作的他没有忘记在北京的老友。其《怀陈援庵都中十二叠

① 陈智超编注：《陈垣来往书信集》（增订本），生活・读书・新知三联书店 2010 年版，第 74 页。

前韵》曰：

徐李图书译越裳，地舆天算逮农桑。
几人抱器来西土，有客抄书聚北堂。
百犬吠声难上谤，十年树木想连行。
由来成学京师易，又见口风绍海康。[①]

从20世纪20年代后期开始，文化学术界渐有社集的雅举，30年代尤盛。京城人文荟萃，学术研究风气异常活跃，各种学术团体层出不穷。春秋佳日，或访花品茗，或览胜寻幽，拈题限调，放怀唱酬，一时颇称盛况。如吴承仕发议的"思辨社"，关赓麟创立的寒山、稊园、青溪三诗社，谭祖任（篆青）发起的"聊园词社"等，名家盛极一时。关、谭均为广东南海人。1922年5月，由章太炎弟子吴承仕发议，程炎震、洪汝闿、孙人和以及邵瑞彭、朱师辙、尹炎武、杨树达等八人结成"思误社"（后改名"思辨社"），假座北京歙县会馆举行第一次会集。以后每两周会集一次。[②]"思辨社"是一个民间学术团体，"专以校订古书为事，这是从前所没有的创举，而造成了浓厚的学术空气"[③]。1925年[④]春，京师有"聊园词社"，入社者十二人。"（徐）珂所知者，谭篆青、洪泽丞、寿石公，所识者陈倦鹤、邵次公、邵伯䌹、金篯孙同年，尝以清词人京城故居命题，同人分咏之。"[⑤]谭祖任（篆青）发起的"聊园词社"，"每月一集，多在其寓中。盖其姬人精庖制，即世称之谭家菜也。每期轮为主人，命题设馔，周而复始"。一时名流多为社友，如"章曼仙华、邵伯䌹章、赵剑秋椿年、吕桐花凤（剑秋夫人）、汪仲虎曾武、陆彤士增炜、三六

① 第一句自注：徐，光启；李，之藻。见《伦哲如诗稿》第三册，国家图书馆藏稿本，自编第7页。"见"下缺一字。

② 杨树达：《积微翁回忆录》，上海古籍出版社1986年版，第16页。

③ 王欣夫：《文献学讲义》，上海古籍出版社1986年版，第470页。

④ 一说"岁丁卯（1927）"。

⑤ 徐珂著，李云编选、校点：《仲可随笔》，中共中央党校出版社1998年版，第297页。

桥多、邵次公瑞彭、金篯孙兆藩、洪泽丞汝闿、溥心畬儒、叔明僡、罗复堪、向仲坚迪琮、寿石工玺等，皆先后参与”。谭祖任夫人精烹饪，世称谭家菜，尤以鱼翅为冠。当时天津文人如“章式之钰、郭啸麓则沄、杨味云寿枬，亦常于春秋佳日来京游赏时，欢然与会”[①]。1932 年 3 月间，章太炎北游讲学，在北京的门生轮流宴请。4 月 6 日，陈垣、伦明等在谭家（丰盛胡同六号，后迁帅府胡同四十六号）设公宴，以著名的私房“谭家菜”招待章太炎。当时出席公宴的杨树达记云：“（四月）六日。与陈援庵、尹石公、伦哲如、余季豫公宴章先生于谭篆卿家，用粤菜也。”[②]“粤菜”指的是“谭家菜”。

伦明曾有一首咏“谭家莱”的诗：“玉生俪体荔村诗，最后谭三擅小词，家有籝金懒收拾，但传食谱在京师。”[③]“玉生”即谭玉生（莹），是祖任的祖父，有《乐志堂诗文集》；“荔村”即谭荔村（宗浚），是祖任的父亲，有《荔村草堂诗钞》。谭家有“乐志堂”书藏，一家皆有诗文集。“谭家莱”味美馔精，驰名京城。时至今日，谭家菜是唯一保存下来，由北京饭店独家经营的著名官府菜。

“聊园词社”自 1925 年成立，“屡歇屡续，直至篆青南归，遂各星散，前后达十年以上”[④]。谭篆青有《聊园词》稿本传世。[⑤]据尹炎武致陈垣信，陈垣、伦明先后加入“思辨社”和“聊园词社”，成为社友，与上述诸贤，多有切磋论学之交。1962 年 5 月 5 日，为庆祝北京师范大学 60 周年校庆，陈垣在《光明日报》发表《春风桃李，百年树人》的文章，并赋诗八首。昔日同为思辨社、聊园词社成员的尹

---

① 慧远：《近五十年北京词人社集之梗概》，见张伯驹编著：《春游琐谈》卷一，中州古籍出版社 1984 年版，第 19 页。

② 杨树达：《杨树达文集之十七积微翁回忆录》，上海古籍出版社 1986 年版，第 62 页。

③ 伦明著，雷梦水校补：《辛亥以来藏书纪事诗·谭莹附子宗浚孙祖任》，上海古籍出版社 1990 年版，第 3—4 页。

④ 慧远：《近五十年北京词人社集之梗概》，见张伯驹编著：《春游琐谈》卷一，中州古籍出版社 1984 年版，第 19 页。

⑤ 李一氓：《书谭瑑青〈聊园词〉清稿本后并记“谭家菜”》，见《一氓书缘》，生活·读书·新知三联书店 2007 年版，第 129 页。

炎武在上海读到陈垣的诗文后，即和诗八首，回忆当年与陈垣、伦明等在一起问学切磋和谈心述怀。其中一首云：

> 黄陈伦孟闵孙谭，二邵张洪共一龛。
> 若问聊园思辨社，空余惆怅望江南。[①]

诗中“黄”指黄节（晦闻），“陈”指陈世宜（匪石），“伦”指伦明，“孟”指孟森（心史），“闵”指闵尔昌（葆之），“孙”指孙人和（蜀丞），“二邵”指邵章（伯䌹）、邵瑞彭（次公），“张”指张尔田（孟劬），“洪”指洪汝闿（泽丞），“谭”指谭祖任（篆青）。社友中，伦、孟、闵、孙长于考证，二邵、张、洪均词家，谭祖任擅金石鉴赏，加上黄节之诗、陈世宜之词，他们“高斋促膝，娓娓雅谭，风月聊园”[②]，既有觞咏佳馔之美，亦有版本搜奇之乐。离京后的尹炎武在给陈垣的信中，多次表达过对思辨社、聊园词社以及诸社友的怀念：“开岁聊园数社集，知君定忆未归人”[③]“高谈娱心，横议华筵，抵掌快意，此情此景，寐寐不忘”“聊园居士、江安老人及伦老师、余季老、雪桥、心史、葆之、理斋、羹某、少滨、蜀丞、燕舲、森老、遇夫、孟劬、文如诸巨子，见面时幸为道意。”[④] 又多次通过陈垣打听伦明等师友的近况并请代为问候：“哲翁（伦明）前寄一信，未辱嗣音，岂已南行耶?”[⑤] “季豫、哲儒（伦明）、羹某、聊

① 尹炎武：《简陈援庵》，见陈智超编注：《陈垣来往书信集》（增订本），生活·读书·新知三联书店2010年版，第159页。

② 尹炎武：《尹炎武致陈垣函》，见陈智超编注：《陈垣来往书信集》（增订本），生活·读书·新知三联书店2010年版，第130页。

③ 尹炎武：《尹炎武致陈垣函》，见陈智超编注：《陈垣来往书信集》（增订本），生活·读书·新知三联书店2010年版，第134页。

④ 尹炎武：《尹炎武致陈垣函》，见陈智超编注：《陈垣来往书信集》（增订本），生活·读书·新知三联书店2010年版，第130—131页。

⑤ 尹炎武：《尹炎武致陈垣函》，见陈智超编注：《陈垣来往书信集》（增订本），生活·读书·新知三联书店2010年版，第126页。

园诸公，伏冀代为道意。”[①] “南来颇见异书，恨不与公同之见。森玉、季豫、哲儒幸为道意。”[②] “旧京诸友……聊园觞咏如恒，可有昔时之盛？……哲儒养疴家弄，曾否还平？”[③] 可见陈、伦、尹交谊之亲密。

1929 年，陈垣出任私立北平辅仁大学校长。是年，即聘请时在北京大学任教的伦明为该校讲师，直至 1933 年 7 月。[④] 曾在辅仁大学任教的台静农发表《辅仁旧事》一文[⑤]，回忆了辅仁大学创办初期的情形，所及有余嘉锡、张星烺、邓之诚、伦明、柯昌泗、朱师辙、溥忻、陆和九、常福元诸人。其回忆伦明写道：

> 邓文如在《清诗纪事》序中说：“东莞伦明以书为性命，专收清人集部几备。”伦字哲如，也是由援庵先生引入大学任教的。国内专力收藏清人著作的，不过三数家，要以他所收的为最多了。他在北平数十年，日常出入于大小书坊。他想编续四库全书，故斋名续书楼，这一宏愿，当然不能达到，后来他的书归了北京图书馆。他在前清是举人，又毕业于京师大学堂。他还替人考中了两名举人，每名报酬三千两银子。这是他同我聊天时说的。他虽是制义文高手，到北京会试却落第了，他在教员休息室，常被外系同事注目，光头敝衣，极不修边幅，尤其外国同事知道他有颇多的姨太太，更不以为然。[⑥]

---

① 尹炎武：《尹炎武致陈垣函》，见陈智超编注：《陈垣来往书信集》（增订本），生活·读书·新知三联书店 2010 年版，第 126 页。

② 尹炎武：《尹炎武致陈垣函》，见陈智超编注：《陈垣来往书信集》（增订本），生活·读书·新知三联书店 2010 年版，第 127 页。

③ 尹炎武：《尹炎武致陈垣函》，见陈智超编注：《陈垣来往书信集》（增订本），生活·读书·新知三联书店 2010 年版，第 136 页。

④ 《辅仁大学教职员履历表（1925—1948）》，辅仁大学档案，案卷号 52。

⑤ 《联合报》（台北）副刊 1980 年 5 月 24 日。

⑥ 台静农：《北平辅仁旧事》，见台静农：《龙坡杂文》（增补本），生活·读书·新知三联书店 2002 年版，第 104—105 页。

伦明与陈垣是同乡、同事，又是学术上的诤友，平时乐意利用自己的藏书为好友的学术研究服务。陈垣撰写《史讳举例》等文，都得益借阅其藏书。书稿完成后，一定先将初稿寄送伦明、胡适、陈寅恪等学者审阅，三人不仅是其著作的第一位读者，还毫无保留给他的书稿提供材料，不客气地提出自己的意见，帮助其修改完成。抗日战争时期，陈垣居留北平，对这三位学术诤友十分怀念，在给在香港的儿子乐素的家书中，多次提到与伦明、胡适和陈寅恪三人在学术上的交流与切磋，流露出对昔日挚友的思念之情。1938 年底，陈垣完成论文《汤若望与木陈忞》，1939 年 1 月 14 日，在给陈乐素的家书中说："前者文成必先就正于伦、胡、陈诸公，今诸公散处四方，无由请教，至为遗憾。"[①] 1940 年初，陈垣的论著《明季滇黔佛教考》即将完成，1940 年 1 月 7 日，在给陈乐素的家书中，再次表达了对伦明等好友的思念："文成必须有不客气之诤友指摘之，惜胡（适）、陈（寅恪）、伦（明）诸先生均离平，吾文遂无可请教之人矣，非无人也，无不客气之人也。"[②] 当时三位好友均离开了北京，散处四方。伦明回了广东，陈寅恪到了云南，胡适在美国。陈垣曾引孔子的话说"直谅多闻之友不易得"，深为"吾文遂无可请教之人矣"而慨叹，充满了对这位诤友的怀念之情。

搜藏图书是伦明和陈垣的共同爱好。他们经常一起到琉璃厂、隆福寺等书肆搜购研究所需书籍。1934 年，伦明在北京访得江苏高邮王氏三世稿本若干种，即与陈垣、余嘉锡、孙人和诸人集资合购。内有王石臞（念孙）、王伯申（引之）父子书牍诗文稿草以及谢恩札子、庶常馆课卷、医方计簿，王引之子寿同任湖北监司时所治官文书等，另有孙渊如（星衍）平津馆所抄《尸子》《孙子·魏武注》等数种。余嘉锡曾说，这批稿本"其大部归孙君蜀臣人和，其奇零归于余

① 陈垣：《家书》（1939 年 1 月 14 日），见陈智超编注：《陈垣来往书信集》（增订本），生活·读书·新知三联书店 2010 年版，第 1103 页。

② 陈垣：《家书》（1940 年 1 月 7 日），见陈智超编注：《陈垣来往书信集》（增订本），生活·读书·新知三联书店 2010 年版，第 1109 页。

与哲如，而精华则为陈援庵先生所得，即石臞先生所撰《段懋堂（玉裁）墓志铭》《与江晋三论音韵书》是也”①。陈垣的藏书很丰富，有“励耘书屋”书藏，以历史和宗教两类为特色。伦明在《辛亥以来藏书纪事诗》中为之立传，诗曰：

唐官补出石柱字，元代招来西域人。
俯首王钱到遗墨，但言校例已成陈。②

认为陈氏藏书“非切用者不收，较谈版本目录者，又高一等矣”。自注中又提及当年陈垣所得高邮王氏三世稿本中的精华之本：

君最服膺钱竹汀、王怀祖二先生，因而宝爱其遗墨，所得二先生手稿甚多。去岁新得怀祖撰《段若膺墓志铭稿》，尤可贵。其《经义述闻》，乃怀祖稿，非伯申，可异也。

因为对乡贤的景仰，陈垣喜欢搜藏粤先贤遗墨。他的客厅、书房以及住室内，总挂些名人字画，最多的是清代学者的字幅。陈垣收藏书画及清代学人手稿甚富，曾在辅仁大学公开展览，并印有目录一册。书画中远如明人陈白沙（献章），近如清末陈兰甫（澧），皆岭南名家。陈垣新得白沙草书手卷，特请伦明为之题诗二首。诗曰：

合浦还珠事岂殊，汉皋鲜佩感何如？
诗情字决无非学，闽粤同名两大儒。
讽咏高于击坏吟，收藏重以敬乡心。

---

① 余嘉锡：《跋王石臞父子手稿》，见余嘉锡：《余嘉锡论学杂著》，中华书局 1963 年版，第 638 页。

② 伦明著，雷梦水校补：《辛亥以来藏书纪事诗·陈垣》，上海古籍出版社 1990 年版，第 81 页。

江门一脉通黎滘，独感家书抵万金。[1]

1942 年，通学斋书店掌柜孙殿起在广州访得番禺陈澧所撰稿本《东塾杂俎》，书带回北京后，割爱转让给酷爱乡贤墨宝的陈垣。[2] 陈献章（1428—1500），字白沙，广东新会人，“江门道学”“白沙理学”的创立者。陈澧（1810—1882），字兰甫，广东番禺人，晚清著名学者。献身教育，学问淹通，著述专精。二陈均是陈垣敬佩的乡贤。在《辛亥以来藏书纪事诗》中，还讲到陈垣据《唐书》及唐人墓志六千余种，拟补《唐郎官石柱题名》的事。[3] 此事鲜为人知，在其他文章中尚未提到，亦未见专治唐史者论及。如果不是深交，恐怕伦明也不知道。

伦明逝世后，经过陈垣、冼玉清、袁同礼等一批学者的奔走努力，伦明珍贵的藏书最终归于公藏，了却了这位好友生前的心愿。

3. 叶恭绰

叶恭绰（1881—1968），字玉甫，又作誉虎、誉甫、玉虎、裕甫、玉父，号遐庵，晚号遐翁，室名矩园、宣室。广东番禺（今广州市）人。出身书香门第，祖父叶衍兰（兰台）金石、书、画均闻名于时。光绪二十八年（1902）入读京师大学堂仕学馆。三十二年（1906）邮传部开设，充文案处文案，由此在梁士诒手下工作，日后成为交通系骨干。至清亡，历升至铁路总局局长（邮传部分轮、路、邮、电四局）。民国成立，改邮传部为交通部，叶氏任路政司长，此后在北洋政府历任交通部次长、署总长、总长兼在交通银行任职。1912 年 9 月，袁氏任命孙文为筹划全国铁路全权，叶代表交通部支持孙文活动。1923 年 5 月，叶受梁士诒之托，应孙中山之邀入广东大元帅府任

---

① 伦明：《陈援庵新得白沙草书手卷属题（款署石斋白沙别号也）（二首）》，见《伦哲如诗稿》第六册，国家图书馆藏稿本，自编第 25 页。

② 雷梦水：《孙耀卿先生传略》，见北京市政协文史资料委员会选编：《文苑撷英》，北京出版社 2000 年版，第 46 页。

③ 伦明著，雷梦水校补：《辛亥以来藏书纪事诗 · 陈垣》，上海古籍出版社 1990 年版，第 81 页。

财政总长。1927 年出任北京大学国学馆馆长。1931 年底，叶任南京国民政府铁道部长，仅月余即去职，从此退出政界，寓居上海，致力文化活动。

伦明与叶恭绰是京师大学堂的同学。同年入学，伦明就读师范馆，叶恭绰就读仕学馆。两人先后加入由关赓麟组织的“寒山社”（1910）和“稊园社”，成为这两个诗社早期的诗友。[①] 后来又先后参加过公民党的活动。国民党二次革命失败后，临时大总统袁世凯急于登上正式总统宝座，指使亲信、总统府秘书长梁士诒（1869—1933，广东三水人）等人组织御用党——公民党。该党于 1913 年 9 月 18 日在北京成立，由与梁士诒有关系的同志会、潜社、集益社、超然社、铁道协会五个政团联合而成。该党宣布的党纲是：“在于以国家之权力，实行政治之统一，且增进国民之幸福。”由梁士诒为党魁，叶恭绰为副党魁。其中集益社领袖朱兆莘（1879—1932），超然社领袖江天铎（1878—1940），均为广东花县人，是广东人所结合的团体，朱氏更是伦明在京师大学堂的同班同学，伦明与朱、江两人都有交往。为了发展支部，公民党在广西、山西等省，英国、日本等国，都委有专人从事活动。[②] 1913 年冬，梁士诒派伦明回广州设立公民党广东支部，出版发行《时敏报》《大公报》，广事宣传。[③] 1914 年 1 月 9 日，公民党广东支部成立。办公地点在广州西关宝庆新街 1 号，负责人是黄明新。[④] 名誉部长龙济光、李开优，正部长为梁士诒，叶恭绰、李

---

① 寒山诗社编：《寒山社诗钟选甲集》（1914），民国三年（1914）北京正蒙书局代印。转引自玉庐主人：《稊园诗词社略述：始末文献主人阵容》，http://blog.sina.com.cn/s/blog_3f5760080100w985.html［查询日期 20120916］。

② “教育部”主编：《中华民国建国史》第二篇《民初时期》，台北“国立编译馆”1987 年版，第 594 页。

③ 李吉奎：《交通系与清末民初政局》，见广东省三水市政协文史委员会编：《三水文史》第 20 辑，1995 年，第 63 页。

④ 广东省立中山图书馆编纂：《民国广东大事记》，羊城晚报出版社 2002 年版，第 37 页。

心灵为副部长（广东财政监督官，总揽会务）。[①]

1925年6月，时任交通部总长的叶恭绰重提印行《四库全书》事，他知道伦明一直在为此事奔走、呼吁，次年秋邀请伦明共商大计。后因“时局纷扰，无复有过问者”。[②] 伦明《怀叶誉甫天津二十叠前韵》提到此事：“孤跌急传文汇阁，旧庄凄念退思堂。”注云“去秋邀余谈影印《四库全书》事”。[③]

叶恭绰雅好藏书，但他的收藏种类与众不同，时人喜欢收集省、府、州、县、乡、镇志，而他则专门搜集山水记、书院、名胜志等。另外，因素好佛，精研佛典，有关宋椠释典，搜藏颇多。曾校印《碛沙佛典》全部，尤为观止，在藏书家中别具一格。伦明为他立传，对他的藏书特点进行了高度概括，其诗曰：

卧游聊复读山志，素食原来究佛经。
收辑名人遗像备，选抄近代好词成。[④]

叶恭绰十分关注粤籍藏书家的藏书动向。1926年，曾习经逝世，叶恭绰欲收购曾氏身后藏书，嘱托伦明到曾氏湖楼清点造册，[⑤] 计存“数十簏”，拟联合几位老朋友集资七千元全数购下，因筹款迁延几年，故收购未果。据说后来曾氏亲戚将湖楼藏书悉数贬值卖给琉璃厂翰文斋。伦明在北京的藏书，曾编《续书楼书目》十余册，稿本未刊行，鲜见流传，而后来叶恭绰因欲购续书楼藏书而得到全本。1944年，伦明因病去世，叶恭绰曾据其家人所示《辛亥以来藏书纪事诗》

① 李吉奎著，岭南文库编辑委员会、广东省政协学习和文史资料委员会合编：《梁士诒》，广东人民出版社2005年版，第123页。

② 伦明：《续书楼藏书记》，《辅仁学志》1929年第1卷第2期，第64页。

③ 《伦哲如诗稿》第三册，国家图书馆藏稿本，自编第11页。

④ 伦明：《辛亥以来藏书纪事诗·叶恭绰》，见伦明著，雷梦水校补：《辛亥以来藏书纪事诗》，上海古籍出版社1990年版，第82页。

⑤ 伦明：《辛亥以来藏书纪事诗·曾习经》，见伦明著，雷梦水校补：《辛亥以来藏书纪事诗》，上海古籍出版社1990年版，第69页。

遗稿，抄录三十余首，加之徐信符所著《广东藏书纪事诗》《广东藏书家生卒年表》《广州版片纪略》，黄慈博所著《广东宋元明经籍椠本纪略》等文，一并附刊于他的《矩园余墨·纪书画绝句》之后。原拟购藏伦明身后藏书，亦因“乏力未果”，与没有购藏曾习经身后藏书一样，成为憾事。①

对于陆续流散的广东名家藏书，叶恭绰想方设法加以抢救与保护。他在《五十万卷楼群书跋文序》中，较详细地记述了20世纪30年代营救广州诸家藏书经过：

> 既闻广州之失，则屡谋所以营救诸家藏书。既为徐信符道地移其所藏于香港平山图书馆，李氏泰华楼之书则欲为移之岭南大学而未果。故见莫氏书目之出，为之触目惊心。已而莫氏藏书颇见于市，时余方为中央图书馆访求秘籍，因为收粤中诸家藏书之散于港市者，莫氏亦在其列。既香港沦陷，余遭禁闭。所集各书存平山图书馆者一百十一箱又散佚若干，为日军捆载往东京。②

将危在旦夕的藏书移存较为安全的地方，以期保全，这是叶恭绰所谓的“余所办法宝馆以全”。但结果是心有余力不足，曾欲保全之李氏、徐氏、莫氏、曾氏、伦氏诸家藏书相继散佚，最后连自己的藏书也保不住，足见搜藏不易，使之传世更难。

光绪二十八年至三十三年（1902—1907），伦明就读京师大学堂

① 叶恭绰：《辛亥以来藏书纪事诗序》，《辛亥以来藏书纪事诗》卷首，见《矩园余墨·纪书画绝句》附印四种之一，1948年叶恭绰铅印本。此书1963年由香港商务印书馆出版影印本。

② 叶恭绰：《东莞莫氏五十万卷楼群书跋文序》，见《国家图书馆藏古籍题跋丛刊》第27册，北京图书馆出版社2002年版，第241—242页。

师范馆，当时班上同学凡一百一十二名[①]，其中有广东籍同学二十名[②]。由于身处异乡的原因，伦明与在京的粤籍同学交往更为频密一些。如南海关庆麟、关赓麟兄弟，顺德胡祥麟，花县朱兆莘诸人。其中不乏“诤友”和“畏友”。

4. **关庆麟**

关庆麟、关赓麟兄弟，广东南海人。关庆麟（1878—?），字绩善，一字吉符，民国后改名关霁。优廪生，度支部主事。为京师大学堂师范馆第二类学生，分科习英文。[③] 光绪三十三年（1907）与伦明同一届毕业，毕业平均分数八十二分一厘九毫（82.19 分），名列“最优等”。[④] 毕业待遇以原官原班用，加给师范科举人，并加给五品衔。[⑤] 历任学部图书编译馆编译员、驻纽约领事馆二等书记官、外务部秘书股行走、外交部佥事、华盛顿会议中国代表团秘书、商务股股长。1929 年 1 月任南京国民政府外交部秘书，1930 年 11 月任内政部秘书，1931 年 1 月任司法院院部秘书，1932 年 1 月任司法行政部秘书，1934 年 8 月调任司法行政部总务司司长，1935 年 6 月再度出任内政部秘书，1939 年 2 月任外交部秘书，1940 年 7 月调任外交部参事，1942 年 4 月改聘为外交部顾问，1947 年退休。遗著《思痛轩诗存》，其弟赓麟 1952 年编刊。

5. **关赓麟**

关赓麟（1880—1962），字颖人，号梯园。光绪二十八年

---

① 据《京师大学堂同学录》（1906）统计，见房兆楹辑：《清末民初洋学学生题名录初辑》，台北“中央研究院”近代史研究所 1962 年版，第 69—136 页。

② 据《京师大学堂同学录》（1906）统计，见房兆楹辑：《清末民初洋学学生题名录初辑》，台北“中央研究院”近代史研究所 1962 年版，第 126—132 页。

③《京师大学堂同学录》（1906），房兆楹辑：《清末民初洋学学生题名录初辑》，台北“中央研究院”近代史研究所 1962 年版，第 126 页。

④《大学堂师范科学生毕业分数等第单》（光绪三十三年三月十五日），见《学部官报》第十九期，光绪三十三年三月二十一日。

⑤《学部就毕业生任职事咨各衙门》（宣统元年九月初二日），见北京大学校史研究室编：《北京大学史料第一卷 1898—1911》，北京大学出版社 1993 年版，第 152 页。

（1902）中举人，后派赴日本入弘文学院师范科，毕业后回国，入京师大学堂仕学馆习法政。20 世纪 20 年代曾协助徐世昌编成《晚晴簃诗汇》。新中国成立后被聘为中央文史馆馆员。参与订正《全唐诗》。[1] 兄弟二人自幼喜吟诵，不到十五岁，积稿成《联璧书屋诗稿》。关庆麟早年与粤中学人伦明、黄节、张昭芹、曾习经、罗惇曧等多有唱酬。关赓麟云："岁癸卯（1903），兄与余北上就学，同宦游京师，与粤中诗人曾刚甫、石星巢、李汉父、罗瘿公、谭瑑卿、陈公俌、伦哲如、朱鼎卿、胡迟圃、廖叔度、潘惠人、胡子贤诸君游，多岁时游览觞咏之局。"[2] 辛亥后，关赓麟在京创立寒山、稊园、青溪三诗社，名家盛极一时，"著籍至四五百人，集必三四筵为常"[3]，关赓麟任社长。稊园诗社的主要成员有傅增湘、吴北江、夏枝巢、郭则沄、许宝蘅、陈云诰、钟刚中、邢端、章士钊、郭风惠、萧龙友、齐如山、刘文嘉、黄君坦、汤用彤、李培基、张伯驹、叶恭绰、言简斋、王冷斋、彭八百、沈仰放等等百多位声誉昭然、德学双馨的学问宗师。他们一起研究词学，诗书唱和。其兄庆麟（吉符）皆与之，伦明也是"寒山社"（1910）和"稊园诗社"（1920）早期的诗友[4]，与社员多有交往唱酬。在河南焦作，曾作《贵妃酒·稊园社集限十五咸韵》（三首）[5]，回忆社事以及与关氏兄弟等师友唱和的往事，其诗云：

稊园角艺忆联裳，下笔春蚕食管桑。
翕翕东西居老屋，勤勤晨夕侍高堂。
一时誉望郊祁亚，六代文章鲍庾行。

---

① 中华书局 1960 年重排本。

② 关赓麟：《思痛轩诗存序》，见启功主编，中央文史研究馆编：《崇文集二编中央文史研究馆馆员文选》，中华书局 2004 年版，第 33 页。

③ 关赓麟：《编终杂述》，见关赓麟编：《稊园吟集甲稿》卷首，1955 年油印本。

④ 寒山诗社编：《寒山社诗钟选甲集》，民国三年（1914）北京正蒙书局代印。

⑤ 《伦哲如诗稿》第六册，国家图书馆藏稿本，自编第 11 页。

门内埙篪师友备，笑他异姓说三康。[①]

6. 胡祥麟

胡祥麟（1876—?）[②]，字芝贤，又作子贤。广东顺德人。监生。是伦明在京师大学堂的同班同学，同为师范旧班第二类学生，分科习英文。前国子监南学修道堂弟子员肄业五年。[③] 民国时，曾在北京政府司法部任职，1915 年，兼司法部秘书、参事，河北高等法院院长等职。精鉴别，工诗，善书画，山水秀逸。1918 年至 1919 年间，伦明在北京琉璃厂开设古旧书店，店门匾额“通学斋藏书处”六字即为胡祥麟所书。在河南焦作，伦明有诗怀之曰：

不祭皋陶宋荔裳，几愁铁砚老磨桑。
精心鉴别如荷屋，霸气文章近易堂。
粟饱侏儒原有例，鹅笼道士不同行。
骄人百纸明贤牍，享帚居然是小康。[④]

“鹅笼道士不同行”句自注曰：“近见京沪鬻书者日多，君工书而不出润格，尤喜为余捉刀。”

（三）与坊肆书贾的交往

1918 年，伦明在北京琉璃厂创设通学斋书店，以书会友，结识了大批文人学士、藏书家和坊肆书贾，曾说：“余交游中，书贾居

① 自注：晋孔愉，字敬康，与同郡张伟康、丁世康齐名，号会稽三康。《怀关吉符颖人兄弟都中十一叠前韵》，《伦哲如诗稿》第三册，国家图书馆藏稿本，自编第 7 页。

② 据《京师大学堂同学题名》（光绪二十九年十一月），是年二十七岁，推之生于 1876 年。

③ 《京师大学堂同学录》（1906），见房兆楹辑：《清末民初洋学学生题名录初辑》，台北“中央研究院”近代史研究所 1962 年版，第 126 页。

④ 伦明：《怀胡子贤都中九叠前韵》，见《伦哲如诗稿》第三册，国家图书馆藏稿本，自编第 6 页。

半。”[①]《辛亥以来藏书纪事诗》记罗振常以下一百零二位藏书家是同代人，如李慈铭、萧穆、唐景崇、李希圣、屠寄、吴昌绶、沈曾植、王秉恩、王存善等。全书三分之二的传主或为来往知交，或为偶遇书友，或传其目，或睹其书，很多记载就取材于作者与传主的实际接触。但细读之下不难发现，能进入伦明法眼、交往密切而又值得为之立传的书贾也不过寥寥几位，除通学斋孙殿起外，另有正文斋谭锡庆（笃生）、会文斋何培元（厚甫）、文禄堂王文进（晋卿）数人而已。

在伦明为之立传的几位书贾中，对孙殿起、王文进最为推崇。有诗云：

> 书目谁云出邵亭，书坊老辈自编成。
> 后来屈指胜蓝者，孙耀卿同王晋卿。[②]

伦明表彰二人研究古籍成果超越前人，称赞他们是“后来屈指胜蓝者”。

1. **孙殿起**

伦明长孙殿起近二十岁，因皆有好书之癖，志同道合，遂结为莫逆之交。两人自 1916 年相识，至 1944 年伦明去世，以书密交凡三十年。生活中，既为生意伙伴，又有主雇、师徒之谊。伦明尝说：“余比年储藏，大半出其手。”[③] 又云：“君尝窥我架上书，凡某类缺某种，某种缺某卷，某卷缺某页，默志之，久之又久，一一为余觅补，按之无爽。”[④]

孙殿起曾多次南下广州访书，大都由伦明安排寄宿在季弟伦叙家

---

① 伦明著，雷梦水校补：《辛亥以来藏书纪事诗 · 自序》，上海古籍出版社 1990 年版。

② 伦明：《辛亥以来藏书纪事诗 · 孙耀卿附王晋卿》，见伦明著，雷梦水校补：《辛亥以来藏书纪事诗》，上海古籍出版社 1990 年版，第 111 页。

③ 伦明：《续书楼藏书记》，《辅仁学志》1929 年第 1 卷第 2 期，第 63 页。

④ 伦明：《丛书目录拾遗序》，转引自雷梦水：《孙耀卿先生传略》，见中国人民政治协商会议北京市委员会文史资料委员会编：《文史资料选编》第十二辑，北京出版社 1982 年版，第 167—168 页。

中，在节省了差旅费的同时，更便于得到伦家在生活上的照顾和生意上的帮助。孙氏的《贩书偶记》《丛书目录拾遗》二书，从编著到出版，伦明都给予指导与帮助，并称赞他为“商而士者”。伦明续书楼藏书中的精品，大多数是孙殿起为他搜访收集的，而孙殿起也得到伦明的经营古书为学术研究之道。孙殿起视伦明为“吾师”，见年老的伦明因用力过度，伤劳成疾而“甚忧之”，伦明故后而“伤悼悲恸，不能自已”，痛惜“少一同志益友”。[①] 两人友谊之深厚可见一斑。

因为伦明在京认识的人多，孙殿起凭着这种优势，以通学斋为纽带，广交社会名流，常为学者送书上门，通学斋成为当时文人雅士往来的主要场所。其中清华大学教授朱自清也是通学斋的常客。琉璃厂新旧书店很多，朱自清去得最多的是通学斋书店。“他每来琉璃厂，总要到南新华街那家只有两间小门面的通学斋书店坐坐，看书，挑书，和主人孙殿起先生交谈。除了通学斋外，他还到开明书店去买书，其他像邃雅斋、来熏阁等那些门面漂亮、规模较大的书店，先生却只是偶然进去看看，并不感兴趣。”[②] 周作人、钱玄同等也常到通学斋买书：“‘民国廿三年二月廿日启明游旧都厂甸肆，于东莞伦氏之通学斋书摊见此谭仲修丈所藏之戴子高先生《论语注》，悦之，以告玄同，翌日廿一，玄同往游，遂购而奉赠启明。’跋中廿日实是十九，盖廿日系我写信给玄同之日耳。”[③] 邓之诚在《五石斋文史札记》中，留下许多在通学斋买书的记录，仅 1947 年 3 月至 10 月，就有二十余次，多者一月五六次，大部分是由通学斋伙计送书到邓府，直到新中国成立后仍往来不绝。其有记云：“（1941 年 9 月 24 日）通学斋送《名家绝句钞》来，尽有明一代兼及清初，选牧斋一百余首，顾茂伦所选也。椠刻精好，颇欲得之，以娱老景，然实无谓。”[④]

---

① 孙耀卿：《记伦哲如先生》，见北京市政协文史资料委员会选编：《文苑撷英》，北京出版社 2000 年版，第 35 页。

② 雷梦水：《朱自清先生买书记》，《读书》1981 年第 4 期，第 128 页。

③ 周作人：《厂甸》，见《周作人散文》（修订本），人民文学出版社 2007 年版，第 29 页。

④ 邓之诚遗作，邓瑞整理：《五石斋文史札记》（二），《中国典籍与文化》2001 年第 3 期，第 76 页。

通学斋有伦明作主持，经营清儒考据类著述。常客中除了中国学者，也吸引了许多汉学家前来买书。日人长泽规矩也（1902—1980）、藤冢邻（1879—1948）常到通学斋购书，桥川时雄（1895—1982）也与之交往匪浅。“南新华街上……最南是通学斋孙氏。……通学斋的孙耀卿，有深通清儒著作的伦明氏为其后盾，得力于搜集清朝经籍，尤其是零种小册，供给同好而赢利，价钱虽高，但得便的人不少。桥川时雄和他有往来，藤冢邻也和他鱼雁不绝。”[①] 日人吉川幸次郎（1904—1980）在北京留学三年，“城内的隆福寺，城外的琉璃厂，占去了我北京生活的三分之一的时间”“隔上一天，我自己也要上文奎堂、来熏阁、通学斋等书店去，一去总是两小时三小时左右”。[②] 他每月五百元生活费中，竟有四百多元花在琉璃厂的通学斋、来熏阁书店里。他在中国大量购置古籍，构成令人称羡的丰富书藏，连藏书颇丰的周一良对此也大为感叹。

通学斋凭借伦明与文化学术界人士的人情交往和人际信任关系，在全国旧书业同行中迅速崛起，赢得了广泛的信誉与声望。

2. 王文进

王文进与孙殿起是同乡，又同岁，伦明与之亦为莫逆交。王文进（1893—1960）字晋卿，号搢青，别号梦庄居士。河北任丘人。幼年好书，赴北京从事古书经营，在琉璃厂书肆学习装订、修补以及版本鉴别知识。1925 年创办文禄堂书店，寄迹书林，一生从事古籍流通商贸。与缪荃孙、姚华、周叔弢、郑振铎、傅增湘、赵万里以及粤籍藏书家伦明、徐绍桢、曾习经等往来频繁，遂开始收藏古籍。徐乃昌称其“留意版本之学、嗜古成癖，积三十年之力，勤苦搜访，所获实多”[③]。他对装书和识别版本极有研究，经手珍秘之本颇多，历年积

---

① ［日］长泽规矩也著，索介然译：《三十年代北京旧书业及其它》，见王晓建编：《逛旧书店淘旧书》，中国文史出版社 2001 年版，第 173—174 页。

② ［日］吉川幸次郎著，钱婉约译：《我的留学记》，光明日报出版社 1999 年版，第 66、95 页。

③ 雷梦水：《版本学家王晋卿先生传略》，见雷梦水：《书林琐记》，人民日报出版社 1988 年版，第 17 页。

存宋元精本残篇约四百余页，择其精要，辑印成《文录堂书影》行世，另辑有《毛氏写本书目》《明代刊书总目》《宋元以来刊刻年表》，刊行《缪艺风自订年谱》《南峰乐府》，影印宋本《周礼》、祝允音注《韩文公文集》等，后将平生经眼的珍本辑为《文录堂访书记》，董康称此书“当与莫郘亭《郘亭知见传本书目》、邵位西《四库简明目录标注》同其功用”[①]。王氏并修版印行福山王氏《天壤阁丛书》，归安沈氏《枕碧楼丛书》《沈寄簃遗书》以及海丰吴氏《金石汇目分编》等。他与孙殿起是当时旧书从业人员中之佼佼者，皆为书商界知名的版本目录学家。伦明为他们撰写的传文极其简短，但对“二卿”之学识颇加称誉，评价甚高：

> 故都书肆虽多，识版本者无几人，非博览强记，未足语此。余所识通学斋孙耀卿、文禄堂王晋卿二人，庶几近之。孙著有《贩书偶记》《丛书目录拾遗》，王著有《古本过目记》，皆俱通人之识，又非谭笃生、何厚甫辈所能及矣。[②]

（四）与日本学者的交往

伦明的交游十分广泛，在他的师友、同事中不乏外国人士，其中尤以日本学者为多。1902 年京师大学堂开办时，管学大臣张百熙考虑到速成教育的需要，首先着手筹设师范馆和仕学馆。为此他要求日本方面派遣教育行政专家和能够胜任近代学科教授工作的教员来中国任教。伦明在师范馆读书时，心理学老师服部宇之吉，伦理学和教育

---

① 雷梦水：《版本学家王晋卿先生传略》，见雷梦水：《书林琐记》，人民日报出版社 1988 年版，第 17 页。莫友芝，字郘亭。邵懿辰，字位西。

② 伦明：《辛亥以来藏书纪事诗·孙耀卿附王晋卿》，见伦明著，雷梦水校补：《辛亥以来藏书纪事诗》，上海古籍出版社 1990 年版，第 111 页。《古本过目记》即《文录堂访书记》。

学老师法贵庆次郎，外国地理和外国历史老师坂本健一等人都来自日本。[①] 1907 年从京师大学堂毕业后，伦明回到广州，在两广方言学堂任教，同事中有来自不同国家的教员，如教法文的高第盎、杜福临等来自法国；教理化的藤田友彦、瞿士勋冕垓，教博物的松永信嗣，教日文的牧田贞雄、菊池勉、诹访敏，教体操的中村米寿，教图画的瞿一点翼三等都是日本人。[②]

从 1931 年“九一八事变”到 1945 年抗日战争结束，日本帝国主义发动了长达十四年的侵华战争，给中日两国人民带来了巨大的灾难和痛苦。但是，即使在两国关系恶化以至战争年代里，中日人民之间的文化交流和日本进步人士的反战运动仍然始终不断。这一时期，伦明与一些日本学者仍保持着学术往来，直到 1937 年“七七事变”爆发的当月回到广东为止。

1. 服部宇之吉

服部宇之吉（1867—1939），号随轩，日本福岛县人。是日本东京帝国大学文科大学教授，文学博士，光绪二十八年（1902）九月，与中国有关当局签订了为期四年的契约，就任京师大学堂师范馆总教习，讲授东文和伦理学。后又续订契约，至宣统元年（1909）一月，因师范馆废止回国。服部除出任国学院大学长、东京文化学院长外，同时兼斯文会、日华学会会长。斯文会在东京，是一个有基金的财团法人。会员中有服部宇之吉、宇野哲人、狩野直喜、井上哲次郎等。[③] 从 1929 年起，日本外务省在北京设立东方文化事业总委员会，服部宇之吉出任日方首席代表（副总裁），并建立东方文化学院，由服部宇之吉担任院长。下设东京、京都两个研究所。东京研究所于 1933

① 《教习执事题名录》（光绪二十九年至三十二年），见北京大学校史研究室编：《北京大学史料第一卷 1898—1911》，北京大学出版社 1993 年版，第 329 页。

② 高谊：《叙陈户部公方言人材》，转引自陈谧：《陈介石先生年谱》，第 74—75 页，见《北京图书馆藏珍本年谱丛刊》第 186 册，书目文献出版社 1999 年版，第 148—152 页。

③ 胡适著，曹伯言整理：《胡适日记全编 1919—1922》第三册，安徽教育出版社 2001 年版，第 366 页。

年正式开办，主任为服部宇之吉。[①]

服部宇之吉与中国学者的交游非常广泛，根据《服部先生古稀祝贺纪念论文集》[②] 卷首，为之题词的中国学者有郑孝胥、李盛铎、江瀚、胡玉缙、张书翰、吴廷燮、张伯英、奉宽、伦明、冯汝介、孙人和、孙楷第、谢国桢、王重民、赵万里等，文集中刊载文章者有张尔田、杨树达等。[③] 1937 年，服部宇之吉七十岁生日，伦明有诗贺之曰：

修名难得更修龄，灵寿扶来寿益灵。
两国学人尊北斗，五经博士重东京。
早留教泽文中子，又见儒宗物茂卿。
回首春风曾点瑟，挥弦此际谱冈陵。[④]

1917 年，伦明重返母校北京大学任教，他与日籍学者交往甚厚。20 世纪 20 年代以后，随着日本推行大陆政策，东亚研究阵容迅速扩大，与中国的学术交流日益增多。他们组织参观团，派遣留学生来华考察游历和学习中国文化，其中日本东京帝国大学最为活跃。1915 年 7 月，东京帝国大学盐谷温教授率学生多人访问中国。[⑤] 1929 年 8 月，东方文化事业委员会智原喜太郎，偕同以长泽规矩也为团长的东京帝国大学旅行团一行十五人，参观北京大学和北平图书馆。[⑥] 1937 年 4 月，东京帝国大学以助教授高田真治为团长，率见学团一行十余人游览北京，参观各大学、研究机构及图书馆，其间得到北京大学伦

① 秦宝琦：《五千年中外文化交流史》第四卷，福建人民出版社 2000 年版，第 528 页。
② 该书刊行会编，东京富山房刊 1936 年版。
③ 李庆：《日本汉学史》第一部《起源和确立》，上海外语教育出版社 2002 年版，第 332—333 页。
④ 伦明：《寿日本服部宇之吉博士七十（余在京师师范馆时博士充总教习）》，见《伦哲如诗稿六》，国家图书馆藏稿本，第 29 页。诗作于 1937 年。
⑤ ［新加坡］郑子瑜：《挑灯集——郑子瑜散文集》，人民文学出版社 1992 年版，第 82 页。
⑥ 《日本东京帝大生来校参观记》，《北大日刊》第 2222 号，1929 年 8 月 10 日，第二版。

明、清华大学杨树达等人的热情接待。[①] 高田真治（1893—1975），日本大分县人。1915 年 7 月，高田真治曾随东京帝国大学盐谷温教授来中国访问。越过黄海，历游齐鲁，登泰山，并拾得楷树的种子回国，种植在庭园中，因名其居为“楷庵”。1928 年 2 月，任东京帝国大学副教授，旋即派往中国，研究中国哲学，为期两年，后以“易经研究”获博士学位。曾任“斯文会”顾问，主持会刊《斯文》，提倡儒学尊孔，推广汉文教育。1937 年 3 月，又率领东京帝国大学学生遍访山东、河北、热河等地名胜。4 月间，高田真治一行到达北京，4 日，伦明于西长安街酒家宴请高田真治博士及学生一行十余人。席间，高田索诗，伦明即席赋曰：

只欠樱花在眼边，一堂少长集群贤。
青禽衔信来瑶岛，红叶题诗忆绮筵。
愧乏雄才折尊俎，孰云吾道隔山川。
奚囊亦有乌啼曲，传唱扶桑值万钱。[②]

自注曰：“前岁四月东游，大仓伯招宴红叶馆即席赋诗”“席间有客唱唐人寒山寺绝句”。“前岁四月东游”事约指 1933 年，伦明赴日本为“斯文会”鉴定古籍事。其间曾得到日本友人的宴请，席间多有唱和。

4 月 10 日，高田真治博士于北海公园设宴回请伦明，出席宴饮的还有清华大学教授杨树达、日本东方文化委员会主任桥川时雄等人。席间，伦明与杨树达、高田真治和桥川时雄均有唱和诗。

伦明即席赋诗云：

---

① ［新加坡］郑子瑜：《挑灯集——郑子瑜散文集》，人民文学出版社 1992 年版，第 83 页。

② 是为抄正稿，文字与草稿（右图）略有出入。《日本高田真治博士率学生十余人游故都四月四日余招宴于西长安街酒家博士戏索诗即席赋呈》，见《伦哲如诗稿六》，国家图书馆藏稿本，第 1 页。

近在长安远日边，早闻东道主人贤。
高歌直拟联吟社，广誉原来著讲筵。
岂是采风劳太史，相从立雪为伊川。
瘦羊博士应羞伍，下箸真惊食万钱。[①]

杨树达即用伦明“边”韵，赠高田真治诗一首：

便便君是汉家边，观国西来领众贤。
嘉惠已承分典册，高谈况喜接华筵。
群经本自尊乔岳，大海从来纳百川。
且共泛舟拚一醉，清风明月不须钱。[②]

“嘉惠已承分典册”句自注曰：“蒙以所著《孔子学说》见赠。”“且共泛舟拚一醉”句自注曰：“招饮北海留别，故云。”不久，高田真治一行以日本侵华战争爆发，匆匆返回东京。

2. 长泽规矩也

长泽规矩也（1902—1980），日本东京都人。1926 年东京帝国大学文学部支那文学科毕业。1927 年，受日本外务省的补助，作为东京大学的院生，前往北京。1929 年起，任第一高等学校教授，后历任政法大学教授、图书馆短期大学讲师、爱知大学教授等教职。其间，曾先后为静嘉堂文库、内阁文库、福井市立图书馆等三十多家藏书单位整理和汉古籍，从事编目工作。这使他在和汉古籍文献方面积累了广博的学识、深厚的功力，堪称日本近代文献学第一人。从大学时代到 1932 年，曾 7 次（1923、1926、1928、1929、1930、1931、1932）到中国访书旅行，收集研究资料，为静嘉堂购进汉籍图书等。

① 伦明：《日本高田博士招宴北海公园并示次边韵和诗桥川时雄杨遇夫同作复用前韵即席赋呈》，见《伦哲如诗稿六》，国家图书馆藏稿本，第 1—2 页。

② 《赠高田真治教授用伦哲如韵》（一九三七年四月十一日），见《杨树达文集之十七积微居诗文钞》，上海古籍出版社 1986 年版，第 12 页。

他将这些经历写成《中华民国书林一瞥》及《补正》等。在北京，经常到通学斋书店购书，与伦明、孙殿起多有交往。其间和中国商务印书馆的张元济等相交。1928 年张元济顺利访日，他起了相当大的作用。又为日本静嘉堂文库购书，为商务印书馆影印《四部丛刊》向日本借书，起到中介作用。收集了不少中国的通俗文学书籍。[①]

从 20 世纪 20 年代起，中国前往日本访书、考察和交流的学者不绝于途，一些人还多次东渡，如董康至少先后八次到日本。北京大学的沈尹默、高一涵、陈源，北京图书馆的孙楷第，清华大学的刘文典以及傅增湘、伦明等相继赴日本访书、游历或进修，与东西两京学者交往。[②]

约 1933 年 4 月，伦明得到“东方文化事业总委员会”的赞助，应日本汉学研究团体“斯文会”之邀，前往东京帮助鉴定该会所藏的中国古籍。伦明就读京师大学堂时，东文和伦理学任课教师服部宇之吉曾为该会会长。在北京相识的日人长泽规矩也、高田真治等也是该会成员。

除了来华参观游学外，进入北京大学等校为旁听生的日本留学生也逐渐多了起来，如仓石武四郎、吉川幸次郎、藤冢邻等。他们曾选听过伦明的“版本源流”、余嘉锡的“目录学”等课程，因而对中国古籍版本、目录之学有了进一步的了解和研究。

3. 藤冢邻

藤冢邻（1879—1948），号素轩，汉学家。1923 年间为日本名古屋第八高等学校教授文部省在外研究员，后任朝鲜京城帝国大学教授。专攻《论语》，对《四库全书》也极为推崇，曾撰有《四库全书编纂与其环境》一文[③]，1921 年至 1923 年曾到中国留学，其间结识鲁迅和伦明等人。与伦明及通学斋掌柜孙殿起来往密切，曾借抄伦明

---

① 李庆：《日本汉学史》第三部《转折和发展》，上海外语教育出版社 2004 年版，第 326 页。

② 桑兵：《国学与汉学：近代中外学界交往录》，浙江人民出版社 1999 年版，第 220 页。

③ 《文字同盟》（北京）第 15 号，1928 年 7 月。

所藏吴骞《皇氏论语义疏参订》一书，《续修四库全书》本即据日本东京大学藏藤冢邻抄本影印。[①]

1923 年 4 月 20 日，藤冢邻离京返国。回国后，仍书信往来，多次收到通学斋为他代购的古籍。他敬佩伦明，学生本多、小竹等到中国，特介绍他们前往拜访。1937 年伦明有诗追怀云：

怀人梦到海东边，只认明夷是古贤。
宿病可曾辞药盏，新衔仍复带经筵。
苏门得遇秦淮海，鲁史思承董广川。
遥想河汾陶铸盛，相逢佳士总青钱。[②]

自注曰："君久教授京城大学昨岁始授博士职""君介门人本多来晤""兼谓小竹文学士亦君门人也"。

4. 仓石武四郎

仓石武四郎（1897—1975）生于日本新潟县高田市。日本语言学家。1918 年高中毕业到东京帝国大学，专攻中国文学。大学毕业后到中国江南各地旅行，1921 年回国，次年在京都帝国大学做研究生，获文学博士。1925 年任大谷大学文学部副教授。1926 年任京都帝国大学专职讲师，次年为副教授，并担任《支那学》杂志的编辑。1928 年再次来到中国，在北京大学、北京师范大学、中国大学学习，进行两年半的语言调查，1930 年回国。[③] 1931—1937 年任东方文化学院京都研究所研究员，从事《尚书正义》的校订工作。[④] 据《仓石武四郎

① 陈东：《关于黄侃〈论语义疏〉的整理与研究》，见黄怀信、李景明主编：《儒家文献研究》，齐鲁书社 2004 年版，第 146 页。

② 《寄怀藤冢邻博士京城兼简本多文学士再叠前韵》，见《伦哲如诗稿》第六册，国家图书馆藏稿本，自编第 2 页。

③ 丁守和、马连儒主编：《世界当代文化名人辞典》，北京燕山出版社 1992 年版，第 60 页。

④ 林煌天主编：《中国翻译词典》，湖北教育出版社 1997 年版，第 62 页。

中国留学记》记录，1—6 月间与伦明交往多达十二次。[①] 内容主要涉及在北大听伦明讲课，到通学斋淘书，与伦明互借图书，去东莞会馆拜访伦明诸事。

5. 吉川幸次郎

吉川幸次郎（1904—1980），号善之，日本神户人。1928 年至 1931 年间，获上野奖学金赴北京留学，作为旁听生在北京大学、中国大学等校听课。拜杨钟羲为导师，从马裕藻、钱玄同、沈兼士听讲，专攻中国音韵学。他在北大学院的旁听证为第 9 号，选听了马幼渔的“中国文字音韵概要”“经学史”和朱希祖的“中国文学史”“中国史学史”，以后又先后听过钱玄同的“古今声韵沿革”、沈兼士的“文字学”、陈垣的“正史概要”、伦明的“版本源流”、余嘉锡的“目录学”、吴承仕的“三礼名物”等。[②] 他广泛结识中国南北学者，大量购置中国古籍。平时喜逛琉璃厂，成了古书铺的常客。当时每月五百元生活费中，有四百多元花在琉璃厂的通学斋、来熏阁里，构成令人称羡的丰富收藏。吉川与伦明来往甚密，对通学斋书店的情况十分清楚，1958 年撰《琉璃厂后记》，记述了伦明、孙殿起与通学斋的轶事。

6. 桥川时雄

桥川时雄（1894—1982），字子雍，号醉轩，日本福井县人。著名汉学家，长期在中国从事汉典籍研究工作，在北京工作、生活了近三十年，与众多中国文化名人有密切交往。其“与中国学者交游之广，堪称现代第一人”[③]。1918 年 5 月，桥川到达北京，相继任职于共同通信社、大和俱乐部及顺天时报社。经总统府顾问有贺长雄的努力，通过蔡元培和陈独秀，到北京大学听课，认识伦明以及吴虞、黄

---

① ［日］仓石武四郎著，荣新江、朱玉麒辑注：《仓石武四郎中国留学记》，中华书局 2002 年版。

② 桑兵：《国学与汉学：近代中外学界交往录》，浙江人民出版社 1999 年版，第 269—270 页。

③ 桑兵：《国学与汉学：近代中外学界交往录》，浙江人民出版社 1999 年版，第 214 页。

节、胡适、李大钊、鲁迅、周作人、梁启超、林损等北大教授。1927年，他创办《文字同盟》杂志，为爱好古代文化的中日同人开辟园地，用两种文字刊登两国文化人的消息，颇受推重。《文学同盟》杂志第4年第4号（1930）刊登了伦明《续书楼藏书记》。1933年，任东方文化事业总委员会署理[①]，主持《续修四库提要》编纂工作，前后增聘董康、王重民、赵万里、谢国桢、傅增湘、罗振玉等数十人分类撰写续修提要。其间伦明被东方文化事业委员会聘为研究员，参与《续修四库全书总目提要》的撰写，在全部六十类中，负责整理主编经部之书类、诗类、礼类、孝经类、四书类、群经总义类，史部之传记类，集部之粤人著述部分等。

据有撰者署名的各类统计，伦明所撰多达一千九百零八篇。现存伦明与桥川往来信函二封，其中一封是关于《续修四库提要》选目、交稿等事。录文如下：

> 昨晚接奉尊示，属于本月起，先做《书》、《诗》、群经、四书各提要，但本月传记提要已做就十三篇。因前奉尊示，属于领费前十日交卷，故本月之稿，例须于前月预备故也。兹自下月起再遵尊示办法，今月仍旧各半。先此奉知，即乞詧照。此请
> 台安
>
> 弟明上三日[②]

又曾诗简云：

> 十年身在石渠边，更僻延英为养贤。
> 广聚金铜开大冶，余分杯炙饫残筵。

---

① 吴格：《桥川时雄与〈续修四库全书总目提要〉编纂》，见张伯伟编：《域外汉籍研究集刊》第四辑，中华书局2008年版，第378页。

② 萨仁高娃：《有关〈续修四库全书总目提要〉的通信》，《文献》2006年第3期，第168页。

渐离橘性缘迁地，初见霜毛感逝川。
亦识文章无价物，对君终愧口言钱。[①]

诗自注云：“君为东方文化委员会主任。”“亦识文章无价物，对君终愧口言钱”句，旧知识分子的清高、爱面子的心态表露无遗。

1940年，桥川编纂的《中国文化界人物总鉴》出版，收录1912年至1940年间在世，从事文化教育、学术研究和文学艺术有名于时的人物共四千余人。书中有专门条目介绍伦明、伦叙兄弟。[②]

二、在两广的交游

从1907年京师大学堂毕业返回广东，至1917年定居北京的10年间，伦明主要在两广从事教育工作。其间因访书和迁移藏书北上而往返数次。毕业返粤之初，先充两广方言学堂讲席，次任广州西区模范高小校长，次入两广总督张鸣岐幕。辛亥革命后，曾客居广西桂林、浔江，旋北游京城访书，参加政党活动。不久返回广州，设立公民党广东支部，编辑发行报刊。民国初年任广东视学官，1915年携所藏古籍珍本北上京城。1917年再到京，入北京大学任教。

（一）与马叙伦的交往

马叙伦（1885—1970），字彝初，改字夷初，号石翁、寒香，晚号石屋老人，别署啸天。浙江余杭（今杭州）人。少年时入杭州养正书塾师从陈黼宸（介石），读《黄书》《民约论》等。出校后刻苦自学，致力于六法训诂、经史、韵文兼治新学。早年参加同盟会，加入南社，编辑《国粹学报》。曾任商务印书馆《东方杂志》编辑、《新世界学报》主编、《政光通报》主笔。民国期间历任教育部次长及北

① 伦明：《简桥川时雄三叠前韵（君为东方文化委员会主任）》，见《伦哲如诗稿六》，国家图书馆藏稿本，第2页。

② 中华法令编印馆刊印，1940年，第366页。

京大学、清华大学教授。1922 年夏，出任浙江省立第一师范学校校长、浙江省教育厅厅长。抗日战争时期，从事抗日活动。1946 年发起组织民主促进会。中华人民共和国成立后，任教育部第一任部长、高教部长、全国政协副主席等职，并任中国民主促进会主席和中国民主同盟中央副主席。使用《义勇军进行曲》作为中华人民共和国国歌，最初就是马叙伦的提议。[①] 他一生追求正义，靠近中国共产党，是党的忠诚朋友。为贯彻党的教育方针，开创中国教育事业，做出了重大贡献。[②] 著有《说文解字研究法》《说文解字六书疏证》《六书解例》《庄子解诂》《庄子义证》《老子覆诂》《邓析子校录》等，其笔记小说《石屋余沈》多近代秘闻故实。

伦明与马叙伦的交往始于两广方言学堂。光绪三十二年（1906），因两广总督岑春煊奏调，陈黻宸离京，前往广州任两广方言学堂监督，兼充两广优级师范学堂教务长。马叙伦随他的老师来到广州，担任文科兼伦理科教授。伦明兄弟在京师大学堂读书时，陈黻宸为教习，所以有师生之谊。到广州后，陈黻宸聘伦明兄弟到两广方言学堂任教，伦明出任教务长兼经济科教授。马叙伦与伦明有共同的兴趣，极好藏书，其“天马山房”所藏宋、元、明、清本、稿本、抄本、批校本数百种，清人的词集最多，编有《天马山房藏书目》和《天马山房书目》（未刊）。平时一有空闲就一起逛书肆，“游每同行”，“日日同寻”珍稀古籍。伦明诗曰：

闲摊往往获书佳，日日同寻府学街。
岂是晚年憎绮业，割心一一遗金钗。

又传云：

① 杨冬权：《毛泽东在 1949 年》，中国档案出版社 2009 年版，第 105 页。

② 中国中共党史人物研究会编：《中共党史人物传：精选本 · 科教卷》，中共党史出版社 2010 年版，第 1 页。

> 仁和马夷初叙伦，三十年前，与余同居广州，游每同行。府学东街，广州卖旧书处也。数年前，君以所藏，全归辅仁大学，凡两万余册。近代人词集，多至数百册，君不善词，而好收词集。数年前谭篆青家设选会，多资之。[①]

马叙伦同乡前辈谭献（1832—1901）治学勤苦，是一位有多方面成就的学者，词学致力尤深。谭献的词，内容多抒写士大夫文人的情趣。其文词隽秀，朗朗可诵，尤以小令见长。著有《复学类稿》。谭献去世后，遗书陆续散出。伦明特托回杭州休假的马叙伦搜访他的遗书。马叙伦在书肆冷摊中购得《意林》一册，是谭氏刻而未竟的初印待校之本，“甫出版，竟成孤本矣”。后来伦明亲自到杭州访书，在某书店架底发现《述学》二册，细审之下，竟是谭氏评点之本，大喜，即购之回粤。伦明有诗曰：

> 马总书携半部回，汪中述学没尘灰。
> 平生矫矫西京学，不保江都一玉杯。[②]

诗前两句讲的就是这两件事。

光绪三十四年（1908）十一月二十八日，陈虁宸五十大寿，伦明、伦鉴兄弟与马叙伦、黄通甫等为他庆祝。马叙伦撰有《陈介石夫子五十寿叙》。[③]

1917年蔡元培出任北京大学校长，聘邀马叙伦任北大哲学系教授。是年，伦明亦被聘为北大国文系教授[④]，两人再度成为同事，交

① 伦明著，雷梦水校补：《辛亥以来藏书纪事诗·马叙伦》，上海古籍出版社1990年版，第101页。

② 伦明著，雷梦水校补：《辛亥以来藏书纪事诗·谭献》，上海古籍出版社1990年版，第14页。

③ 卢礼阳：《马叙伦年表》，见卢礼阳：《马叙伦》，花山文艺出版社1999年版，第374页。

④ 《马叙伦大事年表》，见余丽芬：《正道上行：马叙伦传》，浙江人民出版社2008年版，第318页。

往更为频密。是年夏，陈黻宸因南归奔弟丧，伤心过度，溘然长逝。阳历十月十四日，吴景濂等一百二十余人在广州东堤东园开追悼大会。[①] 十二月七日，蔡元培、伦明、马叙伦等北大同事三十余人，在北京共同发起陈黻宸追悼会，在《北京大学日刊》刊登《陈介石先生追悼会启事》。[②] 伦明撰挽联及《瑞安先生诔》以志哀思。其挽联曰：

> 以浙儒掌教粤东，继杭堇浦而来，遗泽在士林，流涕吊永嘉先辈；藉史学痛排君政，是王船山一派，异时传文苑，从头溯民国功臣。[③]

1920年旧历五月十一日，马叙伦、伦明等“北京大学同人宴集于城东金鱼胡同之海军联欢社。沈尹默出示其生朝述怀之作。越日，余有继造。张孟劬尔田、伦哲如明复和余辞，余因集而名之曰《金鱼唱和词》”。金鱼胡同，位于王府井大街东侧繁华地带。民国以后，北洋政府海军部曾租用那家花园西大院（现和平宾馆附近）办“海军联欢社”。海军官兵常常在此宴会娱游，吟诗赏月，听书观剧，歌舞升平。而各界重要公宴、社会名流婚宴也喜欢假座这里。当时轰动京城的陆小曼婚礼就在这里举行。马叙伦所编《金鱼唱和词（调寄〈西江月〉）》，收录沈尹默原唱四首，马叙伦和作十二首、伦明和作六首、张尔田和作三首。伦明诗中回忆起家乡端阳赛龙舟，绿树成荫的荔枝湾，其一曰：

> 最忆江乡乐事，家家竞赛端阳。海潮涌现万龙艘，箫鼓中流

---

① 《陈黻宸集补编》，见陈虬、宋恕、陈黻宸撰，胡珠生编：《东瓯三先生集补编》，上海社会科学院出版社2004年版，第439—441页。

② 《北京大学日刊》第19期，1917年12月7日，第四版，见《北京大学日刊》第一分册，人民出版社1981年版，第60页。

③ 《陈黻宸集补编》，见陈虬、宋恕、陈黻宸撰，胡珠生编：《东瓯三先生集补编》，上海社会科学院出版社2004年版，第460页。

荡漾。更有荔子湾口，绿阴夹岸清凉。晚风柔软浪花香，唤起桃根打浆。[①]

《伦哲如诗稿》中有四首写给马叙伦的诗：《马夷初属题砚先生为陈白沙高足弟子砚已半缺有屈翁山题款未泐》（三首）、《怀马夷初杭州五十一叠前韵》。中有“高第街南讲舍空，百年绝学复谁宗。流传片石缘非偶，岭海经师拜马融”[②] 之句，赞扬马叙伦对岭南教育的贡献。

（二）与廖道传的交往

从京师大学堂毕业的广东籍学生，部分回原籍工作，也有不少其他省籍毕业生南下两广寻找发展机会。1913 年，伦明的同窗廖道传从广西回到广州，任广东高等师范学校校长，任职长达五年，与在穗的伦明、董嘉会（亨衢）[③] 等北大同学以及黄遵宪堂弟黄遵庚等人时有聚会，宴饮唱和。其《三香山馆诗集》卷六有《北京大学同人会饮珠江》《八月七夕董亨衢约诸同学饮于珠堤酒楼叠前韵二首为赠》《伦哲如招饮珠江叠前韵》《黄遵庚友圃招饮珠江再叠前韵》诸诗。

《伦哲如招饮珠江叠前韵》，诗云：

---

① 马叙伦：《石屋余沈》，上海书店 1984 年版，第 1 页。

② 伦明：《马夷初属题砚》（三首），见《伦哲如诗稿一》，国家图书馆藏稿本，第 15 页。高第街位于广州越秀区，连接北京路和起义路，以出售小百货与工艺品而驰名，是广州著名的古老商业街之一。清朝，林则徐被黜后离开两广总督署，也住进高第街一间五进深的大屋。当年，鲁迅从厦门来广州教学，高第街也常有他的身影。高第街西北头著名的“许地”，是许氏族人聚居的地方，该家族出了不少知名人士。如清末闽浙总督许应骙、民国粤军总司令许崇智、著名的教育家许崇清、鲁迅夫人许广平等。马叙伦主两广方言学堂国文讲席，在此居住多年。

③ 董嘉会，字亨衢，安徽安庆府怀宁县人。八品翻译，京师大学堂师范馆预备科学生，习德文。前在本省求是学堂习法文。1919 年，董亨衢任安徽教育厅长，同时兼省立图书馆馆长，1920 年辞职。参见农伟雄：《陈东原和安徽省立图书馆》，《江淮文史》2002 年第 3 期，第 172 页。

落日兰桡曳画艭，碧云红树影重重。
烟波澹荡澄孤眼，天水空明证此胸。
梧雨凉敲诗魄瘦，茗香味比宦情浓。
京华冠盖都如梦，只合骚裳集紫蓉。
记共燕台吊昔贤，悲秋曾共感华年。
桂林鸿迹连残雪，珠海潮音应暮天。
黄卷同探三箧秘，绿杨犹结两家缘。
故人莫笑盐车骥，伏枥如今不受鞭。[①]

廖道传（1877—1931），字叔度，号梅峰，晚号梅坨，又署三香居士、三香山人，广东梅县人。优禀贡生。光绪二十二年（1896）考取嘉应州秀才，时年二十岁。二十五年（1899）参加广东省嘉应州科试，取得正场一等第一名，被保送广州广雅书院进修，成绩优异；在进修期间，还应菊坡、粤华、粤秀各书院听课，常获高优成绩。二十八年（1902），广东督抚奉命考选全省最优学生赴京师大学堂就读，在考选的十一名保送生中，十名均为广州府学生，嘉应州仅有的一个名额为廖道传所得。[②] 在校期间，他学习成绩优异，所以毕业十年后的重逢，伦明还提起："与君同学日，每考试必第一。"[③] 三十三年（1907）毕业，同年夏，清廷派他赴日本考察学政，秋回国，受聘于广西优级师范学堂（校址在桂林）任监督（校长），他办学认真，同学莫不慑服。辛亥革命后，廖氏转而从政，先后任广西浔州府（府治在今桂平市）、武鸣府府长，广西督军署秘书，乐平统税局局长等职。其时，伦明亦在桂林和浔州从事教育工作。其后，廖道传又转而从事

① 廖道传著，廖国薇、梁中民点校：《三香山馆诗集·国学集》（癸丑十月迄丁巳九月），中山大学出版社2000年版，第55页。

② 据《京师大学堂同学题名》（光绪二十九年十一月），廖道传为师范馆第二类学生，分科习英文。参见《京师大学堂同学录》（1906），见房兆楹辑：《清末民初洋学学生题名录初辑》，台北"中央研究院"近代史研究所1962年版，第126页。

③ 伦明：《怀廖叔度梅县二十六叠前韵》自注，见《伦哲如诗稿三》，国家图书馆藏稿本，第15页。

教育。1913 年秋，廖氏被任命为广东高等师范学校校长，任职长达五年。1917 年 3 月，廖氏奉命二次赴日考察师范教育。回国后，对我国师范教育改革等问题写成万言报告书。1924 年，与邑乡贤黄墨村、美国传教士汲平如等发起创办嘉应大学[①]，开梅县高等教育之先河。生平诗作甚丰，诗名播于粤、桂、滇等省，遗著有《京师集》《桂林集》《武鸣集》《军府裳》《金碧集》等诗册。他的小传载入 30 年代出版的《第一次中国教育年鉴》。[②]

伦明与廖道传是同时入读京师大学堂师范馆的广东学生。二人“同斋案相连”，常在一起研习论学，吟诗唱和，“同居时高评古籍书画”。[③] 伦明视他为“平生最畏友”。自注曰：“在京时曾次君韵作《秋感》八首”。“《秋感》八首”即《燕京秋感次友人东莞生韵》，是光绪二十九年（1903）在京师大学堂时和伦明《无题》八首而作。后来署名“嘉应健生”，寄给在日本的梁启超，与伦明原作一并录入《饮冰室诗话》。梁启超认为廖诗与伦诗“可称双绝”。[④]

伦明有《赠廖叔度》，诗云：

忆昔共学日，同斋案相连。
课暇论古今，持议各一偏。
崛强不少让，往复互纠缠。
偶值气盛时，拍案案欲穿。
旁舍走相视，疑谓谇詈焉。
辞毕各大笑，更端又复然。[⑤]

---

① 这里指的嘉应大学不是现在的嘉应学院。

② 中国人民政治协商会议广东省梅县委员会文史资料委员会编：《梅县文史资料·城东镇专辑》，1994 年，第 134—135 页。

③ 廖道传：《伦哲如招饮珠江叠前韵》自注，见廖道传著，廖国薇、梁中民点校：《三香山馆诗集·国学集》（癸丑十月迄丁巳九月），中山大学出版社 2000 年版，第 55 页。

④ 梁启超著，舒无校点：《饮冰室诗话》（一三五），人民文学出版社 1959 年版，第 111 页。

⑤ 《伦哲如诗稿二》，国家图书馆藏稿本，第 1 页。

毕业十年后的重逢，叙谈往事，感怀同窗之情。当时高评古籍书画，持论各不相让，唇枪舌剑后的开怀大笑，此情此景记忆犹新。1923年，廖道传在家乡梅县创办嘉应大学，伦明在北京颇为怀念，诗云：

旧游象郡多遗爱，同学龙头孰抗行。
读史知君饶感想，几时刑措见成康。[①]

自注曰："君官桂甚久，曾知浔州府""与君同学日，每考试必第一""君读史学甚深"。二氏在各自的诗注中，都提到同宿舍、同官桂林浔州的经历。

（三）与郑谦的交往

民国省官制规定，省设巡按使为全省最高行政长官。至于全省行政机关则称为巡按使公署。公署以内设政务厅，辅佐巡按使掌理全省事务。政务厅乃巡按使公署之内部机关，置厅长一人总理厅务。厅下分设总务、内务、教育、实业四科。[②] 1914年7月[③]，郑谦任广东省政务厅长。12月，教育总长汤化龙"请以各省政务厅中之教育科及视学官等组织教育厅"[④]。教育厅设省视学四人至六人，由厅长委任，

---

① 伦明：《怀廖叔度梅县二十六叠前韵》，见《伦哲如诗稿三》，国家图书馆藏稿本，第15页。

② 钱端升等：《民国政制史》，上海人民出版社2008年版，第358—359页。

③ 一说任期为"1916年7月11日至1916年11月23日"，参考《中华民国北京政府时期广东省职官列表》，见郭卿友主编：《中华民国时期军政职官志》，甘肃人民出版社1990年版，第243—249页。疑误。

④ 朱有瓛等：《中国近代教育史资料汇编·教育行政机构及教育团体》，上海教育出版社1993年版，第129页。

掌管视察全省教育事宜。[①] 当时教育事务隶属政务厅，因工作的关系，时任广东视学官的伦明与郑谦相识，日后又成为好友。

郑谦（1876—1929），字鸣之，号觉公。祖籍江苏溧水，后迁居南京城南三坊巷。光绪二十三年（1897）末科，放弃最后一次中举的机会，为云南总督李经羲之子李国筠代写应试文章居然中举，郑谦由此获得三千金巨资，并因此博得李氏的器重。光绪三十二年（1906），受维新思想的影响，东渡日本政法大学深造。毕业回国后，任教于法政讲习所，旋受聘于武汉两湖总督黎元洪。1914 年 5 月，李国筠任广东巡按使，郑谦也随之前往广东，7 月任广东政务厅长。1915 年，李国筠去位，郑谦亦亟思引退，继任巡按使张鸣岐深知其才，坚挽留之[②]，故直至 1916 年 11 月方离任[③]。后又曾任广东电灯公司督办，自来水公司督办等职。[④]

在粤期间，郑谦与伦明以及湖南督军谭延闿交往甚笃，谭氏曾手书"数千里连舸而来，不愆晷刻"[⑤] 为赠。1925 年 2 月，奉军大举南下，势力延伸到苏皖和上海等地，张作霖为维护东南利益，以文人当政和苏人治苏之名，擢拔郑谦任江苏省省长，前后仅八个月，被称为"百日省长"。上任之初，伦明为诗四首祝贺兼感旧述怀。诗曰：

功名时会若相催，游子离乡拥节回。
杜甫晚参严武幕，常何新荐马周才。

① 刘兆伟等：《日本侵华对文教的摧残与掠夺：纪念抗日战争胜利六十周年》，辽宁大学出版社 2005 年版，第 238 页。

② 钟广生：《溧水郑君墓志铭》，见卞孝萱，唐文权编：《辛亥人物碑传集》，团结出版社 1991 年版，第 482 页。

③ 中国人民政治协商会议江苏省委员会文史资料委员会编：《江苏文史资料 · 民国江苏的督军和省长》，1993 年，第 137 页。

④ 钱善宝：《军阀混战年代的"百日省长"——郑谦》，见中国人民政治协商会议江苏省溧水县委员会文史资料组编：《溧水古今》第二辑，1984 年，第 44 页。

⑤ 陆昌寅：《邑人前江苏省长郑谦氏事略》，见中国人民政治协商会议江苏省溧水县委员会学习文史委员会编：《溧水古今》第十五辑，1997 年，第 24 页。

单车到处霄烽息，三径归来画锦开。
淡泊知公平昔志，缨冠急难敢徘徊。

虎踞龙蟠旧建康，曾侯曾此定洪杨。
可怜财赋三吴地，半变疮痍百战场。
策贵弭兵和楚晋，政期拔吏得龚黄。
由来医病通医国，固本除邪是妙方。

太原公子仗旌麾，幕府才名重牧之。
公异参军习蛮语，我游乡校讲儒规。
政闲时玩南楼月，客满豪倾北海卮。
十载雪泥劳忆念，岭南风物话余悲。

投簪端拟老樵渔，多难驱人别井闾。
饿死常艰方朔粟，治生未熟计然书。
即今吴庑栖孤士，时到夷门吊废墟。
愁极转生闲意兴，江南春好忆何如。[①]

1925年“五卅”案后，张作霖偕杨宇霆至天津，郑谦亦北上天津。伦明时在河南焦作，有诗怀郑谦曰：

酒痕未浣广州裳，棠憩留思我梓桑。
辽海春融花照幕，陪京昼永锦张堂。
乞闲暂许归私第，论政曾陪侍末行。
闻说山公多启事，不堪揖拜懒嵇康。[②]

① 伦明：《奉贺鸣之省长兼感旧述怀恭成四律》，见《伦哲如诗稿一》，国家图书馆藏稿本，第11页。

② 伦明：《怀郑鸣之天津二十一叠前韵》，见《伦哲如诗稿三》，国家图书馆藏稿本，第11页。

自注曰:“先生本居金陵,前岁任江苏省长”“先生在粤政务厅长任,余时充省视学”。

1928 年 12 月,杨宇霆发起影印、校雠和续修《四库全书》。郑谦时任奉天总司令部秘书长,根据杨宇霆的旨意,邀伦明游沈阳,协助筹印《四库全书》并参加《奉天通志》的编纂。久别后,伦、郑在沈阳再度重逢。此时的郑谦给伦明的印象是“惊看鬓似丝”,郑氏“自言多疾痛,端为历艰危”。1929 年 1 月 10 日,因杨宇霆企图谋反而被张学良所杀,《四库全书》的影印、续修计划被迫中止。面对这样的结局,伦明颇感无奈与失望。是月 28 日,就在伦明收拾行装,准备返回北京之际,忽闻悉郑谦因病医治无效去世,一月内痛失二友,百感交集,遂以诗挽之,追忆好友生平以及两人相识相知的情谊:

郑侨称博物,从政亦恢恢。
偶近弹棋局,聊充借箸材。
鉴藏书万卷,寄托酒千杯。
我忆论交始,英声满越台。
辽海重相见,惊看鬓似丝。
自言多疾痛,端为历艰危。
同作登楼赋,迟歌招隐辞。
摧心束装日,一哭了交期。[①]

(四)与冼玉清的交往

冼玉清(1895—1965),自号“琅玕馆主”,别署“碧琅玕馆主人”“西樵女士”“西樵山人”。人们尊称“冼姑”或“冼子”。原籍广东南海西樵,生于澳门。自幼受业于名师陈子褒主办的“灌根学塾”,长达 7 年。后入香港圣士提反女校进修英文。1920 年于岭南大

① 伦明:《哭郑鸣之》,见《伦哲如诗稿五》,国家图书馆藏稿本,第 1 页。

学附中毕业，考入岭南大学中文系。1924 年毕业后，以成绩优异留任国文系助教，继升讲师、副教授。1927 年钟荣光任岭南大学教务长，又推荐她兼岭大文物馆（初称博物馆）馆长，直到 1949 年。著述甚多，有《粤人著述过眼录》《广东女子艺文考》《闺秀艺文志》等。建国后所撰文史笔记，多刊载于商务印书馆香港分馆编印的《艺林丛录》上。

1929 年春[①]，冼玉清得岭南大学休假，应燕京大学教务主任周钟岐之邀“漫游北京”。“尝居故都一年，北至关外，南道宁越，撰有《万里孤征记》。”[②] 适岭南大学校长钟荣光亦因事来北京，由钟介绍会晤曾任清廷驻藏大臣和驻英、法、美公使的张荫棠。[③] 后来又结识了马镒、陈垣、郑孝胥等京华贤达名士，学术修养日益深厚。其间不时游逛书肆，还参观了故宫博物院古物陈列所及长城等处，眼界为之大开。

一日与书法家番禺王蘧（秋湄）同游小市书摊，在“鸿春楼”与伦明相遇，“谈文甚欢”。翌日，伦明赠诗云：

粤峤知名早，京华识面新。
锦车来墨客，绛幔拜经神。
林下论文友，闺中不字身。
惊闻归计急，家有倚闾人。[④]

时冼玉清租住锡拉胡同女青年会，“先生（伦明）每得佳椠，辄

① 此据冼玉清《记大藏书家伦哲如》。一说“9 月”，参考庄福伍：《冼玉清先生年表》，见佛山大学佛山文史研究室、广东省文史馆：《冼玉清文集》，中山大学出版社 1995 年版，第 869 页。

② 伦明著，雷梦水校补：《辛亥以来藏书纪事诗 · 冼玉清》，上海古籍出版社 1990 年版，第 108 页。

③ 广州市地方志编纂委员会编：《广州市志》卷十九，广州出版社 1996 年版，第 248 页。

④ 冼玉清：《记大藏书家伦哲如》，见《艺林丛录》第五编，商务印书馆香港分馆 1964 年版，第 326 页。

以相示。又同访傅增湘沅叔及北京图书馆，看所藏善本，余之留意版本自此始”。1930 年 6 月冼玉清南归之日，伦明撰五言古诗四首送行，其第三首“畅论吾粤学风，一时传为佳作”。伦明赏识这位岭南女博学家、女诗人，喻之清代才女沈虹屏（彩）。冼玉清在《记大藏书家伦哲如》中记述两人友谊：约 1933 年 4 月，伦明赴日本鉴定古籍，约之同行，“余以事不果往”。是年，有人动议影印发行《四库全书》，伦明与订条件，主张全书内容须改换较善之本，且须精校一次。再邀之赴京协助，“余以教务亦不果往”。虽合作未果，之后二氏书诗往来不辍，“曾和余长韵诗十余首”。伦明曾作《乡园忆旧》七言绝句数百首，“谓恨不能与余击节赏之”。[①]

北京之行，冼玉清得到伦明的指导，开始留意古籍版本以及广东地方文献。她多次造访通学斋书店，后编有《通学斋广东书目》。又曾在徐信符“南州书楼”披阅累月，录成《南州书楼所藏广东书目》。冼玉清任岭南大学教授时，助校中搜集粤人著作甚备，家里的藏书也很丰富。王謇的《续补藏书纪事诗》、伦明的

《辛亥以来藏书纪事诗》均有传。伦明诗曰：

跋书何让沈虹屏，辨画真知管道昇。
好古好游兼两美，更看万里记孤征。[②]

冼玉清撰有《管仲姬书画考》，认为仲姬画十之九出伪作，其愈工者愈伪。伦明说“此论前人未道及也”，赞扬冼玉清的独到见解。

1937 年 7 月，伦明南归回家扫墓。到广州后“即至岭南校斋相访，过从甚殷”。冼玉清力劝其“洗脱旧日文人放浪不羁恶习，以笃

① 以上均引自冼玉清《记大藏书家伦哲如》，见《艺林丛录》第五编，商务印书馆香港分馆 1964 年版，第 326—327 页。伦明《辛亥以来藏书纪事诗 · 冼玉清》言“因病不果”。

② 伦明：《辛亥以来藏书纪事诗 · 冼玉清》，见伦明著，雷梦水校补：《辛亥以来藏书纪事诗》，上海古籍出版社 1990 年版，第 108 页。

实周慎为务”。伦明赋诗以谢，其中有“积过如山去日长，悚然一棒下当场”[1] 之句，表达对好友善言的佩服与顺从。广州沦陷后，岭南大学迁香港。伦明曾去信已随岭大赴港的冼玉清，谓：“乡间不可居，欲来港就专馆教席。”冼玉清与马鉴、许地山等商量，均希望伦明来港，但因“难求栖止之地，遂尔中止”。香港沦陷后，岭南大学迁韶关曲江，伦明与冼玉清“音问遂断”，进岭大“专馆教席”的愿望也成了泡影。[2] 1945 年 9 月间，冼玉清随岭南大学从粤北迁回广州河南康乐村，始知伦明已于去年 10 月病终东莞故里，至为惋惜。“因函商其北京家属，请以藏书归公，卒归北平图书馆，成先生志也。”[3] 在陈垣、冼玉清、袁同礼等一批学者奔走努力下，伦明的藏书最终归公于北平图书馆（现国家图书馆），这是对九泉之下的伦明良厚之慰藉。

（五）与徐信符的交往

清人叶昌炽撰《藏书纪事诗》凡七卷。此书自光绪二十三年（1897）首刊以来，类似的撰述接踵而出，其中广东籍藏书家的著述就有三部，如伦明的《辛亥以来藏书纪事诗》、莫伯骥的《藏书纪事诗补续》（未刊）续辑晚近藏书故实；如徐信符《广东藏书纪事诗》所辑则以地方郡邑为限，在南粤，研究藏书家历史一时蔚然成风。伦、徐、莫三人因共同爱好而成为知交。并且在各自的《纪事诗》中为对方立传。伦明《辛亥以来藏书纪事诗》有徐信符、莫伯骥传，徐信符《广东藏书纪事诗》则有伦明、莫伯骥传。莫伯骥《藏书纪事诗补续》未刊，散佚不存，想必也有伦明和徐信符两位好友的传记。

伦明居粤时，与徐信符、莫天一交往最笃。“每一佳本出，辄为

---

① 冼玉清：《记大藏书家伦哲如》，见《艺林丛录》第五编，商务印书馆香港分馆 1964 年版，第 327 页。

② 冼玉清：《记大藏书家伦哲如》，见《艺林丛录》第五编，商务印书馆香港分馆 1964 年版，第 327—328 页。马鉴（1883—1959），字季明，浙江省鄞县（今宁波鄞州）人，著名文史学者。

③ 冼玉清：《记大藏书家伦哲如》，见《艺林丛录》第五编，商务印书馆香港分馆 1964 年版，第 328 页。

所夺”，迁居北京后，与粤中藏书家以及他们的后人保持着密切联系，如谭莹之孙祖任、丁日昌次子惠康（叔雅）、孔广陶次子昭鋆、梁鼎芬之子思孝、张伯桢父子等。其中与徐、莫经常“通函商榷”“往复不绝”。他认为粤中藏书家以“徐信符、莫天一藏书最富”，有诗曰：

冷寂东街路，年时访古勤。
书林空旧椠，肆友换新人。
榕寺苔生殿，诃林栋作薪。
只应徐与莫，赏析不辞频。①

末句自注曰：“徐信符、莫天一藏书最富。”物是人非，随着时间的流逝，一切都已改变。唯与嗜好相同的徐信符（绍棨）、莫天一（伯骥）二友往来赏书从“不辞频”，兴致不减当年。

徐信符（1879—1948），本名绍棨，字信符，以字行世。先祖原籍浙江余杭，父守初游幕来粤，徐信符出生于英德县署，其后迁至广州状元桥（即今小北路）定居。② 曾任教于广东多所高等院校及任职于省、市图书馆。嗜书成癖，立志藏书。对图书馆学、目录学、版本学均有研究。民国初年广东战乱频仍，故家遗书散落市上量斤为值，徐氏乘机大量收购，购得曾钊面城楼藏书三百种，多属抄本、孤本。伍氏广州粤雅堂、孔氏岳雪楼、潘氏宝礼堂、陈澧传鉴堂和东塾读书楼藏书亦尽收之。在城北家中建有“南州草堂”，所藏以集部为多。1928 年，小北开筑马路，将前座拆卸，建楼二层，为藏书之所，改曰“南州书楼”。所藏四部略备，“来源除得吾粤各故家外，北自平、津，以隶南京、上海、杭州等地各书坊，靡不采购。最盛时，藏书达

---

① 伦明：《抵家作》（六首）第六首，见《伦哲如诗稿二》，国家图书馆藏稿本，第 13 页。

② 徐家凤：《徐信符和南州书楼》，见中国人民政治协商会议广东省委员会文史资料研究委员会编：《广东文史资料》第 66 辑，广东人民出版社 1991 年版，第 135 页。

六百余万卷”[①]。所藏以广东文献、各省通志、诗文集和丛书最富。广东省县志所收达十分之八，以戴璟《广东通志初稿》最为珍贵。而粤人著述如黄佐《明音类选》《庸言》，张邦翼《岭南文献》，郭棐《岭南名胜记》《粤大记》，张萱《重订六书故》，梁朝钟《喻园集》，屈大均《屈沱五书》，以及陈澧稿本与精校本，林国庚《北堂书抄》精校本，吴道镕《广东文征》手稿等，皆稀世遗珍。抗日战争爆发，徐氏把所藏善本二百多箱计三百多种二千三百零六册带去香港。后又将存港善本再选出一批共十箱运往澳门。1932 年因水灾损失书籍四百余箱，抗战时期又损失二百余箱。逝世后，藏书大部分归广东省立中山图书馆、加拿大英属哥伦比亚大学图书馆、岭南大学图书馆等。冼玉清辑《南州书楼所藏广东书目》，徐承瑛（汤殷）编《南州书楼善本题识》等。

伦明与徐信符同城而居，一居城东，一居城北，因藏书志趣相同而结为好友。伦明在广州任教时期，徐信符亦在广东公立法政学校任教。1913 年，伦明曾与李汉桢创办《广东平报》，聘请徐信符任总编辑，负责报馆事务。李汉桢毕业于香港皇仁大书院，历充广雅中学、方言学校和广州中学校教员。[②]《广东平报》“副刊中多述广东文献，所刊之文，极其审慎，作风过于平实，故开办 2 年，即告停版”[③]。讲课、办报、搜集古籍，每有所得，则互相邀请对方“赏奇辨异”，切磋交流。伦明有诗曰：

城北徐公爱蓄书，赏奇辨异每邀余。
我惭佣笔顾千里，君欲争雄士礼居。[④]

---

① 徐汤殷：《徐信符叙传》，见伦明等著，杨琥点校：《辛亥以来藏书纪事诗》，北京燕山出版社 2008 年版，第 299 页。

② 《1913—1917 学年度本校教职工履历表》，见李培恩主编，广东省广雅中学编：《广东省广雅中学》，人民教育出版社 1998 年版，第 96 页。

③ 徐家凤：《徐信符和南州书楼概述》，见中国人民政治协商会议广东省委员会文史资料研究委员会编：《广东文史资料》第 66 辑，广东人民出版社 1991 年版，第 140 页。

④ 伦明：《广州杂诗己未》（八首），见《伦哲如诗稿一》，国家图书馆藏稿本，第 3 页。

诗中“士礼居”是黄丕烈（号荛圃，1763—1825）的藏书室名。黄丕烈与顾千里（号涧苹，1766—1835）皆以精擅版本研究和文字校勘而名标史册。在乾隆、嘉庆和道光年间的藏书界中，黄氏被誉为“版本第一人”，顾氏被誉为“校勘第一人”，皆堪称是“一时瑜亮”。伦、徐二氏分别以顾、黄为楷模：“我惭佣笔顾千里，君欲争雄士礼居。”伦明对徐信符的藏书极为赞赏，认为“粤中藏书家当以君为巨擘”。其诗自注云：

徐信符秀才居北城状元桥。家本寒素，馆谷所入，尽以购书。积十余年，插架数万卷，多佳椠。自南海孔氏、潮州丁氏所藏散出后，粤中藏书家当以君为巨擘矣。

1935 年，伦明撰《辛亥以来藏书纪事诗》，特为好友立传。其诗云：

君家城北系南州，名满书林书满楼。
通介堂中说经叟，无书无屋雪盈头。[①]

又传曰：

番禺徐信符绍棨，家本儒素，而购书甚豪。往昔余居粤时，与有同好，每一佳本出，辄为所夺。君未出广州一步，而自北平以至宁苏沪浙诸书店，无不识君名，盖皆曾通函购书者也。数年前，新起一楼，以储珍本，楼中秘异不胜举。最忆孙退谷《元明典故编年》，系两朝日录相连，四库著录本及顺德龙氏刻本之《元朝典故编年》，非原本也。君从父灏字仲远，灏子绍桢，字固

① 伦明著，雷梦水校补：《辛亥以来藏书纪事诗·徐信符》，上海古籍出版社 1990 年版，第 90 页。

> 卿，以经学世家，有《通介堂经说》诸种行世。固卿曾为显宦，亦好聚书，但随得随散。现流寓上海，年七十余矣，犹著书不辍。有《老子说》《大学说》《诗经解》等行世。

徐信符早年受业学海堂，师从陶福祥，其伯父徐灏（仲远）、族兄徐绍桢（固卿）等皆富著述和藏书。乡梓人文的熏陶，对徐信符日后矢志收藏图籍，搜集和整理乡邦文献，产生了潜移默化的影响。

伦明与徐信符互为欣赏。徐信符曾将明季以来粤中藏书家辑成《广东藏书纪事诗稿》一卷，书未杀青，遽捐馆舍。其遗稿为广州大学同人索去，叶恭绰为之校阅，刊于1949年《广大学报》复刊第一卷第一期。前有序云：

> 此诗稿乃本校已故目录学教授徐信符先生遗著，曾经叶恭绰先生校阅。收广东自明代以迄民国藏书家数十人，详述广东典籍聚散之源流，阐扬藏书家之潜德，洵为不朽之作。且其中所述广雅书局十峰轩、广雅书院冠冕楼、菊坡精舍书藏、惠州丰湖书藏之史实，实均为广东文化教育重要史料，尤足珍贵。惟首页所咏明代藏书家，有诗而无小传，盖未完成之稿也。[①]

所为“伦明续书楼”诗曰：

> 四库重修愿莫申，续编提要有何人？
> 奇赢亿中非无术，通学斋开足疗贫。[②]

《广东藏书纪事诗稿》所载“伦明续书楼”条下原有诗无传，亦未完之稿，后其子承瑛（汤殷）补辑了传文，详见徐信符撰，徐承瑛

① 徐信符：《广东藏书纪事诗稿》，《广大学报》1949年复刊第1卷第1期，第69页。
② 徐信符：《广东藏书纪事诗稿》，《广大学报》1949年复刊第1卷第1期，第86页。

校补《广东藏书纪事诗》。[①]

20 世纪 40 年代，伦明与徐信符先后进伪广东大学任教，一度成为同事。该校聘伦明为历史系教授兼主任，聘徐信符为图书馆馆长。“徐虽在香港挂名，但馆内用人，则由徐选荐。徐将其南州书楼所藏之书籍借与广东大学陈列，其中有古籍之最精彩者为宋版蚕茧本的《陈后山集》。其次是日本人掠夺了‘颐园’（原址在越秀山麓）主人陈融（字协之）的线装书凡数十箱，后来将之赠送与广东大学图书馆。”[②]

居广州城西的莫伯骥是伦明的东莞同乡，同时也是他钦佩和赞赏的藏书家之一。有诗赞曰：

君堪继起孔兼丁，我似相逢尹避邢。
卌万卷书非幸致，后身应是范东明。[③]

诗中“孔”“丁”分别指孔广陶和丁日昌，均为清代粤中著名藏书家。“范东明”是明代著名藏书家、浙江宁波“天一阁”主人范钦的号。“尹避邢”即典故“避面尹邢”，出自《史记·外戚世家》。汉武帝同时宠幸尹夫人与邢夫人，诏二人不得相见。尹夫人向武帝请求见邢夫人。相见后，尹夫人“乃低头俯而泣，自痛其不如也”。伦明以之比喻因嫉妒而羞与莫氏见面。又云：“余与君，恰如虬髯公遇太原公子，知物无两大，遂遁迹为扶余国主，让老夫臣陀独霸南越，君闻此语，能禁一轩渠耶？”[④] “虬髯公”是传奇小说中的人物，隋末

① 徐信符撰，徐承瑛校补：《广东藏书纪事诗·伦明续书楼》，见《近代中国史料丛刊续编》第二十辑，台湾文海出版社 1975 年版，第 253—255 页。

② 陈嘉蔼：《沦陷时期的广东大学》，见广州市政协文史资料委员会编：《广州文史资料》第 52 辑，广东人民出版社 1998 年版，第 342 页

③ 伦明著，雷梦水校补：《辛亥以来藏书纪事诗·莫伯骥》，上海古籍出版社 1990 年版，第 94 页。

④ 伦明著，雷梦水校补：《辛亥以来藏书纪事诗·莫伯骥》，上海古籍出版社 1990 年版，第 94 页。

人，姓张行三，赤髯如虬，故号“虬髯公”，又作“虬髯客”“虬髯翁”。故事出自前蜀杜光庭《虬髯客传》，说的是隋末群雄逐鹿的情况。当时隋炀帝无道，群雄纷起，据说虬髯公本来也有意与群雄逐鹿，自立为王的，后来听得他的好朋友李靖盛称李世民（唐太宗）的才能，说李世民雄才伟略，气度非凡，未来的天子恐怕非他莫属。虬髯公听了，遂与李靖入太原与太原公子李世民（李世民是当时太原留守李渊的儿子，故有“太原公子”之称）相见。见面后认定天下将归李世民，对李靖道：“此真天子也，难与抗矣!”于是遂把他的全部家产赠与李靖，叫他好好辅助李世民。而他自己则听从太虚观道士黄衫客的劝说，远走海外，后为南蛮扶余国（位于朝鲜半岛）主，因此绿林中有虬髯公让天下与李世民之说。伦明以此比喻在莫伯骥面前甘拜下风，“遁迹为扶余国主”——远走北京开辟天地，而让莫氏“独霸南越”。显然伦明是在说笑话，但从中可知当时莫氏深得伦明的钦佩与敬重。

（六）与莫天一的交往

莫伯骥（1877—1958），字天一，东莞麻涌人。年轻时专心攻读，兼营商业，在广州创业办报，开设西药店。治学渊博，精于考证。一生酷爱藏书，大力搜藏典籍。家居广州西关十七甫，初建藏书楼“福功书堂”，后改名“五十万卷楼”，自称“五十万卷藏书楼主”。其藏书多佳本，以广东先贤遗著较多，并有宋刻本三十八部、元刻本八十部。多来自于盛昱、徐坊、丁日昌、方功惠、孔广陶、叶德辉等藏书家的旧藏。最珍贵的是两部罕见宋刊本唐人文集：李翱《李文公集》和孙樵《孙可之集》。南宋版《孙可之集》原是山东聊城杨绍和海源阁旧藏，以约三千元的高价购入，成为镇楼之宝。藏书之富，版本之精，为粤中藏书之冠，有“民国广东藏书第一人”之誉。容肇祖称其所藏善本可“上企瞿杨，无惭丁陆”[①]。抗日战争期间，举家避往香

① 容肇祖:《五十万卷楼群书跋文序》，见国家图书馆编:《国家图书馆藏古籍题跋丛刊》第27册，北京图书馆出版社2002年版，第246页。

港，再移居澳门。一千四百箱均遭劫掠，随身带出之书不过四皮箱。著有《五十万卷楼藏书目录初编》《五十万卷楼群书跋文》行世。

伦明小莫伯骥一岁，二人“少相习”，一起读书攻举业，后又同居广州城。1917 伦明迁居北京后，从此断了联系。1925 年某日，伦明从友人处借读《广东七十二行商报》，看到报上有莫伯骥《读徐君信符中国书目学书后》一文，“始通函商榷，自是往复不绝”。时距伦明迁居北京已相隔近二十年。在久别后的第一封信[①]中，伦明除赞赏好友“搜诸古籍甚富”，于目录学“所造之深”外，所谈三事均与编书、购书、抄书有关：

一是重为阐述对《续修四库全书》分类的看法。“四部分类，鄙意本有不惬，然既之续，则不宜与原书立异。即欲立异，亦应俟书成并原书一例订正未晚也。且原四部分类之意，盖欲执简御繁，分而为四，则简无可简矣。”

二是与莫氏相约，分别在京粤两地互为代购古籍。“弟久离乡土，于粤人著述，多有欲觅而不得者。如曾勉士（钊）之经学各种，吕坚、黄虚舟（丹书）、刘彬华诸集，温伊福（肃）文集。又《劬学堂集》、《何宫赞遗书》、陈观楼（昌齐）《赐书堂集》，皆不可得，欲乞兄代为访求。”而“兄欲有得之书，弟亦可代为访求。弟在京设有通学斋书店，在琉璃厂，已数年。京师为书籍聚焦之地，无论如何难得者，亦可代购或借抄也”。

三是请托莫氏设法借抄曾“辗转请托，竟不获一阅”的李文田所藏明清野史抄本。[②]“前闻同乡陈子砺（伯陶）先生，谈李若农（文田）家藏明末清初佚史最多。砺翁近著各书，多取材于此。若农子敦孟，系砺翁学生，故能借。前砺翁允为弟借来移抄全份，惜一时不克遽归。吾兄能设法借出抄录否？如不能，当转乞之砺翁。”

关于莫伯骥的藏书，此前伦明已略有所闻，“即闻人言吾兄（莫

---

① 《伦哲如在都门致莫天一书》，见卢子枢抄：《广东七十二行商报》第七版，1926 年。原件现藏“卢子枢艺术纪念馆”。

② 伦明：《续书楼藏书记》，《辅仁学志》1929 年第 1 卷第 2 期，第 62 页。

伯骥）搜诸古籍甚富”，没有想到的是莫氏对目录学亦有精深研究，他撰有《清四库总目提要补正》《张氏书目答问述补》《历代广东书征》《藏书纪事诗补续》《清代女子著述考》《四库撰人考》《群书索引》《廿四史索引》《经学文献》以及《五十万卷楼藏书目录初编》《五十万卷楼群书跋文》等多种目录学著作，所以伦明在信中连说：“佩服！佩服！”1929 年前后，伦明请假回广州，特意造访五十万卷楼，遂“得观其所藏”。伦明认为，自南海孔氏、丰顺丁氏相继衰落后，继起之责，“舍君谁属？”莫氏甚至所取字号也与宁波范氏天一阁相同，这难道是偶然巧合吗？[①]

徐信符亦十分推崇莫氏藏书，给予很高的评价。称“近年粤人藏书，当称翘楚”。诗赞曰：

新编部录写官忙，签帙鸠题傅与张。
才祝长恩常保双，丛残充积冷摊旁。[②]

三、在豫辽的交游

1924 年，伦明赴河南焦作，就任道清铁路（河南浚县道口镇至沁阳清化镇）局总务处长，历时三年。平日除处理局中事务外，得闲即到焦作周边市镇，如怀庆、卫辉、清化等地搜访图书。他欲独力续修《四库全书》的志愿即发于这一时期。在他解除总务处长之职离开焦作时，撰写《续修四库提要》的工作已进行了三年。[③] 工作之暇或春秋佳日，必与局长文卿，圈中好友周敦甫（一作周遁夫）、杨季良

---

① 伦明著，雷梦水校补：《辛亥以来藏书纪事诗·莫伯骥》，上海古籍出版社 1990 年版，第 94 页。

② 徐信符撰，徐承瑛校补：《广东藏书纪事诗·莫天一五十万卷楼》，见《近代中国史料丛刊续编》第二十辑，台湾文海出版社 1975 年版，第 253 页。

③ 伦明：《余拟续修四库书提要从事三载成稿寥寥元日秉笔感而有作例叠前韵》，《丁卯五日吟稿》，见《伦哲如诗稿三》，国家图书馆稿本，第 2 页。丁卯，1927 年；三载，前推三年即 1925 年。

（家骝）、袁进之（崇毅）、景秋皋，学生王希古、黄月波（溶）、樊楚农等聚会，宴饮唱和。他们“平生志略车同轨，佳日壶觞锦烂堂”。同事中，还有京师大学堂师范馆的同学朱应奎和胡汝麟。

（一）与朱应奎的交往

朱应奎，字绩臣，一作稷丞。江苏宜兴人。光绪三十三年（1907）京师大学堂毕业后，给师范科举人，毕业待遇是“以各部司务补用”[①]。在河南焦作与伦明共事于道清铁路局，任警察段长。伦明《酬朱稷丞同学见赠之作》曰：

下车无意忽逢君，一别俄惊十四春。
面貌相看俱老大，功名何事不飞腾？
回思广厦欢颜日，相约屠门大嚼人。
饮酒赋诗聊放达，步兵合是尔前身。[②]

自注云：“君任警察段长，故以步兵相戏。”又《稷丞见赠四诗周敦甫次韵和作诗中及余多所奖借余亦次韵赠敦甫并示稷丞》（五首）之一曰：

正平半刺未投先，佳日招邀共绮筵。
染指快尝鼋鼎味，斋心常对鸭炉烟。
吾侪生计清能足，本色文章妙勿诠。
聊比抱关过乱世，岂应抚髀感华年。[③]

另一首“出门合辙寻常事，要兴吟坛作指南”句自注云：“余与

---

① 《大学堂师范科学生毕业分数等第单》（光绪三十三年三月十五日），见《学部官报》第十九期，光绪三十三年三月二十一日。

② 伦明：《伦哲如诗稿一》，国家图书馆藏稿本，第12页。

③ 伦明：《伦哲如诗稿一》，国家图书馆藏稿本，第13—15页。

稷丞、敦甫皆供差铁路局，故借车为喻。”在铁路局，伦、朱、周为三好友。他们出门同车，佳日则“招邀共筵”，吟诗作对，相处融洽。1929 年朱应奎四十六岁生日，已回到北京的伦明赋诗贺之曰：“文字订交同学日，簿书逐队后生行。”[①] 述怀同学情谊，相互勉励。

（二）与胡汝麟的交往

胡汝麟（1881—1942），字石青。河南通许人。清末秀才出身。与伦明同一届毕业于京师大学堂师范馆。毕业平均分数八十一分八厘三毫（81.83 分），名列“优等”。[②] 胡氏毕业后即返豫，任河南高等学堂教务长，兼河南省咨议局书记长。在清末民初的中原教育界颇有名望。1912 年底当选为国会众议院议员。1913 年任梁启超为首的民主党河南支部常务干事。1909 年至 1915 年河南发生矿案，以矿务会副会长身份兼民绅代表，促成福中总公司（由中原煤矿公司与福公司合并）的成立。1917 年与王抟沙创办《新中州报》。梁启超任北洋政府财政总长时，任全国烟酒专卖局总办、教育部次长。后历任吴淞中国公学、华北大学等校校长。1934 年任河南通志馆编纂，主编《河南通志》。抗日战争时，任国民党政府参政院参政员，继续从事教育工作，先后任河南大学、东北大学教授。1921 年至 1923 年出国游历亚、欧、美、非四大洲的三十八个国家和地区，著有《三十八国游记》。1924 年至 1927 年间，伦明赴河南任道清铁路局总务处处长，特地探访这位同窗好友，“我游康叔分茅地，人指平原养客堂”。即使回到北京，仍“烦问巡边王节使，轺车过处可欢康”。“王节使”指王敬芳（1876—1933），字抟沙，河南巩县人。中国民间自办新学的创始人，在政界和教育界建树颇多。1915 年，王敬芳成立中原煤矿公司，1917 年与胡汝麟创办《新中州报》。1929 年，王氏离职寓居北

---

① 伦明：《朱稷丞四十六岁生日赋诗为寿三十三叠前韵》，见《伦哲如诗稿三》，国家图书馆藏稿本，第 18 页。

② 《大学堂师范科学生毕业分数等第单》（光绪三十三年三月十五日），见《学部官报》第十九期，光绪三十三年三月二十一日。

平。胡、王二人才学出众，善于交游，清末民初，在河南同享盛名。伦明与胡、王都有交往。《怀胡石青都中五十七叠前韵》自注云："君同事王君抟沙曾充陕西宣抚使，已归京。"[①] 王氏归京，伦明不忘向他打听同学胡汝麟的近况。

1928 年 11 月 1 日，奉天省公署正式成立奉天通志馆，[②] 馆址设在沈阳故宫文溯阁东院。《奉天通志》由张学良任总裁，翟文选、臧式毅任副总裁；白永贞任馆长，袁金铠任副馆长；总纂由王树枏、吴廷燮、金梁等人担任；纂修则由陈思、王树翰、于省吾、金毓黻、陶明浚、王光烈、杨钟羲、许宝蘅、伦明等人担任；分纂则有金魁钧等人。[③] 后来陆续有人加入，搭建了一个由 60 余人组成的班子，开始《奉天通志》的编纂。其中吴廷燮、王树枏、杨钟羲、袁金铠等人曾参加过由赵尔巽主编的《清史稿》的编纂。

《奉天通志》拟目共分二十三门，其中《实业志》和《交涉志》（与穆六田合编）分配给伦明。经过两年多的时间，《奉天通志》全书初稿基本完成。[④] 伦明负责的《实业志》（包括农业、工业、商业、矿业、林业、渔业、牧畜、蚕业）和《交涉志》（包括条约、交际、国书、要案、历代朝聘），先期完成，交稿后便回到北京，继续为通志馆办理抄录《辽海志略》之事。

1931 年"九一八"事变后，通志馆人员星散，馆务停顿。继由臧式毅任总裁，金毓黻任总纂，王树枏、吴廷燮等对旧稿"从事整理，并商订且编且印办法在案"[⑤]。而《奉天通志》直至 1933 年尚未

---

① 伦明：《伦哲如诗稿三》，国家图书馆藏稿本，第 31 页。

② 《奉天省长公署为通志馆成立并启用关防的通令》（1928 年 11 月 17 日），见辽宁省档案馆选编：《编修地方志档案选编》，辽沈书社 1983 年版，第 109 页。

③ 《辽宁通志馆职员表》（1930 年 12 月 1 日），辽宁通志馆公函志字第四五号附件，见辽宁省档案馆选编：《编修地方志档案选编》，辽沈书社 1983 年版，第 116 页。

④ 董惠云：《奉天通志馆与〈奉天通志〉的编纂》，《辽宁地方志通讯》1983 年第 1 期，第 79 页。

⑤ 《各门类编纂完成情况》（1935 年 6 月 10 日），见辽宁省档案馆选编：《编修地方志档案选编》，辽沈书社 1983 年版，第 140 页。

付印，“嗣因脱稿中有简陋不全，亟待修辑，为从速完成计，乃将《建置志》《财政志》，归总纂吴廷燮重编；《实业志》，归馆长白永贞重编；《教育志》，归纂修韦焕章、胡景文、分纂依艮藩合编；《礼俗志》，归纂修金毓黻重编；《交通志》，复延聘纂修史锡华重编；《人物志》，归馆长白永贞重编。第通志系传信后世之书，细目浩繁，必须考证翔实，采择完备，方足以昭永久”[①]。1934 年仍有个别分志还在征集材料、编辑、校补中。《教育志》甚至因初稿太简略，须另行编辑。[②] 至 1935 年，“查所编志稿，虽粗具规模，而内容皆待修订”。已经定稿者有《沿革志》《氏族志》《田亩志》《礼俗志》《职官志》《物产志》《实业志》，行将脱稿者有《大事志》《山川志》《民治志》《选举志》《交通志》《人物志》，正在补辑者有《艺文志》《金石志》《建置志》《疆域志》《财政志》《教育志》《军备志》。[③]

1935 年 10 月 21 日，奉天省公署致函通志馆，限于本年 12 月末结束馆务。“尚届期不能完竣时，亦决于本年十二月底实动封闭。所有一切善后事宜，统归敝署教育厅礼教科负责办理。”[④] 《奉天通志》全稿于 1937 年由奉天省公署刊印，最后印行之《实业志》已非伦明所编，而是经白永贞重编之本。

至于伦明独立编成的《实业志》，后来“归馆长白永贞重编”之事，通志馆事先并未征求伦明的意见，事后伦明“闻之骇怪”，不能理解，非常不满，立即给副馆长袁金铠写信，表达自己的看法，全信如下：

---

① 《各门类编纂分工情况》（1933 年 10 月），见辽宁省档案馆选编：《编修地方志档案选编》，辽沈书社 1983 年版，第 134 页。

② 《各门类编纂进展情况》（1934 年 1 月），见辽宁省档案馆选编：《编修地方志档案选编》，辽沈书社 1983 年版，第 136—138 页。

③ 《各门类编纂完成情况》（1935 年 6 月 10 日），见辽宁省档案馆选编：《编修地方志档案选编》，辽沈书社 1983 年版，第 140—142 页。

④ 《奉天省公署致函通志馆限于十二月末结束馆务》（1935 年 10 月 21 日），见辽宁省档案馆选编：《编修地方志档案选编》，辽沈书社 1983 年版，第 140—142 页。

洁珊馆长先生钧鉴：

违侍多时，伏惟勋学并隆，起居佳胜为颂。明承委修《奉天通志》交涉、实业二门，早经编就呈阅，惟薪资余款尚有三百元未承颁给。前曾修函上渎，承谕以尚有采访余稿待补，应来沈一行，就便补发。嗣复函询总纂金公息侯，询志馆收束期间，承复以今年底结束，有暇即来，若万不能来，我当为若耳至云云。半月前又函致金公，定七月一号来沈。金公复函赞同，且为筹商住址。乃今日忽有人告以明，所留补志稿已由白馆长代补完了，闻之骇怪。明近住北平馆中，王穆萱、秦遇夫诸君皆悉住址；金公息侯每月且通信三四次，而且一年以来方为馆中办理抄《辽海志略》事，关系未曾稍断。若果补修之事刻不容缓，朝召夕至，似无烦倩人代庖。再四思维未得其解。或以告者传闻失实，抑或白馆长顾念寒畯，以所补有限，而车资旅食为艰，因不惮为之代劳，此则明所感激而膜拜者矣。

明离馆后就食他途，一时未即抽身，且悉志馆以今年底结束，为其尚长，而明近在北平，若有急需，一呼即至，因未即时动身。顷决定七月一号起程，到沈乃据传弟之志稿已由白馆长代为补完。忖思二稿系明专任，应由一手终始。前又奉到招来之函，若急不能待，馆中来一快函即可就道，何以事前绝未知悉？或者白馆长怜明寒士，往返旅食为费不赀，因加体恤，免其一行，此厚意隆情，深加感纫。惟否惟明往返车票已购就，过久即不略一过月，所未发之余薪三百元是否须明亲到领取，抑或由邮汇来？明往返车票前已购就，专候明示，以决进止。专布悃。

敬颂

勋安

晚明拜　上六月二十九日①

① 伦明：《伦明与袁金铠书》，见东莞图书馆编：《伦明全集一》，广东人民出版社 2012 年版，第 463 页。

根据《奉天通志》编辑凡例，其内容“大事叙至清末，其他各志，从其断限”[①]。故涉及民国的内容很少，涉及伪满的更是能避则避，可删则删。所以伦明所纂《交涉志》因涉及伪满与日本关系而取消，损失了不少有用的资料。

除了编纂《奉天通志》外，伦明赴沈阳还有另外一件重要事情，就是协助筹印沈阳故宫文溯阁《四库全书》。文溯阁位于辽宁沈阳故宫内。乾隆四十七年（1782 年），第二部《四库全书》抄写完毕，送藏文溯阁。民国时期，文溯阁《四库全书》辗转流徙，几经危殆。1914 年运往北京，存于故宫保和殿。1925 年，张学良以及奉天教育人士拟办图书馆，呈请北京国民政府当局索回此书。经多方争取，终于由当时的奉天省教育会长冯子安查收押运回沈阳。张学良对《四库全书》珍爱有加，主政东北以后，促成了南北统一，东北的局势渐趋平稳，政治、经济、文化等各项事业亟待发展。1928 年 12 月 4 日，由奉天省公署特设“奉天文溯阁《四库全书》校印馆”[②]。拟用东北地方财力影印此书。除拟议影印、校雠外，还决定续修《四库全书》。推举张学良为总裁，翟文选为副总裁。金梁任坐办，主持馆内日常工作，筹备影印事宜。张作霖部下郑谦（奉天总司令部秘书长，曾任广东政务厅长）根据杨宇霆的旨意，邀伦明游沈阳，伦明“至则知为筹印《四库全书》事”[③]。此次影印计划由杨宇霆发起，金梁和伦明使其具体化。影印计划一经提出，社会上、学术界意见很多，众议纷纭，因此讨论了一年，终未确定。后来南京政府却电告称中央正筹印此书，请勿复印，使之告终。伦明曾说“事成为人忌阻”指的就是这件事。不久，“九一八”事变爆发，沈阳失陷，文溯阁藏书迁储伪满国立奉天图书馆，由日本人控制，影印《四库全书》工作也被迫停止。

因为编纂《奉天通志》和筹印文溯阁《四库全书》，伦明与袁金

---

① 《奉天通志》卷首凡例，辽宁民族出版社 2010 年版，第 2 页。

② 王荣国主编：《辽宁省图书馆藏辽宁历史图鉴》，沈阳出版社 2008 年版，第 233 页。

③ 伦明：《拟印〈四库全书〉之管见》，《国闻周报》1933 年第 10 卷第 35 期，第 1 页。

铠、王树枬、金梁、陈思、杨钟羲、杨宇霆、郑谦等时有往来。

（三）与袁金铠的交往

袁金铠（1870—1947），字洁珊，又字兆佣，晚号佣庐。辽阳人。贡生。历充五品京堂、参政院参政、清史馆协修、奉天军署秘书长、参议府参议官。原任张作霖秘书长，张作霖称之为二哥而不呼其姓名，在奉系中地位崇高。十九岁中秀才。庚子之役，地方不靖，各地纷纷组织保甲，办理团练，袁金铠借妻兄苏会忱之力得任北路保甲局总办，后任团练团董。光绪三十年（1904）出任辽阳警务提调。后结交赵尔巽，受赵尔巽关爱，认为门生。赵尔巽任东三省总督时，袁金铠入督幕，参与政事。在赵尔巽的支持下，袁金铠出任咨议局副议长。1927 年，赞助赵尔巽修清史，赵氏殁后，《清史稿》刊成。袁氏喜聚书，尤留意东省文献，收购清初号称“辽东三老”的李锴、陈景元、戴亨的著作及藏书。又清修《盛京通志》之康熙初修本、雍正重修本和乾隆十二年重修本、乾隆四十四年重修本，全部搜集齐备。[①] 1930 年任国民政府监察委员，并以通志馆副馆长身份参与《奉天通志》的编纂工作。分配给他的任务是编纂《艺文志》（与栾骏声合编）、《金石志》（与王光烈合编）。袁金铠博闻强识，可惜晚节不保。1931 年，“九一八”事变，东北沦陷，袁金铠投靠日伪，当了伪满洲国的大臣。抗战胜利后，袁金铠被抄家，是国民政府下令通缉的东北十大汉奸之一。1947 年 3 月病死于辽阳。

早在 1927 年伦明就认识袁金铠。是年 6 月 18 日，张作霖出任中华民国军政府大元帅，独自把持了北京政府，擅作主张成立故宫博物院管理委员会，于 10 月下旬接收了故宫博物院，另派王士珍为院长、袁金铠为副院长。10 月 24 日，任命伦明等二十四人为故宫管理委员会干事。[②] 故伦明曾说“君任故宫博物院副院长日，明被聘为图书馆

① 中国人民政治协商会议吉林省委员会文史资料研究委员会编：《吉林文史资料选辑》第 4 辑，吉林人民出版社 1983 年版，第 262 页。

② 吴景洲：《故宫五年记》，上海书店出版社 2000 年版，第 92 页。

干事"[①]。

袁金铠与其夫人同岁，1929 年在沈阳庆祝五十九岁生日，伦明以"双寿"诗贺之。诗曰：

花甲将周鬓未斑，深谙世味爱清闲。
谁能讲艺干戈际，绝好藏身仕隐间。
积学他时阎若璩，遣歌此日白香山。
齐年恰有齐眉偶，好趁梅开索笑颜。
逃墨逃杨此尾闾，喜闻开馆集鸿儒。
耆英洛下宜成会，宾客淮南好著书。
湘绮楼中人夺锦，文渊阁上客吹竽。
推袁名集平生志，百韵赓诗愧弗如。[②]

（四）与王树枏的交往

王树枏（1852—1936），字晋卿，晚号陶庐老人。河北新城人。光绪二年（1876 年）中举人。六年后，被聘为信都书院主讲。十二年（1886 年）中进士，派工部主事，此后踏入仕途，在西南、西北地区供职，任过四川、甘肃省的知县，也曾应入两江总督张之洞、陕甘总督陶模幕。三十三年（1907）调任新疆布政使，主管财政、经济和教育。在新疆任上四年间，在南北疆重要城市分设初等学堂，创办新疆通志馆，编纂《新疆图志》，亲自编纂《国界志》《山脉志》《兵事志》《访古录》《礼俗志》《道路志》《土壤志》等。《实业志》中的森林、渔业两门为首创。辛亥后弃官还乡。1914 年，清史馆成立，馆长赵尔巽聘他为总纂。《清史稿》中咸丰、同治两朝列传及《食货

① 伦明：《洁珊馆长暨德配苏夫人五旬有九双寿诗》，见《伦哲如诗稿》第一册，国家图书馆藏稿本，自编第 9 页。

② 伦明：《洁珊馆长暨德配苏夫人五旬有九双寿诗》，见《伦哲如诗稿》第一册，国家图书馆藏稿本，自编第 9 页。

志》《地理志》《逸民传》《叛逆传》大部分由他编写。他曾一度应袁世凯之聘任参政，又代除世昌纂修《大清畿辅先哲传》四十一卷、《畿辅列女传》五卷、《将吏法言》八卷，并参与徐世昌主编的《晚晴移诗汇》的编纂。同时还整理了张之洞奏议、函电、文集等，成《张之洞公全集》三百多卷。此外，总纂《河北通志》《东三省盐法新志》等。

1928 年，王树枏被聘为《奉天通志》总纂之一，同时负责《礼俗志》的编写。伦明与他共事多年。《伦哲如诗稿》有记王树枏诗二首：

谒晋卿先生

小别一相访，刚逢病起初。
新年供馀果，静室拥残炉。
老鹤瘦见骨，蠹鱼饥食书。
慨言师道苦，避地意何居。[①]

呈晋卿先生二十一叠前韵

贩夫走卒识山巾，周鼎谁云世委沦。
百卷著书勤忘耄，廿年开府贵能贫。
早时紫气迎关尹，何术文身化越人。
重试河阳种花手，春风桃李应芳晨。[②]

王树枏比伦明年长 26 岁，任《奉天通志》总纂时将近八十高龄。诗中可见伦明对这位“老鹤瘦见骨”长者的关心与同情，赞扬他“百卷著书勤忘耄”的精神。

---

① 《伦哲如诗稿五》，国家图书馆藏稿本，第 3 页。

② 《伦哲如诗稿五》，国家图书馆藏稿本，第 15 页。

（五）与金梁的交往

金梁（1878—1962），字息侯，又字锡侯、希侯，号小肃，别署东华旧史，晚号瓜圃老人、不息老人。世为浙江杭州八旗驻防，故亦作杭县人，姓瓜尔佳氏，寄居北京。光绪二十八年（1902）中举人，两年后中进士。历任京师大学堂提凋、内城警厅知事、民政部参议、奉天新民府知府、奉天政务厅长等职。参与编辑《盛京故宫书画录》。民国成立后任清史馆校对，“九一八”事变后，任奉天博物馆馆长、奉天通志馆总纂、奉天四库全书馆坐办等职。伪满成立后，潜至天津，以卖字著书为生，也曾为《大公报》撰写社评。著有《清宫史略》《黑龙江通志纲要》《满洲秘档》等书。

伦明就读京师大学堂时，金梁任该校提调。提调是负责学校教学外，学生学习和生活起居等管理事务的人员。当时京师大学堂“设提调八人，以各部院司员充。一人管支应，五人分股稽查学生功课，二人管堂中杂务”[①]。主要职责包括：督饬各馆学生斋长及副斋长以维持寄宿舍内秩序；考察寄宿舍内学生之操行勤惰。掌管学生名簿履历，学生旷课登记，出外请假审批；监督医生检查学生身体健康及寄宿舍卫生；宣读圣谕及其他一切行礼活动时，率领该馆学生到礼堂，并指挥一切动作仪节。[②] 光绪三十四年（1908）奉旨出任奉天旗务处总办，兼负对沈阳故宫的管理之责。主持翻译沈阳故宫崇谟阁《满文老档》，与余铁珊、金月洲等就沈阳故宫翔凤阁所藏书画辑成《盛京故宫书画录》。民国初年，任清史馆校对，参与《清史稿》的校阅和印行。曾两次私自进行修改和刊印，并附刻其《校刻记》，又增加了《康有为传》、《张勋传》（附张彪传），然后将印成的一千一百部中的

---

① 《总理衙门奏拟京师大学堂章程》（光绪二十四年五月十五日），见北京大学校史研究室编：《北京大学史料第一卷 1898—1911》，北京大学出版社 1993 年版，第 85 页。

② 《京师大学堂提调职务规条》（光绪二十八年），见《政艺丛书·内政通纪》卷八，转引自朱有瓛主编：《中国近代学制史料》第二辑，华东师范大学出版社 1987 年版，第 902—903 页。

四百部运往东北，形成所谓《清史稿》的关外本（或关外一次本）。金梁的行为引起清史馆同仁的不满，他们把留在北京的七百部全部改回原来面目，并删去金梁的《校刻记》，又形成了所谓关内本。金梁因此结识了许多文人显贵，增广见闻，熟悉朝章国故，邃于清史。

1928 年，金梁和伦明先后进奉天通志馆，参加编纂《奉天通志》和协助筹划影印文溯阁《四库全书》。金梁被聘为《奉天通志》总纂之一。同时负责编纂《疆域志》《建置志》《氏族志》和《人物志》。伦明与之共事有年。后来伦明回忆说：

> 金息侯同年梁，同客沈阳校刊文溯阁《四库全书》，事成为人忌阻，唯续编书目，倍增旧目，余一手所成，息侯为张学良作序。息侯前在京提议校印四库文源、文渊两本，皆事败垂成。今文渊阁已出样本，国联秘书长艾文诺已定留百本，亦为人所阻，息侯与余同抱伤心。又同修《奉天通志》，亦以“九一八”事变停顿。[①]

在拟将实行影印文溯阁《四库全书》之时，奉人董众发表《选印文溯阁四库全书议》一文[②]，以全印“工程巨大，徒耗物力”为由，提倡“选印孤本”。金梁曾嘱伦明先选要目，以作选印时参考。但伦明的心思全在续修，对选印之议不屑一顾。故后来金梁有云：“戊辰冬，创印《四库全书》，兼有选印孤本之议，伦哲如素精目录学，余属以先选要目，旋即别去，久未见复。”金梁只好亲自“用《简明目录》选批书眉，以待商榷”[③]，于 1930 年录成《四库全书孤本选目表》一册，选出四库首要二百四十一种，次要一百四十七种，

① 伦明著，雷梦水校补：《辛亥以来藏书纪事诗 · 金梁》，上海古籍出版社 1990 年版，第 100 页。

② 此文载《东北丛镌》1930 年第 6 期，第 1 页。

③ 金梁：《四库全书孤本选目表 · 自叙》，见郑鹤声：《影印四库全书之经过》，《图书评论》1933 年第 2 期，第 85 页。

合计三百八十八种。[①]

从伦明给副馆长袁金铠的信可知，1931 年前后，伦明完成志稿的编纂工作返回北京后，与通志馆“关系未曾稍断”，每月与总纂金梁“通信三四次”，了解馆中情况及商量补领薪资余款的办法：“嗣复函询总纂金公息侯，询志馆收束期间，承复以今年底结束，有暇即来，若万不能来，我当为若耳至云云。半月前又函致金公，定七月一号来沈。金公复函赞同，且为筹商住址。”[②] 金梁同意伦明亲自到沈阳领取薪资余款的意见，并为之筹商到沈后的住宿问题。

金梁喜聚书，家藏有清史未刊稿，如《氏族》《教派》等志，以及《太平天国诸王将传》。旧藏各地方志，府志以上皆齐备，至为难得。伦明在《辛亥以来藏书纪事诗》中为之立传，诗曰：

试从四库溯渊源，续目校刊久对论。
清史稿成清学录，辽阳旧梦待重温。[③]

诗中追忆了在沈阳一起编纂《奉天通志》，校刊文溯阁《四库全书》的经过，重温在辽阳时的情谊，期盼有机会再次合作。1938 年金梁六十岁生日，已回故乡东莞居住的伦明以诗贺之曰：

老矣先生合息机，算来今是昨全非。
海枯重抱冤禽恨，日暮那容倦鸟飞。
偕隐不离皋庑案，鬻书聊代首山微。
穷愁转为虞卿幸，未负桑榆炳烛辉。[④]

---

① 郑鹤声：《影印四库全书之经过》，《图书评论》1933 年第 2 期，第 85 页。

② 伦明：《伦明与袁金铠书》，见东莞图书馆编：《伦明全集一》，广东人民出版社 2012 年版，第 463 页。

③ 伦明著，雷梦水校补：《辛亥以来藏书纪事诗 · 金梁》，上海古籍出版社 1990 年版，第 100 页。

④ 伦明：《寿金息侯六十》，见《伦哲如诗稿六》，国家图书馆藏稿本，第 3 页。

（六）与陈思的交往

陈思（1875—1932），字慈首，辽宁辽阳人，祖籍福建晋江。[①]光绪二十七年（1901）举人，历任广西容、藤、桂平知县，河南、广西巡抚文案，江苏省长公署秘书，江苏江阴知县，久寓常州。后为北京女子大学、东北大学教授，文溯阁《四库全书》保管委员。工诗词，兼擅书法及考据学、医学、佛学。著有《清真居士年谱》《稼轩先生年谱》《白石道人年谱》《白石道人歌曲疏证》（以上收入《辽海丛书》）等，以及未刊稿数种。

伦明与陈思为光绪庚子（1900）、辛丑（1901）并科乡试同年，其《游沈阳杂诗》（八首）之七自注曰："晤陈慈首。君与予为辛丑乡试同年，又同官广西。"[②] 故有"同拣发广西知县，近又同修奉天通志"的经历，可谓是旧相识了。陈思在奉天通志馆任纂修，负责编纂《田亩志》和《物产志》。伦明与之共事多年，居沈阳时，日夕相见，"谈学最洽"。[③]"九一八"事变后，奉天通志馆工作停顿，修纂人员各自回家。伦明曾邀约陈思年宵节后来东莞会馆家中相聚，久盼不至，遂赋诗回忆在广西做县宰时的种种艰辛。诗曰：

共听衙鼓整冠巾，头白逢君岁易沦。
犹梦桂林山水秀，似闻瘴县宰官贫。
千年场屋余吾辈，片石韩陵属此人。
极目烟尘来路阻，孤吟何以慰萧晨。[④]

---

① 此据裴焕星等修，白永贞纂：《辽阳县志》卷十选举志，民国十六年（1927）铅印本，第5页。而北京燕山出版社2008年版《辛亥以来藏书纪事诗》缪荃孙条下注、陈玉堂编著《中国近现代人物名号大辞典》（2005年版）均误为广东东莞人。

② 《伦哲如诗稿二》，国家图书馆藏稿本，第23页。

③ 宋远：《辛亥以来藏书纪事诗未刊稿笺注》，见钱伯城主编：《中华文史论丛》第四十九辑，上海古籍出版社1992年版，第81页。

④ 伦明：《陈慈首约灯节后来馆久盼不至七叠前韵》，见《伦哲如诗稿五》，国家图书馆藏稿本，第9页。

伦明称自己与罗惇㬊、陈思为“论心三益友”[①]，公余得闲，三人多有唱和。诗题提到的“敷庵”即罗惇㬊（1872—1955），字照岩、季孺，号敷庵，晚号复堪，以号行。广东顺德人。好诗文，擅书法，尤精章草。民国时期，铸有袁世凯头像的银币“壹圆”二字即出其手笔。他的堂兄罗惇曧（1872—1924），字孝遹，号瘿庵，晚号瘿公，以号行。擅长诗词书法，与梁鼎芬等并称“粤东四家”。这两兄弟本出身顺德望族，书香世家，但都喜欢留居在北京（居前门外草厂头条胡同二号），对故园徒劳梦想。伦明与罗家兄弟多有唱和往还。有一段时间，罗氏久不作诗，伦明按捺不住，作诗一首以挑之“摩厉欲挑君一战，催诗恼乱坐禅晨”[②]。不见和诗来，再赋一首以催之“商量避地仍非计，倘肯相从学肇晨”[③]。仍不见和，三赋以促之“力惩疲玩衙官例，火速回文限次晨”[④]。经过伦明的再三刺激和催促，才激起罗氏作诗的欲望，伦明终于等到了他的和诗，很是高兴，即赋诗奉答曰：

哦罢飞花落佩巾，正声应信未漂沦。
坡翁偶效西江硬，韩子喜交东野贫。
此日论心三益友，他年附尾两诗人。
题襟多暇编成集，待尔过从共夕晨。[⑤]

---

① 伦明：《敷庵慈首皆和余韵见示赋此奉答二十二叠前韵》，见《伦哲如诗稿五》，国家图书馆藏稿本，第16页。

② 伦明：《罗敷庵久不作诗作此挑之五叠前韵》，见《伦哲如诗稿五》，国家图书馆藏稿本，第8页。

③ 伦明：《再调敷庵兼柬周通甫八叠前韵（二君皆粤人）》，见《伦哲如诗稿五》，国家图书馆藏稿本，第9页。

④ 伦明：《敷庵和诗不来作此促之九叠前韵》，见《伦哲如诗稿五》，国家图书馆藏稿本，第9页。

⑤ 伦明：《敷庵慈首皆和余韵见示赋此奉答二十二叠前韵》，见《伦哲如诗稿五》，国家图书馆藏稿本，第16页。

伦明对陈思学行十分了解。知其“最熟南宋事”“又熟古地理”。《辛亥以来藏书纪事诗未刊稿》有陈思传，诗曰：

词人南宋母西王，事事关心到鬓霜。
旧学商量如昨日，招魂不是旧辽阳。[①]

陈思卒于“九一八”事变之后。约1933年4月，伦明赴日本帮助“斯文会”鉴定古籍，途经沈阳，住车站一宿。旧地重游，步行到当日离沈返京时陈思为他送行的地方，触景生情，“旧学商量如昨日”，昔日的情谊仍历历在目，但“招魂不是旧辽阳”了。伦明感触良多，“为怅惋不已”。[②]

（七）与杨钟羲的交往

杨钟羲（1865—1940），原姓尼堪，名钟广，戊戌政变后复汉姓为杨，改名钟羲，字子勤、子琴，号梓励，又号雪桥、雪樵、留垞等。先隶满洲正黄旗，乾隆间改为汉军正黄旗，世居辽阳。光绪十一年（1885）举人，十五年（1889）进士，授翰林院庶吉士，散馆授编修。二十三年（1897）任国史馆协修和会典馆图画处协修。二十九年（1903）任湖北乡试内监试官。后历任襄阳、淮安、江宁知府。辛亥革命后，蛰居上海，以遗民自隐，寄情文史，不问世事，著述甚丰。与表兄盛昱合编《八旗文经》五十六卷，尤以《雪桥诗话》四十卷，博大精深，在学术界最负盛名。

1928年，伦明被聘为奉天通志馆纂修。到了沈阳后，他在给容庚的信中说：

---

① 宋远：《辛亥以来藏书纪事诗未刊稿笺注》，钱伯城主编：《中华文史论丛》第四十九辑，上海古籍出版社1992年版，第81页。

② 宋远：《辛亥以来藏书纪事诗未刊稿笺注》，钱伯城主编：《中华文史论丛》第四十九辑，上海古籍出版社1992年版，第81页。

> 前临行时曾提及杨君钟羲可任校刊之事，此人系盛伯义表弟，深于目录，胜赵万里等十倍。观其所著《雪桥诗话三集》，可知闻其穷甚。一百八十薪金可请来也。弟不识其人，临行于尹硕公（炎武）处晤其子，谈次深慨文人末路之困，乞兄有以成全之。①

信中所言，伦明赴沈阳前并不认识杨钟羲。虽然素不相识，但“深慨文人末路之困”，伦明对杨氏的处境表示深深的同情，并肯定他在目录方面的功力“胜赵万里十倍”②，特别嘱托容庚尽可能地给予帮助和照顾。后来，杨钟羲也到了沈阳，在奉天通志馆任职，负责编纂《人物志》部分。杨氏入职奉天通志馆，是否伦明从中助力不得而知，两人从此相识、交往而结下友谊。

关于伦明所言杨钟羲生活上的窘迫，《奉天通志》总纂之一金梁在其《近世人物志》中也有提及：

> （杨君钟羲）辛亥之劫，倚居海滨，宦囊如洗，遭母忧，至无以庀丧事。古惟、子培两君为言于翰怡，延可校勘，助以四百金，始克携榇归窆，廉吏可敬，宦途之下场亦可叹也。③

“古惟”指朱祖谋（1857—1931），原名朱孝臧，字藿生，一字古微，一作古薇、古惟，号沤尹，又号彊村，浙江吴兴人。曾官至礼

---

① 伦明：《伦明致容庚书》，见广东省立中山图书馆编：《广东省立中山图书馆馆藏名人手札选萃》，商务印书馆 2002 年版，第 109 页。

② 赵万里（1905—1980），字斐云，号芸庵、舜庵，浙江海宁人。早年入东南大学，师从吴梅学词曲。1928 年后，久任于北京图书馆。新中国成立后，历任北京图书馆研究员、善本特藏部主任、中国图书馆学会名誉理事等职。长期从事版本目录学和古籍善本图书之研究。喜藏书，积聚颇富。提出“整旧如旧”修复古籍之原则，甚有功于书林。著有《汉魏南北朝墓志集释》《北京图书馆善本书目》，主编《中国版刻图录》等。

③ 金梁辑：《近世人物志》，北京图书馆出版社 2007 年版，第 376 页。

部右侍郎，工倚声，为晚清四大词家之一。著有《彊村词》。“子培”指沈曾植（1850—1922），字子培，号乙庵，浙江嘉兴人。曾官安徽布政使。伦明《辛亥以来藏书纪事诗》有传。“翰怡”指刘承幹（1882—1963），字翰怡，浙江吴兴人。喜藏书，东南大藏书家，杨钟羲撰《雪桥诗话》，皆资其所藏清代诗集。刻有《嘉业堂丛书》《求恕斋丛书》《吴兴丛书》等。杨钟羲曾因生活困难，无钱为母办丧事，经友人介绍，为刘氏校勘图书，得四百金以“携榇归窆”。伦明《辛亥以来藏书纪事诗》有沈曾植、刘承幹传。

伦明与杨钟羲交情甚笃。《伦哲如诗稿》有赠杨钟羲诗凡四首，其《赠杨雪樵先生》云：

萧然白发旧儒巾，早值承明老隐沦。
藏鉴及追前辈盛，奔驰何救晚年贫。
陪都文献资今日，伯起声名是古人。
客里转嫌相见暮，茗杯谈往遣霜晨。[①]

不知什么原因，志稿尚未编竟，杨钟羲先行返回北京，他编纂的《人物志》稿以及伦明编纂的《实业志》稿，后来均归馆长白永贞重编。[②] 伦明送行诗云：

敝裘在体辫在巾，人世肯逐波澜沦？
橐笔出游兴易倦，载书归去装不贫。
名山待成未竟业，歧路犹有迷津人。
萧斋自今越凄冷，谈笑绝响鸦噪晨。[③]

---

① 《伦哲如诗稿五》，国家图书馆藏稿本，第5页。

② 《各门类编纂分工情况》（1933年10月），见辽宁省档案馆选编：《编修地方志档案选编》，辽沈书社1983年版，第134页。

③ 伦明：《雪翁将还京师叠前韵》，见《伦哲如诗稿六》，国家图书馆藏稿本，第6页。

友人的离别，伦明顿觉“萧斋凄冷”“谈笑绝响”，很是失落，恋恋不舍。对陪伴其父亲上路的杨鉴资更是千叮万嘱，谆谆教诲：

不惯儿女泪湿巾，尤厌文士嗟沈沦。
养亲读书至可乐，杀人越货毋宁贫。
到家亦慰倚闾望，入关笑非弃儒人。
为我致声尹文子，盍少谢客休昏晨。①

杨钟羲到沈阳工作时已过花甲之年，往返均由其长子杨鉴资侍候左右。杨鉴资，名懿涑，生于光绪二十六年（1900）。在父亲的影响下，自幼熟读经史，能书善画。杨钟羲最后十年的著述，其校勘、编纂多得力于他。杨钟羲为其娶妇，挑的是另一位遗老——苏州藏书家曹元忠的女儿。杨懿涑曾在商务印书馆工作多年，担任过国民党宣传部副部长程沧波的秘书。1949 年之后，他渡海赴台湾。

诗中伦明请杨鉴资代为问候的“尹文子”，即尹炎武。20 世纪 20 年代，伦明、陈垣先后加入由尹炎武等人结成的“思误社”，是交往多年的好友，他尊称伦明为老师，“时以新诗见寄”。伦明认识杨鉴资并从其口中得知杨钟羲生活状况就是在尹炎武的家里。尹炎武（1889—1971），又名文，字硕公，一作石公，号蒜山，江苏丹徒（今镇江市丹徒区）人。所居楼名“斟乘”，嗜书成癖，但随得随散。曾游开封半年，购书数大簏而归。伦明《辛亥以来藏书纪事诗》有传，诗赞曰：

小住三年斟乘楼，别君不断见诗邮。
江南文献时时盛，可有烟云眼底收。②

---

① 伦明：《杨生鉴资将侍其尊人雪翁还京师作此送行兼讯石公再叠前韵》，见《伦哲如诗稿五》，国家图书馆藏稿本，第 6 页。

② 伦明著，雷梦水校补：《辛亥以来藏书纪事诗・尹炎武》，上海古籍出版社 1990 年版，第 106 页。

自从杨钟羲回去北京，伦明仍常常怀念惦记着，其《寄怀雪翁都门十九叠前韵》曰：

在轮生角那可巾，别君弦月魄忽沦。
百花未芽春已暮，万卷在手家空贫。
文章向来爱老辈，意气不欲投时人。
遥知课孙眠起早，且勿问婢炊停晨。[①]

杨钟羲善校勘文字，家有藏书，所藏翁方纲手写《唐诗选》最善。伦明在《辛亥以来藏书纪事诗》为其立传。诗曰：

格古旧闻郁华阁，抄诗曾住小玲珑。
瓣香长奉覃溪老，手写唐诗楷绝工。[②]

传云：

汉军杨子勤钟羲，与盛伯希（昱）为中表。辛亥后流寓上海，为刘翰诒（承幹）校书，成《雪桥诗话》四集。未几，归京师。贫甚，尽货其书，惟存翁覃溪（方纲）手写唐诗六册，楷书绝精。

伦明一生阅历丰富，但从政经历非常短暂，他所注力者在教书、藏书和做学问上。他交游广泛，交往对象涉及各行业、各阶层人士以及外国学者，虽然这些人当中也包含有官僚、政客、军阀、富商，甚至有的后来成了汉奸者（如袁金铠）。而《辛亥以来藏书纪事诗》

---

① 《伦哲如诗稿》第五册，国家图书馆藏稿本，自编第 14 页。

② 伦明著，雷梦水校补：《辛亥以来藏书纪事诗·杨钟羲》，上海古籍出版社 1990 年版，第 27 页。

《伦哲如诗稿》中的大量交游诗表明，与他们的交往仅仅限于学术层面，即使在沦陷时期迫于生活所任伪职，也只是教授、图书部主任之类的学术职务。伦明的政治立场并不那么鲜明，但在交往中坚持平等和相互尊重，保持民族和做人的气节是他的原则。“谋者，所以避害就利”（《吴子·图国第一》），伦明要实现续修《四库全书》宏大目标而不得已在行为处事上有所取舍。

（原载罗志欢：《伦明评传》，广东人民出版社2014年版。标题及正文略有改动）

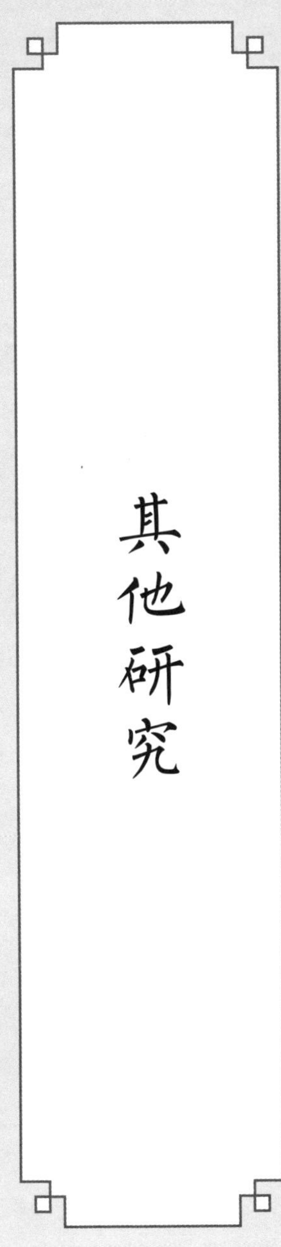

其他研究

《伦哲如诗稿》探析

张纹华

如果说，出自《孟子·公孙丑下》《孙膑兵法·月战》中的关于“天时、地利与人和”之论着眼于战争的成败，那么，天赋、勤奋与机缘则往往决定一个人事业成就的大小。因此，笔下的主人公伦明（1875—1944）是幸运的，著《续修〈四库全书〉刍议》、《续书楼藏书记》、《续修四库全书提要稿》、《版本源流》、《贩书偶记》（编者注：此处作者误，《贩书偶记》为孙殿起所著）等，使一生嗜书如命并立志续修《四库全书》的伦明成为广东近代家喻户晓的藏书家、目录学家。在追寻个人藏书理想与为国家书籍得以妥善保存而奔走相告的同时，伦明常常以手中之笔记录其生命轨迹，因此，诗人是藏书家、目录学家以外，伦明的又一重要身份。但是，从伦明本人到关于伦明的研究者，均未能对其诗人身份给予充分的关注。如此说来，伦明又是不幸的。

一、《伦哲如诗稿》的手抄本

与《辛亥以来藏书纪事诗》为学术界推重相比，学界对于《伦哲如诗稿》则鲜有关注。在其去世后的第三年（1947），伦明所藏图书均捐赠于国家图书馆，其中便有手抄本《伦哲如诗稿》。

关于《伦哲如诗稿》的手抄本，一般读者多未能获见，现先作一介绍。《伦哲如诗稿》凡六册，诗以大字书写，注则小字双行。半叶十行，四周单边。增删涂乙之处甚多，皆蝇头小字，偶见笔误，盖属草未定之稿。其中，第一册、第二册、第五册、第六册的稿纸版心分别镌“道清铁路监督局”“河北大学校用笺”“奉天通志稿”“辅仁大学”字式，第三册稿纸版心则未题文字，且第四册为油印本，内容与第五册重复，故实有五册。2012 年，为纪念乡贤伦明，广东东莞图书馆将封存于国家图书馆达六十五年之久的《伦哲如诗稿》进行繁简字转换与标点，收录于《伦明全集一》，由广东人民出版社出版，使伦明诗人身份的确认迎来一个春天。

与一般作家的诗文集相比，普遍存在的诗作佚字出现于这位治学严谨的文献学家、目录学家身上，成为《伦哲如诗稿》一个必须引起注意的地方。据粗略统计，伦明诗作佚字共三十一例，涉及诗作二十七首，占其诗歌数量的九分之一。其中，诗题佚字二例，即第 29 页、34 页；诗句佚字二十例，即：第 8 页、9 页、17 页、23 页、23 页、25 页、26 页、26 页、28 页、33 页、34 页、35 页、35 页、38 页、47 页、50 页、53 页、55 页、55 页、58 页；诗注佚字九例，即：第 3 页、9 页、26 页、28 页、29 页、31 页、35 页、37 页、60 页。以上诗作佚字，以佚一字为多，因此，一般不会影响读者对伦明诗作的理解。但是，佚三字、四字也并不少见，如，《稷丞见赠四诗周敦甫次韵和作诗中及余多所奖借余亦次韵敦甫并示稷丞》其五、《广州杂诗己未》其七均佚四字，在一定程度上影响读者对诗作的阅读。更有甚者是《游沈阳杂诗》其八，诗云："……可怜不及庚申口，□□□□□□□。"[①] 佚八字之多，达到难以理解的程度。

在《伦哲如诗稿》中存在的大量诗作佚字，并未出现于《辛亥以来藏书纪事诗》之中，表面看来，《伦哲如诗稿》为未刊稿，《辛亥以来藏书纪事诗》均发表于1935 年的《正风》半月刊，且以手抄本流行于世是其主要原因。但是，笔者以为，伦明自言的"吟咏之事，等于博弈，始以为乐，久则疲神废事，今后当稍辙辍矣"[②] 才是致伦明诗作存在大量佚字的根本原因。当然，若寻找其源头，那么即是孔子"行有余力，则以学文"了。

---

① 东莞图书馆编：《伦明全集一》，广东人民出版社 2012 年版，第 17 页。

② 东莞图书馆编：《伦明全集一》，广东人民出版社 2012 年版，第 18 页。

二、伦明的诗歌分期与创作特色

据研阅，收录于《伦哲如诗稿》的九十一题二百一十八首诗作，始于1910年，终于1937年，虽然大部分诗作没有明确的系年，但是，依然清晰可见伦明任职两广（1907—1915）与寓居北土（1916—1937）的长达三十年的人生轨迹，更为值得注意的是，伦明以其学者志趣，使其诗作成为广东诗歌的独特的“这一个”。因此，下面主要以伦明的两段比较完整的人生轨迹对其诗歌进行分期与挖掘其写作特色。

（一）诗歌分期与创作题材

一是任职两广时期（1907—1915）。从光绪元年（1875）出生于广东东莞望牛墩至1915年举家迁北京，两广尤其是广东乡土是伦明四十岁以前留下其人生足迹最深厚的地方。其间，光绪十五年（1889），伦明父亲卒于任所，伦明回东莞，弱冠，入县痒，补廪生。光绪二十七年（1901），伦明乡试中举人。第二年，伦明入京师大学堂师范馆旧班第二类，学习五年。光绪三十三年（1907），伦明从京师大学堂毕业，复得举人衔，分发广西候补知县，任广西浔州中学堂校长。这一年，伦明返粤，任广东模范高等小学堂校长、两广高等师范学堂教员。宣统二年（1910），伦明与同门张伯桢同主两广方言堂讲席，九月入张鸣岐幕府。第二年，伦明任广东视学官。1915年，伦明携家人入京。

据研阅，《伦哲如诗稿》第一册收录诗十四题四十一首，词十三厥。其中，有明确系年的是作于宣统三年（1911）的《寄杨昀谷广州时客浔江辛亥》《浣溪沙春恨十首辛亥三月重客都门作》。同时，《奉贺鸣之省长兼感旧述怀恭成四律》中的“鸣之省长”，是指时任广东政务厅厅长的郑鸣之。《怀郑鸣之天津二十一叠前韵》诗注云：

"先生在粤政务厅长任，余时充省视学。"[①] 因此，《奉贺鸣之省长兼感旧述怀恭成四律》很有可能作于宣统二年（1910）。《马夷初属题砚》其四诗注云："夷初尝主吾粤两广方言学堂叶国文讲席多年。"[②]《呈林琴南师四首录二》其二诗注云："余于丙辰（按：即1916）后在大学充教授。"[③] 因此，《马夷初属题砚》《呈林琴南师四首录二》均作于伦明流寓两广时期。

一方面，从出生至十四岁补廪生与二十六岁成举人，以及二十七岁就读于京师大学堂五年，伦明"而立之年"前的人生记载相当欠缺。另一方面，至宣统二年（1910），伦明三十五岁时，其处女作《奉贺鸣之省长兼感旧述怀恭成四律》方姗姗而至，且其诗歌数量相当欠缺，充分反映诗歌创作并非伦明人生追踪的目标。重点创作即事感怀诗，使林纾与杨增荦、郑鸣之、马夷初、邓尔雅等师长、友人成为诗作中的第一批主要人物，成为伦明这一期文学创作的基本特点。赠答、奉贺，是其即事感怀诗的主要内容，《寄杨昀谷广州时客浔江辛亥》《奉贺鸣之省长兼感旧述怀恭成四律》分别是此类创作，在其日后诗作中多有出现，且其内容拓展至怀友、思乡、人生感悟等，并以此奠定伦明诗人名家的地位。此外，此期创作的《马夷初属题砚》属于伦明罕见的题物诗。《马夷初属题砚》其二诗云："半缺云腴墨沈新，几行题刻署灵均。乡邦怀旧无穷意，绿绮题诗共怆神。"[④] 其三云："高第街南讲舍空，百年绝学复谁宗。流传片石缘非偶，岭海经师拜马融。"[⑤] 半缺之砚乃陈献章赠予爱徒湛若水之物。目睹此物，伦明遥想从好友邓尔雅处得见邝露手书的"绿绮"二字。虽古人已逝，然岭学未绝，笔锋一转，伦明将马夷初主讲两广方言学堂视作接续岭学之光。如此步步推进，使题物诗实现古今交融，寓意隽永。日

① 东莞图书馆编：《伦明全集一》，广东人民出版社2012年版，第24页。
② 东莞图书馆编：《伦明全集一》，广东人民出版社2012年版，第19页。
③ 东莞图书馆编：《伦明全集一》，广东人民出版社2012年版，第9页。
④ 东莞图书馆编：《伦明全集一》，广东人民出版社2012年版，第9页。
⑤ 东莞图书馆编：《伦明全集一》，广东人民出版社2012年版，第9页。

后，伦明创作《题自藏宋人清明上河图长卷三十八叠长韵》《题张樾丞士一居印存四首》，使其题物诗体现一致的文人书卷气。

二是寓居北土时期（1916—1937）。从 1915 年举家离开广东乡土至 1937 年返粤，既是伦明学术人生的创获时期，也是其诗歌创作的丰盛期。其中，从 1917 年协助筹印藏于沈阳文溯阁的《四库全书》、1921 年撰写《续收四库全书提要》至 1930—1937 年积极开展续修《四库全书总目提要》工作，致力于《续修四库全书》的编纂是伦明一生的标志性事件。同时，1918—1920 年，伦明任北京大学法预科教授，后北京大学设立国学研究所，伦明应聘为诗词教授。1924—1927 年，伦明的同乡陈某任河南道清铁路局局长，聘伦明为总务处处长。1930—1937 年，伦明应日本“斯文会”之邀，至东京鉴定该会所藏中国古籍。后历任北京大学、北京师范大学、燕京大学、辅仁大学等院校教授，后为东方文化事业部委员会研究员。因此，在这 20 年时间里，沈阳、北京、河南、东京等留下伦明踏实有力的人生足迹。

与伦明如鱼得水的学术事业相一致的是，伦明的诗歌创作也步人成熟时期与高峰时期，惜其创作也终止于此期。其中，收录于《伦哲如诗稿》第一册的《广州杂诗己未》，创作于 1919 年；据《稷丞见赠四诗周敦甫次韵和作诗中及余多所奖借余亦次韵赠敦甫并示稷丞》其四自注云：“余与稷丞敦甫皆供差铁路局，故借车为喻。”[①] 因此，这首诗作于 1924—1927 年间。《伦哲如诗稿》第二册收录诗十七题三十七首，其中，《舟抵上海次日游西湖作诗一首》自注云：“丙寅冬游西湖。”[②] 即作于 1926 年。《伦哲如诗稿》第三册收录诗七十一首，皆为伦明 1927 年在河南焦作过年期间及元宵节之后的诗作。《伦哲如诗稿》第五册收录诗三十四题三十四首，其中，《二月二十六清明日作十七叠前韵》自注云：“是日大风，阅报载武汉军战败事。”[③] 因此，此诗作于 1929 年。同时，杨宇霆、梁启超均在 1929 年初去世，

① 东莞图书馆编：《伦明全集一》，广东人民出版社 2012 年版，第 8 页。

② 东莞图书馆编：《伦明全集一》，广东人民出版社 2012 年版，第 12 页。

③ 东莞图书馆编：《伦明全集一》，广东人民出版社 2012 年版，第 47 页。

因此，《挽杨邻葛》《挽梁任公先生》当作于这一年。《伦哲如诗稿》第六册收录诗二十四题三十五首，其中，《补录挽丁闇公传靖君丹徒副贡，宣统末征至京师，充礼学馆编纂修，旋又充总统府秘书》《徐文定公光启三百年忌日诗代》《寿夏闰枝师孙桐八十丙子夏历四月二十一日》《丁丑新历元日试笔》《寿金息侯六十》分别作于1930年、1933年、1936年、1937年、1937年。

一方面，此期诗作数量占《伦哲如诗稿》超过90%，另一方面，作为伦明诗歌创作的关键时期，中国古代诗歌题材的主要类型，伦明多未有涉及，对即事感怀诗却情有独钟，呈现以怀人、思乡为主的内容。据粗略统计，伦明笔下出现的亲人六人[①]，友人六十八人[②]。其中，林纾、郑鸣之、马夷初等前期出现的人物在此期诗作中再次出现，刘凤仙、高田博士、桥川时雄、宇之吉博士等女伶与日人在诗作中出现，使伦明的诗作人物呈现其个人与时代特色。一般而言，远离乡土的此期创作，沈阳、北京、河南、东京等应该吸引伦明的创作热情，使其成为笔下的异地异国风物，但是，细阅伦明的诗作殊非如此，仅《游沈阳杂诗》《焦作一首》《日本高田真治博士率学生十余人游故都四月四日余招宴于西长安街酒家博士戏索诗即席赋呈》等属于此类创作。未能将异地异国风物比较大规模地写入诗行，无疑是伦明诗作的严重缺失，也反映伦明"以余事为诗人"的本质。反之，纵虽离别在外，以广东多盗、广州茶楼酒家为内容的广东风物在伦明诗作中浓彩重墨地出现，体现其浓烈的乡土情怀。同时，将1927年奉

---

① 即鉴十一弟、姬人、小女、宗子威、达弟、淡弟。

② 即徐信符、朱稷丞、傅沅叔、廖叔度、邓文如、老儒、老妓、杨良、梁启超、夏润枝、胡子贤、黄节、关吉符、陈援菴、黎子训、杨昀谷、嵩公博、蔡子英、李汉父、罗瘿公、温毅夫、叶誉甫、郑鸣之、张子武、唐天如、江竞庵、黎镜清、文卿局长、袁进之、王生、景秋皋、孙师郑、李珊元、马夷初、陈介石、林纾、黄月波、胡石青、吴寿岑、易大厂、杨宣仲、陈子励、杨邻葛、郑鸣之、晋卿、张次溪、杨雪樵、雪翁、罗敷庵、陈慈首、杨云史、陈官桃、韩云台、麦孺博、李生珊、彦博、金息侯、丁传靖、张其淦、叶宝伦、祁斗枢、陈仲骞、女伶、花伶、刘凤仙、高田、桥川时雄、宇之吉。

系与红枪会争战即时性地入诗，使伦明诗作具有以诗经世的特征。

据《伦哲如诗稿》，伦明的诗歌生命终止于其因家事南归的1937年。第二年，伦明返回东莞望牛墩故里，忽然患脑充血，全身瘫痪，那时兵荒马乱，他转徙于新塘、横沥间，一夜惊起数次。1944年10月，伦明病逝于东莞，享年七十。

（二）创作特色与不足

以诗经世与将广东风物入诗，伦明成为汪辟疆所言的岭南近代诗派之人。但是，将对于书的钟情充分写入诗行与连叠六十九韵与二十三韵的怀人诗，才是伦明独树一帜于广东诗歌史的根本原因。

一是诗中的书世界。伦明一生浮沉书海，沉湎于目录版本学。据粗略统计，伦明以“书”为题的诗作七首，即《买书》《卖书》《抄书》《校书》《书感》《书事》《又书事一首四叠前韵》。此外，《观龙蟠里图书馆作》《元旦感怀叠前韵》等，其内容与书多有关系。

从访书、买书、抄书、校书到卖书，伦明以诗作反映一位醉心书香而为生活所迫的读书人的心路历程。曰访书之艰，伦明作《观龙蟠里图书馆作》，诗云：“攀鳞附翼集群才，此地重开市骏台。我亦炎天趋走者，谁知单为访书来。”[①] 曰买书之忧乐相伴，伦明作《买书》，诗云：“平生丝粟惜物力，独遇奇书不论钱。书坊质库两欢喜，只有妻孥饿可怜。”[②] 曰卖书之自冷自嘲，伦明作《卖书》，诗云：“货殖仍然不离儒，本来稗贩笑吾徒。长门赋价今时贱，不卖文章改卖书。”[③] 曰抄书、校书之苦乐，伦明作《抄书》《校书》。其中前诗云：“不爱临池懒读书，习劳聊破睡工夫。异时留得精抄本，算与前贤充小胥。”[④] 后诗云：“一字辛勤辨鲁鱼，益书益己竟何如。千元百宋为

---

① 东莞图书馆编：《伦明全集一》，广东人民出版社2012年版，第11页。

② 东莞图书馆编：《伦明全集一》，广东人民出版社2012年版，第12页。

③ 东莞图书馆编：《伦明全集一》，广东人民出版社2012年版，第112页。

④ 东莞图书馆编：《伦明全集一》，广东人民出版社2012年版，第12页。

吾有，眼倦灯昏搁笔初。”[①]

1927 年，伦明作《元旦感怀叠前韵》《书感》《书事》《又书事一首四叠前韵》，时难世艰使伦明本来相当纯粹的书世界变得比较复杂。或艰苦岁月里日渐增加的书籍与其一生之志：“不使缁尘染素裳，本来五斗薄柴桑。偶游皋庑偕椎髻，便拟瀼西筑草堂。充栋尚余书万轴，买山须办竹千行。早向江湖学陈起，且凭妇孺识韩康。”[②] 或以书感怀，盼望国泰民安：“老稚同驱着战裳，辍耕南亩废春桑。何尝怨气钟三户，无异儿嬉闹一堂。应有弭兵荆晋使，曷思御侮弟兄行。真看马上治天下，岁岁民劳未少康。”[③] 或从书世界里透视苍生多灾：“大局又瓦裂，讹言未尽非。国衰崇鬼道，天变兆兵机。螳雀循环巧，鸡虫得失微。所忧城火蔓，回首望京畿。”[④] “本来铜马与黄巾，谁料神州就此沦。一日养兵千日祸，三民革命四民贫。狡夷设间侵中国，大盗乘时变圣人。不信贤愚同醉梦，漫漫长夜会教晨。”[⑤]

二是连叠六十九韵与二十三韵的怀人诗。怀人诗是伦明诗歌创作的重心。其中，以《杨二季良去冬相见自言明岁我六十矣除夕偶忆成寿诗一首于元旦日寄之》《赠杨雪樵先生》的用韵，伦明创作六十九首、二十三首怀人诗，成为其怀人诗的主要特色，也显示其无意创作的不足。

一方面，从《诗经》之无题诗到近代诗坛，诗题日渐承担其叙事功能，因此，近代诗歌的诗题一般比较长。这在伦明的诗作中有普遍出现，如《老诗人李汉父去岁殁于京师久始午耗顷作都中怀人诗忆及怆然补挽一诗十七叠前韵》《正月十六日男女出游郊外连袂成群入暮未息偶检武林旧事言都城自过妆灯贵游巨室争先出效谓之探春殆即此俗也赋诗纪之三十四叠前韵》等。另一方面，诗题是诗歌创作的一部

① 东莞图书馆编：《伦明全集一》，广东人民出版社 2012 年版，第 12 页。
② 东莞图书馆编：《伦明全集一》，广东人民出版社 2012 年版，第 18 页。
③ 东莞图书馆编：《伦明全集一》，广东人民出版社 2012 年版，第 36 页。
④ 东莞图书馆编：《伦明全集一》，广东人民出版社 2012 年版，第 43 页。
⑤ 东莞图书馆编：《伦明全集一》，广东人民出版社 2012 年版，第 144 页。

分，诗人均于此精心考虑。因此，大量重复出现的诗题无疑在最浅显的层面影响后人对伦明诗作的评价。

一般而言，李白、杜甫、韩愈、苏轼统称诗之四维。其中，杜甫、韩愈皆以善用险韵、奇韵取胜。因此，精于用韵是诗人创作名垂千古之作以及成其诗人大家的主要一环。在其关键环节，伦明创作92首叠韵诗，显示其一种文人的游戏心态。所谓叠韵诗，是指全诗各句所用之字，其韵部皆相同，即同音也同韵。如，《杨二季良去冬相见自言明岁我六十矣除夕偶忆成寿诗一首于元旦日寄之》诗云："大罗同日咏霓裳，弹指人间变海桑。老玉未添新白发，梦回休忆旧黄堂。客中济济耆英会，门下彬彬弟子行。久别忽知经帐近，从今岁岁祝安康。"[①] 非常明显，ang是全诗的主要用韵。叠其诗者如《元旦感怀》，诗云："不使缁尘染素裳，本来五斗薄柴桑。偶游皋庑偕椎髻，便拟瀼西筑草堂。充栋尚余书万轴，买山须办竹千行。早向江湖学陈起，且凭妇孺识韩康。"[②] 不仅在用韵，而且在用字上，均与前诗一致。

以《杨二季良去冬相见自言明岁我六十矣除夕偶忆成寿诗一首于元旦日寄之》笔下的杨良开始，或缅怀"自言手校书七千余卷"[③] 的傅沅叔，或怀念"索余所藏书目的"[④] 的同门梁启超，或缅怀"日阅卷独勤"[⑤] 的夏润枝，或与叶誉天共谈影印《四库全书》之事，或怀想医学奇才唐天如，或缅怀律师江竞庵，来自四川、广东、河南、上海各地的书友，成为伦明笔下的人物画廊。当然，在伦明叠韵怀人诗系列中，也绝非纯书友之人。如《女伶花玉如声艺甚佳年稍长矣登台半载余暇辄往聆清歌近忽称病不出思念之情形诸歌咏五叠前韵》《女伶病起登台喜赋三十一叠前韵》等，将女伶写入诗行，使其叠韵呈现不一样的味道。

---

① 东莞图书馆编：《伦明全集一》，广东人民出版社2012年版，第44页。

② 东莞图书馆编：《伦明全集一》，广东人民出版社2012年版，第20页。

③ 东莞图书馆编：《伦明全集一》，广东人民出版社2012年版，第20页。

④ 东莞图书馆编：《伦明全集一》，广东人民出版社2012年版，第20页。

⑤ 东莞图书馆编：《伦明全集一》，广东人民出版社2012年版，第20页。

在占其诗歌创作数量最大的怀人诗方面，一致的诗题、用韵、书友，使伦明以叠韵诗出现的怀人诗给人人皆一面之感，严重削弱其诗歌创作的水平。将其一生心血更多地用于保存中国古代文化遗产与讲授诗词等方面，是其主要原因。从中国古代文人纯粹的诗歌创作到近代文人以讲授诗词、致力于保存国粹为主的嬗变，将此三者合于一体的伦明，以其独特的生命历程与诗歌创作，昭示诗歌创作与时代渐行渐远。

（原载《顺德职业技术学院学报》2014 年第 1 期）

藏书家伦明文章文学双创特色初探

刘 平

伦明（1879—1944），字哲如，近代著名藏书家、文献学家、阅读学家和大学教授。毕生执着于续修四库，以搜访故书及过录批校之事耗去不少资财，奉献一生精力。“著书时间反而被夺去”[①]，然其学识广博，往来奔波之余仍恭勤不倦，笔耕不辍，诗文虽多未刊行，且多散佚，但传世之作仍颇为可观，所知见者有《续修四库全书提要稿》、《续修〈四库全书〉刍议》、《拟印〈四库全书〉之管见》、《关于印行〈四库全书〉意见书》、《丛书目录拾遗序》、《版本源流》、《目录学讲义》、《续书楼书目》、《读未见书斋书录》、《清修明史考稿》、《清代史籍书目提要》、《清代史学书录》、《清代及今人文集著者索引》、《清代及今人文集书名索引》、《四库全书目录补编》、《建文逊国考疑》、《渔洋山人著书考》、《孔子作孝经证》、《原孔》、《清史谈屑》三种（《尚可喜父子事考》《道光广东夷务记》《道光广东夷务杂记》）、《三补顾亭林年谱》、《颜元及其弟子著作札记》、《伦哲如诗稿》、《乡园忆旧》、《辛亥以来藏书纪事诗》、《辛亥以来藏书纪事诗草稿》、《伦哲如札记》、《续书楼读书记》、《续书楼藏书记》以及《奉天通志》之《实业志》、《交涉志》等[②]。另有集外诗文上百首（篇），抄校图书凡一百数十种。罗志欢在《伦明评传》中对伦明的撰著与诗作进行了全面论述，熊静博士在《伦明文献学著述考》一文中对伦明的文献学著述进行了详细考论。本文在已有研究的基础上，试从文章和文学的“双文论”视角，将伦明部分著述的内容与形式进一步展开论述，就内容而言，其涵盖版本目录学、史学、文学等；就

① 雷梦水：《书林琐记》，人民日报出版社1988年版，第5页。

② 罗志欢：《伦明评传》，广东人民出版社2014年版，第197—198页。

形式而言，关涉诗文创作、史志编纂。文献、史志辨章学术，考证源流；诗词文学意境开阔，寓意深邃，体现出“文章文学共创”之特色。

一、文章著述

文章以传播知识为其职志，以表达思想为其内容，以规范语言为其外形；文学则以创作艺术为其灵魂，以塑造形象为其旨归，以破格语言为其外形。文章与文学皆求文辞表达之正确。但于此外，文章著述更考究思考之规则，求其内容之精当与方法之科学。伦明的《续修四库全书提要稿》《续修〈四库全书〉刍议》《拟印〈四库全书〉之管见》《版本源流》《目录学讲义》以及《奉天通志》之《实业志》《交涉志》等，详尽严谨地展现了伦明既提纲挈领又客观周密的文章风格。

（一）续修《四库》相关论著

因毕生为续修四库奔走，伦明身后留下了近两千篇《续修四库全书总目提要稿》以及《四库全书目录补编序》《续修〈四库全书〉刍议》《拟印〈四库全书〉之管见》《关于印行〈四库全书〉意见书》等文，洋洋数十万言，为今天研究和了解续修《四库全书》的过程提供了珍贵的资料。熊静博士在《伦明与〈续修四库全书总目提要〉》一文中对伦明与续修四库的情结已进行了深入探讨，在此不再赘述。根据熊静博士的论述：伦明撰写的提要稿，以经史两部居多，所选版本，以道光后为主，体现了伦氏好近代之书的藏书理念。经部提要，囊括易、书、诗、礼、孝经、四书、小学、群经总义八个小类，以书、诗、孝经、四书这四类提要数量较多，其余有易类一种《周易大象应大学说一卷》，礼类一种《周礼释文问答一卷》；小学类两种可见，《字典校录一卷》《字典校录外编四卷》。史部提要主要包括两大类，一为年谱，一为地方志，特别是《小方壶斋舆地丛钞》所收各本，基本均由伦明一人撰写。集部六种为：《南行诗草》《哲川诗草一卷》《紫藤关诗草》《天然如景斋诗存》《逸旧阁遗诗》《通性堂诗钞六卷》。[1] 依据广义的文章学理论，古代的“经、史、子、集”绝大多数是实用为主的文章，少数是审美为主的文学，文学多列入“集”。文章的阅读以汲取思想，获得信息为主，伦明的提要撰写着眼于历史的真实，分析多诉诸科学的论证，注重语言的准确性、主旨的深刻性以及作者的倾向性，目的在于寻求科学真理，“吾近数年撰提要稿，于学问尤见进益，至其群经传授源流支派无不洞悉”。因此，伦明撰写的四库提要稿中除集部六种外应都分属于文章撰述。

（二）版本目录学论著

伦明任大学教授多年，以讲授版本目录学而知名学界。1917 年以后，先后在北京大学、辅仁大学、民国学院等开设“明清史籍研究（解题）”“清代史学书录”“清代著述考”“目录学”“版本源流”等课程，其讲义多编撰成著，但较少刊行。所著《版本源流》（又名《版本学》），颇负时誉，惜未见流传。此书现在北京大学图书馆有藏本。《版本源流绪言》阐述了书用竹帛考、书有刻板考、书有活字板考、宋元明清及近日刻书之优劣论、历代目录配隶（注：分类）大略、四库全书总目提要之弊端、近世目录学流派等议题。正文由一个简略的集部古籍目录构成，因为伦明认为四库全书“子集二门提要，较经史为劣也”（《绪言》），故特重视集部。计收楚辞类四十五种、别集类二百七十三种。每种均著录书名、卷数、版本、作者，并简述其内容。《清代史学书录》是伦明为讲授“清代史籍书目提要”而编写的讲义内容。[2] 由于此书并未公开发行，故传本甚罕，北京大学图书馆藏有两部。正文前有《绪言》，概述清代史学著作的类别，分为“辑佚、补注、重编、补志（补表、补传）、考订、史评、撰著、方志”八类，每类均略述其源流。按其《绪言》所示，正文本应按照

---

① 熊静：《伦明与〈续修四库全书总目提要〉》，《山东图书馆学刊》2013 年第 3 期，第 23—25 页、第 39 页。

② 熊静：《伦明先生文献学著述考》，《大学图书馆学报》2014 年第 1 期，第 110—115 页。

上述八类分别著录史籍，但我们见到的两种藏本，正文均只有“辑佚”一百八十七种，“补注”七十三种，共计收录二百六十种清代史学书籍。本书未见前人记载，也没有收入《伦明全集》。与之相关的文字，仅见于傅振伦《记目录学家伦明先生二三事》。[①]

1937 年伦明在《讲坛月刊》第 5—8 期上连载《目录学讲义》，言简意赅地阐述了目录学的重要性。并指出版本学为“藏书家所有事”，目录学为“学者所有事”，目录学并不等于版本学。此外，伦明强调，目录学不仅不等于版本学，也与目录有别，目录只是古今以来私人藏书楼或公家图书馆对所藏书目的造册登记，不足以言学。但是目录学又基于目录而成，“故研究目录学者，关系目录之各事项，固不可不知也”。伦明区分目录学与目录的不同这一见解非常重要，指出研究目录学者，必须知道“关系目录之各项事”，这其中包括“书之起源”“书之分类”“书之聚散”和“清代撰著之特色”。他在论述“书之分类”时，提出了“目录之例因时而变”的思想。在论述“清代撰著之特色”时，他认为“撰著之体，代有进步”，与前代相比“清代特色有六”，即“辑佚”“补注”“订残”“校勘”“翻译”“丛刊”。就目录学自身而言，伦明认为有广狭之别。我们今天所讲者的目录学，亦即狭义的目录学。[②]

《渔洋山人著书考》是除《目录学讲义》之外，了解伦明版本目录学思想比较有参考价值的文献。伦明尝言：“余嗜读渔洋书，嗜书之癖，又与渔洋同。”因此搜集王士禛著作最勤，且多为初刻初印之本。宣统元年（1909），伦明购得南海孔氏所藏《渔洋全集》三十六种本，此通行本“字迹多漶漫，思得初印单行本读之，随时搜访，蓄积遂多”[③]。“然余所得，竟有出于惠目之外者，又以叹聚书之难，而永备之不可期也。偶以暇日，辑成斯目，撮要提纲，聊备检览，且冀

① 熊静：《伦明先生文献学著述考》，《大学图书馆学报》2014 年第 1 期，第 110—115 页。

② 刘平：《伦明目录学思想初探》，《图书馆》2014 年第 6 期，第 99—101 页。

③ 伦明：《渔洋山人著书考》，《燕京学报》1929 年第 5 期，第 913—964 页。

继续增其所无。”[1] 之后便撰写了《渔洋山人著书考》。此文收录王士禛《带经堂集》《表馀落笺合选》《阮亭诗选》等著述以及评点、校刊之书凡一百二十六种。末附《惠栋精华录采用渔洋书目》和《渔洋著述三十六种目》，另有《评猷氏集古录第一集》一文。他从目录、版本的角度，主要做了如下工作：一是搜集惠栋《精华录训纂》所未备；二是据通行本《渔洋全集》三十六种目，为之搜集善本和初印单行本；三是每种书撮要其内容，对其著述、版本等情况略加说明。此文亦为研究王渔洋提供了更为齐备的书目和参考资料。

罗列书目是纂修工作的基础，《清代及今人文集著者索引》《清代及今人文集书名索引》是伦明在着手续修四库提要之初，编纂完成的检索工具书，供撰写集部提要检索之用。现藏中国国家图书馆，均为手稿本。[2]

伦明的版本目录学论著有的是将讲义编撰而成，有的是为学术研究而用的检索工具书，纲举目张，考辨详正，对某一学科或某一专门课题进行全面系统地论述，故可依循实用文章学的路径进行阅读与研究。

（三）史志编纂

“建文逊国”是明史一桩扑朔迷离的历史疑案，伦明亦一直关注此课题，根据自己的藏书，梳理各种相关史籍记载。1932 年，《辅仁学志》第 3 卷第 2 期发表伦明的《建文逊国考疑》，书后附《建文逊国考疑补遗一则》。文中他不下结论，而是分别论述史仲彬《致身录》和程济《从亡随笔》二书，“详为辨析”，又遍举钱谦益、李清、潘柽、潘耒、王鸿绪、朱彝尊等人的著作，“一一为之驳正”，客观地辨析史学界有关建文帝下落的三派学说，为研究“建文逊国”历史疑案提供了丰富的史料及文献线索，这是典型的专业研究性文章，就一定事件或问题提出了有说服力的论点，持之有据，言之成理。

---

① 伦明：《渔洋山人著书考》，《燕京学报》1929 年第 5 期，第 913—964 页。

② 熊静：《伦明先生文献学著述考》，《大学图书馆学报》2014 年第 1 期，第 110—115 页。

编纂地方志是全面系统地整理文献史料的方法和形式。1928 年 11 月 1 日，奉天省长翟文选创设通志馆，纂修《奉天通志》。[①] 伦明被聘为纂修，赴沈阳参加《奉天通志》的编纂。此志由张学良任总裁。经过两年多的时间，《奉天通志》全书初稿基本完成。[②] 全书凡二百六十卷，七百万字，卷帙浩繁，取材宏富，内容翔实，囊括了上迄虞夏，下迨民初之辽宁史料，实为辽宁地方史料之总汇，是辽宁省唯一的一部较完备、较系统的通志。《奉天通志》拟目共分二十三门，伦明编《实业志》和《交涉志》（与穆六田合编）。因其收藏清一代文献丰富，又精于版本目录之学，所编《实业志》《交涉志》，保存了不少经济、外交史的资料。伦明完成编纂任务后返回北京，但后迫于时势等原因，《实业志》归馆长白永贞重编，《交涉志》因涉及伪满与日本关系，最后定稿时被删除，损失了不少有用的资料。

清代随着学术研究的发展，人们越来越重视汇辑乡邦文献、弘扬地域文化。正如梁启超所云："清代学者殆好为大规模的网罗遗佚，而先着手于乡邦。"[③] 尤其是在清代后期，刊刻地方丛书成为一种风气。清代中晚期至民国初年，岭南地区辑刻丛书进入高潮，这与两广总督阮元、张之洞等人先后大力倡导有关。岭南学者以编印丛书的形式，对乡邦典籍进行系统的整理，保存了众多善本、珍本、孤本及佚书，使一些濒临亡佚的珍本秘籍重与世人见面。如伍崇曜、谭莹合力之作《粤雅堂丛书》《岭南遗书》，就收录了不少珍贵文献。与续修《四库全书》一样，整理粤中文献，续编《岭南遗书》以及编撰《国史经籍志》《清史儒林文苑传》也是伦明未了的心愿。

鉴于《岭南遗书》收录未备，伦明久欲续编。他在搜集续修《四库全书》资料的同时，也很留意对岭南文献的收集，认为"搜求

---

① 《奉天省长公署为通志馆成立并启用关防的通令》（1928 年 11 月 17 日），见辽宁省档案馆选编：《编修地方志档案选编》，辽沈书社 1983 年版，第 109 页。

② 董惠云：《奉天通志馆与〈奉天通志〉的编纂》，《辽宁地方志通讯》1983 年第 1 期，第 79 页。

③ 梁启超：《中国近三百年学术史》，人民出版社 2008 年版，第 337 页。

本省文献自是要事”，而编印《续岭南遗书》，更是“粤人应有之事”。他曾请托居住广州的同乡莫伯骥代为访求。现藏于虎门“卢子枢艺术纪念馆”里，有一帧卢子枢在1926年抄录的“伦哲如在都门致莫天一书”，其云：“弟久离乡土，于粤人著述多有欲觅而不得者。如曾勉士之经学各种，吕坚、黄虚舟、刘彬华诸集，温伊福文集，又《劬学堂集》、《何宫赞遗书》、陈海楼《赐书堂集》，皆不可得，欲乞吾兄代为访求。此外，粤人有何名著，亦乞录目见示。”经过多年收集，伦明所藏粤人著述多至二三百种，且以精秘本居多。[①] 他的弟子李棪当时在北京大学研究院深造，得知伦明计划后主动请缨，答应经纪其事，并允向粤督陈济棠措款以完成续编的刊印。于是，伦明把历年收集到的岭南文献全部交给他整理。可惜随着李棪回香港执教，续编之事不了了之，交给他的藏书也不知散落何处。据冼玉清回忆，李棪因到香港执教，把书寄存于北京大学图书馆。伦明来信嘱托冼氏一问，敦促他移交图书，李氏应而不置可否。后来，邓之诚也来信，“嘱转告李君速为理”。其时李氏已远赴英国伦敦，未知“秘籍之下落如何”[②]。这是伦明生前未了却的另一夙愿。

早在1925年，伦明曾建议乘续修《四库全书》之便，顺带完成《国史经籍志》和《清史稿》儒林、文苑传两传。旋因章士钊辞职，影印《四库全书》亦成泡影，其他计划及设想均成空谈。《清史稿》印行后，艺文、儒林、文苑诸志再次让伦明失望，认为“其艺文志略讹殊甚，儒林、文苑传为数寥寥”。于是发愤欲撰一书，“只录书目，下缀最简评语，仿《书目答问》而略详。后附著书人事实，俾与前相参照，兼详其他著之未见者。期合艺文、儒林、文苑为一，以补《清史稿》之缺，且为修续书者之大辂椎轮焉”[③]。1928年6月28日，国

---

① 广东省立中山图书馆、香港大学冯平山图书馆编：《罗香林论学书札》，广东人民出版社2009年版，第336页。

② 冼玉清：《记大藏书家伦哲如》，见《艺林丛录》第五编，商务印书馆香港分馆1964年版。

③ 伦明：《续书楼藏书记》，《辅仁学志》，1929年第1卷第2期，第61—65页。

民政府接收清史馆，设《清史稿》审查委员会，傅振伦受北京大学史学系主任兼故宫博物院文献馆专门委员朱希祖委托请教伦明，并讨论《清史稿》得失，伦明重申其主张："《明史》应补忠节、遗逸二传。《清史》应以儒林、文苑二传改作《学人传》，其内容应包括经学、史学、文学、诗学、词学、艺学（如印人传、书人传、画家传、竹人传以及畴人传等）。"[①] 又认为朱兰坡《史学文抄》《经学文抄》《国朝耆献类征初编》，钱仪吉《碑传集》，缪荃孙《续碑传集》等，虽未称完备，但皆可取资。最终由于时局不稳等原因，此书的编撰工作并未启动，成了伦明生前又一未了之夙愿。伦明之后，热衷于校订、续修儒林文苑二传者，如汪宗衍有《〈清史稿·儒林·文苑传〉校记》[②]，谭宗浚手定《续修儒林文苑传条例》[③]，张舜徽有《清人文集别录》六百篇（于书名下各系一传）[④]，在某种程度上做了伦明想做而未做的部分工作。

无论是古代广义文章学的分类还是现代实用文章学的分类，史志毫无疑问地被列入文章学研究的范畴，不仅讲究实地、实事、实物、实人、实情，还辐射政治、经济、文化、社会生活等各个方面，可谓文章学、文献学、历史学、地理学的多学科融合。伦明不仅热衷于史志文献的收集和编撰，也很重视方志，曾建议编辑《古今方志存缺（佚）考》《方志艺文考》《方志金石考》《方志人物考》等。[⑤] 这些主张，对后人修志侧重艺文著作、金石文物、文献资料以及整理旧方志的重点和开发方志文章学研究都有很大启示。

---

① 傅振伦：《记目录学家伦明先生二三事》，《文献》1987 年第 2 期，第 286—288 页。

② 朱东润：《中华文史论丛》第 3 辑，上海古籍出版社 1981 年版，第 277 页。

③ 广东文征编印委员会：《广东文征》第六册，1973 年，第 170 页。

④ 张舜徽：《爱晚庐随笔》，见《清史稿·儒林文苑传》，华中师范大学出版社 2005 年版，第 14 页。

⑤ 傅振伦：《记目录学家伦明先生二三事》，《文献》1987 年第 2 期，第 286—288 页。

二、文学创作

伦明精于古典诗词研究和旧体诗词的创作，早年在北京大学是以诗词教授身份为人所知的，在辅仁大学文学院开设“历代诗代表作品”“诗专家研究”等课[1]，专门讲授杜诗，他认为杜诗“集前代之大成，开后来之宗派”，其许多诗作与杜诗气味相近，受之影响很深。在伦明的生命历程中，诗词创作占有一定的比重。但较之收藏图书与续修《四库全书》，作诗实为余事。他明确表示：“吟咏之事，等于博弈，始以为乐，久则疲神废事，今后当稍辍辍矣。”[2]

伦明诗作见存最早的是《无题》和《汴梁行》。清光绪二十九年(1903)，伦明入读京师大学堂第二年，作《无题》八首，影射清末民初史事以及八国联军侵入京城后的情形，悲愤怆恻。同学廖道传以《燕京秋感次友人东莞生韵》和之。后伦明自署“东莞生”，将此诗寄给当时因“戊戌变法”失败而流亡日本的梁启超。梁氏随即录入《饮冰室诗话》。[3] 之后，《饮冰室诗话》也录入了廖道传的《燕京秋感次友人东莞生韵》（自署“嘉应健生”）。梁启超认为廖诗和伦诗“工力悉敌，可称双绝”[4]。光绪三十年（1904），梁启超主编的《新小说》第 9 号刊登了一篇歌谣《汴梁行》，号召广东人尽快克服自身的各种缺点，提倡从民族振兴、国家前途的高度思考问题，摆脱当时种种目光短浅的羁绊，为国家富强、民族独立真正做出贡献。作者亦署名“东莞生”[5]。光绪三十二年（1906)，《无题》重刊在《广益丛

---

① 《辅仁大学文学院中国文学系课程表及课程说明》，《磐石杂志》1933 年第 1—3 卷，第 147—148 页。

② 伦明：《丁卯五日吟稿并序》，见《伦哲如诗稿三》，国家图书馆藏稿本。

③ 梁启超著，舒无校点：《饮冰室诗话》（九九），人民文学出版社 1959 年版。

④ 梁启超著，舒无校点：《饮冰室诗话》（一三五），人民文学出版社 1959 年版，第 111 页。

⑤ 东莞生：《汴梁行》，《新小说》第 9 号，光绪三十年六月二十五日补印发，第 167—168 页。

报》第98号（第4年第2期）的《国风》栏目上，仍署名“东莞生”。1927年，伦明在河南焦作有《丁卯五日吟稿》，他在《怀梁任公先生都中七叠前韵》中曰：斟酌新衣改故裳，早年观海住扶桑。爱我诗篇图主客，迟君书目写祠堂。大儒人识尊荀况，素学谁云变许行。冰水青蓝言语妙，世间目论并提康。[①]“爱我诗篇图主客”句自注云：“癸卯岁（1903）以《无题》七律八首寄日本，承采入《诗话》。”“迟君书目写祠堂”句自注云：“去岁索余所藏书目至今写未竣也。”从这首诗的自注可知，自署“东莞生”的《无题》八首，正是伦明的作品。[②]《汴梁行》的作者虽未见于说明材料，但从自署“东莞生”以及发表时间和歌谣内容分析，推定为伦明的作品应该没有问题。伦明服膺清人江浞，“危苦语多欢语少，天生屯骨那能康”[③]。他自己的经历与江浞相似，诗风也与之接近，其以诗经世，创作了大量反映现实，揭露黑暗，同情笔下人物疾苦的作品。

综观伦明一生的文学创作不见其小说、戏剧而集中体现在诗歌创作上，冼玉清曾说：“先生（伦明）性和易，学问渊博，于书无所不读。工诗文，下笔如飞，尤擅叠韵诗，每每一韵叠至五六十首者。”[④]《伦哲如诗稿》中，叠“裳”韵七十首，“巾”韵二十四首，“时”“边”韵各四首，叠韵诗多达百余首，几乎占诗稿总量的一半，这是其诗歌创作的一个重要特征。值得注意的是，这些叠韵诗集中出现在客居焦作、沈阳期间，或可作为漂泊中产生的孤独、无聊、茫然心态的注脚。从创作形式上说，这种心态多少影响了伦明诗歌创作的质量，一定程度上也影响了后人对其诗作的评价。但从诗歌内容上说，这类交游、怀人诗又提供了丰富的历史和人物资料。故其诗作具有明显的近代岭南诗派“经世之学”“余事为诗”“溯杜参白”的重要特

---

① 伦明：《怀梁任公先生都中七叠前韵》自注，见《伦哲如诗稿三》，国家图书馆藏稿本，第5页。

② 余祖明：《广东历代诗钞》卷六，香港能仁书院1980年版，第624—625页。

③ 《伦哲如诗稿三》，国家图书馆藏稿本，第31页。

④ 冼玉清：《记大藏书家伦哲如》，见《艺林丛录》第五编，商务印书馆香港分馆1964年版。

征。梁启超评论伦明早期诗作，认为“哀艳直追玉溪（李商隐），言外之美人芳草，字字皆《湘累》血泪也”[①]。伦明中晚年南北飘零，“诗中不乏嗟老叹贫之语，诗风渐趋于老辣浑厚，有东野、杜陵气象”[②]。粗略统计，伦明现存诗作约五百首。据说还有《乡园忆旧》七言绝句数百首[③]，当为南归后的作品，今仅存其目，未见其诗。

三、文章文学交汇之结晶

伦明作为多面的文才，除了文体分明的文章、文学创作之外，还在“双文”分野的前提下自觉地促进“双文”的交汇和交融。他一生浮沉书海，其诗在很大程度上亦即是文与诗的结合，诗作成集者如《辛亥以来藏书纪事诗》、《辛亥以来藏书纪事诗草稿》［疑即所谓《续（补）藏书纪事诗》］、《伦哲如诗稿》和《抵家作》（六首）之六[④]、《元旦感怀叠前韵》、《余拟续修四库书提要从事三载成稿寥寥元日秉笔感而有作例叠前韵》、《怀傅沅叔先生都中》、《怀梁任公先生都中》、《怀夏润枝师都中》等，内容多提及藏书与著书事。在北京大学、辅仁大学、民国学院任教以及参加东方文化事业总委员会《续修四库全书总目提要》的编纂时，伦明结识了很多外国学者，宾主间讨论版本、交流藏书、吟诗唱和，还曾亲赴东洋鉴定古籍。高田真治、桥川时雄、藤冢邻、服部宇之吉等日本人也在其诗作中出现，使伦明的诗作呈现其个人与时代特色，即以诗歌的形式记藏书事，明治学志。《辛亥以来藏书纪事诗》尤其彰显了其文章与文学双创的独特性。

“芸香浓处多吾辈，广觅同心叙古欢。”藏书是收藏者通过阅读与

---

① 梁启超著，舒无校点：《饮冰室诗话》（九九），人民文学出版社 1959 年版。

② 张宪光：《续书楼藏书有多少》，《东方早报》2013 年 4 月 7 日，第 09 版。

③ 冼玉清：《记大藏书家伦哲如》，见《艺林丛录》第五编，商务印书馆香港分馆 1964 年版。

④ 《伦哲如诗稿二》，国家图书馆藏稿本。

藏书交流思想感情的“觅同心”活动，藏书亦是与古圣先贤交心“叙欢”的过程。伦明《辛亥以来藏书纪事诗》依照叶昌炽《藏书纪事诗》的体例，为每个（或两个）藏书家各写一首七言绝句，共收录藏书家一百五十人，附录二十八人，以近代为主，兼收清季二十二人，得诗一百五十首。以诗系事，并辅之以“传文”，作为诗的注脚，详细辑录了有关该藏书家的史料文献以及作者自己对文献或传主的考释和评论，但又有别于叶诗，更注重书之聚散，“与叶书异者，叶书但纪私家，此则凡属于书者，无所不纪。所重在书之聚散”①。其诗既点染出形神兼备的文采，又灌注着藏书家以诗存史之精神。伦明数十载到各地搜访图书，对当时藏书家及其藏书聚散了如指掌，“若乃其事其人，耳目触接，远不一世，近在当前，不烦摭拾，涉想即至……”② 很多书事取材于作者与传主的实际接触，或为知交往来，或为偶遇书友，或传其目，或睹其书，新颖珍贵，徐信符曾说：“今日粤中明悉藏书掌故者，当推伦氏。”③ 尤其是藏书家之间的逸闻趣事甚为书迷们津津乐道，例如，传三九屠寄，“中年后，屏绝他务，专撰《蒙兀儿史记》。性嗜酒，笔一枝，酒一壶，恒不离手。戊巳间以国史馆事，重来京师”。伦明在北京大学授课，往返经其庐，修谒较勤，尝乘间请曰：“书何时可成?”先生笑曰：“余今年六十矣，再须六十年可成，然余固不期其成。家中雇一刻工，成一篇即刻一篇，死而后已。”一位痴迷执着之可爱老头让人深深感动。④ 传六〇刘承干，与伦明未曾谋面，却“屡赠余书，盈数百册”，体现了藏书家之间的神交与信任。传一三〇张鸿来，伦明每从借读焉，其“校近琉璃厂，君课暇即访书，书肆人无不与君习，谓张先生廉而诚，有所欲，宁贬价与之。以故所积日富，自营精舍，芸帙盈数屋，雅静整洁，佳本不

---

① 伦明著，杨琥点校：《辛亥以来藏书纪事诗·自序》，北京燕山出版社 2008 年版。

② 伦明著，杨琥点校：《辛亥以来藏书纪事诗·自序》，北京燕山出版社 2008 年版。

③ 徐信符：《广东藏书记略》，见广东省文史研究馆编：《广东文物》卷九，上海书店出版社 1990 年版，第 857 页。

④ 伦明著，杨琥点校：《辛亥以来藏书纪事诗》，北京燕山出版社 2008 年版。

乏”，展现了一位书肆之君子形象。[1] 传一五三叶德辉，伦氏诗曰：“清话篇篇掇拾成，手编藏目不曾赓。相逢空有抄书约，隔岁俄闻遭枪崩。”传云：“长沙叶焕彬德辉，己亥春始于故都识面，约相互抄所有两家书，彼此有所欲得，抄就交换，以页数略相等为准。别后曾致长沙一书，未得复，而君难作矣。君见古本不多，所著《书林清话》《余话》，大卒撮自诸家藏书志。自编《观古堂书目》，亦无甚佳本。据云尚有《续目》，未编成，君殁后见其《郎园读书志》，不过如是，勿刊可也。然君素精小学，辑录各书，具有条理，但版本目录，非所长耳。君有侄启勋字定候，积书好古，克绍家风。”[2] 叶氏藏书闻名遐迩，其爱书惜书也是世所共知，伦明所记与他相约彼此抄书十分有趣，更难得的是，伦明竟称其所藏“无甚佳本”。

叶昌炽《藏书纪事诗》首创私家藏书专史体例，所记人、所传事跨越千年，为历代藏书通史，涵盖最广。伦明则专意于辛亥以来，首创藏书断代之史，此时西方藏书理念东渐，图书馆次第建成，藏书家多身与其役，亲为营造，或慷慨捐书，俾助书籍流通，学术公行。[3]《辛亥以来藏书纪事诗》既传播了藏书家们读书与藏书的理论和方法，又抒发了藏书家们的炽热之情。藏书家们的喜好跃然于诗句中，有“不观江海爱蹄涔，老去尤于诗律深”的陈宝琛，有“好收四库书原本，为藏书家别开一格”的刘体智等；藏书家们严谨周密的为学之方亦提纲挈领地娓娓道来，陈澧“群书手校墨淋漓，百册残余署学思”，李慈铭“订疑补缺用功深，字细如绳密似针”，傅增湘“篇篇题跋妙钩玄，过目都留副本存”。品读《辛亥以来藏书纪事诗》能让我们沉浸于史志与诗情的完美融合中，不仅体味到丰富的诗性情结，更领悟了深刻的治学哲理。所以，《辛亥以来藏书纪事诗》非伦明自谦所言为“狗尾之续”，而是续补叶昌炽《藏书纪事诗》的一部力作，亦为文章与文学交汇之结晶。中国实用文章学和汉文阅读学的开创者和奠

---

① 伦明著，杨琥点校：《辛亥以来藏书纪事诗》，北京燕山出版社 2008 年版。

② 伦明著，杨琥点校：《辛亥以来藏书纪事诗》，北京燕山出版社 2008 年版。

③ 翟朋：《藏书纪事诗研究》，南开大学硕士学位论文，2010 年，第 27—30 页。

基人之一曾祥芹写道："当今时代，我们的写作正走着艺术与科学彼此联姻、共同繁荣之路，我们的阅读也必然要走审美与实用互相促进、和谐发展之路。"[①] 伦明的文章、文学共创业绩可谓阅读与写作和谐共进的先驱。

（原载《河南科技学院学报》2017 年第 11 期）

① 曾祥芹：《汉文阅读学研究》，高等教育出版社 2010 年版，第 377 页。

伦明研究

第三册

东莞图书馆　编

SPM

南方出版传媒

广东人民出版社

·广州·

图书在版编目（CIP）数据

伦明研究 / 东莞图书馆编．—广州：广东人民出版社，2020.8
ISBN 978－7－218－14460－3

Ⅰ．①伦…　Ⅱ．①东…　Ⅲ．①伦明（1878—1944）—人物研究
Ⅳ．①K825.4

中国版本图书馆 CIP 数据核字（2020）第 170156 号

LUNMING YANJIU
伦明研究
东莞图书馆 编

出 版 人：肖风华

责任编辑：张贤明　李沙沙　周惊涛
封面设计：彭　力
责任技编：吴彦斌　周星奎

出版发行：广东人民出版社
地　　址：广州市海珠区新港西路 204 号 2 号楼（邮政编码：510300）
电　　话：（020）85716809（总编室）
传　　真：（020）85716872
网　　址：http://www.gdpph.com
印　　刷：广州市浩诚印刷有限公司
开　　本：787mm×1092mm　1/16
印　　张：80.75　　**字　数：**1160 千
版　　次：2020 年 8 月第 1 版
印　　次：2020 年 8 月第 1 次印刷
定　　价：450.00 元（全三册）

如发现印装质量问题，影响阅读，请与出版社（020－85716808）联系调换。
售书热线：020－85716826

目 录

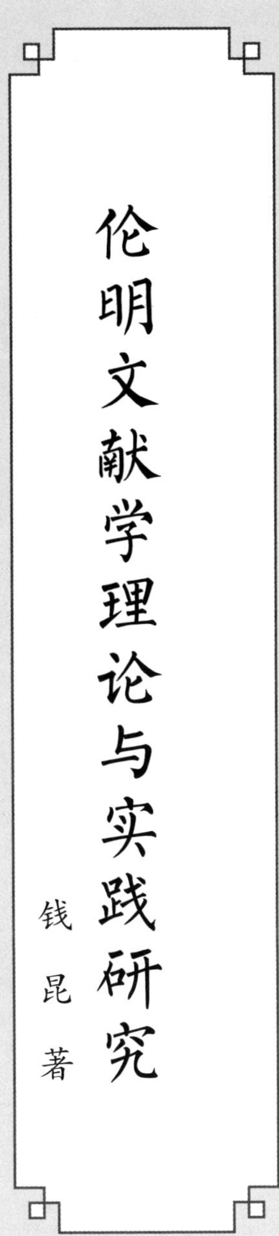

伦明文献学理论与实践研究

钱昆 著

第一章　绪论

2016 年 8 月，吴则虞的《续藏书纪事诗》由国家图书馆出版社出版。至此，由清叶昌炽《藏书纪事诗》始，历经 110 余年的时间，“纪事诗体藏书家传”类的完整著述全部付梓，在研究古今私家藏书的发展方面具有极高的史料价值。吴则虞《续藏书纪事诗》中为伦明做诗传，其中诗言：

此才晚出惜沉沦，赤脚拖鞋垫角巾。
我亦有诗三百首，青萍无处觅斯人[①]。

作为本书的研究对象——伦明（字哲如），吴则虞曾评“嘉锡收藏不如哲如，才气亦在哲如下”[②]。然世人知余嘉锡者众，而知伦明者少。抛却时局、命运等因素外，恐与后人的关注度和研究多少有关。伴随众多与伦明相关的珍贵史料的不断出现与结集出版，系统梳理伦明的学术思想势在必行。作为晚清民国时期的人物，伦明以大学教授、通学斋东主、续书楼主人、版本目录学家等身份渐为人知，但其实最重要的，也是伦明一生引为志业的，乃是续修《四库全书》。他的各种社会身份，他在学术上的理论与实践，可以说都是围绕续修《四库全书》这一志业展开的，遍及目录、版本、校勘、辨伪、辑佚等领域，亦即文献学领域。故本书主要是对伦明的文献学理论及实践进行系统地梳理与研究。

① 吴则虞撰，吴受琚增补，俞震、曾敏整理：《续藏书纪事诗》，国家图书馆出版社 2016 年版，第 357 页。

② 吴则虞撰，吴受琚增补，俞震、曾敏整理：《续藏书纪事诗》，国家图书馆出版社 2016 年版，第 361 页。

第一节　选题缘起

一、由课程论文引发研究兴趣

笔者在读博期间始闻伦明其人，既佩服他以续修《四库全书》为志业的治学精神，也感慨其学术思想被后人知之甚少的命运，同时也被他在收书、藏书方面的“破伦”精神所打动，由此产生兴趣并搜集相关资料，完成一篇课程论文并发表，算是小试牛刀之作。在这篇论文的发表过程中，通过期刊编辑及外审专家所提出的几轮修改意见，使笔者加深了对伦明及其学术思想的认识，也激发了想要深入研究的兴趣与动力，因此决定以伦明为研究对象，进行博士论文的创作。通过前期的资料收集与分析，笔者发现伦明的学术成就集中在两大领域，即文献学和诗歌创作，尤以文献学为重，所以笔者从自身的专业角度出发，主要研究伦明在文献学领域的成就。

二、有全面接触并占有第一手资料的机会

2014 年 7 月，笔者应东莞图书馆之邀参加《伦明全集》第二至五卷的编纂研讨会，进一步熟悉了《伦明全集》各个分卷的收录内容和编纂流程，大致明确了该全集完成的日期，为第一手资料的储备和后期论文的写作提供了保障条件。笔者于 2014 年 6 至 7 月和 2016 年 7 至 10 月间，先后两次承担伦明所撰《续修四库全书总目提要》稿的校对（校勘）工作，尤其第二次校对工作是统校，以一己之力完成，工作量很大，涉及 1899 篇提要稿，共 70 余万字，对其中的繁转简、异体字变常用字、标点符号的统一、按语的处理等问题进行了统一规范，通过这次统校工作，加快了《伦明全集》的出版进程，同时笔者也在校对的过程中，对伦明所撰《续修四库全书总目提要》稿的内容与体例有了进一步的了解和掌握，为后期论文的撰写奠定了基

础。此次统校工作耗费了笔者大量的时间和精力，对后续的研究工作意义重大。

三、前人的探索与积累

2011 年以前，对伦明的研究较少，关注度也不高，究其原因是与伦明相关的第一手资料的不足。从 2011 年起，东莞文联启动了“东莞历史名人评传丛书”，《伦明评传》列入其中。2012 年东莞图书馆编纂的《伦明全集》第一卷付梓，本集分诗、文二编，诗编有《伦哲如诗稿》《辛亥以来藏书纪事诗》《辛亥以来藏书纪事诗草稿》；文编有《续书楼读书记》《续书楼藏书记》《续修四库全书刍议》《与孙殿起书》诸如序跋、札记、书信往来等极为宝贵的第一手资料，后又有罗志欢的《伦明评传》一书于 2014 年 8 月出版，同时近五年内时有对伦明进行研究的论文问世，所有这些资料和研究成果都是可支撑笔者完成博士毕业论文的文献保障。

综合以上三点原因，首先有研究兴趣，其次能够占有大量的第一手资料，再次有前人重要的探索与积累，使得笔者有信心围绕伦明及其文献学成就这一领域进行研究，期待在前人研究的基础上，充分利用第一手资料，对伦明的文献学理论与实践进行系统地梳理与研究，能够有所创新。

第二节　选题意义

一、首次对伦明的文献学成就进行系统地梳理与研究

伦明是晚清民国时期著名的学者、藏书家、版本目录学家和古旧书业经营家，而他被后人所知，首先是因为他的藏书家身份（续书楼主人），其次是古旧书业经营家的身份（通学斋东主），而这两种身

份恰好为其在文献学领域有所成就奠定了基础。但后世研究往往关注这些基础方面，对其由此产生的文献学成就较少论及。伦明毕生以续修《四库全书》为志业，仅此一项就基本能体现其文献学思想之大概，但这还不全面，伴随新资料的不断涌现与结集出版，对其文献学方面的思想和成就做一全面、系统的梳理，势在必行。

二、拓宽晚清民国时期文献学研究领域的人物范围

一般认为文献学（古代的“校雠学”）的三大主体内容是目录、版本与校勘，在目录学领域，一提到近代的目录学家或目录学思想，图书馆界学人往往会关注当时的一些学界名流，如梁启超、胡适等人，这固然与他们当时的社会地位及学术名望有关，但流传后世的研究资料丰富也是一大原因。随着社会的发展和时代的推移，以及新的学术资料的不断涌现，笔者认为应该效仿《明儒学案》或《清儒学记》的手法，把诸如伦明这些此前不被关注的学者也放到研究的视野之中，从而丰富学术史的内容。

三、丰富文献学和图书馆学的研究内容

文献学与图书馆学有着紧密的血缘联系，甚至可以认为二者有着一脉相承的关系。在现代的图书馆学课程设置中，文献学、目录学、藏书史等内容是重要组成部分。对伦明的文献学成就进行研究，既可以丰富文献学的研究内容，也可以丰富图书馆学的研究内容。

四、第一手资料的集结保证选题的可行性与创新性

《伦明全集》各分卷所收资料皆来源于中国国家图书馆、中国科学院图书馆、上海图书馆、北京大学图书馆等国内重要馆藏和伦氏后人手中。这些第一手资料的结集出版，使得对伦明的文献学成就进行系统性的梳理与研究成为可能，同时也为研究的创新提供了基础条件。

第三节　文献综述

一、研究时间

2011 年以前，对伦明的研究比较分散，关注度较低，研究成果也比较少，主要围绕伦明的藏书家身份、续修《四库全书》的理念、目录之学以及对其《辛亥以来藏书纪事诗》的研究，这与第一手资料的不易获得有关，所以偶有学者获得伦明的一篇手稿（单篇论文）就如获至宝，经过点校之后发表，如 1986 年傅振伦点校过的伦明《续修〈四库全书〉刍议》[①]，标注“伦明遗作”，发表在《古籍整理研究学刊》上。这篇文章在 2011 年以前就算是比较珍贵的伦明遗作的点校本了。在研究民国版的《续修四库全书总目提要》领域，往往都是对该目做整体的研究与评价，对其中的参与者之一伦明，往往都是一笔带过，论述极少，对伦明在这一领域的系统性研究基本没有。

2011 年之后，由于东莞文联启动了“东莞历史名人评传丛书”，《伦明评传》列入其中，由此催生了一些学者对伦明的研究热情和关注度。同时由于 2012 年东莞图书馆编纂的《伦明全集》第一卷的出版，在一定程度上缓解了关于伦明的第一手研究资料的不足，全书分诗编和文编两个部分，诗编包括《伦哲如诗稿》（一至六卷）、《辛亥以来藏书纪事诗》、《辛亥以来藏书纪事诗草稿》（中国国家图书馆所藏）和集外诗辑存等内容；文编包括《续书楼读书记》《续书楼藏书记》《建文逊国考疑》《渔洋山人著书考》《孔子作〈孝经〉证》《三补顾亭林年谱》《颜元及弟子著作札记》《续修〈四库全书〉刍议》《拟印〈四库全书〉之管见》《关于印行〈四库全书〉意见书》和集

① 伦明著，傅振伦点校：《续修〈四库全书〉刍议》，《古籍整理研究学刊》1986 年第 2 期，第 47—50 页。

外文辑存等内容。[①] 伴随着对此后几卷出版的期待，对伦明的研究逐渐呈上升态势，时有研究文章问世，如熊静的《伦明先生文献学著述考》[②] 和《伦明与〈续修四库全书总目提要〉》[③]，刘平的《伦明目录学思想初探》[④]，李雅、游雪雯的《藏书家伦明研究述略》[⑤] 等文章，对伦明的学术思想和成就的研究，专指性逐渐增强。

以上仅从研究时间的发展变化上大致概述后人对伦明的研究情况，可以看出2011年是一个分水岭，2011年以后，由于第一手资料的不断涌现，对伦明的研究逐渐增多。

二、研究内容

（一）综合性研究

陈思在《学者型藏书家——伦明》[⑥] 一文中介绍了伦明的生平、藏书始末、版本目录学研究、著述研究（重点研究《辛亥以来藏书纪事诗》），归纳总结其作为藏书家的理论与实践，对伦明的藏书与治学等方面均有涉猎，算是以研究伦明藏书家身份为核心的综合性研究文章；罗志欢的《伦明评传》[⑦] 一书共四章，从“家世生平”“浮沉书海”“潜心学问”“五地交游”四个方面对伦明的生平事迹及成就进行叙述与评价，是一部比较珍贵的传记资料，其中“家世生平”章主要追溯了东莞伦姓氏族的由来及其代表人物，尤其侧重伦明家族在近

---

① 东莞图书馆编：《伦明全集》第一卷，广东人民出版社2012年版。

② 熊静：《伦明先生文献学著述考》，《大学图书馆学报》2014年第1期，第110—115页。

③ 熊静：《伦明与〈续修四库全书总目提要〉》，《山东图书馆学刊》2013年第3期，第23—25页。

④ 刘平：《伦明目录学思想初探》，《图书馆》2014年第6期，第99—101页。

⑤ 李雅、游雪雯：《藏书家伦明研究述略》，《大学图书馆学报》2015年第1期，第117—120页。

⑥ 陈思：《学者型藏书家——伦明》，《广东史志》1995年第1期，第77—80页。

⑦ 罗志欢：《伦明评传》，广东人民出版社2014年版。

代的发展，介绍了“望溪五鱼”与“伦家四杰”的主要事迹，并突出强调了伦明定居北京后住在东莞会馆的情况，“浮沉书海”章首先介绍了伦明续书楼和通学斋的建立与发展，并对伦明《辛亥以来藏书纪事诗》的内容、版本、影响等情况进行了分析与评价，“潜心学问”章主要关注伦明续修《四库全书》的业绩、古籍整理及诗歌创作，“五地交游”章主要围绕伦明在北京、两广和豫、辽地区的交游情况进行总结，通过交游过程的梳理，可看出伦明自身的生活轨迹及其学术思想发展脉络。该书在研究人物的过程中广泛采用了档案、方志、回忆录、手稿等第一手资料，传记性较强；李雅、游雪雯的《藏书家伦明研究述略》[①] 从伦明的生平与藏书、《辛亥以来藏书纪事诗》研究、续修《四库全书》研究、藏书家群体中的伦明、伦明的交游与事业、在诗歌创作上的贡献等方面对其进行全面、系统性的研究，文章最后指出：“到目前为止，研究伦明的材料很少而且大多数文章只是就其生平经历、热衷于藏书及致力于续修《四库全书》等方面泛泛而谈，重复性高而新颖性不足。另外，诸如作品原稿、往来信件和回忆录等史料价值较高的资料太过稀缺，为研究伦明造成了很大障碍。”这个观点与笔者不谋而合，这也是 2011 年以前对伦明其人的研究较少且陈陈相因的原因。

（二）专门性研究

1. 伦明生平研究

研究伦明其人，首先要介绍其生平，其中既包括生卒年的确定，也包括其一生活动中重大事件的时间及地点的确定（如通学斋的建立）。在现有的伦明研究文章中，对于生卒年的部分多有异说，甚至有些是以讹传讹的结论，这就需要我们对伦明的生平进行更加深入的研究，挖掘第一手资料，其中一些与伦明关系颇深的友人或其学生的回忆录、信件等就为我们提供了很好的帮助。如雷梦水整理、孙殿起

① 李雅、游雪雯：《藏书家伦明研究述略》，《大学图书馆学报》2015 年第 1 期，第 117—120 页。

口述的《记伦哲如先生》[①] 一文，该文并未交代伦明的生年，但是对于伦明与孙殿起相识并成为莫逆之交的过程，兼及通学斋的建立与发展，还有伦明收书、藏书、因书究学等方面都有详细且生动的记载，尤其在文章最后部分言及“一九四四年（甲申）春先生哲嗣绳叔、润荣忽接噩耗，惊悉先生已于客岁十月某日疾终里第……”，古语中的“客岁”即指“去年”，所以根据孙殿起（耀卿）的回忆，伦明应于1943年10月去世，这就为后世研究伦明生平提供了强有力的依据。冼玉清的《记大藏书家伦哲如》[②] 一文主要介绍了伦明的藏书规模和藏书去向，尤其记载伦明去世后有藏书归公的遗愿，冼玉清得知伦明去世时已是1945年9月，听闻去世时间为1944年10月，与孙殿起的回忆有所出入，但是在听闻噩耗惋惜之余，“因函商其北京家属，请以藏书归公，卒归北京图书馆，成先生志也”。张次溪的《伦哲如先生传》[③] 一文详细记载了伦明的家世背景及其藏书治学经历，张家在北京居住时期与伦明为通家之好，张次溪本人在读书治学的过程中经常借用伦明的藏书，对于伦明藏书的归宿，张次溪也有论述：“又经陈援庵（垣）丈再商始成，去先生之逝已三年矣。”据此推知伦明去世时间为1944年。雷梦水的《孙耀卿先生传略》[④] 一文交代了孙殿起的生平事迹，其中关于他与伦明相识的时间记载得尤为详细，认为1917年二人相识于会文斋书店，伦明聘孙殿起为其经营通学斋，二人在经营书店的过程中结为莫逆之交，此后关于孙殿起访书的经历以及伦明在学术上对其潜移默化的影响等方面亦有阐述，是关于孙殿起生平事迹的大事年谱，其中最为重要的是记录了伦明去世的时间，言“民国三十二年（1943）十月，东莞伦哲如先生逝世于广州，享年七

---

① 雷梦水整理，孙殿起口述：《记伦哲如先生》，见北京市政协文史资料委员会选编：《文苑撷英》，北京出版社2000年版。

② 冼玉清：《记大藏书家伦哲如》，见《艺林丛录》，香港商务印书馆1973年版。

③ 张次溪：《伦哲如先生传》，见张次溪辑：《宣南逸乘》（油印本，出版年份不详），第4页。

④ 雷梦水：《孙耀卿先生传略》，见北京市政协文史资料委员会选编：《文苑撷英》，北京出版社2000年版。

十一岁。伦哲如乃先生好友，又系海内著名藏书家，今撒手而去，惜哉!”因孙殿起、冼玉清、张次溪、雷梦水四人与伦明有过长期的交往，他们对伦明的生平相对比较了解，但也存在分歧，尤其在伦明南归后，因战事所致音信难以及时往复，但因孙殿起与伦明有通学斋这一联系纽带，在时间或地点的记录上或更为有据。笔者曾撰有相关考证论文，重新得出伦明卒年是1943年的结论，同时进一步理顺了通学斋设立的经过以及伦明与孙殿起二人的交游过程。[①]

2. 伦明藏书研究

伦明首先以藏书家的身份被后人所知，对于他的藏书处所、收书经历和藏书规模等方面有相关研究，如罗继祖的《东莞伦氏“续书楼”》[②]一文，首先对伦明续书楼名称的由来做了说明，言其为实现续修《四库全书》之志而备，然后以伦明《续书楼藏书记》一文为依据，对伦明的藏书发展过程、藏书经验、藏书特色和藏书聚散等方面进行分析总结，最后对伦明的《续藏书纪事诗》（实则为《辛亥以来藏书纪事诗》）做了简单介绍与评价，认为该书“收采稍滥”。张宪光的《续书楼藏书有多少》[③]一文是在《伦明全集》第一卷出版后有感而发之作，他首先肯定了东莞图书馆编《伦明全集》第一卷所收资料的珍贵性与重要性，言“他们从历史尘灰中广搜博采，为一位藏书家、文献学家编纂全集的做法感到高兴”，同时也表达了对后续几卷出版内容的期待，最为重要的是，因《伦明全集》第一卷出版时并没有收入伦明的藏书目录，他特意将上海图书馆所藏《东莞伦氏续书楼藏书目录》进行分析阐述与粗略统计，得出“总计约一万三千种左右，四万三千册左右。所收书籍，以集部最富，经部次之，而集部又以清人和近人著述最为繁富”的结论，最后指出《伦明全集》第一卷存在的个别手稿识读和校勘失误的地方，对于北京图书馆（今中国国家图书馆）所藏伦明批校、题跋过的文献亦应予以辑录。此外还有

---

① 钱昆：《伦明与孙殿起交游考》，《图书馆论坛》2016年第7期，第111—114页。

② 罗继祖：《东莞伦氏“续书楼”》，《史学集刊》1987年第1期，第77页。

③ 张宪光：《续书楼藏书有多少》，《东方早报》2013年4月7日第A09版。

对藏书家群体性研究中涉及伦明及其藏书的，如苏精的《近代藏书三十家》[①] 中的《伦明续书楼》一文围绕伦明的生平、续书楼藏书、续修《四库全书》和《辛亥以来藏书纪事诗》四个方面展开，其中关于伦明生平的介绍类似于罗志欢《伦明评传》中的介绍，但多有出入，其他方面亦不似罗书宏富，因此没有列入综合性研究的范畴，同时因为续书楼藏书与《辛亥以来藏书纪事诗》应该属于伦明藏书研究的范畴，故将此文列于此。苏精认为伦明的续书楼藏书基础奠定于光绪二十八年（1902）入京师大学堂至辛亥为止的十年中，定居北京（1915）后其书癖更是有增无减，建立通学斋促进藏书，藏书益富，但藏书管理不善多有损失，因此伦明有欲藏书为公的愿望。除此之外，伦明还曾与徐森玉一起为东方文化事业总委员会代购书籍，以期完成续修《四库全书》相关之志业，虽然在数量上不能与北平图书馆相抗衡，但是经过伦、徐二人鉴定后，在质量上毫不逊色，尤以钞校稿本及各地方志为最。黄增章的《广东私家藏书楼和藏书家的地位与贡献》[②] 一文介绍了广东藏书家收藏精、规模大的特点，分析了他们崛起的原因，指出他们在收集和保存珍贵历史文献方面的重大作用并赞扬了他们对待藏书的开明态度，其中亦提及伦明的藏书及其贡献，尤其肯定《辛亥以来藏书纪事诗》在藏书史上的重要作用以及对后世纪事诗创作的影响。李学敏的《试论二十世纪初叶的广东藏书家》一文，首先分析了近代广东藏书家崛起的原因在于当时岭南刻书的兴盛，同时也因为广东在近代是文化先进和新学昌盛之地，康有为、梁启超等新学潮流的代表人物推动了藏书昌盛，而李文田、丁日昌、梁鼎芬等有学问的官僚世家对藏书事业也起到了推波助澜的作用，一些颇具经济实力者如盐商、药商等也加入藏书行列，此类情况皆被伦明的《辛亥以来藏书纪事诗》所记录，因此该文对学者型藏书家特别推崇，在谈及“学者型藏书家及其贡献”中，特别提到伦明是辛亥以后

---

① 苏精：《近代藏书三十家（增订本）》，中华书局 2009 年版。

② 黄增章：《广东私家藏书楼和藏书家的地位与贡献》，《中山大学学报（社会科学版）》1998 年第 6 期，第 130—135 页。

广东地区最负盛名的藏书家，同时也是以教书为职业的大学教授。李学敏认为教授藏书，与官僚世家和富商大贾不同，多靠勤俭，伦明即是此类藏家代表之一，同时又因为他建有通学斋，他的藏书经验和藏书去向都很值得研究。[①] 黄敏明的《明清民国时期东江藏书家论略》[②]一文，对包括伦明在内的明清以来东江藏书家进行介绍，总结他们藏书的特点，即藏书态度豁达开明、藏书与治学相结合等特点，肯定他们为保护大量珍贵典籍、推动学术研究和弘扬民族文化所作出的贡献。

3. 伦明与《辛亥以来藏书纪事诗》

伦明的《辛亥以来藏书纪事诗》是以诗纪书、研究近代私人藏书史的巨著，在一系列“藏书纪事诗”著作中占据着重要的地位，对后世影响深远，因此单独对伦明的《辛亥以来藏书纪事诗》进行研究的文章不少。如周生杰的《〈辛亥以来藏书纪事诗〉新论》[③] 一文，指出伦明所撰《辛亥以来藏书纪事诗》，继承了叶昌炽的《藏书纪事诗》体例和编撰风格，又有发展。所记除各类藏书家外，还为书贾作传，并以亲身所历作注，多独到之见。在学术价值上，该书重在记载藏书的聚散离合以及重要典籍的存毁流传；诗作典重质实，涵纳藏书家个人遭际和世事纷纭之变，虽有不甚完善之处，但是伦书在藏书史、诗传史上的地位会越来越受到学术界的重视。黄正雨的《伦明与〈辛亥以来藏书纪事诗〉》[④] 在概述伦明求书访书活动之后，重点分析其著作中最为重要的《辛亥以来藏书纪事诗》，在对著作进行内容分析的基础上，指出其优于叶昌炽《藏书纪事诗》之处，以及对后世

---

① 李学敏：《试论二十世纪初叶的广东藏书家》，《岭南文史》1993 年第 1 期，第 28—30 页。

② 黄敏明：《明清民国时期东江藏书家论略》，《惠州学院学报》2002 年第 5 期，第 69—74 页。

③ 周生杰：《〈辛亥以来藏书纪事诗〉新论》，《社会科学战线》2012 年第 9 期，第 163—167 页。

④ 黄正雨：《伦明与〈辛亥以来藏书纪事诗〉》，《图书馆论坛》1995 年第 5 期，第17 页。

“纪事诗”体例发展的影响。翟朋在《藏书纪事诗研究》[①] 一文中对“藏书纪事诗”这一特殊文体进行系统研究，将该文体的发展历程分为初创期（1884—1917）、繁盛期（1918—1949）、衰变期（1950—1977）、绝响四个时期，论文将伦明的《辛亥以来藏书纪事诗》归为纪事诗繁盛时期的产物，称叶昌炽《藏书纪事诗》为书林《史记》，而《辛亥以来藏书纪事诗》则为书林《汉书》，开创了纪事诗断代之作。李雪梅的《中国近代藏书文化》[②] 一书共六章，依次为近代藏书文化产生的背景、近代藏书文化的形成与发展、近代藏书的构成、近代藏书风尚、近代书厄及典籍外流、近代藏书与社会文化，其中对伦明及《辛亥以来藏书纪事诗》有所提及。刘平《伦明〈辛亥以来藏书纪事诗〉研究》[③] 一文，是较为深入地剖析伦明《辛亥以来藏书纪事诗》的代表作，文章从《辛亥以来藏书纪事诗》的编撰缘由、时间及体例、内容总揽、史料价值、学术流变和地域藏书等方面对该书进行了全面深入的分析，尤其在史料价值方面，更是提炼总结出 21 个方面的特色，如藏书风气、藏书管理、藏书治学、交游论学、存疑解疑等方面，体现出对伦明《辛亥以来藏书纪事诗》内容的极度熟稔，是较为完备的伦明《辛亥以来藏书纪事诗》研究之作，只是由于时间的原因，某些新出资料的不得见，如 2016 年 8 月出版的吴则虞《续藏书纪事诗》，使得在“藏书纪事诗”诸著作的横向比较方面稍显欠缺。

4. 伦明与续修《四库全书》及其提要

熊静的《伦明与〈续修四库全书总目提要〉》[④] 一文指出，伦明曾四次尝试续修《四库全书》并做提要，均因故不果，最后只得转为依靠个人之力独自进行，1925 年利用日本庚子赔款在京成立东方文

---

① 翟朋：《藏书纪事诗研究》，南开大学硕士学位论文，2012 年。

② 李雪梅：《中国近代藏书文化》，现代出版社 1999 年版。

③ 刘平：《伦明〈辛亥以来藏书纪事诗〉研究》，北京大学博士后研究工作报告，2015 年。

④ 熊静：《伦明与〈续修四库全书总目提要〉》，《山东图书馆学刊》2013 年第 3 期，第 23—25 页。

化事业总委员会的机会，伦明参与其中《续修四库全书总目提要》的工作并发挥了很大的作用，共撰写 1900 余篇提要稿，涉及经、史、集三部，尤以经、史两部为多。通过这篇文章我们可以深刻了解到伦明在续修《四库全书》这个漫长的过程中做出的努力及发挥的巨大作用。王亮的《续修四库全书总目提要研究》[①] 一文，以民国期间北平东方文化事业总委员会组织编纂的《续修四库全书总目提要》为研究对象，考述《续修四库全书总目提要》的编纂原委及整理与研究简史，可以说是《续修四库全书总目提要》较为全面的研究成果。在第一章《续修四库全书总目提要》纂修的背景与起因中，作者概述了清中叶以来续修《四库全书》及《四库全书总目提要》的历程，列举了从王懿荣到伦明的种种倡议，认为“伦明是议续修四库用力最多、擘画最密者”，但是对伦明的个人撰稿情况及贡献并未过多提及，因为他的研究对象是《续修四库全书总目提要》整体情况，而非伦明个人撰稿情况，后者只是前者的一部分。李建权的《伦明所撰〈续修四库全书总目提要〉研究》[②] 一文，算是近年来唯一一篇对伦明所撰《续修四库全书总目提要》进行相对深入研究的论文，该文对伦明参与撰稿前的学术准备、撰稿的数量及提要内容特色进行统计与研究，得出伦明所撰提要稿实为 1782 篇的结论，并在此基础上总结伦明所撰提要稿的特点，包括重实证、重体例、析附会、语尚简净、自有创见等方面，同时也指出其不足，如偶有疏漏、有失偏颇及力有不逮等现象，最后结合伦明相关著述对伦明的文献学思想进行考察，考察的主要对象是伦明的目录学思想。

5. 伦明版本目录学研究

刘平的《伦明目录学思想初探》[③] 一文中以伦明在《讲坛月刊》1937 年第 5—8 期上连载的《目录学讲义》为基本资料，结合伦明的

---

① 王亮：《续修四库全书总目提要研究》，复旦大学博士学位论文，2004 年。

② 李建权：《伦明所撰〈续修四库全书总目提要〉研究》，南昌大学硕士学位论文，2015 年。

③ 刘平：《伦明目录学思想初探》，《图书馆》2014 年第 6 期，第 99—101 页。

藏书实践活动，探讨伦明重视目录学、强调目录学不等于版本学、目录学不等于目录的目录学思想。这些思想对中国目录学研究具有重要的参考价值。熊静的《伦明先生文献学著述考》[①] 一文指出，伦氏著作许多是未刊的手稿本，读者访求不易，故对其文献学著作（尤其是未刊稿本）作一梳理，包括《清代史学书录》《版本源流》《清代及今人文集著者索引》《清代及今人文集书名索引》《续修四库全书总目提要稿》《续书楼读书记》《辛亥以来藏书纪事诗》等，对其中各书以介绍版本及体例为主，对书中内容的分析较少，是梳理伦明文献学相关著作的系统之作，甚至可补东莞图书馆编《伦明全集》第一卷之不足。

6. 伦明诗稿研究

伦明的《辛亥以来藏书纪事诗》既是一部史学著作（藏书史），也是一部文学著作（诗歌），除此之外，伦明还有诗稿传世，但是后人在此领域研究甚少。目前只有张纹华将伦明作为一个诗人进行研究，他在《〈伦哲如诗稿〉探析》[②] 一文中详细分析《伦哲如诗稿》的特色，即书的世界与叠韵怀人诗，指出其在诗题与用韵方面的明显不足，感慨诗歌创作与伦明身处的时代正渐行渐远。

7. 伦明与他人的交游

罗志欢的《伦明评传》[③] 一书将伦明在北京、两广和豫、辽等地的交游进行系统梳理，如在北京求学和定居期间，与老师夏孙桐、林纾的交游，与同事马叙伦、朱希祖的交游，与留京粤人梁启超、陈垣、叶恭绰等的交游，与坊肆书贾孙殿起、王文进的交游，与日本学者服部宇之吉、长泽规矩也、吉川幸次郎等的交游，在两广地区的交游包括马叙伦、冼玉清、徐信符、莫天一等人，在豫、辽地区的交游

① 熊静：《伦明先生文献学著述考》，《大学图书馆学报》2014 年第 1 期，第 110—115 页。

② 张纹华：《〈伦哲如诗稿〉探析》，《顺德职业技术学院学报》2014 年第 1 期，第 75—79 页。

③ 罗志欢：《伦明评传》，广东人民出版社 2014 年版。

包括朱应奎、胡汝麟、王敬芳、袁金凯、金梁、陈思等人。除此之外，还有部分研究性论文也能体现出伦明与他人的交游情况。如来新夏的《读伦明先生致陈垣先生的信件——纪念陈垣先生 130 岁冥诞》[①] 一文，不仅对伦明进行了回忆，还提供了伦明致陈垣的多封信件。傅振伦的《记目录学家伦明先生二三事》[②] 也通过回忆展现了伦明在目录学、清史、方志和藏书版本等多个方面的博学。吉川幸次郎在《琉璃厂后记》[③] 中追忆了伦明的通学斋，并提到孙殿起和伦明为书店搜书、访书的一些轶事。李雅、游雪雯在《藏书家伦明研究述略》[④] 中指出，对于伦明交游与事业发展的专题研究比较少，但在一些机构和人物研究中有所提及，如通学斋研究，世人往往从经营者孙殿起入手进行考察，但无法忽略伦明在书店运营过程中所起的作用。张西园的《孙殿起和他的通学斋》[⑤] 一文，对孙殿起经营通学斋进行全面的考察，肯定了他在古籍搜访和保存上所做的贡献，并谈到了孙氏与伦明结交的过程，以及伦明在书店经营过程中所起到的重要作用，但是在二人交游的时间、地点和事件的准确性等方面有待商榷。

第四节　研究方法

本书的研究对象是伦明这一历史人物，属于历史文化研究的范畴。在研究过程中，笔者严格遵守人文社会科学研究的一般规范，以

① 来新夏：《读伦明先生致陈垣先生的信件——纪念陈垣先生 130 岁冥诞》，《中国文化》2011 年第 1 期，第 189—191 页。

② 傅振伦：《记目录学家伦明先生二三事》，《文献》1987 年第 2 期，第 286—288 页。

③ （日）吉川幸次郎：《琉璃厂后记》，载秋禾、少莉编：《旧时书坊》，生活・读书・新知三联书店 2005 年版，第 27—31 页。

④ 李雅、游雪雯：《藏书家伦明研究述略》，《大学图书馆学报》2015 年第 1 期，第 117—120 页。

⑤ 张西园：《孙殿起和他的通学斋》，《山东图书馆学刊》2010 年第 6 期，第 41—44、53 页。

全面的文献调查为基础，在充分占有第一手资料并认真研读分析的基础上，同时采用统计分析、比较研究、历史研究和调查走访的方式，进行客观研究与分析。

一、文献研究法

（一）一手资料：以《伦明全集》、《藏书纪事诗》及其续补之作、日本东方文化事业总委员会组织编纂的《续修四库全书总目提要》以及傅璇琮等组织编纂的《续修四库全书总目提要》等相关重要资料所提供的文本信息源为主。

（二）二手资料：后人研究伦明的相关著述资料。

二、历史研究法

（一）纵向分析：应用历史研究方法，以时间为序，编纂伦明年谱和著述年表等，体现纵向上的人物研究及其学术成果勾勒。

（二）横向比较：将伦明《辛亥以来藏书纪事诗》与叶昌炽《藏书纪事诗》及其他四种续补《藏书纪事诗》放在一起进行比较，将伦明所撰《续修四库全书总目提要》稿与当时参与的其他撰稿人之稿进行比较，也可与当代傅璇琮组织编纂的《续修四库全书总目提要》放在一起进行比较，通过这种横向比较进一步提炼出伦明的文献学思想及成就。

三、统计分析法

整理伦明的著述，按照发表时间、类别或内容等进行统计分析，形成个人著述简编，以期理顺伦明文献学成就的发展脉络；统计“藏书纪事诗”相关著作的传主人数，对研究伦明私人藏书史方面的贡献提供定量依据；统计伦明所撰《续修四库全书总目提要》稿篇数及内容，为行文分析提供数据支撑。这些统计结果大部分以附录的形式放入正文之后，但并不代表不重要。正是因为有了这些数据统计的前期工作，才为本书的后期写作奠定了基础。

四、调查走访法

虽然《伦明全集》已经提供了比较完备的文献信息和信息源，但是为了保证后期写作的严谨性，还实地走访伦明出生、学习和工作过的地方，联系能够提供相关线索的当事人或者相关当事人的后人，通过访谈搜集口述资料和复制有关原始记录等。

第五节　创新之处

一、系统总结伦明的文献学成就

文献学的研究领域包括目录、版本、校勘、注释、句读、辨伪、辑佚、汇编等多个方面，对于伦明在文献学领域所取得的成就，此前研究成果比较分散且专指性不强，缺乏诸如目录、版本、校勘、辨伪、辑佚等方面的学术总结。笔者在进行伦明文献学研究时，能够在第一手资料相对完备的基础上，充分利用历史研究法和文本分析法，在总结伦明的文献学思想时能够做到言之有物，如在目录、版本、校勘、辨伪、辑佚等文献学重要领域，能够提炼出伦明的主要思想与实践，一反此前研究者泛泛而谈之论。

二、横向比较加深纵向研究

对于伦明文献学领域重要思想或成就的研究，此前的研究者由于最新资料的不可获得，使得研究结论往往陈陈相因，没有横向比较之举。2016 年的新出资料，如吴则虞《续藏书纪事诗》和傅璇琮组织编撰的《续修四库全书总目提要》，这两部巨著的出版，使得笔者在进行伦明《辛亥以来藏书纪事诗》和续修《四库全书总目提要》研究时，能够充分地进行比较分析，在提炼伦明的文献学思想及贡献上，比前人有了长足的进步，加强了研究深度。

三、客观评价伦明其人及其文献学成就

伦明一生从学、从政、从商、从教，具有多重身份，也曾任过伪职，如伪广州市立图书博物馆副馆长兼图书部主任、伪广东大学历史系教授兼主任；他的《辛亥以来藏书纪事诗》，曾因收录汉奸、军阀等人物，被后世研究人员所指责；他参与日本东方文化事业总委员会组织的《续修四库全书总目提要》工作，由于历史的原因，长久以来关于此项续修之事业，参与人往往缄默不语，后世研究人员也是模棱两可，虽然没有明确批判之语，但基本态度也是不提倡，往往一笔带过而已。笔者认为，随着时代的发展和学术研究的需要，抑或是对伦明这一历史人物抱以“同情之理解”，都应客观看待伦明其人及其学术成就。因笔者主要研究其文献学成就，在第一手资料相对完备的基础上，经过深入地分析与研究，给伦明其人及其文献学成就以客观评价，认为伦明是兼具诗人情怀与“破伦”精神的文献学家，其理论与实践相结合的文献学成就，对后世有着承前启后的作用与影响。

第六节　研究难点

一、资料的阅读与理解有一定的难度

伦明是晚清民国时期的学者，著述用语具有时代性，虽然《伦明全集》已经做了繁转简、标点、校勘等工作便于读者阅读，但是在写作过程中，仍然需要阅读手稿、信件等原始文献，并对比、参照同时期的其他第一手资料。对于学术思想的研究而言，想要深入理解和把握，还需下很大的工夫。

二、前人对伦明文献学领域的研究不够宏富

这一点既是优势也是劣势，优势在于可保证选题的创新性，劣势在于如何在前人研究不够宏富的情况下，深入挖掘史料，在内容上保证创新而非人云亦云的浅层表述与研究，这同样需要下很大的工夫。

三、前人研究中存在的问题有待进一步的考证或商榷

首先，前人研究中存在一些人云亦云的结论，如伦明的生平、通学斋的建立等，仍需进一步的考证，此种考证工作同样需要付出较多的耐心与精力。

其次，“校书如扫尘，旋扫旋生”，笔者曾先后两次参加《伦明全集》第三、四卷，即伦明所撰《续修四库全书总目提要稿》的校勘（准确地说是校对）工作，深知校书工作的不易，即使《伦明全集》已由很多专家学者认真审校过，但是付梓后也许还会存在一些“旋扫旋生”的细节问题，这就可能需要笔者尽最大努力去考证、核实这些细节，从而保证学术的严谨性。

第二章　伦明生平及著述

在中国近代发展史上，广东占据着极其重要的位置。两次鸦片战争都发生在广东，广东是近代受西方侵略最早的地区，同时也是西方新事物传入中国的窗口，广东的社会经济、政治和文化发展都因此受到了极大的刺激和影响。由此中国近代史舞台上陆续出现了大批广东籍的领军人物，如孙中山、康有为、梁启超、陈垣、黄节诸人，于文于政皆名于时者。在近代广东籍文化名人中，其中东莞籍人士占有相当大的比例，如容庚、容肇祖、张荫麟、张次溪、张伯桢、伦明诸人。

第一节　家世背景[①]

伦明（1878—1943[②]），字哲如，一作哲儒、喆儒、节予，人称“哲翁”[③]，生于广东东莞中堂属望溪乡（今东莞市望牛墩镇望联村，以村有望溪河而得名）。伦明出身于重视文化教育的伦氏家族，是“望溪五鱼”之一。早年随父就读于江西崇仁县衙斋，后拜康有为为

---

① 罗志欢：《伦明评传》，广东人民出版社2014年版，第3—64页。

② 孙耀卿：《记伦哲如先生》，见北京市政协文史资料委员会选编：《文苑撷英》，北京出版社2000年版，第35页。关于伦明的生卒年，一直存有异说，如王余光、郑丽芬、伦志清取1878—1944之说，赵安民取1872—1942之说，冼玉清、张次溪取1875—1944之说。笔者对伦明的生年取1878之说，同时结合孙耀卿的回忆录，以及《冀淑英古籍善本十五讲》中亦说伦明“1943年去世”，故将伦明的生卒年定为1878—1943。

③ 陈智超编注：《陈垣来往书信集（增订本）》，生活·读书·新知三联书店2010年版，第126页。

师，光绪二十七年（1901）中举人，光绪二十八年（1902）考取京师大学堂师范馆，毕业后主要在两广地区从事中小学教育，1917 年定居北京后，任北京大学、辅仁大学等多所大学教授，讲授版本源流、目录学等课程，从事高等教育。其间藏书实践日益丰富，有南伦书院等多个藏书处所，合曰“续书楼”。在京更开设通学斋以期促进藏书之完善，从而实现其续修《四库全书》的宏愿。因伦明一生以续修《四库全书》为业，故其目录、版本、校勘之学极为精进，在收书、藏书、校书、因书究学等方面多有自己的独到见解，可以说是没有“文献学家”之名，却有“文献学家”之实。

一、东莞伦氏

史载伦姓最早见于东汉《风俗通姓氏篇》：“伦氏，黄帝时乐人伶伦氏之后，或单为伦氏。”① 明杨慎《希姓录》卷一：“伶伦之后，始有伦侯，今为岭南著姓。”② 据清张澍《姓韵》记载，伦姓代有名人。其中《氏族略》中记有唐监察御史伦元庆，京兆人；宋伦次陆，南海人，宝庆进士。《题名录》中记有伦善，广州顺德县人，成化乙未进士；伦文叙，南海人，弘治乙未进士，状元；伦显圣，南海县人，乾隆丁丑进士。《氏姓谱》中记有伦应祥，南海人，万历间由乡贡任万载知县，政尚严明。《缙绅录》中记有伦新，高要人，嘉庆间任文昌县训导，拔贡出身，后官宁乡县知县。③ 诸如此类人物颇多，可见自唐以后，伦姓氏族于学于政代有名人。

广东东莞伦氏一族，其始祖可追溯到宋代的伦次陆。伦次陆（1146—1237），字鸿渐，号羽仪，宝庆进士，封儒林郎，任广州府教

---

① （汉）应劭撰，（清）张澍编辑补注：《风俗通姓氏篇》，见王云五等编：《丛书集成初编》，中华书局 1985 年版，第 19 页。

② 新文丰出版公司编辑部编：《丛书集成新编》，新文丰出版公司 1985 年版，第 282 页。

③ （清）张澍：《姓韵》，三秦出版社 2003 年版，第 298 页。

谕。[①] 伦次陆生育四子，长子乐静、次子罄宜、三子德辅、四子晚兴，后因避乱，各择地而居，繁衍成南海房、顺德房、东莞房和高要横石房四大房族，后来合族建祠于广州市仙湖街中部（今越秀区大南路仙湖街52号），号称南伦书院。南海房以伦文叙及其三子最为有名。伦文叙（1466—1513），字伯畴，号迂冈，明弘治十二年（1499）殿试第一名（状元），官翰林院修撰。伦文叙有三子以谅、以训和以诜，以谅乡试第一，辛丑进士，官通参；以训，会试第一，廷试第二，官祭酒；以诜，进士，官郎中。[②] 伦文叙之堂弟伦文镃迁望牛墩，为望牛墩伦氏之始，而东莞一房是伦次陆长子乐静的开支，以伦常及其四子最为有名。[③] 笔者根据罗志欢《伦明评传》提供的相关方志、族谱资料，编成伦明家族简谱（见图2—1），以期更加清晰地展现伦明的家世背景。

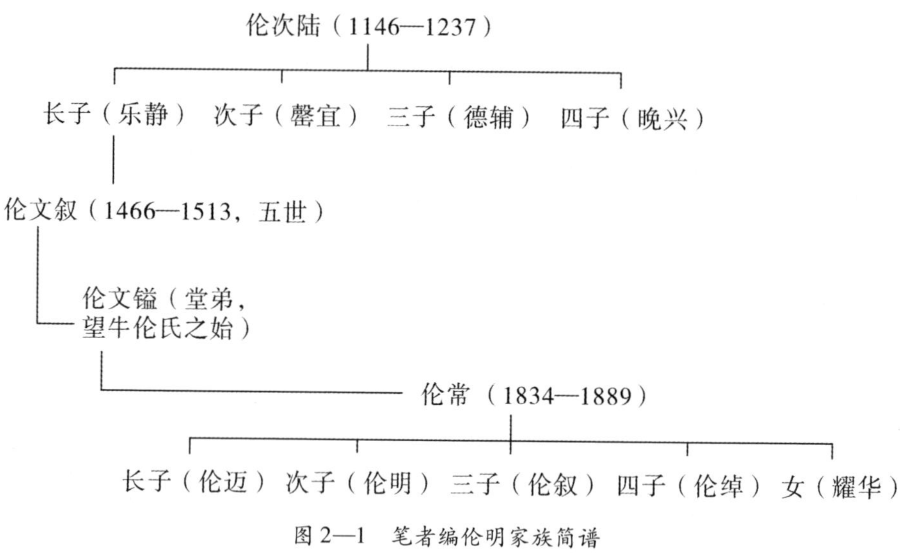

图2—1　笔者编伦明家族简谱

① （元）陈大震：《南海志》，元大德刻本，第11页。

② （明）朱国桢辑，李宏主编：《仿洪小品》，北京燕山出版社1995年版，第270页。

③ 据罗志欢《伦明评传》记载，伦常出于伦次陆长子乐静一脉，而望牛墩伦氏之始祖是伦文镃，伦文镃为伦文叙之堂弟，伦文叙又是伦次陆三子德辅的开支，故伦常一脉究竟出于伦次陆长子乐静，还是三子德辅，于罗书中前后似有矛盾。

伦明的父亲伦常（1834—1889），字元第，号棣卿，咸丰十一年（1861）辛酉科乡试举人，同治十年（1871）得陕西知县，后因照顾年迈母亲就近呈改福建，母亲病逝后又改职江西，任崇仁县令（1887—1889）。伦常精通医药，乐善好施，“乡里就诊者满户外”[①]，在家乡带头造桥修路，深受当地百姓爱戴。任崇仁县令期间，伦常体察民情、整顿丁粮、革除陋习、创办医院、捐修桥坝等，“人咸称便”。[②] 伦常善诗工书，与当时名士时有唱和，且“性爱士，搜罗俊颖，有一艺之长，必加奖励”，又“增建毓秀书院，捐藏书于院中”。[③] 伦常一生修学好古、政绩清明，于任所深得百姓爱戴，于乡里亦得传颂思念，据说现存望牛墩古迹“文阁”即为伦常捐资所建，民间亦称“丝伦阁”或“丝伦塔”，“丝”与“思”谐音，有思念不忘伦氏功德善举之意[④]。

伦常所处并非高官厚禄之位，除却本身的政绩清明外，亦喜好读书、藏书，常言“养花种树得春气，读书听香生妙心”[⑤]，这种重视文化教育的习性直接体现在其子女的成长过程中，其四子一女皆以名闻，传为一时美谈。

伦常有长子伦迈，字静如，宣统元年（1909）最后一科优贡；次子伦明，字哲如，光绪辛丑恩科补行庚子科举人，京师大学堂师范科毕业；三子伦叙，字达如，光绪癸卯恩科顺天中式，京师大学堂文科毕业；四子伦绰，字绰如，监生，京师大学堂法科毕业；女耀华，1912 年 4 月当选粤省女代议士，成为我国乃至亚洲最早的三位女议员之一。[⑥]

古人以“行有车，食有鱼”来表明身份和富贵，用“如鱼得水”来描述生活与工作的幸福美满，故东莞伦氏有“望溪五鱼”之美谈。

---

① 陈伯陶：民国《东莞县志》，1921 年铅印本，第 5 页。

② 陈伯陶：民国《东莞县志》，1921 年铅印本，第 5 页。

③ 陈伯陶：民国《东莞县志》，1921 年铅印本，第 5 页。

④ 罗志欢：《伦明评传》，广东人民出版社 2014 年版，第 9 页。

⑤ 伦明之孙伦志清藏伦常墨迹。

⑥ 《粤省女代议士履历》，《申报》1912 年 4 月 8 日第 6 版。

“望溪五鱼”并不包括伦常之女，而是伦常之四子伦迈、伦明、伦叙、伦绰，外加伦明的堂弟伦鉴。伦鉴，字淡如，京师大学堂农科毕业。广东话“如”发音“鱼”，所以在东莞有“望溪五鱼”的美称。

“望溪五鱼”中有四人先后就读于京师大学堂。因国家急需师范类人才，同时也由于师范生的优厚待遇（食宿全免，还给予较高生活补贴），伦明兄弟四人先后就读于师范馆，并在毕业后投身于教育事业。伦叙自京师大学堂毕业时，成绩被评定为“史学门甲等”[①]，取得文学士学位，毕业后曾担任国立中山大学、广东国民大学文学院、广东法学院等大学的教授；伦绰从法科政治门毕业，取得政学士学位后被分配到有关部门供职，具体情况不详[②]；伦鉴自京师大学堂农科毕业，毕业成绩为“农学乙等”[③]，回到家乡东莞从事教育工作，于1914—1918年任东莞县立中学校长，业绩斐然[④]。

与伦叙、伦绰、伦鉴三兄弟从师范科直接升读本科的选择不同，伦明自京师大学堂师范科毕业时已30岁，或许因为年龄偏大的关系，他并没有升读大学本科，而是拣发广西候补知县，但并未就任，于毕业当年（1907）返回广州从事教育工作，此后辗转两广、北京、河南等地，以续修《四库全书》为志业，继续其从学、从商、从政的一生，当然其从商与从政归根结底还是为其从学服务的。笔者试从伦明人生发展的六大阶段进行归纳梳理，以期还原伦明一生的活动轨迹，这也为研究其在文献学领域的成就提供背景条件。

---

① 王学珍、郭建荣主编：《北京大学史料》第二卷（1912—1937），北京大学出版社2000年版，第706页。

② 王学珍、郭建荣主编：《北京大学史料》第二卷（1912—1937），北京大学出版社2000年版，第705页。

③ 王学珍、郭建荣主编：《北京大学史料》第二卷（1912—1937），北京大学出版社2000年版，第710页。

④ 中国人民政治协商会议广东省委员会文史资料研究委员会编：《广东文史资料》第七十四辑，广东人民出版社1994年版，第248页。

第二节 生活轨迹

伦明生于东莞，卒于东莞，虽为时事所迫，但也算落叶归根。纵观其一生居游活动，遍及中国多个省份，笔者通过列表与分阶段阐述的方式对其人生的主要生活轨迹和阶段发展，归纳总结如下（见表2—1）。

表 2—1　伦明一生主要生活轨迹（居住区域）

时间	1878	1887	1889	1901	1902	1907	1915	1924	1927	1937	1943
地点	东莞	江西	东莞	广西	北京	两广	北京	河南	河南 北京	广州 东莞	东莞

一、青少年求学入仕时期（1878—1901）

清光绪四年（1878），伦明生于广东东莞中堂属望溪乡之伦氏家族[①]，东莞伦氏家族有重视文化教育的传统。其父伦常为咸丰十一年（1861）辛酉科乡试举人，历任陕西、福建、江西三省知县。光绪十三年（1887），伦常任江西崇仁县令，当时伦明10岁，与兄弟及叔叔等六人随父就读于江西崇仁县衙斋。

伦父好书，自带十余箱书籍于任所，同时又购得宜黄某氏书，藏书益富。伦明时十一二岁，“略识文义，课暇，窃取浏览，因而博涉，渐感不足”[②]。听闻塾师说百里之外的省会书肆比较多，购书之需皆可满足，于是伦明自己开列所需书目托县差至省会帮忙购书，一月一次。县差所返，有得有不得，而且不审书之贵贱是否值当。这对少年

① 《北京东莞学会会员录》，北京东莞学会民国七年（1918）刊，第2页。

② 伦明著，东莞图书馆整理：《伦明全集》第二册，广东人民出版社2017年版，第55页。

时期的伦明来说应该算是不小的一笔花销，所幸伦父喜爱伦明聪慧，又怜惜其早年丧母，所以每逢年节赏给伦明的零花钱是其他兄弟的几倍。一日，伦父召集伦家兄弟一起并询问其所蓄，其余兄弟争相献出所有以验，唯独伦明两手空空泫然欲泣。伦父脸色大变并责问伦明钱财去向，伦明以购书作答，伦父不信，于是伦明往来搬运自己平日所购书籍，堆满床榻。伦父脸色渐转并一一翻检，最后对伦明说："孺子亦解此乎？善读之。"[①] 伦明以此为庭训，是其藏书之始。

伦明少年时期即有志于藏书，并谨记父亲庭训，不仅藏书，还识书、懂书，因书究学。光绪十五年（1889）其父卒于任所，伦明回到故乡东莞，时年 12 岁。光绪二十年（1894），伦明 17 岁，入县庠，旋补廪生。光绪二十二年（1896）前后，拜康有为为师并执弟子礼，但是关于伦明跟随康有为读书治学的这段经历，后世资料记载较少，众所周知梁启超亦是康有为的弟子，并且早年梁氏于学于政皆追随康有为。但是随着康有为、梁启超二人在政见上的渐行渐远，伦明对待康、梁二人的态度明显倾向于支持梁启超，梁氏对于伦明来说更像是老师而非同门。

光绪二十六年（1900）是农历庚子年，清廷本应依制举行庚子科考试，但因义和团运动，各地乡试都未如期举行。光绪二十七年（1901）是农历辛丑年，补行庚子科乡试，由于各地动荡的形势仍未彻底好转，因此也仅有广东、甘肃等五省举行。伦明就是在这一年的广东乡试中，以第九十名的成绩考中举人。[②] 该科乡试也是中国科举史上倒数第二场乡试，光绪二十九年（1903）的癸卯乡试在社会动荡中匆匆结束后，历时 1300 余年的中国科举考试制度也在两年后彻底废除，让位于新式学堂。伦明在辛丑补行庚子科乡试考中举人后，被

---

① 伦明著，东莞图书馆整理：《伦明全集》第二册，广东人民出版社 2017 年版，第 55 页。

② 《广东乡试录》，1901 年。

拣发广西知县，但“未半载假归”[①]。伦明假归的原因不得而知，次年（1902）即北上考取京师大学堂。

二、就读京师大学堂师范馆时期（1902—1907）

京师大学堂自光绪二十四年（1898）始办，光绪二十六年（1900）因八国联军入侵北京而停办，次年又复办，完成了由旧式书院向新式学堂的转变。当时的京师大学堂分为预备科（简称预科）、大学专门科和大学院三级，预科又进一步分政、艺两科，政科包括经史、政治、法律、通商、理财，艺科包括声、光、化、农、医、算学，学制三年，毕业后可升入大学专门科，给予举人出身资格；大学专门科（相当于后来的大学本科）设政治、文学、格致、农业、工艺、商务、医术七科，学制三至四年，毕业后可升入大学院（相当于后来的研究生院）深造，给予进士出身。以上章程皆由当时的管学大臣张百熙制定，这是他最初的设想，但是考虑到大学初办，没有合格的生源，于是他采取了通融的办法，主张先不设专门分科，先做好大学预科的招生工作，同时考虑到国家急需人才，在大学预科之外，又设一速成科，包括仕学馆和师范馆两门。当时对于报考仕学、师范两馆学生的资格有明确规定：“凡京官五品以下八品以上，以及外官候选暨因事留京者，道员以下，教职以上，皆准应考，入仕学馆。举、贡、生、监等皆准应考，入师范馆。”[②] 师范馆的招生方式主要有两种：一是自愿投考，二是由各省择优保送。

光绪二十八年（1902）京师大学堂速成科仕学和师范两馆举行首次招生考试，考试科目包括修身伦理大义、教育学大义、中外史学、

① 伦明：《元旦感怀》，《伦哲如诗稿》第三册，见伦明著，东莞图书馆整理：《伦明全集》第一册，广东人民出版社 2017 年版，第 18 页。

② （清）张百熙：《奏办京师大学堂疏》，见《张百熙集》，岳麓书社 2008 年版，第 19 页。

中外地理学、算学、物理、化学、外文八门。[①] 伦明以举人身份参加考试，以第一名的成绩被师范馆录取[②]，由此开始了近五年的京师大学堂学习生涯。师范馆学生的课程安排是第一学年为人人皆学之普通课，如国学、中外历史地理、日语（也可兼习英、法、德、俄等语）及普通科学等；第二学年开始分科学习，共分四科，即四大类，第一类为国文、外国语（英语、法语、德语，学生自择一种，分班教授），第二类为中外历史、地理，第三类为物理、化学、数学，第四类为动物、植物、矿物、物理、卫生、农学、园艺，总名为博物科。[③] 伦明主修第二类分科，即中外历史、地理和英文。据伦明《京师大学堂毕业文凭》登录，伦明毕业时考试科目包括：人伦道德（即伦理学）、经学、中国文学、心理学、生物学、教育学、法制及理财、体操、地理（中国地理、外国地理）、历史（中国历史、外国历史）。以每学期考试分数和毕业考试分数的平均数来核算最后成绩，伦明成绩为 78.05 分，算是优等。[④]

为了吸引更多的人学习师范，清政府给予师范生优厚的待遇，不仅食宿费用全免，还督促各省政府给在京学生发放生活津贴，每月白银 25 两左右。[⑤] 给师范生准备的伙食也比较讲究，“早餐是粥和面食，午晚两餐，每桌八人，六菜一汤。冬季四菜一火锅，荤腥俱全”[⑥]。由于国家对师范人才的需要以及师范生的优厚待遇，吸引了伦明四兄

① 崔运武：《中国师范教育史》，山西教育出版社 2006 年版，第 33 页。

② 伦明《赋呈叔海夫子七律四首并乞削正》自注：“岁壬寅，京师创师范馆初次招考，明被取第一。”江瀚编集，高福生释笺：《片玉碎金：近代名人手书诗札释笺》，中华书局 2009 年版，第 119 页。

③ 北京师范大学校史编写组编：《北京师范大学校史（1902—1982）》，北京师范大学出版社 1984 年版，第 5 页。

④ 见伦明京师大学堂毕业证书，由伦志清提供。

⑤ 北京大学校史研究室编：《北京大学史料》第一卷（1898—1911），北京大学出版社 1993 年版，第 372—373 页。

⑥ 王道元：《早期的北京师范大学——京师大学堂师范馆》，见中国人民政治协商会议全国委员会文史资料研究委员会编：《文化史料丛刊》第四辑，文史资料出版社 1983 年版，第 129 页。

弟先后就读于师范馆，毕业后投身于师范教育事业。

三、在两广地区主要从事中小学基础教育（1907—1915）

光绪三十三年（1907），伦明自京师大学堂优级师范科师范旧班毕业[①]，成绩为优等，同年毕业的还有伦叙、伦鉴二人，成绩亦为优等。按京师大学堂的规定，师范馆的学生，凡是各省保送来的，毕业后必须回到该省任教，而优级师范科的学生，毕业后有当教师或在教育行政机关服务的义务，年限分别是五年和两年。[②]“这些规定尽管在当时并没有完全实行，可是对于师范毕业生能够从事与所学专业相符合的工作，还是有一定好处的。”[③] 伦家兄弟或是直接考取的，或是由译学馆拨入的，不受这些规定的束缚。毕业后，伦明、伦叙、伦鉴兄弟三人回到广州，同被聘为两广方言学堂讲师。三年后伦叙、伦鉴与刚毕业的伦绰继续在京师大学堂深造，升读本科，伦明并未继续深造，而是留在两广地区从事教育工作。

其实伦明在光绪二十七年（1901）即农历辛丑年补行庚子科乡试时，已获举人身份，自京师大学堂毕业时因成绩优异再获赐举人衔，所以容肇祖称其为双举人。伦明自京师大学堂毕业后亦是拣发广西知县，但“不到省”[④]，即并未赴任，也就是说伦明以举人身份曾有两次取得做县令的资格但都未就任，个中缘由现已无从知晓，笔者推测原因或许有二：一是时局影响，晚清历经戊戌变法、义和团运动、八国联军入侵北京等事件后，已是穷途末路，伦明可能感到仕途难测，所以先后两次放弃了县令资格；二是京师大学堂的从学经历，伦明

---

① 光绪三十年（1904），京师大学堂师范馆改为优级师范科，原师范馆的学生是第一期（师范旧班生），当年录取的优级师范科的学生为第二期（师范新班生）。伦明、伦叙、伦鉴三人为旧班生，伦绰为新班生。

② 北京师范大学校史编写组编：《北京师范大学校史（1902—1982）》，北京师范大学出版社 1984 年版，第 7 页。

③ 刘问岫编：《中国师范教育简史》，人民教育出版社 1984 年版，第 19 页。

④ 马叙伦：《石屋余瀋》，见《民国丛书》第三编，上海书店 1984 年版，第 3—4 页。

1902年考取京师大学堂时，京师大学堂已经完成了由旧式书院向新式学堂的转变，其课程设置和师资配备使得伦明接受了当时比较先进的新式教育，开拓了眼界，为其日后治学中心的转移奠定了基础。

伦明1907年自京师大学堂毕业时，清政府刚刚废除了科举制并推行新政，各种新式学堂遍及全国，当时广州的新式教育随着清末新政的颁布而起步，时任两广总督的岑春煊大力推行新政，重视新式教育，各地普遍设立中小学和新式学堂。光绪三十二年（1906）十月，两广方言学堂建立，这是晚清时期两广地区学习外语较为完备的一所学府，当时学生有千余人，许多后来参与辛亥革命和共产主义运动的志士，如林公竞、朱执信、陈独秀等，都曾在该校当教员或学生。是年教育家陈黻宸出任两广高等方言学堂监督兼两广优级师范学堂教务长。因伦明在京就读时，陈氏曾做京师大学堂师范科教习，故与伦明有师生之谊。伦明毕业后即回到广州，被聘为两广高等方言学堂教务长兼经济科教授[①]，全力协助陈氏办学。当时方言学堂聘请了60余名中外讲师和职员，每人都学有专攻，外国讲师以日本学者为主，主讲日文、体操、画图等，英文、德文、法文等语种或由中国精通外语者担任，或聘请外国讲师。[②] 中国讲师中很多是早年师从过陈黻宸的学生，除了伦明、伦叙、伦鉴三兄弟外，还有学识渊博的马叙伦、精通英文的周继善、擅长美术的龚寿康等。

宣统元年（1909），广东学务公所在广州开办了两间高小，即西区模范高小和东区模范高小。伦明被任命为西区模范高小校长，因已有两广高等方言学堂教务长一职，所以伦明西区模范高小的校长成为兼职，实际校务由马季海代理。宣统二年（1910）十月，陈黻宸离开两广高等方言学堂返回浙江，继任者隗文云将伦明的教务长解聘，后

---

① 高谊：《叙陈户部公方言人材》，见北京图书馆编：《北京图书馆藏珍本年谱丛刊》第186册，北京图书馆出版社1999年版，第149—150页。

② 据高谊《叙陈户部公方言人材》整理，所涉人名因翻译问题，不能确定是中国学者还是外国学者使用的中文名字。见北京图书馆编：《北京图书馆藏珍本年谱丛刊》第186册，北京图书馆出版社1999年版，第148—150页。

方言学堂的学生发生拒隗风潮，学务公所怀疑伦明有煽动学潮之嫌，因此伦明在广州西区模范高小兼职校长的职务也受到了牵连，不得已只好请辞。[①]

此后五年中，伦明也曾短期参与过一些政治活动，如宣统二年（1910）九月，伦明曾入两广总督张鸣岐幕，至次年辛亥革命止。宣统三年（1911）六月四日，伦明参加宪友会成立大会，与姚梓芳、黄节一起被推举为广东支部发起人，宪友会是清末中国第一个全国性的资产阶级改良派政党，武昌起义爆发后内部分化瓦解[②]，可谓昙花一现。辛亥革命爆发前后，伦明曾在北京短暂居住一段时间，趁王府贵家散书之机尽购四大簏书籍而归，后辗转广西履职，初居桂林，后居浔州（今桂平），任浔州中学堂校长。浔州中学堂的前身为讲授经学的浔阳书院，后经浔州知府张祖祺在其基础上创办新式学堂——浔郡中学堂，讲授新学，成为当时广西学生最多的四所中学之一，1913年改名为浔州中学堂。伦明在1911—1912年间任该所学校校长。

1913年12月，伦明受时任袁世凯总统府秘书长的梁士诒指派，回到广东设立公民党广东支部[③]，复刊《时敏报》，仍以宣传改良为主[④]。1914—1916年间，伦明任广东视学官。该职务由1912年中华民国临时政府教育部下设的视学处所设，置视学官16人，初步建立了现代教育视学制度和督导体系。当时视学官的任职条件有三：一是毕业于本国、外国大学或高等师范学校，任学务职一年以上者；二是曾任师范学校、中学校校长或教员三年以上者；三是曾任教育行政职务

① 沈琼楼：《清末广州科举与学堂过渡时期状况》，见中国人民政治协商会议广东省委员会文史资料研究委员会编：《广东文史资料》第五十三辑，广东人民出版社1987年版，第22—23页。

② 张光宇主编：《中国社团党派辞典》，陕西人民出版社1992年版，第24页。

③ 李吉奎：《梁士诒》，广东人民出版社2005年版，第123页。

④ 《广东之报界》，见《申报》1915年2月4日第6版。

三年以上者。[①] 伦明本身毕业于京师大学堂，曾任两广高等方言学堂教务长兼经济科教授，后又任广西浔州中学堂校长、广州西区模范高小校长等职，完全符合视学官的任职条件。伦明担任广东视学官大约至 1916 年，前后约 3 年的时间，伴随伦明定居北京而结束。

四、定居北京从事高等教育又辗转河南任职时期（1915—1924）

1915 年，伦明“三至京师”并“决心弃乡土”[②]，对于定居北京的原因，伦明本人并未细说，笔者根据其此前生活轨迹及《续书楼藏书记》中所载，大致归纳原因有三：一是前两次的在京经历影响。伦明第一次在京是就读京师大学堂师范馆，接受新学教育，第二次是辛亥革命爆发后，短暂留京期间大肆收书，从他两次放弃县令资格可看出其无心仕途，自京师大学堂毕业后即投身于教育事业。而定居北京，是其少年时期即有志于藏书的需要，当时的北京已是“书业甲全国”[③]。二是藏书管理的需要。伦明以续书楼主人自居，他被后人所知，首先也是因为其藏书家的身份。伦明一生辗转多地，他的藏书处所也分散多处，其中放在广州南伦书院和小东门寓所的藏书，因粤地气候潮湿及水淹、偷盗之事而损失惨重。北京气候干燥适宜藏书，伦明在京定居后开设通学斋并聘孙殿起负责经营，藏书规模扩大，管理日益完备。三是治学中心的转移。伦明将其藏书处所命名为续书楼，即为续修《四库全书》而备，而伴随其被聘为北京大学教授后，他的这种治学倾向越发明显。

---

① 《视学规程》，1913 年 1 月 20 日教育部公布，原载《教育杂志》第 5 卷第 3 号，1913 年 6 月。转引自宋恩荣、章咸选编：《中华民国教育法规选编（修订版）》，江苏教育出版社 2005 年版，第 101—102 页。

② 伦明：《续书楼藏书记》，原载《辅仁学志》1929 年第 1 卷第 2 期，见伦明著，东莞图书馆整理：《伦明全集》第二册，广东人民出版社 2017 年版，第 56 页。

③ 伦明：《续书楼藏书记》，原载《辅仁学志》1929 年第 1 卷第 2 期，见伦明著，东莞图书馆整理：《伦明全集》第二册，广东人民出版社 2017 年版，第 57 页。

1912年5月3日，京师大学堂更名为北京大学校，旋即冠以“国立”二字，严复出任首任校长。1916年12月26日，蔡元培任北京大学校长，1917年1月4日到校就职，他首创“思想自由，兼容并包”的办学方针，并倡导“不赌、不嫖、不娶妾”的三条基本戒和“不作官吏、不作议员、不饮酒、不食肉、不吸烟”的五条选任戒①，一扫京师大学堂时期的封建陋习，有脱胎换骨之势。1917年1月13日，他聘请陈独秀来北京大学任文科学长（相当于后来的文学院院长），一起推动北京大学的教学改革。1917年11月，北京大学文科研究所成立，分设国文学、英文学、哲学三个研究所，伦明被聘为文科研究所国文门诗词科教员②，同时也被聘为法预科教授③。伦明在北京大学法预科具体教授什么课程，后世资料没有相关记载，但是在文科研究所的授课内容及学时安排则有记载，据《国文研究所研究科时间表》记载，伦明在文科研究所主要负责讲授“诗”，每月一次第一星期（三）四时至五时。④

1921年9月，伦明辞去北京大学教席。据梁启超给江瀚的信，伦明辞职原因是“为浙派所排而去”⑤。北京大学教授吴虞曾对1923年的北京大学教职员名录做过统计，在268名教员中，浙江占67位⑥，占总数的四分之一。当时的北京大学校长蔡元培也是浙江人，北京大学国文系有所谓浙派主政已是众所周知的事。伦明所在文科研究所国文门，大半教员是浙江人士，如主任沈尹默，同事钱玄同、马叙伦、

---

① 蔡元培：《我在教育界的经验》，见中华书局编：《蔡元培选集》，中华书局1959年版，第334页。

② 国立北京大学：《国立北京大学廿周年纪念册·各研究所研究科目及担任教员一览表》，国立北京大学1918年版，第3页。

③ 《北京大学日刊·专任教员题名》第十三号，1917年11月30日第3版。

④ 《北京大学日刊·纪事·国文研究所研究科时间表》第十六号，1917年12月4日第2版。

⑤ 《梁启超致江瀚书》（手稿），选自雅昌艺术网。

⑥ 中国革命博物馆整理，荣孟源审校：《吴虞日记》下册，四川人民出版社1986年版，第151页。

陈汉章、黄侃、朱希祖等。

伦明辞去北京大学教席的另一个原因，有可能是想全身心投入续修《四库全书》的志业中。1924 年 12 月，伦明致信时任教育部次长的陈垣，提出校雠《四库全书》及撰写《续修四库全书总目提要》的请求，信末说："弟自九月即脱离大学教席，绝无别事，日惟闭户读书，自分见弃世矣。"① 可惜五个月后陈垣辞去教育部次长之职，该次建议终成泡影。同年，伦明的同乡陈某任河南道清铁路局局长，聘伦明为总务处处长，历时三年。除平日处理局中事务外，伦明还利用闲暇时间到焦作周边市镇，如怀庆、卫辉、清化等地搜访图书。他想要以一己之力完成续修《四库全书》的志愿也发于这一时期，其《续书楼藏书记》中言："余续修之志，发于甲子"②，民国时期的甲子年即 1924 年，正是伦明在河南任职的第一年。

五、再次定居北京后专心学术研究时期（1927—1937）

1927 年下半年，伦明在河南道清铁路任职期满，再次返回北京，经梁启超推荐，重返北京大学任教，此时的北京大学已是经张作霖改组的京师大学校中的两个科，原北京大学的文学院、理学院改为京师大学校的文、理两科，原北京大学研究所国学门改为国学研究馆，由叶恭绰任馆长。③ 伦明再次返回北京大学任教后，主要讲授目录学、版本学等课程，他的学生傅振伦回忆："新聘教师有名于时者有邵瑞彭、邓之诚、伦明诸先生"④，"教员多逊清遗老耆旧，不学无术，独江瀚、伦明、邵瑞彭、邓文如诸先生学识渊博，为学生所推重。……

① 陈智超编注：《陈垣往来书信集（增订本）》，生活 · 读书 · 新知三联书店 2010 年版，第 74—75 页。

② 伦明：《续书楼藏书记》，原载《辅仁学志》1929 年第 1 卷第 2 期，见伦明著，东莞图书馆整理：《伦明全集》第二册，广东人民出版社 2017 年版，第 59 页。

③ 萧超然等编：《北京大学校史（1898—1949）》，上海教育出版社 1981 年版，第 157 页。

④ 傅振伦：《记目录学家伦明先生二三事》，《文献》1987 年第 2 期，第 287 页。

伦哲如授明清史籍解题及目录学"[①]。20 世纪 20 年代以后，开始有日本留学生进入北京大学做旁听生，吉川幸次郎于 1928 年选听了伦明的"版本源流"[②]，仓石武四郎于 1929 年选听了伦明秋季学期周五下午的"版本源流"[③]，此外伦明在北京大学讲授的课程还有《清代著述考》[④]、《明清史籍研究》、《清代史学书录》[⑤]，同时还编印有《清代史籍书目提要》讲义[⑥]。据上述伦明所授课程及编写的讲义，目前可见的只有《目录学讲义》《版本源流》《清代史学书录》三种，其中《清代史学书录》北京大学图书馆藏有单印本与合订本两种，笔者并未得见，东莞图书馆整理的《伦明全集》亦未收入。

对于伦明的版本目录之学，他的学生中除了傅振伦外，还有北京大学中国语言文学系的张中行也进行过评价："讲目录学的伦哲如先生，他知识丰富，不但对历代经籍艺文情况熟，而且，据说见闻广，许多善本书他都见过。"[⑦]

伦明除了在北京大学担任讲师教职外，同时也被辅仁大学聘为讲师（1929 年），当时国内的知名学者往往在两所或两所以上的高校兼课，北京大学的教职员工尤其是名师也成为其他大学争相聘请的对象。在《北京辅仁大学师生员工名录》中，中国语言文学系（国文

---

① 傅振伦：《邓师之诚先生行谊》，见邓珂编：《邓之诚学术纪念文集》，北京大学出版社 1991 年版，第 35 页。

② 桑兵：《国学与汉学——近代中外学界交往录》，浙江人民出版社 1999 年版，第 269—270 页。

③ （日）仓石武四郎著，荣新江、朱玉麒辑注：《仓石武四郎中国留学记》，中华书局 2002 年版，第 11 页。

④ 傅振伦：《蒲梢沧桑：九十忆往》，华东师范大学出版社 1997 年版，第 51 页。

⑤ 尚小明：《北大史学系早期发展史研究（1899—1937）》，北京大学出版社 2010 年版，第 39 页。

⑥ 傅振伦：《记目录学家伦明先生二三事》，《文献》1987 年第 2 期，第 287 页。

⑦ 张中行：《负暄琐话》，中华书局 2006 年版，第 91 页。

学系、中文学系）教师有伦明、容肇祖等 69 人。[①] 从《辅仁大学文学院中国文学系课程表及课程说明》中可见，伦明讲授的课程包括：历代诗代表作品、诗专家研究、史记汉书研究、作文（二年级）。[②] 此外，伦明还参加了“北平：辅仁大学辅仁社十九年（1930）夏令讲习会”，演讲题目为“中国书籍之分类”。[③] 1933 年，伦明先后离开北京大学、辅仁大学，进入北平民国学院任教[④]，主讲目录学直至 1937 年南归。

伦明再次定居北京并做大学教授的十年间（1927—1937），也是其治学中心逐渐转向版本目录学领域的一个重要阶段，在此期间，他不仅讲授目录学、版本学相关课程，还发表了《续修〈四库全书〉刍议》《续书楼读书记》《续书楼藏书记》等文章，为实现其续修《四库全书》之志业奔走努力，参与日本东方文化事业总委员会组织的《续修四库全书总目提要》稿的撰写工作，是续修事业用力最多的学者之一。

六、南归直至去世（1937—1943）

1937 年 7 月，伦明南归回家扫墓，适逢卢沟桥事变，交通阻塞，滞留广州，其间“忽患脑充血病，全身瘫痪，几濒于危”[⑤]。后经德

① 《北京辅仁大学师生员工名录·中国语言文学系（国文学系、中文学系）教师》，见北京辅仁大学校友会编：《北京辅仁大学校史 1925—1952》，中国社会出版社 2005 年版，第 778 页。

② 《辅仁大学文学院中国文学系课程表及课程说明》，见《磐石杂志》1933 年第 1 卷第 2、3 期合刊，第 147—148 页。又见辅仁大学编：《辅仁大学文学院中国文学系课程组织及说明》（民国二十二年度），辅仁大学出版社 1933 年版。

③ 《北平辅仁大学辅仁社十九年夏令讲习会讲题》，辅仁大学辅仁社 1930 年版，第 2 页。

④ 《民国学院一览·北平民国学院各系科教授一览》（1933 年），北平民国学院出版社 1934 年版，第 4 页。

⑤ 冼玉清：《记大藏书家伦哲如》，见《艺林丛录》第五编，商务印书馆香港分馆 1964 年版，第 327 页。

国医生诊治痊愈[①]，但随着战事的加剧，伦明直至去世前都没有再回过北京。

1938 年 10 月，日军占领广州，继而东莞沦陷，伦明返回故乡望牛墩，“辗转于新塘、横沥之间……乡间无书籍，又无可谈之人，日惟作诗以自遣。《御批通鉴辑览》一书，已翻阅数次，几可背诵云”[②]。同年 10 月底，岭南大学师生聚集香港，借用香港大学校舍复课，伦明写信给随岭南大学赴港的冼玉清，言“乡间不可居，欲来港就专馆教席”，冼玉清经与时任香港大学中文系主任的许地山商议后，希望伦明能赴港任教，但因“难求栖息之地，遂尔中止”[③]。1941 年 12 月，香港沦陷，岭南大学迁韶关曲江，伦明与冼玉清音信渐断，他去岭南大学任教席的愿望终未实现。

1940 年 5 月 15 日，日伪广东省政府及广州市政府举行成立典礼[④]，不久广州市立中山图书馆和市立博物馆合并，改名为“广州市立图书博物馆”，位于原惠爱东路四十二号（今中山四路农讲所），郑渭中兼馆长，聘伦明为副馆长兼图书部主任[⑤]。1941 年 4 月 15 日，馆长郑渭中报称：“副馆长兼图书部主任伦哲如，年老多病，不胜烦剧，拟请免去本兼各职，遗缺请委郎宝琛接充。”4 月 18 日，《广州市政府指令》指字第五九八号称“应予照准”[⑥]，当天郑渭中签发了免职通知。

1940 年 7 月 26 日，日伪广东省政府决议创立广东大学，以广州

---

① 孙耀卿口述，雷梦水整理：《记伦哲如先生》，见中国人民政治协商会议北京市委员会文史资料研究委员会编：《文史资料选编》第十二辑，北京出版社 1982 年版，第 178 页。

② 冼玉清：《记大藏书家伦哲如》，见《艺林丛录》第五编，商务印书馆香港分馆 1964 年版，第 327 页。

③ 冼玉清：《记大藏书家伦哲如》，见《艺林丛录》第五编，商务印书馆香港分馆 1964 年版，第 327—328 页。

④ 广州市地方志编纂委员会：《广州市志》卷一，广州出版社 1990 年版，第 247 页。

⑤ 《广州市政府指令》指字第五九八号，广东省档案馆藏。

⑥ 《广州市政府指令》指字第五九八号，广东省档案馆藏。

光孝寺为校舍，后于 1942 年秋又迁至河南康乐村岭南大学旧址。1945 年 8 月 14 日，日本投降，广东大学解体。广东大学是沦陷时期广州的最高学府，也是华南地区唯一的一间大学，当时学校有 30 多位教授、50 多位讲师和 400 余名学生，拥有文、工、法、农等四个学院十多个系。曾参加创办广东大学的陈嘉蔼回忆称："广东大学院系确立后，开学前后，人事任用渐次确定。文学院分三系：中国文学系，我兼主任；教育学系，区声白教授兼主任；历史学系，伦哲如教授兼主任。伦逝世后，该系合并于中文系。"① 可见伦明曾被伪广东大学聘为历史系教授兼主任，直至去世。在广州沦陷时期，很多高级知识分子迫于生计而进入伪广东大学教书，其中"年纪较大，素以教书为职业者居多数"②，如理学家任元熙在应聘伪广东大学教授时说："古时王猛当秦苻坚的宰相，许衡出任异族，做元朝的官吏均是不得已之事。我来大学，只教我的书，所有开会、演讲和政治有关的事情，我决不参加。这是我首先声明的。"③ 徐信符也表示可以应聘为图书馆馆长，但是要更名为徐成，并且只能在港遥领。这些言论及行为也表现了当时知识分子矛盾且复杂的心态，伦明也是在这种复杂的背景下进入伪广东大学任教的。

1941 年秋，孙殿起来广州访书，见伦明"形体渐瘦，精神亦衰"，待孙氏 1943 年夏返京之时，伦明已"步履艰难"，二人会谈握别之时，伦明对孙殿起说："君先回北京，吾待交通恢复，即行北上，再与我君畅谈。"④ 可惜 1943 年的 10 月，伦明即病故于东莞故里，享年 66 岁。

---

① 陈嘉蔼：《沦陷时期的广东大学》，见广州市政协文史资料委员会编：《广州文史资料》第 52 辑，广东人民出版社 1998 年版，第 343 页。

② 陈嘉蔼：《沦陷时期的广东大学》，见广州市政协文史资料委员会编：《广州文史资料》第 52 辑，广东人民出版社 1998 年版，第 343 页。

③ 陈嘉蔼口述，黎思复整理：《广州沦陷时期前后见闻杂记》，见李齐念主编：《广州文史资料存稿选编》第四辑，中国文史出版社 2008 年版，第 251 页。

④ 孙殿起口述，雷梦水整理：《藏书家伦哲如》，见《随笔》第九集，广东人民出版社 1980 年版，第 96 页。

以上所述为伦明主要生活轨迹的六个阶段，更多生平信息详见附录七《伦明大事年表》[①]。

第三节　著述简编

伦明以藏书家、通学斋东主、续书楼主人、大学教授、版本目录学家等身份逐渐被后人所知，他的学术成就主要集中在文献学领域，还有部分是诗歌创作。伦明的大部分著述成果为未刊之稿，有些著述写就时间不能确定，故笔者不能按时间先后顺序编纂一份较为清晰的伦明著述年表，但为了梳理伦明的全部著述情况，并据此分析并研究其学术思想发展脉络，尤其是总结其在文献学领域的成就，笔者特按两种方式进行归纳整理。

一、全集（分类）

按照分类的方式组织伦明全部著述，此种方法是对伦明全部著述进行整体把握的必要总结。因前人于伦明著述未有整理统计之举，故这种分类统计、列表记之的方法将会起到一定的指引作用，详见表2—2[②]。

表2—2　伦明著述简编（分类）

分类	题名	出处
诗歌	伦哲如诗稿	手稿，现藏中国国家图书馆，《伦明全集》整理收录，2017
	集外诗辑存	《伦明全集》，2017

① 该年表主要根据罗志欢《伦明评传》书后所附伦明大事年表整理。

② 伦明的著述当时未刊者居多，《伦明全集》做了广泛辑录，有原始辑录源的在本表中予以指明，没有辑录源的详见《伦明全集》各分册。

（续表）

分类	题名	出处
诗歌	辛亥以来藏书纪事诗	1935—1936，《正风半月刊》第 1 卷第 20 期（连载），后经上海古籍出版社于 1990、1999 年和北京燕山出版社于 1999、2008 年分别先后两次出版与重印
	辛亥以来藏书纪事诗草稿	现藏中国国家图书馆，收入《伦明全集》，2017；另《中华文史论丛》第四十九辑，1992
论文	续书楼读书记	《燕京学报》第 3 期，1928
	续书楼藏书记	《辅仁学报》第 1 卷第 2 期，1929
	读未见书斋录	
	读未见书斋录　一续	
	建文逊国考疑	《辅仁学志》第 3 卷第 2 期，1932
	伦哲如札记	
	渔洋山人著书考	《燕京学报》第 5 期，1929
	尚可喜父子事考	
	道光广东夷务记　上	
	道光广东夷务记　下	
	道光广东夷务杂记	
	孔子作《孝经》证	《伦明全集》，2017
	三补顾亭林年谱	《顾亭林先生年谱三种》，1997
	颜元及弟子著作札记	《伦明全集》，2017
	续修四库全书刍议	《国学月刊》第 1 卷第 4 期，1927
论文	拟印《四库全书》之管见	《国文周报》第 10 卷第 35 期，1933
	关于印行《四库全书》意见书	《伦明全集》，2017

（续表）

分类	题名	出处
序跋	《四库全书目录补编》序	《伦明全集》，2017
	《丛书目录拾遗》序	孙殿起《丛书目录拾遗》，1934
	跋《肤公雅奏图》	《建国以来整理研究东莞文史群书图录》，2009
	《艺林汇考》跋	《伦明全集》，2017
题识	渔书楼刻本《李长吉集》题识	《李贺资料汇编》，1994
	光绪二年刻本《书目答问》题识	北京大学图书馆藏清光绪二年四川修订重刻本
挽联	太炎先生挽联	《制言》（半月刊）第25期，1936
书信	与孙殿起书	《文史资料选编》第十二辑，1982
	与莫伯骥书	《广东七十二行商报》，1926年第7版
	与陈恒书	《陈垣来往书信集（增订本）》，2010
	与罗香林书	《罗香林论学书札》，2009
	与容庚书	《广东省立中山图书馆馆藏名人手札选萃》
	与桥川时雄书	《文献》2006年第3期
	与袁金凯书	《伦明全集》，2017
	与傅振伦书	不详
提要	《续修四库全书总目提要稿》	1932—1937，70余万字，当时未刊，后经中国科学院图书馆整理、齐鲁书社1996年影印出版《续修四库全书总目提要（稿本）》，其中冠有伦明名字的篇目有1899篇，《伦明全集》第三、四册即是整理的结果
讲义	版本源流	北京大学图书馆藏，讲义
	目录学讲义	《讲坛月刊》1937年第5—8期连载
书目	东莞伦氏续书楼藏书目	上海图书馆藏钞本，11余万字

（续表）

分类	题名	出处
索引	清代及今人文集书名索引	中国国家图书馆藏稿本
	清代及今人文集著者索引	中国国家图书馆藏稿本

二、选集（时间）

按照发表或出版时间先后顺序整理伦明在世时已刊著述，虽然这些只是伦明全部著述的一部分，但是也能从一个侧面反映这些著述的重要性，并大致推演伦明学术思想的发展情况，详见表2—3。

表2—3　伦明著述简编（在世时已刊，时间先后为序）

题名	出处	时间
《无题》（诗八首）	梁启超《饮冰室诗话》	1903
《汴梁行》	《新小说》第9号	1904
重刊《无题》（八首）	《广益丛报》第98号	1906
《续修四库全书刍议》	《国学月刊》第1卷第4期	1927
重刊《续修四库全书刍议》	《中华图书馆协会会报》第3卷第1期	1927
《续书楼读书记》	《燕京学报》第3期	1928
《渔洋山人著书考》	《燕京学报》第5期	1929
《续书楼藏书记》	《辅仁学报》第1卷第2期	1929
《续修四库全书总目提要》稿（1899篇，70余万字）	当时未刊，后经中国科学院图书馆整理、齐鲁书社1996年影印出版《续修四库全书总目提要（稿本）》	1932—1937（未刊）/1996（已刊）
《拟印〈四库全书〉之管见》	《国文周报》第10卷第35期	1933

（续表）

题名	出处	时间
《辛亥以来藏书纪事诗》	《正风半月刊》第 1 卷第 20 期（连载），后经上海古籍出版社于 1990、1999 年和北京燕山出版社于 1999、2008 年分别先后两次出版与重印	1935—1936/1990/1999/2008
目录学讲义	《讲坛月刊》第 5—8 期	1937

从表 2—2 伦明全部著述分类情况可以看出，伦明的主要学术成就集中于文献学领域，代表作有《续修〈四库全书〉刍议》《拟印四库全书之管见》《续书楼读书记》《续书楼藏书记》，撰写《续修四库全书总目提要》，编写《目录学讲义》等；从表 2—3 中所列伦明在世时的著述发表情况可以看出，1927—1937 年，此十年间伦明主要居住在北京，是其宣扬学术理念、实践其续修《四库全书》宏愿而著述勃发的时期，伦明的大部分著述写就时间皆集中于此十年间。

第三章　藏书实践

近代藏书家李滂在分析藏书家历史与治学之间的关系时指出："治校勘、目录之学者，不能不仰资于版本；版本之学者，则藏书家之历史有不可不知者。"① 可见熟知图籍及其收藏情况，是治目录、版本、校勘之学者必备的前提条件，亦即治文献学的必备条件。

伦明是晚清民国时期著名的藏书家、续书楼的主人，少年时期即好藏书，日后随着学识、阅历的增长逐渐累积出自己特有的藏书理论，并在此基础上不断进行藏书实践，藏书益富，且能泽被后世，因此伦明才能首先以藏书家的身份为后人所知。故欲对伦明的文献学成就进行系统地梳理与研究，首先应了解其藏书实践活动，并在此基础上对其藏书观念、藏书研究成果等方面进行学术总结。因该部分内容较多，故分藏书实践与藏书研究两章。

第一节　藏书之志

伦明在《续书楼藏书记》里开篇即说"续书楼者，余钤书所自署也。余居京师二十年，贫无一椽之栖，而好聚书，聚既多，室不足以容，则思构楼以贮之。其所聚书，尤详于近代，意谓书至近代始可读。自乾隆朝命儒臣纂《四库全书》，撰提要，裒然大观矣，由今视之，皆糟粕耳。则思为书以续之，此续书楼所由名。"② 可见伦明抱

① 李滂：《近世藏书家概略》，《进德月刊》1939 年第 9 期。参见徐雁：《叶昌炽的〈藏书纪事诗〉》，《史学史研究》1986 年第 8 期，第 49—54 页。

② 伦明：《续书楼藏书记》，《辅仁学志》1929 年第 1 卷第 2 期，见伦明著，东莞图书馆整理：《伦明全集》第二册，广东人民出版社 2017 年版，第 55 页。

有续修《四库全书》的宏愿，因此意欲把自己的藏书构楼以贮，命名为“续书楼”。然而得书不易，建楼亦不易，纵观伦明一生的活动轨迹，续书楼只是一个“乌托邦”式的美好愿景，并不是一个独立的书楼，而是由众多分散的小型藏书处所集合而成的一个概念，而非实体。这些分散的藏书处所包括伦明位于广州的小东门寓所、南伦书院，位于北京的东莞会馆和东莞新馆。因此，伦明才说“然而楼未成也，书亦不备，志之云尔”①。

伦明在两广执教期间，藏书主要存放在广州小东门寓所，因广州气候潮湿，藏书易遭虫蛀，寓所藏书残缺现象比较严重。后又遭遇水灾，仆辈收拾不及，藏书受到了一定的损失。事后伦明将一半藏书寄存于广州仙湖街（今越秀区大南路仙湖街 52 号）的伦姓合族祠——南伦书院，该祠堂由伦氏后人繁衍成的南海房、顺德房、东莞房和高要横石房四大房族合建，伦明在广州的藏书曾一度存放在这里。伦明在北京定居时主要居住在东莞会馆和东莞新馆。会馆是同籍贯或同行业的人在京城及各大城市所设立的机构，建立馆所后供同乡同行集会、寄居之用，起源于乾隆年间。因为科举考试的关系，众多学子赶至京城，这些考生大部分家境一般，有些更是寒门学子，在租住客店和一些日常生活琐事上，常受一些店家欺凌，随着这些问题的出现，逐渐受到了此前来京做官或是做生意的同乡的重视。出于同乡之情，他们相互邀请，筹措资金、购置房产，供来京考学者或其他来京谋事旅居者住宿之用。当时广东的乡贤在北京主要居于烂缦胡同东莞会馆和上斜街东莞新馆，伦明 1902 年参加京师大学堂的考试时，就曾住在东莞会馆，1915 年定居北京后，因东莞会馆已住满，先是赁居在莲华寺一段时间，然后再迁居东莞会馆，并租用会馆最西面的四合院，共计 8 间半房，名为“续书楼”。1918 年，伦明一家搬入东莞新馆，在此居住时间最长，近 20 年，直至伦明南归（1937）。伦明的许多著述都是在东莞新馆里完成的，他的子孙也在此出生、长大并成家

---

① 伦明：《续书楼藏书记》，《辅仁学志》1929 年第 1 卷第 2 期，见伦明著，东莞图书馆整理：《伦明全集》第二册，广东人民出版社 2017 年版，第 55 页。

立业，其子伦绳叔被推举为新馆理事，主持管理会馆事务，其孙伦志清（伦绳叔之子）现任北京东莞建筑研究会副秘书长。伦家一家三代住在东莞会馆和东莞新馆里，对会馆有着深厚的感情。伦志清曾回忆说："我祖父伦明清朝末年就来北京，在东莞会馆设有藏书楼，其许多著作是在会馆完成的。我的父亲和叔叔伦有功在东莞会馆出生；姑姑伦慧珠在会馆长大，与姑父张荫麟相知相爱生活；我和弟弟、妹妹也是出生在东莞会馆，三代人先后生活在东莞会馆的经历令我回味无穷。"[①] 伦明以会馆为家，在北京的藏书主要置于这两所会馆之中，其中东莞新馆的家中装满藏书，数量多到堆至屋檐下，另有400多箱藏书仍放在东莞会馆，总计数百万册，当时雇佣李书梦专门负责看书、晒书。[②]

伦明南归后，他的书斋也称"续书楼"，伦明毕生是以续修《四库全书》为志业的，所以当后人提及伦明的藏书处所时，一般都以"续书楼"称之，如王謇的《续补藏书纪事诗》、徐信符的《广东藏书纪事诗》皆以"伦明·续书楼"称之。

第二节　藏书来源

伦明少年时期曾随父就读于衙斋任所，平时生活所得零花钱皆用来购书，深得伦父喜爱。伦父好书，叮嘱伦明藏书的同时也要善读，伦明以此为庭训。可见伦明少年时期即有志于藏书、读书，但是真正建立起自己的藏书基础，则是在其就读于京师大学堂时期，此后通过其从学、从商、从教和短期从政的经历，以购书、抄书、建通学斋促进藏书等方式，不断丰富和完善自己的藏书。

---

① 罗志欢：《伦明评传》，广东人民出版社2014年版，第60页。书中备注该资料由伦志清提供，笔者认为此处的东莞会馆应该是包括了东莞会馆和东莞新馆的统称。

② 伦志清：《人才济济的"士乡"——我所知道的东莞会馆（二）》，《东莞日报》2009年2月16日第B03版。

一、购书

（一）王府贵家散书

1902 年（壬寅），伦明初到京师，入京师大学堂师范馆读书，当时正值庚子（1900）之乱后，一些王府贵家的藏书开始散出，伦明日游海王村隆福寺间，目不暇接，每到傍晚便载书满车回寓。伦明 1907 年（丁未）伦明返粤，逢南海孔氏（孔广陶）三十三万卷楼藏书散出，鹤山易氏（易学清）、番禺何氏（不详）、钱塘汪氏（不详）所藏亦散，伦明皆得择而购之。1911 年（辛亥）伦明再至京师，书价大涨，自武昌事起后，都人仓皇奔避，纷纷贬价售书，此次伦明得到同邑叶灿薇的资助，尽力购之，载四大簏。时与伦鉴、伦叙、伦绰兄弟四人一同寓京，相约南返，无奈车站人流众多，携带书簏更是不便，伦明"誓与书同行"，选择独自留下观察情况以备后动，其余兄弟三人先行至天津等待，伦明往返车站数日，发现人流渐稀，遂从容携书簏上车，至天津与兄弟同行南返。由此可看出伦明求书若渴，护书心切。

（二）书肆拾遗

伦明久居京师，自然明白京师之地为藏书家提供了得天独厚的地理位置和人文环境。在京为官者，大都走的是"学而优则仕"的路子，即使清季变法废除科举，但因新式高级学校相继建立，负笈而来者众多，所以京师书业甲全国。辛亥以后，达官武人雅慕文墨，视蓄书亦为挥霍之豪事之一，同时大学图书馆的建立以及私人藏书家的需求，都使得京师之地的藏书供不应求，于是出现众多搜书之人，始河北、河南、山东、山西，次江浙、闽粤、两湖，又次川陕甘，先通都大邑，次穷乡僻壤，远者一年往返一次，近者一年往返三四次。伦明慨叹此种做法如竭泽而渔，不出十年，故书尽矣。果不其然，访书愈来愈难，书价愈来愈贵，伦明书资有限，亦不喜"陈陈相因"之书，因此求书之法也异于常人。

伦明定居北京初期，住在烂缦胡同东莞会馆，距海王村、隆福寺不远，搜集书籍非常方便，因此伦明成了海王村、隆福寺的常客。伦明常闲游厂肆，见有书籍散放在外室且不甚爱惜之本，检视之，多有佳本；翻遍书架上下，在尘灰寸积中往往发现一些惊所未见的残册零帙；街市冷摊上有小贩收买住户破旧器物、书纸而贱卖于此者，摊贩亦贱售之，伦明常游此地，熟识之后摊贩亦把一些书纸留给伦明待伦明“慧眼识珠”，若是先被他人买走，伦明先是探其资讯，然后跟踪以求，几乎都能获得。孙殿起曾记一事：一日，伦明偶然听说琉璃厂晋华书局新近购进一批图书，便赶忙跑去看。见书目汇总有一部《倚声集》，心中窃喜，这正是他久访未得之书，便要购买此书，但书肆中人告知，刚刚派店里的伙计送往某宅了。伦明闻之，焦急万分，赶紧乘人力车追赶，他吩咐车夫抄近路，快跑，在某宅外等着送书的伙计。未等伙计进门，便将此书半路“打劫”了。[①]

除此之外，伦明从京师大学堂毕业后曾在两广地区从事新式教育，任两广高等方言学堂教务长兼经济科教授、广州西区模范高小等职。教务之余，伦明与同事马叙伦一起到府学东街（今文德北路）逛古旧书肆、搜访图书，特别留意广东地区藏书大家的藏书去向。

（三）游历访书

伦明一生历经多省，或从学、或从教、或从商、或从政，每到一地，一有机会便去访书，是为实现其续修《四库全书》之志也。伦明游迹所至，上海、天津经过最频，苏州、杭州各一次，南京、武昌各两次，居河南三年游怀庆、卫辉、清化诸地，皆有所获。以上所列诸处为伦明在《续书楼藏书记》中所述，但不是每一次游历都有迹可循，后世史料亦少，现据手中资料将有迹可循者辑录出来以窥伦明访书经历。

---

① 孙殿起：《记伦哲如先生》，见中国人民政治协商会议北京市委员会文史资料研究委员会选编：《文苑撷英》，北京出版社 2000 年版，第 33 页。

1918年（戊午），伦明在广州麦栏街邱某家，见宋椠王右丞、孟浩然、韦苏州诸集，旧抄《宋二十家文集》，毕秋帆、钱竹汀诸家校《资治通鉴》等书并宋拓兰亭书画多种，皆孔氏抵债物，转数主而至邱，伦明怃然其久之[①]。1924—1927年间，伦明就任河南道清铁路局总务长，居焦作三年，其间多次到附近的怀庆、卫辉、清化等地访书，其中在清化访得毛昶熙家旧藏，极其罕见。1931年夏，伦明在上海访得罕传本、嘉庆间梅花书院原刊本《二洪遗稿》一部并据原本影印三百余部，撰跋附后。是年由同业处访得清初禁书番禺屈大均所撰之《翁山文钞》一部计十卷，为常熟薛熙评本，康熙间刻本，书内凡忌讳处皆有墨钉。此书后由商务印书馆伊见思代《广东丛书》编委会购去，影印于《广东丛书》第一、二集内[②]。1933年4月，伦明应日本汉学研究团体斯文会的邀请，前往东京帮助鉴定该会所的中国古籍。在日本工作期间，伦明常到当地的书摊或书店搜访图书[③]。1934年秋，伦明在北京访得高邮王氏三世稿本若干种，由他与陈垣、余嘉锡、孙人和诸人合购，其中包括王念孙所撰写《段懋堂（玉裁）墓志铭》《与江晋三论音韵书》等。1937年7月，伦明南归返粤，同年访得南海曾氏面城楼宋、元、明善本书十二种，其中有宋刊本宋熊节所撰《新编音点性理群书句解》二十三卷，订十六册钤有“玄律周京图书”“长洲吴氏”“栋亭曹氏藏书”“堇斋考藏印”各印记[④]。

伦明亦有求而不得之憾，如潮阳丁氏持静斋藏书，散后偶有见于书肆者，伦明屡嘱友谋之，未得间书已散尽；顺德李侍郎文田家，多藏明清之际野史，伦明亦辗转请托，最后还是不获一阅。“是二事，

① 伦明：《辛亥以来藏书纪事诗》，北京燕山出版社2008年版，第15页。

② 刘平：《伦明〈辛亥以来藏书纪事诗〉研究》，北京大学博士后出站报告，2015年，第34页。

③ 罗志欢：《伦明评传》，广东人民出版社2014年版，第84页。

④ 刘平：《伦明〈辛亥以来藏书纪事诗〉研究》，北京大学博士后出站报告，2015年，第35页。

余甚憾之。”[①]

二、抄书

伦明好藏书，藏好书，但其本身既不是富商大贾，也不是达官显贵，因此常因书资而捉襟见肘，甚至有时养家之用也要让位于购书，伦明曾有《买书》一诗记录这种窘状：

平生丝粟惜物力，独遇奇书不论钱。
书坊质库两欢喜，只有妻孥饿可怜。[②]

伦明不得已只好以抄书补购书之穷。“有抄之图书馆者，有抄之私家所藏者，又有力不能致，而抄之坊肆者，有抄自原稿本者，有抄自传抄本者，又有猝不易得，而抄自刻本者。”[③] 可见伦明设法通过多种渠道抄书以丰富所藏，其中有亲自抄录的，也有请人抄录的。

（一）亲自抄录

伦明就读京师大学堂时始识曾习经（伦明《辛亥以来藏书纪事诗》里为其做诗传），曾氏嗜书，癖过伦明，每当有客拜访偶谈及书，便神态飞动、手舞足蹈，口亦不停，边谈边从书架上取书作证，客人感到疲倦之时亦不休息，客人欲走之时又再三劝留而不得去，久而久之，相熟之人皆互相告诫不要与曾氏谈书，而伦明却最为喜欢。当时伦明在京居烂缦胡同，曾氏居绳匠胡同，相距不过百步，便于伦明造访，粗茶淡饭之后，二人时常谈论古今，赏奇析疑，直至深夜伦明乃

---

① 伦明：《续书楼藏书记》，《辅仁学志》1929 年第 1 卷第 2 期，见伦明著，东莞图书馆整理：《伦明全集》第二册，广东人民出版社 2017 年版，第 56 页。

② 伦明著，东莞图书馆整理：《伦明全集》第一册，广东人民出版社 2017 年版，第 12 页。

③ 伦明：《续书楼藏书记》，《辅仁学志》1929 年第 1 卷第 2 期，见伦明著，东莞图书馆整理：《伦明全集》第二册，广东人民出版社 2017 年版，第 58 页。

归，其时必挟书数册，或读、或抄、或校，再访时归还，如此数月，直到伦明迁居东城，过从遂疏。伦明自己曾说："余壬寅来京师，多从君借书读。君喜读书本，暇则偕游琉璃厂，随所见谆谆指示，余之癖于此，由君引之也。"① 可见伦明的书癖与曾习经的熏陶引导有密切关系。

孙殿起记云："某岁津门书贾以重值购入清翁覃溪方纲未刻稿数种，先生得知亟赴津往观，以其价奇不可得，乃设计携归旅邸，尽三昼夜之力摘其切要而还之。"② 可见伦明抄书之功用力颇深，有《抄书》一诗记云：

不爱临池懒读书，习劳聊破睡功夫。
异时留得精抄本，算与前贤充小胥。③

（二）请人抄录

伦明常年雇佣三名抄工，随时为之抄写。有王志鹏者，系邃雅斋弟子，练就一手抄书、修补绝活。"抗战前大学者伦明、建国后酷爱收藏的李一氓，都曾把他请上门，帮助抄书、修书，结下深厚的友谊。"④ 后来伦明在京城的通学斋也是在一魏姓的补书匠的建议下设立的，魏氏是伦明在京赁居莲华寺的时候雇佣的书匠，因伦明带至京城的藏书残破待装补者甚多，所以雇其装补藏书。伦明与这些抄书之人、补书之人经常打交道，甚至常年雇佣为其抄写、装补，沿袭了古代藏书家重视抄校的传统，虽不至满门尽抄书，但也见其用功之深。

---

① 伦明著，雷梦水校补：《辛亥以来藏书纪事诗·曾习经》，上海古籍出版社 1990 年版，第 69 页。

② 孙殿起：《纪伦哲如先生》，见中国人民政治协商会议北京市委员会文史资料研究委员会选编：《文苑撷英》，北京出版社 2000 年版，第 33 页。

③ 伦明著，东莞图书馆整理：《伦明全集》第一册，广东人民出版社 2017 年版，第 12 页。

④ 胡金兆：《百年琉璃厂》，当代中国出版社 2006 年版，第 51 页。

伦明曾说："抄书不难，而抄之先借书难，抄之后校书难，校书之事我为政，借书之事人为政，故借书尤难焉。"① 这段话深刻总结了藏书家的访书之难，因为抄书不难，甚至还可以请人抄录，而校书对于"读书治学以自用"而非"束之高阁"的藏书家来说，虽然也算是难事，但毕竟在自己学识能力范围之内，只有借书不可控，因为首先要知书籍来源，然后才能确定是否能得见、得抄或得借，这些有关人事，并非一厢情愿就可以，因此伦明才感慨借书最难。对于校书，伦明亦有诗记云：

> 一字辛勤辨鲁鱼，益书益己竟何如。
> 千元百宋为吾有，眼倦灯昏搁笔初。②

通过对伦明《买书》《抄书》《校书》诗的解读，可以看出伦明作为一个藏书家所作出的努力，他识书、懂书，好藏书、藏好书，这也是他在文献学领域可以有所成就的前提。因后世对其文献学领域的研究不够系统，因此将其界定为文献学家的说法比较少，可谓没有文献学家之名，却有文献学家之实。因为自古以来可称为文献学家者，要么本身拥有大量藏书，要么能够接触到大量藏书，在熟悉典籍的基础上，又通目录、版本、校勘之学，伦明本人就具备了这些要素，因此可以视其为晚清民国时期的文献学家。

三、建通学斋促进藏书

伦明有《卖书》诗云："货值仍然不离儒，本来稗贩笑吾徒。长

---

① 伦明：《续书楼藏书记》，《辅仁学志》1929 年第 1 卷第 2 期，见伦明著，东莞图书馆整理：《伦明全集》第二册，广东人民出版社 2017 年版，第 58 页。

② 伦明著，东莞图书馆整理：《伦明全集》第一册，广东人民出版社 2017 年版，第 13 页。

门赋价今时贱，不卖文章改卖书。”[①] 伦明本身并非平头百姓，之所以变成“一介寒儒”，只因其嗜好藏书，其又有旧时知识分子的洒脱与不修边幅，游走肆林摊贩中常破衣烂袜，有人讥之“破伦”，伦亦不以为意泰然处之。他的家人曾说：“我家主人宁吃残羹剩饭，身着破衣烂履而不以为然。”[②] 伦明亦有诗自嘲：“廿年赢得妻孥怨，辛苦储书典笥裳。”[③] 来新夏将其升华为“破伦精神”，并坦言自己就是受到这种精神的影响而热衷于版本目录之学的。[④]

（一）建立原因

1915 年伦明三至京师，决定定居北京，本意将所藏书籍全部北运，因运资问题不能全部随行，只好一分为二，一部分仍寄存在南伦书院，另一部分随行入京。伦明初入京时赁居在莲华寺，随行书籍残破待装补者众多，于是雇佣一书匠魏氏，月资十五金，魏氏觉得要是将伦明所需装补的书全部整理完毕，没有二十年的时间是完不成的，于是建议伦明开设书肆并遍数益处，即“装书便一也，求书易二也，购书廉三也”[⑤]，伦明深以为是，遂于 1918 年在南新华街路东七十四号开设了“通学斋”书店。

（二）经营发展

通学斋始设，魏氏告病，伦明聘用会文斋的伙计孙殿起（耀卿）

① 伦明著，东莞图书馆整理：《伦明全集》第一册，广东人民出版社 2017 年版，第 12 页。

② 孙耀卿口述，雷梦水整理：《藏书家伦哲如》，见《随笔》第九集，广东人民出版社 1980 年版，第 94 页。

③ 伦明著，东莞图书馆整理：《伦明全集》第一册，广东人民出版社 2017 年版，“伦明生平”第 17 页。

④ 来新夏：《以“破伦”精神藏书的伦明》，见《一苇争流》，广西人民出版社 1999 年版，第 164 页。

⑤ 伦明：《续书楼藏书记》，《辅仁学志》1929 年第 1 卷第 2 期，见伦明著，东莞图书馆整理：《伦明全集》第二册，广东人民出版社 2017 年版，第 57 页。

帮助经营。孙殿起（1894—1958），字耀卿，别字贸翁，河北冀县孙家杜村人。少时家贫，自幼勤俭，11 岁始入私塾读书，然不足三年，及至光绪三十四年（1908），因生活艰难乃辍读，到北京投琉璃厂宏经堂书坊学业，受业于同邑郭长林（字荫甫）。初学书业，即笃好之。1911 年学业期满后，离开宏经堂，曾在琉璃厂独自经营一年。后于民国二年（1913）投西琉璃厂鸿宝阁书店充司账兼店员，又于民国六年（1917）转投文昌会馆内会文斋书店充司账兼店员，受到会文斋书店经理何培元（字厚甫）的器重与赏识，其时孙殿起已经积累了丰富的书业经营及版本鉴定的实践经验。伦明与孙殿起相识于孙供职会文斋之时（1916 或 1917 年），并在经营通学斋的过程中结为莫逆之交，形成了亦师亦友的关系。

通学斋初开业时店面很小，也没有多少藏书，起先是暂借伦明的藏书和魏氏兄弟文友堂的藏书各一部分，随后是一边卖书一边收书，书店的业务始慢慢发展起来。民国十一年（1922），孙殿起首次赴广州访书。接下来的十余年时间里，孙多次南下访书，既为通学斋的发展充实提供了保障，同时也在访书期间为自身书业经验的积累打下了基础。在访书过程中，孙殿起与东家伦明逐渐形成了亦师亦友的关系。其实早在通学斋成立之初，伦明曾就访书一事指引过孙殿起，伦明的《续书楼藏书记》有如下的记载：

> 余浼主肆务，孙勤于事，又极警，自来藏书家贵远贱近，肆贾之智识因之……孙初见余喜购近人书，颇讶之，余每得一书，为言其佳处何在，略及清代学术、诗文派别，孙似领会，渐能推所未知，余比年所藏，大半出其手。[①]

又曾在《与孙殿起书》中提及清华学校开办国学院（1925 年开办，1929 年停办）一事，故此信件应是于 1925 年清华国学院开办之

① 伦明：《续书楼藏书记》，《辅仁学志》1929 年第 1 卷第 2 期，见伦明著，东莞图书馆整理：《伦明全集》第二册，广东人民出版社 2017 年版，第 57 页。

前写就。信中曰：

一月前曾致函梁任公。因清华学校开办国学院，且财政充裕，我欲与彼停约，由院聘任专修《续四库提要》。而将我之书籍移存该校保存。……惟要先看书目，但书目不易编就。今还有最简办法，此处之书由我编目（当时伦明客居河南，任道清铁路秘书长），在京之书由你代编，不必审慎。但分经、史、子、集四大类，而经之中亦不必分易、书、诗、春秋、礼等类，但系经即归一处，集部亦不分时代先后，惟该书系诗文或他杂著，则列明××堂文集若干卷、诗集若干卷或札记若干卷（此类要详，勿略），某人著、何时刻板便得。即请见字即可办理，俾我得持以商定办法。……此信接后祈即回示为盼。[①]

可惜孙殿起的回信于今已不复现，至于他是否有所回复也不得而知，况且伦明欲往清华国学院一事最终未能成行，但是从此信可以看出在伦明的指引下，孙殿起逐渐丰富了自己书业经营的理论和实践，二人亦师亦友的关系逐渐浮现。至 20 世纪 30 年代，孙殿起将历经十余年的访书经验并在伦明的学术指导和影响下，于 1931 年整理编印了《二洪遗稿》，1934 年编印了《丛书目录拾遗》，又于 1936 年编印了《贩书偶记》，其后更有其所撰之《清代禁书知见录》于 1957 年由上海商务印书馆印行，1962 年又编辑出版了《琉璃厂小志》。所有这些成果，既是孙殿起勤奋好学的结果，同时也与伦明的学术指导和影响分不开。伦明曾为《丛书目录拾遗》写序，序言中如是说：

吾友孙君耀卿，商而士者也。……君博览而强记。其博览也，能详人所略，他人所究者，宋元明版耳。君于版本外，尤留意近代汉宋学之渊源，诗古文辞之流别，了晰于胸，随得一书，

---

① 伦明著，东莞图书馆整理：《伦明全集》第二册，广东人民出版社 2017 年版，第 403 页。

即能别其优劣。其强记也，姑举一事证之。君尝窥我架上书，凡某类缺某种，某种缺某卷，某卷缺某页，默志之，久之又久，一一为余觅补，按之无爽，即此可知矣。君最勤，析疑辨异，恒至午夜，饿忘食，倦忘息，不知者疑以为肆务忙也。余尝戏谓：使君夙治学如我辈，不知造到若何境地矣。[①]

该序言充分体现了伦明对孙殿起的赏识，及至伦明在《辛亥以来藏书纪事诗》里更是对孙殿起大加褒扬，撰诗云：

书目谁云出邵亭，书坊老辈自编成。
后来屈指胜蓝者，孙耀卿同王晋卿。[②]

关于通学斋的设立，究竟是伦明独资还是与孙殿起合资的问题，坊间有多种说法，如张西园认为通学斋是由伦明和孙殿起合资开设[③]；而李宇认为孙殿起是在伦明的资助下开设了通学斋书店[④]；朱建路认为通学斋书店是由伦明出资开设，孙殿起任经理[⑤]；赵安民亦认为通学斋是由伦明投资开设的[⑥]。以上种种，结合雷梦水的论述"时伦哲如虽为通学斋东主"[⑦]，表明通学斋是由伦明出资开设、孙殿起为其经营的说法是比较可信的。伦明南归后，通学斋逐渐转到孙殿起名

---

① 伦明著，东莞图书馆整理：《伦明全集》第二册，广东人民出版社 2017 年版，第 399—400 页。

② 伦明：《辛亥以来藏书纪事诗》，北京燕山出版社 2008 年版，第 125 页。

③ 张西园：《孙殿起和他的通学斋》，《山东图书馆学刊》2010 年第 6 期，第 41—44、53 页。

④ 李宇：《学徒出身的版本目录学家孙殿起》，《中国典籍与文化》1992 年第 3 期，第 12—13 页。

⑤ 朱建路：《奔走于书海与士林之间——乡贤孙耀卿先生交游考》，见石志生、秦进才：《冀州历史文化论丛》，河北人民出版社 2010 年版，第 414—418 页。

⑥ 赵安民：《孙殿起与〈琉璃厂书肆三记〉》，《出版史料》2012 年第 3 期，卷首。

⑦ 北京市政协文史资料委员会选编：《文苑撷英》，北京出版社 2000 年版，第 41 页。

下，但伦明尚有股份（以书入股），当时伦明之子伦绳叔留在北平读中学，常上通学斋或孙殿起家里取学费和生活费。[①] 1943 年伦明去世后，孙殿起一直经营通学斋，直到 1956 年因公私合营而并入中国书店，1958 年孙殿起去世。

经过伦明与孙殿起二人独具慧眼的收书、藏书、校书、售书的一系列经营，使得通学斋名噪京城，成为当时文人雅士往来的主要场所，亦是当时中国古旧书业的主要代表之一。对伦明自身藏书建设来说，通学斋是伦明搜集图书的主要渠道，也是续书楼藏书的主要来源。伦明虽是东主，但如果需要自藏，也要按规记账。雷梦水曾在《孙耀卿先生传略》一文中回忆说："时伦哲如虽为通学斋东主，然按书铺惯例，私人购书也要上账，履行手续，伦君严以律己，诚可敬也。"[②]

四、得书心得：以俭、以勤、以恒[③]

伦明通过自己买书、抄书、建立通学斋以促藏书的做法，不断丰富自己的藏书，在晚清民国时期的藏书家中算是规模比较宏大的。伦明把自己的得书经验概括为"以俭、以勤、以恒"六字，并进一步阐释说，"俭以储购书之资，勤以赴遇书之会"，而"恒"则体现了伦明以续修《四库全书》为目标的求书毅力与决心。从少年时期开始，四十余年的时间里，伦明不遗余力收书、校书，尤其在京日久又逢群籍集中之时，日积月累，最终达到了"有莫知其然而然者"。

在这样的藏书动力驱使下，伦明的藏书规模究竟如何呢？前述续书楼者，是后世称呼伦明藏书处所的一个代称，实际伦明有构楼贮书

---

① 伦明著，东莞图书馆整理：《伦明全集》第一册，广东人民出版社 2017 年版，"伦明生平"第 22 页。

② 雷梦水：《孙耀卿先生传略》，中国人民政治协商会议北京市委员会文史资料研究委员会编：《文史资料选编》第十二辑，北京出版社 1982 年版，第 166 页。

③ 伦明：《续书楼藏书记》，见《辅仁学志》1929 年第 1 卷第 2 期。

的愿望，但未能实现，他的藏书分散在广州的小东门寓所、南伦书院和北京的东莞会馆和东莞新馆。据孙殿起记述，“他在北京所储藏的书，写记目录凡两次。二十年代奉派杨宇霆、郑谦为张学良抄过一次，因故中辍；1938 年他眷属南归，又抄一次，计十余册，每册五十页。由他的眷属携归，经友人借阅佚去数册”①。可见伦明曾为储存在北京的藏书编有书目，可惜稿本未刊行，现存于上海图书馆，题名为《东莞伦氏续书楼藏书目录》，凡十三册，红格十六开墨笔稿本。此书目稿本先经叶恭绰索要收藏、后经顾廷龙借阅抄录。据张宪光考察，“这份目录的编撰，以箱为序，大体将经、史、子、集同类书籍装于一箱，却又很不严谨，时有错杂的现象。目录十分简明，仅记书名册数，偶尔标注稿本、钞本、铅印、不全、未装订、明刊本等字样，几乎未标明作者及其他信息”②。今就东莞图书馆整理的《伦明全集》第五册之《东莞伦氏续书楼藏书目》观之，确如张宪光所言，粗略统计，该目共收书一百五十七箱，总计约一万三千种、四万三千册。

第三节 藏书管理

一、广州藏书管理不善

前述伦明续书楼里的藏书，实际分散在广州的小东门寓所、南伦书院、北京的东莞会馆和东莞新馆。粤地卑湿，书亦生蠹，伦明藏书较多，不易整理，残缺较多。己酉（1909）夏，西江水上涨发水（时伦明正辗转于两广之间），越门而入转瞬二三尺高，广州小东门寓所内的藏书因仆辈收拾不及而损失惨重，但因害怕伦明斥责刻意隐

① 孙殿起：《藏书家伦哲如》，见《随笔》第九集，广东人民出版社 1980 年版，第 96 页。

② 张宪光：《续书楼藏书有多少》，《东方早报》2013 年 4 月 7 日第 B09 版。

瞒，后待伦明翻检书籍时才发现，倘若当时仆辈就损失如实以告，对于被水淹的某些书籍，伦明尚能及时补救，但当伦明发现时已经无法挽回了。

伦明出游时有部分藏书寄存在族中南伦书院（伦氏宗祠），院内有一贩卖破铜器的无赖，私下里把书橱铜钥挖掉变卖换钱，及至转为盗卖院中所藏书籍，若不是伦明友人在书肆中见有书籍似为伦明所藏，并据之以告，伦明尚且不知自己的书已经被盗卖！后伦明即使将此人驱逐，但已有不少书籍被盗卖，可惜可叹矣！1920 年冬，伦明曾回过广州一次，时伦明已定居北京近五年时间，此次回广州因时间仓促，对南伦书院的藏书顾不上整理，返回北京后才得知因修马路南伦书院被拆的消息，藏书在迁徙中流失，无人知晓下落。这部分流散之书或许曾归于粤地公私藏书中，但因伦明藏书从不钤印，或有批校和题跋可供辨识，但基本已无迹可寻了。

可见伦明在定居北京前，位于广州小东门寓所和南伦书院的藏书，因粤地环境、突发水患、仆辈怠职、突遭拆迁等，时有损失发生，其藏书管理不算完善，除了外在因素的不可控之外，也与伦明定居北京后鞭长莫及有关。

二、北京藏书管理完善

北京气候干燥适宜藏书，并且“京师书业甲全国”，便于求书，这应该也是伦明决心“弃乡土”而定居北京的原因之一。[①] 伴随伦明治学中心的转移（续修《四库全书》）和“士而商”的选择（在京开设通学斋），伦明迁居北京先后入住东莞会馆和东莞新馆。伦明在北京的藏书，一部分来源于其入京时自广州带来的部分藏书，一部分来源于定居北京后自己不断求书所得，在搜访到的图书中，时有一些残破不堪者需要修复装订，于是伦明聘请了一位魏姓书匠专事修补。在

① 伦明：《续书楼藏书记》，《辅仁学志》1929 年第 1 卷第 2 期，见伦明著，东莞图书馆整理：《伦明全集》第二册，广东人民出版社 2017 年版，第 56 页。

魏师傅看来，伦明藏书颇多，其中残破待装补者亦多，没有二十年的时间是完不成这些装补工作的，况且藏书总量还会不断增长，装补之事就是常态，因此建议伦明开设书店，并言明三大好处，即装书便、求书易、购书廉。[1] 伦明采纳魏氏建议，在京开设通学斋书店并聘孙殿起负责经营，孙殿起“勤于事，又极警”[2]，在伦明的熏陶影响下，于版本目录之学多有领悟，“君尝窥我架上书，凡某类缺某种，某种缺某卷，某卷缺某页，默志之，久之又久，一一为余觅补，按之无爽，即此可知矣”[3]。

伦明在北京的藏书有大半出自孙殿起的搜访，在孙氏的帮助下，伦明藏书益富。通学斋书店中亦有抄书匠、补书匠等专职打理，伦明的藏书管理较广州藏书完善一些，但没有足够的空间藏书又是一大问题。孙殿起曾回忆伦明在北京的藏书，“拥书数百万卷，分贮箱橱凡四百数十只，书房非有十楹屋宇，不得排列”[4]。虽空间有限，但相较于粤地而言，在气候与管理方面改善很多，这也是伦明在北京的藏书最后能够归公于北平图书馆（今中国国家图书馆）的原因。

第四节　藏书去向

1943 年伦明去世后，陈垣、冼玉清、袁同礼等一批学者为伦明“藏书归公”的遗愿而奔走努力，所幸终偿其所愿，但仍有部分藏书散佚。现大致归纳伦明藏书的几个去向。

---

① 伦明：《续书楼藏书记》，《辅仁学志》1929 年第 1 卷第 2 期，第 63 页。

② 伦明：《续书楼藏书记》，《辅仁学志》1929 年第 1 卷第 2 期，第 63 页。

③ 伦明著，东莞图书馆整理：《伦明全集》第二册，广东人民出版社 2017 年版，第 400 页。

④ 孙殿起：《记伦哲如先生》，见中国人民政治协商会议北京市委员会文史资料研究委员会选编：《文苑撷英》，北京出版社 2000 年版，第 34 页。

一、归公于图书馆

（一）北平图书馆（今中国国家图书馆）

1947 年春，伦明藏书终于归公于北平图书馆，时通学斋店员雷梦水告知邓之诚“伦哲如藏书近以一万万元归北平图书馆”，邓之诚评言：“此价在平世不及万元，得值仅十之一耳！无异掠夺。”[①] 相对于伦明的藏书数量和学术价值，实为“卖”但无异于“捐”。关于伦明藏书归于北平图书馆的交接经过，伦绳叔有过一段记录：“先生一生从事学术，除著作外，当以所存之书籍闻著于社会，命之曰伦氏续书楼。然吾辈后生不得保守，乃决议让与北平图书馆。此乃八姐伦慧珠由港与袁同礼氏商洽而定。今由图书馆派人帮予同整理目录（前目录遗失，仅余五册目录），迄今已告完毕矣。”[②]

民国时期不知通过何种途径流入来熏阁的一些手稿，新中国成立后卖给了国家图书馆，如《伦哲如诗稿》六册，这也算是辗转归公吧。

（二）广东省图书馆（不可考）

魏隐儒在《藏书家伦哲如》一文指出：“伦氏卒后，将广州藏书全部让于广东省图书馆。北京所藏部分，于 1947 年全部归北京图书馆。”[③] 据查考，尚无实物和文字资料证明伦明在广州的藏书归公于广东省图书馆。

二、捐赠给单位或友人

伦明八女伦慧珠于 1947 年将已逝丈夫张荫麟留在东莞会馆的藏

---

① 邓之诚：《五石斋文史杂记》，《中国典籍与文化》2007 年第 3 期，第 109 页。

② 罗志欢：《伦明评传》，广东人民出版社 2014 年版，第 103 页。

③ 北京市文史研究馆编：《耆年话沧桑》，上海书店出版社 1993 年版，第 157 页。

书捐给了浙江大学，这批藏书中可能夹杂有伦明的藏书；伦明曾将广州的一部分藏书转让给在广东从事教职的弟弟伦叙做教学用，后来伦叙的孙女伦德仪在“土改”期间将这批藏书捐给了广州文化事业委员会。“文化大革命”期间，望牛墩散存的图书“被迫”捐了出去。伦明病重期间曾嘱托好友张伯桢捐书给北平图书馆，他同时也列出一个书单，让张氏自选，送给他部分藏书。

三、伦氏后人散卖

伦明后人中有一子略识版本，但因吸食鸦片，在伦明去世后曾偷卖过父亲的藏书；1947 年伦明在北京的藏书正式归公之前，由于生活困难，伦氏后人亦散卖过一些藏书以贴补家用；及至归公于北平图书馆后，在 20 世纪 60 年代，北平图书馆和中国书店为广泛搜集古书，还曾去伦家找书，陆续翻出一些散本，伦家后人以十元二十元的价钱零卖出去。

四、通学斋学徒散卖

1947 年伦明藏书归公于北平图书馆的时候，通学斋孙殿起的大徒弟李书梦帮忙守书，大部分藏书被北平图书馆用卡车装走（场面比较壮观，几大卡车运了好几次），还剩下一些散页、散本（因伦明的藏书特色之一即是版本齐全，集中在一起价值较高，分散析出后价值变低），其中当然有一些比较重要的资料，如书信、手稿之类。由于装运的图书太多，无人留意这些散本、散页，这些散存的藏书、资料便由李书梦陆续零散卖出。

五、辗转遗失不知所终

冼玉清《记大藏书家伦哲如》云：“先生（伦明）久欲编印《续岭南遗书》，其弟子李棪劲庵允经纪其事，并允向粤督陈济棠措款，先生尽以所藏粤人著述秘籍授之。李君来香港执教，以书寄存于北京大学图书馆。先生来书嘱咐李君求交代，李君唯唯。其后邓之诚文如教授亦有函来，嘱转告李君速为处理。今李君远适异国，秘籍之下落如何？中心耿耿。”① 可见这批粤人著述是伦明用来作《续岭南遗书》的，但已无从可考且不知所终。

第五节　藏书价值

一、读书治学以自用

伦明没有文献学家之名，确有文献学家之实。之所以说他是文献学家，首先就是其有丰富的藏书，在自己读书治学的过程中，以续修《四库全书》为志业，精通目录、版本、校勘之学，在多所大学讲授目录学、版本学等课程，在众多著述中以《辛亥以来藏书纪事诗》和《续修四库全书总目提要（稿）》为最，同时伦明还做了大量的书籍版本的考证工作，如《渔洋山人著书考》《孔子作〈孝经〉证》等，可以说伦明的藏书在其自身读书、治学、行事的过程中发挥了重要作用。伦明被后人所知，首先即是因为他的藏书家身份，而这个身份为他自身文献学思想的形成和发展奠定了基础，也为后人研究其文献学思想提供了可能。

二、惠及友人

如果说孙殿起是“商而士者”，那么伦明可以说是“士而商者”，当然他从商、从政也都是为其从学服务的。伦明以其藏书续志而闻名，既是大学教授，又是通学斋的东主、续书楼的主人，同时还做过

① 冼玉清：《记大藏书家伦哲如》，见《艺林丛录》第五编，商务印书馆香港分馆 1964 年版，第 327—328 页。

晚清民国时的官员，其自身从学为业的经历必然使其能够认识很多学界名流，尤其是有志于藏书者，如梁启超、曾习经、陈垣、赵万里等。伦明对自己的藏书极为珍视，家人及一般朋友均难以进入他的书房，但是对饱学之士、识书、懂书之人却十分开放，乐意让这些人利用其藏书做学术研究，如陈垣撰《史讳举例》、谢国桢撰《晚明史籍考》、容肇祖整理《何心隐集》、张荫麟撰《纳兰成德传》、南桂馨编《刘申叔遗书》、王重民编《清代文集篇目分类索引》、张次溪刊《清代燕都梨园史料》等，都得益于借阅伦明的藏书。此外，胡适撰写《醒世姻缘考证》也用到伦明抄录的李葆恂《归学庵笔记》、佚名《般阳诗萃》等珍贵资料。

对于识书、懂书却又求而不得之人，伦明特别理解并偶有赠书之仗义之举。刘半农曾辗转反复索求一翻译方术之书《翻清说》，际遇巧合皆错过，后遇赵万里与其谈及此事，嘱托赵帮忙关注。一月之后赵在伦哲如处见到此书，便将刘求书之经历告之，哲如慨然曰：“既半农需此，吾当举以相赠”。[①]

三、泽被后世

伦明生前希望藏书归公，去世后他在北京的藏书归公于北平图书馆，原北京图书馆研究馆员冀淑英曾就该批藏书的数量、质量、内容和特点做过详细介绍，集中体现在《冀淑英古籍善本十五讲》一书中，其中第五讲的标题就是“伦明藏书与清刻本的入善问题”。冀淑英是这样描述这批藏书的：“我们馆差不多有七八百种书是伦家的书。伦家的书绝大部分是清刻本或清代著述。我馆建立乙库就是以清刻本和清人著作为主……我们的馆藏有乙库存的清刻本和清人著作打底子，再加上伦家的书，以及多年来零买的书，在清刻本和清人著作方面，我们才大大地丰富起来。”[②] 可见当时北京图书馆在建立乙库的

---

① 罗志欢：《伦明评传》，广东人民出版社 2014 年版，第 99 页。

② 冀淑英：《冀淑英古籍善本十五讲》，北京图书馆出版社 2009 年版，第 82 页。

时候，伦家的书一定程度上起到了充实馆藏的作用。同时冀淑英还对伦家书中的个别稀见资料给予了肯定和评价，如有一部书叫《虬峰文集》，著者是李驎，李驎的这个《虬峰文集》就编入《清代文字狱档》，这在当时是非常严重的，这也体现了伦明藏书中多有禁书的特点；还有纳兰性德的集子《通志堂集》，这个集子在当时完整的也很少见；还有很多清代的文集，伦家书里都有。如果有机会把伦家的书看看，可以了解很多清代人的知识。[①]

① 冀淑英：《冀淑英古籍善本十五讲》，北京图书馆出版社2009年版，第83页。

第四章　藏书研究

伦明在不断积累和完善自身藏书的实践活动中，总结出一条宝贵的求书经验，即“以俭、以勤、以恒”，并进一步阐释说，“俭以储购书之资，勤以赴遇书之会”[①]，而“恒”则体现了伦明以续修《四库全书》为目标的求书毅力与决心。同时伦明在其自身藏书实践的过程中，逐渐形成了自己独特的藏书观念，在当时具有一定的先进性。而正是因为这种先进的藏书观念，使其尤为重视近代公私藏书的发展情况，当然其主要关注的还是私家藏书部分，因此才有《辛亥以来藏书纪事诗》问世，因伦明“凡属于书者无所不纪”[②]，除私家藏书外，伦明在该书（专指经笔者统计后的足本）中也纪有少量藏书事件和藏书机构，详见下文。

第一节　藏书观念

一、反对贵远贱近

伦明认为自古以来藏书家皆贵远贱近，书贾亦受此种观念影响，凡是宋本、元本、明嘉靖本，或者影宋钞本、明抄本、名家手校本，又或是白棉纸、开化纸，不问书之内容是否精良，而只以版本、纸质为贵。伦明反其道而行之，喜购近人之书，孙殿起见到伦明如此做法颇感讶异，于是伦明每得一书，都向其说明该本佳处何在，略及清代

---

① 伦明：《续书楼藏书记》，《辅仁学志》1929 年第 1 卷第 2 期，见伦明著，东莞图书馆整理：《伦明全集》第二册，广东人民出版社 2017 年版，第 58 页。

② 伦明：《辛亥以来藏书纪事诗》，北京燕山出版社 2008 年版，自序第 3 页。

学术、诗文派别，孙殿起逐渐领会并推所未知，以至于后来伦明所藏，大半出其手。伦明的藏书重心为何异于此前的藏书家呢？其根本在于晚清民国时期的时代背景，使得伦明抓住了风会之变，“迩来风会一变，清儒撰著，价大贵，海内外指明以索，肆贾又移其视线于此。然披沙拣金，不知何者是金?”[①] 伦明在此种风向出现以前即有重视近人著述的藏书意识，可谓在当时是独具慧眼、具有预流意识的。

二、重视清人著述

伦明喜购近人书，重视清人著述，尤其是集部收藏较为完备，这与伦明认为清乾隆年间编纂的《四库全书》集部质量不精、多有缺略有关。清代学者辈出，著述颇多。王国维、梁启超等对清代的学术做过很高的评价，故清人著述自 20 世纪 20 年代开始，逐渐引起学者注意。在北京有两位藏书家尤其注重清人集部的收藏，即伦明与邓之诚。雷梦水在《邓之诚先生买书》一文中提及：“先生（邓之诚）用几年的时间收藏了七百多种清初人集部……以藏有大量清初人集部自豪。他以他收藏的集部书与北京另一收藏家伦哲如先生所收藏书相比，按种数讲，伦比他多二百余种，但以名头单本书论，他有而伦无者就有百十余种，对私人藏书家来说，可谓富矣。”[②] 这也从侧面反映了伦明清人著述收藏之富。徐信符《广东藏书记略》言：“续书楼书目，以集部最为丰富，其余各部悉备，秘本极多，此亦粤中所不可得也。”[③] 梁启超也深知伦明收藏清人集部的分量，1927—1928 年间，他在主持编纂《中国图书大辞典》（又名《群籍考》）时，即“以集

---

① 伦明：《续书楼藏书记》，《辅仁学志》1929 年第 1 卷第 2 期，见伦明著，东莞图书馆整理：《伦明全集》第二册，广东人民出版社 2017 年版，第 57 页。

② 雷梦水：《书林琐记》，人民日报出版社 1988 年版，第 37 页。

③ 广东省文史研究馆编：《广东文物》卷九，上海书店出版社 1990 年版，第 857 页。

部相委”。[①]

关于伦明集部藏书数量的记载，见于多种文献，如王钟翰《北京访书记》云：“伦明藏清人文集，几及万种”[②]；邓之诚《清诗纪事初编》言：“东莞伦明以书为性命，专收清人集部几备”[③]；台静农《北平辅仁旧事》记载：“国内专力收藏清人著作的，不过三数家，要以他（伦明）所收的为最多了。他在北平数十年，日常出入于大小书坊。他想编续《四库全书》，故斋名续书楼，这一宏愿，当然不能达到，后来他的书归了北京图书馆。”[④]《四库全书》中所收清人别集只有约40部，伦明因抱有续修《四库全书》之志而广收清人著述，尤以集部为最，有抢救、保护传统文化遗产之功。[⑤]

三、每书版本齐备

叶恭绰曾言：“节予（伦明）好藏书，恒节衣缩食以求，以每一书之版本齐备为的，亦一特色，殁后其家不省，任市侩择优抽取，而弃其余，乃拉杂贱售之，不知其优点在各本齐备，一拆散即无价值也。其藏书本拟以万金悉归余，余因乏力未果。”[⑥] 叶恭绰对伦明藏书极为熟悉，可见“每书版本齐备”的评价所言非虚。原北京图书馆研究馆员冀淑英也曾对伦明的藏书特点进行过评价，认为伦氏藏书中有很多禁书，包括乾隆时禁毁的书和《四库全书》不收的书，同时书中多有伦明的校跋。可惜伦明藏书归公于北京图书馆时，有些书籍的版本并非完帙，况且当时并未建立专藏，而伦明藏书又不加盖藏印，

---

① 伦明：《辛亥以来藏书纪事诗》，上海古籍出版社1990年版，第63页。

② 王钟翰：《北京访书记》，见《周叔弢先生六十生日纪念论文集》，香港龙门书店1967年影印版，第101页。

③ 邓之诚：《清诗纪事初编》，中华书局上海编辑所1965年版，第2页。

④ 台静农：《北平辅仁旧事》，见《龙坡杂文（增补本）》，生活·读书·新知三联书店2002年版，第104—105页。

⑤ 罗志欢：《伦明评传》，广东人民出版社2014年版，第97页。

⑥ 罗志欢：《伦明评传》，广东人民出版社2014年版，第106页。

故很难寻觅伦明藏书版本特色。大致可据《北京图书馆善本书目》所记，大约有十四部书名之下载有伦明批校题跋的字样，这些书包括史部的《所知录》《补寰宇访碑记》《读书敏求记》《见闻录》，集部的《杜工部集辑注》《义丰集》《海岳山房存稿》《藏山阁诗》《姑山遗集》《白云村文集》《东江诗钞》《畏垒山人诗集》《间丘集》《西庄始存稿》。[①]

四、藏书意欲为公

伦明认为："书之聚散，公私无别，且今后藏书之事，将属于公而不属于私，今已萌兆之矣。"[②] 伦明对自己经年所藏一直有意变私为公，尤其在南归之后这种想法愈发强烈，1941 年 2 月至 8 月间，时北平图书馆馆长袁同礼滞留香港，正在联系转移北平图书馆 300 箱善本入美国国会图书馆保管之事，伦明嘱托当时在香港的冼玉清从中斡旋，希望将自己的藏书归于北平图书馆，当时因战乱无暇顾及，或因"条件不符而罢"[③]，未能如愿。伦明病危之时更是寄信给张伯桢嘱托归公一事，但未等到消息即赫然长辞。所幸经过袁、冼、张等人不断奔走斡旋，1947 年又经陈垣努力推动，伦明藏书终归公于北平图书馆。

伦明对于私藏归公的态度在当时是有一定的先进性的，因为古代私人藏书，即使到了晚清时期，很多藏书家都是秘不示人的，或有少数藏家对外开放，也只是允许朋友借抄，大范围的公开借阅现象在古代是极少见的。20 世纪以后，在西学的影响下，伴随新式教育的建立与发展，藏书私有、子孙递守的观念已经日渐淡薄，尤其随着近代公共图书馆的设立与发展，以及"学术乃天下之公器"的观念的树

① 苏精：《近代藏书三十家（增订本）》，中华书局 2009 年版，第 141 页。

② 伦明：《辛亥以来藏书纪事诗》，北京燕山出版社 1999 年版，伦明自序第 2 页。

③ 冼玉清：《记大藏书家伦哲如》，见《艺林丛录》第五编，商务印书馆香港分馆 1964 年版，第 328 页。

立，同时也由于晚清民国时期战事频仍的复杂时代背景，私人藏书家的藏书很多都发生了散佚，难以为继，因此私藏变为公藏成为很多藏书家的首选归宿，这样既能保护藏书，又能泽被后世，自己也能俱以名闻。因此伦明当时明确提出“藏书意欲为公”的观点，具有一定的先进性，同时也是十分合情合理的，得到了很多藏书家的支持，如康有为、梁启超、梁鼎芬等岭南藏书家皆持此论。伦明的这种藏书态度，实际是对岭南地区藏书家开放传统的继承与发扬。①

第二节　以诗纪书

伦明已刊著述较少，目前已知的影响较大的一部，就是其在1935年天津《正风》（半月刊）第20—24期和1936年第1—3、5期连载的《辛亥以来藏书纪事诗》，后经上海古籍出版社于1990、1999年和北京燕山出版社于1999、2008年分别先后两次出版与重印，足见其影响之大，在私人藏书研究领域占有一席之地。

中国古代藏书系统包括官府藏书、私人藏书、书院藏书和寺观藏书四大类型，其中私人藏书在古代知识分子读书治学以自用的微观层面，以及文化精神财富传承发展的宏观层面，都发挥着巨大的作用。我国众多古籍能够保存至今，很大一部分是私人藏书家的功劳。因此对藏书家的研究，历来是中国古代藏书史研究的重要部分。以纪事诗的形式研究藏书家，开创了独有的体例，寓研究精神和文人旨趣于一体。

一、滥觞之作

“藏书纪事诗”这种文体肇始于叶昌炽的《藏书纪事诗》，后继者有伦明的《辛亥以来藏书纪事诗》、徐信符的《广东藏书纪事诗》、

① 罗志欢:《伦明评传》，广东人民出版社2014年版，第98—99页。

王謇的《续补藏书纪事诗》、吴则虞的《续藏书纪事诗》、周退密和宋路霞合著的《上海近代藏书纪事诗》。根据这几种著作出版或问世的时间，有研究者将“藏书纪事诗”的起源与发展划分为四个时期，包括初创期（1884—1917）、繁盛期（1918—1949）、衰变期（1950—1977）、消隐期（1978 年至今）。[①] 现就这几部藏书纪事诗的著书原因、主要内容及特色做一详细分析，以期归纳与总结该文体的发展变化，并进一步明确伦明《辛亥以来藏书纪事诗》在藏书发展史上的贡献。

叶昌炽（1847—1917），字鞠裳，晚年号缘督庐主人，清长洲（今江苏苏州）人。光绪二年（1876）举人，光绪十五年（1889）进士，授翰林院编修兼国史馆、会典馆两职。光绪二十八年（1902）出任甘肃学政，升授五品翰林院试讲。科举制度废除后，无意官场，告病返乡，著述终老。叶氏学问渊博，尤精于版本、目录、校勘、金石之学。[②]

（一）著书原因：传文献之信、扬藏家之言

叶昌炽在《藏书纪事诗》自序中说道：“昌炽弱冠，即喜为流略之学，顾家贫不能得宋元椠，视藏书家目，辄有忘洋之叹。因念古人爱书如命……吾吴如孙道明、朱叔英、吴方山、沈与文，皆名不挂于通人之口，缥缃既散，蒿莱寂然，可为陨涕。”[③] 因采正史以及稗乘、方志、官私簿录、古今文集等辑而录之，以求能传文献之信、扬藏家之言。初始欲为每人一传，但始终条理不易，于是“援厉樊榭《南宋杂事诗》、施北研《金源纪事诗》之例，各位一诗，条举事实，详注其下”[④]。可见用诗传的方式纪事早已有之，但是用诗传这种形式纪

① 翟鹏、颜丽娟：《藏书纪事诗文体沿革考》，《晋阳学刊》2015 年第 6 期，第 38—42 页。

② 叶昌炽：《藏书纪事诗》，北京燕山出版社 1995，前言第 1 页。

③ 叶昌炽：《藏书纪事诗》，北京燕山出版社 1995，自序第 1 页。

④ 叶昌炽：《藏书纪事诗》，北京燕山出版社 1995 年版，自序第 2 页。

藏书家，实为叶昌炽首创。是书初始为六卷未定之本，叶氏门人江建霞（江标）于光绪二十三年（1897）初刊，因是未定之本，所以有诸多错误之处，后由叶氏亲自厘定并增一卷，历十余年，于宣统二年（1910）自刻之，是为七卷本，传世至今。

（二）**体例举例**

以《藏书纪事诗》卷一“毋昭裔守素”条为例：

蜀本九经最先出，后来孳乳到长兴。
蒲津毋氏家钱造，海内同行价倍增。

《宋史》：“毋守素性好藏书。在成都令门人句中正、孙逢吉书《文选》《初学记》《白氏六帖》镂板。守素赍至中朝，行于世。”

《焦氏笔乘》：“唐末，益州始有墨板……蜀毋昭裔请刻板印《九经》，蜀主从之。……”又云：“蜀相毋公，蒲津人。先为布衣，尝从人借《文选》《初学记》，多有难色。公叹曰‘恨余贫不能力致，他日稍达，愿刻板印之，庶及天下学者。’后公果显于蜀，乃曰：‘今可以酬宿愿矣。’因命工日夜雕板，印成二书。复雕《九经》、诸史，两蜀文字由此大兴。……洎蜀归宋，豪族以财贿祸其家者什八九。……是时，其书遍于海内。……”

昌炽案：《挥麈余话》亦载此事，云：“唐明宗平蜀，命太学博士李锷书《五经》，仿其制作，刊板于国子监。监中印书之始，今则盛行于天下，蜀中为最。明清家有锷书印本，后题长兴二年。”①

以上是叶昌炽《藏书纪事诗》的基本写作体例，先列藏书家姓名字号，再赋七言绝句一首，其下再以辑录的形式列传，间或有叶氏案

① 叶昌炽：《藏书纪事诗》，北京燕山出版社 1995 年版，第 1 页。

语。其实叶氏案语在整部诗传中所占比例极小（约占十分之一），更多的是辑录的资料，如卷一“宋宣献绶　子敏求次道”[①] 一条，在诗“谁说长安不易居，春明宅子卜邻余。踏穿户限门如市，亦似鸿都碑下车”后即无叶氏案语，而是辑录了大量相关资料，如《宋史·宋绶传》《孙公谈圃》《过庭录》《郡斋读书志》《梦溪笔谈》以及陆游跋京本《家语》、魏了翁《遂初堂书目跋》等珍贵资料，对宋氏父子的生平事迹、才识学问、校书志趣（校书如扫尘，一面扫，一面生）、藏书来源及其数量、质量、散佚情况等做了汇总说明，细读这些辑录资料后对宋氏父子的藏书情况会有一个充分的了解，可见叶氏“辑录”之功。

（三）**后世影响**

叶氏《藏书纪事诗》未定稿时，即被门人“江建霞太史校士湘中，录副出都”，后历经十余年亲自厘定，未敢示人，其师潘文勤公一见击赏，急令其付梓，遂成家刻七卷本问世，引起世人广泛关注，在藏书发展史乃至中国学术发展史领域都占有重要位置，直至今日对其研究之风亦盛不衰。总的来说，叶昌炽《藏书纪事诗》对后世的影响主要体现在两个方面，即直接影响和间接影响。

1. **直接影响**

叶昌炽《藏书纪事诗》开创了“纪事诗体藏书家传”的先河，其后仿其体例做续者有五家，即伦明的《辛亥以来藏书纪事诗》、徐信符的《广东藏书纪事诗》、王謇的《续补藏书纪事诗》、吴则虞的《续藏书纪事诗》、周退密和宋路霞合著的《上海近代藏书纪事诗》，此五家或按时间、或分地域，依叶氏体例做了续、补工作，仅从时间的延续性来看，合将中国私家藏书自五代后蜀时期直至 20 世纪 70 年代近 1100 年的发展情况展示于人前，保留了大量对后世具有研究价值的史料，叶氏功不可没，因此 1958 年古典文学出版社再版叶昌炽

---

① 叶昌炽：《藏书纪事诗》，北京燕山出版社 1995 年版，第 17 页。

《藏书纪事诗》时，直接以“书林之掌故”“藏家之诗史”相誉。[①]

2. **间接影响**

叶昌炽《藏书纪事诗》一出，除了引起后人效仿其体例做续补之作外，还广泛地引起了学者对私人藏书家的关注，如“杨立诚之《中国藏书家考略》、陈登原之《古今典籍聚散考》……吴晗之《两浙藏书家史略》等，皆以《藏书纪事诗》为其滥觞，《常昭合志稿》更辟一藏书家栏，为志书收藏书家之先声，凡此胥由鞠裳之发阐，而诸藏书家得以不泯没也。”[②] 直至今日，对藏书家的关注仍然是研究藏书史的重要内容。

（四）瑕不掩瑜

叶昌炽《藏书纪事诗》的意义及价值自不待言，但因其涉猎范围广、征引材料丰富，难免有错误和遗漏之处，可谓白璧微瑕，如在藏书家的姓名、字号方面，偶有混淆，卷一第一条“毋昭裔守素”，王欣夫曾为其做补正云：“据《宋史》卷479《毋守素传》及《十国春秋·毋昭裔传》，知毋昭裔、毋守素为父子，并非一人。叶氏误将二人合为一人也。”[③] 也正因此，后世对叶昌炽《藏书纪事诗》收录藏书家的总数一直有异说，如蔡金重持1175人之说，徐雁持739人之说，张慕骞持729人之说，等等。之所以出现异说，一则是因为叶氏本身在著书时存在搞混姓名字号的问题（将两人合为一人），一则是后人统计时也出现此种状况（更多的是因不熟悉姓名字号而将一人分为两人，如蔡氏将李清照、李易安作为两人计入北宋藏书家数；将钱谦益、钱受之作为两人计入清代藏书家数，因此蔡氏的统计结果人数较多，通过徐雁的统计与分析，笔者认为739人的说法是可信的。

除此之外，因叶昌炽《藏书纪事诗》采用的是“辑录”的形

① 徐雁：《叶昌炽的藏书纪事诗》，《史学史研究》1986年第8期，第49—54页。

② 叶昌炽：《藏书纪事诗》，古典文学出版社1958年版，自序第1页。

③ 叶昌炽：《藏书纪事诗》，北京燕山出版社1995年版，第2页。

式，广泛征引相关材料，为使引文简要明晰，叶氏在征引时“多有删节、拼合甚至改写。……这种做法……当引征文献在两种以上具有相类似部分时……显得很有必要而且很合理。由于未能照录原文，有时便使《藏书纪事诗》的引文与原文产生一定的距离，甚至产生疏漏。像该引而删、张冠李戴、首尾脱节、同音笔误、颠倒错乱之类现象则偶有所见”①。所谓瑕不掩瑜，叶昌炽《藏书纪事诗》既出，叶昌炽本人也意识到诸如此类的问题，但是纵观近百年来后人对叶昌炽《藏书纪事诗》的继承与研究，无不说明该书对后世影响深远、价值巨大。

二、继踵之作

“藏书纪事诗”这种文体肇始于叶昌炽的《藏书纪事诗》，后继者有伦明的《辛亥以来藏书纪事诗》、徐信符的《广东藏书纪事诗》、王謇的《续补藏书纪事诗》、吴则虞的《续藏书纪事诗》以及周退密与宋路霞合著的《上海近代藏书纪事诗》共五种。现将其出版情况按著者生年先后顺序列表记之如下：

表 4—1　续补《藏书纪事诗》五种

书名	著者（按生年先后为序）	发表或出版时间
辛亥以来藏书纪事诗	伦明（1878—1943）	1935 年天津《正风》（半月刊）第 20—24 期和 1936 年第 1—3、5 期连载，后经上海古籍出版社于 1990、1999 年和北京燕山出版社于 1999、2008 年分别先后两次出版与重印

① 蔡贵华：《〈藏书纪事诗〉引文得失》，《图书情报论坛》1995 年第 1 期，第 69—71 页。

（续表）

书名	著者（按生年先后为序）	发表或出版时间
广东藏书纪事诗	徐信符（1879—1948）	徐去世后遗稿被广州大学同人索去，刊于己丑（1949）《广大学报》复刊第 1 卷第 1 期，后经其子徐汤殷重新订补，于 1963 年由香港商务印书馆出版，现与伦明《辛亥以来藏书纪事诗》、王謇《续补藏书纪事诗》三者合并于 1999 年由北京燕山出版社出版，2008 年重印
续补藏书纪事诗	王謇（1888—1968）	王去世后由其友人油印数册，后李希泌根据谢国桢赠送油印本重新点校，于 1987 年由书目文献出版社出版，1999 年与伦明《辛亥以来藏书纪事诗》、徐信符《广东藏书纪事诗》三者合并由北京燕山出版社出版，2008 年重印
续藏书纪事诗	吴则虞（1913—1977）	吴去世后遗稿中的 7 篇（四川藏书家）先于《四川图书馆学报》1979 年第 4 期发表，后手稿一直保存未刊，现由国家图书馆出版社于 2016 年出版
上海近代藏书纪事诗	周退密（1914—2020）、宋路霞（1952—）	先于《图书馆杂志》1987 年第 6 期发表 6 人，后经华东师范大学出版社于 1993 年出版

除以上所列五种完帙外，徐雁还曾在《清代藏书楼发展史·续补藏书纪事诗传》的整理出版过程中发现两种未竟之作，即江西藏书家刘声木拟撰《续藏书纪事诗》一种，曾于其《直介堂丛刻目》中公布此项计划，但在 1936 年尚未见付梓，至 1986 年徐文发表时仍未见

刻本流传，至今亦不知其成稿与否及稿藏情况[1]；此外还有广东藏书家莫伯骥（天一）撰《藏书纪事诗补续》手稿一种，据说已毁于抗日战争期间的兵火。在《清代藏书楼发展史·续补藏书纪事诗传》一书的诗传部分，是经徐雁整理的自清叶昌炽《藏书纪事诗》之后的四种续作之合集，包括伦明的《辛亥以来藏书纪事诗》、徐信符的《广东藏书纪事诗》、王謇的《续补藏书纪事诗》和吴则虞的《续藏书纪事诗》[2]，其中吴则虞的《续藏书纪事诗》当时整理时所收并非全部，因为吴去世后该书的遗稿只在《四川图书馆学报》1979 年第 4 期发表了 7 篇四川藏书家部分，此后手稿一直保存未刊，所以当时徐雁整理时并非是完整的稿源，所幸该书全稿（近 60 万字）已于 2016 年由国家图书馆出版社出版，笔者既高兴于第一手资料终于尽备，也怅然于精力有限，爬梳史料艰难。

综上，现在比较完备的续补《藏书纪事诗》之作共五种，关于这五种续作所收录的传主情况，笔者一一做了统计并制表，以附录的形式放于文后，这样既便于此后的行文谋篇，也可起到资料汇总的作用，详见附录二至附录六。

三、文体定名

金振华曾说：“叶昌炽广搜博辑，发凡起例，撰成《藏书纪事诗》一书，专门为藏书家立传。”[3] 其中的“发凡起例”即是指该书组织的体例，亦即通过诗传结合的方式述藏书家之事迹，这种体例此前未曾有过。应该如何命名呢？据周生杰的考证，可追溯到 20 世纪 90 年代，徐雁、王余光始有论述：“该书以七言绝句，概括五代末以

---

① 据吴则虞《续藏书纪事诗》下册“刘体智、刘声木”条，最后吴受琚增补部分，言刘声木所撰稿最后定名为《清藏书纪事诗补遗》，现藏天津图书馆。因有叙无诗，故不能称其为叶昌炽《藏书纪事诗》之续作。

② 徐雁：《书城掌故藏家史别有续编在人间》，《武汉大学学报》1986 年第 5 期，第 121—125 页。

③ 金振华：《叶昌炽研究》，吉林人民出版社 2005 年版。

迄清季739位私人藏书家的藏书史实，开创了纪事诗体藏书家传。”①这是第一次用“纪事诗体藏书家传”称之。10余年后，傅璇琮、谢灼华又做了进一步的阐述：叶氏从历代正史、方志、笔记、文集、书目和藏书志中辑录出大量历史上藏书家活动的资料，集中展示了我国自印刷术普及应用以来直至清末的藏书家、书贾、印刷工匠以及有关刻、校、抄、读书人士1100多人的事迹及其对文化学术所作出的具体贡献，从而使得对历代藏书家的研究，成为中国文化史的重要组成部分。该书所开创的“纪事诗体藏书家传”的体式，素有“书林之掌故，藏家之诗史”之誉。② 经傅、谢高度肯定后，该种说法已有固定之势，赵国璋、潘树广更是在其主编的《文献学大辞典》里收录“藏书纪事诗”词条时，直接给出二义：其一是指叶昌炽著《藏书纪事诗》；其二即纪事诗体藏书家传名，词条内容为：“清叶昌炽首创。以私家藏书史实为题材，多作七言绝句形式并领有藏书传记一篇。其典范格式应为‘领以绝句，缀以事迹，必要时殿以按语’”③。至此，“纪事诗体藏书家传”以固定的词条明确下来，成为一种独特的文体，在研究私家藏书的发展史上起着巨大的作用。④

第三节　伦明《辛亥以来藏书纪事诗》编撰相关

一、编撰原因

叶昌炽《藏书纪事诗》自刻本共七卷，自第四卷以后皆清人，伦

---

① 王余光、徐雁主编：《中国读书大辞典》，南京大学出版社1993年版。

② 傅璇琮、谢灼华主编：《中国藏书通史》，宁波出版社2001年版。

③ 赵国璋、潘树广主编：《文献学大辞典》，广陵书社2005年版。

④ 周生杰：《孟晋超群：叶昌炽藏书研究成就与影响》，《中国矿业大学学报（社会科学版）》2014年第4期，第66—76页。

明曾对该书中的清藏书家人数做过统计，加上附录中的11人，共329人。伦明之所以作《辛亥以来藏书纪事诗》，原因有三[①]：

（一）清代藏书家人数少：伦明读叶诗，认为清代藏书家只纪329人明显不够，于是增益数十人，“辑录粗就，尚待润色，依例叶书。大抵据志乘说部，别集信而有征者”。

（二）为近人立传传世：伦明认为晚清以来近人远不一世，耳目接触其人其事，因近在当前而不烦摭拾，但及今不述则久而忘之。

（三）社会巨变下的文化传承：伦明认为20余年（指辛亥革命前后）来社会变化甚剧，天灾、时势、人祸皆可使藏家藏书散佚。随着新式学校与图书馆的建立，需旧书者少而新书者多，伦明认为“以浅俗白话，代粹美之文学；用新式符号，读深奥之古书。斯则学术之患、世道之忧，所系尤巨。知而不述，人且忽之。”可见伦明主要从文化传承的角度，也是为了自己续修《四库全书》的宏愿，编撰《辛亥以来藏书纪事诗》。

二、《辛亥以来藏书纪事诗》版本[②]

（一）刊物连载

《辛亥以来藏书纪事诗》最早连载于天津《正风》（半月刊）1935年第1卷第20—24期和1936年第2卷第1—3、5期，共连载8期，第2卷第5期刊出最后一篇，因刊物创办人吴贯因逝世而停刊，连载亦中止，计143首诗传，尚有若干首未刊登，部分诗传草稿现藏于中国国家图书馆，另有当时多家抄录、转录者，如高燮、叶恭绰、王謇、郑逸梅、苏继顾诸人，可见现流行于世的《辛亥以来藏书纪事诗》也不是足本。

---

① 伦明：《辛亥以来藏书纪事诗》，北京燕山出版社2008年版，自序第2页。.

② 刘平：《伦明〈辛亥以来藏书纪事诗〉研究》，北京大学博士后出站报告，2015年，第72—76页。

（二）抄录、转录或合编

1937 年燕京大学引得编纂处刊行蔡金重《藏书纪事诗引得》，蔡氏因伦明续叶氏之作而将《辛亥以来藏书纪事诗》一并编入，此后直到伦明去世前，《辛亥以来藏书纪事诗》未出过单行本。

20 世纪 40 年代，现代文史研究家王伯祥（1890—1975）曾托郭绍虞雇书手抄录一本（连载本），后又命其子湜华再过录一本留存家中，原抄本移赠陈乃乾。

1948 年叶恭绰刊印《矩园余墨》，将伦明《辛亥以来藏书纪事诗》、徐信符《广东藏书纪事诗》等著述合刊一册，此种《辛亥以来藏书纪事诗》所用底本是叶恭绰在伦明去世后在伦家抄录的遗稿，仅载藏家 32 位，是为残本。

郑逸梅未看过连载本，仅见过叶恭绰《矩园余墨》附录中的一部分，并非全貌。其同乡王謇录有完整稿，苏继顾向王借抄，郑氏看到后再由苏家转录。[①]

（三）最早整理本

1985 年，徐雁、谭华军将伦明《辛亥以来藏书纪事诗》、王謇《续补藏书纪事诗》、徐信符《广东藏书纪事诗》和吴则虞《续藏书纪事诗》（部分）四种汇为一编，按姓氏笔画以人名索引为序，收入《北京大学学海丛书》，此后又与《清代藏书楼发展史》合刊，由辽宁出版社 1988 年出版，成《清代藏书楼发展史·续补藏书纪事诗传》一书。此次《辛亥以来藏书纪事诗》的整理出版是徐雁根据《正风》连载本并参校高燮抄本所得。

（四）最早单行本

1990 年，上海古籍出版社出版了雷梦水校补的《辛亥以来藏书纪事诗》，此次整理是由雷梦水借江氏（不详）抄本并对勘叶氏（应

① 郑逸梅：《珍闻与雅玩》，北京出版社 1998 年版，第 546 页。

为叶恭绰）节本，过录标校，加案语补缀而成，并经顾廷龙审阅。该版本是最早的单行本，也是此后整理本再版的依据，此后刊本皆以雷氏校补本为基准。

（五）合刊本

1999 年，上海古籍出版社又将 1990 年的雷版《辛亥以来藏书纪事诗》与叶昌炽的《藏书纪事诗》合刊出版。同年，杨琥以雷氏校补本为底本并参校《正风》连载本，重新点校后由北京燕山出版社出版合刊本，集伦明《辛亥以来藏书纪事诗》、徐信符《广东藏书纪事诗》、王謇《续补藏书纪事诗》三家于一体，该版本于2008 年由北京燕山出版社重印。

（六）足本

综上所述，伦明《辛亥以来藏书纪事诗》的《正风》连载本是祖本，而经雷梦水校补后的单行本又是后世整理本的基准，二者都不是足本，并且记录的藏家先后顺序亦不相同，我们现在通用的版本都是依据雷版整理的，原因何在？《伦明〈辛亥以来藏书纪事诗〉手稿》卷端前三行题有：辛亥以来藏书纪事诗/东莞伦明著/门人张次溪编校，其后数页记录的藏书家顺序，与雷氏校补本一致。张次溪父亲张伯桢与伦明既有同乡之谊，又为通家之好，在北京更是比邻而居，伦明视张次溪如子。伦明生前曾帮助张次溪校理《清代燕都梨园史料》并题十二绝句代序，伦明去世后，张次溪作《伦哲如先生传》一文以示纪念，而由他整理伦明遗稿也是完全合理的。《正风》连载本的排序依据是地序法（即藏书家的籍贯），张次溪编校本则是时序法（即主要依据藏书家的活动年代），而雷梦水校补本虽说是依据“江氏抄本”（不详），但次序却与张次溪编校本一致，笔者只能推测，这个“江氏抄本”有可能是抄自张次溪编校本。

因此，想要得到伦明《辛亥以来藏书纪事诗》的足本，必须在今人整理本的基础上，再加上伦明当时未刊的现藏于中国国家图书馆的手稿本，合二为一，才能说是足本，或者说是接近足本的伦明《辛亥以来藏书纪事诗》。笔者对整理本《辛亥以来藏书纪事诗》（杨琥点校，北京燕山出版社 1999 年版，2008 年重印）和中国国家图书馆所藏的伦明《辛亥以来藏书纪事诗》未刊稿进行了统计，详见附录二和附录八，得出结果如下：

已刊共 155 篇，涉及藏书家 154 篇 178 人（正传 150 人，附传 28 人），藏书机构 1 家即涵芬楼。

未刊共 44 篇，涉及藏书家 13 篇 19 人，藏书机构 10 篇 13 家，藏书事件等 11 篇，其中有诗无传者 10 篇（没有题名，不知何人或何事）。

综上，伦明《辛亥以来藏书纪事诗》的足本如果以藏书家和藏书机构算的话，应该是藏书家 167 篇 191 人，藏书机构 11 篇 14 家。藏书事件 11 篇和有诗无传者 10 篇暂不计算在内。

表 4—2　伦明《辛亥以来藏书纪事诗》足本统计

版本	藏书家数量	藏书机构数量	合计（备注）
《辛亥以来藏书纪事诗》，伦明著，杨琥点校，2008 年	154 篇 178 人（家）	1 家	179 家
《辛亥以来藏书纪事诗》未刊稿，中国国家图书馆藏	13 篇 19 人（家）	10 篇 13 家	32 家（藏书事件 11 篇和有诗无传者 10 篇暂不计算在内）
《辛亥以来藏书纪事诗》足本统计	197 人（家）	14 家	211 家

三、收录范围

对于伦明《辛亥以来藏书纪事诗》的收录范围时有误解之语，仅从书名上来看，如徐汤殷在《广东藏书纪事诗》序中即说“伦氏有作，辛亥以前概不著录”[①]，实则误解。因为伦明在编撰《辛亥以来藏书纪事诗》时确以辛亥为限，但其人在辛亥以前而其事征于辛亥以后者，如李仲约（李文田）、贺松坡（贺涛）、方柳桥（方功惠）、李亦元（李希圣）诸人，即使叶昌炽《藏书纪事诗》中已有收录，伦明亦复记在《辛亥以来藏书纪事诗》中。目前流行于世的《辛亥以来藏书纪事诗》里确有李仲约、贺松坡、李亦元三人，分别位于第24条、第68条和第36条，而方柳桥则不见于《辛亥以来藏书纪事诗》，有可能后来伦明的诗稿散佚，既不见于当时连载，也不见于中国国家图书馆所藏的手稿部分。现根据足本[②]统计《辛亥以来藏书纪事诗》收录范围内的藏家身份及其所属的地域范围。

（一）藏家身份

伦明《辛亥以来藏书纪事诗》里的藏家身份有的比较单一，如书贾；有的比较复杂，兼具多重身份，如既是官员又是学者，或既是官员又是商人。因多重身份者居多，笔者粗略统计，大致总结如下：

既是官员又是学者：叶昌炽、范钦、纪昀、杨以增、丁日昌、张之洞、李文田、李慈铭、文廷式、汪康年、赵元益等近120人，占全书的三分之二左右；

学者：谭莹、陈澧、余嘉锡、康有为、梁启超、章炳麟、刘师培、王国维、赵万里、杨守敬、袁同礼、陈垣、刘咸炘等40余人，占全书的四分之一左右（康、梁虽有从政经历，但因极为短暂，还是以学者为主，故入此列）。

官员（军阀）：张勋。

实业商人：孔广陶、王绶珊。

官宦子弟：袁克文、沈宗畸。

富商子弟：辛仿苏。

既是商人又是学者：莫伯骥。

---

① 伦明：《辛亥以来藏书纪事诗》，北京燕山出版社2008年版，第295页。

② 即《辛亥以来藏书纪事诗》通行本与中国国家图书馆所藏未刊稿本之和。

既是官员又是商人：邢之襄、周暹、李士（世）珍、蒋汝藻。

银行董事或职员：王叔鲁、潘明训。

书贾：谭笃生、何厚甫、孙耀卿、王晋卿、席玉照。

日伪政权任职者：梁鸿志、王叔鲁、张岱杉、李赞侯。

伦明《辛亥以来藏书纪事诗》里收录的藏家基本生活于19世纪中叶至20世纪中叶，从藏家出身来看，既是官员又是学者的藏家占三分之二左右，体现了中国古代“学而优则仕”的遗风。及至辛亥革命后，既为学又为官的亦大有人在，同时随着新式教育体系的建立，主要身份为学者的藏家也逐渐增多，在《辛亥以来藏书纪事诗》里占四分之一左右，此二者人数合计约占《辛亥以来藏书纪事诗》全书的90%。除此之外，亦有军阀、商人、银行家、书贾、汉奸等，此类种种合计占《辛亥以来藏书纪事诗》全书的10%。

（二）地域范围

相较于藏家身份的复杂性和重复性，藏家所属的地域范围相对确定一些，之所以用地域范围而不用祖籍或籍贯，是因为少数藏书家的籍贯不详，或者知其祖籍但其自身并不生于斯、长于斯，亦有藏书家的藏书活动发生在家族迁居别地之后的，亦有藏书家定居别处后又葬于故里的，如此种种。因此用地域范围（主要是藏书家的活动范围）来做区分相对更合理一些。今就足本进行统计（中国国家图书馆所藏未刊稿19人皆按区域对应列在每组之后）如下：

广东39人：谭莹（附子宗浚、孙祖任）、丁日昌、孔广陶、孔昭鋆、陈澧（附廖泽群）、李文田、陈伯陶、梁鼎芬、梁思孝、陈庆龢（并列：庆佑）、汪兆镛、曾习经、黄节、江天铎、陈垣、叶恭绰、沈宗畸、张伯桢、张次溪、陈融、盛景璿、徐信符、曾钊、吴道镕、桂浩亭、易学清（附陈之鼐）、康有为、辛仿苏、莫伯骥、张柳池、李棪、冼玉清、潘明训、梁启超。

江苏31人：叶昌炽、瞿镛、王仁俊、邓邦述、丁传靖、钱学霈（附高燮、姚光）、封文权（附曹元忠）、沈应奎、许博明、钱基博、屠寄、缪荃孙、缪禄保、刘鹗、夏孙桐、陶湘、李详、孙师郑、章钰、朱师辙、邓之诚、韩国钧、孙人和、尹彦武、董康、刘师培、席玉照、赵元益。

浙江31人：范钦、卢址、丁丙、李慈铭、孙诒让、谭献、平步青、王国维（附赵万里）、方尔谦、朱希祖、朱文钧、吴昌绶、沈曾植、沈曾桐、王绶珊、王存善、张均衡、罗振常、刘承幹、蒋汝藻、徐鸿宝、马叙伦、马廉、王叔鲁（附张岱杉、李赞侯、张咏霓）、章炳麟、罗振玉、汪康年。

河北12人：纪昀、张之洞、张允亮、王瑚、高步瀛、贺涛（附贺葆真）、邢之襄、袁同礼、何厚甫、孙耀卿（附王晋卿）。

湖北12人：柯逢时、杨守敬、樊增祥、王鸿甫、张国淦、陈毅、卢靖、卢弼、周贞亮、刘绍炎、徐恕、方觉慧。

湖南11人：李希圣、杨树达、章士钊、袁思亮、余嘉锡、周铣诒、叶德辉、王礼培（附郭宗熙）、何氏（何绍基）、谭延闿。

四川10人：王秉恩、傅增湘、杨歗谷、吴之英、刘咸炘、张慎仪、吕调阳、廖平、唐百川、严式诲。

满洲8人：盛昱、杨钟羲、景廉（附凤山、端方）、麟庆、耆龄、金梁。

安徽6人：萧穆、吴闿生、徐乃昌、刘体智、刘世珩、周暹。

江西5人：张勋、李盛铎、熊罗宿、欧阳成、文廷式。

天津5人：徐世昌、徐世章、金钺、张鸿来、李士珍。

河南4人：史宝安、袁克文、张凤台（附刘镇华）。

山东4人：杨以增、吴式芬、徐梧生、潘馨航。

贵州4人：莫友芝、姚华、陈田、赵慰苍。

山西3人：张籁（附张瑞玑）、吴淞。

辽宁3人：于省吾、吴瓯、陈思。

广西2人：唐景崇、王鹏运。

福建2人：陈宝琛、梁鸿志。

不详2人：光熙、杜贵樨。

陕西1人：吴怀清。

北京1人：谭笃生。

云南 1 人：袁嘉穀。

以上各区域藏书家合计 197 人。

另有藏书机构 14 家，如下：

上海 1 家：涵芬楼。

江苏 1 家：江南图书馆（中央大学国学图书馆）。

南京 1 家：中央图书馆。

北京 11 家：军需局（军机处）、方略馆、国务院、司法部图书馆、外交部图书馆、国史馆（清史馆）、学部图书馆、北平图书馆、北京大学、清华大学、燕京大学。

从地域范围来看，伦明《辛亥以来藏书纪事诗》里记录的藏家以广东居最多，因伦明是广东东莞人氏，对当地的文化及人物比较熟识，同时又抱有乡邦之情，因此广东藏家最多；其次是江苏、浙江，这二省自古以来书业就比较发达，藏家辈出；再次是河北、湖北、湖南、四川、满洲、安徽、江西、天津、河南、山东、贵州、山西、辽宁、广西、福建、陕西、北京、云南，这些地域其实不能完全反映晚清以来尤其是辛亥革命后藏书地域的变迁特征，因辛亥革命后北京书业发展较快，北方藏家逐渐兴起，而在伦明《辛亥以来藏书纪事诗》中还是反映南方藏家居多，这与其自身的居游范围有很大关系，伦明中年以后定居京师，因此对北京的书业发展也是比较了解的，只是在流行于世的《辛亥以来藏书纪事诗》本里着墨不多，在中国国家图书馆所藏未刊稿里对藏书机构多有论述，见上文所列。

第四节　伦明《辛亥以来藏书纪事诗》内容总览

关于伦明《辛亥以来藏书纪事诗》的主要内容，笔者初始欲作一简要大表，在传的部分抽取数据，先后分列传主姓名、地域、身份、藏书处所、藏书与治学特色、藏书散佚情况等，但试做十余例后感觉工作量太大，且并非每一传主都具有上述共性，在抽取数据时感觉比较零散困难，观前人研究亦无人做此举，想必困难度极高。刘平在其博士后出站报告中亦是抽取19位藏家外加伦明共20位（依据：藏书数量在10万卷或10万册以上，质量较高且有自己的藏书治学经验），包括叶昌炽、卢靖、李盛铎、梁鼎芬、叶德辉、章钰、张元济、徐乃昌、陶湘、傅增湘、梁启超、伦明、莫伯骥、朱希祖、蒋汝藻、刘承幹、杨守敬、缪荃孙、康有为、徐恕。这是用抽样的方法来代表性地说明《辛亥以来藏书纪事诗》的主要内容，不失为一种面对庞杂史料的有效处理方式。但笔者认为藏书确有数量与质量之别、专门与综合之分，但各种类型的藏书家皆有自己的藏书志趣与藏书特色，他们藏书的辗转流传、散失毁灭及其对后世的影响都值得了解与学习，笔者能力有限，仅择要列举数例（不限于刘平所列），如能使人读之"窥一斑而知全豹"则最好，次则引起同仁关注私家藏书史的兴趣亦可。

一、藏家的传记资料

伦明《辛亥以来藏书纪事诗》中通过藏家姓名（没有字号）、诗、传三个部分保留了一些近代藏书家的史料，这些珍贵的资料成为后世增补藏书家传记资料的主要来源。由于伦明与其所记的大部分藏书家处于同一时代，因此对于有些藏书家的生平、藏书的最终归宿等并没有完全揭示，这也为后人开创这些研究领域提供了条件，如北京燕山出版社1999年出版、2008年重印的《辛亥以来藏书纪事诗》，该版本的整理者杨琥在点校的过程中就对书中所记的藏书家尽量增补了小传，内容包括生卒年、字号、籍贯、藏书处所、学术专长及生平著述情况，极大地丰富和完善了藏书家的传记资料，使后人再进行研究时有据可循，如伦明开篇即纪叶昌炽，表达了对叶氏的尊敬和褒扬之情：

买书难遇盲书贾，管教仍然老教官。
芸香浓处多吾辈，广觅同心叙古观。

> 叶鞠裳学政昌炽，精目录金石之学，所著《藏书纪事诗》《语石》《邠州石室录》《诗文集》，俱梓行。近始见《缘督庐日记抄》，凡平生所得及所见之书及金石，俱详载其中，晚岁居上海，所见古书尤博。……（此处省略“盲书贾”和“老教官”的典故说明。）余尝补君《纪事诗》数十人，今又拟《辛亥以来纪事诗》若干人，识陋才拙，狗尾之续，渐恧而矣。①

以上是伦明所写关于叶昌炽的诗传部分，虽然字数不多，但包含的信息量不小，对于叶氏的字号、官职、著述、治学特色、访书情形等方面都做了论述，但对于叶氏的籍贯、藏书处所、藏书聚散等情况并未涉及，因此杨琥在点校的时候专门对伦明所作“传”的部分进行了补充：

> 叶昌炽（1849—1917），近代学者、藏书家。字颂鲁，号鞠裳，自题缘督庐主人。长洲（今江苏苏州）人。光绪十五年进士，历任国子监司业、翰林院试讲，督甘肃学政。以裁缺归，清亡后以遗老自居。精于版本、目录、校勘及金石学。家富藏书，积至一千余部、三万余卷，多有明清文集及宋元佳本，其中吴中乡邦先哲遗书占三分之一。藏书处名治廧室、双云阁。所藏书在晚年售于嘉业堂与聚学轩。生平著述丰富，撰有《庚子纪事诗》《滂熹斋读书记》《语石》《缘督庐日记》等，其代表作为《藏书纪事诗》。②

可见杨琥在传的部分又补充了叶氏的生平、籍贯、历任官职、藏书处所、藏书特色及其藏书归宿等方面，丰富并完善了藏家信息。因北京燕山出版社出版的是合刊本，即包含了伦明《辛亥以来藏书纪事诗》、徐信符《广东藏书纪事诗》和王謇《续补藏书纪事诗》三种，

① 伦明：《辛亥以来藏书纪事诗》，北京燕山出版社 2008 年版，第 4 页。

② 伦明：《辛亥以来藏书纪事诗》，北京燕山出版社 2008 年版，第 4 页。

杨琥在点校的过程中对这些纪事诗的小传部分进行了增补，使每一位藏书家或藏书机构的信息更加完善，便于后人查找与研究。

二、凡属于书者无所不纪

伦明在《辛亥以来藏书纪事诗》中为每一藏书家写诗立传，每一条目所选取的标目是藏家姓名，与王謇《续补藏书纪事诗》的标目采取姓名加字号不同，与徐信符《广东藏书纪事诗》的标目采取姓名加藏书处所名亦不同，伦明在《辛亥以来藏书纪事诗》传的部分，对藏家的字号和藏书处所进行了阐述，藏家字号往往开篇即述，如上例叶昌炽，或条目三纪昀，其传的部分开篇即“河间纪文达公昀（文达是谥号）”①，或条目七五康有为，其传的部分开篇即“南海康长素先生有为（长素为号）”②，诸如此类，不一一列举。所以伦明在《辛亥以来藏书纪事诗》中对于藏家字号的阐述还是比较完整的，这也为后人做统计资料免去了不少麻烦，因为古人的姓名、字号比较复杂，后人再研究时容易犯把一人误作两人或两人误作一人的错误。伦明在传的部分开篇即述姓名字号问题，当然这也是古代表述人名的一种习惯方式，及至晚清民国时期依然如旧，不算伦明的首创或特色，因此笔者此处并没有将其作为内容特色进行总结。

在揭示藏书处所方面，因伦明并非“但纪私家”，而是“凡属于书者无所不纪”③，《辛亥以来藏书纪事诗》中所纪藏书家并非每一位都有藏书楼，伦明重在论述“书之聚散”，因此对于藏书处所并未刻意查考并全部揭示，如上例叶昌炽条即没有说明叶氏的藏书处所，所以杨琥在点校整理时进行了补充。当然也有部分藏家的藏书处所经由伦明在传的部分予以说明，如条目二范氏天一阁、条目六杨以增海源阁、条目七瞿镛铁琴铜剑楼、条目八丁丙八千卷楼、条目一〇丁日昌

① 伦明：《辛亥以来藏书纪事诗》，北京燕山出版社2008年版，第6页。

② 伦明：《辛亥以来藏书纪事诗》，北京燕山出版社2008年版，第68页。

③ 伦明：《辛亥以来藏书纪事诗》，北京燕山出版社2008年版，自序第3页。

持静斋，等等。这些条目都是伦明在传的部分直接写出表明，但有些条目则没有直接写出，而是需要通过传中对所纪藏家所编书目的名称，推敲后才能得知，如条目四三沈曾植，其传的部分“有《海日楼藏书目》”，据此推测沈氏的藏书处所为“海日楼”，杨琥点校整理后的结果确为“海日楼”[①]，类似的条目还有六〇刘承幹所刻《嘉业堂书目》、七六梁启超编有《饮冰室书目》，等等，都是需要通过传中所纪藏家本身编有的书目推敲得出。另外有些条目则是没有提及藏书处所问题，甚至在杨琥点校整理的资料中也没有记录，如条目一六孙诒让、一七萧穆、一八谭献、一九平步青、五九刘体智、一〇九张次溪、一一〇陈融、一一五桂浩亭等，这种情况要么是资料难得故不得而知，要么是这些藏家本身就没有藏书楼，抑或本身就没有给自己的藏书室起个雅号。这也反映了近代藏书风气的变迁，随着近代公共图书馆的建立，私人藏书家为自己构楼贮书的做法已大为改变。

三、藏书与治学特色

中国古代藏书家历来有“读书治学以自用”的传统，因此私家藏书基本与自己的读书治学志趣相契合，伦明在《辛亥以来藏书纪事诗》里对所纪藏家的藏书、治学特色亦有表述。

有定性描述直接总结的，如条目一叶昌炽“精目录金石之学……凡平生所得及所见之书及金石，俱详载其中”[②]，条目二四李文田“素究《元史》地理，好搜明季野史。其未刊稿，以《元史地名考》最巨”[③]，条目四一缪荃孙“为近代大目录学家”[④]，条目五二夏孙桐“亦谙目录之学，精于医”[⑤]，条目八〇王国维“十余年来，故都言国

---

① 伦明：《辛亥以来藏书纪事诗》，北京燕山出版社 2008 年版，第 40 页。

② 伦明：《辛亥以来藏书纪事诗》，北京燕山出版社 2008 年版，第 4 页。

③ 伦明：《辛亥以来藏书纪事诗》，北京燕山出版社 2008 年版，第 24 页。

④ 伦明：《辛亥以来藏书纪事诗》，北京燕山出版社 2008 年版，第 39 页。

⑤ 伦明：《辛亥以来藏书纪事诗》，北京燕山出版社 2008 年版，第 48 页。

学者，靡不曰王静安……君读书最精细，凡过目者，多精密校本，所纠讹文阐新义，多谛当”[①]，等等。

亦有定量列举藏家著述及收藏，以体现其藏书、治学特色的，如条目一〇九张次溪“《清代燕都梨园史料》……所收书多罕见。要目有：……《燕兰小谱》五卷……《日下看花记》……《片羽集》……（此处省略三十余种）”[②]，条目一一五桂浩亭“兼治群经，所著《易大义补》《禹贡川泽考》《毛诗释地》……《周礼今释》……《孝经集解》……俱已梓行。其有目无书者……见《国氏儒林传》者……此外不涉于经学者又有八种”[③]，条目一四〇冼玉清“现教授岭南大学……收粤人著作甚备。撰有《粤人著述过眼录》……又撰《管仲姬书画考》，谓仲姬画，十之九出伪作，其愈工者愈伪……又好游，尝居故都一年……撰有《万里孤征记》”[④]，等等。

四、藏书管理

（一）世代递守被盗

众所周知，明代范钦的天一阁因其保管严格、秘不示人而世代递守，至今逾400年，成为我国私人藏书历史上最为悠久的藏书楼，其间只有十余位学者曾登阁阅书，如黄宗羲、赵万里等。伦明在《辛亥以来藏书纪事诗》条目二中并未着墨阐述天一阁之所以能递守的原因，而是反其道而行之，先是阐述黄宗羲登楼后所抄的书目，凡书四千零九十四种，此为当时关于天一阁藏书最多的记载，其后列举他人所抄、所编书目皆是天一阁所藏越来越少，伦明因而在小传中记载了天一阁藏书被盗的事实，被盗后有贩卖现象，伦明转缪筱珊语“忽闻

① 伦明：《辛亥以来藏书纪事诗》，北京燕山出版社2008年版，第75页。

② 伦明：《辛亥以来藏书纪事诗》，北京燕山出版社2008年版，第96—97页。

③ 伦明：《辛亥以来藏书纪事诗》，北京燕山出版社2008年版，第102页。

④ 伦明：《辛亥以来藏书纪事诗》，北京燕山出版社2008年版，第140页。

阁书大批出售……意其子孙居然肯卖”[①] 之语，体现了其他藏家对于天一阁藏书居然在市面上能够出售的惊讶，这也从一个侧面反映了天一阁藏书历经数代管理严格的传统，只可惜事易时移，时局人祸所致，天一阁藏书被盗亦是事实，伦明在此也补充了天一阁藏书的史料，弥足珍贵。

（二）藏书公开被盗

古代藏书家虽然大多“读书治学以自用”，但也有少数藏书家对自己所藏予以公开，如瞿镛的铁琴铜剑楼，伦明在《辛亥以来藏书纪事诗》条目七瞿镛传中转引瞿氏宗人瞿冕垓的言论，大意是瞿镛开放藏书供众阅览，而且还供造访者膳食，结果藏书渐失，推测被不肖者盗走而典守者亦不自觉也，于是关闭书楼，此后再无览书者。[②]

（三）子孙无志于藏书

晚清民国时期时局骤变，天灾、时事、人祸皆可使藏家受损，或多或少地发生散佚，即使如范氏、何氏、席氏诸人能世代递守者亦不例外，当然亦有子孙不能递守者，伦明《辛亥以来藏书纪事诗》条目四谭莹之孙谭祖任，擅长填词、喜书画、善鉴别，但是对于家中藏书无心管理，或置于旧宅，或弃于上任途中，或请书店代为整理，最后因其无后，遂弃于破屋中，被某书店以百金购得，转手即卖千金，可悲可叹！唯其在北京设酒肆所创“谭家菜”闻名一时，冠绝北京。[③]

（四）近代藏书家应吸取之先进经验

伦明在《辛亥以来藏书纪事诗》条目一三三袁同礼传的部分阐述了袁氏藏书管理的先进经验，认为“此三事，藏书家皆当遵用者”[④]，

---

① 伦明：《辛亥以来藏书纪事诗》，北京燕山出版社 2008 年版，第 5 页。

② 伦明：《辛亥以来藏书纪事诗》，北京燕山出版社 2008 年版，第 11 页。

③ 伦明：《辛亥以来藏书纪事诗》，北京燕山出版社 2008 年版，第 7—8 页。

④ 伦明：《辛亥以来藏书纪事诗》，北京燕山出版社 2008 年版，第 116 页。

一是编目不以经史子集分，而以笔画多少分，诸要书各附索引，亦有合若干种书，共作一索引者，于检甚便；二是记书目于散片上，可以随时更调增损；三是书帙包上下四周，不似旧式之空其上下，书本大小长短不同，而帙则同，插架有整齐划一之观。

袁同礼从欧洲传图书馆学回国，于藏书管理自有其一套理论，他的藏书管理经验被伦明所推崇，认为其他藏家亦应学习使用。

以上仅举数例说明近代藏家藏书管理之状况，其实管理再科学完备，也抵挡不住因天灾、时事、人祸等原因所造成的散佚命运，或辗转流传不知所踪，或归于某位私家之手，最好的归宿是归公于图书馆泽被后世，这也是很多近代藏书家的夙愿。

五、书籍散佚情况

伦明《辛亥以来藏书纪事诗》所纪大部分藏书家皆晚清民国时期人物，且多与伦明为同时之人，因此伦明在1935年连载发表《辛亥以来藏书纪事诗》时，有些藏书家的藏书已开始散出或已散尽，如条目五三陈毅、七三麟庆、九三王鸿甫、一〇三章士钊、一一一盛景睿、一一七辛仿苏、一四四谭笃生等，此种情形伦明或于散书时偶有所得，或见于他处少数几种，整体来看皆难于寻其最后踪迹；此外还有藏书家去世后书始散，伦明所闻或卖给私家或公家，或抵押给书店，但最后是否成行皆未可知，如条目五四李盛铎、七〇吴怀清等；还有毁于战火者，如一四一涵芬楼①；还有藏书散出之时为另一私家购藏整体或部分，但另一私家之藏书后也发生散佚，辗转流传，大多不知所终。今读《藏书纪事诗》及后续五种，想必关注私家藏书史的

① 关于涵芬楼藏书的归宿，伦明发表《辛亥以来藏书纪事诗》之时，及至杨琥整理补充传记资料时，都认为涵芬楼的藏书毁于1932年“一·二八事变”，被日军炸毁于东方图书馆中，确实有一部分涵芬楼的方志之书与东方图书馆藏书一起毁掉了，但是还有部分藏书此前被保存在银行里，没有遭受战火波及，幸存下来的书籍被编成《涵芬楼烬余书录》，这批书现藏于中国国家图书馆。

同仁与笔者一样，更想知道这些藏书家的收藏有多少保留下来泽被后世，最终归宿又是哪里，而要完成这种寻迹觅踪的工作是特别艰辛困难的。笔者能力有限，仅就伦明《辛亥以来藏书纪事诗》传中所纪及杨琥点校时整理所得，试将《辛亥以来藏书纪事诗》中有迹可循的藏书家之藏书归宿予以整理揭示如下：

表 4—3　伦明《辛亥以来藏书纪事诗》所纪藏书家之藏书归宿

藏书家姓名（前为条目序号）	藏书处所	藏书特色	藏书归宿
一　叶昌炽	治廧室、双云阁	一千余部、三万余卷，多明清文集及宋元佳本，晚年售于嘉业堂与聚学轩	据刘承幹嘉业堂藏书归宿推知，叶氏藏书很有可能见存于浙江省图书馆或其他公共图书馆
二　鄞县范氏	天一阁	据黄宗羲抄成书目有书四千零九十四种，以地方志、政书、科举录、诗文集为特色	浙江宁波天一阁
七　瞿镛	铁琴铜剑楼	宋元善本	北京图书馆（今中国家图书馆）
八　丁丙	八千卷楼		南京图书馆
一一　孔广陶	三十三万卷楼，后改名“岳雪楼”		大部分由康有为所购，而康有为藏书又由万木草堂移交给广雅书院，据徐信符《广东藏书纪事诗》推知应有部分藏书收入广州市中山图书馆

（续表）

藏书家姓名（前为条目序号）	藏书处所	藏书特色	藏书归宿
一五　李慈铭	越缦堂	每书皆有校注，经史要书尤详	9000余册归北平图书馆（今中国国家图书馆），其余零散入陈垣等私家之手
二五　柯逢时		无宋元本，大抵四部中重要而切用者，校勘医籍	部分被邃雅斋购得，部分被日本人购走
二七　陈伯陶		明清野史、万历后诸家奏议别集	捐置酥醪观中
二九　梁鼎芬	葵霜阁、千钧堂、梁祠图书馆		焦山寺
三〇　梁思孝	梁祠图书馆	子承父藏	捐给广东省图书馆
三一　陈庆龢、庆佑			捐广州中山大学图书馆
三二　陈宝琛			晚年将藏书的一半赠与乌山图书馆
四九　张钧衡	九松精舍、适园	藏书10万余卷，质量较高，其中宋版45种、元本57种、黄丕烈跋本26种	卒后藏书由张乃熊继承，后由张以70万元出售给中央图书馆（现南京图书馆筹备建立之前的来源馆之一）

（续表）

藏书家姓名（前为条目序号）	藏书处所	藏书特色	藏书归宿
五四、五五 李盛铎	藏书室十数处，古欣阁、蜚英馆、凡将阁，等等	藏书 9000 余部，广收名家藏书兼朝鲜、日本古籍	多为北京大学图书馆所购藏，另一部分被美国哈佛大学图书馆掠去
五六、五七 傅增湘	双鉴楼	多有宋、元、明精刻及名抄本	病重时嘱咐后人将藏书分别捐与四川大学和北京图书馆，有待进一步核实
五九　刘体智		好收《四库全书》原本，后又专心收藏甲骨、金石、文物、古籍等	捐给上海图书馆
六〇　刘承幹	嘉业堂	《永乐大典》孤帙 112 册、《四库全书提要》原稿本 150 册，收其他藏家益富，先后达 60 万卷 20 万册	抗战时期家道中落，藏书售与各公共图书馆，余存之书捐给浙江省图书馆
六一 蒋汝藻、陈田	传是楼、密韵楼	元、明刻本（集部最多）	二人部分藏书归于北平图书馆
七四 耆龄、光熙		光熙专收清人集部	光熙所藏一半归于北平图书馆，一半散于书坊

（续表）

藏书家姓名（前为条目序号）	藏书处所	藏书特色	藏书归宿
七五　康有为	云瞿书屋、万木草堂	西学书籍、收购广东藏家之旧藏，共计数万册，不少宋元珍本	戊戌政变后家被抄，藏书移交广雅书院，据徐信符《广东藏书纪事诗》推知应有部分藏书收入广州市中山图书馆
七六　梁启超	饮冰室	四万多册、四部略备	北京图书馆
七九　杨守敬		藏书十万卷，访书日本，多得海内孤本逾万卷	卒后藏书尽归国务院（1915年），后移交故宫博物院，新中国成立前夕被运往台湾
八五　丁传靖		宋明稗官野史搜访甚备，多秘本	新中国成立后由其子丁瑗捐献给国家（具体信息未知）
八六　钱学霈、高燮、姚光		钱氏编辑医学诸书甚多，高氏善本颇多，姚氏秘本甚多又颇多金石、碑版、图录及稀世珍本与孤本	钱氏未知；高氏所藏大部毁于战火，有《诗经》数百种捐给复旦大学图书馆；姚氏卒后由其子昆田、昆群捐给上海市文物保管会
八七　封文权	篑进斋	多名人手抄及校勘本	分别归上海图书馆和江苏省博物馆
九八　朱文钧		字画、文物甚多	捐献给故宫博物院

（续表）

藏书家姓名（前为条目序号）	藏书处所	藏书特色	藏书归宿
一〇〇　陈垣		得钱竹汀、王怀祖二人手稿甚多，藏书数万卷，非切要者不收，著作等身	卒后全部书籍文物捐献给国家（具体未知）
一〇一　叶恭绰	灵金馆	喜收山志及书院志、词集、佛经、名人画像	分别捐献于北京、上海、广州等市
一二〇　邓之诚	五石斋	顾炎武著作的全部版本、清初文人集700余部、清末民初人像、风俗照片等	卒后捐与中国科学院图书馆
一二一　熊罗宿			南昌图书馆
一二四　张籁、张瑞玑	张籁“海藏庐”，后改名为贯三图书馆；张瑞玑“谁园”	张籁多明清集部及山西地方志；张瑞玑多收本省旧藏	张籁所藏分批捐给山西省图书馆和山西大学图书馆；张瑞玑所藏捐给山西省图书馆
一三二　邢之襄		以购古本称于故都，专刻河北及与河北相关之学者、文人集及方志。所藏善本437种，3646册	全部捐给北京图书馆
一三四　周暹		宋、元、明刻本和抄校本，清代善本和其他善本及中外图书，共5600余种，近37000册	分藏于北京图书馆、南开大学图书馆、天津市图书馆；文物1260余件藏于天津艺术博物馆

（续表）

藏书家姓名（前为条目序号）	藏书处所	藏书特色	藏书归宿
一三八　马廉	不登大雅堂	多收明清小说戏曲及明末文献	所藏曲本售之北京大学，得值万数千金
一四二　潘明训	宝礼堂	喜收宋椠达百余种、千余册，元明以后皆不屑	捐给北京图书馆
一五〇　徐恕	箕志堂、藏棱斋、知论物斋	士用书，大多稿本、精校本，其中有明清善本、抄本、稿本、批校本近万册，另有书画、印章、铜镜、刀币等文物7000余件	分别捐献给湖北省图书馆和湖北省博物馆
一五三　叶德辉		叶氏所见古本不多，所著《书林清话》《书林余话》，大体依据诸家藏书志。所藏多达20余万卷，自编《观古堂书目》亦无甚佳本。君素精小学，版本目录非所长也	叶氏1927年被湖南农会处死，抗日战争期间其藏书由后人卖与日本

通过该表所列37条目涉及42位藏书家藏书的最终归宿，个别归处只是提供了一个方向（如叶德辉、陈垣、丁传靖），其余各条基本各有去处，通过伦明《辛亥以来藏书纪事诗》所纪及杨琥校补整理后的资料，既可以了解辛亥前后尤其是辛亥以来私家藏书的发展情况，也可以了解重要典籍的辗转流传及最终归宿，使后人研究治学有的放矢。

六、藏书史实的辩证

（一）《玉台新咏考异本》的作者实为纪昀

伦明《辛亥以来藏书纪事诗》条目三纪昀，传中言伦明得《河间纪氏家集》原写本两册、文达（纪昀谥号）《玉台新咏考异本》手稿本及其父容舒《杜律详解》传录本，在《四库全书》中《玉台》著录容舒名，但是伦明所得手稿本则是文达自著。伦明“证之后序，刻本题纪容舒序，稿本题纪昀序。刻本‘余自姚安归来’句，稿本姚安作栾阳二字外，文全同。因思是书所引诸异本，非容舒所能见，文达兹举，殆善则归亲之意耶？”① 可见伦明通过证书之后序和书中内容所引异本在时间上并非容舒所能见的依据，推测《玉台》实为纪昀所作，刻本在《四库全书》中之所以冠其父容舒名，有可能是纪昀善意之归誉也。

（二）丁日昌强取豪夺之事为伪

伦明《辛亥以来藏书纪事诗》条目九丁日昌，传中记载“江南乱后，故家书尽出，中丞留意收拾，遂成巨观。相传有豪夺之事，盖陆存斋诬之。存斋欲据郁氏宜稼堂书，及自闽归，其精椠已为中丞所得，大嗛之，因造无稽之言。蒋香生、俞荫甫俱有辨，不赘述”②。另王謇《续补藏书纪事诗》、徐信符《广东藏书纪事诗》皆有争辩且持伦论，且因伦明与丁日昌子惠康有所交游，关于丁日昌强取豪夺之事为伪的结论应该可信。

（三）辨疑《书目答问》作者

伦明《辛亥以来藏书纪事诗》条目四一缪荃孙，伦明提出张之洞

---

① 伦明：《辛亥以来藏书纪事诗》，北京燕山出版社 2008 年版，第 6 页。

② 伦明：《辛亥以来藏书纪事诗》，北京燕山出版社 2008 年版，第 12 页。

《书目答问》乃缪荃孙代作的观点，但不是特别肯定尚存疑虑，因为伦明据年谱得出缪荃孙如作此书，当年其应为24岁之时，且缪氏早年从宦川滇，地域偏僻又乏师承，学识积累不能渊博至此，伦明因此疑之。后又引陈慈首云："是书盖江阴一老贡生所作。先生得其稿，又与张之洞共参酌成者。"① 伦明认为陈氏曾令江阴，所言或有据。因此伦明提出此说，有待后人验证。

七、近代藏书风气的变迁

中国古代尤其是晚清以前，藏书家基本上都是贵远贱近，以搜集、珍藏、鉴赏和利用为主要特征，到了近代藏书风气有所改变，多表现为悉心收集、建立专藏，为学术研究服务，如山经地志、俗文曲部、谱牒笔记等以前藏家不太重视的子、史、集部僻书，近代藏书家多有收藏。伦明本人也是重视清人文集的收藏，《辛亥以来藏书纪事诗》条目四五王绶珊，伦明在传中言未识王氏其人，但有杜国盛者曾撰《九峰旧庐藏书记略》，言王氏有宋本百余种、明本千余种、方志2801部，占全国方志总数的90%。《辛亥以来藏书纪事诗》条目一〇九张次溪专收梨园史料，条目一一〇陈融广收近代诗集至千数百家，条目一二八马叙伦多收近代人词集至数百册，一四〇冼玉清收粤人著作甚备，等等。

八、为书贾立传

中国古代有"重农抑商"的政策，同时也有士、农、工、商的阶层排序理念，商人的社会地位一直不高，即使晚清民国时期出现了一些实业兴国的企业家，商人的社会地位有所改观，但依旧不是显耀阶层，书贾作为其中的一分子更是不被人重视，即便有些书贾不乏书业经验与广博学识。因此叶昌炽曾在《藏书纪事诗》中为书贾立传，伦

① 伦明:《辛亥以来藏书纪事诗》，北京燕山出版社2008年版，第39页。

明在《辛亥以来藏书纪事诗》中继之，“余交游中，书贾居半，纪不胜纪，则摘其可称者数人著之”[①]。伦明虽说著录数人，但其实只有五位而已，包括谭笃生、何厚甫、孙耀卿、王晋卿、席玉照（席氏扫叶山房），这五位中既有跨越明清两朝、世代刻书、近世因机械印刷的传入而衰落的席氏扫叶山房，也有与伦明交游甚密且有着丰富书业经验和版本目录学知识的何厚甫、孙耀卿、王晋卿三人，更有书业虽大且熟识版本却好以赝本欺人兼盗内府书的不良书贾谭笃生，伦明对孙耀卿和王晋卿二人尤为推崇。

九、其他

伦明《辛亥以来藏书纪事诗》中涉及的藏书家身份属于官宦之家的不少，这也是古代“学而优则仕”的影响，这些世家子弟大部分自己也能考取功名并有自己的藏书治学志趣，但是也有少数出身于官宦之家但自己却不能考取功名，最后只能卖文自给，如沈宗畸，其所藏书多清代笔记及野史资料，逝后藏书尽散[②]；还有袁世凯之次子袁克文，所藏书皆钤有“皇二子”印章，多为内府物，以巨资购书画、金石、古钱币，所藏宋版书达200种，袁世凯死后，袁克文藏书星散大半[③]；还有富商之子辛仿苏，因所得遗产甚富，遂事收藏，曾携十数万金游京师，恣意挥霍，旁及字画古书，使得京师书业价格大涨，民国后居北京，因组建戏班不幸破产，藏书散尽，辛氏抑郁而终，亦是可悲可叹一例也[④]。还有一些身份敏感的藏书家，如梁鸿志、王叔鲁、张岱杉、李赞侯诸人，因抗日战争期间在日本扶持的各种伪政府中任要职而被后世定为“汉奸”，王叔鲁在抗战胜利后被捕并于狱中畏罪自杀，梁鸿志于1946年被枪决，张岱杉1937年病逝，李赞侯1968年

---

① 伦明：《辛亥以来藏书纪事诗》，北京燕山出版社2008年版，自序第3页。

② 伦明：《辛亥以来藏书纪事诗》，北京燕山出版社2008年版，第94页。

③ 伦明：《辛亥以来藏书纪事诗》，北京燕山出版社2008年版，第85—86页。

④ 伦明：《辛亥以来藏书纪事诗》，北京燕山出版社2008年版，第104页。

卒于上海（或因只担任文职，即汪伪政府上海《新闻报》社长）。此处所列四人虽藏书各有志趣，但因政治问题，藏书不知何处寻踪。

第五节 伦明《辛亥以来藏书纪事诗》与其他五种之比较

一、与叶昌炽《藏书纪事诗》之比较

叶昌炽《藏书纪事诗》所收藏家739人（徐雁统计），其中清代藏家329人（伦明统计），伦明《辛亥以来藏书纪事诗》与叶重复者不足10人[①]，这个结论有可能没有考虑中国国家图书馆所藏伦明《辛亥以来藏书纪事诗》未刊稿所纪之人，经笔者据足本核实后发现已有10人重复，因伦明纪人习惯用名，而叶氏纪人习惯用字号，因此查重必须十分熟悉这些藏书家的姓名字号，在上千位藏书家中找出重复者实属不易，此10人列表如下：

表4—4 伦明《辛亥以来藏书纪事诗》与叶昌炽《藏书纪事诗》重复10人

李文田 （仲约）	杨以增 （东樵）	李希圣 （亦元）	席　氏 （席鉴玉照）	瞿镛
丁　丙 （嘉鱼）	纪　昀 （文达）	莫友芝 （子偲）	盛　昱 （伯希）	曾　钊 （勉士）

以表中所列重复条目之席氏（《席鉴玉照》）为例，将伦明《辛亥以来藏书纪事诗》与叶昌炽《藏书纪事诗》进行比较，首先列出叶昌炽《藏书纪事诗》卷四之《席鉴玉照》，条目内容如下：

① 伦明：《辛亥以来藏书纪事诗》，北京燕山出版社2008年版，前言第2页。

席鉴玉照

牛耳毛钱狎主盟，萸山珍本出书城。
酿花扫叶皆清课，坐拥寒毡对短檠。

黄廷鉴《爱日精庐藏书志序》："汲古毛氏、述古钱氏，两家陵替，吾邑藏书之风寖微，然亦未尝绝也。以余所闻，玉照席氏、庆增孙氏、虞岩鱼氏，皆斤斤雪钞露校，衍其一脉。惟多留心于说部小集，以一二零编自喜，而于经史转略。"

《士礼居藏书题跋记》："顾抱冲案头有影宋本《东家杂记》，末有茱萸山人席鉴跋云：'毛省庵先辈影写本，余于丙申仲夏得之汲古阁中。'"

《天禄琳琅》："《离骚草木疏》，虞山席鉴钞本，有'墨妙笔精''虞山席鉴玉照氏收藏'朱记。"又《续编》："班马字类，有'席鉴'之印、'学然后知不足'朱记。"

《楹书隅录》："影宋钞《五经文字》《九经字样》，每册有'赵宋本''墨妙笔精''稀世之珍''虞山席鉴玉照氏''酿花草堂'诸印。"

昌炽案：玉照藏书极富，所刻古今书籍，版心皆有'扫叶山房'字。余曾见所藏《宝晋山林集》，有'萸山珍本'印。又按："海虞诗苑》席镐诗，有"湘北宝箴、玉照读书敏逊斋，犹记十五年前，余亦尝偕对扬敬修居之，因题诗二首""小斋罢琴酌，群季尚婴孩，此日开青案，频年闭绿苔。寒毡我家物，春草惠连才。弦诵遥相接，惟余叔子哀。"其第二首云："三人联袂衽，万卷浩纵横。"一门群从读书，娴古盖不减孙、钱二氏矣。[①]

席氏（席鉴玉照）一条收藏在伦明《辛亥以来藏书纪事诗未刊

① 叶昌炽：《藏书纪事诗》，北京燕山出版社 2008 年版，第 343 页。

草稿》（中国国家图书馆藏）中，没有标注藏书家名，只有诗传，从传中可看出藏书家是席玉照，诗传如下：

流传刻本异麻沙，艳说南巡驻翠华。
梨枣渐衰铅石继，细哉螳臂怎挡车。

洞庭山席氏，自明季即设扫叶山房于苏州城内，尝得毛氏汲古阁书板。自刻书甚多且精，以百家唐诗为最巨。廿余年前曾见罗纹纸初印本，绝可爱，索价千元，几等宋元本矣。相传圣祖南巡，曾驻跸其家，即以百家唐诗进呈，帝大赞赏，其时各地多有支店，余及见者苏州尚有一家，在上海者，光宣间改以石板印行诗文集笔记等，虽字多讹脱，而价甚廉，一时销路颇盛。近年群趋摄照，而《万有文库》《文库珍本》（应为《四库珍本》）等，又乘时而起，其不竞殆意中事也。麻沙地名，属福建建阳县，其地所刻书板，多以柔木为之，取其易成而速售，宋明时往往因题目字讹，士子喧争，皆为建阳本所误也。今人称刻书不精又板本模糊者曰麻沙本，则不因其地也。建阳刻书，由宋至元明，约三百年始绝。

以上所举席氏一例可观叶、伦二人在诗传部分内容及写法的不同，笔者在此基础上进一步从整体的角度，对伦明《辛亥以来藏书纪事诗》和叶昌炽《藏书纪事诗》进行比较研究。

（一）共同点

1. 著书原因相同

如前所述，叶昌炽撰《藏书纪事诗》是为了“传文献之信，扬藏家之言”，即从文献流布的角度来看私家藏书在文化传承中的重要作用，同时也为藏书家立传，使以名闻；伦明读叶昌炽《藏书纪事诗》后，感觉清代藏书家辑录人数不够，因此想续补清季及辛亥以后藏书家，体现了近代藏书风气的变迁以及社会巨变下的文化传承。可见二者著述原因相同，即都是重视文献在文化传承中的重要作用，为私人藏书家扬名立传。

2. **著述体例相同**

"纪事诗体藏书家传"为叶昌炽在《藏书纪事诗》中首创，其后续补之作皆继之，即采用"领以绝句，缀以事迹，必要时殿以按语"[①] 的先诗、后传的形式，如上文所举席玉照条，可看出这种诗传体例的基本特色，只是传的部分在具体写法上有所不同，见下文。

（二）不同点

1. **收录范围不同**

从收录人数来看，叶昌炽《藏书纪事诗》收录传主739人，时间范围从五代至清末，范围较广，起着通史的作用；伦明《辛亥以来藏书纪事诗》足本收录传主197人，藏书机构14家（藏书事件11篇和有诗无传者10篇暂不计算在内），共计211家，传主的生平范围大致从19世纪中叶至20世纪中叶，主要纪录辛亥以后近人的藏书史实，起着断代史的作用。

从传主的身份来看，叶昌炽《藏书纪事诗》的收录面更为丰富，包括官员、学者、宗室、方外（即释道）、女性、书贾、印刷者、外籍人士等，其中宗室、方外和外籍人士这三类在伦明《辛亥以来藏书纪事诗》中是没有收录的，其余大致相同。需要注意的是女性藏书家在叶昌炽《藏书纪事诗》中还算是比较独特的存在，但是晚清民国时期，尤其是辛亥以后，女性经济的独立和社会地位的变化使得女性学者或藏书家不足为奇，因此出现在伦明的《辛亥以来藏书纪事诗》里就是顺其自然的事。

2. **传记部分写作手法不同**

叶昌炽《藏书纪事诗》在传的部分采用的是辑录体的写法，即广采"正史以及稗乘、方志、官私簿录、古今文集等"[②] 辑而录之，如

---

① 赵国璋、潘树广主编：《文献学大辞典》，广陵书社2005年版。

② 叶昌炽：《藏书纪事诗》，北京燕山出版社1995年版，自序第1页。

上例席氏，即以辑录的形式反映席氏藏书的特色、刻书的精善及藏印等，从不同的侧面反映席氏藏书之盛；而伦明采用的是笔记体的形式，篇幅较短、语言简练、随笔而记，有真实之感。伦明《辛亥以来藏书纪事诗》继叶昌炽《藏书纪事诗》初刊已近40年，这40年间中国的刻书事业因受到西方铅印术的冲击而产生巨大的改变，由梨木枣木为版（即雕版印刷）逐渐转向铅印、石印，后者虽质低但价廉，销路很好并被称为"麻沙本"（并不因其地），这其实也反映了席氏扫叶山房刻书由盛及衰的过程，伦明《辛亥以来藏书纪事诗》与叶昌炽《藏书纪事诗》合为一体，可以更好地了解席氏藏书及刻书的情况。

3. 关注点不同

叶昌炽"但纪私家"，而伦明则是"凡属于书者无所不纪"[①]，因此在叶昌炽《藏书纪事诗》中都是人物，即都是私人藏家，而伦明除了纪人外，还纪藏书机构，在通行本《辛亥以来藏书纪事诗》中有涵芬楼一则，而在中国国家图书馆所藏《辛亥以来藏书纪事诗》未刊稿中则纪藏书机构13家，藏书事件11篇（详见附录八），真正属于"凡属于书者无所不纪"，重视藏书之聚散。

二、与其他四家续补《藏书纪事诗》之比较

继叶昌炽《藏书纪事诗》后，续补者有伦明的《辛亥以来藏书纪事诗》、王謇的《续补藏书纪事诗》、徐信符的《广东藏书纪事诗》、周退密与宋路霞的《上海近代藏书纪事诗》、吴则虞的《续藏书纪事诗》，目前共有五种相对完整的续补之作。

为充分比较说明这五种续补之作的写法特色及其反映的主要内容，笔者经过大量的数据统计，分别得到伦明《辛亥以来藏书纪事诗》所纪与其他四家续补之作在收录藏书家范围方面的重复之处，并一一列出重复的姓名，详见以下表格。

---

① 伦明：《辛亥以来藏书纪事诗》，北京燕山出版社2008年版，自序第3页。

表 4—5　伦明《辛亥以来藏书纪事诗》与王謇《续补藏书纪事诗》重复 14 人

李慈铭（悉佰）	盛昱（伯熙）	沈曾植（子培）	王树枏（晋卿）	李盛铎（木斋）	金梁（息侯）	叶恭绰（遐庵）
刘体智（晦之）	于省吾（思伯）	冼玉清	徐恕（行可）	金钺（复宣）	周暹（叔弢）	赵万里（斐云）

表 4—6　伦明《辛亥以来藏书纪事诗》与徐信符《广东藏书纪事诗》重复 18 人

曾钊	丁日昌	易学清	陈澧	李文田	梁鼎芬	张之洞	孔广陶	孔昭鋆
康有为	梁启超	黄节	叶恭绰	陈融	陈伯陶	曾习经	莫天一	谭莹

表 4—7　伦明《辛亥以来藏书纪事诗》与周退密、宋路霞《上海近代藏书纪事诗》重复 13 人

丁日昌	王存善	封文权	徐乃昌	陶湘	张钧衡	王绶珊
刘世珩	蒋汝藻	刘体智	叶恭绰	刘承幹	袁克文	

表 4—8　伦明《辛亥以来藏书纪事诗》与吴则虞《续藏书纪事诗》重复 93 人

麟　庆	陈　澧	谭莹（子宗浚、孙祖任）	徐信符	平步青	张之洞	陈宝琛
吴式芬	谭（廷）献	王秉恩	缪荃孙	李慈铭	梁鼎芬	沈曾植
沈曾桐	柯逢时	贺涛	徐世昌	董康	杨钟羲	吴瓯
李盛铎	曾习经	屠寄	王仁俊	李希圣	叶德辉	傅增湘
袁思亮	邓邦述	张咏霓	朱文钧	章钰	姚华	端方
卢靖	卢弼	张国淦	徐乃昌	刘世珩	吴昌绶	余嘉锡
沈应奎	张允亮	张籁	萧穆	刘鹗	李详	黄节
丁日昌	王鸿甫	陈毅	袁克文	王国维	朱希祖	马廉
高燮	叶恭绰	邢之襄	叙恕	徐梧生	景廉	凤山
耆龄	光熙	孔广陶	孔昭鋆	刘承幹	蒋汝藻	刘体智

（续表）

潘明训	莫伯骥	周暹	熊罗宿	何厚甫	谭笃生	孙耀卿
陶湘	汪康年	杨守敬	康有为	叶昌炽	易学清	梁启超
孙人和	史宝安	王晋卿	封文权	曹元忠	赵元益	何绍基

吴则虞《续藏书纪事诗》中温树梁、丁福保二人皆是在《辛亥以来藏书纪事诗》条目一一三曾钊、条目三纪昀的传中有所涉及，但伦明并未专门为其立传，故温、丁二人不算重复；吴则虞《续藏书纪事诗》中叶景葵条有引伦明《辛亥以来藏书纪事诗》资料，但通行于世的《辛亥以来藏书纪事诗》和中国国家图书馆所藏未刊稿皆无叶景葵此人，故在此处也不算重复，不知吴则虞从何处获悉伦明关于此人的诗传；另吴则虞《续藏书纪事诗》中有赵元益，中国国家图书馆所藏伦明《辛亥以来藏书纪事诗》未刊稿中亦有此人，故算重复；吴则虞《续藏书纪事诗》中陶湘、封文权、汪康年、康有为、杨守敬、叶昌炽、易学清、梁启超、曹元忠、孙人和、史宝安诸条并没有引用伦明《辛亥以来藏书纪事诗》中的内容，但伦明《辛亥以来藏书纪事诗》中确有其人，故算重复。吴则虞《续藏书纪事诗》总计与伦明《辛亥以来藏书纪事诗》重复93人，接近伦明《辛亥以来藏书纪事诗》总人数的一半。

在这五种续作的重复人数中，“叶恭绰”一条是共有的也是唯一的一个特例，今列举出来以示比较，之所以完整列出未做截取，是因为这样既能看出五种诗传各自的写作手法及内容特色，也能从整体上看出这五种续作对于私家藏书研究的宝贵史料价值。

首列伦明《辛亥以来藏书纪事诗》一〇一叶恭绰条目内容如下：

叶恭绰

卧游聊复读山志，素食原来究佛经。
收辑名人遗像备，选抄近代好词成。

> 番禺叶誉南恭绰，亦喜收书，但与时人微异。时人喜收省府州县乡镇志，而君独收山志及书院志；时人喜收诗文集，而君独收词集。君素好佛，故多收佛经。又其祖栏台先生曾手写名人画像，并附辑小传，君以为未完，而思补之。故于诗文集之附遗像者，求之唯恐不及，所收皆甚备。①

次列徐信符《广东藏书纪事诗》四五叶恭绰条目内容如下：

叶恭绰（遐庵）

地志山经足卧游，碛砂佛典妙雕锼。
牛唐以往彊村逝，甄选清词佚稿收。

叶恭绰，字裕甫，号遐庵，番禺人。广府学附生，北京大学仕学馆毕业。历官邮传部司员，升任侍郎、尚书、交通部长、铁路部长、财政部长。好藏书，惟与俗不同，专搜山水游记、书院名胜志，为藏家之别树一帜。精研佛典，于宋椠释典，颇有收藏。曾校印《碛砂佛典》全部，尤为大观。复以佛教经典入吾国凡一千七百余年，其汇集储存，总称之为藏，盖始于唐，而盛于宋，然历史绵渺，不易知诸藏付刊之经过及其内容。近来研究略录，渐及释藏者，如罗叔言之《宋元释藏刊本考》、吕秋逸之《佛典泛论》、屈万里之《明释藏雕印考》、蒋维心之《金藏雕印始末考》，皆考订甚详；东邻学者如常盘大定之《大藏经雕印考》、深甫正文之《佛教圣典概论》、桥本凝印之《宋版一切经籍考》等，亦蒐求綦备。惟欲兼综共贯，就留存至今者，求其刻印本末。裕甫著有《历代藏经考略》，列一历代大藏经行款、字数及版片情况表，凡装璜格式，每版行数、每行字数、函数、卷数、刻版处所、版片存佚均一目了然。末更附印各种藏经书影。

① 伦明：《辛亥以来藏书纪事诗》，北京燕山出版社2008年版，第90页。

大足供研究斯事者之参考（《藏经考略》附在《张菊生先生七十生日纪念论文集》中）。

裕甫工倚声之学，以王中唐、朱彊村所刊者惟宋词。复有编辑清词之举，博搜沉佚，得数千家。而以先辈甄录今词者，莫善于谭复堂《箧中词》，因为广之，已有《广箧中词》刊布，斯亦不朽之名著也。文籍而外，并藏古器，商承祚辑《十二家吉金图录》录其所藏："八器皆精品。"此外藏品凡六十七器，其后得之《汉项伯钟铭》云："汤项伯鹿钟，永建三年六月七日，项君子南海府五官椽，遗项君一双钟"，乃有关吾粤掌政者。

叶恭绰　参见伦明《辛亥以来藏书纪事诗·一〇一·叶恭绰》[①]，再列王謇《续补藏书纪事诗》六〇叶恭绰条目内容如下：

叶恭绰

石林再隐凤池乡，捐尽山经浦石仓。
才选四千近词集，还搜五季旧文章。

叶遐庵（恭绰），石林老人后裔，自浙绍迁南海者数矣。挂冠后，流寓春申江上。选清词，以寒家"澥粟楼"与顾巍成（建勋）家"燕营巢"藏清词略多，遐庵展两家目，知为公、私所未收者尚有八十余种。介吴湖帆（万）来见。借词之日，即蒙一见，如旧相知。嗣后苏、浙、沪先后开文献展览会，遐庵俱任高等顾问。余与陈子彝（华鼎）、陈子清（晋湜）辈亦无役不从。北京中国营造学社卢工程师（秦璋）来吴，虽遐庵详测吴中古建筑，余亦无处不向导以往。后遐庵购得我吴王甘卿太史（钟霖）十亩园，即颜之曰：凤池，以石林流寓吴门居凤池乡，纪祖

① 伦明：《辛亥以来藏书纪事诗》，北京燕山出版社2008年版，第282页。

德也。抗战后，余犹数见遐庵于上海。后复远赴香港，遄返羊城。解放后赴京，犹蒙函询起居。相见无期，梦寐之思，其何能已。全五代文者，遐庵曾得旧人辑本《五代文抄》而扩充之。余为集前贤所著各地五代金石文目饷之，退（遐?）庵亦不为不可教，时犹未见杨殿珣《石刻题跋索引》也。《清词抄》已集成者四千余家，承以油印目录简历见赐，封面手书题识，犹谆谆以拾遗补阙为属。所藏地志山经之属数千册，尽捐上海浦石路畔叶揆初（景葵）所创设，顾起潜（廷龙）所主持之合众图书馆，平生行谊，足风世矣。

叶恭绰　参看伦明《辛亥以来藏书纪事诗·一〇一·叶恭绰》①

再列周退密、宋路霞《上海近代藏书纪事诗》叶恭绰，条目内容如下：

叶恭绰

人弃何妨我取之，左图右史各攸益。
瑶华已刻全清选，肯为词魂酹一卮。

叶恭绰（1881—1968）字裕甫，又作誉虎、玉父，号遐庵，晚号矩园，广东番禺人。京师大学堂仕学馆毕业，曾任职清邮传部，民国后任交通部次长，解放后任中央人民政府文教委员会委员、文史馆副馆长，于交通、财政、经济、文化、教育诸方面均有建树。先生性喜藏书，风格与时人稍异，辄人弃我取。专藏者有三：曰名山胜迹、书院寺庙、乡镇等专志；曰清人词集及清人传记资料；曰文物图谱、照片。日积月累，蔚为大观。1943 年 5 月将其地理类藏书、朋好书札及亲历诸事文书捐入合众图书馆，

① 伦明：《辛亥以来藏书纪事诗》，北京燕山出版社 2008 年版，第 184 页。

该馆为之编成《番禺叶氏遐庵藏书目录》1册，得书906种3245册。1929年起为编辑《全清词钞》刻意收集清人词集，并邀请诗词同好，文坛名流朱疆村、夏剑丞、冒鹤亭、龙榆生等共同征集，先后得书五千余种，收入《全清词钞》者3196家，尚有千余家未能收入，间有罕见秘籍为海内所仅见者。太平洋战争爆发后，全部词集、文稿转移香港，1975年方得在香港出版，1982年北京中华书局再次出版。有关我国文物之图谱、照片，不幸在运粤途中毁于沙面之火，专藏三类遂失其一矣。抗日战争中，先生与郑振铎、徐森玉、张寿镛等，为抢救沦陷区古籍文献作出艰苦的努力，除负责香港方面的收购之外，又主持将精品由沪寄港的转运事宜，并为上海“文献保存同志会”提供工作场所。先生好佛，藏佛经亦富。解放后居北京，仍捐入上海图书馆书籍1719册，文物194件。著有《历代藏经考略》《广箧中词》《遐庵词赘稿》《近五十年中国之交通》《梁代陵墓考》《吴游片羽》等。①

最后列吴则虞《续藏书纪事诗》卷十叶恭绰条目内容如下：

亦儒亦佛亦高官，铜辇秋衾列宿寒。
了五代全文清乐府，墨花沉对负桓桓。
叶恭绰（誉虎）邢之襄（赞庭）

伦明《藏书纪事诗》注：“番禺叶誉甫恭绰亦善收书，但与时人微异。时人喜收省府州县乡镇志，而君独收山志及书院志；时人喜收诗文集，而君独收词集。君素好佛，故多收佛经。又其祖栏台先生曾手写名人画像，并附辑小传，君以为未完，而思补之。故于诗文集之附遗像者，求之唯恐不及，所收皆甚备。”（此

① 周退密、宋路霞：《上海近代藏书纪事诗》，华东师范大学出版社1993年版，第40—42页。

处吴则虞将伦明关于叶恭绰的小传部分全文转载，只是第一句有所校订改动。）

《广东藏书纪事诗》注："叶遐庵府学附生，北京大学仕学馆毕业。历官邮传部司员，升任侍郎、尚书、交通部长、铁路部长、财政部长。好藏书，惟与俗不同，专搜山水游记、书院名胜志，为藏家之别树一帜。精研佛典，于宋槧释典，颇有收藏。曾校印《碛砂佛典》全部，尤为大观。复以佛教经典入吾国凡一千七百余年，其汇集储存，总称之为藏，盖始于唐，而盛于宋，然历史绵渺，不易知诸藏付刊之经过及其内容。近来研究略录，渐及释藏者，如罗叔言之《宋元释藏刊本考》、吕秋逸之《佛典泛论》、屈万里之《明释藏雕印考》、蒋维心之《金藏雕印始末考》，皆考订甚详；东邻学者如常盘大定之《大藏经雕印考》、深甫正文之《佛教圣典概论》、桥本凝印之《宋版一切经籍考》等，亦搜取綦备。惟欲兼综共贯，就留存至今者，求其刻印本末。裕甫著有《历代藏经考略》，列一历代《大藏经》行款、字数及版片情况表，凡装璜格式，每版行数、每行字数、函数、卷数、刻版处所、版片存佚均一目了然。末更附印各种藏经书影。大足供研究斯事者之参考（《藏经考略》附在《张菊生先生七十生日纪念论文集》中）。裕甫工倚声之学，以王中唐、朱疆村所刊者惟宋词。复有编辑清词之举，博搜沉佚，得数千家。而以先辈甄录今词者，莫善于谭复堂《箧中词》，因为广之，已有《广箧中词》刊布，斯亦不朽之名著也。"（此处对《广诗》的首尾句皆有取舍。）

遐庵辑《全五代文》，原拟由科学出版社出版，卒未果。又有《清词选》数十卷，中华书局已摆成，亦未刊出。（据笔者所查，《广东藏书纪事诗》中没有此句，但又没标明是吴则虞案，王謇《续补藏书纪事诗》亦提及全五代文及清词抄，周退密、宋路霞《上海近代藏书纪事诗》中亦提及《全清词钞》，不知此句是否受王謇、周退密、宋路霞启发。吴则虞《续藏书纪事诗》是由吴受琚增补，俞震、曾敏整理后出版的，采用的是辑录体的传记写法，但不知为何不辑录王謇的《续补藏书纪事诗》和周退密、宋路霞的《上海近代藏书纪事诗》，尤其吴、王二书在书名上只一字之差，不用王书为辑录源，有“安其所习，毁所不见，终以自蔽”之嫌。）

则虞案：叶恭绰字裕甫、誉甫，又字玉父，号遐庵、矩园。筑“灵金馆”藏书，曾创办《词学季刊》，参加“文献保存同志会”，收刘氏“嘉业堂”、张氏“适园”书归公家，尤为功卓。著有《全清词钞》《遐庵汇稿》《历代藏经考略》，编刻《广东丛书》。死后书籍捐献国家。余识君于佛教学会，时任理事。

伦明《辛亥以来藏书纪事诗》注：“南宫邢赞廷之襄近年以购故本称于故都，未得观其藏目，所知者有江都秦氏刻《扬子法言》祖本，又有蜀本李长吉、许丁卯、孙可之诸集。北地自张文襄、徐梧生衰替后，屈指到君矣。”

又列邢氏《求己斋藏书记略》、藏园《补史亭剩稿跋》辑录邢氏藏书刻书事迹。

遐庵后任中央文史馆副馆长，以事褫职，以赞廷代，又以事罢议，故并列。[①]

纵观五家所写“叶恭绰”诗传内容，写法不同，内容亦各有侧重，但总体来说，使后人对叶氏生平、藏书特色、治学志趣、藏书归宿等方面有了一个全面的把握，史料价值极高。笔者在此基础上对五家续补之作进一步做了区分比较，以期总结伦明《辛亥以来藏书纪事诗》的特色、长处及不足，并进一步归纳其在五种续作之中的地位与影响。

---

① 吴则虞撰，吴受琚增补，俞震、曾敏整理：《续藏书纪事诗》，国家图书馆出版社2016年版，第8页。

（一）相同点

1. 著书原因相同

伦明继叶昌炽后著《辛亥以来藏书纪事诗》，也是为了“传文献之信，扬藏家之言”，而王謇在《续补藏书纪事诗》伦明条亦言“拙诗之作，盖由先生启也”[①]，此处的先生即为伦明。徐信符的《广东藏书纪事诗》详述广东藏书家典籍聚散源流，是重视乡邦文献的典范。周退密、宋路霞的《上海近代藏书纪事诗》亦意许，只是所收并非都是上海藏书家，如叶恭绰是广东番禺人，但是曾居游上海并曾捐书给上海图书馆，因此亦列入《上海近代藏书纪事诗》中。吴则虞的《续藏书纪事诗》更是在收录范围及体例的具体写法上完全效法叶昌炽《藏书纪事诗》，可谓是后续之作中最像的一种。

2. 著述体例相同

此五种续作皆是采用“纪事诗体藏书家传”的著述形式，伦明、王謇、徐信符、周退密（宋路霞）四书皆是先列传主名，再赋诗一首，诗下附传；吴则虞《藏书纪事诗》稍有不同，先列诗，诗的右下方列传主名，再下是传的内容。虽说前后顺序稍有差别，但基本体例是一致的。

（二）不同点

1. 收录范围不同

从收录人数来看，伦明《辛亥以来藏书纪事诗》（足本）收录藏书家197人，藏书机构14家，共计211家；王謇《续补藏书纪事诗》纪134人（算进附录8人）；徐信符《广东藏书纪事诗》纪藏书家51人（算进附录1人），藏书机构4家，共55家；周退密、宋路霞《上海近代藏书纪事诗》纪藏书家60人；吴则虞《续藏书纪事诗》纪藏书家425人（根据整理者所列传主形式，父子、兄弟、友人皆是并列关系）。

---

① 伦明：《辛亥以来藏书纪事诗》，北京燕山出版社2008年版，第189页。

从传主身份来看，吴则虞《续藏书纪事诗》与叶昌炽《藏书纪事诗》一样，因人数较多，故身份比较复杂广泛，而王謇、徐信符、周退密（宋路霞）三家则与伦明《辛亥以来藏书纪事诗》类似。

从传主所属地域来看，由于受著者自身居游关系的影响，伦明《辛亥以来藏书纪事诗》以广东、江浙一带藏书家居多（见上文统计）；徐信符《广东藏书纪事诗》因重视乡邦文献，故所纪主要是广东一带的藏书家；而周退密、宋路霞的《上海近代藏书纪事诗》从书名上来看应该是以沪上藏书家为主，但其实仍是江浙一带居多；王謇的《续补藏书纪事诗》也是受其自身居游关系的影响，以江浙一带藏书家居多。

吴则虞的《续藏书纪事诗》全本于2016年由国家图书馆出版社出版，笔者未精确统计吴则虞《续藏书纪事诗》中各位传主的籍贯或主要居游地域，但其中有93位藏书家是与伦明《辛亥以来藏书纪事诗》重复的，几乎占了吴则虞《续藏书纪事诗》记录总人数的四分之一，亦是伦明《辛亥以来藏书纪事诗》总人数的一半左右，据此可以对吴则虞《续藏书纪事诗》的传主情况，尤其是所属地域有一个基本了解。其实这五种续补之作所纪藏书家的地域范围，基本上也反映了古代私家藏书发展的地域特点以及近代以来所发生的改变。

2. 传记部分写作手法不同

在这五种续补之作中，只有吴则虞的《续藏书纪事诗》最似叶昌炽《藏书纪事诗》，采用的是辑录体的写作体例，其余四种皆为笔记体。辑录体是在所著录标目之下，旁征博引，广搜与标目相关的文献资料，包括史传、文集、杂说、诗话等等，凡议论所及，皆列于下①，该种体例形式源于元代马端临的《文献通考·经籍考》，类似于古代辑录体的提要体例；笔记是中国古代记录史学的一种文体，意谓随笔记录之言，属野史类史学体裁，有随笔、笔谈、日记、札记等异名。笔记这种体裁起源于魏晋，发展于唐宋，于明清两朝达到鼎盛，按其所记内容大致分为鬼神仙怪、历史琐闻和考据辩证三类。伦明、徐信

① 彭斐章主编：《目录学教程》，高等教育出版社2004年版，第47页。

符等采用的笔记体，即是接近于考据辩证类的一种笔记形式，属于有闻即记，较为生动真切，其中不少资料为正史所不载。

3. 关注点不同

伦明《辛亥以来藏书纪事诗》和徐信符《广东藏书纪事诗》既纪藏书家，又纪藏书机构；而王謇的《续补藏书纪事诗》、吴则虞的《续藏书纪事诗》、周退密和宋路霞的《上海近代藏书纪事诗》与叶昌炽《藏书纪事诗》一样都是“但纪私家”，不涉及藏书机构和藏书事件。伦明《辛亥以来藏书纪事诗》超出徐信符《广东藏书纪事诗》之外，还纪藏书事件，详见附录八。

4. 语言表述习惯不同

五种续补之作的作者中，伦明、徐信符、王謇三人主要是晚清民国时人，吴则虞、周退密二人生于辛亥革命发生后的二年内，其语言表述习惯自然带有古人遗风。虽然吴则虞《续藏书纪事诗》出版最晚（2016 年），但因其成稿较早且一直被其子吴受琚收藏，因此语言风格与此前三人类似，这四家基本是半古文、半白话文的表述方式，而周退密、宋路霞二人的《上海近代藏书纪事诗》（1993 年）出版虽早于吴则虞《续藏书纪事诗》，但因是二人合作完成，且宋路霞出生于 1952 年，新中国成立后人们普遍说普通话、用简体字，因此《上海近代藏书纪事诗》中传的部分基本就是现代汉语的表述形式。

第六节　伦明《辛亥以来藏书纪事诗》评价

一、承前启后之功

“纪事诗体藏书家传”[①] 这种文体肇始于叶昌炽的《藏书纪事诗》，属于“发凡起例”[②] 之作，该书记录了五代以后直至清末 739

---

① 王余光、徐雁主编：《中国读书大辞典》，南京大学出版社 1993 年版，第 391 页。

② 金振华：《叶昌炽研究》，吉林人民出版社 2005 年版。

位私人藏书家的藏书史实。伦明在此基础上作《辛亥以来藏书纪事诗》，记录范围以辛亥以来藏书家的藏书史实为主，据该书足本统计共211家（197位私人藏书家，14个藏书机构），与叶昌炽《藏书纪事诗》少有重复，可以说是对叶昌炽《藏书纪事诗》在记录藏书家内容上的补充和延续。伦明《辛亥以来藏书纪事诗》继承叶昌炽《藏书纪事诗》“纪事诗体藏书家传”的著述体例，先诗后传，开篇首例即是叶昌炽诗传，体现出对叶氏的敬重。在传的写作手法上采用了笔记体而非叶氏辑录体的形式，在一定程度上规避了叶氏广引资料时偶有错误的问题。又因伦明与所纪之人大部分是同时代之人，且多交游，因此在各位藏书家小传的部分，其写作笔法显得简明扼要、生动，可读性较强。叶昌炽《藏书纪事诗》对后世影响深远，伦明在其影响下作《辛亥以来藏书纪事诗》即是有力证明，而伦明《辛亥以来藏书纪事诗》在诸续补之作中亦有启示参考之重要作用，因此“倘以叶昌炽《藏书纪事诗》为书林《史记》，伦明《辛亥以来藏书纪事诗》则为书林之《汉书》。叶著为书林通史，而伦著则为断代之史”[①]。

伦明《辛亥以来藏书纪事诗》虽然继承了叶昌炽《藏书纪事诗》“纪事诗体藏书家传”的著述体例，但在藏家小传的具体写法上采用了笔记体而非叶氏的辑录体，这种笔记体的写法对徐信符、王謇、周退密（宋路霞）三家有所启示，徐信符的《广东藏书纪事诗》、王謇的《续补藏书纪事诗》和周退密、宋路霞二人合著的《上海近代藏书纪事诗》，皆与伦明一样采用笔记体的形式。王謇的《续补藏书纪事诗》言“拙诗之作，盖由先生启之也。”[②] 此处的先生即指伦明。另徐信符的《广东藏书纪事诗》“亦于诗下附传，沿袭叶著、伦著之体例，然其传记不列史料出处，且如曾钊、潘仕成等人各记诗两首，

---

① 周生杰：《孟晋超群：叶昌炽藏书研究与影响》，《中国矿业大学学报（社会科学版）》2014年第4期，第67—76页。

② 王謇著，李希泌点校：《续补藏书纪事诗》，书目文献出版社1987年版，第40页。

广雅书局则有三首，似更近伦著”①。

在五种续补《藏书纪事诗》著作中，只有吴则虞的《续藏书纪事诗》于藏书家小传部分，仍然采用叶氏辑录体的形式，是后世续补之作中最像叶昌炽《藏书纪事诗》的，但也正因为其出版时间较晚，同时小传部分又是辑录的形式，所以前面几种，尤其是伦明的《辛亥以来藏书纪事诗》，成为其广泛征引的来源之一。据笔者粗略统计，吴则虞《续藏书纪事诗》中大概有 80 余处援引伦《辛亥以来藏书纪事诗》，标为“伦明《藏书纪事诗》注……”②。可见伦明《辛亥以来藏书纪事诗》既对叶昌炽的《藏书纪事诗》有所继承与发展，同时也对其他后续四家有启示作用，承前其后的意义尤为巨大，因此才有以叶昌炽《藏书纪事诗》比《史记》、以伦《藏书纪事诗》比《汉书》之论。

二、笔记体的局限性

叶昌炽《藏书纪事诗》采用辑录体的形式来写藏书家的传记，而伦明《辛亥以来藏书纪事诗》采用笔记体的形式写藏书家的传记。二者各有特色，如前者于辑录资料方面旁征博引，便于后人查考；后者则篇幅较短、语言简练、随笔而记，有真实之感。但同时这两种写法也都有其自身的局限性，如叶昌炽《藏书纪事诗》援引资料众多，除了偶有引用错误之外，也“缺乏融会贯通的气魄”③。这就好比翻看蝴蝶装，必须连翻两页才能继续读下去，时间长了难免使读者心生厌烦，总有“知其然不知其所以然”的不能通透之感；伦明的笔记体则犹如包背装，虽然阅读容易一目了然，但也正是因为其简明扼要，有

---

① 翟鹏、严丽娟：《藏书纪事诗文体沿革考》，《晋阳学刊》2015 年第 6 期，第 38—42 页。

② 见吴则虞《续藏书纪事诗》中与伦明所纪重复之藏书家，重复人名见本书表 4—8，《续藏书纪事诗》，国家图书馆出版社 2016 年版。

③ 蔡振翔：《〈藏书纪事诗〉简介》，《古籍整理研究学刊》1994 年第 2 期，第 48 页。

些信息使后世读者难免惑于寻根觅源之难，总有遗失了“版心”中重要信息之感，详见上述所举“叶恭绰”各诗传之比较。

因伦明“胸中之目录，十倍于眼中之目录”[①]，又多年经营通学斋，故而熟识版本，因此在传的部分言简意赅，或许认为他人皆有同感。但版本目录之学并非每人都有其造诣，其他续补四家估计也是看到了这个问题，因此在传的部分都有所扩充，进一步丰富了藏书家史料。

笔记体的局限性还体现在伦明的某些研究结论中，即伦明在藏书家小传部分偶有语焉不详或稍显武断之结论，如伦明《辛亥以来藏书纪事诗》条目六五卢靖，伦明在传中言卢氏自印《湖北丛书》，经笔者查考，该书实为清赵尚辅辑，据杨琥增补资料，卢靖曾先后辑刊有《四库湖北先正遗书提要》《湖北先正遗书》等，因此伦明所言《湖北丛书》，其实应为《湖北先正遗书》。此外，关于《书目答问》的著者是缪荃孙的言论，似乎也有些武断，有待后来者进一步考证。

三、客观对待批判之语

伦明《辛亥以来藏书纪事诗》在一系列续补之作中起着承前启后的作用，具有极高的地位与影响。但在某些方面也有人持批判的态度，如雷梦水在校补《辛亥以来藏书纪事诗》时曾说“作者由于受历史局限，所录人物，亦有汉奸等辈厕杂其间”[②]，这里说的“汉奸等辈”包括反对戊戌变法、支持袁世凯称帝的湖南土豪叶德辉（《辛亥以来藏书纪事诗》一五三条），复辟帝制的军阀张勋（《辛亥以来藏书纪事诗》三七条），还有参与日本扶持的各级伪政府的人员，如梁鸿志（《辛亥以来藏书纪事诗》一五五条）、王叔鲁、张岱杉、李赞侯诸人（《辛亥以来藏书纪事诗》一四九条）。

---

① 伦明：《续书楼藏书记》，原载《辅仁学志》1929 年第 1 卷第 2 期，见伦明著，东莞图书馆整理：《伦明全集》第二册，广东人民出版社 2017 年版，第 58 页。

② 伦明：《辛亥以来藏书纪事诗》，上海古籍出版社 1990 年版，第 1—2 页。

由于伦明《辛亥以来藏书纪事诗》中所纪粤人藏书家占最大的比重，因此曾招来“不无阿附乡曲之见”[①] 的责备。

《辛亥以来藏书纪事诗》中所记藏书家叶恭绰也曾有批评之语：“此册所纪不少遗闻轶事，然有传闻失实者，又时杂以恩怨，未尽足据……特乡邦文献得此著录，固亦佳事。”[②]

对此，笔者认为应该持有一种相对客观的态度来看待伦明所记之人，如伦明记广东藏书家最多，那是因为伦明抱有乡邦之情，同时又受其自身居游关系的影响，所记粤人最多无可厚非。况且据笔者上文所统计，除广东藏书家外，浙江、江苏两省人数也比较多，接近广东人数，此三者合在一起将近全书总人数的一半，因此不能以人数多少来定其是否“阿附”。另外从伦明所记粤人藏书家的内容上，言其“阿附”未免也有些失实，见《辛亥以来藏书纪事诗》四八条王存善，伦明在其诗传中分析了粤人藏书风气的兴起乃源于粤吏多好收藏，并列举了一批粤吏藏书家，最后表明“勿问其政声何似，而雅尚殊足嘉也”[③]，可见伦明记录这些藏书家是抛开政治影响，只谈藏书事迹的。另七六梁启超一条，伦明虽然尊重梁启超并敬佩他的学识，但是在这一条的传中亦记录了他与梁启超就《古文尚书》内容进行辩论的事情，最后梁“瞠目不能答”[④]，可见伦明对于梁氏都未有“阿附”之意，何况他人呢？

伦明《辛亥以来藏书纪事诗》“凡属于书者无所不纪”且重“书之聚散”，因此除了上述涉及粤吏藏书家不论政绩只谈藏书外，也收录了如雷梦水所言的“汉奸等辈”。笔者认为这并非如雷氏所言，是由于著者本身受历史局限性的问题，而是伦明本身著述《辛亥以来藏书纪事诗》的出发点或目的性就很明确，即“凡属于书者无所不

① 周劭：《一管集》，山西古籍出版社 1998 年版，第 261 页。

② 原载叶恭绰：《矩园余墨 · 纪书画绝句》，1948 年铅印本。见罗志欢：《伦明评传》，广东人民出版社 2014 年版，第 128 页。

③ 伦明：《辛亥以来藏书纪事诗》，北京燕山出版社 2008 年版，第 44—45 页。

④ 伦明：《辛亥以来藏书纪事诗》，北京燕山出版社 2008 年版，第 69—70 页。

纪”，“勿问其政声何似，而雅尚殊足嘉也”。目前后人研究至此处，大多受雷氏言论影响，动辄列举张勋、梁鸿志之流，可若细究于此，那康有为是否也应并列其中呢？因为他也曾参与了张勋复辟，并被封为要员。如果规避耳熟能详且已有既定知名度的“大家”，而单单揪住“小家”不放，恐怕有失公允，所以莫不如不谈政治只论学术，这也与伦明著述《辛亥以来藏书纪事诗》的出发点相一致。

叶恭绰所评或有其依据，因其与伦明为同时之人且晚于伦明去世，又是伦明《辛亥以来藏书纪事诗》和其他四种续补诗中著录的比较重要的一位藏书家，也是唯一一位五种续补诗中著录的重复藏书家。如叶氏的批评属实，那么笔者推测，叶氏所言很有可能源于伦明采取的笔记体的写作方式，这种写作方式简明扼要、生动易读、随记随写，故可能有传闻失实者。叶氏于此既未细说，则有待后人查考。

第五章　续修《四库全书》的理论与实践

伦明被后世所知，首先就是他的藏书家身份，他的藏书处所名为续书楼，取续修《四库全书》之意。伦明毕生以续修《四库全书》为志业，除了续书楼主人外，他还是通学斋东主，做过晚清民国时期的官员，也做过大学教授，于版本目录之学极为精进。从学、从政、从教、从商这些活动贯穿了他的一生，然而他的从政、从教、从商都是围绕其从学活动展开的，而其从学的核心就是续修《四库全书》。因后世提及"四库"之事业，往往是将《四库全书》及《四库全书总目提要》放在一起而谈的，即将二者视为一个整体，故笔者也是从整体这个角度对伦明的续修《四库全书》事业进行研究。伦明于续修《四库全书》之事业用力颇多，既有理论，也有实践。

第一节　清廷编纂《四库全书》及其评价

一、编纂过程

盛世修典，清高宗乾隆三十七年（1772）正月初四，诏谕各地征集图书"以彰千古同文之盛"[①]，当时主要从敕撰本、内府本、《永乐大典》本、采进本、进献本和通行本六个来源方面征集图书，同时组织各学科领域的知名学者如纪昀、戴震、周永年、翁方纲、金榜、王念孙等参与其事，先后参与编纂的人员达360人，仅负责缮写的书工就多达3826人，历经10年完成我国最大的一部丛书的编纂，即《四

---

① 中国第一历史档案馆编：《纂修〈四库全书〉档案》，上海古籍出版社1997年版，第1页。

库全书》。全书以经史子集为序，经部十类、史部十五类、子部十四类、集部五类，合四部四十四类，著录图书 10000 余种[①]，装订为 36000 余册。因卷帙浩繁、刻印又费时费力，故该书成书之时全靠手抄，于乾隆四十六年（1781）十二月完成第一部的抄写，此后六年间先后又抄成六部，凡七部分别贮存于“北四阁”与“南三阁”，“北四阁”即故宫文渊阁（现藏于台北故宫博物院）、圆明园文源阁（毁于 1860 年英法联军战火）、盛京（沈阳）文溯阁（现藏于甘肃省图书馆）、热河避暑山庄文津阁（现藏于中国国家图书馆）；“南三阁”即扬州大观堂文汇阁（毁于 1854 年太平天国战火）、镇江金山寺文宗阁（毁于 1855 年太平天国战火）、杭州圣因寺文澜阁（现藏于浙江省图书馆），历经 230 余年的世事变迁，至今保留近四部完整的《四库全书》。[②]

《四库全书》既成，为方便检阅，与之相配套的《四库全书总目》（也称《四库全书总目提要》）也写定付梓。基本类目如下：

经：易、书、诗、礼、春秋、孝经、五经总义、四书、乐、小学。

史：正史、编年、纪事本末、别史、杂史、诏令奏议、传记、史钞、载记、时令、地理、职官、政书、目录、史评。

子：儒家、兵家、法家、农家、医家、天文算法、术数类、艺术、谱录类、杂家、类书、小说家、释家、道家。

集：楚辞、别集、总集、诗文评、词曲。

从基本类目可知，《四库全书总目》依照全书体例分经、史、子、

---

① 据史学家陈垣 1922 年对文津阁本《四库全书》所作的统计，收书 3462 种、存目 6793 种。关于《四库全书》收书总数有多种说法，但基本共识是算上存目，共著录图书 10000 余种。

② 谢灼华主编：《中国图书和图书馆史（修订本）》，武汉大学出版社 2005 年版，第 231—234 页。

集四部四十四类，类下有属，同时每部之首冠以总序，撮其源流正变，起着提纲挈领的作用，每类之首亦冠有小序，详述分并改隶，条析粲然。类下所属各书皆著录书名、卷数、作者及所据版本，每书之下皆有提要。[①]

二、后世评价

（一）褒扬

任继愈认为："清代乾隆年间编纂的《四库全书》是一项史无前例的巨大文化工程，这部名誉中外的大型丛书，汇集了中国古代乾隆以前的主要文化典籍，长期以来被人们誉为'传统文化之总汇，古代典籍之渊薮'，许多学者都将它与长城、京杭大运河联系在一起，被视为中国历史上最伟大的三大工程，被视为中华民族的骄傲。"[②] 具体来说，《四库全书》的功劳主要体现在两个方面：

一是汇集之功。清政府通过各种不同的渠道系统地征集图书，其规模之大远超前代，特别是从《永乐大典》中辑出清代已佚之书，既保存了元明以来不少有价值的文献著作，又为乾隆以后的古籍辑佚工作开创了良好的风气，提供了宝贵经验，同时因为把分散的群书汇集为丛书，这种官修的大丛书往往不容易散佚，对中国传统文化的保存起到了巨大的汇集作用。

二是传播之用。《四库全书》的编成及《四库全书总目》的问世，在一定程度上促进了学术的传播与繁荣。《四库全书》分贮七阁，其中"南三阁"的《四库全书》是对江南士子开放的，起到了"公

① 彭斐章主编：《目录学教程》，高等教育出版社 2004 年版，第 42—43 页。

② 任继愈：《四库全书研究文集》，敦煌文艺出版社 2005 年版，自序。

天下之好”的作用[①]，而《四库全书总目》因其“辨章学术，考镜源流”[②]的体例，实际上是对乾隆以前中国典籍的一次系统分类和全面总结，因此很多学者认为不看《四库全书》未为不可，但是一定要看《四库全书总目》，该书及目较好地体现了文化的继承与传播。

（二）批评

《四库全书》成书以来，已有不少人提出批评，批评的焦点主要集中在以下三个方面：

一是寓禁于征。清廷编纂《四库全书》是打着“稽古右文”的幌子，实际上是达到“寓禁于征”的目的。清廷在广征图籍的过程中，凡书中内容有“违碍”“悖逆”的一概摒弃，禁止通行直至销毁，约共禁毁书3000种。章炳麟曾在《哀毁书》中指出：“自满洲乾隆三十九年既开四库馆下诏求书，命有触忌讳者毁之，四十一年江西巡抚海成献应毁禁书八千余通，传旨褒美，督他省催烧益急。自尔献媚者峰起，初下诏时切齿于明季野史，其后四库馆议，虽宋人言辽金，元明人言元，其议论偏谬尤甚者，一切拟毁……而被毁者，不可胜数也。”因此有学者认为清廷编纂《四库全书》，也可作为中国图书发展史上的“书厄”之一。[③]

二是删改原文。特别是两宋之交以及宋末元初、明末清初的著作，凡认为对金、元及清人有诋毁处（如称虏、贼、夷狄、犬戎等），多加改写，甚至成段删掉。对此，鲁迅曾有评论：“雍正、乾隆两朝的对于中国人著作的手段，就足够令人惊心动魄。全毁、抽毁、剜去之类也且不说，最阴险的是删改了古书的内容。乾隆朝的纂修《四库全书》，是许多人颂为一代之盛业的，但他们却不但捣乱了古书的格

---

① 上海古籍出版社编：《古籍整理出版的宏伟工程：〈续修四库全书〉》，上海古籍出版社2002年版，第1—2页。

② 清代章学诚的目录学思想，是对古典目录学优良传统的总结，即“辨章学术，考镜源流”。

③ 谢灼华主编：《中国图书和图书馆史（修订本）》，武汉大学出版社2005年版，第208页。

式，还修改了古人的文章，不但藏之内廷，还颁之文风较盛之处，使天下士子阅读，永不会觉得我们中国的作者里面，也曾经有过很有些骨气的人。”①

三是有所疏漏。清廷编纂《四库全书》时，限于社会条件，没有进行广泛的文献普查，同时由于受正统观念的影响，一些有价值的民间文学创作及戏曲、小说等被排斥在全书之外。再加上最后《四库全书》成书时是由皇帝钦定的，其中图籍的选择去取亦受钦定影响，难免有所疏漏。

综上，《四库全书》的编纂从总体上来说是功大于过的，但正是因为这些“过”之批评的存在，也激发了后世学者补正、辩证和续修《四库全书》及其目录的宏愿。这些补正、辩证之作往往针对《四库全书总目》本身，如余嘉锡的《四库提要辩证》、胡玉缙的《四库全书总目提要补正》，或针对总目个别部类的提要进行订误、辨证、举正、勘误、条辨等；续修的提议则是考虑到清乾隆以后的学术发展与书籍增长，因《四库全书》及其目录往往会被看做一个整体，因此书中所述续修的提议即是包括这两个方面的内容。

第二节　续修《四库全书》的提议

《四库全书》自乾隆四十六年（1781）编成以后，对其进行续修的理念和做法早在嘉庆初年已有之，此后不断成熟与发展。

一、嘉庆初（1797）：阮元、鲍廷博

嘉庆初年，时任浙江巡抚的阮元利用职务之便，在江南陆续采购《四库全书》未收书170多种，仿《四库全书总目》体例，并与当地

① 谢灼华主编：《中国图书和图书馆史（修订本）》，武汉大学出版社2005年版，第208页。

著名藏书家鲍廷博等参校审定，为每一书都写提要，从而成《四库未收书提要》，后由其子阮福编入阮元的《揅经室外集》。

二、光绪十五年（1889）：王懿荣

光绪十五年（1889）六月十六日，翰林院编修王懿荣上疏恳请续修《四库全书》，是较为系统地提出续修理由的第一人。他在奏疏中直列三点理由：

其一，乾隆以后，“时经百载，开通日广，文物日新，厥有市舶泛来前代流传海外之书”。

其二，乾隆以后“通才硕学，网罗散失，采集遗佚，复古再成之书。说经补史，重注重疏，精校精勘之书，以及天文、算学、舆地、方志、政书、奏议、私家撰著，卓然经世之书，层见叠出，或先得者残而重收者足，或沿称者伪而改题者真”。

其三，“考据之门，后来居上，艺数之流，晚出愈精。若此之类，上溯旧例应为著录者，其为萃美，庶几前编”。[①]

可见王懿荣主要是从时代和学术的发展角度，建议续修《四库全书》，虽然此建议因内外之故而搁置，但是他的这个观点直接影响了后续倡议之人。

三、光绪三十四年（1908）：章梫、喻长霖、孙同康

光绪三十四年（1908），翰林章梫《拟请增辑四库全书折》上奏，请旨施行，翰林喻长霖在此基础上再次上疏前请，谓：“今海宇大通，群言庞乱，后生小子，震于泰西富强之说，卮言日出，大道将歧。非续编书目，明定宗旨，排斥邪说，不足以清群议之嚣嚣，而齐

① 上海古籍出版社编：《古籍整理出版的宏伟工程：〈续修四库全书〉》，上海古籍出版社2002年版，第2页。

一天下之耳目”。[1] 章、喻之后，藏书家孙同康也起而附和倡言续修，可惜此次倡议未果。

四、民国八年（1919）：金梁

金梁（1878—1962），字息侯，光绪二十八年（1902）中举人，两年后中进士，历任京师大学堂提调、民政部参议、奉天政务厅长等职，民国成立后任清史馆校对，九一八事变后任奉天博物馆馆长、奉天通志馆总纂、奉天四库全书馆坐办等职。[2] 金梁曾于1919年提出影印《四库全书》的建议，并拟续修《四库全书》书目。这次建议以影印为主，兼及续修。北京当局派陈垣先做前期准备工作，首先清理承德避暑山庄文津阁《四库全书》。陈垣做了大量清理点校工作，渐成明朗之势，然而因时局纷扰，这次影印及续修建议，最终未果。

五、民国十四年（1925）：邵瑞彭、黄文弼、李盛铎、吕思勉

民国十四年（1925），国会议员邵瑞彭发表《征求续编四库全书意见启》，全国各界积极响应，黄文弼主张先仿《四库全书》体例编目，然后按目求索；李盛铎认为对于《四库全书》摒弃的一些书籍，如含有反清民族思想的著作、历代反对君主思想的诸书以及乾嘉以后的各种公开著作，都应列为续编之列；吕思勉认为应将《四库全书》先行印刷若干部以备保存，然后搜罗其所未备，校正其所未善，成一《民国全书》，吕氏的理念虽说还是续修《四库全书》，但名目已发生了变化，这也体现了吕氏作为历史学家的历史发展观和独特视角。

---

① 上海古籍出版社编：《古籍整理出版的宏伟工程：〈续修四库全书〉》，上海古籍出版社2002年版，第2页。

② 罗志欢：《伦明评传》，广东人民出版社2014年版，第265页。

六、民国十六年（1927）：伦明

民国十六年（1927）一月，伦明发表《续修四库全书刍议》，比较详细地阐述了续修《四库全书》的必要性、要注意的问题和具体做法，可谓对以前诸说的集大成者。然逢革命军北伐，时局动荡，此议影响较大但并未成行。民国二十二年（1933）九月，伦明又发表《拟印〈四库全书〉之管见》，主张影印《四库全书》的同时，也应续修。因伦明是续修思想的集大成者，又是本书主要的研究对象，所以对其续修《四库全书》的理论，笔者专列一小节阐述，详见下文。

需要注意的是，吕思勉和伦明在倡议续修《四库全书》的同时，也提及了影印《四库全书》事宜，其实民国时期影印与续修《四库全书》的倡议往往杂糅在一起，二者互相影响，了解该书的影印过程对理解续修该书的理念有一定的帮助作用。李常庆的《〈四库全书〉出版研究》较为详细地爬梳了该书在民国时期和新中国成立后的影印出版情况。笔者在此单就影印事宜作一简要概述。自民国五年（1916）至民国十七年（1928），先后有七次影印《四库全书》的计划，第一次是由居住在上海的犹太人实业家哈同与商务印书馆经理张元济组织，第二次是金梁，第三次是叶恭绰，第四次仍然是张元济，第五次是研究中国的日本学者，第六次也是张元济，第七次是奉系军阀张学良、杨宇霆，这七次皆因种种原因而未果。[①] 可见在民国时期只是影印现成的《四库全书》都难以进行，何况还要续修呢？

同时需要注意的是，对于影印《四库全书》的倡议是有争议的，而对于影印《四库全书总目提要》的倡议，基本没有争议，原本影印即可。因后世所存对《四库全书》某些问题的批评，争议主要集中在两个方面：一是要影印原书，也可选印珍本；一是不影印原书，要改换善本。民国时期影印原书的计划因各种原因搁置，但是选印计划经过多方讨论终于取得进展，民国二十二年（1933）十一月至民国二十

① 李常庆：《〈四库全书〉出版研究》，中州古籍出版社2008年版，第82—99页。

四年（1935）七月，历经三年的时间，在当时国民政府教育部的主持下，以选印库本的方式完成了《四库全书珍本初集》（当时选出800种珍本，此次只影印了231种）的出版，算是民国时期关于影印《四库全书》的计划中迈出的重要一步。此后，直到20世纪60年代，台湾才重新开始计划影印《四库全书》，如在《四库全书珍本初集》的基础上继续完成了二至五集的选印，全印了文渊阁《四库全书》；而大陆则是自20世纪80年代开始实施一系列影印计划，如上海古籍出版社以台湾影印本为底本缩印的文渊阁《四库全书》，鹭江出版社和北京功德阁文化传播有限公司仍然以影印文渊阁本为底本，有所创新后再次出版，此外还有商务印书馆影印出版的文津阁《四库全书》，杭州出版社影印出版的文澜阁《四库全书》。[①]

第三节　伦明续修《四库全书》的理论

伦明续修《四库全书》的理论集中体现在他于1927年发表的《续修〈四库全书〉刍议》[②]一文中，文中他首先追溯了续修《四库全书》的起源，言其源于光绪中叶编修王懿荣的奏疏（奏疏内容前文已述），伦明对王氏论及续修《四库全书》的必要性十分赞同，在此基础上更是指出有在《四库全书》之前未经发现者宜补，在《四库全书》之后未及收录者宜续。然而王氏的这次提议因搁置而未果，而伦明又是以续修《四库全书》为志业的，因此对于这个结果他表示“殆成绝望矣”[③]，故而其从报纸上得知各国退换庚子赔款用于中国的

① 李常庆：《〈四库全书〉出版研究》，中州古籍出版社2008年版，第107—115页。

② 伦明：《续修〈四库全书〉刍议》，《国学月刊》1927年第1卷第4期，见伦明著，东莞图书馆整理：《伦明全集》第二册，广东人民出版社2017年版，第201—207页。

③ 伦明：《续修〈四库全书〉刍议》，《国学月刊》1927年第1卷第4期，见伦明著，东莞图书馆整理：《伦明全集》第二册，广东人民出版社2017年版，第201—207页。

教育事业，而续修之事又有望时，既感到幸运又感到意外，马上撰文阐述自己的续修理念，以期续修之事能够成功。其续修理念主要包括搜集、审定、纂修三个方面，此外还有出版一环。

一、搜集

（一）搜集之难

伦明认为在续修《四库全书》的过程中，于搜集、审定、纂修三者之中，搜集最难，因为搜集不成，则审定与纂修二者就无从谈起，而搜集最难主要体现在三个方面：

其一，所遗尚夥，力有不逮。乾隆间修《四库全书》之时命各省进呈书籍，当时江浙两省进献最多，两广、云、贵最少。伦明认为这种情况与各省文化发展情况以及官员执行力度有关，因此《四库全书》并不完备，除了著录、存目和禁毁者外，所遗尚夥。对比今时（特指伦明发文之时，即民国十六年，公元1927年）中央命令之力极微，学者荣宠之心更减，可见要想此时（指民国时期）续修《四库全书》，其难度只会大于乾隆时期。

其二，书目所依，少有借资。伦明认为自古以来藏书家贵古而贱今，崇远而忽近，尤其在当时，对晚清民国时期的珍本、善本不够重视，只有南皮张氏（张之洞）《书目答问》和长沙叶氏《观古堂书目》录及近代，然后两者书目皆有疏漏谬误，后世一旦从事续修搜集，则少有凭借。

其三，私家藏书，十不获一。乾隆时期为修《四库全书》开通多方征集渠道，其中私家藏书进献即是其中一个重要渠道，然而历经咸丰、同治年间兵火战乱，私家藏书（包括私人刻书和私人著述）散失毁灭者较多，幸存下来的也需后代子孙有善守者，然而也并不乐观。关于晚清民国时期私人藏书家的藏书情况，伦明《辛亥以来藏书纪事诗》的记载，前文已述。因此续修《四库全书》时如果想要调取当时诸家私人藏书，恐也不易。

（二）搜集之方

因为搜集工作有上述三大困难，因此伦明在文中详细指出搜集方法，他认为在搜集之前应暂定一待求书目（或借用藏书家旧目，或由专门家新定）并刊布，如阅者于书目之外另有所知，可随时举告增入；如书目中有谬误缺漏也可随时纠正更改。如此，搜集工作方可得以进行。具体做法有三：

其一，购书。伦明认为此法最为容易，因为所求书中如有通行者，则取之坊肆即可。

其二，征书。如在坊肆不得，可以征书补购书之不及，用奖励的办法取得征书较好的效果，奖励的方法有三：一是奖以优价，对于本目（即前述待求书目）所有但不甚通行者，或是在本目之外者，凡以书名、内容要旨、著者、版本等信息函达本馆（应指续修《四库全书》的机构，等同于乾隆年间开设的四库馆），经本馆认可后，书到即如价酬之。二是奖以名誉，凡以书籍赠送本馆而不索酬者，成书时，在书目下注明由某某所赠，于篇首另开赠书人名一门；赠书者可于卷首附拟提要一篇，本馆得书当沿用不另作，即使有改动亦用其人之名，成书时其人列为纂修员；赠书不分佳劣，一律接受，劣本放入丙种（甲乙丙种之分见后述审定与纂修二方），如拟有提要仍放入本书，但不入汇刊。三是交换，对于本馆已有之书，有欲得者可函商本馆，以册数略等之书彼此交换。经本馆认可，将原书另缮写一部与之，此种方法也算是奖励的一种了。

其三，访书。伦明认为可以访书补征书之不及，并进一步指出可分国内与国外。国内访书应派若干稍通目录学之访书员，分访各省大图书馆和藏书家，尤其注意各省府州县志艺文门以及艺文门中所漏载书籍，先记录书名，按重要性先为未刊之稿本，次为罕见之抄本，再者不甚通行之本，或抄录、或报酬、或交换，各随所欲；国外访书则应由本馆呈请政府咨行驻外各国公使，于所驻国参观其大图书馆，访问各藏书家，凡有关我国图籍，备录书名报告本馆，认为不可缺者再请该公使设法抄录。对于搜书的方法，伦明认为此种访书的方法最为重要。

二、审定

关于审定，伦明认为乾隆时修《四库全书》已有此举，成书前有一些全毁、抽毁之书，便是在纂修前已做审定。基于此，伦明认为续修《四库全书》时亦应重视审定工作，可分为纂修前和纂修后两个阶段：纂修前应审定某书合入甲种、乙种或丙种（甲乙丙三种详见下文纂修），同时对于《四库全书》已经著录或存目之书，今又得另一善本，是维持原提要还是改作，亦应审定；纂修后应审定各纂修员所作提要是否合作，不合者应酌情修改或退令再拟，此种做法在乾隆时已有总纂官一职。伦明认为总纂官一职不应以年高资老者充任，而应选确实学识高于各纂修员之上的学高人士担任，否则图生混乱，还不如将审定的责任分摊到各纂修员身上，使其互相审定，互为督促。

三、纂修

审定之后即开始纂修，前文已述纂修后的审定有学识确实高于各纂修员的总纂官固然便宜，伦明认为乾隆时修《四库全书》主经部者为戴东原，主史部者为邵二云，主子部者为纪晓岚，以上诸人皆专精于所属领域，因此各部提要篇篇精审，唯有集部未得其人，因此疏漏谬误特为减色。今时再续修《四库全书》，似难企及乾隆时盛况，然而如阮氏进呈诸书，所撰提要（即《四库未收书提要》）又并非难以企及。基于此，伦明就续修《四库全书》提出以下事项进行商榷。

（一）续修断代自清初为始

伦明认为续修《四库全书》的续始时间应断自清初，凡其人殁在顺治元年（1644）以后者皆可入。据伦明所查《四库全书》成书于乾隆四十七年（前文已述为乾隆四十六年十二月），按理续修之始应续接此年（即 1782 年），然而伦明却选择清初为续修之始，主要原因如下：其一是《四库全书》修书时忌讳太多以致抽毁、全毁之书颇多，如李映碧的《南北史注》及《南唐书注》本已著录，后因他书牵扯致被抽出，故李氏所著书概不著录，类似情况很多，而这些有关史料之书非常重要，不可湮没。其二是遗书未出，此处遗书是指乾隆修《四库全书》时，有些书籍只有抄本流传，不被熟知而未被采录，如顾祖禹《读史方舆纪要》、顾亭林《天下郡国利病书》、万季野《南疆佚史》等，同时又有顾亭林、王船山等遗著晚近才开始付梓，这些遗书在续修《四库全书》时都应考虑收入。其三是《四库全书》有进退失当之处，有些学者的佳作只入存目，如大儒孙夏峰、颜习斋、李二曲等，文家如黄梨洲、潘次耕、顾黄公等，诗家如宋荔裳、吴野人、冯钝吟等。在伦明看来，王阮亭与汪钝翁二人的著作仅以《精华录》《尧峰文抄》著录，而《带经堂诗文集》《钝翁前后类稿》却只入存目，这种取舍是不合理的。至于其他集部著录者，也不皆精诣。基于以上三点，伦明认为断代从清初开始即可弥补纠正这些问题。

同时伦明认为在开展续修《四库全书》工作时，上述问题应当归入“补”篇，“续”篇仍接乾隆四十七年（1782）后即可，且所收各书分甲、乙、丙三种，上者入甲种，次者入乙种，其余入丙种。甲、乙两种皆撰提要，丙种仅列书目及作者姓名、爵里（相当于前书的存目）。尤其可贵的是伦明对于存目的看法，认为前书存目实有不少佳书，今则只能睹目而书已不可求。因此伦明主张续修时可略微变通，甲、乙两种收书时稍微放宽，丙种亦然，因为即使丙种在当时毫无价值，但是如《四库全书》存目中的书籍一样，随着时间向后推移，其对后世的价值不断显现，而且对考证家族遗闻、搜集乡邦掌故等也是有一定借鉴作用的。

（二）四部中宜分三大类

自《四库全书》成书之后至伦明所处晚清民国时期，纂辑之书包罗四部，有千数百种之多，同时有清一代校勘考证之学大兴，亦应在四部之内单独设类以容之，此外史、子、集部的撰著自《四库全书》后名家辈出，数量激增，也应设类以容。伦明对续修体例仍应其旧，即采用经史子集四部分类法，但是对一级类目下的二级类目并未像《四库全书》分为四十四小类那样周详，毕竟当时伦明只是提出续修理念，如此浩大的文化工程并非一己之力就能完成，况且当时（1927年）也没有成功的实践做法，各方皆在讨论、争议或准备，而往往最后结局都是搁置未果，详见前文。因此伦明建议在四部之内应设有三大类，即经部下应设有纂辑、校勘、笺注，史、子、集部下应设纂辑、校注（校勘、笺注并为一类）、撰著。

（三）金石、甲骨文字等应特立一门

《四库全书》史部目录类下附列金石，但著录不多，及至晚清民国时期，金石文献发现益众、研究益精，且最新出土之龟甲文字也愈来愈多，因此伦明建议应在史部特立一门，分目录、文字、图像诸子目。

（四）词曲类宜分立诸门

《四库全书》词曲类有词无曲，对于传奇、杂剧等曲类文献附录其后并不合适，因此伦明建议续修时应将词类和曲类分别列置，各成一门，对于金、元以来的所有传奇、杂剧皆次第列之于曲类，而对于《四库全书》未著录的词曲类则应溯源至最初，不限时代。至于其他门类，依照旧例即可，避免参差。

以上所述四点纂修理念对后世影响深远，《中国古籍善本书目》在分类体例上即充分体现了伦明对于金石、词曲类的设置想法。

四、出版

修书之外，伦明认为还有出版这一环节应该改善，他认为《四库全书》当时皆写本，主要有两个原因：一是《四库全书》底本是从内府借出及各省进呈，事成之后理应发还。二是由于须得数本分储七阁，事繁费重，又急于完书，除缮写外别无他法。伦明认为时易事变，进入民国后再言续修宜选影印，不但节劳省费，而且因为有清一

代刻书精美，甚至有胜于宋椠者，故还可以借影印而保全艺术。只是在选择版本时应更为精审，刻本应选择初印雅洁者，抄本应选择字体工整者，对于仅有粗劣之刻本和潦草之抄本的情况，伦明认为应该命善书者以精纸端楷另行誊缮。

对于修成后装订成册的美观问题，伦明认为可以采取琉璃厂书匠的工艺，如果有书大小宽狭不一，可以白纸套于书页内，全书皆然，则外形统一，至于付印之时，放宽缩小可随意而为，内容上亦能统一。

以上是伦明《续修〈四库全书〉刍议》一文所体现出来的续修理念。除此之外，伦明还于 1933 年发表《拟印〈四库全书〉之管见》① 一文，再次重申影印、续修之理念，他反对选印主张全印、以他本易库本、改用排印且缩成袖珍本，并在字体、页数、工费、纸价、装订、校费、册数、成本总额、售约等方面制定了细则。《伦明全集》亦收录了伦明《关于印行〈四库全书〉意见书》② 一文，但没有标注文献源，据熊静考察，该文应有民国单行本③。但笔者并未得见原本，仅就《伦明全集》所收录，大致阐述其主要内容。该文从选用完本、择要校勘、酌加序跋、推广销路、加印珍本、储蓄纸料、择印存目、择印续书、续编书目、设藏书楼等十个方面，详细阐述了影印《四库全书》的相关工作，其中再次强调续修事宜，即择印续书和续编书目两项。伦明主要从清修《四库全书》之后的学术发展情况，以及文化的保存与传承方面出发，借影印之际再提续修之事，所提各建议详尽细致、合情合理，体现了自身为续修之志业殚精竭虑、不断努力的决心与勇气。

---

① 伦明：《拟印〈四库全书〉之管见》，《国文周报》1933 年第 10 卷第 35 期，见伦明著，东莞图书馆整理：《伦明全集》第二册，广东人民出版社 2017 年版，第 211—219 页。

② 伦明：《关于印行〈四库全书〉意见书》，见伦明著，东莞图书馆整理：《伦明全集》第二册，广东人民出版社 2017 年版，第 223—226 页。

③ 熊静：《伦明先生文献学著述考》，《大学图书馆学报》2014 年第 1 期，第 110—115 页。

第四节　伦明续修《四库全书》的实践

伦明毕生以续修《四库全书》为志业，但他也深知仅凭一己之力难以实现宏愿，因此他多方联络努力，除了明确提出自己的倡议外，还寄望任职于政府部门或高校院所的有识之士，甚至财力雄厚的乡人富商，希望能得到这些部门或人物的支持和帮助。从 1921 年起，伦明先后七次就续修《四库全书》相关事宜奔走努力，前六次皆以失败而告终，只有第七次有望成功并做出了一些实绩。

一、致信陈垣请求续修

陈垣（1880—1971），字援庵，又字圆庵，广东新会人，于考据学、宗教史、元史和史论等方面成绩斐然，受到国内外学者推重。陈垣从教 70 多年，任过辅仁大学、北平（京）师范大学的校长，也做过国立北京大学的教授、导师，以及故宫博物院图书馆馆长、中国科学院历史研究所第二所所长和人大常务委员等职[①]，一生阅历丰富，治学亦广博，这与其早年定居北京不无关系。1912 年，陈垣当选为众议员，次年定居北京。“因为陈垣的关系，很多在北京的东莞学人聚集在一起。”[②] 陈垣曾评论说：“粤中后起之秀，以东莞为盛。”[③] 广东东莞籍民俗学家容肇祖就是陈垣的学生，可见陈垣对东莞籍人才特别推重。伦明于 1915 年定居北京后，与陈垣多有交游。

1919 年，金梁提出影印《四库全书》和拟续修《四库全书》书

① 陈乐素：《陈垣》，见陈清泉等编：《中国史学家评传》下册，中州古籍出版社 1985 年版，第 1244 页。

② 徐丽：《对话陈智超：世纪广东学人在北京》，《南方日报》2011 年 8 月 21 日，第 9 版。

③ 《容肇祖与陈垣书》（1933 年 9 月 24 日），见陈智超编注：《陈垣来往书信集（增订本）》，生活·读书·新知三联书店 2010 年版，第 300 页，

目的建议，因《四库全书》舛误较多，主张作校勘记。北京当局派陈垣实地调查承德避暑山庄文津阁的《四库全书》，陈垣首先清点《四库全书》，弄清了架、函、册、页的准确数字，并编制了《文津阁册数页数表》。经过陈垣的清点工作，影印及续修《四库全书》之前期准备工作已基本就绪，然时局纷扰，最后还是没有付诸实践。但是陈垣的研究并没有停止，他对《四库全书》的研究热情，与时任北京大学教授的伦明有一定的契合。

1921 年 9 月，伦明辞去北京大学教席，欲专心从事其续修《四库全书》之志业。同年 12 月，伦明得知陈垣任教育部次长、代理部长的消息后，似乎对续修《四库全书》之事看到了希望，于是致信时任教育部次长的陈垣，信中就《四库全书》事业提出三点请求：一是编定一应之书目以待搜求，二是校雠《四库全书》，三是编撰《续修四库全书总目提要》（伦明认为此事最为迫切）。伦明在信中言辞恳切："如能办到三事，则我公为福气于国学者不细。且政治不过暂局，我辈在世界上要当作一事业，留作后世纪念。……我公如有希望于后世者，此其时矣！"[①] 然而时值军阀混战时期，当局无暇顾及，陈垣也是无能为力。五个月后，陈垣辞去了教育部次长之职，伦明的请求未能如愿。

二、寻求乡人资金资助

继第一次寄托当局主持续修无望后，伦明决心独立完成续修《四库全书》，他曾在《续书楼藏书记》中记载一事，言其"续书之志，发于甲子"[②]，民国甲子年即 1924 年，但是根据伦明的藏书治学经历，以及上述他为续修《四库全书》所做的努力，笔者认为伦明"发于

① 伦明著，东莞图书馆整理：《伦明全集》第二册，广东人民出版社 2017 年版，第 406 页。

② 伦明：《续书楼藏书记》，《辅仁学志》1929 年第 1 卷第 2 期，见伦明著，东莞图书馆整理：《伦明全集》第二册，广东人民出版社 2017 年版，第 59 页。

甲子”的续书之志，实际上有专指仅凭一己之力完成续修《四库全书》伟业之意，这也充分体现出伦明对自身藏书治学经验与学识能力的自信。1924 年某日，伦明与乡人胡子俊（大连富商）谈及《四库全书》书时说：“此书宜校、宜补、宜续，而续最要，且最难。”胡氏问：“谁能为者?”伦明言：“今海内不乏绩学，但苦无凭借，独我能为之耳。有岁给我三千金者，将屏绝人事，致力于此，计五年可成。”① 胡氏慨然自任，然而不久胡氏营业失利，所诺款项不能兑现，故伦明此次欲独立完成续修之事遂告中止。

三、致信梁启超请求续修

梁启超（1873—1929），字卓如，号任公，别号饮冰室主人，广东新会人，光绪十五年（1889）举人，后拜康有为为师，就读于万木草堂，接受康有为的思想学说，走上维新变法的道路。光绪二十四年（1898）戊戌变法失败后，逃亡日本，入民国后拥护袁世凯，后因袁称帝而反袁，后又反对军阀张勋复辟帝制，而康有为是支持张勋复辟的，所以梁启超与康有为从此渐行渐远，政见不同，治学方面亦有相悖之处，故梁氏常言：“今日之我，与昔日之我战”②。梁启超归国后专心治国故，晚年入清华大学国学院任教授。伦明与康有为、梁启超二人有师徒之义，与梁启超有同门之源。

伦明少年时期曾随父在江西崇仁任所衙斋读书，伦父去世后，伦明回到故乡东莞，光绪二十二年（1896）前后，伦明来到广州，拜康有为为师，执弟子礼，在康有为万木草堂弟子名录中，伦明排在第24位。③ 此时梁启超已跟随康有为五年左右的时间，从政见到思想深受

---

① 伦明：《续书楼藏书记》，《辅仁学志》1929 年第 1 卷第 2 期，见伦明著，东莞图书馆整理：《伦明全集》第二册，广东人民出版社 2017 年版，第 59 页。

② 伦明等著，杨琥点校：《辛亥以来藏书纪事诗》，北京燕山出版社 2008 年版，第 69 页。

③ 蒋贵麟：《康南海先生弟子考略》，原载台湾《大陆杂志》1980 年第 61 卷第 3 期，转引自《文教资料简报》1984 年第 6 期，第 88 页。

康有为的影响，俨然已是康有为的得意门生。伦明 1896 年前后拜师康有为，1898 年康、梁二人“百日维新”，1901 年伦明考中举人，次年考取京师大学堂师范馆，此间约有六年的时间，本应是伦明跟随康有为治学的时间范围，但是后世鲜有资料记载伦明此间的从学情况，笔者猜测应是 1898 年戊戌变法的失败，直接在时间上导致了伦明从学于康有为的短暂局面。后因康、梁二人在政见和治学方面多有分歧，伦明与梁启超的交游渐多。早在伦明就读京师大学堂时期，就曾作《无题》诗八首，署名“东莞生”并寄给梁启超，被梁氏录入《饮冰室诗话》。[①] 伦明后来能再次在北京大学任教，也是由于梁启超的推荐，可见二人既是同门，又更像师生。

1925 年年初，清华学校设立国学研究院，吴宓担任研究院主任，先后聘请当时学术界最负盛名的梁启超、王国维、陈寅恪、赵元任四位学者为研究院导师。国学院初办，财政充裕，伦明认为这是实现其续修《四库全书》宏愿的绝好机会，于是他致信梁启超，表示其愿意辞去河南道清铁路局总务处长，由国学院聘任专修《续四库提要》（书成后版权归清华学校所有），同时打算将自己的藏书移存清华学校保存，以备续修。梁启超对伦明的提议大体赞成，要求伦明先提供一份书目，“但书目不易编就。今还有最简办法，此处之书由我编目，在京之书由你代编，不必审慎。但分经、史、子、集四大类”[②]。信末敦促孙殿起见字即刻办理，可见伦明心情之急切。可惜梁启超于 1929 年 1 月 19 日病逝，国学院亦停办，伦明与清华学校的合作还未开始就结束了。伦明深感痛惜，挽梁启超诗曰：

往复一瓻酒，商量七略书。

① 梁启超著，舒无校点：《饮冰室诗话》，人民文学出版社 1959 年版，第 79 页。

② 伦明：《与孙殿起书》，见伦明著，东莞图书馆整理：《伦明全集》第二册，广东人民出版社 2017 年版，第 403 页。

寝门临哭后，遗稿问何如？[1]

四、借影印《四库全书》之机倡议续修

1925年6、7月间，北洋政府（当时执政者为段祺瑞）以各国退还庚子赔款宜用于文化教育事业之由，有意影印《四库全书》，并令商务印书馆承办，当时交通部长叶恭绰致电张元济称："京津同人颇主乘时重提印著《四库全书》事，机不可失，务望指定一人来商种切，并希赐复。"[2] 当时商务印书馆与教育部、京师图书馆就影印《四库全书》分别签订了合同，准备工作也比较周密，然而正值北洋军阀混战末期，江浙战事又起，京沪铁路中断，拟将文津阁本《四库全书》装箱改海运至沪，亦未成行。待1926年秋商务印书馆重提影印《四库全书》事时，段祺瑞已下台，内阁也频繁换人，重新提案已不可能，影印一事遂告中止。[3] 伦明时在河南，听闻后拟《续修〈四库全书〉刍议》一文，发表在1927年的《国学月刊》上，文中就续修《四库全书》的准备工作和具体实施方案都做了详细规划，分搜集、审定、纂修、出版四个主要环节，可操作性较强，具有一定的合理性。[4] 然"尔后时局纷扰，无复有过问者"[5]，伦明此次续修之努力再告中止。

---

① 伦明：《挽梁任公先生》，见伦明著，东莞图书馆整理：《伦明全集》第一册，广东人民出版社2017年版，第42页。

② 张学：《出版巨擘——张元济传》，浙江人民出版社2003年版，第247页。

③ 李常庆：《〈四库全书〉出版研究》，中州古籍出版社2008年版，第89—90页。

④ 伦明：《续修〈四库全书〉刍议》，《国学月刊》1927年第1卷第4期，见伦明著，东莞图书馆整理：《伦明全集》第二册，广东人民出版社2017年版，第201—207页。

⑤ 伦明：《续书楼藏书记》，《辅仁学志》1929年第1卷第2期，见伦明著，东莞图书馆整理：《伦明全集》第二册，广东人民出版社2017年版，第59页。

五、参与奉系续修《四库全书》事宜

1928 年 12 月 4 日，奉天省长公署特设奉天文溯阁《四库全书》校印馆，拟用东北地方财力影印此书，印讫即接续修。该次影印计划由杨宇霆发起，推举张学良为总裁。张作霖的部下郑谦（奉天总司令部秘书长）根据杨宇霆的旨意，邀请伦明游沈阳，伦明到沈阳后方知影印事宜。同年 12 月，由伦明起草电文，张学良、杨宇霆等联名通电全国，表明影印《四库全书》的决心，并用英文、德文对外通告。伦明曾将此次影印工作的具体规划，以《拟印〈四库全书〉之管见》一文的形式发表在 1933 年的《国文周报》上，开篇即提奉系主持的这次印书，同时也交代了此次印书没有成功的原因秘密，即“南京政府文官处忽来一电，略言中央现正筹印《四库全书》，请勿复印云云”[①]。本来伦明就影印之事已提出两种印刷办法待议，一种是原书影印，略缩小；一种是用库书之名，但易其本。同时伦明也为影印后的续修工作编纂了《四库全书目录补编》，可谓已经做好了充分的续修准备，但是 1929 年 1 月 10 日，杨宇霆突遭横祸被张学良所杀，印书一事变得不可收拾。杨宇霆死后，张学良也曾邀请伦明两次再议续修，主要是因通电已发，不好取消。然而伦明再申前法，张学良则有敷衍之意，似不欲办。此后又有南京政府通电欲印《四库全书》，特意叮嘱奉系方面不要复印，张学良的态度更加隐晦。及至 1931 年九一八事变爆发，沈阳失守，影印、续修《四库全书》计划被迫中止，南京方面亦没有任何进展，伦明方知双方“同是空言也”[②]。

参与此次奉系组织的影印、续修《四库全书》之事宜者，除了伦明外，还有此前在京提议续修的金梁，当时的提议并未得到执行，此

① 伦明：《拟印〈四库全书〉之管见》，《国文周报》1933 年第 10 卷第 35 期，见伦明著，东莞图书馆整理：《伦明全集》第二册，广东人民出版社 2017 年版，第 211 页。

② 伦明：《拟印〈四库全书〉之管见》，《国文周报》1933 年第 10 卷第 35 期，见伦明著，东莞图书馆整理：《伦明全集》第二册，广东人民出版社 2017 年版，第 212 页。

次奉系组织的影印、续修工作也是以失败而告终，因此伦明与金梁二人“同抱伤心”[①]。伦明更是在《辛亥以来藏书纪事诗》中，于“金梁”一条的诗传中，回顾二人参与奉系影印、续修之事，感叹曰：

试从四库溯渊源，续目校刊久对论。
清史稿成清学录，辽阳旧梦待重温。[②]

六、借选印《四库全书》珍本之际再提续修

1933年6月17日，教育部与商务印书馆签订影印发行《四库全书》未刊珍本的正式合同，主张就文渊阁原本选印，从而引发争议，也有主张以善本代替库本者，其实伦明也持后一种观点，只是他要替换的是全书，而非一部分。有感于奉系印书未竟之憾，伦明将自己沈阳之行的工作规划，以《拟印〈四库全书〉之管见》一文的形式发表在1933年的《国文周报》上，并就1933年的这次选印计划发表自己的观点，再次重申影印、续修之理念，如他反对选印、主张全印，以他本易库本，改用排印且缩成袖珍本，并在字体、页数、工费、纸价、装订、校费、册数、成本总额、售约等方面制定了细则，可谓殚精竭虑、用心良苦。但是最后教育部还是坚持影印库本，拒绝采纳以善本替代库本的建议。1934年7月至1935年7月，南京国立中央图书馆与商务印书馆合作，分四次出版《四库全书珍本初集》，共231种，分装1960册。[③] 这个结果并非伦明所愿。本来伦明在提出一系列的影印细则建议后，寄希望于“此书毕工，接印续书，气脉相连，格式如一”[④]。然而从影印到续修，皆沦为空想矣！

综上，伦明是续修《四库全书》用力最多的学者，也是续修

① 伦明：《辛亥以来藏书纪事诗》，北京燕山出版社2008年版，第112页。
② 伦明：《辛亥以来藏书纪事诗》，北京燕山出版社2008年版，第111页。
③ 罗志欢：《伦明评传》，广东人民出版社2014年版，第146页。
④ 伦明：《拟印〈四库全书〉之管见》，《国文周报》1933年第10卷第35期。

《四库全书》理论的集大成者。他不仅有续修的理论，而且还躬身实践，多方奔走努力，以期完成续修大业。他以续修《四库全书》为志业，甚至有以一己之力完成续修伟业的宏愿，这既是一种气魄，同时也是一种无奈。然而历经十余年，先后六次的努力尝试后，伦明皆以失败而告终，直至第七次，参与日本东方文化事业总委员会主持的《续修四库全书总目提要》工作。

七、参与日本东方文化事业总委员会组织续修事宜

（一）庚子赔款的由来及使用

庚子年（1900）义和团运动爆发，八国联军以此为借口入侵中国，迫使清政府于1901年与各国列强签订了丧权辱国的《辛丑条约》，其中一条规定从1901年起，中国要向各国赔偿战争损失费四亿五千万两白银，分39年还清（加上利息共九亿八千万两）。20世纪初期的中国，政治格局风云变幻，出于在中国获取更长远的利益之考虑，以美国为首的各国列强开始考虑返还庚子赔款。1909年，美国政府决定退还庚子赔款的部分款项，用于在中国办学和派遣留学生到美国学习，随后英、法、俄、日等国纷纷效仿，退还庚子赔款用于中国的文化教育事业。[①]

民国十二年（1923）3月，日本国会通过议案并公布《对支文化事业特别会计法》，退还庚子赔款用于中国的文化教育支出，但每年的预算要由日本国会审核通过。我国教育学术界人士对日方退还庚子赔款固然欢迎，但是对于决定权完全掌握于日本人手中表示不满，为此全国教育会联合会退还庚子赔款事宜委员会等11个教育学术团体发表宣言，明确主张："由中日两国推选专门学者，组织文化事业理事会，筹划决定并管理日本以庚子赔款办理文化事业之一切事务。理

---

① 宓汝成：《庚款退款及其管理和利用》，《近代史研究》1999年第6期，第64—100页。

事人数中日各半，别设理事长一人，由中国人充之。”[①] 此后两年，中日双方就设立此文化事业理事会互有争议，时停时续，直至民国十四年（1925）5月4日，中日双方就组织委员会之事正式换文，文中记载：“以义和团赔偿金所属资金在中国境内应举办之文化事业，在不抵触日本特别会计法及其相关法规之范围内，为筹划决定及管理起见，应组织日、中两国共同文化事业总委员会。……委员会之委员人数，日本方面十名以内，中国方面十一名以内，委员长由两国委员就中国委员中选出。”[②] 同年（1925）7月，总委员会中日双方委员确定，中方11人，包括邓萃英、汤中、王树枏、王式同、王照、柯劭忞、贾恩绂、江庸、胡敦复、郑真文、熊希龄；日方7人，包括入泽幸吉、服部宇之吉、大河内正敏、太田为吉、狩野直喜、山崎直方、赖川浅之进。1925年9月中国方面熊希龄请辞，由梁鸿志补任，日本方面太田为吉另任他职，由掘义贵补任；1926年6月日本增派大内畅三为委员；1927年10月邓萃英辞职，由杨策补任。经过一番调动后，该文化事业总委员会委员数实际为中方11人，日方8人，共计19人。

（二）日本东方文化事业总委员会业务组织

1925年10月9日，由中日双方成立的文化事业总委员会在北京召开第一次大会，全体委员出席，推举中方柯劭忞为委员长。此次会议就研究对象、经费问题、委员会权限等事项进行讨论。会议决定委员会拟在京成立下属机构北京研究所，分经学、史学、哲学、文学、美术、法制经济、宗教、考古、言语学九部门，并列出了一系列研究课题，如《续修四库全书》之编纂、《四库全书》之补遗、朝鲜大同江附近乐浪郡时代古坟之挖掘、中国全国中药之搜集、长江以南地质

① 王芸生编著：《六十年来中国与日本》第八卷，生活·读书·新知三联书店1982年版，第77页。

② 王亮：《〈续修四库全书总目提要〉研究》，复旦大学博士学位论文，2004年，第31页。

调查等。

1926 年 11 月 19 日至 22 日，在日本东京召开总委员会第二次会议，该次会议进一步明确了北京人文科学研究所的主要业务有三：一是新字典编纂方法之调查；二是《四库全书》补遗及续篇之编纂；三是《十三经注疏》通检之编纂。因此次会议柯劭忞没有参加，遂推举江庸负责前述三项研究课题，引起遗老委员们不满，发声明表示第二次总委员会之决议事项无效，江庸亦发声明加以反驳，两派遂起内讧。后由日方委员狩野直喜进行调停后方平息。

1927 年 12 月 20 日，北平人文科学研究所成立，在此次成立会中通过了《北京研究所暂行细则》，细则中首先明确了该所主要事务以《四库全书》之续修为主，渐及新字典及《十三经注疏》之通检二项，其后围绕续修《四库全书》之具体程序予以规定[①]：

1.《四库全书》之续修事业分两阶段进行

第一阶段对乾隆年间选辑之《四库全书》所失收之书，广泛加以细查；第二阶段就乾隆以后至宣统年间之著作中，选定著录书目。

2. 具体实施办法

甲、著录书名之选定，自民国十六年（1927 年）十一月开始着手，预计两年内完成。

乙、研究所正、副总裁关于此著录工作，负有总理大纲、督促功课、选定书目之责。研究员各就《四库全书》中之一部，负著录起草之任。

丙、《四库全书》目各部中子目录甚繁，此次续修均准据乾隆成例。

丁、凡所著录，从平允为主，不可有门户之见。然需择要典雅记，其空疏无用之书一概不录。至道释二氏、小说诸书，有关于文学考订及有裨人心风俗者，均可著录。

戊、各研究员应于每月末日将拟定著录目送正副总裁选定。其书

① 因涉及中日档案资料，此处主要根据王亮的博士学位论文《〈续修四库全书总目提要〉研究》所引资料整理。

目内需注明卷数、已刊、未刊及刊本种类，其未刊者并注明稿本所在，以便分别购置钞录。

己、正、副总裁每三个月将选定书目提交全体研究员开会决定。

庚、选定著录书名，由研究所开送图书筹备处购置或钞录。

3. **著录书目提要，应于决定后由研究员分别纂拟，其细则另定之**。

上述图书筹备处即是文化事业总委员会两次临时会议的产物，起初名为“图书馆筹备处”，后改为“东方文化事业图书筹备处”，想必文化事业总委员会之前加上“东方”二字，也是融合了这个图书筹备处的用名，故后人惯用日本“东方文化事业总委员会”来称呼这个主持续修的机构。当时聘徐鸿宝为图书筹备处主任。徐鸿宝（1881—1971），字森玉，浙江金华人，清末举人，辛亥革命后历任北京大学图书馆馆长、京师（北平）图书馆主任、故宫博物院古物馆馆长，精于版本、目录、金石之学。该人在东方文化事业总委员会的购书过程中，起到了相当大的作用，伦明曾在《辛亥以来藏书纪事诗》中为其立传，言其“夙精目录版本之学。数年以来，为东方北平各图书馆购书，凡耗数十万金，国内珍本，尽归公库。俗例，凡经手支出，必有回润，而君一毫不取，故书肆无不交口颂君云”①。

综上所述，日本东方文化事业总委员会及其下设的北京人文科学研究所，集合了中日双方有志于此的一批学术研究人员，为续修《四库全书》这一浩大工程制定了相应工作细则，可操作性强，同时又有日本返还的庚子赔款作为经费支出的保障，因此该次续修是极有希望成功的，但是随着日本侵华战争的不断加剧，参与续修的中国学者在事态恶化时就会请辞，然而又因为该委员会建立之初就宣扬以学术交流为主，这也是中日双方学者达成的共识，因此中国学者请辞后又会重新投入到续修工作中，偶有反复。

在这种复杂的时事背景下，续修工作艰难前行，及至1945年10月日本战败投降，该项续修工作仍未完成。日方由桥川时雄将总委员会所在的建筑、家具及其登记簿册、所藏图书等一起向教育部移交，

---

① 伦明：《辛亥以来藏书纪事诗》，北京燕山出版社2008年版，第112页。

中方教育部特派沈兼士负责接收，其中北平研究所所藏经、史、子、集、丛书、方志等计 15420 部（经部 1893 部、史部 4017 部、子部 1963 部、集部 3942 部、丛书 1461 部、方志 2144 部），共有 168529 册，另《续修四库全书总目提要》33733 篇。这批藏书及提要起初由负责接收的沈兼士移交给中央研究院历史语言研究所所长傅斯年，此后由张政烺在该批藏书中挑选出该所馆藏没有的或具史料价值的著作约 1 万册，运回南京，即今台湾“中央研究院”傅斯年图书馆所藏的“善东”善本，而余下的近 16 万册藏书和 33733 篇《续修四库全书总目提要》则在该所迁台时委托北京大学代管，新中国成立后，移交给北京中国科学院图书馆（今中国科学院文献情报中心）[①]。

对于伦明参与的此次《续修四库全书总目提要》工作，因伦明撰稿数量较多，既体现了他为续修《四库全书》之志业所做的巨大努力，同时在他撰写的提要稿中，也集中体现了他的文献学思想。因兹事体大，故列一专章记之，详见下文。

① 王亮：《〈续修四库全书总目提要〉研究》，复旦大学博士学位论文，2004 年，第 40 页。

第六章　伦明所撰《续修四库全书总目提要》

自1921年起，伦明先后六次为续修《四库全书》事宜奔走呼号，然而所付出的努力皆以失败而告终，直至1931年参与日本东方文化事业总委员会组织的《续修四库全书总目提要》工作。其实早在1924—1927年春，伦明已经意识到在当时的时局下，依靠外力获得续修《四库全书》的助力与支持，难免会流于空想，因此在这三年间，伦明曾独立进行编撰《续修四库全书总目提要》的工作，但成果聊聊，仅成200余篇，其中所撰经部尚书类若干篇提要稿，经容庚代为刊登在《燕京学报》1928年6月第3期上，题为《续书楼读书记》。[1]

第一节　伦明所撰类目与篇数

日本东方文化事业总委员会自1925年成立后，伦明一开始并未参与其中，而是在1931年才被增聘为提要撰稿人。1931年7月，该会组织的《续修四库全书总目提要》撰写工作正式开始，由于当时没有建立起藏书基础，伦明还将自己续书楼的藏书无偿供会中之用，同时还与徐鸿宝（森玉）一起，为该会图书筹备处采购书籍。伦、徐二人皆精版本目录之学，“东方所藏几经二人之手者，莫非佳椠，几集北京图书之精美，其性质纯为学术之书。尤以名校精钞稿本最多，出目录十厚册，在数量上虽不足与北平图书馆比，而其精粹，则不相上下，洵孤本秘籍之大观矣”[2]。

① 罗志欢：《伦明评传》，广东人民出版社2014年版，第140—141页。

② 谢兴尧：《堪隐斋随笔》，辽宁教育出版社1995年版，第33页。

该会采用按月定期交稿制度，每篇提要稿酬五元至三十元不等。伦明曾去信给当时主持该会工作的桥川时雄，言“昨晚接奉尊示，属于本月起，先做《书》《藏书纪事诗》、群经、四书各提要，但本月传记提要已做就十三篇。因前奉尊示，属于领费前十日交卷，故本月之稿，例须于前月预备故也。兹自下月起再遵尊示办法，今月仍旧各半”[①]。根据交稿记录，伦明交稿始于民国二十一年（1932）五月二十一日，止于民国二十六年（1937）七月一日[②]，也就是自伦明1937年南归后再未交稿。交稿总数有1904篇之说[③]、1903篇之说[④]和1782篇之说[⑤]，东莞图书馆整理后得1899篇。笔者主要以东莞图书馆整理结果为准，适当参考他论，于存疑处予以解释说明。

据东莞图书馆整理，伦明所撰提要稿共1899篇，其中经部1127篇，史部755篇，子部10篇，集部7篇。各大部类基本如下：

经部：总类、书类、诗类、礼类、四书类、孝经类、群经总义类、小学类。

史部：杂史类、传记类、政书类、地理类。

子部：因篇数较少，未分类。

集部：因篇数较少，未分类。

具体篇目详见附录一，该简目以东莞图书馆整理伦明所撰提要稿时所编流水号为顺序，基本篇目类属关系依次为经部：0001—0024总

---

① 萨仁高娃：《有关〈续修四库全书总目提要〉的通信》，《文献》2006年第3期，第167—175页。

② 吴格：《东洋文库藏〈续修四库全书总目提要〉资料随录》，见张本义编：《白云论坛》第4卷，北京图书馆出版社2007年版，第519页。

③ 李建权：《伦明所撰〈续修四库全书总目提要〉研究》，南昌大学硕士学位论文，2015年，第23页。

④ 熊静：《伦明与〈续修四库全书总目提要〉》，《山东图书馆学刊》2013年第3期，第23—25、39页。

⑤ 李建权根据齐鲁书社影印稿本考辨伦明撰稿总数，认为有122篇瞿汉撰稿误入伦明名下，去重后得出伦明实际撰稿为1782篇的结论。李氏得出这个结论主要依据交稿记录、居游关系和笔迹特色，笔者对后两项依据并不认可，但是在附录一简目里，将这122篇对应着标记出来，以示不同说法，有待进一步考辨。

类，0025—0198 书类，0199—0371 诗类，0372 礼类，0373—0782 四书类，0783—0915 孝经类，0916—1111 群经总义类，1112—1127 小学类；史部：1128—1133 杂史类，1134—1749 传记类，1750—1756 政书类，1757—1882 地理类；子部：1883—1892；集部：1893—1899。

之所以将附录一，按照书名、著者、版本的著录格式，全部列于文后，原因有四：

其一，可将伦明所撰提要稿的数量与篇目清晰直观地展现出来。

其二，方便行文与取资。

其三，提炼数据不易，应重视汇集之功。

其四，对于篇目存疑的地方，可在表格中予以标注，以区分他说。

对于上述四点原因，笔者仅就最后一点进行着重说明。自 1945 年后，在相当长的一段时间里，伦明参与的这次《续修四库全书总目提要》工作，以及遗留下来的宝贵资料，鲜有人提及。直到 1996 年，经中国科学院图书馆整理，齐鲁书社据原稿出版影印本《续修四库全书总目提要》（稿本），34000 余篇，索引 1 册、提要稿正文 37 分册，共 38 册。分册正文部分只是列出撰稿人对应的册数及页码，如第十四册 70 页下至第十五册 672 页上为伦明所撰稿，虽然中国科学院图书馆在整理时已经做了分类、书名笔画笔顺和作者笔画笔顺三种索引，合为一册，查检起来有一定的便利性，但还不够直观，即每一位撰稿人最终撰有哪些类目的提要，并不能在正文或索引中直接体现出来，因此像附录一所列简目的工作，就显得十分必要。

当然这种以简目附正文后的做法并非笔者首创，李建权的硕士学位论文《伦明所撰〈续修四库全书总目提要〉研究》一文就已经采用了这种方式，只不过他是以齐鲁书社影印《续修四库全书总目提要》（稿本）为底本，在揭示出处的地方著录 14—72 下、15—587 上，等等[①]，此种著录方法如配合影印稿本正文，也能起到便于读者

① 李建权：《伦明所撰〈续修四库全书总目提要〉研究》，南昌大学硕士学位论文，2015 年，第 55 页。

查考的目的。但是影印稿本毕竟是手稿内容的再现，一般读者在阅读与理解方面很难驾驭，笔者曾做过伦明撰稿的校对工作，也曾就影印手稿原文内容核对过校样，深知识读原稿的艰辛与困难，因此笔者依据东莞图书馆整理伦明撰稿时所编的流水号为标目，在遵从分类体系的前提下，以流水号、书名、著者、版本的顺序再次编以简目，以期普通读者在利用《伦明全集》时，都能据此揽目，有所取资。同时因为李建权所列简目在篇数、类目方面与笔者所列有些出入，对于存疑的地方，笔者在附录一相关地方予以揭示说明，以期提供多种说法或观点，供后来者参考。

因上述类目所涉提要数量较多，笔者能力亦有限，仅择要选取数篇能体现伦明文献学思想的提要予以分析研究，并通过对比研究，分析并总结伦明所撰提要的贡献及不足。

第二节　文献学思想之体现

伦明夙精版本目录之学，以续修《四库全书》为志业。他于1931年开始参与《续修四库全书总目提要》的撰写。伦明将自己续书楼的藏书贡献出来，同时与徐鸿宝（森玉）一起采购书籍，以备撰写《续修四库全书总目提要》之用，在版本选择方面体现了“名校精钞稿本最多”“孤本秘籍之大观”，在一定程度上保证了《续修四库全书总目提要》的编撰质量。除在版本选择方面用功颇多之外，伦明在撰写《续修四库全书总目提要》的过程中，其文献学思想在辨伪、辑佚、校勘诸领域亦有体现。

一、辨伪

（一）客观对待伪书

在《续修四库全书总目提要》稿中，伦明撰有《经解入门八卷》

（光绪戊子石印本）的提要，先是介绍作者，表明该书由清江藩编纂，其后阐述辨伪理由：“首有阮元序，作于道光十二年壬辰，衔题协办大学士两广总督。按元于道光十二年九月以云贵总督，授协办大学士。此题两广总督，误也。而《揅经室文集》中，亦无此序。又据近人所撰《江子屏年谱》，藩实卒于道光十一年辛卯，年七十一。而序作于其后一年，若不知其已死者。就序断之，书为赝作，殆无疑也。”①

可见伦明通过《经解入门八卷》序言中记载的官职以及作序时间，同时考证年谱等著述，得出该书为伪的结论，逻辑严密，比较有说服力。其后伦明又阐述了该书的主要内容：“括其大旨，不外三端：一群经之源流，与经学之师传；二读经之法，与解经之体；三说经之弊，与末学之失。”② 短短数语即指明要旨，足见其学术功力之深。

最难能可贵的是，伦明在提要末尾指出，即使该书是伪书，也是有一定学术价值的，“综而观之，似于治经一途，尚略知门径者，未可以其伪托而抹杀之也”③。这种对伪书价值的客观评价，对现在的辨伪工作也是有一定的指导意义的。

（二）古文经学的捍卫者

今古文经之争始于汉代，今文经学家以汉代通用“隶书”所记载的经文为正统，代表人物有董仲舒、司马迁等；古文经学家则以汉以前用大篆或小篆书写的经文为正统，代表人物有班固、刘歆等。自汉以后，今古文经之争影响中国封建社会两千余年，直至清末以皮锡瑞、康有为为代表的今文经学家和以章太炎、刘师培为代表的古文经学家，又形成了近代的今古文经之争。伦明是古文经学的捍卫者，早年他在独立撰写《续修四库全书总目提要》时，即先完成经部尚书类数篇提要，如《古文尚书冤词》（八卷，毛奇龄撰）、《古文尚书私

① 伦明著，东莞图书馆整理：《伦明全集》第三册，广东人民出版社 2017 年版，第 610 页。
② 伦明著，东莞图书馆整理：《伦明全集》第三册，广东人民出版社 2017 年版，第 610 页。
③ 伦明著，东莞图书馆整理：《伦明全集》第三册，广东人民出版社 2017 年版，第 610 页。

议》（三卷，张崇兰撰）、《古文尚书辨》（八卷，谢庭兰撰）、《尚书古文辨惑》（十八卷，洪良品撰）、《古文尚书释难》（二卷，洪良品撰）、《古文尚书析疑》（一卷，洪良品撰）、《古文尚书商是》（一卷，洪良品撰）、《古文尚书賸言》（一卷，洪良品撰）、《古文尚书正辞》（三十三卷，吴光耀）、《古文尚书辨惑》等[①]。这些提要稿因已先行刊出，另因版本选择不同，故在后来伦明参与《续修四库全书总目提要》工作时大部分未被采用，仅有0097《古文尚书賸言一卷》出现在《续修四库全书总目提要》中，提要内容被伦明稍作修整，基本同前撰，篇首交代书名缘由，言“良品所著《辨惑》《析疑》《释难》三书，已刊布于世，是书成之在后，故曰《賸言》……剖示之语，各有发明。”[②] 其后对书中四篇要旨分别进行总结，最后对洪氏“近世以辨古文，故诸家辄率臆改古书以就己说。而局本《史记》《汉书》复沿其误以改古书，事久将不可辨”[③] 之语，似有同感。

二、辑佚

清人辑佚成果颇丰，伦明所撰《续修四库全书总目提要》稿中亦有体现，而又因伦明精通版本，因此更为熟悉各个辑本的得失。如东汉郑玄《六艺论》，伦明先后写有五个版本的提要，分别为《六艺论》一卷，孔广森辑本、马国翰辑本、袁钧辑本、臧琳辑本、陈鳣辑本。伦明对各本所辑之文多有记述兼有评论，如对于马国翰辑本，言：“诸辑本总论、《易论》书中所有者，此亦多阙之。殆未尝参证他本耶？”[④] 对于袁钧辑本，言：“各条下校订疑义，标曰‘考证’，亦为他辑本所无。”[⑤] 对于孔广森辑本，言：“《春秋》《孝经》应皆有

① 伦明著，东莞图书馆整理：《伦明全集》第二册，广东人民出版社2017年版，第1—43页。

② 伦明著，东莞图书馆整理：《伦明全集》第三册，广东人民出版社2017年版，第67页。

③ 伦明著，东莞图书馆整理：《伦明全集》第三册，广东人民出版社2017年版，第67页。

④ 伦明著，东莞图书馆整理：《伦明全集》第三册，广东人民出版社2017年版，第583页。

⑤ 伦明著，东莞图书馆整理：《伦明全集》第三册，广东人民出版社2017年版，第583页。

‘玄又为之注’一语，此又缺之。余同他辑本。”[①] 对于臧琳辑本，言：“又自叙三条……为他辑本所无。余条都见他辑本，其中间有漏略，经玄孙镛堂为之补次。见嘉庆丁巳镛堂所为后跋。”[②] 对于陈鳣辑本，言：“辑得四十六条……亦其珍也。”[③] 通过伦明对五个《六艺论》辑本撰写提要的内容及评价，足见伦明版本目录学问之精，于各辑本所引文献来源颇为熟悉，在评判辑本优劣得失上有比较中肯的见地。

另伦明在《驳五经异义十卷》（通德堂经解本）提要稿中，首列撰者汉郑玄、辑者清黄奭，然后通过《后汉书·许慎传》和《公羊疏》二书交代渊源发展，即先有许慎撰《五经异义》，才有郑玄的《驳五经异义十卷》，并指出今古文经之派别流属，如引证《公羊疏》云：“左氏先著竹帛，故汉时谓之古学。《公羊》，汉世乃兴，故谓之今学。是以许慎作《五经异义》云，古者《春秋左氏》说，今者《春秋公羊》说。治古学者，即郑众（原文如此）、贾逵之徒。”[④] 其实许慎与郑玄皆以治古文经学为主，对于郑玄是如何驳许慎《五经异义》的，伦明并未细说，只是说该书“佚于唐以后，惟散见诸经义疏、《史记注》《北堂书钞》《初学记》《通典》《类聚》《御览》等书所引”[⑤]。最后对黄奭辑本进行了评价：“奭辑是本在诸辑本之后，故较他辑本为详。然亦不无舛误，所当参观而得其是也。”[⑥]

三、校勘

伦明一生校书，曾有《校书》诗云：“一字辛勤辨鲁鱼，益书益己竟何如。

① 伦明著，东莞图书馆整理：《伦明全集》第三册，广东人民出版社 2017 年版，第 582 页。
② 伦明著，东莞图书馆整理：《伦明全集》第三册，广东人民出版社 2017 年版，第 583 页。
③ 伦明著，东莞图书馆整理：《伦明全集》第三册，广东人民出版社 2017 年版，第 584 页。
④ 伦明著，东莞图书馆整理：《伦明全集》第三册，广东人民出版社 2017 年版，第 582 页。
⑤ 伦明著，东莞图书馆整理：《伦明全集》第三册，广东人民出版社 2017 年版，第 582 页。
⑥ 伦明著，东莞图书馆整理：《伦明全集》第三册，广东人民出版社 2017 年版，第 582 页。

千元百宋为吾有，眼倦灯昏搁笔初。”[①] 因此在撰写《续修四库全书总目提要》稿时，对书中错讹问题特别留意并予指出，如在《尚书郑注十卷》（清孔广林辑，郑氏佚书本）篇末言“惟‘度西曰昧谷’注下忽厕以‘寅饯纳日’四字，乃下一条之题也。‘女子时’下缺‘观厥行于二女’六字，当是写刊时之偶误。此书张海鹏刊于《学津讨原》中，时在嘉庆九年。总目题王应麟撰，误也。”[②] 在《尚书大传四卷补遗一卷续补遗一卷》篇中，言：“今列《虞夏》于《唐传》之上，明系后人臆改。其他错谬尤甚。四库著录，即用是本。馆臣做《提要》亦未指正其失，惟陈寿祺所作《辨讹》举之甚详，宜附入此书中。”[③] 《立政臆解一卷》篇认为撰者刘光蕡意援古以证今，但其政论并不合经旨，其中经文“‘虎缀衣趣马小尹’下，脱‘左右携仆百司庶府’八字，则校者之咎也”[④]。在《困学纪诗一卷》篇，言：“是书系就宋王应麟《困学纪闻》卷三《藏书纪事诗》一百五十七条，全录于此，而讹错不少。……取校原书……胡不校至此。”[⑤] 在《诗考异补二卷》篇末，言：“惟是本多有讹字，如‘陈锡哉周’，‘哉’误‘载’；‘不吴不敖’，‘敖’误‘傲’之类，则刊者之失校也。”[⑥]

第三节　提要体例

古代书目提要体例主要有三种：叙录体、传录体和辑录体。叙录体提要主要包括三个方面的内容，即介绍作者生平及学术思想、评价图书内容以及说明校雠经过（其中包括版本鉴定）等，这种叙录的方

① 伦明著，东莞图书馆整理：《伦明全集》第一册，广东人民出版社 2017 年版，第 13 页。
② 伦明著，东莞图书馆整理：《伦明全集》第三册，广东人民出版社 2017 年版，第 26 页。
③ 伦明著，东莞图书馆整理：《伦明全集》第三册，广东人民出版社 2017 年版，第 31 页。
④ 伦明著，东莞图书馆整理：《伦明全集》第三册，广东人民出版社 2017 年版，第 113 页。
⑤ 伦明著，东莞图书馆整理：《伦明全集》第三册，广东人民出版社 2017 年版，第 137 页。
⑥ 伦明著，东莞图书馆整理：《伦明全集》第三册，广东人民出版社 2017 年版，第 209 页。

法起源较早，在孔子及其弟子整理《书》等文献时就已经采用了，但是被系统地应用于目录事业中，则始于西汉刘向编纂的《别录》；传录体提要则是“于书名之下，每立一传”，即不讨论图书内容只介绍作者，始于南朝宋齐间王俭的《七志》；辑录体提要则是在所著录图书之下汇集相关文献的方式，供研究参考之用，始于元代马端临的《文献通考·经籍考》。[①] 伦明在撰写《续修四库全书总目提要》时，以叙录体为主，兼及传录体与辑录体两种，博采众长，比较灵活。

如《孝经解纷一卷》，因不知作者，所以伦明主要是阐述该书内容及作评价，言：“共分二十二章，又分二十二章为四段。首章……为第一段，二、三、四、五章……为第二段，六、七章至十七章……为第三段，十八章至二十二章……为第四段。……按如此分章，虽亦能圆其说，但古人为文，错综离合，有非可以后世文法求之者，过于穿凿，毋乃失乎?”[②] 该书提要近叙录体；又如《孝经义疏一卷》，伦明首言梁武帝撰，然后依次列出《梁书·武帝纪》《隋书·经籍志》、新旧唐志、《正义》《梁武帝集》等相关文献所载，以证其实，最后评论：“虽采掇无多，然实开唐明皇《御注》之先，不可没也。”[③] 该书提要近辑录体；又如《孝经严氏注一卷》，梁严植之撰，清马国翰辑。伦明言：“植之字孝源，秭归人。官至中抚记室参军，兼博士。事迹具《南史·儒林传》。《隋志》有梁五经博士严植之《孝经注》一卷，亡。史称植之习郑氏《礼》，其注《孝经》亦必以郑氏为宗。史又称馆在潮沟，生徒常百数，讲说有区段次第，析理分明。每登讲，五馆生毕至，听者千余人。……国翰从邢昺《正义》录得三条……”[④] 该书提要近传录体。

纵观伦明所撰提要稿，大部分提要体例以叙录体为主，兼有传录体与辑录体，博采众长，不拘一格，比较灵活。笔者认为这与当时撰

---

① 彭斐章主编：《目录学教程》，高等教育出版社 2004 年版，第 129 页。

② 伦明著，东莞图书馆整理：《伦明全集》第三册，广东人民出版社 2017 年版，第 539 页。

③ 伦明著，东莞图书馆整理：《伦明全集》第三册，广东人民出版社 2017 年版，第 512 页。

④ 伦明著，东莞图书馆整理：《伦明全集》第三册，广东人民出版社 2017 年版，第 512 页。

稿人较多，此次续修又是未竟之事业，没有经过最后的统稿工作等因素有关。

第四节　写作特色

当年参与东方文化事业总委员会组织《续修四库全书总目提要》工作的撰稿人，皆是在我国经学、史学、文学、文字学、目录学、方志学和敦煌学等方面术业有专攻之名家学者，也正是因为术业有专攻，因此若横向比较他们撰写提要的质量，似乎没有必要。这些学者在撰写提要时基本采用叙录体的提要体例，想必即便当时没有成文的规定，也没有最后的统稿工作，但叙录体这种提要体例基本成为这些学者的共同选择。在体例基本相同的情况下，具体的写作手法和特色还是有所不同。伦明的写作特色主要有以下两点。

一、言简意赅，直撮要旨

因日本东方文化事业总委员会组织的《续修四库全书总目提要》是未竟之作，没有经过最后的统稿，因此在交稿过程中，有些撰稿人提交的是相同的篇目，如在前例已举伦明所撰《经解入门八卷》（光绪戊子石印本）的提要，而同时刘白村（汝霖）亦撰有《经解入门八卷》（文化学社印本）的提要。刘氏认为该书为章炳麟伪托江藩所撰，但并未提供确凿论据，其后阐述该书版本情况并述及书籍主要内容，用卷一至卷八的列举方式逐卷叙述内容[①]，这种列举方式最简单，也是当代书目提要（尤其是教材类）喜用的一种方式。相反伦明很少采用列举的方式述及书籍内容，往往言简意赅，直撮要旨。除阐述书籍主要内容外，伦明更重视的是版本校勘是否精审，兼及学术评价。

---

① 伦明著，东莞图书馆整理：《伦明全集》第三册，广东人民出版社2017年版，第610页。

二、举证翔实，言而有信

伦明在《读经八卷》篇中，言："说《小星》，断为征夫早行自咏之作，且援《容斋随笔》为证。似尚未考《韩诗遗说》。韩谓为劳使臣，章俊卿、程大昌俱从之。……他条属于议论者，能达其所见，惟引证稍欠精博耳，未足令人称快耳。"[①] 在《尚书大传四卷补遗一卷续补遗一卷》篇中言："今列《虞夏》于《唐传》之上，明系后人臆改。其他错谬尤甚。四库著录，即用是本。馆臣做《提要》亦未指正其失，惟陈寿祺所作《辨讹》举之甚详，宜附入此书中。"[②] 伦明所撰提要稿中，类似阐述有很多，兹不一一列举。正是因为伦明素治版本目录之学，因此对于所见版本之优劣，能信手拈来、举一反三，持论有据，令人信服。

第五节 《续修四库全书总目提要》之版本辨析

日本东方文化事业总委员会组织编撰的《续修四库全书总目提要》，最后并未完工，然而后世亦有整理本在中国台湾、大陆出版。新中国成立后，大陆也组织过一次较大规模的《续修四库全书》编纂工作，于2001年完成并出版，但截至2016年9月以前，并没有相配套的《续修四库全书总目提要》问世，因此一度引起研究人员认知上的混乱，很多图书馆的馆藏往往把新中国成立后编纂的《续修四库全书》与民国时期编撰的《续修四库全书总目提要》紧挨着排列在一起存放，更添混乱，因此有必要对冠以《续修四库全书总目提要》之名的版本情况进行辨析，这对理清学界认知上的混乱，尤其是理清伦

① 伦明著，东莞图书馆整理：《伦明全集》第三册，广东人民出版社2017年版，第611页。
② 伦明著，东莞图书馆整理：《伦明全集》第三册，广东人民出版社2017年版，第31页。

明所参与的《续修四库全书总目提要》工作，显得尤为必要。

一、版本缘起

（一）东方文化事业总委员会组织编撰《续修四库全书总目提要》

日本东方文化事业总委员会自 1928 年起，正式开始组织编撰《续修四库全书总目提要》的相关工作，截至 1945 年 10 月日本战败投降，该项续修工作并未完成，所遗藏书、稿件及相关设施由中国教育部委派沈兼士负责接收，其中约 1 万册“善东”善本存于台湾“中央研究院”历史语言研究所傅斯年图书馆，而余下的近 16 万册藏书和 33733 篇《续修四库全书总目提要》稿，则存于北京中国科学院图书馆。后世学者根据这些遗留下来的台湾、大陆所存的藏书和提要稿，以及日本战败投降以前所存留的部分《续修四库全书总目提要》打印稿，先后整理出四个版本的《续修四库全书总目提要》，今简列如下：

1. 台湾商务印书馆排印本《续修四库全书提要》

1972 年，台湾商务印书馆据日藏打印稿出版排印本《续修四库全书提要》，约 11000 篇提要稿，占全部提要稿总数的三分之一左右。

2. 中国科学院图书馆整理点校本《续修四库全书提要》（经部）

1993 年，中国科学院图书馆出版整理点校本《续修四库全书提要》（经部），4400 篇，是对《续修四库全书总目提要》稿中经部稿件的单独整理与出版。

3. 齐鲁书社影印本《续修四库全书总目提要》（稿本）

1996 年，齐鲁书社据原稿出版影印本《续修四库全书总目提要》（稿本），34000 余篇，1 册索引、37 分册提要稿正文，共 38 册。因是原稿影印，故而颇受当代研究机构及学者重视，成为史料价值极高的第一手资料。

4. 书目文献出版社、中华书局整理点校本《续修四库全书提要》

2008 年，书目文献出版社、中华书局出版整理点校本《续修四库全书提要》，该次整理以《续修四库全书总目提要》影印稿本为工作底本，参校《续修四库全书总目提要·经部》标点本和台湾商务印书馆排印本（见上文所列三个版本），较之前篇数有所增加，此次整理的最大特色是一旦发现问题均出校记[①]。

上述所举四个版本中，齐鲁书社影印本《续修四库全书总目提要》（稿本）比较被学者看重。书目文献出版社中华书局整理点校本也是选择《续修四库全书总目提要》影印稿本为工作底本，这是因为计38册的影印稿本是可取用的诸版本中篇目最完全的，且是原稿影印、史料价值极高的第一手资料，故而以此为工作底本，这也是东莞图书馆在编纂《伦明全集》第三、四卷《续修四库全书总目提要》（伦明负责撰写部分）时所采取的策略，即以齐鲁书社影印稿本为底本，同时参校他本而成。

（二）清华大学傅璇琮等组织编撰《续修四库全书总目提要》

自日本东方文化事业总委员会组织中日学者于民国时期开展《续修四库全书总目提要》工作之后，直至20世纪90年代以前，我国并没有直接以《续修四库全书》之名命名的大型丛书及提要著作；90年代以后，《四库全书存目丛书》《四库未收书辑刊》《四库禁毁书丛刊》以及《续修四库全书》等大型古籍丛书相继问世，推动了“四库学”的发展。然而90年代以后的《续修四库全书》与民国时期日本东方文化事业总委员会开展的《续修四库全书》工作已经完全是两个概念了。因组织方与参与人员的不同，收书范围及提要的撰写上亦应有所区别，但是90年代《续修四库全书》成书之时，相当长的一段时期内并未配有提要，这也是造成后世研究人员最初认知混乱的原因，容易将90年代的《续修四库全书》与民国时期的《续修四库全书总目提要》二者视为一体。因此有必要理顺一下90年代以来续修《四库全书》及其提要工作的开展历程，这对研究民国时期中日双方学者所进行的《续修四库全书总目提要》工作有一定的帮助。

---

① 罗志欢：《伦明评传》，广东人民出版社2014年版，第149页。

1994 年，《续修四库全书》编纂工作委员会成立，由中国出版者协会、深圳市南山区政府与上海古籍出版社合作，并邀请 20 余位知名学者作为学术顾问，如启功、饶宗颐、程千帆、杨明照、任继愈、李学勤等，历经八年，于 2001 年完成全书的出版，精装 1800 册。该书既补辑清乾隆以前有价值而为《四库全书》所未收的著作，也选辑清中期以后至 1911 年辛亥革命前的各类代表著作，共收书 5213 种，是《四库全书》所收量的一倍半。该书出版后在学术界反响巨大，2002 年时任全国政协主席的李瑞环在出席《续修四库全书》出版座谈会时称："这是一项了不起的工程，对保存、研究和弘扬中华民族的传统文化，必将产生重大影响。"①

然而该书既成，未有相配套的《续修四库全书总目提要》梓行，实为学界一大憾事。其实早在《续修四库全书》开始编纂时，已计划仿《四库全书》之例对所收各书撰写提要，但因工作量巨大未能正式开展起来。2008 年 4 月，清华大学延聘傅璇琮为清华大学中文系教授、中国古典文献研究中心主任。该中心经与上海古籍出版社磋商后，拟定正式启动《续修四库全书总目提要》编纂工作，主编由傅璇琮教授（《续修四库全书》主编）、赵昌平编审（上海古籍出版社原总编辑）、刘石教授（清华大学中文系主任）和高克勤编审（上海古籍出版社社长）联合担任。经部提要主编由单承彬教授（曲阜师范大学文学院院长）担任，史部提要主编由刘韶军教授（华中师范大学历史文化学院院长）担任，子部提要主编仍由刘石教授担任，集部提要主编由谢思炜教授（清华大学古典文献研究中心常务副主任）担任，同时邀请了一批术业有专攻的知名学者参与提要的编撰，前后历时六年，先于 2014 年 12 月出版了史部和集部的提要，又于 2016 年 3 月和 9 月分别出版了子部和经部的提要，可以说截至 2016 年 9 月，《续修四库全书总目提要》终于在《续修四库全书》成书 15 年后结集出版完毕。今后，图书馆的馆藏中就可以配套入藏 2001 年上海古籍出版

---

① 傅璇琮：《〈续修四库全书提要〉总序及样稿》，《古籍整理研究学刊》2014 年第 2 期，第 1—6 页。

社出版的《续修四库全书》，以及截至2016年出全的《续修四库全书总目提要》，这样既可以避免有书无目的尴尬，也会进一步使学人厘清这个版本与民国时期日本东方文化事业总委员会组织编撰的《续修四库全书总目提要》的不同。

因民国时期日本东方文化事业总委员会组织编撰的《续修四库全书总目提要》是未完之作，因此将其与清华大学傅璇琮等组织编撰的《续修四库全书总目提要》相比较，未免有失公允。今仅做概要比较，希望在版本选择与阅读方面能够给人以参考，并为进一步总结伦明所撰提要稿的贡献，提供横向比较方面的量化依据。为行文方便，笔者将日本东方文化事业总委员会组织编撰的《续修四库全书总目提要》，称为民国版；将清华大学傅璇琮等组织编撰的《续修四库全书总目提要》，称为今版。

二、收书范围

（一）民国版

主要收录清乾嘉以后至20世纪30年代存世典籍的概况，收书范围包括八个方面：《四库全书总目提要》虽已收录，但窜改、删削过甚或版本不佳的书籍；修改阮元的《四库未收书目提要》；《四库全书总目提要》遗漏的书籍；乾隆以后的著作和辑佚书籍；禁毁书和佛、道藏中的重要书籍；词曲、小说及方志等类书籍；敦煌遗书；外国人用汉文撰写的书籍。[①]

（二）今版

主要收录清修《四库全书》以后至清末的学术著作，收录下限大体止于民国元年（1912），收书范围包括七个方面：《四库全书》失

① 中国科学院图书馆整理：《续修四库全书总目提要（稿本）》，齐鲁书社1996年版，前言第8页。

收（遗漏、摒弃、禁毁）而确有学术价值者；《四库全书》列入存目而确有学术价值者；《四库全书》已收而版本残劣，有善本足可替代者；《四库全书》未及收入的乾嘉以来著述之重要者；《四库全书》所不收的戏曲、小说，取其重要文学价值者；新从域外访回之汉籍合于该书选录条件者；新出土的简帛类古籍而卷帙成编者。[①]

三、收书来源

（一）民国版

撰写提要依据的图书，主要有五个来源，即北京人文科学研究所图书筹备处耗资约 40 万银元采购的书籍；北京地区的各大图书馆，如北京图书馆、故宫博物院及各大学图书馆；原奉天图书馆和大连（满铁）图书馆；各私家藏书，如傅增湘、李盛铎、叶德辉、罗振玉、刘承幹、瞿启甲等；国外藏书，如日本内阁文库、朝鲜奎章阁所藏的汉籍及英、法图书馆收藏的敦煌遗书。[②]

（二）今版

基于全国范围内的文献普查，国内 82 家重要藏书单位提供了底本，这些单位包括中国国家图书馆、中国科学院图书馆、故宫博物院图书馆、北京大学图书馆、清华大学图书馆、中国人民大学图书馆、复旦大学图书馆、中国社会科学院考古（语言、历史、文学等）研究所图书馆、上海图书馆、中华书局资料室、宁波天一阁博物馆，等等，在此不一一列举。[③]

---

① 上海古籍出版社编：《古籍整理出版的宏伟工程：〈续修四库全书〉》，上海古籍出版社 2002 年版，凡例第 8 页。

② 中国科学院图书馆整理：《续修四库全书总目提要（稿本）》，齐鲁书社 1996 年版，前言第 9 页。

③ 上海古籍出版社编：《古籍整理出版的宏伟工程：〈续修四库全书〉》，上海古籍出版社 2002 年版，第 201 页。

四、收书数量

（一）民国版

根据当年北平人文科学研究所藏《续修四库全书总目提要》为33733篇，因是未竟之作，不知最后总数将至何等规模，但仅就当时留存下来以备续修的图书数量来看，共15420部，合168529册，与《四库全书》（不包括存目）相比较，只多不少，达数倍余。

（二）今版

共收书5213种，与《四库全书》（不包括存目）相比也已经是近两倍的规模了。可见二者在收书数量上都较《四库全书》宏大，且因前者是未竟之作，在时代上也比较靠前，d图书散佚情况应比现在的收集情况好一些，所以与后者在收书数量上相比，只能是有过之而无不及。

五、参与人员

（一）民国版

续修工作从1928年始至1945年止，最初经史子集各部认领提要的主要撰稿人，包括中日双方学者31人，其后不断有学者加入，最后实际参与撰稿之人达70人，但因为是未竟之作，同时也有一人认领多个部类的情况，因此不能根据经史子集各部类先后次序罗列人名，以下名单仅根据影印《续修四库全书总目提要（稿本）》中的提要撰者表提取，按照册数页码的先后顺序，有重复出现者亦照录，最后去其重复，统计得 70 人[①]，包括：

王式通、王孝鱼、王重民、江瀚、冯汝玠、冯承钧、冯家昇、傅振伦、傅惜华、傅增湘、吴燕绍、傅振伦（重）、傅增湘（重）、王重民（重）、杨树达、杨钟义、叶启功、董康、赵万里、何登一、余宝龄、奉宽、尚秉和、周叔迦、柯昌济、柯昌泗、胡玉缙、茅乃文、高润生、高观如、班书阁、夏仁虎、夏孙桐、孙光圻、孙作云、孙海波、孙雄、孙楷第、孙人和、孙曜、伦明、徐世章、孙人和（重）、商鸿达、许道龄、鹿辉世、黄寿祺、张伯英、张海若、张寿林、陆会因、陈鍌、冯汝玠（重）、江瀚（重）、向达、沈兆奎、吴廷燮、吴燕绍、吴承仕、何小葛、何登一（重）、赵万里（重）、赵录绰、刘白村、刘思生、刘启瑞、刘节、谢国桢、谢兴尧、韩承铎、瞿汉、瞿宣颖、谭其骧、罗振玉、罗福颐、罗继祖、萧璋、铁铮、柯劭忞、黄寿祺（重）、谢国桢（重）、奉宽（重）、孙人和（重）、孙曜（重）、徐世章（重）、谢兴尧（重）、罗继祖（重）、傅惜华（重）、陈鍌（重）、刘启瑞（重）、陈鍌（重）、刘启瑞（重）、许道龄（重）、刘启瑞（重）、吴燕绍（重）、许道龄（重）、许道龄（重）、孙海波（重）、刘白村（重）、孙海波（重）、谢国桢（重）。

（二）今版

据 2014 年至 2016 年上海古籍出版社陆续出版的《续修四库全书总目提要》各分册主编及撰写人员姓名表统计，因撰写人员过多，不一一罗列，仅列主编及各分卷撰写人员人数。

主编：傅璇琮（《续修四库全书》主编）、赵昌平（上海古籍出版社原总编辑）、刘石（清华大学中文系主任）、高克勤（上海古籍出版社社长）。

经部提要主编：单承彬（曲阜师范大学文学院院长）。

---

① 经中国科学院图书馆罗琳研究员统计整理得 71 人（包括余绍宋），见齐鲁书社影印稿本前言，但如果按该书所列撰者表统计，则无余绍宋，为 70 人。

史部提要主编：刘韶军（华中师范大学历史文化学院院长）。

子部提要主编：刘石（清华大学中文系主任）。

集部提要主编：谢思炜（清华大学古典文献研究中心常务副主任）。

撰写人员：经部78人，史部17人，子部65人，集部99人，合259人。

六、分类体系

（一）民国版

1927年北平人文科学研究所暂定续修细则时，即规定"《四库全书》目各部中子目录甚繁，此次续修均准据乾隆成例"，因此可见民国的《续修四库全书总目提要》工作也是延续前法，打算继续采用经、史、子集四部分类法，部下类目亦然，然而根据1945年日本战败投降后移交给中国教育部的藏书情况来看，当时的藏书分为经、史、子、集、丛书、方志六大类，而且丛书类与方志类属下的藏书也很多，完全可以单独成类，因民国版《续修四库全书总目提要》是未竟之作，因此不知成书时是否延续前法四分，还是另创新法六分。今据中国科学院图书馆整理、齐鲁书社影印稿本版罗列基本类目，共分六大类。

经部：易、书、诗、礼、乐、春秋、孝经、四书、小学、石经、群经总义。

史部：正史、编年、纪事本末、别史、杂史、史钞、史表、载记、外国史、传记、地理、时令、诏令奏议、职官、政书、目录、金石、史评。

子部：儒家、兵家、法家、农家、医家、天文算法、术数、艺术、释家、道家、杂家、说丛、谱录、类书。

集部：楚辞、别集、总集、词曲、小说、集评。

丛书部：类丛、杂丛、郡邑、族望、专著。

方志部：北京、天津、河北、山西、辽宁、吉林、黑龙江、上海、江苏、浙江、福建（附台湾）、内蒙古、安徽、江西、山东、河南、湖北、湖南、广东、广西、四川、贵州、云南、西藏、陕西、甘肃、青海、宁夏、新疆。

（二）今版

基本延续《四库全书》类目，有所分合增益，共四部四十八小类。

经部：易、书、诗、礼、乐、春秋、孝经、四书、群经总义、小学。

史部：正史、编年、纪事本末、别史、杂史、诏令奏议、传记、史钞、载记、时令、地理、职官、政书、目录、史评。

子部：儒家、道家、兵家、法家、农家、医家、天文算法、术数、艺术、谱录、杂家、类书、小说家、宗教、西学译注。

集部：楚辞、别集、总集、诗文评、词、曲、戏剧、小说。

七、类序与提要

（一）民国版

因是未竟之作，没有最后的统稿工序，现存稿本与打印本中均无凡例，上述各分类中亦无完备的类序，仅能从现存资料中发现一些零散的类序，如向达《六朝佛教史料提要凡例》、桥川时雄《续修四库全书提要义例·词曲义例》，傅惜华《拟〈续修四库全书总目〉集部词曲类南北曲提要体例书》，另中国科学院图书馆罗琳在《四库未收书辑刊》前言中，曾引用《经部小学类甲骨之属序》《经部小学类音韵之属序》《经部易类序》《经部诗类序》《史部政书类序》《子部农家类序》的全文或片段，这些材料均辑自原东方文化事业总委员会所编制的《四库未收书分类目录》。据罗琳所言，现存已知的民国版《续修四库全书总目提要》的大小序，仅此数篇。今举 2003 年王亮在北京图书馆北海分馆发现的冯汝玠《续修四库全书总目金石类叙目》一篇，节引如下：

> 金石之学自晋陈勰撰《杂碑》、梁元帝撰《碑英》，金石始有专书。自郑樵撰《金石略》、赵明诚撰《金石录》，始立专名。自有清纂修四库，列于史部目录之次，金石始设专类。百余年来，蔚为专门之学，研究之家日益众，考订之书亦日益增。南皮张文达公录咸同以前之著录……于金石类之中，乃又有子目之分。光绪初元以后，地不爱宝，古器出土月增岁剧，金石玉匋之外，又有甲骨竹木之属，其考订之书，随之而盛，亦非南皮所举四项所能包括。方今最录金石类诸书，自非综合古器原有之质，分金石玉匋甲骨竹木种种，各从其类，广分细目，不足以符名实而便观览。考南皮分目之后，各家最录诸书，惟容氏《金石书录目》，分总类、金类、泉币类、玺印类、石类、玉类、匋类、甲骨、竹木、地［志］为若干类，类内又分目录、图像、通考、题跋、义例、传记、字书、杂著为若干属，纲举目张，条理最为明晰。……兹从其类，略为变更，以石经、甲骨文入经部诸经类、小学类，以无图像考释之印谱入子部艺术类，以总类冠首，次以金、石、玉、匋、竹木、泉币、玺印诸类，殿以地志，各类之下，仍以目录、图像、文字、通考、题跋、义例、传记、字书、杂著诸属分属之。每属各以作者之时代先后为序，则一依《四库全书》之前例焉。①

以上所举为金石类类序，于“辨考源流”之义可做代表。除此之外，在提要撰写方面，虽未明确规定内容范式，但纵观影印稿本全文，提要体例大致以叙录体为主，兼有传录体与辑录体。提要内容主要包括作者介绍、图书内容及版本情况，兼及学术评价。

---

① 王亮：《〈续修四库全书总目提要〉研究》，复旦大学博士学位论文，2004年，第49—50页。

（二）今版

经、史、子、集各一册，外加索引一册，共五册。每册前虽有总序（全书之编纂过程，索引册无）、凡例（本册之编排体例）、前言（本册之编纂过程，索引册无），但因是一套书，故总序皆相同，凡例、前言根据分册情况而有所不同，但并不是目录学“辨考学术源流”意义上的总序、大序和小序，因此今版《续修四库全书总目提要》无类序，只有每书提要，提要内容大致包括著者生平、内容要旨、学术评价、版本情况四个方面。

通过以上七个方面的对比研究，可以看出民国版与今版《续修四库全书总目提要》之事业，二者在时间上前后相差50余年，但这50余年也是中国近现代发生巨变的时期，因此二者在编撰特色和质量上各有千秋。如在收书范围方面，前者主要收清乾嘉以后至20世纪30年代的著作，在时间下限上比后者多出近20年，但后者也收录了现代新出土的简帛类古籍；在收书来源方面，前者以中外各大图书馆和知名私人藏书家为主体，后者以国内文献普查为主，偶有兼及国外影印之举；在收书数量方面，对于种、部、册的比较没有统一标准，但是前者虽是未竟之作，竟在数量上与后者相比只多不少，达数倍余；在参与人员方面，前者皆是当时国内知名学者和日本著名汉学家，后者在参与人员方面比前者庞大，但因今版提要的撰写者，有些并未参与前期《续修四库全书》的编纂，因此在提要的撰写上于版本优劣方面略有不足；在体系分类方面，前者根据中国科学院图书馆的整理，目前是经、史、子、集、丛书、方志六大部类，体现了当时图书的发展情况，后者基本依循清《四库全书》四部分类法；在类序和提要方面，前者的类序即使只根据遗留下来的数篇，也可知质量较高，而后者则无类序，实为一大遗憾。在提要撰写方面，二者基本以叙录体为主，提要内容大致包括著者生平、内容要旨、版本选择及学术评价等方面。

笔者曾比对民国版和今版的两部《续修四库全书总目提要》之目录，以期找出二者的渊源递进关系，奈何工作量庞大，同时又需要研究者有极高的学识，笔者能力有限，时间和精力亦不够，仅选择经部诗类作一粗略比对。

民国版《续修四库全书总目提要》经部诗类共516篇提要，今版《续修四库全书总目提要》则只有104篇，在数量上远不及民国版；在内容的继承与发展方面，笔者发现有《诗触六卷》《（毛诗）草木疏校正二卷》《毛诗天文考一卷》和《诗谱补亡后订一卷拾遗一卷》为两版相同著录者。另有一些题名稍有改动者见于今版《续修四库全书总目提要》，恐为补遗完善之本，如《韩诗内传征四卷补遗一卷疑义一卷叙录二卷》《三家诗遗说八卷补一卷》《诗纬集证四卷附录一卷》等，合计约有七部图书，在两个版本经部诗类中都有著录。

另中国科学院图书馆作为今版《续修四库全书总目提要》之借书来源单位之一，在该书经部提供文献的数量方面，经笔者粗略统计，只有约55篇由该馆提供，而在经部诗类的文献中，这55篇提要并没有与上述统计结果相重复，可见中国科学院图书馆提供的文献源，并不是民国时期日本东方文化事业总委员会遗留下来的那批藏书，而民国版与今版在经部诗类又有少量重复之处，恐是今版的续修编撰人员在他处寻得。仅就经部诗类进行两个版本渊源递进的研究，的确不够全面，但也能从一个侧面反映出这两个版本的联系并不紧密，究其原因，笔者推测：一是中国科学院图书馆在提供文献源时，没有或是极少地利用了当时日本东方文化事业总委员会遗留下来的这批藏书，而是以本馆他藏代替；二是中国古籍在近现代的散失毁灭现象也比较严重，待到20世纪90年代再次续修《四库全书总目提要》时，很多古籍版本已不复存在，只能以国内82家图书馆现存的古籍版本为普查对象。

综上，对于日本东方文化事业总委员会下设的北京人文科学研究所，其遗留在大陆的全部藏书，如果目前还被中国科学院图书馆（现为中科院文献情报中心）完整保存的话，那么这批藏书无疑是极具价值的。通过以上七个方面的比较，可以看出民国版的《续修四库全书总目提要》，虽然是未竟之事业，没有经过最后的统稿，但是从收书数量、版本选择、类序与提要的撰写方面来看，质量还是比较高的，其贡献不容忽视。对于参与其中的学者，如伦明诸人，他们的学术贡献也理应值得后人研究与尊重。

第六节　伦明《续修四库全书总目提要》之贡献

一、贡献藏书

伦明于1931年正式参与日本东方文化事业总委员会组织的《续修四库全书总目提要》工作，当时该会还没有建设完备的藏书，准备工作刚刚开始。伦明首先将自己续书楼的藏书无偿提供给该会使用，同时帮助该会采购、搜访图书。对于伦明的这些做法，后世文献中有相关记载，如台湾“中央研究院”历史语言研究所研究员黄宽重曾在一次演讲中提及“傅图‘善东’与《续修四库全书》的关系”问题，在分析傅斯年图书馆这批“善东”图书的历史渊源时说：“1925年，日本利用退还的庚子赔款，在上海、北平设置教育文化事业机构。在北京成立‘东方文化事业总会及附设人文科学图书馆’等机构，邀集中国学者及日本汉学家从事续修《四库全书》的工作，一方面四处搜购图书，约十四万册（有一大部分是近代藏书家伦明的藏书）；一方面选编一部《四库未收书分类目录》，著录乾隆以前《四库全书》失收及乾隆至清末的著作达27000多种，仿《四库全书》例，分别邀集各科的专家学者撰著提要。提要撰写工作起自1931年，一直到1945年日本投降才告一结束，共得提要三万篇。”① 其中提到了伦明藏书

① 2002年11月30日，黄宽重在台湾“中央研究院”历史语言研究所历史文物陈列馆作《谈〈四库全书〉底本的价值——从本所收藏谈起》的演讲，演讲中提及《续修四库全书总目提要》一事及伦明藏书的贡献。该演讲信息转引自王亮：《〈续修四库全书总目提要〉研究》，复旦大学博士学位论文，2004年，第39—40页。

是当时续修工作的主要藏书来源。

对于东方文化事业委员会图书筹备处的藏书建设情况，谢兴尧在《北京藏书概略》一文中说："除上述（国立北平图书馆、故宫博物院图书馆、北京大学图书馆）外，尚有一最大藏书处，则东方文化事业委员会图书馆是也。……因欲创一文化事业，故先购书作基础。时南北书籍之价正廉，而主持买书者，又为板本目录专家徐森玉、伦哲如二氏。徐氏原任北平图书馆主任，在旧书业中颇负声望，于板本书及钞本书等善本，可谓极精，凡所选购者均有关学术珍籍，或为人所不知及不注意者。伦氏名明，于图书见闻极博，收藏亦富，通学斋书店，彼即东家，尤注意史料冷货。于是东方所藏凡经二人之手，莫非佳椠，几集北京图书之精美，其性质纯为学术之书。尤以名校精钞稿本最多，出目录十厚册，在数量上虽不足与北平图书馆比，而其精粹则不相上下，洵孤本秘籍之大观矣。"[①] 可见经过伦、徐二人的采购，再加上伦明提供的续书楼藏书，东方文化事业委员会图书馆之藏书质量较高，可与北京图书馆馆藏相媲美，这就为《续修四库全书总目提要》的撰写，首先提供了藏书质量上的保证，解决了续修事业中最为重要的一环，即图书搜集工作。伦明此前在倡议续修《四库全书》，阐述自己续修理论的时候，就认为在续修工作中，相较于审定、纂修二项，搜集最难，因为搜集不成，则审定与纂修二者就无从谈起。基于此，伦明在参与撰写《续修四库全书总目提要》之初，即致力于东方文化事业委员会图书馆的藏书建设工作，保证了后续工作的顺利开展，功不可没。

二、用力最多

据东莞图书馆整理统计，伦明所撰《续修四库全书总目提要》稿1899篇，其中经部1127篇，史部755篇，子部10篇，集部7篇，具体篇目详见附录一。

---

① 谢兴尧：《堪隐斋随笔》，辽宁教育出版社1995年版，第33页。

按照附录一简目中所列流水号顺序，经部包括总类（0001—0024）、书类（0025—0198）、诗类（0199—0371）、礼类（0372）、四书类（0373—0782）、孝经类（0783—0915）、群经总义类（0916—1111）和小学类（1112—1127）；史部包括杂史类（1128—1133）、传记类（1134—1749）、政书类（1750—1756）和地理类（1757—1882）；子部，因篇数较少，未分类，见1883—1892；集部，因篇数较少，未分类，见1893—1899。仅从篇数和字数上来看，伦明所撰提要稿数量约占全部提要稿总量的十分之一，在齐鲁书社影印稿本的37册正文提要稿中，有近2册的提要稿是伦明所撰，这个规模不可为不宏富，也足可见伦明用功之深、贡献之大。

伦明所撰《续修四库全书总目提要》稿数量众多，遍及经、史、子、集诸部，尤以经、史两部居多。这些提要稿的内容，既反映了伦明于文献学诸领域所取得的研究成就，也从一定程度上保存了文化，为后人了解晚清民国时期的图籍发展情况提供了参考依据。伦明曾自评其《续修四库全书总目提要》之工作，言："今日情异势殊，图书馆又乏伟力，不得已勿问原书，先成提要，其究也必至全如《四库全书》存目部分，使后人徒见食单，仍感枵腹。"① 以《续修四库全书总目提要》比"食单"，或为谦虚之词，也夹杂着很多无奈在里边。但从今天看来，从文化传承的角度，即使是"食单"，也是有一定的参考价值和研究意义的，因为自《四库全书总目提要》问世以来，至今仍无超越民国时期这次《续修四库全书总目提要》规模之举，对于继承和保存中国传统文化，还是有一定的帮助作用的，伦明于此用力最多，因此可谓居功至伟。

三、偶有不足

因民国时期的这次《续修四库全书总目提要》工作是未竟之事，

① 宋远：《辛亥以来藏书纪事诗未刊稿笺注》，见《中华文史论丛》第四十九辑，上海古籍出版社1992年版，第88页。

最后没有经过统稿，因此在著录方面难免有疏漏之处，出现书名、卷数或版本之误，在提要内容上也偶有失考的现象发生，这些问题已经受到后世研究人员的关注与相关订正。整体工作如此，伦明作为参与人之一，也偶有类似情况发生，如《皇侃论语义疏参订十卷》[①]、《批点四书读本七卷》[②] 等即未著录版本，好在东莞图书馆在组织整理时已将版本情况予以补著，以中括号里加注版本的形式补全；《孝经义疏不分卷》[③] 著者并非阮元，而是其子阮福，该书据阮福著《孝经义疏补十卷》[④] 节选而成，伦明将这两条款目分属阮氏父子，有失考之责[⑤]；伦明在撰写提要时，偶有笔误情况，如《尚书注一卷》[⑥]，《汉书·儒林传》所引内容实为《后汉书·儒林传》的内容，此处或为漏字，或是伦明的误记。[⑦]

伦明晚年（1941）曾对孙殿起说："吾近数年撰《提要》稿于学问尤见精进，至其群经传授源流支派无不洞悉，近年在粤有所闻见，辄笔书之，积稿盈箧。"[⑧] 可见伦明于1937年南归后，虽再未提交续修之稿，但由于前期写稿的锻炼，于学问尤其是经学大有长进。因伦明收书以集部为最，其所熟悉者亦是集部，但当年承担《续修四库全书总目提要》稿的撰写时却是以经、史两部为主，经部提要稿尤其多，因此出现错误之处也在所难免，可以理解。从《四库全书》及其提要始，经民国《续修四库全书总目提要》稿，再至《续修四库全书》及提要，任何一部大型著作都难于接近"完美"，恐怕这也是文

---

① 伦明著，东莞图书馆整理：《伦明全集》第三册，广东人民出版社2017年版，第311页。

② 伦明著，东莞图书馆整理：《伦明全集》第三册，广东人民出版社2017年版，第461页。

③ 伦明著，东莞图书馆整理：《伦明全集》第三册，广东人民出版社2017年版，第534页。

④ 伦明著，东莞图书馆整理：《伦明全集》第三册，广东人民出版社2017年版，第539页。

⑤ 续修四库全书总目提要编纂委员会编：《续修四库全书总目提要·经部》，上海古籍出版社2015年版，第12页。

⑥ 伦明著，东莞图书馆整理：《伦明全集》第三册，广东人民出版社2017年版，第24页。

⑦ 东莞图书馆提供校样稿中，此处为整理者注。

⑧ 孙耀卿口述，雷梦水整理：《藏书家伦哲如》，见《随笔》第九集，广东人民出版社1980年版，第96页。

化与学术发展的魅力所在。

四、客观看待

长久以来，由于中日两国历史原因和政治格局的影响，参与日本东方文化事业总委员会组织的《续修四库全书总目提要》工作的这批学者及其贡献，一直都没有受到学界重视，参与者本身也是三缄其口，后世研究人员一旦遇上相关研究话题，亦是模棱两可。比如21世纪初期开始完成的《续修四库全书》以及截至2016年完成的相配套的《续修四库全书总目提要》，这套丛书及提要的参与人员，少有提及民国时期日本东方文化事业总委员会组织中日学者所做的《续修四库全书总目提要》工作，偶有提及，也是说民国时期日本该机构组织的续修工作是做出一点“实绩”[①] 的，但也是三言两语带过，对于这点“实绩”的规模、质量、影响等基本没有讨论。笔者认为，时至今日，从学术研究和文化发展的角度来看，应该对民国时期这批学者参与的日方组织的《续修四库全书总目提要》工作，予以客观对待与评价，或许可通过杨树达《居微翁回忆录》中所记的一段话，来帮助客观看待中日学者参与的《续修四库全书总目提要》工作，杨树达说：“日本所设东方文化事业委员会请余撰《两汉书著作提要》。以其为余专门之学，藉此可温寻故事，其事不关政治，诺之，故作此文。”[②] 杨树达当时参与续修的出发点，是只做学术研究，不牵涉政治，或可代表当时一批人的想法。

通过对民国时期与现在付梓完毕的两部《续修四库全书总目提要》七个方面的比较，笔者认为民国时期日本东方文化事业总委员会

---

① 《续修四库全书》工作委员会：《〈续修四库全书〉编纂缘起》，见上海古籍出版社编：《古籍整理出版的宏伟工程：〈续修四库全书〉》，上海古籍出版社2002年版，第3页。

② 王亮：《〈续修四库全书总目提要〉研究》，复旦大学博士学位论文，2004年，第43—44页。

组织的《续修四库全书总目提要》工作，从收书数量、版本选择、类序与提要的撰写方面来看，质量还是比较高的，其贡献不容忽视。基于部分与整体之间的关系，整体贡献越大，说明个体贡献亦大，对于参与其中的学者，如伦明等人，他们的思想与贡献也理应值得后人研究与尊重，同时也需要给予客观的评价。

伦明所撰《续修四库全书总目提要》稿，有其独到的学术特色与贡献，当然也有不足，但是瑕不掩瑜，其所参与的《续修四库全书总目提要》工作，在中国学术发展史上理应占有一席之地并受到重视。伦明作为以续修《四库全书》为志业的学者，他的贡献亦被后人称颂：

藏书盈库兼仓富，续补可嗣四库书。
安得群儒策群力，提要远追逊代初。[①]

① 王謇著，李希泌点注：《续补藏书纪事诗》，书目文献出版社 1987 年版，第 39 页。

第七章　版本目录学思想

伦明以藏书家、版本目录学家的身份为后人所知，其实他以续修《四库全书》为志业的时候，就注定了他在文献学领域的其他方面，如辨伪、辑佚、注释、校勘、汇纂等方面都会有所涉猎，但是在版本目录学方面，伦明不仅有实践经验，而且还升华到理论高度。他的版本目录学思想，主要形成于他在北京大学、辅仁大学、北平民国学院等大学授课时期，体现在其自编的讲义《版本源流》和《目录学讲义》中。

第一节　《目录学讲义》所体现的目录学思想

一、目录学的重要性

伦明在《目录学讲义》开篇即阐述这个问题，他认为目录学之于国学，是读书治学的门径，就像旅游时要看旅游指南一样。因为我国图籍浩繁，“凡属于四部者，或属于四部中之一部者，又或属于一部中之一类者，如某书应读，某书应参考，某书内涵之醇驳，某书版本之佳劣完缺，舍求之目录学，则不能知也”①。中国目录学自产生以来，就被看做是读书治学的入门之学，我国唐代目录学家毋煚在其所著《古今书录·序》中言：“夫经籍者，开物成务，垂教作程；圣哲之能事，帝王之达典，而去圣已久，开凿遂多。苟不剖判条源，甄明科部，则先贤遗事，有卒代而不闻；大国经书，遂终年而空泯。使学者孤舟泳海，弱羽凭天，衔石填溟，倚杖追日，莫闻名目，岂详家

① 伦明：《目录学讲义》，《讲坛月刊》1937 年第 5 期，第 19—25 页。

代？不亦劳乎！不亦弊乎！”[①] 清代学者王鸣盛也曾评论说：“目录之学，学中第一紧要事，必从此问途，方能得其门而入，然此事非苦学精究，质之良师，未易明也。……凡读书最切要者，目录之学。目录明，方可读书；不明，终是乱读。”[②] 清代目录学家章学诚更是将我国古典目录学的精髓总结为“辨章学术，考镜源流”八个字，可见伦明对这八个字多有领悟，因此在讲义中首先明确目录学的重要性。

二、区别目录学与版本学

伦明认为今人往往将目录学与版本学混为一谈，其实二者各自一统，“版本学者，辨别古今版刻之行格款式、字体、纸质、墨色种种之异同”，而“目录学亦与版本相涉，例如某书刻本佳，某书刻本不佳，某书完，某书不完之类”[③]。及此，伦明论述了版本学的研究内容，并分析了目录学与版本学的联系，但是二者还是有明显区别的。

伦明进一步阐述目录学的研究内容，“然而所涉甚广（指目录学所涉甚广），例如某书醇，某书疵，某书醇疵参半，某书大醇小疵，某书小醇大疵。又同一书也，注之者多家，校之者多家，某注本某校本精而详，某注本某校本疏而略。凡醇者、精者、详者，悉阐发之，不厌其多，应有尽有。凡疵者、疏者、略者，悉指摘之，亦不厌其多，应有尽有。令阅目录者知所取舍。又如历代传本之存或佚、完或缺，又或已佚、已缺而经重辑重补，一一著之，令阅目录者一览了然”[④]。

可见伦明认为目录学的研究内容要比版本学广泛，而且能够使阅目录者“知所取舍”“一览了然”。因此伦明总结说，版本学是小部分藏书家应掌握的，而目录学则是一般学者都应熟悉并掌握的。

---

① 彭斐章主编：《目录学教程》，高等教育出版社2004年版，第4页。

② 彭斐章主编：《目录学教程》，高等教育出版社2004，前言第I页。

③ 伦明：《目录学讲义》，《讲坛月刊》1937年第5期，第19—25页。

④ 伦明：《目录学讲义》，《讲坛月刊》1937年第5期，第19—25页。

三、区别目录与目录学

伦明在区别版本学与目录学的基础上，进一步明确了目录与目录学的区别。伦明认为今人将目录看做是目录学，完全是错误的。“古今来公私藏书目录，皆簿记耳，何足言学？然目录学基于目录而成，故研究目录学者，关于目录之各事项不可不知也。”① 此处伦明言古今来公私藏书目录皆是簿记，或稍显武断，笔者推测是否伦明之意在言今人所做目录多为簿记之作，不能体现“辨考学术源流”的学术史功能。但是伦明也承认目录学是基于目录而成，但凡研究目录学，必定离不开目录，因此进一步总结了目录之相关各事项，包括书之起源、书之分类和书之聚散三个方面。

关于书之起源，伦明言：“古者称书曰‘竹帛’，竹谓‘简’，帛谓‘纸’也。”② 然后分别阐述了竹书与帛书的发展。对于竹书，据刘向《别录》记载“杀青”一事，又据《晋书·束皙传》记载“汲冢书”出土的由来，并根据相关文献和出土实物，研究了简册的形制、计量单位（册）、编连等问题；对于帛书，因为比竹书便于舒卷，故计量单位为“卷”，然后讨论“帛书”的形制，并据《隋书·经籍志》记载隋炀帝时期秘阁藏书分上、中、下三品，经、史、子、集各部轴、缥、带、签的情况。此后又阐述了自汉末以来石经的发展情况、雕版印刷与活字印刷的起源和发展情况。最后提到了光绪中叶以后，自上海开始采用的石印、影印技术，体现了时代的发展和书籍制作技术的变革。

关于书之分类，先简列刘歆《七略》之分类，然后细说班固因袭而成并改七为六（此处伦明说班固改七为六，不太准确，因为《七略》名为“七略”，实则是六分法，第一略为辑略，是总序，并不是具体类目，所以班固更多是因袭而非改动），又列王俭《七志》、阮

① 伦明：《目录学讲义》，《讲坛月刊》1937 年第 5 期，第 19—25 页。

② 伦明：《目录学讲义》，《讲坛月刊》1937 年第 5 期，第 19—25 页。

孝绪《七录》、许善心《七林》，似先列《七略》范式之作。后又讲荀勖并为四部，变为经、子、史、集的顺序，而李充因之但是调整了类目顺序，变成后世熟知的经、史、子、集四部分类法的顺序，谢灵运、王亮之四部亦同，任昉于四部外加入术数一部，变为五部。后又详列《隋志》经、史、子、集各部类下属，这种分类方法到了唐代继续因袭，似为永制，及至清乾隆时期编《四库全书》。在此基础上对《四库全书总目提要》的类序及类目分并情况做了说明。他最后总结："目录之例应因时而变，如金石、目录二门，前史仅附庸于史部，今两类材料大增，似宜量为变通，使之匀称。他门有类此者，亦宜推及之，又近日各图书馆多以点画繁简分类，不复拘于四部。"对于近代新式分类法的冲击，伦明认为"以点画繁简分类，于检寻、自校便可兼用之，若因是而废除四部之别，则大不可也"。可见伦明虽然强调目录之例应因时而变，体现出一定的历史发展观，但是他的这个"变"还是斟酌于四部之内的，想必这也是与其续修《四库全书》的理念与实践有关。

关于书之聚散，伦明从官府藏书和私家藏书两个方面进行阐述。首先是官府藏书，伦明认为周以前学术统于王官，春秋时亦有柱下之职，然而亡佚颇多。然后分析了各个历史时期的书厄，如秦始皇焚书，西汉末年王莽之乱，东汉末年董卓移都，西晋惠怀之乱，东晋末年兵火，南朝梁元帝自焚，北齐、后周砥柱舟覆，唐安史之乱，宋靖康之变，明正德、万历年间散佚，清末庚子之乱等。"以今视古，百不存一，致可惜也。"其次是私家藏书，伦明认为私家藏书之富始见于唐韩昌黎诗，"邺侯家多书，插架三万轴。一一悬牙签，新若手未触"。诗中所记足见藏书之富，可惜没有传下任何目录。宋人始有藏书目传世，如尤袤之《遂初堂书目》、晁公武《郡斋读书志》、陈振孙《直斋书录解题》。明人叶氏箓竹堂、祁氏澹生堂，明清之际则有钱氏绛云楼、毛氏汲古阁、黄氏千顷堂、王氏池北书库等。这些藏书家往往都自编书目以自用，在揭示书籍版本方面贡献极大，诸如陆氏之《皕宋楼书目》、瞿氏之《铁琴铜剑楼书目》等。又援引洪亮吉《北江诗话》的观点，进一步将藏书家分为考订家、校雠家、收藏家、赏鉴家和掠贩家。伦明认为私家藏书在近代散出情况严重，有可能渐渐衰熄以至于无，因此对掠贩家特别憎恨，认为这些人“竭泽而渔”，只有少部分书籍流入国内各公私图书馆，大部分皆流往海外，一去不返。

四、近代编辑目录之流派

近代目录之编辑事业渐盛，伦明将编辑流派予以分类，其一是以某一类为限，如朱彝尊之《经义考》、谢启昆之《小学考》；其二是以地域为限，如张国淦之《湖北书征存目》、孙诒让之《温州经籍志》等；其三是以一家或一人为限，如伦明本人所撰渔洋著述书目；其四是可供购书者查检之丛书汇刻类，如孙耀卿之《丛书目录拾遗》、杨守敬之《丛书举要》；其五是通行于世的指导阅读类书目，如张之洞《书目答问》。伦明认为指导阅读类书目在近代出现尤多，但质量参差不齐，可供读书者自行取资。伦明的这种观点符合中国目录学的发展历程，彭斐章主编的《目录学教程》一书，将中国目录学的发展分为古典目录学、近代目录学和现代目录学三大阶段，其中近代目录学是导读目录大放异彩的时期①，这一时期正值民族存亡的攸关时刻，各种政治力量登上历史舞台，如洋务派、资产阶级维新派、资产阶级革命派、马克思主义者等，为宣扬自己的阶级立场或学术理念，他们利用报纸和期刊来扩大影响，通过导读目录来指导后学，如张之洞的《书目答问》、梁启超的《西学书目表》等。伦明自 1915 年定居北京后，直至 1937 年南归，正好生活在导读目录蓬勃发展的时期，因此他才得出“指导阅读类书目在近代出现尤多”的结论，但他也进一步强调，这些导读目录质量参差不齐，可供读书者自行取资。

---

① 彭斐章主编：《目录学教程》，高等教育出版社 2004 年版，第 75 页。

五、清代撰著之特色

伦明认为撰著之体代有进步，并将清代撰著之特色总结为六个方面。其一辑佚，此为亡者复存、缺者复完之工作，如李鼎祚《周易集解》类辑佚。清代辑佚风盛起，孙星衍、马国翰、黄奭等都是辑佚名人。其二补注，即对原本古义摘谬订讹，因此中情况遍见于四部之中，故不举例说明。其三订残，即人弃我取，以成完书。如经部之诸纬书、史部之元史、子部之墨子之类。其四校勘，即参证异本，折中一是，四部中皆有之。其五翻译，即欲书同文，如六朝之翻译佛经、明季之译地舆历学，近年来佳作甚少。其六丛刊，即汇散为整，此风始于宋，明继之，清乾嘉以来尤盛，有限于一地、一家或一人者，精审者众。伦明首先以藏书家的身份被后人所知，他的藏书特色之一，即重视清人著述，因此对清代的撰著方式及特色十分了解，所以在倡议续修《四库全书》的时候，于分类方面才有自己独到的见解，如伦明曾建议在四部之内应设三大类，即经部下应设有纂辑、校勘、笺注，史、子、集部下应设纂辑、校注（校勘、笺注并为一类）、撰著。这种分类方式只有在十分熟悉清代撰著特色的基础上才能归纳出来，可见伦明于此研究颇深，尤其熟稔各种撰著方式及版本。

六、目录学有广狭之别

伦明认为自来目录之书等同于簿记，可称为学者，始于刘向《别录》。然宋陈振孙《直斋书录解题》、晁公武《郡斋读书志》、乾隆间《四库全书总目提要》、阮元《四库未收书目》、张之洞《书目答问》等书目皆是示学者以途径，使其知所取舍，这样的书目不必夸多精博，此即狭义的目录学。超出导读目录之外，是否为广义的目录学，伦明并未细说，只是强调今日所讲者（或许即指广义的目录学，也可能泛指存世书籍）正值新旧嬗变之时代，若不及时收拾整理，则“后来将不可问。考其完缺存佚、别其优劣瑕瑜，或保其书或存其目，兹事体大，我辈所宜留意也。”[①]

可见伦明对近代导读目录的功能并不看重，超出导读目录之外，用于保存文化的整理文献之事业，才是广义的目录学范畴。

继上述理论总结后，伦明又在《讲坛月刊》第 6 期第 17—19 页、第 7—8 期第 23—30 页，列举了部分经部总类、易、书、诗四类的简明书目，著录有书名、著者（辑者、注者等）、版本三项，其中于版本一项著录尤详，如《宋元人注五经》一条，于版本处下列明经厂本、扬州鲍氏刻本、南昌万氏刻本、江宁书局本、武昌书局本和崇道堂本共六个版本，另《子夏易传一卷》条，下列《问经堂丛书本》、《二酉堂丛书》辑本、玉函山房刻本和《汉学堂丛书》刻本共四个版本。类似情形较多，可见伦明对所列诸书版本尤为熟悉。该讲义是未完之作，目前辑录出来的资料都是以上述《讲坛月刊》第 5—8 期发表的内容为准，未见更多辑佚资料。

第二节　《版本源流》所体现的版本学思想

《版本源流》是伦明在北京大学任教期间开设的另外一门课程的讲义，1928 年日本著名汉学家吉川幸次郎在北京求学期间，就曾旁听过伦明的“版本源流”。[②] 该书没有单行本，仅以讲义形式行世，首页卷端题“版本源流”，从上往下依次钤盖“张庆隆”“张子兴”“清藜阁”朱印。版心上有单鱼尾题写书名，下有细黑口，并印有“北京大学”字样，为北京大学图书馆所藏（X/010. 2/2533）。[③]

该书正文由前后两大部分组成，前有版本学基本理论（标为绪

---

① 伦明：《目录学讲义》，《讲坛月刊》1937 年第 5 期，第 19—25 页。

② 熊静：《伦明先生文献学著述考》，《大学图书馆学报》2014 年第 1 期，第 110—115 页。

③ 本节主要阐述伦明该书所体现的版本学思想，所引皆源于此书，又因没有确切的出版时间，故涉及参考引用之处不一一著录。

言，约占全书的五分之一），后有楚辞、别集类集部目录（约占全书的五分之四）。伦明在《目录学讲义》中区别目录学与版本学，认为二者虽然有紧密的联系，但是各自的研究重点不同，且目录学的外延要更大一些。因此在《版本源流》的基本理论问题中，有些内容已在《目录学讲义》中提及，如关于书之起源、书之分类等，这些领域是目录学和版本学都规避不了的问题，因此伦明在《版本源流》一书中再次强调。这些基本理论问题主要包括以下几个问题的考论。

一、书用竹帛考

该部分内容与《目录学讲义》中所述基本一致，即对“古者称书曰竹帛”进行考论，认为“简”是竹书之称，“纸”是帛书之称。然后援引刘向《别录》中记载“杀青”一事：“杀青者，直治竹作简书之耳。新竹有汗，善朽蠹，凡作简者，皆于竹炙干之。陈楚间谓之汗，汗者去其汁也。”以此证明“竹谓简”之论。更为重要的是，伦明还进一步分析了竹书上的文字是写是刻的问题：“其体有二，一为刀刻，《说文解字》云八体之刻符是也；一为漆书。”后世一般认为竹书上的字是写上去的，考古发现亦是如此，伦明引《说文解字》证明还有刀刻之竹书，提供了宝贵资料。对于“漆书”，伦明引《后汉书·杜林传》“于西州得漆书古文《尚书》一卷”，又据《晋书·束皙传》“太康二年，汲郡人发塚得竹书数十车，皆简编科斗文字……惟用竹，故书每称册”。至此交代了竹书的书写情况和计量单位“册”，其后又研究了竹简的长度，分别以“二尺四寸”“一尺二寸”“八寸”记之，言“大小虽不一，而同谓之册”。对于竹简的编连，认为“凡竹简必编以绳，亦护以革”，引《史记》孔子“韦编三绝”证之，并引《北堂书钞》转引刘向《别录》“孙子书以杀青简编以缥系绳是也”。至此，伦明对竹简的称谓、书写、形制、编连、计量单位等问题，都做了分析与交代。

对于帛书相关形制，伦明言“其用帛书，较竹简便于舒卷，故一书谓之几卷”，此处既分析了帛书的优点，也交代了帛书的计量单位为“卷”。又引《汉书·艺文志》“有称若干篇者竹也，有称若干卷者帛也。卷之心卷以圆棍，两头稍长，出于卷，余出如车轴然”。并对轴的材质与书籍质量关系进行了分析，援引《隋书·经籍志》“炀帝即位，秘阁之书分为三品。上品红琉璃轴，中品绀琉璃轴，下品漆轴”。又引《旧唐书·经籍志》：“集贤苑御书经库，皆钿白牙轴，黄缥带，红牙签；史库，钿青牙轴，缥带，绿牙签；子库，雕紫檀轴，紫带，碧牙签；集部，绿牙轴，朱带，白牙签。”至此，伦明对帛书的基本形制已经做了比较全面的交代，卷、轴、缥、带、签各要素皆有论述，最后伦明对简册与帛书的发展情况进行了总结，认为隋唐时期简册已亡，当时存留下来的书籍主要就是帛书，因此一书的计量单位可用“几轴”表达。

二、书用刻板考

该部分内容在《目录学讲义》中亦有提及，即据《隋书·经籍志》记载隋炀帝时期秘阁藏书分上、中、下三品，经、史、子、集各部轴、缥、带、签的情况，此后又阐述了自汉末以来石经文献的发展情况。以石刻经源于汉末蔡邕书九经刻石，后有魏三体石经《尚书》《左传》，隋文帝开皇年间勒雕敦煌石室书录，其中《大隋永陀罗尼本经》中所载“左有施主李和顺一行，右有王文沼雕版一行”，为后人研究雕版印刷的起源提供了参考依据。宋太平兴国五年翻雕隋本，成为唐代石室禁书《孝经》、开元御书《道德经》及今易州石刻的底本，以石刻子由此开始，此后常见于雕版。唐柳玭《家训》序云：“中和三年癸卯夏……余为中书舍人，阅书于重城之东南，其书多阴阳杂记，占梦相斋九宫五纬之流，又有字书小学，率雕版印纸，浸染不可晓，是为书有刻板之始。”对于雕版印刷术的起源，伦明援引多书以证，参考诸多说法。如宋朱昱猗《觉寮杂记》云：“雕印文字，唐以前无之，唐末，益州始有墨板。”后唐方镂九经，悉收人间所收经史。以镂版为正见于《两朝国史》，伦明认为此说可为一证。至五代时期，雕版大盛，毋昭裔刻《文选》《初学记》等书，惠及学人。

此后刻书之举风靡天下，甚至达到了无书不刻的盛况。

关于雕版印刷的起源，伦明援引多书、参考众说，虽未得出一个明确的结论，但是给后世研究提供了诸多参考，尤其是关于《大隋永陀罗尼本经》中所载“左有施主李和顺一行，右有王文沼雕版一行”，在时间上为雕版印刷起源于隋的这种说法，提供了参考论据。

三、书有活字板考

关于活字印刷术，主流说法皆以北宋沈括所著《梦溪笔谈》之记载为准，即北宋布衣毕昇发明了活字印刷术，当时采用的是胶泥活字。但是伦明在此处则另辟蹊径，他认为：“活字板制书之制，亦疑始于五代。晋天福铜板中，载宋岳珂九经三传沿革例，此铜板殆即铜活字版之名称。”其后援引明代陆深《金台纪闻》所载铅活字、宋沈括《梦溪笔谈》所载泥活字等制作工艺及流程，并记明嘉靖年间有山东官员刻元代王桢《农书》（后附王桢写书及自刻原由），采用的亦是木活字，虽然元代活字本不传，但是该处记载填补了元代活字印书的空白，也为后人了解木活字提供了极为宝贵的资料。最后述及明代以来，活字版盛行，及至清编《四库全书》，由《永乐大典》中辑录出的200余种书，皆以活字印行，并刊《武英殿聚珍版程式》一卷流布。近世又有欧美传入之石印、珂罗版印等技术，则“愈出愈奇矣”。

关于活字印刷术的起源，伦明疑持五代说，在时间上较后世主流观点，即北宋发明说，提前一些。伦明对近代西方传入的印刷技术感到惊奇，但作为通学斋东主，近代著名藏书家，伦明接受这些新生事物是比较快的，对近代中外书籍发展之事业，如在图书分类、藏书管理、印刷技术等方面，也有着比较深刻的认识，在其《辛亥以来藏书纪事诗》一书里皆有体现，如袁同礼的藏书管理经验，席氏扫叶山房在近世的衰落，等等。

四、宋元明清及近日刻书之优劣论

伦明据宋叶梦得《石林燕语》载唐以前藏书故事，分析唐以前善本颇多，在于唐以前皆写本，人以藏书为贵，且藏家精于校雠与诵读。五代以后雕版盛行，学者得书易而不复以藏书为意，诵读亦灭。此后版本不正且讹谬相传，甚为可惜。因此伦明结合自己藏书、校书的经验，认为宋版书虽也有讹谬，但是也算善本的范畴，故人皆以宋椠本为贵。“余校此书，一遵宋本，再勘一过，复多改正。”可见伦明对宋刻也颇多推崇。

次于宋刻者，即为元刻。元代刻书兴盛，伦明认为元佳本往往胜于宋本，主要在于元本源出于宋本，所以才有宋刻善本已亡而元本犹存之幸。之后伦明又列举数则元本胜于宋本之例，如元元贞丙申平阳梁宅本《论语注疏》胜于宋十行本，元大德九年重刊宋景祐本《后汉书》胜于宋建安刘元起之本，等等。

明代刻书，官刻当推南北京监本，南监多存宋元旧板，所刻不亚于宋元，而北监多据南监本重刻。其次为藩府刻书，流传佳本不少，伦明认为主要在于各藩王所得赐书中多为宋元善本，而藩邸王孙又有颇好学者。再后有最可怪者，即明都察院或司礼监等政府机构刻书，所据竟是经厂书目，世人多诋其校勘不精。另明人刻书还有一恶习，即除仿宋刻外，还间杂己注或窃改原文，甚至改头换面、删节易名，以故后人不以明刻本为贵。

清代刻书，乾隆以前多精写本，乾隆以后多精校本。这种精写精校的本子，既有益于古书，也有益于学者。伦明此处先总论清代板刻系统，包括殿本、局本、坊刻和家刻，然后分述各自发展情况，如殿本以康熙时为最精，乾隆时次之，嘉庆、道光时又次之，至光绪之时则弥不逮矣，“刻书关乎国运，斯亦奇矣”；设局刻书，盛于近代，所刻多经史通行本。如湖北书局所刻《百子全书》《湖北丛书》等较为粗略，张之洞所设广雅书局刻书虽多为乙部名著，但板纸皆劣，张去任后则乏书可刻。其他重刊重印之局本，则一次即“透支”矣；关于坊刻，伦明认为乾隆间有扫叶山房者，所刻尚不恶，其他则为射利也；家刻本多自著，善本居多，但不易通行且不易购求。

吴兴刘氏校刻多秘籍，但写印不够精审，又不出售，使读者无从购得（此处伦明也是在说近日家刻的问题）。又举武进董氏、上虞罗氏（此二氏为坊刻性质），刻板与影印之书虽多善本，但价格昂贵。

上述伦明对宋元明清及近世各种刻本质量优劣的分析，体现了伦明较为深厚的版本学功底，他的版本学思想源于多年以来的收书、藏书、校书的实践经验，有些观点颇为奇绝，如伦明对五代以后雕版盛行致版本不正且讹谬相传的现象感到可惜，认为元佳本往往胜于宋本，清刻殿本关乎国运，诸如此类说法，往往察世人所未觉。

五、历代目录配隶大略

该问题伦明在《目录学讲义》中以“书之分类”的形式提出，大致内容与《版本源流》此处所讲基本一致，现不厌重复，概述如下。

西汉刘向《别录》、刘歆《七略》为目录之鼻祖，班固因袭《七略》而成六略，又列王俭《七志》、阮孝绪《七录》、许善心《七林》，皆为祖《七略》范式之作。后又讲荀勖并为四部经、子、史、集的顺序，而李充在此基础上调整为后世熟知的经、史、子、集的顺序，谢灵运、王亮之四部亦同，任昉于四部外加入术数一部，变为五部。后又详列《隋志》经、史、子、集各部类下属，这种分类方法到了唐代继续因袭，似为永制，及至清乾隆时期编《四库全书》及其目。对以上诸目基本都罗列了类目体系至二级类目，并对合并改动、有所创设之处予以说明。

六、《四库全书总目提要》之弊端

关于《四库全书总目提要》之功过，在前面章节已述伦明续修之理论与实践，在此仅做概述。伦明认为《四库全书总目提要》各部之首冠以总序，43 类之首各冠以小序，此种做法是祖刘向“辑略”之意。其分并门目，亦择善而从，并试举几例进行说明，如诏令奏议、文献通考入集部，此前诸目入史部；香谱、鹰谱之属此前入农家，改为立谱录一门；名家、墨家、纵横家并入杂家为一门，等等。可见伦明对《四库全书总目提要》的类序及门目的分并还是比较肯定的。让伦明感到不满的地方：一是遗书搜求未尽。《四库全书》修书时，主要依靠内府及各省进呈之书，未尝遍考各藏书家目录并指明求索，尤为疏漏，且又以忌讳之故行全毁或抽毁之举，亦未尽也。二是论学执偏见。排斥异己，因修书诸人多为汉学家，故对宋儒多有不满。三是著录少而存目多。优劣之别，未必得当。存目各书，佚者八九，不可得见。又著录之书需进呈御览，为免受斥责，故舍弃而入存目者多。可见伦明对《四库全书总目提要》的分类方法及类序的写作，还是比较肯定的，但貌似“不满”的地方更多，同时由于“钦定”的原因，伦明才多次倡议续修《四库全书》并为之奔走努力，以此作为毕生之志业。

七、近世目录学流派与藏书家类别

该部分内容在北京大学所藏版本中，有前后重复混乱之处，甚至有前后并不相接等类似“错简”的现象出现，导致有些内容时断时续，应不是伦明本人的笔误，有可能是校者或刊者之失。但是从其整体内容来看，首先还是阐述书之聚散的问题，与《目录学讲义》一样，归纳历代国家藏书之书厄事件，最后指出今清宫所存书，一部分归国立图书馆，一部分归故宫图书馆，这批累朝历劫所残留之书，应倍加护惜。“以今视古，百不传一”，故今辑佚之学兴起，如洪颐煊、马国翰、黄奭等皆功不可没。其次讨论近世目录学流派，即以一类为限，以一省区或一府为限（此处只有这两类，没有《目录学讲义》中完备）；再次讨论藏书家类别，据洪亮吉《北江谈话》分为考订家、校雠家、收藏家、赏鉴家、掠贩家，其中考订、校雠最为难得，次则赏鉴，再次收藏，最后并未提及掠贩家

（《目录学讲义》中提及掠贩家，为伦明所憎）。可见此部分内容的确混乱不全，可参见伦明《目录学讲义》中关于近世目录学流派和藏书家类别的相关阐述。

八、楚辞、别集类目录

伦明藏书以集部为最，同时他认为《四库全书总目提要》中，经、史两部的提要质量要高于子、集两部。在《续修四库全书总目提要》稿中，伦明所撰稿虽涉经、史、子、集四部，但从撰稿数量上来看，仍是以经、史两部为主，集部只撰有 7 篇。而在《版本源流》中则著录楚辞类 45 种，别集类 273 种，每种皆著录书名、卷数、版本、作者，多则几句提要简述其内容，少则一句注释之语解释说明其要旨或评价版本之优劣，甚或少数连注释也无。可见伦明在《版本源流》中所撰集部目录，虽有注释或提要之语，但与其参与的《续修四库全书总目提要》稿相比，在字数和“辨考学术源流”的功能上，体现出的优势并不明显。或许伦明对于集部最为熟悉，在讲义中皆是举要大纲而已，其他内容则成竹在胸也未可知。

第三节　其他

伦明还编有《清代及今人文集著者索引》和《清代及今人文集书名索引》，现藏于中国国家图书馆，二者均为手稿。其中《清代及今人文集著者索引》一函两册，线装，每页版心均题有“续四库全书提要”“哲如手稿”。正文按著者姓氏笔画排序，仅著录著者、书名两项，共收清代及民国初年著者作品 1313 种。《清代及今人文集书名索引》，版式与《清代及今人文集著者索引》完全相同，著录书名、著者、卷数（无则省），共收书 556 种。从二者版式来看，应是伦明续修《四库全书》的工作成果，供撰写集部提要检索之用，可惜当时续修之事业中途停止，伦明欲撰的这些提要稿，后世不能得见，只能以索引的形式保留下来。

除此之外，伦明还三补《顾亭林年谱》，首先对缪荃孙、平步青二人已编年谱进行补注，以“按”“又按”的方式增补40余处，极为细致，其次对王峻的《顾亭林传》和刘绍攽的《顾亭林先生传》二文，于少量细微之处亦有补注说明[①]；编《颜元及弟子著作札记》，属于著述类汇编，包括《王源〈颜习斋先生传〉札记》《“四存编”札记》《习斋语要》《王先生源》《钟先生錂》《李先生子青》《贾先生珍》《吴先生持明》《万先生斯同》诸篇，述及人物小传及师承之后，必列其著述大概于后[②]；作《渔洋山人著书考》《孔子作〈孝经〉证》《建文逊国考疑》等文，其中《渔洋山人著书考》一文，伦明根据通行本《渔洋全集》搜集善本和初印单行本，对每种书的内容、版本情况都略加说明，为研究王世祯（号渔洋山人）及其学术思想提供了丰富全面的书目资料[③]；《建文逊国考疑》一文，伦明通过梳理各种史料记载，遍举钱谦益、王鸿绪、朱彝尊等人的著作，客观辨析史学界关于建文帝下落的三派学说，即自焚说（朱）、出亡说（王）、不知所终说（钱），虽然未下已见，但是为研究“建文逊国”这一历史疑案提供了丰富的史料和文献线索[④]；《孔子作〈孝经〉证》一文，伦明先列诸家谬说，再引汉儒旧说为己张目，同时对比《孝经》与《春秋》《易》《书》等儒家经典文献内容，最后得出孔子作《孝经》的结论，言“非至圣如孔子，能为是博大精深，质百事而不惑之书也哉?”[⑤] 伦明在（补）编书目、索引、年谱以及写考证类文章的过程中，于人于事，旁征博引，既能给后世留下宝贵的资料以取资，亦能自持已见，给后人以学术上的启迪，体现出较高的文献学素养。

---

① 伦明著，东莞图书馆整理：《伦明全集》第二册，广东人民出版社2017年版，第389页。

② 伦明著，东莞图书馆整理：《伦明全集》第二册，广东人民出版社2017年版，第161页。

③ 伦明著，东莞图书馆整理：《伦明全集》第二册，广东人民出版社2017年版，第89页。

④ 伦明著，东莞图书馆整理：《伦明全集》第二册，广东人民出版社2017年版，第231页。

⑤ 伦明著，东莞图书馆整理：《伦明全集》第二册，广东人民出版社2017年版，第141页。

第八章　伦明及其文献学成就评价

第一节　兼具诗人情怀与“破伦”精神的文献学家

伦明嗜书成癖，亦好诗，以诗纪书成为他诗歌创作的一个重要组成部分，《辛亥以来藏书纪事诗》即是代表。除此之外，中国国家图书馆所藏的《伦哲如诗稿》保存了大量伦明诗作，东莞图书馆整理《伦明全集》在此基础上，又增辑一些散篇，共270余首，为研究伦明及其学术思想提供了宝贵资料。

伦明的诗作，见存最早的是《无题》和《汴梁行》。伦明就读京师大学堂时期（光绪二十九年，1903），曾作《无题》八首，其中有“玉树悲凉唱后庭，琵琶胡语不堪听。……沈沈心事无人识，独倚银屏待月明”[①]句，内容是影射清末民初史事及八国联军入侵北京后的情形，表达了当时伦明关心国家存亡、意气难书的悲怆心情，他以“东莞生”署名，寄给当时流亡日本的梁启超，梁启超将伦诗与廖道传的唱和之作一起收入《饮冰室诗话》中，给予了较高评价，言“工力悉敌，可称双绝”[②]。光绪三十年（1904），梁启超主编的《新小说》第9号刊登了一篇署名为“东莞生”的诗作——《汴梁行》，此首诗作即为伦明所作，全诗以广东人的身份自叙，以排比对仗的形式，层层递进，言“嗟我广东人，胡为来此乡？云是求功名，功名二字窃未详。微言腐鼠不足吓，敢与立言立德争辉光。……嗟我广东

① 伦明著，东莞图书馆整理：《伦明全集》第一册，广东人民出版社2017年版，第168页。

② 梁启超著，舒无校点：《饮冰室诗话》，人民文学出版社1959年版，第79页。

人，心热如病狂。……嗟我广东人，得失盍较量。……嗟我广东人，春梦酣黄粱。……嗟我广东人，劝君且匆忙……”[①]，全诗表达了伦明对当时社会现状的不满及自我勉励，发人深省。如果说此时的伦明还是以京师大学堂学生的身份，抒发自己忧国忧民的情怀及对自身发展方向的探寻与勉励的话，那么此后伦明的诗瘾则一发不可收拾，以诗纪事、纪书、怀人或抒情贯穿于他学习、生活、工作的方方面面，仅举一列说明伦明诗瘾之大，如伦明曾作《罗敷庵久不作诗作此挑之》和《敷庵和诗不来作此促之》两首，通过“挑之”与“促之”二词，即可看出伦明想与人唱和的急切心情。

关于伦明诗歌创作方面的成就，后人关注较少，笔者受专业能力所限，也没有将其作为研究重点，而是将其纪书的相关诗篇散入上述各章，为研究其文献学领域的成就提供论据。伦明以诗纪书的代表作除了《辛亥以来藏书纪事诗》外，还有《买书》《卖书》《抄书》《校书》等散篇，见前述藏书实践与藏书研究相关章节。伦明被摊贩及同事讥为“破伦”，亦能泰然处之，这不仅因为他常为书资捉襟见肘，更是因为他具有旧时知识分子的洒脱和不修边幅的习气，更为重要的，恐怕还是他具有恃才傲物的自信，或者说自负，他的“书至近代始可读”“四库提要皆糟粕”[②]等观点，虽然需要辩证地去看待，报以同情之理解，但是也从一个侧面反映了伦明以续修《四库全书》为志业，甚至欲以一己之力完成的决心与勇气。

伦明一生从学、从政、从商、从教，他的各种社会身份，他的各种理论观点及实践，主要还是围绕其从学服务的。伦明的学术成就主要包括两个方面，一是诗歌创作领域，二是文献学领域。伦明以续书楼主人、通学斋东主、大学教授、藏书家、古旧书业经营家、版本目录学家等多重身份为后人所知，但是以文献学家直呼其名的情况较少，张宪光在《续书楼藏书有多少》一文中，对东莞图书馆“为一

---

① 伦明著，东莞图书馆整理：《伦明全集》第一册，广东人民出版社 2017 年版，第 164 页。

② 伦明：《续书楼藏书记》，《辅仁学志》1929 年第 1 卷第 2 期，见伦明著，东莞图书馆整理：《伦明全集》第二册，广东人民出版社 2017 年版，第 55 页。

位藏书家、文献学家编纂全集的做法感到高兴”[①]，这是后世研究人员首次以文献学家的身份定义伦明。此外，熊静梳理了伦明的部分文献学著作[②]，李建权意图通过伦明所撰《续修四库全书总目提要》稿来分析和总结伦明的文献学思想[③]，罗志欢认为伦明在校勘、目录、版本、文献学等方面的学术成就，能够给后学者以启迪[④]。实际上文献学研究是包括校勘、目录、版本这三个领域的，甚至可以说这三个领域是文献学研究的三大支柱，或是重要组成部分，罗氏似乎弄混了研究领域归属问题。笔者通过对伦明文献学领域相关成就的研究，认为伦明是没有文献学家之名，却有文献学家之实的文献学家。

第二节　理论与实践相结合的文献学成就

文献学研究包括目录、版本、校勘、注释、句读、辨伪、辑佚等领域，甚至每一领域都可成为专学，如目录学、版本学、校勘学、辨伪学、辑佚学等。系统总结伦明的文献学成就，避不开这些研究领域，但是要想罗列这些领域并按类阐述其思想，实属不易，仅伦明所撰《续修四库全书总目提要》一项，就涉及上述多个领域，但并非每一领域，伦明都上升到理论高度，形成自己的文献学思想。因此笔者在布局谋篇的时候，主要是围绕“藏书为续修”这一主线，先是归纳分析其藏书实践与藏书研究，在此基础上研究其续修《四库全书》的理论与实践，并重点分析了伦明所撰《续修四库全书总目提要》稿，于校勘、辨伪、辑佚这三个领域有所提炼，体现了伦明的文献学素养。最后结合伦明的版本目录学思想及其他散论，完成了对伦明文献

① 张宪光：《续书楼藏书有多少》，《东方早报》2013 年 4 月 7 日 A09 版。

② 熊静：《伦明先生文献学著述考》，《大学图书馆学报》2014 年第 1 期，第 110—115 页。

③ 李建权：《伦明所撰〈续修四库全书总目提要〉研究》，南昌大学硕士学位论文，2015 年，第 7 页。

④ 罗志欢：《伦明评传》，广东人民出版社 2014 年版，第 198 页。

学成就的系统梳理与总结。

对于伦明的文献学成就，笔者认为可以用承前启后四个字来概括。

在藏书方面，伦明的藏书观念在晚清民国时期具有一定的先进性，因此他的藏书才能保证其读书治学以自用，同时还能惠及友人并泽被后世。他的《辛亥以来藏书纪事诗》，继承了叶昌炽《藏书纪事诗》的著述体例，对后续几家续补之作亦有启示作用。

在续修方面，伦明不仅有续修《四库全书》的理论，而且还多方奔走努力，甚至有以一己之力完成续修《四库全书》的宏愿，是当时于续修事业用力最多的学者。虽然诸多努力最后并未如愿，但是《续修四库全书总目提要》的撰写参与工作，为其实现续修之志提供了机会与可能。据东莞图书馆整理统计，伦明撰稿 1899 篇，遍及经、史、子、集四部，尤以经、史两部居多，在校勘、辨伪、辑佚诸方面皆有研究。通过与今版《续修四库全书总目提要》的对比研究，笔者认为，民国时期伦明参与的《续修四库全书总目提要》工作，虽然是未竟之事业，但是从整体来看，其质量还是比较高的，其贡献不容忽视。对于参与其中的学者，如伦明等人，他们的思想与贡献也理应值得后人研究与尊重。

在版本目录学方面，伦明不仅有实践经验，而且还升华到理论高度，主要体现在其自编的讲义《版本源流》和《目录学讲义》两部著作中。他的版本目录学思想主要包括：区别目录学与版本学、区别目录与目录学、近代目录之流派、目录学广狭义之别、版刻之优劣论等方面，其中有些理念对后世目录学与版本学的发展起到了深远影响。宏观方面，伦明对目录学与版本学之间的联系与区别的分析，对其各自研究对象与研究范围的界定，对新中国成立后图书馆学界关于目录学研究对象的研究讨论，起到一定的启示作用；微观方面，伦明在论述版刻之优劣时，为后世提供了很多宝贵的资料与可供参考的结论，如伦明言及《大隋永陀罗尼本经》中所载“左有施主李和顺一行，右有王文沼雕版一行”，这就为后人研究雕版印刷的起源提供了参考依据。另关于活字印刷术的起源，伦明认为或可追溯到五代，并援引《金台纪闻》和《梦溪笔谈》等珍贵资料的记载，对后世了解活字印刷术的起源与发展起到一定的帮助作用。在这些微观层面，伦明多有自己独到的见解，能够给予后人指引与启迪，实属不易。

吴则虞曾评价伦明说：“嘉锡收藏不如哲如，才气亦在哲如下。”[①] 吴则虞（1913—1977）是文献学家、词学家，余嘉锡（1884—1955）是藏书家、文献学家，余嘉锡与伦明（1878—1943）几乎同时，吴则虞晚出一些，作为《续藏书纪事诗》的著者，他对伦、余二人藏书治学的评价，应该是比较中肯与客观的，这也从一个侧面反映了伦明的文献学成就不可小觑。同时由于伦明本人比较熟稔文献学领域，对他人学术情况亦有评价，如伦明曾评价杨钟羲（1865—1940，晚清遗老，以《雪桥诗话》最负盛名）说：“杨君……深于目录，胜赵万里等十倍”[②]，赵万里（1905—1980）是文献学家、敦煌学家，伦明对杨、赵二人的学术评价，也可看出伦明自身在文献学领域，已然是胸中自有丘壑，能对后世比较有影响力的文献学家进行点评，其自身肯定也是有高屋建瓴的见地的，可惜笔者在横向比较伦明与其他文献学家的治学成就时，限于学识、能力，并未取得深入研究的结论，但是在纵向研究伦明文献学成就方面，尤其在《辛亥以来藏书纪事诗》和《续修四库全书总目提要》这两个领域，笔者大量运用了统计分析、对比研究的方法，在研究结论上还是较以往的研究者有所进步的。

① 吴则虞撰，吴受琚增补，俞震、曾敏整理：《续藏书纪事诗》，国家图书馆出版社2016年版，第361页。

② 罗志欢：《伦明评传》，广东人民出版社2014年版，第270页。

参考文献

一、资料汇编

[1] 伦明著，东莞图书馆整理：《伦明全集》，广东人民出版社 2017 年版。

[2] 北京市政协文史资料委员会选编：《文苑撷英》，北京出版社 2000 年版。

[3] 陈智超编注：《陈垣来往书信集（增订本）》，生活·读书·新知三联书店 2010 年版。

[4] 王云五等编：《丛书集成初编》，中华书局 1985 年版。

[5] 新文丰出版公司编辑部：《丛书集成新编》，台北新文丰出版公司 1985 年版。

[6] 王学珍、郭建荣主编：《北京大学史料》第二卷（1912—1937），北京大学出版社 2000 年版。

[7] 中国人民政治协商会议广东省委员会文史资料研究委员会编：《广东文史资料》第七十四辑，广东人民出版社 1994 年版。

[8] 北京师范大学校史编写组编：《北京师范大学校史（1902—1982）》，北京师范大学出版社 1984 年版。

[9] 北京大学校史研究室编：《北京大学史料》第一卷（1898—1911），北京大学出版社 1993 年版。

[10] 中国人民政治协商会议全国委员会文史资料研究委员会编：《文化史料丛刊》第四辑，文史资料出版社 1983 年版。

[11] 马叙伦：《石屋余瀋》，见《民国丛书》第三编，上海书店 1984 年版。

[12] 北京图书馆编：《北京图书馆藏珍本年谱丛刊》第 186 册，北京图书馆出版社 1999 年版。

[13] 中国人民政治协商会议广东省委员会文史资料研究委员会编：《广东文史资料》第五十三辑，广东人民出版社 1987 年版。

[14] 宋恩荣、章咸选编：《中华民国教育法规选编（修订版）》，江苏教育出版社 2005 年版。

[15] 中华书局编：《蔡元培选集》，中华书局 1959 年版。

[16] 国立北京大学：《国立北京大学廿周年纪念册》，国立北京大学 1918 年版。

[17] 萧超然等编：《北京大学校史（1898—1949）》，上海教育出版社 1981 年版。

[18] 北京辅仁大学校友会编：《北京辅仁大学校史 1925—1952》，中国社会出版社 2005 年版。

[19] 辅仁大学编：《辅仁大学文学院中国文学系课程组织及说明》（民国二十二年度），辅仁大学出版社 1933 年版。

[20] 中国人民政治协商会议北京市委员会文史资料研究委员会编：《文史资料选编》第十二辑，北京出版社 1982 年版。

[21] 陈嘉蔼：《沦陷时期的广东大学》，见广州市政协文史资料委员会编：《广州文史资料》第 52 辑，广东人民出版社 1998 年版。

[22] 李齐念主编：《广州文史资料存稿选编》第四辑，中国文史出版社 2008 年版。

[23] 中国科学院图书馆整理：《续修四库全书总目提要（稿本）》，齐鲁书社 1996 年版。

二、档案、报纸、名录、方志

[1]《广州市政府指令》指字第五九八号，广东省档案馆藏。

[2] 张宪光：《续书楼藏书有多少》，《东方早报》2013 年 4 月 7 日 A09 版。

[3]《粤省女代议士履历》，《申报》1912 年 4 月 8 日第 6 版。

[4]《广东之报界》，《申报》1915 年 2 月 4 日第 6 版。

[5] 伦志清：《人才济济的“士乡”——我所知道的东莞会馆（二）》，《东莞日报》2009 年 2 月 16 日，第 B03 版。

[6] 徐丽:《对话陈志超:世纪广东学人在北京》,《南方日报》2011年8月21日第9版。

[7]《北京大学日刊·专任教员题名》第十三号,1917年11月30日第3版。

[8]《北京大学日刊·纪事·国文研究所研究科时间表》第十六号,1917年12月4日第2版。

[9]《北平辅仁大学辅仁社十九年夏令讲习会讲题》,辅仁大学辅仁社1930年版。

[10]《民国学院一览·北平民国学院各系科教授一览》(1933年),北平民国学院出版社1934年版。

[11]《北京东莞学会会员录》,见北京东莞学会民国七年(1918)刊。

[12]《广东乡试录》(1901年)。

[13] 广州市地方志编纂委员会:《广州市志》卷一,广州出版社1990年版。

[14](元)陈大震:《南海志》,元大德刻本。

[15] 陈伯陶:民国《东莞县志》,1921年铅印本。

三、研究著作

[1] 吴则虞撰,吴受琚增补,俞震、曾敏整理:《续藏书纪事诗》,国家图书馆出版社2016年版。

[2] 罗志欢:《伦明评传》,广东人民出版社2014年版。

[3] 苏精:《近代藏书三十家(增订本)》,中华书局2009年版。

[4] 李雪梅:《中国近代藏书文化》,现代出版社1999年版。

[5](日)吉川幸次郎:《琉璃厂后记》,载秋禾、少莉编:《旧时书坊》,生活·读书·新知三联书店2005年版。

[6](清)张澍:《姓韵》,三秦出版社2003年版。

[7](明)朱国桢辑,李宏主编:《仿洪小品》,北京燕山出版社1995年版。

[8] 崔运武:《中国师范教育史》,山西教育出版社2006年版。

[9] 江瀚编集,高福生释笺:《片玉碎金:近代名人手书诗札释笺》,

中华书局2009年版。

[10] 刘问岫编：《中国师范教育简史》，人民教育出版社1984年版。

[11] 张光宇主编：《中国社团党派辞典》，陕西人民出版社1992年版。

[12] 李吉奎：《梁士诒》，广东人民出版社2005年版。

[13] 中国革命博物馆整理，荣孟源审校：《吴虞日记》下册，四川人民出版社1986年版。

[14] 桑兵：《国学与汉学——近代中外学界交往录》，浙江人民出版社1999年版。

[15] （日）仓石武四郎著，荣新江、朱玉麒辑注：《仓石武四郎中国留学记》，中华书局2002年版。

[16] 傅振伦：《蒲梢沧桑：九十忆往》，华东师范大学出版社1997年版。

[17] 尚小明：《北大史学系早期发展史研究（1899—1937）》，北京大学出版社2010年版。

[18] 张中行：《负暄琐话》，中华书局2006年版。

[19] 随笔编辑部：《随笔》第九集，广东人民出版社1980年版。

[20] 伦明：《辛亥以来藏书纪事诗》，北京燕山出版社2008年版。

[21] 伦明著，雷梦水校补：《辛亥以来藏书纪事诗·曾习经》，上海古籍出版社1990年版。

[22] 胡金兆：《百年琉璃厂》，当代中国出版社2006年版。

[23] 商务印书馆：《艺林丛录》，香港商务印书馆1973年版。

[24] 来新夏：《一苇争流》，广西人民出版社1999年版。

[25] 石志生、秦进才：《冀州历史文化论丛》，河北人民出版社2010年版。

[26] 北京市文史研究馆：《耆年话沧桑》，上海书店出版社1993年版。

[27] 冀淑英：《冀淑英古籍善本十五讲》，北京图书馆出版社2009年版。

[28] 雷梦水：《书林琐记》，人民日报出版社1988年版。

［29］广东省文史研究馆编：《广东文物》，上海书店出版社 1990 年版。
［30］邓之诚：《清诗纪事初编》，中华书局上海编辑所 1965 年版。
［31］邓珂编：《邓之诚学术纪念文集》，北京大学出版社 1991 年版。
［32］台静农：《龙坡杂文（增补本）》，生活·读书·新知三联书店 2002 年版。
［33］叶昌炽：《藏书纪事诗》，北京燕山出版社 1995 年版。
［34］叶昌炽：《藏书纪事诗》，古典文学出版社 1958 年版。
［35］金振华：《叶昌炽研究》，吉林人民出版社 2005 年版。
［36］王余光、徐雁主编：《中国读书大辞典》，南京大学出版社 1993 年版。
［37］傅璇琮、谢灼华主编：《中国藏书通史》，宁波出版社 2001 年版。
［38］赵国璋、潘树广主编：《文献学大辞典》，广陵书社 2005 年版。
［39］郑逸梅：《珍闻与雅玩》，北京出版社 1998 年版。
［40］周退密、宋路霞：《上海近代藏书纪事诗》，华东师范大学出版社 1993 年版。
［41］彭斐章主编：《目录学教程》，高等教育出版社 2004 年版。
［42］王謇著，李希泌点注：《续补藏书纪事诗》，书目文献出版社 1987 年版。
［43］周劭：《一管集》，山西古籍出版社 1998 年版。
［44］中国第一历史档案馆编：《纂修〈四库全书〉档案》，上海古籍出版社 1997 年版。
［45］谢灼华主编：《中国图书和图书馆史（修订本）》，武汉大学出版社 2005 年版。
［46］任继愈：《四库全书研究文集》，敦煌文艺出版社 2005 年版。
［47］上海古籍出版社编：《古籍整理出版的宏伟工程：〈续修四库全书〉》，上海古籍出版社 2002 年版。
［48］李常庆：《〈四库全书〉出版研究》，中州古籍出版社 2008 年版。

[49] 陈清泉等编：《中国史学家评传》下册，中州古籍出版社 1985 年版。
[50] 张学：《出版巨擘——张元济传》，浙江人民出版社 2003 年版。
[51] 王芸生编著：《六十年来中国和日本》第八卷，生活·读书·新知三联书店 1982 年版。
[52] 谢兴尧：《堪隐斋随笔》，辽宁教育出版社 1995 年版。
[53] 张本义编：《白云论坛》第 4 卷，北京图书馆出版社 2007 年版。
[54] 钱伯城：《中华文史论丛》第四十九辑，上海古籍出版社 1992 年版
[55] 续修四库全书总目提要编纂委员会编：《续修四库全书总目提要·经部》，上海古籍出版社 2015 年版。

四、学位论文、博士后出站报告

[1] 翟朋：《〈藏书纪事诗〉研究》，南开大学硕士学位论文，2012 年。
[2] 王亮：《〈续修四库全书总目提要〉研究》，复旦大学博士学位论文，2004 年。
[3] 李建权：《伦明所撰〈续四库全书总目提要〉研究》，南昌大学硕士学位论文，2015 年。
[4] 刘平：《伦明〈辛亥以来藏书纪事诗〉研究》，北京大学博士后出站报告，2015 年。

五、期刊论文

[1] 伦明著，傅振伦点校：《续修〈四库全书〉刍议》，《古籍整理研究学刊》1986 年第 2 期，第 47—50 页。
[2] 熊静：《伦明先生文献学著述考》，《大学图书馆学报》2014 年第 1 期，第 110—115 页。
[3] 熊静：《伦明与〈续修四库全书总目提要〉》，《山东图书馆学刊》2013 年第 3 期，第 23—25 页。
[4] 刘平：《伦明目录学思想初探》，《图书馆》2014 年第 6 期，第 99—101 页。

[5] 李雅、游雪雯：《藏书家伦明研究述略》，《大学图书馆学报》2015 年第 1 期，第 117—120 页。
[6] 陈思：《学者型藏书家——伦明》，《广东史志》1995 年第 1 期，第 77—80 页。
[7] 罗继祖：《东莞伦氏“续书楼”》，《史学集刊》1987 年第 1 期，第 77 页。
[8] 黄增章：《广东私家藏书楼和藏书家的地位与贡献》，《中山大学学报（社会科学版）》1998 年第 6 期，第 130—135 页。
[9] 李学敏：《试论二十世纪初叶的广东藏书家》，《岭南文史》1993 年第 1 期，第 28—30 页。
[10] 黄敏明：《明清民国时期东江藏书家论略》，《惠州学院学报》2002 年第 5 期，第 69—74 页。
[11] 周生杰：《〈辛亥以来藏书纪事诗〉新论》，《社会科学战线》2012 年第 9 期，第 163—167 页。
[12] 黄正雨：《伦明与〈辛亥以来藏书纪事诗〉》，《图书馆论坛》1995 年第 5 期，第 17 页。
[13] 张纹华：《〈伦哲如诗稿〉探析》，《顺德职业技术学院学报》2014 年第 1 期，第 75—79 页。
[14] 来新夏：《读伦明先生致陈垣先生的信件——纪念陈垣先生 130 岁冥诞》，《中国文化》2011 年第 1 期，第 189—191 页。
[15] 傅振伦：《记目录学家伦明先生二三事》，《文献》1987 年第 2 期，第 286—288 页。
[16] 张西园：《孙殿起和他的通学斋》，《山东图书馆学刊》2010 年第 6 期，第 41—44、53 页。
[17] 傅振伦：《记目录学家伦明先生二三事》，《文献》1987 年第 2 期，第 287 页。
[18] 李宇：《学徒出身的版本目录学家孙殿起》，《中国典籍与文化》1992 年第 3 期，第 12—13 页。
[19] 赵安民：《孙殿起与〈琉璃厂书肆三记〉》，《出版史料》2012 年第 3 期，卷首 1。

［20］邓之诚：《五石斋文史杂记》，《中国典籍与文化》2007 年第 3 期，第 109 页。

［21］翟鹏、颜丽娟：《藏书纪事诗文体沿革考》，《晋阳学刊》2015 年第 6 期，第 38—42 页。

［22］徐雁：《叶昌炽的藏书纪事诗》，《史学史研究》1986 年第 8 期，第 49—54 页。

［23］蔡贵华：《〈藏书纪事诗〉引文得失》，《图书情报论坛》1995 年第 1 期，第 69—71 页。

［24］徐雁：《书城掌故藏家史别有续编在人间》，《武汉大学学报》1986 年第 5 期，第 121—125 页。

［25］周生杰：《孟晋超群：叶昌炽藏书研究成就与影响》，《中国矿业大学学报（社会科学版）》2014 年第 4 期，第 66—76 页。

［26］翟鹏、严丽娟：《藏书纪事诗文体沿革考》，《晋阳学刊》2015 年第 6 期，第 38—42 页。

［27］蔡振翔：《藏书纪事诗简介》，《古籍整理研究学刊》1994 年第 2 期，第 48 页。

［28］蒋贵麟：《康南海先生弟子考略》，《文教资料简报》1984 年第 6 期，第 88 页。

［29］宓汝成：《庚款退款及其管理和利用》，《近代史研究》1999 年第 6 期，第 64—100 页。

［30］萨仁高娃：《有关〈续修四库全书总目提要〉的通信》，《文献》2006 年第 3 期，第 167—175 页。

［31］傅璇琮等：《〈续修四库全书提要〉总序及样稿》，《古籍整理研究学刊》2014 年第 2 期，第 1—6 页。

［32］伦明：《目录学讲义》，《讲坛月刊》1937 年第 5 期，第 19—25 页。

附录一　伦明所撰《续修四库全书总目提要》稿之简目①

序号	书名	著者	版本
0001	重刻宋本十三经注疏四百十六卷附校勘记七十二卷		嘉庆二十一年江西刊本
0002	十三经断句考补一卷	钱东垣	原稿本
0003	十三经心畲二十二卷	陶起庠	嘉庆庚辰刊本
0004	十三经独断一卷	赵曾望	光绪排印本
0005	十三经提纲十三卷	唐文治	民国甲子刊本
0006	十三经源流口诀一卷	鲍东里	光绪十年刊本
0007	十三经读本	唐文治	民国甲子刊本
0008	通志堂经解	性德	康熙刊本
0009	皇清经解分经合纂二百一十三卷	船山主人	光绪乙未鸿宝斋石印本
0010	分订皇清经解十六卷		光绪庚寅船山书局刊本
0011	皇清经解一千四百十二卷	阮元	道光至同治刊本

① 因齐鲁书社影印稿本《续修四库全书总目提要》只是列出撰稿人对应的册数及页码，并未详细归属每位撰稿人的对应类目，因此有必要对伦明所撰篇目进行分类归纳，编以简目，既方便行文，也便宜取资。该篇目以东莞图书馆整理伦明所撰《续修四库全书总目提要》稿时所编流水号为顺序，基本篇目类属关系为，经部：0001—0024 总类，0025—0198 书类，0199—0371 诗类，0372 礼类，0373—0782 四书类，0783—0915 孝经类，0916—1111 群经总义类，1112—1127 小学类；史部：1128—1133 杂史，1134—1749 传记类，1750—1756 政书类，1757—1882 地理类；子部：1883—1892；集部：1893—1899。

（续表）

序号	书名	著者	版本
0012	皇清经解续编一千四百三十卷	王先谦	光绪南菁书院刊本
0013	五经类要二十八卷	周世樟	康熙刊本
0014	五经正义表一卷	卢文弨	嘉庆抱经堂刊本
0015	五经汇解二百七十卷	赵贤	光绪戊子鸿文局石印本
0016	五经合纂大成三十卷		光绪十一年石印本
0017	五经备解不分卷	周封鲁	道光三年刊本
0018	五经要义一卷	宋翔凤	浮溪精舍刊本
0019	五经集说六卷	张卫邦	民国三年刊本
0020	六经读六卷	陈际泰　王洪序	乾隆己酉刊本
0021	七经纪闻四卷附一卷	管同	道光刊本
0022	御案七经要说二十五卷	刘廷升	道光甲午青照堂刊本
0023	钦定七经纲领一卷	学部图书馆	宣统元年学部图书馆刊本
0024	经苑二百一十八卷	钱仪吉	道光大梁书院刊本
0025	影写隶古定尚书残卷一卷		《云窗丛刻》本
0026	古写隶古定尚书残卷一卷		《云窗丛刻》本
0027	今文尚书说一卷	欧阳生　王谟	《汉魏遗书钞》本
0028	百两篇一卷	张霸　王谟	《汉魏遗书钞》本
0029	尚书注一卷	马融　王谟	《汉魏遗书钞》本
0030	郑氏古文尚书十一卷	郑玄　王应麟 李调元	《函海》本
0031	尚书古文注一卷	郑玄　黄奭	《通德堂经解》本
0032	尚书郑注十卷	孔广林	《郑氏佚书》本
0033	尚书大传注三卷	孔广林	《学津讨原》本
0034	郑氏尚书注九卷	袁钧	《郑氏佚书》本

（续表）

序号	书名	著者	版本
0035	尚书大传注三卷	郑玄　袁钧	《郑氏佚书》本
0036	尚书大传注一卷	郑玄　黄奭	《通德堂经解》本
0037	尚书大传三卷补遗一卷	郑玄　孙之騄	《孙晴川八种》本
0038	尚书大传四卷补遗一卷续补遗一卷	济南伏生 北海郑氏	嘉庆刊本
0039	尚书大传四卷补遗一卷考异一卷续补遗一卷	郑玄　卢文弨	嘉庆庚申爱日草堂刊本
0040	尚书大传三卷序录一卷辨讹一卷	郑玄　陈寿祺 陈澧	《古经解汇函》本
0041	尚书大传四卷补遗一卷	郑玄　樊廷绪	嘉庆五年刊本
0042	尚书略说注一卷	袁钧	《郑氏佚书》本
0043	古文尚书疏一卷	王谟　顾彪	嘉庆刊《汉魏遗书钞》本
0044	顾彪尚书义疏一卷	顾彪　黄奭	《汉学堂丛刊》本
0045	书经绎二卷	邓元锡	万历刊本
0046	尚书主意传心录十二卷	钟庚阳　钟键	万历辛巳刊本
0047	尚书删补五卷	汪康谣	崇祯壬申刊本
0048	尚书副墨不分卷	杨肇芳　杨胤奇	崇祯辛未刊本
0049	书经要义六卷	王建常	雍正庚戌刊本
0050	古文尚书辨一卷	朱彝尊	《忏花庵丛书》本
0051	尚书辨疑一卷	刘青芝	乾隆己未刊本
0052	尚书家训八卷	董色起	康熙己酉刊本
0053	尚书古义二卷	惠栋	嘉庆省吾堂刊本
0054	尚书正解十二卷	吴荃	康熙刊本
0055	尚书可解辑粹二卷	潘相	嘉庆乙未刊本
0056	尚书客难四卷	龚元玠	道光刊本

（续表）

序号	书名	著者	版本
0057	尚书离句六卷	钱在培	旧抄本
0058	书考辨二卷	刘绍攽	乾隆辛未刊本
0059	尚书注疏补正一卷	卢文弨	嘉庆抱经堂刊本
0060	尚书诂要四卷	龙万育	道光五年刊本
0061	尚书辨二卷	王鸣盛	《青照堂丛书》本
0062	尚书考六卷	李荣陛	道光刊本
0063	尚书篇第一卷	李荣陛	道光刊本
0064	尚书私说二卷	倪上述	原稿本
0065	尚书读记一卷	阎循观	乾隆癸巳刊本
0066	尚书涉传十卷	戴祖启	乾隆刊本
0067	古文尚书冤词补正一卷	周春	原稿本
0068	尚书辨伪五卷	唐焕	嘉庆壬申果克山房刊本
0069	尚书偶记一卷	汪德钺	嘉庆刊本
0070	书经精义四卷补一卷	黄淦	嘉庆刊本
0071	书经节解二卷	蒋绍宗	道光丙戌刊本
0072	读书解义一卷	朱毓楷	道光刊本
0073	书经考略一卷	张眉大	道光刊《海南杂著》本
0074	书义丛钞残卷	焦循	原稿本
0075	书经互解一卷	范士增	嘉庆戊寅刊本
0076	周易解尚书一卷	范士增	嘉庆戊寅刊本
0077	诗经解尚书一卷	范士增	嘉庆戊寅刊本
0078	礼记解尚书一卷	范士增	嘉庆己未刊本
0079	四书解尚书一卷	范士增	嘉庆戊寅刊本
0080	尚书讲稿思问录二卷	官献瑶	道光二年依园精刊本
0081	尚书纂义四卷	关涵	嘉庆刊本

（续表）

序号	书名	著者	版本
0082	尚书通考一卷	式楹日	嘉庆刊本
0083	书绎一卷	廖翱	同治中真州张氏刊《榕园丛书》本
0084	书经说四卷	陈世镕	求志居刊本
0085	书经精义汇钞六卷	陆锡璞	道光戊戌刊本
0086	尚书古注便读四卷	朱骏声	成都排印本
0087	释书一卷	何志高	道光十三年刊本
0088	尚书补阙一卷	华长卿	道光己酉家刊本
0089	书传疑纂八卷	戴钧衡	原稿本
0090	书传补义三卷	方宗诚	同治乙丑刊本
0091	读书随笔二卷	杨树椿	光绪乙未刊《损斋遗书》本
0092	尚书图不分卷	杨魁植　杨文源	刊本无年月
0093	尚书绎闻一卷	史致准	光绪三年刊本
0094	刊定尚书古今文注二十卷	丁宝桢　王闿运	光绪刊本
0095	读尚书隅见十卷	谢庭兰	光绪甲午刊本
0096	读书随笔四卷	吴大廷	刊本无年月
0097	古文尚书賸言一卷	洪良品	底稿本
0098	书经问答八卷	胡嗣运	光绪丁未刊本
0099	尚书讲义一卷	黄以周	光绪乙未刊本
0100	尚书职官考略一卷附表一卷	王廷鼎	光绪十三年刊本
0101	尚书质疑一卷	朱霈	嘉庆辛酉望岳楼活字印本
0102	读尚书日记一卷	余宏淦	光绪刊本
0103	尚书大传疏证七卷	皮锡瑞	皮氏家刊本

（续表）

序号	书名	著者	版本
0104	尚书古文考实一卷	皮锡瑞	思贤讲舍刊本
0105	尚书古文疏证辨正一卷	皮锡瑞	思贤书局刊本
0106	抱润轩读尚书记一卷	马其昶	原稿本
0107	文王受命改元称王辨证一卷	蒯光典	传抄本
0108	正学堂尚书说一卷	王仁俊	原稿本
0109	尚书约旨一卷	黄惟恭	道光三年刊本
0110	书经疑言一卷	王庭植	刻本无年月
0111	古文尚书辨	张文岚	旧抄本
0112	书经大义一卷	杨寿昌	广州排印本
0113	尚书经解雕玉不分卷	黄辕	旧抄本
0114	尚书要旨一卷	马贞榆	湖北存古学堂刊本
0115	尚书课程二卷	马贞榆	湖北存古学堂刊本
0116	今古文尚书授受源流一卷	马贞榆	湖北存古学堂刊本
0117	书经管窥二卷	李景星	民国丁卯活字印本
0118	静修堂书经解四册	仇景仑	旧抄本
0119	书经讲义一卷	周嵩年	宣统写印本
0120	尚书说一卷	万宗琦	原稿本
0121	祖述约义私绎一卷		原稿本
0122	书序略考一卷		旧抄本
0123	书序考异一卷	王咏霓	约光绪刊本
0124	书序答问一卷	王咏霓	约光绪刊本
0125	禹贡备遗二卷	胡瓒	明万历刊本
0126	禹贡山水清音一卷	刘椿	咸丰十年刊本
0127	禹贡纂注一卷	周天阶	康熙戊寅刊本

（续表）

序号	书名	著者	版本
0128	禹贡备遗补注二卷	胡宗绪	乾隆丁巳刊本
0129	禹贡图说不分卷	马世良	乾隆端溪书院刊本
0130	禹贡注节读一卷	马俊良	乾隆五十四年端溪书院刊本
0131	漆沮通考六卷	郑士范	光绪乙未周正谊堂刊本
0132	禹贡释诂一卷	孙乔年	道光乙酉家刊本
0133	禹贡指掌一卷	关涵	嘉庆刊本
0134	禹贡示掌一卷	尤逢辰	道光甲午家刊本
0135	禹贡因一卷	沈练	光绪壬辰家刊本
0136	禹贡水道析疑二卷	张履元	道光五年刊本
0137	禹贡锥指节要一卷	汪献玗	咸丰三年家刊本
0138	禹贡集注一卷	刘崇庆	咸丰十年刊本
0139	禹贡辑注一卷	余宗英	一经堂刊本
0140	禹贡图说四卷	周之翰	同治四年刊本
0141	禹贡水道便览一卷	张先振	同治六年刊本
0142	禹贡说一卷	倪文蔚	《续经解》本
0143	禹贡郑注略例一卷	何秋涛	光绪刊一镫精舍稿本
0144	增订禹贡注读一卷	徐鹿苹	光绪四年刊本
0145	禹贡翼传便蒙一卷	袁自超	光绪五年刊本
*0146*①	禹贡三江九江辨一种	黎庶昌	《拙尊园丛稿》光绪刊本
0147	禹贡本义一卷	杨守敬	
0148	禹贡选注一卷	吴昔巢	光绪壬午刊本

① 该篇提要即李建权认为瞿汉误入伦明名下之所撰稿，笔者将流水号以斜体标注以示区别。另李氏认为瞿汉误入伦明名下 122 篇提要稿，但据此表只能找出 121 篇，因整理者不同，故篇目数略有差别。所有李氏认为误入之稿，笔者皆以斜体流水号标示，他处类似情况不再说明。

（续表）

序号	书名	著者	版本
0149	禹贡九州今地考二卷	曾廉	光绪湖南刊本
0150	禹贡通释十三卷	童颜舒	陕西刊本
0151	禹贡今注一卷	阎宝森	宣统三年活字印本
0152	周书解义十卷	潘振	嘉庆十年刊本
0153	周书集训校释十卷附逸文一卷	朱右曾	道光丙午刊本
0154	周书年表一卷	马肇元	道光甲午刊本
0155	周书年月考二卷	马肇元	道光甲午刊本
0156	香草校周书四卷	于鬯	光绪刊本
0157	大誓答问评一卷	方勇	《中国学报》本
0158	洪范五行传二卷	刘向　王谟	《汉魏遗书钞》本
0159	洪范五行传三卷	陈寿祺	《左海全书》本
0160	洪范数	蔡沈　张文炳	雍正元年刊本
0161	洪范说一卷	李光地	康熙戊子刊本
0162	洪范后案二卷	王鸣盛	《西庄始存稿》本
0163	洪范宗经三卷	丁裕彦	道光十五年刊本
0164	洪范大义三卷	唐文治	民国壬戌刊本
0165	尚书今古文五藏说一卷	胡延绶	《蛰园丛刻》本
0166	洛诰新解一卷	温廷敬	石印本
0167	召诰日名考一卷	李锐	元和《李氏遗书》本
0168	立政臆解一卷	刘光蕡	
0169	经锄堂经说一卷		刊本无年月
0170	尚书顾命残本一卷		宣统己酉影印《敦煌石室遗书》本
0171	三亳考一卷	杨守敬	光绪写刊本

（续表）

序号	书名	著者	版本
0172	九江考一种	邹汉勋	新化邹氏《敦艺斋遗书》本
0173	书集传音释六卷	邹季友	咸丰乙卯刊本
0174	书经字考一卷	吴东发	嘉庆刊本
0175	尚书异字同声考一卷	丁显	光绪十年刊本
0176	尚书中候三卷尚书纬璇玑钤一卷尚书纬考灵曜一卷尚书纬刑德放一卷尚书纬帝命验一卷尚书纬运期授一卷	郑玄　马国翰	玉函山房本
0177	尚书旋玑钤一卷		《说郛》本
0178	尚书考灵曜一卷		《说郛》本
0179	尚书帝命期一卷		《说郛》本
0180	尚书帝验期一卷	孙瑴	《古微书》本
0181	尚书帝验期一卷	乔松年	《纬攟》本
0182	尚书运期授一卷	孙瑴	《古微书》本
0183	尚书运期授一卷	赵在翰	《七纬》本
0184	尚书中候注一卷	郑康成　袁钧	《郑氏佚书》本
0185	尚书中候郑注五卷	郑玄　孔广林	乾隆刊本
0186	尚书中候一卷		《说郛》本
0187	尚书中候一卷	孙瑴	《古微书》本
0188	尚书中候一卷	王谟	《汉魏遗书钞》本
0189	中候握河纪一卷	孙瑴	《古微书》本
0190	中候握河纪一卷	乔松年	《纬攟》本
0191	中候运衡一卷	乔松年	《纬攟》本
0192	尚书微一卷	刘光蕡	民国十三年刊本
0193	尚书五行传一卷	孙瑴	《古微书》本

（续表）

序号	书名	著者	版本
0194	尚书五行传注一卷	袁钧　袁尧年	光绪刊《郑氏佚书》本
0195	卫经社稿一卷	王小航	民国戊辰刊本
0196	逸周书补注二十三卷末一卷	陈逢衡	道光乙酉刊本
0197	逸周书管笺十六卷	丁宗洛	道光庚寅刊本
0198	逸汤誓考校勘记一卷	叶廉锷	宣统刊《篋存草》本
0199	诗传孔氏传一卷	端木赐	明刊《汉魏丛书》本
0200	毛诗郑笺二十卷	卜商　毛苌 郑玄　屠本畯	万历甲午刊本
0201	毛诗答杂同一卷	韦昭　朱育	《汉魏遗书钞》本
0202	毛诗题纲一卷	王谟	《汉魏遗书钞》本
0203	毛诗异同评一卷	孙毓　王谟	嘉庆刊《汉魏遗书钞》本
0204	毛诗义疏一卷	沈重　王谟	嘉庆刊《汉魏遗书钞》本
0205	唐写本毛诗传笺五种		影印《古籍丛残》本
0206	影北宋钞本毛诗三卷	陈矩	贵阳陈氏刊本
0207	文献诗考二卷	马端临	明刊《格致从书》本
0208	柯山诗传一卷	张耒	旧抄本
0209	昌武段氏诗义指南一卷	段昌武	《知不足斋丛书》本
0210	困学纪诗一卷	胡文焕	明刊《格致丛书》本
0211	玉海纪诗一卷	胡文焕	明刊《格致丛书》本
0212	诗识三卷	胡文焕	明刊《格致丛书》本
0213	诗经绎二卷	邓元锡	万历刊本
0214	尔雅堂诗说一卷	顾起元	旧抄本
0215	诗经评不分卷	锺惺	明闵氏刊朱墨套印本
0216	诗经永论四卷	方孔炤	旧抄本

（续表）

序号	书名	著者	版本
0217	诗触六卷	贺贻孙	咸丰二年刊本
0218	诗经能解三十一卷	叶羲昂	明刊本
0219	诗经水月备考四卷	薛寀	康熙乙酉刊本
0220	诗经定本四卷	黄澍	明写本
0221	诗表一卷	黄道周	道光乙酉刊本
0222	诗译一卷	王夫之	《船山遗书》本
0223	诗经世本目一卷	何楷	《闰竹居丛书》本
0224	诗笺别疑一卷	姜宸英	旧抄本
0225	学诗阙疑二卷	刘青芝	乾隆家刊本
0226	毛诗正本二十卷	陈梓	乾隆甲子刊本
0227	毛诗遵朱近思录二卷	宋在诗	乾隆丙子刊本
0228	毛诗古义二卷	惠栋	嘉庆省吾堂刊本
0229	诗益二十卷	刘始兴	乾隆四年刊本
0230	重订空山堂诗志六卷	牛运震　田昂	道光刊本
0231	张氏诗说一卷	张汝霖	袖珍《豫章丛书》本
0232	诗经客难二卷	龚元玠	道光刊本
0233	读诗管见十四卷	罗典	刊本无年月
0234	读诗一隅四卷	管榦珍	乾隆刊本
0235	诗说一卷	管世铭	嘉庆庚申刊本
0236	三百篇鸟兽草木记一卷	徐士俊	《闰竹居丛书》本
0237	诗蕴二卷	庄有可	石印本
0238	毛诗说六卷	庄有可	石印本
0239	陆氏诗草木鸟兽虫鱼疏校正二卷	赵佑	《清献堂全编》本
0240	诗疑义释二卷	胡文英	乾隆四十九年刊本

（续表）

序号	书名	著者	版本
0241	诗疏补遗五卷	胡文英	乾隆五十三年刊本
0242	诗经喈凤详解八卷	陈抒孝　汪基	雍正癸丑刊本
0243	读诗偶记二卷	汪德钺	嘉庆刊本
0244	诗经精义五卷附一卷	黄淦	嘉庆七年刊本
0245	诗经言志二十六卷	汪灼	嘉庆甲戌刊本
0246	多识录九卷	石韫玉	道光刊本
0247	诗经考略二卷	张眉大	道光刊《海南杂著》本
0248	诗地理考略二卷	尹继美	同治甲午刊本
0249	诗名物考略二卷	尹继美	光绪庚辰刊本
0250	毛诗蒙求汇琐二卷	薛韬光	嘉庆庚申刊本
0251	毛诗蒙求窾启十卷	薛韬光	嘉庆庚申刊本
0252	诗小说一卷	蒋光熷	同治刊本
0253	诗经互解一卷	范士增	嘉庆己未刊本
0254	周易解诗经一卷	范士增	嘉庆己未刊本
0255	尚书解诗经一卷	范士增	嘉庆己未刊本
0256	礼记解诗经一卷	范士增	嘉庆己未刊本
0257	四书解诗经一卷	范士增	嘉庆己未刊本
0258	诗问六卷	牟应震	嘉庆戊寅刊本
0259	毛诗名物考六卷	牟应震	道光戊申刊本
0260	诗传题辞故四卷	张漪	嘉庆甲戌刊本
0261	诗传题辞故补一卷	张漪	嘉庆甲戌刊本
0262	读诗钞说四卷	张澍	光绪丁亥刊本
0263	诗绎二卷	廖翱	《榕园丛书》本
0264	诗诵五卷	陈仅	光绪乙酉刊本
0265	诗经说六卷	陈世镕	求志居刊本

（续表）

序号	书名	著者	版本
0266	诗经精义汇钞四卷	陆锡璞	道光戊戌刊本
0267	三百篇诗评一卷	于祉	咸丰癸丑刊本
0268	释诗一卷	何志高	道光十三年刊本
0269	诗传考六卷	陈孚	嘉庆九年刊本
0270	诗经读钞三十二卷	李宗淇	道光乙酉刊本
0271	诗异文录三卷	黄位清	道光己亥刊本
0272	诗绪余录八卷	黄位清	道光己亥刊本
0273	诗经蠹简四卷	李诒经	道光刊本
0274	毛诗经说二卷	王益斋	道光甲辰刊本
0275	毛诗陆疏校正二卷	丁晏	咸丰七年刊本
0276	诗毛郑异同辨二卷	曾钊	嘉庆刊《面城楼三种》本
0277	东塾读诗录一卷	陈澧	传抄本
0278	毛诗多识十二卷	多隆阿	《求恕斋丛书》本
0279	读诗集传随笔一卷	杨树椿	光绪乙未刊《损斋遗书》本
0280	尚诗征名二卷	王荫祜	光绪三十四年刊本
0281	毛诗异同四卷附一卷	萧光远	同治丁卯刊本
0282	诗义择从四卷	易佩绅	光绪戊子刊本
0283	毛诗补正二十五卷	龙起涛	光绪己亥刻鹄轩刊本
0284	说诗解颐二卷	徐玮文	光绪九年刊本
0285	诗经贯解四卷	徐寿基	光绪刊本
0286	读诗商二十七卷	陈保真	光绪刊本
0287	诗经质疑一卷	朱霈	嘉庆辛酉刊本
0288	毛诗笺疏辨异残本二卷	李兆勖	原稿本
0289	毛诗鸟兽草木考四卷	黄春魁	原稿本
0290	诗故考异三十二卷	徐华岳	道光辛卯刊本

（续表）

序号	书名	著者	版本
0291	毛诗兴体说一卷	黄应嵩	传抄本
0292	毛诗说习传一卷	简朝亮　简棻盈 简棻持	广州刊本
0293	香草校诗八卷	于鬯	光绪刊本
0294	毛诗兴体说一卷	林国赓	光绪刊本
0295	东迁后诗世次表一卷	郭志正	原稿本
0296	学寿堂诗说十卷附录一卷	徐绍桢	影印本
0297	正学堂诗说一卷	王仁俊	原稿本
0298	诗经疑言一卷	王庭植	刻本无年月
0299	诗经大义一卷	杨寿昌	广州排印本
0300	学诗绪余不分卷	潘锡恩	原稿本
0301	诗旨纂辞三卷	黄节	活字印本
0302	诗经集解辨正不分卷	徐天璋	活字印本
0303	诗经简要一卷	汪本厚	光绪活字本
0304	说诗解颐续一卷	徐植之	光绪十年刊本
0305	诗经条贯六卷	李景星	民国丁卯活字印本
0306	静修堂诗经解五册	仇景仑	旧抄本
0307	诗说四卷	姚永概	写印本
0308	诗说标新二卷	狄郁	民国五年排刊本
0309	诗经通解三十卷	林义光	民国印本
0310	邶风说二卷	龚景瀚	道光丙戌刊本
0311	郑风考辨一卷	章谦存	刊本无年月
0312	古邠诗义一卷	许宗寅	道光十二刊本
0313	毛诗国风绎一卷	陈迁鹤	同治甲戌活字印本
0314	读风臆补二卷	陈继揆	光绪庚辰刊本

（续表）

序号	书名	著者	版本
0315	变雅断章衍义一卷	古伤心人	咸丰庚申刊本
0316	三颂考三卷	张承华	同治十二年重刊本
0317	重订三家诗拾遗十卷	范家相　叶钧	嘉庆庚午刊本
0318	鲁诗传一卷	申培　王谟	《汉魏遗书钞》本
0319	韩诗内传一卷	韩婴　王谟	《汉魏遗书钞》本
0320	校元刊本韩诗外传十卷	黄丕烈	仿元刊本
0321	韩诗外传校注十卷拾遗一卷	韩婴　周廷寀	乾隆五十六年刊本
0322	校刻韩诗外传十卷补逸一卷	韩婴　赵怀玉	乾隆五十五年刊本
0323	韩诗外传疏证十卷	陈士珂	嘉庆二十三年刊本
0324	韩诗翼要一卷	侯包　王谟	《汉魏遗书钞》本
0325	诗考校注一卷	王应麟　卢文弨	稿本
0326	诗考异补二卷	严蔚	乾隆三十九年刊本
0327	诗古微二卷	魏源	修古堂写刊本
0328	诗经四家异文考补一卷	江翰	晨风阁刊本
0329	毛诗序义一卷	周续之　王谟	《汉魏遗书钞》本
0330	诗序辨一卷	夏鼎武	光绪刊本
0331	诗序非卫宏所作说一卷	黄节	清华大学排印本
0332	诗谱一卷	郑玄　王谟	道光刊《汉魏遗书钞》本
0333	诗谱一卷	郑玄　黄奭	《通德堂经解》本
0334	毛诗谱一卷	郑玄　黄奭	《通德堂经解》本
0335	毛诗谱注一卷	徐整　王谟	《汉魏遗书钞》本
0336	许氏诗谱抄一卷	许谦　吴骞	嘉庆拜经楼刊本
0337	诗谱讲义一卷		江苏存古学堂重印本

（续表）

序号	书名	著者	版本
0338	毛诗笺音证一卷	刘芳　王谟	道光刊《汉魏遗书钞》本
0339	诗集传音释二十卷札记一卷	罗复	咸丰刊本
0340	审定风雅遗音二卷	史荣　纪昀	乾隆庚辰刊本
0341	诗古音三卷	杨峒	原稿本
0342	毛诗奇句韵考一卷	牟应震	嘉庆刊本
0343	毛诗异字同声考一卷	丁显	光绪十三年刊本
0344	毛诗音韵考四卷	程以恬	道光三年刊本
0345	诗韵字声通证七卷	李次山	光绪癸巳刊本
0346	诗古音释一卷	胡锡燕	长沙胡氏刊本无年月
0347	诗经音韵谱五卷触解一卷	甄士林	道光乙酉刊本
0348	毛诗古音述一卷	顾淳	光绪己亥排印本
0349	读诗辨字略三卷	韩怡	嘉庆刊本
0350	诗经字考二卷	吴东发	嘉庆刊本
0351	诗纬一卷	马国翰	玉函山房刊本
0352	泛引诗纬一卷	乔松年	《纬攟》本
0353	诗泛历枢一卷	马国翰	玉函山房刊本
0354	诗泛历枢一卷	乔松年	《纬攟》本
0355	诗泛历枢一卷	孙毂	《古微书》本
0356	诗泛历枢一卷	赵在翰	《七纬》本
0357	诗纬泛历枢训纂一卷	胡薇元	《玉津阁丛刊》本
0358	诗纪历枢一卷		《说郛》本
0359	诗含神雾一卷	黄奭	《汉学堂丛刊》本
0360	诗含神雾一卷	马国翰	玉函山房本
0361	诗含神雾一卷	乔松年	《纬攟》本

（续表）

序号	书名	著者	版本
0362	诗含神雾一卷	孙瑴	《古微书》本
0363	诗含神雾一卷		《说郛》本
0364	诗含神雾一卷	赵在翰	《七纬》本
0365	诗纬含神雾训纂一卷	胡薇元	《玉津阁丛刊》本
0366	诗推度灾一卷	赵在翰	《七纬》本
0367	诗推度灾一卷	马国翰	玉函山房刊本
0368	诗推度灾一卷	孙瑴	《古微书》本
0369	诗推度灾一卷	黄奭	汉学堂刊本
0370	诗推度灾一卷	乔松年	《纬攟》本
0371	诗纬推度灾训纂一卷	胡薇元	《玉津阁丛刊》本
0372	礼记大学篇古微三卷	易顺豫	活字印本
0373	大学古本旁注一卷	王守仁	
0374	大学全文一卷	崔铣	明刊本
0375	大学古本一卷	来知德	明万历乙酉刊本
0376	大学古本一卷大学述一卷大学述问一卷	许孚远	明刊本
0377	古本大学释论五卷	吴应宾	万历刊本
0378	大学古记一卷	刘宗周	道光十五年刊《刘子遗书》本
0379	大学古记约义一卷	刘宗周	道光十五年刊《刘子遗书》本
0380	大学杂言一卷	刘宗周	道光十五年刊《刘子遗书》本
0381	大学古文参疑一卷	刘宗周	道光十五年刊《刘子遗书》本

（续表）

序号	书名	著者	版本
0382	大学直解二卷	王建常	乾隆刘氏传经堂刊本
0383	大学讲义一卷	朱用纯	康熙刊本
0384	古大学注一卷	乔中和	崇祯跻新堂刊本
0385	大学决疑一卷	释德清	万历丁巳刊本
0386	大学正业一卷古本大学条说一卷古本大学引证一卷	恽鹤生	光绪壬午恽彦彬刊本
0387	考正古本大学一卷	刘道明	康熙刊本
0388	大学古本私记一卷	李光地	旧抄本
0389	大学辨业一卷	李塨	康熙徐秉义刊本
0390	大学札记一卷	范尔梅	雍正七年刊《读书小记》本
0391	大学说	惠士奇	彭纯甫刊惠氏《礼说》附本
0392	大学原本说略一卷大学原本读法一卷	王又朴	乾隆十二年刊本
0393	大学解一卷	牛运震	道光刊本
0394	古本大学集说三卷	王訢	嘉庆辛未刊本
0395	读大学偶记一卷	邱嶅	嘉庆甲戌刊本
0396	大学臆古一卷	王定柱	嘉庆乙卯刊本
0397	古本大学质言	刘沅	咸丰三年刊本
0398	大学指掌一卷	周际华	道光辛丑刊本
0399	古本大学通解不分卷	聂镐敏	嘉庆二十一年刊本
0400	大学古本释一卷	郭阶	光绪己丑刊本
0401	大学解一卷	马国翰	光绪十三年刊玉函山房《续目耕帖》本
0402	大学古本释	丁大椿	道光庚子刊本
0403	大学古本荟参一卷续一卷	胡泉	咸丰三年刊本

（续表）

序号	书名	著者	版本
0404	读大学记一卷	范泰衡	道光刊本
0405	大学臆说二卷	苏源生	咸丰辛酉刊本
0406	大学臆解一卷	张承华	光绪丙戌刊本
0407	补辑朱子大学讲义二卷	何桂珍	光绪十年方宗诚刊本
0408	大学章句质疑一卷	郭嵩焘	光绪十六年思贤讲舍刊本
0409	大学讲义一卷	芮城	光绪七年平陵书院重刊本
0410	大学申义三卷	左钦敏	敬义山房刊本
0411	周易大象应大学说一卷	高赓恩	光绪丁未刊本
0412	大学古义一卷	刘光蕡	烟霞草堂刊本
0413	大学谊诂一卷	马其昶	民国癸亥刊本
0414	大学述义一卷	徐绍桢	民国十年刊本
0415	大学还旧一卷	王廷植	光绪刊本
0416	古本大学说一卷附大学改本考一卷	边廷英	道光二十一年刊本
0417	大学顺讲一卷	丛秉肃	道光己丑刊本
0418	大学古本说故一卷	劳光泰	咸丰元年刊本
0419	古本大学辑解二卷	杨亶骅	同治四年刊本
0420	大学问答一卷	赵承恩	咸丰六年刊本
0421	大学古本述注一卷	姜国伊	光绪八年刊本
0422	大学原文集解一卷	胡清瑞	光绪丁酉刊本
0423	大学旧文考证一卷	朱曰佩	道光刊本
0424	大学补释一卷	张承华	光绪丙戌刊本
0425	大学俟一卷	陈世镕	《求志居经说》本
0426	大学阐要一卷	张恩霨	光绪九年刊本
0427	大学参证二卷	沈辉宗	光绪戊寅刊本

（续表）

序号	书名	著者	版本
0428	古本大学解二卷	温飏	《榕园丛书》本
0429	大学补遗一卷	章钧	宣统二年写印本
0430	大学发微二卷	刘次源	民国甲寅排印本
0431	古本大学分科详释九卷	廖袭华	民国五年活字印本
0432	大学讲义	萧炎	民国元年排印本
0433	朱子大学章句释疑一卷	简岸读书堂同人	民国辛未印本
0434	大学纬注一卷	钟颖阳	光绪丁酉刊本
0435	中庸传一卷	晁以道	咸丰元年刊《涉闻梓旧》本
0436	中庸凡一卷	崔铣	明刊本
0437	中庸讲义二卷	朱用纯	康熙刊本
0438	中庸直指一卷	史德清	崇祯刊本
0439	中庸解辨一卷	王縡	同治六年刊本
0440	中庸四记一卷	李光地	道光刊《榕村全书》本
0441	中庸余论注一卷	李光地　宋懿修	道光刊《安溪四种书注》本
0442	恕谷中庸讲语	李塨	康熙四十年刊本
0443	中庸剩语一卷	华希闵	乾隆丙寅刊本
0444	中庸脉络二卷	吴楚椿	乾隆壬午刊本
0445	国学讲义二卷	王兰生	乾隆间刘氏传经堂刊本
0446	中庸札记一卷	范尔梅	雍正刊《读书小记》本
0447	中庸总说一卷中庸读法一卷	王又朴	乾隆十二年刊本
0448	中庸解一卷	牛运震	道光刊本
0449	读中庸偶记一卷	邱罶	嘉庆甲戌刊本

（续表）

序号	书名	著者	版本
0450	中庸私解一卷	徐润第	道光辛卯刊《敦艮斋遗书》本
0451	中庸私解答问一卷	徐润第	民国十二年排印本
0452	中庸臆测二卷	王定柱	嘉庆二十四年刊
0453	中庸说二卷	边廷英	道光辛丑刊本
0454	中庸顺讲一卷	丛秉肃	道光己丑刊本
0455	中庸指掌二卷	周际华	道光辛丑刊本
0456	中庸绎蕴三卷	胡笴	道光二十二年刊本
0457	中庸俟二卷	陈世镕	《求志居经说》本
0458	中庸解一卷	马国翰	光绪十三年刊玉函山房《续目耕帖》本
0459	中庸注一卷	惠栋	嘉庆二十五年刊本
0460	中庸述义二卷	黄锡庆	乾隆间刊本
0461	读中庸记一卷	范泰衡	道光刊本
0462	中庸补释一卷	张承华	光绪丙戌刊本
0463	中庸臆解一卷	张承华	光绪丙戌刊本
0464	中庸心悟一卷	沈辉宗	光绪戊寅刊本
0465	中庸参证二卷	沈辉宗	光绪戊寅刊本
0466	中庸阐要一卷	张恩霨	光绪九年刊本
0467	中庸古本述注一卷	姜国伊	光绪十三年刊本
0468	中庸旧文考证一卷	朱曰佩	道光刊本
0469	中庸本解二卷	杨亶骅	光绪壬辰刊本
0470	中庸章句质疑二卷	郭嵩焘	
0471	中庸释一卷	郭阶	光绪己丑刊本
0472	中庸原文集解一卷	胡清瑞	光绪丁酉刊本

（续表）

序号	书名	著者	版本
0473	中庸通	胡炳文	乾隆刊本
0474	中庸大义一卷	王树柟	《中国学报》本
0475	中庸心法渊源一卷	东海乐天翁	同治光绪间刊本
0476	中庸篇义一卷	马其昶	光绪甲辰集虚草堂刊本
0477	中庸谊诂一卷	马其昶	民国癸亥刊本
0478	中庸发微三卷	刘次源	民国甲寅排印本
0479	中庸释义一卷	萧隐公	民国己未刊本
0480	中庸说一卷	刘师培	
0481	论语说四卷	程廷祚	道光丁酉刊本
0482	论语直指四卷	何纶锦	
0483	皇侃论语义疏参订十卷	吴骞	稿本
0484	论语后录五卷	钱坫	乾隆四十年刊本
0485	论语大学偶记一卷	汪德钺	嘉庆刊本
0486	论语古训十卷	陈鳣	乾隆五十九年刊本
0487	论语广注二卷	毕宪曾	
0488	论语发微一卷	宋翔凤	嘉庆间浮溪草堂刊本
0489	论语异文考证十卷	冯登府	道光甲午刊本
0490	朱子论语集注训诂考二卷	潘衍桐	
0491	论义肤说一卷	唐兆扶	道光刊本
0492	论语发疑四卷	顾成章	
0493	论语稽二十卷	官懋庸	民国二年印本
0494	论语事实录一卷	杨守敬	光绪末刊本
0495	论语足征记二卷	崔适	北京大学活字印本
0496	论语实测二十卷	徐天璋	

（续表）

序号	书名	著者	版本
0497	乡党考一卷	黄守僊	乾隆四十二年刊本
0498	乡党义考七卷	胡薰	乾隆乙卯刊本
0499	乡党类纂三卷	谭孝达	
0500	孟子章句一卷	程曾　马国翰	玉函山房刊本
0501	孟子章指二卷	赵岐　余萧客	玉函山房刊本
0502	孟子刘注一卷	刘熙　宋翔凤	嘉庆壬戌刊本
0503	孟子郑氏注一卷	郑玄　马国翰	《玉函山房辑佚书》本
0504	孟子高氏章句一卷附程氏章句一卷	高诱　程曾　马国翰	《玉函山房辑佚书》本
0505	孟子注一卷	綦毋邃	玉函山房刊本
0506	孟子注一卷	陆善经　马国翰	玉函山房刊本
0507	孟子要略五卷	朱熹　刘传莹	
0508	孟子节文七卷	刘三吾	洪武大字刊本
0509	性善绎一卷	方学渐	万历三十八年刊本
0510	绘孟十四卷	戴君恩	天启甲子吴兴闵齐伋朱墨套印本
0511	七篇指略七卷	王训	康熙十二年刊本
0512	标孟七卷	汪有光	康熙丁巳刊本
0513	删补孟子约说二卷	孙肇兴	康熙间刊本
0514	释孟子一卷	金喟	康熙刊《圣叹外书》本
0515	孟子札记一卷	范尔梅	雍正刊《读书小记》本
0516	读孟十五卷	王又朴	乾隆十二年刊本
0517	孟子论文七卷	牛运震	约嘉庆间刊本
0518	孟子读法附记十四卷	周人麒	乾隆四十九年刊本
0519	绪言三卷	戴震	

（续表）

序号	书名	著者	版本
0520	原善三卷	戴震	刊本无年月
0521	孟子附记二卷	翁方纲	《畿辅丛书》本
0522	孟子文说七卷	康濬	嘉庆九年刊本
0523	孟子篇叙七卷	姜兆翀	嘉庆刊本
0524	孟子七篇诸国年表二卷	张宗泰	光绪南陵徐氏积学斋刊本
0525	读孟子偶记一卷	邱霎	嘉庆甲戌刊本
0526	孟子疏证二十二卷	连鹤寿	传抄本
0527	孟子集注指要二卷	董锡嘏	约道光间刊本
0528	孟子外书一卷逸文一卷	孟经国	道光二十一年刊《闲道集》本
0529	孟子外书四卷附一卷		嘉庆二十三年刊
0530	孟子外书补证一卷	林春溥	道光间竹柏山房刊本
0531	孟子读本二卷	王汝谦	同治甲戌刊本
0532	疑疑孟一卷	黄本骥	道光六年刊
0533	赵氏孟子章指复编一卷	萨玉衡	福州萨氏刊本
0534	孟子文评无卷数	赵承谟	乾隆三十五年刊本
0535	孟子章句考年五卷	蒋一鉴	道光甲午刊本
0536	孟子讲义四卷	丁大椿	道光庚子刊本
0537	读孟子劄记二卷	罗泽南	光绪刊《罗氏遗书》本
0538	孟子辨证二卷	谭沄	光绪庚辰刊本
0539	孟子说七卷	姜郁嵩	光绪三十三年刊本
0540	孟子注二卷	陈澧	原稿本
0541	别本孟子注二卷	陈澧	原稿本
0542	孟子外书补注四卷	陈矩	光绪十七年灵峰草堂刊本
0543	孟子赵注考证一卷	桂文灿	咸丰七年刊本

（续表）

序号	书名	著者	版本
0544	论孟书法二卷附读四书一卷	张瑛	光绪癸未刊本
0545	答疑孟一卷	陈钟英	道光丙戌刊本
0546	孟子补义十四卷	凌江　凌奎	约咸丰同治间刊本
0547	孟子识一卷	物茂卿	《甘雨亭丛书》本
0548	孟子劄记四卷	翟师彝	宣统二年排印本
0549	读孟随笔二卷	王祖畬	民国壬戌刊本
0550	孟子性善备万物图解	刘光蕡	光绪辛酉刊本
0551	香草校孟子一卷	于鬯	光绪刊本
0552	孟子时事考征四卷	陈宝泉	嘉庆八年刊本
0553	孟子今义四卷	彭赓良	民国二年排印本
0554	孟子微八卷	康有为	光绪二十七年印本
0555	孟子发微二卷	易顺豫	民国十四年排印本
0556	孟子大义一卷	唐迪风	四川敬业书院活字印本
0557	逸孟子一卷	马国翰	光绪十三年玉函山房续刊本
0558	读四书丛说八卷	许衡	嘉庆何元锡刊本
0559	四书辑释大成不分卷	倪士毅	元至正刊本
0560	四书浅说十二卷	陈琛	乾隆刊本
0561	四书集注直解说约七卷	张居正	康熙丁巳刊本
0562	说书不分卷	李贽	明刊本
0563	四书证义笔记合编不分卷	钱大复	万历癸丑刊本
0564	四书考不分卷	戴文仲　戴应扬	万历己亥刊本
0565	四书合喙鸣十卷	许獬	万历间刊本
0566	学庸真旨三卷	薛士容	万历刊本

（续表）

序号	书名	著者	版本
0567	四书小参一卷附问答一卷	朱斯行	明刊本
0568	四书近语六卷	孙应鳌	康熙甲午刊本
0569	二刻礼部增补订正四书合注篇主意	范谦　刘楚元　余继登	万历壬寅刊本
0570	空山击碎一卷	陆鸿渐	明王尔谏刊本
0571	四书定本辨正六卷	胡正心　胡正言	咸丰朱沅重刊本
0572	四书讲义一卷	顾宪成	同治己巳《小石山房丛书》本
0573	论孟语录四卷	黄汝亨	明王尔谏刊《空山击碎》附刊本
0574	四书讲义不分卷	高攀龙	崇祯辛未刊《高子全书》本
0575	高子讲义一卷	高攀龙　潘世璜	嘉庆甲子刊本
0576	四书人物备考十卷	薛应旂　陈仁锡	康熙刊本
0577	四书杂考六卷	薛寀	明刊本
0578	四书鞭影二十卷	刘凤翔	天启七年刊本 又道光二十四年重刊本
0579	四书说约六卷	孙肇兴	崇祯六年刊本
0580	四书广炬订不分卷	杨松龄	约崇祯刊本
0581	四书引经纂五卷	邹廱	明刊本
0582	四子书尘言六卷	戴宫华	乾隆十年赵佑刊本
0583	汇订四书人物名物经义合考十二卷	张溥	崇祯五年刊本
0584	四书图史合考二十卷	蔡清	崇祯刊本
0585	四书讲录五卷	胡统虞	顺治八年刊本

（续表）

序号	书名	著者	版本
0586	成均讲录二卷	胡统虞	顺治八年刊本
0587	万寿宫讲录一卷	胡统虞	顺治八年刊
0588	四书读注提耳二十卷	耿埰	乾隆元年刊本
0589	四书正义二十卷	宋继澄	康熙庚戌韩应桓等刊本
0590	四书会通十一卷	吴楚椿	乾隆辛丑刊本
0591	大中合一三卷	孙观光	光绪丙子刊本
0592	四书朱子语类摘抄三十八卷	张履祥　吕留良	康熙四十一年刊本
0593	致知格物解二卷	魏裔介	康熙刊本
0594	四书经史摘证七卷	宋继穜	坊间通行本
0595	读四书大全说十卷	王夫之	同治四年金陵遗书刊本
0596	四书考异一卷	王夫之	同治四年刊遗书本
0597	四书笺解不分卷	王夫之	光绪癸巳王之春刊本
0598	四书训义三十六卷	王夫之	光绪丁亥重刊本
0599	四书改错二十二卷	毛奇龄	嘉庆十六年翻刻本
0600	四书正事括略七卷附录一卷	毛奇龄	道光己亥重刊本
0601	四书讲义四十三卷	吕留良　陈鏦	康熙刊本
0602	四书释地补一卷四书释地续补一卷四书释地又续补二卷四书释地三续补二卷	阎若璩　樊廷枚	嘉庆二十七年刊本
0603	校正四书释地八卷	阎若璩　顾问	顾问重编刊本
0604	四书章句附考四卷家塾读本句读一卷	吴英　吴至忠	
0605	四书玩注详说三十六卷	冉觐祖	康熙二十八年刊本

（续表）

序号	书名	著者	版本
0606	四书醒义不分卷	孙洤　孙用桢	康熙四十八年刊本
0607	四书私解一卷	廖燕	乾隆间刊本
0608	四书心解不分卷	王吉相	康熙癸亥刊本又道光重刊本
0609	朱注发明十九卷	王掞	康熙间刊本
0610	四书明儒大全精义无卷数	汤传榘	康熙四十四年刊本
0611	四书辨讹六卷	汪升	康熙三十二年刊本
0612	四书绎注不分卷	王锬	康熙丙子刊本
0613	四书遗义二卷	陈廷策	乾隆十一年刊本
0614	四书讲四十卷	金松	乾隆五年重刊本
0615	四书尊注会意解三十六卷	张九达　张庸德	康熙丁丑刊本
0616	四书衬不分卷	骆培	乾隆家刊本
0617	四书释文不分卷	何焯　王赓言	光绪戊子刊本
0618	大学讲语一卷中庸讲语一卷论语类解二卷孟子类解十一卷	王辂	光绪十三年刊本
0619	四书大全汇正备解十六卷	董喆　陈枚	康熙己丑刊本
0620	四书典制汇编八卷	胡抡	雍正十年刊本
0621	增订四书贯解无卷数	朱良玉	雍正十三年刊本
0622	集虚斋四书口义无卷数	方棨如	乾隆五十三年刊本
0623	论孟考典不分卷	方棨如	传抄本
0624	三订四书辨疑七十卷	张江	乾隆刊本
0625	大学集要一卷中庸集要一卷	萧开运	光绪刊本
0626	学庸图说一卷	侯连城	约乾隆刊本
0627	学庸困知录四卷	庄咏	道光二十三年刊本

（续表）

序号	书名	著者	版本
0628	潜仓四书解一卷	佘一元	光绪五年刊《永平三子遗书》本
0629	四书寻真二十卷	刘所说	乾隆十四年刊本
0630	四书自课录无卷数	任时懋	乾隆四年刊本
0631	四书典林三十卷	江永	雍正乙卯刊本
0632	四书古人典林十二卷	江永	乾隆甲午刊本
0633	四书质疑五卷	陈梓	乾隆九年刊本
0634	四书广注三十六卷	张谦宜	康熙间刊本
0635	读书笔记六卷	尹会一	乾隆十五年刊本
0636	四书异同商不分卷	黄鹤	咸丰九年刊本
0637	大学示掌一卷中庸示掌一卷	汤自铭	嘉庆己巳重刊本
0638	四书贯解一卷	孙锡畴	传抄本
0639	学庸示掌不分卷	汤西箴	雍正乙卯刊本
0640	大学吃语一卷中庸吃语一卷	耿问翁	雍正乙卯刊本
0641	四书易简录十二卷	刘葆真	康熙壬寅刊本
0642	四书发注十卷	朱奇生	雍正癸卯刊本
0643	四书集说不分卷	李道南	乾隆乙酉刊本
0644	四书翼注论文三十八卷	张甄陶	乾隆四十一年刊本
0645	四书讲义十一卷	王元启	道光十五年刊本
0646	四书凝道录十九卷	刘绍攽	光绪甲午泾阳刘秉仁刊本
0647	四书集疏附正二十一卷	张秉直	道光乙未连毓太刊本
0648	四书镜十九卷	程天霖	乾隆十年刊本
0649	四书图说不分卷	王道然	乾隆乙卯刊本

（续表）

序号	书名	著者	版本
0650	四书说一卷	庄存与	《味经斋遗书》本
0651	四书注疏撮言大全无卷数	胡斐才	乾隆癸未刊本
0652	四书撮言十二卷	胡斐才	乾隆二十八年刊本
0653	四书述要十卷	杨玉绪	乾隆二十五年刊本
0654	四书证疑八卷	李允升	道光甲申刊本
0655	四书说十卷	郝宁愚	道光刊本
0656	增订四书左国辑要四卷	高其名　郑师成	乾隆三十五年刊本
0657	四书引左汇解十卷	萧榕年	乾隆甲午刊本
0658	四书考正讹无卷数	吴鼎科	乾隆甲午刊本
0659	校正四书逸笺六卷	曾钊	
0660	四书识遗二卷	程大中	心简书屋刊本
0661	四书劄记	王巡泰	光绪九年刊本
0662	重订四书劄记不分卷	王巡泰	旧抄本
0663	四书解细论不分卷	李荣陛	道光刊本
0664	说四书十八卷	韩泰青	乾隆刊本
0665	四书温故录不分卷	赵佑	乾隆五十二年刊本
0666	四书句读辨一卷	于光华	乾隆戊子心简书屋刊本
0667	驳吕留良四书讲义不分卷		武英殿本
0668	学庸窃补九卷	陈孚	乾隆丙寅刊本
0669	大学文说一卷中庸文说一卷	康濬	嘉庆八年刊本
0670	四书偶谈内篇一卷外篇一卷	戚学标	嘉庆辛酉刊本
0671	四书续谈内篇二卷外篇二卷	戚学标	嘉庆二十四年刊本

（续表）

序号	书名	著者	版本
0672	四书解疑二十卷	黄梅峰	嘉庆十八年刊本
0673	四书题镜不分卷	汪鲤翔	乾隆九年刊本
0674	四书典故通考无卷数	陆文籀	嘉庆丁卯活字印本
0675	四书讲义日孜录十二卷	李求龄	乾隆四十九年刊本
0676	四书考异一卷	武亿	乾隆癸丑刊本
0677	四书人物类典串珠四十卷	臧志仁	嘉庆十四年刊本
0678	四书典故辨正续编五卷	周炳中	嘉庆十九年刊本
0679	四书说略四卷	王筠	道光三十年刊本
0680	四书联珠无卷数	章守待	咸丰元年刊本
0681	四书考辑要二十卷	陈兰森	乾隆己丑刊本
0682	四书大成直讲二十卷	李锡书	道光六年刊本
0683	四书辨误一卷辨异一卷	李锡书	道光丙戌刊本
0684	四书图表就正一卷	赵敬襄	道光刊《竹冈七种》本
0685	四书纪疑录六卷	凌扬藻	道光丙午刊本
0686	四书典故考一卷	戴清	
0687	四书求是五卷	苏秉国	道光元年刊本
0688	周易解四书一卷	范士增	嘉庆刊本
0689	尚书解四书一卷	范士增	嘉庆刊本
0690	诗经解四书一卷	范士增	嘉庆刊本
0691	礼记解四书一卷	范士增	嘉庆刊本
0692	四书互解一卷	范士增	嘉庆刊本
0693	四书问答二十四卷	戴大昌	嘉庆庚午刊本
0694	驳四书改错二十一卷	戴大昌	道光壬午刊本
0695	四书会解不分卷	綦澧	嘉庆五年刊本

（续表）

序号	书名	著者	版本
0696	大学意读一卷中庸意读一卷	萧光浩	嘉庆甲子刊本
0697	四书恒解	刘沅	咸丰五年刊本
0698	四书简题四卷	李元春	《桐阁丛书》本
0699	四书读不分卷	李嵩仑	嘉庆己巳刊本
0700	四书注说参证七卷	胡清珉	传抄本
0701	四书典故覈不分卷	凌曙	嘉庆戊辰刊本
0702	四书拾遗六卷	林春溥	道光甲午刊本
0703	四书说苑十二卷补遗一卷续遗一卷	孙应科	
0704	四书记悟十四卷	王汝谦	同治辛未刊本
0705	四书因论二卷	许桂林	道光乙未刊本
0706	四书诠义三十八卷	汪烜	道光六年汪守和刊本
0707	四书求是十六卷	王余英	嘉庆癸酉刊本
0708	四书记闻二卷	管同	道光二十一年刊本
0709	四书解琐言四卷补编一卷	方祖范	道光元年刊本
0710	论孟考证辑要二卷	赵大镛	道光五年刊本
0711	四书集注管窥二卷	赵大镛	道光乙酉刊本
0712	四书臆说十二卷	李见庵	道光二年刊本
0713	批点四书读本七卷	高玲	道光七年刊本
0714	四书训解参证十二卷补遗四卷续补编四卷	张定鋆	
0715	四书题说二卷	梁彣	道光戊申刊本
0716	四书蠹简六卷	李诒经	道光庚寅刊本
0717	四书私谈一卷	徐春	《逊敏堂丛书》本

（续表）

序号	书名	著者	版本
0718	朱子不废古训说十六卷附朱注引用文献考略四卷	李中培	道光二十一年刊本
0719	学庸总义一卷	许致和	道光二十八年刊本
0720	论孟考略一卷	张眉大	道光刊《海南杂著》本
0721	四书讲义参真十九卷	党瀛	道光己亥刊本
0722	四书地记六卷	汪在中	道光十年刊本
0723	四书翼注论文十二卷	郑献甫	光绪己卯刊本
0724	四书说六卷	吴嘉宾	
0725	四书蠡言七卷	谭光烈	咸丰二年刊本
0726	四书遵朱会通不分卷	杨廷芝	道光乙巳刊本
0727	学庸家训二卷	金崇城	道光丙午刊本
0728	四书闲笔讲义四卷		道光丁未刊本
0729	郑本大学中庸说一卷	包汝翼	道光二十七年刊本
0730	四书经义考辨沈存十六卷	姚道煇	道光二十五年刊本
0731	四书说賸一卷	黄之晋	同治元年刊本
0732	四书一得录二卷	胡泽顺	同治癸亥刊本
0733	读论孟笔记三卷	方宗诚	同治四年刊本
0734	读论孟补记二卷	方宗诚	同治四年刊本
0735	四书随笔三卷	杨树椿	巳杨损斋遗书巳本
0736	四书理话四卷	张楚钟	光绪三年刊本
0737	四书条辨六卷	袁秉亮	同治己巳刊本
0738	四书评本十九卷	俞廷镳	同治十一年刊本
0739	刘氏家塾四书解不分卷	刘豫师	光绪丙子刊本
0740	四书质疑八卷	吴国濂	同治家刊本
0741	四书会要录二十八卷	黄瑞	康熙庚子刊本

（续表）

序号	书名	著者	版本
0742	四书补义七卷	陶起庠	嘉庆十六年刊本
0743	四书续考四卷	陶起庠	嘉庆二十一年刊本
0744	四书注解撮要二卷	林庆炳	光绪己丑刊本
0745	四书亿二卷	李仲昭	民国二十二年印本
0746	四书通叙次一卷通疑似一卷	胡垣	
0747	论语发隐一卷孟子发隐一卷	杨文会	金陵刻经处本
0748	四书论	王伊	光绪二十四年刊本
0749	大学总论一卷中庸总论一卷	唐圻	
0750	大中遵注集解四卷	韩濬	光绪刊本
0751	学庸述易一卷	华承彦	光绪刊本
0752	学庸识小一卷	郭阶	光绪己丑刊本
0753	学庸训蒙琐言二卷	乳山山人	光绪八年刊本
0754	大学俗话五卷中庸俗话八卷	查体仁	光绪十八年刊本
0755	四书讲义四卷	安维峻	宣统刊本
0756	大学注释一卷中庸注释一卷	李钠	光绪二十年甲午刊本
0757	四书正误六卷	颜元	四存学会排印本
0758	四书质疑十九卷	徐绍祯	光绪九年刊本
0759	四书琐言一卷	虞景璜	民国十三年刊本
0760	四书疑言十卷	王庭植	道光八年刊本
0761	四书笺疑疏证八卷	徐天璋　徐浚仁	光绪丙申刊本

（续表）

序号	书名	著者	版本
0762	四书集解不分卷	朱应麟	移录本
0763	四书改错改四十卷	程仲威	原稿本
0764	论语校议一卷孟子校异四卷	姚凯元	抄本
0765	大学质语一卷中庸质语一卷	胡德纯	石印本
0766	四书劄记二卷	姚惟寅	新铅印本
0767	四书过庭录十九卷	亹亹斋　白敏树	旧抄本
0768	大学中庸演义	廖平	民国刊本
0769	孟子丁氏手音一卷	丁公著	《玉函山房辑佚书》本
0770	孟子音义一卷	张镒	玉函山房刊本
0771	孟子音义考证二卷	孙奭	《续经解》刊本
0772	孟子音义二卷附札记一卷	孙奭	光绪四川刊本
0773	孟子字义疏证三卷	戴震	嘉庆微波榭刊本
0774	四书集注缓读辨一卷	于光华	心简书屋刊本
0775	文照堂四书字音辨一卷	于光华	心简书屋刊本
0776	四书正体校定字音		道光刊本
0777	里如堂四书字体辨一卷	于光华	心简书屋刊本
0778	四书字迹核一卷	陈瑶宾	心简书屋刊本
0779	四书虚字讲义一卷	丁守存	同治十年刊本
0780	四书字义说略二卷	朱曾武	嘉庆丁卯刊本
0781	四书朱子集注古义笺六卷	李滋然	日本印本
0782	四书纬四卷	常增	道光丙申刊本
0783	孝经传一卷	魏文侯　马国翰	玉函山房刊本
0784	孝经长孙氏说附考一卷	长孙氏　马国翰	玉函山房本

（续表）

序号	书名	著者	版本
0785	孝经后氏说一卷	后苍　马国翰	《玉函山房辑佚书》本
0786	孝经安昌侯说一卷	张禹　马国翰	《玉函山房辑佚书》本
0787	孝经郑注一卷	郑玄	
0788	孝经郑注一卷	郑玄　严可均	
0789	孝经郑注一卷	郑玄　王谟	《汉魏遗书》本
0790	孝经郑氏注一卷	郑玄　袁钧	《郑氏佚书》本
0791	郑氏孝经解一卷	郑玄　黄奭	《高密遗书》本
0792	孝经王氏解一卷	王肃　马国翰	咸丰刊《玉函山房辑佚书》本
0793	孝经解赞一卷	韦昭　马国翰	玉函山房本
0794	集解孝经一卷	谢万　马国翰	《玉函山房辑佚书》本
0795	孝经殷氏注一卷	殷仲文　马国翰	《玉函山房辑佚书》本
0796	齐永明诸王孝经讲义一卷	马国翰	《玉函山房辑佚书》本
0797	齐永明诸王孝经讲义一卷	马国翰	玉函山房本
0798	孝经刘氏说一卷	刘瓛　马国翰	玉函山房本
0799	孝经严氏注一卷	严植之　马国翰	玉函山房刊本
0800	孝经义疏一卷	萧衍	玉函山房辑本
0801	孝经皇氏义疏一卷	皇侃　马国翰	
0802	古文孝经述义一卷	刘炫　马国翰	咸丰《玉函山房辑佚书》本
0803	孝经训注一卷	魏真己	咸丰刊《玉函山房辑佚书》本
0804	御注孝经疏一卷	元行冲　马国翰	玉函山房本
0805	孝经集注衍义一卷	朱熹　童伯羽	注韩居刊本
0806	朱文公定古文孝经注一卷	朱申	明翻印宋本
0807	校定今文孝经注一卷	吴澄	大德癸卯张恒刊本

（续表）

序号	书名	著者	版本
0808	孝经集注附增删讲义一卷	陈选　王期龄	顺治十六年刊本
0809	孝经引证一卷	杨起元	崇祯二年刊本
0810	孝经迩言一卷	虞淳熙	万历刊本
0811	从今文孝经说一卷	虞淳熙	万历刊本
0812	孝经大全二十八卷孝经或问三卷附孝经翼一卷	吕维祺	康熙二年刊本
0813	孝经本义二卷	吕维祺	道光刊《经苑》本
0814	孝经翼一卷	吕维祜	道光刊《经苑》本
0815	孝经释疑一卷	孙本	明刊本
0816	孝经本赞一卷	黄道周	《方壶斋丛书》本
0817	孝经集灵一卷	朱鸿	万历己丑刊本
0818	孝经集灵节略一卷	陈继儒	《宝颜堂秘笈》本
0819	孝经大全十卷	江元祚	崇祯六年刊本
0820	孝经正解一卷	徐大绅	道光戊申刊本
0821	孝经详说六卷	冉觐祖	光绪辛巳大梁书院重刊本
0822	孝经全注一卷	李光地	康熙刊本
0823	李氏孝经注辑本一卷附曾子大孝编注一卷	李光地	咸丰五年刊《浦城遗书》本
0824	孝经集注一卷	陆遇霖	康熙三十三年刊本
0825	孝经合解二卷	陈治安	康熙四十年刊本
0826	孝经本义一卷	姜兆锡	雍正十年刊本
0827	孝经管窥一卷	窦容邃	雍正乙卯刊本
0828	孝经精义一卷孝经后录一卷孝经或问一卷孝经余论一卷	张叙	乾隆潞河书院刊本

（续表）

序号	书名	著者	版本
0829	孝经章句一卷孝经或问一卷	汪绂	光绪乙未刊本
0830	孝经约注一卷	汪师韩	乾隆刊本
0831	孝经刊误辩说	倪上述	乾隆壬午刊本
0832	中文孝经一卷孝经外传一卷	周春	乾隆庚辰刊本
0833	孝经汇纂无卷数	孙念劬	嘉庆己未刊本
0834	孝经郑注一卷	袁钧	《郑氏佚书》本
0835	集孝经郑注一卷	陈鳣	裕德堂刊本
0836	四书教子尊经求通录八卷	杨一昆	嘉庆七年刊本
0837	孝经义疏不分卷	阮元	道光十六年日省吾斋刊本
0838	孝经郑注一卷附补证一卷	冈田挺之 洪颐煊	嘉庆六年刊本
0839	孝经约解一卷	温汝能	嘉庆十年刊本
0840	孝经附刻一卷	温汝能	嘉庆十年刊本
0841	孝经郑氏解辑一卷	臧庸	嘉庆辛酉鲍廷博刊本
0842	孝经述一卷	贺长龄　傅寿彤	同治癸亥刊本
0843	孝经集义二卷	曾世仪	同治十年刊本
0844	孝经述注一卷	丁晏	咸丰丁巳刊本
0845	孝经征文一卷	丁晏	王先谦刊《续经解》本
0846	孝经解纷一卷		道光十六年日省吾斋刊本
0847	孝经义疏补十卷	阮福	道光九年刊本
0848	孝经直解一卷	刘沅	道光二十七年刊本
0849	孝经述一卷	姜国伊	光绪十五年刊本
0850	孝经阐要一卷	张恩霨	光绪九年刊本

（续表）

序号	书名	著者	版本
0851	孝经章义一卷	方宗诚	《方柏堂全书》本
0852	孝经集证十卷	桂文灿	抄本
0853	孝经集解一卷	桂文灿	咸丰四年刊本
0854	孝经古今文传注辑补一卷	吴大廷	
0855	古文孝经荟解四卷附孝经别录四卷	洪良品	光绪十六年活字印本
0856	孝经疑问一卷	姚舜牧	光绪元年偲进斋刊本
0857	孝经十八章辑传一卷	汪宗沂	光绪二十四年刊本
0858	孝经读本一卷孝经存解一卷孝经存解阐要一卷孝经存解析疑一卷读孝经刊误问答一卷	赵长庚	光绪十年刊本
0859	孝经启蒙新解一卷	王泽厚	光绪刊本
0860	孝经识一卷	物茂卿	《甘雨亭丛书》本
0861	孝经郑注疏二卷	皮锡瑞	光绪二十一年刊本
0862	孝经学凡例一卷	廖平	新订《六译馆丛书》本
0863	孝经集注述疏一卷答问一卷	简朝亮	
0864	孝经谊诂一卷	马其昶	民国癸亥刊《三经谊诂》本
0865	孝经易知一卷	耿介	同治十一年翻刻本
0866	孝经郑注附音一卷	孙季咸	光绪丙申刊本
0867	郑注孝经考证一卷	潘任	光绪家刊本
0868	读孝经日记一卷	潘任	学古堂本
0869	孝经集注一卷	潘任	光绪丁未聚珍印本
0870	孝经讲义一卷	潘任	

（续表）

序号	书名	著者	版本
0871	孝经孝翔学	叶绳翥	宣统元年刊本
0872	孝经质疑一卷	徐绍桢	光绪甲申刊本
0873	孝经养正一卷	吕鸣谦	光绪乙丑刊本
0874	孝经本义一卷	刘光蕡	民国刊《烟霞草堂遗书》本
0875	古文孝经直解一卷	曹若楠	约光绪间刊本
0876	孝经古本考一卷	王仁俊	湖北存古学堂活字印本
0877	孝经旁训一卷	孙传澂	芸居楼刊本
0878	孝经注一卷	杨起元	刊本无年月
0879	孝经说三卷	陈伯陶	民国十六年香港奇雅铅印本
0880	孝经学七卷	曹元弼	光绪戊申江苏存古学堂刊本
0881	孝经六艺大道录一卷	曹元弼	光绪二十四年西湖书院刊本
0882	孝经纬一卷	赵在翰	嘉庆刊《七纬》本
0883	孝经援神契一卷		《说郛》本
0884	孝经援神契三卷	孙毂	《古微书》本
0885	孝经援神契一卷	赵在翰	嘉庆刊《七纬》本
0886	孝经援神契二卷	宋均　马国翰	玉函山房刊本
0887	孝经援神契一卷	乔松年	光绪丁丑刊《纬攟》本
0888	孝经援神契一卷	黄奭	《汉学堂丛书》本
0889	孝经中契一卷	马国翰	《玉函山房辑佚》本
0890	孝经左契一卷		《说郛》本
0891	孝经左契一卷	孙毂	勤业堂校定《古微书》本
0892	孝经左契一卷	马国翰	玉函山房刊本
0893	孝经左契一卷	乔松年	《纬攟》本
0894	孝经左契一卷	黄奭	《汉学堂丛刊》本
0895	孝经右契一卷		《说郛》本

（续表）

序号	书名	著者	版本
0896	孝经右契一卷	孙榖	勤业堂考定《古微书》本
0897	孝经右契一卷	宋均　马国翰	玉函山房刊本
0898	孝经右契一卷	乔松年	《纬攟》本
0899	孝经右契一卷	黄奭	《汉学堂丛刊》本
0900	孝经钩命决一卷		《说郛》本
0901	孝经钩命决一卷	孙榖	《古微书》本
0902	孝经钩命决一卷	赵在翰	嘉庆刊《七纬》本
0903	孝经钩命决一卷	宋均　马国翰	玉函山房刊本
0904	孝经钩命决一卷	乔松年	《纬攟》本
0905	孝经钩命决一卷	黄奭	《汉学堂丛书》本
0906	孝经内事一卷		《说郛》本
0907	孝经内事一卷	宋均　王谟	《汉魏遗书》本
0908	孝经内事图一卷	孙榖	《古微书》本
0909	孝经内事图一卷	马国翰	玉函山房本
0910	孝经内事一卷	乔松年	《纬攟》本
0911	孝经内记图一卷	黄奭	《汉学堂丛刊》本
0912	孝经古秘一卷	马国翰	玉函山房刊本
0913	孝经中秘一卷	黄奭	《汉学堂丛刊》本
0914	孝经古秘一卷	黄奭	《汉学堂丛刊》本
0915	孝经雌雄图一卷	马国翰	玉函山房刊本
0916	刘向五经通义一卷	刘向　洪颐煊	《经典集林》本
0917	刘向五经要义一卷	刘向　洪颐煊	《经典集林》本
0918	驳五经异义十卷	郑玄　黄奭	《通德堂经解》本
0919	六艺论一卷	郑玄　孔广林	《通德遗书所见录》本
0920	六艺论一卷	郑玄　马国翰	玉函山房本

（续表）

序号	书名	著者	版本
0921	六艺论一卷	郑玄　袁钧	光绪刊《郑氏佚书》本
0922	郑氏六艺论一卷	郑玄　臧琳	《鄦斋丛书》本
0923	六艺论一卷	郑玄　陈鳣	乾隆四十九年刊本
0924	六艺论一卷	郑玄　黄奭	《通德堂经解》本
0925	新校郑志三卷附录一卷	钱东垣 钱绎　钱侗	嘉庆间汗筠斋刊本
0926	郑记一卷	郑玄弟子　袁钧	《郑氏佚书》本
0927	圣证论一卷	王肃　马昭驳 孔晁答　张融 马国翰	玉函山房本
0928	圣证论一卷	王肃　王谟	《汉魏遗书钞》本
0929	五经析疑一卷	邯郸绰　王谟	《说郛》本
0930	五经析疑一卷	王谟　邯郸绰	《汉魏遗书钞》本
0931	五经然否论一卷	谯周　马国翰	玉函山房刊本
0932	五经然否论一卷	谯周　王谟	《汉魏遗书钞》本
0933	五经通论一卷	束皙　马国翰	玉函山房刊本
0934	五经通论一卷	束皙　王谟	《汉魏遗书钞》本
0935	五经钩沉一卷	杨方　马国翰	玉函山房刊本
0936	五经钩沉一卷	杨方　王谟	《汉魏遗书钞》本
0937	七经诗一卷	傅咸	《汉魏遗书钞》本
0938	五经大义一卷	戴逵　马国翰	玉函山房刊本
0939	五经通义一卷		《说郛》本
0940	五经要义一卷	王谟	《汉魏遗书钞》本
0941	六经略注序一卷	常爽　马国翰	玉函山房刊本
0942	五经疑问一卷	王谟　房景先	《汉魏遗书钞》本

（续表）

序号	书名	著者	版本
0943	七经义纲一卷	樊文深　王谟	《汉魏遗书钞》本
0944	七经义纲一卷	樊深　马国翰	玉函山房刊本
0945	五经要义一卷	雷氏　马国翰	玉函山房本
0946	经序录五卷	朱睦㮮	明最乐堂刊本
0947	五经讲宗五卷	颜茂猷	明刊本
0948	道统传经一卷	岳元声	明抄本
0949	小辨斋说义一卷	顾允成	明刊本
0950	一贯问答一卷	陈瑚	传抄本
0951	五经纂注一卷	李廷机　袁宗道 王萱　萧良有	明刊本
0952	十三经古注二百九十一卷	金蟠　葛鼐 葛鼒	崇祯十二年永怀堂刊本
0953	匏瓜录十卷	芮长恤	光绪甲申刊本
0954	六经原流不分卷	吴继仕	崇祯戊辰刊本
0955	五经同异三卷	顾炎武	嘉庆省吾堂刊本
0956	经义辨讹一卷辨疑标目一卷	周世樟	康熙刊本
0957	诸经略说一卷	周世樟	康熙刊本
0958	经书言学指要一卷	杨名时	雍正十三年刊本
0959	五经古文今文考一卷	吴陈炎	《昭代丛书》本
0960	读经一卷	方苞	乾隆十三年刊本
0961	二李经说一卷	李光墺　李光型	《昭代丛书》本
0962	读经三卷	姚培谦	乾隆刊本
0963	注疏琐语四卷	沈淑	雍正乙巳刊《经玩》本
0964	说学经斋经说一卷	叶凤毛	《艺海珠尘》本

（续表）

序号	书名	著者	版本
0965	琐语一卷	章恺	嘉庆庚申全集附刊本
0966	说经三卷	韩泰青	乾隆刊本
0967	说经补遗一卷	韩泰青	乾隆刊本
0968	说经杂录四卷	韩泰青	乾隆刊本
0969	读经心解四卷	沈楳	道光八年刊本
0970	七经掌诀一卷	孟超然	道光甲午刊本
0971	重校古经解钩沈三十卷	余萧客　柳荣宗	道光二十年刊本
0972	秋槎杂记内篇四卷	刘履恂	道光元年刊本
0973	慕良杂纂四卷	庄有可	活字印本
0974	慕良杂纂四卷	庄有可	活字印本
0975	北海经学七录七卷	孔广林	乾隆甲午写刊本
0976	经解斠十二卷	杨述臣　王凤沼 徐沂舫　唐仲冕	道光刊小字本
0977	续隶经文一卷	江藩	道光刊本
0978	经解入门八卷	江藩	光绪戊子石印本
0979	读经八卷	戴大昌	嘉庆丁丑刊本
0980	浙士解经录五卷	阮元	嘉庆刊本
0981	汉儒传经记二卷	赵继序	嘉庆甲子刊本
0982	历朝崇经记一卷	赵继序	嘉庆甲子刊本
0983	辨讹释义录六卷	张均	嘉庆丁丑刊本
0984	经史辨论四卷	张均	嘉庆乙丑刊本
0985	经剩一卷	章谦存	刊本无年月
0986	穆斋经诂四卷	任均	道光庚子刊本
0987	经解指要十八卷	陶大眉	嘉庆刊本
0988	一辐集续编十二卷	项淳	嘉庆丁卯刊本

（续表）

序号	书名	著者	版本
0989	菣厓考古录四卷	钟褎	嘉庆十三年刊本
0990	诸经绪说八卷	李元春	刊本无年月
0991	经传摭余五卷	李元春	《青照堂丛书》本
0992	经义文要十卷	李元春	刊本无年月
0993	汉学商兑刊三卷	方东树	道光辛卯刊本
0994	汉学商兑误补义一卷	方东树	道光戊戌刊本
0995	读经析疑二卷	聂敏镐	嘉庆庚辰刊本
0996	经治堂解义二卷	郭坛	嘉庆癸酉刊本
0997	何氏学二卷	何治运	嘉庆刊本
0998	经义说略一卷	刘宝树	道光刊《娱景堂集》本
0999	五经通义一卷	宋翔凤	浮溪精舍刊本
1000	读经求义不分卷	张维屏	嘉庆二十一年刊本
1001	经义录六卷	张维屏	道光庚子刊本
1002	经图汇考三卷	毛应观	道光刊本
1003	然后知斋答问二十卷	梅冲	嘉庆丙子刊本
1004	娱亲雅言六卷	严元照	嘉庆刊本
1005	惕斋经说四卷	孙经世	道光癸卯刊本
1006	读经校语二卷	孙经世	道光癸卯刊本
1007	读经如面一卷	沈豫	道光刊《蛾术堂集》本
1008	袁浦札记一卷	沈豫	道光刊《蛾术堂集》本
1009	五经博士考三卷	张金吾	道光乙未刊本
1010	爱日精庐遗稿一卷	张金吾	传抄本
1011	经史答问四卷	朱骏声	光绪甲午刊本
1012	稽古轩经解存稿八卷	赵逵仪	道光十九年刊本
1013	困学蒙证六卷		道光庚寅刊本

（续表）

序号	书名	著者	版本
1014	经传小记续一卷	刘宝楠	传抄本
1015	读经劄记二卷	单为鏓	同治丁卯刊本
1016	五经赞一卷	陆荣秬　徐堂	半亩园刊本
1017	经说拾余一卷	胡泉	咸丰八年刊本
1018	经学弟子记四卷	胡泉	咸丰八年刊本
1019	鄂拊堂经解十二卷	吕伟山　吕伟崤	道光十九年刊本
1020	广英堂遗稿一卷	包慎言	道光刊本
1021	陈东之经说一卷	陈潮	《国粹学报》印本
1022	絜苦斋杂考一卷	戴熙	活字印本
1023	愚一录十二卷	郑献甫	光绪四年啸园刊袖珍本
1024	九峰精舍辛卯集五卷	王棻	光绪丁酉刊本
1025	九峰精舍壬辰集一卷	王棻	光绪刊本
1026	九峰精舍自课文一卷	王棻	光绪刊本
1027	经书卮言一卷	范泰恒	《昭代丛书》本
1028	駉思室答问一卷	成蓉镜（成孺）	南普书院刊本
1029	逸经一卷	吕调阳	观象庐刊本
1030	群经理话二卷	张楚钟	光绪刊本
1031	勿自弃斋遗稿一卷	华嵘	《云南丛书》本
1032	临川答问一卷	李联琇　刘寿曾	光绪刊本
1033	经义塾钞一卷	俞樾	光绪刊本
1034	读书杂释十四卷	徐鼒	咸丰十一年刊本
1035	经学博采录十二卷	桂文灿	原稿本
1036	群经补证十八卷	桂文灿	抄本
1037	求益斋读书记六卷	强汝询	光绪戊戌刊本
1038	经说丛抄四卷	谢庭兰	光绪癸未刊本

（续表）

序号	书名	著者	版本
1039	读俞氏经说随笔十卷	谢庭兰	光绪刊本
1040	汉学商兑平四卷	豫师	光绪戊子刊本
1041	会辅堂问答记略二卷	亦畸　豫师	光绪庚子刊本
1042	甕天经义录一卷	赵树吉	汗筠簃抄本
1043	偲学读经记略一卷	杨澄鉴	光绪刊本
1044	学荫轩经说三卷	王国瑞	民国丁巳活字印本
1045	浙士解经录一卷	潘衍桐	光绪辛卯写印本
1046	山公说经辨疑七卷	曹林	民国庚申活字印本
1047	经心书院经解二卷	左绍佐	光绪己丑刊本
1048	研经书院课集一卷	胡元玉	光绪乙未刊本
1049	璧沼集四卷	胡元玉	光绪己丑刊本
1050	授经簃课集一卷	胡元玉	光绪辛卯刊本
1051	东山书院课集一卷	胡元玉	光绪壬辰刊本
1052	经解筹世九卷	李扬华	同治瀞红山馆刊本
1053	十六观斋经说一卷	何维栋　何积祜	传抄本
1054	经说二卷	丁午	光绪辛巳刊本
1055	陈惕庵经说一卷	陈玉树	原稿本
1056	群经地释十六卷	周翼高	光绪癸巳刊本
1057	经义正衡叙录二卷	雷廷珍	活字印本
1058	经义骈枝二卷	喻长霖	惺諟斋排印本
1059	经义积微记四卷	姚晋圻	沔阳卢氏影印本
1060	宗孔编二卷	江瀚	宣统元年刊本
1061	经学质疑四十卷	狄子奇	
1062	读经指迷二卷	胡嗣运	光绪戊戌刊本
1063	才兹经说一卷	王兆芳	光绪戊戌刊本

（续表）

序号	书名	著者	版本
1064	经学讲义一卷	王舟瑶	光绪刻本
1065	经术公理学四卷	宋育仁	光绪甲辰活字印本
1066	质盦经说一卷	白作霖	光绪戊戌活字印本
1067	经谊杂识一卷	许克勤	光绪刊本
1068	蜕私轩读经记三卷	姚永朴	宣统己亥活字印本
1069	群经考略六卷	姚永朴	排印本
1070	经学举要一卷	姚永朴	民国壬子活字印本
1071	经窥续八卷	蔡启盛	光绪癸卯刊本
1072	勉勉锄室经说三卷	祁永膺	光绪乙巳刊本
1073	嗳经日记一卷	刘尔炘	光绪刊本
1074	读经救国论六卷	孙雄	民国丁卯活字印本
1075	养气斋稽经文一卷	陈文新	光绪丁未活字印本
1076	读经志疑一卷	韩晋昌	宣统元年刊本
1077	经义亭疑三卷	蒋楷	宣统三年刊本
1078	五砚斋困知经说一卷	梁恩霖	刊本无年月
1079	群经大义述一卷	王舟瑶	活字印本
1080	用我法斋经说一卷	江慎中	《国粹学报》印本
1081	温故录一卷	长庚	刊本无年月
1082	倦游楼经解一卷	谌百瑞	活字印本
1083	朋寿堂经说一卷	邹寿祺	刊本无年月
1084	读经笔记三十六卷续笔记二十卷	管凤苞	传抄本
1085	朋寿堂经说六卷	邹寿祺	光绪辛丑刊本
1086	辟毛先声四卷附录一卷	蒋元	传抄本
1087	抗心斋经解一卷	艾作模	活字印本

（续表）

序号	书名	著者	版本
1088	群经释疑六卷	黄维清	原稿本
1089	卧雪堂经说一卷	袁嘉谷	石印本
1090	忠恕堂读经记二卷	赵赞元	活字印本
1091	经解提纲残本四卷		原辑本
1092	祚翰吟庵经学谭一卷	常赞春	活字印本
1093	阙里讲经编一卷	徐天璋	云麓山馆刊本
1094	苏斋述学一卷	钱文霈	民国甲子刊本
1095	经序录一卷	吴承渐	旧刊本无年月
1096	皇清经解续编目录十七卷		光绪丁酉蜚英馆石印本
1097	学海堂经解检目八卷	蔡启盛	光绪丙戌刊本
1098	学海堂经解缩本编目十六卷	凌忠照　张绍铭	光绪壬辰石印本
1099	式古堂目录十七卷	尤莹	光绪壬辰石印本
1100	陆氏经典异文辑六卷经典异文补六卷	沈淑	雍正乙巳刊《经玩》本
1101	经典释文附录三卷	陈昌齐	嘉庆二十四年刊本
1102	卢本经典释文校记一卷	钱馥	
1103	经典释文考证札记一卷	钱馥	《小学庵遗书》刊本
1104	经典释文校勘记二十七卷	阮元	嘉庆刊本
1105	经典释文补续略例一卷	汪远孙	宣统刊《振绮堂丛书》本
1106	九经通假字考七卷	钱坫	旧抄本
1107	十三经字辨八卷	陈鹤龄	道光庚寅刊本
1108	五经不二字音韵释文五卷	庄缤澍	道光庚戌刊本
1109	十一经音训二十六卷	杨国桢	道光辛卯刊本
1110	十三经音义故例一卷	孙葆璜	己学斋刊本

（续表）

序号	书名	著者	版本
1111	诸经纬遗一卷	刘学龙	《青照堂丛书》本
1112	经字异同四十八卷	张维屏	光绪五年刊本
1113	经字正蒙八卷	吴文沂	光绪乙酉刊本
1114	经字正蒙八卷	吴文沂	光绪乙酉刊本
1115	经字辨体八卷	邱家炜	道光癸卯刊本
1116	［易书诗礼］四经正字考四卷	钟麐	嘉业堂刊本
1117	毛诗古韵五卷	牟应震	嘉庆辛未刊本
1118	毛诗古韵杂论一卷	牟应震	嘉庆辛未刊本
1119	毛诗古音谐读五卷	杨恭桓	民国五年活字印本
1120	释文问答一卷	辛绍业	嘉庆辛未刊本
1121	经传释词续编二卷	孙经世	道光癸卯刊本
1122	郑许字义异同评二卷	胡元玉	光绪丁亥刊本
1123	经典通用考十四卷	严章福	嘉业堂刊本
1124	经句说四卷	吴英	嘉庆庚午刊本
1125	经句说二十二卷	吴英	嘉庆刊本
1126	字典校录一卷	英浩	光绪癸巳刊本
1127	字典校录外编四卷	英浩	抄本
1128	南宋六陵遗事一卷	万斯同	《昭代丛书》本
1129	新安全城定寇记一卷	张鼎延	旧抄本
1130	从亡随笔一卷	程济	顺治元年钱士升刊本
1131	忠统日录三卷		崇祯刊本
1132	三案始末一卷	包世臣	《小方壶斋丛书》本
1133	燕京岁时记	敦崇	文德斋刊本
1134	春秋疑年录一卷	钱保塘	光绪乙未刊本

（续表）

序号	书名	著者	版本
1135	四史疑年录六卷	刘文如	嘉庆二十三年刊本
1136	疑年赓录一卷	张鸣珂	光绪戊戌刊本
1137	四续疑年录一卷	朱燕昌	原稿本
1138	年华录四卷	全祖望	乾隆刊本
1139	圣门十六子书百零一卷	冯云鹓	道光甲午刊本
1140	圣门诸贤辑传一卷	查光泰	光绪十三年刊本
1141	孔子门人考一卷	费崇朱	光绪丙申刊本
1142	孔子弟子考一卷孔子门人考一卷	朱彝尊	康熙间刊《曝书亭全集》本
1143	孔子弟子姓名表一卷	全祖望	传抄本
1144	孔门弟子列传补编一卷	张承燮	光绪十七年刊《孔孟志略》本
1145	孟子弟子考补正一卷	陈矩	光绪二十四年刊本
1146	周列士传一卷	顾寿桢	同治丙寅刊本
1147	安鼎名臣录不分卷	王都	崇祯刊本
1148	国朝臣工言行记二十六卷	梁章钜	原稿本
1149	明良志略一卷	刘沅	道光己酉刊本
1150	良吏述补一卷	钱仪吉	道光己酉刊本
1151	虞槩佐高士传一卷	周世敬	传抄本
1152	明高士传二卷	侯登岸	传抄本
1153	学案备忘录一卷	成蓉镜（成孺）	传抄本
1154	历代儒学存真录十卷	田倣	咸丰丁巳刊本
1155	儒林录约刻四卷	张恒　黄培芳	嘉庆庚午刊本
1156	蕺山弟子籍一卷		道光甲申刊本
1157	濂洛关闽六先生传	罗惇衍	道光二十七年刊本

（续表）

序号	书名	著者	版本
1158	王学渊源录二卷	邵启贤	活字印本
1159	皇明理学名臣言行录二卷续一卷	崔铣	明刊本
1160	国史儒林传二卷文苑传二卷		坊刊本无年月
1161	师友渊源录一卷	陈奂	光绪十二年刊本
1162	宋诗纪事小传补正四卷	陆心源	十万卷楼刊本
1163	国朝诗人征略六十卷	张维屏	道光十年刊本
1164	国朝诗人征略二编六十四卷	张维屏	道光二十二年刊本
1165	东轩吟社画像附传一卷	费丹旭　诸可宝	光绪丙子振绮堂刊本
1166	艺林汇谱一卷续一卷	翁方纲	传抄本
1167	阐义二十二卷	吴肃公	康熙丁亥刊本
1168	宋季忠义录十六卷附录一卷补录一卷	万斯同	四明张氏刊本
1169	忠孝节义录不分卷	陶登　陶重茂	万历刊本
1170	本朝忠义录十六卷	徐与参	崇祯己巳刊本
1171	二续表忠记八卷	赵吉士　卢宜	康熙戊寅刊本
1172	梓里表忠录五卷	玛佳恒龄	同治己巳刊本
1173	三忠传一卷	荣禄	光绪刊本
1174	垩室录感一卷	李颙	
1175	尚友记残本一卷	汪喜孙	蘧雅斋影印本
1176	先友记一卷	张星鉴	光绪仰萧堂刊本
1177	寿者传三卷	陈懋仁	乾隆乙巳刊本
1178	庆诞记二卷	张邦伸　张怀洵	道光戊申刊本

（续表）

序号	书名	著者	版本
1179	历代寿考名臣录不分卷	洪梧	文学山房活字印本
1180	新编古列女传八卷考证一卷	刘向　顾之逵　顾广圻	嘉庆丙辰刊本
1181	列女传校注八卷	刘向　梁端	道光振绮堂刊本
1182	广列女传二十卷附录一卷	刘开	同治己巳重刊本
1183	中兴将帅别传三十卷	朱孔彰	光绪丁酉刊本
1184	逊国神会录二卷	黄士良	康熙乙卯刊本
1185	懿畜前编不分卷懿畜后编不分卷	黄道周	旧抄本
1186	瘿史一卷	梁清远	咸丰六年印本
1187	昭代名人尺牍小传二十四卷	吴修	道光丙戌刊本
1188	芦浦笔记一卷	杨象济	刊本无年月
1189	竹窗笔记一卷	奕譞	光绪刊本
1190	船山师友记十八卷	罗正钧	光绪丁未刊本
1191	鸳湖求旧录四卷	朱福清	民国己未刊本
1192	克复金陵勋德记一卷	刘毓崧	曼陀罗阁刊本
1193	福珠洪阿兄弟殉难事实一卷		宣统元年石印本
1194	二林居集二卷	彭绍升	正觉楼刻本
1195	仙儒外纪削繁不分卷	刘霦　王晋荣	光绪丁未刊本
1196	增删孔子世家一卷	龚元玠	道光刊本
1197	孔子世家后编一卷	张承燮　王沄	光绪二十六年刊本
1198	孔志四卷	龚景瀚	咸丰刊本

（续表）

序号	书名	著者	版本
1199	孔志补笺四卷	林昌彝	光绪辛丑刊本
1200	孔子世家补订一卷	林春溥	道光十四年刊本
1201	孟子列传纂一卷	林春溥	道光六年刊本
1202	孟子列传补编一卷	张承燮	光绪十七年刊《孔孟志略》本
1203	宗圣志二十卷	曾国荃　王定安	光绪十六年刊本
1204	至德志十卷附录一卷	吴鼎科	乾隆三十一年刊本
1205	北海三考六卷	胡元仪	《湖南丛书》本
1206	桓阶别传一卷	陈运溶	光绪庚子刊本
1207	郑玄别传一卷	洪颐煊	《问经堂丛书》本
1208	诸葛忠武侯故事五卷	张澍	道光刊本
1209	关圣帝君全书六卷	彭绍升	乾隆三十七年刊本
1210	关帝事迹征信编三十卷补遗一卷	周广业　崔应榴	乾隆癸巳刊本
1211	汉汉寿亭侯世家一卷	郑环	嘉庆癸丑刊本
1212	文昌通纪八卷	周广业	乾隆戊戌刊本
1213	陶诗附考一卷	方东树	道光刊本
1214	罗含别传一卷	陈运溶	光绪庚子刊本
1215	魏郑公谏录校注五卷续谏录校注二卷	王方庆　翟思忠　王先恭	光绪癸未刊本
1216	魏文贞公故事拾遗三卷	王先恭	光绪癸未刊本
1217	唐书魏郑公传注一卷	王先谦	光绪癸未刊本
1218	郭令公遗事一卷	朱棐　朱文豸	崇祯八年刊本
1219	张中丞事实集录四卷	王德茂	道光庚子刊本
1220	范文正公言行录四卷	崔廷璋	光绪丁亥刊本

（续表）

序号	书名	著者	版本
1221	韩魏公言行录一卷	崔廷璋	光绪丁亥刊本
1222	蔡福州外纪十卷附录一卷	徐𤊹	同治癸亥刊本
1223	濂溪志七卷附遗芳集一卷	周浩	道光刊本
1224	岳鄂王行实编年二卷	岳珂	旧抄本
1225	宋广东制置使凌公死事本末一卷	凌鹤书	民国甲寅刊本
1226	清贤纪六卷	尤长镗	《适园丛刊》本
1227	显忠录二卷续显忠录一卷	程枢 程应阶 程邦瑞	嘉庆十一年刊本
1228	流芳录不分卷	闵珪	刊本无年月
1229	建文帝后纪一卷	邵远平	《昭代丛书》本
1230	姚江传二卷	施邦曜	传抄本
1231	金氏世德记二卷	金应麟	丁氏嘉惠堂刊本
1232	少司徒王公传一卷	郭正域	明刊本
1233	李见罗行略一卷	李颎	民国壬戌刊本
1234	赵毅忠公行述一卷	赵清衡	道光庚子刊本
1235	高忠宪公事实不分卷	高世儒 高世学 高世宁	崇祯刊本
1236	袁石公遗事录七卷	袁照	同治八年刊本
1237	褒忠录七卷	郝明龙 姜朗一	道光刊本
1238	金息斋事实一卷	金世濂 金世渼	康熙刻本
1239	渔樵话一卷	张夏秋绍	传抄本
1240	郑荃阳辨诬录六卷	王仁俊	原稿本
1241	卢公遗事一卷	许德士	旧抄本
1242	戎车日记一卷	许德士	旧抄本

（续表）

序号	书名	著者	版本
1243	忠节全编不分卷	卢豪然	乾隆己未刊本
1244	东山外纪二卷	周骧　刘振麟	嘉业堂刊本
1245	萧氏旌孝录一卷	刘文淇	道光刊本
1246	尺五堂述祖汇略一卷	严题　张溥　黄道周　夏允彝　杨维岳　钱邦芑	康熙丙子刊本
1247	归安姚布政传略一卷	姚文田	道光刊本
1248	毋欺录三卷	朱用纯　金吴澜	光绪六年刊本
1249	潜确录一卷	李慎言	康熙刊本
1250	陆清献莅嘉遗迹三卷	黄维玉	嘉庆戊午刊本
1251	王阮亭行述一卷	王启涑　王启汸　王启汧	康熙刊本
1252	吴文端崇祀录一卷		康熙刊本
1253	明苏爵辅事略一卷附录一卷	苏泽东	民国己未刊本
1254	忠节编四卷	何琮　胡长新	同治壬戌刊本
1255	明湖广巡按李公表忠录一卷	陈明盛	活字印本
1256	胡煦祀乡贤录一卷	王乘六	乾隆刊本
1257	求可堂自记一卷	廖冀亨	咸丰壬子刊本
1258	朱文端公行述一卷	朱必堦	道光刊本
1259	王白田行状一卷	王箴传	乾隆刊本
1260	张濬川行述	张彦烈	乾隆刊本
1261	杭大宗轶事一卷	汪唯曾	光绪十四年刊本
1262	永宇溪庄识略六卷	曹庭栋	乾隆刊本

（续表）

序号	书名	著者	版本
1263	宋仁圃行述一卷	宋鉴　宋铨	道光刊本
1264	清芬录一卷	陈文騄	光绪刊本
1265	相国三文敬公传一卷		道光刊本
1266	王在川行状一卷	王直	乾隆刊本
1267	朱止泉行状一卷	王箴传	乾隆刊本
1268	万里寻亲录一卷	刘瓒　刘资深	乾隆刊本
1269	刘氏蓍行术述一卷	刘台拱	嘉庆刊本
1270	康茂园行述一卷	康亮钧	嘉庆刊本
1271	南涧先生易箦记一卷	李文藻	瑞安陈氏排印本
1272	张泗州事辑一卷	张穆	道光二十八年刊本
1273	重定张泗州事辑一卷	张穆	稿本
1274	甕芳录一卷	高德泰	同治十三年刊本
1275	德行圃行述一卷	英贵	嘉庆刊本
1276	魏秋浦行述一卷	魏成宪	嘉庆刊本
1277	王文僖公行述一卷	王宗诚	嘉庆刊本
1278	崔东壁行略一卷	陈履和	嘉庆刊本
1279	纪慎斋行述	纪运畳	嘉庆刊本
1280	杨宫保中外勤劳录一卷	杨芳	嘉庆刊本
1281	刘青天传		同治癸酉刊本
1282	刘端临行状一卷	朱彬	道光刊本
1283	曹俪笙行述一卷	曹恩濙	道光刊本
1284	鸿爪录一卷	赵敬襄	道光刊本
1285	史尚书行述一卷附一卷	史丙荣	光绪刊本
1286	毕太夫人行述一卷	孔繁灏	道光刊本
1287	重订会稽莫公事略一卷	张穆	稿本

（续表）

序号	书名	著者	版本
1288	会稽莫公事略一卷	张穆	道光刊本
1289	焦里堂事略一卷	焦廷琥	
1290	周文忠公传一卷		同治刊本
1291	唐仲友补传补一卷	张作楠	光绪金华倪氏刊本
1292	孝节录六卷	臧庸	嘉庆乙丑刊本
1293	刘簾舫传辑	刘庆	同治刊本
1294	林文忠公传一卷		同治刊本
1295	张朗甫行述一卷	张方泳	刊本无年月
1296	陈布政行略一卷	陈子辂	咸丰刊本
1297	许珊林事实一卷		光绪刊本
1298	黄明经言行略一卷	黄以周	光绪刊本
1299	徐辛庵行述一卷	徐元锡	道光刊本
1300	翁文端公行述一卷	翁同书	同治刊本
1301	骆文忠公事实一卷	李光廷　苏廷魁	同治刊本
1302	启秀事略一卷	颜札氏	光绪刊本
1303	魏默深事略一卷	魏耆	咸丰刊本
1304	徐青霞行述一卷	徐根	道光刊本
1305	李文恭公行述一卷	李概	咸丰元年刊本
1306	赐恤纶言一卷		咸丰刊本
1307	莲花山纪略一卷	陈文政	咸丰甲寅刊本
1308	褒忠录一卷		同治癸酉刊本
1309	陈问山行述一卷	陈玉章	
1310	喻星槎行述一卷	喻怀信	
1311	邓忠武公荣哀录一卷		光绪刊本
1312	汪悔翁行状一卷	甘元焕	光绪刊本

（续表）

序号	书名	著者	版本
1313	表忠录一卷	陈文政	同治壬戌刊本
1314	郑征君行述一卷	郑知同	宣统元年刊本
1315	潘星斋侍郎行述	潘福同	光绪刊本
1316	吴氏家乘一卷		同治刊本
1317	蒋布政行状一卷	蒋泽沄　蒋泽澍	光绪刊本
1318	戴友梅事实一卷附一卷	戴燮元	光绪刊本
1319	曾文正公事略四卷附一卷	王定安	光绪元年刊本
1320	江忠烈公行状一卷	左宗棠　郭嵩焘	咸丰刊本
1321	胡文忠公传一卷		同治刊本
1322	孤忠录二卷	袁祖志	光绪五年活字印本
1323	庸闲老人自叙一卷	陈其元	光绪刊本
1324	六安涂大司马行述一卷	涂习恪	民国庚申活字印本
1325	文庄公行述一卷	怀塔布	同治刊本
1326	精忠录二卷	吴熙　胡丹凤　徐有珂　张士宽　俞承宗　张建基　俞凤翰	光绪二年刊本
1327	彭刚直公行状一卷	王闿运	光绪刊本
1328	文文忠公事略四卷		光绪刊本
1329	童宗伯行述一卷	童德厚　童秉厚	光绪刊本
1330	玉池老人自叙一卷	郭嵩焘	光绪癸巳刊本
1331	沈文节公事实一卷	沈守廉	光绪壬午刊本
1332	归安赵忠节公事实一卷		光绪八年刊本
1333	罗提督事实一卷		光绪刊本
1334	丁中丞行略一卷	丁惠衡	稿本
1335	李文忠公事略一卷	吴汝纶	光绪壬寅日本印本

（续表）

序号	书名	著者	版本
1336	孝行录一卷		光绪刊本
1337	张勇烈公行状一卷	钱鼎铭	同治刊本
1338	易笏山行状一卷	易顺鼎　易顺豫	光绪丙午刊本
1339	国史金学士传一卷	金兆蕃	思贻堂刊本
1340	温壮勇公六合殉难事略一卷		光绪活字印本
1341	陈将军事实一卷		光绪己丑刊本
1342	病榻述旧录一卷	陈湜	光绪刊本
1343	陶方之行述一卷	陶葆廉	光绪刊本
1344	吴挚甫传状一卷		光绪刊本
1345	郭庆藩行述一卷	郭振镛	光绪刊本
1346	朱鼎甫行述一卷	朱萃祥	光绪刊本
1347	黄公度事略	黄遵楷	光绪活字印本
1348	杨穌甫家传一卷	李岳瑞	写印本
1349	田寿荪行述一卷	田兆林	光绪刊本
1350	郭中丞行述一卷	郭襄之	
1351	张养亭行述一卷	张琴	
1352	济刚节公表忠录一卷		光绪刊本
1353	李古余事略一卷	李遂贤　李齐贤	民国元年排印本
1354	绵竹杨先生事略一卷	黄尚毅	民国二年写印本
1355	愧室事略一卷	高而谦　高凤谦	宣统写印本
1356	秦宥横事略一卷		排印本
1357	福慧双修庵小记一卷	丁传靖	活字印本
1358	孔子纪年备要二卷	周鸣翥	乾隆四十二年刊本
1359	孟子年谱二卷	曹之升	嘉庆十年刊本

（续表）

序号	书名	著者	版本
1360	亚圣年谱一卷	式楹日	嘉庆刊本
1361	孟子年谱一卷	管同	嘉庆二十一年刊本
1362	孟子年谱	黄玉蟾	《赐砚堂丛书》本
1363	孟子年表一卷	孟经国	道光十一年刊《闲道集》本
1364	孟子编年考一卷	何秋涛	光绪刊一镫精舍稿本
1365	孟子年略一卷	易顺豫	民国十四年印本
1366	卜子年谱一卷	陈玉树	活字印本
1367	贾景伯年谱一卷	陈邦福	《国粹学报》本
1368	马季长年谱一卷	陈邦福	《国粹学报》本
1369	徐征君年谱一卷	杨希闵	光绪戊寅刊本
1370	郑康成年谱一卷	沈可培	《昭代丛书》本
1371	郑君纪年一卷	陈鳣	袁钧《郑氏佚书》本
1372	郑司农年谱一卷	孙星衍	嘉庆十四年刊本
1373	郑君年谱一卷	丁晏	颐志斋刊本
1374	郑大司农蔡中郎年谱合表一卷	林春溥	冠悔堂小字本
1375	诸葛武侯年谱一卷	朱璘	康熙戊寅刊本
1376	诸葛忠武侯年谱一卷	张澍	道光刊本
1377	诸葛忠武侯年谱一卷	杨希闵	光绪戊寅刊本
1378	右军年谱一卷	鲁一同	咸丰丙辰刊本
1379	陶靖节年谱一卷	吴仁杰	陈氏灵峰草堂刊本
1380	陶靖节年谱一卷	丁晏	道光癸卯刊本
1381	靖节先生年谱考异二卷	陶澍	道光刊本
1382	陶元亮年谱一卷	王质	陈氏灵峰草堂刊本
1383	晋陶征士年谱一卷	杨希闵	光绪戊寅刊本

（续表）

序号	书名	著者	版本
1384	陶靖节年谱一卷	杨希闵	宣统二年刊本
1385	陶渊明年谱一卷	梁启超	排印本
1386	魏文贞公年谱一卷	王先恭	光绪癸未刊本
1387	陆宣公年谱辑略一卷	江榕	乾隆丙寅奏议附刊本
1388	陆宣公年谱一卷	丁晏	道光癸卯颐志斋刊本
1389	陆宣公年谱一卷	杨希闵	光绪四年刊本
1390	韩翰林诗谱一卷	缪荃孙	江阴缪氏刊本
1391	韩承旨年谱一卷	震钧	宣统辛亥刊本
1392	欧阳文忠公年谱一卷	杨希闵	光绪戊寅刊本
1393	韩忠献公年谱一卷	杨希闵	光绪四年刊本
1394	曾文定公年谱一卷	杨希闵	光绪戊寅刊本
1395	司马温公年谱五卷附录一卷	马峦	明万历刊本
1396	司马文正公年谱一卷	陈宏谋	乾隆《传家集》附刊本
1397	司马温公年谱八卷卷后一卷遗事一卷	顾栋高	求恕斋刊本
1398	王荆公年谱考略二十八卷	蔡上翔	嘉庆甲子刊本
1399	王文公年谱节抄四卷附存二卷	杨希闵	光绪戊寅刊本
1400	宋孙莘老年谱一卷	茅泮林	道光乙巳刊本
1401	考定苏文忠公年谱一卷	郑鄤	康熙刊文集本
1402	山谷年谱三十卷	黄䓪	嘉靖刊本
1403	黄文节公年谱一卷附诗派图一卷	杨希闵	光绪四年刊本

（续表）

序号	书名	著者	版本
1404	增订秦淮海年谱一卷	秦镛　秦瀛　秦清锡	同治刊《淮海集》本
1405	米海岳年谱一卷	翁方纲	嘉庆戊寅刊本
1406	杨龟山年谱一卷	毛念恃	康熙癸卯刊本
1407	邹道乡年谱一卷	李兆洛	文集附录本
1408	罗豫章年谱一卷	毛念恃	康熙丙午刊本
1409	李忠定公年谱一卷	杨希闵	同治丙寅刊本
1410	宋胡少师年谱二卷	胡培翚　胡培系	光绪壬午刊本
1411	洪忠宣公年谱一卷	洪汝奎	宣统刊本
1412	李延平年谱一卷	毛念恃	康熙丙午刊本
1413	岳王年谱一卷岳王遗事一卷	黄邦宁	道光刊《逊敏斋丛书》本
1414	洪文安公年谱一卷	洪汝奎	宣统刊本
1415	洪文惠公年谱一卷	洪汝奎	宣统刊本
1416	洪文敏公年谱一卷	洪汝奎	宣统刊本
1417	陆放翁年谱一卷	赵翼	《瓯北诗话》本
1418	陆放翁先生年谱一卷	钱大昕	嘉庆八年刊本
1419	重镌朱子年谱三卷	何可化　蓝润　王同春　蔺一元　林云铭　李脱凡	康熙癸卯刊本
1420	朱紫阳先生年谱	毛念恃	康熙丙午刊本
1421	朱子年谱不分卷	黄中	康熙庚子刊本
1422	朱子年谱一卷	王意存	乾隆五年刊本
1423	朱子年谱纲目十四卷	李元禄	嘉庆七年刊本
1424	朱子年谱一卷	郑士范	光绪六年刊本
1425	陆文安公年谱二卷	杨希闵	光绪四年刊本

（续表）

序号	书名	著者	版本
1426	魏文靖公年谱一卷	缪荃孙	江阴缪氏刊本
1427	湛然居士年谱一卷	张相文	活字印本
1428	元遗山年谱一卷附录一卷	翁方纲	嘉庆五年刊本
1429	元遗山年谱二卷	凌廷堪	嘉庆刊本
1430	元遗山年谱一卷	施国祁	道光壬午刊本
1431	广元遗山年谱二卷	李光廷	同治丙寅刊本
1432	许鲁斋年谱一卷	郑士范	光绪庚辰刊本
1433	王深宁年谱一卷	钱大昕	嘉庆八年嘉兴郡斋刊本
1434	王深宁年谱一卷	陈仅	道光八年刊本
1435	深宁年谱一卷	张大昌	浙江书局《玉海》附刊本
1436	周草窗年谱一卷	顾文彬	光绪二年刊本
1437	谢皋羽年谱一卷	徐沁	《昭代丛书》本
1438	倪高士年谱一卷	沈世良	宣统元年刊本
1439	宋文宪公年谱二卷附录二卷	朱兴悌　戴殿江　孙锵	民国丙辰刊本
1440	陶主敬年谱一卷	夏忻	《景紫堂丛刊》本
1441	曹月川年谱一卷	张信民	咸丰刊本
1442	建文年谱二卷	赵士喆	道光二十九年刊本
1443	龚安节年谱一卷	龚绂	又满楼刊本
1444	杜东原年谱一卷	沈周	光绪二年刊本
1445	段容思年谱纪略一卷	彭泽	道光三年刊本
1446	邱文庄公年谱一卷	王国栋	光绪戊戌刊本
1447	胡文敏公年谱一卷	杨希闵	光绪戊寅刊本
1448	李文正公年谱五卷	法式善　唐仲冕　王芑孙	嘉庆八年刊本

（续表）

序号	书名	著者	版本
1449	李文正公年谱七卷	法式善	嘉庆甲子重定本
1450	明文正谢公年谱一卷	倪宗正　倪钟和	明刊本
1451	阳明先生年谱二卷	李贽	明刊本
1452	阳明先生年谱二卷	钱德洪	明刊本
1453	王文成公年谱二卷	杨希闵	光绪戊寅刊本
1454	吴聘君年谱一卷	杨希闵	光绪戊寅刊本
1455	张端岩年谱一卷	张文麟	借月山房刊本
1456	王心斋年谱一卷谱余一卷续谱余一卷	董燧　聂静	隆庆刊本
1457	何大复年谱一卷附录一卷	刘海涵	
1458	唐一庵年谱一卷	李乐　王表正　许正绶	咸丰甲寅刊本
1459	王一斋年谱一卷		明刊本
1460	归震川年谱一卷	孙岱	乾隆戊申刊本
1461	太常公年谱一卷	钱泰吉　钱志澄	光绪甲辰刊本
1462	海忠介年谱一卷	王国宪	稿本
1463	王文肃公年谱一卷	王衡　王时敏	乾隆癸巳刊本
1464	高子年谱一卷	华允诚	
1465	高忠宪公年谱二卷	高世宁	康熙刊本
1466	理学张抱初年谱一卷	冯奋庸	乾隆四年刊本
1467	周忠惠公年谱一卷	周起元　王焕如	同治壬申刊本
1468	魏廓园自订年谱一卷	魏大中	传抄本
1469	鹿忠节公年谱二卷	陈鋐	
1470	刘忠介公年谱二卷	刘汋	乾隆丁酉刊本
1471	刘子年谱二卷	刘汋	道光甲申刊本

（续表）

序号	书名	著者	版本
1472	刘子年谱录遗一卷	刘汋	道光甲申刊本
1473	牧翁年谱一卷	葛万里	传抄本
1474	钱牧斋年谱一卷	彭城退士	活字印本
1475	黄忠端公年谱一卷	庄起俦	道光九年刊本
1476	黄子年谱一卷	洪思	道光甲辰刊本
1477	漳浦黄先生年谱二卷	陈寿祺	道光《黄忠瑞全集》本
1478	黄漳浦年谱一卷	郑亦邹	传抄本
1479	方孩未年谱一卷报恩录一卷祸由录一卷	方震孺	嘉庆丁丑刊本
1480	明德先生年谱四卷	施化远	康熙刊本
1481	王弇州年谱一卷	钱大昕	嘉庆丁卯刊本
1482	华凤超年谱二卷附一卷	华良黄	康熙刊本
1483	补辑李忠毅公年谱一卷	缪荃孙	江阴缪氏刊本
1484	倪文正公年谱四卷	倪会鼎	旧抄本
1485	王山自叙年谱一卷	郑鄤	传抄本
1486	郑桐庵年谱二卷	徐云祥　卢泾材 郑敷教	《甲戌丛编》本
1487	金正希年谱一卷		光绪丁酉两湖书院活字本
1488	金正希年谱一卷附录一卷	程锡类	民国戊辰思贻堂刊本
1489	卢忠烈公年谱一卷	卢安节	乾隆辛卯刊本
1490	堵文忠年谱一卷	张夏	道光癸卯刊本
1491	查东山年谱一卷	沈起	嘉业堂刊本
1492	王烟客年谱一卷	王宝仁	光绪二年刊本
1493	白奋山人年谱一卷附寅宾录一卷	鲁一同	嘉业堂刊本

（续表）

序号	书名	著者	版本
1494	白奋山人年谱二卷	张相文	《阎古古集》刊本
1495	傅青主年谱一卷	张廷鉴	旧抄本
1496	傅青主年谱一卷	丁宝铨	宣统三年刊本
1497	陈忠裕公年谱三卷	陈子龙 王沄	嘉庆八年刊本
1498	吴梅村年谱四卷	顾思轼	道光刊本
1499	黄梨洲年谱三卷	黄炳垕	同治十二年刊本
1500	陆桴亭年谱一卷	凌锡祺	光绪己亥刊本
1501	张杨园年谱一卷	姚夏	乾隆刊本
1502	张杨园年谱四卷附录一卷	陈梓	道光甲午刊本
1503	张杨园年谱一卷附录一卷	苏惇元	道光癸卯刊本
1504	钱田间年谱一卷	钱扮禄	文集附刊本
1505	归玄恭年谱一卷	赵经达	又满楼刊本
1506	陈安道年谱一卷	陈溥 缪朝荃	光绪壬辰刊本
1507	顾亭林年谱一卷	张穆	道光二十三年刊本
1508	顾亭林年谱一卷	车持谦	道光十七年刊本
1509	顾亭林年谱一卷	吴映奎	光绪四年刊本
1510	顾亭林年谱补正一卷	常庸	香雪崦刊《群书斠识》本
1511	黄山年略一卷	法若真 法辉祖	乾隆辛未刊本
1512	魏果敏公年谱一卷	魏象枢	雍正甲寅刊本
1513	陶庵年谱纪事一卷	李浃	康熙刊本
1514	尤西堂年谱二卷年谱图诗一卷	尤侗	《西堂余集》本
1515	施愚山年谱四卷	施念曾	乾隆丁卯刊本
1516	王船山年谱二卷	刘毓崧	光绪己丑刊本
1517	王船山年谱二卷	王之春	光绪癸巳刊本

（续表）

序号	书名	著者	版本
1518	张尚书年谱一卷	全祖望	传抄本
1519	张忠烈公年谱一卷	赵之谦	
1520	李文襄公年谱一卷	程光祖	康熙刊本
1521	汪尧峰年谱一卷	赵经达	赵氏又满楼刊本
1522	汤文正公年谱一卷	杨椿	乾隆庚申刊本
1523	王文靖公年谱一卷	王熙	康熙刊本
1524	历年纪略一卷	惠霳嗣	康熙刊本
1525	陆稼书年谱一卷	陆宸征　李铉 吴光酉	康熙戊戌刊本
1526	陆稼书年谱定本二卷附录一卷	吴光酉	雍正三年刊本
1527	陆子年谱二卷	张师载	乾隆乙丑刊本
1528	翁铁庵年谱一卷	翁叔元	借月山房刊本
1529	渔洋山人自撰年谱二卷	王士禛　惠栋	乾隆刊本
1530	渔洋山人年谱一卷	金荣	乾隆刊本
1531	漫堂年谱四卷	宋荦	康熙刊《西陂类稿》本
1532	范忠贞公年谱一卷	柯汝霖	咸丰癸丑刊本
1533	颜习斋年谱二卷	李塨　王源	康熙刊本
1534	田蒙斋年谱一卷续一卷补一卷	田雯　田肇丽	康熙刊本
1535	阎潜丘年谱一卷	张穆	道光丁酉刊本
1536	阎潜丘年谱斠识一卷	常庸	《香雪崦丛书》本
1537	熊文端公年谱一卷	孔继涵	《微波榭遗书》本
1538	郑寒村年谱一卷	郑照	嘉庆戊辰刊本
1539	于襄勤公年谱二卷	宋荦　李树德	道光戊戌重刊本

（续表）

序号	书名	著者	版本
1540	郭华野年谱一卷附一卷	郭若彝	康熙刊本
1541	张文贞公年谱	丁传靖	光绪辛丑活字印本
1542	文贞公年谱二卷	李清植	道光乙酉刊本
1543	榕村谱录合考二卷	李清馥	道光丙戌刊本
1544	南畇老人自订年谱一卷	彭定求	光绪七年刊本
1545	张清恪公年谱二卷	张师栻　张师载	乾隆刊本
1546	潜虚先生年谱一卷	戴钧衡	旧抄本
1547	李恕谷年谱五卷	冯辰　刘调赞	雍正刊本
1548	焦南浦年谱一卷	焦以敬　焦以恕	光绪二十三年聚珍印本
1549	博野尹太夫人年谱	尹会一	乾隆十年刊本
1550	顾秀野年谱一卷	顾嗣立	道光刊本
1551	何端简公年谱一卷	俞正燮	
1552	方望溪年谱一卷	苏惇元	咸丰刊附文集本
1553	沈端恪公年谱二卷		浙江书局刊本
1554	澄怀主人自订年谱六卷	张廷玉	光绪庚辰重刊本
1555	黄侍郎年谱三卷	顾镇	乾隆写刊本
1556	沈归愚自订年谱一卷	沈德潜	乾隆甲申刊本
1557	孙征君年谱二卷	汤斌　魏一鳌 赵御众　耿极 方苞	乾隆元年刊本
1558	高南阜研史年谱一卷附一卷	钱侍宸	咸丰二年刊本
1559	钱文端公年谱三卷	钱仪吉　钱志澄	光绪甲午刊本
1560	诸城王侍郎年一卷	王棠	乾隆十六年世德堂家乘刊本
1561	厉樊榭年谱一卷	朱文藻　缪荃孙	嘉业堂刊本

（续表）

序号	书名	著者	版本
1562	汪双池年谱四卷	余龙光	同治刊本
1563	是仲明年谱一卷		光绪十二年刊本
1564	恪靖公年谱一卷	王永祺	乾隆刊本
1565	夏检讨年谱一卷	夏味堂	乾隆甲辰刊本
1566	陈句山年谱一卷	陈玉绳	乾隆刻本
1567	陈可斋年谱一卷	陈辉祖	刊本无年月
1568	全谢山年谱一卷	董秉纯	附《鲒埼亭集》本
1569	时庵自撰年谱一卷	蒋元益	乾隆戊申刊本
1570	随园年谱一卷	方濬师	传抄本
1571	阿文成公年谱三十四卷	那彦成　王昶 卢荫溥	嘉庆癸酉刊本
1572	纪年草一卷	万廷兰	嘉庆刊本
1573	张度西年谱一卷	张家榗	道光己酉刊本
1574	陶园年谱一卷	张家栻	咸丰甲寅刊本
1575	梁文定公年谱一卷	梁国治　梁承云	旧抄本
1576	张北湖年谱一卷	王京颜	乾隆写刊本
1577	戴氏年谱一卷	段玉裁	《戴氏遗书》本
1578	檀墨斋寿谱一卷	檀萃	嘉庆元年刊本
1579	竹汀居士年谱一卷	钱大昕　钱庆曾	道光辛卯刊本
1580	弇山毕年谱一卷	史善长	嘉庆刊本
1581	姜司寇年谱一卷	姜晟	嘉庆刊本
1582	朱石君年谱三卷	朱锡经	嘉庆刊本
1583	翁氏家事略记一卷	翁方纲	道光刊本
1584	谦山行年录一卷	熊枚	咸丰五年刊本
1585	尹楚珍年谱	尹壮图　尹佩珩	道光五年刊本

（续表）

序号	书名	著者	版本
1586	沧来自述年谱一卷	鳌图　定保	嘉庆刊本
1587	翠微山房自订年谱一卷	曹锡龄	原稿本
1588	汪容甫年谱一卷	汪喜孙	嘉庆庚申刊本
1589	汪蓉甫年表一卷	汪喜孙	嘉庆庚辰刊本
1590	洪北江年谱一卷	吕培	光绪丁丑重刊本
1591	吴菘圃年谱一卷	吴璥	道光刊本
1592	王壮节公年谱一卷	王开云	咸丰壬子刊本
1593	青城山人年谱一卷	李钧简　陈希曾 沈学厚　吴廷琛	嘉庆庚辰刊本
1594	黄勤敏公年谱一卷	黄富民	同治刊本
1595	梅庵年谱二卷续编一卷	铁保　铁瑞元 铁恩元	道光刊本
1596	法梧门年谱一卷		嘉庆刊本
1597	孙渊如年谱二卷	张绍南　王德福	光绪戊戌刊本
1598	孙玉庭自记年谱一卷	孙玉庭	道光刊本
1599	杨蓉裳年谱一卷	杨芳灿	光绪己卯刊本
1600	冯潜斋年谱一卷	劳潼　冯应榴	嘉庆刊本
1601	仁庵自订年谱一卷	魏成宪	道光刊本
1602	韩桂舲年谱一卷	韩葑	道光刊本
1603	叶石农自编年谱一卷	叶葆	咸丰五年写刊本
1604	卢霖生自述年谱一卷	卢荫溥	道光刊本
1605	杨忠武公年谱一卷	杨国桢	道光活字印本
1606	一西自记年谱一卷	张师诚	道光刊本
1607	鲍觉生年谱一卷	鲍桂星　鲍珊	道光刊本
1608	罗壮勇公年谱二卷	罗思举	振绮堂刊本

（续表）

序号	书名	著者	版本
1609	别本罗壮勇公年谱二卷	罗珍材	光绪三十三年刊本
1610	杜文端公自证年谱一卷	杜堮	咸丰刊本
1611	绳枻斋年谱二卷	蒋攸铦　蒋霨远	道光十五年刊本
1612	大梦编年一卷	汪荆	道光甲辰刊本
1613	彭甘亭年谱一卷	缪朝荃	光绪己亥刊本
1614	李申耆年谱三卷小德录一卷	蒋彤	道光活字印本
1615	瞿木夫年谱一卷	瞿中溶	嘉业堂刊本
1616	孙平叔年谱一卷	孙慧惇　孙慧翼	道光刊本
1617	鹿樵自叙年谱二卷	张大镛	道光刊本
1618	潘文恭年谱一卷	潘世恩	咸丰刊本
1619	恩福堂年谱一卷	英和	道光刊本
1620	卢厚山年谱一卷	卢端黼	道光刊本
1621	汤文端自订年谱一卷	汤金钊	
1622	吴荷屋年谱一卷	吴荣光	嘉庆刊本
1623	邓尚书年谱一卷补遗一卷	邓邦康	宣统元年刊本
1624	龚文恭公年谱一卷	龚守正　龚自闾　龚自闳	咸丰刊本
1625	徐寿臧年谱	徐士燕	嘉业堂刊本
1626	栗恭勤公年谱二卷	惜余道人	光绪庚寅刊本
1627	沈鼎甫侍郎年谱一卷	沈宗涵　沈宗济	道光刊本
1628	斋威烈公年谱一卷	常恩	咸丰刊本
1629	知非录一卷	孔昭杰　孔宪阶　孔宪彝　孔宪庚	咸丰壬子刊本
1630	云翁自订年谱一卷	王楚堂	道光刊本

（续表）

序号	书名	著者	版本
1631	杨清梁自叙年谱一卷	杨国桢　杨炘	道光刊本
1632	周稚圭年谱一卷	周汝筠　周汝策	同治刊本
1633	冯柳东年谱一卷	史诠	传抄本
1634	校经叟自订年谱一卷	李富孙	道光甲辰刊本
1635	张温和公年谱一卷	张茂辰	咸丰刊本
1636	汪孟慈年谱一卷	汪喜孙	传抄本
1637	言旧录一卷	张金吾	嘉业堂刊本
1638	秋士自述年谱一卷	徐元润　徐春祺	道光刊本
1639	杜文正公年谱一卷	杜翰　杜翻	咸丰刊本
1640	无成录一卷	陆我嵩	道光戊申刊本
1641	葛壮节公年谱一卷	葛以简　葛以敦	道光刊本
1642	鸿雪因缘图记四集一卷	麟庆	稿本
1643	鸿雪因缘图记三卷	麟庆	道光刊本
1644	钱警石年谱一卷	钱应溥	同治甲子刊本
1645	龚定庵年谱一卷	吴昌绶	吴氏家刊本
1646	定庵年谱外纪二卷	张祖廉	镜娟楼活字本
1647	定庵年谱稿本一卷	黄守恒	邃汉斋《定庵全集》本
1648	潘功甫年谱一卷	潘曾沂　潘仪凤	咸丰刊本
1649	吴文节公年谱一卷	吴养原	咸丰刊本
1650	彭文敬公年谱一卷	彭蕴章	同治刊本
1651	骆宫保年谱一卷	骆秉章	同治刊本
1652	重刻骆文忠公年谱二卷	骆秉章	光绪乙未刊本
1653	思补斋自叙年谱一卷	李基溥	同治刊本
1654	斯未信斋年谱一卷	徐宗幹	同治刊本
1655	王兰史年谱一卷	王锡九	咸丰刊本

（续表）

序号	书名	著者	版本
1656	思补斋自订年谱一卷	徐广缙	宣统庚戌鹿邑徐氏排印本
1657	苏河督年谱一卷		稿本
1658	冯桂山年谱一卷	冯德馨　冯斯建	同治刊本
1659	余黼山年谱一卷	余祖香　余家鼎	光绪丙申刊本
1660	殷侍郎自订年谱一卷	殷兆镛	光绪刊本
1661	遂翁自订年谱一卷	赵昀	同治刊本
1662	万晴轩年谱一卷	张鼎元	光绪丙午刊本
1663	陈恪勤公年谱一卷	唐租价	道光己巳刊本
1664	潘绂庭自订年谱一卷	潘曾绶	光绪刊本
1665	曾文正公年谱十二卷	黎庶昌	同治刊本
1666	胡文忠公年谱三卷	梅英杰	梅氏抱冰堂刊本
1667	罗文恪公年谱一卷	罗惇衍　罗桀	同治刊本
1668	仓布政年谱一卷	仓景愉	原稿本
1669	徐相国年谱节略一卷	徐右翌	排印本
1670	马端敏公年谱一卷	马新祐	同治刊本
1671	曾忠襄公年谱四卷	王定安　萧荣爵	光绪刊本
1672	庞文恪公年谱一卷	庞钟璐　庞鸿文 庞鸿书	同治刊本
1673	裴光禄年谱四卷	徐嘉	光绪己亥刊本
1674	王壮武公年谱二卷	罗正钧	光绪刊本
1675	惕盦年谱一卷	崇厚	光绪刊本
1676	鲍公年谱一卷	李叔播	同治刊本
1677	成山老人自撰年谱六卷附录一卷	唐炯	宣统二年活字印本
1678	潘文勤公年谱一卷	潘祖年	光绪刊本

（续表）

序号	书名	著者	版本
1679	苏溪渔隐读书谱四卷	耿文光	光绪十五年刊本
1680	丁松生年谱四卷	丁立中	
1681	王湘绮年谱六卷	王代功	民国十二年刊本
1682	邻苏老人年谱一卷	杨守敬　熊会贞	石印本
1683	王築泉年谱一卷	王孝箴　王孝铭　王孝来	深泽王氏刊本
1684	周渔璜年谱一卷	陈田	陈氏听诗斋刊本
1685	章午峰年谱一卷	章家祚	光绪壬辰刊本
1686	王祭酒自定年谱三卷	王先谦	光绪戊申刊本
1687	韧叟自订年谱一卷	劳乃宣	排印本
1688	艺风老人年谱一卷	缪荃孙　缪禄保　缪僧保	文禄堂刊本
1689	陆文慎公年谱二卷	陆宝忠　陈宗彝	民国癸亥刊本
1690	思恩太守年谱	敦崇	抄本
1691	汪穰卿年谱一卷	汪诒年	排印本
1692	左忠毅公年谱定本二卷	马其昶	民国己丑刊本
1693	畿辅三贤传一卷	范鸣凤	光绪甲申刊本
1694	燕济名宦传二卷	史朴	道光乙巳刊本
1695	敬止述闻一卷	沈兆沄	同治癸亥刊本
1696	盩厔三义传一卷	李颙	道光刊本
1697	感旧集小传一卷	卢见曾	光绪铅印本
1698	彤管阐幽录一卷	许乔林	道光刊本
1699	海宁乡贤录一卷	许淮祥	光绪癸卯刊本
1700	江震人物续志十卷	赵兰佩	道光庚子刊本
1701	嵇康圣贤高士传一卷	严可均	怡兰堂刊本

（续表）

序号	书名	著者	版本
1702	嵇康圣贤高士传三卷	周世敬	传抄本
1703	越中先贤祠目一卷	李慈铭	光绪十一年刊本
1704	越女表微录四卷	汪辉祖	乾隆庚子刊本
1705	琅琊诗人小传二卷		旧抄本
1706	泾川文载小传一卷	郑相如	
1707	武林人物新志六卷	施朝幹	道光乙未刊本
1708	国朝天台耆旧传八卷	金文田	光绪壬寅活字印本
1709	山会先贤录一卷	宗绩辰	道光十年刊本
1710	山阳录一卷	陈贞慧	康熙患立堂刊本
1711	云间孝悌录一卷	胡润	道光癸巳刊本
1712	桐城耆旧传十二卷	马其昶	宣统三年刊本
1713	丹徒节孝列女传略四卷	冯锡宸	乾隆壬子刊本
1714	中州朱玉集二卷	耿兴宗	咸丰壬子刊本
1715	江西忠义录十卷	沈葆桢　刘坤一	同治刊本
1716	晋张方楚国先贤传一卷	张方　陈运溶	光绪庚子刊本
1717	襄阳耆旧记三卷	习凿齿　任兆麟	乾隆五十三年刊本
1718	晋刘彧长沙耆旧传一卷	刘彧　陈运溶	光绪庚子刊本
1719	武陵先贤传一卷	陈运溶	光绪庚子刊本
1720	零陵先贤传一卷	陈运溶	光绪庚子刊本
1721	桂阳先贤传一卷	李运溶	光绪庚子刊本
1722	粤东名儒言行录二十四卷	邹淳	道光辛卯刊本
1723	锦里新编十六卷	张邦伸	嘉庆庚申刊本
1724	鹿氏家传一卷	盖鹿氏后人辑	道光刊本

（续表）

序号	书名	著者	版本
1725	颜氏忠孝家传一卷	魏禧　林璐 王士禛　施闰章 朱彝尊　李克敬	康熙刊本
1726	家乘述闻刊本	龚守正	石印本
1727	续家乘述闻一卷	龚家尚	石印本
1728	宣城施氏家风述略一卷续编一卷	施闰章　施彦恪	康熙刊本
1729	正定王氏家传六卷	王耕心	光绪十九年刊本
1730	高邮王氏家传一卷		咸丰刊本
1731	竹居先德录一卷	张士珩	光绪乙未刊本
1732	游谱一卷谱余录一卷	孙奇逢　孙望雅 马尔楹	康熙刊本
1733	乔氏载记二卷	乔松年	同治壬申刊本
1734	江阴季氏家乘一卷		同治刊本
1735	傅史一卷	傅山	宣统元年刊本
1736	通介堂徐氏传略一卷		同治刊本
1737	桃溪潘氏文献二卷	潘书馨	乾隆刊本
1738	吴江沈氏家传不分卷		同治六年刊本
1739	李氏三忠事迹考证一卷		
1740	戴氏先德传一卷	戴钧衡	道光二十三年刊本
1741	万氏宗谱十四卷	万斯大	乾隆壬辰刊本
1742	华氏文献表不分卷	华孳亨	乾隆家刊本
1743	黄氏家录一卷	黄宗羲	康熙癸未刊本
1744	桃溪杨氏先德录二卷	杨希闵	咸丰刊本
1745	明经胡氏七哲集传一卷	胡朝贺	咸丰乙卯刊本

（续表）

序号	书名	著者	版本
1746	汾阳曹氏志传合刻一卷	曹锡龄	嘉庆刊本
1747	关西马氏世行录后录续录又续录余录十六卷	马先登	同治刊本
1748	牧斋晚年家乘文一卷	钱谦益	国学扶轮社印本
1749	祖孙殉忠录一卷	秦宗游　徐商腴	康熙辛酉刊本
1750	湖广水利论一卷	魏源	《古微堂外集》本
1751	洞庭湖淤塞于常德有何损益说一种	戴丹诚	《沅湘通艺录》本
1752	洞庭湖淤塞于常德有何损益说一种	蔡钟潜	《沅湘通艺录》本
1753	洞庭湖创设浅水商轮有益无损说一种	杨仁俊	《沅湘通艺录》本
1754	保安湖田志二十四卷续编二卷	曾继辉	民国四年乙卯刊本
1755	小淹石路碑记一种	陶澍	《印心石屋文钞》本
1756	醇亲王使德始末记		排印本
1757	唐市征献录二卷续二卷	倪赐　张璐	光绪己亥刊本
1758	颍上风物纪三卷	高泽生	道光六年刊本
1759	三楚考一种	汪士铎	《汪梅村先生集》光绪刊本
1760	楚地今名考一种	曾朝祐	《沅湘通艺录》本
1761	楚地今名考一种	左全孝	《沅湘通艺录》本
1762	湖南疆域驿传总纂序一种	郭嵩焘	《养知书屋文集》本

（续表）

序号	书名	著者	版本
1763	湖南通志地理沿革考列洪亮吉三国东晋疆域志洪齮孙梁疆域志并自补陈疆域志举例一种	郭嵩焘	《养知书屋文集》本
1764	汉长沙零陵桂阳武陵四郡考	邹汉勋	新化邹氏《敩艺斋遗书》本
1765	宝庆疆里图说一种	邹汉勋	新化邹氏《敩艺斋遗书》本
1766	湖南方物志一种	黄本骥	《小方壶斋舆地丛钞》本
1767	乾州小志一种	吴高增	《小方壶斋舆地丛钞》本
1768	永顺小志一种	张天如	《小方壶斋舆地丛钞》本
1769	桂阳风俗记一种		《小方壶斋舆地丛钞》本
1770	桃花源志序一种	胡凤丹	《退补斋文存》本
1771	宝庆沿革一种	邹汉勋	《敩艺斋文存》本
1772	新宁形势说一种	邹汉勋	《敩艺斋文存》本
1773	重修石城桥记一种	陶澍	《印心石屋文钞》本
1774	贻庆桥碑记一种	陶澍	《印心书屋文钞》本
1775	重修湘西万福桥记一种	何绍基	《东洲草堂文集》本
1776	东瀛载笔一卷	马克惇	咸丰六年刊本
1777	澧州志六卷	胡容　水之文 李檠　李献阳	嘉靖四十年辛酉刻本
1778	澧志举要三卷	潘相　潘承炜	
1779	直隶澧州志二十八卷	安佩莲　孙祚泰 陈融观	道光元年辛巳刊本
1780	安福县志三十四卷	姜大定　尹袭澍	同治八年己巳刻本

（续表）

序号	书名	著者	版本
1781	石门县志十四卷	林葆元　申正飏　陈煊	同治七年戊辰刻本
1782	郴州总志四十三卷	朱偓　陈昭谋	嘉庆二十三年庚辰刻本
1783	桂阳直隶州志二十七卷	汪敩灏　吴嗣仲　王闿运	同治七年戊辰刊本
1784	宜章县志二十四卷	陈永图　龚立海　黄本骐	嘉庆二十年乙亥刻本
1785	桂东县志二十卷	刘华邦　郭岐勋	同治五年丙寅刻本
1786	宝庆府志一百四十三卷	黄宅中　张镇南　邓显鹤　彭洋中　邹汉勋	道光二十五年乙巳刻本
1787	邵阳县志四十九卷	唐风德　黄崇光	嘉庆二十五年庚辰刻本
1788	辰州府志八卷	马协　吴瑞登	万历四十三年乙卯刻本
1789	靖州直隶州志十二卷	吴起凤　劳铭勋　黄炳燮	光绪五年己卯刻本
1790	靖州乡土志四卷	金蓉镜	光绪三十四年戊申刻本
1791	乾州厅志十六卷	林书勋　张先达　蒋琦溥	光绪三年丁丑校正同治十一年刻本
1792	凤凰厅志二十卷	黄应培　孙均铨　黄元复	道光四年甲申刻本
1793	永绥厅志三十卷	董鸿勋	宣统元年己酉铅印本
1794	霍山即衡山考一种	沈涛	《十经斋文集》本
1795	霍山为南岳解一种	洪颐煊	《筠轩文钞》《邃雅斋丛书》本
1796	大崎即大别说一卷	刘宝书	光绪二十二年刊本

（续表）

序号	书名	著者	版本
1797	南岳总胜集三卷	陈田夫	光绪三十二年丙午重刊长沙叶氏《丽廔丛书》本
1798	衡岳志八卷	朱衮　袁奂	康熙刊本
1799	读《尔雅·释山》论南岳一种	段玉裁	《皇清经解》学海本《经韵楼集》
1800	秦始皇南渡淮水之衡山乃天柱山考一种	张宗泰	《质疑删存》本
1801	衡山考一种	杨守敬	晦明轩稿本
1802	岳阳君山志序一种	胡凤丹	《退补斋文存》本
1803	汉志阳山阴山考一种	杨守敬	晦明轩稿本
1804	九疑山志四卷	詹惟圣	康熙严陵詹氏刻本
1805	船山记一种	王夫之	《姜斋文集》同治湘乡曾氏金陵刻本
1806	小云山记一种	王夫之	《姜斋文集》同治湘乡曾氏金陵刻本
1807	汉路山考一种	邹汉勋	《敩艺斋文存》本
1808	古河考一卷	吴楚椿	乾隆壬午刊本
1809	二渠九河图考一卷	孙冯翼	嘉庆问经堂刊本
1810	九河故道考	张亨嘉	光绪壬午刊本
1811	黑水考一卷	徐养原	原稿本
1812	湘水记一种	王文清	《小方壶斋舆地丛钞》本
1813	漓湘二水记一种	乔莱	《小方壶斋舆地丛钞》本
1814	五溪考一种	檀萃	《小方壶斋舆地丛钞》本
1815	五溪考略一种	钱保塘	《清风室文钞》民国二年刊本

（续表）

序号	书名	著者	版本
1816	九江辨一种	庄有可	《慕良杂著》本
1817	九江考一种	恽敬	《大云山房文稿》涵芬楼影印光绪十年刊本
1818	九江考一种	汪士铎	《汪梅村先生集》光绪刊本
1819	三江彭蠡东陵考一种	邹汉勋	新化邹氏《敩艺斋遗书》本
1820	九江考一种	胡元玉	《璧沼集》光绪刊本
1821	与魏默深舍人论潇水一种	邹汉勋	《邹叔子遗书・敩艺斋文存》本
1822	潇水有是水名说一种	陶方琦	《汉孳室文钞》光绪会稽徐氏铸学斋刻本
1823	海阳山湘漓水源记一种	查礼	《铜鼓书堂遗稿》本
1824	与吴南屏舍人论罗水出巴陵一种	郭嵩焘	《养知书屋文集》本
1825	桂阳汇水说一种	汪之昌	《青学斋集》本
1826	浯溪集二卷	黄焯	嘉靖刊本
1827	跋浯溪志一种	王士禛	《带经堂集》本
1828	书浯溪新志后一种	余廷灿	《存吾文稿》本
1829	洞庭湖志十四卷	陶澍　万年淳	道光五年乙酉刊本
1830	舜陵考一种	余廷灿	《存吾文稿》本
1831	重纂三迁志十卷	孟广均　陈锦　孙葆田	光绪十三年刊本
1832	沅江县尊经阁记一种	陶澍	《印心书屋文钞》本
1833	叙建爱莲池亭题额一种	余廷灿	《存吾文稿》本
1834	三闾汇考六卷	屈见复	道光戊申刊本

（续表）

序号	书名	著者	版本
1835	岳庙志略十卷	冯培	嘉庆八年刊本
1836	新化建火神庙记一种	邹汉勋	《敩艺斋文存》本
1837	邵阳重修龙神火神刘猛将军庙记一种	邹汉勋	《敩艺斋文存》本
1838	李大中丞修江神庙记一卷	余廷灿	《存吾文稿》本
1839	黄陵庙志序一种	胡凤丹	《退补斋文存》本
1840	重修南岳志序一种	郭嵩焘	《养知书屋文集》本
1841	建朱子祠记一种	余廷灿	《存吾文稿》本
1842	梁祠辑略一卷	梁章钜	道光戊子刊本
1843	敦大中丞重修城南书院一种	余廷灿	《存吾文稿》本
1844	补修石鼓书院记一种	余廷灿	《存吾文稿》本
1845	重修濂溪志序一种	汤金钊	《寸心知室存稿》本
1846	使楚丛谭一卷	王昶	《春融堂集》本
1847	奉使纪胜一种	陈阶平	《小方壶斋舆地丛钞》本
1848	湘行记一种	彭而述	《小方壶斋舆地丛钞》本
1849	楚游纪略一种	王沄	《小方壶斋舆地丛钞》本
1850	泛潇湘记一种	黄之隽	《小方壶斋舆地丛钞》本
1851	沅水泛舟记一种	李绂	《穆堂别稿》本
1852	游南岳记一种	金之俊	《小方壶斋舆地丛钞》本
1853	衡岳游记一卷	黄周星	《昭代丛书》本
1854	游南岳记一卷	潘耒	《小方壶斋舆地丛钞》本
1855	登南岳山一种	唐仲冕	《小方壶斋舆地丛钞》本
1856	游南岳记一种	罗泽南	《小方壶斋舆地丛钞》本
1857	登君山记一种	陶澍	《小方壶斋舆地丛钞》本

（续表）

序号	书名	著者	版本
1858	重游岳麓记一种	李元度	《小方壶斋舆地丛钞》本
1859	游桃源山记一种	李澄中	《小方壶斋舆地丛钞》本
1860	游金牛山记一种	潘耒	《小方壶斋舆地丛钞》本
1861	游石门记一种	罗泽南	《小方壶斋舆地丛钞》本
1862	罗山记一种	罗泽南	《小方壶斋舆地丛钞》本
1863	游龙山记一种	罗泽南	《小方壶斋舆地丛钞》本
1864	游永州三岩记一种	潘耒	《小方壶斋舆地丛钞》本
1865	前游桃花源记一种	陈廷庆	《小方壶斋舆地丛钞》本
1866	后游桃花源记一种	陈廷庆	《小方壶斋舆地丛钞》本
1867	游天井峰记一种	罗泽南	《小方壶斋舆地丛钞》本
1868	游连云山记一种	李元度	《小方壶斋舆地丛钞》本
1869	登天岳山记一种	李元度	《小方壶斋舆地丛钞》本
1870	游浯溪记一种	彭而述	《小方壶斋舆地丛钞》本
1871	游浯溪记一种	潘耒	《遂初堂集》本
1872	浯溪记一种	黄之隽	《小方壶斋舆地丛钞》本
1873	游祁阳浯溪记一种	冯桂芬	校邠庐光绪刊本
1874	游永州近治山水记一种	乔莱	《小方壶斋舆地丛钞》本
1875	永州纪胜一种	王岱	《小方壶斋舆地丛钞》本
1876	游静谷冲记一种	罗辰	《小方壶斋舆地丛钞》本
1877	郴东桂阳小记一种	彭而述	《小方壶斋舆地丛钞》本
1878	三滩记一种	陆次云	《小方壶斋舆地丛钞》本
1879	游大云山记一种	吴敏树	《小方壶斋舆地丛钞》本
1880	乾溪洞记一卷	张九钺	《小方壶斋舆地丛钞》本
1881	桂阳石洞记一种	彭而述	《小方壶斋舆地丛钞》本
1882	汉碑征经补一卷	王仁俊	原稿本

（续表）

序号	书名	著者	版本
1883	说畴一卷	乔中和	明刊本
1884	驳正朔考一卷	陈钟英	道光刊《欓香三种》本
1885	白虎通德论十卷	班固	元大德九年刊本
1886	白虎通德论二卷	班固　程荣	程氏《汉魏丛书》本
1887	白虎通四卷阙文一卷补遗一卷	班固　卢文弨	乾隆甲辰抱经堂刊本
1888	白虎通二卷	班固　吴琯	明刊《古今逸史》本
1889	白虎通德论二卷	班固　杨祜	《两京遗编》本
1890	补句读叙述一卷	武亿	乾隆癸丑刊本
1891	经史管窥六卷	萧昙	嘉庆丁丑刊本
1892	竹书穆天子传校本六卷	洪颐煊	嘉庆刊本
1893	一辐集十八卷	项淳	乾隆庚戌刊本
1894	南行诗草	敦崇	文德斋刊本
1895	哲川诗草一卷	希濬	抄本
1896	紫藤馆诗草	敦崇	铅字印本
1897	天然如意斋诗存	阜保	铅字印本
1898	逸蒨阁遗诗	多敏	刊本
1899	涵性堂诗钞都六卷	宋庆常	已刊本

附录二　伦明《辛亥以来藏书纪事诗》传主

序号	传主	序号	传主
1	叶昌炽	79	杨守敬
2	鄞县范氏	80	王国维（附：赵万里）
3	纪昀	81	曾习经
4	谭莹（附：子宗浚、孙祖任）	82	黄节
5	卢址	83	吴闿生
6	杨以增	84	樊增祥
7	瞿镛	85	丁传靖
8	丁丙	86	钱学霈（附：高夑、姚光）
9	丁日昌（一）	87	封文权（附：曹元忠）
10	丁日昌（二）	88	方尔谦
11	孔广陶	89	朱希祖
12	孔昭鋆	90	杨树达
13	陈澧（附：廖泽群）	91	沈应奎（附：张允亮）
14	莫友芝	92	许博明（附：史宝安）
15	李慈铭	93	王鸿甫
16	孙诒让	94	袁克文
17	萧穆	95	王瑚
18	谭献	96	江天铎
19	平步青	97	姚华
20	唐景崇	98	朱文钧
21	吴式芬	99	张国淦
22	张之洞（一）	100	陈垣

（续表）

序号	传主	序号	传主
23	张之洞（二）	101	叶恭绰
24	李文田	102	钱基博
25	柯逢时	103	章士钊
26	盛昱	104	高步瀛
27	陈伯陶	105	袁思亮
28	徐梧生	106	沈宗畸
29	梁鼎芬	107	张伯桢（一）
30	梁思孝	108	张伯桢（二）
31	陈庆龢　庆佑	109	张次溪
32	陈宝琛	110	陈融
33	汪兆镛	111	盛景璿
34	王仁俊	112	徐信符
35	杨钟羲	113	曾钊
36	李希圣	114	吴道镕
37	张勋	115	桂浩亭
38	邓邦述	116	易学清（附：陈之鼐）
39	屠寄	117	辛仿苏
40	吴昌绶	118	莫伯骥
41	缪荃孙	119	张柳池（附：杨歗谷）
42	缪禄保	120	邓之诚
43	沈曾植	121	熊罗宿
44	沈曾桐	122	欧阳成
45	王绶珊	123	张凤台（附：刘镇华、韩国钧）
46	徐乃昌	124	张籁（附：张瑞玑）
47	王秉恩	125	刘绍炎

（续表）

序号	传主	序号	传主
48	王存善	126	金梁
49	张均衡	127	徐鸿宝
50	刘鹗	128	马叙伦
51	罗振常	129	金钺
52	夏孙桐	130	张鸿来
53	陈毅	131	孙人和
54	李盛铎（一）	132	邢之襄
55	李盛铎（二）	133	袁同礼
56	傅增湘（一）	134	周暹
57	傅增湘（二）	135	李棪
58	陶湘	136	于省吾
59	刘体智	137	尹炎武
60	刘承干	138	马廉
61	蒋汝藻（附：陈田）	139	赵慰苍
62	刘世珩	140	冼玉清
63	李详	141	涵芬楼
64	徐世昌（附：徐世章、孙师郑）	142	潘明训
65	卢靖	143	李士珍
66	卢弼（附：周贞亮）	144	谭笃生
67	章钰	145	何厚甫
68	贺涛（附：贺葆真）	146	孙耀卿（附：王晋卿）
69	余嘉锡	147	吴瓯
70	吴怀清	148	董康
71	朱师辙	149	王叔鲁（附：张岱杉、李赞侯、潘馨航、张咏霓）

（续表）

序号	传主	序号	传主
72	景廉（附：凤山、端方）	150	徐恕
73	麟庆	151	方觉慧
74	耆龄（附：光熙）	152	周铣诒
75	康有为	153	叶德辉
76	梁启超	154	王礼培（附：郭宗熙）
77	章炳麟	155	梁鸿志
78	刘师培	合计	179 人（正传 150 人，附传 29 人；一说正传 150 人，附传 28 人，另涵芬楼。）

附录三　徐信符《广东藏书纪事诗》传主

序号	传主	序号	传主
1	邱文庄·石室	28	梁鼎芬·葵霜阁
2	黄文裕·宝书楼	29	惠州·丰湖书院
3	梁文康·奎翰楼	30	广雅书院·冠冕楼
4	张萱·西园	31	广雅书局·十峰轩
5	陈链·万卷堂	32	菊坡精舍藏书
6	梁朝钟·吼阁	33	陶福祥·爱庐
7	屈大均·三同书院	34	林国赓·軥录庵
8	吴荣光·筠清馆	35	孔广陶·岳雪楼
9	曾钊·面城楼	36	孔昭鋆·烟浒楼
10	吴兰修·守经堂	37	石德芬·石室
11	丁日昌·持静斋	38	黄绍昌·秋琴馆
12	伍崇曜·粤雅堂	39	辛仿苏芋花庵
13	谭莹·乐志堂（附：谭宗浚·希古堂）	40	康有为·万木草堂
14	潘仕成·海山仙馆	41	梁启超·饮冰室
15	易氏·目耕堂	42	黄遵宪·人境庐
16	梁廷枏·藤花亭	43	邓实·风雨楼
17	梁梅·春堂	44	黄节·蒹葭楼
18	冯龙官·绿野草堂	45	叶恭绰（遐庵）
19	张维屏·听松庐	46	陈融·颙园
20	黄培芳·岭海楼	47	陈伯陶
21	黄子高	48	曾习经·湖楼
22	许青皋·水蓛老屋	49	徐绍桢·学寿堂

（续表）

序号	传主	序号	传主
23	陈澧·东塾书楼	50	潘宗周·宝礼堂
24	陈树镛	51	莫天一·五十万卷楼
25	汪瑔·随山馆	52	伦明·续书楼
26	李文田·泰华楼	53	自题南州书楼
27	龙凤镳·知服斋	54	方功惠·碧琳琅馆

附录四　王謇《续补藏书纪事诗》传主

序号	传主	序号	传主
1	沈修（绥郑）	64	刘声木（十枝）
2	黄人（摩西）	65	秦更年（曼倩）
3	章炳麟（太炎）	66	伦明（哲如）
4	金天翮（鹤望）	67	陈守中
5	吴梅（瞿安）	68	于省吾（思伯）
6	周中孚（信之）	69	唐晏（元素）
7	翁同龢（叔平）	70	冼玉清
8	李慈铭（悉佰）	71	蔡有守（哲夫）
9	汪鸣鸾（柳门）	72	袁思亮（伯夔）
10	宝廷（竹坡）	73	任凤苞（振采）
11	王颂蔚（芾卿）	74	徐恕（行可）
12	盛昱（伯熙）	75	金钺（复宣）
13	沈曾植（子培）	76	严式诲
14	王之昌（振民）	77	周暹（叔弢）
15	王树枏（晋卿）	78	周明泰（志辅）
16	姚文栋（子梁）	79	周绍良
17	朱铭盘（曼君）	80	陈惟壬（一甫）
18	郑文焯（叔问）	81	马浮（一浮）
19	文廷式（芸阁）	82	徐凌云（镜清）
20	胡玉缙（绥之）	83	庞青城（附：庞莱臣）
21	李盛铎（木斋）	84	吴庠（眉生）
22	严修（范孙）	85	屈爔（伯刚）

（续表）

序号	传主	序号	传主
23	沈锡胙（福庭）	86	赵诒琛（学南）
24	丁士涵（泳之）	87	黄钧（颂尧）
25	余一鳌（心禅）	88	顾建勋（巍成）
26	张炳翔（叔鹏）	89	顾颉刚
27	曹元忠（揆一）	90	王蘧常（瑗仲）
28	曹元弼（书彦）	91	王铨济（巨川）
29	袁宝璜（渭渔）	92	王大隆（欣夫）（附：王大森）
30	丁谦（益甫）	93	瞿熙邦（凤起）
31	武延绪（次彭）	94	孙祖同（伯绳）
32	丁乃扬（少兰）	95	胡蕴（石予）
33	王同愈（胜之）	96	林石庐
34	王其毅（果亭）	97	张惠衣
35	章钰（式之）	98	卢前（冀野）（附：任讷、唐章）
36	邵章（伯絅）	99	陈乃乾（附：赵万里）
37	吴保初（君遂）	100	郑振铎（西谛）
38	丁惠康（叔雅）	101	谢国桢（刚主）
39	陈三立（伯严）	102	李文旖
40	罗悖曧（掞东）	103	潘圣一（利达）
41	王季烈（君九）	104	沈维钧（勤庐）（注：有目无文）
42	王季点（琴希）	105	陈华鼎（子彝）
43	王葆心（季芗）	106	蒋镜寰（吟秋）
44	金梁（息侯）	107	潘承弼（景郑）（附：承厚、顾廷龙）
45	徐绍桢（固卿）	108	沈知芳（芷芳）
46	方尔谦（地山）	109	范祥雍
47	朱锡梁（梁任）	110	范行准

（续表）

序号	传主	序号	传主
48	王崇焕（汉章）	111	姚方羊
49	罗振玉（叔蕴）	112	徐澂（沄秋）
50	钱崇固（强斋）	113	朱犀园
51	王植善（培荪）	114	叶承庆（乐天）
52	冒广生（疚斋）	115	陈奇猷
53	丁祖荫（初我）	116	吴慰祖
54	陆鸣冈（颂尧）	117	冯雄（翰飞）（附：苏继庼）
55	钱骏祥（新甫）	118	杨昭儁（潜庵）
56	杨寿枏（味云）	119	汪瞻华
57	王保譿（慧言）	120	巢章（章甫）
58	王修（季欢）	121	徐益藩（钰庵）
59	李根源（印泉）	122	方树梅
60	叶恭绰（遐庵）	123	杨允吉（易三）
61	柳弃疾（亚子）	124	洪驾时
62	孙毓修（留庵）	125	王雨（子霖）
63	刘体智（晦之）	126	逸名氏

附录五　吴则虞《续藏书纪事诗》传主

序号	传主	序号	传主
1	丁雄飞	143	董康
2	刘元亮	144	杨锺羲、吴瓯
3	徐介寿	145	李盛铎
4	毕自严	146	夏曾佑
5	杨愈節、王克生、张承纶、王昌祜、刘师陆、陈法于、田枏、杨尚文、王亮功	147	叶昌炽
6	严沆、吴模	148	曾习经
7	熊赐履	149	陈伯陶、邓蓉镜
8	左岘、陆宝、朱釴	150	屠寄
9	张贞	151	王仁俊
10	朱樟	152	李希圣
11	黄之隽	153	汪康年
12	蒋恭棐	154	叶德辉
13	蒋衡、黄如珽	155	张元济
14	吴农祥	156	胡思敬
15	许炆焞、陈师简、陈敬简、周文爚、朱元炅	157	康有为
16	姚际恒	158	傅增湘、徐沅、袁思亮
17	沈大成	159	邓邦述、赵烈文
18	方世举	160	易学清、易容之

（续表）

序号	传主	序号	传主
19	黄钟、子沄、孙杓、孙模、曾孙士珣	161	叶景葵、张寿镛、朱文钧
20	萧江声、庞泓	162	章钰
21	黄树榖	163	甘鹏云
22	金门诏、邹炳泰、徐以坤	164	姚华
23	汪沆	165	郑文焯
24	查礼	166	丁立诚
25	陈撰	167	陶福祥、黄绍昌、刘熽芬
26	袁枚	168	陈作霖、孙文川
27	陈道	169	徐树兰、友兰
28	王鸣盛、弟鸣韶	170	端方
29	彭元瑞	171	吴引孙
30	李调元	172	卢靖、弟弼、张国淦
31	关槐	173	查燕绪
32	石韫玉	174	赵元益、子诒琛
33	严长明、子观	175	宗舜年
34	陶湘	176	梁启超
35	章学诚	177	胡玉缙
36	章宗源	178	徐乃昌
37	王芑孙、子嘉禄	179	刘世珩
38	楼上层、戴殿江、朱兴悌	180	曹元忠
39	陈树华、周世敬	181	张均衡
40	严蔚	182	王家牧、章塄、章畸
41	赵魏	183	吴昌绶
42	王初桐	184	莫棠

（续表）

序号	传主	序号	传主
43	徐鲲、顾修	185	李之鼎
44	张若筠、茅元辂、何金	186	辛耀文
45	陈本礼、子逢衡	187	伦明、余嘉锡、沈应奎、张允亮
46	王大全	188	丁福保
47	黄澄量	189	徐康
48	冯新、胡重、汪伯子、顾至、恭文照	190	瞿世瑛
49	李宏信	191	陈烈新、子遹声
50	钱近仁	192	蒋壑、温日鉴、沈登瀛、范锴、盛朝勋
51	吴荣光	193	丁白、丁宝书
52	朱琦	194	陈肆、沈阆崑、章绶
53	李兆洛、盛甫山	195	冯龙官、梁廷柟、温树梁
54	麟庆	196	姜光煒
55	潘锡恩	197	缪朝荃
56	吕潢	198	章寿康
57	朱壬林、陈廷献	199	唐仁寿
58	黎恂、郑珍	200	徐渭仁、沈炳垣、梅益征
59	焦循	201	李嘉绩
60	吴文炳	202	胡凤丹、王亮功、马彦森
61	洪颐煊	203	耿文光、王亮功、张籁
62	孙熙元、蒋炯、王寿徵	204	萧穆
63	庄仲方	205	姚振宗
64	强溱、子汝询	206	顾锡麒
65	王荫槐	207	封文权

（续表）

序号	传主	序号	传主
66	朱振采、李祖陶	208	孙炳奎
67	周中孚	209	金嗣献、邓炳
68	李诚、郭协寅	210	蒋学坚
69	赵绍祖	211	蔡鸿鉴
70	俞正燮	212	顾葆龢、鲍廷爵
71	马国翰、李廷棨	213	亢树滋、冯辨斋
72	何绍基	214	陆数藩、杨敬夫
73	周寿昌	215	刘鹗
74	俞樾	216	顾麟士
75	丁晏	217	李详
76	罗以智	218	邓实、黄节
77	陈澧	219	易培基
78	姚燮	220	丁惠康、丁日昌
79	吴棠	221	吴广霈、祖培
80	许瀚	222	王基盘、陈毅
81	汪士铎、陈宗彝、郑彤书、翁长森	223	刘海涵
82	史梦兰、王灏、常如樾	224	刘成禹
83	洪汝奎	225	袁克文、方尔箴
84	谭莹、子宗浚、孙祖任	226	罗振玉、弟振常
85	韩应陛	227	王国维
86	徐时栋	228	朱希祖
87	李士棻	229	吴梅、马廉
88	孙衣言、子诒让	230	孙毓修
89	梁梅	231	高燮
90	胡尔荥	232	童士奇、子第德、第周

（续表）

序号	传主	序号	传主
91	吴以淳	233	丁祖荫
92	程云翔、李宗媚	234	叶恭绰、邢之襄
93	杨鼎	235	徐恕
94	张文虎	236	郑振铎
95	吴煦、吴云	237	孙人和、刘盼遂、龙沐勋、赖肃
96	唐翰题	238	盛宣怀
97	徐灏、子绍桢、族子绍棨	239	徐坊、史宝安
98	许玉彬、黄子高	240	严遨
99	朱学勤、子澂	241	沈德寿
100	翁同龢	242	肖世恒
101	沈秉成	243	景濂
102	潘祖同、祖年、侄孙承厚	244	宝康、凤山、耆龄、光熙
103	李鸿裔	245	孔广陶、弟广镛、子昭鋆、林国赓
104	汪日桢	246	刘承幹
105	杨浚	247	蒋汝藻
106	顾瑞清	248	陶湘
107	胡澍	249	刘体智、兄声木
108	平步青	250	张之铭、黄群
109	朱逌然、徐树铭	251	潘宗周
110	张之洞	252	莫伯骥
111	汪鸣銮	253	周暹
112	王先谦	254	王修
113	陈宝琛	255	徐则恂
114	张佩纶	256	杨文会、欧阳渐、郑学川
115	孙葆田、李佐贤	257	周庆云

（续表）

序号	传主	序号	传主
116	杨守敬	258	罗家杰、任应秋
117	吴重熹	259	查夷平
118	谭廷献	260	钱文选
119	丁士涵	261	翟金生
120	王秉恩	262	熊罗宿
121	潘介祉	263	邱子昂、徐鸿复
122	伍崇曜	264	王锡祺
123	潘仕诚	265	穆近文
124	袁昶	266	刘子端
125	缪荃孙	267	陶子麟
126	杨文莹	268	沈复粲、沈怀祖
127	董沛	269	沈宇普
128	周銮诏、张培源、吴慈培	270	王兴福
129	王颂蔚、王同愈	271	骆俊森
130	李慈铭	272	杨伯龢、柳建春
131	傅以礼	273	周永德
132	梁鼎芬、龙凤镳	274	何培元、魏占良
133	沈曾植、弟曾桐	275	谭锡庆、韩星垣
134	黄绍箕	276	孙殿起、王文进
135	吕佩芬	277	阮季兰
136	沈家本	278	钱绣芸
137	朱祖谋	279	森力之
138	葛金烺、子嗣溶	280	岛田翰
139	柯逢时	281	狩谷望之
140	贺涛	282	冈本保孝

（续表）

序号	传主	序号	传主
141	陈田、弟榘	283	伯希和
142	徐世昌	合计	425 人（并列关系皆算传主）

附录六　周退密、宋路霞《上海近代藏书纪事诗》传主

序号	传主	序号	传主
1	丁日昌	31	刘体智
2	李鸿章	32	鲁迅
3	韩应陛	33	叶恭绰
4	赵诒琛	34	徐鸿宝
5	盛宣怀	35	刘承干
6	王存善	36	周越然
7	蔡鸿鉴	37	胡怀琛
8	张元济	38	柳亚子
9	潘宗周	39	王佩诤
10	封文权	40	袁克文
11	徐乃昌	41	姚石子
12	蔡元培	42	顾颉刚
13	陶湘	43	陈清华
14	张均衡	44	周铭泰
15	王绶珊	45	郑振铎
16	倪春如	46	蒋鹏骞
17	冒广生	47	沈知芳
18	霍启甲	48	陈乃乾
19	叶景葵	49	王大隆
20	丁福保	50	刘公鲁
21	蒋抑卮	51	龙榆生
22	刘世珩	52	赵景深

（续表）

序号	传主	序号	传主
23	荣德生	53	潘承厚
24	王植善	54	施蛰存
25	李宣龚	55	潘承弼
26	刘声木	56	陈叔言
27	张寿镛	57	唐弢
28	蒋汝藻	58	朱龙湛
29	胡朴安	59	黄裳
30	高吹万	60	丁景堂

附录七　伦明大事年表[①]

年份	年龄	事件
光绪四年（1878）	1岁	十一月，生于东莞中堂望溪乡。名明，字哲如，一作哲儒、喆儒、节予。家中排行第九。
光绪十三年（1887）	10岁	随父于江西崇仁县衙斋读书。
光绪十五年（1889）	12岁	其父卒于江西任所，其回故乡东莞。
光绪二十年（1894）	17岁	入县庠，旋补廪生。
光绪二十二年（1896）	19岁	是年前后，拜康有为为师。
光绪二十三年（1897）	20岁	是年得陈伯陶赏识。
光绪二十四年（1898）	21岁	是年读《邸报》，始识王照。
光绪二十七年（1901）	24岁	是年庚子、辛丑恩正并科，以第九十名举于乡，拣发广西知县。

① 该年表主要根据罗志欢《伦明评传》书后所附伦明大事年表整理，因关于伦明生平资料的档案、方志等诸多文献来源，罗志欢可谓占据天时、地利、人和之便，在资料占有上无人能出其右，所以笔者唯独没有亲自编纂伦明年表，而是在罗志欢的基础上列表整理，使之更加清晰分明，只是在伦明卒年时间的问题上，经过考证后选取1943年。

（续表）

年份	年龄	事件
光绪二十八年（1902）	25 岁	九月十二日，京师大学堂招生考试，其被师范馆正式录取。 十一月十八日，京师大学堂开学，始习英文，历时五年。 是年赁居莲华寺，后住烂缦胡同东莞会馆。 是年识潮阳曾习经，常偕游琉璃厂。 是年从陈伯陶处借抄《四库全书目略注》。 是年于京师读黄杰落卷，始相识。 是年识燕都梨园唐采芝。
光绪二十九年（1903）	26 岁	是年至 1905 年，获京师总理学务处在京粤生津贴（学费）。 是年有无题八首，自署“东莞生”，寄往日本，梁启超录入《饮冰室诗话》。
光绪三十年（1904）	27 岁	是年升读大学堂新成立的优级师范科。 是年有《汴梁行》，署名“东莞生”，刊登于《新小说》第 9 号。
光绪三十二年（1906）	29 岁	十二月初五日奉旨，以知县发往广西。
光绪三十三年（1907）	30 岁	二月十三日，京师大学堂师范科毕业，复得举人衔，分发广西候补知县，同年返粤。 是年被聘为两广方言学堂教务长兼经济科教授。
光绪三十四年（1908）	31 岁	初夏，与黄节等提倡讲学会，敦请陈㦤宸在南武公学讲学，一共五期，听众达数百人。 十一月二十八日，陈㦤宸五秩，与马叙伦、伦叙、伦鉴、黄通甫等为之祝寿。 是年前后，南海孔氏、鹤山易氏、番禺何氏、钱塘汪氏（官于粤者）藏书相继散出，择其善本购之。

（续表）

年份	年龄	事件
宣统元年（1909）	32岁	二月十五日，医学求益社总社于广州城西十二甫中约大屋举行开幕礼，被敦请为绅董。 夏，西江大水，广州小东门寓所所藏书因水浸损失惨重。 是年兼任广州西区模范高小校长。 是年购南海孔氏所藏《渔洋全集》三十六种。
宣统二年（1910）	33岁	九月，入两广总督张鸣岐幕，至翌年辛亥革命止。
宣统三年（1911）	34岁	三月，重客都门。 六月四日，被推举为宪友会广东支部发起人之一。 九月，得同邑叶灿薇借资，于京城购书“四大簏”。 是年赴广西桂林、浔江、贵县等地任浔州中学堂校长。
民国元年（1912）	35岁	二月，被推选为广东省临时议会代议士。 四月十一日，妹伦耀华被推选为粤省女代议士。
民国二年（1913）	36岁	十二月，受梁士诒指派在省城设立公民党广东支部。 是年与李汉桢在广州创办《广东平报》。
民国三年（1914）	37岁	八月至十月间，招请廖道传、董嘉会等北大同学于广州珠堤酒楼聚会宴引。
民国四年（1915）	38岁	五月三日，被推举为中华救国储金团广东事务分所副干事长。 是年至顺德龙山，访温肃，约前往观曾钊售于温氏之面城楼藏书，不果。 是年第三次北上，携所藏精善之本举家迁居北京。居烂缦胡同东莞会馆。
民国五年（1916）	39岁	是年于北京小沙土园文昌会馆内会文斋与孙殿起相识，结为莫逆。 是年于上海观王存善藏书。

（续表）

年份	年龄	事件
民国六年（1917）	40 岁	七月，陈黻宸卒，撰挽联及《瑞安先生诔》以志哀思。 八月到北京，从此在东莞会馆安家置业。 十一月，被聘为北京大学法预科教授，兼任文科国文门研究所诗词科教员和众议院议长吴景濂秘书。 十二月七日（旧历十月二十三日），与蔡元培、马叙伦、张伯桢等三十四人共同发起陈黻宸追悼会，刊登《陈介石先生追悼会启示》。 是年到上海访书，于书坊见莫友芝所藏宋绍兴三十一年刻《范香溪集》最佳。 是年定州王瑚访书广州，在登云阁书店购得被该店盗卖的伦家旧藏宋本《淮南子纂图互注》。
民国七年（1918）	41 岁	二月，认购“北京大学筹备消费公社”事务所募股一股（二元）。 四月，遇梁鼎芬于花之寺，语及十年前梁氏借抄《瑶华集》事。 五月十一日，参与蔡元培、马寅初等联名发起在北大法预科建立囿，刊登《募捐启》。 冬，当选为北京东莞学会（由前东莞学生会改组）会长，会址设在上斜街东莞新馆。 是年迁居上斜街东莞新馆。 是年在北京琉璃厂南新华街东七十四号开设通学斋藏书处。 是年在广州麦栏街邱某家，见宋椠王右丞、孟浩然、韦苏州集，旧抄《宋二十家文集》，毕秋帆、钱竹汀诸家校《资治通鉴》等书，并宋拓兰亭书画多种。

（续表）

年份	年龄	事件
民国八年（1919）	42 岁	夏，过录张之洞《书目答问》。 是年休假返粤，住广州小东门。 是年刘师培病逝，遗稿散失，所得除印本外，另从友人家抄得十余种。 是年前后，与林损、陈怀在北大出版《文范》六册。
民国九年（1920）	43 岁	五月十一日，北京大学同仁宴集于城东金鱼胡同之海军联欢社。 冬，偶一返粤，席不暇暖，未及料理藏书。回京未几，南伦书院因拓路被拆，藏书全告散失。 是年北京大学设立国学研究所，被聘为该所诗词教授。
民国十年（1921）	44 岁	一月四日，陈怀（孟冲）逝世。与蔡元培、林损、马叙伦等联名为之举行追悼会，在《北京大学日刊》刊发通告。 九月，辞去北京大学教席。 十二月二十六日，致书教育部次长陈垣，请求编订《一应之书目》（《求书目录》），校雠《四库全书》，编写《续修四库全书提要》。 是年与王秉恩重逢于上海。 是年张之洞藏书散出，得精椠数种。 是年前后，于厂肆识傅增湘“藏园三友”之吴江沈应奎（羹梅）、丰润张允亮（庾楼）。另一友为徐森玉。
民国十一年（1922）	45 岁	是年与陈垣、余嘉锡、黄节、孟森、闵宝之、谭祖任、张尔田等先后加入民间学术团体——思误社（后改名思辨社）。 是年孙殿起首次南下广州，为通学斋书店采购古籍。

（续表）

年份	年龄	事件
民国十三年（1924）	47 岁	是年任河南道清铁路局总务处长，历时三年。家眷随之寄居焦作两年。 是年得同乡胡姓富商资助，立志独立续修《四库全书》。 是年海王村内康有为之长兴书局结业，一部分图书归通学斋书店。 是年陈伯陶七十寿，作五古长篇寄祝。
民国十四年（1925）	48 岁	十月，开始独自撰写《续修四库全书提要》。 是年于津门书店与方尔谦（地山）相识，曾造访其居。 是年通学斋书店购得番禺梁鼎芬藏书一批百十余箱。 是年阅粤报，见莫伯骥论著，始通函商榷，自是往复不绝。 是年在北京始晤叶德辉，约互借抄所未有之书。
民国十五年（1926）	49 岁	五月，曾习经卒。受叶公绰（誉甫）之嘱，差点湖楼藏书。 秋，应叶公绰之邀，共商影印《四库全书》事。 冬，途经上海、杭州，游西湖。 是年梁启超索续书楼藏书书目。
民国十六年（1927）	50 岁	一月，在河南焦作过年。有《丁卯五日吟稿》70 余首。 一月，于《国学月刊》第 1 卷第 4 期刊登《续修四库全书刍议》。 六月二十四日，被聘为故宫博物院图书馆（故宫博物院管理委员会）干事。 八月，《中华图书馆协会会报》第 3 卷第 1 期重刊《续修四库全书刍议》。 是年在东莞新馆与傅振伦商定《拟编辑史籍书目略例》。

（续表）

年份	年龄	事件
民国十七年（1928）	51 岁	二月，审阅陈垣所著《史讳举例》。 六月，《燕京学报》第 3 期刊登《续书楼读书记》。 六月十一日，与傅振伦书，谈及《刘知己之史学》。 六月二十八日，与傅振伦讨论《清史稿》得失。 秋，应杨宇霆之邀，赴沈阳任奉天通志馆协修，并商议影印、续修、校雠文溯阁《四库全书》。 是年读王照《方家园纪事诗》，题绝句四首于卷末。 是年前后，经梁启超推荐，恢复北京大学教职。 是年前后，得满洲耆龄所藏清人集部书百余种。
民国十八年（1929）	52 岁	一月，杨宇霆、梁启超、郑谦相继逝世，有诗挽之。 春，在北京鸿春楼与冼玉清、番禺王蘧（秋湄）相遇，谈文甚契。 四月六日，在沈阳故宫通志馆批校张之洞《书目答问》竣事。 五月十七日，自沈阳归京。 六月，《燕京学报》第五期刊登《渔洋山人著书考》。 夏，南旋，道经上海，拟拜访刘承幹，未果。 秋，回广州，有《抵家作》。 八月十四日，返京，有诗纪之。 九月，《辅仁学志》第 1 卷第 2 期刊登《续书楼藏书记》。 是年受陈垣之聘，兼任辅仁大学讲师，直至 1933 年 7 月。 是年游宣武门内小市，见醉香阁出售国子监祭酒盛昱藏书。
民国十九年（1930）	53 岁	六月，冼玉清北游南归，撰五言古诗四首送行。 七月，参加北平辅仁大学辅仁社十九年夏令讲习会，演讲题目是“中国书籍之分类”。 是年《文字同盟》（1927 年日人桥川时雄创办）第四年第四号刊登《续书楼藏书记》。 是年王仁俊书始散出，得其著书全目一纸，未刊稿共 100 种。

（续表）

年份	年龄	事件
民国二十年（1931）	54 岁	二月四日，杨树达从续书楼借得陈澧手校《韩非子》，录其评语。 七月，被聘为东方文化事业委员会北平人文科学研究所研究员，成为《续修四库全书总目提要》主撰之一，并以续书楼珍藏供会中之用。 是年前后，兼任北平中国大学（曾更名中国学院）教授，讲授“唐宋文”。 是年购得樊增祥旧藏明刻本数种。
民国二十一年（1932）	55 岁	四月六日，与陈垣、尹炎武、余嘉锡、杨树达等于北京丰盛胡同谭祖任家，以京都名席公宴章太炎。 五月，开始提交《续修四库全书总目提要》稿，至 1937 年 7 月止，个人撰稿 1908 篇。（东莞图书馆组织整理得 1899 篇）
民国二十二年（1933）	56 岁	三月，孙殿起南下广州访书，寓小东门仁秀里十九号伦叙宅。 四月，应日本汉学研究团体“斯文会”之邀，至东京鉴定该会所藏中国古籍。 七月，入北平民国学院任教，直至 1937 年 7 月南归。 九月四日，于《国文周报》（天津）第 10 卷第 35 期刊登《拟印〈四库全书〉之管见》。 是年得见李希圣（亦元）《雁影斋题跋》。 是年游南京，遇徐恕，以文廷式辑录稿目录见示。 是年陈垣偕弟子单士元到东莞会馆伦家，为故宫文献馆购入清末两江总督端方电报档案多册，其中包括上海《苏报》案的档案。 是年王照卒，有《哭王小航先生照》长诗。

（续表）

年份	年龄	事件
民国二十三年（1934）	57 岁	一月七日，胡适来书，谈及《醒世姻缘考证》《般阳诗萃》，石印本《聊斋文集》以及搜集王照（小航）材料诸事。 九月至十月间，吴式芬遗书渐散，得佳本数十种。 秋，与陈垣、余嘉锡等人集资合购高邮王氏三世稿本若干种。 仲冬，张次溪编成《清代燕都梨园史料》，为之诗序。 十二月除夕日，近人张樾丞撰《士一居印存》成，题四绝诗于卷首。 是年前后，得满洲麟庆所藏《娜嬛妙境藏书目录》。 是年为东方文化事业委员会图书馆采购图书。 是年孙殿起编成《丛书目录拾遗》，为之撰序刊行。
民国二十四年（1935）	58 岁	一月，牵线作价，以顺德黄节所藏清汪龙撰《毛诗申成》稿本副本归东方图书馆收藏。 四月，女伦慧珠与张荫麟结婚。 六月二十九日，致信奉天通志馆副馆长袁金凯，对所编《实业志》“归馆长白永贞重编”之事表达意见。 九月，《辛亥以来藏书纪事诗》在《正风半月刊》第 1 卷第 20 期开始连载。 十一月，与容庚、张次溪集资影印出版《东莞袁崇焕督辽饯别图诗》。
民国二十五年（1936）	59 岁	三月，冼玉清《更生记》刊行，题词于卷首。 六月，章太炎逝世，撰挽联。 孟冬，孙殿起《贩书偶记》（原名《见书偷闲录》）刊行，为之题签并赠诗。

（续表）

年份	年龄	事件
民国二十六年（1937）	60 岁	一月一日，有诗《丁丑新历元日试笔》。 三月十八日，与罗香林书，言赠《东莞袁崇焕督辽饯别图诗》及搜集粤人著作诸事。 四月四日，于西长安街酒家宴请日本高田真治博士及学生十余人。 四月十日，日本高田真治博士于北海公园宴请伦明、杨树达诸人。 六月，张江裁《东莞袁督师后裔考》出版，题词于卷首。 七月，以家事南归，留居广州。 九月，蔡金重编《藏书纪事诗引得》出版，收录《辛亥以来藏书纪事诗》。
民国二十七年（1938）	61 岁	十月，广州沦陷，乃返望牛墩故里。 十一月，东莞沦陷，转徙于新塘、横沥间。
民国二十九年（1940）	63 岁	四月，被聘为伪广州市立中山图书馆博物馆副馆长兼图书部主任。 五月，王伯祥抄录《续修四库全书刍议》于《碧庄随录》中。 七月，被聘为伪广东大学历史学系教授兼主任，直至逝世。 八月，收到陈乐素转来陈垣新刊《明季滇黔佛考》九册。
民国三十年（1941）	64 岁	四月十八日，被免去伪广州市立中山图书馆博物馆副馆长兼图书部主任职。 秋，孙殿起第三次南下广州搜访图书，见其“形体渐瘦，精神亦衰”。

（续表）

年份	年龄	事件
民国三十一年（1942）	65 岁	孙殿起第四次南下广州搜访图书，所得以番禺陈澧所撰稿本《东塾杂俎》为最。
民国三十二年（1943）	66 岁	夏，孙殿起北返，临行前与之握别，“视其疾加剧，步履艰难，甚忧之。”十月，病逝于东莞，享年 66 岁。

附录八　中国国家图书馆藏伦明《辛亥以来藏书纪事诗》未刊稿之传主

分类	序号	人名、机构或事件
纪人	1	文廷式
	2	谭延闿
	3	何氏（绍基等，传五世）
	4	杜贵墀
	5	王鹏运
	6	四川藏家吴、刘等人
	7	袁嘉穀
	8	陈思
	9	罗振玉
	10	席氏扫叶山房
	11	汪康年
	12	吴淞
	13	赵元益
纪事	15	军需局（军机处）
	16	方略馆
	17	国务院
	18	司法部、外交部图书馆
	19	国史馆（清史馆）
	20	学部图书馆
	21	北平图书馆
	22	江南图书馆（中央大学国学图书馆）
	23	中央图书馆

（续表）

分类	序号	人名、机构或事件
纪事	24	北京、清华、燕京大学
	25	文汇阁、文溯阁四库书之流转
	26	庚子赔款与续修四库全书总目提要事
	27	旧书外输
	28	古籍散佚
	29	筹印四库书
	30	求书之道
	31	旧书版本之贵贱
	32	藏书地理环境分析
	33	流布古书需考虑初印本
	34	藏书家贵远忽近
	35	集部评价
其他 （有诗无传）	9首	合计44首

附录

伦明研究目录总览

著　作

001　伦明评传（东莞历史名人评传丛书）
罗志欢著
广州：广东人民出版社，2014

002　伦明《辛亥以来藏书纪事诗》研究
刘平著
广州：世界图书出版公司，2017

文　章

003　辅仁大学文学院中国文学系课程表及课程说明
磐石杂志
天津：天津益世报社［发行］，1932—1937
v. 1，no. 2—3，147—148 页

004　广东藏书家考（四续）伦哲如(*)
何多源
广州大学图书馆季刊
广州：广州大学图书馆，1933—1937
1935，no. 1，90—95 页

005　伦哲如先生传(*)
张次溪
宣南逸乘

油印本
［出版地不详］:［出版者不详］,［出版时间不详］

006　藏书纪事诗引得（藏书纪事诗，叶昌炽著；辛亥以来藏书纪事诗，伦明著）
蔡金重编
《引得》第二十八号
北京：燕京大学哈佛燕京学社引得编纂处，1937

007　广东藏书记略
徐信符
广东文物　下册　卷九
香港：香港中国文化协进会，1941
852 页

008　广东藏书纪事诗·伦明续书楼
徐绍棨
广东藏书纪事诗
广州：广州大学事务处，1937；1944；1949
1949，no. 复刊 1

009　清末民初洋学学生题名录初辑·京师大学堂同学录（1906 年）
房兆楹辑
台北："中央研究院"近代史研究所，1962

010　广东藏书纪事诗·伦明续书楼
徐绍棨
广东藏书纪事诗
影印版
香港：商务印书馆香港分馆，1963

011　记大藏书家伦哲如(*)
冼玉清
艺林丛录　第五编

香港：商务印书馆香港分馆，1964

012　广东藏书纪事诗·伦明续书楼（*）
徐绍棨
近代中国史料丛刊续辑　第20辑
吴道熔
台北：文海出版社，1975
235—255页

013　记民初粤人大藏书家伦哲如
艺人论丛
台北：文馨出版社，1976

014　广东藏书家伦明轶事
竹楼
春秋
济南：山东省政协文史资料委员会春秋杂志社，1973—1977，no. 483

015　藏书家伦哲如（*）
孙耀卿口述，雷梦水整理
随笔　第九集
广州：广东人民出版社，1980
94—97页

016　伦明——书之伯乐
苏精
传记文学
台湾：传记文学出版社，1980
v. 37，no. 2（1980）

017　伦明哲如与续书楼
陈树铭
莞草

东莞：莞草编辑部，［出版时间不详］
1981，no. 8

018　伦明（1875—1944）
关国煊
民国人物小传　第六册
刘绍唐
台北：传记文学出版社，1981

019　记伦哲如先生（*）
孙耀卿口述，雷梦水整理
文史资料选编　第十二辑
中国人民政治协商会议北京市委员会文史资料委员会编
北京：北京出版社，1982
176—179 页

020　刘半农先生谈戏曲音乐
英集
中国音乐
北京：中国音乐学院，1981—
1982，no. 2，25—26 页

021　伦明续书楼（*）
近代藏书三十家
苏精
台北：传记文学出版社，1983
137—145 页

022　民国人物小传 · 伦明（*）
关国煊
民国人物小传
台湾：传记文学出版社，1983
v. 42，no. 6（1983）

023　古书业与近代几位藏书家
雷梦水
文物
北京：文物出版社，1950—
1985，no. 1，61—62、60 页

024　《书目答问》和范希曾的《补正》
袁行云
目录学论文选
李万健、赖茂生
北京：书目文献出版社，1985
391 页

025　书城掌故藏家史　别有续编在人间——《续补藏书纪事诗四种》
整理记
徐雁
武汉大学学报：社会科学版
武汉：武汉大学学报编辑部，1930—
1986，no. 5，121—125 页

026　记目录学家伦明先生二三事(*)
傅振伦
文献
北京：国家图书馆，1979—
1987，no. 2

027　续补藏书纪事诗・伦明（哲如）(*)
王謇
续补藏书纪事诗
王謇著，李希泌点注
北京：书目文献出版社，1987
39—40 页

028　东莞伦氏“续书楼”(*)
罗继祖
史学集刊
长春：吉林大学该刊编辑部，1956—
1987，no. 1，77 页

029　伦哲如的《辛亥以来藏书纪事诗》(*)
雷梦水
书林琐记
北京：人民日报出版社，1988
5 页

030　古书业与近代几位藏书家·伦明
雷梦水
书林琐记
北京：人民日报出版社，1988
72—76 页

031　记伦哲如先生
雷梦水
书林琐记
北京：人民日报出版社，1988
90—94 页

032　藏书家——伦明
杨宝霖
羊城古今
广州：广州市地方志办公室；广州市地方志馆，1987—
1988，no. 1
27—28，26 页

033　《清代藏书楼发展史　续补藏书纪事诗传》序(*)
谢灼华

清代藏书楼发展史　续补藏书纪事诗传
谭卓垣、伦明等撰，徐雁、谭华军译补
沈阳：辽宁人民出版社，1988
95—96 页

034　清代藏书楼发展史　续补藏书纪事诗传·伦明（*）
清代藏书楼发展史　续补藏书纪事诗传
谭卓垣、伦明等撰；徐雁、谭华军译补
沈阳：辽宁人民出版社，1988
207—212 页

035　北平辅仁旧事（*）
台静农
龙坡杂文
台北：洪范书店有限公司，1988
134 页

036　东莞人物录·伦明
东莞市地方志编纂办公室
东莞人物录　第一辑
东莞：东莞市地方志编纂办公室，1988
81—82 页

037　中国藏书家辞典·伦明
李玉安、陈传艺
中国藏书家辞典
武汉：湖北教育出版社，1989
318 页

038　整理古籍文献的体会
傅振伦
古籍整理研究学刊
长春：东北师范大学古籍整理研究所，1985—

1990，no. 5，29—32 页

039　陈垣来往书信集
陈智超编注
上海：上海古籍出版社，1990

040　私家藏书史研究述略
宋路霞
图书馆杂志
上海：上海图书馆（上海科学技术情报研究所）；上海市图书馆学会，1982—
1990，no. 6，49—50 页

041　中国历史藏书论著读本 · 补藏书纪事诗
徐雁、王燕均主编
中国历史藏书论著读本
徐雁、王燕均主编
成都：四川大学出版社，1990
40 页

042　伦哲如先生传略
孙耀卿口述，雷梦水整理
辛亥以来藏书纪事诗
伦明著，雷梦水校补
上海：上海古籍出版社，1990
149—153 页

043　近代东莞藏书二大家
罗志欢
历史大观园
广州：该刊杂志社，1985—1994
1991，no. 4，40—41 页

044　中国历史藏书家辞典 · 伦明

王河主编
中国历史藏书家辞典
上海：同济大学出版社，1991
93 页

045　《辛亥以来藏书纪事诗》
庞礴
古籍整理出版情况简报
全国古籍整理出版规划领导小组办公室
北京：该刊编辑部，［出版时间不详］
1991，no. 243

046　康门弟子述略·伦明（1875—1944）(*)
陈汉才
康门弟子述略
广州：广东高等教育出版社，1991
83—86 页

047　历史藏书家辞典·伦明
梁战、郭群一编著
历史藏书家辞典
太原：山西人民出版社，1991
103 页

048　东莞籍藏书家伦明
宏烨
新晚报
香港：该报，1992.1.7

049　稽古右文　沾溉学林——试评《清代藏书楼发展史·续补藏书纪事诗传》和《中国历史藏书论著读本》
程焕文
图书馆论坛

广州：广东图书馆学会等，1991—
1992，no. 4，79—80，24 页

050　辛亥以来藏书纪事诗未刊稿笺注(*)
宋远
中华文史论丛　第四十九辑
上海：上海古籍出版社，1992
75—98 页

051　北京传统文化便览·续书楼
陈文良
北京传统文化便览
北京：北京燕山出版社，1992
926 页

052　试论二十世纪初叶的广东藏书家
李学敏
岭南文史
［广东］省文史研究馆
广州：该刊，1983—
1993，no. 1，28—30 页

053　广东的藏书家
黄国声
中国典籍与文化
北京：教育部全国高等院校古籍整理研究工作委员会，1992—
1993，no. 4，71—78 页

054　十年和廿年——影印《四库全书珍本初集》始末
林夕
读书
北京：生活·读书·新知三联书店，1979—
1993，no. 6，121—127 页

055　藏书家伦哲如
魏隐儒
耆年话沧桑
章长炳等主编，北京市文史研究馆编
上海：上海书店出版社，1993
156—157 页

056　十年和廿年——影印《四库全书珍本初集》始末
林夕
新华文摘
北京：人民出版社，1981—
1993，no. 8，121—127 页

057　书文化大观·续书楼
李广宇
书文化大观
北京：中国广播电视出版社，1994
268 页

058　“破伦”(*)
周劭
文汇读书周报
上海：文汇报社，1985—
1994. 4. 9，第 476 期

059　“续书楼”主伦明
东莞奇人录
张磊编著
香港：中华文化出版社，1994
4—7 页

060　致伦哲如信一通(*)
胡适

胡适遗稿及秘藏书信　19
胡适著，耿云志主编
合肥：黄山书社，1994
359—360 页

061　学者型藏书家——伦明(*)
陈思
广东史志
广州：广东省地方志办公室，1986—2003
1995，no. Z1

062　金源完颜最富藏　嫏嬛妙境三虞堂
范凤书
图书馆杂志
上海：上海图书馆（上海科学技术情报研究所），上海市图书馆学会，1982—
1995，no. 1，57—58 页

063　伦明与《辛亥以来藏书纪事诗》(*)
黄正雨
图书馆论坛
广州：广东图书馆学会等，1991—
1995，no. 5，17—19 页

064　以“破伦”精神藏书的伦明(*)
来新夏
冷眼热心——来新夏随笔　第六十七章
上海：东方出版中心，1997
215—217 页

065　中华名人书斋大观・续书楼
杜产明、朱亚夫主编
中华名人书斋大观

上海：汉语大词典出版社，1997
219—220 页

066　人才辈出的通学斋书店
叶祖孚
北京琉璃厂
北京：燕山出版社，1997
129—130 页

067　《书目答问》撰者考辨
周铁强
图书与情报
兰州：该刊编辑部，1981—
1998，no. 4，59—60 页

068　广东私家藏书楼和藏书家的地位和贡献
黄增章
中山大学学报：社会科学版
广州：该学报编辑部，1991—
1998，no. 6，130—135 页

069　藏书家伦明
杨宝霖
东莞文史
政协东莞市文史资料委员会
东莞：该刊编辑部，1983—
1998，no. 29，50—58 页

070　辛亥以来藏书纪事诗
伦明等著，杨琥点注
北京：北京燕山出版社，1999
300 页

071　藏书纪事诗　辛亥以来藏书纪事诗（附校补）

叶昌炽、伦明著
上海：上海古籍出版社，1999
751 页，153 页

072　伦哲如先生传略
孙耀卿口述，雷梦水整理
藏书纪事诗　辛亥以来藏书纪事诗（附校补）
叶昌炽、伦明
上海：上海古籍出版社，1999
149—153 页

073　我的留学记
（日）吉川幸次郎著，钱婉约译
北京：光明日报出版社，1999
223 页

074　清末民初广东私人藏书的历史作用与影响
吴丹青著，程焕文指导
［页码不详］
文学硕士论文：［学科专业名称不详］；中山大学，2001

075　中国藏书楼·伦明与续书楼
中国藏书楼
任继愈主编
沈阳：辽宁人民出版社，2001

076　中国藏书通史·伦明
中国藏书通史
傅璇琮、谢灼华主编
宁波：宁波出版社，2001
118 页

077　伦明　沉酣典籍不惜典衣销带
藏书故事

余章瑞编著
北京：北京出版社，2001
351—352 页

078　康南海先生弟子考略·伦明
康南海先生弟子考略
李名方辑，蒋贵麟文存
香港：文化教育出版社，2001
88 页

079　中国私家藏书史·伦明续书楼
中国私家藏书史
范凤书
南京：大象出版社，2001
511—512 页

080　仓石武四郎中国留学记
（日）仓石武四郎著，荣新江、朱玉麒辑注
北京：中华书局，2002
331

081　以“破伦”精神藏书
邃谷文录——来新夏自选文集　下册
来新夏
天津：南开大学出版社，2002
1592—1593 页

082　藏书家伦明
杨宝霖
广州话旧：《羊城今古》精选 1987—2000　下
广州市地方志办公室编
广州：广州出版社，2002
588—591 页

083　明清民国时期东江藏书家集论略
黄敏
惠州学院学报：社会科学版
惠州：该学报编辑部，V. 1（1981）—
v. 22，no. 5（2002. 10），69—74 页

084　北平辅仁旧事
龙坡杂文
台静农
北京：生活·读书·新知三联书店，2002
102 页

085　续修四库全书总目提要研究
王亮著，吴格指导
166 页
博士论文：中国古典文献学；复旦大学，2004

086　书海因缘一绪微——谈伦明旧藏《宋四家词选》抄本(*)
童轩
收藏·拍卖
广州：该刊杂志社，2004—
2004，no. 1，62—63 页

087　旧衣弊衫话“破伦”
古籍典故
汪玉川、陈鸿彝
太原：太白文艺出版社，2004
150—152 页

088　教会大学在中国·会友贝勒府——辅仁大学·伦明（1875—1944）
教会大学在中国·会友贝勒府——辅仁大学
孙邦华编著

石家庄：河北教育出版社，2004
34 页

089 身等国宝志存辅仁：辅仁大学校长陈垣·伦明（1875—1944）
身等国宝志存辅仁：辅仁大学校长陈垣
孙邦华著
济南：山东教育出版社，2004
126—127 页

090 岭南诸家题肤公雅奏图卷
朱万章
收藏·拍卖
广州：该刊杂志社，2004—
2005，no. 1，42—43 页

091 北京辅仁大学校史 1925—1952
徐乃乾
北京：中国社会出版社，2005
880 页

092 私家藏书之兴衰与社会文化之变迁
徐雁平
博览群书
北京：《博览群书》编辑部，1985—
2005，no. 9，56—60 页

093 中国藏书家通典·伦明
中国藏书家通典
李玉安、黄正雨主编
香港：中国国际文化出版社，2005
819—920 页

094 藏书家伦哲如
魏隐儒

新编文史笔记丛书　第二辑
萧乾主编，中央文史馆编
北京：中华书局，2005

095　日本学人中国访书记
（日）内藤湖南、（日）长泽规矩也等
北京：中华书局，2006
297 页

096　东莞藏书家述略
冯玲
图书馆论坛
广州：广东图书馆学会等，1991—
2007，no. 5，172—174 页

097　东洋文库《续修四库全书总目提要》资料随录(*)
吴格
白云论坛　第 4 卷　下辑　第二函
张本义主编
北京：北京图书馆出版社，2007
534—535、550、555 页

098　五石斋文史札记（二十四）
邓之诚遗作，邓瑞整理
中国典籍与文化
北京：教育部全国高等院校古籍整理研究工作委员会该刊，1992—
2007，no. 2，109、122 页

099　广东近世词坛研究·伦明（1875——1944）
广东近世词坛研究
谢永芳
上海：上海古籍出版社，2008

48 页

100　东莞现代人物·伦明(*)
杨宝霖
东莞现代人物
中共东莞市委宣传部、东莞市文学艺术界联合会编
广州：广东教育出版社，2008
227—243 页

101　岭南史学名家·伦明小传
何伊
岭南史学名家
政协广东省委员会办公厅、广东省政协文化和文史资料委员会编
北京：中国文史出版社，2008
823 页

102　晚清民国的学人与学术·伦明
晚清民国的学人与学术
桑兵
北京：中华书局，2008

103　《诃林诸子饯别袁崇焕督辽诗画卷》考
邱允裕
广州美术学院 2007 届美术学　艺术设计学毕业生论文集 1
广州美术学院教务处编
贵阳：贵州教育出版社，2008
175—186 页

104　皮椽偶识·辛亥以来藏书纪事诗（提要）(*)
皮椽偶识
王伯祥
北京：中华书局，2008

90—91 页

105　接受伦明藏书[*]
中国国家图书馆馆史 1909—2009
李致忠主编
北京：北京图书馆出版社，2009
151 页

106　伦明藏书与清刻本的入善问题[*]
冀淑英古籍善本十五讲
冀淑英
北京：北京图书馆出版社，2009
67—86 页

107　胡适王重民先生往来书信集
北京大学信息管理系、台北胡适纪念馆编
北京：北京图书馆出版社，2009
481 页

108　伦明续书楼
近代藏书三十家
苏精著
增订本
北京：中华书局，2009
137—145 页

109　中国私家藏书·伦明与续书楼
中国私家藏书　下
肖东发主编
贵阳：贵州人民出版社，2009
346—348 页

110　一个想独自续修“四库”的人
夏和顺

深圳商报
深圳：该报社，1990—
2009.9.2，第 C04 版面

111　以诗记书流芳后世
夏和顺
深圳商报
深圳：该报社，1990—
2009.9.2，第 C04 版面

112　藏书纪事诗研究
翟朋著，查洪德指导
文学硕士论文：中国古典文献学；南开大学，2010

113　从“来熏阁”到“通学斋”
江淮雁斋读书志
徐雁
长沙：岳麓书社，2010
57—88 页

114　孙殿起和他的通学斋
张西园
山东图书馆学刊
济南：山东省图书馆学会，1981—
2010，no.6，41—53 页

115　北大教授伦明开办古旧书店
学人书情随录
马嘶
长沙：岳麓书社，2010

116　伦明“续书楼”藏书及《辛亥以来藏书纪事诗》(*)
学人藏书聚散录
马嘶

北京：清华大学出版社，2010
37—41 页

117　陈垣来往书信集
陈智超编注
增订本
北京：生活·读书·新知三联书店，2010
1209 页

118　郭嵩焘与芝加哥大学所藏稿本《沅湘耆旧诗集续编》
周原
文献
北京：书目文献出版社，1979—
2011，no. 1，168—188 页

119　读伦明先生致陈垣先生的信件(*)
来新夏
中国文化
北京：中国艺术研究院，1989—
2011，no. 1，189—191 页

120　藏书家伦明与史学家陈垣的书缘(*)
伦志清
莞水情
北京：北京东莞建设研究会，2011—
2011，no. 03，8—12 页

121　伦明书目答问朱笔题识
伦明
书目答问汇补
来新夏等汇补
北京：中华书局，2011
1218 页

122　陈垣与广东学人的交往[*]
周永卫
陈垣与岭南：纪念陈垣先生诞生 130 周年学术研讨会论文集
张荣芳、戴治国主编
北京：中国社会科学出版社，2011
429—477 页

123　中国近代藏书家藏书访集活动的比较研究
项晓晴著，吴荣政指导
硕士论文：图书馆学．文献学与文献资料建设；广西民族大学，2012

124　渔洋山人著书续考
杜泽逊
版本目录学研究　第三辑
沈乃文主编
北京：国家图书馆出版社，2012
417—426 页

125　千金散尽求藏书，续修《四库》愿未酬
蔡贤丽
南方都市报
广州：南方报业传媒集团，1997—
2012. 3. 4，第 DD08 版面

126　纪尽百千藏书事，续修四书志未酬
邱春风
南方都市报
广州：南方报业传媒集团，1997—
2012. 4. 24，第 DA12 版面

127　读伦明先生致陈垣先生的信件
来新夏

南开大学学报
天津：该学报编辑部，1955—
2012，no. 6

128　学者型藏书家伦明的书缘(*)
伦志清
未公开出版，2012. 7

129　《辛亥以来藏书纪事诗》新论(*)
周生杰
社会科学战线
长春：吉林省社会科学院，1978—
2012，no. 9，163—167 页

130　千金散去不复来　百万藏书泽后世
刘燕
东莞日报
东莞：东莞报业传媒集团，1986—
2012. 9. 18，第 A20 版面

131　传承文脉识伦明
刘燕
东莞日报
东莞：东莞报业传媒集团，1986—
2012. 9. 18，第 A20 版面

132　藏书家伦哲如
孙耀卿
旧时书坊
秋禾、少莉编
北京：生活·读书·新知三联书店，2012
353—356 页

133　伦明（续书楼）

中国藏书家缀补录
白淑春编著
银川：宁夏人民出版社，2012
28—29 页

134　伦明续书楼
中国私家藏书史
范凤书
武汉：武汉大学出版社，2013
503—504 页

135　伦明与《续修四库全书总目提要》(*)
熊静
山东图书馆学刊
济南：山东省图书馆学会，1981—
2013，no. 3，23—25 页，39 页

136　伦明　续书楼
中国著名藏书家与藏书楼
范凤书
郑州：大象出版社，2013
368 页

137　续书楼藏书有多少
张宪光
东方早报
上海：上海文汇新民联合报业集团，2003—
2013. 4. 7，第 B09 版面

138　伦明的藏书有数百万卷?
陈福季
东方早报
上海：上海文汇新民联合报业集团，2003—

2013.4.21，第 B15 版面

139　《清诗纪事初编》序
清诗纪事初编
邓之诚撰
上海：上海古籍出版社，2013
1—4 页

140　中国近现代藏书大家——伦明
罗志欢
东莞日报
东莞：东莞报业传媒集团，1986—
2013.9.23，第 A08 版面

141　东莞市图书馆出版发行《伦明全集》
伦志清
莞水情
北京：北京东莞建设研究会，2011—
2013，no.9，23 页

142　解开藏书家伦明与梁启超的情谊谜团(*)
伦志清
莞水情
北京：北京东莞建设研究会，2011—
2013，no.10，12—15 页

143　五石斋藏书与老照片
张宪光
书城
上海：上海三联书店，1993—
2013，no.10，25—30 页

144　伦明
东莞历史名人

王元林、张龙主编
东莞市博物馆、暨南大学历史地理教研室编
广州：广东人民出版社，2013
263—267 页

145　伦明先生的一封信
来新夏
海南日报
海口：中共海南省委，1950—
2013. 12. 5，第 018 版面

146　伦明先生文献学著述考(*)
熊静
大学图书馆学报
北京：北京大学出版社，1989—
2014，no. 1，110—115 页

147　《伦哲如诗稿》探析(*)
张纹华
顺德职业技术学院学报
佛山：该学报编辑部，2003—
2014，no. 1，75—79 页

148　书痴伦明与伦姓
阿龙
揭阳日报
揭阳：该日报社，1992—
2014. 2. 24

149　伦明：中国近现代藏书大家(*)
罗志欢
影响中国的东莞人
中共东莞市委宣传部主编

广州：广东经济出版社，2014
38—45 页

150　伦明目录学思想初探(*)
刘平
图书馆
长沙：湖南省图书馆学会，1983—
2014，no. 6，99—101

151 伦明交游考述(*)
罗志欢
伦明评传
广州：广东人民出版社，2014
200—274 页

152　伦明与“续书楼”
近现代东莞学人群体研究
田根胜著
北京：中华书局，2014
76—79 页

153　伦明著述中所见的近代图书馆事业(*)
张涛
[未公开出版]，2014

154　伦明与他的《四库全书》续编梦(*)
沈汉炎
东莞时报
东莞：东莞日报社，2008—
2014. 11. 16，第 A07 版面

155　伦明所撰《续修四库全书总目提要》研究(*)
李建权著，罗春兰指导
95 页

硕士论文：文学．中国古典文献学；南昌大学，2015

156　藏书家伦明研究述略(*)
李雅、游雪雯
大学图书馆学报
北京：北京大学出版社，1989—
2015，no. 1，117—120 页

157　伦明对乡邦文献的揄扬——以《辛亥以来藏书纪事诗》为中心(*)
李吉奎
东莞地方文献整理与东莞学人研究文集
东莞市政协、莞城区办事处编
济南：齐鲁书社，2015
194—199 页

158　《东涧写校李商隐诗集》伦明眉批注释(*)
石光明
文津学志
北京：国家图书馆古籍馆，2003—
2015，184—193 页

159　论藏书纪事诗的学术价值及文学史意义
周生杰
文学遗产
北京：中国社会科学院文学研究所，1980—
2015，no. 2，175—186 页

160　伦明
关国煊
民国人物小传　第六册
刘绍唐主编
上海：上海三联书店，2015

175—181 页

161　藏书纪事诗文体沿革考
翟朋、颜丽娟
晋阳学刊
太原：山西省社会科学院，1980
2015，no. 6，38—42 页

162　纳兰成德传
张荫麟
纳兰性德全集
（清）纳兰性德原著，王书利主编
北京：线装书局，2016

163　藏书家伦明与京师大学堂师范馆关系史实考源（*）
郑丽芬
山东图书馆学刊
济南：山东省图书馆学会，1981—
2016，no. 2，40—45 页

164　伦明藏书思想（*）
张诗阳著，程焕文指导
硕士论文：图书馆学；中山大学，2016

165　伦明：破灭的《四库全书》续编梦
沈汉炎
东莞时报
东莞：东莞日报社，2008—
2016. 6. 26，第 A11 版面

166　伦明与孙殿起交游考（*）
钱昆
图书馆论坛
广州：广东图书馆学会等，1991—

2016，no. 7，111—114 页

167　伦明哲如　余嘉锡季豫　沈应奎羹梅　张允亮庾楼(*)
续藏书纪事诗
吴则虞撰，吴受琚增补
北京：国家图书馆出版社，2016
357—361 页

168　伦明文献学理论与实践研究(*)
钱昆著，王余光指导
博士论文：图书情报与档案管理；北京大学，2017

169　《辛亥以来藏书纪事诗》研究(*)
黄诚祯著，李平指导
硕士论文：艺术学理论．艺术学理论与批评；安徽师范大学，2017

170　论伦明藏书成就与文化意义(*)
周生杰
东莞理工学院学报
东莞：该学报编辑部，1994—
2017，no. 2，1—6 页

171　百年来藏书纪事诗研究综述
周生杰
石家庄学院学报
石家庄：该学报编辑部，1988—
v. 19，no. 2（2017，3），93—99 页

172　传统与变革：近代以来藏书诗的创作转型
周生杰
苏州大学学报：哲学社会科学版
苏州：该学报编辑部，1960—
2017，no. 6，157—165 页

173　藏书家伦明文章文学双创特色初探(*)
刘平
河南科技学院学报
新乡：该学报编辑部，[出版时间不详]
2017，no. 11，31—36 页

174　记事存藏书史　抒情明读书志——伦明《辛亥以来藏书纪事诗》研究(*)
刘平
图书馆论坛
广州：广东图书馆学会等，1991—
2017，no. 12，115—121 页

175　伦明所藏抄本述略(*)
董馥荣
文津学志
北京：国家图书馆古籍馆，2003—
2017，289—296 页

176　伦明书缘探微(*)
刘平
大学图书馆学报
北京：北京大学出版社，1989—
2018，no. 2，120—126 页

177　“丹桂有根，长在诗书门第”——读《伦明全集》兼析其书文化情意(*)
徐雁
中华读书报
北京：光明日报社等，1994—
2018. 4. 4，第 008 版面

178　伦明与北京大学(*)

郑丽芬
中华读书报
北京：光明日报社等，1994—
2018.4.4，第008版面

179　伦明与东莞[*]
钟敬忠
中华读书报
北京：光明日报社等，1994—
2018.4.4，第008版面

180　小记《伦明全集》出版
张石欣
中华读书报
北京：光明日报社等，1994—
2018.4.4，第008版面

181　乡邦文献　有赖斯存
熊静
中华读书报
北京：光明日报社等，1994—
2018.4.11，第019版面

182　《伦明全集》汇伦明毕生学术之大成　承续修四库之精神
赵水平
东莞日报
东莞：东莞报业传媒集团，1986—
2018.4.16，第A09版面

183　陪孩子读伦明成长故事　对家庭教育很有借鉴意义
沈汉炎
东莞时报
东莞：东莞日报社，2008—

2018. 4. 16，第 A11 版面

184　弘扬伦明精神　传承东莞文脉
谭志红
中国文化报
北京：该报，1986—
2018. 4. 19，第 11 版面

185　《伦明全集》东莞首发
余晓玲
新快报
广州：羊城晚报报业集团，1998—
2018. 4. 20，第 G30 版面

186　伦明及其《辛亥以来藏书纪事诗》述评
孙雪峰
文化创新比较研究
哈尔滨：黑龙江文化产业投资控股集团有限公司，2017—
2018，no. 10，76—77 页

187　伦明藏书思想研究（*）
张诗阳
新世纪图书馆
南京：江苏省图书馆学会；南京图书馆，1980—
2019，no. 1，21—24、48 页

188　藏尽四库谁续书（*）
詹谷丰
作品
广州：广东省作家协会，1978—
2019，no. 02，117—126 页

189　伦明生平及其学术成就述略（*）
钱昆

山东图书馆学刊
济南：山东省图书馆学会，1981—
2019，no. 3，38—42、48 页

190《续修四库全书总目提要》伦明撰写部分研究(*)
许起山

伦明研究著者索引

（以汉语拼音为序）

001　阿　龙
书痴伦明与伦姓
阿龙
揭阳日报
揭阳：该日报社，1992—
2014，02，24

002　白淑春
伦明（续书楼）
中国藏书家缀补录
白淑春编著
银川：宁夏人民出版社，2012
28—29 页

003　北京大学信息管理系
胡适王重民先生往来书信集
北京大学信息管理系、台北胡适纪念馆编
北京：北京图书馆出版社，2009
481 页

004　蔡金重
藏书纪事诗引得（藏书纪事诗，叶昌炽著；辛亥以来藏书纪事诗，伦明著）
蔡金重编
《引得》第二十八号
北京：燕京大学哈佛燕京学社引得编纂处，1937

005 蔡贤丽
千金散尽求藏书，续修《四库》愿未酬
蔡贤丽
南方都市报
广州：南方报业传媒集团，1997—
2012.3.4，第 DD08 版面

006（日）仓石武四郎
仓石武四郎中国留学记
（日）仓石武四郎著；荣新江、朱玉麒辑注
北京：中华书局，2002
331 页

007（日）长泽规矩也
日本学人中国访书记
（日）内藤湖南、（日）长泽规矩也等
北京：中华书局，2006
297 页

008 查洪德
藏书纪事诗研究
翟朋著，查洪德指导
文学硕士论文：中国古典文献学；南开大学，2010

009 陈传艺
中国藏书家辞典·伦明
李玉安、陈传艺
中国藏书家辞典
武汉：湖北教育出版社，1989
318 页

010 陈福季
伦明的藏书有数百万卷？

陈福季
东方早报
上海：上海文汇新民联合报业集团，2003—
2013. 4. 21，第 B15 版面

011　陈汉才
康门弟子述略·伦明（1875—1944）（*）
陈汉才
康门弟子述略
广州：广东高等教育出版社，1991
83—86 页

012　陈鸿彝
旧衣弊衫话“破伦”
古籍典故
汪玉川、陈鸿彝
太原：太白文艺出版社，2004
150—152 页

013　陈树铭
伦明哲如与续书楼
陈树铭
莞草
东莞：莞草编辑部，［出版时间不详］
1981，no. 8

014　陈思
学者型藏书家——伦明（*）
陈思
广东史志
广州：广东省地方志办公室，1986—2003
1995，no. Z1

015　陈文良
北京传统文化便览·续书楼
陈文良
北京传统文化便览
北京：北京燕山出版社，1992
926 页

016　陈智超
陈垣来往书信集
陈智超编注
上海：上海古籍出版社，1990
828 页

陈垣来往书信集
陈智超编注
增订本
北京：生活·读书·新知三联书店，2010
1209 页

017　程焕文
稽古右文　沾溉学林——试评《清代藏书楼发展史·续补藏书纪事诗传》和《中国历史藏书论著读本》
程焕文
图书馆论坛
广州：广东图书馆学会等，1991—
1992，no. 4，79—80，24 页

清末民初广东私人藏书的历史作用与影响
吴丹青著，程焕文指导
文学硕士论文：［学科专业名称不详］；中山大学，2001

伦明藏书思想（＊）
张诗阳著，程焕文指导

硕士论文：图书馆学；中山大学，2016

018　邓瑞
五石斋文史札记（二十四）
邓之诚遗作，邓瑞整理
中国典籍与文化
北京：教育部全国高等院校古籍整理研究工作委员会该刊，1992—
2007，no. 2，109，122 页

019　邓之诚
五石斋文史札记（二十四）
邓之诚遗作，邓瑞整理
中国典籍与文化
北京：教育部全国高等院校古籍整理研究工作委员会该刊，1992—
2007，no. 2，109、122 页

《清诗纪事初编》序
清诗纪事初编
邓之诚撰
上海：上海古籍出版社，2013
1—4 页

020　东莞市地方志编纂办公室
东莞人物录·伦明
东莞市地方志编纂办公室
东莞人物录　第一辑
东莞：东莞市地方志编纂办公室，1988
81—82 页

021　董馥荣
伦明所藏抄本述略（*）

董馥荣
文津学志
北京：国家图书馆古籍馆，2003—
2017，289—296 页

022　杜产明
中华名人书斋大观·续书楼
杜产明、朱亚夫主编
中华名人书斋大观
上海：汉语大词典出版社，1997
219—220 页

023　杜泽逊
渔洋山人著书续考
杜泽逊
版本目录学研究　第三辑
沈乃文主编
北京：国家图书馆出版社，2012
417—426 页

024　范凤书
金源完颜最富藏　嫏嬛妙境三虞堂
范凤书
图书馆杂志
上海：上海图书馆（上海科学技术情报研究所），上海市图书馆学会，1982—
1995，no. 1，57—58 页

中国私家藏书史·伦明续书楼
中国私家藏书史
范凤书
南京：大象出版社，2001

511—512 页

伦明续书楼
中国私家藏书史
范凤书
武汉：武汉大学出版社，2013
503—504 页

伦明　续书楼
中国著名藏书家与藏书楼
范凤书
郑州：大象出版社，2013
368 页

025　房兆楹
清末民初洋学学生题名录初辑・京师大学堂同学录（1906 年）
房兆楹辑
台北："中央研究院"近代史研究所，1962

026　冯玲
东莞藏书家述略
冯玲
图书馆论坛
广州：广东图书馆学会等，1991—
2007，no. 5，172—174 页

027　傅璇琮
中国藏书通史・伦明
中国藏书通史
傅璇琮、谢灼华主编
宁波：宁波出版社，2001
118 页

028　傅振伦

记目录学家伦明先生二三事（＊）
傅振伦
文献
北京：国家图书馆，1979—
1987，no. 2

整理古籍文献的体会
傅振伦
古籍整理研究学刊
长春：东北师范大学古籍整理研究所，1985—
1990，no. 5，29—32 页

029　耿云志
致伦哲如信一通（＊）
胡适
胡适遗稿及秘藏书信　19
胡适著，耿云志主编
合肥：黄山书社，1994
359—360 页

030　关国煊
伦明（1875—1944）
关国煊
民国人物小传　第六册
刘绍唐
台北：传记文学出版社，1981

民国人物小传·伦明（＊）
关国煊
民国人物小传
台湾：传记文学出版社，1983
v. 42，no. 6（1983）

伦明
关国煊
民国人物小传　第六册
刘绍唐主编
上海：上海三联书店，2015
175—181 页

031　郭群一
历史藏书家辞典·伦明
梁战、郭群一编著
历史藏书家辞典
太原：山西人民出版社，1991
103 页

032　何多源
广东藏书家考（四续）伦哲如（＊）
何多源
广州大学图书馆季刊
广州：广州大学图书馆，1933—1937
1935，no. 1，90—95 页

033　何伊
岭南史学名家·伦明小传
何伊
岭南史学名家
政协广东省委员会办公厅、广东省政协文化和文史资料委员会编
北京：中国文史出版社，2008
823 页

034　宏烨
东莞籍藏书家伦明

宏烨
新晚报
香港：该报，1992. 1. 7

035　胡适
致伦哲如信一通（＊）
胡适
胡适遗稿及秘藏书信　19
胡适著，耿云志主编
合肥：黄山书社，1994
359—360 页

036　黄诚祯
《辛亥以来藏书纪事诗》研究（＊）
黄诚祯著，李平指导
86 页
硕士论文：艺术学理论．艺术学理论与批评；安徽师范大学，2017

037　黄国声
广东的藏书家
黄国声
中国典籍与文化
北京：教育部全国高等院校古籍整理研究工作委员会，1992—1993，no. 4，71—78 页

038　黄敏
明清民国时期东江藏书家集论略
黄敏
惠州学院学报：社会科学版
惠州：该学报编辑部，1981—
v. 22，no. 5（2002. 10），69—74 页

039　黄增章
广东私家藏书楼和藏书家的地位和贡献
黄增章
中山大学学报：社会科学版
广州：该学报编辑部，1991—
1998，no. 6，130—135 页

040　黄正雨
伦明与《辛亥以来藏书纪事诗》（*）
黄正雨
图书馆论坛
广州：广东图书馆学会等，1991—
1995，no. 5，17—19 页

中国藏书家通典·伦明
中国藏书家通典
李玉安、黄正雨主编
香港：中国国际文化出版社，2005. 12
819—920 页

041　（日）吉川幸次郎
我的留学记
（日）吉川幸次郎著，钱婉约译
北京：光明日报出版社，1999
223 页

042　冀淑英
伦明藏书与清刻本的入善问题（*）
冀淑英古籍善本十五讲
冀淑英
北京：北京图书馆出版社，2009
67—86 页

043　蒋贵麟
康南海先生弟子考略·伦明
康南海先生弟子考略
李名方辑，蒋贵麟文存
香港：文化教育出版社，2001
88 页

044　来新夏
以“破伦”精神藏书的伦明（＊）
来新夏
冷眼热心——来新夏随笔　第六十七章
上海：东方出版中心，1997
215—217 页

以“破伦”精神藏书
邃谷文录——来新夏自选文集　下册
来新夏
天津：南开大学出版社，2002
1592—1593 页

读伦明先生致陈垣先生的信件（＊）
来新夏
中国文化
北京：中国艺术研究院，1989—
2011，no. 1，189—191 页

伦明书目答问朱笔题识
伦明
书目答问汇补
来新夏等汇补
北京：中华书局，2011
1218 页

读伦明先生致陈垣先生的信件
来新夏
南开大学学报
天津：该学报编辑部，1955—
2012，no. 6

伦明先生的一封信
来新夏
海南日报
海口：中共海南省委，1950—
2013. 12. 5，第 018 版面

045 雷梦水
藏书家伦哲如（＊）
孙耀卿口述，雷梦水整理
随笔　第九集
广州：广东人民出版社，1980. 7
94—97 页

记伦哲如先生（＊）
孙耀卿口述，雷梦水整理
文史资料选编　第 12 辑
中国人民政治协商会议北京市委员会文史资料委员会编
北京：北京出版社，1982
176—179 页

古书业与近代几位藏书家
雷梦水
文物
北京：文物出版社，1950—
1985，no. 1，61—62、60 页

古书业与近代几位藏书家·伦明

雷梦水
书林琐记
北京：人民日报出版社，1988
72—76 页

记伦哲如先生
雷梦水
书林琐记
北京：人民日报出版社，1988
90—94 页

伦哲如的《辛亥以来藏书纪事诗》（＊）
雷梦水
书林琐记
北京：人民日报出版社，1988
5 页

伦哲如先生传略
孙耀卿口述，雷梦水整理
辛亥以来藏书纪事诗
伦明著，雷梦水校补
上海：上海古籍出版社，1990
149—153 页

藏书纪事诗　辛亥以来藏书纪事诗（附校补）
叶昌炽、伦明著，雷梦水校补
上海：上海古籍出版社，1999
751 页，153 页

046　李广宇
书文化大观·续书楼
李广宇
书文化大观

北京：中国广播电视出版社，1994
268 页

047　李吉奎
伦明对乡邦文献的揄扬——以《辛亥以来藏书纪事诗》为中心（＊）
李吉奎
东莞地方文献整理与东莞学人研究文集
东莞市政协、莞城区办事处编
济南：齐鲁书社，2015
194—199 页

048　李建权
伦明所撰《续修四库全书总目提要》研究（＊）
李建权著，罗春兰指导
硕士论文：中国古典文献学；南昌大学，2015

049　李名方
康南海先生弟子考略・伦明
康南海先生弟子考略
李名方辑，蒋贵麟文存
香港：文化教育出版社，2001
88 页

050　李平
《辛亥以来藏书纪事诗》研究（＊）
黄诚祯著，李平指导
硕士论文：艺术学理论与批评；安徽师范大学，2017

051　李学敏
试论二十世纪初叶的广东藏书家
李学敏
岭南文史

［广东］省文史研究馆
广州：该刊，1983—
1993，no. 1，28—30 页

052 李雅
藏书家伦明研究述略（*）
李雅、游雪雯
大学图书馆学报
北京：北京大学出版社，1989—
2015，no. 1，117—120 页

053 李玉安
中国藏书家辞典
李玉安、陈传艺
武汉：湖北教育出版社，1989
318 页

中国藏书家通典
李玉安、黄正雨主编
香港：中国国际文化出版社，2005
819—920 页

054 李致忠
接受伦明藏书（*）
中国国家图书馆馆史 1909—2009
李致忠主编
北京：北京图书馆出版社，2009
151 页

055 梁战
历史藏书家辞典·伦明
梁战、郭群一编著
历史藏书家辞典

太原：山西人民出版社，1991.10
103 页

056　林夕
十年和廿年——影印《四库全书珍本初集》始末
林夕
读书
北京：生活·读书·新知三联书店，1979—
1993，no.6，121—127 页

十年和廿年——影印《四库全书珍本初集》始末
林夕
新华文摘
北京：人民出版社，1981—
1993，no.8，121—127 页

057　刘平
伦明目录学思想初探（*）
刘平
图书馆
长沙：湖南省图书馆学会，1983—
2014，no.6，99—101

藏书家伦明文章文学双创特色初探（*）
刘平
河南科技学院学报
新乡：该学报编辑部，[出版时间不详]
2017，no.11，31—36 页

记事存藏书史　抒情明读书志——伦明《辛亥以来藏书纪事诗》研究（*）
刘平
图书馆论坛

广州：广东图书馆学会等，1991—
2017，no. 12，115—121 页

伦明《辛亥以来藏书纪事诗》研究
刘平
广州：世界图书出版公司，2017
262 页

伦明书缘探微（*）
刘平
大学图书馆学报
北京：北京大学出版社，1989—
2018，no. 2，120—126 页

058　刘绍唐
伦明（1875—1944）
关国煊
民国人物小传　第六册
刘绍唐
台北：传记文学出版社，1981

059　刘燕
千金散去不复来　百万藏书泽后世
刘燕
东莞日报
东莞：东莞报业传媒集团，1986—
2012. 9. 18，第 A20 版面

传承文脉识伦明
刘燕
东莞日报
东莞：东莞报业传媒集团，1986—
2012. 9. 18，第 A20 版面

060　伦志清

藏书家伦明与史学家陈垣的书缘（＊）

伦志清

莞水情

北京：北京东莞建设研究会，2011—

2011，no. 3，8—12 页

学者型藏书家伦明的书缘（＊）

伦志清

未公开出版，2012. 7

东莞图书馆出版发行《伦明全集》

伦志清

莞水情

北京：北京东莞建设研究会，2011—

2013，no. 9，23 页

解开藏书家伦明与梁启超的情谊谜团（＊）

伦志清

莞水情

北京：北京东莞建设研究会，2011—

2013，no. 10，12—15 页

061　罗春兰

伦明所撰《续修四库全书总目提要》研究（＊）

李建权著，罗春兰指导

95 页

硕士论文：中国古典文献学；南昌大学，2015

062　罗继祖

东莞伦氏“续书楼”（＊）

罗继祖

史学集刊

长春：吉林大学该刊编辑部，1956—
1987，no. 1，77 页

063　罗志欢
近代东莞藏书二大家
罗志欢
历史大观园
广州：该刊杂志社，1985—1994
1991，no. 4，40—41 页

中国近现代藏书大家——伦明
罗志欢
东莞日报
东莞：东莞报业传媒集团，1986—
2013. 9. 23，第 A08 版面

伦明：中国近现代藏书大家（ * ）
罗志欢
影响中国的东莞人
中共东莞市委宣传部主编
广州：广东经济出版社，2014
38—45 页

伦明评传
罗志欢
广州：广东人民出版社，2014
291 页

伦明交游考述（ * ）
罗志欢
伦明评传
广州：广东人民出版社，2014
200—274 页

064　马嘶
北大教授伦明开办古旧书店
学人书情随录
马嘶
长沙：岳麓书社，2010

伦明“续书楼”藏书及《辛亥以来藏书纪事诗》(*)
学人藏书聚散录
马嘶
北京：清华大学出版社，2010
37—41页

065　(日)内藤湖南
日本学人中国访书记
(日)内藤湖南、(日)长泽规矩也等
北京：中华书局，2006
297页

066　磐石杂志编辑部
辅仁大学文学院中国文学系课程表及课程说明
磐石杂志编辑部编
天津：天津益世报社[发行]，1932—1937
v. 1，no. 2—3，147—148页

067　庞礴
《辛亥以来藏书纪事诗》
庞礴
古籍整理出版情况简报
全国古籍整理出版规划领导小组办公室
北京：该刊编辑部，[出版时间不详]
1991，no. 243

068　钱昆

伦明生平及其学术成就述略（＊）
钱昆
山东图书馆学刊
济南：山东省图书馆学会，1981—
2019，no. 3，38—42、48 页

伦明文献学理论与实践研究（＊）
钱昆著，王余光指导
247 页
博士论文：图书情报与档案管理；北京大学，2017

伦明与孙殿起交游考（＊）
钱昆
图书馆论坛
广州：广东图书馆学会等，1991—
2016，no. 7，111—114 页

069　钱婉约
我的留学记
（日）吉川幸次郎著，钱婉约译
北京：光明日报出版社，1999
223 页

070　邱春风
纪尽百千藏书事，续修四书志未酬
邱春风
南方都市报
广州：南方报业传媒集团，1997—
2012. 4. 24，第 DA12 版面

071　邱允裕
《词林诸子饯别袁崇焕督辽诗画卷》考
邱允裕

广州美术学院 2007 届美术学　艺术设计学毕业生论文集 1
广州美术学院教务处编
贵阳：贵州教育出版社，2008
175—186

072　任继愈
中国藏书楼·伦明与续书楼
中国藏书楼
任继愈主编
沈阳：辽宁人民出版社，2001

073　荣新江
仓石武四郎中国留学记
（日）仓石武四郎著，荣新江、朱玉麒辑注
北京：中华书局，2002
331 页

074　桑兵
晚清民国的学人与学术·伦明
晚清民国的学人与学术
桑兵
北京：中华书局，2008

075　沈汉炎
伦明与他的《四库全书》续编梦（＊）
沈汉炎
东莞时报
东莞：东莞日报社，2008—
2014. 11. 16，第 A07 版面

伦明：破灭的《四库全书》续编梦
沈汉炎
东莞时报

东莞：东莞日报社，2008—
2016. 6. 26，第 A11 版面

陪孩子读伦明成长故事　对家庭教育很有借鉴意义
沈汉炎
东莞时报
东莞：东莞日报社，2008—
2018. 4. 16，第 A11 版面

076　石光明
《东涧写校李商隐诗集》伦明眉批注释（ * ）
石光明
文津学志
北京：国家图书馆古籍馆，2003—
2015，184—193 页

077　宋路霞
私家藏书史研究述略
宋路霞
图书馆杂志
上海：上海图书馆（上海科学技术情报研究所）；上海市图书馆学会，1982—
1990，no. 6，49—50 页

078　宋远
辛亥以来藏书纪事诗未刊稿笺注（ * ）
宋远
中华文史论丛　第四十九辑
上海：上海古籍出版社，1992
75—98 页

079　苏精
伦明——书之伯乐

苏精
传记文学
台北：传记文学出版社，1980
v. 37，no. 2（1980）

伦明续书楼（＊）
近代藏书三十家
苏精
台北：传记文学出版社，1983
137—145 页

伦明续书楼
近代藏书三十家
苏精
增订本
北京：中华书局，2009
137—145 页

080　孙邦华
教会大学在中国·会友贝勒府——辅仁大学·伦明（1875—1944）
教会大学在中国·会友贝勒府——辅仁大学
孙邦华编著
石家庄：河北教育出版社，2004
34 页

身等国宝志存辅仁：辅仁大学校长陈垣·伦明（1875—1944）
身等国宝志存辅仁：辅仁大学校长陈垣
孙邦华
济南：山东教育出版社，2004
126—127 页

081　孙雪峰

伦明及其《辛亥以来藏书纪事诗》述评
孙雪峰
文化创新比较研究
哈尔滨：黑龙江文化产业投资控股集团有限公司，2017—2018，no. 10，76—77 页

082　孙耀卿
藏书家伦哲如（*）
孙耀卿口述，雷梦水整理
随笔　第九集
广州：广东人民出版社，1980. 7
94—97 页

记伦哲如先生（*）
孙耀卿口述，雷梦水整理
文史资料选编　第十二辑
中国人民政治协商会议北京市委员会文史资料委员会编
北京：北京出版社，1982
176—179 页

伦哲如先生传略
孙耀卿口述，雷梦水整理
辛亥以来藏书纪事诗
伦明著，雷梦水校补
上海：上海古籍出版社，1990. 9
149—153 页

伦哲如先生传略
孙耀卿口述；雷梦水整理
藏书纪事诗　辛亥以来藏书纪事诗（附校补）
叶昌炽、伦明著
上海：上海古籍出版社，1999

149—153 页

藏书家伦哲如
孙耀卿
旧时书坊
秋禾、少莉编
北京：生活·读书·新知三联书店，2012
353—356 页

台北胡适纪念馆
胡适王重民先生往来书信集
北京大学信息管理系、台北胡适纪念馆编
北京：北京图书馆出版社，2009
481 页

083　台静农
北平辅仁旧事（*）
台静农
龙坡杂文
台北：洪范书店有限公司，1988.7
134 页

北平辅仁旧事
龙坡杂文
台静农
北京：生活·读书·新知三联书店，2002.12
102 页

084　谭华军
清代藏书楼发展史　续补藏书纪事诗传·伦明（*）
清代藏书楼发展史　续补藏书纪事诗传
谭卓垣、伦明等撰，徐雁、谭华军译补
沈阳：辽宁人民出版社，1988

207—212 页

085　谭志红
弘扬伦明精神　传承东莞文脉
谭志红
中国文化报
北京：该报，1986—
2018. 4. 19，第 11 版面

086　谭卓垣
清代藏书楼发展史　续补藏书纪事诗传 · 伦明（ * ）
清代藏书楼发展史　续补藏书纪事诗传
谭卓垣，伦明等撰；徐雁，谭华军译补
沈阳：辽宁人民出版社，1988
207—212 页

087　田根胜
伦明与“续书楼”
近现代东莞学人群体研究
田根胜
北京：中华书局，2014
76—79 页

088　童轩
书海因缘一绪微——谈伦明旧藏《宋四家词选》抄本（ * ）
童轩
收藏 · 拍卖
广州：该刊杂志社，2004—
2004，no. 1，62—63 页

089　汪玉川
旧衣弊衫话“破伦”
古籍典故

汪玉川、陈鸿彝
太原：太白文艺出版社，2004
150—152 页

090　王伯祥
皮榱偶识·辛亥以来藏书纪事诗（提要）（＊）
皮榱偶识
王伯祥
北京：中华书局，2008
90—91 页

091　王河
中国历史藏书家辞典·伦明
王河主编
中国历史藏书家辞典
上海：同济大学出版社，1991
93 页

092　王謇
续补藏书纪事诗·伦明（哲如）（＊）
王謇
续补藏书纪事诗
王謇著，李希泌点注
北京：书目文献出版社，1987
39—40 页

093　王亮
续修四库全书总目提要研究
王亮著，吴格指导
博士论文：中国古典文献学；复旦大学，2004

094　王燕均
中国历史藏书论著读本·补藏书纪事诗

徐雁、王燕均主编
中国历史藏书论著读本
徐雁、王燕均主编
成都：四川大学出版社，1990. 7
40 页

095　王余光
伦明文献学理论与实践研究（＊）
钱昆著，王余光指导
247 页
博士论文：图书情报与档案管理；北京大学，2017

096　王元林
伦明
王元林、张龙主编
东莞历史名人
东莞市博物馆、暨南大学历史地理教研室编
广州：广东人民出版社，2013
263—267 页

097　魏隐儒
藏书家伦哲如
魏隐儒
耆年话沧桑
章长炳等主编，北京市文史研究馆编
上海：上海书店出版社，1993. 7
156—157 页

藏书家伦哲如
魏隐儒
新编文史笔记丛书　第二辑
萧乾主编，中央文史馆编

北京：中华书局，2005

098　吴丹青
清末民初广东私人藏书的历史作用与影响
吴丹青著，程焕文指导
文学硕士论文：［学科专业名称不详］；中山大学，2001

099　吴道镕
广东藏书纪事诗·伦明续书楼（＊）
徐绍棨
近代中国史料丛刊续辑　第20辑
吴道镕
台北：文海出版社，1975
235—255页

100　吴格
东洋文库《续修四库全书总目提要》资料随录（＊）
吴格
白云论坛　第4卷　下辑　第二函
张本义主编
北京：北京图书馆出版社，2007
534—535页，550页，555页

续修四库全书总目提要研究
王亮著，吴格指导
博士论文：中国古典文献学；复旦大学，2004

101　吴荣政
中国近代藏书家藏书访集活动的比较研究
项晓晴著，吴荣政指导
硕士论文：文献学与文献资料建设；广西民族大学，2012

102　吴受琚
伦明哲如　余嘉锡季豫　沈应奎羹梅　张允亮庾楼（＊）

续藏书纪事诗
吴则虞撰，吴受琚增补
北京：国家图书馆出版社，2016
357—361 页

103　吴则虞
伦明哲如　余嘉锡季豫　沈应奎羹梅　张允亮庾楼（*）
续藏书纪事诗
吴则虞撰，吴受琚增补
北京：国家图书馆出版社，2016
357—361 页

104　夏和顺
一个想独自续修“四库”的人
夏和顺
深圳商报
深圳：该报社，1990—
2009. 9. 2，第 C04 版面

以诗记书流芳后世
夏和顺
深圳商报
深圳：该报社，1990—
2009. 9. 2，第 C04 版面

105　冼玉清
记大藏书家伦哲如（*）
冼玉清
艺林丛录　第五编
香港：商务印书馆香港分馆，1964

106　项晓晴
中国近代藏书家藏书访集活动的比较研究

项晓晴著，吴荣政指导
59 页
硕士论文：文献学与文献资料建设；广西民族大学，2012

107　肖东发
中国私家藏书·伦明与续书楼
中国私家藏书　下
肖东发主编
贵阳：贵州人民出版社，2009
346—348 页

108　谢永芳
广东近世词坛研究·伦明（1875——1944）
广东近世词坛研究
谢永芳
上海：上海古籍出版社，2008
48 页

109　谢灼华
《清代藏书楼发展史　续补藏书纪事诗传》序（*）
谢灼华
清代藏书楼发展史　续补藏书纪事诗传
谭卓垣、伦明等撰，徐雁、谭华军译补
沈阳：辽宁人民出版社，1988
95—96 页

中国藏书通史·伦明
中国藏书通史
傅璇琮、谢灼华主编
宁波：宁波出版社，2001
118 页

110　熊静

伦明先生文献学著述考（＊）
熊静
大学图书馆学报
北京：北京大学出版社，1989—
2014，no. 1，110—115 页

伦明与《续修四库全书总目提要》（＊）
熊静
山东图书馆学刊
济南：山东省图书馆学会，1981—
2013，no. 3，23—25 页，39 页

乡邦文献　有赖斯存
熊静
中华读书报
北京：光明日报社等，1994—
2018. 4. 11，第 019 版面

111　徐乃乾
北京辅仁大学校史 1925—1952
徐乃乾
北京：中国社会出版社，2005
880 页

112　徐绍棨（徐信符）
广东藏书记略
徐信符
广东文物　下册　卷九
香港：香港中国文化协进会，1941
852

广东藏书纪事诗・伦明续书楼
徐绍棨

广东藏书纪事诗
广州：广州大学事务处，1937；1944；1949
1949，no. 复刊 1

广东藏书纪事诗 · 伦明续书楼
徐绍棨
广东藏书纪事诗
影印版
香港：商务印书馆香港分馆，1963

广东藏书纪事诗 · 伦明续书楼（*）
徐绍棨
近代中国史料丛刊续辑　第 20 辑
吴道熔
台北：文海出版社，1975
235—255 页

113　徐雁
书城掌故藏家史　别有续编在人间——《续补藏书纪事诗四种》整理记
徐雁
武汉大学学报：社会科学版
武汉：武汉大学学报编辑部，1930—
1986，no. 5，121—125 页

清代藏书楼发展史　续补藏书纪事诗传 · 伦明（*）
清代藏书楼发展史　续补藏书纪事诗传
谭卓垣、伦明等撰，徐雁、谭华军译补
沈阳：辽宁人民出版社，1988
207—212 页

中国历史藏书论著读本 · 补藏书纪事诗
徐雁、王燕均主编

中国历史藏书论著读本
徐雁、王燕均主编
成都：四川大学出版社，1990
40 页

从“来熏阁”到“通学斋”
江淮雁斋读书志
徐雁
长沙：岳麓书社，2010
57—88 页

“丹桂有根，长在诗书门第”——读《伦明全集》兼析其书文化情意（＊）
徐雁
中华读书报
北京：光明日报社等，1994—
2018. 4. 4，第 008 版面

114　徐雁平
私家藏书之兴衰与社会文化之变迁
徐雁平
博览群书
北京：《博览群书》编辑部，1985—
2005，no. 9，56—60 页

115　许起山
《续修四库全书总目提要》伦明撰写部分研究
许起山
2020. 3

116　颜丽娟
藏书纪事诗文体沿革考
翟朋、颜丽娟

晋阳学刊
太原：山西省社会科学院，1980
2015，no. 6，38—42 页

117　杨宝霖
藏书家——伦明
杨宝霖
羊城古今
广州：广州市地方志办公室；广州市地方志馆，1987—
1988，no. 1，27—28，26 页

藏书家伦明
杨宝霖
东莞文史
政协东莞市文史资料委员会
东莞：该刊编辑部，1983—
1998，no. 29，50—58 页

藏书家伦明
杨宝霖
广州话旧：《羊城今古》精选 1987—2000　下
广州市地方志办公室编
广州：广州出版社，2002
588—591 页

东莞现代人物·伦明（＊）
杨宝霖
东莞现代人物
中共东莞市委宣传部、东莞市文学艺术界联合会编
广州：广东教育出版社，2008
227—243 页

118　杨琥

辛亥以来藏书纪事诗
伦明等著，杨琥点注
2008 重印版
北京：北京燕山出版社，1999
300 页

119 叶祖孚
人才辈出的通学斋书店
叶祖孚
北京琉璃厂
北京：北京燕山出版社，1997
129—130 页

120 艺人论丛编辑部
记民初粤人大藏书家伦哲如
艺人论丛
台北：文馨出版社，1976

121 英集
刘半农先生谈戏曲音乐
英集
中国音乐
北京：中国音乐学院，1981—
1982，no. 2，25—26 页

122 游雪雯
藏书家伦明研究述略（ * ）
李雅、游雪雯
大学图书馆学报
北京：北京大学出版社，1989—
2015，no. 1，117—120 页

123 余晓玲

《伦明全集》东莞首发
新快报
广州：羊城晚报报业集团，1998—
2018. 4. 20，第 G30 版面

124　余章瑞
伦明　沉酣典籍不惜典衣销带
藏书故事
余章瑞编著
北京：北京出版社，2001
351—352 页

125　袁行云
《书目答问》和范希曾的《补正》
袁行云
目录学论文选
李万健、赖茂生
北京：书目文献出版社，1985
391 页

126　翟朋
藏书纪事诗文体沿革考
翟朋、颜丽娟
晋阳学刊
太原：山西省社会科学院，1980
2015，no. 6，38—42 页

藏书纪事诗研究
翟朋著，查洪德指导
文学硕士论文：中国古典文献学；南开大学，2010

127　詹谷丰
藏尽四库谁续书（＊）

詹谷丰
作品
广州：广东省作家协会，1978—
2019，no. 02，117—126 页

128 张次溪
伦哲如先生传（ * ）
张次溪
宣南逸乘
油印本
[出版地不详]：[出版者不详]，[出版时间不详]

129 张磊
“续书楼”主伦明
东莞奇人录
张磊编著
香港：中华文化出版社，1994
4—7 页

130 张龙
伦明
王元林、张龙主编
东莞历史名人
东莞市博物馆、暨南大学历史地理教研室编
广州：广东人民出版社，2013
263—267 页

131 张诗阳
伦明藏书思想（ * ）
张诗阳著，程焕文指导
硕士论文：图书馆学；中山大学，2016

伦明藏书思想研究（ * ）

张诗阳
新世纪图书馆
南京：江苏省图书馆学会；南京图书馆，1980—
2019，no. 1，21—24、48 页

132　张石欣
小记伦明全集出版
张石欣
中华读书报
北京：光明日报社等，1994—
2018. 4. 4，第 008 版面

133　张涛
伦明著述中所见的近代图书馆事业（＊）
张涛
［未公开出版］，2014

134　张纹华
《伦哲如诗稿》探析（＊）
张纹华
顺德职业技术学院学报
佛山：该学报编辑部，2003—
2014，no. 1，75—79 页

135　张西园
孙殿起和他的通学斋
张西园
山东图书馆学刊
济南：山东省图书馆学会，1981—
2010，no. 6，41—53 页

136　张宪光
续书楼藏书有多少

张宪光
东方早报
上海：上海文汇新民联合报业集团，2003—
2013.4.7，第 B09 版面

五石斋藏书与老照片
张宪光
书城
上海：上海三联书店，1993—
2013，no.10，25—30 页

137　张荫麟
纳兰成德传
张荫麟
纳兰性德全集
（清）纳兰性德原著，王书利主编
北京：线装书局，2016

138　赵水平
《伦明全集》汇伦明毕生学术之大成　承续修四库之精神
东莞日报
东莞：东莞报业传媒集团，1986—
2018.4.16，第 A09 版面

139　郑丽芬
伦明与北京大学（*）
郑丽芬
中华读书报
北京：光明日报社等，1994—
2018.4.4，第 008 版面

藏书家伦明与京师大学堂师范馆关系史实考源（*）
郑丽芬

山东图书馆学刊
济南：山东省图书馆学会，1981—
2016，no. 2，40—45 页

140 中国人民政治协商会议北京市委员会文史资料委员会编
记伦哲如先生（＊）
孙耀卿口述，雷梦水整理
文史资料选编　第十二辑
中国人民政治协商会议北京市委员会文史资料委员会编
北京：北京出版社，1982
176—179 页

141 钟敬忠
伦明与东莞（＊）
钟敬忠
中华读书报
北京：光明日报社等，1994—
2018. 4. 4，第 008 版面

142 周劭
“破伦”（＊）
周劭
文汇读书周报
上海：文汇报社，1985—
1994. 4. 9，第 476 期

143 周生杰
《辛亥以来藏书纪事诗》新论（＊）
周生杰
社会科学战线
长春：吉林省社会科学院，1978—
2012，no. 9，163—167 页

论藏书纪事诗的学术价值及文学史意义
周生杰
文学遗产
北京：中国社会科学院文学研究所，1980—
2015，no. 2，175—186 页

论伦明藏书成就与文化意义（ * ）
周生杰
东莞理工学院学报
东莞：该学报编辑部，1994—
2017，no. 2，1—6 页

百年来藏书纪事诗研究综述
周生杰
石家庄学院学报
石家庄：该学报编辑部，1988—
v. 19，no. 2（2017. 3），93—99 页

传统与变革：近代以来藏书诗的创作转型
周生杰
苏州大学学报：哲学社会科学版
苏州：该学报编辑部，1960—
2017，no. 6，157—165 页

144　周铁强
《书目答问》撰者考辨
周铁强
图书与情报
兰州：该刊编辑部，1981—
1998，no. 4，59—60 页

145　周永卫
陈垣与广东学人的交往（ * ）

周永卫
陈垣与岭南：纪念陈垣先生诞生130周年学术研讨会论文集
张荣芳、戴治国主编
北京：中国社会科学出版社，2011
429—477页

146 周原
郭嵩焘与芝加哥大学所藏稿本《沅湘耆旧诗集续编》
周原
文献季刊
北京：书目文献出版社，1979—
2011，no. 1，168—188页

147 朱万章
岭南诸家题肤公雅奏图卷
朱万章
收藏·拍卖
广州：该刊杂志社，2004—
2005，no. 1，42—43页

148 朱亚夫
中华名人书斋大观·续书楼
杜产明、朱亚夫主编
中华名人书斋大观
上海：汉语大词典出版社，1997
219—220页

149 朱玉麒
仓石武四郎中国留学记
（日）仓石武四郎著，荣新江、朱玉麒辑注
北京：中华书局，2002
331页

150　竹楼

广东藏书家伦明轶事

竹楼

春秋

济南：山东省政协文史资料委员会春秋杂志社，1973—1977，no. 483